司法文明

司法文明集览

司法方法卷

主　编　陈金钊
副主编　吕玉赞　焦宝乾

法律出版社
北京

图书在版编目(CIP)数据

司法文明集览. 司法方法卷 / 陈金钊主编. -- 北京:
法律出版社, 2023
ISBN 978-7-5197-7364-9

Ⅰ. ①司… Ⅱ. ①陈… Ⅲ. ①司法制度-法制史-研
究-世界 Ⅳ. ①D916

中国版本图书馆 CIP 数据核字(2022)第 226304 号

司法文明集览·司法方法卷
SIFA WENMING JILAN · SIFA FANGFA JUAN

主　　编　陈金钊
责任编辑　陈　慧
编辑统筹　法律教育出版分社
装帧设计　汪奇峰
责任校对　王晓萍
责任印制　刘晓伟
出版发行　法律出版社/北京市丰台区莲花池西里 7 号(100073)
网　　址　www.lawpress.com.cn
经　　销　新华书店
印　　刷　三河市龙大印装有限公司
版　　本　2023 年 4 月第 1 版
印　　次　2023 年 4 月第 1 次印刷
字　　数　1117 千
开　　本　787 毫米×1092 毫米　1/16
印　　张　44.75
定　　价　260.00 元
书　　号　ISBN 978-7-5197-7364-9
投稿邮箱　info@lawpress.com.cn
举报盗版邮箱　jbwq@lawpress.com.cn
咨询电话　010-63939796
销售电话　010-83938349
客服电话　010-83938350

本卷编写组

主　编

陈金钊

副主编

吕玉赞　焦宝乾

本卷撰写人员（以姓氏笔画为序）

于诗洋	王　彬	王春穗	王瑞君	方　芳	吕　芳
吕玉赞	向广宇	刘　军	阮竹君	孙　跃	孙光宁
杜文静	李　霞	李　鑫	李亚东	杨知文	杨建军
吴丙新	吴冬兴	沈　寨	宋保振	张小宁	张传新
张玫瑰	张其山	张雪莹	陈　光	陈　曦	陈伟功
陈运生	陈金钊	武　飞	范春莹	周　兀	房广亮
赵　岩	赵　欣	赵凤仪	赵玉增	郝书翠	侯学勇
侯竣泰	姜世波	姜福东	夏卫国	翁壮壮	黄　涛
黄　娟	曹　磊	崔雪丽	彭中礼	董书萍	焦宝乾
谢　耘	谢　慧	管　伟	熊明辉	戴津伟	魏胜强

凡　　例

一、概览

1.《司法文明集览》是一套以展现古今中外司法文明成果为主的综合性法学文献丛书，涵盖司法理论、司法制度、司法机构、司法人物、司法方法、司法技术、司法文化、司法案例，主要供志于法学研究的学者、学生，以及敏于法律兴趣的业余爱好者阅读、检索之用。本卷(司法方法卷)主要从司法方法的维度进行集中展示。

2. 本卷共收录条目900余条，并以名词和短语两种形式呈现，收录范围涵盖司法方法的理论、操作、推理、技巧之纵向维度，也涵盖司法方法的实践应用场景之横向维度；思接千载，视通万里，展现了古今中外司法方法文明的累累硕果。

3. 本卷采用并列结构，围绕司法方法这一主线，分别从理论学说、具体方法、推理和逻辑形式、技巧与规则、部门法的司法方法等五个切面展开，各部分之间内容既有承继联系，又有明显区分，共同组成司法方法文明的三维立体图景。

二、体例

1. 行文表达。条目阐释层层递进，条分缕析；语言精练，表意精准。

2. 辅助标识。释文末节标注条目撰写者。

3. 注释方式。夹注与尾注相结合，与行文关系密切者，采夹注；资益拓展理解词条者，采尾注。

4. 纪年标识。古代、近代采年号纪年，夹注公元纪年；公元元年后，省略“公元”二字。

5. 索引检索。书末附有全部条目的索引，以拼音为序。

本卷编写说明

结合《司法文明集览》的条目编选要求、编选规范以及法律方法论研究现状，现将司法方法卷条目入选标准、基本编写原则以及主要内容说明如下：

本卷共由“司法方法理论”“具体司法方法”“司法推理和司法逻辑”“司法方法技巧和规则”“部门法司法方法”五部分组成。其中，“司法方法理论”分为“当代一般司法方法理论”“中国古代司法方法理论”两部分；“具体司法方法”分为“法律发现方法”“法律解释方法”“法律推论方法”“司法衡量方法”“法律论证和法律修辞方法”“司法语言方法”六部分；“司法推理和司法逻辑”主要聚焦法律推理和法律逻辑理论研究方面的条目；“司法方法技巧和规则”分为“中国的司法方法技巧”“司法方法规则和格言”两部分。这四部分条目的列举标准为纵向的时间维度与横向的学科结构，贯彻了学科的传统理论与最新发展这一线索，兼顾了全球视野与中国特色。“部门法司法方法”包括“宪法司法方法”“刑事司法方法”“民事司法方法”“行政法方法论”“国际司法方法”五部分。其列举标准为部门法学的学科分类，既是法律方法论杜绝自身理论空转的决心使然，也是对部门法学立足自身开拓的方法论成就的尊重与肯定。

需要进一步说明的是，在纵向的时间维度上，除了部门法方法论的快速发展之外，法律方法论同样受到语言哲学、非形式逻辑、人工智能与认知科学等学科的影响，经历了从传统法律方法论到当代法律方法论的蜕变和转型。相较于传统法律方法论，当代法律方法论更加强调开放体系下的交叉学科互动，以法律发现为例，法律发现主要研究在司法裁判中规范性命题的发现、选择。法律发现理论离不开对法律思维形式、法律渊源理论以及法教义学等方面的研究，而这些方面的研究又深受其他学科的影响，由此塑造了法律发现的开放姿态。

在横向的学科结构上，区分法的发现和法的论证，是当代法律方法论的出发点和基本范式。相较于传统法律方法论重视法律解释并在不同程度上混用两者的倾向，当代法律方法论将两者区分开来，并将法律论证作为当代法律方法研究的重点和核心，强调法律解释与法律论证的互动。就当代法律论证理论而言，其通过对多元论证理论的拓展与深化，来解决传统法律解释活动中产生的缺乏“原规则”的理论和实践困境问题。其中，程序性法律论证、法律修辞学、法律语言学、法律推理和法律逻辑学等理论的主体部分均致力于运用各自的学科立场解决传统法律方法论在论辩环节的证成难题，这为司法裁判的正当化提供了极大助益。

由此观之，将这两种分析维度进行叠加，可以发现法律发现方法大体对应法的发现理论，而法律解释方法、法律推论方法、司法衡量方法、法律论证和法律修辞方法、司法语言方法、司法推理和司法逻辑大体对应法的论证理论。法的发现与法的论证的区分与互动,以及以法律论证理论对接法律解释理论,意味着当代法律方法论对传统法律适用方法的发展和超越。各种进路的法律方法在论证裁判结论时必须接受理性标准的检验,但由于语言学转向、语用学转向以及知识论、商谈理论、融贯论等的影响,法律真理存在不同的理性标准,而且传统法律方法论和当代法律方法论所假设的真理标准也不一致。因此,有必要在"当代一般司法方法理论"部分设置法律裁判理性标准条目这一内容。除了上述法律方法论的发展过程和分类模式外,法律方法论还可以根据其他标准做出相应的多种分类。对此,在本部分条目的最后进行了列举。

放眼全球,由于大陆法系和英美法系在法系背景、法学知识形态、法律体系形成方式、判例法的性质和作用机制、判例法与制定法的效力关系等方面存在差异,其经典法律方法论呈现不尽相同的理论形态和实践指向。最为明显的是,在英美法系中,遵循先例原则和判例法制度使其普通法和制定法的解释和适用根本不同于大陆法系。但20世纪中叶以来,两大法系在法律发现和法律论证的二分尤其是法律论证理论的构造上走向了融合和互动。因此,在法律论证和法律修辞方法、司法语言方法、司法推理和司法逻辑部分一般不再对大陆法系和英美法系做区分,除非两者在相应的理论构造上存在明显的差异,此种差异将在相关的词条中单独说明。

观之中国,无论是法律发现、法律解释、法律修辞、法律论证、法律推理和法律逻辑学,还是部门法方法论,都已被我国学者从外国法学方法论中引入,并有一个规模逐渐增大的学术群体对之进行研究,法律实践者也日益认识到各种法律方法的实践指引价值,我国学者也已对我国法律适用中运用的司法政策和实践智慧进行了法律方法论层面的理论考察并将其纳入法律方法论的理论体系,实现了理论与实践的良好互动,并在这一互动之中形成了法律方法论研究的本土关怀与中国特色。当下我国的法律方法论体系与西方的法律方法论体系有几乎相同的分类标准、发展逻辑和体系结构。因此,依据司法方法条目编选和分类的标准,将我国和世界上其他国家与地区尤其是法治发达国家与地区共同置入前述司法方法条目体系,既有利于中国更好地融入世界,又能展现中国法律方法论的理论自信。

总　目

分　　目

第一部分　司法方法理论

第二部分 具体司法方法

第三部分　司法推理和司法逻辑

第四部分　司法方法技巧和规则

第五部分　部门法司法方法

第一部分　司法方法理论

当代一般司法方法理论

法律理论

近50年来,在欧美学界逐渐兴起一门新的学科,即法律理论或者法理论(英文 legal theory,德文 Rechtstheorie)。法律理论作为一门特定的学科源于20世纪70年代初以来德国学界围绕法哲学与法律理论分合之辨析。从另一角度来看,考夫曼曾经谈道:“法哲学更关注内容,而法律理论对形式尤为看重。”但是他同时认为,“然而,由于不存在无形式的内容,也没有无内容的形式,所以并未廓清二者的界限”。在过去的50年间,法哲学中的一些特殊主题被分离出来,放到“法律理论”中来讨论,如法律规范理论、法律论证理论、法律判决理论,以及法律方法论、法律语义学、法律诠释学、法律词序学、法律修辞学、纯粹法学、法律的科学理论、系统理论、分析法学理论、法律语言理论和立法理论等。1970年由波普尔、凯尔森、哈特、恩吉施及克卢格共同创办的学术期刊《法律理论》就带有如下的副标题:“一份法逻辑、法方法论、法模控学及法社会学之期刊。”值得注意的是,传统法哲学中被视为重点的自然法论、正义理论等则在“法律理论”中不再被明显地提及。不过,上述“法律理论”问题依然属于法哲学,因为至今尚未有一个可将它们区别开来的标准。

德国学者魏德士在其编写的法学教材中认为,法理学(相当于这里讨论的“法律理论”)要认知与表达法本身及其在各个法律系统中的实际作用过程;法哲学强调的是对法的理性的再思考。它涉及的是法“应当如何”。在20世纪70年代,德国法学家们曾对法律理论的学科性质及其与法哲学的区分进行讨论,但未能达成一致看法。法律理论和法哲学都是研究法律基础问题的学术领域。法律理论只是出于自立门户的缘故,才与法哲学有别。

参考书目

1.[德]亚图·考夫曼:《法律哲学》,刘幸义等译,台北,五南图书出版公司2001年版。

2.[德]阿图尔·考夫曼、温弗里德·哈斯默尔主编:《当代法哲学和法律理论导论》,郑永流译,法律出版社2002年版。

3.[德]伯恩·魏德士:《法理学》,丁小春、吴越译,法律出版社2003年版。

(焦宝乾)

司法哲学

司法者所秉持的基本立场或者姿态,基于不同的标准有不同的分类。目前影响较大的司法哲学包括司法能动主义和司法克制主义两种。二者发源于美国宪法解释的实践,两者的分歧集中于法官行使自由裁量权的范围或限度问题。司法能动主义与司法克制主义都具有各自的优势,此优势又为彼劣势。同时,二者的哲学基础和宪政思想基础也并非完美无缺。即使在司法能动主义相对盛行的美国,司法能动与司法克制孰优孰劣也必须取决于具体语境,不能在抽象角度一概而论(李辉:《司法能动主义与司法克制主义的比较分析》,载陈金钊、谢晖主编:《法律方法》第8卷,山东人民出版社2009年版)。在一个法院获得相对独立的政治地位和权威的国度中,人们基于对法院和司法的信赖，在法院对各种政治、社会问题给予干预方面，总会存在能动主义与克制主义的争论。甚至在某种意义上讲，国外法院政治功能的实现过程就是一个司法能动主义与司法克制主义竞争、平衡的过程。尽管两者之间存在很大的分歧，但绝不能将二者之间的紧张关系等同于开明与保守之争。主张司法能动主义不等于政治开明，赞同司法克制主义也并不必然就是政治保守。它们只是法官对司法活动范围和司法方法的争论，并且这种对司法与政治关系的认识，在某种程度上也是可以独立于法官的政治立场的。因此，能动主义与克制主义都有其合理的内涵，是可以实现两者的平衡的。法官应在某些方面充当能动主义的角色，而在另一些方面又应当扮演克制主义的角色（庞凌：《法院如何寻求司法能动主义与克制主义的平衡》，载《法律适用》2004 年第 1 期）。

（孙光宁）

法律科学

"法律科学"（legal science）是一个与法理学相关的用语。在英语世界，人们最早可以找到的一本主要研讨法理学内容的书是阿莫斯（Amos）的《法律科学》。而 20 世纪初期一些法学家的论述也有采用"法律科学"的名称，并且此时"法律科学"一语已经占据法理学讨论的前沿。法理学在英国曾经一度被认为是分析法学，"法律科学"一语此时亦被认为实质上相当于分析法学。而德语之"法学"或者"法律科学"（Rechtswissenchaft）意指对法律之内在结构及其更为广泛概念的分析。德语中与法理学（jurisprudence）相当的"jurisprudenz"就是法学，等于德文中的"Rechtswissenchaft"。不过，随着社会学法学的兴起，上述研究进路已经不能满足法学家们对法律科学采取经验主义研究的需要。因此，在"法律科学"一语的旧的用法（法律规范和概念的分析与综合）基础上，形成了新的用法，即指对人的社会行为研究的经验科学。

还有一种观点对法律科学作较为宽泛的理解。如当代芬兰法学家阿尔尼奥（Aulis Aarnio）认为，法律科学的家族包括法教义学、法社会学、法的历史研究和法的比较研究。《牛津法律大辞典》对法律科学的界定是："有时称法律的科学，或广义上的法理学。指从哲学的、历史的、比较的、评注的和其他各个角度对法律的和有关法律的发展、变化、制定、评注、运用的系统化了的和经过组织加工了的知识。同其他科学一样，它主要有二大分支，即纯法律科学或理论法律科学……应用法律科学……"《牛津法律大辞典》还把法律科学的主要学科划分为 7 个部门，包括：法学理论和法哲学；法的历史和各法律体系的历史；法的比较研究；国际法；超国家法；各个地方可以被确认为独特体系的国家和国内法；附属法律的学科。在当代法学研究背景下，"法律科学"一词被赋予更为广泛的内涵。

法律与科学相系，就提出这样的问题：法学是否及在何种意义上是一种科学？这个问题早在 16 世纪就被哲学家们和法学家们考究过。"当时一般科学学说的状况，自然对法学中的讨论不无影响。随着科学学科的不断专门化，虽然这种影响不是必然地失去了意义，的确失去了不言而喻的性质。"法学的科学性之争端，首先源于亚里士多德主义的科学概念。围绕法学的科学性，人们看法各异。如法国《拉鲁斯大百科全书》的界定："法学是关于法律的制定、实施、研究及教育等领域的各种科学性活动的总体……法学确实是一门科学。"法学显然不会是一种类似于自然科学那样的科学，这一点已经成为当代西方法学家的一种共识。对于法学的学科属性，学界依然有不同看法。如德国法学家科殷认为："概括地说，人们将必须把法律科学称为实践的人文科学，称为应用的人文科学，它接近各种社会科学。"意大利学者维托里奥·维拉

(Vittorio Villa)则认为法律科学介于自然科学和人文科学之间。近年来,我国学者对此问题亦有一定的研究。国内学界有一种强有力的观点,将法学主要定位于社会科学,试图努力推动法学的经验研究和实证研究,推动法学与其他诸多社会科学的交叉学科研究。不过也有学者认为,法学的主流与基础是规范法学,正宗的法学是规范实证的法学。规范法学是作为职业知识的法学,所要研究的是"法是什么";而作为社会科学的法学,即社会法学所要研究的是"法实际上是什么";而(新)自然法学所要研究的是"法应当是什么",因而具有人文科学的属性。在当前中国法学现状及背景下,这种观点较为令人信服。可以说,法学首先以规范法学为典范,同时兼具社会科学与人文科学的属性。

参考书目

1. 潘念之主编:《法学总论》,知识出版社 1981 年版。
2. [德]H. 科殷:《法哲学》,林荣远译,华夏出版社 2003 年版。
3. 刘星:《法理学的基本使命和作用——一个疑问和重述》,载《法学》2000 年第 2 期。
4. 黄文艺:《法学是一门什么样的科学》,载《法制与社会发展》2001 年第 3 期。
5. 郑戈:《法学是一门社会科学吗?——试论"法律科学"的属性及其研究方法》,载《北大法律评论》1998 年第 1 期。
6. Patterson, *Jurisprudence*, The Foundation Press, 1953.
7. Aulis Aarnio, *Reason and Authority*, Dartmouth, 1997.
8. Vittorio Villa, *Legal Science between Natural and Human Sciences*, in Aulis Aarnio and D. Neil MacCormick eds., Legal Reasoning, Dartmouth, 1992.

(焦宝乾)

法教义学

也称法律释义学,这一概念出自德文"Juristische Dogmatik"或"Rechtsdogmatik",英文对应"legal doctrinal analysis"和"legal dogmatics",中文有法释义学、法律信条论、法律教义学、教义法学和法教义学等译法。法教义学在今天首先意味着一种研究法律的方式,因而也被称为"法律的分析研究"(analytical study of law)或"法律的教义研究"(doctrinal study of law)。法教义学主要源于德国传统,被认为是原本意义或狭义上的法学/法律科学,是公认的与法哲学、法社会学、法史学、法政治学等基于其他学科视角进行的法学研究相并列的研究视角,并在德国的法律文化塑造、法学教育与法律实务中发挥着重要作用。法教义学的研究对象包括立法机构创建的规则和标准以及法院的先例等。法教义学是通过梳理和批判散落在具体立法条文和司法案例中的法规范,实现对作为规范整体的实定法秩序的体系化解释。只有具有约束力或支配力的有效规范,才是法教义学的研究对象。那些"不完全法条",以及没有创造而只是适用具体规则的司法案例,都不构成实定法秩序的一部分,因此都不是法教义学必须尊重和解释的法规范。作为法教义学研究范畴的实定法秩序,既包括立法条文,也包括司法案例,两者缺一不可。法教义学处理的对象可以是个别规范、规范要素、规范复合体、规范的联系以及规范和事实之间的关系。司法判例(la jurisprudence)也在明显地参与法教义学的发展。在大学所传授的一般法律知识需以司法判例、学术性的和实践性的法学家为共同前提,并通过它们继续发展。

法教义学的研究包括四个层次:第一,解决实际问题;第二,解读或评注(新)法律;第三,研究法律的修改；第四，建构体系化的理论。我国有学者认为，法教义学包括“教义学体系与教义学方法”。教义学体系包括外部体系、内部体系和认知性体系三种体系。外部体系是根据逻辑学和语言学的规则，通过法律概念、法律类型、功能性概念、法律规则等形成的语义性体系。内部体系是通过法律原则、法律规范的目的、立法理由、法律价值等构成的目的性体系。认知性体系是为了描述内部体系、满足概观和运用上的容易，透过秩序概念的编排建构由秩序概念、分类以及讨论的先后顺序等所形成的学术性体系。德国刑法中作为通说的犯罪论体系就是一种典型的认知性体系或犯罪认识体系。教义学方法是法教义学为应对教义学各种体系的法律适用而形成的各种法律方法，如法律发现方法、法律解释方法、法律推理方法等。

法教义学不仅对有效法、立法机关和法院的法律规定的总和以及原则形式的基本规则和原理进行总结，而且也尝试对这些法律规定进行续造和总结。因此，法教义学同时具有验证和创新功能。当立法者或法官的法律规定不能适应原则、基本规则和原理的整体时，法教义学就会被附加一项批判功能。虽然教义学对法官或律师的法律适用实践而言具有减负功能（Entlastungsfunktion），因为常常在其严密的原理之网中就可以准备好与整体的法律秩序及其部分相契合的解决模式，但是，教义学也会以其拟就的基本原则的形式将法律秩序承载的价值考虑进来，并使其保持持续的有效性。通过这种方式，法教义学使法律变得更易被讲授和学习。

法教义学主要涉及三种活动：第一，对现行法律进行描述；第二，对法律进行概念—体系的研究；第三，提出解决疑难法律案件的建议。因此，法教义学可以相应地区分为三个维度：描述—经验的维度、逻辑—分析的维度以及规范—实践的维度。法教义学活动的各个重心可以在这些维度之间和之内分别加以分配。它们的分配取决于学者的实践兴趣、法学理论观以及所研究的法律部门的特性。在性质上，法教义学不是认识性的，而是规范性的，它具有规范建议的特点。规范性在此可理解为“对有约束力的调整之建议、说明或确定（规范—建议、规范—说明和规范—表达的功能）”。

法教义学的一般立场在于，信奉和尊重由一国立法条文和司法案例所包含的全部具有约束力或支配力的法规范组成的实定法秩序。法教义学的特定立场，决定了其特定方法。法教义学在立场和方法上的一个突出特点是其司法中心主义。就方法而言，法教义学的独特性在于，以体系化的方式将一国立法和司法的实定法规范融为一体。法教义学方法的宗旨在于，在一国的立法条文和司法案例构成的实定法秩序内，基于其法规范体系（现行法体系），得出解决具体问题的司法结论。连接立法和司法，以一个国家立法和司法的全部实定规则为指向的体系建构，才是法教义学真正独特和真正有价值的地方。法教义学的基本功能在于，通过运用法律解释将立法条文应用于司法案例，并在此基础上形成和发展法律规则和法学学说的一般体系。

法教义学可分为应用性教义学（Gebrauchsdogmatik）和科学性教义学（Wissenschaftliche Dogmatik）两种形式。科学性教义学负责对法律金字塔的整体领域进行全方位考量。它一般将精密体系学中的个别问题归入金字塔的底层，但为了确保这种结果，它会根据法律金字塔顶层的一般基本规则以及所有的一般基本原则对之进行衡量。这种由实践者或理论者选择的作业方式会带来高强度的思维消耗，它最后会要求某种形式的科学性帮助。应用性教义学自觉地将法律思考限定在法律金字塔的下层，例如请求权和抗辩权规范、答辩和抗辩规范以及绝对人格和相对人格等的分类理论。它具有一定的记忆和减负功能，能够导向恰当的结果，而且在法律秩序的基本规则和基本原则面前能够维持法律的合理性控制。但是，应用性教义学只能应对常规性案例。特殊案件需要通过科学性教义学解决，除了位于金字塔底层的精确划分的体系学及其隐喻性的法律教义外，还需要援引基本的规则和原则。最高法院、法律科学以及立法者的工作都应该遵守科学性教义学的规则。只有科学性教义学才能形成教义学大厦完整的思维“预算”（gedanklichen Haushalt），而且只有科学性教义学才能将细节的连贯性与总体法律秩序的协调性联结起来。

法教义学允许作为一个学科被描述，其意欲渗透并整理实定法，旨在指引和推动法律实践提出的每一问题的解决。它致力于整理和确保关于法律的想法和认识。为此，它塑造概念，制定图式或原则并整理材料。法教义学探究既存的想法，着手研究创新并检验由此产生的变化需求。通过这种方式，法教义学为实践提供了一个知识的宝库，有助于实践性法律工作的可习得性，并可对法律的理性化和合法化做出贡献。在某种意义上可以说，法教义学是法学科学研究的基本范式或典范，它本身就是一种狭义上的法学。不仅其他法学研究诸如比较法学、法社会学、法哲学或法学理论只有在法教义学提供的知识和理论图式的基础上才能展开，而且立法、法律适用、法学教育、法律培训等也要遵循和援引法教义学为此所供给的体系性知识。法教义学不但具有秩序、体系化、减轻负担、储存知识、禁止违背以及对社会和政治的稳定功能，而且也具有一定的法律续造、体系检验和体系批判功能。法教义学虽不是法律本身，但由于法律的庞杂性和复杂性，法律自身又不可能直接呈现为对法律适用者的规范性约束，它自身的芜杂性只有通过法教义学这一中间环节才能展现出清楚的体系性和概览性。

法教义学具有如下功能：

第一，稳定功能。由于教义学受制度化推动，借助教义学语句可以保留实践问题的某些特定解决办法，并由此产生一般化的方案。法的教义化，或某些等值的东西，是普遍实践原则所要求的。但是，任何偶尔一次被认可的教义学语句并非都必须超越无限的时间阶段被人们严格予以遵守。所要排斥的只不过是那种对它一味地加以放弃的做法。对新的解决方案和历史流传下来的解决办法，仅说有同样良好的支持理由，还是不够的。教义学的稳定作用不容高估。偶尔一次被认可的教义学语句可能会被放弃或被改变。在许多证立活动中，除了它们以外，还需要普遍实践语句。借助同样的教义学语句可能会对完全不同的结果进行证立。卢曼认为，教义学的功能不在于束缚思想，而在于提高与经验和文本打交道的自由。

第二，进步功能。教义学的制度化有助于教义学语句在相对更高的程度上被分辨，并且能够暂时中断检验，而不是每次从头开始进行讨论。由此，教义学的进步就成为可能。不过，教义学上的进步是比经验科学上的进步更为复杂的事情。它不仅依赖法学家们的活动，而且还超越此点在相当大的程度上依赖立法者的活动以及某个社会内的价值观的变化。法教义学的进步可能性是法律教义学之科学性的一个有力证据。

第三，减负功能。在法教义学的证立中至少能够暂时采纳业已检验过的和业已承认的语句，这种可能性减轻了论证的负担，若没有特别的理由不需要一个重新的检验。这有可能免于在任何情况下对任何评价问题重新加以讨论。这个减负功能不仅对于法院在时间所迫下进行的工作必不可少，而且它对法学上的讨论也具有重要意义。减负功能的价值，一方面取决于一系列变量（诸如教义学语句的简洁性、精确性、丰富性和检验性）达到最优化的程度，另一方面也取决于这个语句充分达成共识的程度。但是，法教义学的减负功能含有一定的局限性。面对个案的裁判，经常需要在任选的教义学语句之间做出某种抉择，这个抉择相应地也有待证立。此外，经常也需要放弃目前所承认的某个教义学语句，而在另一种情形下，为了对某个裁判进行证立，除了需要教义学语句外，通常还需要普遍实践语句。因此，法教义学不仅可能有减负的作用，而且也可能有增负的作用。卢曼认为，随着法律的概念阐释活动的进展，决策的困难增加了，而不是减轻了。

第四，技术功能。为了对具体法律规范的意义整体或至少尽可能宽泛的意义领域有一个全面的观察，就有必要建构一般的基本概念、语句形式、法律制度等，因为唯有对法律规范按照它们之间存在的相互依存关系进行以这种方式简化了的、体系统一的阐释，才能够提供一个迅速的概观。由此，法教义学就产生了一种信息便利的功能（Informationsleistung），它提高了法律素材的"可传授性"（Lehrbarkeit）与"可习得性"（Lernbarkeit），也因此增加了它的可流传性。

第五，检验功能。法教义学的一致性检验可以分为两种。在狭义的体系检验中，可以就教义学语句相互之间是否具有逻辑上的一致性进行检验。在广义的体系检验中，可以就借助各种不同的教义学语句来加以证立的判断之间是否具有在普遍实践上的一致性进行检验。这样，法教义学研究就能做到不是通过对个案加以隔绝而是根据大量已决和待决的个案来做出裁判。由此，它就提高了可普遍化原则之实现的程度，从而也相应地有助于正义的实现。

第六，启发功能。法教义学包含大量解答问题模式（Lösungsmodellen）、区分和视角，它们对那些总想从头开始讨论的人似乎隐而不彰。即使据此有时还并不足以确定裁判，但利用这个工具仍有所裨益。这将引发一些似乎是不可能的或依然存在于视野之外的提问和回答。同时，一个法教义学体系能够成为新的观察和新的联结之有效出发点，因为通过对每次就特定问题所获得的理解层次加以概括并提高其丰富性，它将成为新的知识的启发者，这些新的知识若没有系统反思就根本不会自动地出现在具体的部分之中，因此更谈不上加以实施了。

参考书目

1. Nils Jansen, Rechtsdogmatik im Zivilrecht, Enzyklopädie zur Rechtsphilosophie, IVR (Deutsche Sektion) und Deutsche Gesellschaft für Philosophie, Erstpublikation: 08. 04. 2011.
2. Christian Bumke, Rechtsdogmatik: Überlegungen zur Entwicklung und zu den Formen einer Denk – und Arbeitsweise der deutschen Rechtswissenschaft, JZ13/2014.
3. Bernd Rüthers, Rechtsdogmatik und Rechtspolitik unter dem Einfluβ des Richterrechts, IRP – Rechtspolitisches Forum, Nr. 15.
4. Rolf Stürner, Das Zivilrecht der Moderne und die Bedeutung der Rechtsdogmatik, JZ 1/2012.
5. Josef Franz Lindner, Rechtswissenschaft als Gerechtigkeitswissenschaft, Rw – Heft 1/2011.
6. Mastronardi, Philippe, Juristische Methode und Rechtstheorie als Reflexionen des Rechtsverständnisses, SVRSP – Tagungsband "Rechtswissenschaft und Hermeneutik" (2009).
7. Gregor Kirchhof, Stefan Magen, Karsten Schneider eds., Was weiβ Dogmatik? : Was leistet und wie steuert die Dogmatik des Öffentlichen Rechts?, Mohr Siebeck, 2012.
8. 雷磊：《法教义学的基本立场》，载《中外法学》2015 年第 1 期。
9. 凌斌：《什么是法教义学：一个法哲学追问》，载《中外法学》2015 年第 1 期。
10. 刘壹强：《法律知识论的建构——以法律教义学的探讨为基础》，辅仁大学法律学研究所 2008 年博士学位论文。
11. 郑永流：《重识法学：学科矩阵的建构》，载《清华法学》2014 年第 6 期。
12. 焦宝乾：《法教义学的观念及其演变》，载《法商研究》2006 年第 4 期。

（吕玉赞）

法律方法论

基于不同的研究传统和文化背景，人们对“法律方法论”及其相关学名采取了不同的称谓。关于“法律方法”之用语，各国的使用习惯并不一致。英美法系通常采用“法律方法”(legal method 或 method of the law)，来指称法官在裁判过程中所用到的法律解释和法律推理的方法和技术。如博登海默的《法理学：法律哲学与法律方法》一书副标题中即用到“法律方法”。另外出于不同的侧重，也有使用“司法方法”(judicial method)、“法律方法论”(legal methodology)这样的措辞。法律方法也是美国法学教育中的一门课程。20 世纪以来，美国曾推出一些以“法律方法”为名的案例教科书(casebook)。法律方法的课程设置目的是，给初学法律的学生理解法律家在其各种各样的职业工作中确定或决定法律的各种方法，并培养学生运用这些方法来完成各项职业任务。法律方法的课程本身并不是目的，而被认为是提高学生在别的课程方面的能力的一种工具。

无论是大陆法系国家还是英美法系国家，都存在关于法律方法的理论学说。但是从用语上，“法学方法论”似乎在大陆法系国家尤其是德国更为常见。“法律(学)方法论”则是日本学者的相应用语。而在英美法系国家，尤其是实用主义哲学传统浓厚的美国，无论是在其制度性实践中还是法学家的论述中，“法律方法”一语的运用较为普遍，但是“法律(学)方法论”这一学理韵味十足的概念却难觅踪迹。如《牛津法律大辞典》对法律方法论的界定是：“在某个特定法律制度之内可用来发现于解决具体问题或具体争议有关的原则和规则的方法之总和。法律方法论的适用首先取决于确定引起问题的事实，并认定问题的真实所在……一旦事实被认定，则必须对其进行分类或识别，以确定应当调查何种法理问题或法律点。”《元照英美法词典》的界定和《牛津法律大辞典》的如出一辙：是指在特定法律制度或法规下，用于发掘相关的原则及规则，以解决具体的难题或争议之方法的知识体系……运用法律方法论是一种通过经验以及广泛了解、熟悉法律制度而得到拓展的技能，这对一个经验丰富的律师是至关重要的，舍此别无他径。

相比之下，德国关于法律方法的理论即通常人们所说的“法学方法论”则涵盖了十分广泛的内容：除了考察和研究法律适用和解释的技术以外，同时还研究这些具有技术性的法律方法背后相关的法哲学问题，如法律适用的一般结构、超越法律规范的评价标准、个案裁判的正当性以及怎样通过法律方法实现正义的问题等。

“方法论”是个哲学色彩浓厚的概念。《牛津哲学词典》对“方法论”的界定是：“在某特定研究领域，如科学、历史学、数学、心理学、哲学和伦理学，关于方法的一般性研究。”其中，科学领域对方法论的研究颇具代表性，往往对其他学科的方法论研究产生影响，甚至作为普遍地用于各门学科的普通方法论。法学领域中，法律科学方法论(methodology of the juridical science)是特殊科学方法论之一。

用“法律方法论”指称自 20 世纪 90 年代以来国内学界关于法律解释、法律推理和法律论证等法律应用方面的研究旨趣，既可以避免其与“法学研究的方法”难以区分的局面，同时也能够充分顾及“法律方法”这一学名在国外学界相应的研究旨趣和内涵。

当代西方法律方法论研究中呈现建构性与解构性研究并存的局面。解构性的研究如后现代法学认为，法律方法论并不能保障运用法律方法的人做出正确的判断，即使是运用了正确的法律方法也不能保障判决的正确。跟当前诸多后现代法学思潮的批判、颠覆与解构的理论旨趣相比,法律方法论其实更主要体现了一种建设性的研究方向。可以说,法律方法论代表着一种运用多种学科知识、方法和研究进路来寻求解决法律实践问题的探索和努力。

法律方法是法律共同体的职业性思维与技术,所要处理的是事实与规范对立与紧张的难题,架通由此达彼的桥梁,追求的是个案中法律决定与法律判断的合法性与正当性。以法律方法为研究对象的知识体系即为法律方法论。

参考书目

1. Noel T. Dowling, *Materials for Legal Method*, Foundation Press, Inc. ,1946.

2. Harry W. Jones, John M. Kernochan & Arthur W. Murphy, *Legal Method*, Foundation Press, 1980.

3. [德]阿·迈纳:《方法论导论》,王路译,生活·读书·新知三联书店 1991 年版。

4. [德]约阿希姆·吕克特:《弗里德里希·卡尔·冯·萨维尼:法律方法与法律现代性》,盛桥译,载许章润主编:《清华法学》(第 9 辑),清华大学出版社 2006 年版。

5. 陈金钊:《法治与法律方法》,山东人民出版社 2003 年版。

6. 孔祥俊:《司法理念与裁判方法》,法律出版社 2005 年版。

7. 杨仁寿:《法学方法论》,中国政法大学出版社 1999 年版。

8. 王泽鉴:《法律思维与民法实例:请求权基础理论体系》,中国政法大学出版社 2001 年版。

9. [美]E. 博登海默:《法理学:法律哲学与法律方法》,邓正来译,中国政法大学出版社 1999 年版。

10. 季卫东:《法治秩序的建构》,中国政法大学出版社 1999 年版。

11. [德]考夫曼:《法律哲学》,刘幸义等译,法律出版社 2004 年版。

12. [德]伯恩·魏德士:《法理学》,丁小春、吴越译,法律出版社 2003 年版。

(焦宝乾)

法律方法论学科体系

通常意义上,人们常把“法律方法论学科群”称为“法律方法论学科体系”。在德国,一般认为法律方法论的基础学科主要包括法律哲学、法律信息学、法律修辞学、法律诠释学和法律逻辑学等。而在我国,通常认为法律方法论的学科体系主要包含以下五个层面的学科群:

一是作为法律方法论总的理论基础的法律哲学。方法论是哲学的重要组成部分之一,其中法律哲学的一个重要部分也正是对法律方法论的研究,甚至有观点认为法律哲学就是研究法律方法论的学科。

二是作为法律方法论工具论的法律逻辑学。此领域的法律逻辑研究并非形式逻辑或普通逻辑在司法案例中的简单运用,而是将逻辑作为基本的方法,为法律推理、解释、论证等提供技术支撑的逻辑规则。其中常见的方法主要包括归纳和演绎等,并具有形式逻辑、非形式逻辑、道义逻辑等不同的研究路向。

三是作为法学研究和法律实务工具的法律语言学。法律语言是法律人所使用的工具,其中体现的是法学家的理性思考以及对裁判经验、司法技能的概括凝练。而法律语言学的重点就是法律语言的运用,包括法律符号学、法律语义学和法律语用学。

四是以法律语言和法律逻辑为支撑,致力于司法裁判可接受性的法律修辞学。虽然法律修辞学研究作为一门新的法律方法学科近年来在国内才刚刚起步,但是在西方法律修辞学研究中却有着渊远的历史,并可以追溯到古希腊时的修辞论辩术。在我国当前的研究中,法律修辞学有广义和狭义之分。在狭义上,单指语言技巧和修辞方法的运用。而在广义上,法律修辞学主要强调通过司法裁判中的“布局谋篇”和“推理论证”等活动,在法治思维和法治方式的运用中对案件的裁判进行讲法说理，从而实现司法裁决的可接受性。

五是研究具体法律与事实之间关系判断的法律解释学。法律解释学作为最原始也是最重要的法律方法，一直是法律方法论研究的核心内容。从学科群的建构角度来理解，法律解释学仍存在很多的不足或冲突。

对司法活动中法律解释、法律推理、法律论证和利益衡量等的研究，很大程度上归属于实践的法律方法，它们缺乏有效的法律方法论学科体系支撑。当前，我国法律方法论研究的最大问题是理论建构的不足。比如，我国学者对法律哲学进行了很多的介绍性研究，但多集中在价值、本体的层面；对法律逻辑也进行了卓有成效的研究，但逻辑与法律"两张皮"的问题并没有彻底解决，在法律与逻辑之间没有形成"有机"的融合。同样的现象也存在于对法律语言学的研究；至于法律解释学，不仅体现在与部门法内容的脱节，而且与上述几个学科的沟通与交流也存在诸多问题和隔阂。这些都构成中国当前法律方法论学科体系构建的关键问题。

参考书目

陈金钊等：《法律方法论研究》，山东人民出版社2010年版。

（陈金钊）

法律解释学

作为法学的一个分支学科，法律解释学以实在法为主要研究对象。在此意义上，也有观点将法律解释学称为法律学。法律解释学具有广义和狭义双重理解，但一般来说，人们常在狭义上理解法律解释学，即将其认为是反映法学独特方法和思维方式的法学学科中的一个分支。

一般来说，对法律解释学的研究，存在注释法学、传统法律解释学，以及语言哲学和本体论哲学影响下的法律解释学三个发展阶段。在古罗马和中世纪的注释法学阶段，法律解释学只是概念阐释过程中的一种技术，且主要集中在私法领域的研究；资产阶级革命胜利后，在法、德两国法学家的努力下，用于私法的解释方法开始在公法领域推行。资本主义进入垄断阶段后，传统的法律解释学又逐步成为显学。具体表现就是奥斯丁、凯尔森和哈特等知名学者对法律解释问题的讨论和研究；之后，在"语言学转向"和"本体论哲学"的影响下，法律解释学的范围上升到法哲学的高度。德国法学家拉德布鲁赫和伽达默尔就是典型代表。他们认为，面对法律，法学家的任务有三：解释、构造、体系；并且，还把解释视为一个理解、解释、运用相互交融的过程。

从历史发展来看，在众多的法学分支学科中，法律解释学是其中最为悠久并经过认真研究的学科。公元11世纪末，意大利波伦那大学就最早创立了注释法学派，即对查士丁尼的《民法大全》进行说明、解释和阐述。13世纪之前的注释法学派被称为前注释法学派，其研究的重点是如何恢复查士丁尼时期编纂的各种罗马法文献，特别是《学术汇纂》的本来面目，其中阿库修斯是集大成者。13世纪至15世纪是注释法学派的第二阶段，称为后注释法学派，又称为评论法学派。该派在前期注释法学的基础上，致力于罗马法和实际生活的结合，其研究也从一般的注释法学发展到提出法律原则和根据、建立法律分析结构、形成判例制度等。在中国，魏晋时期的《律学》最早开始了法律解释学的研究，只不过这种私家注律受到严格的限制，其主体也只是局限于官方。近现代以来，法学研究呈现多样化的态势，西方的注释法学传统也被分析实证法学所继承，进而开展了以法律规范为中心的逻辑阐释。之后，随着资产阶级革命在西欧各国不断取得胜利,英、法、德、美等国的法学家都想用解释的技巧来维护法律的权威,从而建立资产阶级所需要的法律制度。

从特征上看,法律解释学具有以下几种基本特性。

第一,法律解释学是人文社会学科中的独立学科。此理论的研究主要存在于德、日等大陆法系国家。如日本法学家川岛武宜认为,法律解释学的对象是价值判断本身。这一点使法律解释学与其他经验科学之间产生了本质的差异。法律解释学要以各种形而上学的前提为依据演绎推导出自己的结论,这也使法律解释学与其他经验学科之间的差异越发明显。

第二,法律解释学是以阐明法律的意义为目的的学科,因而具有教义学的属性。法律解释学是以法律解释及其活动为研究对象的,这种研究对象概括起来包括三种:裁判规范、法律事实、解释者与被解释对象的关系。法律解释不仅要注意到文本所释放的意义,而且也应注意解释者,这也是本体论上哲学解释学的基本要求和立场。因此,法律解释学不只是限定在决疑论的解释之上,而是要努力将各种解释统一在一个完整的体系之中。而且,还必须要为这些解释寻找统一的原理,并用这一统一原理对各种解释作演绎性的逻辑说明。但发展至今,现代的法律解释学已在一定程度上突破了教义学的束缚,开始朝着创造性的方向发展,强调理解的本质是创造性的而非仅仅的说明。

第三,法律解释学是以法律规则、法律原则、法律概念等为基本研究对象的学科,重视的是演绎推理的逻辑方法。但此特征也导致一些僵硬的理解,如有些法学家就认为:一切法律纠纷都可以运用概念分析和形式逻辑的推论加以解决,并且,疑难问题也可以从解释学的"理论"和"本质"中推导出来,进而对待任何一个法律问题,都能找到唯一正确的法律答案。但与此相对,"概念法学"只是法律解释学中的一个特定阶段。后来在德国法学家耶林思想的冲击下,新的法律解释学对原有观点中的机械特性进行了修正,在重视对法律规范做概念式分析的同时,也开始重视对法律事实的分析。而新分析法学派的代表人物哈特在法律规则的分层理论上,明显使人们看到了法律事实对规则构建的影响。

从作用和价值上看,法律解释学作为法学中的独立学科,对国家的法律完备和法治建设具有重要的理论与现实意义。在理论层面上,法律解释学从正面回答了法律是什么的问题,构建了最古老的法律体系,也积累了丰富的关于法律的知识,并且由于该学科积极探索法律的意义,使法律具有了理论上的安全保障,对整个社会法律秩序的稳定具有很大价值。从应用层面上分析,法律解释学是一门实用性很强的学科,它的实用性主要体现在为法律实践提供了解、解释和适用法律的各种方法。比如,法律作为人们的行为规范,要求人的行为应该依法进行,各种裁判、决定也应都具有法律上的依据,通过对各种法律行为的解释增加其合法性依据。并且,法律规范、法律概念的主要表现和作用发挥方式,也赋予了法律解释学必要的实践品格。

参考书目

1. [德]卡尔·拉伦茨:《法学方法论》,陈爱娥译,商务印书馆2003年版。
2. [德]汉斯-格奥尔格·伽达默尔:《诠释学Ⅰ:真理与方法》,洪汉鼎译,商务印书馆2010年版。
3. 陈金钊等:《法律解释学——立场、原则与方法》,湖南人民出版社2009年版。

(陈金钊)

法律诠释学

法律诠释学是哲学诠释学(哲学解释学)对法律领域影响和渗透的重要标志。20世纪中叶,西方解释学发生了一次根本性的转折——本体论转向。在海德格尔和伽达默尔的推动下,解释学从一种认识论和方法论性质的研究转变为本体论性质的研究,从一门关于理解与解释的规则的学科发展为一种哲学理论,即哲学诠释学。这种本体论性质的哲学诠释学试图彻底颠覆传统解释学的认识论、方法论固有范式,建立一门关于理解(解释)乃是人的自身存在方式的学问。因应哲学解释学层面上本体论对方法论的批判和反思,在法律领域,当今西方法学界亦有不少人针对传统的法律解释方法论进行批判,试图在新的存在论基础之上构建本体论意义上的法律解释学。在德语世界,法学家们首先把哲学解释学的基本概念、基本立场和基本原理运用到法律解释问题的研究当中。而在英语世界,随着英美法系分析哲学和大陆法系哲学解释学的逐渐融合,不少法学家也同样在其研究中引入了伽达默尔本体论解释学。由此,当代西方人拓展出了一种不同于传统科学主义范式下的、认识论和方法论意义上的法律解释学,亦即法律诠释学。

法律诠释学是以哲学诠释学的理论为指针,对法律现象进行学理分析的学问,其乃是哲学诠释学在法学中的运用,尤其是在法律解释等司法实践领域的运用,其功能更多体现为一种法律理解的本体论和世界观。法律诠释学在历史与现实、法律与事实之间架构起理解的桥梁,通过交互对话和视阈融合,试图消解作为历史的立法者与作为现实的法官之间的时空距离,同时也消解作为共性的规则与作为个性的案件之间的紧张关系,从而使理解共识基础上的法治成为可能。与此同时,解释学的本体论转向在法学领域不断影响、日益渗透的结果,也引发了本体论意义上的法律解释学即法律诠释学与方法论意义上的法律解释学二者之间的紧张关系。随着哲学解释学的前见、解释学循环、视阈融合、对话以及理解、解释与应用三位一体等理论资源在法律解释中的广泛应用,即便能构建起一门名为“法律诠释学”的学问,也并非意味着方法论范式的法律解释学已经被超越或取代;况且法律诠释学自身带有主观主义、相对主义的倾向,面临不少批判和质疑。新兴的法律诠释学与传统意义上的法律解释学应有各自的领地及其界限。

(姜福东)

法律论证理论

法律论证是近三四十年来在欧美学界兴起并且获得快速发展、取得重要地位的研究领域。一般认为,直到 1970 年,法律论证还主要是在法律理论和法哲学的语境下进行研究。法律论证被当作法律逻辑亦即法律方法论或法律判决制作理论的一部分,而非本来意义上的法律论证理论。随着律师和论证理论家们对法律论证的兴趣日趋高涨,法律论证不再仅仅被当作一种比较宽泛的研究领域,而是被作为一项本来意义上的研究课题。20 世纪 80 年代以来,法律论证的研究涉及更为广泛的论题、方法、原则和观念,触及的领域诸如立法程序、法律过程、法官裁判程序等。对法律判决进行理性证立的问题,已经成为处于不断演进中的法律论证理论的核心主题。

法律论证在各国出现的理论发展脉络有所不同。在德国法律论证理论兴起之初,曾有一些类似的理论是在“法律和语言”名目下进行研究的。只是法律论证理论才首次把论证作为其研究的中心。从法律理论上看,第二次世界大战后德国经历了为时不久的自然法复兴以后,法学研究的重心移向法律方法论。人们认识到,不必在传统的法哲学的规范性问题上多费口舌,而是应更多地偏重于运用实证分析、形式分析和社会学分析的方法。因此,在法哲学传统浓厚的德国,出现了"法律理论"这一新的研究领域。20 世纪 60 年代,法学方法论成为欧洲法学思想的主流。到了 20 世纪 70 年代,法诠释学的思考方式受到学者们的批判。20 世纪 70 年代以后转向对规范论和规范逻辑的研究,这代表了在认识论上由诠释学向分析哲学的转向。论证理论即源于这种分析哲学传统。而在日本,法律论证理论则是在第二次世界大战后法解释论战的基础上逐步兴起的。日本法学家曾经围绕价值判断是客观唯一的,抑或只不过是判断者的主观决断这一问题展开长期争论。最终价值判断的法理难题是通过法律论证(也被称为"法律议论")的方式予以解决的。以平井宜雄为主要代表的法学家在理论中构建了开展讨论的制度框架,以解决伴随法解释的价值判断、评价的正当化问题。

法律论证理论构成当今法律方法论的重要组成部分。作为一种法律方法,法律论证存在应用上的某种局限性和实施方案上的一些缺陷。自兴起以来,法律论证理论本身也曾遭到法学界乃至哲学思想界的某些批判与反驳。但是无可否认的是,在一个越来越"缺乏根基的时代",这种理论代表着一种运用多种学科知识、方法和研究进路来寻求解决法律实践问题的探索和努力。与诸多后现代法学的批判、颠覆与解构的理论旨趣相比,这种理论体现了一种建设性的研究方向。

法律论证是近些年来在欧美学界兴起并且获得重要发展的研究领域,但该理论最古老的思想渊源却可以追溯到古希腊思想家关于修辞论辩的研究传统。亚里士多德和西塞罗这样的古代理论家所提出的某些观点现在仍然是论辩理论的核心。法律论证理论出现的一个重要思想背景是 20 世纪后半叶以来的法理学研究中,法的强制性观念日趋式微,法的论辩性与可接受性之观念日益受到重视。

法律论证的含义寓于"论证"一语。简言之,论证乃是给出合理的理由,将某种主张正当化。鉴于"论证"跟"正当化"或"给出理由"的密切关联,"justification"(正当化、证成、证立)一词成为法律论证理论中常见的一个用语。因此,法律论证即是运用法律理由(说理),将某种法律主张或者法律判断予以正当化。"企图勾画一种法律论证的理论者,其主要的考量是:在法院前面,在合议庭的评议室内以及在文献中对于法律问题的讨论。因此容易认为,法律说理乃是一些论证形态及一系列的论证。"从此意义上,法律论证是对法律命题(或法律判断)的证立过程,是一个说服听众、讲法说理的过程。在正当化或说理的过程中,往往可以采取多种不同的方法、进路或策略。当今日本与德国法学界使用"法律论证"这个用语时,其含义尚不确定,但可以归为三大类:逻辑证明的理论、理性言说的理论和类观点—修辞学的构想。这其实构成了法律论证的三种基本方法。法律论证的概念主要应包括以下理论要素:

第一,语言构成法律论证的基本介质。在具体的论证活动中,无论是通过何种方法来将某种主张正当化,均须经由语言这一中介才能进行有效的沟通。日本法学家平井宜雄认为,论证是语言活动,一切问题的出发点是用语言表达出来的主张,接着就是为了发现主张的心理问题以及为了基于该主张而进行论证的逻辑问题。然后的问题就是主张妥当的根据。由于"论证"重视的是提出论据、理由,并且基于理性的语言活动,为此,把它称为"议论"或"辩论"也是可以的。

第二,法律论证是一种合法性、合理性、正当性的证明,而不是一种"真/假"的判断。由于法律是一种规范,因此法学中的证立为一种规范论证。而规范是一种应然命题,其内容为对人类行为的要求、禁止与允许。所以规范论证不是对真相或真理的证明,而是对规范或人类个别之行为是否正确或妥当提出合理的依据。这种对规范的论证通常也称为正当化。因此,这种论证往往具有很强的目的性与意向性。作为一种正当化的课业,法律论证首先应当在既定法律框架内进行,因此应秉持依法办事的基本原则将法律决定合法化。当然,这并不意味着那种严格的法律实证主义立场。实际上,不少论证理论家(如阿列克西)恰是反对法律实证主义的。法律论证所要追求的不限于单纯实证法内的合法性,而是某种广泛意义上的正当性与合理性。

第三,法律论证存在于法律活动的一切场景,但对司法过程中的判断与决定的论证尤具代表性。法律论证适用于多种场合,如立法、司法适用与司法决定、法学教育和法学研究等。从广义上说,法律论证包括了诸如立法论证、司法论证等。论证的对象可以是某种立法意见、法律表述、法律陈述、法律学说和法律决定的正确性与正当性。而狭义上的法律论证一般是指司法裁判过程中法官、律师或当事人等就案件事实与法律进行论辩,追求合理裁判结论的思维过程。此即法律方法论意义上的法律论证,也是最具典型意义的法律论证。有学者甚至认为,从范围上看,目前的法律论证理论研究的是法律应用中的论证问题,以结论论证为核心,无论是法学研究、立法、媒体等中的论证,都称为司法论证理论更为准确。也由于其应用性,法律论证属于法律方法之列。这种看法在承认司法论证的典型性的同时,否定了其他法律论证活动的存在,是不可取的。

第四,法律论证作为一种实践理性活动,与司法裁判的性质甚相契合。论证理论乃是立足于康德关于理论理性与实践理性的界分。在康德看来,人类理性具有两种基本用途或功能:人们可以区分理论理性,即回答"是什么"的问题;实践理性,即回答"应当是什么"的问题。用现在的术语就是理论话语(theoretical discourse)和实践话语(practical discourse)。论证理论通常旨在描述实践话语,而理论话语被留给逻辑学与经验认识论。因此,作为实践理性的论证应与科学理性、批判理性的论证相区分。前者是以解决实践问题为中心;而后者是以发现真理、创立学说为中心,二者不可混淆。把论证限定在实践理性的范围,是因为20世纪后半叶的法律论证突破了传统法律方法论狭隘的逻辑和文本的界限,而引入了道德的、人文的、传统的、社会的、政治的、文化的因素来寻求法律判断或法律决定的合理性与可接受性。司法裁判即体现出论证活动的实践性,审判的本质要素在于,一方面,当事人必须有公平的机会举出根据和说明为什么自己的主张是应该得到承认的;另一方面,法官作出的判断必须建立在合理和客观的事实和规范基础上。而这两个方面结合在一起,就意味着当事人从事的辩论活动对于法官判断的形成具有决定意义。纷争当事人所进行的法的推论,实际上就是以胜诉为目的而展开的说服活动。而裁判者则要承担论证自己的判断完全正当的责任和义务。

第五,法律论证体现了论证结论和论证过程的统一。论证是人与人之间的交互作用过程。国外学者曾区别了两种类型的论证即论证1和论证2。前者把论证描述为一种"话语"或"交际行为",论证被当作请求及其理由来考虑;后者把论证看作一种特殊互动关系,论证指的是论辩过程或给特殊主张做论证的行为。前者即是我们今天通常所说的作为结果的论证(argument – as – product);后者则是指作为过程的论证(argument – as – process)。法律中,尤其是司法裁判中,需要论证的事项一般包括规则、事实和结论三个方面,相应地便有规则论证、事实论证和结论论证。其实,法律论证既是对法律的论证,也是对事实的论证。个案事实的认定是否准确,个案中的事实与规范是否契合,直接关系裁判结论的正当和正确与否。一般来说,论证描述了这样的活动或过程,即构成理由、得出结论并将其适用于待决情形。因此,法律论证既包括对论证过程的正当化,也包括对论证的结论的正当化,是二者的统一。

参考书目

1. Eveline T. Feteris, *Fundamentals of Legal Argumentation*, Kluwer Academic Publishers, 1999.
2. Eric Hilgendorf, *On Some Problems of the Theory of Legal Argumentation*, in Informatics and the Foundations of Legal Reasoning, Kluwer Academic Publishers, 1995.
3. [日]山本敬三:《民法中的动态系统论——有关法律评价及方法的绪论性考察》,解亘译,载梁慧星主编:《民商法论丛》(第23卷),金桥文化出版(香港)有限公司2002年版。
4. 张钰光:《"法律论证"构造与程序之研究》,辅仁大学法律学研究所2001年博士学位论文。

(焦宝乾)

法律逻辑学

法律逻辑有时被认为是法律推理或法律论证的逻辑(legal logic),有时被认为是法律适用中的逻辑(logic in law)。比利时法学家佩雷尔曼认为,什么是法律逻辑,这个问题今天仍然会出现似乎明显是悖论性的,因为法律毕竟是最古老的人文学科之一,而在20世纪逻辑学已变成最发达的当代哲学学科之一。

"法律逻辑"这一术语对应于英文"legal logic"。在汉语中,与"法律逻辑"相近似的术语还有"司法逻辑""裁判逻辑""审判逻辑"等。后面几个术语实际上都主要源于英文"judicial logic"。很明显,"法律逻辑"与"司法逻辑"一开始几乎是在相同的内涵与外延下使用的,并没有本质上的差别,因而不同学者对"法律逻辑""司法逻辑""裁判逻辑""审判逻辑""判决逻辑"等各种术语的选择往往仅取决于他们对某一术语的偏好而已。20世纪80年代,我国法律逻辑研究才开始起步。迄今为止,我国法律逻辑研究大体经历了四个阶段,形成了一条具有中国特色的法律逻辑发展之路。

第一阶段是传统逻辑研究方法阶段。这一阶段主要采用了"传统逻辑原理+法律领域例子"的研究框架,基本上没有涉及法律逻辑的特殊性。如果一定要说这个阶段的法律逻辑与形式逻辑相比有其特殊性的话,那么就是其中所使用的例子是特殊的。这一阶段是西方法律逻辑产生和发展过程中所没有的,因为当法律逻辑在西方兴起时,以数理逻辑为主的形式逻辑理论已占据逻辑学的主导地位。

第二阶段是现代逻辑研究方法阶段。西方法律逻辑研究是从这个阶段起步的。在"逻辑学要现代化"的视野下,一些学者开始大胆尝试和探索"法律逻辑现代化"之路,涌现出了一批专门研究基于道义逻辑的法律逻辑研究者,他们企图建构贴近现代逻辑的法律逻辑体系。但是,这种研究方法尽管在丰富哲学逻辑研究方面做出了贡献,但在建立法律逻辑方面则收效甚微。

第三阶段是法理学研究方法阶段。由于形式逻辑无法解决法律推理的可废止性问题,这就给法律逻辑明确提出了又一个研究方向,引入了"实质法律推理"这一概念,以弥补"形式法律推理"的不足。但这种研究方法会面临两个难题:一是法律逻辑与形式逻辑之间到底是什么关系?二是法律逻辑与法律方法论或法学方法论的关系如何?面对第一个问题,通常的回答是法律逻辑是一门应用逻辑,即是形式逻辑的应用。但只要把法理方法引入法律逻辑之中,肯定会存在某些方法无法找到形式逻辑上的证成。面对第二个问题,人们常常的做法是避而不答,因为这种研究方法实际上就是一种法律方法研究或法学方法研究。

第四阶段是非形式逻辑方法阶段,这一阶段是熊明辉等人引领的,主要运用当代西方非形式逻辑和论证理论来研究法律论证的逻辑。

（熊明辉）

法律修辞学

语言对于法律活动具有重要意义，而修辞作为一种语言活动和法律也有极其密切的联系。在学科史上，修辞学与法学之间有着极为密切的联系。法律的合理性需要运用适当的修辞来表达。法律修辞学（Rechtsrhetorik）即这两种学科交叉的产物，并成为法律方法论的重要研究内容。

在法学史上，法律与修辞学之间的关系历经了很大的变化。当代西方法学研究中的“修辞学复兴”，在很大程度上是对古希腊修辞论辩传统的发掘与延续。古希腊时期柏拉图、亚里士多德以及智者学派等对修辞学都有一定研究，奠定了后世的研究基础。古罗马的西塞罗、昆体良等对修辞雄辩术也有很大贡献。法律修辞学连接起一个已失去的旧传统。古代的法律修辞学标明了理性应用法学的发端。对个案的讨论和论证是法学的初始内容。只是后来才产生了“规则”的制定，各种原则和法律制度的创立，司法系统的建立（首先是由于论证的原因）。因此，如今看起来极其完备的西方法律制度与司法体系，其实不过是源于早期的个案修辞论辩传统。在中世纪，法律修辞学也有一定发展。但随着近代理性主义哲学的兴起，这种修辞论辩的研究传统被中断了。长期以来，人们认为修辞只是关于说话形式的原则，修辞学只是一种技艺、一种说服技巧而已。因此造成所谓的“修辞学之死”。由于近代科学的发展，特别是那种追求精确并且能够得到确证的科学方法出现之后，古代的修辞学似乎被遗忘了。逻辑学在整个科学中占据了绝对的统治地位，修辞学似乎只在文学、艺术和诗学里面才有一席之地。19 世纪以来的实证主义法学虽然关注对法律语言结构的研究，但是这跟修辞方法有很大不同。

当代欧美法学研究中的修辞学复兴是在 20 世纪后半叶。20 世纪 80 年代西方修辞学全面复兴涉及广泛的学科门类，如文学、哲学、法学、史学、社会学、政治学、心理学、经济学等领域。当代国外法律领域的修辞学研究主要代表人物及作品如比利时佩雷尔曼的《新修辞学》、英国图尔敏的《论证的运用》、德国菲维格的《论题学与法学》、哈夫特的《法律修辞学》等；20 世纪 70 年代以来美国一些法学家和语言学家对此也做了研究，如围绕法律与文学、法庭语言学（forensic linguistics）进行研究。尤其是修辞学法学更体现在当代法律论证理论家如麦考密克、佩策尼克、阿尔尼奥等人的研究当中。其实，法律论证中的修辞论证方法本身也是法律修辞学中的一种研究内容。修辞与叙事已成为司法判决正当化与合法化的一种主要方式。总体上说，修辞学与法学交叉领域，即法律修辞学已构成当今国外法学中的一个显要研究领域。而且，欧美一些国家在此方面还开设课程，在法学教育中具有一定地位和意义。

不过，这种复兴的修辞学传统毕竟出现在与古代截然不同的条件下。如果说西方修辞在其古典时期，典型地表现为一种基于小范围内人际互动的常规或“微观”实践，那么，它在西方社会进入现代发展阶段后，则发展成为主要在广阔的社会文化语境内，由非个人的机构性参与者以宏观规模进行的一种新的实践。因而，在当代学术语境中，修辞学有其不同于古典修辞学的特定的目的与功能。

在西方，修辞学曾长期被认为是非理性的劝服而非逻辑的辩论，从而也无助于确立合乎理性与真理的知识。颇具戏剧性的是，而今，在法律领域，修辞学却作为一门学科成为律师掌握清晰思维与写作的源泉。

就法律修辞学而言,德国法学家哈夫特认为它是一个实践学科,它关心的是,从法律适用时对创造性自由空间的理解中抽出结论。新修辞学的核心观点是,"在任何地方都不可能中立地言说"(where there is meaning,there is persuasion)。

美国学者赫格特(James E. Herget)将修辞法学的主要观点概括为三点:一是情境思维,即关注于某个具体的法律问题;二是论题学观念;三是认为法律是个表达观点的问题(特别是法律共同体的观点)。诺伊曼认为,论题学—修辞学模式突出了法律论证的修辞特征和策略安排。人们把"修辞学法律理论"("分析修辞学")的任务视作修辞结构的重构,修辞结构与正式的法律方法论规则的对立。这一设想是分析—批判的;它首先处理的是澄清法律论证的实际结构及法律论证的各种条件。总之,可以说法律修辞学或修辞学法学已成为某种相对独立的知识领域,法律论证成了其中所要研究的重要内容。

参考书目

1. [德]阿图尔·考夫曼、温弗里德·哈斯默尔主编:《当代法哲学和法律理论导论》,郑永流译,法律出版社 2002 年版。
2. 刘亚猛:《追求象征的力量》,生活·读书·新知三联书店 2004 年版。
3. [英]尼尔·麦考密克:《修辞与法治:一种法律推理理论》,程朝阳、孙光宁译,北京大学出版社 2014 年版。
4. 陈金钊:《法治思维及其法律修辞方法》,法律出版社 2013 年版。
5. 焦宝乾等:《法律修辞学导论——司法视角的探讨》,山东人民出版社 2012 年版。
6. James E. Herget, *Contemporary German Legal Philosophy*, University of Pennsylvania Press, 1996.

(焦宝乾)

法律辩证术

辩证术不同于我们传统理解的辩证法,在语义上它与修辞学具有很大的交叉部分。"辩证法"一词源于古希腊。中文有时译作"论辩术",其原意是"论辩(对话)的艺术"(Kunst der Unterredung,Kunst der Gesprchsführung,谈话术)或"对话的思维方法"。辩证法作为一门论辩术,早在古希腊爱利亚学派中即已出现。公元前 5 世纪古希腊哲学家、爱利亚学派的成员芝诺被亚里士多德誉为"辩证法的发明人"。芝诺运用"二难推理"(dilemma)的方法,从对方的论点出发,用反证法把其论点驳倒。芝诺在反驳运动,否定事物的"一"和"多"的统一时所采取的一系列论证方式对后来的辩证法,乃至逻辑的产生和发展起到了一定的推动作用。苏格拉底扩展了芝诺的"论辩术",在使用的对话技巧中,从假设推出的结论不必是自相矛盾的,可以单纯是假的,即把芝诺的"归于不可能的方法"(reductio ad impossible)发展为归谬法(reduction ad absurdum)。他通过与人对话,经常采用"诘问式"方式揭露对方提出的各种命题、学说中的矛盾,动摇对方论证的基础,使对方逐渐了解自己的无知,从而发现自己的错误,建立正确的知识观念,此即有名的苏格拉底反诘法。

苏格拉底的辩证法为柏拉图所沿袭,它构成柏拉图的哲学方法。在柏拉图看来,若要获得理念世界的"可知的实在",则必须借助"辩证法"。辩证法是知识的最高一级,它所认识的对象就是永恒不变的理念,系获得"科学"的真理知识的唯一可靠的方法。与理智(它属于次一级的知识,其所认识的是数学的对象,而且必须通过假设才能认识它们)不同,辩证法不必凭借假设而可以直接认识理念和第一原则。在柏拉图所记述的苏格拉底的对话中涉及 3 种基本的

“辩证法”技术：第一，提问和回答技术，即通过一系列提问和回答，从对方的立论（thesis）本身引出与立论相矛盾或无法接受的结果，以此反驳对方；第二，推导技术，即再通过提问和回答，从一系列有关特定情形的真实前提（true proposition）推导出某个一般的结论（generalization）；第三，“区分”（distinction）和“综合”（synthesis）技术，区分的技术是指将一个“属”概念（genus）划分成若干“种”概念（species），再将“种”概念划分为更次一级的“种”概念（subspecies，亚种）的反复分析过程，综合的技术是指将若干“种”概念归入（collection into）它们的“属”概念，再将“属”概念归入更大的“属”概念的反复归类过程。

古希腊对辩证思维的认识，在亚里士多德那里达到了高峰。亚里士多德所理解的辩证法与柏拉图对辩证法的认识有所不同。从芝诺到柏拉图，辩证法都与本体论（存在论）、价值论（伦理观念）、物理学相关联。亚里士多德则把辩证法与本体论、价值论分开，仅视为单纯的“探寻”方法，视为一种逻辑，一种思想工具。在他看来，辩证法不关涉事实，而只关涉语词、定义、分析、推论，成为依逻辑（推理或归纳）来思想的语法。亚里士多德所研究的是“辩证思维的基本形式”。

修辞学与辩证法存在以下区别：修辞学采取连续的叙述方式，辩证法采用问答方式（提问式互动）；修辞学面向由各种各样的人组成的听众，辩证法面向少数有知识的受过训练的听众；修辞学限于讨论与公共事务相关的特定话题，辩证法可用于讨论任何一般性话题；通过修辞过程得出的通常都是关于具体事物（我们不能获得真正知识的事情）的结论，而通过辩证过程取得的则往往是超越具体语境的一般性结论。修辞学和辩证法在对科学的功能上是不同的，辩证法既检验初始原理（first principle），又通过智力训练（智力体操，mental gymnastics）而为心灵提供获取这些原理的条件。这两种功能在修辞学上是缺乏的，修辞学论证既不能导致行为原则的检验，也不能导致任何个人道德原则的某种强化。辩证法试图从逻辑的角度验证一系列命题之间的一致性，而修辞学重点在于说服既定的听众，而非严格地进行逻辑推理。辩证法中禁止使用非论辩的方法（Non-argumentative methods），而修辞学则可能运用非论辩的方法。

尽管辩证法与修辞学存在上述区别，但当代法律修辞学尤其是德国的法律修辞学往往将法律辩证术作为一种重要的法律修辞方法对待。法律修辞方法除了包括由传统的法律解释方法、漏洞填补方法等构成的经典法律修辞方法，还包括法律辩证术、法律修辞的布局方法和表述方法。法律辩证术是在法律论辩（rechtlichen Auseinandersetzung）中劝导听众和读者采取遵守法律所使用的论证方式和技巧，但它并不能确保这些论证形式自身的正确性，它也有可能服务于非正当的行为。法律辩证术的定义预设了在争论理论中可能同时存在正确论证和不正确论证，第三种论证和行为方式也可能存在。在这种意义上，法律辩证术就是一种争论辩证术（eristische Dialektik）。同时，法律辩证术也可以被视为一种在法律辩论中致力于相应论证和行为指引的法律决疑辩证法（juristische eristi - sche Dialektik）。法律辩证术的目的在于，试图通过辩证的论证方式和技巧将特定的事实和法律状态表达为有效的，并使听众、相对人和法官也这样认为。作为科学性学科的法律辩证法像修辞学那样，并不是一种技艺。它的目标首先在于，如何在实践中客观地行动。无数法律适用中的辩证术将会被体系性地分析，同时实现辩证论证方式和技巧中心化的方法也会被研究和探讨。

参考书目

舒国滢：《论题学：修辞学抑或辩证法？》，载《政法论丛》2013 年第 2 期。

（吕玉赞）

法律语言学

法学、语言学、哲学等相互借鉴所形成的交叉学科。其思想背景是哲学上的语言转向，理论渊源包括法律社会学和社会语言学。1993年8月，在英国伯明翰大学语言学教授库尔哈德(Malcolm Coulthard)的号召下，国际法律语言学家协会(IAFL)在德国波恩举行成立大会，并正式宣告"法律语言学"(forensic linguistics)的诞生。法律语言学尽管十分年轻，却发展迅速。

吉本斯自己则将法律语言学区分为广义和狭义的两种。狭义的法律语言学仅指用于法律和依据法律使用的语言证据。广义的法律语言学则是指整个范围的法律与语言问题，包括：(1)法律的语言，既包括法律文件中使用的书面语言，也包括在不同的法律场合口头使用的语言；(2)法律笔译与口译；(3)为减少因法律语言造成的不利而做出的努力；(4)由出庭专家提供的语言证据；(5)用于解决法律起草和法律解释问题的语言专业知识(J. P. Gibbons, *Forensic Linguistics: An Introduction to Language in the Justice System*, Blackwell Publishing, 2003)。

根据国际应用语言学协会法律语言学科学委员会(AILA Scientific Commission on Forensic Linguistics)章程，法律语言学的主要任务是开展对语言与所有形式的法律之间的联系的研究，具体包括以下方面：(1)研究法律语言，包括法律文件中的语言和法庭语言、警察语言和监狱语言；(2)研究、提供和提高专业的法律口译和笔译服务；(3)消除法律过程中由语言所产生的不利因素；(4)提供建立在可用到的最佳语言专业知识基础上的法律语言证据；(5)在法律起草和解释问题上，包括在简明语言起草方面提供语言学的专业知识。

关于法律语言学的研究方法，法律语言学者在具体研究过程中，针对所要解决的特定问题，主要利用社会语言学和应用语言学，尤其是现代语用学的相关理论和方法开展工作。充分细致的描述、深入透彻的分析、合理适度的解释和说明(包括适当的批评或规范)是法律语言学通行的研究范式。法律语言学在英、美世界的产生和发展，依次经历了20世纪60、70年代法律与语言研究运动的蓬勃兴起、20世纪90年代法律语言学作为一门独立学科的正式诞生，以及随后法律语言研究在各相关领域的迅猛发展等不同阶段和过程。其发端主要在于20世纪初期西方哲学的"语言转向"，受其影响，包括法学在内的几乎所有人文社会科学都普遍开始重视语言问题，语言成为各学科研究的切入点或中心。同时，在语言学和语言哲学内部也开始出现了语用学的转向，语言研究的视角开始突破语言自身的樊篱，而投向语言之外的更加广阔的社会领域。法律语言学正是在这两股潮流的涌动之下经由共同致力于法律中的语言问题(或语言使用中的法律问题)研究的法学者和语言学者协力开辟的一个交叉研究领域。

在整体上，我国的法律语言学研究尚处在从法律语言作为对象的研究向法律语言作为过程的研究的过渡。体现在研究内容上，这一阶段既有对法律语言的结构、特征、功能等内容的理论探讨，也有对法律与语言、法律问题与语言现象之间的关系的动态研究。但是从整体上看，这些研究无论是在广度还是深度上，都有待进一步地拓展和深入。

(孙光宁)

法律思维

即"法律人思维"，是基于特定情形并由特定主体所具有的基本思维形式。通常意义上，"法律人"常被理解为一个主要包括法官、检察官、律师等在内的职业群体，他们具有一种不同于大众的思维方式，强调具体案件的处理首先要满足的是法律的规范性和程序的合理性，在案件的前提和结论之间必须通过严谨的逻辑推理来证成。作为一个学术概念，当前理论研究者及司法实践者对法律思维主要有以下两点共识：

一方面，法律思维是根据法律的思维。法律思维是一种职业思维，即法律人的思维。从法治的要求来看，法律思维的核心要义在于它是“根据法律的思维”。这意味着只要是被称为“法律思维”的思维方式，其思考问题的出发点和得出的结论都是有法律根据的。

另一方面，法律思维是限制任意的思维。法律思维属于法眼观世界，赋予世界以法律色彩或意义。法律思维把世界都看作法律笼罩下的世界，法律人就是运用法律观察、分析、描述以及解决问题等。由法律与思维组合而成的法律思维，标示着法律对思维过程的约束或者思维结论的限定。这种限定，在强化法律对法律人思维约束的同时，也使法律规范在思维中得到运用。法律显著的特征是对行为的规范，然而，这只是表面特征，因为只有人的思维接受法律的约束，才能转变为行为的规范。所以，法律思维是法律活动的核心层次。法律在思维中的运用，不仅赋予法律以生命，而且也在运用中完善发展法律。

法律思维像其他思维形式一样具有时代性，但核心的骨架按照法治的要求不应该发生变化。发生变化的主要是法律的内涵。这里的法律是指一种泛义法律，即作为法律思维之根据的法律，主要是指法律规范，但不局限于法律规范。除法律规范以外，还包括法律原则、法律概念、法学原理、法律方法、法律价值等。概念、原则等的运用是有条件限制的，有法律规范的时候，就不能直接适用法律原则，法律原则是理解法律的重要因素，只是在没有法律规范的时候才直接根据法律原则进行思维。

法律方法论的最高层面或者说核心层面是法律思维方式，但从理论形态上，法律思维方式是一个宏大的概念，各种法律方法支撑法律思维水平。人们对法律方法掌握得越多，法律思维水平就越高；反之，不掌握法律方法就不可能有高质量的法律思维。这一点意味着法律思维与法律意识是不一样的，法律意识重在对法律的姿态，但法律思维则重在掌握法律知识、法学原理、规范体系等的基础上，理解、解释和应用法律，其中法律方法构成了法律思维的基础，而提升法律思维水平则是法律方法论训练的核心目标。

（陈金钊）

法治思维

一种针对国家公权力机关及其工作人员，衍生于法治价值取向，以合法性为思维模型的思维方式。法治思维的核心内容，就是国家机关及其工作人员应当凸显思维方式的法治要求，以“权利保障”和“权力限制”为主线，将现行有效的规则体系作为国家和社会治理的基本依据，进而将各类社会问题纳入法治制度的轨道进行处理。“法治思维就是指人类符合法治的精神、原则、理念、逻辑和要求的思维习惯和程式。其主体是公权力享有者或行使者，其标准是实质合法性，其目的是保障人权，其过程是具体化思维。它的内部结构包含层次性思维和过程性思维两个维度，本质上是统括了心理逻辑、较高理性、价值判断和思维习惯的认知过程”（韩春晖：《论法治思维》，载《行政法学研究》2013年第3期）。法治思维是实施法治的思维基础。没有法治思维不可能有化解社会矛盾、引导社会良性发展的法治实践。对公共官员来说，法治思维不仅是一种职业技能，更是一种规范导向。在职业技能的维度上，体现为公共官员必须具备熟练运用法治方式化解社会矛盾的能力；而在规范导向的维度上，则体现为公共官员应当根据法治思维的各项规范要求进行具体决策。

法治思维主要表现在法律实施过程中法律及其基本原则对人的思想影响。主体自身的价值倾向、知识结构和文化背景等的差异性,再加上社会情境、价值等语境因素之间的竞争,使得法治思维即使受到法律约束,其在个体身上也会出现差异或意义的多样性。特别是当人们区分形式法治和实质法治概念以后,同样被称为法治思维的术语,可能会朝着实质和形式两个方向展开:一种思维方向是形式法治论者的思维走向,即由于相信文本意义的相对固定性,因而主张法律意义的自足性、独断性,人的思维能够接受确定法律规范的约束,只不过需要较为复杂的法律方法运用。另一种思维方向是实质法治的思维走向,即主张法律的开放性,认为法律应该满足政治、经济、文化、社会的要求,对法律的解释不能死板教条,而应该灵活运用。值得提倡的是在形式法治和实质法治相结合基础上的综合法治观,但该观点反对二者的统一论;坚持以形式法治思维方式为主,以实质法治的思维方式为辅来建构"法治思维和法治方式"。从"法治思维的特征是根据法律的思考"这一维度来看,实质法治主张的开放法律的思维走向之做法,在思维理路上不属于"法治思维或法治方式"。但是,由于形式法治的思维方式在许多方面存在缺陷,如滞后性、机械性、难以与时俱进、有时很难考虑到个别正义等,因而在坚持形式法治思维为主的前提下,必须辅之以实质法治的思维方法。

一般认为,法治思维的特征主要包括以下几个方面:

首先,法治思维的主体是公权力机关及其工作人员。法治,依其基本语义,即法律治理。在现实社会中,总是由具体的法定主体通过法律来进行治理。在现代国家的政治架构中,承担国家治理职能的,被认为是掌握不同国家权力的公权力机关。同时,尽管国家机关是具有法人资格的公法人,但其总是需要通过各类工作人员来依法履行法定职权。由此可知,国家的治理主体实际上是公权力机关及其工作人员。法治思维,就是针对这些治理主体特别是针对领导干部的思维方式。

其次,法治思维的价值依归是法治。任何思维都是某种看不见的话语系统,而任何话语系统都必然以特定的价值观为其依归。法治思维就是以法治这一价值观为其依归的思维方式。法治一词,最初与德治、礼治等概念相类似,原本指称国家和社会的某种治理方式。但是自人类迈入文明社会并发展至今,法治因其固有的优势,如客观性、程序性、规则性等,从所有的社会治理方式中脱颖而出,成为被人类社会普遍认可的治理方式。从文化哲学的视角来看,这意味着法治从单纯的事实性概念转变为某种带有特定伦理善属性的价值性概念。也就是说,在现代社会,法治不仅是对某种社会治理方式的描述,也构成任何文明制度中社会治理方式的典范要求。当然,对法治价值的认可,并不意味着对其具体内容已经达成了全面共识。事实上,围绕着法治的具体意涵,在理论层面就存在各式各样的话语争议,在实践层面也包括纷繁复杂的制度分歧。不同的法学流派都曾就法治价值本身形成了自生的理论洞见,不同的国家也一直致力于构建法治实践模式的制度特色。总体观之,法治意味着法律体系处于良性运作之状态,而为了使法律体系良性运转,体现法治的法律体系就必须满足如下内在"德性":(1)法律应具有一般性;(2)法律应具有公开性;(3)法律不得溯及既往;(4)法律应易于理解;(5)法律规范不得自相矛盾;(6)法律要求应具有期待可能性;(7)法律应具有稳定性;(8)官方行为应与法律规则保持一致。这八项要求在法理学上又被称为"法治八原则"。以法治为价值依归的法治思维,就是将这些对法律体系的规范要求内化为思维的规训,并在法律实践的不同环节尽可能根据这些法治原则进行思考和判断。进言之,提倡法治思维,实质是把对法治的尊崇、对法律的敬畏转化成思维方式，做到在法治之下，而不是法治之外，更不是法治之上想问题、作决策、办事情；其关键是守规则、重程序，做到法定职责必须为、法无授权不可为，尊重和保护人民权益，自觉接受监督。

最后，法治思维的基本模型是合法性。思维模型，也称论证模型，是一个源于论证理论的概念，其本意是指推理前提必须满足的条件。合法性作为思维模型意味着，在运用逻辑进行命题推理的过程中，无论是大前提还是小前提，都必须满足合法性这一要求。在法学领域，合法性具有两个层面：其一，合乎法律的具体规定；其二，合乎法律的规范意旨。法治思维正是以合法性为思维模型的思维方式。在运用法治思维化解社会矛盾的过程中，所有的思维决策，都必须经过合法性要求的检验，例如，行政决定是否存在法律依据、是否符合法律规定的精神等，然后才能付诸实施。以合法性为思维模型的法治思维与以合理性为思维模型的德治思维，恰恰形成了鲜明的对比。进言之，法治思维必然首先关注思维决策的合法性，在满足合法性的基础上，才能追求其他目标。德治思维则必然先追问思维决策的合理性，一旦不满足合理性要求，即便满足合法性要求也不能获得此种思维方式的认可。在具体的法治实践中，法治思维和德治思维主要表现为思维决策的合法性要求和合理性要求。当然，必须说明的是，在现代社会，正当性主要通过合法性来体现，但这并不意味着合法性可以完全取代正当性。只是以合法性为思维模型的法治思维要求，必须以思维决策的合法性为首要目标导向。秉持法治思维和法治方式，将法治作为治国理政的基本方式也就是在强调，合法性要求应当成为约束各类公权力机关及其工作人员的第一性要求，而不是放弃对合理性的追求。

参考书目

1. 张文显：《治国理政的法治理念和法治思维》，载《中国社会科学》2017 年第 4 期。
2. 陈金钊：《对“法治思维和法治方式”的诠释》，载《国家检察官学院学报》2013 年第 2 期。
3. 韩春晖：《论法治思维》，载《行政法学研究》2013 年第 3 期。
4. John Finnis, *Natural Law and Natural Rights*, Oxford University Press, 2011.
5. Lon L. Fuller, *The Morality of Law*, Yale University Press, 1969.

（陈金钊）

法理思维

基于法学的内在视角，着眼于良法善治的价值诉求，进而为法学判断提供“正当性”基础的思维范式。在思维视角层面，法理思维所依循的内在视角是指内在于法学的观察者视角，即将法律系统的体系性和自治性作为本体论和认识论预设，强调以法学为本位、从法学意义上追问法的目的和价值、探求法之于人的必然性和必要性。在价值导向层面，法理思维的核心取向是良法善治，倡导将正义、自由、平等、人权、秩序、民主等法理的基本价值范畴转化为法学思维的价值背景，继而通过生成良法以促成善治的实现。在功能设定层面，尽管法理思维同时被认为兼具解释和分析、推理和思辨、论证和证成、沟通与凝聚、反思或批判功能，但是，其核心的功能设定乃是为法学意义上的思维判断提供学科内的终极理由，故而法理思维反对法学判断的泛道德化和泛政治化，而是主张基于法价值论的基本立场，通过法学本位的思维姿态，使法学判断达致法学论证的可接受性要求。可以说，法理思维是沟通作为对象的“法理”与作为方法的“法理”的重要纽带，集范畴（概念）、理念、方法三者于一体，最终通过思维范式的形态推进法学思维的纵深化发展。

法学界一般认为,在基本分类上法学思维方式主要包含法律思维、法治思维和法理思维,三者共同构成中国特色法学思维体系的范式性框架。具体而言,法律思维强调依规则思维、据法思考、依法办事,视法律规则为思维的前提性要素,进而通过将争议事实归入构成要件的形式完成法学判断,法教义学思维即是此种思维方式的典范;法治思维强调思维方式的法治化,即以"权利保障"和"权力限制"为脉络,将事实上存在的规则体系作为国家和社会治理的基本依据,进而将各类社会问题纳入法律制度的轨道进行处理,以合法性的形式强调法律在纠纷解决过程中的主导作用。法理思维则旨在为法领域内的思维判断提供基于法学意义上的终极证成,通过诉诸法理来解决思维判断的争议。因此,法理思维实际上是法律思维和法治思维的本源性思维,具有反思性、规范性、实践性、整合性等鲜明特征,在整个法学思维体系中占据主导性地位。法理思维是在尊重法律规范、法治秩序的基础上的综合决断思维,包含逻辑哲学上的批判性、体系性和反省性三大特性。法理思维作为批判性思维,强调将逻辑作为规则的辨识工具,目标在于建构正确的判断;法理思维作为反省性思维,旨在把逻辑思维规则作为评价思维的标准,目标在于发现错误的判断;法理思维作为体系性思维,要求运用逻辑思维规则,目标在于弥合断裂的要素之间的逻辑关系。

法理思维集法理、逻辑与经验为一体。法理与逻辑的结合,催生了法理思维理性表达的优良秉性;法理与经验的交融,培育了法理思维服务治理的实践智慧。法理、逻辑与经验的三位一体,充分张扬法理思维的反思性、思辨性或批判性,既完美回应了法律逻辑的论证转向,又有效深化了法律解释的诠释学升级。在法理、逻辑和经验的合力之下,法理思维既可以构筑自身的整全体系,又能够保持对法律实践的认知开放性。故而,法理思维具有更强的提出问题和解决问题的能力,能够诉诸更广阔的、超出法律范围的政治道德原则或理想进行整全性的考量,坚守法律的自我理解,将规范性陈述作为操作的基本构成要素,追求"更广泛的体系视角"。法理思维以法理作为思维起点,强调形式逻辑和辩证逻辑对思维形式的指引,透过法理思维的认知、建构和批判功能,力求在规范和事实层面融贯关于法学问题的体系化思考。

参考书目

1. 张文显:《法理思维的基本特征》,载《法制日报》2019 年 3 月 20 日。
2. 陈金钊:《法理思维及其与逻辑的关联》,载《法制与社会发展》2019 年第 3 期。
3. 范进学:《论中国特色法学思维体系的基本范式》,载《法学》2020 年第 1 期。
4. 郭晔:《法理思维论——新时代法学思维体系的变革》,载《现代法学》2020 年第 6 期。
5. 邱本:《论法理思维的特性》,载《理论探索》2019 年第 1 期。
6. 吕玉赞、吴冬兴:《聚焦与拓展:法理思维的纵深展开——第六届"法理研究行动计划"暨"法理思维与法律方法"学术研讨会述评》,载《法制与社会发展》2019 年第 3 期。

（吴冬兴）

法治方式

运用法律治国理政的方式。从直观的角度看,法治与人治、专制对立,是一种在政治上治理国家的方式。从政治的角度看,法治是实施政治措施的工具,然而,法律自身的特点决定了法治方式的独特性。从此角度,法治方式有三种含义:一是根据法律处理具体问题,而不是具体问题具体分析;二是法治方式具有独立性、自主性,即在一般情况下,依据法治方式处理问题不受道德、宗教、政治等因素的影响;三是法治方式强调法律方法的运用,即使因为实质原因需要变通法律,也不蛮干,而是讲究运用价值进行衡量,根据社会情势进行权衡,但必须进行充分的论证。

法治方式的概念不同于过去所讲的法治手段或法律手段。法律手段是一种对法律工具论过于自信的直截了当的表白,等于在语词的构成上直接点出了法律、法治就是手段,当遇到更重要的目的的时候,手段就必须让位于目的。法治方式也不同于行政命令的方式。从逻辑思路上看,法治采取以简单应对复杂、一般应对具体的思路,即把立法者所拟调整事物的诸多个别特征进行筛选、增减,抽象成一般概念,再基于法律评价和目的考虑形成法律规范的“假设条件”和“法律效果”,以此作为基本的规整来解决各种复杂的矛盾。

法治方式不仅是理性体系的运用,也是一种法治化的意识形态。对其本质内涵定位可进行如下归纳:

第一,法治方式是基于法律思维所衍生的行为方式。法治方式是根据法律,在充分思考的基础上所形成的决断,是一种行为方式,目的是要根据法律进行更加能体现公平、效率的管理,以及理性地解决纠纷。法律思维是法治所引发的思维方式,法治方式由法治思维而来,两者都与什么是法治密切相关。从这个角度看,法治方式是根据法治的要求而衍生的,建立在法律、法治立场上运用法律方法的决策、行为方式。

第二,法治方式是理性地解决纠纷、处理问题的方式。法治思维和法治方式命题的提出,实际上已经看到,一般性的、抽象的法律体系建构不可能在具体问题上都有十分明确的规定。从法律方法论的角度看,法律及其体系本来就不是操作的,它是要在语言思维中运用的,法律体系是一种逻辑框架,治国理政的法治思维和法治方式是要把法律体系作为思考指南,同时把法律语词作为修辞来构建思维方式和行为方式。法治方式是运用法律进行思维的结果,是把一般性法律具体化的思维过程。

第三,法治方式的特征与风格。没有法律规则和程序的介入就没有法治方式。法治方式重视法律的程序性和遵守既定规则的重要性,这是法治方式的最基本特征。对法治方式的特征至少可以从两个角度观察:其一,把法治方式与政治方式、道德方式、行政方式等相比较所得出的特征,这是一种区别、意义或分类意义上的特征。其二,法治方式在方法论意义上的特征。从方法论角度看,法治方式的特征主要可概括如下:

一是保守性。法治方式并不会因为已经有了制定法而失去变通。所谓法治方式的保守性只是从整体上观察得出的结论,这并不会影响法律方法对法律的变通适用。价值衡量、利益衡量、外部证成、目的解释、社会学解释、非正式法源等,都在以法律方法的方式改变司法与执法的机械性,只是这些方法不是法治方式的主流,而只起辅助作用。然而,这种变通对缓解法治的严格与机械,使法律能更好地适应社会发挥着重要作用。法律方法对全面理解法律和法治方式有积极的意义。法律的保守性只是相对于客观事物的发展性来说的。法治的保守性在一定意义上遏制了判断的不确定性和意义盲目的流动性。法治要维护人们已经认识到的价值。对未来的探索,法治论者总是趋向于一种保守的姿态,所谓保守也就是把握住事物发展的度。

二是逻辑基础性。运用逻辑规则在法律与事实之间进行思考,要解决的问题是形式合法性。逻辑规则是法治思维的基础,没有逻辑规则的运用,根据法律的思考就无法展开。法律思维的固有特性还在于严谨性,这是法律思维的最重要特征。法律思维是根据法律的思维,法律思维的直接目的是形成符合法治精神、目标的行为方式。在传统法学研究中,法治思维一般被称为法律思维,两者在实质上和思维方法的路径上具有一致性。不过,人们过去对法律思维的研究不够全面,更喜欢谈论在法律思维中逻辑的作用,而对解释规则、修辞规则注意不够。强调法治方式的逻辑性(尤其是其中的形式逻辑)在我国有特别重要的意义,因为在人们的思维方式中有太多的辩证因素,严格的法律思维很容易被辩证思维所替代。法律意义的固定性很可能在辩证思维过程中被稀释。

三是修辞论辩风格。法治方式并不是由在法律文本中所设立的固定的、格式化的行为方式。修辞论辩、法律论证本身就是法治方式的组成部分。在思维决策过程中,没有对判断的论证与论辩就很难称之为法治方式。充分的论证、论辩,有法有理讲清楚,这本身就是法治方式的言说风格。因此,当下我们界定"法治方式"时,必须强调它的修辞特性。法治方式是借助理性的论证,而非情感或情绪的表达。尽管有时候为了达到说服的目的,在修辞言说的时候也会规劝,然而法治方式是以法治思维为基础,且把法律作为修辞的目的是减弱权力对思维决策的影响,是用法律话语或者说合法性转换权力的运作方式。在法治方式的形成中不仅有逻辑规则的使用,而且有修辞论辩的参与。

四是整体性及融贯风格。此融贯论主要是指在根据法律思考的时候,要注意思考的全面性或整体性,注意法律以外的其他因素对法治方式的影响。这意味着法治方式不仅包括形式合法性,还包括实质合法性。要在坚持依法为本的基础上,融贯吸收道德、正义、习惯、文化以及具体案件里的情境因素。由法治思维到法治方式需要思考的过程,必须经过法律方法的运用才能在语境中确定法治方式的含义。

参考书目

1. 陈林林:《法治的三度:形式、实质与程序》,载《法学研究》2012 年第 6 期。
2. 袁曙宏:《全面推进依法治国》,载本书编写组编著:《十八大报告辅导读本》,人民出版社 2012 年版。
3. [英]T. R. S. 艾伦:《法律、自由与正义——英国宪政的法律基础》,成协中、江菁译,法律出版社 2006 年版。

(陈金钊　宋保振)

法律拟制

广义的法律拟制可以分为法学拟制和狭义的法律拟制,狭义的法律拟制又可分为立法拟制与司法拟制。法学拟制与法律拟制之间有着密切的联系,前者是后者的观念先导,后者是前者的规范定型。法学拟制或是构建学说体系的基石,或是证成秩序合法性的理由,提供了思维的一般起点和原初动力,如理想国、乌托邦、社会契约论、天赋人权、社会连带、民族精神、活法、社会工程说、基础规范等法学范式皆可视为法学拟制。立法拟制是立法者基于特定目的,使用特定外部标志(如"视为"),有意地将明知为不同者等同视之的立法技术。司法拟制是运用于裁判过程中的推理工具,将适用于事实 X 的法律后果适用于事实 Y,换言之,将事实 Y 视为事实 X,或说悬置对事实 Y 的判断,而让事实 X 的法律后果降临。

梅因将法律拟制定义为特定历史阶段协调法律与社会发展的媒介,它是这样一种假定,即法律的实际适用已经发生变化,法律表面却好像没有变化;拉伦茨认为法律拟制是有意地将明知为不同者,等同视之;考夫曼认为拟制的本质是类推,在某种重要观点下将不同事物等同处理;富勒认为法律拟制是有用的、故意的虚构;卢鹏认为法律拟制是决断性虚构。费英格(Vaihinger)的拟制观念借鉴了科学拟制,尤其是数学拟制,他认为拟制的四个主要特征是:(1)包括与现实的矛盾或自我矛盾;(2)必须在根本上是临时的,即它必须在之后消除或在逻辑上被消除;(3)虚构的意识必须明确表达;(4)必须是权宜之计。凯尔森接受了费英格认识论意义上的拟制,即以认识法律秩序为目的的法律科学的拟制,但是认为费英格所举的立法和司法拟制都不符合认识论拟制的特征。凯尔森认为用费英格的人格化拟制可以很好地阐释法律主体,如自然人、法人、国家等不过是法律规范综合体的实体化。

方法论意义上的拟制是一种立法技术、司法推理工具,认识论意义上的拟制是凯尔森眼中法律科学的拟制,本体论意义上的拟制较为人忽视。费英格认为一切抽象物和一般性语词都是拟制,而一般性是法律规则、概念的核心特征。魏因贝格尔和麦考密克的制度法学认为法律是制度性事实,制度性事实可以等同于拟制,塞尔的社会事实建构论详细阐释了制度性事实的一般理论。因此可以说,法律是拟制的。本体论意义上的拟制属性无法像方法论和认识论意义上的拟制工具一样被取舍,只有带着拟制思考才能更好地完善法律理论、助益法治实践。

参考书目

1. Maksymilian Del Mar & William Twining, *Legal Fiction in Theory and Practice*, Springer, 2015.

2. Hans Vaihinger, *The Philosophy of "As If": A System of the Theoretical, Practical and Religious Fictions of Mankind*, Harcourt, Brace and Company, 1925.

3. Lon L. Fuller, *Legal Fictions*, Stanford University Press, 1967.

4. [英]麦考密克、[奥]魏因贝格尔:《制度法论》,周叶谦译,中国政法大学出版社1994年版。

5. [美]约翰·R. 塞尔:《社会实在的建构》,李步楼译,上海人民出版社2008年版。

6. 卢鹏:《拟制问题研究》,上海人民出版社2009年版。

7. 刘风景:《"视为"的法理与创制》,载《中外法学》2010年第2期。

（俞海涛）

法律符号学

作为一项交叉研究学科,法律符号学是运用符号学的理论和方法来研究法律文本和法律概念的重要学科。其研究最初兴起于20世纪50、60年代的美国、法国、意大利等国家,并创办了专门的法律符号学研究协会和学术刊物。体现在法学领域,主要表现为立法语言的确定、法律现象的剖析以及法律理论的诠释。在立法语言方面,法律符号学的重要适用场域是法律条文的规范表达和法律规范的逻辑结构;在法律现象方面,法律符号学的运用包括实体法律、程序法律、法律解释、修辞论证及司法裁判等领域;在法律理论诠释方面,既包括对法律概念和法律术语的符号学分析,也包括对法律学说的符号学分析。不过,在此过程中,多是以言语行为理论作为分析的出发点和着力点。

尽管在一般理论上,法学领域的法律符号学运用有如上三个表现方面,但是在我国,还并未有专门针对法律符号学的理论,既有的研究也主要是从法律概念展开分析。从法学的实践性和应用性本质而言,法律其实是一种动态的言语交际行为。作为交际过程中基本要素的法律术语,其实质就是一种法律符号。脱离于立法行为,法律符号与法律概念之间其实并不具有必然的内在联系,法律术语的意义存在于和其他法律符号之间的关系中,并随着具体情境的变化而变化,具有时空性、特定性和情境性。正是在此意义上,法律符号学对法律解释、法律推理等法律适用行为和法律翻译活动产生了重要的参考意义。在法律适用和法律实践上,法律符号学的重要价值就是丰富了法律解释理论,这既体现在方法论上,也体现在本体论上,二者所建立的基础是西方语言哲学上的意义理论。当人们运用某种符号来指称作为客体的法律概念、法律事件或法律行为时,也就意味着它已经具有特定的信息内容,从而具有了一定程度上的法律价值和法律意义。此时,解释者就可以在此特定语境下主动使用此种意义符号,并作出预期的反应,如研究法律创制的行为、法律话语或法律论辩的结构以及司法裁判中的法律概念定位。

(宋保振)

法律语义学

又称"法律语意学",是语义学(semantics)在法学领域的分支和拓展。语义学分析方法作为一种交叉学科的研究方法,其方法论意义在过去几十年的历史演进中逐渐凸显出来。语义的确定是法律语言使用中所需要完成的主要任务。立法者意志通过语言编码,司法者对法律解码、解释、执行,一般民众对法律认可和遵守,无一不是在对法律意义一定程度上的理解基础之上进行的。法律语义的研究应该是法律语言研究的一个基础性重要领域。意义的研究可以有若干出发点,如语用学。但语义学的研究最为贴近语言本体的研究,是法律语言特点研究的基础性内容。

法律语义学常与法律符号学相混淆,不同之处是区别于法律符号学的机械性和形式性要求,法律语义学是通过对法律规范系统的逻辑解释,探寻法律规范语义表达的规律性、内在解释、不同法律术语和法律概念在语义表达方面的个性以及共性等。其兴起于维特根斯坦前半期的语言学转向,用语言语义手段解决科学命题的证实和意义问题。主要表现为,在认识论模式遭到具体话语适用场景的壁垒时,一些语言学家开始用语言哲学来代替认识论哲学为当代社会寻找一个可靠而日常的根基。但此阶段的语言学转向并未完全同认识论绝缘并且在很大程度上还要依靠认识论,所以语言哲学的起初表现是语义学,包括意向语义学和形式语义学。体现在法学领域,就是从静态意义上展开对法律语言的评述和解释。并且,由于法律语言本身的抽象性和概括性,很多法律概念和法律术语也必须经过解释才有妥当适用的可能,而且各部门法之间的法律用语系统,也因各自的特点而具有相应的独立性,这也赋予了法律语义学更重要的研究价值。

作为法律语言学的分支之一,所谓语义,指的是整个语言的意义。从一般意义上看,语义学研究范围除了对面的研究以外,向下包括语素和义素,向上则包括词组、句子、段落、篇章等语言单位和言语单位的意义。法律语义学研究的对象主要是法律语言的意义,其必然会涉及法律语言的各个方面,包括法律词语的音系、法律词语形态、句子结构、法律语言与法律思维,即法律语言与我们所说的"法律人思维"(thinking like a lawyer)的关系,以及法律语言与社会和现实世界(real world)的关系等。依照普通语义学研究,意义可从语义、句义、语篇等多方面研究,而语义学的重点在语义和句义。法律语言学首先承袭语义学的研究传统,同时亦赋予特定的内容;法律语义学除了解决具体的法律和法律语言之间的问题外,还应根据法律精神和主旨,以及相关的社会、文化、传统来预见意义的发展动向,并作出新的描述。在此,语言哲学家试图从哲学的角度探索意义的真谛,如可能世界、真值、内涵与外延。此外,语义学还包含了一系列可以直接用于法律语言研究的理论和方法,如语义场理论、原型理论、纯理功能等,它们都构成我们研究法律语义学的重要层面。

作为重要的法学研究方法,法律语义学属于规范语义学的研究范畴,其作用是对"意义"的探寻,主要适用场域是法律解释的过程。这种动态语义学方法论的历史建构构成了动态的解释思想形式化的特定方式。因为在动态的解释过程中，解释者对表征结构做了本质的应用，将解释的动态性确定在解释过程的真正核心即意义的核心概念之中。其中具有代表性的就是伽达默尔等学者主张的“理解—解释—运用”一体性的哲学观点，其使法律解释学从原来的技巧规范上升到哲学本体论层面来探讨，对法律条文中所蕴含的“意义”进行挖掘。在当前的法律适用过程中，法律语义学仍是重要的法律研究方法，并作为法律语用学建立和发展的直接理论来源。法律语义学研究的重点在于语言意义表达的系统，在法的谦抑性要求下摒弃过多的主观判断和利益衡量，也不涉及具体的应用。与之相似，法律语用学也研究语言的意义，但是更多地着眼于法律语言在特定语境中的意义和言语行为、预设、会话含义等。在形式语义学的研究中，二者的界限已经不是那么重要了，二者共同作为当前法律领域研究和适用的两种最主要语言研究方法。

参考书目

1. 杜金榜：《法律语言学》，上海外语教育出版社 2004 年版。
2. 宋雷、张绍全：《英汉对比法律语言学：法律英语翻译进阶》，北京大学出版社 2010 年版。
3. 张斌峰：《法律的语用分析：法学方法论的语用学转向》，中国政法大学出版社 2014 年版。

（宋保振）

法律语用学

在语境和语用学的具体关系问题上，语言学家何自然在《语用学概论》中开宗明义写道：“语用学，即语言实用学，是语言学的一个新领域，它研究特定情境下的特定话语，特别是研究在不同的语言交际环境下如何理解和运用语言。”在语言领域，对语用学的重视是在语义学之后，这得益于哈贝马斯的普遍语用学、维特根斯坦晚期的语境分析以及奥斯汀的言语行为理论，考虑到主体和语境的存在意义，语义学被认为是一场在新的基点上探索哲学存在方式的革命。它沿袭语言分析的传统，扩展了经典有效性概念的定义，构造了一种动态的、语境化的交流理性标准，进而影响着包括法学和修辞学等在内的诸多学科的发展。

语言和法律不是作为独立的因素相互交叉的，它们的结合在某种程度上产生了一种不同类型的事物——“法律话语”。在法律语言学的第二次转向——“法律语用学转向”中，过去对法律话语的语义学分析转向以法律语言的实际运用为目的的法律语用学分析，进而成为重要的动态研究模式。根据哈贝马斯的观点，语言行为中既有语义学的意义，又有语用学的意义。句子的语义学意义不过是表达语用学意义在陈述过程中的运用，并服务于建立人际关系和表达意向的活动。并且，语用学的意义优先于语言学的意义。法律规范目的的真实意义并不是语言符号本身的语义学意义，而是隐含在语言外衣之下践行于法律实践中的法律话语的语用学意义。

作为当前法律领域主要适用的语言研究方法，法律语用学很大程度上是从法律语义学转向而来的，虽然类似于法律语义学同时对法律话语“意义”的探讨，但法律语用学直接关注的是言语者实际的言语情境及其语义之上的说服，是通过研究言语行为而实现有效沟通的学科。它是从符号使用者即人的存在处境或行动处境、意图意向、价值目标出发去把握言语行为（回话、言谈、讨论、商谈、商议、推理、论证或论辩）的意义、价值和功能的跨学科方法论的理论系统。法律语用学的兴起背景是西方的两次哲学探索，即英美等国的分析哲学的兴起和美国的实用主义哲学的产生。

作为法律语言学的分支之一，法律语用学是研究法律语言运用及其规律的一门学科，隶属于一般语用学范畴。总体来说，法律语用学是从功能方面对语言进行综观。它从说话者与受话者的视角出发，将人们使用法律语言之行为视为受各种法律、社会以及道德规则制约之行为，研究特定法律语境中特定话语的意义，着重说明法律语境可能影响话语意义以及解释的方方面面，从而确立相关的语用规则。在某种程度上，人们很难将语义学与语用学完全分割开来。我们甚至可以说，法律语义学研究的多是法律词语的词典意义，是对词语的一种静态研究（static study）；而法律语用学则是研究特定法律语境中词语的含义和特征，是对话语的一种动态研究（dynamic study）。两者一静一动，有离有合，相得益彰。在法律语境中研究法律语言，人们完全可反转巴伐士和柏理（J. Perry）所提出的情景语义学原则，将法律语义学的观点和方法使用到法律语用学研究的范畴中，对法律话语意义进行深入细致的研究。在研究法律话语时，语义学和语用学多有重合，两者的区别主要在于：法律语义学研究的是句子的认知意义，是不受语境影响的意义；而法律语用学则是研究话语行为的意义，是在语境中方能确定的意义。

体现在司法中，法律语用学的主要场域是裁判文书的写作以及法院调解、法庭调查、法庭辩论等诉讼过程，主要的理论依据是法律论证和法律修辞方法。在法律论证领域，基于语形和语义的法律推理模型成为经典逻辑发展方向，相应地，论证评价的语用维度似乎被人们忽略了，法律论证往往被看作无目的性、静态性、零主体性（至多是一种独白式的）和缺乏背景敏感性的。而日常生活中的论证活动却具有目的性、动态性、主体性（特别是多主体性的）、语境敏感性、开放性等特征，因而论证常常被认为是对话式的。因此，要分析评价真实论证就必须考虑语境维度，即评价论证还需要考虑对话语境、目标听众等多因素；在法律修辞领域，语用学的作用主要通过“语用—论辩”理论来展现，这一方面是因为语用学与修辞学之间不可分割的关系，另一方面是因为修辞论证的可接受性目的很大程度上就是通过语用的有效性得到满足的。这在修辞论证理论中主要体现在三个方面：从形式逻辑到非形式逻辑；从无语境到有语境；从无主体到有主体。在法律语用学的影响之下，法律修辞也不只是在法庭上慷慨激昂的演说、唇枪舌剑的论辩，其更重要之处在于建立完整的论辩结构，从论题或争议点的确定，到论辩出发点和前提发现，从理由到主张的过渡，从理由的提出到结论的证立，进而追求一种论辩过程的可接受性。在当前司法现实中，法律语用学作为最重要的法律语言分析方法方兴未艾，其超越法律语义学对“静态”法律意义的研究，在特定的语境下，从主体间的“动态”角度对法律规范及司法活动的意义进行探寻，比如对法律语言模糊性的界定、对法律话语语境的分析、对法律方法有效性的追求，以及对法律文书说服性和可接受性的表达等。法律语用学目前已经成为法律方法和法律语言研究领域的重要分析工具。

参考书目

1. 何自然：《语用学概论》，湖南教育出版社 1988 年版。
2. [美]肯尼斯·博克等：《当代西方修辞学：演讲与话语批评》，常昌富、顾宝桐译，中国社会科学出版社 1998 年版。
3. 张传新、宋保振：《法律修辞说服理论的语用有效性分析》，载《天津法学》2013 年第 3 期。
4. 宋雷、张绍全：《英汉对比法律语言学：法律英语翻译进阶》，北京大学出版社 2010 年版。

（宋保振）

“语用—论辩”

“语用—论辩”理论是修辞学和语用学的最重要连接点。作为最初的表达,“语用论辩术”源于英文单词(pragma - dialectics)。具体到法律领域,法律修辞就是“语用—论辩”理论的主要实践方法。作为对法律规范的应用和对应用效果的追求,法律修辞本身就是一个特定主体间、特定语境下的论辩过程,而此过程又是通过法律语言表达的选择和调整实现最佳的说服力、表达力和恰当性的语用活动。语用有效性体现在修辞领域就是“语用—论辩”的说服效果,实现特定语境中对法律的诠释和当事人的论辩是修辞论辩的最佳途径。因为它一方面弥补了形式逻辑论证中的主体参与和价值无涉,另一方面通过对修辞情景的把握在不同的听众之间进行商谈,在修辞论辩的合理性追求中进行说服。在这个过程中,语用方法蕴含在论辩的过程之中并且反映修辞方法的本质,为修辞论辩的顺利进行提供哲学前提、运作原理及方法准则,同时也约束着修辞的恣意和滥用。这种对主体间互动和理性以及对修辞效果和论辩可接受性的追求就是通过对听众的说服来实现的。

作为语用论辩学派的代表人物菲特丽丝在其《法律论证原理》一书中指出:根据语用论辩理论,论辩总是涉及两个甚至多个主体之间的显性或隐性对话,其中一方企图说服另一方相信其立场的可接受性,这正是修辞学在实践论辩中的作用体现。因为每个论辩在实践中都无法达到终极真理和理想价值的程度,更现实的是论辩者之间的现实交际和对话活动,这种特殊情景下的目的商谈本身就是追求语用有效的说服和可接受性。

在法律领域,佩雷尔曼和图尔敏等所主张的“新修辞学”中对非形式逻辑和共识理论的分析和把握,所用的也是语用学的分析模式。源于哲学上“语言转向”的语用学,因其特殊的研究视角和方法,短短几十年内发展到多维度、多视角的综观研究,其中语用学与修辞学之间的关系,也引起了众多学者的关注。在此问题上,虽然学界已习惯于用“语用修辞”或“修辞语用”来描述,但难以避免地在二者关系的具体方面仍存在一些分歧。这一方面表现为二者作为不同的领域有着不同的研究进路,和修辞相比语用学更加强调语言的意义;另一方面表现为二者不同的学科体系,虽然从最概括的意义上讲都是研究语言运用,但语用学是语言学的二级学科,修辞学更多的是一种表达技巧或方式。

但是,在语言领域从对真理的重视到更加关注意义的语用学转向背景之下,也许更应该注重分析二者间的联系。这不仅是人文学科的发展特点,而且对主体和语境的分析也正是新修辞学的主要内容和研究进路。语言环境是修辞的生命,没有语言环境就没有修辞,一切修辞现象都只能发生在特定的语言环境之中,在语言环境之外的修辞是根本不存在的。因此,语言上的同宗关系是语用学与修辞学紧密联系的根源,修辞说服能作为一门学科来研究而成为“修辞学”本身就足以说明其具有一种语用学属性,说服的过程就是语用有效性的表达方式。

具体到司法适用过程中,法院调解和法庭论辩是“语用—论辩”说服功能的主要场域,也构成当前司法改革的着力点之一,理论基础是法律论辩理论不能只局限于从“逻辑—语义”的角度来探讨法律商谈,而应该用语用学的观念来架构法律的有效性,摒弃抽象的“论证形式”或“推理模式”,充分考虑言辞因素、语境因素、情景因素以及其他影响论辩交往行为与结果的语用因素,把对话语境、目标听众和有效共识作为推理论证的关键内容。

参考书目

1. Eveline T. Feteris, *Fundenmentals of Legal Argumentation*, Kluwer Academic Publishers, 1999.

2. 张斌峰:《法律的语用分析:法学方法论的语用学转向》,中国政法大学出版社 2014 年版。
3. 戴仲平:《语用学与中国现代修辞学的比较及其合作前景》,载《广州大学学报(社会科学版)》2007 年第 2 期。

(宋保振)

人工智能与法

人工智能研究的子领域,主要涉及将人工智能应用于法律信息学问题以及关于这些问题的原创性研究,这是研发法律专家系统的前提条件。它还涉及另一个方向的贡献,即将法律问题语境下提出的工具和技巧输出到一般人工智能中。如法律裁决理论,特别是论证模式理论,一直对知识表示与推理产生贡献;基于规范的社会组织模式一直对多主体系统有着贡献;法律案例推理一直对案例推理有贡献;存储和检索大量文本数据的需要产生了对概念信息和智能数据库的贡献。

虽然洛文杰(L. Loevinger)、雷曼 · 艾伦(Layman Allen)和梅尔(L. Mehl)预先提出过的几个观点在人工适用与法中变得很重要,但将人工智能技术应用于法律中的第一个严肃方案是布坎南(Bruce G. Buchanan)和黑德里克(Thomas E. Headrick)在 1970 年提出的(Bruce G. Buchanan & Thomas E. Headrick,*Some Speculation about Artificial Intelligence and Legal Reasoning*, Stanford Law Review)。自那以后,早期工作有美国麦卡蒂(Thorne McCarty)的有重大影响力项目——"纳税人"(TAXMAN project,1977)以及英国斯坦珀(Ronald Stamper)的法律取向语言项目(LEGOL project,1977)。前者涉及一个美国税法案(Eisner v. Macomber)的多数性论证和少数性论证的建模,而后者试图为管理组织机构的规章制度提供形式模型。20 世纪 80 年代早期的标志性成果是哈夫纳论概念检索(Carole Hafner,1981)、加德纳论合同法(Anne Gardner,1983)、里士兰(Edwina L. Rissland,1983)论法律假定情形以及伦敦帝国大学塞科特等人的论可执行的立法形式化(J. Marek Sergot et al. ,1986)。

早期的学术会议有英国斯旺西大学的"计算机科学与法律学术会议"、意大利佛罗伦萨"逻辑学、信息学与法律"系列国际学术会议(1981 年召开首届)以及休斯敦大学瓦尔特(Charles Walter)在 1984 年和 1985 年组织的"计算能力与法律语言国际会议"。1987 年,第一届人工智能与法国际学术大会(the International Conference on AI and Law,ICAIL)在波士顿召开,之后每两年一届。该会议开始被看作发表发展中的人工智能与法观点的主要阵地,人工智能与法协会(the International Association for Artificial Intelligence and Law, IAAIL)由此建立。《人工智能与法杂志》(*the Artificial Intelligence and Law Journal*)于 1992 年创刊。在欧洲,由法律知识库基金会(JURIX)所组织的"法律知识库系统学术年会"于 1988 年首次召开。起初的打算是把荷兰语世界(如荷兰)的学者召集在一起,但该会议很快发展成为一个国际会议,主要是一个欧洲国际会议。从 2002 年开始,该会议经常在荷兰语世界以外的国家召开。自 2007 年开始,日本人工智能协会一直在组织召开法律信息学学术年会。

人工智能与法的主题涉及法律推理的形式模型、论证与决策的计算模式、证据推理的计算模型、多主体系统中的法律推理、可执行立法模型、自动法律篇章归纳与总结、从法律数据库与文本中自动抽取信息、面向电子化搜索与其他法律应用的机器学习和数据挖掘、概念的或基于模型的法律信息检索系统等。

(熊明辉)

社科法学

用实证方法(positive method)研究社会现象的广义学科。一切以实证方法研究法律内容、原由与影响的著作均可纳入社科法学的范畴,而这与所谓的法律科学或教义学确实有本质区别。社科法学力图通过模仿自然科学,在对待事实的问题上,法学与其之外的社会科学产生了交集:法学关注事实的法律规范评价,社会学、经济学、人类学等学科关注事实之间因果关联客观属性探究。

社科法学内部有两个截然不同的路径:第一,从属于法律科学的实证主义的社科法学,立足于对法律素材的一般整理,从中选取/萃取出实然意义层面的经验上的法概念;第二,从属于社会实证主义的社科法学,也即归纳进路的实证主义,其中又可以区分为注重外在社会经验和心理内在事实的两种实证主义进路。统言之,司法裁判定分止争的作用场域乃是高度复杂的现代社会,社会的各个领域之间存在微妙的联系,故而从属于法律系统的司法裁判的结果具有高度的社会相关性,可能会经由公法、私法、社会法等不同规范体系,影响政治、经济、文化、教育、环境等其他系统。在司法裁判中,法官通过适用法律规范,认定法律事实并得出案件结果,必须充分衡量社会各方面利益。除此之外,法律现实主义者认为,法律规范或教义理论往往决定不了裁判结果,真正能对案件裁判起到作用的,是政治的、经济的、文化的、功利的等大量的法外因素。法官在司法裁判的过程中,不可避免地会受到来自社会中政治、经济、文化、环境、教育等系统的影响,同时亦会受到自身生活经历、知识结构以及内心活动等诸多因素的影响,会出现"先有结论,后有案件结果"的状况。更有甚者,强调法官作出司法裁判的过程,预先由法官的生理结构决定。以上种种,便是司法裁判中的主观主义和预决主义。在许多案件中,有经验的法官也可能在裁判之初就会大体形成关于法律后果的预判。

参考书目

1. 张泰苏:《自足的社科法学与不自足的教义学》,载《北大法律评论》编辑委员会编:《北大法律评论》(第17卷),北京大学出版社2016年版。
2. 苏力:《中国法学研究格局的流变》,载《法商研究》2014年第5期。
3. 苏力:《问题意识:什么问题以及谁的问题?》,载《武汉大学学报(哲学社会科学版)》2017年第1期。
4. 郭栋:《法律的社会科学研究:理论边界与跨域协同》,载《经贸法律评论》2019年第4期。
5. [美]本杰明·卡多佐:《司法过程的性质》,苏力译,商务印书馆1998年版。

(翁壮壮)

法律心理学

作为法学与心理学科际整合的产物,法律心理学是研究人在社会生活中与法律有关的行为的心理活动问题的学科,通常被认为属于应用心理学的一个分支。

在法学体系中,19世纪末至20世纪初出现了心理学法学派。这一学派将法律看成一种社会现象,并使用社会心理学的研究方法,注重法律的作用、法律的效果和法律的社会目的的研究,其主要学术观点是:(1)法是个人心理活动的产物,是个人与个人之间的心灵交往造成的。法律规范同样要经历发明、模仿和冲突的过程。法律规范中所体现的观念或行为方式,就是群体中优秀的个体在社会冲突过程中为了适应生活而发明的。(2)法律规范确定的行为模式,常常是人们在现实生活中已经采用的行为。法律规范所确定的行为方式必须和当时的社会发展水平相一致,才会被人们争相模仿发生效力。(3)最根本的社会力是一切生物推动其行为的欲求的力,欲求是社会的主要起源和根本力量。法律同其他社会现象一样,都源于人类的欲求和情感。

心理学法学派与现实主义的融合,直接推进了心理学现实主义的产生。心理学现实主义抛弃了19世纪人们对司法过程一致性、可预见性及确定性的强调,关注司法过程的不确定性及特定情形中个人的和主观的因素所具有的影响,并且把背离机械适用规则的做法归因于个人心理的问题。就其极端形式而言,心理学现实主义认为司法过程中的每个环节都完全而且肯定是由那些决定个别法官之行为的心理因素所型构的,因而其在很大程度上致力于关注抽象法官行为的每一个环节;就其温和形式而言,心理学现实主义认为司法过程乃是由那些在很大程度上无力为人们所发现的个人心理因素所决定的,进而认为司法行为"在一个具有任何点滴新颖的案件中"都是无法预见的。心理学现实主义通过对许多法律判决进行细致分析后发现,许多法律判决是基于不确定的事实、模糊的法律规则或者不充分的逻辑作出的,因此"真正的"判决并不清楚;他们在不同官员在类似情况下所作出的判决的比较表明,法官的个性、政治因素或偏见对判决的影响比法律要大,他们注意到法官不是机器,并告诫法官应有原则,更具社会意识。尽管心理学现实主义的有些观点过于极端,但其以对传统形式主义法学的批判姿态获得了生命力,以心理学的方法来研究法律问题也已经取得了成效。

从目前科学研究中理论与方法多元化的趋势出发,从心理学本身的适用性上看,法律心理学的学科性质应该定性为具有跨学科特点的整合学科,它是在心理学与法学互动的过程中出现的,属于"几个现存的学科(或学科的某些部分)贡献各自的专业知识,根据研究的目标,定义一个新的研究领域"(Michel Denis:《多学科交叉环境下的心理科学》,张侃译,载荆其诚主编:《当代国际心理科学进展》,华东师范大学出版社2006年版)。根据学者马皑的定义,法律心理学是一门以心理学为主要理论和方法,研究法律在创制、实施、监督等运行过程中出现的各种法律行为与精神过程发生、发展及其规律的整合性学科。此定义强调心理学的工具性作用,同时强调对象上的特点,不是研究法律本身而是研究与法律现象有关的行为及其心理活动,在此所说的法律现象主要是法律的运行过程及结果。

法律心理学学科产生于西方国家,在一百多年的发展中逐步成熟与完善。目前国外法律心理学学科的主要研究内容可以从三个方面进行总结:一是以围绕法律制度和诉讼过程开展的专项研究,逐步将心理学的理论与方法渗透到司法过程。具有代表性的是美国法律心理学。美国法律心理学界比较关注陪审团、模拟审判、儿童证人、测谎等方面的研究。二是以人为中心的法律心理学研究,以俄罗斯法律心理学为代表。主要探讨执法活动中的个性,包括法学与心理学对个性的认识及心理学对个性进行研究的方法;法律工作者包括执法、司法从业人员的个性心理特征;诉讼参与人在不同情境中的个性特点。三是广义的法律心理学研究,较典型的是当代日本法律心理学。

法律心理学在我国兴起于20世纪80年代初,其历史背景是当时因社会变迁产生的犯罪高峰。在当时的历史条件下,法律心理学工作者以自然科学的心理学理论和方法探讨属于社会科学研究范畴的犯罪原因问题,将理论研究与司法实践相结合,以青少年犯罪心理研究为突破,建构了我国法律心理学学科的雏形。整体而言,在法律心理学领域,心理学家们比较侧重以法律现象为素材进行心理科学规律的研究;法学家们则更多致力于从心理学视角探索如何在法律实践中有效减轻个人的有害行为。当前,法律心理学的研究已经对中国的法治建设产生了积极的推动。除了一直备受关注的法庭心理学、犯罪心理学等的研究，近年来，学者们对司法决策的形成过程、司法裁量、法官思维、法律方法与技术、法律修辞学等的研究皆离不开法律心理学的学术贡献。

参考书目

1. 马皑:《法律心理学基本理论问题探讨》,载《甘肃政法学院学报》2010 年第 4 期。
2. 李安:《刑事裁判思维模式研究》,中国法制出版社 2007 年版。

（武　飞）

法律过程学派

第二次世界大战后十几年间在美国法学界占主导地位的法学流派，其在理论上旨在回应法律现实主义的虚无思想，实践上试图在法西斯主义和集权主义兴起的氛围下为美国式的民主和法治辩护。法律过程学派上承庞德社会学法理学、霍姆斯实用主义法律思想，下启法律的经济分析学派和批判法学派，在美国法律思想史上占有重要地位。就其整体思想而言，法律过程学派试图在法律形式主义僵化的法律观和法律现实主义虚无的法律思想之间开拓第三条道路。其一方面为法治重新构建客观性基础，另一方面也为美国的政治制度的合法性辩护。

法律过程学派源于哈佛法学院，其中最具影响力的是哈佛前法律教授、后来成为大法官的菲利克斯・法兰克福特，而这一学派的主要传播途径则是由亨利・哈特和艾尔伯特・萨克斯编著的课程教材《法律程序:制定和适用法律中的基本问题》。法律过程学派坚持工具主义的法律观，将法律视为服务于社会需要的一种工具，认为每一个法律问题都是目的问题，法律是实现目的的工具。法律过程学派坚持目的主义的解释理论，他们主张“法院在解释普通法先例时有义务弄清楚那些先例服务于什么目的……同样，法官在解释立法时必须识别立法目的，识别它包含了什么政策或原则，然后合理地做出尽可能同政策或原则相一致的解释”(Eskridge & Frickey, *An Historical and Critical Introduction to the Legal Process*, xcii)。法律过程学派对法律目的的强调，使法官在正当程序下通过目的解释背离法律的字面文义，甚至有时会与立法者的期望相反，他们主张，法官应当假定立法机构是由追求合理目标的人们组成，按照“理性立法者”的意图对宪法和法律作出善意的解释。

法律过程学派反对法律现实主义所主张的司法裁判是法官个人主观意见的观点，主张法律是法官集体对法律原则的“合理阐述”，认为通过正当程序可以修正个人的偏见和错误，法律原则经过法律的阐释以法律教义的面目出现，能够反映人们共同的社会目标。这样，法律过程学派又将法律的确定性建立在程序层面上，而不是在实体目标上，主张通过正当程序所产生的法律原则代表社会一致性的目标从而使法律成为良法。因此，法律过程学派一方面吸收了现实主义法学的法律工具观，另一方面又试图克服形式主义僵化的司法观，力图将法律的确定性建立在通过正当程序形成的社会一致性的目标上。

20 世纪 60 年代，社会动荡动摇了美国社会一致性的基础，打破了人们的法律共识和政治共识，美国社会普遍的价值分歧让法律过程学派逐渐走向式微，其目的主义的解释理论遭到了普遍质疑。

（王　彬）

法律认知理论

法律认知属于法律心理范畴,从心理过程看,法律认知是人对法律现象认识、评价和接受的程度,是主体对客体的认识过程,对其他环节产生了重要影响。

结合心理学和认知学的观念,法律认知是涉及认知主体、认知客体、认知过程和认知结果的一个总体性概念,也是指主体对接受的法律方面的信息的整个加工和处理的过程。通过认知主体对认知客体的推理和判断,得出认知结果。主体不仅要获取和积累法律知识,也应包括通过了解相关法律知识,作出对自身法律行为的判断。如美国心理学家加涅提出学习中5种认知能力(言语信息、智慧技能、认知策略、态度、动作技能)的获得,在法律认知能力上的体现即回答法律是什么的问题的能力,回答法律为什么和怎么办的问题的能力,有意识地调节与监控自己的法律认知加工过程的能力,影响法律行为选择的情绪和情感的反应等。

法学既非自然科学,也非典型的社会人文科学。在吸纳社会科学和自然科学的研究方法和成果时,法律的认知科学研究要解决的一个前提性问题就是如何处理"应然与实然"的关系。

法律认知作为公民在社会生活实践基础上对法律的理解和认同,作为一种特殊的认识活动,内在也包含着一个由低级到高级的过程。公民的法律认知分为法律实体认知、法律程序认知和法律本性认知三个层次并依次推进。法律实体、法律程序受到法律本性的内在制约,是法律本性的具体的、现实的表现形式。法律本性认知是法律实体认知、法律程序认知的导向基准。从相对的意义上讲,法律效力主要与法律实体和法律程序相关,而法律的社会效益则建立在法律本性的基本价值判断之上[幸强国:《法律认知层次刍议》,载《四川师范大学学报(社会科学版)》1995年第3期]。可见,在这里要使法得以普遍遵守就需要不断地培养和提高法律认知,但法律认知的培养和提高仍然面临许多的问题。

法律社会实践是一个多边过程,有司法和行政执法人员、教师、法律当事人、其他公民的多边参与。提高法律程序认知水平,是针对"多边"公民而言的。对法律职业者来说对法律的认知是一个积极主动的过程,而对普通公民来说却存在诸多阻却因素:(1)公民法律需要的自我弱化。公民对法律的需要总是处于潜在状态,不能推动公民积极主动地去认知法律。(2)公民法律知识水平和认知能力的普遍不足,成为制约公民法律认知的"瓶颈"因素。如要求认知者需要具备一定的专业基础知识和具备特定的认知能力,在知识和能力方面提出了较高的特定要求。(3)法律的专业化和部门法数量的日益庞杂及由此造成的公民对法律认知的畏难心理,特别是律师的消极影响和公民的畏讼心理等(郑金虎、赵玉增:《浅析公民法律认知的阻却因素》,载《泰安教育学院学报岱宗学刊》2000年第2期)。除了上述的共同因素制约外,认知主体的自身独特个性因素如个性、偏好、情绪等都会影响法律认知。因而迫切需要培养和提高公民的法律认知,树立法律的权威意识,使人们自觉地遵法和守法。

法律认知的培养和提高是指国家、社会、组织和家庭通过各种方式、方法,营造各种外部环境,使认知主体相信法律、渴望法律、需要法律,从而愿意了解、熟悉、掌握法律的过程。客观方面包括:(1)良好的法律。表现在法的实体方面体现现代法的公平正义、法治价值等价值要求;法的形式方面具备语言的明确性、内容的易懂性、结构的合理性等要求。(2)发展社会主义民主政治。社会主义政治文明是我国人民法律认知的重要环境,是法律认知的动力,涉及党的领导方式和执政方式、决策机制、行政管理体制、司法体制等方面。(3)社会主义市场经济的完善。统一、开放、竞争、有序的现代市场体系的建立,必将会对人们的法律认知和评价产生深远的影响。(4)历史文化传统。法律的产生与遵守也离不开文化土壤和历史背景,社会道德观念是立法内容的重要渊源、指导思想和支撑力量。(5)科技和知识的发展水平也影响法律的认知。(6)改变认知的方式和方法。从认知法律权利到认知法律义务,从实际生活的角度和社会的热点问题上认知法律[施延亮:《法律认知的培养和提高》,载《上海师范大学学报(哲学社会科学版)》2003 年第 2 期]。可见法律认知的培养和提高需要外在环境与主体内在的情感和需要相结合,既要不断创造良好的外在环境,也要不断提升认知主体的科学水平和文化素养,提升法律认知的自觉性、主动性和科学性。

法律认知的发展趋势体现为:第一,法律认知的科学化。许多学者认为法律认知科学应当秉持一种"温和"立场,采取"跨学科"模式,为人文社会领域的"意义"和"价值"研究提供经验研究支持。事实层面的研究成果,如果能够与法律体系中的开放性内容相对接,将会为法学知识和法律制度的更新提供巨大的智力支持。第二,法律认知的知识化。法学与科学有着相同的历史起点,都是人类思想积累到一定程度的结果,是思维发展到逻辑的、理性的结果。而这个"逻辑、理性"处的最为明显的标志就是"法律知识化"。最好是把法律理解成为知识,赋予法律以知识的特性,给予法律知识以权力的属性,走法律知识化之路,这是一个核心路径。

(郝书翠)

法律论题学

当前学界一般从两种意义上理解论题,第一种意义是将论题作为发现论据的位置,告知我们从哪些方面寻找论据,构建论证;第二种意义是在"论题学思维"意义上理解论题,将论题作为围绕问题展开思考的开放性思维方式。在实践中,这两种意义上的论题是紧密结合在一起的。

在第一种意义上,论题指的是论证的方向,告知我们发现论据的场所和位置。"论题"一词在古希腊文中为 topoi,对应拉丁文中的 *locus* 和英语中的 topic,古希腊的 topoi 当前主要被翻译成"论题",但除此之外,还有"地方""部目""类观点""切题术"等译法。论题是论据的存储场所,是人们发现论证的位置所在,地方、因果、类比、先后、正反这些我们日常生活中常见的关系,也是人们思考问题和说理论辩的过程中经常使用的论题,熟悉这些通用论题,知道各类论题下有哪些大家公认的观点,就能便于人们寻找论据,构建强有力的说理论证。正是因为论题是人们发现论据的位置所在,所以有学者把古希腊的 topoi 直接翻译成地方,顾名思义,论题是存放论据的场所,掌握了这些场所,知道每个场所下各自存储着哪些常见的观点,就能很方便展开论证了。

论题是我们发现论据的位置,指引着我们构建论证的方向,在每一论题下面,存储着诸多同一种类的观点,论题也因此被翻译成"类观点"。顾名思义,"类观点"是将同一类观点放到一起组成的汇编,作为同类观点的集合,这种形态的论题起到提供论据大前提的功用,而这样的观点往往是被普遍认可的,具有很强的合情理性,参与者或听众已经在内心倾向于此类观点,从而能为达成共识提供起点。正是因为一个论题属下提供了同一类别观点的汇编,一个论题其实也是一类观点目录。掌握常见的论题类型,也就等于熟知通用的观点目录,纲举而目张,抓住了一类论题,就能逐一往下探讨和使用其属下的同类观点。正是在这个意义上,论题也被称为"部目",亦即同类观点之目录。

早期的中世纪论题是围绕同一类主题词展开的,因此论题学又被称为词序学,顾名思义,以所使用的主题词为依据展开的分类排序学。进一步而言,即使是词序学时代的论题,词语也并不仅仅是表达工具这么简单,一类论题围绕一个词语集合而成,这一词语也往往是该类论题的主题词。例如古罗马的《法学阶梯》分为人法、物法和债法,其中的人、物和债分别是各编的中心词,体现了各编的主题。从这一角度看,作为词序的论题提供了梳理知识、编排章节和建构体系的最简便方法,可以说,论题方法同时也是一种分类的方法。

"论题学"也曾被翻译为"切题术",但凡能运用到论题的情形,都不是通过形式推理就能解决的简单问题,一般涉及多种观点的争锋或者需要从多个角度着手,在进退两难的困境中通过论辩和反思选择合理方案。就问题的思考进路而言,形成解决方案的前提是将问题放置到一定的理解背景中。正是这样的意义关联赋予问题以意义,让我们知道是以怎样的角度,在什么意义上探讨这一问题,从而为问题提供理解的前见。事实上,论题的首要功能正是从不同角度将问题置放到一定的背景中,赋予问题以意义关联,从而使问题具有思考和讨论的可能。每一种论题提供一类问题背景,构成一个角度的思考方向,我们正是从不同角度的论题着手,展开全方位的思考,全面地切入问题实质,尽可能充分地考虑到问题的各种可能性答案,寻找到最优解决方法。正是因为论题提供了解题的方向和进路,论题方法作为解题方法也曾被翻译为"切题术"。

法律论题学的第二种含义是在"论题学思维"的意义上使用的,论题学思维是以问题为中心,多角度地寻求妥当前提,探索合理解决方法的思维方式。社会科学中的任何一个领域,只要涉及对意义的理解,根据文本形成一定的观点,都需要去寻求意义背景,探讨从什么角度赋予对象以意义,这样的理解角度也正是提示我们发现论据和构建自己观点的论题。法学以理解和应用法律的规范意义为要旨,所有的法律方法都是探究法律意义,依据法律展开说理的方法,背后都存在相应的推理论证思路,这些理解法律意义和构建法律论证的方向与角度就能构成法律领域的论题,是展开各类法律方法的指引。可以说,论题是据以"解剖"法律方法的手术刀。

论题学思维提示我们法律应用并非依据概念体系的三段论推理,而是从不同视角探究法律意义的开放性思维。将论题视为理解的方向,法学便是对法律意义的诠释之学,我们需要从不同方向切入,发现论据,形成自己的理解观点,同时也通过这些论据的使用证成理解的正当性,文义、体系与立法意图等都是据以理解法律的重要论题。作为理解方向的论题是我们解释法律的进路指引,能从不同角度赋予法律规定以意义关联,从而避免空泛地谈论思维方法,提高论题方法的解释力和可操作性。

对论题的一种误解是认为论题方法与体系方法是完全对立的,事实上,论题并不完全是反体系的,体系是对知识进行梳理和分类,并把它们有序组织起来的依托方式。我们习惯性地认为论题方法是反体系的,是因为无意识地将体系等同于演绎式体系,除了这种体系外,还有开放式的体系,论题学法学属于开放性的体系,它与演绎式体系一样具有克服混乱性,启示思考进路与提供知识脉络的功能。从法律论题学在西方的发展历程不难看出,欧陆的民法体系一开始源于通过"Locus"梳理出一系列对应的法律概念,形成系统化的罗马法知识,在此基础上才通过演绎与抽象提炼逐步形成现代民法体系。可以说,没有早期的论题方法梳理出系统化的罗马法知识,就没有当今的民法体系,而且当我们对法律体系内概念或原理之间的关系感到困惑,回溯到其原初各自想解决什么问题,相关概念在被体系化之前具有怎样的关联时,就会在不知不觉间求助于“论题式的开放体系”。

参考书目

1.［德］特奥多尔·菲韦格:《论题学与法学——论法学的基础研究》,舒国滢译,法律出版社2012年版。

2.徐国栋:《从“地方论”到“论题目录”——真正的“论题学法学”揭秘》,载《甘肃社会科学》2015年第4期。

3.舒国滢:《走近论题学法学》,载《现代法学》2011年第4期。

4.舒国滢:《寻访法学的问题立场——兼谈“论题学法学”的思考方式》,载《法学研究》2005年第3期。

（戴津伟）

司法中心主义

随着立法时代的结束,人类社会的法律体系已经基本形成,法治的中心任务从以立法为主转向如何恰当地适用已有的法律。此时,司法已经成为法治的关注核心。司法中心主义的实质是着眼于司法者的立场,关注的领域是将成文法律转化为司法判决,讨论的范围是法律在司法过程中的适用,基本价值观念是通过适用法律来维护社会的公平正义,由此法律解释学、法律方法论等成为司法中心主义时代的重要话题。另外,司法中心主义也重视司法活动对促进法治建设的重大作用,赋予法官较多的自由裁量权,强调司法的法律效果,通过将法律方法运用于司法裁判,根据法律的规范精神,展开讲法说理,实现一般性规则与具体案件的妥当对接,使社会公众认可司法裁判的结论,真正做到以法服人。

（彭中礼）

生态主义法学方法

一种从环境法学中发端的新的法学方法论,以其独特的环境法学研究范式为核心,形成了对传统法学方法论的挑战和补充。

针对在“主客二分法”的哲学基础上所形成的传统法学方法论,后现代主义整合了诸如生态哲学、深层生态学、生态伦理学等现代西方众多的思潮、流派、学说和观点,从而提供了一系列新颖的思维范式,被誉为一场学术范式和思维理论上的方法性哥白尼革命。在这一哲学思潮的影响下,有机论(或称整体论)的世界观和主客一体化的哲学基础迅猛崛起,成为法学方法论创新的哲学依据。所谓有机论(或称整体论)的世界观,就是把包括人类在内的整个自然界理解为一个整体,认为自然各部分之间的联系是有机的、内在的、动态发展的,人对自然的认识过程只能是一个逐步接近真理的过程,主张人类在自然面前必须保持一种理智的谦卑态度,人类不应再寻求对自然的控制,而应力图与自然和谐相处,科学技术不应再是征服自然的工具,而是维护人与自然和谐的助手。鉴于人类与自然界的其他存在物都是同一个巨大的存在之链上的环节,人类应当珍惜并努力维护生物的多样性和价值的多样性,自觉地把维护地球的生态平衡视为实现人的价值和主体性的重要方式,重新确立人在大自然中的地位,重新树立人的“物种”形象,把关心其他物种的命运视为人的一项道德使命,把人与自然的协调发展视为人的一种内在的精神需要和文明的一种新的存在方式。

“主客一体化”的哲学基础是指将主体与客体,或者主观与客观两者联系起来、结合起来。“主客一体化”包括“身心一体化”或“心物一体化”(是指将思想、意识或精神与物质这两者联系起来)和“人自然一体化”(是指将人与自然、人类社会与自然界这两者联系起来、结合起来)。其在存在论、本体论方面主张,地球是活的系统,地球有生命、有目的、有精神;世界是“人、社会、自然”的复合,认为生命既是地球物质进化的产物,也使地球成为生命系统、自组织系统,具有自我调节、自我控制、自我维持和进化的性质。因此,它承认自然界具有价值,包括外在价值和内在价值以及这种价值的客观性,主张用事物的内在目的性加以论证,从而强调人应当与自然和谐共处。

正是后现代主义思潮的蓬勃兴起,促成了有机论(或称整体论)世界观和“主客一体化”哲学基础的诞生,同时也为新的发展观奠定了深厚的理论基础。随着生态危机的日渐严重,人类开始认真思考人与环境的关系。有机论(或称整体论)世界观和“主客一体化”哲学视角投射到法学领域,导致了法律生态化的趋势。该趋势首先在法哲学范畴,包括在法学方法论及其研究方法中显现出来。法学作为一门古老的人文学科,以研究人与人之间的关系为己任,当其内部出现以人与自然关系为研究对象的环境法学时,传统的法学理论便产生变革的动力。法学领域的变革首先出现在环境法学领域,继而延伸至整个法学学科。这一变革反映在法哲学领域,则触发了法学方法论及其研究方法的创新和变革。

环境法学所引发的这一法学方法论之创新,即是以其独特的环境法学研究范式(包括世界观、认识论、方法论、价值观、道德观、环境法学术范畴和概念体系等)来重构法律推理的基础,从而对经典的法学方法论予以合理补充,避免经典法学方法论抱残守缺的弊端。随着当今社会生活的网络化、价值取向的复杂化、利益诉求的多元化,原有的法学范式面临诸多理论挑战,而法学方法论的生态化作为环境时代的应世之举,是法学方法论多元格局的必然产物。其以法学和生态学为基础自觉地追求多样复合的研究方法,运用综合性思维方式,打破学科壁垒,跨越学科界限,广泛吸收系统论、协调论、信息论等自然科学的最新研究成果,采用人类学、伦理学、社会学、经济学等多种社会科学的研究方法,深入剖析法律的“生存背景”与“生态环境”,透过法律现象的表面去发现法律背后的“真实”,为环境时代法律的生态化提供了科学的理论视角和工具。

参考书目

1. 陈泉生、郑艺群:《论科学发展观与法学方法论的生态化》,载《现代法学》2008 年第 2 期。
2. 苗福光:《从生态学到生态主义:思维模式的范式革命》,载《云南大学学报(社会科学版)》2014 年第 6 期。

(武　飞)

内在视角和外在视角

内在视角与外在视角的区分,是英国法学家哈特在其著作《法律的概念》中提出来的,意指观察法律的两种不同方式。在哈特看来,内在视角属于法律实践参与者的视角,而外在视角则属于外部观察者的视角。

外在视角,是早期法律实证主义者认识和研究法律的一种方式和立场,是采取一种外在观察者而非制度参与者立场来观察法律的态度。法律实证主义者受科学主义思潮的影响,试图将自然科学方法应用于与人的行为有关的法律科学领域,从而对观察者与被观察的事实之间做了区分,要求观察者不能作出关于世界的非认知性评价,只能用事实说话,观察者须站在法律之外观察法律,这种观察法律的视角就是哈特所说的“外在视角”。法律实证主义者一般采取外在视角观察法律,从而追求法律的客观性和独立性。奥斯丁提出要将“法律是什么”与“法律应当是什么”区分开来,从而确立法理学的研究范围,以便使法学成为一门科学。他主张通过经验观察来界定法律是什么,从而将法律界定为“主权者命令”。凯尔森立足于外在视角观察法律,力图剔除法律中政治学、社会学、心理学的因素,从而使法律成为科学。他主张法律科学研究应当将事实与价值相分离,这样,法律科学家完全独立于他的研究对象,站在实际的法律世界之外研究法律。整体来看,立足于外部视角追求法律客观性的倾向是早期法律实证主义的一个共同特点。19 世纪是实证主义发展的重要阶段。实证主义的基本思想在于观察、解释、分析和廓清外在的“实际存在”。在法学中,“较为自然的”观察“一个法律的存在”以及“关于法律的学科存在”,并且,从中建立“客观的学术叙事”。

对于内在视角,可以从认知和意志两个哲学层面来认识,即首先从认知的角度来认识法律,再从意志的角度决定要不要接受该项法律。以内在视角对待法律,就是参与者以“批判反思的态度”接受规则,并以此作为衡量自己及他人行为的标准。这种“反思性的批判态度”包括三个要素:(1)批判态度:当他人有可能出现或者已经出现偏离规则的行为时,对他人进行批判并要求他人服从,同时这种批判和要求被普遍地视为有约束力。(2)反思性态度:自身面对这种批判与服从的要求时,承认这种批判和要求的正当性。也就是,批判态度针对他人,反思性态度针对自身。(3)对于这种批评、要求以及对于批评和要求的承认,适用广泛的规范性语言,例如“应当”“必须”“应该”等。立足这种“批判反思的态度”,哈特重建了法律实证主义的理论体系,建立了系谱式的法律规则体系,并将法律的效力来源建立在作为“官员共同实践”的承认规则之上。

哈特这种立足内在视角研究法律的立场实际上受到了哲学诠释学的影响。在诠释学看来,人们具有不同的价值观,为了理解别的社会,人们必须进入该社会特定形式的生活,理论家要想理解规则,必须将自己置身于参与者的地位去参与实践,在实践中理解争议并进行价值判断。这样,哈特运用诠释学的内在视角对法律实证主义进行了发展,抛弃了奥斯丁的纯粹经验主义进路,转而关注法律的心理学层面,从而不再将法律当作一种客观的、可经验和可实证的对象去研究,而是将法律作为实践理性来对待。

总之,外在视角与内在视角是法律研究立场的基本界分,外在视角立足于描述性的立场对法律实践进行客观描述,是一种关于法律的思考;内在视角以内在参与者的视角理解法律的意义,是一种根据法律的思考。

参考书目

1. 王永杰:《论哈特的法律内在视点》,载《南京社会科学》2011 年第 6 期。

2. [英]约翰·奥斯丁:《法理学的范围》,刘星译,中国法制出版社 2002 年版。

3. [英]H. L. A. 哈特:《法律的概念》,许家馨、李冠宜译,法律出版社 2006 年版。

(王 彬)

法律知识论

法律方法论与法律知识论存在紧密的内在联系,法律方法所需要的各种概念、规则等在某种意义上都属于法律知识。法律方法的运用活动既有方法论的成分,也有知识论的成分。法律真理的探究也属于法律知识论的范畴。

知识论指对于科学或理论所做的批判性的、理论性的研究,是关于科学的科学或关于理论的理论。法律知识论是针对法律的论述或科学(scientia iuris, legal science)所做的理论性或批判性的研究。拉丁文的 *scientia* 不以自然科学为限,意指任何的知识。*scientia iuris* 系指足以让法律人获致正确判决的法律知识,是一个非常广义的法律科学。当然,这种知识也绝不仅止于判例或立法的收集与分类,*scientia* 还包含某种得以使知识更加容易为人所吸收和学习的合理性。相对于自然科学,法学的两点特殊性值得注意:第一,法律科学以特定的人类行动(action)或行为(behavior)为研究客体。这里的行动或行为是在特定时空条件下发生的历史性事件,是独一无二的,是在人们自由抉择下的一次性现象,因此无法像自然科学一样予以经验性验证或归纳其重复性。第二,法律知识论致力于界定法律中的纯粹概念及基本形式,亦即针对诸如权利或法律主体等概念的界定。因此,法律知识论涉及两个面向:首先是法律社会学、法律心理学、法律经济学等运用经验与归纳所建立起来的有关法律的研究;其次涉及的是司法实务上的事实认定。依据经验法则作出的或然性的事实陈述,实际上在判决中扮演着相当重要的角色。在法律世界中,并没有所谓的事实自身或绝对的事实,有的只是由有权机关依据法定之程度所确认的事实。甚至可以说,有权机关依法创造了事实,因此依法确认事实的工作具有特殊的建构性特征。事实认定过程中的认识、证明、判断、评价、衡量或涵摄等活动,实际上涉及了相当多的认识论问题。法律知识论的焦点是法律科学中有关概念之界定与解释等教义学面向的问题。

在一般意义上,法律研究的任务就是将一组权威性的字词转换成具有拘束力的原则所组成之体系。律师、法官或法学者的工作就是致力于从规定到法律(from statute to law)的转换。这种转换工作将制定法或判决予以分类与解释,借此新的规范被添附在传统的范畴与原则之下。因此,新建的体系比起孤立的各个立法者或司法者所确立的法律命题更具深厚度与丰富性。这种"从规定(法条或判决)到法律的"法学研究,并非"如是我闻"地单纯地重复或报告规定之内容,而是一项相当复杂的活动。借由该种法律科学的研究活动,便可以获得关于现行法的知识。

法理学的工作之一就是提供法律的知识论。因此,许多法理学的教科书都将法律知识视为法理学的重要组成部分。尽管如此,仍有学者认为法理学的任务在于:当我们宣称某一法律命题或主张是真、是假、是对、是错时,此一宣称究竟在哲学上意味着什么,便是法理学的主要任务。换言之,法律知识论成为法理学的基本或所有的任务,毕竟法律实证主义与自然法理论之间的争论几乎可牵涉出法理学中的所有问题。麦考密克认为,主张有法律知识的存在是一个很强的主张。因为知识是命题式的,而且只有命题 p 为真时,我们才可能有真正的认识与知识。换言之,主张有法律知识的存在,便是主张至少存在一些真的命题,而这些真的命题是法律本身的命题,而非有关法律的命题。而命题是有关事实的,所以若说 p 是真的,那么 p 就是事实。因此,主张有或可以有法律知识的存在不外乎主张:真的有法律命题存在,亦即存在法律的事实。然而,长久以来一般均认为法律是一种规范,是一种应然,因此并非事实,事实是一种实然,实然与应然必须予以分明。所以,认为法律知识与法理学几乎等同的看法并非全然无据。但是,法律知识论与法理学及法哲学还是有区别的。尽管法律的定义以及法律所贯彻的价值体系皆属法律知识论的探究问题,但是法律知识论更关注认知主体与认知客体之间的认知关系的本质。

法律知识固然是法律科学中的科学,或法律理论的问题,但是究其实际,法律知识论的问题,就是法学的问题,也是探讨何者是法,如何为学的问题。毕竟,法律思维的理论需要法律的理论,而且法律的理论也需要法律思维的理论。所以,法律知识论就是"对于法律科学研究活动的反思”，或者如果对于“法律科学”一词无法接受的话，不妨称为具有法律知识之问题的反思，换言之，即是何为“像律师一样思考”（thinking like a lawyer）的问题。

法律知识论是深受哲学知识论影响的法律真理理论。在法学中，受符合论影响的是传统自然法理论和法律实证主义。自然法理论认为存在一个超验的价值世界，独立的价值世界成为宇宙中的实存结构，法官的判决只要符合实体性和形而上的道德判准，法律结论就是唯一正确的。尽管法律实证主义与自然法理论针锋相对，但在法律真理的思维模式上二者却是一致的。实证主义者认为，语言的规则会使法律命题的真假与某种历史事实发生关联，只要通过法律史的经验观察便可以获得关于法律命题真假的答案。法律融贯论则反对将是否与外部实体相符合作为法律命题是否证立的标准，而是看它是否被理性地接受，即要看其在一个信念系统中是否与其他法律命题相互融贯，从而将法律命题的证立标准建立在观念之间的融贯关系上。将融贯性作为法律论证的要求，即将一个信念体系内各个命题之间的逻辑一致性以及各个信念之间的相互支持作为法律命题证立的标准。法律实用主义受实用主义哲学的影响，以主观效用作为检验法律真理的标尺。在司法过程中，法律实用主义主张对判决引发的社会效果进行比较权衡，法官期望他的判决能以最小的社会成本实现最大的社会收益。这种根据社会利益灵活适用法律的做法无疑不利于维护法的安定性，对法律真理情境性的强调最终抛弃了法律的客观性。

参考书目

刘壹强：《法律知识论的建构——以法律教义学的探讨为基础》，辅仁大学法律学研究所2008年博士学位论文。

（吕玉赞　王　彬）

遵循先例原则

英美法系中审理当前案件的法官依据类似先例作出判决，将先例中的判例法应用到当前案件中，从而做到同类情形同样处理。简言之，先例对以后类似案件的审判具有拘束力。具体而言，一个判决要成为判例，产生法律上的约束力，要求具备两个方面的因素：第一，作出该案判决的法院层次，英美法系中一个法院作出的判决往往对其本身及其下级法院具有拘束力，因而层级越高成为判例的可能性就越大。例如，美国联邦最高法院的每一个判决，都理所当然地成为美国司法界的权威判例。反之，如果仅仅是某一基层法院作出的判决，成为判例的可能性就比较低。第二，该判决在推理论证和法律适用上的合理性。一个判决能成为判例，产生法律效力，归根结底得靠后来的法院援引，法院愿意根据该判决中的先例规则作出裁判。在这种情况下，如果先前判决在论证进路、法律选择和裁判效果等方面具有非常独到之处，在当前法官看来具有很强的可取性，自然而然就会援引该判决，援引多了，该判决也就成了这一领域的权威判例。即使作出判决的法院层级较高，如果判决本身并不具有很强的合理性，或者在社会变化剧烈的时代背景下，该判决被援引的次数并不多，那么其作为判例发挥作用的机会也就非常有限。

借助于遵循先例原则，法官可以吸纳前辈法官们的智慧，并使同案中法律的适用达到前后一致，这就满足了形式公正的要求，保证了法律的确定性和可靠性，使法律变得可预测。它减少了司法中的个人因素，从而使法律看起来更客观，并因此将法官们的自由裁量权实际上大为缩小。遵循先例原则是判例法发展的基础，这一原则的运用有赖于判例报道制度的发展和成熟,其运用建立于法律的等级结构之上。具体来说,一个前例中有拘束力的并非其全部判决,而是“判决理由”部分,法官的附言(附随意见)以及异议法官的意见(dissenting judgments)等其他内容只具备劝说力而没有拘束力。后来的法院依级别对待前例有一套复杂的司法技术,某一前例的权威性和价值取决于后来的法官是否决还是适用、遵循、区分、解释它,以及法官的意见(特别是判决理由部分)是否一致,持异议法官的数量及其意见的权威性(分量),法官的声望,随后的司法界、律师界、学术界等的评论意见,判例报道的质量(可靠性)等因素。

需要指出的是,遵循先例并不意味着不能改变先例中确定的规则。在1966年之前,英格兰各级法院(包括上议院)严格坚守“因循先例”原则,但在1966年之后,上议院对这一原则略有放松。在美国尽管联邦和各州法院都适用“因循先例”原则,但美国的法院,特别是最高法院较为灵活,它可以拒绝遵循或者废止其前例。现在英美法各国法院大致遵循如下原则:法院严格“因循先例”进行审理,但如果遵循前例显而易见导致司法不公正,或者出于公共政策的需要,法院可宣布其无效而不遵循。所以,遵循先例原则有因循的一面,也有发展的一面,在大多数情况下,法官会因循先例,按照先例中的原则或者规则作出判决,但当先例中的关键事实与当前案件中的关键事实并不类似,在当前法官看来不能作同样处理时,就会适当地修改先例,甚至直接绕开先例作出新的判决,普通法就在这一过程中得以发展。因循和发展对遵循先例原则都非常重要,如果没有遵循先例作出判决的传统,英美法系就没法确保同类情形同样对待,从起点上无法保证法律的统一适用,也没法确保法律的确定性。如果遵循先例原则没有发展的一面,无论社会环境发生了怎样的变化,都严格要求法官必须遵循先例作出判决,最后极有可能用几个世纪之前的判例来约束当前人们的行为,导致严重的法律滞后性,僵化的判例不可避免地成为社会发展的障碍。

然而,从整体上看,因循是遵循先例原则的主要方面,英美法系法官在大多数情况下都会遵循先例作出判决,除非适用先例后会产生非常不公正的社会效果,或者并不存在与当前案件在关键事实上完全类似的先例。整体而言,英美法系的法官以严谨的恪守先例精神保证司法裁判整体上受到先前判例的约束,确保同样情形同等判决,从而依据判例法形塑理想的社会秩序,也据此维护判例法的稳定与可预测性。

(戴津伟　黄　涛)

遵循先例原则的例外

根据格里纳勋爵的概括,总体而言,遵循先例原则存在以下三种例外:

第一,法院有权决定而且也必须决定如何遵循自己先前作出的相互冲突的两个先例。即使是同一法院作出的判决,也很可能受时代变迁以及法官司法理念差异等因素的影响而存在相互冲突,在这种情况下,法院势必得在相互冲突的两个先例中做出选择,被选中得以适用的判决自然具有拘束力,继续作为判例法而存在,与其冲突的判决很有可能被淘汰。即使是在选择做出之前,这两个相互冲突的先例也注定有一个无法适用,因而属于遵循先例原则的一个例外。

第二,法院必须拒绝遵循自己先前的一个判决,这一判决尽管没有被明示地推翻,但由于该判决与上级法院的某一判决相矛盾,从而导致相应判决不再得以遵循。一个司法判决尽管没有被以明示方式确定地予以推翻,然而一旦作为其上级法院的一个司法判决与其不一致,其间存在与该判决理由或者裁判结果相互冲突的司法意见，这一判决的说服力及权威自然严重受损。尽管从形式层面仍然作为判例而存在，但其已经不再具有必须遵循的必要了。

第三，法院不必遵循自己先前的一个判决，如果该判决是在法官存在失察，对相应的制定等内容没有予以注意的情况下作出的，但该制定法效力是能够影响这一判决的，该判决也就因此失去了遵循的必要。有的制定法对某些类型案件的裁判是必不可少的，如果法官在审判这些案件时因为疏忽而完全忽略了相关制定法，这就意味着此种司法裁判没有充分考虑既有法律的规范精神，甚至有可能因为忽略而扭曲了法律的规范意旨，这种情况下的司法判决因失之片面而不再有必须遵循的强制性拘束力。

参考书目

1.［英］鲁伯特·克罗斯、J. W. 哈里斯：《英国法中的先例》（第4版），苗文龙译，北京大学出版社2011年版。
2.［英］迈克尔·赞德：《英国法：议会立法、法条解释、先例原则及法律改革》（第6版），江辉译，中国法制出版社2014年版。

（戴津伟）

普通法系中的先例

一般来说，在普通法系国家，法院的判决是同级法院或下级法院以后处理相同或者类似法律问题案件的范例。以前的司法判决是以后处理类似案件的法律依据。由此形成了普通法系中特有的一种法律制度，也就是先例制度。要想理解普通法系中的先例，就需要理解判例法，普通法系中的先例以判例法为基础。“判例法”由法官在作出裁决时阐述和据以行动的规则和原则组成。在以判例法为基础的制度中，后来案件的法官必须尊重这些原则，而不仅仅是参考这些原则。因此，判例法体系的存在就意味着法官在某一特定的案件中的判决构成了“先例”。

先例具有多种类型，一般来说，存在说服性先例和约束性先例或强制性先例的区别。具体来说，说服性先例，是指法官仅仅有义务将以前的裁决作为当下裁决所依赖的部分材料，或者他有义务以先前案件被裁决的相同方式裁决置于其面前的案件，除非他能够给出不这样做的充分理由。而约束性先例或者强制性先例，是指法官有义务以先前案件被裁决的相同方式来裁决这个案件，尽管他有不这样做的充分理由。

（黄　涛）

附随意见

法官在作出判决的过程中就与案件并不直接相关的法律问题所作的评论，它并非本案判决所必要，因此不具有判例的拘束力。除了这一通常的定义之外，学术界关于附随意见还存在其他一些定义，例如，认为附随意见是司法意见书里的法律陈述，它不可能合乎逻辑地成为判决所选择的事实的大前提，认为附随意见是根据没有被法院认定存在的事实做出的结论。

附随意见具有不同程度的权威，具有最高程度说服力的附随意见可能与必须被视为判决理由的陈述难以分开，而且在某些情况下，它会被单独提及。附随意见有不同种类，例如，存在涉及该案某些附属问题的附属意见，这类附属意见通常被称为“司法附属意见”（judicial dicta），也存在与该案不相干的附属意见，在这种情形下，附属意见通常由在案件论辩过程中做出的陈述组成。

在判例法国家中，不同的法官很可能对同一法律问题秉持不同意见。与成文法国家的司法判决仅记载单一的判决理由不同，英美法系的判决书会将不同法官的意见都记录下来，这些意见对案件的判决结果以及判例法的发展的意义并不相同，其中决定了裁判结果，作为该案判决基础的法官意见构成了判决理由；反之，不是判决基础的法律意见则是该案中的附随意见。在司法实践中，判决理由和附随意见之间的关系较为复杂，有可能判决理由和附随意见所支持的法律观点是一样的，只是二者从不同角度论证了同一法律观点，彼此之间能够相互补充，但也有可能判决理由和附随意见存在冲突，其观点根本无法兼容。从判决理由与附随意见的区分中，不难看出判例法中的"法"并不仅仅是赋予案件事实以法律后果的规则，更重要的是告知人们遇到特定的情形为何如此判决，并辅以相应的说理论证，是详尽地将法律事实与判决结果连接起来的法官意见，揭示出"是什么"背后的"为什么"。两种法律意见所支持的法律观点可能完全一致，但由于理由不同，论证的进路存在差异，前者就构成作为判决基础的判决理由，而作为附随意见的后者仅仅具有参考意义。

从深层次来说，服务于相同判决结果的司法意见之所以在地位上差异悬殊，也有可能是二者所选取的关键事实有本质差别，分析的进路相去甚远，看似导向相同的裁判结论所着力探讨的完全是两个争议点。从法律拘束力的角度看，遵循先例原则所遵循的是先例中的判决理由，后来的法官根据确定先例裁判结论的法律理由来对当前的类似案件作出判决。然而，司法实践中的情形往往更为多样化，有可能一种法律意见在某个案件中仅仅是附随意见，但在若干年后，审理类似案件的法官觉得该意见非常具有说服力，就规避了该案中的判决理由而采纳了其附随意见。这样该法律意见就随之"复活"，构成了具有法律拘束力的"判例法"，甚至同一条法律意见也会从"判决理由"贬低为"附随意见"，然后再次获得重生，重新上升为判决理由。

在判例法中，无论是判决理由还是附随意见，其本质都是一种法律意见，一种可以作为裁判前提的假设，具有合理性，很可能应当如是裁判，但并不必然这样。当在某一案件中，一条法律意见被认为最具合理性，往往就取得了判决理由的地位，时过境迁，社会需求发生了重大变化，或者学术界对该问题形成了新的认识，该法律意见的正当性日益减弱，其他意见得以胜出成为该类案件的判决理由也自然合乎情理。一条法律意见成为判决理由后，由于其占据判例法的地位，往往具有很强的适用惯性，即使法律界和社会公众都认为该判决理由已经不再合理，但如果要将其从判例法的位置上拉下来，让其他法律意见取而代之，往往需要漫长的过程。

（戴津伟　黄　涛）

事实区分技术

在判例法中，法官必须确定哪些事实被认定属于实质事实，哪些又属于非实质事实。法官在确定实质事实的基础上，寻找先前法官据以作出判决的决定性理由，正是这样的理由构成了判例法规则或者原则，从而构成裁判当前案件的依据。在认定实质事实与确定判例规则的关系中，二者并非简单地先认定事实，后适用法律，确定实质事实的过程本身也是明确案件争议点的过程，什么样的事实能成为实质事实，很大程度上取决于判例法规则认为哪些事实会对该案件产生实质定性影响，例如刑事案件中被告人是否患有精神疾病，这样的事实无疑会对被告人的刑事责任产生影响。

在判例法中，不仅判例规则指引着事实的区分，案件事实也在判例法的发展实践中塑造着判例规则的演变，法官会根据社会形势和衡平理念等因素，结合案件事实引导判例法规则走向某一方向，或者有意识地规避某一规则的适用。可以说，其中起指导作用的正是他所理解的哪些事实构成关键事实，理应决定这类案件的定性。在同一案件中，不同法官对关键事实的理解难免存在出入，即使得出的判决结论相同，但法官切入的角度，所确定的关键性事实，进而所选择适用的判例规则却可能相去甚远。从这一角度看，大多数判例法规则就是据以区分实质事实以及对其进行法律定性的规则。

参考书目

1. [英]鲁伯特·克罗斯、J. W. 哈里斯：《英国法中的先例》(第4版)，苗文龙译，北京大学出版社2011年版。
2. [英]迈克尔·赞德：《英国法：议会立法、法条解释、先例原则及法律改革》(第6版)，江辉译，中国法制出版社2014年版。

（戴津伟）

判例法的法源属性

判例法本身就是法律还是仅仅属于法律渊源，一直是英美法中一个经久不衰的争论话题。一种观点认为，判例本身就是具有约束力的法律，这一观点被称为先例法律说。另一种观点则认为，判例只构成法律渊源，判例法中到底蕴涵怎样的法律规则，是由审理当前案件的法官结合当前的案件事实确定的。这种观点被称为法官造法说或者法律渊源说。法官们所作判决是普通法法律规则具体为何的证据。判例毫无疑问构成法律，否则英美法系的法官就无须遵循先例，一旦失去了判例这一最为重要的法律载体，判例法也不能成为法律。然而，法律渊源说仍然能从多个侧面揭示判例法运作的真实细节，体现判例法的独特属性。具体而言，体现在以下几个方面：

第一，真正赋予先例以判例法效力的是后来的当值法官。尽管层级较高的法院，例如美国的联邦最高法院和英国的上议院因其在司法体系中的重要位置，所作出的司法裁判一般都能被以后审判类似案件的法官所遵循，具有很高的权威性，但就整体情况而言，一个司法判决之所以能成为判例，除了受到判决法院层级影响外，还得看这一判决本身具有多大程度的合理性，是否会被以后的当值法官所遵循。换言之，一个判决是某一类型案件的典型判例往往是一种事后判断，由于后来审理这类案件的法官们经常援引这一判决，遵循其中的法律规则，这一判决慢慢地从诸多判决中胜出，成为获得普遍认同的经典判例。与此相反，一个判决也很可能被以后审理类似案件的当值法官推翻，其中所蕴含的规则并不必然成为“有效的法律”。从这个角度而言，先例本身只是法律渊源而不是确定无疑的法律，哪怕该判例曾经被援引，以后是否还能继续作为有效法律，还得经受司法实践的检验。

第二，我们无法将已有的法律适用于新的情况和创制法律规则做出绝对区分。英美法系的法官造法，也并非在毫无旧规则的情况下凭空捏造出新的规则，他们往往看似在适用现成的法律规则，事实上却在做适当的变通，或者对规则的适用条件加以扩张或限缩，或者对该规则的法律后果作出一定的调整，在这种情况下，我们很难说这属于创制新的法律规则还是将已有的法律适用于新的情况，但至少可以肯定，英美法系的判例法并不是以一成不变的方式运用到以后的案件中，它们往往因时因势而做相应调整，这时与其说判例法是既定的法律，不如说它们是一种最为重要的法律渊源。

第三，法官确实在造法。从外行的角度看，判例法的法官往往在裁判作出前宣告法律，宣告在这种案件中依据的法律是什么,符合"宣告论",但在不少案件中,法官并非只是做出应然性质的判断,阐明这一法律问题应当怎么解决,阐释获得普遍认可的判例规则,而是在不经意间加入了自己的理解和判断,实质上是他相信这种情形下法律规则是什么,以他的理解这一案件应当这样解决,以宣告的名义在实行造法的事实。从这一侧面看,已有的判例仍然只是法律渊源,而并非已经确定的法律规则。

第四,判例所确定的任何法律规则都有可能在以后被改变甚至淘汰。即使一个判例在某一时间段内被普遍遵循,判例中的法律规则获得了司法同行的普遍认可,但不排除该判例在以后的司法实践中将会遭受到挑战,有可能被以后的司法判决所修改,也有可能在这一类法律规则不断往前发展后被淘汰。正如戈夫勋爵所言,包括判例法在内的法律表述,最多只能算是实践中的某种推定,很可能如此,但并不必然这样,现在如此,但不意味着以后也肯定这样。尽管成文法国家的制定法也肯定会随着社会的发展而修改甚至重新制定,但制定法的改变得经过严格的立法程序,法律的稳定性相对较强。相形之下,判例法可以依托司法实践不断成长,一条判例规则是否有效很大程度得看它是否还能经受得住司法实践的检验。从这一意义上,判例法规则往往是一种暂时正确并在当前情况下假定合理的规则,而绝非亘古不变的公理。判例与其说是确定的法律规则,不如说是给法官和律师提供分析案件法律依据的法律渊源,从判例法发展的角度看,每一条判例法规则都有被改变、修正甚至废除的可能。

判例渊源说经常会遭受到如下质疑,如果先例只是法律存在的证据,而非法律本身,那法官并不绝对地受其约束,与此相关,没有强制性约束力的判例也就不存在被有效推翻问题。类比证据法的最优证据规则,可以对上述质疑给出回应,同一类型的一系列判例都构成针对某一问题的法律论据,法官最后会采用哪一判例规则,就看律师以什么样的方式包装自己的法律论证,在法官看来哪一判例最具合理性,从而成为这一法律问题的最优选择。从这一角度看,判例仍然是构成法律为何的论据,是据以找法的法律渊源而非法律本身。

先例法律说侧重判例的一般性,力图通过判例形成一般性的规则,而法官造法说或者法律渊源说则将法律理解为针对个案的裁判规范,是由当值法官根据当前案件的需求重述出来的裁判规范,无论是制定法、习惯还是判例都只是形成裁判规范的资料或者证据而已。

参考书目

1. [英]迈克尔·赞德:《英国法:议会立法、法条解释、先例原则及法律改革》(第6版),江辉译,中国法制出版社2014年版。
2. [美]卡尔·N. 卢埃林:《普通法传统》,陈绪纲、史大晓、仝宗锦译,中国政法大学出版社2002年版。
3. [美]迈尔文·艾隆·艾森伯格:《普通法的本质》,张曙光、张小平等译,法律出版社2004年版。

(戴津伟)

法律的模糊性

法律所具有的归属不完全的属性。它包括法律概念之间界限的非明确性、事实和法律规则之间的非完全匹配性、法律推理结果的非唯一性。因此,法律的模糊性主要体现在:第一,法律文本的模糊性。具体而言包括:法律概念的模糊性、法律原则的模糊性、法律规则的模糊性。第二,法律事实的模糊性。法律事实的模糊性是由法律事实的主观性和历史性决定的。法律事实不完全是客观事实,而是经过人们的主观加工了的事实,因此具有明显的主观性。法律事实是过去发生的事实,已经不可能复原,在证据不充分的情况下,其确定性经常受到质疑。第三,裁判的非唯一性。在司法实践中经常见到同样或相似的案件在不同的法院或不同的时期有不同的裁决结果。这是因为:一方面,法律文本和法律事实的模糊性,导致法官在裁判中不可能得出一个唯一正确的判决。另一方面,判断正确的标准是模糊的,在许多情况下,不同的法官、不同的法学家以及不同的律师对同一案件的正确裁判的理解显然不会完全一致。

语言的模糊性是造成法律模糊性的主要因素。第一,语言的不确定性。语言具有多义性,在不同的语境中表现出不同的意义。第二,语言的有限性。世界是无限的,而语言是有限的,用有限的语言描摹无限的现实世界必然会暴露出语言的模糊性。第三,语言的障碍性。人与人之间的交流,从根本上来说不是语言的交流,而是思想的交流,在有的情况下,语言就显得多余,词不达意,用语言表达出来可能使情况更糟糕。第四,法律语言的专业性。法律是一门专业性很强的学科,当前,法律语言的职业垄断在各国仍然存在,对于法律职业共同体以外的人来说,法律语言的含混性就更加严重。

法律的模糊性与语言的模糊性不能等同。客观存在的、与法的普遍性相伴生的法的模糊性绝不是语言的模糊性所引起的。只有主观认识活动中形成的法的模糊性才和语言的模糊性有关,其中有一部分就是法律语言的模糊性。法律语言的模糊性主要表现在两个方面:一是法所调整的社会关系不同于有形的物体,有的往往只可意会,不可言传。二是语言本身具有模糊性,无法准确地将所要反映的事物——所指——再现出来,它所能表达出来的意义——能指——往往与"所指"是不一致的,有时二者几乎完全脱节,很难达到同一关系。

司法资源的有限性和案件事实的多样性、复杂性决定了认识法律事实能力的有限性。法律事实往往是一种隐蔽性的事实,是经过人为加工了的事实,具有伪装性、表象性、复杂性和模糊性,从而加剧了法律事实认识的困难和模糊性。社会在飞速发展,作为意识形态组成部分的法律表现出相对的滞后性,法律既要适应社会的飞速发展,又要保持相对的稳定,于是法律的稳定性与社会的多变性之间产生了矛盾,新事物的产生没有相应的法律去规制,法律出现漏洞,情况发生了变化,而法律没有改变,法律表现出过时。

法律的模糊性有时是立法者故意创造的,是立法技术的需要。立法者往往在以下几种情况下故意使用模糊语言:一是抽象的法律原则;二是立法者对某一问题的处理还没有形成统一的认识;三是对某种情况的列举无法穷尽;四是某一事物刚刚产生或正处于发展的不确定状态;五是没有更具体确定的语言来替代。

语言的模糊性在许多情况下常常导致法律适用中的不确定性,而法律适用中的不确定性又常常对法律及审判理论提出挑战。模糊性不仅是法律语言的一个特征,同时也是法律的一个特征:法律的语言资源及非语言资源常常模糊不清。法律的模糊性对许多法律理论家而言似乎不可接受,因为若法律是模糊的,则法官不可能总是经由贯彻执行当事人的法律权利与义务裁决案件,法官不可能总是对相同案件作相同处理,因此所谓的法治理想似乎也就变得可望而不可即。由此法治理想之内容有了一种新的表达,并认为正义和法治之追求不依赖如下观念:法律的各项规定在所有情况下都确定无疑。

参考书目

1. 梁治平:《法律解释问题》,法律出版社 1998 年版。

2. 陈云良:《法的模糊性之探析》,载《法学评论》2002 年第 1 期。

3. 周力:《法律的模糊性分析》,西南政法大学 2008 年博士学位论文。

4. [英]蒂莫西 · A. O. 恩迪科特:《法律中的模糊性》,程朝阳译,北京大学出版社 2010 年版。

5. 伍铁平:《模糊语言学》,上海外语教育出版社 1999 年版。
6. 陈云良:《法律的模糊问题研究》,载《法学家》2006 年第 6 期。

（李　鑫）

法律的不确定性

法律渊源、法律解释和法律推理的不确定性。法律现实主义、法律实证主义、自然法学、批评法律研究、女权主义法学、种族批判理论和法律论证理论纷纷提出了各自的不确定性(或确定性)主张。法律的不确定性理论大体可以划分为描述性理论、分析(或概念性)理论和规范性(或批评性)理论三种。

描述性的不确定性理论探讨的是司法实践中法律无法明确决定案件结果的问题。法律现实主义者的不确定性主张关注的是美国法官运用非法律因素裁决案件的实际情况。他们的不确定性主张是描述性主张。

规范的不确定性理论不关注法律无法决定案件结果的实际情况,而是致力于改变司法审判的现状。批判法律研究、批判种族理论、女权主义法律理论和解构主义法学的不确定性主张都属于批判的不确定性主张。

分析的不确定性理论从语言的性质或法律的性质出发探讨法律是否必然是确定的(或不确定的)。法律实证主义者、法律解释主义者和自然法学家的不确定性主张都是概念性主张。现代分析法学奉行的概念分析方法是探讨概念性不确定性主张的最佳方法。概念分析不仅可以指出法律实践的重要方面,还可以用来评价各种概念性理论的优劣。

法律不确定性问题通常以语言的基本性质为主要议题。语言是法律发挥作用的媒介,只有理解了语言,才有可能理解法律,语言具有不确定性,而法律是用语言表达的,所以法律在特定案件中的要求经常是不确定的。

语义怀疑论,概念的可辩驳性、模糊性、歧义、家族相似性、争议性、不完全性、不可通约性和翻译的不确定性是语言不确定性的渊源。但是,语言的不确定性是相对的,彻底的语言不确定性主张根本无法成立。法律的不确定性也是相对的。哈特派法律实证主义和德沃金派法律解释主义提出了法律理论中两种最主要的概念性不确定性主张。

哈特从语言的开放结构着手探讨了法律的不确定性问题。哈特认为,由于法律存在“开放结构”,所以法官在判决“疑难案件”时拥有自由裁量权。哈特对疑难案件的处理过于简单。法官在开放结构之处的确可以行使自由裁量权,但应当发展出一套法律论证理论来约束法官的自由裁量权。

德沃金在批评哈特的裁量理论基础上提出了正确答案论题。正确答案论题宣称,所有(或者几乎所有)法律问题都存在“唯一正解”。德沃金认为,由语言引起的不确定性是可以消除的。不过,德沃金正确答案论题赖以存在的解释方法没有普适性。他的解释方法没有揭示法律实践的重要特征,忽视了权威和共识在法律实践中的重要性。此外,法律的不确定性并不必然构成法治的缺陷。只要不确定的司法判决具有正确性、客观性和可预测性,不确定性就不会对自由主义法治理想构成威胁。法律的不确定性意味着法官在疑难案件中需要行使自由裁量权并创制新的法律。自由裁量权和法官造法权要求法律理论发展出一套复杂而精致的裁判理论。因此,法律不确定性问题的研究最终导向法律方法论。

法的不确定性与法的模糊性是有区别的,法的模糊性仅仅是法的不确定性的一种,不确定性包括模糊性和随机性。随机性表征了对象出现的概率特征,和确定的必然性相对应,是在事件是否发生的不确定性中表现出来的条件不确定性,而事件本身的性态和类属是确定的,它是一种外在的不确定性。随机性是由因果律的破缺而导致的一种不确定性。

参考书目

1. 陈云良:《法律的模糊问题研究》,载《法学家》2006 年第 6 期。
2. 邱昭继:《法律、语言与法律的不确定性》,中国政法大学 2008 年博士学位论文。

(李 鑫)

法律的稳定性

法律必须保持不变,反对法律朝令夕改。法律由三个层次构成,法律的稳定性也包括三个不同层次:

第一,法律本质的稳定性,它是法律稳定性中最根本的层次。法律的本质是指由一定物质生活条件所决定的立法者的意志。同一历史类型的法律,反映同一阶级属性,因而具有质的稳定性。法律从一种历史类型进入另一种历史类型,法律就发生了本质的变化。

第二,法律内容的稳定性。法律权利义务是法律的主干,法律的本质只能靠法律权利义务来体现,没有权利义务,法律本质便成了虚无缥缈的东西。在一定时空范围内,法律的稳定性要求法律权利义务保持连续性与确定性。

第三,法律形式的稳定性。法律形式一般包括成文法、不成文法和法理等几种,其中成文法是主要的,它又包括宪法、法律、行政法规、地方性法规、自治法规和国际条约等。法律形式与法律内容相对应,是法律权利义务的表现方式。它以法律内容为依托,并相对独立于法律内容。法律形式不变,从这个意义上说法律具有稳定性。从纵向上看,随着时间的推移,法律权利义务会发生变化,但是法律形式具有较强的稳定性。正因如此,人们才可能从形式上把各种法律规范性文件分成若干类别,才可以把各国法律归为不同法系。

法律不仅具有稳定性,也具有变动性,二者之间的关系主要体现在三个方面。

一是法律的稳定性与变动性都是法律的内在属性。法律的稳定性是法律规范性与法律权威性的要求,也是实现法律目的的要求。法律的变动性之所以是法律的内在属性,原因还在于:首先,法律是统治阶级意志的表现,随着统治阶级意志的改变,法律也随之变化。其次,法律以法律权利义务为内容,而决定权利义务的社会关系尤其是经济关系处于不断发展变化之中。因此,法律也必然会变化。最后,法律是国家制定或认可并为国家强制力保障实现的行为规则,国家既然有权制定或认可法律,当然有权废止或修改法律。国家的更替、国家统治方式的改变和国家强制力的变化都会影响法律的制定和实施,引起法律的变化。

二是法律变动性是绝对的,稳定性是相对的。法律稳定性是相对的,表现为两种情形:一方面,在特定的情形下,法律的局部保持不变,但并非全部不变。例如一个法律部门保持不变,并不意味着整个法律体系保持不变。法律本质不变,但允许法律内容改变,法律在立法上不变,也可以允许司法上灵活应变。因而,法律稳定性只是法律的局部状态。另一方面,在一定时期,法律保持不变,但随着时间的推移,法律就会发生变化。法律的稳定只是法律的暂时状态。

三是在具体条件下,法律的稳定性与变动性必有一方占主导地位。“对一部法典而言,当法典所反映的社会关系部分变化时，法律的稳定与变化将会同时产生，这必然导致该法典的部分修改。对被修改的法律规范而言，变动性居主导地位。对保留的法律规范而言，稳定性居主导地位。就整个法典而言，若是基本精神的改变，法律变动性居主导地位，若是非基本精神的改变，则稳定性占主导地位”[刘茂林：《论法律的稳定性和变化性原则》，载《西南师范大学学报(人文社会科学版)》1992年第3期]。

发挥司法机关的主动精神是改革时期社会关系多变性的要求。改革使许多社会关系处于不稳定状态，因而立法不应该也不可能把社会变化囊括无余，必然留有余地，授予司法机关依法酌情处理纠纷的权力。发挥司法机关的主动精神也是贯彻改革方针政策的需要。我国改革的重要方针政策大多首先是以党的文件形式发布，而不是以法律文件形式发布。这些文件关系改革的成败，但又不能成为司法机关的直接依据。为了解决这一矛盾，只有赋予司法机关以依法酌情处理案件的权力，使司法机关在处理案件的过程中贯彻社会主义法制，才能弘扬改革精神，落实改革政策。

参考书目

1. 刘长秋：《浅论法律的变动性权威瑕疵及其矫正——兼论法律稳定性与适应性的协调》，载《同济大学学报(社会科学版)》2004年第6期。
2. 李杰赓：《在法律的稳定性与变动性之间——对布莱克斯通法律观的简要评释》，载《长春工业大学学报(社会科学版)》2009年第2期。

（李　鑫）

法律的确定性

法律的可预测性、可规划性。由于法的可预测性与法律规则的统一性、稳定性、完备性、清晰性以及法律适用过程的客观性密不可分，因此，法律统一性、客观性等特性的获得也往往意味着法的确定性的实现，法的形式理性和确定性可以被视为同一事物的两个方面。法的形式理性主要是指由理智控制的法律规则的系统化、科学化以及法律制定和适用过程的程序化和形式化。

法律的确定性包括两个问题：第一，法律应该具有何等程度的确定性；第二，法律在何等程度上是确定的。确定性意味着准确预料某一特定诉讼法律结果的可能性，法律越是确定就越容易制订行动计划或提出建议。但是，确定性并不当然地代表公正，某些法律规范因为对实施行为的环境或心理状况缺乏考虑而不公正。“确定性并不等同于法律规范的固定性或严格性。一项规则可以是确定的而不是固定的或严格的，因为它可能留有余地以考虑具体的情况，有必要使规范保持一定的弹性和为自由裁量权的行使保留一定的空间。但合理的确定性远比完全的不确定性更为可取，也比法官一时心血来潮，依据他的想法而不管正确与否的做法的判决更为可取”(David M. Walker, *The Oxford Companion to Law*, Oxford University Press, 1980)。

法律的确定性是法治的前提之一，法律的确定性对社会秩序的建立、国家权力的制约以及法律权威的树立具有极为重要的意义。西方法学研究一直十分关注法律的确定性问题。法律确定性意义的凸显以及它在法学研究中的中心地位的确立，与18、19世纪的法律形式主义兴起密切相关。形式主义基于法律文本的确定性、事实认定的确定性以及形式法律推理的严密性，主张案件在法律中有唯一的答案，法官只是法律的传声筒，没有任何的裁量的权力。随着社会经济的发展，严格的形式主义受到来自社会学法学、现实主义法学以及批判法学的批判。

为了维护自由法治的基本理念,哈特、德沃金、哈贝马斯、拉伦茨等人主张要摆脱形式主义及其批判者的泥潭,就必须重新界定法律确定性的基本内涵。重构的法律确定性的基本内涵,指的是法律的确定性是方法论、程序的确定性,即“法律的确定性是相关各方相信通过一个公平的程序、通过特定的法律方法以寻求特定的规范适用条件,可以得出一个可预测的有充足理由支持的结论”(董涛:《法律确定性研究》,苏州大学2010年硕士学位论文)。

参考书目

1. 周少华:《法律之道:在确定性与灵活性之间》,载《法律科学(西北政法大学学报)》2011年第4期。
2. 刘楠:《法律的确定性问题——一个合同法的视角》,西南政法大学2004年博士学位论文。

(李　鑫)

作为解释的法律

美国法学家德沃金所著《法律帝国》的核心内容之一。在《法律帝国》的开篇和结尾,德沃金阐释的是同一个题目——什么是法律。他认为,这是一个非常重要的问题,是一个关系法官如何判案的问题。关于法律是什么,人们往往从两个方面入手:一方面是从法律本身的特质和语义来认识法律,确定法律是什么,比如有些人认为法律是人们的行为规则等;另一方面是从法律与其他社会现象的关系认识什么是法律,例如把法律界定为统治阶级的意志等。

尽管对法律认识的入手只有这两个方面,但人们对什么是法律的争议却纷呈多样。对于如何消除这种分歧,德沃金认为,这就需要借助阐释性这一概念。阐释有时也称为解释、诠释等,它可分为科学性阐释、创造性阐释等。德沃金认为,“科学性阐释”这个词只不过是一种比喻,他推崇的是一种创造性、建设性的阐释。因为“对创造性阐释的建设性说明可能会为所有形式的阐释提供一种更为全面的说明”。所谓创造性、建设性是相对文本作者的意图和文本字里行间意义而言的。现代解释学已经揭示,绝对复原作者原意的解释是不可能做到的。但值得注意的是,阐释必须运用文本的意图,否则就无所谓创造性。创造性阐释对阐释者来说就是要尽量利用所阐释的对象并对其不断完善,使其适合于社会实践。创造性(建设性)阐释分为三个阶段:首先,必须有一个为实践提供暂时内容的规则和标准的“前阐释”阶段。其次,必须有一个阐释性阶段,阐释者在这个阶段吸收“前阐释”阶段所形成的“前见”,整合新得到的知识,为阐释作充分的论证和说明。最后,还必须有一个后阐释性或改善阶段。第三个阶段对创造性阐释结果的形成起着至关重要的作用,经过这一阶段的整合,建设性和创造性才露出端倪。当然关于阐释的理论也受到了各个方面的攻击,其中包括法学领域。许多法官和法学研究者指出,如果阐释者阐释的是疑难案件,出现的结果可能是只有不同答案而没有正确答案。人们担心创造性阐释可能变成任意性阐释,阐释者都会受来自各个方面的约束,“阐释的动力既提倡又反对趋同现象”。德沃金提出的整体性概念中包含有相当程度的关于解释者对解释对象的认识。这种对阐释结果的一致性认识,是保证法律的阐释者不能任意解释法律的非常重要的方法。

法律工作者在其开始工作时就享有相当的关于法学和法律的一致性认识,这在某种程度上限制了解释的任意性,而且每个社会都有规则或判例的存在,除非解释者对这些规则一无所知,或者有意篡改规则和惯例,否则他也不会任意解释法律。法学研究就是要对司法实践中最令人满意的阐释提供论证。德沃金的宣言使法学研究不再需要形而上学理论,他认为,法律的一般理论肯定是抽象的,因为他们阐释的是法律实践的主要特点和基本结构,而不是法律实践的某一具体方面或具体部分。在司法实践中,法官们一般都承认有责任继续进行而不是摒弃他们置身其中的法律实践。每位法官对法律的阐释都以他对整个法律实践的特点,亦即证明目的、目标或原则的合理性为依据。德沃金说:"法官是在社会范围之内而非远离社会去考虑法律的;一般智力环境和反映并维护这种智力环境的普通语言,对个性的发挥构成了惯性的压力,也对想象力产生了概念束缚。""忽视这些统一的和社会化的各种因素,将是一个错误,但是夸大其力量,又将是一个更严重更危险的错误。阐释的动力既提倡又反对趋同现象。"在这里德沃金实际上认为,就具体案件来说,什么是法律,这是最重要的问题,一般理论的抽象对法官的影响不是太大。而法官在说明什么是法律的时候,既要受到原来已有规则、范例等的影响(这是保证法律具有一致性的前提。它保证对法律的认识具有一定程度的趋同现象),又要面对复杂的案件阐释自己对法律的理解。这种理解在许多案件中注入法官自己的观点。所以,法官阐释的法律是一种创造性的、建设性的阐释,但关于法律是判例、规则、程序的观点,确实也使我们看到了法律在某一个侧面的特征。关于法律是一种阐释性的观念,既吸收了规则、原则、判例等的优点,也注意到了法官这一法律是什么的最后发言者。因而,德沃金认为,当代解释哲学所释放的释义学原理为我们进一步完善对法律的认识提供了方法。法律是一种阐释性概念表明,法律处在不断变化和发展之中。德沃金正是抓住了这一点,把司法实践放到我们认识法律的关键环节,在分析由判例或规则向判决转换的过程中来解读法律。

参考书目

[美]德沃金:《法律帝国》,李常青译,中国大百科全书出版社1996年版。

(李　鑫)

法律的整全性解释

美国法学家德沃金建立起一个法理思想体系,称为"整合法学"(law as integrity,又译为"作为整体的法律"或"法律的整体性"),提倡诠释性(或阐释性)而非语言分析性的法理学,主张对法制中的事物、行为、制度和实践的"建构性解释"(constructive interpretation)。德沃金所主张的建设性解释,其层次不同于"文理解释""论理解释"等成文法条文的解释方法,建设性解释的目的是建构一套理论,一套能为现有的政治、法律制度和实践的整体及它的过去和未来提供最佳的说明、证成和依据的理论。这个理论有指导性的作用,可以用来为疑难案件找到正确的答案。从另一个角度看,当法院适用建设性解释的方法来判决一个案件时,它便是在尝试使这个判决与法制的整体及其历史发展取得最佳的协调,找到共通的理论解释的依据,从而使法制的内在整合性更为完美。所以,建设性解释所尝试解释的是法院在案件中接触到的各种社会活动、现象、做法和实践背后的合理法理和道德依据,它所迈向的理想是法的整合性或整全性(integrity)。在德沃金的理论中,法的整合性是一个政治共同体的核心美德,它体现了关于公平(fairness,指公平的用以决定社会分配的架构)的原理、关于正义(justice,指正义的社会分配结构)的原理和关于程序性(procedural due process)的原理的恰当比例的结合。

德沃金所谓的阐释,"是一种创造性阐释或是建设性阐释,以区别于试图尽量窥探说话者本意的对话性阐释,这种阐释以人们创造的、作为有别于他们的实体的某物为对象,在创造性解释或者建构性解释中起作用的并不是作者的目的而是解释者的目的"(范进学:《德沃金视野中的法律:走向整体性法律解释之路》,载《山东社会科学》2006 年第 7 期)。因此,德沃金认为,建构性解释就是把目的强加在一个客体或习惯之上,以便揭示这一客体或习惯是解释者所认为的,它所属的形式或式样中最可能的那种意义。以建构性的视野看,创造性解释是架于目的与客体之间的一种相互关系。按照这一观点,所解释的习惯的目的价值是通过习惯所要表达或者体现的利益、目的和原则来确定的,而利益、目的和原则都是政治整体性的一部分,所以这种创造性解释仍然是在社会整体性这一理想之下所进行的解释,从而决定了这种解释不是法官的随心所欲而具有其客观性。也就是说,建构性解释离不开那个被解释的框架,用德沃金的比喻说就是解释者都站在整体性这片"高原"上。具体而言,法官的解释会受到下列因素制约:没有哪一个法官的解释能够完全无视判例习惯,因为判例习惯促成意见一致;每一个法官的审判理论都参照当代其他普遍被接受的解释,通过他对先例的叙述和重新建构来加以综合。此外,法官是在社会之内而非远离社会思考法律,总体的知识领域以及反映和维护这种知识的普通语言,对法官个性形成了实际上的限制,对法官的想象力形成了概念上的限制。正规法律教育所不可避免的保守性,以及为司法和行政部门选拔律师程序的保守性,集中地增加了压力。

德沃金认为,由于法官的建构性解释试图充分揭示全部法律实践,同时试图在他们所发现的法律实践与最好的实践论证理由之间获得平衡,所以在法理学与判决或者法律实践之间没有固定的界限把它们分开。这是因为任何实践上的法律论辩,无论多么具体和有限,都采用法理学为之提供的抽象基础,当对立的基础产生矛盾时,法律论辩就采用一种而拒绝其他的基础,所以德沃金认为,任何法官的意见本身就是法律哲学的一种,法理学是判决的总体的一部分,是任何有关法律裁决的无言的开场白。这一论证方法即创造性的或者说建构性的解释方法,既强调了解释者的目的和意图所起的主导作用,又突出了法官解释时所受到的对其主观任性的种种限制与制约,所以,在德沃金看来,这是一条通往拯救法律客观性的大道与坦途。

参考书目

1. [美]罗纳德·德沃金:《认真对待权利》,信春鹰、吴玉章译,中国大百科全书出版社 1998 年版。
2. [美]德沃金:《法律帝国》,李常青译,中国大百科全书出版社 1996 年版。

(李　鑫)

法律的"唯一正解"

德沃金认为法律问题总有唯一正确的答案。他的这一主张被学界称为唯一正确答案论题。德沃金提出正确答案论题是为了回应哈特的语言"开放结构"和司法裁判理论。他认为,法律不仅包括规则,还包括法律原则。语言的不确定性可以通过证明责任、推定和其他类似的方式予以克服。他后期的论述很少直接处理语言的确定性问题。如果法律概念或成文法的语言在适用中具有开放性的特征,那么这种不确定性仅仅意味着有关法律是什么的多种陈述都是可以兼容的。如果一个案件存在多个正确答案,那也有一整套程序保证法院从众多的看法中选择一个最佳的答案。这个最佳的答案既符合法院以往的政治决定,又具有道德上的正当性(Ronald Dworkin, *No Right Answer? In Law, Morality, and Society: Essays in Honour of H. L. Hart*, Clarendon Press Oxford, 1977)。德沃金的正确答案论题可以分解为以下五个次论题:

第一,所有法律问题总有一个唯一正确答案,即使疑难案件也有一个唯一正确答案。这是德沃金早期的重要主张。德沃金的这一主张与法律实证主义者的主张相反。法律实证主义者认为简单案件存在唯一正确答案,而疑难案件不存在唯一正确答案。在疑难案件中,法律规则无法决定案件的结果,法官需要运用自由裁量权来判决案件。德沃金认为,法律不只包括外显的法律,还包括隐含的法律原则。这些原则一方面最符合外显的法律,或最能与其一致;另一方面能为外显的法律提供最佳的道德辩护。因此,法律从来不会不确定,法官也不会越过法律而去行使自由裁量权。

第二,正确答案是由法律因素确定的,没有必要借助非法律因素来确定答案。德沃金持一种广义的法律观。他认为法律概念包含以下几层含义:第一层次的法律概念是规则;第二层次的法律概念是非规则标准,即原则、政策及惯例等不甚具体的标准;第三层次的法律概念是道德文化及社会理想。最后他又搬出了赫尔克里士式的法官,法官面对疑难案件时,可能找不到可以适用的法律规则,但是,法官依据法律原则、政策、惯例等非规则标准仍然可以得出一个唯一正确答案。如果这些因素还无法提供一个最好的答案,那么可以由赫尔克里士这样的法官来做出最好的选择。

第三,道德问题有唯一正确答案,所有法律问题也有唯一正确答案。德沃金指出,没有正确答案论题作为道德主张在道德中毫无说服力,在法律中亦是如此。法官为了找到正确答案,必须进行道德思考和道德论证。如果道德问题有唯一正确答案,以至在法律没有对法官提出明确的指引时,也有解决法律争议的唯一正确的方法。因此,许多法律争议同样存在唯一正确答案。

第四,正确答案主张反映了法律人的法律实践。德沃金坚持认为,在疑难案件中,判决过程的目标是发现而不是创造有关各方的权利。在法庭审判中,律师的辩论和法官的判决表明,似乎有一个尚待发现的正确答案。律师认为法官所在乎的,就是要去发现并适用现有的法律;而法官的论述表明,好像法律是一个没有空隙的权利体系,在其中每一个案件都有一个解决方案,等待着法官的发现,而非法官创制新的法律。

第五,当一个法律问题存在多个答案时,总有一个答案比其他答案更好,或者说,总有一个答案是最佳的。这种观点在德沃金的后期著作中显得特别重要。在《法律帝国》一书中,德沃金提出了他的法律解释理论,作为整体的法律的目标是在每一起法律纠纷中发现正确答案,并且正确答案是由关于这个法律体系的最佳解释识别的。所以,法官接受整体性解释理想,在裁决疑难案件时,力图在某些关于人们的权利和义务的一套连贯原则中,发现他们所在社会的政治结构和法律教义的最佳的建构性解释([美]罗纳德·德沃金:《认真对待权利》,信春鹰、吴玉章译,中国大百科全书出版社1998年版)。

然而,德沃金的理论是站在法官的角度来考虑司法裁判问题的,没有考虑法律体系中公民的角度。事实上,并非每一个法律问题都有唯一正确答案,许多法律疑难问题是没有唯一正确答案的。德沃金正确答案论题赖以存在的解释方法也没有普适性,他的解释方法忽视了权威和共识在法律实践中的重要性。

（李　鑫）

两大法系的司法趋同化

随着社会的发展、时代的变迁,两大法系在法律形式方面已有逐渐接近或"趋同"的现象。一方面,英美法系越来越重视制定法,使法律形式更具有合理性;另一方面,大陆法系也越来越重视判例的作用,通过判例形式对既有的制定法进行补充和改进,在保障法律稳定的同时引进新的法律原则和精神,使法律在整体上能够适应社会发展的需要。普通法系与大陆法系虽然从相反的起点出发,但它们正在逐渐接近,这甚至包括它们的法律方法与技术。

第一,两大法系的基本法律制度在法律渊源上的趋同。通说认为,英美法系与大陆法系的主要区别在于其法律渊源,即判例法和制定法在各自体系中有关位阶和作用的偏重,而针对这种偏重的争论焦点往往落在法官在审判过程中的地位及作用上。通常认为,英美法系中,法官针对复杂多变的社会现实,有着及时填补法律缝隙的客观需要,并有权能动地、创造性地制定法律。但"法官造法"的活跃性实则并未如此极端,其造法权限也是存在严格限制的。与大陆法系的法官在处理案件时可参考司法先例不同,在英国的判例法体制下,法官在处理案件时不是"可以"而是"必须"遵循司法先例,并由此形成了遵循先例(stare decisis)原则。因此,判例法中的先例与制定法中的法条具有同等的性质与功能,体现出相同的法律确定性和约束力,区别在于判例法为司法审判的创造性活动留下了一定的制度空间,使其具备了相对能动的可能。此外,从先例的效力之维来划分,先例往往被分为判决理由和附带意见。一个先例中,只有作为判决理由的要素才对后来的法官判案具有拘束力,而先例中的其他要素只是附带意见,仅仅具有说服力。据此分析,其性质功能及效力的分类方法同大陆法系有关事实要件的判断及法律定性的考量并无太大差异。

第二,两大法系基本法律制度在推理方式上的趋同。有学者认为,"思维方式的区别才是两大法系在各自制度设计中衍生出众多差异的根本与实质,大陆法系注重演绎的推理方法,而英美法系注重归纳的推理方法"[高鸿钧:《英国法的主要特征(上)——与大陆法相比较》,载《比较法研究》2012 年第 3 期]。理性主义者推崇演绎法,认为对于任何事物,只要严格遵循逻辑的推理,从几个不证自明的公理与原则出发,经过步步推导求证,都能获得正确有效的新认识。而经验主义者推崇经验的归纳,认为理性并不可靠,主张首先必须从事实出发,通过实验来收集各种不同的材料,其次从这些材料中进行比较、排除,最后得出结论,即从已知的知识体系中概括、归纳出新的知识,从而反对那种实证与逻辑的推理。两大法系都并非单纯采用其中某一类方法,而对另外一类弃之不用。相较于成文法,判例主义的推理方法是多样的,其中主要是逻辑方法,包括归纳方法和类比方法。在疑难案件中,还会运用到辩证推理。在实质步骤上,即法律适用中,仍然主要是三段论式的,即通过归纳的方法从先例中获得的规则构成了当前案件推理的大前提,实际上也是演绎推理的开始。虽然确定可以适用的法律规范作为大前提的过程十分复杂,有时案件事实的认定也不是一件容易的事,但一旦大前提和小前提确定以后,这一得出结论的过程应当还是演绎的,只不过在逻辑起点上,判例主义认为法律规则存在于经验中而不是法条中。

第三,两大法系在司法体系完善路径上趋同的可能性。在"诺曼征服"之后,英国便形成了统一且强有力的中央政权。在这种中央政权的推动下,通过亨利二世的司法改革和王室法院法官的不懈努力,英国的王室司法权兼并和统合了其他司法权。随着中央司法系统的建立和发展,律师业也发展起来,法官和律师围绕法律业务而形成了职业共同体。此后,司法逐渐脱离了王权,并与政治相分离,率先在欧洲获得了独立,成为一个介于社群与国家体制之间的行会组织。从中可以看到,作为普通法母体的英国法,同样也是从中央司法系统的建立开始孕育成形并发展成以法官和律师为主体的职业共同体,而逐步实现司法专业化的。从司法的政治性、功能性来分析此过程,即在政权形成初期,司法作为一种技术功能,发挥着国家强制力和约束力的效用,此时体现为较强的政治性。通过巩固政权的有力推动,司法向专业化及司法职业化发展,司法对公正、社会福利的追求的本质功能日益凸显,使得司法的功能性逐步增强,最终成为公民追求社会福利的有效保障。因此,两大法系在司法体系完善路径上也存在趋同的可能性。

参考书目

[荷兰]马丁 · W. 海塞林克:《新的欧洲法律文化》,魏磊杰译,中国法制出版社 2010 年版。

(李　鑫)

英美法源理论

在英国的法律文献中,“法”是在“普通法”(common law)的意义上使用的。这种用法,似乎在与作为法源的“衡平法”(equity)相对照而言的场合尤为多见,由此可知,普通法确实是英国法的本体。

在普通法的形成过程中,古老而僵化的、狭义上的普通法曾为灵活的衡平法所弥补,在 1873 年和 1875 年的《英国司法法》施行后,普通法与衡平法在英国法院中被无差别地同时适用。然而,判例这一形式依然如故。制定法是判例法的补充,或者说是为了使判例法适应变化了的社会状况,由议会或其他有权机关所制定的成文法。制定法只是对判例所揭示的各种原则加以明确化或修正的解决方法,因此在英国法的总体上,制定法甚至被视为“异物”。不仅如此,为了使这种异物加入法的本体,必须经过“法庭的鞭笞”,由于其相对于本体法而言是一种例外,必须进行“严格的限制性解释”。然而时过境迁,这种古典的说明已经不再适用于英国法的现状。一百年来,特别是第二次世界大战以来,统制经济论的影响与日俱增,或者说由社会保障、城市生活、经济运作、运输、教育和卫生健康等领域的性质所决定,议会立法所发挥的作用日益增长。现在,制定法的数量已是十分庞大,但其中被法院适用过的,相对只占少数。毫无疑问,虽然像税法这种与国民生活关系密切、利害攸关的法律,几乎所有条文都产生了相关的判例,但调整行政组织关系的法律却在偶然情况下才可能被提请到法院。然而,这些制定法也必须被视为真正的法。未经法院适用不能称之为法的状况,已一去不复返了,这意味着判例法国家传统的法律观念已发生了变化。

此外,英国的议会万能、议会的制定法具有优越于普通法和衡平法的效力这一点,从昔日至今未曾改变。于是,最近的学术著作都把制定法奉为最高层次的法源。在这方面,可以说美国法又更进一步。在美国,从 18 世纪美国法诞生之日起,制定法在理论上就被认为是第一位的法源,只不过在实践上未必真的如此实行罢了。随着经济、社会生活的急速发展和复杂化,制定法的数量与日俱增,其重要性也日益增长。英国的现代立法,大多是由国会议员或主管各部的大臣根据需要聘请法律家制定的。在此,扮演特别重要角色的,是财政部附设的“议会法律顾问局”,在这里由数名出庭律师负责起草法律案。以后,其成员不断增加。这样,法律案的制定,就主要掌握在专门的法律家特别是出庭律师手里,这成为英国立法的特征。这种情况的根源,在于传统上英国并未实行纯粹的分权制,立法权与行政权相互结合。通常,我们习惯于把英国法和美国法合称为英美法。然而,美国本来是为了追求自由而逃离英国统治的清教徒们所创立的国家。因此,民众之所以抱有法典编纂的意愿,是将其作为反抗支持英国压迫的法官贵族的一种手段。

清教徒渴望以立法者编纂制定的“法律命题”(thesis)取代由法官创造的“规范”(nomos)。

虽然后者是人人必须服从的,但前者则是通过讨论而得到证明的,或是在战胜了反对意见之后才得以确立的主张。清教徒为了这一愿望付出了十年的岁月,终于在1648年编纂了《马萨诸塞州法律与自由》。它可以被称为西方世界第一部近代法典,不仅是关于殖民地的法、特权和权利义务的完备宣言,而且包括刑法、财产法和家庭法。新英格兰各州都采用了这部法典。这部法典变革和废弃了英国普通法的各种要素,具有新社会设计图的意义。然而,对主宰法院的法律家们而言,法终究还是由其母国的法官们所创造的法。这或许是出于他们对矫枉过正的革命所持的本能的抵御作用。最终,美国法还是继受了英国的普通法,并在此基础上开始了新的发展历程。

因而,美国法和英国法二者拥有一脉相承的共同基础,二者都把以具体案件为出发点而形成的判例法作为最正常的法律规范。然而,在美国法中,判例作为法源所起的作用却与英国法迥然不同。尽管美国法也承认先例拘束理论,却不像英国那样严格。因为在各州的管辖权方面,先例拘束原则只适用于该州内的上下级法院之间,甚至当联邦法院必须适用州法律时,也必须参照该州的先例。而且,联邦最高法院和各州最高法院不受自己的先例的拘束。特别是,州最高法院在废除自己的先例的场合,往往考虑到其他各州判例的一般倾向,据说意在重现普通法的统一性。与判例的这种地位相适应,在判例与其他法源的关系上,美国法也与英国法有所不同。简言之,这起因于,较之英国,美国的法院系统更为复杂,以及司法权相对分散等结构上的差异,这样也就表现出美国对法的统一性有更高的要求。美国的法律统一的动向,是通过局部的民间活动而得到强有力的推动的。美国法律协会的《法律重述》具有很高的权威,实际上,由于它是由优秀的法律家起草、经第一流的法律家讨论通过的,以致判决中频频加以引用。然而,必须注意的是,即使在这种情况下,法官也并非适用《法律重述》的条文,而只是将其有如目录或索引般地使用,借此查找可适用于眼前案件的以往的判例。

美国联邦宪法则鲜明地体现出正式判例的法律化,而且,在联邦宪法中显示出普通法法源的制定法形式发展的独特性。虽然传统的制定法被视为普通法的补充或修正,但联邦宪法却被奉为奠定社会之基础的根本大法,即使在本质上属于判例法的普通法的背景下,联邦宪法仍高居统治地位。也就是说,联邦宪法是一种罗马法类型的法律,其首要目的并不是解决纠纷,而是为统治者或行政管理人员建立组织与行为的一般规范。

这样,联邦最高法院对宪法施加灵活的解释,成为宪法修正的基础。通过这种解释,摒弃了传统的限制性严格解释。而且,这种解释方法较之法国的若斯朗(Louis Josserand)所倡导的目的论解释早了一个世纪。法律家对联邦宪法的这种态度,会对各州宪法或通常的制定法产生一定程度的影响。确实,在《第二次契约法的重述》中,其中若干规定是以《美国统一商法典》所含规定中所作的类推为基础的,由此可以看到试图缓和限制性解释的例证。然而,仅此尚难以认定传统的解释原则已经完全改变。联邦宪法被誉为美国人自由的壁垒,与此相对,各州宪法却大多汇集了许多似乎与宪法之地位不甚相称的繁杂规定。仅此,就说明州宪法不可与联邦宪法等量齐观,不具备那种令人崇敬的权威。人们对于除州宪法以外的制定法的态度,也大致相同。

总之,在美国制定法的解释中,仍然反复采用英国传统的严格的限制性解释方法。对此,在联邦制条件下,联邦最高法院所采取的独特立场亦起到了一定作用。在美国,为了使制定法被认可为法,也必须经过法院的解释适用。在这种场合,首先,在一个州的法律未经该州法院通过解释适用明确其意义之前,联邦最高法院拒绝对该法律是否违宪进行审查。其他联邦法院亦然,即使在应该适用州法律的场合,如果该州法律事先未经过州法院的解释,联邦法院亦会对适用该法踌躇不决。

(李 鑫)

普通法中的法律方法

首先是法律发现在判例法中意味着更多的步骤。在大陆法系,法律发现一般是考察当下案件的类别化特征,并判断其是否可以归入某个具体法律条文的调整域。在判例法中,第一,要从一系列先例中找出规则,即针对特定具体问题的解决办法;第二,要考察这些规则如何被其他"先例"限制、扩大和改进,从而从这些规则中抽象出更高层次的"原则"或"准则";第三,运用这些原则或准则对当下案件推导出常识性的解决办法;第四,考察其他相关因素评估解决办法的合理性,并得出结论。判例法和制定法的发现方法是截然不同的。对制定法而言,法律发现最为关键的问题在于,当下的案件事实是否可以归属于某个法律规则所涵盖的事实范围,是从个别到一般;对判例法而言,法律发现最为关键的问题在于,当下的案件事实是否与先例中的案件事实具有相同的性质,是从个别到个别。在制定法的情况下,法律规则是先在的、明示的;在判例法的情况下,法律规则则是隐含的、需要法官加以确定的。

其次是法律解释。这里的法律解释是针对制定法而言的。在传统的观点看来,判例法在普通法法律中占主导地位。但在当下,制定法在普通法法律体系中发挥着越来越重要的作用,例如英国,一些新的法律部门,比如劳动法、社会法等几乎完全是在制定法的基础上发展起来的。相比之下,司法权运作趋于保守,法官开始认为"法律"是某种事先"制定"出来的东西,法官的职责是"遵循法律",而非创造法律。然而,对于制定法的适用方式,英国与大陆法系国家仍然存在很大区别。其主要表现是,对制定法进行解释时,英国法律界遵循的传统是最狭义解释。换句话说,只有当下案件毫无疑问地可以归入某个制定法条文下,该制定法规定才能得以适用,才能使判例法仍然占据主要地位。

再次是法律推理。在普通法体系下,法律推理主要指的是类比推理,包括两个步骤:一是比较当下案件与作为先例的案件中事实的相同和不同之处;二是判断当下案件与先例案件在涉及与裁决事项密切相关的重要方面是否相似或是否具有差异。如果相似,先例将被遵循;如果存在差异,将被区分。这两个步骤中尤为重要的是第二步,即衡量当下案例与先例之间的差别是否具有重要性。根据不同标准衡量会得出不同的结论,具体标准的选择则取决于很多因素,例如后果考量、价值观、意识形态共识等。从这个意义上讲,类比推理不是推理,而是决定。

最后是法律论证。这里所谓的法律论证,并不是德国法学家阿列克西"法律论证理论"那个意义上的法律论证,而是指法官合法化其判决的书写方式。在这一点上,普通法法律界与大陆法系国家法律界的做法不同。在英国,法官详细地说明其判决理由,论证其为什么适用或通过区分不适用某个先例。而在大陆法系国家,法官并不这样做,最多只是援引他所适用的制定法条文。这涉及什么样的法律素材是民众可以接受的,因为从根本上说,所有合法性都源于社会的认可。

参考书目

[德]K. 茨威格特、H. 克茨:《比较法总论》,潘汉典等译,法律出版社 2003 年版。

(李 鑫)

法律识别

国际私法上的识别是通过冲突法解决涉外民商事纠纷法律适用问题的必经步骤，是确定某一涉外法律关系所应适用的冲突规范的前提。在现代国际社会，由于存在国际法律冲突问题，一国法院在处理涉外民商事纠纷的时候，在某些情况下可通过直接适用国际统一实体法条约或国际惯例来解决，但多数情况下只能根据本国冲突法的规定，选择某一国家的国内实体法（准据法）来解决。在后一种情况下，由于冲突规范是针对特定的法律关系指明其准据法的特殊法律规范，法院首先要确定该涉外民商事纠纷所引起的法律关系的性质，从而确定其应适用的冲突规范，这一过程即为识别。

国内法上同样存在识别问题，因为法院在处理纯粹国内纠纷时，同样需要根据其对本国法律的了解及当事人的诉讼请求，确定这一纠纷所引起的法律关系的性质，从而选择相应的部门法予以解决。国际私法上的识别与国内法上的识别从本质上来看是相同的，但两者也存在一些显著的区别。这主要表现在：一方面，国际私法上的识别主要是为了解决冲突规范的选择适用问题；另一方面，国际私法上的识别往往会发生所谓识别冲突问题，即对于法律关系的识别，依法院地法和有关外国法会有不同结果时，应以何法为依据的问题。总体来讲，国际私法上的识别有两种情形：一是对实体问题和程序问题的识别；二是对某一法律问题，如认为属实体问题，则究属何种实体问题的识别。前者属于一般的识别问题，后者才是真正意义上的识别冲突。

法律方法意义上的法律识别，是指在适用法律规范时，依据一定的法律观念，对案件中的事实构成作出定性或分类，将其归入一定的法律范畴，从而确定应该适用哪一个法律规范的认识过程。从一般意义上讲，识别是人类思维活动的一个普遍现象，人们常常需要凭借一定的思想观念或分类标准把现象和事实归入一定的范畴以便更好地理解它们。在司法过程中，由于法律渊源数量庞大，形成于不同的时间，体系结构复杂，且处于不断变动之中，因此，法官必须进行识别，即找出案件所涉及的有关事实或问题与有关的法规范之间的本质联系，从而判定事实的性质，发现应该援用的最佳个案裁判规范，以恰当解决案件争议。识别的目的是对案件中的事实作法律定性，因此，定性必须以法律规范为标准和依据。这表明，识别不仅仅是确定事实的性质，同时也是对与事实相匹配的法律规范的辨认、甄别、遴选和确定。二者一体两面，不可分离，没有后者，前者无法完成；没有前者，后者亦不发生。

因此，识别的过程就是对事实与规范进行反复对比和权衡的过程，德国法学家恩吉施称之为"目光在事实与规范之间的来回穿梭"，考夫曼称其为等置。等置是事实与规范相互关照的过程。具体而言，是要将事实一般化，将规范具体化。因为事实总是表现为个案，将事实一般化就是把个案向规范提升，看其是否存在规范中行为构成规定的要素，判断者在对事实的描述中总是联系到规范来选择事实，排除与规范无关的事实。而规范总是表现为一般，将规范具体化就是把规范向个案下延，看其是否能满足个案的要求。当然，事实与规范之间来回审视不是在平面上进行的，而是螺旋式向上发展的：行为构成与事实，并非一次并在同一诠释层次上相互决定，而是多次并分别在其他更高层次上相互决定。等置同时是将事实与规范不断拉拢、靠近的过程。

部门法划分对于法律发现的重要意义，在于把案件事实定性为某一种法律关系，识别到某一个具体的部门法中，以便进一步寻找相应的个案裁判规范，因此法律识别以某一部门法为中心。这并不是说,法律识别只是某一个特定的部门法内的事情,与其他部门法毫无牵连,也不会涉及其他部门法律规范的发现。实际上,法官必须依托整个法律体系,寻找多个法律部门中与具体案件相关的全部法律规范,并在此基础上综合权衡各部门法规范的分量,才能最后决定把案件识别到某个特定的部门法中去,才能保障法律识别的正确性和个案裁判规范的合法性。

参考书目

金振豹:《论国际私法上识别冲突的解决》,载《比较法研究》2003 年第 3 期。

(李　鑫)

大陆法系的法源理论

19 世纪法律实证主义的盛行与轰轰烈烈的法典编纂运动,将以立法为维度的法源观推向了法源理论的顶峰。主流的理论学说旨在构建一个封闭完美的制定法体系,在这个体系中,既有的法律将一切事实涵盖殆尽,法官只需遵照制定法的相关规定便可达致公平正义的判决,并不需要掺杂任何个人的主观判断。这种信念随着欧陆许多国家相继制定完备的法典而得到强化,在这种极致的制定法实证主义之下,“法典是法和成文法的最佳形式”,民法的法源从原则上来讲只有民法典一种,“再也没有其他任何独立的法律渊源需要获得认可;如果有一种渊源,那就是习惯法或某个惯例,它从属于成文法,只能起到次要的作用”(姚辉、段睿:《民法的法源与法学方法》,载《法学杂志》2012 年第 7 期)。《法国民法典》制定之后,法国的民法研究开始侧重于对法典进行逻辑上的解释和分析,由于法典作为唯一的法源,对其所进行的解释和分析并不能僭越法典的立法者在进行立法时的原意,这种旨在发现和还原立法者原意的民法研究在《法国民法典》之后的一百年内占据主流,造就了法国 19 世纪的注释法学派。在他们看来,所有法律问题必须用成文的法律来加以规范,并且立足于予以规范的确信之上。因此法源只存在于成文的法律之中,并不承认成文法律之外的法源,诸如习惯法、判例法和法理以及其他一般法律原则。相应地,法学的任务在于保障法律的严格适用,在严密的逻辑构造中捕捉法律的真正含义,并将其适用于法律条文所预想的具体案件,帮助法律忠实地达到这个目的,不得在解释之名义下另立他说,另行其事。在对待法律解释的问题上,他们主张唯条文及立法者的原意是问,不敢越雷池一步。可以说,在《法国民法典》制定之后的一个世纪之内,以注释法学为代表的法国私法研究严格遵循了制定法实证主义的法源观。

德国的法源理论与法国的不同之处,应当归功于萨维尼独特的法源观所产生的影响。其实,萨维尼对待法源的态度发生过由制定法实证主义到法源多元化的转变。早期的萨维尼也坚持制定法实证主义的法源观,他认为法源体系的内容是制定法,即法律规则。一个完全客观的、独立于所有人信念的制定法是更好的选择。根据最初的目的设定,制定法应该是完全客观的。也就是说,制定法在被运用的过程中,不需要运用者对它进行任何增添。因此,“制定法是法的唯一渊源,所有的法均是由立法者所创造的,而制定法是通过国家的行为产生的。法官唯一的职责就是对制定法作一个纯粹的逻辑解释,制定法固然需要完善,但这只能由立法者而非法官承担”。后来,萨维尼修正了自己的看法,在其《论占有》第 2 版中,他分别论述了习惯法、罗马法学家所建立的规则、实践性法律原则以及具有法创造作用的法院习惯。萨维尼已经意识到,在罗马除了罗马制定法之外还存在其他法规定的产生方式,以此为基础,萨维尼构筑了法源自民族精神的法源理论。在萨维尼与蒂堡的论战中,萨维尼极力反对蒂堡所主张的排除罗马法、废止各邦实行的习惯法、使所有法都源于制定法的观点。尽管法典的最终面世宣告了事实上制定法实证主义的胜利，但由于萨维尼以及学说汇编学的影响，德国的法源理论仍然呈现出了与法国略有不同的面貌。

参考书目

[日]大木雅夫：《比较法》，范愉译，法律出版社1999年版。

（李　鑫）

法律体系的同一性

判断一个法律或者法律规范属于哪一种法律体系，以及一个法律体系由哪些法律或者法律规范构成。在拉兹看来，法律体系的同一性存在于确认法律是否属于某种法律体系的鉴别标准（或一组标准）中。在奥斯丁的法律理论中，这个鉴别标准就是主权者的命令，凡主权者的一般性命令，就是主权者所在法律体系的组成部分。在凯尔森的法律理论中，这个鉴别标准就是一条法律是否由基本规范所授权制定。无论一条法律是由基本规范直接授权制定，还是间接授权制定，都是该基本规范所在法律体系的组成部分。在哈特的理论中，这个鉴别标准是承认规则，即承认规则是判断一个法律是否是某一个法律体系的充分必要条件。拉兹将奥斯丁和凯尔森的法律体系同一性鉴别标准归纳为"起源原则"，并对它们进行了批判，认为这两者都无法完成判断一条法律是否为一个法律体系的组成部分的任务。"起源原则"是指以法律的起源来判定一个法律是否属于一个法律体系以及法律体系包含哪些法律的标准，它强调的是立法机关在同一性标准中的重要性。拉兹认为，立法是现代法律体系的特征，但并不是所有法律体系的必备特质，而法律适用机关是所有法律体系的共有因素，可以由它们作为法律体系同一性的标准来认定一个法律是否属于一个法律体系。

拉兹认为，并非所有的法律都是由立法机关创制的。尽管立法作为法律创制方法是现代法律体系的特征，但却不是任何一种法律体系的特征，任何一种法律创制方法都不能成为各种法律体系共有的特征。相同的是，每一种法律体系都设立了法律适用机关，由它们认定一种法律体系下的每一条法律。他继承哈特的传统，采用权威性认定原则即承认规则。这两者不同的是，拉兹认为，对法律体系实质同一性的探究将有助于鉴别涉及同一性的某些边缘案件，此时判断的根据是：它与该法律体系中的其他法律在实质内容和适用方式上相似；或者它与该法律体系的特性截然相反而断定它不属于该法律体系。拉兹认为，并非每一个法律都是法律创制机构制定的，因此，作为法律创造机关的立法者的重要性只是现代法律体系的特点，它既不是所有法律体系的特点，又不包括其他的法律创制机关。拉兹的同一性标准是指主要法律适用机关所认定和适用的法律构成一个法律体系。相应地，某条法律如果是由主要法律适用机关认定和适用的，那么该条法律就属于该主要法律适用机关认定和适用的法律所构成的法律体系。

所谓主要法律适用机关就是有权决定在某些情况下使用武力是否被法律禁止或许可的机关。这里，拉兹突出强调了禁止或许可使用武力的法律的地位，因为在每一种法律体系中，所有的法律都会与如下的法律具有这样或那样的内在联系，它们或是规定禁止在某些情况下使用武力，或是允许（规定）执行制裁的时候使用武力。主要法律适用机关的作用首先是认定禁止使用武力的法律以及规定和许可作为执行制裁而使用武力的法律。其次，它们也认定其他适用或创造法律的机关的存在,认定它们的行为有效力以及调整它们行为的法律之效力。最后,主要法律适用机关不仅根据已经存在的法律来作出决定,它们还可以创制新法律并加以适用。但拉兹强调指出,尽管所有的法律都是由主要法律适用机关认定的,但并不就是说这些法律都是由主要法律适用机关创制的。主要法律适用机关创制一部分法律,但习惯、立法机关创制的法律等则只是由它们加以认定而成为一个法律体系的法律。

法律体系的同一性是法律自身的特性所使然,或者本身就是法律体系的内在要求。在国内的法学研究中强调法律体系的统一性,即认为法律必然要以体系化的状态存在,而非法律体系的同一性。它认为构成法律体系的各种法律要素之间应当是互相配合、互相支持的关系,所以法律体系的系统化特征必然要求构成法律体系的要素具有一致性和统一性。如果存在于法律体系中的法律要素(法律规范、法律制度和法律部门)之间存在大规模的相互矛盾和冲突,法律体系和法律根本无法满足社会的法律需求,根本不能实现人们对法律体系和法律的预期目标。

法律体系的统一性表现在:(1)贯穿于各部门法(应为构成法律体系的各要素)之中的共同的法律精神、指导思想、法律原则和概念。(2)较低的效力层次的法律是相应的较高的效力层次的法律规则或原则的具体化和制度化。(3)法律规范之间具有等级层次性,即纵向的等级从属关系。(4)法律规范、法律部门之间的横向联系和制约,即遵守某项法律规定,同时会引起所有法律的承认和保护;违反某项法律规定,可能会招致其他法律的制裁。(5)立法技术和标准,以及规范性法律文件的名称、规格的一致性。法律体系的统一性还表现在调整目的和调整任务的统一性上等。

同时,更为根本的原因在于法所调整的社会关系本身就是一个具有内在统一性的有机整体。各类社会关系紧密联系、相互制约和影响,这些都成为法律体系的内在统一性的内在基础。

参考书目

[英]约瑟夫·拉兹:《法律的权威:法律与道德论文集》,朱峰译,法律出版社2005年版。

（李　鑫）

法律的内在道德

20世纪中叶,美国法学家富勒与英国法学家哈特之间针对“法律与道德是分离还是结合”展开了激烈的论战。在这场论战中,富勒创新性地提出了法律的内在道德理论,它包括八项原则,分别是:一般性原则、公开性原则、非溯及既往性原则、明确性原则、一致性原则、可行性原则、稳定性原则、官方行为与法律一致性原则。富勒称其为程序自然法,将其归属于愿望的道德范畴。富勒是新自然法学的代表人物,其理论对西方法学界具有重要影响。《法律的道德性》是富勒的代表作,这部著作源自著名的哈特与富勒之争。富勒认为,法律与道德之间是存在必然联系的,法律的存在需建立在道德基础之上。富勒新自然法思想的产生有其特定的历史背景和理论背景。第二次世界大战后,人们看到了法律实证主义在这场战争中所扮演的负面角色,开始追寻法律的道德价值,自然法得以复兴。

同时,由于现实主义法学的规则怀疑论和事实怀疑论否定了法律的确定性,对传统法学理论进行了彻底颠覆,这促使西方法学界的研究重点开始向以程序为中心转移。富勒将道德界分为两组，第一组是愿望的道德和义务的道德。愿望的道德是一种高层次的要求，不是必须达到的，而是法律和道德的共同追求目标。义务的道德是一种最低要求，与法律有着直接联系。富勒对道德的另一组界分是法律的外在道德和法律的内在道德。外在道德是公平正义等实体目标，内在道德是定位于法律内部的价值体系，包括一系列原则，也是富勒阐述的重点。富勒用雷克斯王造法失败的寓言引出了法律内在道德的诸原则。富勒将法律定义为“使人们服从于规则之治的事业”，在他的目的性事业的法律观中，将法律视为目的和手段的统一。在富勒的理论中融入了对人的理解，他将人视为负责的行动主体，充分尊重人的理性，充满了人文关怀，他认为法律是人们互惠关系的产物。同时，富勒认为法律是政府与公民之间的合作事业，公民不是受动者，而是积极的主动参与者。

参考书目

李雪蕾：《法律内在道德及其价值初探——解读富勒〈法律的道德性〉》，西南政法大学2010年硕士学位论文。

（李 鑫）

凯尔森纯粹法理论

19世纪末，随着欧洲大陆德语世界中历史法学派的形成，以实证法为主的编纂法学逐步发展，以自然法理论为主要背景的法哲学渐渐沉寂。哲学与法哲学的关系，不再是法哲学附于哲学，成为大哲学家思想体系的一部分。法哲学开始从哲学这一大树上发展成为独立的枝干，渐渐地界定自己独有的问题和相应的方法。纯粹法理论就在这种历史背景下产生了。汉斯·凯尔森自1911年起开始系统地提出“纯粹法学”学说。为了保证以实在法为研究对象的法学理论不受非法律学科知识的侵入甚至支配，凯尔森力图不依赖法律以外任何道德因素与事实因素来说明法律自身，坚持法律与道德相分离、法律与事实相分离的原则。这种具有双重纯粹性的法学学说在20世纪前半叶曾一度占据支配性地位。按照凯尔森的观点，纯粹法理论是实在法的一般理论。它是一种关于一般实在法的理论，而不是对特殊国内法律规范或国际法律规范的解释，它提供了一种解释性的理论。它的基本属性是它的纯粹性、科学性、一般性和超阶级性。

纯粹法理论的纯粹性取决于它对研究对象的严格界定。一方面，它将法律与道德分离，使它区别于伦理学、正义哲学和政治哲学；另一方面，它将社会因素与心理因素排除在其研究范围之外，摆脱了社会学和心理学的研究，使它区别于社会学或对社会现实的认识。“凯尔森认为纯粹法理论的科学性就在于认识和描述它的对象，不对它所发现的东西做任何评价”[周永生：《凯尔森纯粹法学的基本概念研究》，载《河北师范大学学报（哲学社会科学版）》2001年第1期]。法律本身就包含有各种非价值中立的因素，反映着一定社会伦理、道德和一定集团利益，但正因如此，法律科学要做的不是对法律好与坏、正义与非正义进行评价，而是对实际存在的法律进行客观地认识，获得科学知识和真理。凯尔森将纯粹法理论定义为关于实在法的一般理论，它具有普遍性和超阶级性。因为纯粹法理论不是关于某个或某些特殊法律体系的理论，而是关于古往今来任何法律体系的理论，它把握所有法律的共同形式结构特征，为我们提供能够掌握任何一种法律以及法律分支的“一般理论”。因此，他认为法学如同自然科学，是提供人们认识法律的一种手段，是没有阶级性的或是超阶级性的。

凯尔森的纯粹法学理论中也包含其自身的法律解释理论，其解释理论是一种框架式的法律解释理论。凯尔森认为法律规范是一种包含多种适用可能的“框架”(frame)。他认为,如果“法律解释”被理解为对所适用规范之意义的发现,其结果仅仅是对所适用之规范所代表的框架的发现,以及在这个框架中对实现规范的几种可能的认知。对于法律解释方法,凯尔森也提出了自己的见解。凯尔森认为,从实在法的角度来看,众多的解释方法,如语义解释方法、立法者原意解释方法、反对解释、类推甚至利益衡量等方法都不能在规范框架内的可能性中划定一个标准,从而使一种可能优于其他可能获致唯一正解。因为它们可能只是得出相互矛盾之结论,却没有指出何时用此、何时用彼之标准。所谓利益衡量也仅仅是提出问题而未作答,其并未提供衡量相互冲突之利益的客观方法,更不用说在此基础上解决冲突。解释的必要性仅在于待适用之规范或规范体系包含多种可能性,这表明规范并未做出何种利益具有更高之价值,而是留给未来的规范创制行为来解决,比如司法裁判。

凯尔森法律解释理论的关键预设是法律规范是一种包含多种意义的“框架”。法律规范虽然是多义的,但却不是无限多义的,而且“框架”所指涉的不仅仅是框架,更是指法律科学的任务是在严格分析的基础上,展示出所有可能的解释。作为“框架”,法律规范是一个等待法律科学发现和归置的封闭的、不变的意义集合体。正是由于这个原因,凯尔森只是集中对于确定性的可达致性进行批判,而不是对确定性本身进行批判。

参考书目

1.[奥]凯尔森:《法与国家的一般理论》,沈宗灵译,中国大百科全书出版社1996年版。
2.李鑫:《凯尔森法律解释理论探究》,载《法律方法》2009年第2期。

(李 鑫)

法律秩序的不同层次

法律秩序是以基本规范为起点构建法律规范体系的,从一个基础规范中追溯所有规范的效力来源,组成一个规范体系,或一个秩序。这一基本规范,就如一个共同的源泉那样,构成了组成一个秩序的不同规范之间的纽带。根据基本规范的性质,凯尔森区分出了两种不同类型的秩序或规范体系:静态体系和动态体系。静态的法律秩序是指由基本规范组成的法律体系。因为这个体系里的规范是我们假定的,拘束力本身是自明的和特定的,也就是最终的规范,凯尔森把这种体系的所有特殊规范,只能通过一种智力的作用,即通过一般到特殊的推论即静态原则,才能得到的法律规范体系称为静态性质的体系。动态规范体系是由基本规范权威的委托授权而形成的规范体系。这种体系的各种规范不能通过智力的作用从基础规范中得到,只能由那些曾由某个更高规范授权创造规范的那些个人通过意志行动创造出来。也就是说,一个规范的创立方式由另一个规范决定,亦即低级规范的创立方式为高级规范所决定;而后者创立的方式,又被较高级的规范决定,最终溯及一个最高级的规范——基本规范。因此,所谓的法律秩序就是法律的等级体系。

从动态的法律体系看,凯尔森的法律秩序的等级结构依次分为宪法、法规和行政命令、司法判决、行政决定和私法行为等,并把它们作为一个统一的整体。在国内法律秩序的范围内,宪法代表着实在法的最高层次。在这里,宪法指的是调整着一般法律规范创造的实在法律规范,在法律规范等级体系的形成中起着重要作用,决定有权创造一般法律规范的机关和将被创造的一般法律规范的内容。制定法和行政命令在国内法律秩序中是比较常见的两个层次,它们不仅包含有一般规范,还包含有其他内容,甚至并不是法律规范的内容。司法判决也被凯尔森作为法律秩序的组成部分,他认为,法院创造的个别规范代表着从宪法的制定开始,继之以立法或习惯到司法判断,并导致制裁的执行这一过程的过渡阶段。这一过程是法律个别化、具体化过程的必经阶段。私法行为是个人由法律授权在法律上调整平等主体之间法律关系的行为,包含两个方面的含义:创造规范的行为和由该行为创造的规范私法行为的民事制裁。法律通过将私法行为设立为一种创造法律的事实,授权从属于该法律秩序的个人在立法和习惯创造的一般规范框架内,以私法行为创造规范、调整它们的相互的行为,从而使私法行为也具有创设法规范的属性。

参考书目

1. [奥]凯尔森:《法与国家的一般理论》,沈宗灵译,中国大百科全书出版社 1996 年版。
2. [奥]凯尔森:《纯粹法理论》,张书友译,中国法制出版社 2008 年版。

(李　鑫)

法律创造

司法过程中法律的适用无法挣脱以司法三段论为核心的思考范畴,即言之,以法律规范为大前提,以事实为小前提,而后得出确定性的法律结论,而争议出现在形成大前提的方法与手段上。由于实证法始终是法官思考和作出司法裁判的前提,从中发现法律裁判纠纷实属必须。社会法学所提倡的"目的性"或"实用性"因素使单纯的法律发现有所不能,创造法律也有其存在的理由。从前提中得出结论是一个必然的、自发的过程。然而困难在于发现前提,在这里逻辑是不起作用的。从不同国家的司法实践来观察,一般而言,强调法律的确定性并以发现法律为主导的大陆法系和侧重衡平并将创造法律作为司法重心的普通法系虽然司法的出发点不同,但是有相互靠近、借鉴的趋势。在大陆法系国家,周密严谨的制定法正逐渐失去法官绝对适用的优势,它只不过是一种普遍确信的表达。法律由法官加以发展并归纳法的、解决问题导向的思想方式日益传播开来。反过来,普通法正关注以下需要:把法官所发展起来的规则形成系统的条理,以使这些规则易于了解和掌握。换言之,对于大陆法系法官,其职能不再仅局限于单纯地发现法律,同时也承载了创制法律传播价值的重任;立法机构的介入也使晦涩、复杂的判例法变得条理化、简约化,更易于法官的发现与使用。

从学理上讲,王泽鉴先生认为法的发现过程分为法律解释、法律补充和超越法律的法的发现三个阶段,无形之中对创造法律表示了默许。总之,只要正视而不是刻意夸大"发现"与"创造"的两分,两者之间并不存在一条难以跨越的屏障。发现法律与创造法律之间的关系可以表述为:"发现"是"创造"的源泉,而"创造"是"发现"的延伸。当然,无论是司法过程中"目的"的调适、"利益"的注入抑或从实用主义角度对判案前提的遴选,对待法律规则的态度成为社会法学派在发现法律这一看似简单问题上出现纷争的关键所在。毕竟,实证法始终是关于或根据法律的思考和法律实践的前提。由于众所周知的原因,法律难以涵摄社会生活的方方面面。为反对法律概念具有含糊性和可渗透性的认识,或者为反对不同的法官的前理解而坚持法官必须严守法律,明显是荒谬的。法官不再是孟德斯鸠笔下的"法律的嘴巴",而是在创造性地诠释法律。因此,"创造法律"在司法过程中占有一席之地。如何恰当地处理司法过程中"发现法律"与"创造法律"之间的关系成为当下法官不容回避的难题。对此,哈斯默尔主张,首先,重视法律方法的作用。通过语法、体系、历史、目的以及合宪解释方法减少法官选择的可能性，增强法律对他的约束。其次，加上法官法、法律教义学、非形式的纲要的约束。总之，法律解释规则的运用限制了法官在理解多义法律规则上的选择；作为表载“先例”的法官法使案件的判决不能偏离基本的主线；以“稳定化”和“区别化”而著称的法律教义学帮助法官坚实地处理法律和对案件进行分类；法官服从于司法过程中非形式规则即司法技巧和原则指导，并进而作出判决。

参考书目

1. [奥]凯尔森：《法与国家的一般理论》，沈宗灵译，中国大百科全书出版社1996年版。
2. [奥]凯尔森：《纯粹法理论》，张书友译，中国法制出版社2008年版。

（李　鑫）

个别规范

法律理论上，“规则”一词常与“规范”互换使用，但凯尔森对此不以为然。语词选用时，他弃“规则”而取“规范”，基本考虑是，一方面借此区分法律的“规则”与自然法则的“规则”，另一方面除了一般规范（generelle Normen），法律亦包括个别规范（individuelle Normen），而“规则”具有一般性特征，条件具备时，得反复适用。在凯尔森看来，法律之所以被等同于规则，是因为法学家认为，只有一般规范才是法律。然而，这一传统见解不足为训。有些规范决定一个人在一个不重复发生的状态下的行为并从而只对一个特殊场合才有效而且只可能被服从和适用一次，属于个别规范。诸如司法裁判等个别规范呈“应为”结构，对于规范对象具有效力，因而，它如同一般规范，亦是整个法律秩序的组成部分，差别仅在效力之一般性或个别性而已。同时，由于一般规范要求在同等条件下得到反复适用，所以，它对于行为的规定，总是伴随特定的条件，即一般规范必定以条件式的假言命题表述。个别规范则因其只适用一次，故不必与条件相关联，如法院判决被告在某一时段入狱。凯尔森指出，个别规范主要包括公法的司法裁判（Rechtssprechung）、行政行为（Verwaltungsakt）与私法的法律行为（Rechtsgeschaft）。于凯尔森而言，个别规范乃是构建纯粹法学的关键环节，规范概念的扩张，系逻辑必然。

纯粹法学之所以比一般的法律实证主义更为“纯粹”，是因为它具有“双重纯粹性”：一方面拒斥社会学、心理学等非规范性研究方法，另一方面仅以法律科学（Rechtswissenschaft）的对象为研究内容，排除其他一切诸如事实、道德、价值等外在因素。法律科学的对象，即法律规范。由于规范以“效力”为存在样态，为了构建规范体系，首先即需要回答：是什么将诸多规范统合为一个整体？为何某一特定规范归属于某一特定秩序之下？或者，将其置换为更为简明的问题：规范何以有效？效力基础何在？“效力”意味着拘束力，系“应为”命题，与事实描述的“是”命题不可通约。

因而，规范的效力基础只能存在于另一高阶规范，高阶规范的效力则前溯至更高阶规范。如此层层回溯，形成逻辑递归链条。位于链条终端的是“基础规范”。于是，在逻辑上，规范体系必定表现为金字塔状的层级构造（Stufenbau）：基础规范位于塔尖，宪法、制定法、习惯法、条例等各种规范分处塔身不同部位，其中，宪法源于基础规范，制定法、习惯法源于宪法，而条例的效力则由制定法给出。此亦表明，宪法之制定，一方面系立法行为无疑，另一方面，它有着具体化基础规范（高阶规范）之意义，乃是适用基础规范（高阶规范）的过程。其他等级规范之创制，莫不如此。因之，除了基础规范，任何一项规范之生成，均是对于高阶规范的个别化（Individualisierung）与具体化（Konkretisierung）——法律创制（Rechtserzeugung）兼为法律适用（Rechtsanwendung）。

规范旨在规制人的行为。而上列规范均具有一般性，无法直接指向具体行为，需要进一步具体化。此项任务由司法裁判与行政行为完成。依凯尔森之见，虽然在传统理论中，司法裁判与行政行为仅仅被视为法律适用，但实际上，它们依然处于规范具体化的链条当中，并且均表现为"应为"命题，因而同样具有规范创制的特性。只不过，其所创制的规范通常不具有一般性，系"个别规范"，有别于传统"一般规范"。除了上述两项公法行为，私法上的法律行为（契约）亦属个别规范，它在当事人之间产生拘束力，属于私人立法行为。可见，在凯尔森的理论中，语词扩大化实乃势所必然，唯有将规范概念从一般性扩及至个别性，法律秩序才能得以完整构建。

在拉伦茨看来，纯粹法学堪称20世纪"寻求构建法学科学性之最伟大的探索"，有着"道义逻辑之父"美誉的哲学家冯·赖特更将凯尔森与马克斯·韦伯相提并论，以其二者为20世纪在社会科学领域最具深远影响的两个人，而凯尔森逻辑缜密的法律规范层级构造理论也被大加赞誉。"个别规范"概念除了凯尔森及其所创立的维也纳学派成员，其他学者尤其是欧陆学者普遍对之采取拒斥态度。依艾本斯坦之研究，根本原因在于，借助个别规范概念，凯尔森几乎彻底挑战了欧陆法律与政治传统。规范层级构造的核心技术是法律创制与法律适用合二为一，司法裁判与行政行为获得规范地位，是该一元论技术的直接结果。

然而，欧陆宪制的基本信念之一是，法律创制（立法）与法律适用须作严格分离。这一信念源于政治传统中的权力分配理念。国家权力经常被分为立法、司法与行政三权，依凯尔森之见，此权力之三分亦可化作两分：法律创制权（立法权）与法律适用权（司法权与行政权），体现为国家三种权力之分的就是法律的创造和适用之间的区别。国家形式有共和制、君主制或民主制、集权制之别，但无论何种形式，从亚里士多德经由马基雅维里及至当代，欧陆不可挑战的核心观念都是立法权应由国家意志的代表者行使，差别只在于，该代表者是专制君主抑或民选立法机构，至于法官、行政之类的其他组成部分，均不过是国家意志的执行者。正是在此意义上，拉伦茨指出，凯尔森的一元论抹平了立法、司法、行政乃至私人自治活动之间的差异，它虽然在逻辑上清晰缜密，却置国家的基本原则于不顾，无论如何是不可接受的。

不仅如此，借助法律规范的层级构造，凯尔森还旨在构建一元论的国家与法律学说。其中一项重要主张就是，立法、司法与行政之三权分立，并非对应法律创制与法律适用之分野，而只是法律秩序创造与适用之不同阶段，即立法创制一般规范，司法与行政原则上创制个别规范，例外时亦创制一般规范。于是，凯尔森进而触动了欧陆民主国家另外一条敏感神经——权力的分立与制衡理论。这一理论在孟德斯鸠的著作中得到最为经典的阐述，并成为迄今为止欧陆民主宪制践行的基础。凯尔森一元国家理论的集权倾向，显然与欧陆视为圭臬的控权理念背道而驰，而撬起传统理论基石的支点，则是"个别规范"这一概念创新。欧陆传统避之唯恐不及的个别规范概念，在英美国家却似乎波澜不惊。重要原因在于，宣称法官创造个别规范乃至一般规范，这对习惯于遵循先例的英美而言，甚至谈不上是理论创新。再者，英美控权的制度理念与欧陆亦有所不同，凯尔森理论带来的冲击因而得到相当程度的消解。

参考书目

1. ［奥］凯尔森：《法与国家的一般理论》，沈宗灵译，中国大百科全书出版社1996年版。

2. [奥]凯尔森:《纯粹法理论》,张书友译,中国法制出版社2008年版。

（李　鑫）

司法行为

传统法学认为司法行为是一种"解释法律"的行为。法律推理是一种三段论式的逻辑:法官认定的案件事实构成小前提,解释由立法机构制定的法律获得大前提,由此即可得出司法判决的结果。至于如何解释法律,法官与学者之间虽然存在分歧,但大都主张法官必须考察法律的文本、立法者的原意以及遵循先前有效的判例。从这一意义上看,法院裁判案件的行为不需要创造性,也不能够有创造性。因为根据经典的政治理论,法官系非民选也无需向选民负责的司法官员,他们并没有民主正当性做出政治性的决策,而且,法官只是法律问题上的专家,对于现代民主治理中所牵涉的专业知识,立法者大都比法官来得更有专业优势。因此,在传统法学理论中,法官所做的工作不过是将立法者的普遍意志适用到具体个案中。

在20世纪初期,社会经济条件的变化带来了立法体制与法律规则的变革,也最终促成了法学理论的转向。霍姆斯大法官的判断——"法律的生命并非逻辑,而是经验"——逐渐成为法学界人士的至理名言,而他在《法律的道路》一文中的论述则规定了新时期内法学研究的任务:"我所谓的法律不过是对法院事实上将做些什么的预测……因此,我们研究的目标就是预测。"在这篇论文中,霍姆斯还先知般地预言了此后法律社会科学研究的兴起,"理性地研究法律,当前的主宰者或许还是'白纸黑字'的研究者,但未来属于统计学和经济学的研究者"[Oliver Wendell, *The Path of the Law*, Harvard Law Review (1897)]。

沿着霍姆斯指引的道路,新兴的法学理论认为司法行为是一种"制定"法律的政治行为。既然法官的司法行为是一种政治决策,那接下来的问题就是法官们是依据什么做出了这种政治决策,这就进入了政治学内司法行为研究的领域。此研究领域有两种研究模式:态度模型和策略模型。态度模型是法官行为研究的第一个主流模式。根据态度模型,作为政治主体,法官会选择将自身的政策偏好体现在法律之中,因此我们可以基于法官的政策偏好来预测法官在案件中的立场。

（李　鑫）

态度模型

法官行为研究的第一个主流模式。根据态度模型,作为政治主体,法官会选择将自身的政策偏好体现在法律之中,因此我们可以基于法官的政策偏好来预测法官在案件中的立场。态度模式的根源在于第二次世界大战后席卷了政治学内的行为主义革命。在政治学"科学化"的趋向下,公法研究也开始聚焦于法官的司法行为。普利科德在第二次世界大战后出版的《罗斯福法院》标志着司法行为研究的开端。在此书中,作者选择了从1937年至1947年最高法院未达成全体一致意见的判决,运用计量的方法系统地考察了反对意见、赞同意见、投票集团以及意识形态的分布。作者首先根据大法官的个人行为与表决来测量大法官的政策偏好,然后再建立法官政策偏好与案件表决之间的相关性。作为司法行为研究的开山之作,此书虽然假设法官行为的主要驱动力是个人的政策偏好,但还是指出司法"偏好"本身就会受到法官对自身角色定位的影响。因此,普利科德在法官的政策偏好与案件表决之间加入了一项中间变量,这就是他所谓的“法官角色的认知”（Jeffrey Segal & Spaeth Harold, *The Supreme Court and the Attitudinal Model*, Cambridge University Press, 1993）。

舒伯特出版于 1963 年的《司法决策》首次系统地提出司法决策的理论模型。此书导言为“从公法到司法行为”。这被后世学者认为标志着政治学内法院研究的正式转向。舒伯特认为，每位大法官在多维度的价值空间中都有理想位置，它们代表了大法官的“态度集合”，而案件事实也可以在同一价值空间内得到定位，因此，“最高法院的判决就取决于多数法官的理想位置”。舒伯特两年后出版了《司法心智》。此书吸收了认知心理学的理论，作者首先在“自由—保守”的谱系上衡量法官的偏好和案件事实，然后根据大法官先前持有的价值偏好来模拟他们在此后案件中的表决。罗德和斯潘思在 1976 年出版的《最高法院的决策》中进一步细化了舒伯特的态度模型。两位作者主张，最高法院大法官在决策过程是“政策目标导向”。“法院内的每一位成员在法院所面临的政策问题上都有偏好，当法官做出决策时，他们希望决策的结果可以尽可能地接近这些政策偏好”（Glendon Schubert, *The Judicial Mind*, Northwestern University Press, 1965）。

上述时期态度模型研究虽然成果斐然，且牢牢占据着司法行为研究的主流阵地，但此时的研究也存在一个致命缺陷。态度模型认为法官的司法行为的决定因素在于法官自身的政策偏好。如果说法官的决策行为不难去测量，那么困难在于测量法官自身的政策偏好。社会科学上常用的问卷调查或访谈很难适用于大法官。因此，此前的研究都是用大法官在先前案件中的立场去测量法官的政策偏好。根据社会科学的基本理论，如果要在法官的价值偏好与案件判决之间建立起因果关系，研究者首先应以法官的价值偏好为因变量，以相关的自变量来测量法官的偏好，然后再以法官的价值偏好为自变量，研究自变量的变动会不会引发作为因变量的法官判决的变动。因此，传统研究用法官先前的判决去验证法官后来的判决，这就陷入了循环论证的困境。西格尔与斯潘思在 1993 年出版的《最高法院与态度模式》标志着态度模型经过 30 多年发展后的最终成熟。事实上，两位作者的研究并未突破传统态度模型的结论，而只是在一定程度上避免了传统研究中的上述缺陷。

（李　鑫）

策略模型

在法官行为模式研究中，策略模型（strategic model）是唯一可与态度模型匹敌的学说，甚至还有后来居上的趋势。策略模型的三个基本预设如下：(1) 大法官的行为是政策目标导向的，单就这一点来看，策略模型与态度模型并没有区别，它们都继承了法律现实主义的基本理念：法官们希望法律可以尽可能地反映他们的政策偏好；(2) 大法官的行为是策略性的，作为政策追求者，大法官在决策时必须考虑到其他主体的政策偏好以及可能的反应，而态度模型则认为，大法官是无约束的主体，他们可以自由地将其政策偏好贯穿在法律之中；(3) 大法官所处的制度环境塑造了大法官的策略互动行为，这包括大法官之间的互动与最高法院和国会总统之间的互动。从解释法官行为的角度来看，策略模型的研究者认为，大法官的决策应该被视为一种策略行为，而不仅仅是对自身政策偏好的回应（Lee Epstein & Jack Knight, *The Choices Justices Make*, CQ Press, 1998）。

策略模型的理论基础是政治学中的理性选择理论。理性选择理论认为：(1) 社会主体之选择是目的导向的;(2)社会主体的行为是策略性的,因为他们的选择取决于他们对其他主体之选择的预期;(3)作为选择之场域的制度环境塑造了这些选择。因此,当理性选择理论在20世纪60年代兴起后,策略模型也初现端倪。事实上,早年的态度模型与策略模型的区分并非泾渭分明,许多态度模型的先驱也是策略模型的奠基者。早在1958年,舒伯特这位现在更多地与态度模型联系起来的学者就在《美国政治学评论》上发表了论文,声称"司法过程正是博弈理论的量身定做的研究对象"。20世纪90年代的到来标志着策略模型的再度兴起,这在很大程度上要得益于政治学制度主义研究的卷土重来。华盛顿大学经济系马科斯1989年提交了自己的博士论文《司法影响国会决策的一个模型:戈罗夫城市学院诉贝尔案》,其中提出了法院与国会在权力分立体制下的互动模型。或许是因为策略模型的研究此时沉寂已久,许多学者都将马科斯这一并未正式出版的论文视为策略模型的开端,其中包括态度模型的重要人物西格尔、斯坦福大学政治系菲洛约翰、耶鲁法学院的埃斯克里奇(Lee Epstein & Jack Knight, *Toward a Strategic Revolution in Judicial Politics: A Look Back, A Look Ahead*, 53 Political Research Quarterly)。

策略模型的复兴在很大程度上倚仗政治学内的新制度主义的出现。作为行为主义的反动,新制度主义强调"将理性的政治主体放回他们的制度环境中",反映到司法行为研究上,策略模型开始关注制度规则与环境对大法官行为的影响,不再偏重于大法官个人的政策偏好,而是考察法院作为一个机构的制度特征、法院与政治体制内其他机构之间的关系,以及这些制度环境最终如何影响法官的行为。就研究范围而言,态度模型主要关注大法官在案件中的实体立场,策略模型就更多地考察法官决策的动态过程:从是否签发调案令、案件讨论、法院意见写作者的指定以至法官最终的表决,所有这些都是策略模型的研究范围。

(李　鑫)

自由裁量

自由裁量的定义最早出现在英美法。按照《牛津法律大词典》,自由裁量是指法律授予法官的,可以在正义、公正、公平、正确、合理的情况下根据情势酌情所作出的有限权力。《美国法律辞典》则将自由裁量权定义为法律授予官员的,在规则和原则的约束下,可以选择依据自我判断而行事的权力。按照《诉讼法大辞典》,英美法系的法官在公平、正义和理智的道德的指引下,独立行使法律所赋予的可以针对各种特殊情况灵活处理案件的权力。自由裁量由四个部分组成,即法官、自由、裁、量。法官是自由裁量的核心角色,是裁量权的实际行使者和法律条文的实际解释者,法官的思维方式和价值取向在裁量过程中起重要作用;自由是指法官在裁量过程中的思维和推理是不受外界力量影响和妨碍的,裁量结果是仅凭借自己内心确信独立作出的;量是指以一定的尺度衡量案件的性质;裁即自由裁量必然会得出一个结论,也就是所谓的裁判规范。在法官审理案件的过程中,法律规范的内容与案件事实不可能是一一对应的关系,法律的模糊性、不周延性、滞后性使法官的自由裁量应运而生。

法官裁量是法律适用的重要环节之一,它在增强法的可适用性、弥补成文法的缺陷、实现公平正义等方面的价值是不容忽视的。但是法官裁量权也容易受到外界的影响而发生偏移,因此其应当受到合理有效的规制。在法学的语境中,人们习惯于将裁量与规则对立以观。"裁量"一词通常被用来描述在规则没有给予确定答案的情况下,法官对规则限定的范围内的多种决策方案所作的合理选择。因此,所谓法官裁量权是指在法律适用的过程中,法官在多种合法的法律解决方案之间进行合理选择的权力。很多人认为法治排斥裁量。事实上,法治与裁量并不矛盾,即便在法治模式下,法律适用的过程中也常常伴随着法官的裁量。由于立法者的有限理性和社会事实的变动不居,规范与事实之间存在永恒的紧张。在法律适用过程中,裁判者必然会遭逢一些在法学上被称为疑难案件的情形:由于法律语言的模糊性,法律条文的含义时常无法加以确定;不同的法律规范之间有可能冲突,使裁判者无所适从;法律存在漏洞,无法涵盖现实中出现的新奇案件;在特定案件中,严格依据法律条文所作裁判可能会背离规范原意,抵触正义的要求。

当面临这些疑难案件的时候,法官无法仅通过简单的三段论推理就得出判决,在其裁决的过程中需要价值判断并不可避免会伴随着法官的裁量。因此,严格规则主义模式不可能真正实现。成文法的缺陷使法官的裁量成为必须。正是借助于法官的裁量,普遍正义和个案正义、稳定的法律与变动的事实之间的紧张才得以缓解,相互冲突的法律价值才得以协调。为保障法官裁量权得以合理行使而不至于被滥用,法官在进行司法决策时应该考虑法律规则的可能语义范围、立法目的、法律原则、政策、社会的价值观、司法权的限度等因素。为了维护法律的可预测性,法官在裁量时,必须尽量在法律条文的可能含义内作出选择,不得轻易超出“文义射程”。为了避免司法决策产生不正义的结果,法官还应综合考虑立法目的、法律原则、政策、社会价值观等因素。在某些情形下,法官的裁量会表现为一种“造法”,此时法官一定要意识到司法权的限度问题,应当充分考虑司法机构本身的角色定位、自身解决纠纷的能力以及所要解决的社会问题的可裁判性。此外,法官的裁量还应受到必要的程序限制。这些程序的限制能够抑制法官的恣意判断,促进法官的理性选择。具体来讲,程序对于法官裁量权的限制体现在四个方面:第一,法官审理案件必须遵守法定的程序,不得擅自改变法定程序;第二,法官应当在审判中保持一种超然和不偏不倚的态度和地位,而不得滥用裁量权对任何一方进行偏袒;第三,裁量必须以控辩双方在法庭审判过程中提出的有效证据、意见和主张为根据,而不能把任何一方的论点和论据排除于裁判之外;第四,法官作出裁量的程序必须符合合理性的要求,使其判断和结论以确定、可靠和明确的认识为基础,而不是通过任意或者随机的方式作出。

当然,法官的素质是影响法官能否合理地行使自由裁量权的重要因素,其中包括政治素质、业务素质与职业道德等。就政治素质而言,法官应当保持正确的政治立场;就业务素质而言,法官运用法律方法的能力起到至关重要的作用;此外,良好的品行也至关重要。法官尽管有选择的自由,但并不是在恣意选择。从主观方面来讲,一个合格的法官,会尽可能地从多种可能性中选取最佳方案,会尽力使自己的裁量具有合理性,从而能够被其他法官和社会公众接受;就客观方面而言,法官会受到诸多的外部限制,例如法官必须遵循司法程序,也会受到司法传统和社会舆论的制约,这些限制都会使法官的判决趋于合理,接近第三种意义上的客观性。因此,只要不将法律的客观性理解为百分之百的确定性,那么我们就可以说,法官裁量不会动摇法律客观性的根基。相反,合理行使的裁量权更能推动正义的实现,从而从根本上维护法律的权威性。

参考书目

1. 陈景辉:《原则、自由裁量与依法裁判》,载《法学研究》2006 年第 5 期。

2. 陈旗:《法治视野下的法官自由裁量权研究》,武汉大学 2013 年博士学位论文。

(李 鑫)

一般规范

凯尔森认为,司法判决也可能创造一般规范。判决可能不仅对本案而且还对法院所必须判决的其他类似案件,都有拘束力。司法判决可能有先例,即对所有类似案件的未来判决都有拘束力的性质。然而,判决只有在它并非适用既存的实体法一般规范,法院作为立法者而行为时,才具有先例的性质。法院在一个具体案件中的判决通过由这一判决所创造的个别规范的一般化,才取得对所有未来类似案件判决都有拘束力的那种前例的性质。所谓先例的实质就是这样获得的一般规范的拘束力。只有在这种一般规范的基础上,才可能确认其他案件和第一个案件是“类似的”,第一个案件的判决才被认为是先例,因此,这些其他的案件都必须同样地判决。该一般规范可能由创造该判例的法院本身加以系统地陈述。它也可能留待受该前例约束的每个法院在有关案件发生时再从这一前例中引申出一般规范。当司法判决具有先例性质时,而这意思就是当司法判决创造一般规范时,法院的创造法律的功能也就尤其明显。在法院不仅有权在其判决中适用既存的实体法,而且还有权为具体案件创造新法时,赋予这些判决以先例的性质是可以理解的。在这样一种法律制度中,法院就是与称为立法者(狭义的、普通意义的立法者)的机关完全一样意义的立法机关。法院是一般法律规范的创造者。需要注意的是,这里所讲的是源于法院单独判决的那种一般规范。这类法律创造和通过法院的长期实践所创造的一般规范,必须明确地加以区分。

参考书目

1. [奥]凯尔森:《法与国家的一般理论》,沈宗灵译,中国大百科全书出版社1996年版。
2. [奥]凯尔森:《纯粹法理论》,张书友译,中国法制出版社2008年版。

(李　鑫)

现实主义法学的司法理论

20世纪30年代,现实主义法学在美国兴极一时,卢埃林和弗兰克等现实主义法学家猛烈抨击传统法学的机械司法论。现实主义法学宣称司法过程就是按照法律进行的逻辑推理,主张法官的个性和公共价值等因素对司法过程产生重要影响,法学研究不应该将注意力集中于法律本身,而应着眼于产生实际效果的官方行为。他们强调法官应当在个案中感知社会需求,进行利益权衡,以此为基础寻找既定的制定法和判例等权威性法律资料,并据此作出判决。在那个时代,现实主义法学因其能动而务实的经验主义进路,主张通过司法裁判回应社会需求,缓解社会矛盾而符合当时的社会形势,一度成为美国的主流法学。

卢埃林和弗兰克等现实主义法学的司法理论在法律方法方面强调法官的能动性;在法律渊源与法律发现理论中,主张只有真正适用到个案中的规则才是法律;在法律解释方面,提倡法官基于解决纠纷需要对法律进行创造性解释。他们批判把司法过程视为纯粹的逻辑推理,主张法官在直觉和经验的基础上预先形成结论,再运用法律证成该结论,开了司法论证理论的先河。传统的法律渊源理论一般认为法律渊源指的是法律的形式渊源,即法律的表现形式。而司法立场的渊源理论则主张法律渊源是法官寻找法律之所在,即发现法律的场所。现实主义法学家所持的正是这种观点,既有的判例和制定法只意味着适用的可能性,它们是否适用还取决于个案的需要,取决于法官对案件事实意义的理解及相应的法律选择。现实主义法学家们为观察和研究法律提供了新的视角,意图通过区分法律与法律渊源,彰显一般性法律和个案裁判规则的差异,从而为阐释真实的司法过程打开足够的空间。传统法律解释理论认为,制定法本身就具有固定的意义,法律解释就是探究立法者意图的过程。这本质上属于发现的过程,立法者的意图不应被随意解释,更不应被肆意消解,法官的自由裁量权应当受到严格的限制。卢埃林和弗兰克等现实主义法学家则认为,制定法的含义应该根据个案的具体情形来确定。立法者和法官的关系类似于乐曲作曲者和演奏者之间的关系,乐曲一经谱出,作曲者便把对音乐的理解和阐释权力交给了演奏者,同样的乐曲完全可能因为演奏者理解的差异而呈现不同的演奏效果。

在制定法的解释中,法官个性倾向的差异也能导致不同的创造性解释。现实主义法学认为传统的法律解释理论把法律的限制作用与法官的自由解释对立起来,将法官的创造性理解看作在疑难案件中发现法律的不得已之途径。弗兰克等人正视法官的个性因素,将其作为司法过程中无法消除的必然性因素,把法官的能动作用作为司法造法回应社会需求的依赖途径。同时,现实主义法学家也强调自由解释必须在遵循制定法含义的基础上进行,法律文本的意义必须得到尊重。在弗兰克看来,司法判决的结论来自直觉,最终取决于法官的个性。长期以来,人们都认为这种观点过于强调法官的主观因素,容易导致恣意裁判,甚至有不少人认为弗兰克的司法理论是对法治的一种消解。不难看出,弗兰克对法官个性等主观因素的强调有点极端。然而,法官个性和价值观念等主观因素对判决的影响是不可避免的,直面这些因素,自然就得承认法官之间以及法官与公众之间的观点差异,通过法律论证予以说服,达成共识也就成了一种必然要求。既然涉及判断,为了避免恣意裁判,法官就必须通过论证展现判决的正当理由,而这正是催生法律论证的重要原因。弗兰克主张的结论先行,再对结论予以正当性证成的观点,第一次对司法判决作了发现和论证的二分。作为现实主义法学的代表人物,弗兰克提出法官是在理解个案事实的基础上根据直觉得出判决结论,然后利用既有法律证成这一结论。他的判决发现和判决论证二分理论第一次引出了法律论证方法,可谓法律论证理论的开拓者。

参考书目

1. 刘翀:《现实主义法学的批判与建构》,载《法律科学(西北政法大学学报)》2009 年第 5 期。
2. 戴津伟:《现实主义法学与法律方法》,载《沈阳大学学报(社会科学版)》2012 年第 1 期。
3. 谢小瑶:《司法裁判中的民主追求——对美国现实主义法学的另一种解读》,载《南京大学学报(哲学·人文科学·社会科学)》2014 年第 3 期。

(李 鑫)

批判法学的司法理论

在 20 世纪 60、70 年代,美国法学界兴起了一场旨在批评和反思当代自由主义法律传统的批判法律研究运动。该运动由耶鲁大学的肯尼迪、楚贝克、阿贝尔等学者发起,随着越来越多志趣相投的学者的加入,其阵营逐渐扩大,影响力也日渐增强。在批判法学诸多学者中,素有"批判法学的精神领袖"之称的罗伯托·曼戈贝拉·昂格尔(Roberto Mangabeira Unger)的理论最具代表性。昂格尔通过"隔开距离"的方式观察法律,证明自由主义法律体系并不足以提供任何确定性,判决不过是法官的政治决定。在揭示了法律的"真相"之后,昂格尔构建了一个全新的法律理论以实现其所谓的"超自由主义"的理想。传统法律理论的核心乃是司法问题、法律方法问题,对于传统法律方法的批判构成了昂格尔法律理论的重心(Mark Kelman,*A Guide to Critical Studies*,Havard University Press,1987,Introduction)。

昂格尔的批判所针对的是当代自由主义法学的法律方法。在他看来,当代主流的法律方法可称为一种“合理化法律分析”。所谓合理化法律分析就是将法律的各个部分呈现为对相关联的集体福利政策或者政治道德权利之表达(即使这种表达是不完全的),并依据此种表达来解释法律。对这种法律方法而言,法官所采取的是一种目的论解释。而法律目的,亦即法律所追求的价值目标、所内含的理想观念,具体表现为某些集体福利政策或者政治道德权利。在此意义上,合理化法律分析可被视为一种以政策为导向、以原则为基础的法律方法。既然是以政策和原则为导向,那么现有的法律规则包括立法者所制定的法律和已形成的先例,就只是规范上的“出发点”,而非其“最后的依据”。于是,法官舍弃文义解释而采用目的解释,即根据法律所欲实现的原则或政策解释法律。而且,为了使法律呈现为一个统一的整体、一个封闭完美的体系,法官还要依据法律目的来改变法律规则的内容。

因此,在合理化法律分析中,法官需要做两项工作,那就是寻找隐含于法律规则当中的目的,并在个案当中依目的对法律进行解释,以此逐步改变那些与目的相违的法律的内容。在昂格尔看来,合理化法律分析仍然抱着裁判连贯一致的梦想却又没法实现,而且无法通过裁判推进社会变革,因此应当以新的法律方法取代之。按照传统的法理学说,法官应当采用情境导向的类比推理。在他看来,类比推理的不足在于法律目的之描述与案件事实比较之间的一种循环往复。类比推理是依据与当下个案相关联的规则之目的(规则包括制定法与从先例中抽象出来的规则)解释规则,同时审视和比较案件事实,进而判断规则所设定的构成要件与待决案件事实是否“相同”,并据此判定该规则是否适用于本案。

然而,世间没有完全相同的两个事物,只有在某种“意义”“法律目的”“法律理念”之下予以考量才可能是相同的。因此,需要探知法律的目的,否则无法判断法定构成要件与案件事实是否“相同”,无法将规则与事实等置。当然,在类比推理当中,形式推理甚至三段论涵摄模式并非全然无用,从大、小前提中推导出结论的过程仍然需要它们。但根据法律目的确定规则是否适用于当下个案才是类比推理的重心。在昂格尔看来,法官在个案中运用类比推理来修正法律毕竟难以完全实现自己的民主实验主义目标。而传统的法律理论却总是围绕着法官而展开,总是以“法官如何运用此种方法”为指针来改革法律方法。法律方法就只能为法官所用,只能在有限的范围内消解“法律的不法”,而无法有效地推进社会变革。为此,昂格尔把“法官应当如何判案”“如何做出司法裁判”的问题降至第二位,把目光转向法律制度的想象和实践,使“法律方法”变为制度想象的工具,服务于民主实验主义。

这样一来,“法律方法”就不再是关于法官如何将法律适用于具体案件并作出裁判的方法,而成为超出司法裁判之外,想象出实现民主目标的多种可能方式,并根据所选择的方式来决定“法律是什么”的一种方法。因而,此种“法律方法”与传统意义上的法律方法有所不同。此外,批判法学研究运动的领军人物邓肯·肯尼迪首先认为法律是由一系列依据相互冲突的伦理价值发展起来的规则集合体,因此法律体系并不是内部和谐一致的。其次,现代法律已经不再是形式规则和严格演绎推理的样式,政策论证遍布于司法实践中。最后,由于受意识形态的影响,法官在裁判过程中并非如正统所认为的那样客观和中立,肯尼迪的思想继承了法律现实主义和语义怀疑论者的论述,但却走得更远,他把法律视为某种政治性质的东西,同时法官也是某种政治意识形态的践行者,法律在政治的目标中丧失了自身的客观性和中立性。这种论述通过融合法律与政治从而否定了法律相对于政治的独立性,从这种立场观之,肯尼迪是激进的,其著作和思想对于正统的法治观念是一种挑战。

参考书目

1. 陆幸福:《权利话语的批判与反批判——围绕批判法学展开》,载《法制与社会发展》2014 年第 4 期。
2. 孙笑侠、周婧:《一种政治化的法律方法——对昂格尔法律方法论的解读》,载《环球法律评论》2007 年第 4 期。

(李　鑫)

庞德的司法理论

庞德司法理论的主要贡献在于对利益的划分,他将利益分为社会利益、公共利益和个人利益,并指出这些利益在本质上都是特定社会众人的实际需要,不同的区分只是源于不同的观察角度。所以,当利益发生冲突之时,他不主张依据这种区分,而主张将冲突的各种利益视为同一种类的利益——创造一个对话平台,然后加以比较。比较和权衡的标准是在最少的阻碍和浪费(牺牲)的情况下,给予整个利益纲目以最大的效果。

为了构建这样一个利益纲目或者对话平台,庞德系统地提出了他的社会利益分类与体系:(1)一般安全之中的社会利益:以社会生活的名义经由社会团体争取的要求、请求或需求——须加以保护,使免于任何威胁其存在的行为发生。(2)社会制度之安全的社会利益:文明社会的基本制度——家庭制度、宗教制度、政治制度、社会制度——能免于对其存在构成威胁或对其效力之功能造成伤害的行为。(3)公共道德之中的社会利益:文明社会希望社会生活免于侵犯其公共道德的行为。(4)社会资源保护的社会利益:文明社会中对于存在之物不被浪费的要求、请求或需求,力求自然资源与人力资源的正当使用及保存。(5)社会进步的社会利益:文明社会对人类控制自然及人类力量的发展,以满足人类前进之希望或要求。包括:追求经济进步的利益;追求政治进步的利益;追求文化进步的利益。(6)个体生活中的社会利益:追求个体道德及社会生活的社会利益,或者说追求个体生命价值的社会利益,是最重要的一项社会利益。

以当时的法学发展水平而言,庞德的社会利益纲目,在形式上的确可以担当"精致"和"广博"这样的溢美之词。另外,这种通约论式的社会利益观,还初步化解了德国利益法学方法未曾注意到的一个难题,即异质利益——比如个人利益和社会利益——之间如何比较、权衡的问题。但就其权衡标准——在最少的阻碍和浪费(牺牲)的情况下,给予整个利益纲目以最大的效果——来说,却显得失之笼统和模糊。

庞德当然认识到利益的评估和权衡是一个价值问题,而提出每个人都会接受和遵从的价值尺度是不可能的,但庞德并不打算让自己无所作为,他反观社会历史和人类自身,提出有三种方法可以资助法律解决价值尺度问题:第一种方法是求助于经验,即从经验中寻找某种能在丝毫无损于整个利益纲目的前提下,使各种冲突和重叠的利益得到调整的方法;第二种方法是倚重于理性,即依照一定时间、地点之文明的法律假说来进行评判、衡量;第三种方法是援引公认的、传统的权威性观念。不过,经验、理性和权威性观念这样的大词,无异于传统自然法观念在此岸世界的轮回,它们或许能指示个案中的利益评判标准,却不能担保这种评价具有客观性和可预测性。它还导致在庞德的裁判理论中,法律自身始终处于边缘化乃至缺场的状态,判决过程也更像是一种相时而动的决疑术。

撇开利益分类的合理性不提,这种离开法条无限制后撤的思考方式,也催生了庞德理论的蜕变——最终脱离社会利益纲目,迈向"无法司法"(justice without law),即法官可以根据个人意志和自觉进行审判,行使广泛的自由裁量权限,而不必遵守任何既定的一般性规则。因而哈特批评道,庞德认为必须有某种权衡和评估冲突利益的方法,以及某种量化形式,但他的讨论却未能提供这种方法。

参考书目

1. 夏锦文、陈小洁:《法律哲学发展的逻辑与方法——对庞德〈法律史解释〉的解释》,载《政法论坛》2012 年第 6 期。
2. 陈林林:《方法论上之盲目飞行——利益法学方法之评析》,载《浙江社会科学》2004 年第 5 期。

（李　鑫）

作为规范科学的法学

狭义的法学或法教义学在本质上即属于规范法学。不但法学的工作对象主要为法律规则、法律原则等法律规范,而且法学的工作方式和研究范式也主要由规范法学塑造。法学的主流与基础均为规范法学。在规范法学的向度中,法学着重于法概念及法制度的基本理论,因其教义式的方法,而又被称为“法教义学”。拉伦茨强调,法学是“作为规范科学的法学”,他把法学定义为“以处理规范性角度下的法规范为主要任务的法学……它关切的是实证法的规范效力、规范的意义内容,以及法院判决中包含的裁判准则”。

规范法学是一切法学的基础。它把实在法的内容以及与实在法有关的法律现象概括为概念,并建立关于实在法的一系列基本的范畴体系。规范法学对法学学科的贡献在于它有区别于其他学科的方法论。通常认为,规范法学的方法就是规范分析,它主要用来揭示法律概念的清晰含义,它以法律规范为前提,对法律概念和法律条文进行描述、注释和解释,并最终为解决法律争议服务。

一般认为,规范分析是法学受分析哲学或语言哲学的影响而产生的一种分析方法,因为它的主要目标就是将模糊的、含混的、冲突的法律命题和法律概念进行逻辑语义梳理,使其清晰化、体系化。规范分析也是受自然科学影响而产生的一种实证主义或社会科学方法,因为它将法律命题中的价值问题和事实问题分离开来,坚持“分离命题”,只描述和分析法律规范,一般不考虑道德规范和社会规范。作为规范法学方法论的规范分析在构成上包括合法性分析、规范性分析和实效性分析,这三种规范分析方法不仅与其他分析方法不同,而且在规范法学方法中具有各自独立而又相互支撑的功能。规范分析方法的适用范围不应仅局限于实在法,实在法之外的制度事实甚至更大范围的社会事实和自然事实,都可以纳入法学方法论意义上的规范分析对象。合法性分析用来评价被分析的对象是否符合实在法;规范性分析用来检视法律权利语句和法律义务语句的清晰性和逻辑性;实效性分析用来判断逻辑语义上的法律秩序在多大程度上转化为实践行动中的法律秩序。规范分析方法一方面可在纯粹的规范法学领域进一步完善,另一方面也可超越规范法学领域,为其他学科研究对象提供方法论。

从规范法学的向度而言,法学就是一种职业知识体系与职业能力教程,它的实践意义在于:第一,规范分析能为法律适用提供科学的概念体系与专业语言。规范法学之所以最接近于司法实践,是因为它能够为实践提供一系列科学分析的专业语言。专业语言是同业对话的基础和前提。规范分析中的确定的专业语言和词汇对于法律适用具有重要意义。第二,规范分析是法律适用的方法之一。法律适用中的解释方法、推理方法大都属于规范法学的方法。第三,规范分析代表了法律适用的某种规范科学的思维方式,可据此改变普通人基于生活逻辑而形成的思维定式。规范法学不只对司法裁判提供助力,其最重要的任务之一是:发现一些现行法迄今尚未解决的法律问题,借此促成司法裁判或立法的改变。规范法学必须以实在法为研究对象,规范法学依赖立法、司法乃至法治的程度,法治达到何种程度,那么法学也会发达到何种程度。

法学主要探讨的是规范的"意义"。它关切的是实证法的规范效力、规范的意义内容以及法院裁判中包含的裁量准则。当我们把法学理解为一种规范法学时,并不意指法学本身可以制定规范,使法规范生效。原则上,其自认系一种由关于现行法之陈述所构成的体系。但我们发现,法学就规范内容所作的陈述,其本身对于该规范内容亦有影响。它与那些今日所谓的纯粹科学性的学科不同。在法学这种规范性语言中提及的事物,则是"法这个事物"。它是规范性意义中的"现行法",是所有法规范的整体。即使实证法的内容曾经一度构成一种"正当的"秩序,也远不能保证法官的裁判全部是"正当的"。这就构成了"实证"的法与法律思想之间的意义关联,假设没有法律思想,在规范性的语言中,根本就不能有意义地提及"实证"的法。法学所要处理的是(以其规范性意义来理解的)现行法,这意味着:我们将现行法理解为各种具体化法律思想的方式之一。对法学而言,现行法既存于有效的法规范中,也存于裁判所包含的裁判准则之中。规范法学要理解这些对它而言"既存的事物",以及隐含其中的意义关联,即要认识隐含在立即可解的文义背后的意涵,并将之表达出来。

我国学者往往在分析实证主义法学的意义上理解"规范法学"。我们不能把偏重于研究法律规则、法律文本的法学统称为"规范法学",我们不能以"规范法学"来概括强调研究法律规则、法律文本的法学主张。因为,"规范"虽然含有"规则"的意义,但它的"意义核心"却是"应当怎样"。因而,"规范法学"的真实含义,其实是研究"应当怎样"的法学。换言之,"规范法学"一词的含义,实际上是"价值法学"。

参考书目

1. 孙笑侠:《作为职业知识体系的法学——迈向规范科学意义上的法学》,载《现代法学》2007 年第 4 期。

2. 谈萧:《规范法学的方法构成及适用范围》,载《法律科学(西北政法大学学报)》2012 年第 4 期。

3. [德]卡尔·拉伦茨:《法学方法论》,陈爱娥译,商务印书馆 2003 年版。

(吕玉赞)

作为理解科学的法学

理解和解释是法学最主要的工作方式。德国意义上的法学体系包括法教义学及作为其"姐妹艺术"的法律方法论。其中,不但解释和理解是法教义学的基本方法和作业方式之一,而且法律解释和法律诠释更是一种最重要的法律方法论。可以说,理解和解释是整个法学研究的基本方法,法学在本质上就是一种理解科学。在施莱尔马赫看来,解释者必须深入作者的内心,尽可能回到作者的观点上去解释文本,即替作者设身处地地想,仅表明自己对文本的看法的文本理解将被视为任意。近代法律解释学的创始人萨维尼提出了重视立法者原意的历史解释方法。对解释者提出了重构作为语言关联体的文本之任务,他坚持文本的总体及部分必须循环来理解。同时,将理解看作一个有过程的、没有终结的任务。阐释者在文本解释上比作者本人能够更好地理解文本。狄尔泰把理解设想成精神科学的基石,理解不再被视为是重构作者的思想,而是体验过去的精神,而这种体验是建立在表达与被表达者的关系上的。因此,主体不再是作为单个主体,而是作为生活关联体的代表来阐明。伽达默尔认为,只有理解者在根本上已着手对文本进行前理解时,理解才有可能。这意味着:解释者把文本对准他的生活世界。因此,利益也同时与理解相连。当我们使用文本时,我们就打算用文本达到什么。由于前理解引导着文本理解,每一种文本解释同时是解释者当下意识的应用。通过解释者的前理解,文本在解释过程中变成了各人不同的东西。反过来,文本又改变了解释者的观点,在伽达默尔看来,理解从未是再现行为,而总是创造性行为。他认为,在理解过程中存在两种经验世界:一是文本在其中是被描摹的;二是解释者所处的,理解的目的是将这两者调和沟通。理解不是设身处地替作者考虑,而是对话、合意。他放弃了正确解释的标准。他的诠释学在规范性上要求解释者,在尝试理解中一并思考多种经验世界的差异,具有效果历史之意识。另外,他还要求解释者有"应用意识"。解释者必须认识到,文本的理解离不开应用。

但在利科尔看来,理解的本体论,只有通过方法论的探讨,经过认识论,即知识如何获得,方能最终达到。他把理解的本体论与解释的方法论融为一体。贝蒂坚决捍卫作为方法论的诠释学。他说,解释过程注定要解决理解的认识论问题,解释按其任务就是要让某物得以理解。哈贝马斯秉承了法兰克福学派的批判精神,认为过于肯定传统和由传统产生的先见、历史性,会使理性屈从于传统的权威,必须与传统保持距离,运用理性去区别传统中的真伪。诠释的过程不仅是延续传统的过程,也是变革传统的过程。诠释的过程类似于社会沟通,在沟通中理解别人也被别人所理解。诠释学的基本方法就是反思,是对理解的再理解,而反思的本质就是批判。

法学的主要任务是理解法律的语言及其规范性意义。法律、法院的制裁、行政处分以及契约所涉及的都属于语言表达。理解语言就需要进行解释,在理解的前提上,我们需要感官地掌握(语言或文字)的媒介。当听者或理解者依其语言知识对言语的意义根本不生疑问,当他根本没有意识到有不同的解释可能性,则其理解是未经思虑的。解释是一种媒介行为,解释者借之以理解本有疑义之文字的意义。解释者先是考虑某一用语或一排文字有哪些可能的不同含义,然后探讨何者是"正确的"。为达成此目标,他须考察文字的上下脉络关系,咨询自己对文字所涉及事物的知识,探究促成文字或语言表达出来的情势,以及其他可作为探寻含义指称的"诠释学上重要的"情况。如果取得的结论并非逻辑上必然的结论,毋宁是在各种不同的说明可能性中所作的,有充分理由的选择。

贝蒂等认为,法律诠释学的任务并不是理解既有文本,而为旨在弥补法律或法学理论缺陷的措施,具有规范的性质。伽达默尔认为,为了正确地认识法律的规范内容,人们要了解历史上法律的原本意义。但他又强调,解释者不能使自己束缚于例如议会记录告诉的当时立法的意图,他须承认以后发生的变化,并据此重新界定法律的规范作用。法律诠释学的任务是使法律具体化于每一特殊情况。具体化包含创造性的法律补充行为,这是法官的任务。与其他人一样,在法治国家,法官也要服从法律,但具体化并不在于单纯地认识法律条文,要对具体案件作出法律判决,理当还须了解司法实践及其制约要素。法律解释是一种法学上的创造性活动,是在当时与今天,"你"和"我"之间进行中介,在这种活动中运用的各种原则,如相似原则、弥补法律缺陷原则及法律判决,并不单纯为方法论问题,而深深地影响到法律素材本身。

法学是一门学问,因为它原则上将法律文字问题化,它探究法律文字各种不同的说明可能性。法律文字之所以可以问题化,因为法律文字是以日常语言或借助日常语言发展出来的术语写成的,这些用语除了数字、姓名及特定技术性用语外都具有意义的选择空间,因此,具有多种不同的说明可能性。正因为有此种多样的说明可能性,语言才具有丰富的表达力及配合各种情势的适应力。全部的法律文字原则上都可以并且也需要解释。需要解释本身并不是一种缺陷,只要法律、法院的判决、决议或契约不能全然以象征性的符号语言来表达,解释就始终必要。关于一个解释何时可以认为“适当”的问题,其取决于解释该文字的目的为何。法学家所需要理解的先前理解,不仅与“法这个事物”、法律语言、法律文字、法院裁判以及常用的论据所在的传统脉络有关,而且先前理解亦须对各种社会脉络、各种利益情景以及法律规范所指涉的生活关系结构保持开放。埃塞尔认为,“先前理解”不仅可以就理解规范一事,促成一定的意义期待,对应由法官做成的裁判,在开始“严格依照规定”的法律精神,或者在作法教义学考量之前,透过其长期职业经验所积累的先前理解,借着“径自诉诸前教义评价之各种显著可能”,其亦可形成法官的“正当性确信”。法律解释和教义式的考量都不过是法官事后所作的“一致性的确信”,其目标在于证实:被发现的决定与实证法的体系相符。埃塞尔认为,法律解释的各种方法是可以任意交换的(或者应该说:被法院认为是可以交换的),所以,法官将会把他认为正确的决定解释为合法的解释方式。依此见解,法官的先前理解不仅可以使理解程序开始,而且透过“方法的选择”还可以操纵整个过程向法官所预设的结论发展。

在哲学上受业于加达默尔的阿图尔·考夫曼认为,法律理解经常是主客观并存,具体在事实与规则之间,适用者在“推论”时,不是被动地将案件置于法律之下,完全抽身于案件过程之外,相反,他扮演着一个积极建构的角色。这意味着,法律不是实体的,而具有关系特征,法律是关联的,存在于人与人的相互关系和人对物的关系之中。对于此种法律思想,只可能存在一个“开放的体系”,在这个体系中,只可能有“主体间性”。在他看来,法律的未完成性不是什么缺陷,而是先天和必然的。法律可能和允许不被明确地表达,法律是为案件被创立的,案件的多样性是无限的。一个自身封闭的、完结的、无懈可击的、清楚明了的法律,也许会导致法律停滞不前。除了少许数量概念外,各种法律概念是不清晰的,它们不是“抽象—普遍”的概念,而是类型概念、次序概念,在那里,它们不是非此即彼,而是或多或少。

拉伦茨一方面肯定先前理解是使理解成为可能的积极条件,并强调要将之与负面意义的先入之见相区别,后者是在获知事物时必须排除的障碍;另一方面,他批评埃塞尔对先前理解的高度强调。他说,即便有些法官如埃塞尔所说的行事,但这并非正当,这样做,潜伏着埃塞尔似乎未发觉的法官的严重自负,这种法官基于其先前理解,以为自己要比法律和以法律为准据的法律解释聪明得多。此一看法也与法官应受法律和法之约束不符。依法行事要求法官在作决断时,应先受导于法律规定的标准,在作评价时亦同。为达此目的,法官须不断在理解过程中,努力获得法律标准的权威含义。这个理解过程,要求法官愿意听任对其推断意义上的先前的想法提出质疑,乃至修正。假如在他进入这个理解过程之前,就已将其先前的想法凝固成“正确性的确信”,他就欠缺此意愿。

先前理解不仅可以使理解程序得以开始并向前推进,它也可以成为判断者所承受的先入之见的拘束。这些先入之见来自判断者的社会周遭环境、其出身及其教育,它们有可能决定其判断。没有人能完全摆脱先入之见,但不能认为它们是绝对的、不可逾越的界限。除了透过终生自我审查的过程以及不断重新返回“事物本质”的努力,否则不能克服先入之见。这种负面意义上的先入之见不能与诠释学意义的“先前理解”混淆,前者是努力在获得事物知识时必须排除的障碍,后者则是使事物成为可能的积极条件。

哈斯默尔将“解释循环”运用到法律解释学中。他把恩吉施的“在事实行为与规范之间来回顾盼”拓展成一个“螺旋”:行为构成与事实行为,不是一次并在同一诠释层次上相互决定的,而是多次并分别在其他“更高”层次上相互决定的。实质上,形塑行为构成与事实行为是同时进行的。这种对理解过程的认识,在方法上要求考审整个理解可能性。充分的反省是正确解释行为事实的必要条件。

通常是为了将规范“适用”到具体的案件事实,才对法规范进行解释。在法律适用的过程中,应予适用的规范看起来几乎像一个可用以测量案件事实的标尺,但也只是看起来如此。大部分的案件事实都极端复杂。为了能将多数案件事实包含在内,法律规范必须被单纯化,它仅能包含个别案件事实的少数面相及要件,其余均被忽略。所有的法律理解均包含适用的要素。和理解与解释一样,适用也是诠释过程的构成成分。理解本身就是适用。刚发布的规范,其内容仅有“或多或少”的确定性,在开始的适用程序中,它慢慢会被具体化。为适用而进行的规范解释,并非仅由规范文字本身开始,在程序进行到一定程度时,经常同时要考虑其他已经做成的解释。不过,这些理解对于法官一般不具有拘束力:假使回到规范本身,考虑它在法律脉络中应被理解的意义内容及当下个案的特殊性之后,认为原来的解释不能维持,法官可以,有时甚至必须放弃旧的解释方式。除了不变的规范适用以外,也一直有新的解释,借助它们规范的内容被进一步具体化、精确化或被改变。拉伦茨认为,假使不想对辩证式的法规范适用过程做片面的、错误的说明的话,就必须同时考量:规范的准则作用、一再出现进一步的解释需求以及一旦做成的解释或具体化对未来的规范适用之反作用。

关于法学方法论的地位及与诠释学的关系,拉伦茨认为,法学方法论既非形式逻辑,亦非解题技巧,只需遵守它们便可确保可靠的法律适用,解释者的创造性想象力必不可少。法学方法论既不属于诠释学,也不归法学,它是两者的中介。新的诠释学的知识,如解释不是单纯的接受,而总是创造性活动,也改变了法学的自明性,一如诠释学可从法学运用的方法中取得新的知识。作为中介,法学方法论必须在两个方向上被审视。

参考书目

1. [德]卡尔·拉伦茨:《法学方法论》,陈爱娥译,商务印书馆2003年版。

2. 郑永流:《出释入造——法律诠释学及其与法律解释学的关系》,载《法学研究》2002年第3期。

(吕玉赞)

法学的司法意义

狭义上的法学或法教义学与司法实务之间永远处于一种沟通或商谈关系。所有的法律思维、法律方法和法律知识基本上都是由法学塑造和生产的,它们是司法方法得以展开和适用的最基本的前提。法学对司法的意义可以概述为如下几个方面:

第一,法学家学说或法学理论是一种重要的法律渊源。无论在大陆法系还是在英美法系,法学家学说或法学理论都是一种重要的法律渊源,尤其在需要进行利益衡量或漏洞填补的疑难案件中,法学家学说更成为解决案件的标准和依据。

第二,法学可以供给司法所需的法律知识和裁判标准。如果没有法学供给法律知识,所有的司法方法便无法适用到案件中。借着处理由法律及法院裁判中获得的素材,法学努力在现行法及其基本评价的范围内,取得解决法律问题的具体标准,并借此裁判法律事件。法学主要做一些能获致裁判基准的陈述,它们可以转换为法律事件的裁判。为了帮助实务家、法官以及行政公务员,法学家必须就具体的情况作符合法律秩序的决定。实务家受到必须作出决定的强制,不能等到问题在教义学中被彻底讨论,并获致有说服力的答案之后再作决定。即使尚无充分的理由,他也必须“冒险”作决定,因此其无可避免会包含部分“意志决定”的成分。不过,在可能的范围内,他仍然应该以法律上的论据来支持其决定。因为依据宪法,他负有受法律及法的拘束之义务。在解释和补充法律时,他应该运用法学提供的认识及普遍认可的法学方法。另外,法学作为一种学术应该以诠释学上容许之价值导向的思考方法来说明并证实其说法,但是不必禁绝有根据的价值决定及意志决定。教义学家不像实务家那样受到必须作出决定的强制,他不仅有权利,有时甚至且有义务容认,依现今认识的程度而言,现行法并未提供令人满意的解答,当他遇到不能以其他方法排除的缺陷而建议修法时,他就可以作这种主张。

第三,法学可以通过法教义学的方式影响司法实践。法教义学和法院实务两者之间处于一种特殊的相互关系。一方面,教义学为实务界提供了许多裁判基准,它们常被引用,有时经过修正,有时也被误解。另一方面,司法裁判为教义学提供大量的"素材",通过这些材料法学才能发展出新的基准。在本质上,司法裁判比教义学更重视个案的联系,更加重视努力寻求个案正义。相反,教义学学家比较重视事件的一般性及典型性。虽然如此,法官也理解,其据以决定某一事件的标准,必须对全部同类事件均可适用。作为裁判基准的裁判标准,其意义及作用范围在裁判中经常并未直接显现。通常必须深入分析、比较大量的裁判理由之后,才能认识具有决定性的考量及司法裁判选择的方向。

司法裁判的理由说明可以允许若干缺陷,但是法院的裁判结果大体上是"正确"合理的,亦能以实证法为说理前提。这项前提未必总是被确证为真,然而这项条件经常存在,因此,仍然可以基于此项假设开始工作。教义学有时当然也会对司法裁判作辛辣的、令人难以忍受的批判。然而整体看来,双方相互学习的意愿显然较之前要高。事实上,一系列构成今日现行法"坚实部分"的法概念及裁判基准,都是通过司法裁判及法教义学的合作发展出来的。法学对于法律实务的意义不仅在于为司法裁判提供助力,而且还能发现一些现行法迄今尚未解决的法律问题,促成司法裁判或立法的改变。

参考书目

[德]卡尔·拉伦茨:《法学方法论》,陈爱娥译,商务印书馆2003年版。

(吕玉赞)

法学的知识贡献

德国语境中的法学指一种由法教义学塑造的法律科学。法律实践所需的法律知识需要由这种法学提供和产生。这种法学的目的不在于研究其客体,而是认识与描述其客体。它的任务不是重复、简化或改写法条或案例,而是分析、评价、补充或改进法条或案例。实证的法律规则只能为法律问题提供可能的答案,而需要法教义学在这些实证材料的基础上建构法律知识才能裁判法律案件。法教义学的工作之一就是提供一个法律的知识论,亦即获得法律领域之真正知识的可能性理论。许多法理学教材都将法律知识论视为法学的主要组成部分。

法学经由其工作方式可以在法律知识上做出巨大贡献。尽管法学并非"价值中立的概念工作",也不是一种不折不扣的教义学,而主要是一种价值导向的思考。因此,许多人认为法学不能提供认识上的贡献,但事实证实,法学仍可以做如下法律知识上的奉献:通过解释或针对"代表性"事件的具体化,将我们来自实证法或实证伦理的既存评价准则加以澄清,使其可以应用并继续发展。虽然解释及其相关推论不能具有诸如测量、计算等纯粹逻辑性思考那种精确程度以及逻辑上的严密性,但不能据此认定法学不具有认识价值。法学性的论述经常不能被完全确证,因为在必须衡量不同的价值或利益,或将个案归属于某一类型或某一标准的意义范围发生疑义时,判断者经常保留一定的裁量空间。然而,至少可以证明许多法学论述为伪,如果它们只是纯意见的话,证其为伪便不可能。此外,法学论述需要契合其他确定的论述,或需要正好符合后者的要求。在价值导向的思考范围内作出有根据的陈述,不仅是可能的,而且也需要这样做。法学可以研究法律问题和实证法对此等问题所提供的解答背后的特定法律思想、法律理由、主导的法律原则、一定的事物结构,以及因此等结构而要求的差别处理,借助它们或者可以对前述解答提供正当化的根据,或者要求提出新的解答。

大家只有理解待决的问题及其迄今的解答方式,才能真正了解新的解答。

法学陈述直接指涉的须是此时此地的现行法。现行法需要答复一些不仅在这个社会,而且在其他社会亦将以此类形态出现的问题。即现行法涉及的问题并非只是这个社会的问题,毋宁是一般的法律问题。比较法不仅可以介绍一些其他法秩序的知识,同时也能借助解决法律问题及认定解决方案的价值。假使不局限在特定实证法秩序的范围,那么任何对法律问题严肃的处理,都能扩充我们对"法这个事物"的认识。法学除了它的实际任务外,不能要求它追求一种与此无关的"纯理论"目标。法学最终的任务在于协助法的发展。然而,假使法学不能获取知识,以促进对现行法、法律问题及其解决可能性的理解,则其对法律实践的奉献将极端有限。法学不仅关注规范、法律制度以及显现在司法裁判中的裁判准则之形式结构,而且实质的正义内涵也是其关心的重点。法学使我们充分意识到正义的内涵、发现主导性的法律原则,并且在不同的情景下将之具体化、发展成"内部"的体系,借此我们对正当法秩序的原则能有更好的认识。此处的认识,不仅在特定实证法秩序范围内是恰当的,它根本就是法这个事物的认识。获取此项知识,最终虽然是法哲学的任务,然而法学也做出了不可或缺的贡献。

参考书目

1. [德]卡尔·拉伦茨:《法学方法论》,陈爱娥译,商务印书馆2003年版。
2. 刘壹强:《法律知识论的建构——以法律教义学的探讨为基础》,辅仁大学法律学研究所2008年博士学位论文。

(吕玉赞)

法学的价值导向思考

除了概念法学和形式主义法学,自由法学、利益法学和评价法学以及现实主义法学、实用主义法学和批评法学都主张,法学中充满了价值导向的思考,或法学在本质上是一种价值导向的思考艺术。即便是实证主义法学亦不否认法律之中体现着一定的价值。法官从来都不能通过纯粹的逻辑三段论来适用实定法,而是任何实定法之适用都为法官留下了自行评价的空间。法律中的价值不一定非得来自立法者的意志,法官是这些价值的转化者,这一新思想在国家社会主义时期成为德国法学界的主流观点。拉伦茨在1979年出版的《正确的法》一书中,试图将既存的价值秩序描述为先于实定法而存在的事实。据此,如果法官主张这样的价值秩序而违反实定法,则其行为尽管"超出实定法",但仍"在法之内"。评价法学声称法官在实定法之外具有进行评价的基础,对评价法学而言,具有决定性意义的是法官应如何寻找这些价值。实定法中的以及之外的基本法律原则、基本价值、事物的本质以及"交往上之需要"可以作为"指导原则",先于作为文本的实定法,给予法官"新的约束和新的自由"。这些指导原则可以确定如何运用和解释遵循这些指导原则的规范,研究这些指导原则的法学家的精神姿态和思想,亦可由此确定。法官作为沟通“人民生活与法律世界的桥梁”,这些指导原则可以为法官提供价值层面进行评价的基础。不仅在存在漏洞的情况下法官应依照这些基本原则的指导思想进行裁判,即这些指导思想是进行法律适用的方针和进行利益衡量的价值标尺。法官由此可以获得进行评价的指导方针。一方面,实定法应该指出,法官需要注意哪些评价。另一方面,这些评价既开放又相互竞争,从而让法官在具体个案中有必要进行利益衡量,以便就可供涵摄的法律规定展开论述。法官适用的不能是实定法,而是在具体个案中通过利益衡量来生产法律规范。

法律并非随意的陈述,而是应被遵守的规定、被制定出来的裁判准则。想要借规范来规整特定生活领域的立法者,他通常受规整的企图、正义或合目的性考量的指引,它们最终又以评价为基础。要理解法规范就必须发掘其中所包含的评价及该评价的作用范围。规范适用则要求:应依据规范来评价待判断的事件,换言之,在判断事件时,应将规范所包含的评价依其意义付诸实现。法学及司法裁判的特色正在于,它们几乎完全是处理评价的事。法定的构成要件并非完全以概念组成。在很多情况下,法律利用“类型”,而非概念来描绘案件事实的特征,类型与概念不同,其并未借不可或缺的要素而被终局地确定。法律也会包含“须填补”的评价标准,其直至“适用”于具体事件时,始能被具体化。“符合”与涵摄不同,其并非视为同一的过程,为获得“符合”的确信,需要各种媒介。法学主要关切的正是这些媒介工作,它们不是逻辑上必然的推论,毋宁是一些可以理解而且在一定程度上有信服力的思想步骤。不管是在法律适用的领域还是在法教义学的范围,法学涉及的主要是“价值导向”的思考方式。

在法律的制定和应用的各个环节,法学与价值判断都是相互关联,共同作用的。这具体表现在以下几个方面:

第一,即便在法定的构成要件主要由概念构成的情况下,确定涵摄之前,通常需要一系列中间判断或者补助判断。这些判断有的需要借助特定的社会经验,并非单纯依据逻辑即可完成。

第二,大陆法系的成文法中广泛使用的一般条款往往包含直接的价值判断要素,在适用这些规则时,虽然法典颁布以来的类型化努力有助于为裁判者提供依据,但在类型之间的选择本身常常需要价值判断,而且类型毕竟有限,实践中难免还会有裁判者必须直接进行价值判断的情形。

第三,并不是所有的法律规则都明确而具有可操作性,法律语言难免有模糊,法律规范难免相互冲突,法律规则难免存在漏洞,都需要我们适时地运用价值判断、价值补充。

第四,法律制定的设计与体例安排本身,常常会采取价值判断“优于”通行的法教义学原理的路径。

第五,一般的法律适用过程也离不开价值判断。在三段论推理中,因为法律常常可以为某项纠纷的解决提供多种途径,法律发现的过程本身常常需要借助价值判断。因为事实通过比较复杂,选择事实和认定事实的法律意义也需要借助价值判断。

第六,法律中还经常运用必须加以填补的抽象的评价标准来描绘构成要件和效果要件,而该标准只设定了一个大致的意义框架而并未提供清晰可辨的意义内容,其只有在被适用于具体事件之时,方可能在该事件所需要的范围内被具体化。

除了价值法学的上述立场,出现的诸多新法教义学方法也涉及价值导向的思考方式。作为一种全新的法教义学上的解决方案,威尔伯格(Willburg)建议采用损害赔偿法的动态体系。他认为,责任的成立并不要求同时具备所有要素或特定要素,而是可以基于这些要素的任意组合。任何已经具备的责任要素皆可依其强度被纳入组合之中。在具体个案中由此会产生一系列的价值,这些价值联合起来会得到一个总价值,究竟应承担全部或部分损害赔偿义务,需要由作出裁断的人以这个总价值为基础进行权衡。

立法者通过指导原则所追求的内容,在法教义学层面得以重现:进行衡量已经成为法官的方法。法官由此被预设了进行衡量的标准。法官如何具体判断这些标准的重要性,则交由法官在个案中自由评价。法官应遵守的规范,只有在对具体案件进行研判时才会产生。但是,德国今日之方法论已经告别了评价法学的这种主张,即在法律伦理或在社会现实中能够在实定法之外找到一个价值秩序。

尽管价值判断与法教义学存在各种关联,但对二者仍可以进行相应的区分。有学者在"规则的正当性"与"依规则所从事的行为的正当性"区分的基础上,认为价值判断在于价值选择,而法教义学在于规则本身。强调价值判断与法教义学区分的必然结果是:价值判断可以对法律以及法律适用发生影响,但必须遵循适当的规则。这在立法和司法过程中有不同表现。尽管成文法的制定需要遵循必要的立法程序,需要满足基本的体系和逻辑要求,必须承认的是,立法过程本质上是价值选择的过程。在立法机关的成员对某个事项有不同的价值判断时,可以直接通过投票而不是逻辑或"科学性"的辩论来解决。在此之后至法律被修订以前,任何超越现行法及现行法律教义的价值论证,都必须有足够的理由。

在司法过程中,裁判者可能需要在适用法律的每一个环节都处理价值判断。但在强调价值判断与法教义学二元区分的情况下,价值判断必须通过特定的程序和论证过程才能作为裁判的依据。法律不是抽象的价值,而应该被认为是公民目前为止所能达成的最低共识,在面临一个案件时,裁判者应该首先遵守法律所确立的规则以及体现在其中的价值,从法教义学的角度进行裁判。超过法教义学范围的价值判断是允许的,但应受到一定的限制。

参考书目

1. 许德风:《论法教义学与价值判断——以民法方法为重点》,载《中外法学》2008 年第 2 期。

2. [德]卡尔·拉伦茨:《法学方法论》,陈爱娥译,商务印书馆 2003 年版。

3. [德]Hans - Peter Haferkamp:《评价法学中的法官、实定法及法学方法》,载首届中德法学方法论论坛《法官、立法与法学方法:历史与现实》论文集。

(吕玉赞)

法教义学的研究方式

德国学者菲韦格认为,法教义学的研究方式可以分为探究推理(zetetic reasoning)与教义推理(dogmatic reasoning)两种方式。探究推理致力于追问活动所架构的问答结构。菲韦格认为,在建构任何学术时,我们首先会界定该问题的领域,接着我们会提出一些观点作为问题的答案,其次致力于厘清用以检验某答案能否被接受的标准或方法,如此便可完成该学术的问答结构。随着学术的发展,我们有时会着重于提问的部分,有时会着重于解答的部分。如果着重于提问,那么即便是大家普遍接受的权威观点也会遭受质疑,因为它们只是暂时性或初步性的拟答或建议,核心的任务是将问题的领域清楚地予以界定和认定。着重于提问的模式,是一种探究的模式,在这里观点或命题一再地遭受质疑与检验。菲韦格认为,在法律中,一方面,我们可以发现具备探究功能及其相应结构的法律推理;另一方面,我们也可以发现具备教义功能及其相应结构的法律推理。尽管这两种思维模式在实践中彼此交错,但在理论上仍可以区分。

这两种思维模式之间既可以相互转换,也可以轻易地转换。在日常生活思维中,我们往往无意识地交错使用这两种思维。从日常思维到法律思维,教义化与去教义化总是不断上演。

至于着重于解答的模式则是一种旨在确立观点的释义模式。在此模式中,某个观点将被视为确立不疑的,而其他观点都必须将该观点作为效力测试的标准。这个权威而不容置疑的观点就是 dogma,依据该模式的思维活动就是 dogmatics。如果我们着重于解答,那么某个观点一旦被接纳为答案,便不会遭受质疑,甚至被认为是永恒的与绝对的,以至于明显地豁免于接受挑战或驳斥。结果是,该观点或解答成为标准答案,主宰了一切后续的其他解答,这些后续的其他解答必须以某种接受的方法或标准来证明自己与被尊为标准解答的观点相符,如此才能纳入整个问答的结构。

传统的法学是抽象的与演绎的,但却与真正的科学背道而驰,因为在真正的科学里占主宰地位的是归纳的方法。传统的法学根本无法科学地认知法律这一概念。埃利希主张取消释义性的思维方式,而代之以研发性的思维方式,亦即法社会学的研究。凯尔森认为法律作为一种规范,可视为一种特殊的应然,效力才是法律规范的特有存在方式。凯尔森认为法学应是一种规范性的与演绎性的价值科学,反对方法论上的混杂主义,捍卫释义性思维方式的独立性与纯粹性。

科学研究往往是由外向的、开放的探索与研发而逐渐走向内向的、形式逻辑的与体系建构的过程,因此不免迈向老生常谈,甚至教义化的发展过程。当然这并不意味着教义化就是最终的结局。事实上,某种程度的教义化是社会生活不可或缺的,特别是法律演绎推理只能为我们揭露:在我们已肯定的陈述中所能推论出来的事物,或者说是挖掘出在已被确认的陈述中的事物。法学或法教义学中最具代表性的思维是以解答为主的释义推理,但仍有其批判与改革的一面。法律理论与法律哲学虽以注重提问的研发推理为主,但亦有其教条、权威的面相。

教义与批判的截然二分在法教义学中未必成立。释义推理在某种程度上仍有助于体系内的批判。毕竟后续的解答必须以某种被接受的方法或标准来证明自己与被尊为标准解答的观点相符;而后续的解答有时亦会反馈地修正先前的标准解答,甚至对之进行革命。因此,以释义推理为主的法教义学未必便是毫无批判成分的法律教义。只要法教义学的任务仍是:将现行有效的法律视为整体法律秩序下的各个部分来理解,亦即必须促进法律体系的内在和谐,亦即将承载法律秩序的诸法律思想之间的论证关联予以揭示。法教义学并非完全排斥探究推理,因此借由探究推理之所得,从外部向法教义学进行批判、调整或变革并非不能期待。因此,体系并非静态凝滞的。从体系内部批判的观点来看,法释义学原即蕴含命题之间的推导关系,必须满足一致性的要求。因为作为权威而不容置疑的观点或具有约束力的学理的教义,实际上就是一个语句或命题。由此所衍生的具有推导关系的诸命题即是一个学说体系,尽管此一学说体系及一连串推导关系中的最上位命题有可能是单纯的假设、经证明的经验性或规范性的个性律则、直观的洞见或恣意的认定。所以,如果从更为专业、技术,或科学哲学的角度来看,法教义学是一种命题或语句的体系,借由此一体系,我们能够以体系的、概念的方式掌握现行法,并以此抽象的架构掌握现行法的适用。

参考书目

刘壹强:《法律知识论的建构——以法律教义学的探讨为基础》,辅仁大学法律学研究所2008年博士学位论文。

（吕玉赞）

一般释义学

一般法教义学是在各部门法教义学的基础上发展出来的一般意义上的法教义学,在传统上它包括法源理论和法律论证理论,因为几乎所有其他的部门法教义学都包含了对于法源和法律解释与论证方面的理论预设。一般法教义学的出现与一般法律学说的推波助澜有关。一般法律学说系法学者企图与传统哲学划清界限,以自己的方式回答法学中的哲学问题,而形成的狭义的、专业的、从古典的法律与社会哲学中脱离出来的法律学说。借此,我们可以与被称为个别的法律学说的各个部门法教义学区隔开来。由于一般法律学说主要处理的是最一般、最基础、最抽象的法律概念的发展,例如法律规范、法律关系或法律主体等概念的定义,或财产理论、法人理论与法治国理论等。这些抽象层次相当高、可同时适用于各部门教义学的理论,由于往往超越于特定的法律部门与秩序,所以相对于依附于特定国家、特定法律的部门法教义学,也可被称为一般法教义学。所以一般法教义学,除了前述法源与论证等形式或程序的成分外,亦包含实质的成分。

事实上,当奥斯汀区分特殊法理学(particular jurisprudence)和一般法理学(general jurisprudence)时,前者系指特定国家之法律体系的教义学研究,后者则是所有法律体系所共通的原则、概念或区分。凯尔森亦表明,纯粹法学并非针对具体的、特定的国家法律秩序或国际法律秩序的解释理论,而是用以解释实证法的一般性理论(general of law,allgemeine Rechtslehre)。两人的目的都是建立法律的一般教义学。简言之,一般教义学就是关于法教义学的理论,涉及法源、解释或论证的方法与权责(如权力分立、司法自制),以及基本的概念(如法治国原则、刑罚目的),故一个妥适的关于法教义学的理论不仅仅是一个法律的理论,同时也是以一定国家的或社会的理论作为前提要件。换言之,必须预设某种关于适当的宪政架构或正确法(richtiges Rechts)的理论。

一般法教义学可以确立基本的法学范式:它为现实的法律生活关系确立统一的概念,建立法律概念和法条解释的规则,确立基本的法律原则,规定裁判的方式和标准,限定法学的述说方式和方法。不按照法教义学来建构法学,很可能是"走调的法学",而"走调的法学"很难在法学知识共同体内部获得认可,也难以归于真正的法学之列。一般法教义学具有如下特征:第一,它既有实践的取向,又有理论的性格;第二,它强调问题思维,也追求理论的统一性和体系化;第三,它尊重信条或规范,但也主张论证和论辩,强调判断、结论或裁决的证成;第四,它具有保守的特性,坚持把现行实定法秩序作为其工作的平台,但却并非坚持封闭,而有一定的开放性,即对体制外的批判保持一定的开放态度,尽管它可能会为体制外的批判保持一定的开放态度,尽管它可能会为体制外的批判设定栅栏,规定什么样的述说可以被法学所接受,什么样的述说可能与法学的范式不相兼容而不予接受;第五,它可能讨论个案中的裁判问题,但更多的是从一般法学的角度讨论现行有效的法律规范的内容,提出有关法律规范的自圆其说的解释和体系化理论。在此意义上,一般法教义学绝不等同于司法裁判学或更广义的所谓司法学。后者可能更强调解决个案裁判的程序和技术规则,而把论述的重点放在个案本身。

参考书目

1. 舒国滢:《法哲学沉思录》,北京大学出版社 2010 年版。
2. 刘壹强:《法律知识论的建构——以法律教义学的探讨为基础》,辅仁大学法律学研究所 2008 年博士学位论文。

(吕玉赞)

部门法释义学

部门法教义学是相对于一般法教义学而言的，在某种意义上可以说，部门法学就是部门法教义学。部门法教义学是各部门法研究、法学教育的基本范式。法教义学作为固有意义上的、狭义的法学，其源流可追溯到古罗马时期，嗣后借由分析与建构，人们创建了各部门的法教义学，例如宪法教义学、刑法教义学、民法教义学、经济法教义学、社会法教义学、契约法教义学、家族法教义学等。我国的部门法教义学具有强烈的继受法学或法学实证主义的倾向，它们是一种伪的或虚假的部门法教义学。因为，它们往往不把我国部门法作为研究的起点，反而以引介外国尤其是德国和美国的法学理论为能事。从体系性上而言，刑法和民法作为历史最悠久的部门法教义学最为成熟。一些后来的法律部门，如社会法、行政法和经济法，由于欠缺法典形式或“总论”结构，其仍处于体系化和教义化的过程之中。同时，新兴的法律领域和特别立法、授权立法以及地方立法的兴起和激增，也在破坏或消解传统的法教义学体系，使其呈现某种程度的碎片化趋势。

（吕玉赞）

法教义学的理论形式

按照抽象程度的不同，法教义学可以划分为七种不同形式的理论形式。

第一，解释性理论。解释性理论是法教义学最主要的理论形式之一。不同的法律领域，甚至相同的法律领域都有可能出现相同术语具有不同意义的情形。各种概念的内涵与外延是法教义学主要的研究内容之一。所谓的法律条文明确无误，其实只不过表明有疑问的解释目前不存在争议。解释性理论旨在针对较具体规范要素的文字意义，提出定义性的解释建议或假设，揭示各法律概念之解释的可能性。所以，它涉及的是相对较为具体之规范的要素，正是此一具体性将解释性理论与基本概念理论区隔开来。这两者之间的区分类似于庞德关于法律上的概念与法学上的概念之区分，或拉德布鲁赫关于法律上相关的概念与纯粹法律概念的区分。庞德认为，法律上的概念指的是由法律所界定的范畴，借此可将事实涵摄其下，以使某些规则、原则或标准得以适用的概念。法学上的概念则是由法学者针对法律现象、判决的决定性理由以及司法程序的运作等，进行体系化以及解释工作时所获得的概念。例如刑法所谓偷窃的既遂判断，学说上所谓的掌握说、接触说、移去说与隐藏说都属于解释性理论。

拉伦茨认为理论必定涉及体系的构成，从而认为仅涉及个别法条或用语的解释性理论并非理论。事实上，每一门学问都有自己的知识旨趣，各个概念的建立皆须取向于该专业的特性。因此，法条中的所有概念其实都具有特定的功能。解释性理论与规范建议性的理论未必能有清楚的界限。但可以肯定的是，概念在定义上的改变意味着规范内容的改变，最终不仅涉及个别词语或法条，也会影响整个体系。所以，如果理论就是由命题组成的体系，那么当我们将解释性理论与规范建议性理论与其背后的论据或正当化事由合并考察时，我们只能将其视为具有推导关系之命题所组成的体系，而享有理论的资格，至少也是理论建构的准备阶段。

第二，规范建议性理论。规范建议性的理论是关于虽非成文规范，但却被宣称为现行法规范的理论，亦即借助漏洞填补、类推，或诉诸法律原则等法律续造方法，为现行法所未曾预见之法律问题的解决提供建议的理论。例如，法学史上著名的情势变更理论、积极的契约侵害以及缔约过失理论。规范建议性理论具有漏洞填补的功能，不过原则理论、制度理论以及基本概念理论亦同样具有漏洞填补与法律续造的功能。规范建议性理论与原则理论等之间的差别，正如解释性理论与基本概念理论之间的差别一样，在于其相对的具体性，因为规范建议性理论与解释性理论主要是涉及个别规范的小范围理论。

第三，建构性或定性理论。建构性的或定性的理论其主要工作系在确认某一社会现象或法律现象的法律性质，例如究竟属于公法关系或私法关系，物权关系或债权关系，并将其纳入法律的整体概念体系之中。例如，抵押质权以及物权让与合意的预告登记的法律性质为何。建构性理论必须以法学上基础的概念体系为前提要件，然后再将某一种社会生活关系或法律制度定性为物权或债权、公法或私法等范畴，进而发展出其规范群组，借此得以掌握生活关系或法律制度，甚至填补相关的规制。建构（Construction）在欧洲大陆的普通法时期即有其传统，有的学者称为定性（Qualifikation），但亦有学者认为建构与定性实不相同，但由于两者都彰显了凯尔森所谓的规范是一种对人类特定行为之解释架构（Deutungsschema）。借此，许多之前被忽视或误植的现象，或新兴的问题得以纳入体系，因此导致体系在内容上的扩充，甚至导致体系的自我矫正。从事建构时的结构往往需要取决于实务上的后果。因此，其涉及的往往不仅仅是逻辑的操作而已，而是与法律解释与法官造法一样，更多涉及法律的目的论解释、交易的需求、法律理念与诉讼经济。

第四，制度理论。制度系指统整某种在社会上典型的生活关系的可特定的规范群组，如买卖、交易、租赁、所有权、抵押权、婚姻、家庭、遗嘱、学校和官员等。制度理论由许多必须融贯的命题所组成，借此，法学可以表达具有更大之实质关联的规范群组。制度必须说明该制度或类似之机制具有何种共通性，何种下位类型，以及在整体法律秩序中具有何种相关性等。所以，制度理论中所包含的主要是关于各个法律制度之结构与功能的特定陈述。制度理论也可以适用于整个法律领域。制度理论与基本概念理论之间的区别是相当模糊而浮动的。如所有权、契约与法人理论等很难区分。制度理论中的法律制度通常与社会学研究中的社会制度相一致，而法律基本概念理论中的基本概念，其特色及基础主要在于它是法学上抽象工作的产物。制度理论具有理念类型的概念构造，因此不仅具有解释及说明的功能，而且还具有概念建构与体系建构的漏洞填补功能。它与建构性或定性理论相比，其实是罗马法学者分析、综合与建构之思考过程的一体两面。制度理论本身虽是一种体制内的、描述现状或予以正当化的法律思考，但仍必须考虑该典型生活关系究竟应采取自由放任、因势利导或管制禁止等各种规范立场的选择，所以往往也是各种进步或保守之意识形态或世界观入侵规范立场的窗口。制度理论不能自外于社会期待。

第五，原则理论。原则理论即法理学中经常谈及的法律原则理论。它是有关具有高度抽象程度之规范的内容、法律特征及其功能的理论。罗马法学家将原本只是作为法律原始素材的一些琐碎的法律规范提炼成由一系列原则所组成的精致体系。萨维尼认为，找到法律中居主导性的各个基本命题或原则，并借此推导出所有法律概念与命题的内在关系及其亲缘关系之类型，才使我们的工作具有科学的性质。实证的法律规则只是为法律问题提供可能的解答，而问题与解答本来即难以切割。所以，不仅解答，甚至问题，乃至问题与解答背后的特定法律思想、法律原则、某种事物结构，以及因前述思想、原则或结构等所衍生的各种用于证立既存的或新建的解答的差别事由等，能构成一个广泛且交互证立的论证连锁或体系。此种交互证立的规范现象比起单一的规范更加稳定。这就牵涉在各单一的规范之外，我们是否能或应该再向上求索思想、原则或结构。这些思想、原则或结构在此都纳入原则理论的范畴。

当然,法律体系在规则之外是否存在原则,是有争论的。凯尔森认为,法律体系主要由规则构成,这些规则的效力依据系透过规则之间上下位阶的授权而建构,而所有规则或整个法律体系的最终效力基础则是基本规范。不过,经过德沃金、埃塞尔、阿列克西与西克曼的理论建构之后,法律体系的纯粹规则模式已被否定了。整个法律秩序,或至少该秩序的大部分,皆受到特定的主导性法律思想、原则或一般性的价值标准的支配。在这些思想或标准中,有的还具有宪法的位阶。因此,每个法律体系都包含原则,将原则排除在法律体系之外,无疑是毫无远见、不切实际地将法律规定与伦理予以割裂。我们需要将法教义学理解为一种活动,亦即致力于解说概念之内涵,进一步填充规则,再将诸多规则或规则群组上溯地搭建成与前述主导性的命题或原则之间关系的活动。

法律原则和法律规范以及法律原则之间会产生各种各样的冲突。阿列克西在拉德布鲁赫公式的基础上提出了用来解决原则与规则冲突以及原则间冲突的衡量公式,埃塞尔、德莱尔、西克曼、德沃金、拉兹等也对原则与规则的界限、两者的效力位阶和适用关系进行了深入而系统的研究。

第六,基本概念理论。这里的基本概念是指明确地或隐晦地存在于诸多个别规范中的抽象性规范要素,诸如人、法人、权利、权利主体、权利客体、法律行为、意思表示、代理、罪责、刑罚、行政处分、行政计划、过失、故意等基本概念。基本概念理论具有如下特点:

一是基本概念系经由法学特有的抽象思维及体系思维过程产生。现代立法技术广泛利用此种基本概念,特别是在总则部分中诸多高度抽象且通常另需援引其他规范进行填补或连接的规范要素。例如,过失是侵权行为法、合同法和刑法等各法律领域内有关归责的前提要件,法学家很早即尝试提出了许多界定及理论,用以在上述领域中划分出有责和无责之间的界限。基本概念有时基本到可以贯穿数个或所有的法律领域。所以,基本概念理论属于大范围理论。

二是基本概念理论与解释性理论之间的区别具有突出的相对性。所以,基本概念理论相对于个别的规范有时亦发挥解释性理论的功能。

三是基本概念理论也是整个法律领域或某一法律秩序中关于基础性建构要素的诸命题。这些命题具有描述与分析的地位,而且具有说明的功能,甚至往往具有创新和启发(innovative – heuristische)功能。基本概念理论与原则理论或法律领域理论之间不仅存在过渡和浮动的界限,而且也存在交互证立的现象。

四是基本概念理论不能自外于社会期待。斯多葛学派为我们提供的人、因果关系及过错等概念都是价值预设式的观念。事实上,权利、义务、人、行为等概念不仅仅是法律领域的概念,也是社会与道德生活中的概念。正是这方面的特性让法学家能以更为根本的方式将各种法律思想联系到更为广袤的生活或文化脉络之中。权利、义务、人、行为等概念已成为使法律论述在其所属之道德与社会生活中之所以可能的架构的一部分。就此而言,基本概念理论为我们提供了法律知识的基础,即为各种法律理想提供一个能被充分理解并贯彻实现之轨迹或场域意义的基础。

第七,法律领域理论。法律领域理论是指民法、刑法、宪法以及行政法等部门之理论的各部门教义学本身,当然也包括抽象程度较低的,诸如债法、亲属法、税法或警察法之理论的各部门教义学。法律领域理论是关于某一规范部门的理论,这些规范部门一方面因为所处的生活领域不同而彼此区分(如亲属法与继承法之间);另一方面也因为法律技术或分析上的原意而有所区隔(如债法与物权法)。法律领域理论也就是狭义的或一般所谓的法教义学,而与前述六种理论同属教义学中的理论(广义的法教义学理论)。为履行其任务,法律领域理论一方面描述法律的架构,亦即外在的法律体系;另一方面,进一步发展在外在体系之架构下用以论证各部分的证立性观点,亦即内在的法律体系。如以民法为例,其外在体系系指各种法律素材可辨识的秩序,其大致的架构即总则、契约法、亲属法、继承法等。若不了解外在的体系就无法了解民法,尽管法律的内在体系以外在体系为条件。反之,民法的内在体系则是各种证立关系所组成的体系。因此,特定的法律部门即意味着特定的原则组合。例如,人格自由原则、私法自治原则、权利滥用禁止原则以及诚实信用原则等,是民法总则、整部民法乃至整体法律的指导原理或帝王条款。各个领域的教科书便是法律领域理论的代表。

法教义学是一种在已限定意义下的内在固有的思维,以其概念和语言传达了一定的信念,并说服或影响人们。但从上述七种教义学理论可知,所谓的限定或内在固有,毋宁是相当弱化意义之下的说法。法教义学绝对不禁止判例或立法的收集、报道与分析,因为法教义学包含了某种得以使知识更加容易为人所吸收和学习的合理性,欲达到此种合理性不能只是对既定事实的描述,还必须是一种积极性的、创造性的、实践性的理解,以及对自身所属社会的理解、期望与责任。

参考书目

刘壹强:《法律知识论的建构——以法律教义学的探讨为基础》,辅仁大学法律学研究所2008年博士学位论文。

(吕玉赞)

应用性教义学

实际问题或具体法律问题的教义学,其自觉地将法律思考限定在法律金字塔的低层。法教义学对具体案件解决的减负功能会随着体系学的精致化提升为金字塔的基础,在金字塔的顶层领域可以发现原理性的基本原则。按其基本理念,这种精致的体系学在个案中无须回溯到基本原则,而只需要一个简短的"集中化作业"(Zupacken)即可。例如,请求权和抗辩权规范的分类以及法典化法律和法官法中答辩和抗辩规范的分类在个案中可以节约关于举证风险的分配,以及这种分配的正义价值的原则性思考。通过这种"支配性"的理论,个案的解决无须重新衡量判决的最终支持观点也能进行。具有记忆和减负功能的应用性教义学对日常生活中大多数法律案件而言再适当不过了,它能够导向恰当的结果,而且在民法秩序的基本规则和基本原则面前,它能够维持法律的合理性控制。

当然,为了区分特殊的案件情形与规则性案例,这种合理性控制也极有必要。在这种意义上,应用性教义学就是解决实际问题的教义学。法学自产生起就以解决法律问题为己任,法律问题包括法律疑问和法律纠纷。如何解决法律问题,找到问题的答案是应用性教义学的目标。应用性教义学的研究包括三个层次:第一个层次解决实际问题。在解决实际问题上,人们逐步总结出了各种不一的步骤。例如,八步法为:确定相关事实→识别法律问题→分析问题→寻找法律→阅读背景材料(包括法律词典,法律百科全书,教科书、政策文件,期刊文章等)→确定主要法律渊源(包括立法、授权立法和判例法)→合成上下文中的所有问题→得出一个初步的结论。六步法为:处理事实和提出案件问题→寻找规范→分析事实构成→建构大前提→涵摄→得出结论。法学院的学生通过案例分析、练习、诊所来掌握这种实用性教义学。

应用性教义学的第二个层次为解读或评注法律。法教义学的重要载体——"法律评注"

(Kommentar, commentary)有着悠久的历史。古罗马时期的注释法学派和评注法学，不仅是理解罗马法文本，还部分成为应用罗马法的方法，但它们并不担任构建体系的任务，而是通过一定的视角来探讨问题。今天“法律评注”以实用为导向并深刻植根于法律学术领域，有的为法学院的教授与资深法官联合撰写，如德国的《施陶丁格德国民法典评注》为德国民法典注释的最古老和详尽的评注，其精确及易于理解的注释为每一个有可能出现的法律问题提供了答案。《美国法律报告》(*American Law Reports*)和《法律重述》(*Restatements of the Law*)也属于此种层次的应用性教义学，法律报告由注释和判例两部分组成；“法律重述”由规则、评注和示例三部分构成，是对当时的实在判例法进行抽象和编纂，介于法典法与判例法之间的法律文件。

应用性教义学的第三个层次为法律修改导向的教义学。“立法者改三个字，图书馆成为废纸”，既道出了注释法学的尴尬，也滋生了以法律改革、法律修改为己任的教义学。在法学学术尤其是法教义学的作品中，讨论现行法的缺陷并提出立法建议的居多。

参考书目

1. 郑永流：《重识法学：学科矩阵的建构》，载《清华法学》2014 年第 6 期。

2. Rolf Stürner, Das Zivilrecht der Moderne und die Bedeutung der Rechtsdogmatik, JZ, 1/2012.

（吕玉赞）

科学性教义学

与应用性教义学的思考形式相对，其全方位考虑法律金字塔的整体领域。其将精密的体系学中的个别问题归入金字塔的底层，为了确保这种结果，它以位于法律金字塔顶层的一般基本规则以及最终所有一般的基本原则对之进行衡量。这种由实践者或理论者选择的作业方式会导致高度的思维消耗，它在最后会要求某种形式的科学性帮助。因此，人们在此一定能够谈论科学性教义学(wissenschaftlicher Dogmatik)。体系化的、科学面向的教义学，属于法教义学的理论部分，体系化的教义学肇始于16、17 世纪的欧陆人文主义法学家对罗马法素材的重新系统整理，着眼于法律的外在形式理论的构建，至少包括严格的分析和创造性的合成，在看似不同的教义之间找到联系链，从原始材料中提取的一般原则，对教义有着制序、稳定、简化和续造的功能。专著和教科书是它的主要作品形式。

体系化的教义研究并不解决实际问题，立法者和法官混乱的工作产品需要得到整理、分析、合成、重述、批判。布莱克・斯通的《英国法释义》是英美法中的体系化教义研究的典范。今天，每门实证法都有自己的体系化的教义学，如民法的请求权理论，刑法的犯罪构成理论，行政法学的法律优先、法律保留、合法律性、合职权性、比例原则等，是统摄各部门法规范的教义。与规则性案件不同，特殊案件根据其附加的一贯尺度要求科学性教义学。除了位于金字塔底层的精确划分的体系学及其可隐喻性，法教义学还会援引基本规则和基本原则。最高法院、科学以及立法者的作业都应遵循科学性教义学的规则。只有科学性教义学才能把握教义学大厦完整的思维“结构”(gedanklichen Haushalt)，而且也只有科学性教义学才能将细节的连贯性与总体法律秩序的协调性定位联结起来。

参考书目

1. 郑永流：《重识法学：学科矩阵的建构》，载《清华法学》2014 年第 6 期。

2. Rolf Stürner, Das Zivilrecht der Moderne und die Bedeutung der Rechtsdogmatik, JZ, 1/2012.

（吕玉赞）

作为法学活动的法教义学

在德国，法教义学一方面指对有效法的体系性—科学性的加工活动，而另一方面指这种活动的产品或对象。作为法学活动的法教义学就是指法教义学之体系性—科学性的加工活动。为了控制实定法的适用，通过教义学，实定法将得到概念—体系性的规整，更加抽象的制度也会被溯及。保拉·班德、约瑟夫·埃塞尔、弗里德里希·米勒和罗伯特·阿列克西等认为，教义性法学（dogmatischen Rechtswissenschaft）具有自我理解的倾向。教义学作业的这种自我描述使法教义学呈现一种特殊的理性实践论证。法教义学的自我描述会倾向于隐没法律上的非理性或无法理性证立的部分。只有通过外部视角，法教义学才能实现其主要功能：对法律复杂性必要的独断性简化以及在概念性或体系性知识的模式中实现法律的稳定化。法教义学可以稳固法律论证特定的概念性、体系性或其他一般性的前提条件；它建立有约束力的基础概念、意义模式特别是关于法律论证标准的秩序意见。法教义学不仅对实定法、立法机关和法院的法律规定的集合，以及原则形式的基本规则和原理进行总结，而且也尝试对这些法律规定进行续造和总结。

法教义学同时具有验证和创新的功能。当立法者或法官的法律规定不能适应原则、基本规则和原理的整体时，法教义学就会被附加上一项批判功能。虽然教义学对法官的或律师的法律适用实践而言具有减负功能（Entlastungsfunktion），因为在其通常严密的原理之网中，它可以准备妥当与整体的法律秩序及其部分结构相契合的解决模式。但是，法教义学也会尤其会以其拟就的基本原则将法律秩序承载的价值考虑进来，并使其保持持续的有效性。通过这种方式，法教义学使法律变得更易被讲授和学习，它也要求自己的社会整合性。

法教义学至少是三种活动的混合体：（1）对现行实定法的描述；（2）对这种法律之概念—体系的研究；（3）提出解决疑难案件的建议。由此表明法教义学是一个多维度的学科，它可以区分为三个维度：描述—经验的维度；逻辑—分析的维度；规范—实践的维度。在描述—经验的维度内，可以主要分为对法官审判实务的描述与诊断、对立法者的实际意图的澄清。在逻辑—分析的维度上，不仅包括对法律概念的分析，而且也包括对各种不同规范和原则间之逻辑关系的考察。在规范—实践的维度上，主要是对某个规范的解释、对某个新的规范或新的制度提出建议并加以证立，或者对法官裁判实践上的缺陷进行批判，提出某个相反的建议。在这三个维度之间存在多种多样的关系。现行实定法的描述以一定的概念工具为前提；对现行实定法的逻辑分析，若缺乏对它们的描述将是不可能的，而要提出有关规范—裁判的建议，就需要对现行法秩序有坚实的知识，因为前者必须在现行法秩序的框架之内来进行。法教义学活动的各个重心可以在这些维度之间和之内来分别地加以分配。它们的分配取决于各法教义学者的实践兴趣，取决于他们的法学理论以及所研究的法律部门的特性。

参考书目

1.［德］罗伯特·阿列克西：《法律论证理论——作为法律证立理论的理性论辩理论》，中国法制出版社2002年版。

2. Nils Jansen, Rechtsdogmatik im Zivilrecht, Enzyklopädie zur Rechtsphilosophie, IVR（Deutsche Sektion）und Deutsche Gesellschaft für Philosophie, Erstpublikation: 08. 04. 2011.

（吕玉赞）

作为法学成果的法教义学

法教义学工作的产品或对象。在这种意义上，教义学(Dogmatik)往往在“语句体系”(ein System von Sätzen)的意义上被定义。教义性原理通常并不描述单独的规范，而是将具有重要意义的概念类别或体系类别之间的思维性关联表达出来，而且它论述的结构性和概念性规定对大量不确定的将来规范也具有效力。一方面，一般法律原则的重构性表述处于重要地位；另一方面，超出单个规范判断的规范性关联之分析性和综合性阐述仍然至少需要间接地援引法律规范作为依据，而且，这些阐述通常会以一般化的形式在法学中得到解释。在债务、主观权利、所有权、法律行为或法人等复杂的基础法律概念中，会经常发现这种表达的“合成物”。在专业性的法学教育中，这些法律概念的意义和教义性理论的知识被传授，法律商谈一般也会倾向于以它们为前提。

这些结构性元素具有对发达的法律体系进行特征化的作用，这些法律体系长久以来由专业法官以官僚主义行政命令的方式在管理(administriert)。在这些法律体系中，法律因此更多地被视为单个规范的集合；属于法律的还有概念性和思想性的秩序。因此，复杂的基础概念以及关于规范性联系的观点都会变成法律的本质要素。这些规范性联系有可能以规则的形式表达出来，但是，这些规则并不由行为引导，在其意义重构功能的意义上，倒不如说它们与语法规则更具有可比较性。具体而言，“主观权利是通过其排除功能和指示内容被标示的”这种语句大概也会被认为是德国的构成要素。

在法律概念中法教义学的这种涵括(Inklusion)并不是没有问题的。因为，如果教义学语句并不仅限于规范的断言，而是这些概念性和思想性秩序也在描述规范总体，那么它们的效力需求就不仅以立法规定为基础，而且也要依托于对描述性真理需求以及可适用的实证法律规范的共同描述或展示。但尽管如此，教义性理论仍经常在法律商谈以及相应地在立法的规范设置和法官的法律续造中被毫无顾忌地作为前提，也在这种意义上被适用。然而，法教义学的语句并不引致行为，而是产生思维的限制(Denkzwänge)。在这种意义上，教义性理论可被区分为“对具有教义特征的法学工具(juristischen Instrumentarium)的作业”和“通过法学仪器的作业”。这一切也造成了法学原理的描述性、概念性和规范性意义成分之间困难的联结。如果不求助于教义形式的技术概念，如“主观权利”(subjektive Recht)或“法律行为”(Rechtsgeschäft)，或像“抽象原则”(Abstraktionsgrundsatz)或“一般安全注意义务”(Verkehrspflicht)理论那样的一般承认的理论，那么私法在现在的法律秩序中就不能被精确地描述。法学家向来在类似于教义性原理的地位上探求教义性原理的地位：正如个别单词在意义上的相互联系以及因此组合成一个完整句子的复杂意义都需要以语法为前提，个别的、孤立的法律规范只有在教义学的背景下才能作为有意义的整体被理解，这就是教义学的整合和意义重构功能。正如在言说时语法规则只是间接地出现在句子成分的排列、变格和动词的变位中，在单个规范的表述及其适用中在很大程度上教义性前提也经常被潜隐；究其本质而言，这些教义性前提并不依赖于它们是否找到了科学的表达。如果缺乏法律语句在思维上的教义性秩序，那么例如法律论证的理由就不会被回溯到侵权或刑罚的构成要件上；而且在评价买卖中的错误对所有权转移的效力的有因性时也不会存在可靠的根据。法律适用者甚至不能准确地区分买卖过程中的这两个方面。

参考文献

Nils Jansen, Rechtsdogmatik im Zivilrecht, Enzyklopädie zur Rechtsphilosophie, IVR (Deutsche Sektion) und Deutsche Gesellschaft für Philosophie, Erstpublikation:08.04.2011.

（吕玉赞）

法教义学语句

在法律论证的意义上，法教义学往往被理解为各种语句。法教义学语句虽然涉及法律规范和司法审判，但并不等同于描述法律规范或法院裁判的原则和判决理由。法官可能会采纳法教义学语句，并参与法教义学的发展。法教义学语句可以形成融贯的语句体系。法教义学语句在制度化推动的法学框架内被提出、证立和检验。这体现了法教义学语句的语用学特征，以及法教义学语句同普遍实践语句之间的重要区别。同时，法教义学语句还具有制度化的特征，其能够在时间维度和客体维度上被讨论。在时间维度上，过去已经讨论的结论可能被继续讨论，根据当下的经验加以检验，并因此予以摒弃或坚持。在客体维度上，某个解决方案的影响可以通过其他问题的解决方案被加以审查。此外，制度化还意味着语句的基本构成在一定的期间内是不容置疑的。法教义学语句还具有规范性的内涵。对那些仅通过经验论述不可能予以回答的问题，法教义学语句可以作为对此决定的论述加以引用。

总之，法教义学是一类语句；这些语句涉及法律规范和司法裁判，但并非等同于对它们的描述；它们组成某个相互和谐之整体；在制度化推动的法学之框架内被提出和讨论；具有规范性之内涵。

法教义学语句可做如下分类：

第一，纯法律概念的定义，传统上处于法教义学研究的中心。这些纯法律概念，较为典型的有契约、行政行为、正当防卫等。

第二，不在法律规范中出现的其他概念的定义。任何为解释规范而建议或利用的语句适用规则并非都是一个法教义学语句。假如一个语句在制度化推动的法学之框架内被提出、接受或至少被讨论的话，那么该语句就是法教义学语句。这并不意味着，一个语句在证立过程中被法院使用时，它就丧失了法教义学语句的特征。

第三，不能够从实在法中引申出来的规范。不能从实在法中引申出来的规范也可以作为法教义学语句来加以讨论。关键在于：所涉及的语句在法学框架之内是否被接受，或者至少被讨论。但是，法教义学概念与通说（hesschende Meinung）并不等同。一个重要的反面标准是：当下讨论的语句不得与现行有效的规范相矛盾。一个最重要的正面标准是：对于这个当下讨论的语句，我们可以提出能够受其他规范或业已在教义学上被承认的语句所支持的论述。

第四，对事态（事实状态）的描述和称谓，形成另一类法教义学语句。这些事实的产生、消灭或存续，应有利于单个规范或一组规范以及该事态之间优先关系的确定。

第五，对原则的表达构成最后一类法教义学语句。原则是高度普遍化的规范性命题，若没有其他前提的补充，它们不可能被应用，而且在大多数情况下还要遭受其他原则的限制。原则能够作为对其所生效的事态之描述而不是作为规范性命题被引入讨论。

但是，法教义学语句的分类并不能构成法教义学理论。法教义学理论的另一些构成部分是：对证立过程中的教义学语句应用的分析，对教义学语句之证立和检验的考察，以及教义学功能的研究。因此，在合法的法教义学理论之内，法教义学可以分为四个部分：教义学语言理论、教义学语句应用理论、教义学语句证立理论以及教义学功能理论。

参考书目

[德]罗伯特·阿列克西:《法律论证理论——作为法律证立理论的理性论辩理论》,中国法制出版社2002年版。

(吕玉赞)

外部体系和内部体系

拉伦茨提出了内部体系与外部体系结合的观点。他认为,法律编纂的任务在于建构一个逻辑清晰、结构科学的外部体系,外部体系应妥帖地反映内部体系的本质及意义脉络。

内部体系指的是法秩序的内部关联,其涉及的是法律思想、法律原则或功能性概念等。

外部体系是根据逻辑学和语言学的规则,通过法律概念、法律类型、功能性概念、法律规则等建立的一般、抽象概念体系。外部体系可保障安定性、概观性、鸟瞰性,但是有封闭僵化的特点。在内部体系与外部体系之间,存在类型及类型系列。判断类型的体系维度时,应该看具体类型是偏向于外部更多,还是偏向于内部更多。外部体系的形成可以分别通过抽象概念、类型概念和功能概念等形成。外部体系的构造不但可以确保在逻辑上没有矛盾,使法律学具有自然科学意义上的科学性,而且具有高度的可纵览性及预见性,从而能够提高法的安定性。在外在体系的建构上,虽然特别强调其概念的逻辑构造,而忽略其价值判断,但在外在体系建构基础之法律概念的构成上,其实还是从伦理及技术理性的观点,将一定的实质及实用价值建入法律概念中。例如,权利能力、行为能力、意思表示、故意过失、财产权概念皆内建有一定的价值,以配合私法自治体制的运作需要。

内部体系是价值秩序,可弥补外部体系的不足,从而与外部体系合成有机整体。与外部体系相对,内部体系的建构特别凸显存在于法律规定中的或其间的法律思想、法律原则、功能性概念以及类型。在概念的形成上本来即取向于一定之规范目的,不能毫无保留地继续用以称呼一定概念之用语在日常会话中的意涵。即法律概念当然具有功能性。此外,在概念思维中本来也含有类型的观念。只是因为强调概念的逻辑涵摄操作,而使类型思维的开放性或流动性的特征受到忽略或压抑。概念之功能性、类型与价值在概念法学所受到的忽略或压抑显然都是为了理论建构之纯粹性,是过度强调法律之逻辑性格的结果。其忽略或压抑既然使其价值考量受到不应有的忽视,在理论与实务上自然皆有将之抬高,使之与逻辑并列为体系之建构基础的必要,以正确认知法律思想其实是一种价值的逻辑体系思维。

对于法学而言,逻辑与价值因素皆不能偏废。当强调体系学说之纯粹性时,认为内在体系不能,而只有外在体系才能包含基于规范技术之需要所发展出来的规定。内在体系将法律原则作为体系建构的基础,法律原则系法理念之具体的表现,是一种实质的法思想。正如法理念,法律原则按其在一定时空之发展程度呈现出来,具体化在法律及司法裁判中,特别是在司法裁判中不断地具体化。在这当中,不但有不同法律原则间,而且法律原则与其下位原则或具体化后之规定间的相互作用关联。经由该交互作用,法律原则及其具体化后之规定的正确内容皆可以获得比较明确的把握与了解。

由于论题属于法律原则之发展的初阶形态,所以,其呈现的形态类似于法律原则。因此,有将抽象概念的系统与论题的思维方法结合起来以替代内在体系的尝试,但这是行不通的。只有当肯认法律原则在体系建构上的地位,一个论题只有在其能为内在体系所认可时,始能有其规范上的效力。亦即,论题必须靠内在体系才有其结构性之适当的系统地位。

内在体系的学说指出,法律体系既是逻辑体系,也是价值体系。其完全的运作固然应同时考量逻辑及价值因素,但在实务上,为求效率,却常常单纯以逻辑的方法运作。只有在其价值盲目之逻辑导出显然不妥当之结果时,才从论题的观点检讨,当时在概念或类型的建构上是否没有正确地将期望之价值内建于相关的概念或类型中。在内在体系的建构中,其过程与类型的思维相当。由上而下将一定的法律价值具体化(Konkretisierung)、类型化(Typisierung),在其通过具体化或类型化下降至一定的程度,开始以一定之权利、义务或法律关系的形态表现出来。再往下则为各种强调其功能性的概念。所谓功能性概念,其实就是按其期待功能界定其意涵的概念。其界定结果通常是调整该概念之用语在日常生活或过去在法律中之相约成俗的意涵。而其期待功能则来自规范目的,亦即一定之法律价值。

由于法律人对于法律所追求的生活价值及用以追求价值之法律本身的理解或掌握不够透彻,所以,基于认识之生活、价值及规范知识所建构的法律体系自然受到历史条件的限制,从而在正确性上具有时空的局限性。为使法律能够满足不断发展之生活关系所引起的规范需求,法律体系必须是开放的、动态的,而不可能是封闭的。其开放性主要表现在新的法律原则或价值之接纳,其动态性主要表现在法律原则或价值间之互动、调和与演进。至其最后所以产生变动,则通常来自法学新知,法院见解的变更或法律的制定、修正与废止。

参考书目

1. 黄茂荣:《法学方法与现代民法》,法律出版社2007年版。

2. [德]卡尔·拉伦茨:《法学方法论》,陈爱娥译,商务印书馆2003年版。

(吕玉赞)

法学的体系化建构

法学建构不仅是法教义学的基本方法之一,而且其本身也是外在体系论点下建构法律体系的核心方法。只有通过法学建构,具体法律概念才能形成抽象法律概念,抽象法律概念才能必须联结建构成各种层次上的法律体系。法律漏洞的填补以及法学理论和法学学说的形成都需要基于和根据法律规定进行法学建构的操作。法律解释、法律分析和法律推理等只能根据既定的法律规范解决案件,而根据法教义学的立场,法学构建能构造超越法律规定的规范化方案。法学的建构被认为是利用已属于或能无间隙地嵌入外在体系之概念掌握法律或契约范例中之规定内容的方法。

体系化一直以来都被视为大陆法系法学科建构的独有标志。不仅将体系化视为法学科理性与科学的象征,还笃定地认为,唯有体系化才能维护法秩序的安定和正义。大陆法系国家(地区)持续进行的法学的体系化建构,并非像被指责的那样,是纯粹依赖逻辑演绎的简单过程,体系化的法学科也并非就是僵化刻板、高度抽象,与生活两相背离的封闭系统。相反,体系化不仅提升了学科的稳定性和规范效能,同样也能使学科对生动的社会现实保持开放。法学的体系化建构体现的是大陆法系法学家对法学科的形式理性的不断追求,体现的是他们希望借由体系建构,来促成法系统以及法学科系统的独立自足的持续努力。法学的体系化建构将那些已经检验的规范和学理相对固定下来,并确立了它们之间的意义关联,人们因此可以在既定的体系化基础上,对学理和规范进行更高程度的拓展和分析,而无须每次都从零开始;此外,因为体系表现为一种形式逻辑构造,人们在逻辑的作用下,也无须担忧对学理和规范的拓展与分析,“既非必然也非不可能”的“偶在性”,学科内部的稳定和自足由此得以达成。体系化所带来的法学科的稳定性,有助于实定法体系与现实法秩序的安定。

法学的体系化对于法秩序安定的保障,可以从法规范的制定、解释、适用和续造等诸多方面获得观察。在法规范解释和适用的全部过程中,司法机关同样能够通过对法体系的回溯,获得对核心概念和关键制度的正确把握,并由此对所作决定予以理性权衡。这种体系化回溯一方面减轻了法律适用的负担,降低了法律适用的难度;另一方面也得以有效避免司法活动中可能的分散化演绎。带有统一性与一贯性的法体系,又包含着一项对理性的最低要求,即排除个案恣意,法官等无法再轻易地将恣意的差别对待予以合理化,法秩序由此获得清晰性、明确性、可预见性、可计算性的保障。此外,法学科体系同样为进一步的法律续造提供可能和方向。在司法中,法院首先借助体系化的思考作为解释个别法律规范的协助性工具,而在解释的过程中,又会通过寻找体系化资源,逐渐生发出针对特殊领域的指导性规则,从而完成法规范的续造。

拉伦茨在关于外在或抽象的概念体系的论述上认为,一个成功的建构,并不因由之为法规的适用所产生的结果,亦能够以其他的方法获得依据,而被贬抑为无价值。由于构成法律体系之概念或其建构之纽带的法律原则,以及法律最后所当追求之正义,皆不容易正确把握,所以,在法律体系的形成上,这些体系的构成因素与体系间有互相促成的回授关系。这里所称法律体系,可以是经公权力以法典的形式呈现出来的体系,也可以是法学研究所归纳出来的体系。法律解释或法律填补所考量的体系因素,通常是法学的体系认知。法律体系的建构始于法律概念的形成、法条及法律规定的拟定,在法律概念或各个法律段落间已经有一定之意旨上的关联,唯从类型开始具有比较清楚之体系的外部形态。该形态最常见者为能够以树状的系统表现出来,但树状系统不是体系之存在的唯一样态。法律原则能够将散置的法律规定联结起来,使之成为有意义的一个整体。在当中,在解释上可以进一步确定法律规定的内容,在发现其有漏洞时,并可以利用法律原则加以补充,以维持法律体系之一贯性。

参考书目

1. 黄茂荣:《法学方法与现代民法》,法律出版社 2007 年版。
2. 赵宏:《基本原则、抽象概念与法释义学——行政法学的体系化建构与体系化均衡》,载《交大法学》2014 年第 1 期。

（吕玉赞）

类型

与概念试图通过完全列举事物的充要特征以囊括所有同类事物不同,类型承认主体在认识理性上的有限性和客体信息获取上的不完全性,它既不像概念那样试图指称所有的对应事物,也不同于个别事物或现象,类型用以描述反复出现的事物的共同特征。类型是建立在一般及特别间的中间高度,它是一种相对具体,一种在事物中的普遍性。一方面,类型与概念相区别,概念是透过一些有限的、彼此分离的特征加以定义,是封闭的,类型接近现实性、直观性与具体性,类型虽然有一个固定的核心,但没有固定的界限,类型是面向生活现实开放的;另一方面,类型与个别事物相区别,只出现过一次的事物不是类型,类型是反复出现的典型事物。一般认为,类型具有开放性(die Offenheit)、意义性(die Sinnhaf tigkeit)、整体性(die Ganzheitlichkeit)、直观性(die Anschaulichkeit)特点。

其一,开放性。开放性首先意味着层级性。类型具有一种“弹性的要素结构”。类型是从选言式的概念确定方式继续发展出来的,指在一个概念中,出现了至少一个可区分等级的要素。这个要素以外的其他要素,要不就同样也是可层升的,不然就是仅为选择性的必要。这些要素相互间具有如下特点:一个可区分等级的概念要素在个案中越是高程度地被实现,其他可分级之要素所必须被实现的程度便可随之降低,或者就越不需要实现其他的选言式要素。在利用一个类型概念的可分级要素时,仅在个案中确认这些要素已被实现还不够,还要定出这些要素必须达到何种程度。然后,人们才能将这个确定类型概念的比较规则运用到个案中。最后,对于这个类型概念在个案中究竟是否被实现这个问题,当然必须要以是或否来回答,而不能答以或多或少。尽管如此,比起运用单纯的分类概念,类型概念通过类型概念的运用能够较为妥善地处理在生活中各处流动之过渡阶段。类型概念因为含有可分级的要素,所以它的界限必须是流动的,在今天,人们喜欢将这种概念存在与否的决定也称为一种评价的行动。即便如此,类型概念就其内涵而言并不必然是评价性的。如持有概念,它仅含有描述性的要素。

其二,意义性。类型既然是弹性的要素结构,根据要素的增减或重要性程度,某一生活现象可以处于同一类型的中心或边缘部分。类型的边界虽然是模糊的,但它并非没有边界。“意义或评价的观点”指示了法律上类型形成的建构因素:在此,经验的诸现象是在规范的尺度下被整体关照。现实生活中的现象或事物,虽然它在外观上或物理特征上有所不同甚至完全不同,如果在一定的意义观点或评价观点上具有相同性,它们就可归类于同一类型。类型的意义性就是评价观点上的同义性(Gleichsinnig keit)。德国法哲学家施特拉赫指出,“没有意义或评价的观点,类型是不可想象的”。

其三,整体性。拉伦茨认为,每个类型都是有意义的结构性整体,在这个整体中每个要素都指向一个意义中心,一个精神的核心,它的功能与意义都借此由整体来确定。类型是弹性的要素组合。案件事实是否能归类于类型之下,不需要该案件事实具备该类型通常所具备的全部要素,而是要看该案件事实已有的特征能否在“整体上”符合类型的评价观点。勒伦认为,类型内部的要素不是孤立的,而是相互依赖的有机联系整体,这些要素相互间的联系、彼此间的补充或限缩都有助于对要素整体的认识。

其四,直观性。类型不能像概念那样数学式的被精确判断和掌握,类型总是与一定的意义、评价观点关联。这种意义、评价观点就是价值判断、利益衡量,它不可能如概念的形式逻辑做到排除判断主体的主观认识。类型是取向事物本质的,因而,对类型的把握是诉诸一种对意义性的直观,即我们无法靠着去看到并数出一个事物中拥有必要的构成要件特征来说此物属于某一类型,直观到一件事物其组合所散发、营造、体现了某种意义,来判别其所应归属的类型。

在拉伦茨的视界中,“类型”则被视为法律体系化努力所必须倚仗的重要工具,以之型构整个法律的内在系统。在他看来,“概念”这一思考工具,对于外部体系的形成乃不可或缺,与之相对,“类型”则对内部体系的形成居功至伟。

类型可分为归纳或具体化之结果。当处理或观察之对象接近于具体的生活,利用归纳认识其共同特征将之类型化,以进一步认识其间更根本的道理。当处理或思考之对象接近于价值,利用解析体认其具体内涵,使之接近于实际生活。所以,类型化为体系形成上使抽象者接近于具体,使具体者接近于抽象的方法。类型由于兼具抽象化及具体化的作用,可以分别适用在具体的事物与抽象的价值中,因此在法学研究及实务之说明上,其应用特别普通,可以说是法律资料之体系化以及法律体系之应用最为常见而且有效的方法。使用类型掌握案例说明其中的道理,或使用类型剖析价值对于具体状况之内涵,不会流于僵化或空洞。常常能够在个案之处理上降低劳动强度,触类旁通,在价值之引用上避免过度一般化,以偏概全。

学说上依据不同的标准构成各种不同的类型作为思考上的工具或方式。有因长期间一再重复出现而依其频率或不断出现的平均特征构成类型者。此为以平均或频率为基础之类型。另一种类型为以某一种类之物或事物之共同特征为基础所构成的类型。故其类型之构成有全体性及构造性的特色。这两种类型主要为经验的类型,此种类型与逻辑类型和规范类型不同。逻辑类型虽多自于经验类型,但逻辑类型已经属于思考上之想象的存在,学说上可以利用它,经由类型特征之增减建立各种可能只在思想界存在的模式。当逻辑类型经学者塑造出来,在实际的生活中,固有可能有与之对应之生活类型,但也常常没有与之对应的生活类型。当逻辑类型经由评价被赋予规范上的意义,作为规范上要求去实现、接近或避免的典范,则该逻辑类型便兼具规范类型的意义。类型虽然可以有经验的、逻辑的、规范上的类型之分,但一个类型可能只属其一,也可能兼具各该类型的性格。在法学上利用之类型,基于规范上之需要,通常兼具经验的与规范上的类型或逻辑的与规范上的类型之意义。学说与实务利用前述各种类型建立法律类型。

在类型的建立上,立法者除了以经验为基础,单纯接受现实上存在之类型,以建立频率性或平均性类型,取舍现实上之特征以建立整体的或形态的类型外,还可以超出现实特征之取舍,更进一步基于规范目的上之考虑经由特征值附加建立类型,此种类型为思考上的产物而非现实生活上本来存在者,拉伦茨将之称为法上之结构类型。在规范类型的建构上,如果仅取舍现实本来存在之特征,该类型之建构不改变现实生活。反之,如果在特征的取舍外,增加现实本来不存在之特征,则该规范类型之引入便有概念化现实生活的作用或意义。法上之结构类型,一方面指其特征之取舍与附加基于规范上之目的的考虑,另一方面指这些特征间具有结构性之关联。它们不是毫无牵连地集结在一起,而是互相地依靠地整合在一起。虽然不一定每一个特征都必须存在或以同等之程度存在,可以保留一定程度内之增减,但整体而言,必须显现出其属于一类的面貌与内涵。法的结构类型对于法律规范之了解具有重要之帮助。法的结构类型,不但具有经由触类旁通降低认识上之劳动强度的意义,而且可以用来检查属于同一上位类型之下位类型的规定,有无应规定而未规定之漏洞或者有无应一致而不一致之矛盾的情形。

参考书目

1. 黄茂荣:《法学方法与现代民法》,法律出版社 2007 年版。
2. 齐文远、苏彩霞:《刑法中的类型思维之提倡》,载《法律科学(西北政法大学学报)》2010 年第 1 期。
3. 杜宇:《类型思维的兴起与刑法上之展开路径》,载《中山法学法律评论》2014 年第 12 卷第 3 辑。

(吕玉赞)

类型思维

在一般方法论上,类型思维在具体化思考、法律发现及体系形成中的功能被充分关注。在恩吉施看来,类型思维的最为重要的功能就在于,它为“抽象理念的具体化”提供了某种可能途径。相对于法学中的抽象概念而言,类型代表了一种更为具体可感的形象从而为更加精细化、具体化地处理法律素材增添了思维工具。恩吉施提出了“法秩序及法学向类型转向”的重要趋势,考夫曼则将类型化的思考与“事物的本质”结合起来,认为“对事物本质的思考直接指向类型的思考方式”。他进一步澄清了类推——类型间的类比推理——在法律发现中的角色与功能。类型思维是指把类型作为重要的(但不是唯一的)思维形式,遵循类型的逻辑特征,在类型的基础上进行判断、推理、建构理论体系的思维活动。其中所涉及的建构类型、运用类型进行推理和形成理论体系的方法,我们称之为类型思维方法或类型化方法。类型思维方法作为对概念思维方法的反思逐渐在法学中获得了它的声名和地位。将类型思维从概念思维中分离出来是法律思维学和法学方法论的重大进步。

相比概念思维,类型思维具有以下特点与优势:

第一,类型思维是以价值导向的思考方式,契合了法学作为规范科学的评价性要求。类型学的思考总是维持其与指导性价值观点间的联系,因为所有被考量的特征都取向于这个——促成整体类型的——中心价值,唯有如此它们才有价值。可见,类型思维是价值导向的思考方式,是事物本质的思维,是在事物中以灵智的慧眼穿过外表之相而把握事物本然之理。它能诉诸明白的价值判断,并能清晰地显示整个体系的意义脉络。

第二,类型的形成为法体系提供了抽象化与具体化的方法,从而使体系避免过度抽象化与具体化。类型是使理念与事实取得一致的调和者,在取向事物本质的类型思维中,当为与存在彼此遭遇,事实与价值相互关联。类型化思维为法体系形成提供了使抽象者接近于具体、使具体者接近于抽象的方法。类型化的思考有利于问题的条分缕析,从而更便于具体、细致地把握生活事实;不仅如此,类型化的思考还能够配合事实关系的实际样态,妥当地掌握所谓的中间形态或混合形态。

第三,类型思维是面向生活现实开放的弹性思维,有利于使稳定、滞后的法律规范适应复杂多样的现实。类型思维则克服了概念思维过于僵化的特点。类型具有开放性,是弹性的、整体性的要素系列,类型承认人类认识能力的有限性,并不试图穷尽列举事物的本质特征。类型是在评价性观点下保持"整体形象",个别要素的增减并不影响事物归类于类型,而是丰富、增加类型的边界。类型思维具有明显的开放性,从而更容易容纳合目的性的考量。

类型思维无论在法律创制、立法还是法律适用与法律解释中都会找到施展的舞台。类型思维缓和了法律的明确性与模糊性的矛盾,调和了法律适用上稳定性与灵活性的紧张关系,并使目的解释成为最重要的法律解释方法。类型思维应当成为我国法律创制、法律适用与法律解释上的重要思维方式。

参考书目

1. 齐文远、苏彩霞:《刑法中的类型思维之提倡》,载《法律科学(西北政法大学学报)》2010 年第 1 期。

2. 杜宇:《类型思维的兴起与刑法上之展开路径》,载《中山法学法律评论》2014 年第 12 卷第 3 辑。

(吕玉赞)

事物本质

事物的本质或事物的性质(德文 Natur des Sache,英文 nature of thing 或 natura rerum)是一个古老的概念,源于希腊文 physei dikaion 和拉丁文 *rerum natura*,兼"先天规定性""物性""不言自明性""物之内在秩序"等含义。德国的"自由法运动"在法学领域推动了关于"事物性质"的讨论。法学家们运用此一概念论证司法裁判的正当性,为法院判决理由寻求制定法以外的标准,将"事物的性质"视为法外裁判的依据之一。

事物的本质这个概念是不确定的并且可能具有多种含义。如果适用者认为解决某一问题的法律方法(也就是他对漏洞填补的建议)具有说服力,并且根据事物的状态而言是理智的,即得到主体之间的认同的,那么事物的本质就可作为经常使用的论据。如果概念适用者假设或要求的合意在事实上已经达成,那么是否进行说明就不重要了。如果没有人提出异议,结果便会产生并且确定下来。所谓的事物的本质成为参与者具有一致法律确信的同义词。然而,一旦具有代表性的法律观点受到质疑或拒绝,那么就需要进行说明。此时必须公开:涉及的什么是"本质"、它源自何处、谁拥有界定"事物本质"的权力。

事物本质在司法实践中具有重大的意义:事物的本质可以作为客观的目的论的解释标准,在"个案中之法益衡量"中也扮演着重要角色,而当法律规定严重悖反事物本质时,司法裁判有时会借着超越法律的法律续造来更正法律。无论是在英美法系国家(地区)还是在大陆法系国家(地区),无论是从理论上还是司法实践中,"事物本质"都起着不可或缺的作用,它可以作为法官造法的指标,法官司法能动的边界。"事物本质"这个隐藏的法律渊源在相同对待、不同对待的这个正义要求中具有重要意义。

"事物本质"在方法上可以不受限制地将新的"现实"和价值观转变到现实法中。即它们并不是按照当时"已建立的"时代精神来补充法律漏洞和法漏洞。此外,它们还倾向于通过援引相反的新的实然秩序来限制现行法律秩序。总之,以事物"本质"进行论证与法律适用问题无关。确切地,它是在传统法律渊源学说之外开辟的新的法律渊源。"事物本质"是或多或少有意识地追求的法政策的代名词。因此,它们也常常在德国联邦最高法院,特别是联邦宪法法院的判决说明中出现。揭示这种论证模式所具有的表面科学的结构和作用,以及借助它们得出的"解释结果"的任意性,就变成了批判性法学教育的一个任务。"事物的本质"不是解释的工具,而是添加(Einlegung)的工具。

可见,"事物本质"是事物或人际关系之间的必然联系,是制定法之外的一种价值表现,是于各种不同事物中寻求合乎自然法的正义。结合上述观点,事物本质可做如下界定:一为事理或法理,是事物当然之理;二为一般社会生活的事物本质,是作为评价对象的文化现象,由此寻找法律上的规范要素;三为事物本身的属性,如男女之别、昼夜之分、事物的差异等自然现象。

参考书目

1. [德]亚图·考夫曼:《类推与"事物本质"——兼论类型理论》,吴从周译,学林文化事业有限公司1999年版。

2. [德]伯恩·魏德士:《法理学》,丁晓春等译,法律出版社2003年版。

3. 胡君:《"事物本质"作为法官造法边界之批判》,载《社会科学家》2009年第5期。

(吕玉赞)

涵摄模式

涵摄源于拉丁文 *subsummere*,意为置于之下。在以往的中文译著中曾被译成"涵摄""包摄""归摄""归入""推论"等。阿列克西对涵摄、权衡与类比进行了区分,认为它们适用于不同的对象,具有不同的结构:涵摄适用于规则推理,其形式为演绎;权衡适用于原则推理,其形式为重力公式;类比则适用于案例间的比较。人们主要在两种不同的意义上使用和理解这一概念:一是在"从属"或下置含义上,将某个案事实置于法律的事实构成之下,即把小前提置于大前提之下,或把小概念置于大概念之下,称为涵摄;二是在法律判断形成的思维方式上,把该词译成"推论""涵摄"等,意指直接把某个案事实置于法律的事实构成之下,然后推出结论。司法中的涵摄可以描述为:只要构成要件T在某具体案件事实S中被实现,对S即应赋予法效果R。假使特定案件事实S在逻辑上看来是T的一个事例,就可认定:构成要件T已经在S中被实现。因此,要知道对某案件事实应赋予何种法效果,须审查该案件事实是否是构成要件 T 的一个事例,而因此可归属其下。

对此,我们用三段论的方式来表示,就是:

T→R(对 T 的每个事例均赋予法效果 R)

S = T(S 为 T 的一个事例)

S→R(对于 S 应赋予法效果 R)

涵摄思维模式能够在最大限度上实现法治理念。首先,其具有非人格化的特点,它能够保障所有符合法律规范所定条件的情况被相同处置,从而实现相同情况相同处理的法律形式正义要求;其次,涵摄思维模式能够保证从前提推导出结论的必然性,就此可以维护法律的安定性和确定性;最后,涵摄思维模式能够使我们以最可靠的方法检验各个推论环节的正确性,进而对裁判过程进行监督和批判。

涵摄思维模式的哲学基础是主客二分的世界观以及事实与价值的二元观。涵摄思维模式运作的前提是预设一个全备、完美的体系。依此体系,可以通过逻辑的演绎获得结论。涵摄模式是建立在演绎逻辑之上的思维模式,在演绎逻辑中,结论与大前提和小前提之间的关系仅仅是形式有效的。结论的真值性有赖于大前提和小前提具有真值性。然而,如果大、小前提不具有真值性,也并不妨碍所得出的结论的有效性。虽然涵摄模式简化了人们的思维,但是在三段论的推理构造中,被纳入小前提的案件事实却不是单纯的运用日常语言对真实发生的事件加以描述的事实,而毋宁是被剪裁过了的事实——法律事实。

三段论尽管被认为是涵摄的基础模式,但它并不充分。这是因为,法律规范的构成与概念通常并不总是单义和清晰的,在这些情形中,如果从既定的法律规则出发,并采用三段论的形式,那么只能省略中间的解释步骤,这显然存在论证的“跳跃”,是违反论证理性的。为了进一步澄清涵摄的中间过程,当代逻辑学发展出了司法五段论。根据司法五段论,涵摄的所有中间环节和论证前提都得以澄清,便于对推理的正确性进行控制,同时确保推理形式的普遍性。在语言学上,每个涵摄所使用的语句都再次具有涵摄的形式。这意味着事实情况实现了某个特定的中间概念。在涵摄中,这个中间概念会主张它实现了事实情况原来应被包摄的上位概念,如此便形成了涵摄锁链。这些涵摄锁链连接了上位概念与事实情况两者,并且一直进行到案件事实对于中间概念的涵摄是那么的明显,明显到不再需要任何进一步的说明时,才会停下来。

人们可以通过两种方式来形成这些中间概念:要不就是将上位概念拆解成个别的要素,然后再把案例事实的各部分分别涵摄到这些个别的要素,如此可形成一个水平的概念锁链。或者,把中间概念塑造成上位概念的特殊概念,如此可形成一个垂直的概念锁链。就水平的定义锁链而言,对上位概念下定义是必要的,这个定义把上位概念分成个别的要素,并且表达了这些要素相互间的关系。垂直的概念锁链从法律概念出发,由较一般的下位概念到较特殊的下位概念。人们也可以把较为特殊的概念看作一般概念的局部定义,因为,这些特殊概念虽然没有界定出实现一般概念的必要条件,但却指明了实现一般概念的充分条件。这个锁链的环节,并不是通过一般概念的定义连接在一起,而是通过下面这种涵摄来结合:特殊概念可被涵摄到先前较为一般的概念下。这个过程不可以中断,也就是说,不可以在未经涵摄的情形下加入新概念。居于这锁链尾端的,同样也是一个案例事实的涵摄,只不过这个过程平凡到不可能还会被争执。

涵摄模式存在如下局限:第一,逻辑学将涵摄推论理解为将外延较窄的概念划归外延较宽的概念之下,易言之,将前者涵摄于后者之下的一种推演。然而,作为法律适用基础的涵摄推论,并不是将外延较窄的概念涵摄于较宽的概念之下,毋宁是将事实涵摄于法律描述的构成要件之下。因此,作为逻辑的三段论只是在事实与事实之间建立关系,而不发生由应然向实然的转换。但是作为法律适用的三段论推理却是在应然与实然之间建立联系。第二,法律适用中的小前提的获得并非显而易见。一般认为,小前提是对案件事实的描述,然而这种描述不是单纯地运用自然语言对发生过的事实的陈述,而是根据法规范将其改造成法律事实。因此,整个法律适用过程的关键就是小前提的获得。第三,三段论法的应用会使结论过于简化,从而距离真正解决案件纠纷常有一段距离。如拉伦茨所说,大前提中的 R 意指被一般地描述之抽象的法效果,反之,结论中的 R 则是该案件事实的具体法效果。在很多情况下,确定法效果的三段论法尚不能精确规定法效果,毋宁只是划定一个仍需继续填补的范围而已。第四,涵摄模式所关心的是结论从前提中推出的有效性。在运用涵摄模式时,大前提和小前提应当已经明确。但是,在司法实践中,大前提的获得——法律规范的发现——往往是不那么简单的。三段论模式实际上遮蔽了法官获得大前提的复杂过程。第五,图尔敏认为传统的涵摄模式遮蔽了论证的复杂性,忽略了论证的场域依存性,意图将此种单纯的特殊论证图式作为论证典范、理念型,而将现实生活中各个场域所实际进行的论证强行压缩、收编于此种单纯架构内所造成的不合理结果。

面对这些情况,法律涵摄要么无能为力,因为演绎的三段论不能带来什么新的认识,也就不能解决既有大前提未明确指向的或未涵盖的新问题,同时,大小前提的区别并不像上位概念与下位概念在外延上的区别,它们分属事实与规范两个不同领域,有许多有意义的内涵差别;要么强行推出不公正的结论,因为有时大前提本身就不公正。大小前提不是分别形成的,而是在相互适应中产生的。法律判断形成的核心不在于从大前提到小前提的推论,而在于如何处理事实与规范以获得大小前提。法律涵摄难以独立承担法律应用的重任。

对法律涵摄的批判,早见于霍姆斯的著名论断"法律的生命不是逻辑,而一直是经验"。这一反逻辑立场在英美为法律现实主义、批判法学、图尔敏、波斯纳等所承袭与发展。在曾盛行推论模式的德国,批判和修正始于20世纪(利益法学、自由法运动),至中叶更加深入,诸如恩吉施认为,推论模式所倚重的演绎在司法领域没有如在数学领域依公理方法的主导思想能保证的说服力。拉伦茨明确指出:实际上,法律适用的重心不在于最终的推论,而在于发生在推论之前的对事实行为各具体要素的判断,即判断这些具体要素是否符合在行为构成中所称的诸特征,严格逻辑意义上的推论在法律适用中的比例,远少于人们先前曾设想的和法律者认为的。法律适用的难点不在于推论,而在于准备大小前提,这种准备一直延至最终能作出(或不能作出)结论。国内学者对涵摄模式的批判已有时日。在德国法学界,今天也还有少数人在为推论模式辩护,最重要的有科赫(H－J. Koch)和吕斯曼(H. Rüssmann),他们把法律获取仅归于演绎,认为演绎推论是有教益的,虽然它不是处处可信。

面对涵摄模式在各个方面所遇到的挑战,法学家和逻辑学家分别从法律和逻辑的角度捍卫、修正和不断完善该模式在法律适用中的应用。对于普通三段论转变为司法三段论的跳跃性,恩吉施对此提出了进一步的方案。在他看来,需要对构成推论大前提的命令进行转换。任何法律适用过程的目的都是找出具体的法律的应当判断。这可以肯定的或者否定的方式来表示这种应当判断具有真值,并且以此区别于某一命令,后者无法被认定为真,而只能是作为"正当”或者“对某一给定目的是充分”。法律指令被转换为一般语句后,法律适用的逻辑结构即能表述为三段论。随着现代逻辑的诞生,司法三段论开始通过形式语言和演算系统来进行推演,即将所有的问题通过符号予以形式化,只要有争议,那么将命题公式和谓词公式通过一个一阶谓词演算系统像数学那样进行计算就可以了。

在拉伦茨看来,涵摄主要是克服在(通常以非常一般性的用语来表达的)法定构成要件与(比较强调待判案件之个别特征的)案件事实描述两者之间语言上的鸿沟。于此,由解释法律规范所得的结论,以及由之前的前提推得的结论,两者所共同构成的前提被置入推论的环节中。这样整个案件就可以通过对法律概念的进一步解释,将案件事实置入法律规范之下,从而推出结论。针对司法三段论中大前提的正确性和可接受性并非理所当然,其需要进一步加以证立和检验。为此,在三段论推理过程,应尽可能多地展开逻辑推导步骤,以使某些表达达到无人再争论的程度,而且应尽最大可能陈述逻辑的展开步骤。为了使这个推论过程更为细致,阿列克西提出了复杂的涵摄的逻辑结构。另外,德国法学家科赫和吕斯曼依然努力在可能的范围内坚守古典的涵摄模型,他们合著的《法律说理学》以现代逻辑学和语义学的认识为基础,在可能的范围内坚持涵摄模式。他们关切的不是法官事实上如何获得他觉得正当的裁判,而是法律决定的好理由是哪些?他们的出发点是说理的主要任务是证实裁判与法律的一致性,最能达到这项目的的是演绎的说理模式。质言之,以逻辑涵摄的方式(将案件事实的描述归属于该法规范之下)来适用法律。科赫和吕斯曼将其所适用的逻辑称之为道义逻辑,并且在其演绎性正当化模型中,使用道义运算符代表相关的法律结论。

参考书目

1. 郑永流:《法律判断形成的模式》,载《法学研究》2004年第1期。
2. 雷磊:《法律推理基本形式的结构分析》,载《法学研究》2009年第4期。
3. [德]英格博格·普珀:《法学思维小学堂:法律人的6堂思维训练课》,蔡圣伟译,北京大学出版社2011年版。
4. 范春莹:《法律思维研究》,山东大学2008年博士学位论文。

(吕玉赞)

简单归摄模式

法官适用法律,首先就要解决作为案件事实的生活事实是否属于特定的类型事实,即要符合法定的事实构成。在此前提下,才能将案件事实与法律法规规定的法律后果之间进行“链接”,即对当事人之间的权利义务进行分配或裁决当事人胜诉或败诉。而这种事实归属的过程在西方法学中被称为“归类”或“涵摄”。涵摄理论的代表人物是德国的魏德士、恩吉施、菲肯切尔、科殷,我国台湾地区学者王泽鉴等人。“涵摄”一词的英文是“subsumtion”,意指将具体的案例事实置于法律规范的要件之下,以获至一定结论的思维过程,即认定某特定事实是否该当于法律规范的要件,而发生一定的权利义务关系。在事实归类或涵摄中,法官的通常活动就是,从当事人陈述的生活事实中找到一个法定的事实构成,即将有争议的某个事实涵摄(归纳、吸纳)到事实构成之下。如果这种涵摄是可能的,那么就可以直接得出该法律规范的法律后果。在将法律规范适用于某一事实的时候,如果该事实完全满足该规范所规定的法定的事实构成,人们就称之为生活事实被涵摄于该规范之下。按照拉伦茨对涵摄的界定,法官将法律概念涵摄于特定法律概念的过程是:其一,该概念的定义为其大前提。其二,经由观察所作之认定的结果亦即认定该特定之客体甲具有该定义所称之全部特征则为其小前提。其三,以经由涵摄所获得该客体甲为该概念所指称之客体之一的认识作为其推论的结果。

法官之所以应当如此思维,是因为即便法律规则可以被发现,规则运用于特定案件时也需要依赖事实已经证立并且已经证明它们与案件具有关联性,即事实的特性符合规则。而这一思维过程,正是法官进一步思维与推理的基础。当然,法官要对事实进行归类或涵摄,就离不开法律规范,因为目光在事实与法律之间“来回穿梭”是法律适用的普遍特征。但是涵摄并不是简单地涵摄于法律条文,而是涵摄于司法者建构的审判规范,因为个案归属的法规范必须由法官自己来形成。这是因为,法律规范不是可以单独存在的规范,任何一个法律规范都只是作为体系与系统的法律的一个最小元素。因而对事实归类与涵摄需要一种系统法律思维,而不单单是逻辑归类。

拉伦茨进一步区分了法律适用中的涵摄与归类:其一,涵摄思维以法律概念为前提,而归类以类型思维为基础。其二,概念是定义的,而类型是描述的,法律中的事实构成并非都使用了概念,有时法规范是在刻画、描述说明一种类型,例如“动物占有人”“占有辅助人”等。其三,涵摄程序要求待判断的案件事实之中,法律构成概念的全部要素一一出现,或者说当概念的全部要素在特定客体上全部重现时,客体方能被涵摄于概念之下,而类型的归属并不需要描述类型的各种因素都出现,而只表现为不同程度。其四,是否涉及价值导向不同,概念涵摄在理想情况下是一种价值中立的思考过程,法律适用时无须进行价值衡量,而类型的思考始终是与价值观点相连,对事实作类型归属时必须借助于价值方可判断对事实归类妥当与否,所以,类型归属是一种价值导向的评价性归类或具体化的思考过程。其五,相对来讲,概念涵摄中,概念解释的自由空间较少(以在文义射程内探索为主),而类型在内容上比概念丰盈,类型具有较大的解释空间和相对的开放性,解释有较大的弹性。其六,依据涵摄理论,某事实是否属于某概念界定的类别只能用“是”或“否”回答,即是一种非此即彼的回答,如某特定契约只能是雇用或承揽契约,而依据类型观察,则是或“此”或“彼”的回答,或结合为一个新的类型。当面临涵摄不足以解决的临界问题或过渡问题,或者概念定义不精确时,类型化的方法就可以取代涵摄方法,运用类型方法就可以作出合理的归类。

当然,概念与类型之间并非截然二分,如列举性概念也具有类型的要素,而类型也可能接近概念。法院也经常将类型归属视为概念涵摄,法院处理的许多技术性概念也是以形式逻辑为基础的“种类概念”,如汇票、支票、注销登记等概念,由于这些概念通常在法律中已被定义,所以在适用时一般无须作价值评价。另外,事实一旦偏离概念规定,就需返回类型化的思考。在区别了涵摄与归类以后拉伦茨认为将生活事实“归属”于法规范的事实构成要件的说法比“涵摄”更恰当。实际上,如果不是为了绝对精确区别“归类”与“涵摄”的概念,单单考察二者的思维方式来说,二者的思维的共性也许更多一些,都是将事实归属于规范。

（杨建军）

复杂归摄模式

不同的人站在不同立场上对法律事实可以不同分类,如可分为法律事件和法律行为;肯定性法律事实与否定性法律事实;单一法律事实与法律事实构成;经鉴定认定的事实与非经鉴定认定的事实。但这些分类主要是从本体论的角度进行的,站在司法裁判的角度可作出不同的分类。大致说来,与法律方法有较密切关联的是以下几种分类:描述的事实与评价的事实;确定的事实与不确定的事实;典型事实与非典型事实。之所以存在复杂的归摄模式,是因为有的案件事实很复杂。(1)描述的事实与评价的事实。描述的事实如出生、死亡、十八周岁、限制行为能力人、住所、失踪、期间、丢失、立功等。评价的事实如诚实信用、社会公德、重大误解、显失公平、数额较大、数额巨大、数额特别巨大、情节严重等。有些则兼具二者特征,如高空、高压、易燃、易爆、易炸、剧毒、高速运输工具、恶意透支等。描述的事实应当运用证据规则进行证明,而评价的事实则需借助于法律解释、价值评价方法确立。(2)确定的事实与不确定的事实。运用证据证明可以确定的事实,可以较容易找到与其相对应的法律规范,进行法律推理。不确定的事实,主要是依据证据不能证立或证伪的个案事实,或价值不确定的个案事实,前者需要运用证据规则进行证明责任分配,后者则应当运用法律解释、价值选择实现法律规范由不确定向确定性的转换,进而能把个案事实归摄进去。价值不确定的事实如"正义""公平""勇敢""懦夫""慷慨""吝啬""不适当"等,其词汇意义本身是模糊的,不确定的。所以在具体案件中需要权衡许多因素以决定"一个词的含义是否涵盖了该案件"。(3)典型事实与非典型事实。主要是从法律事实的涵摄角度来衡量,如果案件事实与法律事实模型中所描述、涵盖的事实特征完全对应,则属于典型事实;非典型事实,即个案事实与法律中的事实模型特征不一致或不完全一致时,需要经过解释与论证,才能使案件事实归入法律事实模型,进行法律推理的事实。

审判虽然是直接针对个案的,但是审判必须搞清楚得出审判结论所依据的社会关系的类型,划清价值判断的具体内容与适用对象的界限。但是审判中经常会遇到难题,原因在于:其一,由于立法者未能弄清楚社会关系的内容,造成了法律规定要适用的类型不明的情形。其二,由于社会关系过于复杂,所以一开始立法者就将问题交给了"解释学"(例如,何为"违反公共秩序与善良风俗"的行为)。其三,社会中出现了立法者无法预见的"新型"社会关系——这就需要修改法律或导入新规定,或以现有法律条文来进行解释。典型事实与非典型事实的法律表现:典型事实是容易进行归类或涵摄的事实,而非典型事实则需法律解释、漏洞补充、法律创制、法律论证、价值评价等方法续造大前提以后才可能使事实与法律的关系相协调。

在语言学上,关于词与其所指的对象之间的关系,就有典型成员与非典型成员的概括。该理论认为,属于同一类的词有典型成员与非典型成员之别,不同的成员之间之所以可以用同样的语词去描述,是因为它们具有"家族相似性",即同一范畴内的成员资格有等级之分,"较好的样本是这一范畴的典型成员,较差的样本是这一范畴的非典型成员"。如苹果、梨、桃、桔子、樱桃、枇杷、西瓜、香蕉等之所以都属于水果这一范畴,并不是因为这些水果有共同特征,而是因为每一种水果和其他水果之间具有家族相似性,相似性越大,则事物在这一范畴之中就占据中心位置,即成为这一类的典型成员。而有些事物和其他同类事物之间的相似性较少,它的典型性就差,就成为这一类的非典型成员。比如椰子、甘蔗、荸荠、橄榄等就是水果这一类的非典型成员。同时必须指出,人们对于词类的概念是非常模糊的,这是因为关于词类的知识建立在日常生活经验之上而不是建立在严格的逻辑关系和科学分类之上。比如,普通人将"鲸"称为"鲸鱼",但是生物学家们却根据哺乳动物的特征,判定"鲸"不属于"鱼类"。会飞通常是鸟的特征,但是企鹅、鸵鸟等鸟却并不会飞。由此看来,一个成员具有普遍特征的特征越多,它就越能成为某一范畴的典型。相反,就属于非典型成员(事实)。典型案件大多是法律清楚明确、事实确定,事实要件与法律规定的构成要件相符合、对应的案件。对于典型事实的归摄,主要是把法律事实涵摄于法律规范,运用三段论逻辑推理即可以得出判决结果的案件。典型案件是具体事实与"类型事实"特征完全相符、相吻合的事实,是容易进行涵摄的案件,法律推理中对典型事实的推理便是把事实涵摄或归类于某一法律事实类型。但是，由于事实并不可能按照法律规定的要件去发生，所以必然会产生部分事实与法律不能相对应或不能完全对应的情形，该类事实我们称之为“非典型”事实。

（杨建军）

推论模式

法律职业人员将法律事实与法律规范结合起来最为常用的方法就是推论模式。推论理论奠基于亚里士多德创立的三段论，推论模式也就是通常所说的三段论推理。推论过程的完成首先要确立法律规则或原则。其次是事实，即法官对案件事实的陈述应该能够证明自己的结论。最后是通过判断事实在规范中的重要程度，即判断案件事实是否符合法律规定，并作出判决。司法判断过程中运用的推论工具就是三段论，推论的过程与方法就是从已知的大前提（法律规则、法律原则）和小前提（法律事实）出发，将事实与规范结合起来，并通过推论必然地推导出结论的过程。

推论模式分为完满的三段论与不完满的三段论，完满的三段论即依据“确定的论断”并且不需要其他词项就可以得出必然的结论。实践中，三段论推理不可能像理想的推理模型那样运作，而可能出现一些变化：其一，有时候三段论似乎是在法律事实确立以及法庭在总结双方当事人的争议之后才展现出来的。其二，大前提可能是法律原则，法官将法律原则作为法律推理的大前提。其三，法律规定不明确，这就需要法庭从一系列相似案件中发现规则以作出判决。其四，相对来说，低等法院撰写判决相对不那么正式，也不像高等法院那样坚持严格的三段论。

推论模式的功能在于：其一，合法性、合理性与客观性功能。人们相信通过三段论推理依据系列前提和逻辑联系，得出的是一个无可辩驳的结论，所以，三段论经常被视为具有合理性特征。其二，确定性功能，三段论推理有助于建立一种逻辑一致的命题体系，提高法律适用的一致性、可预测性。其三，正当性功能。三段论推理模式为法庭提供了一种客观和直观的方式展示其判决是与法律规定一致的，而不是从法官自身的法律原则中推导出来的表述方法，这也是上级法院检测下级法院适用法律是否正确的一种依据，从而保证了整个法律体系的统一性。其四，对未来案件解决的指引功能。当然，三段论也有不足，推论本身受制于大前提并不确定、小前提不一定真实等诸多前提。不过总体来说，法律推理仍然主要是借助于推论而实现的。至少，哪怕一个推论过程不是严格按照三段论的模式而展开的，法官们最后也需要借助三段论的推理形式向公众展示其“推论”过程的合理性。

（杨建军）

等置模式

“等置模式”是考夫曼对于“法官如何获取法律”这一问题的基本回答，也是其方法论体系的基本主张。“等置模式”建立在考夫曼对“涵摄模式”的批判之上，考夫曼认为传统的涵摄模式存在两大缺陷：第一，通过涵摄是无法获得司法判决的，在某种意义上，它只是一种事后的正确性控制机制；第二，它忽视了涵摄之前的一切理论准备，使整个法律适用过程被模糊化、非理性化。为了实现法律发现过程的科学化，就有必要“澄清这个过程的复杂性，而且合理地反思所有在该过程中不是以形式逻辑得出的一切事物”。

考夫曼把事实与规范置于一种对应关系之中,认为它们能够相互归类的根据是,应然与实然在结构上纠缠在一起,实然中包括应然的成分,应然中有实然的成分,借此来打通两者的隔阂。后来他又补充,事实与规范共有一个上位概念:根本之实然(Sein überhaupt),意指一切为“是”的东西,既“是”事实上、也“是”规范上的东西。应然不是“无”,作为事实,只不过它具有另外的实然方式,它“是应然的”。他的这种对立统一的一元方法论,既否定了二元方法论,也解决了推论模式没能回答的事实与规范不可相互推导的难题,但他意不在替推论模式回答这一难题,而是要寻找一个替代推论模式的模式,这便是所谓等置模式。

等置模式集中表现为在事实与规范之间进行等置。等置的目的是达到应然的规范与实然的事实对应。等置不仅是决定、推论或解释,而且是一种积极的建构性行为,通过等置解决法律判断的大小前提的相适应问题,考夫曼认为类比是等置模式的核心。等置是目光在规范与事实之间来回穿梭往返,将个性的事实向一般性规范提升,将一般性规范向个案下延,并且对事实与规范的来回审视不是一次而是多次进行的,通过将规范与事实不断拉近与靠拢,达到等置的目的。在等置过程中,一方面会排斥不相关的事实,另一方面会不断缩小法官判断所依据的规范大前提。事实与规范相互制约着对方,并相互靠近、相互补充、合并为完整的等置模式,达到沟通事实与规范、应然与实然的目的。

等置思想有一个演变过程。恩吉施是在案件比较意义上言说等置的:把具体拟判案件与由法律的行为构成认为是无疑的一类案件进行等置,他把等置称为“原本的推论”。这种作为等置的推论,在他看来,存在于逻辑推论的小前提之中,也即对小前提——事实,进行比较,这就是案件比较。考夫曼秉承了恩吉施这一思想,并上升到法律观层面。他从其上述一元法律观出发,认为应然与实然既非同一也非对立,而是类似地关联在一起,法是应然与实然的对应,法原本就具有类似的性质。这一判断构成其等置模式的基础。

既然法是应然与实然的对应,从应用上看,法是对事实与规范进行处理的结果——判决。而事实与规范处在不同的层面,它们是具体的法——判断形成过程的“原材料”,未经加工,它们根本不可以相互归类,规范属于抽象性—普遍性上定义之应然,事实则属于杂乱无章的无定形之实然。只有在用经验来丰富规范,用规范性来丰富案件之后,其方式为它们相互适应,并应对这种适应通过论证加以说明,归类方为可能,等置遂得以发生。可能进行等置的前提为,案件与规范虽不相同,然而却相似,即在法之意旨或事情的本性这个具体点上是相似的,规范与事实,必须存在意义关系的同一性。由于规范抽象地概括出典型的事实,类事实,对规范与事实进行等置,实际是对待决案件与由法律认为是无疑的一类案件进行等置,去发现是否存在意义的同一性。这就赋予了等置的性质,不仅是决定和推论,也不仅是解释,而且也是积极的建构性行为。法律发现或法律获取就是类比事实与规范,类比便成为法律发现或法律获取的主要途径。

在考夫曼的方法论体系中,能够实现实然与应然之间等置,为法官选择法律规则提供指导的基本方法是“类推”,即“演绎的—归纳的”,是一种归纳法和演绎法共同作用所形成的混合形态。考夫曼的等置模式将类比作为等置的核心。不仅如此,类比思想在考夫曼的法哲学中也处于核心地位。在等置的问题上,有些学者与考夫曼相佐。菲肯齐尔(W. Fikentscher)拒绝等置理论,他说这一理论有在逻辑上不可描述、不可能进行三段论推论、只提供或然性判断等缺陷。对此批评,考夫曼辩护道,他并未否定三段论推论,只是在进行推论之前,案件与规范必须变得有推论力,为实现这一点,需要等置。考夫曼的等置模式是建立在他把法律应用分为首先是法律发现(法律适用),其次才是直接应用的法律应用二分理论之上。

类比则只是法律发现的主要途径,考夫曼以类比为核心的等置模式只适于法律发现,不能涵盖全部法律应用,等置模式不等于判断形成模式。当然,等置模式也好,其他主张也罢,只是反对把推论抬得过高,以为推论就是法律应用的一切,其并未否认推论本身,相反还包含推论,因为推论是判断形成的最后必经阶段,它要告诉人们判断与前提之间具有必然联系,以至判断具有不可推翻的正确性和逻辑力量。帕夫洛夫斯基指出,在事实与规范关系明确相适应的"简单案件"中,可直接从规范中演绎推出结论。这也就为推论模式的存在留下理由,它不应被完全抛开。只不过不能仅凭推论作出判决,在推论之前还有一个长长的等置过程或称作别的什么的过程,这一过程围绕着建构大小前提展开,在其中有许多活动和方法。

参考书目

1. 郑永流:《法律判断形成的模式》,载《法学研究》2004 年第 1 期。

2. 张顺:《法律发现的三种进路》,载陈金钊、谢晖主编:《法律方法》(第 18 卷),山东人民出版社 2015 年版。

(吕玉赞)

价值评价模式

事实与价值的关系问题引起人们的关注源于著名哲学家休谟,在休谟那里,事实与价值是二分的,事实是指存在于对象之中,与人的价值无关但可为理性把握的对象及其性质,而价值是指人在认识或思考时主体内心的感觉或情感。休谟认为,事实与价值问题是存在很大区别的,"是"与"不是"是一个事实判断,而"应该"与"不应该"则是一个价值判断,从"是"中推导不出"应当",即从事实中推导不出价值。关于司法裁判中事实和法律规范的结合中价值因素是否发挥作用,存在否定说与肯定说。否定说以日本学者恒藤和一圆两位教授为代表,他们认为,在法规范的背后通常存在预想的一定的价值判断,但法规范本身非价值判断,法规范虽然也包括价值判断,但这种价值判断属于立法者的价值判断,而非解释者的价值判断。肯定说则指出,由于法律存在复数解释的可能性,所以在选择时,难免受价值判断的影响。不过,由于司法活动不仅仅是法律人依据法律事实与规范机械地进行逻辑演绎或归纳推理,所以这种裁断活动又不可避免地内涵着法律价值评判与目的追求,故而司法判断过程中离不开价值的保障与统摄。价值评价方法在连接事实与法律方面的确具有其特定作用,但其作用似乎不应被"放大"。实际上很多时候,立法者在立法时已作出了价值选择,大多数情形下,司法者运用逻辑推理即可以作出一个并不违背价值取向的裁判,法官的评价思维更主要地发生于制定法存在漏洞、空缺或依据逻辑推论的结果明显违背法律价值时。

需要进行评价的情形主要在于事实与规范比对以后出现了以下情形:(1)复数法律解释的可能,对同一件事情法律规范作出了不同的规定即规范发生了冲突。(2)法律概念不确定或存在概括条款,如"重大事由""其他方法"等。尤其是开放式不确定概念,由于其内涵与外延均不确定,在适用的时候,就需进行评价。(3)法律漏洞的情形,即对特定事实缺乏法律明文规定的情况,需要法官运用价值对特定事实进行评价,以补充法律漏洞。(4)依据规范对案件事实作出的判决会和法律产生严重冲突。对第一种冲突借助相应的规则加以调整即可。而对后三种情形则必须借助于法官个人所秉持的价值。对事实进行价值评价,需运用客观上可以探知的客观伦理秩序、价值、规范以及公平正义原则而不能运用个人主观的法律情感。客观上可以探知的评价资源(非正式法律渊源)主要包括:道德规范、社会政策、事物的本质(法理)。

(杨建军)

法律概念

在我国的教科书中,法律概念被界定为“反映法律规范所调整对象的特有属性或本质属性的思维形式”。沃克则认为法律概念是“法律思想家从对具体法规和案例研究中归纳性地做出的一般性和抽象性观念”([英]沃克:《牛津法律大辞典》,李双元等译,法律出版社2003年版)。张文显认为,法律概念是指对各种法律事实进行概括,抽象出它们的共同特征而形成的权威性范畴。陈金钊认为,法律概念系指经法律思想家对法律现象研究以后进行归纳而产生的具有一般意义和抽象意义的概念。吴丙新认为,“法律概念是指基于法律共同体的约定而承载着价值的、在司法操作中通过与案件事实的对接而释放其意义(规范目的)的制定法上的最小语言单位”。《逻辑学大词典》(2014年版)中把法律概念定义为“出现在法律规范中用以指称那些应由法律规范调整的对象或行为的法律专门术语”。李平、王建平、向朝阳编的《法理学导论》中对法律概念的界定是,对具有法律意义的现象和事实进行理性概括和抽象表达而形成的具有法律意义的权威性范畴或术语。对法律概念的理解因立场不同会有不同认识。根据法律运行的不同环节,在静态的立场上,法律概念是指对法律事实进行抽象概括后形成的权威性法学范畴;在动态立场上,法律概念是指通过司法操作而释放其意义的制定法上的最小语言单位。

法律概念的分类因标准的不同而异。

按照法律概念涉及的因素,可分为以下几种:主体概念,是指关于法律关系主体方面的概念,具体包括自然人、法人和其他社会组织;客体概念,是各种权利、义务所指向的对象的概念,如动产、不动产、标的等;关系概念,是关于法律关系主体间权利、义务关系的概念,如所有权、债权等;事实概念,是关于相关法律关系产生、变更、消灭方面的各种事件和行为的概念,如出生、死亡、正当防卫、紧急避险等;其他概念,其他上述概念不能穷尽的法律概念。

按照法律概念意义的确定性程度,可分为确定性概念与不确定性概念。确定性概念是指概念内容确定、无须对其含义进行进一步解释的概念;不确定性概念是指概念内容不明确,需要对其含义进行进一步解释和说明才能明确其含义的概念。在法律概念中,由于法律规范的价值属性,大多数法律概念都属于不确定性概念,它们的意义都需要在法律适用过程中通过解释才能明确。

按照法律概念涵盖面的大小,可分为一般法律概念与部门法律概念。一般法律概念是指适用于整个法律领域的概念。部门法律概念是指仅适用于某一法律领域的概念。

按照法律概念的内容,可分为描述性概念、规范性概念和论断式概念([德]英格博格·普珀:《法学思维小学堂——法律人的6堂思维训练课》,蔡圣伟译,北京大学出版社2011年版)。描述性概念是指不包含价值判断,仅仅是对对象进行客观描述的概念。其特征为,那些含有描述性概念并将之运用到某种情形上的语句有真伪(之别)。也就是说描述性概念是在描述事实。这些事实可能是自然事实,也可能是制度性事实。如自然人、死亡等。规范性概念,也称评价性概念,是指包含价值判断,其内容的确定需要通过人的主观价值判断才能最终确定的法律概念,如犯罪、刑事责任等。诊断式概念,是指基于某个事实的确认来认定另一个事实,或者如一般所称,另一个事实被诊断。譬如刑法上的罪责概念，对罪责的确定，通常都是基于一种推定（王建东、陈林林主编：《法理学》，浙江大学出版社 2008 年版）。在法律概念中，绝大多数概念都属于规范性概念。有些表面看来属于描述性概念的法律概念，其自身内容的确定，也需通过价值判断才能最终确定下来。如刑法中的“暴力”，尽管在表面上似乎是一个描述性概念，但对其含义的确定，却会由于解释者的价值立场不同而不同，因此应该属于规范性概念。

（吴丙新）

抽象概念

法律概念是法学思维的必要工具。法学家和法律家总是依凭法律概念进行观察和思考，他们面对的是一个由法律概念构成的、具有规范意义的世界。法律规范中有各种各样的法律概念。抽象概念是外部体系建构的基石。抽象概念是由具体概念依其“共性”而产生的，把具体概念的诸多个性排出，集中描述其共性，就会产生一个抽象性的概念。

抽象概念不是以所有的构成部分及其组合而成之“具体”来掌握感官认识的客体，即并非以其为独一无二的整体来理解，毋宁在掌握出现其中的个别特征或“要素”，确认一般的附加要素。由这些孤立的要素可以组成概念，只要具备定义该概念之全部要素的事物，均可涵摄于此概念下。借着省略若干要素可以形成抽象程度较高的概念，所有较下位的概念均可涵摄其下。基于抽象的思维所形成的“抽象的概念”在逻辑学上存在如下法则：

抽象概念的外延越宽，则内涵越少，如是，抽象概念抽象化程度越高，则其由法规范、法规范所产生的规整、法律制度所能采纳的意义内涵越少，即“概念的内涵和外延反比例法则”。被抽象化的不仅是该等生活现象中的诸多个别特征及与此等特征有关的规整部分，被忽略的还包括用以结合个别特征者，而此正是该生活事实的法律重要性及规整之意义脉络的基础所在。强调的始终是个别、彼此孤立的要素，它们不能单独穷尽探讨被指涉的生活类型、行为类型或法律上的意义脉络。在抽象概念的思考中没有“或多或少”，只有“非此即彼”。最抽象的概念只容许有两个——彼此处于矛盾对立关系的——下位概念，它们可构成一种概念对立的思维模式，如此才能保障抽象概念的圆满性。抽象的法律概念之存在并非为了理解法律现象，而是形成“预见性及涵摄可能性”，并据此形成与形式逻辑相关联的法律体系。至于选择何种要素定义抽象概念，则主要取决于该学术形成概念时预期追求的目的。

抽象概念与类型存在如下区别：（1）概念思维之特征为僵硬不动，呆板固定，类型思维之特征则至少有一部分是具有层级关系的。（2）类型是开放的，亦即在类型思维之适用上，其特征中之某一个别特征系可舍弃的，并非须绝对存在；反之，抽象概念则系封闭的，须具备该概念之所有特征才可适用。（3）抽象概念与类型概念在其对事实对象之归类程序上不同。前者只能以非此即彼方式将某一事物涵摄于该抽象概念之下；反之，后者则以或多或少是否具备的方式，将某事实归类于该类型下。（4）抽象概念适用于事实时，要求在概念特征上具有同一性；反之，将事实归类于某种类型时，则只需彼此相类似。（5）抽象概念可以被定义，透过“穷尽地列举”其欲描述之对象特征之方式为之；反之，类型则无法加以定义，只能借由具有不同归类强度之个别特征加以限定，因此仅具有单纯的可描述性。（6）抽象概念适用于如下的逻辑法则，概念特征之数目与概念范围成反比例，类型概念则不能适用此逻辑法则。（7）抽象概念乃一单纯之特征综合，特征之间彼此独立分离而无关联；反之，类型特征之间则在整体上彼此关联，系一种特征之间的有机组合。(8)因此,类型比抽象概念具体,且具有较高的认识价值。

抽象的法律概念具有如下方法论意义:第一,抽象的法律概念具有储藏价值的功能。概念的形成是在一定的目的或价值需要支配下形成的,不存在毫无目的或价值内涵的抽象概念。第二,抽象法律概念具有简化推理的功能。由于抽象概念具有储藏价值的功能,所以,法律概念能够体现法律的评价意义。这就为法律推理中的概念涵摄替代法律评价提供了基础。第三,抽象概念对于法教义学理论体系的建构具有积极意义。依形式逻辑的规则建构抽象的概念式的理论体系,向来被视为理论科学化、系统化的标志之一。第四,确保法律适用的一致性和稳定性。抽象的法律概念易于建构彼此间涵摄性的相互推导关系。没有这样的推导或涵摄关系,由法律概念所构成的法就在形式上失去了作为规范的条件和资格,而会变成没有限定,没有逻辑,没有意义整体,纯粹可作任意解释、矛盾解释的词语堆积体。

抽象概念对法律适用的影响,除了以上积极的功能之外,还存在以下几个方面的不足:第一,依据"抽象的概念"去认识法律现象时,"作为活生生秩序的现实的丰富性"或多或少会被忽视。抽象概念式的思考不足以掌握中间形式及"混合体",因其未能完全配合既有的模式。第二,以抽象概念为基础的概念涵摄未能正确反映法律适用的真实过程。基于抽象概念的司法三段论往往会不恰当地简化了法律适用的真实过程。第三,内在于形式逻辑体系的抽象的思维必然导致"意义的空洞化"和"中间项的排除"。抽象概念在逻辑上的局限性在于许多"中间阶段"和"混合形态"被忽视。"抽象的概念"及其形式逻辑学上的体系,不仅舍弃了丰富内容,而且无法正确把握法律现象的"核心意义"。第四,概念上被严格划分者,实际上常以各种方式相互结合,极端的抽象化经常切断意义关联,因其最高概念的空洞性,其常不能表达出根本的意义脉络,因此常导致荒谬的结论。

总之,对单纯化的法律建构而言,以形成抽象概念为基础的外部体系仅具有有限的价值,它算是第一个方针,如涵摄可行,其对之亦有一定的帮助;然而,就认识法的意义脉络而言,其助益有限,毋宁常发生阻碍的效果。

参考书目

1. 顾祝轩:《制造"拉伦茨"神话——德国法学方法论史》,法律出版社 2011 年版。
2. [德]卡尔·拉伦茨:《法学方法论》,陈爱娥译,商务印书馆 2003 年版。
3. 舒国滢:《法哲学沉思录》,北京大学出版社 2010 年版。
4. 吴从周:《论法学上之"类型"思维》,载《法理学论丛:纪念杨日然教授学术论文集》,台北,月旦出版社股份有限公司 1997 年版。

(吕玉赞　吴丙新)

具体概念

除了抽象概念,黑格尔还提出了具体概念。类型概念、须具体化的法律原则以及规定功能的概念均与黑格尔的具体概念具有一定的共通性。它们都同样关切意义脉络的掌握。"真正的一般性或共相"意指具体一般的概念,它表现在思想中的,并非被孤立思考的诸要素之结合,毋宁是有意义地彼此相关的"因素"之整体,唯以其相互的结构始能构成概念。在黑格尔具体概念的意义上,概念的各因素彼此不可分离,概念的每一因素只有从其他因素中,并且与其他因素合并观察,才能被掌握。

拉伦茨试图以黑格尔的"具体的概念"之逻辑结构去理解"法的意义关联"。拉伦茨强调黑格尔式的“具体的概念”,既是形成现实的“内在的原理”,也是“目的论”规范。从这种意义上说,拉伦茨不是在制造对象的外在形式的概念,而是经由理性思维认识内在于对象的作为形成原理的概念。围绕法学“具体的概念”的逻辑意义,即关于概念的“普遍性”与“具体性”,拉伦茨进行了如下分析:概念的“普遍性”无法从基于“具体的事物”抽象出来的特征中获得,而是通过“概念要素的运动过程”获得。概念的“具体性”只能从概念要素间的相互结合形态中把握。“概念要素的运动过程”呈现辩证法的形态,即通过“辩证法”的概念要素之扬弃,上升到更高级的层次;概念要素相互开放,并呈现“螺旋上升”的“圆环”结构。

拉伦茨从黑格尔的概念论中引出“具体的普遍”这一逻辑结构,将其应用在理解“法的意义关联”上面,并最终在法学领域提出了“具体的概念”。关于“具体的普遍”的逻辑结构在法学上的意义,拉伦茨指出,在形成法秩序时,当个别的法现象这一“特殊”出现时,必然要求作为意义统一的“普遍”。他认为,“普遍”与“特殊”之联结必须通过“具体的概念”。基于“具体的概念”而形成的体系是伴随法现实“偶然性”“矛盾”的法理念之体系,即作为“法哲学”的法学体系。在处置实在法层面上的法教义学体系时,“具体的普遍”的逻辑结构只能以对法现实具有开放性的“类型”被部分实现。换句话说,“类型”并没有以完全且纯粹的形态实现黑格尔概念论中的“具体的普遍”之逻辑结构。因此,“法哲学”和“法教义学”构成法学的内在要素。类型是无法从“特殊”中抽象出来的“相对的普遍”,在此种意义上,类型既是“普遍”的也是“特殊”的。类型无法以完全且纯粹的形态实现黑格尔概念论中“具体的普遍”之逻辑结构。

依据具体的普遍性的程度差异,拉伦茨区分了“具体的概念”和“类型”。前者在经过构成概念要素的“辩证法”之运动过程中,重新回归自我,并形成带有“自我完善的圆环”结构之封闭体系;后者对应于现象的多样性变化,形成具有持续移动之特征的“开放体系”。作为法教义学意义上的法学,至少作为一种技术上的辅助手段,尤其是记叙制定法“构成要件”的手段,拉伦茨认为,即便“抽象的概念”存在局限性,但依然发挥不可或缺的重要作用。既然在法教义学维度“类型”不能完全实现“具体的普遍”的逻辑结构,作为法哲学之方法概念的“具体的概念”必须以“类型”为媒介,同“抽象的概念”发生内在关联,并据此形成作为具体的统一体的法学体系。“抽象的概念”只有在同对应于自己的“具体的概念”相结合时,那些在形成“抽象的概念”过程中被简化的“丰富的意义内涵”才能被重新认识。拉伦茨称之为“概念的渗透性”。

因此,要想克服法教义学体系中存在的诸多矛盾,必须明确“具体的概念”与“抽象的概念”之间存在的此种内在关联性。这并不意味着法教义学体系仅由“抽象的概念”构成,它还包括“类型”这样的方法概念。由“类型”和“抽象的概念”组成的法教义学体系不仅同形式逻辑发生关联,而且因其同类型论发生关联,属于在面对新生的社会现象时随时可能被修正的“开放体系”。

参考书目

1. [德]卡尔·拉伦茨:《法学方法论》,陈爱娥译,商务印书馆2003年版。

2. 顾祝轩:《制造“拉伦茨”神话——德国法学方法论史》,法律出版社2011年版。

（吕玉赞）

分类概念

那种列出对此概念之实现而言系属必要且充分的要素。个别的要素可以是累积的必要,也可以是选择式的必要。在前一种情形，这些要素相互间是通过“及（并且）”连接的，即“连（并）言式定义”；在后一种情形，则是通过“或”来连接，即“选言式定义”（［德］英格博格·普珀：《法学思维小学堂——法律人的6堂思维训练课》，蔡圣伟译，北京大学出版社2011年版）。

（吴丙新）

罗马法的法律方法

罗马法的集大成者是从527年开始编纂，到565年完成的《民法大全》（*Corpus Juris Civilis*）。

公元前1世纪到公元3世纪是罗马法的黄金时代，这一时期罗马人发展出了一套较完备和灵活的法律诉讼体系，即在每个典型案例特殊情况的审理中得出适当解决方案的法律方法。这种法律方法是在裁判官的主导下产生的，其目的是对古老的市民法进行修订。古代的市民法无法适应当时罗马的新形势，显得刻板和僵化，罗马人起初凭借司法官的权力，向争议双方发布命令以改变实际情况，废除不受欢迎的法规，或者引入更符合案例之实质正义的法规。

大约从公元前149年开始，裁判官可以创设法律未作规定的新诉讼，每种诉讼在于一种程式，这就是著名的程式诉讼。所谓程式，即审理事实及其法律意义的程序。从此，不是法律，而是每种情况特别的程式对所审理的案件作出裁决。如此，也就发展出了罗马法的一种特别的法律渊源，即裁判官的司法见解，在130年编定的《永久告示》（*Edicum perpetuum*）便是各种诉讼程序的汇编。

程式诉讼是罗马法在法律方法上的重要特征，在这种诉讼中，法赢得了一种个案的特征，它促进了对每一具体案件之公正性的精细审理。除此之外，案例的解决方式极富创造性，法律丝毫不束缚司法观念的创意，他们享有充分的自由，对每种情况的特殊解决方案作出设想，因此，在罗马法时代，法学家享有极大的尊荣，出现了大量的法学界的文献作品。因为法学家是在诉讼各方和裁判官本人之间做咨询的法律活动，研究并讨论实际或假想案件之最佳解决方案，他们自命为分辨正义与非正义的技术专家，深谙法的实践技艺，从公元前130年到公元230年，法学家们创造出了多达上万页的咨询、意见、案例之解决、法规、有关裁判告示的述评。

从总体上看，在罗马法的时代，法律人使用了一种面对待决案件，特别是针对案件中的疑难法律问题的“诀疑术”的法律方法，依赖于裁决者和法学家的司法鉴别力，从而对个案争议事实之精致平衡进行评价，并根据某一具体案例和它所提供的各种线索和可能的解决办法找寻可以适用于该案件的法律规定，而不是像后来时代的法律人那样，将成文规范直接适用于具体案件。

参考书目

舒国滢：《罗马法学成长中的方法论因素》，载《比较法研究》2003年第1期。

（黄　涛）

教会法的法律方法

所谓教会法，通常是指基督教会的法。在使徒时代，人们相信，在上帝真言、基督教诲和兄弟之爱的基础上，不仅可以解决教会内部纪律的问题，而且可以解决信徒之间关系的问题，这就使基督教在其开头的三个世纪中，在实践中并不存在法律和司法工具的问题。君士坦丁皇帝于313年发布有关信仰自由的许可令，使教皇和主教可以公开地对其信徒行使司法管辖权。从5世纪开始，罗马帝国及后来的世俗权力，都承认教会的司法特权，赋予它对僧侣的特别司法管辖权。至10世纪，教会攫取了所有有关圣礼特别是婚姻的司法权。476年西罗马帝国的覆灭和日耳曼人的入侵使教会的司法权力进一步扩张，不仅在文化上占据了优势，更重要的是在政治和法律上，获得了凌驾于国王之上并监护世俗政治组织的权威。教会在体制上的扩张要求它建立比初期更为复杂的法律体系，于是逐渐产生了一个庞大的教会法体系。

教会法有如下几种法律渊源：其一，公教会议、地区性宗教会议、省区会议或教区会议，所有基督教世界或一个地区、省份或教区的主教的大会。每个教区还可以颁布教区法或章程，由地区性宗教会议通过。其二，教皇的决定。教皇颁布法令或教皇法，又称为通谕、敕令或简令。

教会法的编纂早在6－8世纪就已开始，最初是由私人来主导完成的。教会法编纂的最伟大成果是12世纪由波伦那大学的格拉西安修士（Graciano）完成的，这是教会法编纂上的巅峰，迄今仍然是教会法的宝库，这部法典最初题名为《典律大全》（Concordantia discordantium canonum，1140年），后来以《格拉西安法令》（Decretum Gratiani）闻名。这部法典汇编了4000份法律文本，内容从教会神父的行止到宗教会议的戒律，按照内容不同做出分类，并且做了简短的评注或仅做简要概括。《格拉西安法令》同13、14世纪在教皇的主导下完成的几次重要的法典编纂成果一起，产生了后世著名的《教会法大全》（Corpus iuris cannonici）。

教会法的法律方法主要体现在法律论证方面，即诉诸权威的论证方法上面。这是中世纪教会法在法律方法方面的首要特征，世俗君主颁布的法律并非严格意义上的法律，不能够体现正义和公正的决定性。正义先于一切实定法，铭刻在上帝所规定的秩序中，尽管对于上帝本人是否也必须服从这种正义的秩序有所争论，但可以肯定的是，上帝的神圣诫命是权威的法律来源，与此同时，教会乃至著名的教会法学家对上帝诫命的解释，也是法律的有效渊源。尽管在中世纪教会法学中，注释法学派和评注法学派发展出了更为具体、丰富的法律方法。但是，这一诉诸权威的论证却是中世纪教会法在法律方法方面最为根本性的特征。

（黄　涛）

注释法学派的法律方法

注释法学派源于12世纪上半叶伊内留斯（Irnerius）在波伦那城对于查士丁尼法典的讲授，其授课的最为显著的特点就是忠于查士丁尼法典的文本和分析性。起初其弟子遍布意大利，后来传到法国。在法国经院哲学的影响下，产生了第一批综合性的成果，集大成者是1240年前后的阿库修斯（约1180－1260年），阿库修斯将这个学派的理论成果做出了总结，撰写了名著《注释大全》（Magna Glossa）（后世所谓的阿库修斯注释或标准注释）以及《常规注释》（Glosa Ordinaria）。

注释法学派的最突出而富有原创性的特征是，对查士丁尼法律文本的忠实和法律科学解读过程中的分析性质。更为具体地说，这个学派认为法学家的工作应该是一种小心翼翼而又谦卑恭敬的注解，其目的在于澄清语句的含义，并且得出这些语句所蕴含的真正意思。此外，认为注释只能以侧重于分析的模式来进行。换言之，法学家所做的乃是对于每篇法律文本的独立分析，这种分析是在阅读过程中完成的，可以采取在各行之间进行注释的方式，也可以采取边注的方式，或者是采取一种更加完备的评注的方式，而不必关心作为分析对象的各个文本之间的逻辑关系。

从总体上讲,这个学派的工作主要是理论性的,其目的在于分析查士丁尼法典,其方法因此是以分析为主的方法,并且它是在解读法典文本的过程中来实现这种分析的,在此过程中,无须关注所分析的各种法律文本之间的关系。因此,这是一种纯粹的解释活动,它尊崇和全盘接受权威,因此,这个学派对法学的实践并无根本意义上的冲击,其目的仅仅是要展示查士丁尼这个经典的法律文本的合理性,以便讲授,而非为了将那个时代的法律变成人们在日常生活中可以运用的东西。因此,这个学派就与当时的法律生活保持着一定距离,他们所做的仅仅是专心致力于注解罗马法。

但尽管如此,这个学派在法律方法上的重要特点却影响了当时的司法实践,首先,注释法学家的两个主要特点必将反映在司法过程中,对于裁判官适用法律产生积极的影响,这些特点反映在司法过程中,就是裁判官更注重法律文本的字面含义,而不是从法的内在目的和精神出发运用法律。其次,由于他们专注于法律文本,因此,很难使他们承认与成文法不一致的习惯法是在司法活动中有效的法律渊源,从而造成了成文法与习惯法之间的紧张。

但也要注意到,尽管注释是这个法学派的基本工作方式,但是在其分析性的阅读过程中,必然要涉及对学说性法规进行规范化处理,必然要涉及对相互抵触和矛盾的法律问题进行讨论,这就意味着,他们其实已经开始涉及法律条文的综合和体系化。

(黄　涛)

评注法学派的法律方法

评注法学派又被称为后注释学派(post - glosadores)。创始人为比斯托亚(Cino de Pistoia, 1270 - 1336 年),但此派最有影响的人物是贝鲁吉亚人萨索费拉托(Bàrtolo de Sassoferrato, 1314 - 1357 年),他在西方法律传统中的影响一直持续到 18 世纪。这是一个庞大的法学家群体,群星璀璨,人才辈出,他们首次致力于法律实体(罗马法、教会法、封建法和诸城市章程)的研究,受实践性目的的指引,力图将旧的法律规范同新型城市法统一起来。评注学派的活动和学识对于欧洲法律、政治和社会生活产生了巨大冲击,在它的方法的影响下,产生了法学家阶层,这个阶层诉诸理性技艺解决不同的社会问题,从此,法律人在欧洲的政治和社会平衡中扮演了中心的角色。

评注学派的产生与 13、14 世纪的城市生活和贸易生活的蓬勃兴旺有关。城市生活以及贸易生活的蓬勃发展打破了正规法学家和法律学者的垄断,各个城市的法律开始受到重视。如果说大学里的法学家接受以永恒性的渊源为依据的共同法的恒定性的话,那么,诸城市章程则着重强调生活和权利之源的重要性。这样就产生了一个要求,这就是如何将意大利诸城市的个别法之新的法律原则引入到当时的以罗马法为核心的共同法之中。如何协调旧法和新法之间的矛盾,将它们整合成为一个系统化的有机体,是评注学派面临的根本任务。

评注学派在思想上深受 12 世纪的经院哲学革命的影响,经院哲学革命的发生同亚里士多德有关逻辑的论著的重新发现有着密切的关系。发现亚里士多德和对亚里士多德哲学思想的研究,恢复了人们对理性的信念,人们逐渐认识到圣经文本根本不足以解释所有社会和文化面的新问题。尽管在神学领域,理性的作用仍然受到怀疑,但是在法学、伦理学、哲学和自然科学领域,开始出现了对于知识的自由探索。这一时期的理性主要是由以亚里士多德为代表的古典作家根据正确思维的规则和逻辑谨慎地制定出来的。评注学派所奉行的正是源自亚里士多德的逻辑方法，它要根据这种方法系统地整理当时所面临的新旧法律体系，这也是这个学派在根本上不同于注释法学派的地方，在注释法学派所处的时期，还缺乏这样一种逻辑工具引导他们注意到法律条文之间的体系性的关联。

评注学派的法律方法主要体现在法律解释方面，由于评注法学派面对的主要问题是如何将旧法和新法协调起来，因此，在法律解释方面，主要目的就不是解释法律文本，而是要从法律文本出发获取一种同新的社会现实相互结合的法律规范。因此，评注的目的就不是探究法律文本的历史意义，而是要探究其理性的法律的含义，要从法律的字里行间发现实践中和当时的文化中的主要的法律原理。这种解释方法具体体现在，第一，精神的解释方法。相对法律文本，评注法学派更重视法律的精神，这种更重视法律的精神的解释方法，在遇到彼此冲突的法律文本时，成为唯一的解决困难的方法。第二，逻辑的解释方法。这种解释方法立足于文本，认为文本是表达作者观念的手段，考虑到这样的观念也会在法律文本的其他地方出现，因此，文本只能在上下文的整体关系中得到理解。只有把握了这种整体关系，才可以说把握了立法者的观念。更具体地说，这种逻辑性的解释方法是通过对亚里士多德—经院哲学的辩证法的研习中获得的，并且，最初是运用于《圣经》解释。其形式主要是一套三段论。正是在逻辑性的解释方法的作用下，法律学说构成了一套严格的法律概念体系。第三，论题学的方法。重视《圣经》以及教会在教会法方面的权威性，不意味着要完全根据《圣经》条文来做出解释，依据条文来进行决断。

相反，论题学的方法对知识体系某个科目中的问题所给出的解决方案是否会构成一个无矛盾的逻辑整体或者体系并不关心。与其操心对问题的解决方案是否能够完美地纳入逻辑系统的统一体之中，不如去关注这些方案对所要回答的问题的具体情况的适宜性。因此，理论教学和理论解说本身并不表现为具有一种极其清晰的逻辑建构的系统性安排的展示形式，而是表现为各种相互矛盾的问题的解决方案的汇集。这就意味着，法就不再只是在权威性法律渊源中形成的规则，而是通过研究特殊而精确的技艺得到的东西，这种法律思维就赋予了论证与个案研究以一种重要的角色。

从总体上看，评注法学派的法律方法体现如下，首先是设置一种与法律“文词”对立的法律的“精神”，其次是在法律规范的背景下探究每一篇法律文本的含义，并找寻这种背景传达出来的原理，接下来是对照各种法律文本，寻找逻辑联系。在此广泛地运用了亚里士多德和经院哲学中的逻辑学概念，例如种、属、分殊、作用因和目的因等概念。如果整个法律文本看不出这种概念分析，就引用前人的学术活动成果进行分析。更具体地说，分如下步骤：(1)对所考察的文本做文字上的初步解释。(2)将文本分解成逻辑性段落。借助种、属等辩证概念，给每个段落下定义并找出逻辑关联。(3)在逻辑分析的基础上，对文本重新进行系统整理。(4)说明平行性案例、例证和先前法律的情况。(5)完整阅读文本，也就是说，在逻辑和制度的背景下对文本进行解读。(6)指出文本的性质、特点、存在的原因和目的。(7)指出一般性格言和著名法学家的意见。(8)对提出的解释做出反诘，指出相关法律问题的意见的辩证性，并广泛使用亚里士多德—经院哲学的辩证工具对问题作出解答。这种论述方法后来被学者们概括为“预读”“分解”“综括”“个案化解释”“审阅”“论原因”“考辨”“辩诘”。

（黄　涛）

人文法学派的法律方法

人文法学派,又称法国法学派,主要是指15世纪末到16世纪深受文艺复兴时期文化思潮影响的法学家群体。这一学派受文艺复兴对古代经典之偏好的影响,从一开始就强调文献学的编纂,他们以自己所擅长的文字学、语言学、文献学和历史学等方面的知识鉴别古典文献的真伪,投身于复原古代经典作家们的确切文本,反映在法学研究中,是对当时法学家所依据的《民法大全》和《学说汇纂》这些经典的法学文献的真实性和可靠性产生了质疑,并根据自己的专长对这些文献进行校勘。

人文法学派是在评注法学派走向衰微之际出现的一种法学流派。不同于评注法学家将主要的精力放在对罗马法文本的解释方面,人文法学派从哲学和历史的角度出发阐释罗马法,明确或隐晦地否定它们具有现行法的效力,从而将罗马法还原为纯粹的法典,将罗马法的研究变成为一种历史、文学和理论方面的活动。其主要成果是促使了一系列经过严格考订过的罗马法法律文本的出版。

在法律方法方面,人文法学派的最值得注意的成果是充分利用当时柏拉图主义的启示,试图以一种理性主义的和系统化的方式来展示罗马法的原貌,致力于将罗马法系统化和简化为适应时代世界观的三两条理性原则。人文法学派在法律方法方面的最突出的特色因此就是强调少数的原理和自然法,宣称"正义的本性是不由人的意志所左右的,而是遵从自然的法则",在一系列的法律原则中,他们尤其推崇"不损害任何人"的原则和"信守契约"的原则。在这种法律方法的推动下,产生了第二次重建罗马法的运动,也就是采取理性主义的方法来整理罗马法。由于宗教战争的结束以及法国对胡格诺派新教徒的迫害,法国人文法学家逃到荷兰和德国。

(黄　涛)

《学说汇纂》现代应用学派的法律方法

在17-18世纪盛行罗马法的欧洲国家得到广泛适用的一种法律方法,在法律史中,这个学派又被简称为"现代应用学派"。

一直以来这一学派并不受学术界重视。这个学派以德国为中心,出现了一大批当时著名的法学家,例如卡普佐夫(B. Carpzov,1595-1666年)、斯图沃(G. A. Stuve,1619-1692年)等。这个学派的核心观点是罗马法的"实践继受"的概念,认为罗马法已经在一种实际应用的过程中,逐渐地被新兴的王国吸收和继承,因此具有和当时的主权国家的法律同等有效的地位。

不同于人文法学家对罗马法现实效用的否定,现代应用学派主张,罗马法仍然具有在现实法律生活中的有效性。在法律方法方面,这一派法律思想主张法律的历史解释,即对制度的历史由来进行清晰地把握和探究,这一历史研究带有法律实践的目的,即搞清楚哪些罗马法仍然有效,继受了一些什么样的罗马法。这一法学思想流派也主张,国家法、法律风格与审判实践乃至地方性习惯和规章都是法学研究的对象,重视习惯法和地方规章在法律实践中的作用。在这一法学思想流派的推动下,包含在大量司法见解(判决、裁决、实践)中的裁断标准也构成了"有效的法律"。

(黄　涛)

古典自然法的法律方法

古典自然法是一种古老的法学思想，这就是认为法源于自然，是某种永恒的和不变的东西。这一学说早在亚里士多德那里就有萌芽，亚里士多德在《政治学》和《尼各马可伦理学》中都表述过有关自然正当的思想，但自然法与法学思想的结合是出现在斯多葛学派笔下，在西塞罗等古罗马思想家的影响下，自然法的学说开始影响古代罗马法。

自然法的相对系统化的表述出现在托马斯·阿奎那的笔下。在阿奎那的法律体系中，自然法开始获得了独立于神法的地位，并且对人法具有强有力的指导作用。具体来说，在阿奎那看来，对自然秩序的发现不是源自神圣理念的直接观照，也不是源自一种抽象的探究，而是源自一种对事实的观察，是我们的经验的有限的却不完善的结果。但在阿奎那看来，古典自然法尚未形成一套确定的法律方法，一个重要的原因是，阿奎那认为，人类事物在本质上具有可变性，人无法找到永恒的正义原理，因此，也就无法建立一种制定出永恒规则的自然法学。

阿奎那有关自然法的基本观点在16、17世纪的西班牙经院哲学中得到了复兴，在这一时期著名的哲学家和法律思想家笔下，可以看到有关自然法的论述，其集大成者是苏亚雷兹(Francisco Suarez，1548－1617年)，在西班牙的萨拉曼卡学派思想家那里，古典自然法获得了比较详尽而具体的法学含义。也就是从这个时期开始，自然法开始进入到法学家的论述和司法实践之中。

从法律方法角度看，古典自然法具有如下特征：第一，自然法成为世俗社会的法，而脱离了它在之前的神性基础。即便上帝不存在，自然法也享有自身独立的地位，具有普遍的有效性。第二，自然法是可以通过人类的理性来解释和发现的。通过理性的和唯名论的逻辑方法可以发现法。苏亚雷兹在古典自然法中首次宣称可以通过法的理性原理推导出内容上精确的、永恒不变的法律规定。而西班牙萨拉曼卡学派的维多利亚、塞尔登等人也由此出发，发展出了现代早期国际法的基本原则。从这个角度看，古典自然法的法律方法已经十分接近于近代的理性法的法律方法。但从总体上讲，16、17世纪的早期自然法学仍然受制于中世纪的经院哲学和神学传统，在论述方式上大量援引古代希腊、罗马时代的文献。

（黄　涛）

理性法时代的法律方法

所谓的“理性法的时代”，是指欧洲早期启蒙思想家引领法学思想的时代。在笛卡尔哲学的影响下，哲学、政治学和法学、伦理学走上了科学的道路，具体来说，想要在这些领域中寻求一种数学般的精确性和坚实性，就是从少数的几条核心的不证自明的定理出发，从中演绎推导出其他的定理，从而构建起科学的大厦。在这一思想的影响之下，西欧的法哲学被赋予了崭新的面貌，法学家们逐渐相信，通过人类理性的艰苦研究，能发现法律的第一原理，并且存在通过演绎推理扩展这些原理的可能性，这种观点直接影响了大部分欧洲国家的法学、立法和司法。这一时期，在整个欧洲出现了理性法时代的主要代表人物，其中最有影响力的是格老秀斯、霍布斯、斯宾诺莎和普芬道夫等人。

在这一时期，哲学摆脱了中世纪神学的束缚，人们开始运用自身的理性来认识自然世界和人类世界的规律，尤其是自笛卡尔开始，人们开始试图用数学的方式建构人类经验的体系，这种将人类经验进行理性的体系性把握的方式，深刻地影响了这一时期的法律思想，所谓的理性法时代,主要指从理性思辨的角度出发,而不是从神的预先设计出发,寻找有关法的规律和道理,在理性法的视野之下,人不再是一种事先被规划好的,依据神的形象被永恒规定的生物,而是一种自然生物,人类不过是受自然法则支配的世界的一个要素。

理性法时代的法律方法主要具有如下几个方面的特征:

第一,在法律推理的过程中,重视个体的权利,重视对人的宽容,传统法律体系中的刑讯以及酷刑等逐渐被废除。这一自然权利的原理逐渐成为一切理性法体系的共同特征和必须遵守的一般原则。

第二,理性法的一般性原理在国际法领域非常明显。正是在这一时期,理性法的直接适用产生了现代早期的国际法。

第三,对于法律体系的认识越来越体系化和数学化,比如说普芬道夫就拟定了一个普遍自然法的体系,莱布尼茨和沃尔夫等人进一步将这个体系精致化,最终这个体系被后来的实证法学所采用,法学由此成为一个概念体系,有其内在的逻辑结构。这一点对后世专业化法学的诞生有着非常重要的影响。

第四,理性法体系的一个突出的特征在于强调法律论证,那些经过理性所发现的支配人类生活的法则成为论证法规范的方法。实际上,我们也看到,也正是在这一时期,在法律方法方面,杰出的意大利思想家维柯开创了现代法律论证的先河。

（黄　涛）

历史法学派的法律方法

历史法学派是19世纪上半期在德语法学中流行的一个法律思想流派,一般认为,历史法学派最早是由胡果(Gustav Hugo,1764－1844年)创立的,其杰出的代表人物是萨维尼和艾希霍恩(K. Fr. Erchhorn)。萨维尼的《论立法与法学的当代使命》成为历史法学派的纲领性文献,在这部小册子中,萨维尼提出了“法是民族精神的表征”这一著名的历史法学派的基本观点。用德国法学家维亚克尔的话总结来说,“历史法学在法律的历史中发现了自身民族之历史性;历史法学先是从法律的各种意涵来发现民族精神,之后则认定法乃是后者的产物”。

历史法学对于法的历史性的反思,为法学引进了一种全新的研究方法,这就是反对之前的法学思想中盛行的自然法,认为实体性的民族精神制约着法律的向前发展与完善。这一对于法的历史性的反思,受到了19世纪历史哲学发展的影响,在以赫尔德为代表的哲学家的影响下,历史不再被视为简单的事件的堆积,而被理解为造物主的教育计划,被理解为一个拥有内在目的和计划的过程。

从法律思想史上讲,比较系统的法律方法的探索是自历史法学派开始的。历史法学派的开创性人物萨维尼就提出系统的法律方法,萨维尼的法学方法主要由三个原则构成,第一个原则认为法学是一门历史性的科学。具体来说,法是历史地、客观地形成的,而不是由任何人基于其意志任意创造出来的。第二个原则认为法学是一门哲学性的科学。这一原则最为集中地体现了萨维尼的体系化的方法论取向,第三个原则认为法学是历史性科学与哲学性科学的结合。这三个原则是萨维尼的法学方法的灵魂。

萨维尼在法学方法论方面最为杰出的贡献就在于他强调要把对法的语文性研究、法的历史性研究和法的体系性研究结合起来。这种结合最集中地体现在他的法律解释理论中,从而为后世法律方法的研究奠定了基础。在萨维尼看来,法律解释具有四个要素:逻辑的、语法的、历史的和体系的解释,这一著名的法律解释理论出现在他的名作《当代罗马法体系》(1840－1848 年)中。萨维尼一方面区分了四种解释的不同特征,另一方面又强调绝不能将这四种解释隔离开来。

(黄　涛)

概念法学的法律方法

概念法学(Begriffsjurisprudenz)是出现在 19 世纪下半期的德国著名法学思想流派。这个词最早是由德国著名法学家耶林(Roudof von Jhering,1818－1892 年)发明的,其主要代表是普赫塔、耶林和拉班德等德国法学家,影响十分广泛。

概念法学以实证主义的法律观为基础,主张从法律体系、概念和定理中推论出法条及其适用,认为外在于法律的那些东西,例如宗教、社会或学术的评价和目的,都不具有创造或者改变法律的力量。这一派的法学思想在法律方法上提出了如下重要主张,第一,现有的法律秩序始终是一个由制度与法条组成的封闭体系,独立于生活关系的社会现实。第二,整个法律体系是封闭的,具有无漏洞性,认为可以通过概念逻辑一贯地填补实定法的漏洞。第三,主张法律概念不仅具有一切时代都承认的体系性、教育性,并且具有在语义学上进行整理归类的价值,而且能够像数学符号一样得到理解。第四,在论证方法上,主张只需要通过逻辑操作就能对所有待决案件作出正确的裁判。更具体来说,是将案件事实涵摄在一般的法律概念和规定之下。

在概念法学的影响之下,在德国出现了以温德沙伊德(Windscheid)为代表的学说汇纂学派,这是流行于 19 世纪下半期德国民法理论中的一个著名学派,学说汇纂学派的名称因温德沙伊德的代表作《学说汇编》得名。学说汇纂学派的最为重要的贡献就是确保了法释义学、法律课程和学术性裁判的统一性。

(黄　涛)

自由法学的法律方法

自由法学是指 19 世纪末至 20 世纪初在德国和法国兴起的一股反概念法学的法律思想运动,其主要内容是针对司法界偏重形式合理性、逻辑至上主义的倾向,强调法官可以通过自由裁量,用生活中的"活法"来进行裁判。"自由法运动"这一口号最早由德国法学家坎特洛维奇(Kantorowicz,1877－1940 年)提出。自由法学派主张制定法存在"漏洞",因此,法官应该去寻找生活中的自由法(freies Recht)或者活法,来补充制定法的缺陷。这一运动具有代表性的人物还有德国法学家埃利希和法国法学家惹尼等。

自由法学在法律方法上主要有如下贡献:第一,针对概念法学提出的关于法律适用的"涵摄模式",自由法学从心理学的角度出发进行了剖析和批判,主张判决不是单纯在大前提和小前提之间实施涵摄而被推导出来的,相反,在法律适用的过程中,法律规范之外的因素会进入到判决之中。第二,在法律解释方面,主张法学要适合于实际生活,因此强调要探寻现阶段制定法本身的理性意义,而不太重视立法者的意思。第三,彻底打破概念法学认为法律无欠缺性的神话,而主张法官可以超越制定法,有权填补制定法存在的"漏洞"。第四,在法律渊源方面,主张国家法并不占据权威地位,而国家制定法之外,存在作为社会内部秩序的"活法"(埃利希)和“自由法”,从而将法学与社会学等学科的关系引入法学研究的视野,产生了后世所谓的“社会学法学”。

(黄　涛)

利益法学的法律方法

利益法学(Interessenjurisprudenz),也称“图宾根学派”。这一学派的代表人物是赫克(又译海克,Philipp von Heck,1858－1943年),同时还有卢梅林(Max Rümelin,1861－1931年)、施托尔(Heinrich Stoll,1891－1937年)等(三人都任教于图宾根大学)。“利益法学”一词最早出现在赫克于1905年12月15日发表在《德国法律人报》(Deutsche Juristenzeitung)的一篇题为《利益法学与法律忠诚》(Interessenjursiprudenz und Gesetzestreue)的短文中,在这篇短文中明确提出了利益法学的基本主张,即认为“法条并不是从共同体的意识中、根据法律建构发展出来而成的观念产生的,而是从利益冲突的决断中产生出来的,法条是依据法律共同体中对当事人所赋予之价值而被作成决断的”。

利益法学认为概念法学忽视了生活的正确性(lebensrichtigkeit der Entsecheidung),因此对于概念法学的法律方法展开了强烈的批判,具体体现在,它批判概念法学试图通过法律体系从上位概念因果地演绎推导出下位概念的方法,认为这种推理方法颠倒了法条与综合得出的概念之间的关系。此外,在利益法学看来,概念法学试图通过构建概念和分解概念推导出法律效力的法律推理方法也是失败的。不仅如此,利益法学还主张,由于存在立法者事先未能给予考虑的新的利益纠葛,因此法律必然会存在漏洞,因此,概念法学所主张的法律体系的圆满性不过是个神话而已。但是,在面对法律漏洞的时候,它又不同于自由法学派,其并不主张可以任意地揭示法律,而主张法律解释应该受到立法者历史上的意思的限制。

利益法学派的法律方法主要体现在如下方面:第一,利益的冲突和衡量。在利益法学派的主张者看来,立法者要努力满足现实生活中的诸多利益追求,但是在这些不同的利益之间存在冲突,因此,法官的任务就是要正确认识制定法中存在的实质利益,在不同的利益之间确定应该受到共同体保护的“决定性利益”,从而权威性地、终局性地裁决利益冲突。第二,法律解释中的“历史上立法者的意思”。法官在解释法律的过程中,首先必须发现规范中包含的立法者的利益决断,然后再将这种利益判断运用于事实上的利益冲突之中。而要想发现立法者的利益决断,往往必须深入到历史上立法者的意图之中去。第三,法官应受制定法的拘束。利益法学认为,法官和立法者一样,也必须界定生活中的相互对立的利益,但在此过程中,法官不可以随意地进行界定和解释,而应该受制定法价值判断的拘束,要积极正确地探知制定法内在的价值判断,沿着立法者的内在理路来解决各种利益之间的冲突。并且,在漏洞填补的过程中,法官也要受到制定法表达出来的价值判断的拘束,而不能超出制定法的“内在体系”。

(黄　涛)

价值法学的法律方法

价值法学,又译“评价法学”,这是20世纪下半期在德国流行的一个法学方法流派,以魏特曼(Westermann,1909－1986年)、拉伦茨、科殷和齐佩利乌斯为代表。最早从利益法学的利益分析转向价值法学的是魏特曼。1960年,拉伦茨在《法学方法论》中首次提出了“从利益法学到价值法学”的著名命题,针对利益法学展开了著名的批判,他认为:第一,利益法学并没有将评价标准和评价对象做明确的区分。第二,利益法学缺乏对客观价值与秩序观念的探讨。第三,利益法学缺乏对制定法外的评价基础的强调。在拉伦茨看来,利益法学存在的根本问题是,具有决定性的价值以何种方式赋予法官以及立法者,如何使他们获得具体的评价标准,正是这一对评价标准的关切导致了价值法学的兴起。

自此之后,价值法学逐渐发展成为德国法学方法的主流。价值法学的观念是,在法律判断的过程中,重要的不是立法者的优先利益,而是立法者做出的利益评价。体现在法律方法论上,即认为法律适用的形式为逻辑三段论法,其实质则为评价,也就是对其前提(包括作为大前提的法律规范和作为小前提的案件事实)做出必要的判断。在此,评价是指探究法律规定所蕴含的利益衡量和价值判断,并以宪法上的基本权利和价值体系作为最高准据。价值法学在20世纪下半叶的法律方法理论中有比较大的影响,在有关法律解释理论、法律漏洞理论和法律续造理论方面,价值法学都提出了许多非常具有启发的理论。

价值法学内部各位法律思想家之间也存在分歧,例如,魏特曼在法律解释理论方面主张,价值法学的评价来源应该局限于制定法或宪法之内,而在拉伦茨看来,法官实施价值判断不仅要考虑实定法包含的立法者的评价标准,而且要考虑对整体法律秩序有效的客观的法律目的和原则。1956年,法学家埃塞尔(Josef Esser,1910－1999年)发表了《私法中法官造法的原则与规则》一文,这是大陆法系法学家首次提出“原则与规则”的二元论区分。这里的原则已经超越了制定法范畴,指向一种“先于实证的法律伦理原则与普遍的确信”。科殷则认为,价值法学用于评价的规范,不是利益或者功利,而是正义的价值、人的尊严、自由和平等价值。

(黄 涛)

实证主义法学的方法论

所谓的实证主义是指通过对事情的经验观察,建立起逻辑的尤其是因果关系,并运用这种因果关系模式分析和解决问题,这本是自然科学领域中广泛适用的方法,但这一科学方法同样也在社会科学的领域得到了运用。实证主义在社会科学领域中的广泛运用最初是由哲学家孔德(Comte)提出来的。这种实证主义一方面反对抽象的道德和哲学教导,将其作为抽象的价值判断而加以拒绝,而将法律视为一种与价值无涉的社会现象,另一方面主张应该对经验事实进行逻辑的和因果的分析。

实证主义的哲学方法一旦进入法学领域,必然会导致将法视为纯粹的事实现象,将法学视为事实科学,其方法即表现为对法学的现象和事实进行逻辑的和因果的分析,具体来说,法要么被当成是一个完全独立自洽的,有着自身逻辑的规则体系,这就是法律实证主义的基本的方法论,要么是根据其社会、经济乃至心理的原因来加以说明,从因果关系的角度出发来描述法律的起源、运作机制和对法律的效果进行评估。

从某种意义上讲,19世纪下半叶法学进入实证主义时代,概念法学、利益法学都受到了实证主义方法的影响,20世纪以来的法学是实证主义方法占据支配地位的时代,在其影响下,产生了20世纪的诸多法学流派,例如法律实证主义、社会学法学、人类学法学等。

在实证主义科学的影响下,法律方法一方面确立了传统的法律推理所强调的法的确定性,主张对于法律的概念的严格界定,从而确立以三段论为核心的法律推理;另一方面,随着社会学、经济学和心理学等方法引入,又出现了一种质疑传统的三段论推理的思潮,认为传统的三段论推理完全不适用于法律,用于推理的法律概念、法律原则都具有不确定性。主张法律的确定性不是来自法律内部,而是来自法律之外的经济学、社会学乃至心理学等事实对法律的制约,因而为其他学科进入法学领域大开方便之门。此外,在法律解释方面,强调目的解释,主张要以社会的整体利益和立法者设定的目的来对法律进行解释。

实证主义科学的影响一方面繁荣了法学,另一方面也给法学的发展带来了巨大的危害,首先,这种方法将法律视为一种与价值无涉的现象,将其视为既存的规则体系,会使法学忽视对正义的追求,缺乏反思和批判的能力。其次,将法律解释为立法者目的的实现,又从社会心理的角度来界定目的,这就使立法和法律的裁判有流于主观的危险。

（黄　涛）

制定法的约束力

司法方法上的制定法约束力不是通常理解的制定法的适用范围,而是在司法裁判中对法官行为的约束。在严格的分权理论中,制定法律是立法者的任务,法官从制定法中推导出其法律判决,根据立法者制定的规范对案件进行推论。制定法不仅为社会生活提供包揽一切的行为指南,而且也是法官裁判的唯一依据,严格约束着法官行为。自从制定法不再被视为完美无缺的规则体系之后,法官在司法裁判中的独立性就体现了出来。法官的任务不再是绝对地服从法律,而是要将制定法创造性地适用于当前的案件,也即当制定法不能给出明确的指示时,法官就要进行法律解释、漏洞补充、法律续造等创造性的活动。

制定法规范模糊甚至沉默时,法官行为仍然受到制定法的约束。制定法约束法官的目标,可以从两个方面来理解:其一,约束法官,保证司法裁判的可预见性。一方面允许详细预测判决结果,相关人能较早地对法官行为作好准备;另一方面,增强制定法规范对社会可期待的作用。一般而言,愈是可精确地预计行为后果,则愈是可能持续地决定着行为人可能的选择。其二,法官受制定法规范的约束,是对这个裁判进行事后审查的前提,这个标准将不仅仅通过判决本身而建立有效性,还将通过法律教义学和法官法对法官约束的理解得以实现。

在法律教义学上,制定法仍然是法官裁判的正当性基础,法官裁判行为的正当性的条件之一,是与制定法保持一致。即使制定法规范不能总是给出明确的指示,法官仍是可以根据固定的解释规则从制定法的文本中找出相应的案件处理规范。教义学通过从制定法对法官的约束性中推导出法官的自由,即根据法律文本解释法律的自由,法官裁判的合法性基础也相应地被理解成“合制定法”。

在承认制定法存在漏洞的前提下,制定法对法官的约束力进一步放松。在具体的案件中,法官甚至可以不受制定法原来计划、目的的限制,而是像立法者一样在整体法秩序的基本原则范围内来创造裁判规范。此时,实际起作用的约束因素不是制定法,而是法官法,它们包括在法官自己的行为中,法官受他们自己的裁判行为的约束。法律体系无须法典或仅通过目标降低的法典,照样指导有约束力的一致的司法。从案件判决中摄取并系统地流转出其判决规则的法律制度,对未来的案件产生约束力。因此,在法官法体系下,制定法仅仅与其他的法律渊源一样,无差别地为法官裁判提供裁判依据和说理依据,制定法对法官行为的约束仅具有形式意义,如提供一套法律人赖以交流的法律概念。

参考书目

[德]阿图尔·考夫曼等主编:《当代法哲学和法律理论导论》,郑永流译,法律出版社 2002 年版。

(张其山)

法律适用

法律适用就是在具体的法律事实出现后,通过将其归入相应的抽象法律事实,然后根据该法律规范关于抽象法律关系之规定,进而形成具体的法律关系和法律秩序。法律适用是司法三段论的形式逻辑与法官寻找、界定并最终确定前提的思维过程共同作用的结果。一方面,法官的裁判必须能够在形式上遵从一个司法三段论的推演过程,以法律规范为大前提,以事实为小前提,以确定规范性法律后果适用于这一事实为结论。法官通过涵摄这一司法技术,将具体案件事实归入一个有效的一般性法律规范。在实践中,司法判决的推理往往是复杂的连锁推理,也即由两个或两个以上的有效三段论所组成,每一步都必须能涵摄成功,否则在逻辑上就存在跨越,司法裁判就无法通过连贯性标准的审查。另一方面,也是最为困难的是对大小前提的确定。寻找应适用的法律规范是一个复杂的法律发现过程,而对法律规范意义的确定又是法律解释、法律续造等法律方法的运用过程。作为小前提的案件事实的确定则涉及证明过程的各种规则和对应法律要件事实的意义归入。这种归入能力的效用表现为两个方面,它不仅可以使法官从一堆大量的法律规范中找到恰当的规范,也可以使法官从一堆具体的事实状态中找出具有法律意义的事实因素。法律规范与事实之间的双向归属通常是在一种"眼光的往返流转"过程中进行的,这是一个多阶段、逐步深入的选择过程。

对具体生活事件进行法律评价分为以下步骤:应当查明和认定的待决案件事实;应当寻找对于评价事实有决定意义的相关法律规范;应当检验得到认定的事实是否满足相关规范的事实构成;如果案件事实满足相关规范的事实构成并且不违背整个法律秩序的其他规范,应宣布被规定的法律后果。因此,法律适用可以分为四个步骤:(1)认定事实;(2)寻找应适用的法律规范;(3)以整个法秩序为准进行涵摄;(4)宣布法律后果。

上述步骤并不是各自独立且严格区分的单个行为,它们之间的界限模糊并且可以互相转化。关于事实的问题必须与相关法律规范的事实构成相联系。只有在考虑相关规范的事实构成之后,法律适用者才能说出现实生活事件的哪些要素是重要的,哪些是不重要的。对事实的表述,也就是对事实的确定通常要考虑相关法律规定的事件构成。法律适用也调整并指引着事实认定,因为一方面形式上事实认定自身是根据法律规定而产生的,另一方面实质上适用的法律规定以事实认定为前提并调整其内容。涵摄不是一个纯粹地、符合认识地将事实要素归入要件事实的孤立过程,换言之它不是逻辑推论的顺序问题。

在很多情况下,即使满足了某个法律规范的事实构成,但法律适用者却不能立即采纳该规范的法律后果,而是要根据整个法律秩序来解决他所面临的纠纷,来选择最适合当前案件的法律规范。可以说,任何人如果适用了某个具体法律规范,等于说事实上适用了整部法律,甚至整个法秩序。

参考书目

1. [德]魏德士:《法理学》,丁晓春等译,法律出版社 2005 年版。
2. [德]齐佩利乌斯:《法学方法论》,金振豹译,法律出版社 2009 年版。

(张其山)

法律适用的基础结构

法律的适用通常被认为是司法三段论的应用。法律的一般规定是大前提,将具体的案件事实通过涵摄过程归属于法律构成要件下,形成小前提。然后通过三段论的推论,导出规范该法律事实的法律效力。其过程被学者们称为“确定法效果的三段论法”。

假使任何一个案件事实实现 T,则应赋予其法效果 R(大前提);特定案件事实 S 实现 T,质言之,其系 T 的一个“事例”(小前提);对 S 应赋予法效果 R(结论)。在省略大前提中的假定形式的情况下,将其用符号形式化为:

T→R(对 T 的每个事例均赋予法效果 R)

S = T(S 为 T 的一个事例)

S→R(对于 S 应赋予法效果 R)

确定法效果的三段论法是指将抽象的法律规范所规定的法律效果赋予具体的案件上,从而可以依据法律规范对具体案件作出裁判。赋予具体案件法效果,并不一定仅仅是法律上规定的要素在具体案件中得到完全一致的发现,通常情况下,它实际上是一种同等评价,即从当前案件的角度对法律的意义范围的衡量和具体化,在此过程中需要在规范及与该规范有关的事实之间进行“眼光的往返流转”。法律适用过程并不单纯是大前提向小前提传递法律效果的过程。当具体案件不为大前提所涵摄时,大前提需要结合具体案件事实中的有意义的因素进行修正,直到涵摄重新得以进行。

确定法效果的三段论法只是作为法律适用的基础结构,只涉及对论证结果的分析和评价,涉及前提支持结论的方式,并不参与论证过程。事实上,它只是给出一个图式,一个“正确的”裁判不得不遵循的逻辑结构。而一些描述性的理论(比如经典的刺激/回应图式、角色理论等)在法律适用领域不起什么作用,而只是在与法社会学和法律的事实研究的关联上为人所知。

参考书目

[德]卡尔·拉伦茨:《法学方法论》,陈爱娥译,商务印书馆 2003 年版。

(张其山)

法律适用的方法

法律适用通常使用的方法有涵摄和类型归属两种。涵摄即将特定案件事实置于法律规范的要件之下,以获得一定结论的一种思维过程。以涵摄为核心的法律适用过程,可以以司法三段论来表示,即法律规范(T)为大前提,特定的案件事实(S)为小前提,以一定法律效果的发生为其结论(R)。涵摄的意义是把通过法律用语所指称的一般概念等同于具体的情境要素。这是一个需要法律规范面对当前的生活现实具体化的过程,在这种过程中需要在规范及该规范有关的事实之间进行“眼光的往返流转”。规范的适用范围在对具体案件作出正义解决的追求的指引下被进一步界定。

类型归属是一种价值导向的思考程序,法律规范被看作一种整体性的类型描述。法律适用时,首先要理解包含在法律规范的类型化描述中的价值评价以及其作用范围,然后以此价值评价为指导,分析具体的案件事实与要件事实的结合程度,看其是否在整体上符合类型的表现特征,如相符,则将规范中规定的法律效果适用到当前案件中。英美法国家的“例推法”(reasoning by example)正是这种法律适用方式的体现。不是因为案件事实符合法律规范的事实要素，而是因为在法律评价上二者具有共同的价值评断，因此给予相同的对待。

另外，就具体的法律适用方法，并非在任何法律领域中都一样，由于不同规范体系（如刑法、民法、劳动法等）具体不同的目的，法律适用也因此要求不同的方法。

（张其山）

裁判的依据

在我国，法院审理案件“以事实为依据，以法律为准绳”，具体而言也就是运用演绎推理的三段论的形式，具体事实为小前提，法律规定为大前提，法官裁判的依据首先是认定事实，寻找小前提，然后是寻找法律，确定大前提，最后得出结论。“以事实为依据”即法官认定的事实应该是对本案裁判有法律意义的事实，而不是指一般的事实。对于有争议的事实，法官要结合证据对其真实性进行判断，首先判断证据的合法性，合法性问题主要是解决证据是否具有证据能力，即证据的形式和取得方式是否符合法律的要求，这只是形式上的判断，然后是进行实质上的判断，即对证据的真实性、证据的内容、意义作出判断，最后是证据的证明力，即解决证据对于所要认定的事实能否起到证明作用的问题。法官需要通过对证据的判断达到内心确认，即法官自由心证的过程。“以法律为准绳”即法官认定事实之后需要处理法律问题，前提就是找法，就是从现行的法律规则中找到可以用来裁判本案的那一个法律规则，即用来进行逻辑推论的大前提。法官要对找到的法律条文进行法律解释，当遇到不确定概念时，要由法官结合本案事实对其进行价值补充，当找不到法律规则的时候要由法官创设规则进行漏洞补充。

（张其山）

法律规范的具体化

类型归属的法律适用方法所遭遇的一个难题是，当前待处理的案件依据其类型，也即就其一般的要素来看，是否应当被纳入某一法律措辞的概念范围当中。人们可以把这个处于该法律措辞可能的语义范围内的待处理案件与毫无疑问属于该项规范适用范围的案件进行比较，从而将其纳入同一法律概念之下。这一过程实质上是法律规范含义具体化的问题：人们可以将该规范的概念范围精确化，并由此从法律规范的“概念核心”以及属于其核心适用范围的案件类型出发，尝试确定其意义范围的边界。

法律规范具体化的另一种含义可以从涵摄的角度来理解。法律适用的过程是法律规范针对当前案件具体化的过程，具体状态下的事实及其可涵摄性问题提供了对规范的意义范围加以衡量和精确化的契机。为了涵摄的需要，法律规定需要结合具体事实以特定的方式加以处理，规范需要依据事实因素尽可能予以具体化，需要对涵摄的大前提加以具体化，直到涵摄可以进行。

参考书目

[德]齐佩利乌斯：《法学方法论》，金振豹译，法律出版社2009年版。

（张其山）

理解的循环结构

理解的运动总是由整体到部分又返回到整体。人们必须从个体出发去理解整体，并且从整体出发去理解个体。简言之,每个词语当下的意义只能透过整个文字的意义关联来取得,后者最后又必须借助构成它的个别词语及词语组成的适切意义才得以确定。因此,法律适用者在探究每个词语的字义时,必须事先考量整个语句及文字的预定意义,以此预定意义为出发点,但是至少在疑问发生时,就应该回头去考虑起初假定的字义,然后在必要时或者修正此字义,或者修正其对整个文字的预定理解,直到两者相互一致为止。

理解的循环结构并非单纯地返回到原点,而是将整个文字的理解提升到新层次。假使法律适用者原来假定的某一词语的意义与其于解释过程中发展出来的整体文字的意义关联不一致时,其将修正第一次的假定。假使由可能的词语解释意义得出一种与其预定不同的意义关联,就修正这项预定。这种预定及返视的过程可以多次重复,特别是最初只考虑整个文字中的部分(如某个别词语或段落)时,尤其这样。即使其起初的意义预定完全获得确证,法律适用者于此亦非回到原点,因此原先单纯的推测或假定于此已变得有充分的确定性。意义预定有假说的性质,其须借成功的解释来确证,这一过程以对向交流的步骤展开,开展程序则以各步骤的相互解明为目标。在法律适用中,理解的循环结构表现为规范与事实的双向归属,也即法律适用者在规范与事实之间的"眼光的往返流转"。

参考书目

[德]卡尔·拉伦茨:《法学方法论》,陈爱娥译,商务印书馆2003年版。

(张其山)

法律解释的原则

法官的整个司法活动都需要法律解释,但这种法律解释不是随意进行的,它必须遵循一定的原则。人们对法律解释的原则有不同的表述,总体来说,它的基本意思是,法官站在维护法治的立场上,在审理个案的过程中进行法律解释活动时,应当遵循的基本准则。法律解释的原则是法律解释活动的指导思想,贯穿于法律解释活动的全程,一直对法官的解释活动发挥着不可忽视的作用,这种作用主要可以表现为以下三个方面:第一,法律解释的原则对于法律解释活动的实施具有指导意义。原则尽管也有很大的模糊之处,但能够给人提供一种比较明确的基本思想,有助于法官理顺在法律解释活动中产生的诸多矛盾,为法官的取舍和评判提供一种思路。第二,法律解释的原则可以制约法官的法律解释行为,防止司法专断。法官的法律解释活动必须在一定原则的指导之下进行,任何对这些原则的违背都将导致其解释活动不具有合法性和正当性而最终失去正义性,只有符合法律解释原则的解释活动及其解释结果才会具有较大的说服力和得到社会的认可。第三,法律解释的原则可以成为对法律解释的结果即个案判决理由进行评价的标准。不同的人对同一法律问题有不同的解释,即使是同一法官对同样的法律在不同的时候也会作出不同的解释,但是法官最终只能选择合乎法律解释原则的解释结果,法律解释的原则又转化成评价法律解释结果的标准。

参考书目

1. 张文显主编:《法理学》,高等教育出版社2003年版。
2. 陈金钊:《法律解释的哲理》,山东人民出版社1999年版。
3. 陈金钊等:《法律解释学》,中国政法大学出版社2006年版。
4. 於兴中:《法治与文明秩序》,中国政法大学出版社2006年版。

(魏胜强)

法律解释的独断性

独断性应当被认为是法律解释的最显著和最基本的特征。法律解释的独断性包含两层意思：裁判案件的法律在没有被解释出来前，它的意义就已经被假定存在于法律之中，法官等法律人的责任是去文本中发现已经“存在”的意义，这是独断性的第一层含义。由于法律解释的参与者很多，不能使每一个人的解释都具有法律上的效力，否则会出现更大的纷争。为了使问题有最终的解决办法，只能把有效力的法律解释权赋予某一个而不是多个主体，这是独断性的第二层含义。在独断性的两层含义中，第一层含义更为突出。这是因为，法律解释是根据法律作出的解释，而不是对法律的任意性解释，否则这种解释就没有多大意义了。法律解释的独断性强调的是，法官尽管有权在个案裁判中解释法律，但他不能随意曲解法律；法官尽管在理解和解释中不可避免地会带有个人的因素，但必须遵循法律的基本原则和含义；法官尽管在解释中通过自己的创造而赋予法律新的含义，但这些含义应当被认为是法律自身本来就有的；法官尽管是身为个人而解释了法律，但这种解释应当被认为是在个案中法律所具有的意义。

法律解释的独断性维护的是法律的权威。由于解释受到解释者个人因素的影响，并且具有明显的创造性，如果不坚持独断性，法律解释就不再是根据法律进行的解释，而可能变成对法律意义的任意阐发，法治自然被瓦解了。独断性使法律解释具有了法教义学属性。法官不能怀疑法律解决纠纷的能力，必须坚信可以通过法律解释，在法律框架内消除缺陷。法官必须认识到其消除法律缺陷的创造性解释是法律本来就具有的含义。法官必须虔诚地信仰法律，并在法律解释中表达对法律的忠诚。法律解释的独断性在维护法律权威性的前提下，使法律与法官融为一体，通过法官的坚守和创造，通过完善法律、增强法律解决实际问题的能力，进一步维护法律的权威。

参考书目

1. 陈金钊主编：《法理学》，山东大学出版社 2008 年版。
2. 陈金钊等：《法律解释学》，中国政法大学出版社 2006 年版。

（魏胜强）

法律解释的客观性

长期以来，明确性、肯定性被认为是法律的基本特性，因而人类社会借助于法律这种规则体系能够实现法治。然而近现代不少学者对法律的这种特性提出怀疑，并在一定程度上引发了法律解释的客观性问题。比较典型的是美国现实主义法学，它怀疑法律的确定性和稳定性，提出规则怀疑论和事实怀疑论，认为法律是不固定、不确定的，法律的确定性只是一种虚幻的神话。既然法律不具有确定性，那么法律解释活动就是解释者的主观活动。法律解释的客观性是对把法律解释视为一种主观活动的批判，是对法律确定性的坚守，也是从理论上对法治的证成。它体现的是对法律解释活动的一种约束，是对法官任意裁判的限制。没有法律解释的客观性要求，法治将难以得到有效捍卫，法律解释的力量也将失去根基。

德沃金是捍卫法律解释的客观性的代表性人物。他认为有些法律虽然不明确，但不等于不确定。法律解释可以根据已有的各种材料对整体法律实践作出最佳解释，从中解释出具有一致性的或者整体性的原则体系，然后在此基础上对实践问题作出法律上的最佳判断，这个最佳判断就是唯一正确的答案。德沃金确信存在两个自觉性的“约束因素”，可以使法律实践者得出一个更好或者唯一正确的答案。首先,法律实践者的解释和法律实践中的范例存在“适合”关系,这便约束解释者在“法律制度”的范围内进行解释。其次,当实践者具有多个法律解释可以“适合”已经存在的法律实践范例时,解释者自己便会“在考虑所有事情之后,判断所有这些合格的阅读之中的哪一个使实践中的本文呈现出最佳状态”。在德沃金那里,如果想知道法律是什么,就必须将自己设想为一个实践者,并设想在实践中将如何回答这个问题。

法律解释的客观性主要讲法律解释的非个人性,强调法律职业群体对解释者所释放出的法律意义的共同性、一致性和整体性。客观性原则有两层意思:一是法官解释法律应探寻法律字里行间的原意,对法律的意思进行客观地而不是任意地解释;二是假如法官不能在法律文本中发现法律,也不能随意曲解法律,应在法律文本外发现法律。法律解释的客观性有两个方面的问题:一是法律本身应具有客观性,二是解释者理解法律应有追求客观性的方法。如果法律本来就有客观性,法学又提供一些基本的方法,那么便可以得到法律解释的客观性。当然,这种客观性指的是法律文本与解释结果之间的大体一致范围内的客观性,而不是绝对一致。

参考书目

1. 刘星:《法律是什么》,中国政法大学出版社 1998 年版。
2. 陈金钊等:《法律解释学》,中国政法大学出版社 2006 年版。
3. 陈金钊:《法治与法律方法》,山东人民出版社 2003 年版。

(魏胜强)

法律解释的循环性

解释循环理论最早成熟在德国古典解释学中,由迪尔塔最明确完整地表达出来:整体只有通过理解它的部分才能得到理解,而对部分的理解又只能通过对整体的理解。笛卡尔是在历史意识的萌生兴起中提出这个问题的,部分与整体的关系因而有三层含义:一是指作品自身作为整体,包括意义、风格、结构等,作品的各个部分,诸如章节、词句等,必须放在这个整体中才能获得理解与意义。二是指作品相对于产生它的整个历史文化背景而言,是这一文化背景的一部分,作品必须放在这一历史文化背景的整体关系中,才能得到理解。历史文化背景与作品的关系又可以具体化为两种主要的联系:作品与作者的精神联系和作品语言与产生它的时代文化语言风格的关系,这些具体的内容形成了解释循环的第三层含义。

法律解释活动深受解释循环的制约,具有显著的循环性,它循环的因素和方面同样不少。从法律自身来说,法官要真正理解法律,就必须在法律的局部与整体之间循环,再往远处说还要在不同法律文本之间、法律文本与立法的时代背景之间循环等。从法律解释所要解决的个案问题来说,法官要做好法律解释工作,还必须在法律文本与案件事实之间循环,甚至在法律文本产生的时代背景、案件发生的时代背景、不同时代立法者对同类案件的态度等要素之间循环。只有经过多重循环,法官才能真正理解法律文本在个案中的法律意义。

法律解释的循环性在法律文本的部分与整体之间、法律文本与案件事实之间的循环表现得最为明显,这两种循环是法律解释最基本的循环。法官要真正能够理解和解释法律文本的某些规定,就必须对法律文本的全部内容有一定的理解,而要理解法律文本的全部内容,又必须能够理解法律文本的某些规定,因此,法官需要在法律文本的整体和部分内容之间不断地进行循环性的理解和解释。所谓“书读百遍,其义自现”,法官经过无数次整体与部分之间的循环,精通了法律文本,才能有效消除误解和不当解释。法律适用还要以理解和解释事实为前提。法官不可能直接就拿着法律往事实上套用,照着法律逻辑上的三段论进行推理,他必须首先对案件事实有较为准确的理解和定位。每一个案件的发生都是由一定的事实引起的,事实本身又有许多琐碎的组成部分。法官应当对案件事实的诸多内容进行筛选、判断和取舍,把没有法律意义的事实剔除出考虑的范围。同时,法官要对具有法律意义的事实进行判断,并对其法律意义和社会影响进行分析。法官所进行的这些活动,都是对事实的理解和解释。当然,法官的这一过程并不是仅仅根据事实完成的,他必须把自己的理解和法律文本进行对照,按照自己对法律文本的理解来处理事实,同时又用对事实的理解来衡量自己对法律文本的理解,法官是在对法律文本和案件事实的相互循环当中完成理解和解释活动的。

参考书目

殷鼎:《理解的命运》,三联书店 1988 年版。

(魏胜强)

法律解释主体

一个社会中可以有多种主体对法律进行解释,但只有某些特定主体的解释才是有效力的,有学者分别对这两种行为作了区分,认为前者是“解释法律”,后者是“法律解释”,并对它们作了进一步的辨析。人们习惯于把不具有法律效力的解释称作无权解释,把具有法律效力的解释称为有权解释。法律解释的主体应当是有权解释的主体,因而也可以称为法律解释权的主体。在人类法律发达史上,多种主体曾经或者正在行使法律解释权。如在罗马时期,最初由神职人员行使法律解释权,后来转向由某些法学家行使法律解释权。中国商代也出现过神职人员行使法律解释权的情况,秦朝“以吏为师”使官吏成为法律解释的主体。当然,在古代社会,特别是在专制集权的国家,国家的最高统治者总是掌握着最终的法律解释权,成为地位最高的法律解释主体。进入近现代社会以来,立法机关、行政机关、司法机关都在一定程度上成为法律解释的主体。但从世界法治发展趋势和法律解释原理来看,由司法机关作为法律解释主体的做法较为普遍。

法律解释权只能由司法主体来行使,而不能由其他主体行使,原因在于:第一,立法机关不能行使法律解释权。尽管在有些国家,立法机关成为法律解释主体的现象也存在,但从总体上来说,世界上多数国家并不承认立法机关有解释法律的权力。立法机关不能成为法律解释权的主体的根据在于:立法机关行使法律解释权不符合解释学原理,立法机关行使法律解释权有悖于权力分立原则,立法机关不需要行使法律解释权,立法机关行使法律解释权没有意义。第二,行政机关不能成为法律解释权的主体。行政机关作为法律解释权的主体无论是在法律实践中还是在法学理论中都不多见,倒是中国现行的法律解释体制强调了行政机关的法律解释权,因而出现了所谓的行政解释。从法律解释学的立场上看,行政机关不能行使法律解释权,这一点和立法机关不能行使法律解释权有很大的相似之处。行政机关不能行使法律解释权的原因在于:权力分立的原则要求行政机关不能行使法律解释权,行政机关的社会角色决定了它不能行使法律解释权,行政机关行使法律解释权没有意义。第三,检察机关不能成为法律解释权的主体。检察机关能否作为法律解释权的主体向来存在很大的争议,究其原因,更多的可以归结到检察权的定性上。关于检察权的定性,主要有司法权说、行政权说、司法权行政权双重属性说、独立权力说等几种观点。但是,无论检察权属于其中哪一种权力,检察机关属于哪一种性质的机关,检察机关都不应当行使法律解释权。第四,司法机关应当成为法律解释权的主体。这里的司法机关仅仅指审判机关。司法机关成为法律解释权主体的根据在于:法律解释活动的本性要求司法机关行使法律解释权,司法机关行使法律解释权是法律适用的必然要求,司法机关行使法律解释权是权力分工制约的体现,司法机关能够更好地解释法律。关于司法机关中法律解释权的具体行使者,学界的观点虽然有一定的分歧,但由最高司法机关行使统一的法律解释权、审案法官行使个案中的法律解释权,目前在学术上得到较多的肯定。

（魏胜强）

法律解释权

随着对法律解释问题研究的深入,学者们逐渐认识到法律解释不仅是一种法律适用的方法,而且是一种权力。法律解释权是司法主体在案件审理过程中对法律文本以及其他法源的法律意义进行说明的权力。把法律解释权界定为司法主体行使的权力,就意味着它属于司法权的组成部分。英美法系国家(地区)的法学理论在谈论法律解释时往往只研究法官的解释活动,大陆法系国家(地区)的法学理论最终也把对法律解释活动的研究落脚到法院和法官的解释上,进一步证实了这一点。任何司法活动都必然包含着法律解释,所以司法主体在其审判过程中必然要行使法律解释权,司法权本身就包含着法律解释权。

站在司法权的立场上来看,法律解释权主要有以下特征:(1)范围的狭隘性,即法律解释权的行使仅仅是为了阐明具体案件中法律和案件事实的意义。(2)操作的多样性,即法律解释的许多方法在解释权的操作中都会用到。(3)行使的被动性,即法律解释权不能由解释权主体主动行使,只有在法定情形下经过其他主体的法定活动才能启动。(4)结果的权威性,即法律解释权主体作出的解释不但是有权解释,而且这种解释的结果比其他任何解释都具有权威性。(5)效力的终局性,即依据法律解释权所作出的解释在效力上是终局的,除了更高层次的法律解释权主体的解释,没有其他任何解释可以推翻它。

法律解释权在司法过程中的突出地位来自它的内容。法律解释权的内容涉及司法过程的各个方面,并贯穿于整个司法过程。如果从理论上进行分析,解释权大体上可以分为解释的权能与范围两个方面。法律解释权的权能大体上包括关于法律的发现权、对法律或事实的法律意义的释明权、法律的应用权。法律解释权的范围实际上是指法官解释权力的界限,它涉及两个问题:解释的合法性与解释结果的创造性。法律解释的合法性包括解释主体的合法性、解释程序的合法性和解释(内容)结果的合法性三个方面。法律解释创造性的范围则是对法律解释权在积极意义上的限定。一般说来,法律解释权的内容基本上可以归结为四项较小的权力,即发现权、阐明权、论证权和判断权。无论是法律解释权的权能还是法律解释权的范围,都可以在这四项权力当中得到体现。发现权(或者说法律发现权)就是法官在具体审理案件的过程中寻找、选择可以用于个案的法律的权力。发现权是法官行使法律解释权的首要内容,是案件得以审判的前奏。阐明权指的是法官在行使法律解释权的活动中,出于审理个案的需要,对于发现的法律进行阐释说明,明确其在个案中具体的法律意义,并结合所发现的法律阐明案件事实的法律意义的权力。论证权是法官通过法律论证的方式证立其审判过程并证成其判决结果的权力,它既是为防止司法专断而对法官提出的职责要求,也是使法官判决得到社会认可的重要途径。判断权是法官在行使法律解释权的活动中,根据法律的精神和原则,对其所解释的法律和案件事实的法律意义作出判断,进而对案件的结果作出判断的权力。法律解释权的这四项内容虽然存在一定的区别,但总体上是统一的。

法律解释权的对象,也称法律解释权的客体或者法律解释的标的,指的是法律解释权的行使所要解释的是什么,什么东西需要通过被解释来释放其法律意义。有学者认为法律解释权的对象是法律,也有学者认为法律解释权的对象是法律规范或者法律条文等。法律解释权所指的对象是广泛的,概括起来主要包括三个方面的内容:一是能作为法官法源的各种法律形式,二是能纳入法律调整的各种事实及其法律意义,三是司法过程中法律与事实的互动关系。之所以把法律解释权的对象界定为这三个方面,原因在于法律解释权的司法属性。从法律解释原理看,这种观点是全面的。作为社会活动的调整标准的法律,无论是正式法源还是非正式法源,理所当然地都是法律解释权的对象。而作为法律调整对象的事实,同样也需要解释。因为每一种案件事实都不等于法律事实,需要法官进行解释来界定法律事实的含义,并阐发它所引发的法律意义。不仅如此,法官还需要通过把法律与事实结合起来,在它们的互动中阐明它们的法律意义。就司法权本身来说,它用法律的规定来处理各种具体的纠纷,把抽象的法律适用于具体的案件事实当中。因而法律适用者也必然需要运用其权力对法律和案件事实进行解释,剔除法律中与个案无关的意义和案件事实中与法律无关的事实,实现法律与事实的完美结合。这样才能作出合法的判决,达到法律适用所要追求的结果。所以,法律解释权的对象不仅是各种形式的法源,还包括案件事实以及法律与事实的互动关系。

法律解释权与立法权的行使都在赋予法律新的意义,因而都具有创造性的特征。但是,法律解释权明显不同于立法权,具体可以从四个方面来区别。(1)属性和地位。立法权在三权分立的理论体系中具有独立的地位,而且在许多情况下,立法权会被认为是国家权力体系当中首要的和主导性的权力。法律解释权附属于司法权,是司法权的组成部分,因而在权力的属性上,它应当被归入司法权的范畴,而且在三权分立的权力体系当中没有独立的地位。(2)权力主体和行使方式。立法权的权力主体是立法机关,立法权的行使是由众多代表或者议员通过民主表决的方式主动进行的。法律解释权的权力主体是个案中的法官,可能是一个人独任审理,也可能是几个人合议,只有在极少数情况下人数较多,但这些人数也不能与立法机关的代表或者议员的人数相提并论。在很多情况下,法官独断地作出解释,而不是按照支持某种意见的人数多少来作出裁决,而且司法权的被动性决定了法律解释权不能主动行使。(3)社会功能和逻辑顺序。从权力的社会功能上说,立法权的功能是立法,是为社会创制规则,向社会提供法律文本,为所有的社会成员确立一种大家都应当遵守的行为准则。法律解释权的功能是把法律文本的抽象规定解释成为与案件事实相联系的具体规定,为特定的法律纠纷提供明确的解决方案,实现立法权制定法律文本时所预设的法律效果。从逻辑顺序上说,立法权先于法律解释权而存在。立法权的运行带来抽象的法律文本,为社会提供大的制度框架;法律解释权的行使再把抽象的法律文本具体化,在大的制度框架内为每一个法律纠纷寻找解决纠纷的法律细节。(4)创造程度和效力范围。立法权创制的是抽象性的法律规范,具有普遍的法律效力,而且这种效力只针对规范产生以后发生的事情,不具有溯及力。法律解释权在创制规范时,创制的是具体的规范,是针对特定的案件而创制的只能在特定案件中有效的规范,而且它只能在法律的基础上进行创造,创造的程度远远低于立法权。

参考书目

1. 董暤:《司法解释论》,中国政法大学出版社1999年版。

2. 陈金钊:《法律解释的哲理》,山东人民出版社 1999 年版。
3. 张志铭:《法律解释操作分析》,中国政法大学出版社 1999 年版。
4. 孔祥俊:《法律解释方法与判解研究》,人民法院出版社 2004 年版。
5. 张文显:《二十世纪西方法哲学思潮研究》,法律出版社 2006 年版。
6. 魏胜强:《法律解释权研究》,法律出版社 2009 年版。
7. [美]本杰明·卡多佐:《司法过程的性质》,苏力译,商务印书馆 1998 年版。
8. [德]K. 茨威格特、H. 克茨:《比较法总论》,潘汉典等译,法律出版社 2003 年版。
9. Michael Freeman, *Legislation and the Court*, Dartmouth Publishing Company Limited, 1997.

(魏胜强)

中国法律解释权配置

法律解释权的配置在不同的历史时代有不同的表现。中国法律解释权的配置,大致可分为古代、近现代和当代三个阶段。

古代中国基本分为奴隶社会和封建社会,这两种社会形态都经历较为成熟的发展,法律制度相对来说比较完善,关于法律解释权配置的内容也比较丰富。奴隶社会时期,由神职人员和司法官在王权之下行使法律解释权。神职人员行使法律解释权,跟当时生产力极为低下,人们动辄求助神灵有关,也是原始宗教在奴隶社会得以延续的表现。司法官行使法律解释权主要是由当时太简单、太原始的法律形式决定的。当时的法律渊源主要是原始的习惯法,适用时表现出很大的不明确性,因而必然会遇到解释的问题。法律解释问题在当时并没有引起重视的情况下,对习惯法进行解释的任务只能由具体的司法官来完成。王行使法律解释权在奴隶制时期的中国应当是不言而喻的,中国的奴隶社会不曾经历过像古希腊罗马历史上的那种发达的民主与共和制度,当时的中国君主在国家的政治、经济、军事等领域处于绝对领导地位,掌握不受限制的权力。封建社会时期,中国形成了皇权之下以官府为主、私人为辅行使法律解释权的制度,两种解释主体相互补充,相互促进,共同促进古代法律解释活动的发展,对封建法律的进步作出了贡献。古代中国法律解释权配置和行使的特点表现为三方面,即古代中国的法律解释权从属于立法权;法律解释权的配置体现集权要求;法律解释权的配置和行使长期以来并无根本变化。

近现代中国的历史虽然不长,但所发生的变革是古代中国所不能比的,其中涉及法律解释权配置的政权有两类,一是具有继承关系的清末和中华民国政权,二是中国共产党领导的新民主主义革命政权。清末和中华民国时期,形式上由最高司法机关行使法律解释权。如清政府在 20 世纪初的司法改革中宣布大理院的职权为:"正卿掌审枉理谳,解释法律,监督各级审判,以一法权。少卿佐之。"中华民国在较长时间内沿用了清末的司法制度,最高司法机关行使法律解释权在民国时期得以延续,但是最高司法机关行使法律解释权在当时的中国只具有形式意义。在中国共产党领导的新民主主义革命政权中,一度由司法机关和政府行使法律解释权,如第二次国内革命战争时期由临时最高司法机关行使法律解释权,抗日民族革命战争时期由边区政府审判委员会行使法律解释权。清末、中华民国的政权与新民主主义革命政权属于两种性质完全不同的政权,但由于二者所处的时代背景相同,面对的社会矛盾和需要解决的问题具有相似之处,它们在法制建设方面具有一定的相似性,从不同角度展示了近现代中国法律发展与转型中所取得的成就和存在的问题,反映了近现代中国法律解释权的配置和行使的特点。

这些特点表现为三方面:近现代中国的法律解释权从属于司法权;法律解释权的配置体现权力分立要求;法律解释权的配置和行使只具有象征意义。

当代中国制定的四部宪法都规定了全国人民代表大会常务委员会解释法律的权力,但确立我国当前的法律解释体制并明确法律解释权归属的法律依据主要是1981年制定的《全国人民代表大会常务委员会关于加强法律解释工作的决议》。它对我国的法律解释权作了如下配置:(1)凡关于法律、法令条文本身需要进一步明确界限或作补充规定的,由全国人民代表大会常务委员会进行解释或用法令加以规定;(2)凡属于法院审判工作和检察院检察工作中具体应用法律、法令的问题,分别由最高人民法院和最高人民检察院进行解释,两院解释如有原则分歧,报请全国人民代表大会常务委员会解释或决定;(3)不属于审判和检察工作中的其他法律、法令如何具体应用的问题,由国务院及主管部门进行解释;(4)凡属于地方性法规条文本身需要进一步明确界限或作补充规定的,由制定法规的省、自治区、直辖市人民代表大会常务委员会进行解释或作出规定,凡属于地方性法规如何具体应用的问题,由省、自治区、直辖市人民政府主管部门进行解释。这种规定直接把我国的法律解释权配置给了立法机关、行政机关和司法机关,相应地产生了立法解释、行政解释和司法解释三种分类。

当代中国法律解释权配置和行使的特点,可以概括为三个方面:(1)法律解释权不是独立存在的权力,而是附属于法律解释权主体的职权当中;(2)以全国人民代表大会常务委员会为主导,多种较高层级的国家机关分工负责共同行使法律解释权;(3)法律解释权多以隐含方式行使,法律解释权演变为规范性法律文件创制权。法律解释权的这种配置体制,有引发法的一解与多解的矛盾,并直接带来立法解释与立法、审判解释与检查解释、法律解释与规范性法律文件等多项冲突的问题。

(魏胜强)

法律解释的立场

法律解释(学)之首要,当属立场问题。唯有选定立场,才有一系列解释方法(要素)的反思和重构。法律解释的基本立场,分为方法论立场、本体论立场、中庸(调和方法论与本体论)立场。

方法论范式的法律解释学立场,其学科基础是科学、实证和分析,主客体关系是主客体分立的,解释对象是制定法规范,法官角色是尽量中立的,解释目标是规范的客观确定含义,解释过程是使个案适应规范,解释方法主要是字义、逻辑、系统、历史等文本主义方法,解释的优先价值是平等、确定性、法治、分权,解释结果是非此即彼的,即追求唯一正解;本体论范式的法律解释学立场(法律诠释学立场),其学科基础是历史、精神和人文的,主客体关系是主体性或主体间性,解释对象是理解者(解释者)与立法者的关系,法官角色是价值有涉、前理解、是非感,解释目标是判决的合理性、可接受性,解释过程是规范与个案相互调适,解释方法主要是解释者与立法者对话的方法,解释的优先价值是个别正义、实体公正与民主,解释结果是"不仅……而且……也是……",即尊重结果的多样性存在。

中庸(调和)立场,则主张法律解释需在本体论与方法论之间保持适度的张力,二者不应当形成对抗之势,而应为更高层的辩证关系。方法论立场的法律解释为恪守法律解释的独断性和文本权威守住底线,而本体论立场的法律诠释学为解释过程的探究性和裁判的可接受性打开空间。但通常而言，法律解释的基本立场倾向于方法论范式的法律解释学立场。在根本上，法律解释要解决的是法律的一般性与案件的个别性之间的差异，主要不是弥合过去与当下的时间之距离；法律解释的对象首先是有强制约束力和有效性的文本，有别于其他文本科学；法律解释是规范性、首先是独断性解释，尽管并不排斥探究性解释；法律解释是关联个案的解释，非关联个案的解释不是严格意义上的法律解释；法律解释需要、也可能获得立法者的原意，否则便无立法机关存在的必要。

参考书目

郑永流：《出释入造——法律诠释学及其与法律解释学的关系》，载《法学研究》2002年第3期。

（姜福东）

实践理性

实践哲学的核心概念。实践哲学的传统可以追溯到古希腊。在亚里士多德那里，实践是不同于科学认识和生产技艺的行为选择活动，实践理性则是人类判断与选择正当行为的能力。亚里士多德把规范人类行为的法律置入人类实践的语境，从而获得了一种实践理性的理解。但是，近代以来随着科学理性主义的兴起，实践哲学被降到理论应用的技艺层面，实践被理解为理论的应用和一种物质性活动。人们逐渐服从于外在的利益目的和国家的权力性制度，日渐发达的是理论理性或工具理性，日渐萎缩的是实践理性。西方哲学的这种走向引起了深刻的反思与批判，重新发掘古希腊的实践哲学传统，重建实践理性成为现当代一股强劲的思潮。在法学领域，实践哲学通过与现代逻辑、修辞学、语言哲学特别是语用学的相互吸收配合，产生了一批具有代表性的成果：如麦考密克与魏因伯格的“制度法学”、菲韦格的“类观点学”、佩雷尔曼的“新修辞法学”、阿克列西的“法律论证理论”以及哈贝马斯的“法的商谈理论”等。这些理论的共同之处就是对法律做出了一种实践理性的理解，法的效力正当性、法律与道德、法律解释与推理等问题得到了更为深入的讨论。在法律领域，如果我们不想被理论理性或工具理性主宰，那就要回到实践理性赖以存在的社会结构本身，寻求一个公民理性沟通、交往对话的必要空间。作为行为指引的实践理性，可被用来作为法规范的论证基础，即正当法源自言说、论辩与对话；法学的知识属性为实践之知；实践理性的预设为存在一个能够充分自由对话的场域。

亚里士多德式的实践概念，从根本上说就是人的一切行为与选择都趋向于善的活动。行为趋向善的过程体现出了人对行为的反思意义，人的实践行为一定包含着实践智慧或实践之知，否则就不算是人类的行为。这种引导行为的实践智慧就是实践理性，它使人们能够在复杂多变的具体情景中对行为之善做出理解与运用。实践理性的可能性就在于，人类共同拥有语言并能进行言说论辩通达真理。实践或行为的结构是非线性的，实践之知的获得依靠拥有逻各斯的实践理性，也就是主体之间的言说论辩。论辩术的功能就在于提供每一种情事下的互为说服的方式，它有助于人们之间的交往性对话，达成各自观点与立场的融合。作为实践科学，法学的目的不是知识而是行为。“什么是正当的行为”的问题显然是一个该当性的规范命题，作为行为指引的实践理性可被用来作为法规范的论证基础。实践包含一种实践之知或实践智慧，实践与行为表达着逻各斯，表达着人作为一个整体的品质。这就肯定了人的行为具有实践理性。人类最基本的正当行为方式就是遵守法律。所谓的良法就是一种实践之知，是人对行为的正确反思，它赋予了我们正当行为的能力。法律产生并存在于人们对正当行为的追求中，法律体现了人的实践理性，表现出人对自己的行为进行判断选择的能力。具有实践理性的法就是良法。人类之所以选择了法律对自己的行为进行治理，就是法律与实践理性的这种亲缘关系，正当之法体现人所具有的这种实践智慧。实践理性是通过主体间的言说论辩来实现的。正确之法存在于语言中，存在于话语论证中。这种以言说为指向的实践理性不仅是确定良善之法的标准，而且也要体现在具体的法律裁判中，一个当下的判决更能真正呈现正义。根本不存在永恒不变的超验之法，成文法律不是也不可能是清晰确定的，因为实践科学处理的不是永恒性的定理、规律，而是具体情形下的行为该当性。实践理性贯穿于司法审判中，正义栖息在具体判决中。法的不确定性缺陷使得法的实践论辩更为圆满。法律呈现一种“言说—行为”之结构。这个结构揭示了法律的实践理性维度，即法律其实是一套人类的理性言说论辩机制或制度。人类拥有语言，可以进行对话和交流，能够对自己的行为做出正当的判断与选择。法律就是一种实践理性。而人类之所以选择法律进行治理归根结底就是因为法律是一个讲道理的东西，使我们服膺于法律和具体判决的是法律的说理性，而不是强制与暴力。法学的思考方式完全不同于自然科学的理性认知方式。前者是一种言说论辩之说理活动；后者要求进行严格的证明。如果按照后者的要求苛求前者，那么法学的性质会被完全扭曲。对法律的实践理性阐释，预设了存在一个理想交往共同体或存在一个能够充分自由言说的场域。

（姜福东）

实践智慧

源自古希腊哲学，本意指一种实践的知识或明智考虑的能力。亚里士多德最早明确论述了这一概念，指出实践智慧是一种与正确计划相联系并坚持正当行为的践行能力，而这种践行的对象是那些对人善或不善的事物。亚里士多德区分了纯粹科学（episteme）、技术或应用（techne）、实践智慧、哲学智慧（sophia）和神性智慧（nous）等人类认识事物和表述真理的五种能力或知识形式，为世人勾勒出实践智慧的本质和特征。实践智慧的本质是一种不同于生产或制作的践行能力，践行本身就是目的，就是使人趋善避恶。具有实践智慧的人就是善于正确考虑的人，他所研究的对象是可改变的事物，他能够正确考虑对整个善良而幸福的生活有益的事情。

实践智慧不只是对普遍事物的知识，它更应当通晓个别事物，因为它的本质是践行，而践行必须与个别事物打交道，从而许多人虽然就其能力而言没有科学知识，但干起来比那些有科学知识的人更出色。实践智慧并非通过单纯地传授和学习而获得，经验在其中起了很大的作用。因为实践智慧不仅涉及普遍事物，也涉及特殊事物，人们要熟悉特殊事物必须经过经验，而取得经验则需要较长时间。实践智慧无须严格的科学推理程序和严密的证明形式，对它来说更为重要的乃是关于具体的特殊事物的经验，只有通晓特殊事物并具有丰富经验的人才能具有这种实践智慧。实践智慧既不是纯粹科学，也不是应用技术。它之所以不是纯粹科学，因为践行的领域是可以改变的，它不去考虑那些不可改变而只可遵循其规律的事物。它之所以不是应用技术，因为践行的对象是那些对人而言善或不善的事物，良好的践行本身就是目的。实践智慧不是一门仅仅追求知识本身的学问，其所关心的乃是在人的具体生活中去追求对于人类整体生活有益的最大的善。就此而言，具有实践智慧的人是善于治理家庭、社会和国家的人。实践智慧与实践理性的概念在很大程度上是相通的。

（姜福东）

立法解释

一项立法活动，是享有国家立法权的机关依照法定程序对法律、法规或规章中某个或若干个条款的含义做进一步阐明的活动，以及这种阐明的结果。根据我国相关立法规定，法律有以下情况之一的，由全国人大常委会解释：(1)法律的规定需要进一步明确具体含义的；(2)法律制定后出现新的情况，需要明确法律依据的。显然，我国法律所规定的"法律解释"是在立法解释意义上来使用的，而且仅指的是全国人大常委会针对狭义上的法律所作的含义阐明。当然，解释作为立法活动的具体形式之一，可由任何立法机关依职权和程序作出，其目的要么是"进一步明确具体含义"，要么是"明确适用法律依据"。我国是成文法国家，制定法是司法审判的最主要依据。由于法律语言自身的特点，加之改革开放以来立法所遵循的"有比没有好""宜粗不宜细"等指导思想，法律条文的概括性、抽象性或原则性较强，立法空白之处也不鲜见。法官在裁判案件过程中，很难通过一般的解释和推理等方法来弥补上述立法缺陷，而是需要立法机关进行必要的解释。这就为立法机关的立法解释提供了充分的制度和作为空间。

立法解释和法官的法律解释属于不同性质的法律解释，前者属于立法性的解释，后者属于适用性的解释。当然，立法解释的作出也以促进立法条文的更好适用为主要目的，是介于法律创制和法律实施之间的促进法律实施的一种机制。立法解释与法官的法律解释能够并行不悖地存在于司法过程中，在许多情形下还是相互关联的。立法解释进一步明确了法律、法规或规章的有关规定，为法官适用法律提供了更为准确的依据或参考。反过来，立法解释在司法过程中法律效力的发挥或转化，需要借助法官的法律解释。离开了法官的法律解释，立法解释就无法对具体的司法个案产生真正的实效。

（陈　光）

行政解释

又可以称为行政执行性解释，是指法律、法规或者规章授权的机关按照法定程序，对法律、法规或者规章具体执行过程中的问题作出的正式解释行为。行政解释是一个学理性概念，法律解释的相关规定中并未直接出现这一词汇。依据中国的法律解释体系，法律解释分为立法解释、司法解释与行政解释。域外语境下没有出现对法律解释的上述划分，法律解释权基本属于司法机关与法官，但在实践中也承认行政机关的部分解释权。行政解释作为既存的制度事实，必须以更加宽广的胸怀去评价它，而不是一味地否定。行政解释涉及权力之间的博弈，关乎权力的配置。不同权力体制之下，行政解释的价值与命运是迥然有别的。行政解释的主体分属于不同的权力架构，增加了其不同于立法解释与司法解释的运用难度。行政解释的不同性质也决定了行政权与司法权之间的复杂关系。行政解释受到立法机关与司法机关的制约，在不同场合下具有不同的效力。行政解释的发生具有特殊性，是一个动态的过程。

行政机关的行政解释具有内部自足性，如果统一协调行政机关抽象的行政解释，具体行政解释可以证明行政行为的合法，那么行政机关的行政解释就已经完成了历史使命。行政机关的行政解释以社会秩序和行政效率为价值追求。如果这个过程可以达到理想的合法状态，行政法治也就实现了。但行政机关的行政解释总是要试图突破权力的樊篱，侵害相对人的合法权益，行政解释不得不面临司法机关的审查。权力的越界就意味着司法资源的浪费，司法机关必须通过新的解释与裁判弥补行政滥权造成的社会不公。为了节约司法资源，司法机关对于行政的解释不可能面面俱到，实现司法资源的优化配置，应该坚持司法机关与行政机关在控权与合作方面保持一定的比例。如果司法机关全面审查行政解释，那么司法机关付出的成本是巨大的，同时相当部分的投入还将与行政机关本身的解释重复而失去效益。司法机关的审查与行政机关的解释需要有明确的分工，避免互相侵入各自的领地，造成不必要的资源浪费。合作就体现为司法机关对行政解释不同程度的尊重，区分不同诉讼中行政解释的特点，可以节约司法资源，实现行政解释法律效果与社会效果的统一。在控权与合作架构下，行政解释将走向更加科学规范的方向。

（姜福东）

权威解释

任何主体都可以对个案的事实及所涉及的法律进行解释，而无论这种解释的作出是基于裁判的需要，还是说理的需要，抑或仅仅是出于一种兴趣。然而，并非任何主体的解释都能够对案件最终的裁判结果造成直接的或决定性的影响。这就涉及法律解释的权威性问题。权威是一种能够使人信服或者不得不接受的支配性力量或压倒性威望。权威解释是指由特定主体作出的能够对法律适用结果产生重要的甚至决定性影响的解释。一般而言，权威解释之权威的来源或者形成原因主要有五种：权力、学识、经验、规则设定和共识。

基于权力的权威解释包括立法机关作出的立法解释、最高人民法院作出的司法解释、行政执法主体的解释以及法院裁判案件中的法律适用解释等，此类解释的权威皆是以特定的国家权力（立法权、行政权或司法权）为基础或来源的。基于学识的权威解释主要指专门或长期从事某领域研究，而对该领域所包含的制度、规则或技术等有着系统而深刻理解的专家所作出的解释。基于经验的权威解释指的是因从事某领域的实践而对该领域所包含的制度、规则或技术等的适用或操作有着丰富经验的专家所作出的解释。基于规则设定的权威解释是指解释是依据事先设定的规则或约定而作出的，从而在法律的适用者之间具有权威的约束效力。基于共识的权威解释是指对某项法律规则的适用已经在适用者之间、特定的群体或者一般公众当中形成高度的共识，由此所作出的解释便具有权威性。就司法裁判而言，权威解释主要在两个层面来理解：一是立法解释或者经过请示后由最高人民法院作出的批复性解释；二是法官在裁判文书中所作的能够发生裁判力的适用性解释。这两个层面的权威都是基于国家权力而形成，并且由国家强制力来保障这种权威解释能够转化为现实执行力。

（陈　光）

法律解释的必要性

法律解释是不可避免的现象。原因是多种多样的，主要表现在：一是法律规范是对一般人或事所做的抽象的、概括性的规定，而非针对具体的、特定的人或事，将这种一般规定适用于具体案件时，法律的一般性与个案的特殊性之间存在距离，两者之间往往需要弥合差异性，寻求同一性，自然需要理解和解释清楚规范的有效拘束性和事实的法律意义，才能谈得上应用。二是法律以语言文字、概念、法条、篇章结构的形式出现，但语言自身存在的模糊性、歧义性、开放性等特点必然会或多或少地反映在法律规定中。法律语言规定得再怎么严密，也不可能达到完美无缺的地步，必须进行一定的解释加以澄清。三是人的认识水平是有差距的，对于同一法律规定，不同的人可能会有不同的理解，这是自然而然的现象。特别是法律往往运用专门术语、专业规则和原则来规制社会生活，即便是法律圈内的人们，对其也存在不同程度的认知差距，这就需要进行必要的解释工作。四是社会生活总是发展变化的，甚至是剧烈变迁的，立法通常是阶段性的、滞后性的，从而也是不完善的，难免挂一漏万，难以周全，甚至出现法律规范之间的冲突，面对法律漏洞、法律冲突、法律模糊、法律滞后等现象，解释者需要通过解释弥合时代差异，弥补法律的局限性，在社会变动中努力做到既能维护法律的相对安定性，又能以解释技术不断完善和发展法律，使法律适应变化了的社会现实。五是法律并非教条，而是特殊的社会规范，法律规范的背后隐藏着或者说蕴含着法律精神和法律价值。法律适用绝非仅仅是法律条文的运用，更是法律价值和精神的挖掘、判断与评价，这就需要法律人透过法律的字面，解释、权衡和选择其所承载的内在价值和精神。

（姜福东）

法律解释的有效性

在西方法理论中，人们往往在各自的法律观和有效法概念论当中使用"有效性"一词，进而影响对法律解释有效性的界定。有效性本身的内涵和外延是极其复杂的。一般而言，有效性是指"有强制性""有约束力""有权威性"等，与合法性、合理性、正当性、正确性和可接受性等词相对应，但这种对应也是相对而言的。例如，法律实证主义往往将"有效性"界定为合规范性和有权威性等，自然法学往往将其界定为正确性、合情理性和正当性等，而法律现实主义则往往将其界定为合职权性和事实性等。这三大西方法学流派不仅对法律的"有效性"在内涵界定和侧重点上不同，而且分析和探讨的理路也不同，正因如此，有差异甚至完全不同的称谓到处都是。但立足于规范法学的立场来看，规范的应然有效性、规范内容的正确性或正当性和规范的实然有效性三者，乃是构成规范有效性的基本内容。其中，规范的应然有效性侧重于形式，规范内容的正确性和正当性则侧重于实质，而规范的实然有效性虽然侧重于事实，但与规范内容的正确性和正当性紧密相关。

在此认识的基础上，可以从"法律的形式和实质二分"这一法概念论外延的划分依据出发，将法律解释的有效性划分为形式有效性和实质有效性两个基本方面。其中，规范的实然有效性大致可以被涵盖到规范的可接受性内容当中，因为可接受性主要考虑的是某个法律或判决在事实上能否被人们所接受，即一种心理上的"事实性的可接受"。但从理性化的法律思维角度来看，可接受性更为注重在实质内容上的可接受，故可将其大致整合到规范的实质有效性这一内容当中去讨论。从法哲学研究角度来看，法律解释的有效性既包括了应然层面的形式有效性，也包括了兼顾在内容与在事实层面的实质有效性两个基本方面。同时，从法律方法论的视角来看，法律解释的有效性同样可以在形式和实质两个不同层面展开。在法律发现的脉络中，法律解释的形式有效性主要是通过概念分析、规范体系解释、语义解释、逻辑解释、类推思维等法律方法来实现的，这些具体的法律解释方法又各自从法律解释的客观性、概念分析的有效性、规范体系解释的有效性、语义解释的有效性、逻辑解释的有效性和类推解释的有效性等不同具体方面来实现;而在法律证立的脉络中,法律解释的实质有效性主要是通过理性商谈方法、程序主义法律论辩方法、融贯性法律解释方法和可接受性法律证立方法等法律方法论来实现。这些具体的法律方法各自又从法律的理想共识性、法律内容的正确性、法律的正当性、法律解释的融贯性和法律证立的可接受性等不同方面来实现。从以上不同角度,人们可以建构起一个更具综合性和实践性的法律解释有效性概念。

（姜福东）

法律事实的解释

在司法过程中,需要解释的不仅仅是法律,还包括事实。对法律事实进行解释之所以是必要的,是因为司法实践之中的事实,不可能是完全"客观"的事实,而是通过人们的语言文字叙说或书写的事实,故而必然只能是理解与解释中的事实;法律事实的形成离不开对其法律属性即规范性之解释,只有将事实与法律的构成要素以及法条中包含的判断准则结合起来才能形成法律事实;事实是法律解释中直接的思考对象和最终指向,是事实直接引发了法律解释,解释最终指向事实。对事实的法律解释主要涉及:(1)事实是否属于法律的调整(空间)范围,(时间上)是否受法律的调整。(2)事实的法律性质,即事实与什么样的部门法相对应。(3)事实的真实性。(4)事实的法律意义,即生活事实与什么样的法律原理大体吻合,或者由哪一法律条款所涵摄,事实属于案件中的哪一类,如违约抑或侵权,工伤或人身伤害等。(5)事实是否能被现有法律规范涵摄,若不能,如何进行正当性论证并裁决。(6)事实的法律后果,核心是事实引起了什么样的法律关系的变化,它会产生什么样的法律后果,及法律责任的归属问题。

（杨建军）

法律事实的认定

在司法过程中法律职业人员运用证据规则或依据法律规定对于法律事实的确认。法律事实的认定主要依据证据规则,证据在事实认定过程中扮演着主要角色。除此之外,相关证据规则如司法认知、事实自认、事实推定等对事实认定也起着不可或缺的作用。证据是证明的根据或凭据,刑事诉讼中的证据主要包括物证,书证,证人证言,被害人陈述,犯罪嫌疑人、被告人供述与辩解,鉴定结论,勘验、检查笔录,视听资料;民事诉讼中的证据主要有书证,物证,视听资料,证人证言,当事人的陈述,鉴定结论,勘验笔录。

依据证据做出事实认定应当解决以下三个方面问题。(1)判断证据的合法性。主要应当审查:证据是否具备法定的形式、手续是否完备,如证人证言如果是书面的,则应当有证人的签名或盖章。收集证据的程序是否合法。(2)进行证据的真实性判断,主要是为鉴别与排除虚假的证据,包括假证、伪证、收买证人、篡改的证据、涂改的证据等。当然,民事领域和刑事领域,对证据真实性的判断标准是不一样的。刑事领域内要求控方提出的证据必须达到丝毫不存在合理的疑点,而被告人提供的证据所证明的事实的概然性超过控诉方提供的证据即可。而在民事领域内,一方当事人提供证据的概然性超过对方就可作出认定。(3)证据的关联性判断。查明证据必须与待证的案件事实之间有实质、内在的联系,即证据应当能够证明待证的案件事实的一部分或全部。证据与案件的联系越紧密则证据的证明力越强。证据与案件事实的关联性,主要应当考虑的是:何事、何时、何地、何情(如何)、何故(为何)、何物、何人这"七何"要素。

历史上,对案件事实认定的模式主要有神判、纠问主义、职权主义、当事人主义等模式。神判是神明裁判或神意裁判的简称,又称神断、神裁、天罚或巫术裁判等,神判实质是神灵意志下的事实认定与裁判活动。纠问主义模式中的事实认定,裁判机关以职权发动诉讼,裁判机关既是侦查机关、起诉机关,又是审判机关、执行机关,诉讼中无当事人的概念,被告不存在诉讼主体地位,也不存在追诉机关与裁判机关的区别。职权主义模式下法院或法官在诉讼资料的调查收集方面具有绝对主导权,对事实的调查具有主动性,不限于双方当事人提出的法律事实,并且以查明事实的客观真相为诉讼目标。该种模式的优点是法官在探究事实真相的过程中能够较全面地收集证据资料并依据自己对法律的理解作出裁判,不足之处在于缺乏程序保障与制约,易形成"暗箱操作",正当性基础薄弱。当事人主义的事实认定模式即案件的证明对象、证明范围、证明责任由当事人决定,法院与法官处于中立地位,不主动收集诉讼证据。案件事实的认定一般在集中的庭审活动中一次性完成,当事双方在庭审中居主导地位,诉讼具有高度对抗性,证据调查、证人传唤与询问,完全由当事双方进行,当事双方对自己主张之事实,各自负责证明,事实的认定主要是通过交叉询问这种方式来进行,以达到发现与证明对己方有利的事实,否认对方主张事实的目的。

从历史上看,法律事实认定的是一个不断走向理性化的过程,主要表现在以下几个方面:(1)事实认定由形式非理性走向形式合理性。(2)由单纯注重事实实体到注重程序制约,由宗教神学方法迈向科学方法,自然科学知识在事实认定中的地位不断提升。(3)由直觉思维走向逻辑思维——逻辑推理运用的增加。(4)事实认定的规范性程度不断增强。

(杨建军)

法律事实的发现方法

事实需要发现的首要原因在于,事实从来都不是自证自明的,事实永远不会自动呈现于法官面前以供法律适用。呈现于法律职业者面前的事实是处于混沌状况的、被各种与案件可能无关的事实包围的模糊与杂乱事实。对于法律职业者而言,首先要做的工作便是从杂乱无章的、模糊的、矛盾的事实描述中发现可能真实的事实。法律事实需要发现的原因在于事实的规范性,即事实并不是一个不言自明的存在,而是主体解释的结果,是发现并阐释某一事实的法律属性的结果。当然,事实的发现与法条的获得之间有相互依存关系,二者相互间是一个不断回馈的过程。法律事实的发现与认定主体主要有:当事人、证人、鉴定人、代理人或辩护人、刑事案件中的侦查人,以及法官或陪审人员等,他们共同参与事实的发现与建构,左右事实的建构进程,并对事实的认定起着决定作用。案件诉讼中,即便是较为清楚的事实,法官也需要从中找出有法律意义的事实。法官需要首先发现事实是否存在,事实存在的时间、地点、与事实相关的人物、相关人物的自身状况(如权利能力、行为能力、责任能力、主观意志的真实性)、相关人物间的关系等。案件中有争议的事实,可分为较为明确的事实、模糊的事实与疑难事实。对于较为明确的事实,法官可以基于自身对于事实的法律意义作出认定。对于较为模糊的事实,需要法官运用证据规则去查明与认定,或者是增加证据,或者是重新梳理。而对于疑难事实(新类型的事实或者是难以搜集证据的事实),则需要法官运用法律解释的原理作事实类型归类或建构新的事实类型,或者是运用法学的原理作出裁定。

当然,在不同的法律领域内,作出事实认定的原则是不同的,在刑事领域内,事实认定必须证据确凿充分,所以若无足够的证据,便不能作出有罪认定。而在民事领域内,则可以运用盖然性理论作出事实认定。(1)法庭发现事实需要甄别信息,将无用的、过剩的、不相关的、错误的、不准确的信息予以剔除。(2)尝试性证明。在将事实与规范结合过程中,法庭最初认识到的相关法律问题可能并不充分,最初抽取的事实与法律规定通常是尝试性的,在随后的深入思考中,律师可能会随时回顾这些细节,重新筛查资料以抽取新的事实,去替代或补充最初的事实。(3)确立相关性。确立相关性实质是确立事实与法律之间的相关性。可以说,每一个法律概念、规范或原理都对法律事实的发现具有决定性的影响。由于案件事实与法律规范中描述的制度性事实特征的差异,就要求律师或法官在证明过程中主动转换,从不同的法律角度进行审视,以建立与法律的相关性。确立相关性事实的一个重要方面就是剔除离题的事实,将关注的焦点放在关键事实之上。(4)确立重要事实。庭审活动中,有的法官(尤其是有经验的法官)要求当事人围绕着一些重要事实举证或辩论。甚至,法官们会概括出一些事实,要求当事人不要偏离他所概括的这些事实展开辩论。当然,何为重要的事实,这完全依赖于法庭认为该事实是否重要。

(杨建军)

法律事实的判断方法

法官在发现事实时,由于绝大多数情形下法官都不可能是事实过程的亲历者,所以他对事实的发现与判断主要依靠的是当事人的口头或书面描述以及证人证言及其他证据。对法律事实的判断方法主要有:

第一,直觉感知的方法。直觉可认知的事物或事物性质如长短、大小、冷暖等"量"的察知,或者如质的感觉如香臭酸辣。通过感知进行判断在认定事实中是被广为应用的,如证据判断中的试验判定法——侦查实验、观察、辨认判定法,都是凭感知进行判断。当然,感觉也会错误,错误的原因很多,可以是由于外部对象,也可以是观察者本身。

第二,逻辑推理的方法。逻辑推理方法的重要性在于,它可以保障思维判断形式的正确性,保证基于同样的推论前提、同样的推论规则,无论何人何时都可得出相同的结论。事实认定虽然离不开逻辑的运用,但是法律事实认定中的逻辑推理运用与日常的逻辑推理运用并不完全相同。日常逻辑推理中,要认定一事实,需要强调逻辑推论的必然性,否则就是错误的认识,而法律事实认定中的逻辑运用,不一定与日常逻辑认识完全一致。如"相互有继承关系的几个人在同一事件中死亡,如不能确定死亡的先后时间的,推定没有继承人的人先死亡。死亡人各自都有继承人的,如几个死亡人辈分不同,推定长辈先死亡"。该类事实认定中,推定"长辈先死亡"的事实认定结论并不必然是逻辑上正确的结论,并不必然与我们的日常逻辑推论结果相同,事实上,先死亡的可能是晚辈。可见运用逻辑来认识法律事实,离不开法律规范对逻辑规则的制约。从这个角度来看,事实认定中的规范性属性要求我们限制逻辑方法的运用,规范性可能是制约、限制乃至反逻辑性的。

第三,自然科学方法。自然科学知识在司法实践中的运用非常广泛,大至刑事案件的侦查,小至产品质量的鉴定、伤残鉴定等,都离不开自然科学的介入。如人的死亡标准,就主要靠自然科学的界定,如心脏停止跳动、脑死亡。当然,科学方法也只是相对的,如在罪犯识别当中的科学技术运用,最准确的证据是 DNA,最不准确的或许是脚步声,介乎其间的有指纹、面貌、身材、声音(包括说话、笑声、哭声、甚至咳嗽声)、动作、甚至气味。

第四,经验的方法,也称为经验法则,是指人们通过经验能够认识事物之间的因果关系或事物的性质。

第五,伦理方法,即价值方法。诉讼中对于事实的认定离不开人的价值主观性。因为要认定部分法律事实时,评价就是不可缺少的,如对善良风俗与诚实信用的认定,就需要衡平地予以判断。当然,感知方法、逻辑方法、自然科学方法、经验方法、价值判断方法等五种判断方法并不能截然的分开,五者之间也并没有先后的排列,也许它们在事实认定中往往是共同发挥作用的。

(杨建军)

法律事实的推定

推定是指根据法律或经验法则,直接根据某一已知事实,推断另一事实的存在,并允许当事人以反证推翻的一种证据法则。推定涉及两个方面的事实,一个是已知的事实,称为基础事实或前提事实;另一个是从已知事实推导出来的事实,即推定事实。提出主张的一方当事人只需要证明基础事实存在,而不需要证明推定事实,而对方当事人若要反驳推定事实就需要举证证明。若无反证法院就认定推定事实。推定不是证据,但它却是司法证明中的一种方法与手段,是证据法上的特定证明规则。如根据我国民事诉讼法相关规定,公告期满,推定为送达。刑法中关于无罪推定、巨额资产来源不明罪的规定,都属于事实推定。推定是为了维护日常生活的秩序,是为了维护社会常态与社会的安定性。如推定官方行为是合法的、推定穿警服的人就是警察、推定活期存折的持有人就是该存折的所有人,因而银行在支付时不能附加限制条件等。提出主张的一方当事人只需要证明基础事实存在,而不需要证明推定事实,而对方当事人若要反驳推定事实就需要举证证明。若无反证法院就认定推定事实。推定不是证据,但它却是司法证明中的一种方法与手段,是证据法上的特定证明规则。

(杨建军)

法律事实与法律规范的结合模式

在司法裁判中,法官要对案件作出裁判,必须以事实和法律作为基本依据。但是,案件事实和法律规范的结合,却离不开法律职业者在司法活动中的主观思维活动。通过法律职业人员的能动性的思维活动,案件事实才能够和法律规范达到有机结合,才能够推断出司法裁判结论。案件事实和法律规范的结合是一个非常复杂的过程,并且与法官采取的方法也不完全相同。通常认为,案件事实和法律规范的结合,主要有四种模式,即逻辑推论模式、归类与涵摄模式、等置模式、价值评价模式。

(杨建军)

裁判事实

法官在法律上最后认定的事实形态,是法律推理的小前提,也是法院判决书展现出来的事实描述。法官通过审判程序,运用证据规则将案件事实构建为裁判事实,成为案件审理过程中裁判者做出判决的依据。

由于当事人陈述的生活事实是杂乱的、具体的,而法律规范中的事实构成要件则为规范的、抽象的,案件事实能否被认定为裁判事实,需要法官凭借经验对生活事实进行感知,并根据对生活事实的感知寻找法律规范,再通过法律规范的事实构成要件对案件事实进行评价,从而建立案件事实与事实构成要素的等置关系。因此,裁判事实是案件事实与事实构成要件互动的结果,是法官目光在事实与规范之间流连往返的结果。

在传统的法律观念中,事实认定的完成被视为纯粹依靠逻辑和科学实现的。理性主义者坚信借助科学的和逻辑的证明手段能够得到准确、全面的事实认定,事实认定因此具有客观性和绝对性。随着后现代主义哲学对客观性的解构,人们逐渐意识到诠释、叙事以及修辞对于裁判事实构建的重要影响,从而以一个开放的、多元的概念体系代替纯粹依靠逻辑与科学的事实认定理论。

在法律诠释学看来,法官对事实的认定并非完全的价值中立的发现过程,而是带有"前见"对事实的理解与诠释过程,法官的职业素养、生活经验等主观因素都可能构成法官进行裁判事实认定的"前见",因此,法官总是根据对法律规范的理解去认定事实,根据对案件事实的认识去寻找法律,因此,裁判事实的形成是事实与规范之间的"诠释学循环"过程。事实构成是一种生活事实的类型化,是对生活事实的抽象描述,但是,事实构成与生活事实并非一一对应的,为了建立事实构成与案件事实的有效勾连,就需要法官通过法律解释活动来填补事实与规范之间的"缝隙"。当几个事实构成都可以涵摄案件事实时,就需要法官对规定实施构成要件的法律规范进行选择。当法律规范发生冲突时,需要法官根据法律规范之间的位阶关系进行选择。有些情况下,并没有合适的事实构成要件对案件事实进行评价,法官需要进行适当的漏洞补充,通过法律续造完成对裁判事实的认定。因此,裁判事实的形成过程伴随着法官进行法律发现、法律解释和漏洞补充的过程。

后现代主义法学理论则进一步认为,裁判事实的构建需要借助叙事的策略与技巧,将离散的、分裂的事实加以编排,受到具体制度语境和文化语境的制约,是一个通过语言完成的叙事活动或修辞事件,具有多元性和不确定性。然而,在裁判事实构建的理论中引入叙事与修辞并不意味着对理性与逻辑的全盘否定,而是将叙事和修辞的作用限定在非逻辑的、经验的说服领域,以让叙事和修辞摆脱科学和逻辑的压制和遮蔽。因为裁判事实在审判程序中得到认定必然受到程序和制度的诸多制约,在法定程序、制度的制约和引导下,裁判事实的客观性和真实性得到了充分的保证。在此基础上,通过叙事策略和修辞技术对法律问题和法律事实进行渲染,可增强裁判事实的可接受性和可信性。所以对叙事和修辞的目的是实现裁判事实的可接受性,而非否定裁判事实的客观性。

总之,客观事实与裁判事实之间存在时空的断裂,裁判事实的形成过程经历了从生活事实到案件事实,再从案件事实到裁判事实的不断建构过程。这不仅是诉讼两造运用证据对案件事实的存在进行证明的过程,还是法官运用法律规范释放案件事实的法律意义的过程,也是在庭审过程中通过诉讼参与方的言语行为不断建构的过程。

参考书目

1. 王彬:《裁判事实的叙事建构》,载《海南大学学报(人文社会科学版)》2013 年第 3 期。
2. 陈光中等:《刑事证据制度与认识论——兼与误区论、法律真实论、相对真实论商榷》,载《中国法学》2001 年第 1 期。
3. 孙日华:《裁判事实如何形成》,载《北方法学》2011 年第 6 期。

(王 彬)

确信真实

在诉讼主体的相互关系中在语言活动的基础上法官所信赖的事实,确信真实是裁判事实认定的最终目标。事实认定的目标并不是对客观真相的发现,而是通过当事人之间的言语行为形成对案件事实的确信,审判人员内心的确信真实是做出判决的重要依据。

对于裁判事实的生成问题,在传统理性主义的理论中存在客观真实论和法律真实论两种学说。客观真实论认为,即使认为诉讼活动中事实真相无法完全复原,也不能因此否定裁判事实的客观真实性,裁判事实的标准应当坚持绝对真实和相对真实的统一。这一理论预设了这样的前提,即事实的真相是存在于客观世界中的客观实在,基于人的思维的绝对性和至上性,作为客观实在的事实真相必然被人的主体性所充分认识。所谓事实真相就是客观实在在人类主体思维中的摹写与反映,主客观符合就是评价事实真相是否正确的唯一判断标准。在法律真实论看来,对裁判事实的认定过程是在特定的诉讼程序中完成的,所以,对法律真实的追求并不能等同于对历史真实的科学发现。诉讼程序是一个揭示客体事实之法律意义的行动过程,在这一过程中,将案件事实转译为语言的过程必须是一个符合法律规则的过程。在发现和认定案件事实过程中,必须尊重体现一定价值的法律程序的要求,对案件事实的认识须达到法律要求的标准。法律真实是司法活动中对案件事实的认识结果符合法律规定的条件和程序的事实,法律真实论从而将案件事实的客观性问题转化为事实认定的合法性与合理性的问题。事实认定过程在具体的诉讼程序中完成,诉讼程序通过促进意见疏通、加强理性思考、扩大选择范围、排除外部干扰来保证裁判事实结论的正确性,程序的正当性对于形成共识的合理性具有极为重要的意义。这一理论虽强调法律程序对事实认定的价值,但本质上并未脱离理性主义的核心观点,认为法官的内心确信能够准确地反映客观真实,只是对理性主体至上性做出了保留。

这两种认识理论都将发现真实作为事实认定的目的,区别仅在于客观事实的反映程度不同。这两种理论的错误在于仅仅将裁判事实的建构作为诉讼主体对案件事实的认识问题,而没有认识到这一过程是在诉讼主体的相互关系中通过言语行为不断推进而完成的。主体对事实的认知不可能纯粹客观地反映,而必定是通过对语言形式的选择和运用进行了合乎主体意图的建构,而主体的意图和对特定效果的追求就渗透在构成文本的各种语言形式中。所有对物质世界的表述都是物质性的,事实的映像并非客观的物质实体,而是存在于语言之中,事实探寻的精确化只不过是语言修饰的不断推进。事实上,裁判事实的形成都是在诉讼主体的语言表达中不断认定的,同样是一种修辞建构的结果。司法活动中的事实认定活动并非对原始案件事实的客观呈现,而是通过语言表达的经验事实。在哈贝马斯看来,"事件(客体事实)"是我们经验的对象,而"事实(法律事实)"是陈述语句对经验对象所作的断言。陈述语句的真假值并非全然决定于事件,陈述语句的事实是对事件的不同演绎,一个事件可以有多种演绎,在事件不发生改变的情况下,事实却可以多种多样。

庭审程序是由多方主体参与、多种言语行为并行的交往性活动场所,在这样一个场所中,裁判事实是通过诉讼各方的言语活动来呈现的,诉讼各方主体对客体事实的理解在程序规则的制约下被不断话语化了,裁判事实成为多种话语作用的对象。在吉尔兹看来,法律事实并不是自然生成的,而是人为造成的,一如人类学家所言,它们是根据证据法规则、法庭规则、判例汇编传统、辩护技巧、法官的雄辩能力以及法律教育成规等诸如此类的事务而构设出来的,总之是社会的产物。可见,单纯依据证据和程序规范,并不足以得到具有法律意义的案件事实,证据所提供的只是一组断裂的事件片段,远远不构成对历史真实状态的摹写,最终的事实文本是在叙事和修辞的语言活动中不断建构的。

裁判事实的形成不仅需要借助于制度的渠道,更需要借助于修辞的力量。因为,制度或者程序只是为语言的运用提供具体的环境,它只能或多或少地限制修辞和叙事在裁判过程中的作用空间,却无法杜绝修辞现象的发生。所以在修辞学的视野下,裁判事实首先是一个可信性、信赖性的问题,而不是一个客观性或者合法性的问题。诉讼活动是在各方主体言语行为的交互运作中完成的社会活动,评价裁判事实的标准就不应是工具理性标准,而是交往理性标准。

在修辞学意义上探讨裁判事实问题,就将可信性或者可接受性作为评价裁判事实正确性的标准。在这个意义上,裁判事实是修辞学意义上的确信真实,是言语行为基础上形成的信赖事实。

参考书目

1. 阮新邦:《批判诠释与知识重建——哈伯玛斯视野下的社会研究》,社会科学文献出版社 1999 年版。
2. [美]克利福德·吉尔兹:《地方性知识》,邓正来译,载梁治平编:《法律的文化解释》,三联书店 1994 年版。
3. [德]哈贝马斯:《交往行动理论》(第 1 卷),洪佩郁、蔺青译,重庆出版社 1994 年版。
4. 王彬:《裁判事实的叙事建构》,载《海南大学学报(人文社会科学版)》2013 年第 3 期。

(王　彬)

顺推法

法官通过法律解释和事实认定进而运用司法三段论完成法律推理的审判思路,表现为法条主义的司法哲学。顺推法的推理思路表现为严格的逻辑三段论,法律规则为大前提,案件事实为小前提,审判结果为结论,这表达为:

(1)对于所有的 x 而言,若 x 满足构成要件 T,则法律效果 R 适用于 x。

(2)a 满足构成要件 T。

(3)法律效果 R 适用于 a。

顺推法采用"解释 + 演绎"的审判思路,这一审判思路将演绎置于核心,通过演绎推理建立法律条文与案件事实之间的"逻辑涵摄"关系进行法律推论。演绎证明通过逻辑充分保证结论隐含于前提之中,从而保障判决结论来自法律规范。为捍卫形式推理的有效性和法律的自治性,这一审判思路坚信对于任何疑难问题,法官总有足够的智慧在法律的框架内进行解决,无须求助于外部的价值判断,法律推理的大前提都能够在法律体系之内证立。顺推法因此具有以下特征:第一,坚信法律的自足性。将法律作为一个封闭自足的系统,排除法律之外的政治、经济、社会等因素的影响。第二,维护法律方法的自治性。在其看来,法律方法是一种科学的司法智识,通过运用科学的审判技术,司法裁判将产生唯一正确的答案。这一审判思路强调规则的至上性、司法裁判的逻辑中立性,并坚信借助司法三段论从作为大前提的法条中逻辑地推导出判决结论。第三,顺推法是一种守成的法律思维,要求裁判者严格忠诚于法律,坚决拒绝法官造法,这一审判思路具有向后看的性质,只反映规则或判例发布之际的知识状况,而不对新知识开放。

顺推法是一种说明法官"如何依法裁判"的法律思维,其背后体现了法官为何"应当依法裁判”的司法哲学。顺推法认为,解释在法律推理的过程中起到根本性的作用,通过解释能够发现清晰、客观的文本意图或者立法意图,从而做出正确的判决。在司法实践中,法官往往通过要件分析的方法进行解释,然而要件的概念不尽然明确,法官还需要对各个构成要件进行再解释,这使法律解释陷入一种无限递归的推理悖论。尽管法条主义者试图运用法律解释学消除概念的不确定性,但是法律解释学对于法律解释方法的设定并不明确,法律解释方法的运用同样具有不确定性,并不存在对法律解释规则进行排序的“元规则”,因此仅仅依靠法律解释方法无法得到一个明确的答案。在法律解释的过程中,法官依据个人经验或直觉做出价值判断,再选择法律解释的方法,进而做出不同的判决,这从而使顺推法的审判思路陷入法律解释的困境。

顺推法成立的关键并不在于逻辑推理,而在于对大前提进行证立的外部证成。在疑难案件的外部证成中,往往要对价值判断进行选择,此时法律辩论进入普遍实践辩论的领域,法律辩论从一个解释的场域(法律是什么)走向一个衡量的场域(法律应当是什么)。疑难案件之所以疑难在于其往往在普遍实践论辩的层次上存在严重的价值分歧,疑难案件的裁决将面临价值多元性的问题,在这种情况下,单纯依靠顺推法难以实现价值选择,这一审判思路将遭遇价值衡量的困境。在疑难案件中,道德或者价值判断上的分歧使具有统一理解的法律推理的大前提难以形成,基于不同的道德理由,人们将会选择不同的法律规则,在这种情况下,人们无法在相互矛盾的法律规则之间进行选择以发现可适用的法律命题,从而,自上而下的司法三段论难以真正完成。这样,法官往往是根据某种价值判断限缩或扩张对法律规则的解释,从而使案件事实落在规则含义范围之内,用表面上的形式推理掩盖了事实上的价值判断,并有可能产生法官依靠个体的直觉和情感而进行的价值独断,从而造成司法审判的主观恣意。

因此,在疑难案件的司法裁决中,通过法律解释难以发现明确的文本意图或立法意图,通过价值衡量难以形成共识性的价值排序,在这种情况下,由于缺乏明确的大前提而无法进行司法三段论的逻辑推理,在这个意义上,单纯依靠法律解释和逻辑推理的顺推法难以应对疑难案件的司法裁决。对此,霍姆斯认为,在疑难案件中,法官制定法律,参考司法决定的可能的社会和经济后果;法官对这些后果的直觉,而不是常规司法意见中展现的抽象道德原则和正式法律分析,推动了法律变化。

参考书目

1. 王彬:《司法裁决中的“顺推法”与“逆推法”》,载《法制与社会发展》2014年第1期。

2. [德]罗伯特·阿列克西:《法律论证理论》,舒国滢译,中国法制出版社2002年版。

3. Oliver Wendell Holmes, *The Path of the Law*, Harvard Law Review(1897).

(王　彬)

逆推法

法官根据对后果的预测与评价作出判决的审判思路。在德国,这种裁判方法的发展是基于德国法学对传统法律教义学解释规则的质疑而产生的,由于解释规则及其适用顺序不具有明确的操作性,解释规则在个案裁判结论形成过程中的作用是有限的,从而产生“结果导向的法律适用”,即在证成法律裁判时,考量裁判的后果并在给定情况下,根据解释的后果来修正解释。简单地说,古典法教义学通过处理过去的事实并借助给定的规则来控制裁判,而后果取向则通过对裁判所导致之效果的期待来调控裁判。在英美法理学界,后果主义的审判理论是基于形式主义和现实主义的反思而产生的,基于对形式主义法学机械司法的批判,又基于对现实主义法学价值司法的反思，英美法理学家试图在严格司法和自由裁量之间开辟第三条道路。麦考密克据此认为，法官在进行演绎推理之后应当进行“二次论证”，根据判决结果的预测和评价来进一步证立裁判规则，即“后果主义的法律论证”（consequentialist argumentation），法官对摆在其面前的各种可供选择的裁判规则所可能造成的后果予以审慎考量，以权衡利弊。作为裁判方法的“逆推法”体现了后果主义的司法哲学。后果主义审判在普通法系普遍存在，与普通法系的法律文化、制度结构和法官素质不无关联，普通法系的法官因具有高度的自由裁量权，而被赋予“社会工程师”的制度角色，从而法官较为关注判例对后案的影响。尽管由于法律文化和制度结构的差异，后果主义在不同的国家具有不同的表现，但是，大致而言，作为司法哲学的后果主义具有以下特征：第一，后果主义将法律作为推动社会进步的工具，否定法律的自足性而主张法律需要在变革的过程中不断丰富和完善；第二，后果主义是一种个案情境式思维，坚持法律意义的语境论，认为法律的效力是有条件的，在个案情境中，法律条文的含义会发生变化；第三，在法律解释上，后果主义否定法律条文所表达的语义或逻辑对个案裁判具有决定性作用，而认为法律所体现的目标和精神对司法裁判起决定性作用；第四，后果主义否定法律价值的一般化和抽象性，而主张法律价值的多元性。

“逆推法”的推理思路表现如下：

结论：行为 X 应当被实施。

因为：行为 X 导致后果 Y。（经验性命题）

并且：根据目标 Z 后果 Y 是可欲的。（规范性命题）

从逻辑图式来看，后果的可欲性往往被特定目标所检验，这些目标又往往蕴含着特定的价值或原则，在这个意义上，后果论的论证和目的论的论证往往是相互支持的，这也是后果论证与目的论论证容易混淆的原因。但是，目标的可欲性并不能单独决定后果主义法律论证的成立，后果论证的成立必须符合论证的充分性、后果的可欲性、因果关系的必然性三个关键特征。为回答“论证是否充分”“结果是否可欲”“行为是否导向结果”等三个批判性问题，将构成新的论证以支持既定论证。因为这些支持性论证与随后的批判性问题是密切相关的，依赖于这些支持，后果主义的法律论证才真正成立。因此，后果主义的法律论证具有依附性，并不是一种独立的论证形式，必然被其他论证形式所支持，往往是复合论证的一部分。就该逻辑图式来看，后果主义的法律论证既包含通过观察和预测进行判断的经验性命题，又包括根据目标对后果可欲性进行判断的规范性命题。所以，后果主义审判并没有将价值问题排除在外，而是在具体的事实情境中进行价值判断，而非要在价值冲突中做出终极性决断，来决定哪种竞争性利益更有价值，而是在个案中判断这样或那样的决定对每个利益会有什么后果。

“逆推法”引入法外因素，加剧了审判的不确定性，这一审判思路必须经受批判性思维的检验以防止造成“价值司法”的危险，必须符合后果的可预测性、可行性、可欲性三个要求。

第一，满足“可预测性”的要求。虽然后果主义的判决依据具体的事实情境，然而后果主义审判所考量的后果是“系统后果”而非“个案后果”，是对同一类型案件后果的考量，其目标在于通过判决结论对类似案件的系统性影响创制一般性的规则，能够满足判决“可普遍化”的基本要求，实现法律的可预测性和确定性。在司法实践中，后果主义往往在考虑疑难案件并无先例的情况下，基于判决的系统后果创设裁判规则，既保持了法律的连贯性，又使个案裁判的正当性与可预测性保持着适当张力。

第二，满足“可行性”的要求。后果主义将法官的视角从对语义客观性的探索或者价值客观性的追求扩展到各种经验性的社会科学,通过社会科学意义上的客观性来保证司法判决的客观性,以排除主观的道德和情感判断,化解道德分歧。后果主义论证所依据的可欲后果是“外部后果”,即通过经验方法论的工具观察对经济和社会的影响效果。法官根据在社会科学领域评价后果做出判决,这就要求法官掌握一定的社会科学的知识,凭借经验法则对判决后果做出合理的预测。

第三,满足“可欲性”的要求。不同于价值相对主义,后果主义所考量的并不是“决定后果”而是“适应后果”。“适应后果”指权利主体为了能够在一规则的适用中获得利益或避免损害而改变其行为的后果,这涉及法律规则对权利主体行为的影响或激励。后果主义不仅关注立法者在法律规则中预设的价值,也根据适应后果评价法律对具体权益的保护满足程度。

参考书目

1. 王彬:《司法裁决中的“顺推法”与“逆推法”》,载《法制与社会发展》2014 年第 1 期。
2. Feteris E. ,*The Rational Reconstruction of Argumentation Referring to Consequences and Purposes in the Application of Legal Rules:A Pragama – Dialectical Perspective*,Argumentation 2005,(19).
3. Flavia Carbonell,*Reasoning by Consequences:Applying Different Argumentation Structures to the Analysis of Consequentialist Reasoning in Judicial Decisions*,Gogency Vol. 3,No. 2,Summer 2011.

(王　彬)

法律解释方法的不确定性

任何解释方法都无法禁止法官在法律解释过程中的价值评价,法官无法获得绝对客观的立法意图或者文本意图,法官在进行法律解释时,是作为一个积极的构建者角色而存在,在立法者意图、文本意图和解释者意图的视域融合中实现对法律文本的解释。

传统的解释方法主要有文义解释、体系解释、历史解释、目的解释等,然而无论哪种解释方法都难以获得独立的立法意图或文本意图。就文义解释而言,法律语言具有模糊性和含混性,无论是历时层面还是共时层面都存在语言的流变,语言的“所指”与“能指”之间会不断走向分离,运用语言标签理论来界定事物最终走向失败。因为每个语词都有一个核心含义和边缘结构,人们难以在核心含义与边缘结构之间划定一个清晰的界线。在维特根斯坦看来,事物之间的关系最多是一种“家族相似”的关系,无法通过语言的方式清晰地界定事物的本质。因此,解释者通过文义解释方法从概念入手无法获得客观的立法意图或文本意图。就体系解释而言,它要求将法律条文置于法律或法律体系的整体语境中进行解释,然而就体系或语境而言,又可能出现探究体系的体系或者说语境背后的语境这一无休止的循环;此外,解释者在对法律文本进行解释时,必然会带入许多其他因素,于是至少存在解释者与法律文本互动而产生的新的语境,而不同的解释者会带入不同的因素,于是便呈现各种不同的语境。因此,法官通过体系解释方法也无法获知立法者或文本的意图。而就历史解释而言,立法过程具有历史性和集体性,一部法律是整个立法机关通过一定程序的共同智力活动的产物,因此,历史解释必然面临如何确定立法者,在何种程度上确定立法意图,以及如何确定未被立法者所具体考虑的特定意图的问题。客观的目的论解释主张,立法者无从改变的“事物的本然之理”“客观上的应然”,是一种客观的目的,应当将此作为解释的根据。由此,解释的准则便由立法者的主观意图转化为法律规范本身固有的客观目的,解释的进路也就随之由对历史的考察转化为对当下的评价。但是,客观目的的概念仍具有极大的不确定性,这一解释方法同样面临着责难。目的从哪里获得合法性,它可以如何被抽象地表达,解释标准必须在多大范围服务于它,这些问题都有待解答。鉴于目的概念的模糊性以及在司法实践中确定目的的难度,为避免司法者将个人主观目的带入法律解释,魏德士主张将法律解释的要素和法律解释的目的分离开来,认为规范目的作为解释的目的而存在,而不是单独的解释方法,因为所有解释方法都为该目的服务。事实上,法官对每一种解释规则的运用都是一种有目的性地考量,目的解释往往与解释目的缠结在一起,因此,同其他解释方法一样,客观目的同样存在缺陷,在传统法律解释方法中引入客观目的论并不能拯救法律解释方法的不确定性。

对于法律解释方法的不确定性,取决于我们在学科意义上对法律解释的认识。法学是一门理解性的人文科学,法律解释是法官对法律进行理解的精神活动,解释方法并不能消除法官的主体性。正因如此,拉伦茨认为,与其说解释是一门"学术",不如说是一种"艺术"。解释不是一种简单的致知手段,而主要是一种避免误解、澄清意义的实践理性,解释者具有创意的想象力乃是必要的要求。法律解释方法的不确定性在一定程度上也说明了成文法的不确定性,因为不同的法官采取不同的解释方法会导致不同的解释结果。但是,维护法律的稳定性和可预测性仍然是每一个法治主义者的追求。为实现法律的确定性和可预测性,我们不能因法律解释方法的不确定性而彻底否定法律解释方法的功能。首先,法律解释的方法为法官在司法裁判中进行法律发现提供了大致的路向。虽然法律解释方法不能直接作为法官证立其裁决的理由,但却直接影响了法官对法律的发现。其次,法律解释方法有利于限制法官解释法律时的自由裁量,要求法官忠于法律文本,避免恣意。最后,法律解释方法还是证立司法判决的重要理由,为检验司法裁判的正确性提供了批判性的标准。因此,我们并不能盲目地夸大法律解释方法的不确定性,法律解释方法的功能仍然值得肯定,运用解释方法维护法律的稳定性和可预测性是法治主义者的必然追求。

参考书目

1.[德]阿图尔·考夫曼、温弗里德·哈斯默尔主编:《当代法哲学和法律理论导论》,郑永流译,法律出版社2002年版。

2.[德]魏德士:《法理学》,丁晓春、吴越译,法律出版社2005年版。

3.[德]冯·萨维尼:《当代罗马法体系》,朱虎译,中国政法大学出版社2010年版。

4.[德]卡尔·拉伦茨:《法学方法论》,陈爱娥译,商务印书馆2003年版。

5.王彬:《超越基础主义的法律解释》,载《内蒙古社会科学(汉文版)》2010年第2期。

(王　彬)

法律解释方法的排序难题

又称法律解释元规则的缺位,是指在法律解释方法之间并不存在确定的排序。

传统法律解释理论之所以难以为法律解释方法提供一个确定的排序,与法律解释理论对解释的定位有关。方法论意义上的法律解释将法官的解释活动视为一种纯粹的智识追求,在认识论的框架内探讨法律解释的具体方法,认为法律内部包含着解决案件的正确答案,法官无须求助外部因素,只要按照法律方法论提供的程序性指令选取正确的解释方法,就可以在司法判决中得出正确答案。但事实上,传统的法律解释理论并不能为法官提供这样一种有效的程序性指令。例如,文本论、意图论和目的论,这三种解释理论分别以法律文本中的字义、立法者的意图和制定法目的作为解释的对象,以此为路径来确保法律解释的客观性。但是,作为基础主义的法律解释理论,它们存在共同缺陷,它们都建立在对于解释本质的错误假定之上;它们都依据一定的价值,但又都不能对其所主张的价值的优先性进行证明。

法律解释方法的排序难题说明,法官在对法律文本进行解释时,法律解释理论无法为其提供可靠的方法论保障,以实现法律解释的客观性。但这并不表明法官对法律文本的解释可以不受方法的限制。法律解释方法排序的难题在一定程度上表明,法官在进行法律文本解释时价值评价的正当性,但法官有义务对其价值评价进行证立。因此,法律解释方法的排序问题便转化为对法律解释方法的证立问题。恩吉施认为,假如证明"无论如何不能解决……"解释方法之间关系的规定性问题,那么就绝对不再存在"接近于令人觉得可靠地攻克法律发现问题"的前景。阿列克西对此表示肯定,认为需要更为具有深度穿透力的观点,以使每种解释方法有其相对的权利和特定的逻辑地位,而法律论证理论便是这一"更为具有深度穿透力的观点"。为此,阿列克西提出了经验证立和普遍实践论辩,通过普遍实践论辩阻断传统解释理论中主观解释和客观解释形而上的讨论,以此来解决法律解释方法的位序问题。阿尔尼奥则通过区分"解释陈述"和"解释立场",要求解释者排除反面论证,实现对其解释立场的证立,以此来解决法律解释方法的排序难题。这样,法律论证理论便将法律解释的问题由解释者和文本之间的关系问题,转化为解释者和听者的关系问题,将法律解释的过程由法官的纯智识活动转化为主体间的实践论辩过程。

虽然法律论证理论通过提出论辩规则加强了对法官说理的要求,增加了法律解释的合理性,但是它最终没有为法律解释方法提供明确的排序,法律解释的排序难题并没有得到消解。因为法律解释并不只是普遍实践论辩的过程,还是特定法背景下的具有政治目的性的活动。因此,解决法律解释方法的排序问题离不开对宪法制度的考察。在具体的宪法制度框架中,不同的解释方法预设了不同解释材料的优先性,而这些预设在根本上受到宪法体制中不同价值的影响。解释方法的排序实际上是通过外部的宪法价值来论证的,并不是在认识论和方法论的框架内部确定了一个法律解释的元规则。历史解释方法体现的是法律解释的形式正当性,法官通过发掘立法者原意以维护民主价值;文义解释方法体现的是法律解释的共识正当性,按照语言共同体的共识来解释法律;而实用主义的"自由探寻方法"则是追求功能的正当性。因此,各种解释理论都代表了一定的政治立场,体现某种特定的宪法价值;在特定案件中,法官对解释方法的排序体现了法官对某种政治价值的优位选择,但是,法律解释方法的优位选择并不是基于法官的个人情感,也不通过法律论证理论所假想的实践论辩,而是由特定的宪法文化和政治制度的体现。

并不存在解释的元原则,"法官在方法上可自由选择解释规则。因为不同的解释规则,通常会产生有关'正确的'规范理解的不同结果,因此,解释规则也不可能保证将法官令人信服地约束于法律上"([德]哈斯默尔:《法律体系与法典:法律对法官的约束》,载[德]阿图尔·考夫曼、温弗里德·哈斯默尔主编:《当代法哲学和法律理论导论》,郑永流译,法律出版社2002年版,第284页)。也并没有哪种法律方法论对法律解释的元规则进行探讨,因为规则无法为自身的解释提供解释规则。尽管如此,在法律解释的实践中,法官仍必须遵守一定的解释规则,并对其选择的规则进行解释,不能彻底抛弃解释方法而对法律进行任意解释;并且法官在解释实践中也大致遵循着文义—体系—历史—目的的大致排序,"此类解释目的之阶层顺序来自国家论的考虑,而非基于诠释学或哲学的思维"([德]卡尔·拉伦茨:《法学方法论》,陈爱娥译,商务印书馆2003年版,第37页)。可见,对解释规则的遵循并非来自法律解释元规则的指导,而是来自法官的守法义务,来自宪法体制的政治要求。因为即便存在法律解释的难题，追求法律解释的相对客观性，维护法律的稳定性和可预测性，仍是法治主义者的无限追求。

参考书目

1. Ekridge: *Statutory Interpretation as Practical Reasoning*, Satanford Law Review, Vol. 42:321.
2. [德]罗伯特·阿列克西:《法律论证理论》,舒国滢译,中国法制出版社2002年版。
3. [荷]伊芙琳·T. 菲特丽丝:《法律论证原理——司法裁决之证立理论概览》,张其山等译,商务印书馆2005年版。
4. [美]基思·E. 惠廷顿:《宪法解释:文本含义、原初意图与司法审查》,杜强强等译,中国人民大学出版社2006年版。
5. 郑戈:《法律解释的社会构造》,载梁治平主编:《法律解释问题》,法律出版社1998年版。
6. 王彬:《超越基础主义的法律解释》,载《内蒙古社会科学(汉文版)》2010年第2期。

（王 彬）

作者中心论

一种以作者为中心发现文本作者原意的解释方法论，它要求由文字表面意义推知作者寄托在作品语言中的旨意。解释学上的作者中心论，肇始于圣经解释学经施莱依马赫系统予以系统阐释，并经狄尔泰发展为精神科学的一般方法论。

西方解释学发轫于解经学，最初是一种在圣典中发现神旨的圣经解释学，解释学对理解的最初关心也只是局限在对基督教神学的经典解释范围内。随着基督教权威的逐步确立，中世纪教会垄断了对《圣经》的解释权，独断型的圣经解释学形成，教父对圣经意义的宣称成为唯一正确的解释，排除了教众对圣经条文意义的真理探究。基督教垄断地位的丧失，西方的宗教改革使曾经作为异端的宗教学说又浮出历史的水面，理性主义精神的觉醒在圣经解释学中亦体现出来，路德教派所提出的"圣经自解原则"消解了教会的独断解释权，主张通过解释方法由圣经文本推至上帝旨意。路德教派的宗教改革通过对宗教神学的批判，使宗教解释学发生了从独断型向探究型的转向，通过对中世纪教会独断解释权的消解确立了《圣经》文本的地位，并围绕对《圣经》文本的解释发展出一系列的解释方法和解释原则。

施莱依马赫突破了圣经解释学的"疆域"，而将人类的存在自身作为理解的过程，从而发展了普遍(一般)解释学，这种新的解释取向使解释学不再局限在圣经理解的狭小天地里，它给解释学洞开了整个人文科学的一般方法论之门。他认识到作为整体的语言同时是特定传统的产物，这意味着"一切话语的理解是由两个环节所组成的，即把话语理解为得自语言，以及把话语理解为思想者头脑中的事实"。这样，通过将解释学建立在语言的共通性上使解释学成为独立的一般方法论。同时，施莱依马赫站在"作者中心论"的立场上，将解释的任务描述为主观重建客观的过程，"理解是在分析语义的同时，进行心理上转换或成功地进入他人意境"。这样，施莱依马赫通过语法解释和心理解释的方法建立其读者恢复作者历史性的解释任务。在他看来，读者对文本的理解是重新体验作者的心境，以此重建作品的精神世界。

施莱依马赫将语法解释和心理解释作为重现作品意蕴的解释方法，语法解释将理解建立在语言的联系上，排斥了解经学中宗教的"冥入"，而心理解释要求解释者完成从自己向他者的心境转换。这样，在施莱依马赫那里，理解的活动成为解释者对给定话语进行客观和主观、预期的和历史的重构的过程。

施莱依马赫只是为普遍解释学的确立提供了方法论基础,而使解释学成为精神科学的方法论仍然相去甚远,使理解成为精神科学独立方法论的任务是由狄尔泰完成的。狄尔泰通过对精神科学和自然科学在方法论上的区分,将理解作为独立的精神科学的方法论,将精神科学的理解过程作为解释者与作者双向的生命交流,而不是主客体之间的单向说明。这样,狄尔泰将理解独立为人文科学的方法论,区别于自然科学因果关系的说明方法,把理解的过程由知识的说明过程转化为意义的自我发现过程。狄尔泰将理解作为人文科学方法论的基础,从而为解释学的发展带来了第一场哥白尼式的革命,同时也将读者的个性与作者的个性共同融入了生命之流,为解释学的重心转移提供了可能。然而,一旦将理解的任务定位为个体性的理解,狄尔泰就难以摆脱理解客观性的追问,在这里,狄尔泰提出了"客观精神"的解决方案,将客观精神作为个人之间的共同性客观化到理解主体的精神世界之中。

狄尔泰用其"经验"观念发展了解释学,他的解释学不再致力于设法摆脱个人的经验,力求去发现超越个体经验的客观真理,而是标举出蕴涵于人类经验之中的"客观性",他假定了一种共通的人性贯穿于人生经验之中,从而使理解成为可能,狄尔泰一反理性主义的哲学传统,不认为客观真理存在于超历史的个体之外,而是存在于共同的经验之中。狄尔泰试图利用其共同的经验观念解决理解客观性的难题,但是,狄尔泰由于未能够摆脱传统主体性哲学的认识论范式,他试图为历史主义的客观性进行辩护时,他本身又陷入了传统认识论的困境。传统主体性哲学的认识论范式以严格的主客二分作为认知图式,以本质主义作为其知识论关切、以真理符合论作为真理理念,这一范式对主客统一的哲学解决只是将某些"自明"的前设遮蔽在原有理论框架中,已有的认识论范式无法对此问题进行根本性解决。传统认识论范式的困境也说明了狄尔泰的理论尴尬,在狄尔泰试图运用理解的共同历史背景保障历史的客观性时,狄尔泰也同主体性哲学一样运用一种理论预设去保障精神的客观,这是因为人文世界的本质认识与认识者的自我意识是难舍难分的,狄尔泰试图向历史知识的客观性迈进时,他将所谓客观的历史本体与主体的历史认知也混淆起来。

从圣经解释学到狄尔泰精神科学的一般方法论,理解的地位其实并没有发生根本的变化,传统认识论的困境在解释学内部并没有得到根本性的解决,以消除读者前见、恢复作者原意而导致读者历史性消解和作者历史性还原的方法论解释学似乎走向了穷途末路,一场诠释学的本体论变革也因此暗流浮动。

参考书目

1. [德]威廉·狄尔泰:《诠释学的起源》,李超杰译,载洪汉鼎主编:《理解与解释:诠释学经典文选》,东方出版社2006年版。

2. 洪汉鼎:《诠释学——它的历史和当代发展》,人民出版社2001年版。

3. 殷鼎:《理解的命运》,三联书店1988年版。

4. [德]威廉·狄尔泰:《精神科学引论》,童奇志、王海鸥译,中国城市出版社2002年版。

5. [德]威廉·狄尔泰:《对他人及其生命表现的理解》,李超杰译,载洪汉鼎主编:《理解与解释:诠释学经典文选》,东方出版社2006年版。

(王　彬)

读者中心论

读者中心论摆脱了理解是读者重现作者主观意图的认识方法,而是将理解作为人类存在的本体意义。读者中心论作为诠释学的本体论建构，其理解的过程就不再是读者通过自我向他者的心境转换去恢复作者原意的过程，而是一个主客体视域交融的过程。读者中心论由侧重方法论和认识论研究的传统解释学逐渐转变为侧重于本体论研究的哲学诠释学，这一学术流向由海德格尔发动，后由伽达默尔展开。

德国哲学家海德格尔以现象学为方法，对传统形而上学去时间化的思维方式进行了终结，对存在问题进行了研究，把传统认识论哲学的提问方式从“我们如何知道”转化为“理解中的存者的存在方式是什么”，实现了诠释学和本体论的双重变革。伽达默尔秉承着海德格尔的学脉，继续发展了理解的本体论，并实现了理解过程重心从“作者中心”向“读者中心”的转移。在伽达默尔看来，他所开拓的哲学诠释学是探寻人类一切理解方式中所包含的普遍性，伽达默尔证成理解的普遍性是通过将语言抬高到本体的高度来实现的，他承继了海德格尔解释学以语言为线索的本体论转向，将海德格尔“语言是存在之家”的命题在解释学的框架中发展到极致。在西方哲学史上，语言作为人表达思想工具的观念一直深入人心，但由于语言工具论割裂了语言与思维的关系，否定了语言的意义在交流中生成、语言的意义在语境中确定这一基本实际，因此，其自然无法发现语言在存在论上的本体意义。相反，在伽达默尔看来，语言不再是主体认识客体的手段和工具，语言的意义也正是在具有游戏性质的平等交换的谈话活动中被揭示出来；理解的过程就不再是读者通过自我向他者的心境转换去恢复作者原意的过程，而是一个主客体视域交融的过程。这样，伽达默尔通过将语言由工具的地位上升到本体的高度，相应地，他亦将解释学本体论与传统形而上学本体论区别开来，理解的真理不再以完全独立于解释者的客观实体而存在，故理解的目标就不再是发现或者复原认识完全独立于主体的客观实体；在理解的关系中，并不存在主体对客观的完全支配，而只存在主体和客体的双向交流。这样，伽达默尔将精神科学的关系本体论区别于形而上的实体本体论，完成了解释学上的本体论转换。

读者中心论的诠释学实现了诠释学从方法论向本体论的转向，这体现为：首先，伽达默尔恢复了先见在理解过程中的合法性。伽达默尔认为“先见”是一个不具有感情色彩的中间词，并对先见作了两种区分，一种先见是历史在个体中的传承和沉淀，另一种先见是传统解释学所指责的“偏见”。其次，伽达默尔以其视阈融合概念超越了传统认识论中主客二分的认知图式，认为人的理解过程无法摆脱当下的历史视阈，应将理解的过程视为动态的视阈融合过程。最后，伽达默尔提出了解释学上的理解、解释与应用三位一体学说。伽达默尔的哲学诠释学通过理解的历史性、语言性和实践性，在解释学上实现了以语言为线索的本体论转向，以方法遮蔽真理的真知灼见警示世人：方法并不是通向真理之途，理解才是人的存在方式，从而为解释学的发展带来了哥白尼式的第二次革命。

参考书目

1. [德]汉斯·格奥尔格·伽达默尔：《真理与方法：哲学诠释学的基本特征》，洪汉鼎译，上海译文出版社 1999 年版。
2. [德]伽达默尔：《哲学解释学》，夏镇平、宋建平译，上海译文出版社 2004 年版。
3. 洪汉鼎：《理解的真理》，山东人民出版社 2001 年版。
4. 王彬：《法律解释的本体与方法》，人民出版社 2011 年版。

（王　彬）

文本中心论

以文本为中心进行解释的诠释学理论,实现了解释学本体论与方法论的统一,文本中心论的诠释学理论是解释学家赫施、利科尔等对伽达默尔解释学的批判而得以完成。

伽达默尔哲学诠释学对传统哲学革命性的颠覆包含着深刻的建构,但是,伽达默尔本体论解释学对方法论的弃绝,从作者中心到读者中心的解释学重心转移,存在主观主义和相对主义的倾向,具有一定的瓦解和解构意义。伽达默尔因此受到各方面的批评和指控。

意大利法律史家贝蒂和美国文学批评家赫施对伽达默尔进行了相对主义和主观主义的指控。赫施认为无可否认文本意义随理解视域的变化而变化,但是也无法否认文本含义的固定。法国的保罗·利科尔把"文本"作为理解和解释的重心,建构起了"文本中心论"的诠释学理论体系。利科尔通过文本与口语的区分,强调了文本的永恒性,从而使理解的确定性成为可能。同时,利科尔推进了伽达默尔的"距离"理论,首先,认识到了文本与事件、文本与作者、文本语境与口语语境的距离,对文本的理解过程仍然是一个建立语境的过程,距离的存在使追寻作者的原意成为不可能。

但是文本自身的固定性也不能将理解作为读者自我理解的过程,而片面扩大解释者的主观性。在本体论与方法论的关系问题上,保罗·利科尔既不同意传统解释学将理解作为追寻文本背后作者意图的方法,对伽达默尔本体论解释学对方法论的弃绝也深表不满。他将诠释学的任务定义为,"诠释学是关于与文本的解释相关联的理解程序的理论"([法]保罗·利科尔:《解释学与人文科学》,陶远华译,河北人民出版社1987年版,第148页)。利科尔试图将解释的重心落到文本上,以此消解方法论解释学和本体论解释学在理解主观性上的困境,这样,利科尔通过以文本为中心,对文本的形成语境与文本的解读语境进行了分离,从而使传统解释学力图所实现的读者主观性和作者意图客观性的统一,分离为文本含义客观性与作者意图主观性在文本形成环节上的统一,读者视界的主观性与文本意图客观性在文本解读环节上的统一,消解了解释过程中读者语境和作者语境的悖论,寻求理解和自我理解的两难,这无疑对实现解释学本体论和方法论的统一具有重要的启示意义。

在理解和说明的关系问题上,利科尔认识到了本体论解释学的偏执,而主张解释学在方法论上的适当回归,他不仅仅主张理解和说明在方法论上的共融,也通过对理解和解释的区分,揭示了解释的方法论意义和理解的本体属性。伽达默尔的哲学诠释学深刻地揭示了主客对立的自然科学认知模式对于阐释人文科学知识论的局限性,同时伽达默尔对解释普遍性的揭示,力图使诠释学不仅仅局限于精神科学的疆域,而要成为对精神科学和自然科学同样有效的方法论,但这同样滋长了哲学诠释学相对主义的倾向,摧毁了知识的稳定性基础。正是基于科学和诠释在方法论上的对立,利科尔认为分析哲学中的"说明"方法和解释学中的"理解"方法并不是根本对立的,而是辩证统一的。此外,分析哲学的语言学转向使分析学和诠释学共享了语言的本体论,从而为分析学与诠释学牵线搭桥。

参考书目

1. 李洪雷:《法律解释中的真理与方法》,载《法大评论》2003年第2期。
2. [法]保罗·利科尔:《诠释学的任务》,载洪汉鼎主编:《理解与解释:诠释学经典文选》,东方出版社2006年版。

(王　彬)

法律解释文本论

本体论意义上的法律解释理论是受解释学“本体论转向”的影响，不再将理解和解释作为达致某种客观真理的方法，而是将其作为人的存在方式，从而将理解和解释拔高到本体论的高度，以此为前提理解法律解释活动的理论，从而形成本体论意义上的法律解释理论，主要包括解构主义和建构主义两种理论路向。

伽达默尔在存在意义上来理解人的解释活动，强调了解释活动的创造性。但是，在法律解释中，理解的创造性又成为一种强大的解构力量，影响着法治的确定性和客观性。在后现代法律解释理论中，知识谱系的纷杂并不影响理论目标的统一，他们皆以传统方法论意义上的法律解释理论的反思为目标，这种批判性的理论旨趣也促成了法律解释理论的后现代转型，其理论目标在拒斥形而上学、反对本质主义、批判基础主义上达成了一致。后现代法律解释学借助于哲学诠释学和语言哲学的相关理论，将对传统法律解释学的批判事业继续推进了一步。其学术谱系主要展现为左翼批判法学、激进女权主义法学、种族批判法学、后现代法学、实用主义法学、法律与文学运动。他们在反对理性控制法律的道路上走得更远，他们以“解释的自负”取代了“理性的自负”，将说明、理解、批判等一切均纳入解释的框架中，处处以解释的名义展开了对法律的解构阅读。

哲学诠释学相对论和主观论的理论倾向，引起了诸多法学家的警惕，出于对法治的维护，许多法学家认识到哲学诠释学瓦解法治的理论危险，而在法学中对哲学诠释学进行了“创造性地转换”，将法学方法论纳入本体论解释学（伽达默尔以后的哲学诠释学）的理论框架，重新发现本体意义上的诠释学对法律方法论的建设性意义。解释学转向背景下的建构主义的法律解释路向，不再把法律解释的主观性和客观性对立起来，法律解释中主观性的价值判断在法律解释研究中已经成为既成的事实，在这一理论前提下，建构主义法学的理论任务是如何限制法官能动司法的恣意，追问法官创造性解释的正当性依据。这主要体现在两个发展方向上，“一个方向是注重文本与作者以及读者之间的客观与主观的互动关系，另一个方向是注重作者与读者以及读者之间的主观与主观的互动关系。前者的方式是解释，后者的方法是议论”［季卫东：《法律解释的真谛——探索实用法学的第三道路》（上），载《中外法学》1998 年第 6 期］。哲学诠释学对传统形而上学的批判，对人文科学方法论独特性的追寻，引起了德国法学对传统法律解释理论的反思，从而构建本体论意义上的法律诠释学。法律诠释学力图发展法学作为人文科学的独立方法论，将哲学诠释学的“前理解”“诠释学循环”“效果历史”“类型”“视域融合”“事物的本质”“对话”“解释的普遍性”等概念吸收进法学方法论中，对德国古典法学方法论进行了系统地改造，为德国法学方法论注入了新鲜血液，其代表人物主要为恩吉施、克里勒、拉伦茨、埃塞尔、考夫曼等。面对新出现的诠释学理论，一部分法学家对法律诠释学对法律安定性所带来的挑战保持警惕，如恩吉施；而另一部分学者则在吸收哲学诠释学理论资源的基础上，对传统的法律解释学进行自我修正，如拉伦茨。尽管不同的理论家研究旨趣有所差异，但是，其共同点则表现为将哲学诠释学吸收进法学方法论中，对方法论意义上的法律解释学所面临的理论困境，进行了一系列地理论反思与拯救，从中我们可以发现哲学诠释学对法律诠释学的智识贡献。

参考书目

1. 顾祝轩：《合同本体解释论》，法律出版社 2008 年版。

2. 刘星:《西方法学中的"解构"运动》,载《中外法学》2001 年第 5 期。
3. 王彬:《法律解释的本体与方法》,人民出版社 2011 年版。

(王　彬)

法律解释方法论

方法论意义上的法律解释理论以作者为中心、以主客二分为解释图式、以解释为方法和手段、以科学主义为理论旨向,试图在传统认识论哲学的框架下建立法律解释的方法论体系。一般来说,方法论意义上的法律解释具有认识论基础、政治哲学基础以及法学基础,这也分别关涉法律解释的客观性、合法性与确定性。

作为方法论意义上的法律解释学,有两大法律解释流派,一是探究历史上立法者的心理意愿为目标的主观论,二是以解析法律中包含的意义为目标的客观论。法律解释的主观论在法律的本质观上认为法律是立法者意志的体现,并严格遵循分权的要求,将司法审判视为对立法者意志的严格执行。法律解释的主观论肇始于德国历史法学派的鼻祖萨维尼,萨维尼区分了完善的和有缺陷的两种不同的法律解释的格局,完善的法律解释存在语法要素、逻辑要素、历史要素和系统要素这四个要素。肇始于萨维尼的法律解释的主观论学说,以探求立法者的原意为解释目标,即立法者在制定法律时的意图和目的。由于这里的意图和目的是立法者的心理状况,所以原意说带有极大的主观性色彩。但是,又由于各种理论在探求立法原意的合理路径上存在认识分歧,后世法律解释的原意说又表现为不同的理论形态。法律解释的客观论是与原意说决裂的理论形态,不同于法律解释主观论对立法者原意的探求,而以法律文本的意图作为解释的目标。

这种解释理论的基本观点是,法律一经立法者的颁布和制定就脱离了立法者,从而拥有了独立的法律意志。法律解释的主观论将法律作为立法者意志的表达,法律背后隐含了立法者的心理意向和价值追求,因此主张对法律的解释不仅仅拘束于制定法的文本中,也须对立法者的主观评价和意向进行探求;法律解释的客观论则认识到法律的发展远远超过了立法者的预期,对于立法者没有提供答案的司法案件,司法者必须根据事物的本然之理、客观上的应然公正理性地作出判决,法律解释的客观论在法律的概念论上排除了将法律作为物理和心理上的事实,而将法律作为一种客观的精神存在。无论是解释的主观论还是客观论事实上均是要求司法者探求一种客观性的存在,两大解释流派都属于解释目标上的客观论,即两者均采取了客观主义的解释立场。尽管这两种学说存在差异,但在法律本体的客观性上确是一致的,均认为法律是自明的,法官处理案件都要从自身之外的历史事实或者精神中去寻找和发现。

尽管经历了启蒙时期科学主义思维的勃兴,法学作为一门科学的地位已经确立下来,但是,法律解释学在这个时期仍然具有浓厚的教义学属性,方法论意义上的法律解释学属于典型的独断型解释学。法教义学是以对法律规范不加批判的接受作为理论前提的,这是因为,在这个时代,法律的权威并不是建立在人们对其科学探究的态度上,而是借助政治上的强权建立自己的权威,这体现了法律的保守性特征。因此,方法论意义上的法律解释学基本上属于法律教义学的范畴。方法论意义上的法律解释学体现了普遍解释学在认识论上的观念,从而,方法论意义上的法律解释理论的特征体现为:首先,传统解释学仍然是科学的附庸,狄尔泰将解释学作为精神"科学"的方法论,而不是"诠释"的方法论,在认知图式上,传统解释学仍然建基于主客二分的二元图式,这体现了将作品意义固定化和唯一化的客观主义的诠释态度。其次,在对待认识的“前理解”的问题上，认为先见的存在是认识的障碍，法律解释的目的和意义在于消除认识的先见，避免认识的误解。再次，在法律思维的模式上，法律解释的过程是规范和事实的逻辑涵摄过程，逻辑涵摄的法律思维过程即司法三段论的运用过程，这一过程是事实适用于规范的演绎过程，法官对于法律用语不能附加任何意义。最后，法律解释的过程是法律规范普遍意义确定的过程，而不是针对个案的解释，传统法律解释学对规范的确定是立法规范的确立，而不是针对个案裁判规范的证成。

总之，传统法律解释学主要表现为方法论意义上的解释理论，它将法律的意义世界建立在科学的方法论上，将法律视为一个具有确定性、稳定性、客观性、中立性和封闭性的自治系统。这是因为，方法论意义上的法律解释学建立在以下三个假设的逻辑前提之上：一是法律表达法律规范的语词具有单一性，二是法律体系具有一贯性，三是法律体系完满自足。

（王 彬）

法律解释与法律诠释的区分

法律解释是在主客二分的认识论图式下，利用文义、逻辑、体系、历史等解释方法对法律文本含义或者立法者意图的发现；而法律诠释则是法官在具体的裁判过程中，根据法律文本对法律意义和法律精神的把握，从而构建针对个案的裁判规范，是解释者意图、文本意图和立法者意图视域融合的解释过程。法律解释和法律诠释的区分作为两种不同的解释立场，体现在作为方法论的法律适用理论上、道德哲学和政治哲学立场的分歧上，并且必须与具体的宪法传统和法治的发展阶段结合起来进行理解。

以法律概念论区分，法律解释和法律诠释采取了不同的解释学立场，在解释的对象上，即在确定法律文本的范围上采取了不同的态度。法律解释立足于传统认识论主客二分的认知图式，将法律解释作为对法律文本含义或作者意图的解码，将制定法规范作为法律解释的对象，认为法律解释者无论如何都可从法律的内部体系中发现解决问题的答案，而不需要求助于法官的主观判断或者法律之外的道德、政策、理念等，从而将法律作为公理化的封闭自足体系。在这种解释立场下，大陆法系将具有自足性的法典作为法律解释的对象，而普通法的先例体系被视为一种准法典或和谐一致和逻辑统一的书面规则，以拘束力确定法官拟宣告之法律。由于立足于本体论解释学的高度，法律诠释学站在存在的高度审视和考察一切法律现象，法律规范之外或者之上的价值等因素也列入法官考量的范围，从而法律诠释的文本不再是封闭的体系，法律成为一个动态、开放的体系，成为与人的社会生活密切关联的价值体系与目的体系，在“敞开的体系内论证”成为法律诠释学的口号，法律文本的范围从而得以扩大。

以政治哲学的不同立场区分，法律解释以法律文本的原初含义或者法律文本中所蕴藏的作者原初意图为解释旨向，这体现了法律解释者对立法者的尊重，这实际上是立法优位的要求，体现了立宪主义民主理论在政治哲学上的主张。法律诠释以对司法过程中追求立法意图的质疑和对能动性与历史性认同与尊重为旨向。程序主义、自由主义、实用主义等诸多理论主张，在法官司法独立的前提下，将法官对法律“文本”的服从性地创造作为法律解释的鹄的，法律诠释的过程未必是对立法者意图的追寻，正当程序、人民的基本权利、社会政策等就可能成为法官在诠释法律文本过程予以考量的因素，法官释法的恣意则由司法程序、人民的基本权利、社会福利等因素控制。

以道德哲学的不同立场区分，法律解释极力拒绝法官在法律解释中的道德判断，拒绝法律规范的效力要经过道德或正义的论证。法律与道德的分离立场符合"法律解释"的解释姿态，方法论意义上的法律解释学主张法官在解释法律的过程中极力排除个体的"先见"，防止道德因素在法律解释过程中的涉入。而法诠释学看来，评价成为法律适用中必不可少的活动，道德性的意义可以简单地解释为道德主体对于善之纯粹意志，其存在是无法透过智性加以证明，但却是可透过行为实践之身体力行加以表彰。法律解释的道德性通过法律解释者的个体经验、直觉等"前理解"的形式表现出来，法诠释学对解释者"前见"的恢复从而承认了道德因素在法律解释中的评价作用，但是，法诠释学并不同于现实主义法学将道德因素作为纯粹来自法官主体的意志因素，而是采取了"法全体主义"的理论策略。

参考书目

1. 王彬：《法律解释的本体与方法》，人民出版社 2011 年版。
2. 颜厥安：《法与实践理性》，中国政法大学出版社 2003 年版。
3. Peter Goodrich, *Reading the Law*, Basil Blackwell, Ltd., 1986.

（王 彬）

法律解释（诠释）的辩证特征

法律解释是在解释者与立法者共同作用下的法律意义呈现过程，而解释者与立法者的视域融合是以法律文本为媒介的。借用解释学的辩证法，法律解释的特征也体现出辩证的色彩。

第一，法律解释是主观性与客观性的统一。立足于本体论解释学的立场，法律解释的主观性意味着法官解释法律的能动性。美国学者惠廷顿将解释、阐释与创造区分开来，"宪法解释是对宪法含义的发现，宪法阐释是对与宪法文本有关内容的阐发和展开，而宪法创制则是宪法全新含义的新创"。法律解释的客观性是指尊重法律文本和立法原意基础上的非恣意性。法律解释的客观性有两层意思，"一是法官解释法律应探寻法律字里行间的原意，对法律的意思进行客观地而不是任意地解释；二是假如法官不能在法律文本中发现法律，也不能随意曲解法律，应在法律文本外发现法律"。法律解释的客观性也是承认法官释法主观性前提下的非恣意性，主张法律文本、立法意图、解释规则、宪制传统、司法惯例、法律基本精神、解释者职业素养等对法官释法的限制。法律解释的主观与客观并非作为一个对立的概念，而是作为一组辩证互补的概念在法律解释中统一起来。

第二，法律解释是独断性和探究性的统一。法律解释的独断性是法治理念的要求，这体现了法律文本的权威性要求，要求法官在法律适用过程中对卓越文本的服从。法律解释的独断性要求在一定意义上是以法律规范意义的普遍性和客观性为前提的。传统法律解释学将法律解释视为一个独断的解释过程，法律解释的过程是法官对卓越文本的独断性解读，法官对文本意义的宣示具有最终的效力，这种解释观终止了人们对法律解释效力的无穷追问，通过独断的法律解释权力终止了法律文本意义的探究过程，然而，法律诠释学对法律解释本体意义的揭示，将法律解释的过程视为主体间性的探究过程，自此，法官独断性的解释权遭到消解。本体与方法的张力为我们揭示了法律解释在形式上的独断性和过程上的探究性。独断与探究是法律解释一体两面的特征。一方面，法律解释是一个主体间性的探究过程，通过司法过程中的探究寻求共识来解决法律解释"何为真"的问题；另一方面，独断性是法律解释的本有特征，通过法官独断的解释权来解决法律解释"何为有效"的问题，解释权本身是法官司法权的重要组成部分，法官在法律解释中的独断角色最终会终止法律解释过程中的无休止探究，从而使法律解释的结果具有法律上的效力。

第三，法律解释的解释学循环是方法论解释学循环和本体论解释学循环的统一。理解的循环运动并非单纯地返回到原来的出发点，而是在理解的循环运动中对法律文字的理解又提升到一个新的层次，使解释者在理解前的“意义期待”得到确证或者修正。本体论意义上的解释学循环是从结果逆向回溯到开头的流程：作为结论的理解是解释者基于前结构的理解，前结构之前还有现在的前理解，前理解又还有前理解，结论即使经证成的一种符合事物本身之“前”理解。前理解是解释者基于特定历史背景下的“效果历史意识”，就法律解释而言，包括先例、学说、司法惯例，一直到法官个人的正义感、生活经验等因素共同形塑了法官的“前理解”。本体论意义上的解释学循环体现了解释者在与文本的互动过程中对前理解的不断修正，彰显了法律解释是解释者与文本双向对流的对话关系，而非单向的解读过程，这体现了法律解释过程中法官的能动性作用，是法律解释主观性和客观性相统一特征的另一表述。但是，法律解释学并不能将解释学循环的意义完全落实到法官主体上，将法官作为解释者的存在意义完全代替法律的意义。尽管本体论意义上的解释学循环揭示了法律解释的本体论特征，但是，解释学循环必须借助于一定的方法和程序将法律解释的过程描述出来，以得出法律解释的最终结果，而不是陷入无休止的恶性循环无法自拔。同时解释学循环作为法律解释中的理解程序，并不仅仅表现在法官对法律文本的解释上，更重要的是体现在规范适用于特定案件事实时，从而解释学循环成为发生在法官、法律文本与案件事实三方之间的循环过程。因此，法律适用的过程并不是直线式的法学三段论的决定过程，而是表现为法官对事实与规范交互性解释的“目光流转过程”。

第四，法律解释方法属性与权力属性的统一。法官释法权的确立实际上是对法官司法能力的肯定，是对法官独立判案、维护法律至上、担当维护正义使命的信任。在本体论解释学看来，法律的理解、解释与应用是三位一体的，法律解释是本体和方法的辩证统一，法律解释的本体属性说明法律解释事实上是法官既定的权力。一方面，通过具体的法律解释方法和法律解释规则可以限制法官的任意解释；另一方面，法官又具有运用和选择法律解释规则的自主性权力。在这个意义上，我国的司法解释体制在制度设计上否定了法官的法律解释权，并通过明确的法律文件将司法解释权赋予最高级司法机关统一行使、统一颁布规范性的司法解释文件，但是，这并不等于否定了法官在个案适用中的法律解释权，在实践中法官对法律的解释是无法避免的。

参考书目

1. 范进学：《宪法解释的理论建构》，山东人民出版社 2004 年版。
2. [美]基思·E. 惠廷顿：《宪法解释：文本含义、原初意图与司法审查》，杜强强等译，中国人民大学出版社 2006 年版。
3. 陈金钊等：《法律解释学》，中国政法大学出版社 2006 年版。
4. 洪汉鼎：《诠释学——它的历史和当代发展》，人民出版社 2001 年版。
5. 吴庚：《政法理论与法学方法》，中国人民大学出版社 2007 年版。
6. 强世功：《双重结构化下的法律解释》，载梁治平主编：《法律解释问题》，法律出版社 1998 年版。
7. 王彬：《法律解释的本体与方法》，人民出版社 2011 年版。

（王　彬）

法律解释的认识论困境

方法论意义上的法律解释存在认识论上的主观性与客观性、历史性与非历史性的悖论。

就主观论来说，解释者本身是以不确定的立法者主观意志为认识物件，认识主体和认识对象的双重主观性更加剧了认识过程的不确定性，解释者和立法者的时间距离给解释者恢复立法者原意的努力带来了困难，作为读者的解释者对法律文本的解读必然会不同于作为作者的立法者的原初意图，在这个意义上，解释的过程与其说是复原的过程，不如说是解释者对法律文本意义进行赋予的过程。发现法律客观意义为解释目标的客观论，试图通过消除解释者的历史性，复原作为立法过程的"客观历史"，对法律进行历史主义的解释，"它要求如果一项法律规定不明时，应按照法律颁布时的社会对它的普遍理解来加以解释，也即法律是特定的历史精神，这是其合法性渊源，因而具有决定现在理解的力量"（[美]博登海默：《法理学：法哲学与法律方法》，邓正来译，中国政法大学出版社2004年版，第516－518页）。然而，客观论在本质上是反历史主义的。它割裂了个体精神与普遍精神、历史与当下的联系，最终以虚幻的历史客观性遮蔽了真实理解的历史性。客观解释理论采取一种功能主义的态度去对待法律解释，根据适用者的"客观性"观念进行法律解释，从而很难将法律续造和法律解释区分开来。

主观解释和客观解释作为两种截然对立的解释论点，为解释者设定了不同的解释目标，这实际上体现了不同的价值追求。大致而言，主观解释论确立了立法者意志的解释目标，坚持了民意至上原则对立法者原意的强调，体现了民主价值的优先性；而客观解释论以制定法的"客观精神""理性目的""法律内存的理性意义"等作为法律解释的目标，概而言之，其主张法官不应拘泥于立法者的原意而为当下问题提供合理的解决方案，体现了正义价值的优先性。在静态意义上，也即在立法者原意和法律内存意义具有客观性的前提下，主观解释论和客观解释论都将法律的确定性作为优先价值进行维护，法律解释的主观论主张超越法律语词的范围去考察立法者的主观意志，对法律文本背后的立法者主观意志进行考察，通过法律解释的民主正当性维护法律解释的确定性；法律解释的客观论主张探寻法律文本呈现出的语义原意，或者将法律文本作出脱离于立法者的独立本体进行对待，要求解释者局限于法律文本的范围之内进行客观解释，主张社会或者法律共同体对法律条文所形成的语义共识进行解释，通过追求共识意义上的形式正当性维护法律解释的确定性。主观解释论和客观解释论尽管都以维护法律的安定性或者确定性为己任，但是不同的解释目标体现了民主价值和正义价值追求的对立。在动态意义上，主观性与客观性的悖论使主观解释论和客观解释论均遭遇认识论上的困境，这又使法律解释处于确定性与妥当性的张力之中。解释者基于法律解释的实践效果确定了法律解释在认识论上的目标，但是，法律解释所遭遇的认识论困境在政治和法律哲学中又转化为法律安定性与合目的性的张力问题。就主观解释而言，尽管对立法者原意的追求体现了解释者对民主正当性的维护，但是，在法律解释过程中不仅立法者原意在认识论上无法完全实现，而且代表法律安定性和民主正当性的立法者原意未必能够符合当下案件的个案正义，从而产生法律安定性与合目的性的内在紧张；就客观解释而言，其对客观性概念的预设具有合目的性的特征，但是，这种以解释者客观性观念作为解释标准的理论容易造成解释者向立法者的僭越，从而形成对法律安定性的破坏。

在认识论的框架下，方法论意义上的法律解释学所采取的主观解释和客观解释的不同态度，均是一种脱离法律解释独断性特征的讨论方式，而忽视了法律解释的教义学属性。基于法学的教义学属性和独断性特征，我们才能将法律解释置于精神科学领域的恰当地位，通过说明法律解释的应用特征，从而可以避开主观解释和客观解释的无休止争论。法律解释并不同于探究性的历史解释、艺术解释和文学解释，法律解释是为了探讨法律解释的具体应用情境，探究法律解释在当下应用情境中的法律意义，从而法律解释具有独断性的特征。与法官的法律解释相较，法律史学家的解释为对制定法制定的动机理解和制定法作品中的个性特征和精神力量的探究，并不是为了当下的法律应用。解释的独断性和探究性是相比较而言的，即使是纯粹的历史学解释也并无法脱离当下的应用，成为绝对的探究型解释。三位一体的诠释学特征虽然具有普遍性，但是，历史解释的应用和法律解释的应用在根本上是不同的。司法者无法像历史学家一样完全采取科学探究的态度研究法律解释的问题，尽管历史解释的客观性无法完全实现，但是历史的真实性和客观性仍然是历史学家应然的价值追求和研究目标；但是，对于法律解释而言，由于司法作为定分止争的实践理性，并受到诉讼程序的限制，法律解释无法采取像历史诠释学一样的研究态度，更无法以认识论上的标准来衡量法律解释的正误。

从根本上来说，认识论上的困境源于传统哲学在本体论上的虚假的理论预设，以及由此导致的在认识论上的错误提问方式，当我们依此理论预设认识法律解释时，法律解释的过程也成为主体去认识客观实体的过程，方法论意义上的法律解释自然也因为认识的主体性无法达致绝对主义的客观性。

参考书目

1. [德]卡尔·拉伦茨：《法学方法论》，陈爱娥译，商务印书馆2003年版。
2. [德]魏德士：《法理学》，丁晓春、吴越译，法律出版社2005年版。
3. [德]卡尔·恩吉施：《法律思维导论》，郑永流译，法律出版社2004年版。
4. [美]理查德·A. 波斯纳：《法理学问题》，苏力译，中国政法大学出版社2002年版。
5. 林立：《法学方法论与德沃金》，中国政法大学出版社2002年版。
6. 王彬：《法律解释的本体与方法》，人民出版社2011年版。

（王　彬）

法律解释的政治学难题

宪制语境下法律解释的难题缘起于解释学转向造成的法律解释在民主理论和法治理论中的困境。

第一，法律解释的民主困境。分权的政治逻辑直接构成了方法论意义上的法律解释在政治哲学上的智识支持，因为将法律解释作为系统的方法论可以最大限度地防止法官在司法过程中的恣意，法律解释的方法论是达致立法者意志的方法，从而具有确保权力界分的宪制功能。追寻立法者意旨为目标的法律解释是与宪制中的民主价值相互支持的，这是多数主义民主前提对解释主体在政治道德上的要求，从而在法律解释中体现立法者意旨是法律解释在政治哲学上的正当性根据。但是，多数主义的民主理论本身难以解决的理论困境，使以实现立法者意志为旨向的法律解释在政治哲学上的正当性依据面临挑战和质疑。

民主命题是要解决"谁来统治"的问题，启蒙思想已经给我们明确的答案，卢梭说，"确切来说，法律只不过是社会结合的条件。服从法律的人民就应当是法律的创作者；规定社会条件的，只能是那些组成社会的人"（[法]卢梭：《社会契约论》，陈惟和等译，九州出版社2006年版，第36页）。在法律解释学的意义上，不能将立法者意志与人民意志简单等同，以及将追求立法者意图与实现民主价值简单统一。在法律解释学上,法律解释的意图论能够在理论上很好地维护近代启蒙思想现代性法律知识中关于民主的意识形态。然而,法律解释的认识论困境意味着对立法者意志的追寻是虚无缥缈的幻象,我们无法以法律解释的意图论去维护启蒙哲学关于民主的元叙事,法律解释的正当性因此也遭到追问,以多数至上主义的民主前提来维护法律解释客观性的理论企图在此遭遇失败。民主理论的内在困境预示着以多数主义的形式表现出来的立法者意志未必是人民意志,在法律解释过程并不能完全体现作为人民意志的立法者意志,多数至上主义的民主并不能保证人民实现自治。

同时,启蒙哲学试图通过民主理论来统一政治领域中的不同意见,通过多数决的立法过程来整合政治领域中的歧见,并希望通过法律解释的统一性和中立性来消除政治上的纷争,从而体现民主的另一政治价值,即通过民主缓解价值观的多元主义,力图通过民主实现平等。但是,法律解释的中立性和统一性已经为批判法学淋漓尽致地予以揭露。世界的去魅化已经使通过形而上学和宗教信仰保证的一元化价值体系崩溃,现代法律很难成为一种通过语义共识保障的权威价值体系,法律解释过程中多种价值观念体系的竞争无法避免。就司法过程而言,批判法学甚至认为法律解释成为某种政治意识形态操控的过程,法律沦为意识形态的工具,法律科层对法律的解释往往受到法律背后的社会舆论以及公共政策的影响。

第二,法律解释的法治困境。法律解释的必要性势必造就解释主体的创造性,以通过强调司法克制和司法被动来维护民主与法治的现代性法律意识形态,也随着解释主体性的张扬被逐步攻破,启蒙哲学企图以法律统治的法治话语去尽量避免人的统治,以此防止权力的恣意和膨胀,就方法论意义上的法律解释论而言,其坚信法官通过掌握特定的解释规则,就可以发现蕴涵于法律文本中制定者给定的、可以确定的含义,从而可以防止司法权的僭越。然而,法官操控下的解释规则使解释往往成为创造新含义的过程,尤其是现代的法律以及宪法文本充斥着大量的原则、不确定性条款以及价值性条款,那种仅仅拘泥于对法律文本字句的"解释主义"立场已经不再可能,法官在司法判决中的价值判断无法避免。法律解释的主体性和自治性让我们不得不承认法治的一半是法官的统治,以法律主治取代人治概念的法治话语在此遭遇挑战,关于法治的元叙事在解释学的话语体系中也遭到解构。尽管执掌司法权的现代法官往往宣称他们执行法律的意志(人民的意志),而不是他们自己的意志,从而为其能动主义的司法进行民主性辩护,但是,社会的转型需要司法权以能动和扩张的态度适用法律,解决立法者未予明确提供答案的社会新问题,从而,"现代解释的主要任务并不是探究宪法用语——笼统的原则相对而言容易确定的含义,而是注重将那些比较概括的含义适用于具体案件然后根据案件所涉及的问题给以确切的内容。这个过程的主要特征是一种'平衡'过程"([美]伊利:《民主与不信任——关于司法审查的理论》,朱中一等译,法律出版社 2003 年版,第 42 页)。在这种背景下,司法权的行使就不是为了实现不溯及既往的规则之治,而是行使了广泛的公共政策的制定权,传统严格规则之治的法治概念在此遭遇解构。

解释学转向对解释主体性和能动性的张扬,使传统法治理论所追求的严格规则之治变得不再可能,同时作为精英群体的法官的法律解释具备主导性和自治性,这使判决结果与当下公众的民意产生隔离,从而造成民主与法治在法律解释中的张力。

第三,法律解释的政治学难题的实质。解释学与启蒙思想分权逻辑在话语上的对立形成了法律解释中民主与法治、合法与正当的张力,这构成了法律解释的政治学难题。法律解释的政治学难题从根本上缘于民主制度内在的结构矛盾,"这一紧张性的矛盾实际上已蕴涵于'法治'(rule of law)的概念中,也就是统治(rule)和法律(law)在本质上具有不同的侧重,如果法治概念的统治性质被过于强调,那么公权之间的界限容易模糊;如果法治概念的规则性质被过于强调,那么法治的政治维度则不清晰"(Fred Dallmayr,*Hermeneutics and the Rule of Law*,Legal Hermeneutics:History,Theory,and Practice,Berkeley,University of California Press,1992)。

参考书目

1. 范进学:《法治反对解释吗?》,载《法制与社会发展》2008 年第 1 期。
2. [德]魏德士:《法理学》,丁晓春、吴越译,法律出版社 2005 年版。
3. 刘星:《法律解释的大众话语与精英话语》,载梁治平主编:《法律解释问题》,法律出版社 1998 年版。
4. [英]弗里德利希·冯·哈耶克:《自由秩序原理》,邓正来译,三联书店 1997 年版。
5. [美]罗伯特·达尔:《民主理论的前言》,顾昕、朱丹译,三联书店 1999 年版。

(王 彬)

法律解释方法的非自足性

法律解释学意在为法官提供理解的方法论,试图通过一定的法律解释规则和法律适用方法限制法官的主观恣意,达到价值评价最大限度的客观化。从学科自足性、学科发展、学科定位、学科意义的角度分析,法律解释方法论不具备自足性。

首先,关于学科的自足性问题,任何一种学科都无法达致一种完全的自足性和完美的体系化。对此,哥德尔的不完全定理已经说明,系统的一致性与完全性难以兼容,系统的一致性在本系统内也无法得到证明。哥德尔定理在科学哲学上已经说明了任何学科体系都无法达到自足性的要求,这说明了我们对于法学研究应该采取开放性的态度,以自足性的标准去要求法律方法论的学科发展和学科建设,本身就是一种苛求。对于法律解释的方法论而言,其本身是关于法律实践的学问,其关注法律实践者对法律的正确适用,并不是要去建构一种法学研究的完美自足体系。目的往往决定手段。在司法实践中,如果将手段置于高于目的的位置,这无疑是一种机械死板的做法,最终会导致法律方法的异化。

其次,对法律方法论的非自足性,还必须结合一定学科发展的语境来认识。法律方法论作为一种学科主要是源于德国。在德国,法律方法论作为研究法律解释的方法以及法律适用的学问,被称为法学方法论。而德国意义上的法学是指法律教义学,德国意义上的法学方法论是面对既定法秩序,研究法律如何适用的方法的学说,在知识属性上具有浓厚的教义学属性。狭义上的法律方法就是传统的法律教义学所提倡的方法,随着概念法学被利益法学和评价法学所诟病,德国的法律教义学已经不是概念法学所主张的封闭法律体系下的教义学,但是,法律方法论仍然没有改变其对既定法秩序的面向,与法哲学具有不同的学科任务。在德国,法律方法论属于研究法适用的形而下学问,而法哲学则是研究"何谓正确之法"的形而上问题。可见,教义学意义上的法律方法论并不以探讨实质性的正义为己任,而是中立地研究正义如何实现的问题。

再次,对于法律方法论的学科定位,还必须结合一定的哲学立场来进行,传统教义学意义上的法律方法论,建立在传统哲学价值无涉的哲学立场上,法律方法论要求价值中立地研究法学中的价值判断问题。在这种价值多元的时代背景下,法律方法论必然不同于传统科学意义上的方法论,不能以如何发现客观真实作为自己研究的任务,而是要为法律中的价值判断提供尽量客观的标准。在价值多元共存的事实下,法律方法论的研究不能持有特定现行的价值立场,而必须采取价值无涉的哲学立场研究价值判断客观化的标准。对于作为人文科学的法学来讲,不可避免价值评价问题,对法律价值的研究往往会陷入人言人殊的境地,但是,这并不意味着法官的价值评价可以恣意妄为,这恰恰体现了法律方法论的学科价值所在。通过为法官提供一套大致可行的法律方法论,有利于法律共同体的形成,最大限度地限制法官在司法审判中的恣意,从而实现价值评价的客观化,因此,法律方法论所主张的价值中立立场应该也是理想意义上的。

最后,正确认识法律解释方法论的非自足性,从根本上来说,取决于我们在学科意义上如何认识法律解释。法学是一门理解性的人文科学,法律解释是法官对法律进行理解的精神活动,法律方法论并不能禁止法官解释的创造性,无法否定法官解释的主体性。正是在这个意义上,解释规则自身无法代替法官对解释规则的选择,事实上,并没有哪种法律方法论对法律解释的元规则进行探讨。但是,在法律解释的实践中,法官必须遵守一定的解释规则,不能借由解释方法的选择来任意支配法律解释,法官在解释实践中也大致遵循着文义—体系—历史—目的的排序,但是,“此类解释目的之阶层顺序来自国家论的考量,而非基于诠释学或哲学的思维”([德]卡尔·拉伦茨:《法学方法论》,陈爱娥译,商务印书馆2003年版,第37页)。可见,对解释规则的遵循并非来自法律解释元规则的指导,而是来自法官的守法义务。

参考书目

1. 王彬:《法律解释的难题》,载《武汉理工大学学报(社会科学版)》2008年第3期。
2. 赵辉、赵馨:《从哥德尔定理看法学研究》,载《社会科学家》2005年第2期。
3. [美]本杰明·N. 卡多佐:《法律的成长、法律科学的悖论》,董炯、彭冰译,中国法制出版社2002年版。
4. 郑永流:《法学方法抑或法律方法?》,载《法哲学与法社会学论丛》编辑委员会编:《法哲学与法社会学论丛》(第6卷),中国政法大学出版社2003年版。

(王　彬)

法律商谈理论

德国法学家哈贝马斯把以语用学为基础的交往行为理论及其商谈伦理学引入法学,创立了法律商谈理论。他批判了传统的单一主体面向的实践理性和以主—客结构为基础的工具理性与技术理性,倡导交往主体在语言基础上的互动作用,主张在后传统的辩护层面上,合法的法律是可以在一个商谈性意见形成和意志形成过程中被所有法律同伴所合理地接受的。他认为,在后形而上学时代,法律的合法性基础源自理性商谈。人们就有关问题进行理论讨论,形成公共意志,并通过民主立法程序,包括法案在立法议会的提出、辩论、修改、投票表决等程序,转化为法律。如此产生的法律,既能体现沟通理性,也是人民自主立法的表现,具有充分的正当性。法律商谈理论被更多地适用于司法裁判过程中,主张在一个理想的法律商谈环境中产生的司法裁判才是正确的裁判。法律商谈必须在一个多元、开放的体系中平等进行,这一过程自始至终都可以吸收其他合理的因素,尤其是立法过程中所使用的伦理和道德理由。司法裁判是否正确,取决于裁判过程对那些使公平判断成为可能的理性商谈条件的满足程度,即是否满足时间、社会和实质三个向度中的理想化条件:第一,时间不受阻碍,理性商谈不受不合理因素的影响而中断;第二,参与主体权利不受限制,保证人们对商谈过程的普遍、平等的了解,保证人们平等、对称的参与,从而确保人们在议题选择和理由接纳上的自由;第三,商谈过程不受任何强制性,摒弃商谈过程内外的任何强制因素,只承认来自更好的论据的强制力量,除合作寻求法律真理外,其他动机都应当是中立的。

参考书目

[德]哈贝马斯:《在事实与规范之间——关于法律和民主法治国的商谈理论》,童世骏译,三联书店2003年版。

（侯学勇）

裁判的合法性

“合法性”一词源于拉丁文 *legitimus*,有合乎法律、正义和正当之意。近代以来,对合法性概念的研究大体可以分为经验主义和规范主义两种进路。在经验主义看来,合法性意味着民众依据经验判断对政治体系的认同和忠诚。合法性问题是一个实践问题,只要政权具有稳定性、持久性和有效性,政权无论是民主的还是独裁的,都是合法的。韦伯的合法性概念是这一进路的代表。但在规范主义看来,经验主义进路的合法性概念忽视了价值判断对于合法性的意义,容易导致“多数人的暴政”,损害社会的公平与正义。罗尔斯基于规范主义的进路,强调了正义价值在合法性中重要性,正义是社会制度的首要价值……某些法律和制度,无论它们如何有效率和有条理,只要它们不正义,就必须加以改造或废除。

哈贝马斯在上述两种进路的基础上,批判性地重建了合法性概念。他认为经验主义的合法性概念只是一种同真理没有内在联系的经验现象,仅将有效性作为合法性的标准,完全排斥了价值标准,缺乏对有效性的基础说明,陷入“历史解释的无标准性”中。而规范主义合法性概念完全排斥了大众赞成、认可的经验基础,简单地寻求一种合法性的永恒的正义基础,陷入了一种抽象的形而上学思辨中。在哈贝马斯看来,对于某种要求作为正当的存在物而被认可的政治秩序来说,合法性(legitimacy)意味着这种秩序有好的存在理由,合法性意味着某种政治秩序被认可的价值。在现代政治秩序中,合法性离不开合法律性(legality),但合法性不等同于合法律性。合法律性只有从一种具有道德内容的程序合理性出发才能取得它的合法性。纯粹的法律实证主义意义上的“合法律性”,无法提供真正意义上的合法性内涵,只有从法律与道德的内在关系中寻求价值论证才能取得合法性。

基于以上理论渊源,国内学界多在两种范围上使用“合法性”一词。狭义的合法性仅指法学意义上的合法律性,即行为或状态的存在符合法律的规定。广义的合法性包含了政治学意义上的正当性和法学意义上的合法律性,指行为或状态的存在符合某种道德原则或价值标准。在法律论证理论中,合法性主要是在狭义上使用的,即司法裁判的过程及结果符合法律的规定。

参考书目

1. [美]罗尔斯:《正义论》,何怀宏等译,中国社会科学出版社1988年版。
2. [德]哈贝马斯:《交往与社会进化》,张博树译,重庆出版社1989年版。
3. [德]哈贝马斯:《在事实与规范之间——关于法律和民主法治国的商谈理论》,童世骏译,三联书店2003年版。

（侯学勇）

裁判的可接受性

法官针对个案纠纷,不仅要依法做出裁判,并且要提供合理的理由说服公众接受裁判。因而,评价司法裁判是否正当不仅有合法性标准,还需考量是否能够被公众接受。可接受性是人们的内心世界对外在世界的某种因素或者成分的认同、吸纳甚至尊崇而形成的心理状态或者倾向,无论这种因素或者成分是经验的、先验的抑或超验的,也无论这里的“人们”指向部分人群抑或整个人类,更无论这种心理状态或者倾向形成的原因为何。因而,就司法裁判而言,可接受性主要是指司法裁判能够被双方当事人、法律职业共同体、社会公众接受或认可的属性与程度。这一概念反映的是双方当事人、法律职业共同体以及社会公众对司法裁判所持有的一种心理情感和价值评判状况。

与合法性标准相比较而言,司法裁判的可接受性标准更加复杂多变。首先,公众对司法裁判的接受程度取决于具体的时空条件,同一裁判结果被置于不同的时空条件下、面对不同的公众群体时,被接受的程度可能会大相径庭;而合法性标准较为单一、明确,只要符合法律规定即可,不会考虑时空条件、公众群体构成的差异性。其次,合法性标准主要是针对作为裁判者的法官提出来的,目的是限制法官的裁判权力,维护案件裁判的正确性;但可接受性标准主要是针对社会公众的认同程度而设计的,它强调的是社会公众在内心对司法裁判的感情认同程度。由于司法裁判的可接受程度,需要考量不同的时空条件、不同的公众群体构成等各种情况,因而从社会角度而言,尽管以可接受程度作为判断司法裁判的优劣标准是十分明确的,但其实现的复杂性却是无以复加的。因此,有学者认为,以可接受性作为评价司法裁判优劣的标准,实质是以公众意见取代法律标准作为评价司法裁判的标准,而公众意见在现有司法程序中难以转化为规范性的正当化理由,因而可接受性概念缺乏存在的恰当基础。

参考书目

1. 孙光宁:《法律论证中的可接受性原则》,载《法律方法》(第8卷),山东人民出版社2009年版。
2. 陈景辉:《裁判可接受性概念之反省》,载《法学研究》2009年第4期。

(侯学勇)

裁判的客观性

客观性概念经常被用于司法裁判、法律解释等活动过程中。美国波斯纳法官认为,在司法裁判、法律解释等法律问题上,"客观性"一词大致可以区分为三种强弱不同的含义:(1)本体论上的客观性,指法律问题的判断与甄别标准,在于是否与某种外部实在或客观真理相符合。(2)科学意义上的可复现性,指法律问题的处理如同科学实验,只要方法正确,对于同一问题就能找到相同的答案。(3)交谈意义上的合理性,指对法律问题的认识和处理是基于有说服力的合理根据而非主观任意的判断,它是交谈者之间的一种共识,这一共识会随着交谈共同体的变化而合理地加以改变。在一个社会或共同体中,成员在政治思想、文化传统、价值观念、生活方式等各方面都具有高度的同质性。同质性程度越高,他们就法律问题达成共识的可能性就越大,对法律问题的处理也就越具有客观性。

本体论和科学意义上的客观性比较符合传统法律观念中追求唯一正解的立场,但在一些疑难法律问题的处理上,无法充分顾及正当性对法律问题解决的影响。第三种客观性立场将追求答案的唯一正解,转向关注获得答案的过程与理由的合理性。这一立场超越了传统客观性概念中对客观与主观的截然二分,它一方面使人们看到许多法律问题处于两极之间的疑难地带,另一方面突出了这些问题可以通过提供"有说服力的合理依据"予以合理解决,体现了疑难法律问题解决过程中的非任意性和非个人化的一面。若把客观性概念用于法律解释活动中,则是指以下几个方面的综合:一是符合人们已提前界定的价值标准体系,二是符合排除解释的个人性因素的程序规则,三是符合解释规则的科学性。法律解释的客观性是与解释手段的科学性、解释过程的科学性和解释结果符合一定的价值体系相联系的一个概念。

参考书目

1.［美］波斯纳：《法理学问题》，苏力译，中国政法大学出版社1994年版。

2. 陈金钊：《法律解释的意义及其对法治理论的影响》，载《法律科学（西北政法学院学报）》1999年第2期。

（侯学勇）

融贯性

融贯通常被用于一组信念之间关系状态的描述。一组信念构成的一个体系，如果各个信念构成一种蜘蛛网状的结构，网状结构中的任何一个信念都会得到来自不同方向的其他信念的支持，信念之间都能够形成相互支持的关系，那么，这个信念体系就是融贯的。美国哲学家劳伦斯·波茹（Laurence BonJour）描述了一个理想的融贯状态。如果满足下列条件，一个信念的体系就是一个奠基于论证的、融贯的体系：（1）它是逻辑上无矛盾的；（2）它拥有高度的无矛盾可能性；（3）它的组成信念彼此之间，有着相当数量相互强烈逻辑蕴涵的关系；（4）只有少数无法说明的异常状况；（5）它提供了某种对于世界相对稳定的理解方式，且此种理解方式能维持融贯性［意指在一个相当长的时期内持续满足（1）－（4）的条件］；（6）它满足了观察的要求，亦即它必须包含一套法则，这套法则足以提供人们在合理范围内形成自发性的、多样性的认识信念，包括内省性的信念。根据瑞典哲学家佩策尼克的认识，一组论证或一个理论的支持性结构的融贯程度依赖于诸如以下的各种条件：支持关系的数量，支持链的长度，支持强度标准，理由链之间的关系，理由之间的优先顺序，理由之间的相互证立，在融贯的体系里使用的概念应当是具有普遍性的概念，概念之间应当具有交叉关系，一个融贯的理论应当覆盖尽可能多的案件，一个融贯的理论所能够应用的生活领域应当尽可能地具有多样性。因此，融贯是一个具有程度面向的概念：在最融贯和最不融贯的状态之间存在许多不同程度的融贯状态，实践中只有相对融贯，却无法找到绝对融贯。

融贯性这一概念在法学领域主要是在两种意义上使用的。一个是法律体系的融贯（coherence of the legal system），另一个是法律推理或法律论证的融贯（coherence in the legal reasoning）。所谓法律体系的融贯，关注的是如何把某一决定融入一个法律体系中，如何使其与法律体系中的所有内容融合在一起。而法律论证的融贯是一种裁判的融贯（coherence of adjudication），其目的在于论证，并且考虑如何把这些论据联系起来用以支持司法裁判，具体方式包括收集证据、形成证据链或者证据网等。裁判中的融贯主要关注如何使证据收集、理由链或理由网络变得融贯。

参考书目

1. 徐向东：《怀疑论、知识与辩护》，北京大学出版社2006年版。

2. 颜厥安：《论证、客观性与融贯性——由几篇文献检讨法律论证的基本问题》，载颜厥安：《规范、论证与行动——法认识论论文集》，台北，元照出版有限公司2004年版。

3. Alexy Robert & Aleksander Peczenik, *The Concept of Coherence and Its Significance for Discursive Rationality*, Ratio Juris 3, 1990.

4. Leonor Moral Soriano, *A Modest Notion of Coherence in Legal Reasoning: A Model for the European Court of Justice*, Ratio Juris 16, 2003.

（侯学勇）

法律规范的有效性

关于法律规范的有效性问题,大体可以分为两种立场:唯实论(realism)与非唯实论(non - realism)。唯实论认为,法律规范的有效性纯粹是一个经验问题:一个规范命题之所以为真,在于这一命题"符合"立法者意旨,所以是有效的。但鉴于追寻实际立法者意旨面临诸多问题,关于某一观点的有效性问题,很难用真理符合论的观点予以考察。非唯实论提出了一个"假设的立法者意旨"的概念,即"如果立法者在当时遇到这种情况,她会怎么想?"人们在某些特定资料,如各种立法草案资料、法律学说及其他参考文献等的基础上,能够拟制或推论得出的一个当时立法者面对新问题时可能主张的观点。因此,法律规范的有效性问题,很难采用符合论的标准予以判定,只能采用融贯论的立场予以衡量。某一意思解释是否有效,在于它与"假设的立法者意旨"是否融贯:如果该意思解释不与"假设的立法者意旨"矛盾,且与后者所包含的命题能够形成相互支持的关系,那么这一意思解释应为有效。

参考书目

Aarnio Aulius, *The Rational as Reasonable: A Treatise on Legal Justification*, Dordrecht: D. Reidel Publishing Company, 1987.

(侯学勇)

司法能动主义

又称司法积极主义,在一个法院获得相对独立的政治地位和权威的国度中,法官基于人们的信赖,利用手中的自由裁量权,通过对具体案件的审理,以公正和保护人的尊严为己任,不拘泥于先例和成文法的字面含义进行创造性和补充性解释,以回应当下的社会现实和社会演变的新趋势并对各种政治、社会问题给予干预的司法理论和方法。这是一种相对于严格法制来说的司法能动主义,即只要突破文义就算是司法能动主义。

谈到司法能动主义必然要涉及与其相对的另一个概念——司法克制主义,两者都是司法哲学观和方法论,但二者的定义不像政治上的自由和保守那么好定义和区分,它们并非像直线的两个端点,中间还存在相当部分的、令法官头疼的灰色地带。对司法能动主义的认识的确需要从多方面加以考量,但是又要对司法能动主义自身所拥有的独特的内涵给予充分的认识。

除了司法权固有的独立性、中立性、程序性、公正性、专业性、权威性等特点,司法权在主张能动主义法官手中运用时,还呈现出以下几方面的特点:从司法权行使的主观方面来看,司法能动主义的法官主观上持有一定的"结果导向"(result - oriented)的意图。在司法权行使的过程中,司法能动主义法官对案件的论证部分更突出了对自然法基本价值理念的考量。对司法权行使的界限和范围,能动主义法官对立法权和行政权具有一定的"侵蚀性"。就司法权行使的结果来看,司法能动主义法官对案件的判决通常具有一定的社会影响性并非仅限于案件的双方当事人。

从实践和学理两个方面划分,司法能动主义有三种表现形式。一是"技术性的能动主义",这是司法能动主义最主要的表现形式,即法官利用司法审查权,以自己对宪法狭隘或宽泛的理解和解释,宣布某项立法或行政部门的做法违宪,或者享有不受先前判决的约束甚至背离对同类案件的判决(推翻先例)。二是社会性司法能动主义,即准立法、准行政性质的制定"公共政策"。英美法系就是法官造法的历史,法官根据宪法、在法律的"缝隙间"进行立法,对行政权也有一定程度的监督、指导和介入。法院的公共政策制定功能是与其法律解释行为有机联系在一起的,法官根据社会正义、衡平理念、法律原则等进行创造性解释或创制新判例,对该纠纷所涉及的社会问题的解决思路和解决方式产生了波及效应,影响相关领域的政策制定和执行。三是法学性司法能动主义,即法律新概念的发展。法学性司法能动主义是指对司法权在行使过程中对所创设的权利适当性的分析以及法学新概念的形成。不同于技术性和社会性能动主义在司法权的行使过程中具有一定的主观意图,法学性司法能动主义不问其要服务的目的,也不关心这些新概念将为谁所用,是对法学知识在理论上的客观性探索、分析和创造。法官在创设新的权利和法律概念时,都会对抽象的自然价值、逻辑规范和动态的社会事实及案件的特殊情况进行系统分析,用简练的语言概括并体现在对判决理由的论证过程之中,对原有的知识体系不断刷新并为知识的积累创造条件。

（姜福东）

司法克制主义

又称司法保守主义,作为一种意识形态,对内主要表现为对待法律文本、法律规则、法律制度和法律解释方法的谦抑态度;对外主要表现为对其他公共权力的尊重、恪守权力的界限。

司法克制主义有刚性的与柔性的两种形式。刚性的克制主义要求对法律不能进行解释,只能进行适用。这是一种极端的观点,有学者把其讥为机械法制或法学。柔性的克制主义主张司法是应用法律,而不是适用法律,法律应用就是法律解释,没有对法律的解释就没有法律的运用;主张有限地开放能动主义对实质正义要求;在能动主义与克制主义的关系上,认为克制是司法活动的主流,而能动只能起到辅助的作用;强调对判例或法条已明确的含义,法官只是在认同意义上解释;主张对模糊性的法条含义,应该保持克制,在充分论证的基础上创造性运用;认为在一般情况下,不能超出法条规定所推导出来的可能范围,应符合一般判断力所可能达到的理解,至少应避免违宪和违法。柔性的司法克制主义强调有节制地司法,能动主义只能附条件、时间和地点使用。

司法过程中克制主义主要表现在五个方面:第一,表现为对立法权和行政权的尊重。第二,司法克制主义要求法官应坚持职权行使的被动性原则。第三,司法克制主义要求法官在解释法律的时候,应坚持反对解释与有限创造的原则。第四,司法克制主义要求法官在金钱等物质利益面前要克己奉公,克己守法,克制自己的非法欲望。第五,司法克制主义要求法官在庭审中冷静与克制。

（姜福东）

法官思维属性

司法裁判人员在审判过程中由于其工作任务、知识属性与工作立场等因素的综合作用,所形成的一种职业性思维方式。与法学家和律师等其他法律人群体相比,法官思维具有如下属性:

第一,中立性。律师和检察官的思维不可能完全中立,在职业需求引领下,律师要为当事人谋求利益的最大化,检察官要维护国家和社会公共利益,所以他们的立场不可能中立。法官的思维视角的中立性取决于法官在诉讼过程中所处的地位,法官面对案件应当是一种中立的态度，客观地对待控辩双方提出的证据材料，根据诉讼程序，不偏不倚认定案件事实，做出中立的裁判。

第二，形式理性。法官根据案件事实、因果关系、主观与客观、权利与义务、过错与责任等多方面因素，对双方利益进行全面平衡，这种平衡是在法律框架下进行的一定比例的权利义务调整，不会构成对案件事实本质的逆转，目的是对双方利益作一个既符合法律原则，又符合情理的平衡。必须指出的是，这里的利益并不完全是生活中的利益，而是法律上有根据的利益，是受法律保护的利益。法官要对相互冲突的利益进行平衡，这种平衡要视每个案件的具体情况而定，具有一定的法律技巧。所谓法律技巧依据法律原则与生活情理，灵活而不失原则地处理案件，这种技巧不具有普遍性，只能适用于具体案件，属于经验范围的思维技巧，并带有一定程度的偶然性或经验性。

第三，规范性。法官思维必须以法律规则作为起点和依据，法律思维是根据法律展开的思维，这对法官来说尤为明显，律师和原被告很可能出于自身的利益立场考虑，有意或无意地忽略法律规定，或者歪曲对法律的理解。作为保障法律正当适用的职业群体，法官必须尊重实定法的效力，恪守逻辑，从法律规定中释放出案件的评价依据，无论是事实分类还是法律后果的赋予都要严格依据法律，真正做到"有法司法"。具体表现为：(1)视法律为最高规范，奉行法律至上，法官相信法律是各种规范中的最高规范，并用法律规范自己的行为、评判别人的行为。(2)恪守法律意义的固定性、客观性，坚持用法律标准衡量案件事实，法官的司法裁判是代表国家司法机关开展的职业活动，在审理案件中释放的是司法机关对法律意义之理解，而不是个人的见解。(3)深刻领会法律精神，并在疑难案件中，既尊重法律意义的确定性，又能合理地贯彻法律精神。

第四，平衡性。利益纠纷是引发司法诉讼的直接动因，两造的态度与观点分歧最终是由利益冲突导致的，与此相对应，任何司法裁判本质上都是对利益纠纷的裁决，法官必须根据法律的规范精神对利益做出权衡与选择，进而对利益归属做出裁断，法官的思维不可避免具有平衡性。必须指出的是，法官所做出的利益平衡并非严格依据法律规定，绝不能为了调和个案矛盾随意地"和稀泥"，与其他纠纷解决方式相比，司法诉讼的典型特点在于根据法律确定双方的权利义务边界及归属，法庭上的任何利益裁判都于法有据。此外，但凡起诉到法院的利益纠纷，很少存在一方有理而另一方完全无理的情形，而往往是双方都对涉诉利益享有一定的主张权，但彼此的利益存在重叠或者冲突，在这种情况下，法官做出的利益裁断往往不是完全支持某一方，而需要依据法律对双方的利益诉求予以取舍，有可能双方的利益诉求都具有合理性，得判断到底哪一种利益诉求更合乎法律规定，更站得住脚。换言之，法官做出的利益衡量并非简单地将涉诉利益判给某一方，而是经过细致权衡，依据法律断定两造中某一方的利益更为正当，更有可取性。这种站在中立的立场，对两造利益做出权衡取舍的平衡性，构成法官思维与律师思维、检察官思维的重要区别。

第五，谦抑性。在司法活动中，法官严格恪守不告不理的原则，以中立的姿态倾听两造的论辩，极力避免先入为主，在整个庭审活动的过程中，法官尽可能地在全面了解案情，倾听两造举证和论辩的基础上做出裁断，从而尽可能使司法裁判建立在全面权衡双方证据和观点的基础上。整体而言，英美法系的刑事庭审活动遵循当事人主义，控辩双方充分辩论，法官在认真倾听双方观点的基础上做出裁判，这样的制度设计有利于法官更好地恪守思维的谦抑性，相反，大陆法系的刑事审判实行职权主义，法官通过职权的行使主导着整个刑事审判流程，其行为往往更为积极主动，在这种情况下，法官在司法裁判中独断性在不自觉间得到张扬，法官思维的谦抑性相对不足。

第六，保守性。法官得依据法律的规范意义来塑造社会秩序，不能动辄批判当前的法律规定不合理，而必须尊重制定法，从中释放出评价法律事实的依据，并据以裁判涉诉纠纷。可以说，法律思维就是法官依据法律去赋予社会事实以法律意义的思维，必须恪守法律的规范精神，确保自己所阐释的法律含义具有正当性，所做的任何价值判断和利益裁决都必须于法有据。久而久之，法律成为法官思维的路径指引，塑造了法官恪守规范，尊重实证法的思维风格，即使认为当前的法律规定存在不合理之处，也必须依据法律原则，在法律的大框架内，按照法律方法予以调整。法官的工作性质决定了法官思维是一种以法律为依据的循规蹈矩思维，法律能够对社会发展起一定的推动作用，但要通过法官的思维，通过司法裁判实现的发展与变革只能是渐进式的改良，而不可能是大踏步完全否定当前法律制度的改革。

（戴津伟）

形式法治方法与实质法治方法

形式法治理论主张，法官应当：(1)在法律文本明白而清晰时，遵守法律文本的字面含义；(2)在法律文本模棱两可时，服从立法机关或者行政机关对法律文本的解释。与此相对应，形式法治方法强调按照形式推理，遵照法律的字面含义做出裁判，反对过度解释，形式法治的方法包括文义解释、内部证成、体系解释、反面解释、演绎三段论，这些方法都意在保持法律含义的稳定性，确保同一法律条文在不同情形中都能予以同样适用，同等情形同样对待，依托逻辑上的统一于有效性实现司法公正。根据形式推理和文义解释等形式法治方法无法解决问题时，我们需要诉诸实质法治方法，实质法治方法包括目的解释、当然解释、漏洞填补、外部证成、利益衡量、后果论证等，实质法治方法通过诉诸法律目的、权衡利益冲突、考虑法律实施效果等方式，阐释具体案件中的合理性需求，缓解一般性规则与具体案件之间的冲突，力图最大限度地满足个案裁判的正当性。从法律方法的逻辑属性上看，形式法治方法属于形式推理，在前提确定的情况下，就能根据形式推理得出统一确定的答案；反之，实质法治方法本质上属于辩证推理或者说论证逻辑，启示我们在需要做出价值判断和利益权衡的情况下，如何做出最优化选择，怎样获取最符合个案要求的合理解决方法。当然，实质法治方法也绝非完全自由恣意的方法，既然服务于实现法治，实质法治方法同样以法律规定为思考的起点和依据，根据法律展开思维，力图从法条中释放出既能照顾到具体案件的合理需求，又符合法律规范精神的正当含义，从而确定个案合理裁判方案。换言之，实质法治方法立足于尊重法律规范精神的基础上，而非为了实现个案合理性完全置法律于不顾。

从运用的次序上，当今各国（地区）一般都遵循形式法治方法优先原则，先运用形式法治方法，当出现法律漏洞或者个案合理化困境时，才考虑实质法治方法，可以说，实质法治方法是对形式法治方法的矫正和救济。

从司法理念的角度看，形式法治方法强调恪守逻辑，法官保持谦抑的司法姿态，尊重法条的字面含义，从而确保法律的稳定性与可预测性，所对应的是司法克制主义，与此相对应，实质法治方法强调法官突破形式逻辑，引入立法意图和社会效果等法律外因素，寻求符合个案情形的妥当解决方案，所对应的是司法能动主义。

纯粹的形式法治方法无法实现法治理想，一味恪守形式法治方法，逻辑至上，只按照法律的字面含义严格执法司法，不顾法律适用的实质合理性，结果很可能是机械司法，进一步而言，只知道崇法重法，严格地用法律来规制社会生活，不顾法律所追求的实体价值，无论法律执行和适用后会产生怎样的不公和荒谬，最终很可能导向片面的法律工具主义。反之，完全采纳实质法治方法，凡事都强调发挥法官的能动性，积极引入法外因素，动辄目的解释或者利益衡量，片面地追求实质合理，个案合理性未必都能一一实现，但很可能导致法官的个性因素无限制地放大，为法官的极度自由裁量打开了畅通无阻的通道，最终的结果却是恣意和擅断，再者每个案件都有自身的特殊性，而法官的价值倾向和司法理念也各不相同，完全放手让法官追求实质合理，不可避免地会消解法律的统一性和可预测性，慢慢地离依法而治的状态越来越远，简言之，片面的实质法治方法所导向的只会是对法治的背离。

司法审判不可避免地解决法律一般性与个案特殊性这一永恒的矛盾，但就调整方式而言，法治是力图用统一的规则来规制多样化的社会事实，从而按照立法意图来形塑社会秩序，在这个过程中，我们首先得恪守逻辑，尊重制定法的权威，遵循法条的字面含义，除非法律适用会出现极其不公正的结果，否则我们都尽可能地严格按照平义解释得出裁判结果，尽可能避免因法官的个性化理解和恣意裁断而影响到法律统一适用。

从方法论的角度看，法治的实现必须依托形式法治方法与实质法治方法的合理结合，其中，形式法治方法是基础，是法律确定性与一致性的有效保障，而实质法治方法则是缓解一般性规则与具体案件之冲突的合理手段，是据以实现个案妥当裁判的方法依托。

（戴津伟）

中国古代司法方法理论

春秋决狱

在判案定罪的时候，不以当时通行的法律为依据，而以儒家经典《春秋》中的原则与精神为标准。《春秋》是孔子所编纂的鲁国编年体史书。孔子在书中借对历史史实的阐述，阐发了自己各种政治、伦理、道德等方面的观点。《春秋》被后世儒生奉为经典。汉武帝时期，董仲舒提出“罢黜百家、独尊儒术”，之后，经其改造过的儒家学说开始在社会上占据主导地位。董仲舒、公孙弘这些经学大师，在应对皇帝所提出的疑难案件时，经常根据《春秋》中所体现和规定的原则解释相应问题。后来，董仲舒整理依据《春秋》所判决的案例为《春秋决事比》一书。此书已经散佚，仅有数个案例通过其他典籍被保存。春秋决狱的基本精神是“原心定罪”。这一定罪原则的关键是要考察犯罪者的主观动机，主观动机邪恶的，即使犯罪未遂也要处罚，主观动机无恶意的，则可从轻或免除处罚。但从程树德的《九朝律考·汉律考·春秋决狱考》中所辑录的案例来看，春秋决狱案例三十件，有六件为董仲舒所处理。在这三十件案例当中，仅有五件与当时的法律规定不同，而这五件案例都是动机良善而减免处罚的，并未发现有因动机邪恶而遭受处罚的。可见，以董仲舒为代表的汉代儒家学者，创立和发展春秋决狱的目的，除了现实需要以及儒家思想指导地位的确立外，还希望借助儒家经典，在有疑难案件时，通过考察犯罪人的动机，在司法上尽量营造宽缓的环境与氛围，改变汉律因继承秦法而具有的严酷性。春秋决狱的出现，使儒家经典与经义开始向法律渗透，在后来的发展中，所依据的儒家经典范围不断扩大，除《春秋》外，《诗》《书》《礼》《易》等都可用在定罪量刑上，因此春秋决狱后来也被称为经义决狱。这既是法律儒家化的体现，也为后来的引经入律打下了基础。儒生们引经义决狱，必然要对律文作出解释，这又推进儒家的实用化和法律解释的前进。春秋决狱所受诟病的地方则主要在于：决狱所引儒家经典越来越多，司法中可以引用的案例也越来越多，儒家学者注律的成果也越来越多，造成了法律体系日渐庞杂与混乱。据载汉武帝时期已经有“死罪决事比万三千四百七十二事”。此外，儒家经义具有不确定性，可作出的相应解释也会有不同，这给奸吏弄法提供了便利。春秋决狱历经两汉、魏晋南北朝以及隋，直到唐代，通过立法实现了“礼法合一”才逐渐消失。

（向广宇）

纳礼入律

秦王朝专任法家，推行严刑峻法，以致二世而亡。汉代统治阶级吸收秦王朝的教训，在初期以“黄老”之道作为统治指导思想。到汉武帝时期，采用了董仲舒“罢黜百家，独尊儒术”的建议，以改造过的儒家思想作为统治思想的基石。而改造过的儒家思想仍是以孔子所创立的儒家学派的学说为理论根源，因而其中包含大量“礼”的内容。根据史籍，董仲舒等人在遇到疑难案件时，经常以《春秋》为代表的儒家经典作为判案依据，并解释当时通行的法律。儒家经义以“礼”自奉，因此“春秋决狱”的基本原则之一就是犯罪人的行为动机是否符合“礼”的要求。随着“春秋决狱”范围的扩大，“礼”被纳入法律制定与实施的范围也随之扩大。东汉时期律学大家除以经注律外，还聚众收徒，形成世业，进一步推进了律学的发展。到魏晋南北朝时期，律学兴盛，律学家同时都是经学大家，除了直接参与立法外，一些人如张斐、杜预的注律成果还得到了官方认可，具有了法律效力。“礼”的精神原则也进一步纳入律中。比较典型的有“八议”在曹魏《新律》入律和“准五服以制罪”在晋《泰始律》入律。“八议”源于《周礼》的“以八辟丽邦法”，指亲、故、贤、能、功、贵、勤、宾八种人犯罪后在法律上享有特权，司法官不能随意处置。“八议”是典型地体现了“礼”对于社会的等级性要求与规范。“准五服以制罪”则是按照古代礼制，将亲属间关系依死后服制不同区别远近亲疏，以此作为处断亲属之间相犯的法律依据。因此“八议”与“准五服以制罪”的入律，是纳礼入律的重要标志。至唐代，唐律集以往众律之长，最终完成了礼法结合，也最终完成了纳礼入律。唐律纳礼入律的表现主要有两点：第一，“礼”成为唐律的立法原则，《唐律疏议·名例》讲“德礼为政教之本，刑罚为政教之用，犹昏晓阳秋相须而成者也”就是明显的体现。第二，“礼”的要求直接转化为刑事法律条文，如居父母丧或夫丧而嫁娶的，要处以徒刑三年。

（向广宇）

准五服以治罪

五服制度是中国古代传统法律儒家化的体现。确定五服制度的目的是充分发挥礼在社会规范中的作用，更好地贯彻“亲亲”“尊尊”原则。五服制度又名“丧服制度”，在中国传统社会中，人要为自己死去的亲人服丧。根据与死者的亲属关系远近，不同的亲人的服丧期以及在服丧期所穿衣物质地都有所不同。按照由重到轻共分五等：斩衰、齐衰、大功、小功、缌麻。(1)斩衰。是五服中最重的丧服。丧期三年，实际为二十七个月，服丧者所穿衣物用最粗的生麻布制作，断处则外露不缉边，丧服上衣名“衰”，故曰“斩衰”，意为哀痛到极致无暇修饰。服丧范围是诸侯为天子、子及未嫁女为父、长房长孙为祖父、妻妾为夫。至明清，子及未嫁女为母、长房长孙为祖母、子妇为姑(婆)，也为斩衰。(2)齐衰。次于斩衰，用粗麻布制衣，断处缉边。服期则有三年、一年、五个月、三个月。服齐衰一年用丧杖称“杖期”，不用丧杖称“不杖期”。服丧范围：起初沿袭周代，父在，为母服齐衰杖期，父先亡，为母齐衰三年。子妇为姑(婆)也是齐衰三年。至清代，夫为妻，男子为庶母、为伯叔父母、为兄弟及在室姊妹，已嫁女为父母，孙男女为祖父母，皆服齐衰一年；重孙男女为曾祖父母，服齐衰五个月；玄孙男女为高祖父母，服齐衰三个月。(3)大功。次于齐衰。用粗熟麻布制作，服期为九个月。服丧范围：为堂兄弟、未嫁堂姊妹、已嫁姑及姊妹，以及已嫁女为伯叔父、兄弟，皆服大功。(4)小功。次于大功，用稍粗熟麻布制成，服期为五个月。服丧范围：至清代，为伯叔祖父母、常伯叔父母、未嫁祖姑及堂姑，已嫁堂姊妹、兄弟妻、再从兄弟、未嫁再从姊妹，外亲为外租父母、母舅、母姨等，均服小功。(5)缌麻。次于小功。用较细熟麻布制成。服期为三个月。服丧范围：至清代，男子为本宗宗族曾祖父母、族祖父母、族父母、族兄弟，以及为外孙、外甥、婿、妻之父母、表兄、姨兄弟等，均服缌麻。

五服制度成型于西周，至魏晋开始渗透至律令当中。晋《泰始律》正式将五服作为处理亲属间相犯等刑事案件定罪量刑的依据。基本原则是：(1)亲属间相犯。卑幼侵犯尊长，处刑重于常人，服制越近，处刑越重；尊长侵犯卑幼，处刑轻于常人，服制越近，处刑越轻。如父子之间，若父殴子，则可减轻或免除处罚，若子殴父，则要处死。(2)亲属间相奸。处刑重于常人，服制越近，处刑越重。(3)亲属间相盗。处刑轻于常人，服制越近，处刑越轻。(4)纯粹因为亲属身份而造成犯罪。有一些行为发生在常人之间不为犯罪，而在亲属之间则构成犯罪。如祖父母、父母在，子孙别籍异财等情况。准五服以治罪，是宗法伦理在法律中的明显体现，采用同罪异罚的方式，来维护父权、夫权以及尊长对卑幼的权威。

(向广宇)

明清会审方法

会审在中国古代由来已久，西周的“三刺之法”已经有了会审的性质。汉代的“杂治”也具有会审的作用。至唐代，则发展为“三司推事”和“小三司推事”。与此同时，中国古代还有一项制度，汉代称为“录囚”，唐代则称为“虑囚”，是皇帝或上级司法机关通过对在押犯人进行询问和核实，监督和检查下级司法机关断案情况，对冤假错案进行平反或纠正的制度。明清时期，在会审制度中，除了继承前代的方法外，还将虑囚制度也融入进来了。

具体而言，明代的会审主要有朝审、大审和热审：(1)朝审。洪武十三年(1380年)，朱元璋下诏宣布除武将死罪外，皇帝不再亲自审理大案，改由三法司(刑部、大理寺、督察院)会同五军都督府、六部、通政司等机构官员审录。改变了明初重大刑狱都由皇帝亲自审讯的状况。之后，参加会审的官员范围虽有不同，但是多机构官员审录复阅疑案的制度保存了下来。到明英宗天顺三年(1459年)明确规定，在每年的霜降以后，由三法司会同公、侯、伯会审重囚，称为朝审。从此朝审成为秋后复审死刑囚犯的固定制度。皇帝虽不亲自参与，但审理结果最后要奏请皇帝定夺。(2)大审。该项制度的形成晚于朝审。明宪宗成化十七年(1481年)下诏，命司礼太监一人会同三法司的长官在大理寺审录,称为大审。大审的时间是每隔五年,凡是遇到干支纪年中的丙年、辛年举行。举行的范围是全国,审理的官员因京城或地方有所不同。在京师的由司礼太监与三法司长官在大理寺审理,地方各省则由布政使与巡按御史主持。审录对象是所有监押囚犯和诉冤者。嘉靖年间有规定,凡遇到五年一次的大审者,杂犯死罪的准徒五年的,全都减一半,被处以徒刑和流行以下的减等处理。(3)热审。始于明成祖永乐二年(1404年),后来成为每年暑热来临前决遣清理在押未决犯及减等发落现监囚犯的制度。热审在每年小满节气后举行,时间约两个月。永乐二年初定热审时,只是对轻罪未决犯抓紧决遣、出狱听候,后又发展为对徒、流以下的现监囚减等发落。热审在京师的执行是司礼监、锦衣卫会同三法司进行,地方由上级代表机关会同地方长官主持。明代会审特点一是制度化,二是规模庞大。

明代的朝审主要为清代的秋审而非朝审所继承。(1)秋审。这是对各省死刑监候案件的复核程序。首先是地方秋审。先由现监押监候案犯的府、州、县衙门制作好记录案情以及案犯供词的"招册",然后将案犯与招册送至省提刑司衙门,由省提刑司会同布政使等审录案犯,核查招册,并上呈督抚。督抚要进行审录,实际上是省一级的会审,主要是将监候案犯分类供秋审参考,并将全省监候案犯的姓名、案由等汇集在一件题本之内,称为"汇题",题奏皇帝并呈报刑部各司。汇题上报后是刑部秋审,地方各省将监候案件上报刑部以后,各司将所管省的案卷进行审核并草拟看语,称为"看详"。各司看详后汇总到刑部秋审处核定,再呈报刑部堂官议定部拟意见,然后刑部将各省意见与部拟意见均刊刷招册,送九卿、詹事、科道各一册。最后是秋审大典,时间是在霜降节气后十一天(一般是在农历八月的某一天),地点在天安门前金水桥西,参加人员几乎囊括了所有的清政府中央高级官员。会审的时间只有一天,数量众多的案件在一天内审毕,只能是刑部书吏按招册逐一唱名,各级官吏只是随声附和,只是遇到有刑部在看详时改动分类的案件才加读看语。秋审大典过后,最终监候犯的处理还是由刑部上报皇帝,皇帝作出最后裁决。(2)朝审。朝审的对象是刑部在押重犯,每年一次。具体时间是在霜降节气后十天,地点在金水桥西。会审后向皇帝具题,由皇帝作出最终判决。

(向广宇)

律学

中国古代法学的集中体现。公元前361年,商鞅挟法经入秦,改法为律,开始变法,为中国传统律学的产生和发展提供了先决条件。法家主张法律应当明确、公开,为了达到这一目的,就需要对法律条文进行解释,于是律学便应运而生了。公元前221年,秦王朝建立,在各个方面推行专制主义。法律解释也只能由国家官吏进行,但也只能对律文本身进行注释,不能有超越政治体制之外的研究。中国传统律学由此走向了以注释法律为主要内容与特征的道路。汉代是中国古代律学的大发展时期,除了对秦代律学的继承外,还有了发展:(1)秦代以法家思想注释律文,汉代则主要以儒家经义注释律文;(2)除了官吏解律之外,大量私人注律的成果出现,但私人成果要经皇帝认可方能成为有效解释;(3)通过引经注律,推动了法律的儒家化,使儒家思想开始渗透到法律当中。西汉的律学家,多为官僚学者和任司法官职的法吏,如董仲舒、张汤等。他们注释法律既符合儒家经义又符合法意,因此都能得到皇帝认可,带有官方解释的色彩。

此外,从西汉后期开始,出现了注律世家,开创了私家授律的风尚,如著名的杜周、杜延年父子,就是世代相传习律。东汉时期更有人聚徒授律,形成累世相传的世业,并形成不同的流派。儒生习律成为风尚,经学大师马融、郑玄也都亲自注律,推动了中国古代律学的兴盛。魏晋南北朝时期,私家解律归于官方注律。这一时期的律学大家张斐、杜预等皆是朝廷重臣。律学的新发展则在于不仅仅引经注律,还开始对法典体例以及法律术语开始进行规范性解释。唐代是我国古代社会的盛世,各项典章制度臻于定型,《唐律疏议》中附于律文之后的律疏,是现存最早也是水平最高的律学著作。律疏语言精练、用词准确,又以大量律文以外的内容对律文进行解释与补充,在中国古代律学史上有着极高的价值与地位。宋代理学兴起,由于理学研究的主要是抽象的义理,与追求实用的律学产生了对立,因此造成了律学的滑坡。但在这一时期,私家注律又重新出现,而且出现了总结司法实践的律学著作,如郑克的《折狱龟鉴》、宋慈的《洗冤集录》等。明朝初年,朱元璋严禁改动、议论《大明律》,因此无人敢私家注律。但随着社会发展需要,政府又无力组织大规模的官方注律,只能委于私家。明代律学著作甚多,最具代表性的是王樵的《读律笺释》。清代疆域广阔以及多民族的共存造成区域发展的不平衡性,加之清代正式形成了律例体系,例的使用产生了一些新的法律问题,因此不仅要注律,也要注例,律学有了新的内容,代表作品有沈之奇的《大清律辑注》等。中国古代律学注重实用主义,因而主要靠对经验的总结,缺乏演绎推理的过程。

(向广宇)

中国古代法律解释

古代司法者在司法实践中为实现个案的解决而进行的一种法律操作的技术,这是基于司法立场而对中国古代法律解释所作的界定。由于古代中国行政司法不分的传统,使中国古代法律解释具有鲜明的特色。

第一,解释主体的复杂性。在司法与行政不分的专制政治体制下从事司法审判的司法官员基本上分为两类:一类是中央政府的官员,他们属于相对专门的司法官员;另一类则是各级地方政府的行政长官,司法审判是他们行政职能的一个组成部分。当然,其他政府机关的官员也在一定程度上参与了司法活动,甚至可以说古代中国的政府官员均有参与司法审判并进行法律解释的某种权限和可能。主体的复杂性也使中国古代法律解释呈现出一种反职业性和专门性的色彩。

第二,解释客体或对象的广泛性。中国古代中国法律解释的客体或对象首先指向的是以律典为核心的成文法律体系,包括历代统治者所制定的律、令、格、式、科等法律形式以及例、比、故事等统治者所认可的法律形式。但在特定领域及特定案件裁判中,古代司法者解释的对象并不局限于成文法律形式,有时也须通过对于习惯、情理等加以解释并以此为基础构建裁判依据。而在面临"情重法轻""情轻法重"等疑难案件时,即使存在"律有正条",古代司法者也可能通过对于情理及至儒家经义的解释而修正或替代相关成文律条。显然,习惯、情理以至于儒家经义往往也有可能成为中国古代法律解释的对象。

第三,解释形式的重经验轻逻辑性。公正的司法离不开逻辑力量和逻辑程序的保障。但在古代中国,从法律事实的认定、裁判规范的构建乃至裁判结果的作出,逻辑规则力量的制约往往让位于经验的力量。正是因为在司法过程中对于经验的过分倚重,古代的法官们更加重视对于民情与民俗的体察，以获得对于抽象伦理精神的感性体验，以便在司法适用过程中更加游刃有余。

第四，解释目标的功利性或实用性。中国古代社会所特有的实用主义的思维方式，使中国古代法律解释明显呈现出重经验而轻逻辑的形式特点。中国古代法律解释的功利性或实用性是由“情法相平”的司法目标所决定的，至少自汉代之后，封建立法者就将国法所承担的维系封建统治政权的使命与推行儒家伦理结合起来，并赋予司法者通过适用法律而将国法与天理、人情结为一体，实现“情”“理”“法”相融的使命。因此，法律实践过程中，当司法者面临着“情”“理”“法”之间出现的冲突与矛盾时，不是完全拘泥于律文之固有的逻辑因素。

古代中国法律解释实践强调以情理法相融裁判结果为法律解释目标，固然可以使法律的实施免于陷入僵化、机械的危险，但它所带来的负面影响也是不容忽视的。一方面，追求情理法相融合的法律解释目标，使古代法官在法律适用过程中强调裁判结果所引发的社会效应，而忽视法律自身的逻辑一致性。另一方面，由于缺少法律专门的技术体系，司法权力的运作又缺少有效的监督机制，以情理法相融为目标的法律解释活动的正当性保障，只能寄于法官个体对于道德理想的恪守和道德自律，因此，古代中国司法实践中追求情理法相融的法律解释活动所带来的也许并非社会的和谐，而是自始无法根除的司法擅断。

中国古代缺少法律解释学的本体论等理论的阐释，但并不缺乏指导司法实践的法律操作之学或法律注释之学。律学，形式上即可以认为是法律注释之学。从这一角度讲，秦代法律注释书《法律答问》可被认为是其最早的渊源。但是从魏晋之后使用“律学”来指称法律注释及其相关的理论研究的实质内涵主要强调的是根据儒学原则对以律为主的成文法进行讲习、注释的学问，故而律学的真正形成还是自汉武帝采纳董仲舒“罢黜百家、独尊儒术”的主张之后。因“罢黜百家、独尊儒术”政策实施的结果，一方面提高了儒家学说的社会地位和政治地位，实现了儒家学说从民间学说向官方正统统治学说的升华；另一方面为儒家思想改造封建国家法律和司法制度以及进入法律，上升为封建国家意志创造了条件。特别是东汉之后，一些经学大师如东汉经学大师马融、郑玄等开始用儒家经典来注释法律，以解决司法实践中所遇到的疑难问题，并获得统治者的认可，“引经注律”之风遂兴，据《晋书·刑法志》记载：“后人生意，各为章句。叔孙宣、郭令卿、马融、郑玄诸儒章句十有余家，家数十万言。凡断罪所当由用者，合二万六千二百七十二条，七百七十三万二千二百余言”。由此可以看出，东汉时期儒家学者以儒家伦理精神注释研究法律之学的兴盛。而自魏明帝纳卫觊之建议而设律博士后，律学研究在一定程度上摆脱了偶然自发的状态和单纯的学者热情而具有了相应的制度保障，从而使曹魏之后的律学有了发展为一门独立学科的倾向。不但直接使律学家作为一个重要的社会职业阶层而存在，也促使了中国古代律学的发展与繁荣。

（管　伟）

中国古代的文义解释

古代司法者在“律有正条”的前提下，依照法律条文用语所表达出的具有社会通识性的意义进行阐释和说明并进而形成裁判依据的一种解释方法。

从形式上看，中国古代司法中的文义解释是古代中国法官法律解释不可缺少的选择，也是其适用法律的一种最主要的方法。尽管文义解释在中国古代司法中得到了广泛的适用，但国家的最高统治者对于文义解释的态度则是建立在特定利益衡量的基础之上。他们对文义解释的看法并不在于文义解释本身,而是基于文义解释方式所形成的结果为宗旨。如果结果违背君上心中所建立的利益标准,那么这种解释方式则完全可能被推翻。

在司法官员定罪量刑时必须不带个人情感色彩地援引相关的律令条文"依法裁判"的法律规定面前,为了满足来自上级或君上"情罪相符""明刑弼教"的灵活性要求,在既有的律令条件之下,古代的司法者在援引律文的过程中,有时裁判大前提的建构是首先经验性确定相关律文,在其援引律文的过程中,有时裁判大前提的建构并非基于案件事实与法律条文之间的"目光穿梭",而是首先经验性确定相关律文,按照"情罪相符"的标准"移情就法",甚至"貌似"基于律文文义而实质上牵强附会和立足于道德情理而援引律文。故而,形式上拘束于律文语词的文义解释在中国古代司法中的广泛适用,在一定程度上只能成为他们向皇帝表示恪尽职守的忠心的手段和工具而已(徐忠明:《明清刑事诉讼"依法判决"之辨正》,载《法商研究》2005 年第 4 期)。

（管　伟）

中国古代的目的解释

古代司法者在司法实践中遭遇到"情重法轻""情轻法重""律无正条"的情形下,在情、理、法交融和谐的裁判目标指引下,通过理解并推断法律条文所应有的法律目的并以此构建裁判依据而进行的解释活动。中国古代司法过程中目的解释的适用,是为解决法律实践中所出现的事实与法律之间所存在的无法消除的空隙与断裂困境,亦即"情""理""法"之间所出现的冲突与矛盾,为充分展现立法者的意图而"详译律意",从而实现情、理、法交融的裁判目标。

从整体上来看,儒家所提倡的伦理道德一直是维护封建专制制度和稳定社会秩序最有力的基石。汉代以来几乎所有封建王朝都宣扬"道德为本""敦德化而薄威刑",唐以后各朝进一步强调法律要"一准乎礼以为出入""明刑以弼教", 因此,两者之间在多数情形下可能是相互配合的。但彰显儒家伦理的精神和原则却并非封建立法者唯一的价值期待,在一定程度上也可以说,"明刑弼教"的法律目的本身也是一种手段,是最终保障和实现封建统治者心目中理想社会秩序的工具。法律实施的终极目标却始终要围绕如何以最小的成本实现封建专制政权的巩固和社会秩序的稳定,所以两者绝非是同一的,在特定情形之下两者甚至存在着必然的矛盾和冲突。因此,当古代司法者在谋求以目的解释来修正或取代国家成文规则时,在一定程度上就须在两种不同法律目的中进行必要的权衡,并做出选择,明确区分彰显伦理精神的"明刑弼教"的法律目的与统治者所需求的统治秩序的稳定之间的界限。可以说,当古代司法者在面临不同目的的矛盾冲突中,目的选择优先性的基准只有一个,即专制统治者的根本利益或终极目标。也就是说,彰显儒家伦理精神的"明刑弼教"目的的实现,只能在统治者所需求的统治秩序所能承受的限度内进行权衡。如处理诸如"谋反"等可能对其专制政权形成致命危害的案件时,无论案件存在何种"可哀"或"可悯"之情,依律严惩甚或实施的"族诛"、酷刑等一系列"斩草除根"的裁判行为是古代司法的惯例,绝无任何意图实现彰显伦理精神之目的影子。

中国古代司法中通过目的解释的应用,使儒家的伦理精神和原则不断地渗入古代中国的立法和司法实践之中,从而使本质上残酷的封建刑法呈现出些许的温情色彩,在一定程度上缓解了专制高压下的社会张力。同时,目的解释在司法中的运用,不但可以通过对规则进行目的解释，纠正对法的错误理解，也能通过目的解释以解决因立法的不周延而形成的“疑案”，甚至可以通过目的解释而发展和创制法律，在一定程度上促进了古代法律的发展与成熟。当然，在典型专制体制下的古代中国，目的解释权往往最终决定于封建最高统治者或须得到统治者的认可，通过目的解释缓解因残酷刑罚而带来的社会张力的意义和功能，往往却取决于君主个体的能力和素质。一般说来，在较为开明的君主执政之时，目的解释的适用往往能够节制于“德政”“仁治”的范畴之内，其相关的意义也能得到更好的彰显。反之，在昏庸、暴虐的君主执政之时，目的解释却往往成为其任意刑罚的工具，相应的司法黑暗的问题就比较严重。这实在是人治体制下不可避免的结局。

（管　伟）

中国古代的法律渊源

古代司法者在司法实践中，用以寻找作为裁判依据的一批权威性的材料，即可以被作为裁判依据的构建中国传统法律秩序的事实上的基础和材料，也可称为法官法源。

从司法立场来看，把法律渊源确定为法官发现法律的地方，对于理解中国传统法律运作的实际状态具有积极意义。当古代司法者在面临个案需要解决的情况时，他所考虑的是中心问题是如何寻找合适又合法的裁判依据来解决纠纷，并实现情理法相融的裁判目标，因此，其寻找裁判依据的视域并不局限于静态的法律文本，而是以规范性法律为中心扩展至与其相联系的法律因素。根据古代司法者在选择法源过程中的次序以及不同法源的效力大小，中国古代法律渊源可以分为制定性法源、宣示性法源及非正式法源。

制定性法源是指为司法者审理案件所需要的裁判规则提供较为明确的由立法机关制定的法律文本资源。对于古代中国的统治者而言，法律是他们巩固稳定其统治秩序的不可或缺的工具之一。自秦汉以来，中国古代法律经历几千年的发展，作为统治者制定规则的表现形式也呈现出多样化的形式：一是新的王朝建立之初进行的大规模的律典编纂活动；二是为了弥补法律时滞性的问题而进行的单行立法；三是为了规范国家行政管理活动而进行的单行立法。前一种来源所形成的法律文本皆称为律，后两种方式往往以君主的诏、令、科、格、式、敕、例等形式出现。

由于古代中国众多庞杂的有效力的制定性法源，形式上皆来自封建国家最高统治者——君主，本身并不存在绝对的效力和位阶上的高低，且缺乏相应制度上的明确规定，因此导致了古代法官在司法实践中面临诸多制定性法源甄别与选择上困难。在对事关统治者根本的统治秩序和伦理秩序内容的领域，律仍然是法官寻找裁判依据最权威的法源（郑秦、赵雄主编：《清代“服制”命案——刑科题本档案选编》，中国政法大学出版社 1999 年版，“代前言”）。在其他领域，法官法源选择的原则一般是后法优于前法和特别法优于一般法。

宣法性法源是相对于制定性法源而言。宣示性法源为法官提供的裁判规则并非源于立法者事先的创制，而是立法者对于司法者处理“疑难”个案方式的事后认可。一般而言，当司法者在面对国家制定法规则无法提供对个案事实规制的裁判依据，或国家制定法规则所提供的裁判依据与个案事实存在偏差时，出于维持社会秩序稳定和纠纷解决的需要，对其所面临的“疑案”个案采取特殊化的处理，当此类案件具有一定的普遍性时，立法者往往就会赋予这些“疑难”个案的处理方式普适性的法律效力，从而为司法实践中同类案件的处理提供必要的裁判依据。

非正式法源主要指未出现在古代法律体系范畴之中，但却在实际社会生活中实际运行，并指导社会成员之间的相互关系和相互行为的规则体系和价值判断。主要包括情理、习惯、典型的案例或成案以及儒家经义及律学注释学说。从其效力的来源来看，其效力的获得，实质并不是源于自身，而是基于其是否与国家法的精神或立法原意相吻合，因而其作为法源的效力是不确定的或是待定的。

（管　伟）

中国古代法源选择的原则

古代中国的法官在确立裁判依据的过程中，根据他们长期以来所受到的教育及其从事司法实践所获得的一种经验的反应而形成的较为一致的原则或理念，主要包括原名分原则、区分“刑名”与“钱谷”原则以及权变原则等。

原名分原则是中国古代社会中一以贯之的名实之理在司法实践中的反映。所谓的“原名分”，即对于当事人身份事实及他们之间名分关系事实的认定和厘清。由于中国古代社会是一个典型的身份社会，社会成员的权利和义务往往依其身份的不同而有所不同，并且依不同的法律条文加以规制。只有在厘清了当事人之间的名分关系之后，才能进一步去解决在不同名分下当事人行为的意义。故而，在司法裁判过程中，身份的问题与裁判依据的发现与选择存在必然的关联，司法中所言的“情罪相符” 在一定意义上包含了不同身份成员之间犯罪，按身份定罪恰如其分的要求，否则便是情罪未符，刑罚不中。不区别和厘清案件当事人之间所固有的名分关系及当事人的个体情况，显然就无法从大量的特殊性规则中找到适于本案的规则，也就无法实现情罪相符。当然，古代司法者对于原名分的原则的坚持，并不在于制度上的强制性规定，而是源于其长期的儒家伦理教育的熏陶以及长时期司法实践经验的体验，以至于古代法官在案件审理的程序及法源选择的过程中，都在践行原名分的原则。

所谓区分“刑名”与“钱谷”原则，即中国古代的司法者在案件审理的初始阶段，对于所涉及的案件事实的性质进行分析和判断并进而以此归类。其目的并不仅仅以此来大致确立裁判依据的场所，更为重要的是通过对案件事实的定性和归类，来确立其心目中所应适用的裁判依据的样式。可以说，从规则发现意义上讲，对于案件事实的归类和定性，代表了古代司法者对于不同性质案件中的规则发现的不同态度。一般而言，事关伦常及命盗重案等事关国家的统治秩序及社会治安的案件，“必论如律”，裁判依据只能从国家明文公布的权威性法律资料中获得。对于“细故”的户婚钱土案件，则灵活得多，“但剂其平”而不必拘于成文的权威性法律资料，除了强调调处与息讼，使可能的争讼化于无形外，在必须作出决断时，其决断的依据的选择未必必然指向国家的成文法源，而是以个案是否实质公平与伦理和谐为考量依据，从而发现并确立决断的依据。

所谓权变的原则，是儒学经权观在古代司法实践中的反映。在儒学理论体系中，以“执经达权”“经权合一”为理论重点，强调伦理道德规范是普遍性的、恒定的，但这并不意味着不变通的盲目遵守，使道德规则僵化为教条，特定的情况下也需要有所变通。自汉以来深受儒家伦理思想熏陶的古代法官群体，头脑中根深蒂固的儒家伦理纲常的思想往往会形成他们在选择裁判依据过程中的“前见”。当古代司法者在确定裁判依据过程中，发现“律有正条”，但仍然也存在一种规则选择上的困惑，特别是面对“情重法轻”“情轻法重”等所谓的疑难案件时、面临法源选择之困惑时，儒家伦理学的结构内的“经权”观就被引入司法实践中，成为古代法官在裁判依据选择过程中解决上述难题的理论依据和主要对策。事实上，在面临“情轻法重”或“情重法轻”等疑案时，古代法官欲使案件裁判达致“情法相平”时所采取的以“权变”为原则的法律发现方法，实质上是通过对规则的目的解释或一定的利益或道德衡量，从而技巧性地选择足以实现“情法相平”的规则或规避适用其在规则发现过程中的“律有正条”。

（管　伟）

中国古代法源选择的方法

古代中国司法者在面对不同的案件事实，寻找与其相适用的裁判规范过程中所采用的方式和方法通称为古代法源选择方法。一般而言，在确定裁判依据过程中，常常面临着案件事实清楚，规则内容相对确定的“律有正文”，或虽然“律有正文”但案件事实“情重法轻”“情轻法重”“律无正文”以及法律空白等不同情况。古代中国的法官在不同性质案件裁判过程中，面对不同的案件事实，主要利用形式推理的识别方法、参情酌理的技巧性解释方法、类推与比附的方法以及从事实上发现规则的方法。

形式推理的识别方法主要适用于律有正文、案件事实与司法者寻找到的成文法律条文规定的事实完全对应且与情理并不相悖的情形下，古代司法者在确定案件事实的前提下，根据识别准据所包含的法律构成要件，对照待决案件事实进行分析和权衡，看待决案件事实是否能为识别准据的法律构成要件所涵摄，从而符合逻辑地选择所需要的法律条文。面对有着较为明确的法律条文的识别过程，司法官有时也会发现对同一案件事实，不同形式的甚至是矛盾冲突规定的成文法源的存在，需要在不同的法源中进行识别和选择。即使如此，古代法官在一定程度上也往往是依据具体的案情而审慎地决定其裁判依据的选择，其方法也大多是采用形式推理的法源识别方法。

参情酌理的技巧性解释方法主要适用于律有正文，但“情轻法重”或“法轻情重”的所谓疑难案件的裁判。在封建统治者所提出的“情法相平”的司法要求下，固守律文可能导致情法难平之时，古代司法者力图实现在不违背制度所规定的按照成文法律来裁判案件的规制下，通过参情酌理的技巧性解释来合理地利用律例规则达到目标。从其方法上来说，一方面古代司法者须立足于整个成文法体系以详译律意，以此阐发律中所蕴之情理，以此论证该规则的不恰当性和选择其他规则的合理性，从而规避适用其在规则发现过程中的“律有正条”。而另一方面则可能有意识地从案件事实的处理入手，要么在对案件事实进行技巧性描述上做文章，要么不惜裁剪案件事实以寻找与之相适应的法律条文，从而成为为其“引断允协”的事实依据，规避本应适用的条文。

类推比附的方法则主要适用于律无正文的情形，古代司法者通过依其主观性的认知，通过案件事实与相关类似条文所包含的制度事实之间进行比较解释，从而形成一条新的裁判规则。从相关的法律设计来看，法官适用类推比附方法确立裁判依据必须同时满足以下几个条件：其一，律无正文，即法律规范的措辞并未涉及案件事实；其二，适用类推比附是比照现有法律中的相关条文，而不是既往的判例（当然，当判例内容因修例而纳入律典体系或为“通行”则不在此限）；其三，在程序上还必须遵循“具奏上闻”，提交给君主批准。

从事实中发现规则，主要指在现存的成文法源中毫无依据，无法找到相应的裁判依据，从而依据法理，从案件事实所蕴含的固有事理出发，创设新的规范作为裁判依据。作为一种法源选择的方法或活动，从事实中发现规则实质上具有规则创制的性质。一般而言，古代司法者从事实中发现规则只存在于特定时期和特定的领域内。所谓的特定时期，主要是指中国传统的成文法体系初创以及刘汉代秦之后的一段历史时期，在司法者面临法律空白的窘境下，统治者往往默认了法官在司法实践中以这种创造性的法律发现方法的合理性。所谓的特定领域，主要是指在中国古代社会向被视为“细故”的民事争议解决的领域。因中国古代成文法大都集中在刑事方面，而对于民事方面的调整，常被视为一种“细故”而加以忽略，故传统司法者在民事争议解决过程中，面对相应法律空白而陷入无“法”定曲直的困境下，往往从习惯事实和情理事实中来发现规则。

（管　伟）

理不可疑

中国古代司法裁判过程的案件事实的证明标准，主要是指古代司法者在确定案件事实过程中，通过对证据的审查而形成对案件事实确信的标准。

中国古代法律制度设计中并未有明确的诉讼证明标准的规定，但是在中国传统律典及大量的历史记载中反复出现“理不可疑”等文字描述，如《唐律疏议・断狱》第478条规定：“若赃状露验，理不可疑，虽不承引，即据状断之”。从而可以认为，“理不可疑”即中国古代社会中事实上的诉讼证明标准。

作为中国古代对于法官确定案件事实的要求，“理不可疑”在很大程度上并非一个确定的标准，对于呈现在传统司法官面前的案件事实达到何种程度才能释放出其法律意义，往往有赖于古代司法者内心的主观确认，在一定程度上与西方司法所奉行的自由心证主义具有某种形式的类似。西方所言的自由心证是指法律不预先设定规则拘束法官，对于证据的取舍及证明力，由法官根据经验法则、逻辑规则和自己的理性良心来自由判断，由此形成内心确信。但实质上西方奉行的法官的自由心证的根基在于它的司法精英主义理念，即司法官员是由一些具有理性和良知，在某种程度上能够承担公众信赖的精英所组成，他们必须受到过长期的专业化教育的法律职业人。这种对于司法自由裁量和自由心证的预设前提和现实保障，促使法官形成的内心确信的因素只能来自法律自身，或言之，正是在长期专业化教育下而形成的法律思维方式，使法官的内心确认又带有一定的确定性。而在中国古代社会中，司法官员则是由儒家的圣贤教育、严格的科举制度所选拔的那些“体察民情，通晓风物”的士大夫所充任，他们特殊的身份和地位以及此前的知识储备，使他们面对“理不可疑”这种主观性的考量标准，不能也不可能从法律自身寻找释疑的答案。古代中国律典中对于通过证据认定案件事实的“理不可疑”的标准，实为古代法官的自由裁量预留了极大的空间。

（管　伟）

中国古代律的构成要素

从逻辑的角度看律是由哪些部分或要素来组成的，以及这些部分或要素之间是如何联结在一起的。中国古代律的构成要素由主体的适用条件、行为模式和法律后果三部分构成。

中国古代律的构成要素中对于主体适用条件的描述是以特殊主义或列举主义为特色。中国古代是一个典型的身份社会，故有关主体适用条件的律文在律的构成中占据相当重要的地位。《名例律》中存在大量关于不同身份主体法律适用的特殊性规定，如既有八议、请、减、免、赎、官当等享有特权的“应议者犯罪”的法律适用限定，律典其他各篇也包括很多只适用于某种特殊身份的特殊性条文。换言之，也就是说法典中有大量关于亲属及社会身份的特殊规定。这些特殊性规定与一般的规定并存于法典中，运用的原则是特殊性规定优先于一般性规定，这是中国古代法律的一个特点。

中国古代律的构成要素中对于行为模式的描述是以具体主义为特色。戴炎辉认为：“我国旧律对犯罪的处罚，不从主观的、概括的主义，而采取客观的、具体的态度。盖由限罪刑法定主义的要求，对罪刑采取绝对刑主义，以防止官司的擅断。这种主义，自秦汉以来，一直保守到清末的现行刑律。故同一罪质的犯罪，依其主体、客体、方法、犯意、处所、数量（日数、人数、赃数等）及其他情况，而另立罪名，各异其刑”（戴炎辉：《中国法制史》，台北，三民书局 1989 年版，第 31 页）。对于行为模式采取具体主义的描述方式，与立法者所确立的天理、国法、人情实现完美结合理想的司法目标息息相关。为实现这一司法目标，立法者总是将他们所能想象的或是在实践中所可能出现的事实行为一一列举并加以具体化描述，从而保障法官在遭遇个案事实中总能从法律的字面含义中找到解决问题的答案。

中国古代律的构成要素中对于法律后果主要以绝对刑主义为特色。从中国古代律条的内容上看，不但《名例律》中规定了明确而绝对的刑罚体系，更为重要的是其后各篇所规制的行为模式所对应的法律后果部分，绝大多数都明确了单一的罚责，法官对于待审事实的法律评价只需照本宣科，而无任何自由裁量的空间。中国古代律中对于法律后果如此的描述方式，主要在于为了防止司法实践中的恣意，中国古代的立法者们在大规模的编纂法典之初，就采取了没有任何弹性的定刑方式，几乎完全排除了承审法官解释与选择的余地。

参考书目

瞿同祖：《瞿同祖法学论著集》，中国政法大学出版社 1998 年版。

（管　伟）

中国古代判例

古代统治者对于司法者处理典型“疑难”个案方式的事后认可，在其后的司法实践中能够援引作为裁判依据的典型案例或成案，或可称为中国古代法律渊源的一种形式。

中国古代法中的判例主要源于因古代立法的疏漏而致出现的难以解决的“疑案”，出于维持社会秩序稳定和纠纷解决的需要，对“疑案”个案采取特殊化的处理，当此类案件具有一定的普遍性时，立法者往往就会赋予这些“疑难”个案的处理方式普适性的法律效力，从而为司法实践中同类案件的处理提供必要的裁判依据。中国古代法中的“判例”种类主要包括有秦时期的“廷行事”、汉时的“决事比”、魏晋之后“故事”及宋、元、明清时期的“例”及清代的“通行”等。

秦代法中的“判例”称为“廷行事”或“行事”。从《睡虎地秦墓竹简·法律答问》中对廷行事的熟练运用的情况可以推知，当时对廷行事已有了某种汇编，司法官吏对其也都知晓，而且与律、令同样为司法裁判的正式性渊源。

“比”是汉代的一种法律表现形式，亦称“决事比”。比出现的最初形态应是最高统治者为应对疑难个案所确立的解决方式,至于对于这种个案的处理方式如何成为一种普适性的法律渊源,则不得而知。不过,由于汉初法制未备,比就成为当时司法官吏确立裁判依据主要的途径。至于此时比的表现形态,尽管并无实证案例可资证明,但考虑到汉时的立法技术,似乎并无能力从中抽象出规则而存在,应是以具体的案例形式存在。

"故事"是指已发生效力的成例、先例,也包括日常政务的成事。《唐六典·刑部·格》记载:"汉建武有《律令故事》上、中、下三卷,皆刑法制度也。"《后汉书·马援传》也有"(马援)条奏越律与汉律驳者十余事,与越人申明旧制,以约束之。自后,骆越奉行马将军故事"的记载。《唐六典·刑部》记载:"晋贾充等撰律令、兼删定当时制诏之条、为《故事》三十卷,与律令并行。"这些皆可明证故事在作为古代中国正式性法源的地位。故事在司法实践中被援引为裁判依据的实例,也可见之于出土的《疏勒河流域出土汉简》中所记载的"法故事其犯免刑"。

宋、元、明及清代法中的"判例"形式被称为"例",例事实上与比或行事、故事并无实质区别。宋、元时代的例称为"断例"。南宋时期则有较大规模的"断例"汇编如"熙宁断例""无丰断例""元佑断例"等。元代基本律典《至元新格》中的3395条中,断例部分占了1059条。明代则称为"条例"。作为一种法律表现形式,明清时期的条例,主要是从判例抽象而出的裁判规则的形式存在的,其地位等同于制定法条文。

清代法中以具体化的判例形式存在的是"通行"。所谓的"通行",实质上是一种特定化的案例形式。"通行"的来源主要有两种形式:一是由皇帝通过颁旨形式以抽象规定的形式确定,二是刑部等官员为了避免各省对于相关律例的理解不一,而针对个案奏请定为"通行"笼统地通令各省一并遵行。《大清律例·刑律·断狱》"断罪引律令"条下所附例规定:"除正律正例而外,凡属成案未经通行著为定例,一概严禁、毋得混行引,致罪有出入",表明了"通行"的正式的法律效力。

(管　伟)

中国古代判词的风格

古代司法者在其撰写的判词过程中通过选择、配置合理的语言及文体形式,辅之以必要的情理、风俗和一定的逻辑推理等所有用以增强说服力的手段而表现出来的一种综合性的总体特点。中国古代判词的风格既包括文学性或语言性地加工的文体风格,同时也包括增强判词结论合理、合法性的论证性的修辞风格。

先秦之前的判词由于流传甚少,故其修辞风格并不可考。秦代由于奉行着"以吏为师、以法为教"的政策,由刀笔法吏执笔的判词,语言风格平实,笔调平实,判词所关注的只是结论的形式上的合法性与否,至于裁判是否可能导致并不合理的苛酷裁决,却并不关注,也无须说明,而且即使是对于为何合法,结论是否完全符合法意,也缺乏必要的说理,结论完全是一种不证自明式的结果。根据张家山汉简中《奏谳书》所载之汉初的裁判文书来看,汉代前期的判词的语言风格的制判方式与秦代并无二致。唐代判词文体修辞表现出大兴骈俪之风的强烈的文学性修辞技巧。在说理性的修辞方面,在唐代判词的骈俪之体的语言风格中也注重寓典于理,开启了判词注重说理的先河。当然,在唐代判词骈俪之体的语体中进行相关的说理性修辞的受众只能是来自制判者的长官、上级乃至君上。

宋代判词的语体由唐代的骈体判演变为散体判。同时宋代判词在继续保持唐代判词重视分析、说理的传统之外，说理性修辞技巧更趋丰富，不但注重对案件事实认证的细致地推理和说明，而且重视通过对于法条和法律概念的解释和法意的说明，以及将法意的说明同天理人情结合起来，以增强判决结论合法性地说服力，更为重要的是，宋代判词强调说理性修辞的受众开始面向普通的受众，即判词所追求的目标在于获得一般民众的内心信服和支持，强调判决修辞的说教和伦理规范功能。

明清时期判词主要以散体为主要语体风格外，也吸收骈体文美词雅的优点，在叙述案情、析理援法、夹叙夹议、清新脱俗等方面，更是超越了唐判。与宋判相比，其判词则更具美感。同时，为了加强对于基层民众的说服性的效果，在判词中甚至开始使用口语化色彩的语体，判词结构也更趋规范，在对裁判结论合理性地说明上更加娴熟地诉诸情感的修辞策略等。但最引人注目的是，随着明清时期司法实践的日益规范，以及诉讼制度的日趋成熟，一批司法官员及刑名幕友结合自身的实践经验与体会，对制判的修辞理论也开始有了自觉意义上的总结和概括。

（管　伟）

中国古代判词的推理论证

古代司法者根据已经确立的案件事实，选择分析与其相对应的法律规则，从而导出待决案件的裁判结论，并运用一定的方法和规则，为判词结论提供正当和合法理由的一种逻辑思维活动。古代判词的推理论证主要包括演绎推理论证以及类比推理论证等形式。

中国古代是一个成文法至上的国家，因此演绎推理论证是古代判词主要的论证方式。演绎推理论证即以预先存在的规则为前提进行逻辑推论，将规则涵摄于事实，并进而通过三段论的推理逻辑得出结论的推理过程。在中国古代以特殊主义、具体主义或列举主义，以及法律后果上的绝对主义的立法模式下，特殊化和细则化的法律规则所应有的弹性和“涵摄性”极为不足，在很多情况下，古代判词中的演绎推理只是一种简单的法律规则与案件事实的直接对应，结论不需要过多地解释和论证，即可自证其明。但是，细则化的立法模式，也常常会出现案件事实具有溢出或缺少“法律描述的事实构成”中的情节存在的情形，当司法者发现无法通过正常演绎推理完成裁判时，往往会在案件事实上进行必要的处理，法官往往会通过仔细分析条文的事实构成，以其中关键性的事实因素为基准与案件事实比较，使律例条文能部分地涵摄案件的关键事实，而无法涵摄的案件的其他事实情节，则成为法官酌情加减定拟的因素。

古代判词中的类比推理论证主要出现在比附援引类案件的审理中。比附中的类比推理论证主要是司法者从案件事实出发，依其直观性的职业经验，寻找与案件事实相类的律例，并和所欲比附和律例构成中的事实模式相比较，以判断两者是否有足够的类相似性，并论证案件事实与法律条文、法律事实构成之间类的联结点的正当性，从而得出裁判结论。古代比附推理论证是否“允协”、正当的标准在于案件事实与法律条文中所拟制的事实是否“事理切合”“情罪一致”，因此，古代判词中类比推理中的“类”即意味着“事理切合”和“情罪实无二致”两个层面。也就是说，在律无正文的前提下，只有出现案件事实和规范内的制度事实“事理切合”，或者说是蕴含于案件事实内的“情理”与规范所体现的情理实无二致的情形下，类比推理方为“允协”。古代判词中的类比推理的论证也正是围绕着这两个层面展开，即案件事实确定之后，司法者就不得不“详译”相关律例中过于具体的事实构成模式，或依据所规制事实的外在特性，或依据立法者设立此条的立法原意或立法目的,对概括性不足的事实模式进行一定的类的归纳,以使其具有对事实的涵摄性,并进而通过逻辑推理的方式,使案件事实与律例规则形成类的结合点。

（管　伟）

中国古代判词的修辞式论证

区别于古代判词的推理式论证,古代判词的修辞式论证主要是指古代的司法者为实现裁判结论的"情法相平"的目标而采用的一系列包括配置合理的语言形式,辅之以必要的情理、风俗和一定的逻辑推理等所有用以增强判词正当性和合法性的手段。

在伦理法至上的古代中国以及封建统治者"情法相平"的司法目标下,古代司法者使判词达致合法而又合理的效果最主要的方式是采取情理化的修辞和论证技巧。这种情理修辞式的论证技巧实质上是融合了社会主流价值观支配下的情感直觉、司法经验判断和形式上的合法性论证的技术手段。从其方法上来说,古代法官的这种情理化的修辞论证技巧主要从规则自身及案件事实两方面入手。

建立在证据基础上的对案件事实的论证是包括现代司法在内的裁判正当最基本的论证形式,古代判词也不例外。但是古代司法者在面临证据缺失、矛盾或其认为现有的证据不足以直接支持其认可的事实真相时,往往倾向于以直观和经验的推理,辅之以人情、风俗的论证方式,并在判词中将这种经验或直觉通过必要的修辞方法描述出来,这不但获得了事实认定的正当性保障,也无疑更能增强判词的说服力和认可度。当然,对于案件事实确立的正当性论证,必须是基于它能够与形成"合理""合适"裁判结论的法律条文相适应为前提。也就是说,古代司法者在判词中运用各种资源尽最大努力去描述的案件事实,在一定程度上可能沦为古代司法者综合各种修辞要素进行分析、判断和加工,并通过它来说服受众信服的一种建构的主观事实,其目的在于使判词中的案件事实与相应的规则达到完美地契合,从而使判词结论形成既合法而又合理的效果。

在古代中国,判者在"情重法轻""情轻法重"的背景下达成"情法相平"的前提,离不开对于制定法的形式依赖。在古代的判词中,无论在刑事还是在民事,援引相关的律条或进行法意的阐释成为一种普遍性的趋势。判者引用法条或阐释法意并非简单地立足于案件事实而为判决结论寻找推理之大前提,而是作为论证其判决结论合法而又合理的一种修辞手段,也就是说法律条文本身在此也成为一种修辞的手段。或可言之,相关律条的援引或法意的阐释,本身是一种技巧性修辞的结果,是在"情法相平"的预设之下,由案件具体情形的方方面面综合决定的。同时,援引律条并结合法意的解释有时却是为规避该律条的适用,如果法官认为恪守某一制定法的文义将产生明显"情重法轻""情轻法重"不合理的结果时,千方百计试图论证该规则的不适用性和其他规则的可适用性,并可通过相关的解释和推理来探讨律条之本意,借助经典大义、诉诸实体价值评判和社会目的等理由,以达成其判决结论合理性的目的。其关键点还是需要法官自己以其浓厚的儒家理论功底和长时期的司法经验,在制定法的框架内通过对于法意的阐发,精致地利用规则并自圆其说,以达到情理法相合的效果。

显然,古代判词以"情法相平"为目标的修辞式论证,并非完全通过对于律意的情理性阐发来论证其所发现的裁判依据的合理性,而是先验性地以情理判断案情,以情理推断结果,并以此为前提来寻找裁判依据，并通过情理化的详译律意的修辞技巧，从而为其“引断允协”提供合法而又合理的依据。因此，这种先于规则分析的靠吏道经历和价值判断组成的混合经验直觉的方向性确认，作为建构判决合法性的修辞走向极端时，法律甚有可能纯粹沦为文饰之具。

（管　伟）

中国古代判词的教化式修辞

类似于修辞式论证，古代判词的教化式修辞主要是指负有“承流宣化，惠养百姓”职责的古代司法者从实现通过判词向社会输出伦理精神的使命的目标，通过选择以合适的语言形式援引经典条文，配之以法意、人情、风俗等伦理化解读等一系列增强民众接受和理解的手段和方法，实现判词的道德伦理的宣扬和说教的功能和目标。

古人讲修辞，首先着眼于修辞的教化和伦理规范之功能。《荀子·正名》云：“辩说也者，心之像道也。心也者，道之工宰也。道也者，治之经理也。心合于道，说合于心，辞合于说，正名而期，质请而喻。辨异而不过，推类而不悖，听则合文，辨则尽故。”修辞是一个“心之像道”的问题，而不仅仅是一个技术的问题，对于古代的判者而言，判词的优劣不仅在于判词结论能否做到合法而又合理地论证和说明（尽管这非常重要），而且也在于判者能否通过必要的修辞使普通民众能够理解并接受判词的同时展现判词的教化作用。

古代判词的教化式修辞的直接表现是在古代判词中不厌其烦地引经据典晓以大义的道德说教。这种道德说教建立在民众对于判词的接受和认同的程度之上。当然，民众对于判词的认可往往是常识的认同、民情的认同，而非机械的法律意义的认同。而这种认同的基础必然是判词及其结论符合民众自身的价值期待，远离民众价值系统的司法判决会在人们心目中产生各种各样的抵制和不信任。古代判词的教化式修辞方式主要在于对于案件事实定性的伦理化、情理化的解读以及对于法意的伦理化的阐释。

古代判词的教化式修辞方向首先指向的是对于所确定案件事实的定性，即确定案件事实不仅仅是为了裁判而构建必需的小前提，更重要的是对已定性的案件事实进行“人情化”、风俗化的描述，借“人情”的力量来引导民众对伦理秩序的尊崇和指导并教化民众按“应该”的生活方式来生活。古代判词的教化式修辞的另一方向即通过利用合理性的法律适用活动进行方向性的引导，充分利用法律的权威力量来加强教化，使民众充分体认守法的同时也接受蕴含于法律条文之中的伦理道德的教化。

（管　伟）

古代神明裁判方法

利用民众对于神明等超自然力量的敬畏，借助“神”的力量来考验当事人，以确定案件事实是否存在或真实以及判断是非曲直、有罪无罪的一种原始的司法方法，又称为神判。依既存的法律文献资料来看，依神明判断事实以及裁判方法多种多样，具有代表性的有对神宣誓、水审、火审、决斗、抽签和卜卦以及十字形证明等。

中国古代存在神明裁判大约出现在由原始社会向奴隶社会过渡时期。据许慎在《说文解字》对“灋”（法）的解释：“刑也。平之如水，从水廌。所以触不直者去之，从去。”表明了上古时期神明裁判的一般情况，王充在《论衡·是应》也有所记载：“皋陶治狱，其罪疑者，令羊触之。

有罪则触,无罪则不触。”在进入奴隶社会之后,中国相关的文献仍然记载了不少神明裁判的事例,如甲骨文所记载的商代的占卜问刑,但已经逐渐式微,进入西周之后逐步退出了司法舞台。

作为一种司法裁判方法,神明裁判将争议的解决诉诸偶然因素或非人力所能控制的自然现象,本质是一种非理性的司法活动,它所反映的是人们认识能力的欠缺和查明事实真相知识的匮乏,其实施的基础在于民众对于神灵或超自然现象的无条件的非理性的信仰,当然,它的存在也在一定程度上与国家权力的式弱存在着密切关系。随着民众认知水平的提高而对所谓神灵的信仰开始动摇,以及国家权威的逐步树立,神明裁判也就会失去其存在的土壤而退出司法舞台。

（管　伟）

城隍判案

“城”原意为城墙、“隍”为护城河,“城隍”本意为城池,后逐渐演化为一种守护城池的神明而受到崇拜。古人相信城隍专司人间善恶之记录和判断,并掌阴间司法,按阳间法律对于已故之人生前之行为进行审判。因民间流行着城隍有求必应、有冤必申的传说,故民间广建城隍庙用以祭祀,甚至得到了官方承认且被列入国家祀典,使城隍庙普及各府、州和县。正是因为承载着民众对于现实生活中无法实现的公平、正义的理想,城隍判案的公正无私就在民间广泛流传并为文学大力宣扬,城隍遂成为民众心目中明察人间善恶、公正无私的神明而加以无限的信仰。当民众之间出现无法辨别善恶、真假的纠纷时或官府不能为自己伸张正义之时,人们往往倾向于诉诸城隍来解决纠纷或伸张正义。

城隍判案在古代司法实践中也常常会出现,但在司法实践中出现的城隍判案,并非一种神明裁判,而是古代司法者在现有的证据面前无法判断事实真相时,往往利用人们对于城隍的明察人间善恶的信仰,将当事人带至城隍面前陈述事实,利用当事人在城隍面前陈述事实时的心理、情绪的变化,来分析判断当事人所述是否真实可信,从而做出对于案件事实的判断。因此,这种司法实践中所谓城隍判断只不过是古代司法者在事实判断过程中所运用的一种诡术,而司法者的这种诡术在古代司法重实体、轻程序的制度设计下,不但合法,而且也往往作为古代司法者聪明睿智的象征而在相关史籍中被广为流传。

（管　伟）

墨辩

收录于《墨子》一书中的《经上》《经下》《经说上》《经说下》《大取》《小取》6 篇辩学专论中的较为完整的逻辑体系,与古希腊逻辑学、古印度因明学并称为世界古文明三大逻辑体系。

墨辩的主旨在于“辩”,目的在于 “将以明是非之分,审治乱之纪,明同异之处,察名实之理,处利害,决嫌疑”(出自《墨子·小取》)。墨辩通常是围绕名、辞、说三种基本思维形式而展开。所谓的“名”,具有称谓事物的所然与所以然的概念性质,即《墨子·小取》所说的“以名举实”。所谓的“辞”,是对于思想活动的一种表述和判断,如《墨子·小取》所说的“以辞抒意”。所谓的“说”,即以一定的方式表述“辞”的理由或根据。墨辩的名、辞、说三种基本思维形式的基本内涵和关系,可以被概括为,要将一个未知的命题纳入一个已知命题的范畴,须对未知命题的属性进行必要的界定和概括,并通过一定的推理和论证的思维活动得出结论,然后以一定的方式表达出来,并说明理由和根据。

墨辩的名、辞、说三种基本思维形式中居于核心地位的是“辞”,即要称谓确认事物的属性,离不开人们的思维中的推理和论证,即须“立辞”,而“立辞”的展开则须故、理、类三物俱备。如《墨子·大取》所说:“三物必具,然后辞足以生。”“辞以故生,以理长,以类行者也。立辞而不明于其所生,妄也。今人非道无所行,虽有强股肱而不明于道,其困也,可立而待也。夫辞以类行者也,立辞而不明于其类,则必困矣。”也就是说,人们思维中的推理论证活动是否成立,关键在于其是否是由故、理、类三物而逻辑推出,即事物形成的原因或条件,如《墨子·经上》说:“故,所得而后成也。”理则可视为事实发展的普遍规律和本质属性,类则是不同事物之间是否存在的类同。“立辞”或其推理论证成立的基本过程或形式应是:既明确论题或结论之所以能成立的理由和条件,又通过分析事物之间因果关系或条件关系的一般规律,查明存在诸多表象不同的事物之间是否类同,方能得出命题是否成立的结论。

（管　伟）

三物论式

墨辩所确立的逻辑体系的重要组成部分。三物即包括故、理、类三种形式。故、理、类三物的存在是以“立辞”为前提,而“立辞”的展开则须故、理、类三物俱备。如《墨子·大取》所说:“三物必具,然后辞足以生。”“辞以故生,以理长,以类行者也。立辞而不明于其所生,妄也。今人非道无所行,虽有强股肱而不明于道,其困也,可立而待也。夫辞以类行者也,立辞而不明于其类,则必困矣。”也就是说,人们思维中的推理论证活动是否成立,关键在于其是否由故、理、类三物而逻辑推出,三者缺一,就无法得出正确的判断。

三物论式,是墨家提出的对事物认识和确认的一种模式。墨辩主要围绕不同主体针对事物属性的相异认知而展开,如甲、乙针对白马是否为马的论题而展开论辩,从逻辑学的角度讲即是围绕着一个未知的命题能否纳入一个已知命题的范畴而展开论证,这一过程,墨辩称之为“立辞”,这一过程是通过故、理、类三物论式的逻辑推理而进行,形成对于特定事物属性的认知,然后以一定的方式表达出来,并说明理由和根据,故、理、类三者俱备者方能取得双方论辩的胜利。

故,即事物形成的原因或条件,如《墨子·经上》说:“故,所得而后成也”“物之所以然”。“辞以故而生”则意味着推理论证的前提是要正确认识事物形成的原因和条件。但是,事物形成的原因或条件的多样性和复杂性,意味着要正确认识事物形成的原因和条件就必须借助于事物发展之“理”。“理”,即事实发展的普遍规律和本质属性,“辞以理长”即意味着推理论证之“立辞”,须遵循客观事物的发展规律去认识事物形成的原因和条件,才能正确认识事物,形成有说服力的“辞”。类则是表象不同的事物之间是否存在的类属关系,“辞以类行”则意味着在遵循客观事物的发展规律去认识事物形成的原因和条件之后,才能在存在诸多表象差异的事物间确立是否存在类属关系,“立辞”方能成立。

因此,以“明是非之分”为主旨的墨辩过程,首先是提出将一个未知的命题纳入一个已知命题的范畴的论题,在对未知命题的属性进行必要的界定和概括的基础上,通过三物论式的推理和论证的思维活动得出结论。亦即欲明确论题或结论之所以能成立的理由和条件,须借助于分析事物之间因果关系或条件关系的一般规律,在理解事物内在的客观规律的基础上,才能明确存在诸多表象差异的事物间是否存在类属关系，最后才能明确未知的命题能否纳入一个已知命题的范畴，只有三者依次演进且相互之间存在逻辑关联，方能得出命题是否成立的结论。

（管 伟）

比附援引

古代司法者在律无正条的情形下，为完成裁判而将法律规则并没有规定的、本不具有法律意义的事实，通过法官的解释，使与相关法律规则中的制度事实形成同一种类的对应，从而释放出其法律意义，亦即司法者依其主观性的认知，在案件事实与条文所包含的制度事实之间的类比推理中，寻找两者之间的共性，并完成对相关裁判依据的确定。

从历史上看，比附在中国具有十分悠久的历史渊源。早在《尚书·吕刑》中就有“上下比罪”“上刑适轻下服，下刑适重上服，轻重诸罚有权”的规定。秦汉以后，比附得到了广泛发展。至明清时期，比附援引初步实现了制度化和规范化。《大清律例·名例律》便有关于“断罪无正条”的规定：“凡律令该载不尽事理，若断罪而无正条者，援引他律比附，应加、应减，定拟罪名，（申该上司）议定奏闻。若辄断决，致罪有出入者，以故失论”，而其下所附之例则曰：“其律例无可引用援引别条比附者，刑部会同三法司共同议定罪名，于疏内声明，‘律无正条，今比照某律某例科断或比照某律某例加一等减一等科断，详细奏明，恭候谕旨遵行’。若律例本有正条，承审官任意删减以致情罪不符，及故意出入人罪，不行引用正条，比照别条，以致可轻可重者，该堂官查出即将承审之司员指名题参书吏严拏究审，各按本律治罪。其应会三法司定拟者，若刑部引例不确许院、寺自行查明律例改正，傥院、寺驳改犹未允协，三法司堂官会同妥议。如院、寺扶同蒙混或草率疏忽，别经发觉，将院、寺官员一并交部议处。”

从古代的法律设计和司法实践来看，明清时期的司法官应用比附，必须在法律规定的前提条件得到满足，并遵从必要的程式：第一，律无正文，即法律规范的措辞并未涉及案件事实，也就是法律确实没有明确规定的犯罪。第二，比附是比照现有法律中的相关条文，而不是既往的判例（当然，当判例内容因修例而纳入律典体系或为“通行”则不在此限）。第三，在程序上还必须遵循“具奏上闻”，提交给君主批准。

当然，即使满足了上述制度性条件，比附也并非必然发生。从字面上理解，比附即按同类事例比照处理。在律例皆无明文的前提下，只有案件事实与现有某些律例条文中所拟制的事实形成同类的状态下，比附才会发生。具体而言，作为一种法律发现方法的类推比附，其适用还应满足其内在的原理性要求，即案件事实与现有某些律例条文中所拟制的事实“事理切合”“情罪一致”。

（管 伟）

断罪引律令

古代立法者为抑制司法者可能出现的枉法裁判和任意解释，在律典中明确规定的司法官吏定罪量刑时必须严格遵守条文，并引用适合罪情的条文，否则即承担相关法律责任的法律条款。

断罪引律令的出现，是封建法制日趋成熟及对司法官的裁判活动的规范日渐完善的表现。《唐律疏议》第484条规定：“诸断罪皆须具引律、令、格、式正文，违者笞三十。若数事共条，止引所犯罪者，听。”而在第486条同时又规定：“诸制敕断罪，临时处分，不为永格者，不得引为后比。若辄引，致罪有出入者，以故失论。”这一规定一直为后世封建王朝所沿用。如清入关之始的顺治时期通过的《大清律集解附例》，不但完全承续前朝断罪引律令，而且在整部律例最后特别加以强调：“凡问刑衙门，敢有恣任喜怒妄行引拟，或移情就例故入人罪，苛刻显著，各依故失出入律，坐罪。因其而致死人命者，除律应抵死外，其余俱问发为民。”此后，乾隆朝《大清律例》的“断罪引律令”条中也再一次明申：“凡（官司）断罪，皆须具引律例，违者，笞三十……其特旨断罪，临时处治，不为定律者，不得引比为律。若辄引致罪有出入者，以故失论。”在所附例文中，立法者又进一步作出规定：“承问各官审明定案，务须援引一定律例。”又云：“除正律、正例而外，凡属成案，未经通行著为定例，一概严禁，毋得混行牵引，致罪有出入。”

古代律中明确规定了断罪引律令的同时，又在律典中规定了断罪无正条下的定罪量刑的类推比附行为，以及诸多的概括性禁律。同时，即使严格依断罪引律令的司法裁判的效果也可能在一定程度上流于形式，因为封建律典对于司法官员在定罪量刑时必须援引相关的律令条文的严格性规定，并以承担相应的刑事责任为威胁，出于自身利益最大化的考虑，古代司法官吏们往往要么事事推诿，事事请示上级予以解释，要么通过种种的技术性手段以使案件事实与相关律例之间形成一种“可换算”的关系，并将其裁判落脚在“查律载……”“依……律，拟……”，裁判结论是否真正与其所具引的法律条文存在逻辑关联则并不那么重要。

（管　伟）

概括性禁律

中国古代刑典中出现的带有极大不确定性或内涵描述模糊的律例条文。其既为诸多疑难案件提供必要的裁判依据，又承担着“以德礼坊民”最后一道司法防线功能。古代刑典中的这类特殊性的律例条文之所以被称为“概括性禁律”，主要体现在此类条文所描述行为模式要么具有“不完全空白罪状”特点，要么具有不确定性；或者尽管行为模式的描述采取具体列举主义方式，但相关的关键概念及适用条件和范围却极其模糊，从而具有“概括性”特征。古代律典中的“概括性禁律”大致包括“违制律”“违令律”“不得为律”“光棍例”“棍徒扰害例”等。

古代律典中的“违制律”与“违令律”具有“不完全空白罪状”描述方式，即这两条律文并未直接描述相关行为模式或犯罪构成，对行为的认定须通过参照相关的“制书”“敕令”“令”“式”的内容。古代律典中的“理不可为条”或“不得为律”，缺少的是明确的行为模式而带有极广的裁量空间，或可言之，“理不可为条”并没有为古代司法者提供客观的行为判断标准，而只是以“理不可为”的名义赋予了古代司法者广泛的自由裁量空间。“光棍例”和“棍徒扰害例”，是置于《大清律例·刑律·贼盗》中“恐吓取财”条所附的两条例文，是《大清律例》所独有的概括性禁律。这两条例文尽管对行为模式采取了具体化或列举式的描述方式，但其中却存在不少语意模糊内涵不清的概念化表述，如“光棍”“棍徒”等，不但为古代司法者提供广泛的解释空间，而且也成为司法者对律典未规定的扰乱社会秩序的行为的处刑提供了比照援引的标准。

作为古代立法者为充分实现法律“禁暴止邪”的司法功能及弥补立法模式之不足的“兜底式条款”，古代律典中的“概括性禁律”的存在，为古代司法者提供了实现“情罪相符”“罪刑相适”裁判目标的最后的“合法性”依据。也就是说，当古代司法者遭遇律典缺乏处罚有可能违背礼教秩序、侵害皇权的行为的规定时，比照或援引“概括性禁律”就是古代司法者首先想到的司法方法。

（管　伟）

比附的判断基准

古代司法者在律无正条，需要比附他律以构建裁判规范时，决定法官为何援甲例不援乙例，以及如何加减定拟判断的基本准则或思维因素就是比附的判断基准。比附判断基准的形成，往往与司法者在司法体制中所扮演的角色，以及其身处的社会氛围有关。古代司法者比附的判断基准主要包括当事人的名分之辨、伦理道德化的情理因素、社会伦理秩序和社会秩序的维系以及"以命抵命"的朴素归责理念。

以当事人的名分之辨作为古代司法者比附判断的首要基准是由中国古代身份型社会属性所决定的。以名分之辨为比附首要的判断基准即意味着在涉及不同身份相犯的比附案件中，确定须比附援引的律文标准只能基于罪刑与当事人身份相适当，而不是当事人的行为类似。故面对一个律例皆无明文的案件时，身份问题的考量是传统司法官员们不得不考虑的首要因素，从确定该案当事人的身份，并以此为基准来考虑其是否应受刑罚及量刑幅度出发，来寻找并选择相关的比附条文。

以伦理道德化的情理因素作为比附基准，意味着古代司法者适用比附时首先须基于案件事实与所引例文的内在关联性以及彼此之间的差异性，诸如事实的具体情节、行为的主观动机以及社会危害性等，确定欲比附援引的律例条文。

以社会秩序和谐、稳定的考量作为比附基准，意味着古代司法在比附援引过程中，选择比附援引的律例条文应建立在裁判结果可能带来的影响之上。亦即，以是否有利于社会伦理秩序的和谐、统治秩序的维护及巩固等案外因素为首要考量标准，以是否符合法律形式内的逻辑因素只能服从于社会秩序和谐、稳定的目标而不是相反。

以"以命抵命"的朴素归责理念作为比附基准，意味着古代司法者比附他律的中心更多着眼于行为所导致的结果事实的相似性，特别是在面对因外来因素而导致他人非正常死亡的命案当中。"以命抵命"的朴素归责理念就会引导司法者循着必须有人为其负责的思路寻找相关的比附律文，只要案件事实所诱发的结果与该类条款相类，无论他人的行为与死亡结果之间的逻辑关系是否符合此类条款所涵摄的范围，甚至是该案事实与此类条款所设定的前提条件无任何逻辑联系，比附行为仍然可能会引发。

（管　伟）

比附的内在机理

由比附的判断基准可知，比附的原理即指古代司法者在律例皆无明文的前提下，在按同类事例比附处理过程中所遵循的一以贯之的取象比类的思维原理和原则。

古代司法者在"律无正条"下采取比附的法律方法，尽管形式上具有极强的创造性特征和主观性色彩，但在适用过程中的主观能动性除了受到来自制度的制约之外，同样还受到来自比附内在机理的制约。具体而言，作为一种法律发现方法的类推比附，其适用还应满足其内在的原理性要求，即案件事实与现有某些律例条文中所拟制的事实"事理切合""情罪一致"。

以"事理切合""情罪一致"为比附"允协"标准的内在机理是建立在传统的一以贯之的取

象比类的思维的基础之上。来自先秦时期荀子关于"类"的理论和学说,是影响古代法官取向比类理解的最主要的理论渊源。《荀子·王制》的"其有法者以法行,无法者以类举,听之尽也"中的"类",主要是从两个层面展开。一是物类,即"物类之起,必有所始""凡同类、同情者,其天官之意物也同,故比方之疑似而通,是所以共其约名以相期也。""故万物虽众,有时而欲遍举之,故谓之'物'。'物'也者,大共名也。推而共之,共则有共,至于无共然后止。"二是伦类。物有类属,情理同样也有类属。如荀子所言的:"法先王,一制度,以浅持博,以古持今,以一持万。苟仁义之类也,虽在鸟兽之中,若别白黑;奇物怪变,所未尝闻也,所未尝见也,卒然起一方,则举统类而应之,无有疑怍,是大儒者也。""君子位尊而志恭,心小而道大;所听视者近,而所闻见者远。是何邪?则操术然也。故千人万人之情,一人之情是也;天地始者,今日是也;百王之道,后王是也。君子审后王之道,而论于百王之前,若端拜而议。推礼义之统,分是非之分,总天下之要,治海内之众,若使一人。"

荀子对于物类与伦类之说,不但影响了后世儒者对于类的认知和判断,而且对于传统司法官在司法裁判实践中实际运用比附的思路有决定性影响。由物类及伦类之分进一步演化成法律生活领域中事理与情理之分,并进而使之成为比附存在的内在机理。因此,在面对律无正文的前提下,古代法官比附的适用也往往是从对事理与情理的判断分析入手。在古人的思维中,同类事例也就意味着"事理切合"和"情罪实无二致"两个层面。也就是说,在律无正文的前提下,只有出现案件事实和规范内的制度事实"事理切合",或者说在蕴含于案件事实内的"情理"与规范所体现的情理实无二致的情形下,适用比附,才符合立法原意。

（管　伟）

断罪无正条

古代刑典所设立的对于律例条文没有明确规定但又具有一定社会危害性的行为或事实的定罪量刑的原则和方法。古代刑律既明确规定了断罪须具引律令条文,又设立了断罪无正条,这在一定程度上是古代统治者"金科虽无节制,亦须比附论刑,岂为在律无条,遂使独为侥幸"的罪刑观所决定的。从整体上看,以唐和明、清为代表的刑律,在断罪无正条下为古代司法者提供了两种不同的解决方法:"轻重相明"的类推方法和比附援引的方法。

《唐律疏议·名例律·"断罪无正条"》规定:"诸断罪而无正条,其应出罪者,则举重以明轻;其应入罪者,则举轻以明重。"《唐律疏议》以详尽的篇幅并采用举例的方法对这两项原则予以解释。对"举重以明轻",《唐律疏议》曰:"'其应出罪者',依《贼盗律》:'夜无故入人家,主人登时杀者,勿论。'假有折伤,灼然不坐。"主人若将夜间无故进入其家的人打伤,如何处理主人,法律本无规定,但根据上述"杀者勿论"的解释,主人若打伤夜间无故进入其家的人,对主人显然也应"勿论"。对"举轻以明重",《唐律疏议》曰:"案《贼盗律》:谋杀期亲尊长皆斩,无已杀已伤之文。如有杀伤者,举始谋是轻尚得死罪,杀及已伤是重,明从皆斩之坐"。因此,《唐律疏议·名例律·"断罪无正条"》下所规定的"轻重相明"的司法方法,强调的是法律条文字面意义上的规定虽未明确涵盖某一事实,但根据事物属性的当然道理,从而将该事实纳入为包括在该法律规定的适用范围之内。

《大清律例·名例律·"断罪无正条"》规定:"凡律令该载不尽事理,若断罪而无正条者,援引他律比附,应加、应减,定拟罪名,(申该上司)议定奏闻。若辄断决,致罪有出入者,以故失论”，而其下所附之例则曰：“其律例无可引用援引别条比附者，刑部会同三法司共同议定罪名，于疏内声明，‘律无正条，今比照某律某例科断或比照某律某例加一等减一等科断，详细奏明，恭候谕旨遵行’。若律例本有正条，承审官任意删减以致情罪不符，及故意出入人罪，不行引用正条，比照别条，以致可轻可重者，该堂官查出即将承审之司员指名题参书吏严拏究审，各按本律治罪。其应会三法司定拟者，若刑部引例不确许院、寺自行查明律例改正，倘院、寺驳改犹未允协，三法司堂官会同妥议。如院、寺扶同蒙混或草率疏忽，别经发觉，将院、寺官员一并交部议处。”因此，《大清律例 · 名例律 · “断罪无正条”》所提供的解决思路为比附援引的司法方法。明清时期的断罪无正条对比附援引方法，必须在法律规定的前提条件得到满足并遵从必要的程式下应用：第一，律无正文，即法律规范的措辞并未涉及案件事实，也就是法律确实没有明确规定的犯罪。第二，比附是比照现有法律中的相关条文，而不是既往的判例（当然，当判例内容因修例而纳入律典体系或为“通行”则不在此限）。第三，在程序上还必须遵循“具奏上闻”，提交给君主批准。

（管　伟）

以礼入法

儒家提倡仁、义、礼、智、信，以其德治、礼治思想，影响了中国古代的政治、文化及法律思想。先秦儒家继承和发展了西周的礼治思想，主张“为国以礼”，实行礼治。礼法融合的先行者荀子，对礼进行了全面的改造，赋予礼以封建等级制的内容，要求人们都按礼所规定的等级名分去分享权利和物质利益。代秦而起的西汉王朝吸取秦亡之教训，废除了“挟书律”，在司法实践中提出“春秋决狱”，以儒家“礼治”原则和“礼”的规范校正、补充本属于法家思想的《汉律》，为“礼入于刑” 打通了航道。魏晋南北朝时期，一些儒家学者参与制定法律，他们将礼治思想渗入法典，使儒家思想法律条文化。唐时期是儒家思想法律化的完成阶段。特别是《唐律》的诞生，标志着礼法融合在这部法典中得到全面的确定。以后宋、元、明、清诸朝的法律均以《唐律》为蓝本，《唐律》以礼为立法依据，严格维护父权、夫权、族权，赋予尊长在家庭中的绝对权力，进一步确立男尊女卑，严格要求婚姻制度与儒家礼治的一致性。“礼”是儒家旨在维护宗法血缘关系和宗法等级制度的重要工具。“法”是统治阶级直接制定的强制性规范。礼与法，表面似有矛盾，但二者殊途同归。尤其是随着儒家思想在中国古代社会逐渐居于正统，法合于礼，礼入于法，最终导致礼法二者的融合，该过程即瞿同祖先生所概括的“中国法律的儒家化”。

以礼入法，使礼与法融合，使得中国古代法律具有了道德与法的双重内涵。礼与法结合之后，礼便成了法律的一个重要组成部分。以礼入法的直接表现就是在法典制定方面“纳礼入律”，制定和修改法律也要符合礼所要求的程序。道德的精神渗入法律，道德原则要求法官处断案件时要具体情况具体处理，当法意与人情出现冲突、法律与道德产生矛盾时，儒家法律思想的选择倾向道德。所以无论是司法还是执法，都要兼顾情理与人情。对于中国古代民众而言，守法不仅要求人们在社会生活中用自己的实际行动来遵守法律，还要求人们内心有德，守法即守德。儒家意图通过道德伦理的教化，使人们自觉遵守法律，以达到减少犯罪、消灭犯罪的目的，即所谓以德去刑。

参考书目

1. 张晋藩：《中华法系的回顾与前瞻》，中国政法大学出版社 2007 年版。

2. 曾宪义、马小红主编:《礼与法:中国传统法律文化总论》,中国人民大学出版社2011年版。
3. 张洪涛:《从“以礼入法”看中国古代习惯法的制度命运》,载《法商研究》2010年第6期。
4. 陈永峰:《浅议儒家法律思想之“以礼入法”》,载《人民论坛》2013年第20期。

(郝书翠)

清代的法律推理

在清代的法律推理中,一方面,当时律例具有明确的权威性。清代《刑案汇览》等史料也显示,在案件与规则之间对应关系清晰的情况下,律例通常将被严格适用。但另一方面,也存在为数不少的疑难案件,或完全没有明确对应的律例条款,或与律例的内容稍有出入,或与数项律例规则相牵连,抑或严格遵循律例将导致明显不合理的结果。在这些情况下,比附成为清代法律推理中的一种重要方法,即在特定情况下比照某一法律条文定罪科罚。裁判者主要通过情法之间的比较和联结,对因果关系的特殊处理,以及体制内必要的灵活裁量和“造法”等一系列富有特色的推理技术,完成对疑难案件相关制定法的确认和适用。据学者统计仅《刑案汇览》中所收录的“例无专条、援引比附、加减定拟”的案件就多达1400余条。

清代的法律推理以实现情罪相符为终极目标,刑部的裁判者必须注重案情与相关律例恰当的对应关系。其中,出于维护律例适用结果的整体和谐,刑部官员在适用过程中需要在相关律例之间不断比较,以确认适用法。为此,司法官员关注的不仅是案件与某一条文的吻合,而且还须顾及案情与其他相关条文的协调性。当制定法中的漏洞、矛盾呈现在司法官面前时,刑部官员将在案件情节、职业直觉判断所形成的目标裁决以及制定法条文三者之间细致地寻找联结点,对裁判作出合理性的论证。刑部官员主要通过一种不清晰界定事实必然因果关系的归责方式,使案件能够以其所乐见的合理结果解决,包括事实之间因果关系的简单联结、对必然因果关系的忽视。在法律推理的过程中,刑部官员在制定法适用上还有较明确的灵活裁量权,甚至创设规则的权力。他们有时会抛弃原有的律例规定,转而“比附援引”与案件事实更为相似,能使量刑更加合理的“他律”,以完成案件的审判。当然,这些灵活裁量权也被严格限制在法定框架内。灵活裁量的手段包括加、减一等量刑,援引概括性禁律和直接的情理裁量,而创设规则的方式有参照成案和对现行法的演绎等。

参考书目

1. 王志强:《法律多元视角下的清代国家法》,北京大学出版社2003年版。
2. 黄延廷:《清代刑事司法中的比附》,载《北方法学》2011年第4期。
3. 林志坚:《清代比附制度新探》,载《江苏警官学院学报》2012年第4期。

(郝书翠)

清代成案的效力

成案一般被理解为历年办过的、可以在以后审案中参照适用的判例。广义的成案包括所有高层司法机关(主要是中央刑部)批准或办理的旧案。狭义的成案在律例无规定时比照其他律例条文而形成。在清代的法律规定中,成案的适用原则上被禁止。《大清律例》明确规定:“除正律、正例而外,凡属成案未经通行、著为定例,一概严禁,毋得混行牵引,致罪有出入。如督抚办理案件,果有与旧案相合、可援为例者,许于本内声明,刑部详加查核,附请著为定例。”

一般而言,成案是在律例没有规定之情况下适用的,目的是弥补成文法律的盲点。但有时成案也与律例一并适用,其目的则是使罪刑最为妥帖。从清代留下来的判例汇编中可以看出,清代审判机关在适用成案时,非常谨慎细致,而且不僵化。成案在司法实践中的效力表现为:其一,刑部在说明法律理由时,往往援引成案以加强论证的说服力。其二,成案未经通行、著为定例,可能引起效力瑕疵。但事实上,许多实际援引的成案都并非通行,依然畅行无阻。其三,成案所具有的效力,在某些情况下可能挑战制定法。其四,在另一些情况下,旧例虽已删除,但依据旧例办理之案仍被援引。如因援引恰当的成案而导致判决错误的地方官,还可能免予参处。其五,成案还可能通过形成司法惯例或正式通行这两种主要途径,获得更稳定、持久的效力。如果某件成案由于被反复援引,产生不断复制和再生的效果,最终可能成为司法惯例。有的成案形成惯例后,具有相当明确细致的规范性,形成固定性的规则。其六,相对于形成司法惯例而言,成案经过不同形式通行后,可以具有更稳定的效力。其七,成案的通行可以由皇帝通过颁旨形式以抽象规定的形式确定。

在清代后期的律法执行中,成案被大量援引比附,成为一种显著的弊端。因此,官箴中有"勿轻引成案"之说。

参考书目

1. 王志强:《法律多元视角下的清代国家法》,北京大学出版社 2003 年版。
2. 何勤华:《清代法律渊源考》,载《中国社会科学》2001 年第 2 期。
3. 王志强:《清代成案的效力和其运用中的论证方式——以〈刑案汇览〉为中心》,载《法学研究》2003 年第 3 期。
4. 高进:《谈清代的司法成案》,载《历史档案》2014 年第 1 期。

(郝书翠)

清代成案中的论证方式

成案与问题案件的连接,需要通过特定的法律推理手段完成。在清代,对成案的运用具有一套富有特色的论证方式,通过多种途径,或从积极方面肯定某一成案的可援引性,或从消极方面否定某一成案的实质类似性,使成案得以有效地运作于司法实践。清代司法官员主要运用情节类比、归纳原则和轻重相权等基本逻辑论证,并主要通过制定法解释和个别情节类比等区别技术,明确成案的适用界限。

首先,将问题案件与成案进行情节类比,揭示其中的相同或相似性,以便使成案的处理方式适用于问题案件。在将问题案件与成案类比的过程中,除了基本情节完全相同时可以运用上述直接比照的论证方式,在有的情况下,基本情节并不完全相同,需要辅以相关制定法的规则,揭明其间的同类性以实现过渡,完成类比。

其次,有的成案类比则采用比较混合和模糊的方式,具有一定的含糊性,是基于直觉的判断。在有的成案中,关键性的法律适用原则已被充分地抽象,只需直接援引即可。刑部案牍直接引述成案声明的例子很多。有些情况下,成案中所蕴含的抽象性规则需要司法官员细致地提炼。而且对成案的抽象过程较为复杂,抽象程度也更高。

再次,举重明轻和举轻明重的轻重相权方式,是中国古代法律推理中常用的手段。有时,刑部甚至会实质性地改变对条例文义的通常理解。成案制度不仅包括援引成案解决问题案件的积极方面,还应包含其消极方面,即如何将目前案件区别于成案、以使其更合法地得到解决。在清代成案的运用中,除直接以日本学者小口彦太研究中所揭示的理由(主要有年代久远、未著为定例以及与律例相抵触)直接否定成案效力外,区别成案的主要方式之一是提出司法官所认定的个别重要事实方面的差别。

最后，与现代的判例制度和区别技术不同，在个别的案例中，区别成案的标准来自从此前成案中抽象出来的新规则，即并非通过对成案自身的归纳产生区别规则，而是用一套成案本身之外先已存在的标准（如律注）来比较成案和目前案件。因此，实际上成案在论证中只起着辅助例证性而非法律渊源的作用。

参考书目

王志强：《清代成案的效力和其运用中的论证方式——以〈刑案汇览〉为中心》，载《法学研究》2003年第3期。

（郝书翠）

明清司法的心态模式

“诉诸情感”的裁决，是明清中国的司法裁判的显著特征。在中国传统民间社会的法律观念中，立法是一个总结人情、整理并尊崇升华人情的过程；司法是人情在争论事件中的演练或操作过程；守法即以法律化的人情约束个人私欲的过程。汉代以降，儒家官僚接续了先秦时期“哀矜折狱”的传统，不仅在思想上进行了诸多阐述，而且在司法实践中也试图予以贯彻落实，从而导致了法律面貌与司法风格的巨大变化。明清时代，一些官吏、儒生对孔子的“无讼”思想有新的理解，在他们看来，“无讼”不是无所为，而是有所为，主张通过公正严明的审判使民众的冤屈得到伸张，将“无讼”建立在“无冤”的基础上，情感色彩浓厚。宋明清以来，“情理”一词在司法上运用渐广。最初对“情”的强调，也是从司法领域开始的。这些观念典型地反映在明清公案小说、市井小说中。特别是从司法活动过程来看，民间百姓的诉讼态度和司法官员的断狱风格都体现着国家司法必须体恤人情、满足人情的特点。徐忠明将明清中国的司法心态模式归于“诉诸情感”。

首先，明清中国的民众，对于法律的感受、想象和认知，主要不以冷静的、理性的法律话语，而以充满情感的笔触表达。由于王法是人情（包含情感）的具体化和形式化，所以只有采取“诉诸情感”的诉讼策略，才能博得司法官员的同情、怜悯和哀矜之心。如此一来，在民众写作的诉讼文书的字里行间，也就必然充满自然情感与道德情感的修辞。明清时代，诉讼实践中“诉诸情感”的行动策略不但普遍，而且有效。当时，不仅民事诉讼以“申冤”和“哀矜”为特征，刑事审判也是如此。

其次，受中国“情感本体”文化的影响，明清中国的司法实践者对于案件的裁决过程体现着“诉诸情感”的特征。刑部官员为了追求“罚当其罪”的效果，对于案件的裁决，抱着哀矜同情的心态来进行，特别认真地对待被害者的“冤情”和被告人的“冤情”。掌握最高酌情权力的皇帝，为了博取仁慈的美名，也热衷于酌量案情和双方的“冤情”。

人们之所以重视“情”或“情理”在司法实践中的作用，是因为“情感本体”的文化传统的影响所致，而非“情”或“情理”最初发轫于司法实践。正是“情感本体”的文化结构导致了民众“申诉冤情”的诉讼心态与官员“哀矜折狱”的裁判心态，由此，“诉诸情感”成为明清社会中国司法的主要心态模式。

参考书目

1. 范忠信：《从明清市井小说看民间法律观念》，载《法制现代化研究》1998年第4期。
2. 霍存福：《中国传统法文化的文化性状与文化追寻——情理法的发生、发展及其命运》，载《法制与社会发展》

2001 年第 3 期。
3. 徐忠明:《诉诸情感:明清中国司法的心态模式》,载《学术研究》2009 年第 1 期。
4. 郭星华:《无讼、厌讼与抑讼——对中国传统诉讼文化的法社会学分析》,载《学术月刊》2014 年第 9 期。

(郝书翠)

明清循吏的司法技艺

智谋与神判是明清循吏司法技艺的典型特征。智谋关注的是人的司法智慧,神判凸显的是神的明察秋毫,司法官员洞察“人情”和“物理”的能力,是他们司法智慧和司法技艺的基础。

明清循吏智谋司法技艺的发挥相较于专业的法律知识,更多依赖于先天智慧与后天经验。其主要表现有:第一,司法官员的知识和技术,如“五听求情”的经验智慧。司法官员通过原被两造的五种不同(色、气、词、耳、目)的脸部表情和心理反应,判断他们口供的真实程度。第二,司法官员的职业态度和道德情感。循吏智谋的发挥是以其道德操守为前提的。法律知识与司法技艺,只是听讼折狱的一个方面。司法官员的道德情感(哀矜)与职业态度(审慎)是实现司法平允的必不可少的前提条件。第三,循吏的明察秋毫和“剖决如流”的干练敏断。明清循吏明察内敏,措置干练,应对灵活机变,很有一种“料事如神”的气派。所有的这些智慧都是“人情练达,世事洞明”而后取得的司法能力。只有通达世事后,才会有“不寻常”的智慧,善于从常理出发才能运用更多的“非常理”之智谋去侦破案件。

当人的智慧与能力不足以完成侦破案件或决断狱讼的艰巨任务时,明清的循吏便借助神的明察秋毫之超验能力来侦破案件。神判法在中国的历史时期虽已绝迹,但是只是在规定的法律程序上不见有神判法而已。官吏常因疑狱不决而求梦于神,这显然是求援于神的另一种方式。在明清市井小说中,司法中常有神灵启示或帮助。包公断狱常借助于夜里神人托梦、亡灵托梦、乌盆鸣冤等,施公断案时常遇黑犬闯堂告状、水獭告状、风掀轿盖、飘鼠共现等现象,由此得到启示而破案。这些奇梦、动物行为或其他现象,被认为是神意驱使。天神法力无边、天理昭昭不可泯,都通过这种“戏无法、出菩萨”“一筹莫展,鬼神相助”的方式体现出来。神判的形式多种多样,而“诉诸城隍”则是其中比较常见也比较重要的一种形式。这主要与城隍崇拜在官方祀典系统中的崇高地位有关。对于神判的司法技艺,需要说明以下几点:第一,神判要解决的核心问题是案件的事实真相,揭破案件真相是传统中国司法官员的首要难题。第二,由于传统中国司法体制的“集侦察与审判于一体”的独特结构,司法官员必须首先解决案件的事实真相,然后才是法律的适用。第三,神判实际上是一种贯彻“哀矜折狱”精神的司法实践,而非纯粹的迷信。第四,神判之所以奏效,是因为人们对于神的明察秋毫的超验能力的极度敬畏。

参考书目

1. 瞿同祖:《瞿同祖法学论文集》,中国政法大学出版社 1998 年版。
2. 范忠信:《从明清市井小说看民间法律观念》,载《法制现代化研究》1998 年第 4 期。
3. 徐忠明:《诉诸情感:明清中国司法的心态模式》,载《学术研究》2009 年第 1 期。

(郝书翠)

清代司法裁判的形式化

“形式化”与“实质化”相对。在清代的司法实践中,遵循法律作出的裁判,属于“形式化”

的裁判类型。参酌道德人情作出的裁判,属于"实质化"的裁判类型。"形式化"与"实质化"制度结构与裁判实践的概括仅是理想类型,在两者之间存在诸多中间层次的裁判以及彼此之间的紧张关系。

瞿同祖在《清代地方政府》中明确指出:"所有判决必须遵从现行的律令。"但也有学者认为,瞿先生的论断似乎是指清代的法律规定,而非司法实践。据此,简单地把它看作对于司法实践的概括,可能并不妥当。美国学者布迪(Derk Bodde)和莫里斯(Clarence Morris)认为,从清代刑事审判程序来看,其不但具有制度化和合理化的特点,而且已经形成了一些必须遵循的重要原则。就"依法判决"而言,与其他国家的法官相比,清代司法官员甚至更为严格,那种舍弃法律而任意裁判的做法,只是个别的例外。根据黄宗智的统计,清代在所有案件中有87%都是明确通过法律加以解决的。上述论断都可以成为清代中国司法裁判"形式化"的举证。然而,关于清代中国司法裁判"形式化"这一命题的争论从未停止,有学者认为考量传统中国与现代社会的"依法判决"问题,不能仅仅考察裁决文书是否援引法律,更要解释缘何援引法律;既要识别两者之间在征引法律上的相同之处,也要揭示它们之间的根本差异。譬如,现代意义上的依法判决,其根本目的乃是实现法治和保障民权,而传统中国"依法判决"的旨趣则是确保皇权(王法)和控制司法官员。此外,有学者认为清代中国司法实践的"形式化"是一个伪命题。因为清代的律例结构较之特殊,属于"一个萝卜一个坑",赃款数量与刑罚轻重一一对应,没有丝毫弹性。而且,由于中国古代法官的人员构成与知识结构,官场规则、民意、舆论等因素的存在,清代司法实践很难做到依法裁判,即实现"形式化"。据此,学界开始倾向于清代中国的司法裁判属于"形式化"与"实质化"有机结合的类型,在司法裁判的"形式化"与"实质化"之间充满张力。

参考书目

1. 黄宗智:《民事审判与民间调解:清代的表达与实践》,中国社会科学出版社1998年版。
2. 瞿同祖:《清代地方政府》,法律出版社2011年版。
3. [美]德克·布迪、克拉伦斯·莫里斯:《中华帝国的法律》,朱勇译,江苏人民出版社2010年版。
4. 徐忠明:《清代中国司法裁判的形式化与实质化——以〈病榻梦痕录〉所载案件为中心的考察》,载《政法论坛》2007年第2期。
5. 徐忠明:《明清时期的"依法裁判":一个伪问题?》,载《法律科学(西北政法大学学报)》2010年第1期。
6. 陈聪、张红生:《中国传统司法裁判方法探析与反思》,载《唯实》2010年第4期。

（郝书翠）

清代司法裁判的实质化

"实质化"与"形式化"相对。在清代中国的司法实践中,参酌道德人情作出的裁判,属于"实质化"的裁判类型。遵循法律作出的裁判,属于"形式化"的裁判类型。

学界关于清代中国司法裁判的"实质化"的论断主要有如下几种:马克斯·韦伯曾经指出:古典中国的司法属于"所罗门式的"审判(Solomonic Justice)或"卡迪式的"审判(Kadi－Justiz),其根本原因在于,一是司法官员的非专业化,二是司法裁判的实质化。与现代西方的法官职业化和裁判形式化不同,它们构成了两种具有根本差异的司法类型。秉承韦伯开创的学术路径,美国法学家昂格尔也认为在古代中国,行政命令和法律规则之间并无明确界线,没有摆脱统治者顾问身份的可辨认的法律职业;没有置身于道德和政策论据之外的特殊的法律推理。因此,传统中国没有独立的法律职业和没有专门的法律研究,导致了裁判的“实质化”。此外,日本学者滋贺秀三认为,传统中国缺乏独立的法律精英与专门的法律研究,形成了司法的非职业化与实质化的特征。而且,由于儒家官僚的道德化取向和父母官角色,不但导致了传统中国裁判依据的道德化与情理化,而且造成了裁判的不确定性与法律知识生产的不确定性。

但在具体的司法实践中,天理、人情和习俗之类的社会规范却不能与法律等同视之。虽然清代中国司法实践的“实质化”切实存在,但却不能忽视“依法裁判”即司法裁判“形式化”的意义。据此,学界开始倾向于清代中国的司法裁判属于“形式化”与“实质化”有机结合的类型。

参考书目

1.[德]马克斯·韦伯:《儒教与道教》,洪天富译,江苏人民出版社1993年版。

2.徐忠明:《清代中国司法裁判的形式化与实质化——以〈病榻梦痕录〉所载案件为中心的考察》,载《政法论坛》2007年第2期。

3.徐忠明:《明清时期的“依法裁判”:一个伪问题?》,载《法律科学(西北政法大学学报)》2010年第1期。

4.陈聪、张红生:《中国传统司法裁判方法探析与反思》,载《唯实》2010年第4期。

（郝书翠）

清代刑事审判中的律例

清代刑法沿唐明之制,分为笞、杖、徒、流、死五级。除了笞、杖可以由州县自处外,徒、流以上的案件,特别是死刑等重大刑事案件,有一套极其严密的审判程序。

徒刑是对一般或较轻刑事犯罪的刑罚,据《大清律例》,诸如窃盗不满百两,匿父母及夫丧不举哀,祖父母、父母故杀子孙,雇工人骂家长,白昼抢夺,奴婢告家长等,均属徒刑,分别徒一至三年。应拟徒刑的案件,由州县初审,依次经府、按察司,报至督抚,逐级复核。总督、巡抚是一省的最高长官,有权对徒刑案件作出发生法律效力的判决,只需按季度报刑部备案。

流刑为减死刑一等的刑罚,较徒刑为重,用于比较严重的刑事犯罪。充军和发遣,是从流刑派生而来,充军有五等,发遣为发黑龙江、新疆等地给八旗官兵为奴。一般不涉及反逆、人命的流、军、遣案件,由各省督抚审结后,将案卷咨报刑部,人犯则递解回原州县待命。刑部相应的各司将案卷核拟,而后呈刑部堂官批复,再咨复各省执行。

《大清律例》中死刑的罪名有四百多条,包括斩、绞两种重刑,以及称为极刑的凌迟,此外还有枭首、戮尸、株连等加重刑。清代的死刑有“立决”和“监候”两种。一般的人命、强盗两大类死刑案件,其案情较严重的也为立决。立决案是批复下达后立即执行。监候是缓决,在第二年秋审时定其生死。属于监候的有案情较轻的命、盗案件以及其他死刑案件。死刑重案,先由州县初审然后逐级审转复核,由督抚向皇帝具题,最终由“三法司”核拟具奏。发生在京师的死刑案则由刑部直接审理,题奏于皇帝,再经三法司拟核。死刑案最终须经皇帝勾决,才能执行。

关于清代刑事审判制度中的法律规定,有以下几个值得注意的地方:第一,为了防止因人情关系出入人罪,清代进一步完善了审判回避制度。凡主审官吏与诉讼当事人有亲属、朋友、师生、仇嫌或其他关系,均须移文回避。第二,刑事案件的承审各有期限,寻常命案,统限六个月完结,盗案及斩绞立决命案并一切抢窃杂案,统限四个月完结。第三,人命等徒刑以上(含徒刑)刑事案件须据律例拟罪后逐级向上申报,从而构成上一级审判的基础。每一级都将不属于自己权限的案件逐级上报,层层审转,直至有权作出判决的审级批准后才终审。这样,徒刑至督抚,流刑至刑部,死刑最后直至皇帝,形成严密的逐级审转复核制。

此外，清代刑事审判制度颇为完善的另一重要标志就是秋审制度。秋审是在每年秋季举行的对各省斩监候、绞监候案件的复审，由明代的朝审制度发展而来。秋审程序大概包括：核办招册（核查办理案犯清册）、审录（对监候囚犯一一审录）、汇题（督抚将全省案件向皇帝汇题）、刑部看详核拟（刑部审核案卷）、九卿詹事科道集议、刑科给事中复奏、皇帝勾决。

审案中，如果原有律、例无法适用，司法官吏便会寻找历年成案，或者习惯法，或者律学著作，乃至依据情理，组成一个最适于解决此案的规则方案，以做到定罪量刑最为“允协”。

参考书目

1. 郑秦：《清代司法审判制度研究》，湖南教育出版社 1988 年版。
2. 张晋藩：《中华法制文明史》（古代卷），法律出版社 2013 年版。
3. 何勤华：《清代法律渊源考》，载《中国社会科学》2001 年第 2 期。

（郝书翠）

第二部分　具体司法方法

法律发现方法

法的发现

在不做严格区分的意义上，“法的发现”与“法律发现”可以通用。但正如“法”与“法律”含义有所区别一样，“法的发现”与“法律发现”也有着不同的意蕴：其一，法律发现更多的指司法过程中法官面对案件裁判纠纷时的“找法”活动，而法的发现则更多的与法律的产生联系在一起，主要指法律是怎样产生的，即法是通过什么样的机制形成“法律规则”并公之于众；其二，法律发现主要指司法过程中法官等法律人找到裁判案件的法律依据，具体表现为相应的法律规则、法律原则等法律规范，法的发现则除了指代前述法律发现的含义外，还包括寻找隐藏于法律背后的法的精神、法的原则和法的理念等内涵。就法的发现而言，立法者或司法者究竟是自由地“创制”了法律，还是必须遵循某种或某些客观外在的东西而“发现”或“总结”了法律？历代先贤、学者对这一问题的回答，大致可分为“法的发现”和“法的创造”两途。

古希腊的柏拉图、亚里士多德均认为，法律是发现的，而不是创造的。他们认为，法律（人定法）是人根据神的旨意、经过众人的经验审慎考虑后制定的，法官等法律人只能运用法律而不能制定法律。中世纪的神学家将法律区分为永恒法、自然法、人法和神法，并认为人法是人类根据自然法对更具体的人类事务作出的安排，人法源于自然法，并最终是根据永恒法制定的。文艺复兴后，古典自然法学派将自然法的观念从中世纪神学樊篱中解放出来，主张自然法，包括意志法（人定法）均源于人类理性、人类的共同意识，是人们用理性发现的。康德的法哲学和黑格尔的法哲学也均认为，法或法律是发现的，而不是随意创制的，只不过康德强调立法必须到道德义务“绝对命令”那里去寻找根据，而黑格尔则强调抽象法是自在的法，实在法是自在自为的法，是被国家以法律形式加以确认的法律权利，实在法必须反映并符合抽象法，否则就不是真正的法律。历史法学派认为，法律是民族精神的产物，是一个民族所特有的机能和习性，法律发展是一个自然进化的过程，法学家的任务就是去感知体现为法的这种民族精神，发现隐含于民族精神中的“法律”，即立法者是法律的发现者，而不是法律的创造者。但英美法系的多数学者则认为，判例是法官自由造法的结果，法律不是法官发现的，而是法官创造的。如美国大法官格雷主张，“法律”是法官在判决过程中“制定”的，而不是“发现”的。当然，英美法系也有学者主张法律是发现的，而不是创造的。如英国的爱德华·柯克爵士（Sir Edward Coke）、威廉·布莱克斯通爵士（Sir William Blackstone）则主张法官只能发现和运用法律，而不能“造法”。

立足于司法方法的视角，法律既是“发现”的，也是“创造”的。单靠法的发现，不能合理地解释法律适用的全貌，而只有法的创造，会使司法裁判失去确定性，不利于法治，特别是严格法治的实现。

（赵玉增）

法律发现

随着法律方法论研究的兴起,法律发现作为一种法律方法常被人们提起,但就法律发现概念而言,其可以从立法和司法两个层面来理解,两个层面理解的法律发现都是指一种"找法"的活动,只不过立法层面理解的法律发现是指立法者从法的原则、精神,或生活中,或其他渊源中,寻找制定一般性法律规则的活动;而司法层面理解的法律发现则是法官等法律人从法律渊源中寻找案件裁判依据的活动。而作为法律方法论范畴的法律发现,则主要指司法意义上的法律发现,司法意义上的法律发现是指在司法过程中,法官等法律人面对具体案件时,在法治理念的指引下,从各种法律渊源中寻找、选择、确定可以用来裁判具体案件的法律规范的活动。对司法层面的法律发现,还可以作广义和狭义两种解释,广义的法律发现包括"在法律当中发现法律"和"在法律之外发现法律";狭义的法律发现则专指在法律之外发现法律,指当法官在现行法律中无法找到可适用于当下案件的具体规定时,将目光挪移于法律之外而进行的法的发现。

一般而言,法官等法律人进行法律发现时,应先在正式法源中去发现法律,只有在正式法源出现明显背离法律价值或没有明确规定的情况下,才能寻求非正式法源的帮助。正式法源与非正式法源共同构成了法律发现的大致场所。

参考书目

1. 陈金钊:《司法过程中的法律发现》,载《中国法学》2002 年第 1 期。
2. 郑永流:《法律判断形成的模式》,载《法学研究》2004 年第 1 期。
3. 谢晖:《法律哲学》,湖南人民出版社 2009 年版。

(赵玉增)

法律发现的场所

又称法律发现的场域。如果说法律发现是为了发现用于裁判具体案件的法律规范(裁判规范),那么到哪里去发现裁判规范,就涉及法律发现的场所问题。

法律发现的场所与法律渊源密切相关,可以说法律渊源是法律发现的主要场所。博登海默把法律渊源区分为正式渊源和非正式渊源有助于回答法律发现的场所,正式法源与非正式法源都是法律发现的场所。

一般而言,当事人、法律人遇到案件进行法律发现时,应先到正式法源中去发现、寻找裁判规范,但由于正式法源已不再是一个全面的、详尽的、在逻辑上自洽的规范体系,不可能解决所有的法律问题,所以当在正式法源找不到案件的裁判规范时,或找到了多个不一致的法律规范时,就需要到非正式法源中去发现、寻找案件的裁判规范。所以,正式法源与非正式法源结合起来,共同构成了法律发现的大致场所。

不同国家的正式法源与非正式法源的构成是不同的,结合我国的具体实践,可以将我国的正式法源概括为各种制定法,包括宪法、法律、行政法规、地方性法规、自治条例和单行条例,国务院部门规章和地方政府规章,军事法规,国际条约与协定等;非正式法源主要包括:政策规定、法理学说、普遍正义观念、道德习俗、事物的本质等。需要说明的是,在我国司法解释很难归入制定法的范畴,但由于司法解释可作为规范性法律文件在裁判文书中直接引用,加之司法解释对案件具有更强的针对性和可操作性,在实务中司法解释甚至成了法律发现的主要场所。

(赵玉增)

自由的法律发现

法律发现的自由意指法官等法律人可否自由地发现法律。而在法律发现是否自由的问题上,一直存在法律是被“发现”的还是被“创造”的争论。法律既是被发现的,也是被创造的。发现抑或创造,是法律发现的两种不同路径,单有“发现”不能解决所有的法律难题,只有“创造”会使法律失去确定性,法治也会变得越来越不确定。立足于法律方法论的视角,法官等法律人在进行法律发现时,既是自由的,又是不自由的。法律发现的自由表现在:法官等法律人结合案件事实,可以在一个国家现行有效法的体系内自由地发现、寻找案件的裁判规范,当在现行有效法的体系内找不到案件的裁判依据时,也可以到法理、学说、习俗、普遍正义观念、事物的本质等非正式法源中去寻找,甚至在本国法中找不到案件的裁判依据时,还可以到他国法中去寻找等。法律发现的不自由表现在:法官等法律人寻找案件裁判规范的过程,并不是不受任何约束的过程,而是要受到一系列相关规则的约束,特别是还承担着对找到的“法律”与案件事实间关联性的证立义务。

20 世纪初,欧洲大陆一些国家兴起的自由法学运动,强调审判过程中的直觉和情感因素,主张法官不应受立法的约束,而应根据正义原则“自由地”作出决定或判决,但自由法学家也并没有因此而解除法官对成文法的忠实义务,只是主张在法律存有漏洞时,依据占支配地位的正义观念来审判案件,此时的正义观念就是对自由法学者的约束。客观而言,法官经由法律发现找不到相应的法律规定,即出现法律漏洞时,法官似乎拥有更大的自由去进行“造法”,但法官“造法”绝不是不受限制地肆意造法,也只能是对法的“续造”。德国学者拉伦茨曾将“法的续造”区分为三个层次:与法律解释同义的法的续造;法律内的法的续造;超越法律的法的续造,即便是“超越法律的法的续造”,也必须符合整体法秩序的基本原则,即也要受到整体法律思想、法律精神、法律意识等因素的制约。所以,法律发现的自由是相对的,而不是绝对的。

(赵玉增)

法律发现的约束

如果说法官在法律发现中的自由是相对的、有限的,则法官在法律发现中的约束则是绝对的。法官进行法律发现不是随意和任性的,会受到一系列相关规则、法的精神、法的理念等的约束。

首先,法官进行法律发现应当遵循法治的基本要求,要严格按照维护司法公正的目标来进行。尽管法官享有一定的发现法律的自由,甚至在某些时候可以自由地进行“造法”,但法官在法律发现中的创造性活动必须出于对法律的忠诚,受到法治观念的约束。

其次,法官进行法律发现时不能完全脱离现有法律的约束。尽管现实主义法学认为,法律规则不是预先存在的,也不是由法律适用者发现的,而是由法官解释制定出来的。但站在法治的立场上,法官在法律发现中既不像分析法学以及民法学中的概念法学认为的那样完全没有主动性,但也绝不是现实主义法学所夸大的那样完全由法官任意进行,法官在法律发现中会受到现有法律的约束。

再次,法官在法律发现中还要受到案件事实方面的约束,即便是大致相同的案件,也会因案情、当事人基本情况的不同而影响、约束法官的法律发现。

最后,社会的普遍正义观念、道德意识、社会习俗,法官的前理解、甚至是情感等非理性因素也会影响或制约法官的法律发现……除此之外，法官除了发现法律的义务外，还承担着证立的义务，这也是对法官发现法律的一种约束。

（赵玉增）

法律发现的心理机制

法律发现者基于案件事实和法律认知，寻找适用于当下案件的裁判规范的过程中，感觉、知觉、认知、情感、判断、推理等各种心理因素及其发挥作用的内在机制。传统法学（包括大陆法系、普通法系）将逻辑涵摄视为法律发现的核心技术，但逻辑涵摄不是法律发现的全部。美国现实主义法学和欧洲的自由法学运动将“直觉”引入法律发现，美国学者凯斯·R. 孙斯坦提出在法律发现过程中，可借助未完全理论化协议，实现类推思维中生活事实与法律规范之间的相互对应、调适和同化。德国学者阿图尔·考夫曼认为，在法律获取的心理机制中，既有逻辑涵摄、演绎、归纳、类比等理性要素，也有直觉、顿悟、法感等非理性因素。法律发现的心理机制问题，需要借助心理学的研究展开分析，但目前这方面的研究尚处于起步阶段，有许多问题等待人们去作出回答。

（赵玉增）

前理解

又称“前见”“成见”“偏见”，是一个诠释学用语，本义指人的理解无法超越历史时空、超越先前经验去理解，具体指理解之前的某种或某些看法、观点、经验等。

哲学诠释学认为，历史性是人类生存的基本事实，无论是认知主体还是作为对象的作品都内在地嵌于历史性中，理解的历史性构成了我们的前见。在哲学诠释学看来，理解是人的存在方式本身，而理解本身又受制于决定它的“前理解”，即一切理解都必须基于一种在先的前理解，理解是生成的，没有前理解，理解也就不可能发生。哲学诠释学所讲的“前理解”不同于日常生活中的“错误成见”，这是因为就“前理解”本身而言，可区分为“正确的前见”（或正确的“前理解”）和“错误的前见”（或错误的“前理解”），正确的前见（或正确的前理解）可以作为理解的前提和出发点，而错误的前见（或错误的前理解）可以导致理解步入歧途。因此，主要的问题不在于抛弃“前见”（或“前理解”），而在于决定什么是“正确的前见”（或正确的“前理解”）和什么是“错误的前见”（或错误的“前理解”）。

理解以前理解为基础，在理解过程中又会不断地产生新的理解，新的理解又称为以后理解的前理解，如此循环往复，理解才得以不断地进行。法律发现的前理解，一般指人们在进行法律发现之时，法官等法律人已经具有的感知、常识、经验、价值观和思维方式的综合，包括发现者对法律的认知、评价及其价值选择等，更加广泛的前理解还应当包括发现者对案件事实的认知、对社会生活的认知及其价值观、情感等因素，这些法律和非法律的前理解都会影响法律发现者的法律发现。依德国法学家约瑟夫·埃塞尔的看法，就裁判的发现而言，是法官在“前理解”的指引下，通过“未实证化的法律原则”和“法律外的评价标准”来选择规范的过程，这一过程也就是法律发现，即法律发现的前理解，包括“先于体系存在的评价”“先于法律的规整模式及典范”“外于法律的期待和确信立场”等。

（赵玉增）

法律理解

法律理解有本体论和方法论之分。

本体论意义上的法律理解将法律理解视为法律及其认知的基本存在,没有法律理解也就没有法律的存在。本体论意义上的法律理解基于本体论意义上的理解而存在。在伽达默尔看来,理解活动是人的存在的最基本的模式,是人类生命自身存在的原始特征,存在者是在对存在、对自我以及二者关系的理解中存在的,离开理解便谈不上存在,只有在对存在问题的理解中才会逐渐产生主客体的对立与统一,才能产生知识和真理。本体论意义上的理解具有普遍性、历史性和有限性、主观性、运动性和创造性等性质。站在法律方法论的视角,本体论意义上的法律理解,将法律理解看作诸种法律方法中最高的法律方法,并用法律理解来囊括、阐释法律发现、法律解释、法律推理、法律论证等诸种法律方法。本体论意义上的法律理解,有助于提升法律方法论研究的理论化水平,但走得过远也会使法律方法论研究离司法实践越来越远,一定程度上也会遮蔽法律方法的工具属性、应用属性。

方法论意义上的法律理解是指人们对法律的一种理解和认知活动,是人们借助法律概念,通过对法律的分析、比较、概括以及联想、直觉等逻辑或非逻辑的思维方式,来领会和把握法律的内在联系、本质及其规律的法律认知活动。法律理解是最基本的法律认知活动,可以说,没有法律理解,便不可能有法律解释、法律发现、法律论证、法律适用等法律认知活动。

参考书目

乐黛云等主编:《世界诗学大辞典》,春风文艺出版社 1993 年版。

(赵玉增)

法律检索

从法律法规资料库中查找、获取所需法律信息资料的一种活动或过程。

英国学者戴维·斯托特在《法律检索之道》一书中指出,法律检索的第一步是制定检索计划,包括:事实收集;事实分析,并找到相关法律原则;找出事实要点和法律要点;制定检索计划。就与法律发现相关的法律检索而言,除非能将全部法律熟记于心,否则都需要借助法律检索来进行法律发现。法律发现者法律检索能力的养成,既要以发现者已有的法律知识积累为基础,更要靠发现者在司法实务中的训练和实践,同时辅之以检索的技术手段。

就法律检索的技术手段而言,根据法律信息资源的载体不同,大致可区分为传统的和电子化的两种:传统的法律检索主要通过查找纸介形式的法律资源,如公报、法律图书、期刊、报纸等出版物来进行;电子化的法律检索主要借助计算机和其他电子化的技术手段(如光盘、互联网)通过查找法律网络数据库、光盘、多媒体资料等来进行。尽管随着信息化时代的到来和发展,电子化的法律检索手段越来越成为检索者的首选,但纸介化传统检索手段也有其不可替代的作用,两种检索手段将长期并存且互无可替代性。

常用的法律检索手段有:搜索引擎检索、网站检索和专业法律数据库检索。利用搜索引擎检索,首先是分析检索课题,明确检索的目的和范围;其次,选择搜索引擎;最后,选择关键词,关键词选择是否合适,关系到能否命中检索结果,以及返回检索结果的多寡。当检索无返回结果,或返回结果太少时,就需要提高查全率,其主要方法有:一是换用上位词;二是选用简单常用的关键词;三是逐步减少限制词。当检索返回结果太多时,就需要提高查准率,其主要方法有:一是换用下位词;二是选用专指度更高的词;三是增加限制词,重新检索或在检索结果中进行二次检索;四是限制检索范围;五是通过“+”,使用两个或两个以上关键词进行检索;六是观察不相关结果的特征,使用减号语法排除。另外,网络信息检索方法通常还要注意使用逻辑检索,以及如何在选择合适的关键词的基础上缩小检索结果的范围,诸如逻辑“与”、逻辑“或”、逻辑“非”等。网站检索的方法是在网站内的搜索检索,方法基本与搜索引擎检索相同。法律数据库检索,常用的检索方法有:跨库检索、标题关键词检索、全文关键词检索、发文字号检索、分类检索、日期检索等。

(赵玉增)

法律获取

又称法律获得,意指找到了适用于具体案件的法律规定。无论是疑难案件还是简单案件,都有一个法律获取的过程,只不过相对于疑难案件,简单案件法律获取的过程相对容易些。在德国学者阿图尔·考夫曼看来,法律获取是“法律适用”和“法律发现”的上位概念。这是因为,当待决案件受到制定法调整时,此时涉及的是法律适用问题,而当待决案件找不到制定法调整时,需要进行法律发现,因此,可以用法律获取来统摄法律适用和法律发现两个概念。

就法律获取的方法而言,两大法系法律获取的方法有所区别。英美法系基于其判例法传统,主要通过案例间比较、区别等技术来获得适用于当下案件的裁判规范,大陆法系基于其制定法传统,则需要借助于演绎、归纳、设证、类比等方法来获得适用于当下案件的裁判规范。就法律获取的路径而言,无论是英美法系还是大陆法系,法官等法律人获得适用于当下案件的法律规定的过程是一个逐步限缩的过程,这一过程可大致描述为:基于对案件事实的阅读、理解,到获取与案件事实相关的法律规定,再到对相关法律规定进行分析、比较,最终将法律规范转化为适用于当下案件的裁判规范的过程。无论是大陆法系的法官还是英美法系的法官,其在法律获取的过程中,既要受到法治原则、法律理论、逻辑规则等理性因素的制约,也会受到直觉、顿悟、法感等非理性因素的影响。

(赵玉增)

法感

“法感”作为由德语翻译而来的一词,主要指一种无可比拟的情绪(Gemtttregung),是针对某一案件事实而接触到法律的构成要件时,被激发出的一种感觉(Gefllhl):在正义发挥作用时,产生满足感,但在正义被违反时,产生不悦与愤怒感;这是一种纯粹心智上的理解,不需要科学上的再思考,是一种内在的态度,这种态度在法律作为正义而服务的实现过程中,被感受为一种道德的义务。德国学者欧文·里兹勒(Erwin Riezler)把法感的内容定性为是认识论与法学方法论的理念,强调法感的内容不是一个可以统一说明的心理现象,而是一个多重但在应用上可以相互分别,因而可区分为不同内容的概念。他将法感区分为三个层次的内涵:第一,对法律是什么的感觉,此一层次的法感是“对实证法的直觉认识”;第二,对于法律应该是什么的感觉,这个层次的法感是“实现法律理念的渴望”或者是“批判实证法的机制”;第三,只有符合法律的事物才应该出现的感觉,第三层次上的法感是作为“对现行法律秩序的尊重”。据此,法感便具有多重功能:对实证法的批判之功能;对担保法的安定性之功能;对法官判决的设证之功能；对法律适用之法源功能。

法感是客观存在的。一个不懂法律的普通人能对人们的行为是否合法、是否构成犯罪得出与法律人大致相同的结论，便是法感或法律感客观存在的事实例证。法感或法律感虽是一种感性认识，但也不是纯粹的感性认识，而是感性认识和理性认识的融合，法律人借助法感或法律感来裁判案件，也不是一味地跟着法感走，而是借助法感得出案件的初步结论后，再进行反复的推敲、缜密的论证，在这个意义上，法感或法律感只是为法律人裁判案件提供了大致的指引。无论是法律人还是普通人，都可以通过研习法律来培养自己的法感，但法感或法律感的培养不是一蹴而就的，是一个长期习得的过程。特别是法律人的法感或法律感，更需要在司法实践中不断地学习，反复地锻炼才能养成。

参考书目

吴从周：《初探法感（Rechtsgefühl）——以民事案例出发思考其在法官判决中之地位》，载舒国滢主编：《法学方法论论丛》（第2卷），中国法制出版社2014年版。

（赵玉增）

溯因法

亦称“回溯法”“外展法”“逆推法”“设证法”，是科学发现的一种模式或方法。溯因法或设证法最早由古希腊的亚里士多德提出，他用“溯因法”这一称谓以区别于“归纳法”和“演绎法”，但亚里士多德并没有进行详细的论述，后来也长久没有引起人们的注意。直到20世纪初，由于美国哲学家皮尔斯、汉森等人的提倡，溯因法才逐渐在自然科学、社会科学和各种边缘科学中获得广泛运用。

溯因法或设证法作为一种逻辑方法，它把观察语句看作待说明项，把科学假说看作说明项，认为推理是从待说明项到说明项的逆行推理，溯因法或设证法的推理过程如下：（1）某一意外的现象P被观察到；（2）若假说H为真，则P理所当然是可以说明的；（3）因此，有理由认为H是真的。溯因法或设证法的实质是从有待解释的事实开始，对它们进行分析，然后发现并选择最佳的假说，使之从这个最佳的假说及背景知识和前提条件中，有逻辑地演绎出待解释的事实，因此溯因法或设证法也被称作寻求最佳解释的方法。溯因法或设证法的特点在于：前提真和结论真之间的关系是有条件的。这是因为溯因法或设证法从一开始就假定被解释项的命题为真，然后从众多可选择项中选择一个最合理的解释项去证明被解释项为真，这其中只是需要说明其他的可选择项都不如那个选择项能更好地解释被解释项。

溯因法或设证法说明了演绎与溯因在科学认识活动中的不可分割性，说明了假说、理论和事实之间的辩证关系，揭示了观察和因果说明中的理论渗透、观察语句中的主体说明的成分，较充分地体现了研究者在科学认识活动中的主观能动性。溯因法或设证法的认识论价值在于，它是一个创造性地发现过程，重要的是这一创造性过程要受到理性的制约。具体到法律发现，溯因法或设证法带有从结论发现法律的味道，且溯因法或设证法的运用会受到非逻辑因素的影响，因此其有效性可能是缺乏保证的，但其对法律发现的意义又是重大的，所以，关键是为溯因法或设证法创设若干保证其有效性的基本准则。

（赵玉增）

法律识别

法律识别由国际私法上的"识别"概念演变而来。国际私法上的"识别"是指在适用冲突规范时,根据一定的法律概念,对有关的人、物或行为进行法律上的分类,从而确定应适用哪条冲突规范的过程。司法过程中的法律识别,指法官等法律人在适用法律规范时,依据一定的法律观念,对案件的事实构成作出定性或分类,从而确定应适用哪一法律规范的认识过程。

法律识别是对案件事实与法律规范进行反复对比和权衡的过程,是案件事实与法律规范之间"目光之往返流转"的过程。法律识别可大致区分为三个层级:第一层级是法律意义的识别,指法官通过分析和判断案件的事实构成,确定该案件是不是一个法律问题,即是否具有法律意义;第二层级是部门法识别,在确定案件事实具有法律意义的基础上,进一步分析和判断该案件是一个什么性质的法律问题,以便找到其所属的部门法;第三层级是裁判规范的识别,简单地说就是为待决案件在部门法或亚部门法、子部门法中找到具体的裁判规范。

(赵玉增)

法律适用

将法律规范运用于具体案件的活动。广义的法律适用既包括国家行政机关的行政执法活动,也包括司法机关的司法活动;狭义的法律适用则专指国家司法机关根据法定职权和法定程序,具体应用法律处理案件的专门活动。

关于法律适用和法律发现二者的关系,学界存在着不同的认识。传统主流观点把法律发现看作与法律适用有着本质区别的一种活动:法律适用指将既有法律推论用到具体案件中,而法律发现是在法律存有漏洞的情况下,人们填补法律漏洞的带有创造性的活动。为此德国学者阿图尔·考夫曼提出用法律获取来统摄法律适用和法律发现这两个概念。中国学者郑永流教授认为,依法律扩张的程度不同区分法律发现与法律适用没有太大的意义,不如将法律发现定义为不可直接应用法律的情况,而将直接应用法律的情况称为法律适用,如此,法律发现和法律适用不再是上下位关系,而是一种平行关系,并可用法律应用来统摄法律发现和法律适用两个概念。

法律适用是一个十分复杂的过程,尽管人们可以将其理论化、抽象化为可以言说的过程,但实际的法律适用过程除了可以言说的理性因素外,还可能包含着一些不可言说的非理性因素。就法律方法在法律适用中的运用而言,法律适用离不开法律发现、法律解释、法律推理、法律论证、利益衡量等都诸种法律方法的运用。

(赵玉增)

法律发现的场景

场景本是一个艺术范畴,多用于绘画、诗歌、戏剧、电影等领域,特别是在戏剧和电影中,场景是不可或缺的基本因素,它为戏剧、电影中人物的活动提供了具体的时空环境,一个个场景共同构成了情节,由此才能展开故事的推演。随着社会文明与艺术的发展,场景逐渐溢出艺术领域而进入建筑、地理、计算机、通信、心理学、社会学、法学等领域。有学者指出,场景除了它本身的表层含义外,还具有其深层含义,场景的深层含义是指它不只作为艺术作品的表达方式,或是刻画的对象,而是视为社会、习俗、人的行为和心理等因素共同作用而形成的一种社会现象。将艺术中的“场景”范畴引入法律发现,便有了法律发现的场景之概念,指当事人、法律人在遇到案件进行法律发现时的结果情形。

总结学者们的观点,可以把当事人、法律人针对具体案件进行法律发现时的结果情形概括为四种:一是找到了明确且一致的法律规定,此时可以直接进入法律推理环节;二是找到了模糊不清的法律规定,此时需要运用法律解释把模糊不清的法律规定解释清楚;三是找到了相互矛盾的法律规定,此时需要通过利益衡量和法律论证等方法做出取舍;四是找不到具体的法律规定,即存在制定法的漏洞时,法律发现理论会指引当事人、法律人到非正式法源中去探寻。由于非正式法源本身不像制定法那样明确,可能找得到,也可能找不到,或者找到了相互矛盾的非正式规则。如果在非正式法源中找不到用于案件裁判的规则,在法院不能拒绝裁判情况下,需要进行漏洞补充;如果在非正式法源中找到了可用于案件裁判的规则,一般不能直接拿来适用,需要进行法律论证才可用于案件裁判;如果找到了与案件相关但相互矛盾的多个相关规则,同样需要运用法律论证、利益衡量等方法作出适用与否的选择。以上便是法律发现的主要结果情形。

（赵玉增）

“目光之往返流转”

对德国法学家卡尔·恩吉施在《逻辑研究》一书中提出的“在大前提与生活事实之间之眼光的往返流转”的简称。“目光之往返流转”形象地说明了针对具体案件的法律发现过程。因为法律规范必须经过澄清、精确化之后才能适用于当下案件,而针对具体案件的法律发现既要关注法律规范,又要关注案件事实;既要依据案件事实,不断地限缩法律规范,又要根据法律规范不断地裁剪案件事实,逐步使两者越来越相互“适应”,此即法律发现中的“目光之往返流转”。法律发现中的“目光之往返流转”,首先是往返于案件事实与相关的规范文本之间,其次是流转于——借助前述过程而被缩小的——案件事实与相关的规范之间,最后是个案裁判者的目光还要往返于适用于当下案件的裁判规范和个别化之后的案件事实之间。

尽管法官的判案活动难以准确的描述,但“获得案件事实”与“择取法律规范”之间,确如德国学者卡尔·恩吉施所言是“目光之往返流转”的过程,或如德国学者阿图尔·考夫曼把“事件”与“法条”带入一致,或者通俗地说,是案件事实与法律规范之间的相互对应或接近。这是因为当案件与法律相遇时,较少会出现“恰如其分”的情形,更多是差那么一点点,既像又不像,既像这又像那……即法律发现不可能遵循简单的直线程式,而是重复回旋进行的,可能是先有问题,经过顿悟发现“法律”,然后对“法律”是否适合当下案件进行判断,此时可能会产生更深入的问题,经过更深入的顿悟发现更适合的“法律”,对更适合的“法律”再次进行判断,如此多次反复才能完成法律裁判。简言之,法官寻找适用于当下案件的法律规范,既要关注案件事实,又要关注法律规范,“目光”要不停地在两者之间来回穿梭,此乃法律发现“目光之往返流转”。

（赵玉增）

作为造法的法律发现

即法的续造。法官等法律人经过法律发现,可能会出现以四种情形:(1)找到了明确或比较明确的法律,即找到的法律规定与案件事实吻合或基本吻合,不存在大的歧义,法官可依据该法律规定径行判决;(2)找到了比较模糊的法律规定,此时法官需要运用法律解释方法把模糊的法律解释清楚,然后确定能否用解释清楚的法律规定进行判决,若能则可以结束法律发现,若不能则需要继续进行法律发现或进入法的续造;(3)找到了相互矛盾的法律规定,此时法官首先需要根据上位法优于下位法、后法优于前法、特别法优于普通法等解决法律规则间的冲突,判断并选择适用于当下案件的法律规定,如能则可以结束法律发现,如不能则也需要进入法的续造;(4)无论如何寻找,找不到相应的法律规定——出现制定法的空缺,此时,法官需要到非正式法源中去继续找法,无论找到与否,相应地也就进入了强意义上的“法官造法”,即法的续造。

从法律发现的视角看,法官既要“找法”,也要“造法”,上述四种法律发现的情形,除了第一种情形外,其余三种情形都有可能从“找法”转入“造法”,特别是当出现“法律未作规定”或“依法裁判将出现明显的不正义”,而法官又不能因“法律漏洞”和“法律不完善”而拒绝裁判时,“造法”就成为必然的选择,此即作为造法的法律发现。卡多佐说,尽管理论界对“法官造法”存在争论,但实际上“每个法官都在他的能力限度内进行立法”。

德国法学家卡尔·拉伦茨也指出,无论立法多么审慎、完美,法律都不能为案件提供现成的答案,换句话说,即法律必有漏洞。因此,提供给法官一些——可以适宜事理,并且他人可以理解的——完成此项任务的方法,即法官的“法的续造”。拉伦茨具体分析了作为造法的法律发现,即“法的续造”的三个层次:(1)与法律解释同义的法的续造;(2)法律内的法的续造;(3)超越法律的法的续造。作为造法的法律发现不可随意为之,实际上所有文明的法律制度都已尝试设计并实施某些对法官造法的限制,包括程序的和实体的限制,即作为造法的法律发现也应当依“法”进行,这里的“法”至少应包括:现有制定法体系及原则、普遍正义观念、社会道德习俗等。

参考书目

1.[美]本杰明·卡多佐:《司法过程的性质》,苏力译,商务印书馆1998年版。

2.[德]卡尔·拉伦茨:《法学方法论》,陈爱娥译,商务印书馆2003年版。

(李　鑫)

制定法规则的发现

在制定法中进行法律发现所应遵循的规则。在这方面,已有的研究主要集中在法律发现后的冲突规范选择上。当发现的制定法规则之间出现冲突与矛盾时,应按如下原则解决:当法律规范处于不同级别的国家机关制定时,以宪法为最高依据;其次,上位阶的法高于下位阶的法(若是同一级别的国家机关制定的,权力机关制定的高于行政机关制定的);若是同一机关制定的,则特别法优于一般法或新法优于旧法。有学者详细论述了发现制定法的五项规则:

第一,主要法源先于次要法源。法官应首先从“正式法源”中寻找裁判规范,只有在正式法源中找不到相应的裁判规范或在正式法源中找到的裁判规范明显违背社会普遍正义时,才可进入非正式法源进行法律发现。

第二,规则先于原则。这一规则表明规则应该比原则更早的加以适用,而不是说规则的效力高于原则,规则优先是成文法的要求,目的在于限制法官的自由裁量权,维护法治,实现正义。

第三,下位法先于上位法。制定法是一个从高到低的规范等级体系,一般说来,效力越低的规范性文件,其规范的内容也就越细致,依法办事的原则要求人们首先要找到规定细致的规范,当然为了保持法治的统一,在坚持下位法先于上位法规则的同时,也要注意在二者出现矛盾时,应遵循下位法服从上位法的效力原则。

第四,特别法先于一般法。特别法先于一般法是有条件的,这一规则是针对分属于同一机关制定的同位阶的特别法与一般法而言的,即在同一机关制定的相同位阶下的不同法律之间,具有逻辑之特别法的规定排斥具有逻辑之一般法的规定,即特别法排斥一般法而优先适用。这缘于特别法是对特定事项的专有规定,一般法只是对相关事项的一般规定,特别规定更具有针对性和适应性。

第五,程序法先于实体法。这是因为只有遵循了某项程序性规范,相应的实体规范才会被发现和适用;而如果违反了某项程序性规范,也就意味着排除相应实体规范的适用;另外,并非所有违反程序法的行为都会导致对实体法适用的排除,只有违反了强行性程序规则才会产生排除相应的实体法规则适用的结果。

当制定法规范存在冲突时,应遵循如下规则加以解决:一是原则优于规则。这是因为法律原则是立法的总指导,是法律制度的基础,是规则的价值目标,规则的制定以原则为指导,司法实践中,原则同样对规则起着指导作用。发现制定法规则中的规则先于原则是有条件的,那就是规则体现和实现了原则的价值和精神,规则的适用能够获得个案的公平正义,而当两者发生冲突与矛盾时,则应遵循原则优于规则。二是上位法优于下位法,这是法的效力层级使然。三是新法优于旧法。这是因为新法更符合所要调整的社会关系的发展,新法优于旧法的发现制定法规则适用于同一机关制定的法律规定之间,非同一机关制定的法律即便不一致,也不适用这一规则,而当制定法对新法与旧法的关系作出明确规定时(如刑法),则应遵循制定法的特别规定。

参考书目

陈金钊等:《法律方法论研究》,山东人民出版社2010年版。

（李　鑫）

普通法规则的发现

普通法国家进行法律发现时所应遵循的规则。普通法国家发现法律的规则主要有三:

第一,遵循先例规则。遵循先例是普通法发现法律的主要规则,它要求法官对于类似的案件要做出类似的处理,即法官在审判后来发生的类似案件时,必须考虑先前类似案件的判决结果,并作出类似的处理。当然,这里所讲的类似是指前后两个案件的实质事实或关键事实的类似,而绝非两个案件所有事实的类似,因为正如世界上不可能有两片完全相同的树叶一样,世界上也不可能存在两个完全相同的案件,正是两个案件实质事实或关键事实的类似,决定了普通法发现法律的规则既要遵循先例,也可以推翻先例。当然遵循先例是一个原则,而推翻先例则是一个例外。

第二,区别先例规则。当将先例与当下案件进行比较后,发现先例并不完全适用于法官所审理的案件时,此时法官可以缩小先例中“决定的理由”的适用范围,把某些“决定的理由”视为法官的"附带意见",而把某些"附带意见"又看作有普遍约束力的"决定的理由",这种情况通常被称为区别先例规则。

第三,推翻先例规则。由于先例在当时是错误的,或者现在看来已经过时,或者适用先例会造成明显的不公正,这时法官可以拒绝遵循先例,甚至可以否定以前的判决,这被看作区别先例规则一种极端形式——"推翻先例"(overruling)。

(李 鑫)

普通法发现的不确定性

法的确定性是一种价值选择,而法的不确定性是一种客观实在。普通法中法律发现的不确定性主要指法律规则的不确定性。法律规则的不确定性表现在:(1)法律规则的抽象性。法律规则总是抽象的,而社会生活中的现实总是具体的,二者的不一致性进一步增强了法律规则的抽象性。(2)法律规则的模糊性。这缘于语言的模糊性,法律规定无论是抽象的还是具体的,都是有由语言构成的,而语言都存在一定的模糊性,规则制定得再详细,法律解释得再精致,用语言表达的规则总是有其模糊性。(3)法律规则的冲突性。由于立法级别的不同,立法先后的时间不同,立法主体的不同等,都可能造成法律规则间的冲突。(4)法律规则的不周延性。法律的客体是社会关系,社会关系源于社会生活,而社会生活是不断变化发展的,因此,法律必然呈现比自然科学更大的不确定性。

普通法基于其遵循先例原则,法官在裁判案件时主要通过案件间的比较来确定先例所确立的法律规则是否适用于当下案件,此即案件的区别技术,而法官将先例与当下案件进行比较会有三种情况:(1)先例提供了一种相当明确而又合理的准则,法官就将适用该准则,这是严格意义上的"遵循先例",此种情形表明了普通法中法律发现的确定性;(2)先例并不完全适用于该法官所审理的案件,在这种情况下,他就缩小先例中"决定的理由"的适用范围,把某些"决定的理由"视为法官的"附带意见",而把某些"附带意见"又看作有普遍约束力的"决定的理由";(3)由于先例在当时是错误的,或者现在看来已经过时,或者适用先例会造成明显的不公正,这时法官可以拒绝遵循先例,甚至可以否定以前的判决,这被看作区别技术的一种极端形式——"推翻",后两种情形则表明了普通法中法律发现的不确定性。

(李 鑫)

论题学的发现功能

论题是据以发现论证的位置和方向,我们可以根据论题,从不同角度的论题出发,开放性地寻找所需的论据。论题学思维通常沿着"确定论点—围绕论题寻找论据—展开论证"这一思路展开。具体而言,在一种论题下,人们可以发现同一类型的论据,如语义论据、正反论据、目的论据、诉诸信息来源论据等。

法学以理解和应用法律的规范意义为要旨,不可避免会运用多样化的论题,从不同角度探讨法条的规范精神,通过文义与体系这些理解视角,将其放置到大家默认的理解背景中,否则问题将缺乏意义来源,换言之,我们需要将问题放到一定的理解之关联结构,从而赋予其以意义。从这一角度看,每一种论题都像一个把手,拉开一个把手,能看到这扇门中的事物,运用一种论题,能看到从这一角度理解当前问题之意义,发现从这一视角着手的可能性答案,从而指引我们从不同角度着手,多方位地定位问题,全面寻找问题的解决方案。可以说,除了纯粹的形式推理,所有涉及价值判断和意义赋予的学科都需要运用论题去发现意义背景,去赋予问题以意义关联,所有的解释和论证,本质上都是通过论题去寻找意义背景,探索可能的问题解决方案,进而予以正当性证成。

（戴津伟）

论题学与解释学

论题学即通过普遍或常识论据进行论证的学问,解释学则是探究对象之意义的学问。每一种法律解释方法,都从不同角度提供法律规范的意义来源,据以提供一个角度的论据,如文义解释诉诸文本的文字含义,体系解释依据法律概念及条文所处的语境探究其正当含义,目的解释通过考察法律条文的客观目的来明确其规范意义,这些解释方法多维度地提示了发现法律含义的视角,展示了不同的解释方向,都是开启法律文本含义的把手,因此,每一种法律解释方法都可以构成一类论题。从论题的实践应用来看,其发现功能并不都体现为我们明确意识到的发现论据和构建论证,同一思维过程,如果从文本等对象出发,阐释其合理含义,从中"读"出正当意义,便是解释;反之,如果从后往前看,我们意欲对自己的观点做出正当性证成,认为这样的观点是能恰当地从文本或前提中推导出来的,便构成论证,解释和论证本质上是相通的,因而论题既是寻找论据的方向,其实也是据以发现解释观点,扩宽解释视野的把手。可以说,除却纯粹的形式逻辑,只要涉及意义的理解,就存在理解的角度和方向,必须会通过不同的论题开放性地寻找意义,拓展理解的视野,最后集思广益,通过论辩和抉择,确定合理的论点,无论是从方法论角度还是就提供现成的论据资源而言,论题都为论证的展开给予全面的指引。

当前国内法律解释学的研究整体以伽达默尔的诠释学作为理论基础,诠释学关注的是面对文本可能产生的各种理解及其条件,该理论一方面较为笼统,侧重法哲学层面的本体诠释学解读,很难与部门法规定相结合,另一方面,诠释学所研究的是"解",即人们对法律文本的"理解",至于"解释"中的"释",如何将自己的理解合乎逻辑地表达出来,怎样解决一种解释能够优先于另一种解释,并在不同的主体之间达成共识,却是诠释学无法解决的。在法律解释中,体系、立法目的、文义等因素能从不同角度为法律解释提供意义来源,告知我们可以从上述角度探寻法律含义,这些理解的角度本身就构成论题。任何一种解释方法都是据以或者解释观点的提示,可以构成一类论题,以论题方法作为分析工具,结合相应的批判性问题,可以分门别类探讨各种法律解释方法的适用条件及其限度,如目的解释,某一法律目的的来源何在,为何这一目的能优先于其他法律目的得以应用,如何协调法律目的与其他解释方法的关系,能够解决法律解释研究中"解"而"不释"的问题,并通过结合案例,逐步归纳法律解释规则,彰显法律解释方法论的实践品格。

（戴津伟）

论题学思维的开展程序

论题学思维具有丰富的层次性,人们一开始依据论题发散性地寻找各种可能性的观点,多角度地寻求论证资源,但这些论据往往不够精细。随着论辩和反思的深入,人们逐步缩小考虑范围,集中论证的焦点,提升思考的精细程度,优化选择,得出最佳解决方案。刚开始时,人们的思考往往带有随意性,是一种尝试性质的探索,只要与思考的问题相关的观点,都有可能被考虑在内,这样的观点汇集到一起,被称为"第一阶论题目录",这种目录下的观点较杂,内容参差不齐,甚至有错误的观点,但也正是这样的开放性思维,多角度地寻找可能的问题解决方案,集思广益,不拘一格,全面思考为后续的思维程序提供了丰富的资料。在"第一阶论题目录"的基础上,我们通过质疑与论辩,考察第一阶段论题目录中各种观点的合理性,通过一层层的辩驳和反思,逐一淘汰不合理的观点,缩小思考的范围,此时的观点已经过了一道去粗取精的步骤,内容较上一阶段更为精简凝练,这样的观点目录被称为"第二阶论题目录"。

然而,就确定问题的答案而言,"第一阶论题目录"和"第二阶论题目录"远不能涵盖论题学思维的多层次与复杂性,从提供丰富但也庞杂的问题备选方案,到最终选择最优化观点,往往不只经历一次论辩,一道过滤筛选,而要经过反复的辩驳和反思,在同一观点上持续地论证与探究,甚至确定选择了某一观点后还得对其进行反复锤炼。从思维的进程看,论题学思维所经历的绝非简单的"第一阶论题目录"和"第二阶论题目录",而很有可能涉及"第三阶论题目录""第四阶论题目录""第五阶论题目录"甚至更多。但无论经历多少层次的论辩和选择,论题学思维本质上都是开放性多角度寻找问题解决方案的思维方式,这样的思考方法意在拓宽性视野、尝试性地发现多种可能性观点,通过论辩和反思在备选解决方案中逐步确定最优化选择。

(戴津伟)

司法中心主义

与此对应的是立法中心主义的研究立场,立法中心主义把完善立法作为目标,对复杂的社会关系进行抽象化努力,而司法中心主义主张根据法律的思考,认为法官的任务就是根据法律哪怕是残缺不全的法律解决当下的案件,主张从司法的角度探究案件的解决方案。随着立法时代的结束,人类社会的法律体系已经基本形成,法治的中心任务从以立法为主转向于如何恰当地适用已有的法律。此时,司法已经成为法治的关注核心。司法中心主义的实质是着眼于司法者的立场,关注的领域是将成文法律转化为司法判决,讨论的范围是法律在司法过程中的适用,基本价值观念是通过适用法律来维护社会的公平正义,由此法律解释学、法律方法论等成为司法中心主义时代的重要话题。另外,司法中心主义也重视司法活动对促进法治建设的重大作用,赋予法官较多的自由裁量权,强调司法的法律效果,通过法律方法运用于司法裁判,实现依法服人。

(彭中礼)

立法立场的法律渊源理论

传统法学学者大多是从与法的形式的关系来看待法律渊源(法源)问题,认为法律渊源等同于法律形式。而法律形式主要是指制定法,即宪法、法律、行政法规、地方性法规、自治条例、军事法规、部门规章、政府规章等形式。所谓法律就是指立法者制定的各种法律形式。立法立场的法源理论把法律渊源和立法的来源混同,即认为法律渊源于社会关系、物质生活条件、效力来源等,从而混淆了法学的一些基本概念。

(彭中礼)

司法立场的法律渊源理论

法律渊源是多元规范的集合，法官从中发现裁决案件的裁判规范。在司法活动过程当中，哪里可以发现适用于司法的裁判规范，哪里就是法律渊源。这就是司法立场的法源理论。如果说法律形式主要是以法律、行政法规、规章、司法解释等诸种形式来说明的话，那么其所说明的情况是这些不同的法律形式之间存在着相应的效力位阶。实际上，法律渊源并不能说明这些法律渊源的表现形式之间存在非常具体的位阶。法律渊源和法律形式的区别在于：从实践来看，法律渊源之法是指司法之法，法律形式之法是指立法之法；从内容来看，法律渊源之法是具有一定开放性的规则体系，而法律形式则是具有一定封闭性的规则体系；从路径来看，法律渊源之法是在司法适用过程发现和寻找的，法律形式之法是立法中形成的。

（彭中礼）

法律渊源的分类

因为目的或者视野的不同，法律渊源的分类也不同，主要可以分为：(1)根据法的渊源的载体形式的不同，可将法的渊源分为成文法渊源与不成文法渊源，如我国的宪法法律就是成文法渊源，而美国、英国的判例法就是不成文法渊源。(2)从法的渊源与法规范关系的角度，可将法的渊源分为直接渊源与间接渊源。制定法等与法规范、法条文直接相关的渊源为法的直接渊源，学说等与法规范、法条文间接相关的渊源为法的间接渊源。(3)根据是否经过国家制定程序，法的渊源可以分为制定法渊源与非制定法渊源。(4)根据法的渊源的相对地位而分为主要渊源与次要渊源。(5)根据是否表现于国家制定的法律文件中的明确条文形式，可以分为正式法源和非正式法源。

（彭中礼）

正式法律渊源

又称权威性法源，主要包括六种：制定法、判例法、习惯法、合同、国际惯例和国际条约，但中国的法理学中大多没有把合同也当作正式法律渊源。

（彭中礼）

非正式法律渊源

具有法律意义的准则和观念，这些准则和观念尚未在正式法律中得到权威性的明文体现，如正义观念、公共政策、道德规范、善良风俗、习惯、事物的本质等。当正式法源能够解决矛盾的时候，一般不使用非正式法源作为判案依据，但在出现法律空白、正式法源和社会基本价值发生冲突等情形时，非正式法律渊源又可以成为法官的裁判规范，但世界各国都要求进行较为充分的论证。

（彭中礼）

必然法律渊源

比利时法学家佩策尼克对法律渊源三分法中的一种，是指因为法律本身的权威性必须被法院所适用的、本身具有约束力的法律规范。在当代中国，必然渊源包括宪法、法律、法规（包括行政法规、地方性法规、自治法规）、国际条约（公约、协定、协议）和国际惯例。

（彭中礼）

应然法律渊源

比利时法学家佩策尼克对法律渊源三分法中的一种，是指因为权威性或者实质性不如必需的法律渊源明显，但是却又法官在推理过程中应该涉及的法律规范。在当代中国，应然渊源包括部门规章、政府规章、最高人民法院批复。

（彭中礼）

或然法律渊源

又译可以的法律渊源，这是比利时法学家佩策尼克对法律渊源三分法中的一种。或然法律渊源是指当必须的和应该的法律渊源缺位时，它可以适时"候补"，但当有强理由出现时，可以冲击必需的法律渊源，甚至取而代之。在当代中国，或然渊源包括习惯、正义观念、道德追求、司法先例、立法资料等。

（彭中礼）

冲突规则

又称法律适用规则（rules of application of law）、法律选择规则（choie of law rules），在国际法中又称"国际私法规则"（rules of private international law），它是由国内法或国际条约规定的，指明不同性质的涉外民商事法律关系应适用何种法律规范的总称。冲突规范并不直接规定涉外民商事法律关系当事人的权利义务，不同性质的涉外法律关系应适用何法律规范不能直接构成当事人作为或不作为的准则，因而对涉外民商事法律关系仅起间接调整的作用。由于冲突规范是一种法律适用规范，它仅指明某一种涉外民商事法律关系应如何适用法律，因而有别于能直接确定当事人权利义务的实体规范。就其调整作用而言，它必须与经过它援引的某一特定国家的实体规范（准据法）合起来，才能发挥法律规范调整当事人权利义务的作用，因而只是间接调整的作用。冲突规范本身具有很特殊的结构，其由范围、系属和关联词三部分构成。

（彭中礼）

正式法源先于非正式法源

在司法适用过程中，法院必须优先适用正式法源作为裁判规范，这是法律适用的一般原则。这意味着，非正式法源的适用需要有非常严格的条件，如存在法律漏洞，而且适用非正式法律渊源时，法官应当依据其自由裁量权进行严格司法审查。

（彭中礼）

法律规则先于法律原则

法律规则是以"全有或全无的方式"应用于个案当中的：如果一条规则所规定的事实是既

定的，或者这条规则是有效的，在这种情况下，必须接受该规则所提供的解决办法；如果该规则是无效的，在这种情况下，该规则对裁决不起任何作用。法律原则的适用则不同，它不是以"全有或全无的方式"应用于个案当中的，因为不同的法律原则具有不同的"强度"，而且这些不同的甚至冲突的原则都可以共存于一部法律之中。当两个原则在具体的个案中冲突时，法官必须根据案件的具体情况及有关背景在不同原则间作出权衡，强度较高的原则对该案件的裁决具有指导性的作用，但另一原则并不因此无效，也并不因此被排除在法律制度之外，因为在另一个案中，这两个原则的强度关系可能会改变。在司法适用过程中，法官必须以适用一般法律规则作为基本原则。但是，如果适用规则会出现损害公平正义的倾向，法官可以选择适用原则。

（彭中礼）

程序法先于实体法

实体法是规定和确认权利和义务以及职权和责任为主要内容的法律，如宪法、行政法、民法、商法、刑法等。而程序法是规定以保证权利和职权得以实现或行使，义务和责任得以履行的有关程序为主要内容的法律，如行政诉讼法、行政程序法、民事诉讼法、刑事诉讼法、立法程序法等。基于目的价值与形式价值、实体公正与程序公正两种价值各自的内在属性，在两者发生冲突的情况下，应当坚持程序优先的价值选择方案，即在无法兼顾实体公正与程序公正的前提下，程序公正的实现具有优先性，有限的资源配置应当首先致力于实现程序公正。案件事实的复杂性、可塑性以及法律适用的不确定性，都决定了实体公正内涵的不确定性，而程序本身的自治性、形式性、刚性和安定性能够最大限度地保证程序公正内涵的确定性。

在通过程序公正能够实现实体公正，也就是两者不矛盾、冲突的情形下，实体公正的不确定性因为程序公正的确定性而得以缩减、吸收，所以一般不致面临正当性质疑，但是，在两者发生分离、产生直接冲突的情况下，实体公正内涵不确定性的弊端，就充分暴露出来了，内涵不确定的实体公正对于司法或诉讼这一功能有限的社会解纷机制来讲，就显得有些虚无缥缈、无法追寻；与之形成鲜明对比的是，内涵确定的程序公正却是确定真实、触手可及的。在这种情况下，如果仍然放弃现实的程序公正的目标，而致力于虚无缥缈的实体公正的实现，不但是对资源的浪费，而且会导致司法裁判的结果面临来自当事人以及社会公众的正当性质疑，这显然是不符合诉讼机制解决纠纷这一根本目的。因此，在实体公正与程序公正发生冲突而难以兼顾的情形下，坚持程序优先，是唯一现实、可行的价值选择方案。

（彭中礼）

法律解释方法

法律解释方法

解释者采用的说明或者理解法律含义的具体方法，即按照什么样的方法解释法律，或者运用哪一种解释更能得出最为恰当的法理含义。在英美法国家，法律解释方法被称为法律解释规则。一般认为,只要适用法律,就存在法律解释的现象。法律不能随意被解释,需要遵循一定的解释方法(规则),法律解释方法就是寻找法律条文含义的具体方法或者路径。

从世界范围来讲,人们对法律解释方法的研究始于罗马法复兴运动。11 世纪末出现的意大利注释法学派注重对罗马法的文义解释,通过区别、扩张及限定等方法来构筑罗马法解释体系。12 世纪后半叶开始,法国奥尔良和蒙培利埃在意大利注释法学派的基础上形成了评论法学派。13 世纪后半叶出现的意大利评论法学派(又称后注释法学派),则在先前罗马法解释的基础上融入了逻辑推理思维。16 世纪初,在西欧罗马法全面复兴的带动下,法国又出现了人文主义法学派,该学派又将哲学的、文学的、考古学的、历史学的以及比较的方法融入法律解释研究领域。17 世纪,荷兰自然主义启蒙思想家格老秀斯在对条约解释时,又提出了两种解释方法:文义解释和论理解释。19 世纪早期,法国接着又出现注释法学派,这一学派强调,为了解决出现的矛盾和冲突现象,就必须运用一些技术,如"类推解释""反对解释""拟制"等,通过扩张解释、限制解释,来使矛盾和冲突的条文相互协调一致。

萨维尼是近代法律解释学、法学方法论的奠基人,萨维尼自始至终都在关注法律解释的方法论问题。萨维尼认为,解释法律,系法律学之开端,并为其基础,系一项科学性工作,但又为一种艺术。萨维尼在其巨著《当代罗马法体系》中强调了四种法律解释要素:文理的、逻辑的、历史的和体系的。萨维尼所发现的经典法律解释要素对解决司法过程中的大部分案件或常规性案件发挥着不可替代的作用。就目前对法律解释方法的研究来讲,存在着文义解释、体系解释、当然解释、反对解释、目的解释、限缩解释和扩张解释、类推解释、历史解释、社会学解释及合宪性解释等数十种法律解释方法。对于这些法律解释方法而言,按照不同的标准可以将其化为不同的序列。如按照解释标准宽严不同,可将法律解释简化为严格解释(strict interpretation)与自由解释(liberal interpretation)。严格解释又称为狭义解释或者字面解释,乃是按照字面含义对法律规范的解释。自由解释又称为广义解释,乃是不拘泥于字面含义、比较自由的解释。

实质上讲,法律解释方法为法律人在解释法律时提供一种思维性指引,这种思维性指引不具有强制性;且由于法律方法的多样性,采用不同的解释方法会对同一法律规范产生不同的解释结果,导致不同裁判结果。因此,在法律解释方法的研究中始终存在一个问题,即各种法律解释方法的优先适用问题。就各种法律解释方法的适用顺位,存在一种一般性的共识,即进行法律解释时,应当以文义解释方法为起点。法律解释方法为裁判者解释法律提供了解释法律的技术。与此同时,解释并非任意行为,它同样受到法律解释方法的约束。法律解释方法是为了保证法律解释的科学性,准确阐释法律文本的含义,寻找妥当的裁判依据,以此维护裁判的公正。

参考书目

1. 赵玉增等:《法律方法:基础理论研究》,山东人民出版社 2010 年版。
2. 孔祥俊:《法律方法论——法律解释的理念与方法》,人民法院出版社 2006 年版。
3. 王利明:《法律解释学导论——以民法为视角》,法律出版社 2009 年版。
4. 王泽鉴:《法律思维与民法实例——请求权基础理论体系》,中国政法大学出版社 2003 年版。
5. [德]英格伯格·普珀:《法学思维小学堂——法律人的 6 堂思维训练课》,蔡圣伟译,北京大学出版社 2011 年版。

(陈金钊)

正式解释

又称有权解释或法定解释，是指国家机关（包括依法授权的其他组织）依法定权限对有关法律条文的含义作出的能够产生实际法律效力的阐释。有权解释又分为立法解释与应用解释。立法解释是指立法机关在法律制定以后根据法律的执行情况和执行中的问题作出解释。应用解释是指执行机关（行政机关、检察机关和审判机关）在应用法律过程中对法律规定的含义作出解释。在我国应用解释是指最高人民法院和最高人民检察院的司法解释，国务院及其主管部门和地方政府主管部门的具体应用解释。在学理上，应用解释还可以划分为具体解释和抽象解释，前者即执行机关在处理个案中或者在处理个案的法律文书中对法律规定的解释；后者则是法律授权机关对具体应用法律作出的具体普遍适用性的正式解释，如国务院及其主管部门的行政解释，最高人民法院和最高人民检察院的司法解释。

参考书目

孔祥俊：《法律方法论——法律解释的理念与方法》，人民法院出版社 2006 年版。

（陈金钊）

非正式解释

又称非有权解释、任意解释或学理解释，主要针对是否有"解释权"进行的一种划分。这里的"解释权"有特定的含义，即具有法律约束力的解释"权力"，即以解释者是否具有法律约束力的解释权作为划分标准，或者说以其解释是否具有法律约束力作为划分的标准，具有法律约束力的法律解释为有权解释，如立法解释、司法解释等；不具有法律约束力的法律解释称为无权解释，如学理解释。这种解释往往是学术性或常识性的，不可作为执行或适用法律的依据。虽然如此，非正式解释在法律适用、法学研究、法学教育、法治宣传以及法律发展方面仍然具有十分重要的意义。

参考书目

孔祥俊：《法律方法论——法律解释的理念与方法》，人民法院出版社 2006 年版。

（陈金钊）

学理解释

法学家等具有较高法学素养群体对法律所作的解释。学理解释相较于有权解释来讲，是一种无权解释或非正式解释。这种解释是否有法律上的约束力或其他影响，依不同国家、不同情况而定。在罗马法的一个很长时期，法学学者的观点具有权威性，这些学者被称为法律顾问，他们为具体案件提供意见，且该意见称为裁判案件的明确依据。这些意见通常被记录和整理下来，称为有某种影响力的先例。学理解释在法律的发展、解释和维护中具有举足轻重的作用。大陆法系国家，因法律解释权配置问题，法学学者甚至法官都没有法律解释的权力，但是他们的法学著作有关法律解释的思想及针对具体案例所涉法律所作出的解释对法律适用者具有极其重要的参考意义。学理解释属于理论上的探讨，反映不同解释主体对法律规范的含义的理解，在法律上没有约束力，不能作为适用法律的依据，但是可以为有权解释者提供参考意义。其表现形式多种多样，包括教材、专著、论文、专题报告等。

参考书目

孔祥俊:《法律方法论——法律解释的理念与方法》,人民法院出版社2006年版。

(陈金钊)

限制解释

又称限缩解释或缩小解释,是指当法律条文的含义过于宽泛,不符合立法原意时,应限制法律条文含义,使其局限于法律文本的核心含义。

(陈金钊)

扩充解释

又称扩大解释或扩张解释,是指法律条文的含义过于狭窄,不符合立法原意时,应扩充法律条文含义,超出法律条文通常的字面含义所进行的解释。

(陈金钊)

文理解释

又称文义解释、语义解释、语法解释、文法解释等,是指以法律文本的字面含义来解释法律文本含义的一种狭义的解释方法。狭义解释方法可以分为两类,一类是文理解释,另一类是论理解释。文理解释是以法律文本射程为限,是针对法律文本所进行的克制性解释,也可认为是一种依照法律文本的严格解释,在严格的法治时代它具有排斥其他解释方法的倾向。这种解释的目的在于探讨法律文本用于最明显、最自然和最常用的含义,而不是探讨法律文本的原意及法条本身的目的,文义是进行法律解释的起点,文理解释方法也是进行法律解释最初使用的方法,具有优先适用性。

(陈金钊)

文义解释

又称文法解释、文理解释或字面解释,是法律解释方法体系中的一种,其意指按照法律文本字面的含义进行解释。在英美法系中称为文义(字面)解释规则(literal rule)。文义解释是针对法律文本的字面含义,按照语法结构和语言规则、通常理解等方法所进行的解释;原则上就是要使文本的字面含义具体化,确定文本的准确意思。文义解释是法律解释方法体系中的首选方法,其目的是在法律文本可能的意义范围内探求针对个案意蕴,其价值取向是维护法律的稳定性、明确性和可预测性及整个法治实践的统一,它具有排斥立法意图和法律解释主体个性的倾向。

总体上讲,文义解释是排斥解释主体个性及立法意图并严格局限于法律文本的解释方法,按照法律规范的字面含义和通常使用方式探求针对个案的意蕴,以维护法律的稳定性、确定性和法治实践统一的首要的法律解释方法。文义解释具有以下几种特征:第一,严格的局限于法律文本,具体而言,概念术语要进行平义解释、特殊用语应当进行特别解释、运用文法进行解释、运用词典进行解释、根据文义的语境进行解释及采用生活经验等其他方式进行解释;第二,解释过程中不过度考虑立法目的及意图,而专注于法律文本;第三,解释过程中排斥解释主体的价值偏好及观念倾向；第四，坚持平义（通常含义）与特殊含义二分法，且特殊文义优先于通常含义。文义解释是法律解释的起点，且应始于文义且终于文义，但是文义解释也有其自身的局限性，即严格遵守文义解释结果可能带来解释的僵化或者出现荒谬的解释结果。此时就需要采用论理解释方法予以辅助，获得合理的解释结果。

（陈金钊）

逻辑解释

一种法律解释方法，是指运用形式逻辑的方法分析法律规范的结构、内容、适用范围和所用概念之间的联系，以保持法律内部统一的法律解释方法。法律体系的内在统一性决定了法律概念、法律条文相互之间的逻辑关系，这也是法律确定性的保证。这种法律内部的逻辑联系是对法律进行逻辑分析的基础，相应地，用逻辑的方法分析法律也就是阐明法律内容的手段。经典法律解释学创始人萨维尼总结了四种法律解释的要素——语法的、逻辑的、历史的和体系的要素，并认为逻辑要素与体系要素是并列的法律解释要素。卡尔·恩吉施把萨维尼所讲的逻辑要素和体系要素合称为“逻辑—体系解释”。在当下法律解释方法的研究中，逻辑解释被认为是体系解释的一种方法，与系统解释构成了体系解释方法。但体系解释也有时被称为系统解释、逻辑解释等。这与我国法律解释方法研究相对混沌有关，尽管我国学者对逻辑解释等方法进行了深入研究，但就各种解释方法的名称问题没有达成一致。特别是随着大陆法系国家法律解释方法研究的引入，在翻译解释方法的名称上也出现了分歧。

参考书目

张斌峰主编：《法学方法论教程》，武汉大学出版社2013年版。

（陈金钊）

系统解释

将需要解释的法律条文与其他法律条文联系起来，从该法律条文与其他法律条文的关系、该法律条文所在法律文件中的地位、有关法律规范与法律制度的联系等方面入手，系统全面地分析该法律条文的含义和内容，以免孤立地、片面地理解该法律条文的含义。

（陈金钊）

体系解释

在一定意义上讲，系统解释也被称为体系解释或逻辑解释。德国刑法学者约阿希姆·赫尔曼（Joachim Herrmann）将体系解释称为系统解释，是指根据法条在整个法律体系的位置所进行的解释。现阶段，体系解释这一称谓更为人们所熟知。卡纳利斯（Canaris）将体系解释划分为基于外在体系所作的解释和基于内在体系所作的解释。基于外在体系的解释实际上可以说是狭义的体系解释，基于内在体系的解释实际上也可以说是广义上的体系解释。梁慧星认为，体系解释是指根据法律条文在法律体系上的位置，即它所在的编、章、节、条、款、项、目以及该法律条文前后的关联，以确定它的意义、内容、适用范围、构成要件和法律效果的解释方法。从方法论的角度来看，体系解释是受到系统论、逻辑学、解释学等方法的影响，也可以说是这些方法在法律解释中的具体应用。在罗马法时期就已经产生了体系解释的意思。罗马法谚曾云：

"没有考察法律的全部内容,而只引用了该法律的细微部分就进行评价和解答,这种做法在法律上看是不正确的。"自近代以来,各国在制定法律时都强调形式合理性,注重法律本身与其他法律之间的协调关系,以免出现法律体系的冲突与矛盾。大陆法系尤为重视体系解释,就如同英美法系重视"黄金规则"(The Golden Rule)一样。体系解释的主要功能在于寻找可供适用的裁判依据,阐释法律文本的含义,维护法律概念内涵的统一性,明确法律概念和规则适用的范围,消除各个法律条文之间的矛盾和冲突、维护法律规定之间的和谐统一。

体系解释的特点具体表现在:第一,它是通过整体来解释某一具体法律规范的含义。体系解释最大的特点便是运用系统论方法来解释法律。第二,它是以法律的外在体系为基础进行的解释。体系解释假定法律存在外在体系,立法者建构了合理的外在体系。第三,它是将作为解释对象的法律规范嵌入作为整体的语境之中,因此,体系解释不是从法律规范的字面表述来考虑,而是从法律整体的角度来考虑。第四,它不考虑法律的外在体系之外的因素。体系解释的依据只是法律的外在体系,不能考虑其他因素,这是界分体系解释与其他解释方法的关键。如通过考察立法者真意来解释法律条文,这就属于历史解释,而不是体系解释。

参考书目

1. 陈金钊等:《法律方法论研究》,山东人民出版社 2010 年版。
2. 梁慧星:《裁判的方法》,法律出版社 2003 年版。
3. 王利明:《法律解释学导论》,法律出版社 2009 年版。
4. 王利明:《法学方法论》,中国人民大学出版社 2011 年版。

(陈金钊)

论理解释

各种法律解释方法的合称,除了文义解释之外,其他的狭义解释方法,如体系解释、比较解释、历史解释、目的解释及合宪解释等,合称为论理解释。论理解释不局限于法律文字的字面含义,而依据法律的渊源、法律的体系、法律的沿革、法律的比较、法律的一般原则和立法的理由及法条目的等各种材料,运用推理的方法,对法律所作的解释。在各种解释方法的适用顺位上,一般性共识是以文义解释为起点,即要始于文义,终于文义。在解释过程中,脱离文义的解释所使用的解释方法,就统称为论理解释。

参考书目

王启业等主编:《公证律师实用辞典》,黑龙江人民出版社 1989 年版。

(陈金钊)

扩张解释

又称扩大解释或扩充解释,是指法律规范文义过于狭窄,不足以表示立法之真意,通过扩展法条的文义(内涵和外延),使其适用于其文义不能包括而又符合立法意图的事项。限缩解释、扩张解释与字面解释方法,是按解释尺度的不同所作的一种解释方法的划分。所谓的目的性扩张,系指对法律文义所未涵盖某一类型,由于立法者之疏忽,未将之包括在内,为贯彻规范意旨,乃将该一类型包括在该法律适用范围内之漏洞补充方法而言。扩张解释与目的性扩张的区别标准是看其是否在文义的"预测的可能性"之内,即如果扩张的文义在文义所能预测的范围之内,为扩张解释;如果不在文义所能预测的范围之内,为目的性扩张。

扩张解释的特点在于:第一,它是对法条文义予以扩张后,再适用于具体案件。一方面,扩张解释是扩大法条字面含义的解释,所以首先要从文义出发,阐明文义的客观含义;另一方面,在扩张解释的情况下,核心文义是清晰的,扩张只是将其边缘文义予以扩大,使其涵盖的范围更加宽泛。第二,它依据的主要是立法目的和立法意图。第三,它必须在可能文义的范围内进行解释。扩张解释与限缩解释一样,都属于狭义解释方法,因此,法条含义的扩张也应该受到文义射程范围的限制。

参考书目

杨仁寿:《法学方法论》,中国政法大学出版社2013年版。

(陈金钊)

限缩解释

又称缩小解释或限制解释,是指法律规定的文义过于宽泛,与立法者所想要表达的意图不符,应当对此加以限制、缩小其适用的范围,使其局限于文本的核心含义部分,以达到立法的本来意图。限缩解释、扩张解释与字面解释方法,是按解释尺度的不同所作的一种解释方法的划分。

限缩解释的特点在于:第一,它是将法律文本的文义的适用范围予以缩小,再适用到具体案件。之所以需要进行限缩解释,是因为法条的字面含义过于宽泛,已经超越了其核心文义的范围和边缘区域,要通过限缩使文义回到其射程范围之内,防止对其进行不恰当的理解与解释。第二,它的依据主要是立法目的和立法意图。之所以要在法律解释中进行限缩解释,原因在于:一方面,对文义进行限缩,是为了重新回归立法原意;另一方面,通过限缩法条的文义,可以使之更符合立法意图。第三,它不损及法条的核心文义。限缩解释作为一种狭义的解释方法,其仍然属于狭义解释方法的一种,其只是对法律条文的文义进行限缩,但并不能损及法条的核心文义。

参考书目

王利明:《法学方法论》,中国人民大学出版社2012年版。

(陈金钊)

当然解释

法律虽无明文规定,但是出于法律规定的目的性考虑,如果其事实较法律所规定的情况更有适用的理由,就可以直接适用该法律规定。当然解释包括:“举重以明轻”(argumento a maiori ad minus)和“举轻以明重”(argumento a minori ad mains),它实际上是运用形式逻辑得出的结论。《唐律名例》中曾规定:“诸断罪无正文,其应出罪者,其应入罪者,则罪轻以明重。”这可以认为是我国古代法中很早就已经提出了当然解释的规则。

当然解释具有以下特点:第一,它是通过比较性质相同的事物而进行的推论。在当然解释中,要进行“举重以明轻”和“举轻以明重”的推理,而这一推理的前提就是两个事物之间具有性质上的同质性,从而可以进行比较。第二,它要运用逻辑的推演。在当然解释中,解释者要进行逻辑的推演,其推演具体形式就是“举重以明轻”和“举轻以明重”。当然解释就是解释者从被解释的规范中推论出其他相似的或对应的规范,尤其是采用逻辑的要素而进行的一种推理。第三,它应考虑法律的规范目的。当然解释并非仅仅是"轻"与"重"的衡量,在衡量的背后,还应当进行法律的规范目的的考察。第四,它是在法律条文文义可能范围之内进行解释。在当然解释的情况下,法律对于待解决案件并没有明确的规定。因此有学者认为当然解释属于漏洞补充的方法。当然解释仍然属于狭义的法律解释方法,因为当然解释的结论仍然处于法条文义的可能范围之内。法条的文义的可能范围,并不限于其字面含义,而是指其射程范围。在当然解释的情况下,虽然法律条文的字面含义不能包括待解决的案件,但是通过对其进行"扩张",就可以适用,而且此种"扩张"还处于法条文义的可能预测范围之内。当然解释的适用范围主要限于立法者为了节约立法资源而有意遗漏条文。如果过分扩张当然解释的适用范围,就会得出违背法律目的的解释。当然解释方法的适用范围十分有限,而且其适用范围是没有明示的,解释者可能超出其适用范围,从而导致法律解释中的谬误。

参考书目

1. 梁慧星:《法律解释学》,中国政法大学出版社 1995 年版。
2. 王利明:《法学方法论》,中国人民大学出版社 2012 年版。

(陈金钊)

历史解释

又称"法意解释""沿革解释",是指通过对立法过程的考察来探求立法目的和意旨,从而阐明法律文本的含义。历史解释是法律研究与法律解释的前置性工作。但在法律解释中,一般认为只有在文义解释和体系解释出现复数结论的时候,才有必要借助历史解释方法。如果能够通过文本解释得出某种结论,则没有必要采取历史解释方法。毕竟法律文本是立法者意思的直接体现,在能够通过文本确定立法者意思的时候,就没有必要借助于文本之外的材料来探究文本的含义。对历史解释,人们有不同角度的界定。从解释的对象来看,可以分为关于历史事件的解释和根据历史对当下事件的解释;从解释主体上看,可以分为历史学家的解释和非历史学家的解释,而从历史学家的角度来看,还可以进一步分为持不同历史观点的学者的解释和对不同解释对象的解释(如解释制度、解释时间、解释思想文化等)。从方法论的角度上看,历史学家的解释可以分为重演历史"真相"的解释和建构当下事件意义的解释。通常情况下,历史解释方法是指根据历史对当下事件所作的解释,强调解释当下事件的历史因素。在罗马法时期,历史解释并没有受到重视。到 19 世纪,萨维尼将其作为重要的解释方法,成为其认定的四种解释方法之一。

历史解释的主要特点在于:第一,它是借助于历史资料所进行的解释。第二,它旨在探求立法者在立法时的意思。第三,它是通过探明立法者的真实意图来阐明文本的含义。在适用历史解释时,应当考虑法律本身的演进历史、立法草案的说明、立法过程中的相关资料及立法当时的社会环境等因素。

参考书目

1. 陈金钊等:《法律方法论》,中国政法大学出版社 2007 年版。
2. 王利明:《法学方法论》,中国人民大学出版社 2012 年版。

(陈金钊)

反对解释

又称反面解释、反面推论,是指按照法律规定的文字推论出相反的结果,以查明法律规范的真实意思的解释方法。它是根据不同的构成要件,推论出不同的法律效果。其法理依据与类推相反,即不同的事件,应当作不同的处理。反对解释的适用是有条件的,必须存在非此即彼的状态。如果在两者之间还有第三种解释,就不能简单地适用反对解释。换言之,只有在构成要件的一方的情形(法律明文规定的情形)被穷尽式地列举时,才构成一个有效的逻辑规则。如果法律明文规定的内容为例示性的,还需要将其具体内容类推性地适用于未列举的事项,那么就不适宜进行反面解释。是否属于穷尽式列举,要根据法律的明文规定或立法意图进行判断。如果属于穷尽式列举,也就禁止其作为类推适用,从而使反面解释成为有效的规则。

参考书目

孔祥俊:《法律方法论——法律解释的理念与方法》,人民法院出版社 2006 年版。

(陈金钊)

反面解释

依照法律文本的正面视角的意识类推出相反的结果,据此阐明法律条文的真实含义,又称"反面推论""反对解释"。相对于"反对解释","反面解释"的提法更为妥当,原因在于:一方面,从词义上讲,"反对"一词带有一定的感情色彩,可能会被误解为解释者对解释对象的否定态度,或者被误解为对法律条文本身的否定态度,而"反面解释"强调从被解释对象的另一方面进行解释,能够更清楚地表达反面解释的具体内涵。另一方面,"推论"一词强调的是逻辑学上的演绎过程和逻辑上的周延性。

反面解释的特点在于:第一,反面解释是在法律条文的可能范围之内进行的解释。在反面解释的情况下,其仍然在可能文义的范围内采用反面推论的方式得出结论。在反面解释中,法律条文的核心文义是清晰的,其适用范围是比较明确的。第二,它是通过采取"非此即彼"的形式逻辑的推理方法进行的解释。反面解释是指依据法律规定的命题(判断),推断其反方面命题(判断)的一种法律解释方法。第三,反面解释的基本法理在于,相异的事件应当有相异的处理。反面解释的法理依据是法治追求的价值目标之一,即平等原则。平等原则从广义上理解包括:类似情况相同处理和不同情况不同处理。反面解释和类推适用的法理基础是"不同情况不同处理"。反面解释具有帮助选择妥当的裁判依据、准确阐释文本的含义及规范法官的解释活动等功能。

参考书目

王利明:《法律解释学导论——以民法为视角》,法律出版社 2009 年版。

(陈金钊)

补正解释

一种法律解释方法,主要运用在刑法领域,是指为适应社会的需要,对刑法条文未明确规定的事项,在不违背该条文立法精神的前提下,将该事项解释为适用条文已有明确规定的事项。

参考书目

高铭暄等主编:《中华法学大辞典:刑法学卷》,中国检察出版社1996年版。

(陈金钊)

狭义解释

又称严格解释,是指严格按照法律条文的字面含义对法律的解释。狭义解释容易与狭义的解释方法相混淆。前者是指一种独立的法律解释方法;后者则是关于各种法律解释方法的一种分类形式,如狭义的解释方法和广义的解释方法。狭义解释与字面解释的不同之处在于,狭义解释不仅忠于法律条文的文字含义,而且主要是忠于整个被解释法律的精神。这种解释一般情况下常见于各国刑法领域,与罪刑法定原则有关。

参考书目

葛洪义:《法律方法论讲义》,中国人民大学出版社2009年版。

(陈金钊)

严格解释

又称狭义解释。严格解释与自由解释(liberal interpretation)是进行法律解释的两种不同态度。持有严格解释态度的人强调探求法律条文的字面含义,要求精确地遵循某种既定的规则进行解释,而不考虑解释的结果。持有自由解释态度的人则强调通过解释得出合乎社会的、道德的结果,认为不必拘泥于法律条文的字面含义。严格解释一般坚守文义解释方法(规则),倾向于一种形式性解释;而自由解释则更加倾向于探讨立法意图与法律目的,多使用目的解释等能动性较强的解释方法,倾向于一种实质性解释。

参考书目

沈宗灵主编:《法理学》,北京大学出版社2014年版。

(陈金钊)

广义解释

不拘泥于法律条文的字面含义,对法律进行比较自由的解释。广义解释容易与广义的解释方法相混淆。前者是指一种独立的法律解释方法;后者则是关于各种法律解释方法的一种分类形式,如狭义的解释方法和广义的解释方法。这种解释的实质在于强调:在特殊的社会条件下,可以对法律作出比较灵活的解释,甚至可以改变立法原意。

参考书目

葛洪义:《法律方法论讲义》,中国人民大学出版社2009年版。

(陈金钊)

解释的标准

关于法律解释的标准,可以在几种不同的意义上谈论。如将法律解释的标准与法律解释的准则、法律解释的因素、法律解释的要素、法律解释的方法等用语视为同义词,是研究者和使用者对法律解释操作的各种合理路径的认知和界定,是对同一事物的不同称谓而已。法律解释的标准通常包括文义标准、制定法的意义关联标准、立法者意向标准、客观—目的标准、合宪性标准等。

也有不赞同这种一概而论的做法，认为法律解释的标准与法律解释的准则、法律解释的因素等用语各自有其侧重点，各有其历史渊源，不可混为一谈。比如，把法律解释过程中需要考虑的相干因素称为法律解释的标准，是一种不妥当的提法。因为解释过程中被例示出来的标准很多，这些标准在解释时又必须全部考虑在内，这样便出现了所谓“多重标准”，而实际上，各个标准在具体案件中所扮演的角色轻重各有不同，这就与“标准”语义的基本要求不相符合。

法律解释的标准也可指出现复数解释情况下对解释结论的选择标准。在存有复数解释的情形下，最妥当的解释标准可以从以下几个方面考虑：首先是判断密切联系性，选择与案件最密切相关的法律；其次是最忠实于法律文义和立法目的的标准；再次是最大限度实现公平正义的标准；又次是兼顾法的安定性与妥当性的标准；最后是解释结论内容具有确定性的标准。

另外，法律解释的标准也可以是通过判例规范，即可以与事实行为一致的规则，被可适用的制造出来的。该判例规范的合法性就按照后果合法性来衡量。法律适用者决定了法律规范的具体解释标准。解释标准具体地引导了待决的个案，也在一系列其他同类案件中引导了特殊的法律结果。但这种对解释标准的认知，使得具体的法律在实践中不再被足够的尊重。还是应该遵循法律解释学的基本观点：既然到处存在着对文本的误解，那么应有必要建立解释的标准，该标准使得一个至少是符合时代的共同的文本理解成为可能。

（姜福东）

文义

通常意义上的法律是以文本为载体，以书面语言为形式而出现的。文义就是指文本的字面含义，是所有以制定法形态表现出来的法律规范的含义。对这种书面语言或者说法律文本的字面意思的解释，就是文义解释方法的基本内涵。文义是一切法律解释的出发点，也是一切法律解释的终点。

从静态意义上讲，法律中的文义包括普通含义和专门含义两种。普通含义意指，如果法律规定所使用的是普通语词或词组，而且在普通语言中是明白的，那么除非有充分理由做出其他不同的解释，否则就应以普通说话者的理解为标准作出解释；如果可供选择的普通含义不止一个，那么在解释中应该优先考虑和采用相对比较明显的普通含义，最常见的情形是运用上下文和谐论点，指明哪一种含义最为恰当。专门含义是指，如果法律规定所使用的是专门术语，或者具有专门含义界定的普通语词或词组，那么就应当从该专门含义的角度进行解释。专门术语即专门语词或词组，既可能是专门的法律术语，也可能是非法律的专门术语。专门法律术语的标准含义，通常可以由经过法律训练者来识别，或者经由该术语所在的上下文或者在法律中使用的历史来加以确定。非法律专门术语的标准含义，可能是明显的，也可能是不明显的，需要按照该专门领域的判断水准，诉诸某种事实加以证明或者澄清。

从动态意义上讲，法律人还必须认真地对待法律词义的常与变的关系。为了呼应法治的要求，必须注意尊重法律语词的常义，因为只有这样才能维护法律意义的安全性，才能使法律出现稳定性。当然，也得注意到法律词义的变化，因为只有这样才能使法律与案件恰当地融合。语境对词义的变化有重要作用，语词的确定含义就是在语境中才能最终确定。这就意味着虽然语词有其常义,但语词在一般规范中还处于待定状态。只有在具体的语境中,才能较为准确地确定其具体的含义。这倒不是语境决定论,而是在坚持常义不能随便变化的情况下,填充规范与事实的空白地带。语词含义的变化是在不变中求得的,而不是不顾常义与事实的任意填充。

按法治的基本要求,探究文义应被放到法律解释的优先位置。确定法律条文的含义,应首先从了解字词含义开始。在法律条文中字词由语法联结,而构成了相对固定的法律意义世界。在和个案遭遇以后,通过解释者,可以使其意义阐发出来。实际上许多简单的案件通过文义解释就可以得到解决。当然,在具体法律语境中,文义不是孤立存在的,它离不开逻辑、语法和体系的支持。但由于语言的意义中心是明确的,而语言含义的边缘则是模糊的,语言也涵盖不了所有的社会事实及社会的变化,因此透过文义的法律解释方法基本上解决不了疑难案件。

（姜福东）

制定法的意义关联

法律解释的重要价值是通过解释的手段获得正当合法的裁判结论,以维护法治的统一性。法律解释的结果,在逻辑上和目的上,应与法的整个体系,至少与其同位阶的或更高位阶的规范不相矛盾,同时尽可能保持术语的统一。待解释的法律规范之间是有内在关联的,法律语词也是整个法体系的有机组成部分,应将法律的概念、术语、规则和原则放置于整个法秩序的意义关联中来理解、解释和应用。为了确定个别要素的意义,人们必须把握意义之整体。这就是作为解释标准之一的、制定法的意义关联。

制定法的意义关联立基于法哲学上的一个重要的基本认识,即在个别的意义表达和该意义表达所处的更大的意义关联之间,普遍存在着某种影响意义的相互关系。这一认识,不仅适用于个别法律语词与适用该语词的法律体系之间的关系,也适用于该法律与整个法秩序,以及该法律所处的整个文化的主导思想之间的关系。通过这种法律的精神以及对文化起形塑作用的时代精神,可以帮助人们确定对个别规范的前理解及其解释。另一方面,个别规范及其解释又反过来对法文化产生影响,并参与对法文化的形塑和具体化。完整的知识总是存在于这种似乎是周而复始的过程之中,即只能从整体出发去理解个别,对个别作更为精确的解释之前,必须对整体加以认识。

对于法律解释而言,尤其可以从待解释的语词所处的法律体系当中,获得关于法律的正确含义的语言标准、逻辑标准和目的标准。首先,在有疑问的情况下,人们应假定法律本身意在采用统一的语言用法,即同样的语词在不同的规范当中应有同样的含义。其次,人们在解释一条法律规范时,还应尽可能地使其不与更高位阶的规范发生逻辑上的抵触。对于法律应做与宪法一致的解释,对于行政法规应做与法律一致的解释。相同位阶的规范之间的逻辑冲突也应尽可能予以避免。再次,在不同法律规范之间的关系中起主要作用的往往并非逻辑,而是目的考量。对一项法律规范的解释,应尽可能使其与整个法秩序所追求的目的和正义观念保持一致,使同等情形得到同等对待。对于不同规范所服务的法律目的以及不同法律原则之间发生彼此竞合的情况,应通过对其解释,使其各自的目的以及所承载的法律原则彼此之间处于一个适当的比例关系。最后,基于法律外部体系(由概念和规则组成的逻辑体系)的解释论据,可以与基于法律内部体系(由法律的基本思想和原则组成的观念体系)的、值得考虑的理由相比较，进行扩大解释，只要其与一般法律思想（原则）相符合即可。

（姜福东）

立法者意向

又称立法意图，是法律解释的重要标准之一。立法意图有广义和狭义之分。广义的立法意图是立法者对于立法对象的所有意识和意志，包括立法目的、条文表达的字面意图等在内。狭义的立法意图专指除了立法目的和条文字面意思以外的、隐含在其他信息来源中的关于立法对象的意思表示。狭义的立法意图解释标准又被称为历史解释或者发生学的解释。法律解释主体在面临案件焦点问题时，如果通过法律条文的字面意思，不能发现或不足以确信立法者的准确意图，必须考察其他的信息来源，以发现隐含的立法意图或立法者意向。其途径有下列几种：一是通过直接与立法机构及起草者进行沟通，询问其隐含的立法意图。二是通过立法理由书及论证报告，发现立法者意向。三是通过提案者说明、法案初审机构的审议报告，发现隐含的意图。四是通过法律起草者的权威言论发现立法意图。五是立法会议的讨论记录发现立法意图。六是通过法律草案的变动、草案与草案之间的变动及规范在立法源流中的变动，来推定立法意图。七是通过考察立法当时的社会状况来推定立法意图。八是通过立法者其他相关政治行为，推定其关于立法对象的隐含意图。

在法律解释学中，立法意图除了有广义和狭义之分，还有主观意图和客观意图之分。主观意图是指立法者实际上有的意图，客观意图则指假设立法者在问题发生的现场应该会有的意图。这里的"应该"，并非表达价值判断的意思，而是表示对最大可能性的推断。由于受到信息来源的限制，发现立法者的主观意图常常比较困难。由于受到主体理性局限，立法者本身对于立法对象也可能没有完整而周全的把握。随着时间距离的加大，这种局限性往往表现得越来越明显。因此，客观意图作为一种可信赖的推断意图，已经被越来越多的法律解释实践所接受。但是，主观意图说虽然式微，却并非没有存在的价值。因为查明立法者意向或者说历史的规范目的具有特别重要的意义。其一，准确的规范调整目的的产生历史，甚至能够给出相比文义或体系解释更为可靠的答案。放弃对发生史的清晰解释，可能导致将错误认知的规范目的作为出发点，而出现错误的解释结论。其二，狭义的立法意图可以作为法律解释的合理界限，并制约法律适用者自由裁量权的不当扩张。立法者意向的解释标准，仍然不失为一种具有决定性意义的方法和可靠性的标准。而且，在理论上作为一种整合性主张，强调主观意图对于客观意图的初步优先性。在法律解释实践中，主观意图标准往往和客观意图标准或者说"客观—目的标准"结合起来使用，以达致法律的权威性和妥当性的平衡。立法者意图为历史上的立法者之规定意向、目标及规范想法，属于法律解释的"历史性因素"。一般来说，在对法律的字义、法律的意义脉络或法律基本的概念体系进行解释后，仍然出现多种解释结果时，则需要考察立法者意图。在现代社会，立法是一种集体行为而非个人行为，因此，作为解释依据或对象的"立法者意图"只能是已确定的立法者根本意向或立法团体曾被提出且无异议的想法。在确定立法意图时，通常可以参考立法史中关于法律起草者立法想法的资料，包括立法草案、立法会议讨论记录、立法理由说明书以及国会报道等立法史资料。

（姜福东　王　彬）

客观—目的标准

即法律的客观目的,在依据法律的文义、意义脉络以及历史性因素无法获致解释结论时,客观的目的论标准作为解释依据将在法律解释中起决定性作用。客观的目的论标准作为解释依据可以分为两类:一为涉及被规整事物领域的结构,即“事物的本然之理”。按照这一标准,法律应该以追求适合事理的规整为目标,在法律有疑义时应当做此假定。二为隐含于法律规整之中的法伦理性原则,借助这些原则方可掌握法律规整与法理念之间的意义关联。客观的目的论标准体现了一种客观的自然法思维,即将实在法作为实现某种客观价值的手段,在法律存在疑义时,试图借助某种客观的价值准则来确定法律的意图。这种思维方式来自哲学中的目的论思维,所谓目的论思维是根据正义理念进行推理的思维方式,手段始终服务于待实现的目的。这种目的论解释的逻辑结构为:解释 Y 是可欲的,Y 符合价值(目标或原则)Z,Z 是可欲的。

客观的目的论标准在法律文本中体现为两个层次:一是法律的目的,即法律的本原或目标,是立法者通过法律实施所要达到的结果,体现了法律的整体目的;二是某一具体法条所欲实现的目的。在司法实践中,可以通过三种途径探求法律的目的:第一,有的法律目的在法律中进行了明确规定,往往规定在法律文本中的第一条中。第二,有的法律目的虽然没有在法律中规定,但是可以通过法律的名称以及法律的具体条款推导出立法目的。第三,有的法律没有明确法律目的,也无法从法律名称中寻觅法律目的,就需要采用“逆推法”进行探求,即从法律的多数规定所希望实现的“基本价值”进行判断,从而发现法律目的。

客观的目的论标准可以修正立法文本中可能存在的模糊,克服法律解释的机械性,提高司法裁判的合理性。但是,这一优点是建立在削弱法律的权威性和法律意义的可预期性的基础之上,而且法律目的的确定本身也是一个难题。在进行目的考量时,立法者目的与司法者目的以及社会的目的等各种目的往往会纠结在一起,使“目的成为流动的蜡”而难以确定,从而对目的的关注会增强法官的自由裁量权而导致司法权的扩张。

目的解释就是通过探求制定法文本的目的以及特定条文的立法目的,来阐释法律的含义。法律解释者应当对法律文本之中所体现出来的或者隐含的目的进行探究。但究竟如何理解目的解释,人们存在较大的争议。一种观点认为,目的解释中的目的,是指主观目的,即解释者应当探明的、历史上立法者原初确定的规范目的。主观目的标准说的代表有萨维尼、赫克等。另一种观点针锋相对地主张目的解释中的目的是指客观目的,即解释者所推定的、法律文本所体现的某种客观明确的含义。这就是客观—目的标准。客观—目的标准说的代表有宾丁、克勒等。还有一种折中的观点认为,目的解释中的目的,是指主观目的与客观目的双重因素的有机结合,即解释者首先需要探明历史上立法者所确定的目的,再以此为基础,探究法律作为社会关系调整工具的固有的“客观—目的”。主观目的与客观目的折中说的代表有魏德士、齐佩里乌斯等。

客观—目的标准并不是要查明立法者的历史的真实意志,其致力于探求“法律自身的意志”。然而规范条文的这种所谓的独立意志是不存在的,因为条文并没有自己的意志,法律适用者只能自己判断。如果法律适用者背离了立法者的规范初衷,那么他可能不再是进行法律解释了,更像是用自己的评价替代立法者的评价。就此而言,主观目的解释是客观的,而“客观—目的”解释反而是主观的。实际上,“客观—目的”解释并没有满足于停留在法律的发生过程及其发生史。它更倾向于认为,法律的含义会随着时代精神的变迁而变迁。这种意义变迁常常是在法律的语义空间进行的。法律语词的语义空间从一开始就是为法律的目的精确化而存在的。但即便如此,如果可以清晰确定的有关立法目的及其合目的性的决定,一旦已经不再与当今占主导地位的社会伦理观念相符合,那么对法律按照当今的主流价值观作不同的解释,也是合法、合理的。当然,法律解释也不得无必要地偏离本可明确认识到的立法者的目的,以尽可能维护法律的持续性。

（王　彬　姜福东）

合宪性解释

分为三个规则:一是单纯的解释规则,指宪法相关规定应在法律解释时直接发生一定影响;二是冲突规则,指在数种可能的法律解释中应优先选择与宪法内容相符者;三是保全规则,指当法律有违宪疑虑而有数种解释可能时,应选择不违宪的解释。合宪性解释发生于立法模糊而存在复数解释的可能之时,且合宪解释较违宪解释更具合理性,适用方法并不是孤立适用的方法,在很大程度上是一种综合性的解释方法,往往综合使用文义、体系、目的、历史等解释方法来完成。

合宪性解释方法在司法过程中的运用是为回避制定法中的宪法问题,这衍生于合宪性推定的司法原理。合宪性推定意旨司法审查机关在对立法进行审查的过程中,首先在逻辑上推定该立法合乎宪法,除非有明显的事实证明其违反了宪法,合宪性推定决定了在司法过程中出现了复数解释的可能时,应该选择合宪解释的结果而回避宪法问题,这体现了司法权对立法权的谦抑,并最大限度地维护宪法的权威性与安定性。

合宪性解释作为一种解释方法,既体现在宪法审查过程中,也渗透于普通法院的司法过程中。在普通法院的司法过程中,作为法律方法的合宪性解释是"基于宪法的法律解释",即"一项法律条文的解释,如有复数结果,只要其中有一种结果可以避免宣告该项法律违宪时,便应选择其作为裁判的结论,而不采纳其他可能导致违宪的法律解释"。一般司法权对合宪性解释的运用是为了解决个案纠纷而非宪法审查,目标指向法律规范而非宪法规范,在说理中发挥辅助论证的功能,在方法选择上具有次位性,在本质上是一种对复数解释进行选择的法则,而不涉及解释本身。但是,合宪性解释在普通法院司法过程中的运用,须以普通法院享有一定程度的宪法适用权为前提。

作为宪法方法的合宪性解释发生在宪法审查的过程中,宪法审查的任务在于通过法规审查控制法律的合宪性,为了防止宪法审查机关释宪权的扩张,合宪性解释作为宪法方法起到一种控制功能,同时,对于宪法审查机构认定存在"违宪可能"的法规,也会督促立法者尽快修宪以排除合宪疑义,从而对立法者存在间接拘束力。在宪法审查过程中,合宪性解释是为了在复数解释中达致"法律合宪解释"的目标,主要有三种情形:(1)宪法规范明确,在复数法律解释中,存在违宪解释与合宪解释的可能;(2)法律规范明确,在复数宪法解释中,存在法律合宪解释与违宪解释的可能;(3)通过法律解释和宪法解释的结合,才存在法律合宪解释与违宪解释的可能。

合宪性解释是具有很强欧陆法学韵味的一个术语,它是局限于法院、法官审理具体案件过程中的司法性宪法解释,而不是传统意义上的立法性宪法解释。这种司法过程中的合宪性解释也不等同于美国式的违宪审查意义上的宪法解释。它是宪法司法化在法律解释学领域的集中体现,而不是与宪法司法化无关的法律解释现象。它是一种确保法律解释的结果不溢出宪法所宣示的基本价值秩序的解释方法,而不是一种宣布某条法律因违宪而无效的解释方法。合宪性解释是一种当法律规范依字义及脉络关系产生多数可能解释时,法官依职权应倾向于选择最符合宪法原则并使该规范得以维持的解释。

传统上,大陆法系国家(典型如德国和法国)的法律解释学是以私法为重点、以民法解释学为主轴而展开的。在法学方法论中起初并没有宪法等公法渗入的情形出现,不存在合宪性解释的概念。第二次世界大战后,由于欧洲多国宪法法院的确立,通过宪法法院解释宪法和法律来对公民基本权利实施保障,公法开始渗透进入私法领域之中。这种现象即所谓宪法司法化或宪法私法化,在很大程度上是第二次世界大战后大陆法系国家向英美法系国家借鉴的结果。在英美国家,由于无法典化的缘故,宪法规范便成为保护公民权利的依据,法院可将其作为最高规范直接加以适用。而在大陆法系国家,基于私法法典化的传统,宪法更多是公民权利的宣言书,法院通常依据私法法典来确定权利义务关系,并不直接援引宪法规范。第二次世界大战以后,大陆法系国家改变了以往将宪法束之高阁的状况,通过设立宪法法院等专门机构,对宪法规范加以解释和适用,逐渐把宪法融入普通司法的公民权利保护之中,遂形成合宪性解释的概念、原理和规则。合宪性解释适应了第二次世界大战后大陆法系国家借鉴英美宪法解释传统、通过实施宪法保护公民基本权利的时代要求,可谓宪法司法化在法律解释学领域的集中体现。它是基于现代文明社会突出强调宪法的基本价值而发展出的一种法律解释方法,其实质乃是传统法律方法论的体系解释准则向公法领域的延伸。

合宪性解释的宗旨是尽可能维护以宪法为根本规范建立起来的整个法律体系的稳定性,尽可能避免因做出违宪判断与决定而引发法律秩序统一性的紊乱。司法过程中适用合宪性解释方法必须遵循某些具有可操作性的规则。首先是推定合宪的规则,即要审核法律条文的含义是否符合宪法的基本价值判断,应当推定解释的文本是符合宪法的,从而将举证责任分配给主张其违宪的人。其次是基本权利充分实现的规则,即要尽可能实现宪法所赋予的公民的基本权利,使其效用最大化。最后是协同解释的规则,即合宪性解释方法必须与其他法律解释方法结合起来,当且仅当运用文义解释等其他方法得出复数解释结论并有可能涉及违宪问题时,要运用合宪性解释方法进行最终的选择和验证。

(王　彬　姜福东)

法律解释的文义起点与范围

法律解释的出发点始于文义。同时,可能的文义范围也是区分(狭义)法律解释和法律续造的标准。法律解释以文本为对象,最终是为了探究文本的含义。解释法律首先应从文义入手,了解法律条文的含义,确定语词、词组的意义,然后才能采用其他解释方法。从文义出发,就是从文本的字面含义出发。法律条文的用语,应按照通常的意义(平义)或者法律专门术语的特殊意义进行解释。法律的文字不容违反。文义既确定了行为规则,也确定了裁判规则。人们可以从文义出发,感知法律的客观性和有效性,获得安全性和可预期性。在司法裁判中,最有效保证解释客观性、避免随意性的手段,就是严格要求法官进行文义解释。同时,也只有从文义出发进行解释,才能发现是否有必要采用其他方法来帮助确定妥当的裁判结论。如果通过先进行文义解释，发现法律的文义是清晰的，或者文义的核心区域是明晰的，并且待决案件仅仅涉及核心文义，就不需要采用其他的方法。只有通过文义解释无法确定文义的含义而导致出现多种解释结果的可能时，才有必要运用其他的解释方法或者其他的法律方法。

清晰的文本无须解释。这种说法无疑是成立的，但也不可否认，不清晰的文本也是同样存在的。在确定法律文本的含义不清晰之后，尚需要通过文义解释的手段，来进一步厘清文义的可能范围。在这个过程中，一要区分核心文义和边缘文义，在此基础上确定核心文义的内涵。法律文本的核心文义是相对固定的、处于中心区域的含义，对其适用通常没有争议。二要确定文义边缘范围的最大射程。文义边缘范围的最大射程就是可能的文义范围，其划定了法律解释的最大空间，超出了这个界限，就不再是狭义的法律解释，而是进入了漏洞补充领域。三要澄清边缘文义的含义。法律文本为法官等法律人提供了具体填充的规则性框架，也就是允许其在该框架之内享有审慎的自由裁量权。无论采取何种方式，法律解释最终都要尽可能确定文义的边缘范围。

（姜福东）

文义起点的建构

又称语义论点的构建，即运用文义解释方法，寻找关于法律语言的习惯意义方面的论据，并组织这些论据进行论证，从而得到所要解决的焦点问题的答案。语义论点的构建活动分为两种：一是通过分析语词的意义来确定语词与事实的关系，这是澄清法律概念多义型模糊和结构型模糊所需完成的操作。二是通过分析整句的词法、句法等语法结构的逻辑意义，确定法律语词表达的构成要件与法律效果的逻辑关系，这是澄清法律概念的结构型模糊所须进行的活动。

具体而言，首先，要分析语词在习惯语境中的通常意义。方法有如下几种：其一，查阅法律体系中对于待解释概念的已有界定，通过该界定来确定语词与事实的关系。其二，通过查字典来决定语词与事实之间的关系。其三，通过直接分析语词在实践中的使用习惯，来确定语词与事实的关系。如根据语词在法律文本中上下文一贯的使用习惯来确定该语词的通常意义；对于社会大众普遍使用该语词的习惯进行描述，以获得有效解决焦点问题的语义论点。其四，通过对正式出版物中该语词的使用习惯分析，来确定该语词与事实的关系。其五，通过归纳性描述，对属于该语词的一系列典型对象的特征进行归纳和描述，得出该语词内涵的一般解释，并使用该解释来判断待分析的事实对象是否属于该语词。其六，通过查阅法学论著中对于该语词的解释与界定，提取学术界对该语词普遍接受的解释，作为构建语义论点的依据。

其次，要分析法律规范内部结构的逻辑意义。就法律解释而言，只理解法律概念的意义，而不理解法律规范内部结构的意义，就难以理解法律概念所指向事物之间的关系，也就难以理解法律规范的意义。构成法律规范内部结构的解释对象包括：标点符号、介词、连词、部分逻辑副词、词语之间的结构以及复句中句子之间的结构。此时的法律解释工作，就是分析语言在习惯使用环境中的通常意义。法律规范中结构的意义，也是构成元素之间的逻辑关系。这种关系由句法、词法等语法以及特定虚词予以表达。要确定法律语词所表达的构成要件和法律效果之间的逻辑关系，就要对法律语词进行逻辑解析，将句子分析成等价的逻辑关系明确的表达式。复句中并列、选择与偏正结构（转折、因果、条件）及其连接词，分别表达不同的逻辑关系，也要进行逻辑解析,认定哪些构成要件和法律效果存在怎样的蕴涵关系。当然,此时也要分析标点符号、连接词与逻辑副词的习惯意义。

(姜福东)

制定法的解释

由有关主体对已经创制实施的成文法中的条款所作的意义阐明。从立法学的视角看,制定法的解释在很大程度上等同于立法解释,即立法机关针对已制定实施的法律条文的含义做进一步阐释,以便有关主体更好地予以适用。但是,从司法视角看,制定法的解释包含了或者可以引申出更为丰富的含义。制定法是司法裁判的基本法律渊源之一。无论是法官援引制定法条款作出裁决,还是律师引用制定法规定为己方当事人辩护说理,都必然要对制定法的相关条款或规定的含义进行解释。在对制定法进行解释时,解释者或者严格遵循那些表述制定法条文的语词的字面含义,或者力图还原立法者在立法时所赋予的制定法目的或意图,抑或由法官根据裁判的需要另行加以确定,不同的立场或追求分别对应着不同的理论观点——意义论、意图论和目的论。

具体而言,制定法解释的意义论要求对待适用的制定法文本作字面的、平白的理解和阐明。意图论则追求确定和实现起草或创制法律时立法者的意图。意义论和意图论都属于一种基础主义的制定法解释方法,都认为在法律解释过程之外存在着某种客观存在的文本意义或立法意图,法官裁判案件中法律解释的过程便是发现这种意义或意图的过程,而非创造新的意义的过程。针对意义论和意图论,一些学者提出了目的主义的制定法解释方法。例如,以美国学者亨利·哈特和阿尔伯特·萨克斯为代表的法律过程学派提出并建立了较为完整的目的主义解释理论。该理论强调目的在制定法解释中的优先地位及解释者对制定法目的的建构,要求以能最佳实现适用目的的方式来确定制定法文本的意义,并对解释施加文本规约意义和“清楚陈述的既定政策”的限制。在哈特和萨克斯的目的主义理论提出之后,有关制定法解释又产生了新文本主义、建构性解释和动态论解释等许多颇有影响的理论与方法,进一步充实了有关制定法解释理论,也为司法裁判中更好地解释和适用制定法提供了多元的理论视角。

(陈　光)

习惯法的解释

习惯法是指具有事实上的惯行并为生活圈或交易圈产生法律确信的行为准则。习惯法往往具有不成文的形式,因此,对习惯法的解释不仅仅是对习惯法规则内容的确定,更意味着是对某一社会惯行的法律意义的诠释,对某一社会惯行是否构成习惯法的判断本身就已经是解释性的理解问题。

由于习惯法不具有成文法的表达形式,而且往往是一种约定俗成的社会规范,对习惯法的解释标准就不可能是字义,也不可能是立法者意志。习惯法作为一种间接法源,往往具有漏洞补充的功能,对习惯法的解释是为弥补成文法之不足,但是,习惯法也不能违背基本的法律价值,因此,对习惯法的解释应当参考如下标准:法伦理原则、客观的法目的、特定的法律评价准则,并应当对习惯法规范做“合宪性解释”。

早在罗马法时代,习惯就已经成为重要的法律解释依据。近代以来,习惯在法律适用中的作用继续得到确认。近代商法就是习惯法。在历史法学派的影响下,“法律本身就是民族习惯的产物”等观念深入人心,习惯法取得了与制定法同等的地位。自从《瑞士民法典》第1条明确规定习惯为法律渊源,习惯法在法律体系中的地位得以正式确认。现今各国基本承认习惯的法源地位。当然,习惯的适用范围仍然受到严格的限制。习惯和习惯法在(狭义)法律解释和漏洞补充(广义)法律解释中,具有独特的功能。习惯可以作为解释法律的依据。在合同法中,交易习惯可以成为解释合同及合同法的依据。习惯还可以作为不确定法律概念的价值补充之具体依据。在存在法律漏洞的情况下,上升为习惯法的习惯可以作为漏洞填补的依据。习惯在法律解释中最重要的作用就是具有法律漏洞填补功能,尽管它也可以作为解释法律概念或价值补充的工具。

进行习惯(习惯法)解释的时候,必须遵循特定的规则或要求。首先,习惯须遵循法律的强制性规定,不得违反公序良俗。既然习惯已经上升到法源的层级,因此它当然不能与制定法的强制性规定相冲突。公序良俗是广义上的违法性判断标准,如果习惯违反了公序良俗和法秩序的原则,就不能成为漏洞补充的依据。通过公序良俗的规则检验,可以将与整体法秩序不一致的“陈规陋习”排除在外。其次,习惯须经司法审查才能成为漏洞填补的依据。法官在适用习惯时,必须对习惯进行司法认可,以确定可以作为漏洞补充的依据。习惯是司法决定的习惯,而不是民众活动的某个习惯。在漏洞补充时,习惯不能直接作为裁判规范。最后,习惯应具有特定的适用范围。在寻求裁判依据时,不能把特定地区的习惯推及全社会,也不能将特定行业的习惯适用于所有行业。除非相关地区或行业具有相同的习惯,才可以参照既存习惯规则来裁判案件,如果将非本地区、非本行业的习惯强加于人的话,可能导致不公正的裁判结论。

(姜福东　王　彬)

判例的解释

判例严格意义上是指英美法中的“先例”,广义而言,有以下几种含义:一是指法院的某个判决;二是指判决中的某种判断,用以解释或补充成文法的规定;三是从法官判决中推导的法律思想。一般所说的判例,是指可作为其他判决的先例,指判例中判决理由所展示的法律性判断。

在成文法背景下,判例是间接法源和次位法源,判例不仅是法律解释的形式,而且具有发现或创造法律的要素,以弥补成文法之欠缺。在大陆法系,判决不能直接引用判例,但可以从先例中抽象出具体的规则适用于后判决的事实中并导出结论,因此,判例具有事实上的拘束力。

判例解释的目标是探求法官实际的法律意见,这需要理解法官的思考过程,区分判决的主要理由和附随理由,在判决的字义及意义脉络中探究法官的法律见解。对判决中字义的理解须结合案件事实来把握,当法官说理的脉络出现矛盾和漏洞,应当作逻辑一贯性的假定排除字义的疑义和说理的瑕疵。对于法官超越裁判案件所表达的法律见解,对判例的解释应当以案件事实的关联性为标准将判决原本过宽的表达进行限制。

判例解释也被称为判例法方法,指的是在既决案件中引用先例,来判断后来案件的法律效果,构建解释论点,澄清法律模糊或补充法律漏洞的过程。这种解释方法运用的解释论据是最相类似的裁判先例,即本院或者上级法院裁判的先例,甚至是同级其他法院判决的先例。一般而言,关于一个案件都有一个相似的先例群体。这些先例的处置方式构成了待决案件的先前经验,同时也给待决案件的处置构建了约束条件。

因此,为了尊重同行、前辈甚至法院的实践经验,为了证明司法行为的一致性,一个国家的司法体系无论是否实行判例法制度,都应该注重裁决与先例的关系,都可以引用先例发现适当的裁决方案,都必须引用先例说明或论证裁决的合理性。判例解释论点的构建过程,需要将待决案件的事实要素与先例的事实要素相比较,按照最相类似的先例的裁决方案进行裁决。其中,判断相似性是一个关键工作,要将案件事实细节与先例的事实细节进行分解,根据类比推理的逻辑规律进行类比。类比中对事实的细节构成进行分解并比较,对于差异性的关注是焦点。根据规范意旨来检验相似性或差异性,从而决定能否类比先例进行处置,以保证法律解释的统一性和安定性。判例法方法是一种普遍适用的解释方法。英美等判例法国家自不待言,即使在大陆法系国家,判例已经普遍作为重要的法律渊源对待,判例解释也被广泛运用。我国也逐渐注重先例与待决案件之间的关系,注重引用先例增加判决的合理性。引用先例可以大大提高判决与先例的一致性,从而有助于说服当事人、约束法官的不当自由裁量权、塑造整个法院系统行动的一致性。很多时候,引用先例的说服力和可接受性比其他解释方法都要高。当其他解释方法无效时,法官如果找到一个先例,并展示有先例就是这样裁决的,当事人一般更容易接受。因为它符合当事人“相似情形相似对待、不同情形不同处理”的公平正义之心理预期。

（姜福东　王　彬）

案件的类型比较

将两个案例置于同一法律规范之下考察其所具备的共同要素,通过比较考察待决案件与先前判决之间的相似之处,从而产生与先前判决同样的法律效果。若将待决案件与先前判决加以区分,则须说明待决案件不同于先前判决的理由。

在成文法背景下,作为法律思维的案件比较是对传统逻辑涵摄思维的挑战。逻辑涵摄的本质在于待决案件事实的特征与上位概念的要素完全相同,但这一思维模式完全否定了法官个体经验要素的作用,更无法使法律概念得以评价性地应用。类型思维否认了上位概念与待决案件事实要素的完全相同,而是认为待决事件与之前裁判事件存在相同。这样,法律适用的过程就不是将案件事实置于某规范的法律要素之下,而是从相似性的角度将事实与法律规范所针对的典型事实进行对比,从而法律适用的过程就成为基于类型思维的案件比较过程。

在成文法背景下,类型化的案例比较不仅具有漏洞补充的功能,而且服务于法律解释活动。作为法律解释活动的案例比较是在法律的语义空间进行的,依据类型的一般要素考察待决案件是否纳入某一法律概念的范围之中,即将作为典型类型的案件与待决案件的要素进行比较,从而决断是否将其纳入同一概念之下。这一过程实际上是将处于法律概念核心的案例与处于概念边缘的案例进行比较,从而尝试确定法律概念的意义边界。作为漏洞补充的案例比较,要确定被比较案例之间的相同要素和不同要素,但是,此种情况下的案例比较超越了语词意义的界限,为了维护法律的安定性,对法律文义的超越应当加以限制。

案例比较涉及比较基点的选择问题,对于法律解释而言,比较基准是在法律意义范围内的典型案例类型;对于漏洞补充而言,比较基准是需要审查其类推适用的法律规范。比较基准的选择也有赖于法律适用者实质的价值评价,法官对比较基准的选择应当符合可为多数人接受的正义观念。

案件的类型比较不仅服务于漏洞补充，而且也服务于法律解释活动。法律解释中的类型化的案例比较，是在法律措辞的语义空间内进行的。人们可以把处于法律措辞之可能的语义范围内的待处理之案件，与肯定属于该规范适用范围的案例进行比较，然后得出，是否应对它们予以相同评价，从而应将其纳入同一法律概念之下。这一过程实质上是法律规范之含义精确化问题，而并非涵摄方法的运用。

类型化的案例比较过程，在法律解释活动与在漏洞补充活动中以同样的方式开始。一方面，要确定被比较的案例类型之间的一致要素；另一方面，要确定这些案例类型之间的不同之处。然后要秉着“对实质上相同的案例同等对待，对实质上不同的案例不同对待”的原则，进行权衡比较。当然，必须注意法律解释与漏洞填补之间的区别。两者的不同之处在于，法律规范的可能语义。法律解释是在法律语词的意义范围之内进行。如果越出这一界限，就进入了法律漏洞的发现与填补的领域。

类型化案例比较的基本思想在于，对实际上相同的案例同等对待；对实际上不同的案例不同对待。在明确了案例之间的一致性和不一致性之后进行权衡。这是法律解释的一种核心考量模式。同等对待原则是法律诠释学的灵魂，至少是使正义问题在诠释学上具有可把握性的一个特别重要的形式。通过对归入问题做出决定，即要么将待决案例纳入某一规范的适应范围，要么将该案例类型从待解释规范的适用范围中排除出去，法律概念得到了精确化、类型化的持续发展。在所处时代公认的正义观引导下，经由对案例类型的比较评价，一代代法律人在认识法并使之精确化方面一步步摸索前进。

案件的类型比较并不是一种独立的论证类型，必须结合其他解释论据使用。作为法律解释手段的案件比较，必须在法律的语义范围之内，需要辅助字义、体系等解释论据确定语义范围，并且要基于法律规范的目的选择比较基点，判断对待决案件与典型案件是否需要做出同样评价。作为漏洞补充手段的案件比较，同样需要结合解释论据，以确定法律语义的边界，只有穷尽解释论据，无法对待决案件进行处理时，才允许进行漏洞补充的案件比较。在确定案件比较基点或同类案件的评价基准时，诠释学上的解释论据往往起到辅助性的作用，法官在选择比较基点或评价标准时，不能基于个人的价值观念，也不能基于某一宗教观念或意识形态，而必须基于某一法律共同体的法伦理理念进行确定。

案件的类型比较是在法律解释和开放的法律续造过程中使同等对待原则发挥作用的一个有效工具。然而应将类型化的案例比较与其他各项解释论据结合起来看。案件的类型比较只能在逻辑上可能的范围内进行，且在法律解释时只能在可能的语义空间内进行。在这样一个被限定的语义空间内，解释常常需要解决这样一个问题：当前待处理案件，从相应法律规范的目的来看，是否应与那些毫无疑问应适用该规范的案件做同样评价。对同等评价问题做出决定的标准的确定上，诠释学上的辅助工具具有特别重要的价值。法官此时应以其所处的法律共同体中占主导地位的法伦理观念为标准，而不应以其个人化的观念为标准。

（姜福东　王　彬）

法律定义

法律文件中对法律语词含义所做的规定，其在法律的制定和实施中应用非常广泛。法律文件中的法律定义旨在对一些重要的或者被赋予与日常用语不同含义的法律概念进行明确的界定,以期避免与之相关法律规定内容的模糊不清。同时,法律定义也对司法机关工作人员准确理解和应用法律提供了依据。法律定义的功能或者是通过明确法律概念的内涵来界定法律概念,或者通过明确法律概念的外延来界定概念,抑或同时通过这两种方式来界定概念。

在法律文本中,法律定义通常有两种表现形式,一种是相关法律概念的定义直接存在于文本之中,这种定义方式属于直接定义。另一种则是间接定义,即不是通过下定义的方式来界定法律概念,而是通过法律条文的内容推导出法律概念的定义。

一般来说,在法律中运用广泛的法律定义有三种,即内涵定义、外延定义和语词定义。内涵定义,就是通过明确法律概念的内涵来界定法律概念的定义。内涵定义最常用的方法就是属加种差,这种方法源于亚里士多德。用一个公式来表示就是:被定义概念 = 种差 + 邻近的属概念。其中,种差是指被定义概念区别于其他种对象的性质和特征,邻近的属概念则是种概念的上位概念。外延定义是指通过明确法律概念外延的方式来界定法律概念的定义。日常思维中,概念的外延往往是出于认识的需要,而在法律文本中,概念的外延则主要是为了划定不同对象的法律界限而做出的主观规定,这是出于法律上识同别异的需要。这种揭示法律概念外延的方法,被现代定义理论称作外延定义。语词定义常常只涉及表达概念的语词的词源、意义、用法等,而不涉及该语词所代表、指称的事物或对象。

除以上三种常用的法律定义类型外,在法律文本中还存在一些逻辑结构普遍较为复杂的法律定义类型。主要有以下几种:析取型定义,即所指称的对象包括了两种以上不同类型,并各自具有独有特征而不能做总结概括,定义项中就只能分别列出其中差项。其关键用词通常为"或者"。合取型定义,即所指称的对象共同具有若干种差项表明的性质,只有组合成一个整体后,才能成为被定义概念的根本特征。内涵外延型定义,即既要明确法律概念的内涵又要明确其外延,以满足人们对法律概念确定性的要求。肯定否定型定义。定义一般采用肯定形式,但为更精确、缜密地界定法律概念,有时法律定义也会采用肯定否定相结合的方式来规定法律概念。省略型定义,即为了考虑行文的简洁紧凑,用省略形式将几个相互之间有联系的概念合成一个概念,并用一个定义来概括表达。这种省略型定义往往出现在刑法中。

参考书目

1. [美]哈特:《法律的概念》,张文显等译,中国大百科全书出版社 1996 年版。
2. 缪四平:《法律定义研究》,载《华东政法学院学报》2003 年第 3 期。

(范春莹)

法律解释的要素

是历史法学派代表人物德国法学家弗里德里希·卡尔·冯·萨维尼在 1840 年总结德国法学方法论讨论的状况时,提出了解释的四个基本要素。萨维尼认为,只有通过解释,才有可能获得对于制定法内容的可靠和完整的理解,并达成制定法的目的。而制定法的解释应当是对内在于制定法之中的意图的重建。解释者应当站在立法者的立场上,模拟他形成的法律思想。对制定法的理解是通过四个要素实现的,即文法要素、逻辑要素、历史要素和体系要素。尽管称谓有所不同,但迄今几乎一切法律适用者都遵循萨维尼的准则,他们的称谓包括文义解释、体系解释、历史解释、目的解释。

在法律论证的理论框架下,法律解释方法并非通向确定性法律真理的手段,而毋宁是证立某一个解释结论的论据,因此,法律论证理论将其称为解释规准,即法律解释方法无法保障实现客观真理,但是这些解释方法是约束法官任意解释的规则,是法官进行判决说理的论据。

(范春莹　王　彬)

典型的解释要素

自萨维尼以来,经典的法律解释学说区分了四种典型的解释要素。在萨维尼的解释学说中,在完善的法律解释框架下,解释者不得不考虑以下典型的解释要素:在语法解释中,解释者应重构立法者使用的语言规则;在解释的逻辑要素中,应注重法律上下文的逻辑关系,重构法律的概念;在解释的历史要素中,应由解释者介绍法律规则如何发生的;在解释的体系要素中,解释者应当把握法律制度和法律规则的内在关联。在当代的法律解释学说中同样存在四个典型的解释要素,除了语法解释与体系解释外,主观解释和客观的目的论解释构成了当代解释学说的四要素。主观解释必须考究历史上的立法者意志,客观的目的论解释则要考察法律的客观意义。

(王　彬)

解释要素的顺位

在法律解释活动中,解释者选择几种解释要素的顺序排位。对此问题,萨维尼认为,不能根据自己的趣味和偏好而任意选择四种解释方式,如果解释能够成功达成,这四个要素必须是协调作用的不同活动。或者是此要素或者是彼要素可能更为重要和明显,但必不可少的是考量要始终取向所有这四个方面。迄今为止,在解释的诸要素之间的顺序问题上仍没有达成一致的意见。然而,这几个要素并非无所关联的并立关系。在拉伦茨看来,字义可以划定规定可能的解释界限,因此应当由此开始解释的工作;紧接其后的是解释者会考虑规范与其他规范之间的意义脉络。假如法律的字义(语法解释)及其意义脉络(体系解释)仍然有作不同解释的空间,则应优先采纳最能符合立法者的规定意向及规范目的的解释(历史解释),如果法律规范已经非常古老、规范环境变化或者是基本的法律原则发生了演变,以致以历史上的立法目的及法律起草者的规范想法为准据的解释变得不能接受,在应当求助于客观目的要素解释法律。当然,基于所有的解释要素所产生的解释结果都应当接受合宪性的评判。然而,实际的情况可能比这要复杂得多,人们在运用语法解释要素解释规范时,可能需要同时考虑规范的意义(目的)才能确定语词的含义,在运用体系解释要素解释时,也要虑及立法者的立法目的以及整个法律体系的目的。就此,德国学者恩吉施认为,一方面,存在努力追求解释方法关系的确定规定;但另一方面,只要没有为整个解释学说建立坚实的基石,所有有关的看法就不着边际。

法律解释是一种有创造性的精神活动,解释者在解释时都应当拥有判断余地。就此,解释者应当对解释的诸要素要不得有任何遗漏地逐一考虑并且拥有确定何种解释优先的判断权力。但是虽然有判断余地,解释要素(方法)的选择却不是任意的,解释者必须考虑各种不同的解释观点,并说明其选择某种观点为决定性标准的理由。

(范春莹)

历史解释要素

在对法律规范进行理解时,应当从法律规定产生时的社会情境确定规范要求的内容和规范目的。法律是立法者的作品,对法律的最好理解应当是揭示立法者放入其作品的意图,即探求立法者或准立法者于制定法律时所作的价值判断及其所欲实现的目的,以推知立法者的意思。探究立法者意图不仅应当研究使立法得以产生的立法程序中的材料,如草案、讨论记录及添附在草案中的理由说明、国会报道等,还应当通过对立法当时的社会环境和政治的考察,确定对立法来说具有决定性意义的隐藏在立法者背后并在立法过程中得以贯彻的立法动机。当然,对立法材料和动机的理解还应借助于立法当时的语言用法、学说理论以及司法裁判。

尽管通过历史解释要素可能获知立法者在法律规范中的意图,然而对于这种解释要素仍有诸多的争论:争论之一是法律应当以其制定时的含义来解释还是以适用时的含义来解释。由于立法出来后到法律适用的时刻总是有一段距离,社会情势也可能在这个过程中发生了变迁,仍然恪守立法者的意志,其解释力就会大大减损。历史上的立法者所制定的规范是针对当时社会事实和生活习惯,但时间的流逝会使立法者当初所预期的调整目的难以实现。争论之二是历史解释是否可能。质疑者认为在民主制国家,立法者不是单数而是一个复数集合,我们探寻的立法者意志到底是某个机构的意志、某个人的意志、还是所有人意志的集合?在立法过程中,可能的情况往往是立法者们对一个问题有不同的认识,有时甚至完全对立。之所以能够达成一致意见是因为双方的相互妥协或者是使用模糊语言掩盖了分歧。

历史学家探寻历史真相时,是凭借史料说话,法律人在进行历史解释的时候也应当寻找立法当时的材料,如立法时的会议记录、法律起草人的理论和学说、立法时的社会背景等。对立法者意图的发现虽然是一个求证过程,但同时更是一个理解过程,因此在理解的过程中不可能不掺杂理解者的主观性因素,实际上这种理解的过程是一种"想象性重构"的过程。如同历史学家对历史的解释一样,历史学家不仅是重演过去的思想,而且是在他自己的知识结构之中重演它,因此在重演它时,也就批判了它,并形成他自己对它的价值判断,纠正了他在其中所能识别的任何错误。也就是说,理解者总是带着前见来理解历史上的立法者意图,而所谓立法者的意图不过是经过乔装打扮后的理解者的意图而已。"所有的历史都是当代史"的判断对此也是适用的。而且在对这些历史资料理解的过程中,为了实现更好的理解,理解者会继续探索这些历史资料的形成过程,而为了理解历史资料的形成过程,又会陷入对形成过程的历史的探索,由此会导致无穷递归,陷入"史"坑而不能自拔。为了克服上述解释者的主观性,许多学者认为通过采用心理学中的"移情"的方法,把自己想象成立法者,站在立法者的角度对现实情况进行判断,以去除想象性重构中的主观性成分,但问题是:"你不是我,你如何能够知道我在想什么。"所谓的设身处地实际上仍然是从你的角度对我进行揣测,但这种揣测成功的可能性依赖于彼此的了解程度,法律人与立法者并无深交,甚至并不认识,使揣测无法成为可能。

虽然对历史解释有诸多的质疑,然而历史解释仍然有其存在的意义。第一,由于历史解释方法是将立法者放置到法律规范中的目的取出,因此,历史解释方法最大限度地保障了法治国的分权原则,将配置于立法机关的立法权专属于立法者,司法机关仅仅是适用法律以贯彻立法者的旨意。第二,历史解释可以作为限制解释和法律续造的工具。通过解释只能查明立法放置到其中的规范的要求内容,而不能得出其他。因此,被准确解释的历史规范目的是被切合实际地称为对规范和法律进行"解释"这一过程的重要对象和合理界限。在魏德士看来,只有将立法者已经放置在法律规范中的意图加以说明才是解释,否则就只能是超越解释的法律续造。由此,黄茂荣认为历史解释是法律解释的范围性因素,“现在它(历史解释)的主要任务,与其说在终局地决定法律的内容,不如说是在划定法律解释的范围”(黄茂荣:《法律方法与现代民法》,中国政法大学出版社 2001 年版,第 277 页)。由于在法律适用的过程中,法律人总是会有创造性的冲动,因此在法律方法实践中对历史解释的低估与压制就是对法律使用者的自由裁量空间的扩大。即使在探寻立法者意图的过程中法律人的先见对结果的形成有影响,但毕竟解释的结果不能超出立法资料所能证明的立法意图之外,否则就不再是解释,而是法律续造了。对于法律续造,则需要对法律人施加合法性证成的任务。

参考书目

1. 梁慧星:《民法解释学》,中国政法大学出版社 1995 年版。
2. [英]柯林伍德:《历史的观念》,何兆武、张文杰译,中国社会科学出版社 1986 年版。
3. [德]伯恩·魏德士:《法理学》,丁晓春、吴越译,法律出版社 2005 年版。

(范春莹)

目的解释要素

根据法律的目的对法律规范进行解释。关于这里的“法律的目的”,学者们历来对此有两种不同的认识。一种认识认为应是立法者的目的,而另一种认识则主张应是法律本身的目的。在民主制国家中,法官首先应当服从立法者的价值判断,即必须在进行法律解释时,考虑立法者制定该规范的目的和意图。这种解释实际上就是法意解释,属于主观解释。然而法律在制定出来之后,一方面由于社会经济、政治的变化,另一方面整个社会的价值观也会发生变化,就会使已颁布的法律逐渐地陈旧化,并且有可能使其丧失适应能力。由于法律不能跟随社会生活的变动轻易变动,否则会丧失稳定性,进而丧失其权威性。因此,解释主体就会根据法律本身的目的对法律进行解释,这实际上属于客观解释。拉德布鲁赫认为,法律解释不是“对已知的悟解”,不是对“先思的再思,而是对被思的透彻思考”,“解释者可能比制定者更好地理解法律,法律可能比其制定者更机智,甚至必定更机智”。重要的是法律,而不是立法者。

对目的的考虑可以贯彻于各种解释方法之中,如在文义解释方法中,当文字本身含义模糊或有歧义时,需要考虑目的因素以确定一个明确的结论;在体系解释方法中,只有考虑到法律的目的,即法律所欲实现的各种价值,法律的整体性才能被合理地解释;在历史解释方法中,实际上就是探究立法者立法时的目的。因此,目的因素是解决法律案件时的指路明灯,缺少了它,会使解释无所适从。

尽管在很多人看来,目的解释中的“目的”具有复杂性和不确定性,但是也并非不能大体界定。在拉伦茨看来,目的解释中的目的有两个:一是涉及被规整之事物领域的结构,质言之,连立法者也不能改变的实际的既存状态,假使他要合理的立法的话,在作任何规整时,他都必须考虑及此;二是一些法伦理性的原则,其隐含于规整之中,只有借助这些原则才能掌握并且表达出规整与法理念间的意义关联。也就是说,目的解释中的“目的”一是指事物的规律,二是指法价值。因此,目的解释就是根据事物规律和法价值对案件以及法律规范进行的解释。

在看重目的解释要素的解释者看来,法规范并非就是立法者所制定的法律文本中所显示的法律规范,而是根据案件所涉类型的事物规律和基于同等情况同等对待的平等思想所作的评价(这无疑是一种客观目的论的立场)。就目的解释的意义而言,由于法律规范目的往往是通过个别案件来彰显的，其具有情境性，对于法律规范的僵化以及与具体案件遭遇后所带来的不正义后果有明显的矫正功能，而且目的解释要素更多的指向未来，因此，相较于语言—语法解释来说，其具有更大的灵活性和与个案结合的适应性。

从历史上来看，在一个政体大体稳定的社会，目的解释的方法是推动法律发展的动力。然而，在目的解释要素能够促进法律与社会相适应的同时，其也会导致法律的不确定性。目的解释方法是一把双刃剑，既可能实现个案正义，又可能使法治滑向危险的边缘。法律的目的往往是解释者言说的目的，解释者可以在"法律目的"的外衣下偷偷塞进自己的见解和评价。如果法律适用者背离了最初的规范目的，他就不再是解释法律，而是进入了法官造法的领域。因此，在运用目的解释要素解释法律时，应时刻注意受到法和法律的约束，并且解释的结果应当在法律规范文义的射程范围之内，否则就不再是解释，而毋宁是一种创造了。

（范春莹）

体系解释要素

将法律的个别法规范放置于法律的整体中进行理解的方法。这种理解方法需要遵循法律思维的逻辑性。在日常生活中，会有这样的经验，即当我们在阅读文本时，有时候搞不懂某部分的含义，只有将该部分与其上下文联系起来，才能大致了解该部分的含义。如果想要获得更加深刻的理解，则需要阅读完整个文本后，再回过头来重新阅读这一部分。这种情况实际上涉及部分与整体的关系问题。部分只有放置在整体中才能获得其意义，而整体只有通过对部分的理解才能够把握。此所谓已被解释学所揭示的"解释学循环"。而且这种理解的循环对于法律领域尤其重要。

体系解释要素的基础是：整个法律秩序，也就是大量有效的具体规范与所有法律部门的法律的总和，形成一个统一体、一个"体系"。这个体系不仅是指法律条文在法律体系上的地位，即依其编、章、节、条、款、项之前后关联，或者对法律材料进行的形式上的划分如私法、公法等的外部体系，更是指将法律秩序理解并解释为内部无矛盾、协调的规范价值标准所组成的有序规范结构的内部体系。因此，法律的体系解释方法并不认为基于逻辑上的关联进行解释是为已足，法律秩序亦是一个价值关联的体系，在从事体系解释的工作时，尚需照顾到法律价值的一体性。拉伦茨认为，上下文中法律规范的意义，这是理解任何意义相关的谈话或文字所不可或缺的，当然对于法律条文间事理上的一致性、对法律的外部安排及其内在概念体系都应考虑，然而，这所有种种对解释的价值都有限。经常只有追溯到法律的目的，以及法律基本的"内在体系"，才能真正理解法律的意义脉络。

正因如此，德沃金在构建其法律帝国时，倡导整体性的法律概念。他认为，法律必须被看作是政府以一种前后一贯的态度对待其公民的政治决定，因此，法官在对法律进行解释时必须考虑到这一点。他把法官的任务设想为一种小说接龙的工作。法官应努力发现已有的法律文本中的含义、原则甚至精神，就像小说家在从事接龙工作时对其以前的作者的小说续写进行研究，在掌握小说的人物、情节及其结构的基础上，把握小说的风格和要义，然后以自己的理解为小说设计下面的情节发展一样。当然小说家设计的情节可能有多个，但总有一个与前面的小说从形式到内容更加吻合，从而使小说好像出于一人之手。法官对法律的解释也会有多个，这就需要法官不仅要研究过去的政治决定所确定的明确的规则，还要把握隐含在明确规定后面用以证明其合理性的政治道德与原则,并且将所有的原则作为一个整体来进行审视从而判别出最佳的解释结果。

体系解释要素的要义是将法律看作一个完整的逻辑和价值体系,因此在体系解释要素中自然也就包含了“合宪性解释”。宪法作为一个国家法律制度的母法,其处于最高的位阶,所有的下位法律都应当服从宪法所确立的价值和目标,对法律规范所作的解释不能与宪法意思相违反。如果一条规定根据其文义和产生历史可能有多种含义,那么合宪性解释就有用武之地了。这时人们倾向于最符合宪法价值标准的解释,用以继续维护立法的调整目的意图。因此,在黄茂荣看来,合宪性解释是各种解释方法的控制性因素,即无论采用何种解释方法,所获致的解释结果都不能违背宪法,如果有所违背,则该种解释无论多么符合情理,都不能作为有效的解释应用于案件。

在运用体系解释要素解释法律规范时,会发现规范之间并非总是融贯一致,因为立法者是人而不是神,其也会犯错误,而且诸多的法律规范往往来自不同时期不同的立法者,因此在法律中总会存在这样或那样的规范冲突或规范竞合。这种冲突或者来自同一部法律,或者来自不同法律。在此种情形下,法律适用者需要照顾到法律文本的整体,从上下文中推知法律规范的意思。一般来说,在适用法律时,体系解释有一些具体规则,如特别规范的效力优于一般规范,新规范的效力优于旧规范等。

参考书目

[德]卡尔·拉伦茨:《法学方法论》,陈爱娥译,商务印书馆2003年版。

(范春莹)

语言—语法解释要素

又称文法解释、文义解释、语义解释等,是指根据语法、句法和语言习惯对词语的解释,这种解释旨在探寻通过文字所表达出来的文本的意思。任何立法者想要将其立法意图传达给国民,都需要使用文字语言。语言文字是立法者与普通公众和法律适用者沟通交流的中介。因此,想要了解法律文本为何,必须首先从规范文义中寻找。

语言—语法解释要素在诸多法律解释要素中,被法律人认为是首先选择的要素。因为读者在对文本进行解释时,首先会通过文本本身的词义、句法来探究作者的意图。一般来说,立法语言的表达不像文学语言那样随心所欲、有更多的修饰以及感情的渲染,而是冷静的、平白的、经过深思熟虑的、最规范的语言表达。因此,法律文本的文字意义较文学文本的文字意义更少主观性的色彩,对之为客观性的解释不仅是可能的,也是忠实于立法者的最首要方法。

运用语言—语法要素对法律文本进行解释是维护法治首要因素。众所周知,法治是建立在权力分配和彼此制衡基础上的。按照传统的理论,立法权只能由立法机关这一民意机关行使,如此才能保证所立之法是民主意志的产物,才具有合法性。而司法权必须尊重立法权,必须受到法律的约束,其在适用法律时必须忠实地反映立法者的意志。

语言—语法解释要素是根据立法者凝固的意思表达探究立法者的意旨,由于语词本身的客观性、确定性,从而使得根据语词的解释也具有了客观性和确定性。这是维护法律意义安全、固定性的首选方法。古罗马法对此有明晰性规则,该规则认为,清晰明确地表达的法律不需要任何解释。

然而由于语言本身的限度,运用语言—语法解释要素进行法律解释也只不过是法律解释的一种初步工作。很多情况下,语词本身的含义不是单一性的,而且语言本身也处于流变之中,随着岁月的流逝,社会生活的变化,语词的含义也会发生改变。比如媒体,传统上就是指平面媒体,然而随着科技的发展,媒体现在也包括网络媒体。又如,财产,传统上指的是有形财产,然而社会发展使得财产的含义无限丰富,其不仅包括有形财产还包括无形财产,甚至还有网络中的虚拟财产。语词的流变使得人们如果仍然固守于原有的含义,可能会导致规则的适用出现麻烦。在这种情况下,只能借助于其他解释方法以缓解社会发展与规则适用之间的紧张关系。

在运用语言—语法要素对法律文本进行解释时,还应当照顾到法律语言(特殊语言用法)与日常语言(一般语言用法)之间的关系。一般来说,法律语言与日常语言的关系有三:第一种关系是法律语言使用日常语言,并以日常用语的含义作为法律用语的含义,在这种情形下,法律解释就应当以探求日常用语的含义为目标。一般来说,立法的对象是社会公众,因此,立法语言应尽可能地通俗、易懂。唯有如此,公众才能在理解法律的基础上遵守法律。第二种关系是某一语词尽管在日常生活和法律中都存在,但其法律含义不同于日常含义。在这种情况下,对语词的解释应当尽量以其日常的含义作为解释结果。因为毕竟日常语言世界中的人们才是法律适用的对象,除非该语词在法律中有其特殊含义。第三种关系是有一些语词属于法律的专有名词,其产生就是为了承载法律的丰富意涵。这些专有名词在法律条文中往往伴有法定解释或者是官方解释。适用者在解释这些语词时,就应当尊重已有的解释,而不能对其为自己的解释。

语言—语法解释要素的优先性并不是指其在任何案件中都拥有压倒其他解释要素的力量,而是说在对法律规范进行理解时,无法摆脱对语言语法的首先考虑,即我们在对案件进行决定时,无论如何都不能首先撇弃对文义的考虑。而且只有当根据语言—语法解释要素解释有多种结果时,目的解释要素、体系解释要素、历史解释要素等才有考量的余地,毋宁说语言—语法解释是涵盖在其他解释之上的一种解释要素,或者说,其他解释要素解释的结果只有落在文义可能的射程范围之内,才具有“合法律性”,也才不会违背民主国家对法官赋予的任务。如果解释的结果溢出了文义的可能范围,则实际上是一种脱法行为,除非社会情势有重大变迁或就个案考量极不正义,而且需要对该种解释结果作出充分的论证,否则这种脱法行为就会危及整个司法裁判的合法性。

(范春莹)

法律推论方法

类比推论

法律主体在法学思考、司法裁判中频繁适用的法律论辩型式,它比人们目前所认识到的具有更加广泛的适用范围和更大的实践价值。法律类比既可以在法律发现中适用,也可以在法律论辩中适用。在法律发现中,法律类推是法律解释的基本范式,它借助“类型化的案件比较”

实现规范和事实、存在和当为的对接和等置。在法律论辩中，法律类比通过法律未直接规范的待决案件与典型案件在“事物的本质”“利益状态”“法律评价”等方面的相似性，从而将待决案件纳入典型案件所适用的法律规范的涵摄范围。法律类比在法律发现中具有发现功能，而在法律论辩中又是一种法律论辩型式。

在类比论辩中，若没有类比第三项的介入根本无法从待决案件推理到典型案件，而且法律论辩的可普遍性、可检验性、融贯性等原则也要求案件间的相似性判断必须在法律原则或规则目的等法律理由的指引下进行。法律原则或规则目的等法律理由(ratio legis)构成的类比第三项并不能否定或排斥由案件间事实特征方面的相似决定的待决案件与相关法律规则的语义关系对类比论辩中相似性判断及其论证的作用。佩策尼克认为，制定法的类推既不在制定法适用范围的核心，也不在其适用范围的边缘之外。在类比论辩中，案件之间的相似性由其语义相似性及其法律评价上的相似性共同构成，拟适用的法律规则在其中语义域上的语义界限体系对案件之间的相似性判断可发挥一定的“证伪和限定作用”。类比论辩在推理形式上并不能被还原为基于原则的论辩或目的论辩，而是一种特殊的、独立的论辩型式。类比论辩的相似性判断虽然在根本上无法离开实质性法律理由自动进行，但实质性法律理由并不能独自决定类比论辩的相似性判断，法律论证的程序性规则、批判性问题的评估标准、法律规则的构成要件及其语义界限等都会在不同的层次上从不同的方面对相似性的判决和论证发挥影响。

佩雷尔曼不但在《新修辞学》中直接论述了类比，还对与其功能和结构类似的其他论辩型式做了详细的分析和论述。佩雷尔曼在新修辞学立场上对类比的经典概念进行了最为精致的传统接受和发展。他以类比与规则、原则的关系作为标准分别界定了类比、例证(argumentation by example)、例示(illustration)和隐喻(metaphor)，指出：类比的本组(theme)和喻组(phoros)通常属于不同的领域，无须诉诸规则或原则便可进行。类比的基本推理过程为：C与D的关系，就像A与B的关系，A、B是P，所以C、D是P；或者C与D的关系，就像A与B的关系，A是B，所以C是D。例证争论的焦点并非规则或原则本身，而是以例子确认或证立规则的适用范围或具体化原则的抽象程度。例证有正、反两种，正面的例证可以激发他人之效仿，而负面的例证则是阻止类似不当行为的出现。与例证建立一项规律或法则不同，示例用来说明某一项规则或法则，以强化听众对于这一规律或法则的认同与接收。隐喻(metaphor)是巧妙地使一个字词从其适当的意义转换成其他意义，从性质上来看，它是浓缩的类比，是本体与喻体要素的融合。

佩雷尔曼还根据事物特征上的相似性描述了另一种类比，指出在这种类比形式中，本组和喻组通常来自同一领域，其基本推理过程为：A或B都具有P、R、Q等性质，而A又有S之性质，因此B也有S之性质。佩雷尔曼所论述的两种类比形式分别对应于后来非形式逻辑学者所谓的修辞类比(figurabive analogy)和字面类比(literal analogy)。还有学者指出，修辞性类比，并不对类比物和目标对象之间的具体属性进行比较，而是将来自不同领域、属于不同层次的类比物和目标对象进行一种抽象、比例关系的“比较”，这种类比不应视为比较论证(comparison argumentation)，而是旨在提出其他论证类型的一种独特表现方式。

类比论辩并不是修辞类比，而只能是字面类比，为了最后能够进行演绎推理的理性重构，类比论辩中的“本组和喻组”必须来自同一领域——法律规则，而不可能不诉诸规则或原则而自动进行。佩雷尔曼在《法律逻辑》中论述了与类比论辩相近的相似性论述。相似性论述是指，如果一项特定规则应用于特定范围内的人或客体，那么也应用于在相关特征上相似的那些人或客体。

参考书目

1.［德］罗伯特·阿列克西：《法律论证理论——作为法律证立理论的理性论辩理论》，舒国滢译，中国法制出版社2003年版。

2. 周升乾：《法教义学研究——一个历史与方法的视角》，中国政法大学2011年博士学位论文。

3.［德］英格博格·普珀：《法律思维小学堂》，蔡圣伟译，北京大学出版社2011年版。

4.［德］伯恩·魏德士：《法理学》，丁晓春、吴越译，法律出版社2007年版。

5. 雷磊：《类比法律论证——以德国学说为出发点》，中国政法大学出版社2011年版。

6. 杨仁寿：《法学方法论》，中国政法大学出版社2013年版。

7. 王利明：《法学方法论》，中国人民大学出版社2012年版。

8.［荷］伊芙特·T. 菲特丽丝：《法律论证原理——司法裁决之证立理论概览》，张其山、焦宝乾、夏贞鹏译，商务印书馆2005年版。

9. Aleksander Peczenik, *On Law and Reason*, Springer, 2008.

10. Chain Perelman, *The New Rhetoric: A Treatise on Argumentation*, University of Norte Dame Press, 1968.

（吕玉赞）

制定法类推与法的类推

在类比推论中，如果类推适用一个制定法的规定，这种类推就被认为是制定法类推或法律类推；相反，如果是从一些相似规定的内在关系中推出一个一般原则（法律思想），而这个一般原则超出了这些规定的条文字面意思，则这种类推被认为是法的类推。

制定法类推又被称为个别类推，法的类推亦称总体类推或一般类推。制定法类推与法的类推在适用上存在如下差异：第一，在适用前提上，制定法类推是从单一出发而将其类推适用于待决案件；法的类推是从复数法律规定出发而将其共同的原理类推适用于待决案件。第二，在逻辑方法的运用上，制定法类推主要通过类似问题类似处理的规则进行演绎，没有进行归纳的操作；法的类推不仅有演绎方法，还有归纳的方法。第三，在类推适用的场景上，制定法类推是常态，属于类推的一般情况，法的类推是特别情况，仅适用于特殊情况。

参考书目

1.［德］迪特尔·施瓦布：《民法导论》，郑冲译，法律出版社2006年版，第76页。

2. 王利明：《法学方法论》，中国人民大学出版社2011年版。

（吴丙新）

判例法类推

将待处理的案件（问题案件）与已处理的某案件（判例案件）进行类比，然后根据两起案件基本性质、事实特征的相同或相似，从而推知它们适用的法律原则和处理结果也相同的推理。

判例法类推体现的是相同之案件应为相同之处理的法律上的公平、平等以及由此而来的遵循先例原则。不过，在不同法系和不同国家，判例的地位不同。英美法系是以判例为主要法源的，因此，法官在审理案件时，常常是以权威性法院先前的判例作为后来审理同类案件的法律依据，对同类案件做相同的处理。而大陆法系国家，判例仅具有参考、借鉴作用，不具有强制约束力。

参考书目

雍琦:《法律逻辑学》,法律出版社 2004 年版。

(吴丙新)

类比论证

通过类比推理由论据直接推导出论题的论证。其特点为:通过对两个(或两类)对象某些属性的相同或相似的比较,并根据其中一个(或一类)对象具有某种属性,进而证明论题,即另一对象也应具有这样的属性。类比论证亦被称为相似性论证。在司法过程中,该方法要求相似的规范语境应当得到相同的解释。在裁判过程中,经常采用相似性论证,以保障平等原则的实现。从逻辑分析的角度,类比论证具有归纳法的特点。

参考书目

1. 雍琦:《法律逻辑学》,法律出版社 2004 年版。
2. 王利明:《法学方法论》,中国人民大学出版社 2011 年版。

(吴丙新)

类推解释

刑法中的类推解释至少有三种不同界定。(1)最广义的类推解释,是指用类比推理的方法,来阐明法律条文的含义;(2)广义的类推解释,是指在一个具体的事实与法律规定的情况相似、但根本不可能为该法条的字面含义所包含的前提下,以其相似性作为援引某法条的解释方法;(3)狭义的类推解释,是指对于刑事法律虽然没有明文规定为犯罪,但具有一定社会危害性的行为,比照最相类似条文定罪处罚的法律适用方法。

类推解释与类推适用是否具有区别,在学说上没有定论。有学者认为类推解释与类推适用并无区别,二者在思维形式上都是运用类型思维来解释规范。另有学者认为,类推解释归根结底是一种解释方法,其解释结论不能超出文本意义范围,而类推适用则明显超出了文本意义的范围,在本质上实乃法官造法。通常而言,类推解释或类推适用在私法裁判领域没有任何制度性障碍,但在公法尤其是刑法中,仍存在不少争议。

参考书目

1. [意]杜里奥·帕多瓦尼:《意大利刑法学原理》,陈忠林译,中国人民大学出版社 2004 年版。
2. 杨仁寿:《法学方法论》,中国政法大学出版社 2013 年版。

(吴丙新)

正面推论

推论论辩的另一个主要论辩型式。正面论辩是一种普遍性的论辩形式,它不仅可以用来填补法律漏洞,而且还可以在文义解释(论辩)和体系解释(论辩)中发挥作用,甚至还可以被用来揭示法律规范的不合理性和不完善,从而为修改法律做准备。在含义上,正面论辩是指“法条虽未规定,惟依规范目的衡量,或逻辑上之推论,其事实较之法律所规定者,更有适用之理由”。在目的考量上,法律在表面上未做规定之事项,具有事理或情理上之当然关系,或在逻辑上二者具有必然的当然关系,均可认为未规定之事项,已涵盖于已规定事项中。它具体包括

"举重以明轻"和"举轻以明重"两种表现形式。

作为一种特殊的论辩型式的正面论辩并不是一种狭义的解释方法,也不能被文义解释(论辩)、目的解释(论辩)和体系解释(论辩)完全吸收和包含,而且作为一种论辩型式它的作用空间也不仅是法律续造,它在文义论辩、目的论辩和体系论辩等几乎所有的论辩型式中都可能产生一定的论辩作用。在法律论辩型式体系中,正面论辩是一种独立的论辩型式,它并不是一种特殊的类比论辩。

普珀认为,每个正面推论都是以一个"可升层的概念"(ein steingerungsfähiger Begriff)和一个由此所形成的"比较法则"(eine Komparative Rechtsregel)为基础的。她认为,这个规则可以四种不同的形式出现:(1)可升层的要素越是高度存在,法律效果就越是应该发生(举轻以明重的论据);(2)可升层的要素越是低度存在,法律效果就越不应该发生(举重以明轻的论据);(3)可升层的要素越是高度存在,法律效果就越不应该发生(举轻以明重的论据);(4)可升层的要素越是低度存在,法律效果就越是应该发生(举重以明轻的论据)。如果可升层要素明白地出现在基础语句中,而且这个基础语句在实证上有效的法条当中可以直接找到,则这样的正面推论便是必然的和非常简单的。但是,如果这个可升层要素是通过解释才加进基础语句中,或者这个基础语句无法从制定法中无法直接找出,则正面推论就不是无法反驳的。正面推论的问题便在于比较规则的探求、描述以及从基础法条中去建构比较法则。正面推理面临的危险不在于它们的逻辑结构,而在于对基础语句的不合理的使用或忽视。"没有进一步的考察比较标尺——比例关系是否对待考察的规范具有意义,那么就有导向谬误的危险。进行法律续造时,对法律续造的其他进一步的前提条件(漏洞)的考察不允许置于该视角之外。"

正面论述具有如下特征:(1)正面推论所涉及的事物必须是性质上相同的并可比较的事物,即它们可共同涵摄进"可升层的概念"(ein steingerungsfähiger Begriff)之下。(2)正面推论在形式上进行的是一种"以大推小"和"以小推大"的逻辑推演,它超额地符合法律论证的可普遍化原则、融贯性和一致性原则等,一旦其背后的比较基础得以建立,这样的逻辑推论可完全重构为演绎推理。(3)正面推论必须在所涉法律条文的文义范围内对其进行解释,将其中关键的法律概念解释性地构造为"可升层的概念"这样一种上位范畴。待决案件必须处于这一上位概念的语义射程之内。(4)正面推论中对相关法律规则的目的和体系解释必须确定:法律的主客观目的是否以及在多大程度上允许正面推论、是否存在禁止正面推论的例外规定。

为了克服正面推论中所隐含的各种论证缺陷,普珀认为一个有效的正面推论必须满足如下要求:(1)基础语句中含有一个可升层的要素,这个要素是以某种特定的程度实现,并且建构或限制了法律效果;(2)从这个可升层的要素中可导出一个比较规则,依照这个规则,当可升层要素以较高或较低的程度实现时,更应该让法律效果发生或不发生;(3)应被决定的案件与基础语句的不同之处在于:可升层要素在应决案件中被实现的程度,要比它在基础语句中被实现的程度来得更高或更低;(4)应被决定的案件与基础语句二者,不可以在其他对于决定具重要性的要素上有所差异。

为了避免正面推论被不当适用或利用,王利明认为,应该建构如下的正面推论规则:(1)在正面推论中,不得仅从语言学的角度考虑,还应该遵循法律的立法目的及其例外性规定;(2)在同一法律文本中,如果法律允许了举轻明重,也意味着允许举重明轻;(3)正面推论不仅适用于法律条文中构成要件的推论,而且还适用于法律条文中法律后果的推论。佩雷尔曼在《法律逻辑》中直接论述了正面论辩,并指出了它的逻辑结构:如果在与案件 y 相比显得次要的案件 x

中,有理由以特定的方式行动,那么更有理由在案件中 y 中如此行动。

参考书目

1. [德]罗伯特·阿列克西:《法律论证理论——作为法律证立理论的理性论辩理论》,舒国滢译,中国法制出版社 2003 年版。
2. 周升乾:《法教义学研究——一个历史与方法的视角》,中国政法大学 2011 年博士学位论文。
3. [德]英格博格·普珀:《法律思维小学堂》,蔡圣伟译,北京大学出版社 2011 年版。
4. [德]伯恩·魏德士:《法理学》,丁晓春、吴越译,法律出版社 2007 年版。
5. 雷磊:《类比法律论证——以德国学说为出发点》,中国政法大学出版社 2011 年版。
6. CH. Perelman, *The Realm of Rhetoric*, University of Nortre Dame Press, 1982.
7. 杨仁寿:《法学方法论》(第 2 版),中国政法大学出版社 2013 年版。
8. 王利明:《法学方法论》,中国人民大学出版社 2012 年版。
9. [荷]伊芙特·T. 菲特丽丝:《法律论证原理——司法裁决之证立理论概览》,张其山、焦宝乾、夏贞鹏译,商务印书馆 2005 年版。

（吕玉赞）

反面推论

由于反面推论是一种主要的法律修辞方法,所以,反面推论规则也是一种重要的法律修辞规则。反面推论的要义是,从法律赋予情形 T 以某种法律后果 R 推出,R 不适用于法律未规定的其他情形。它背后的法理依据和逻辑前提分别是"相异的事件应当有相异的处理""法律体系已经从正面穷尽了能够引起某一法律后果的所有情形"。在法学方法论中,与法律类推、正面推理一样,反面推理也被作为法律续造的方法,也和它们一样,它在法律论辩中具有非常广阔的适用范围:"不仅在进行同时期有效的法律文本比较时应用到反面推理,在客观—历史的解释中一样用到反面推理,尤其是在其与早先的法律文本、法律草案比较时,联邦法院尚不确定的态度甚至可能应用在与将来的法律的比较时。法律的削减、添加、继承或者该案都可以用来推断立法者的某种意志:法律状态已经不同以往或者不同于当初所构想的。"但在反面推论是不是一种独立的论辩型式上,学者们的见解并不一致。普珀认为,所谓的反面推论,并不是一个独立的论证型式,而是一种"拒绝类推"(die Ablehung einer Analogie)的表示。周升乾指出,反面推论须建立在法律体系提供的语法—体系的比较基础上,但现实中法律规定往往缺少逻辑—体系的渗透,因此,反面推论这种形式逻辑推理就缺少了必要的基础。

魏德士认为,反面推论的问题不在于逻辑,而在于目的。反面推论与任何适当的解释一样具有这样一个前提:法律适用者应当探究立法者的规范目的。其中,历史解释和体系解释必须使规定的法律后果只在满足规范事实构成的情况下才出现,客观解释的代表在反面推论时以立法者的意志为出发点。他总结认为,反面推论也受到立法评价和调整目的的约束。

为了发现和确认法律规则的逻辑结构,修辞者可以参照一些"准论证规则":第一类规则的基础在于反向推论所基于的法律规则的性质或类型。法教义学认为,根据法秩序的安全性、确定性和稳定性价值,程序性规定相对于实质性规定、约束性规定相对于允许性规定、授权性规定和评价性规定以及一般性规定相对于例外性规定一般更需要进行反面推论,并且程序性规定、约束性规定和例外性规定分别构成了进行反向推理的初显性理由,但若根据文义解释(论辩)、目的解释(论辩)等存在更强理由时,则可以推翻之。第二类规则以反向推论所基于的法律规则的构成要素为依据,根据前面所论述的分类概念与类型概念的区分,若构成要素可构成分类概念,则须对之进行反面推理,但这也是初显性的,若根据文义解释(论辩)、目的解释(论辩)等存在更强理由时,则也可以推翻之。第三类规则以反面推论所基于的法律规则在条文上的表述为依据。如果法律条文的表达中含有"只有""仅仅""正是""但是"等,则需对之进行反面推论。但是这些词语与法律规则的逻辑结构之间并不存在严格的对应关系,如果根据文义解释(论辩)、目的解释(论辩)等存在更强理由时,则也可以推翻之。

佩雷尔曼在《新修辞学》中并没有直接论述反面论辩,而是在"准逻辑论证"序列中论述了与反面论辩相关的包含论证、分割论证等。他认为,法律中的反面论证这种用来填补法律漏洞的解释方法涉及的是一种部分和整体、种与属的分割论证,整体和部分的分割论证与种与属的分割论证只有程度的差别,当存在关于种的共识时,种与属的包含论证还能从分离论证的视角分析。分离论证,是"进退两难"以及正面论证、反面论证的基础,它不仅能够作为论据手段,而且能够通过部分的列举作为创造表现的手段。佩雷尔曼在《法律逻辑》中论述了与反面论辩相似的矛盾论辩:如果一项特定规则是为专门范畴的人士或客体而定,那它就不适用于不属于这一范围的人或客体,因为在这方面缺少一个明确的表达点(formulation pionting)。

参考书目

1. [德]罗伯特·阿列克西:《法律论证理论——作为法律证立理论的理性论辩理论》,舒国滢译,中国法制出版社 2003 年版。
2. Wolfgang Gast & Juristische Rhetorik, *Auslegung*, *Begründung*, *Subsumtion* 3, *durchgesehene und erweiterte Auflage*, R. v. Decker Verlag, 2002.
3. 周升乾:《法教义学研究——一个历史与方法的视角》,中国政法大学 2011 年博士学位论文。
4. [德]英格博格·普珀:《法律思维小学堂》,蔡圣伟译,北京大学出版社 2011 年版。
5. [德]伯恩·魏德士:《法理学》,丁晓春、吴越译,法律出版社 2007 年版。
6. 雷磊:《类比法律论证——以德国学说为出发点》,中国政法大学出版社 2011 年版。
7. CH. Perelman, *The Realm of Rhetoric*, trans. by William Kluback, University of Nortre Dame Press, 1982.
8. 廖义铭:《佩雷尔曼之新修辞学》,台北,唐山出版社 1997 年版。
9. F. H. Van Eemeren & B. Garssen et al., *Proceeding on Problems of Argumentation*: *Twenty Essays on Theoretical issues*, University of Amsterdam, The Netherlands, 2009.

(吕玉赞)

法律范围内的法律续造

超越法律可能的字义范围,而仍在立法者原来的计划、目的范围内的法律续造,在性质上仍是漏洞补充。只要法律(更精确地说,体现在法律、习惯法及一贯的司法裁判中,立即可供应用的规范的总体)有漏洞,法官就具有续造法律的权力。法律漏洞也构成了法官进行法律续造的界限,即续造应在现有法律的调整意向、计划及其内含目的之中。当且只有当法律对其规整范围内的特定案件类型缺乏适当的规则时,才有法律漏洞可言。

(张其山)

超越法律的法律续造

法律续造不在立法者原本的计划、目的范围之内,但仍在整体法秩序的基本原则范围内,是超越法律的法律续造。超越法律的续造中的“法律”是指成文法律,即立法者制定或认可的法律规范。由于立法总是迟于社会发展的需求,基于不得裁判的原则,法官就不能再限于对成文法的漏洞补充,而是要将隐含在立法者、法秩序或一般价值秩序中的一般性法条演绎出来。超越法律的法律续造虽然超出现有成文法体系,仍应以法秩序的一般原则以及宪法的价值秩序为限度。从事超越法律的法律续造,其第一个前提是要求有法律性问题的存在,所有与法秩序无涉的,在“法外空间”中的问题均不属于此;第二个前提是超越法律的续造源于法律生活中的不可反驳的需求,或者法规范实用性的要求,或者基于事物的本质及作为整体性法秩序基础的法伦理上的要求。只有符合这两个前提条件,超越法律的法律续造才能获得正当性,成为现行法律体系中的法。

（张其山）

违背法律的法律续造

法官放弃适用现有的法律规定,而是通过自己的评价来修正、甚至排斥和替代法律评价。法官在此起到“违背法律”“矫正法律根据”的作用,因此被称为违背法律的法律续造。法官在漏洞领域补充法律规范时肩负着有思考地服从的义务。法官有意识地对现行法律规范的背离,通常要以四个形式表现出来:

第一,对条文编写上的修改。根据被假定为“清晰的文义”不一定能完全弄清楚立法者所追求的调整目标。如果由于表达错误和编纂疏忽而导致规范目的在法律中表达错误或是不充分(有漏洞)时,法官对条文的修正,就是根据体系的观点或从相关规范的产生历史中得出的论据使立法的真正意志产生效力,它不属于法官违背法律的范围。

第二,存在例外漏洞时对法律的补充。司法实践通过限缩来补充立法的“例外漏洞”,只是理性了范围过广的规范条文,而不会改变规范目的和调整目标本身。这种表面上不忠实文义的解释却在思想上有服从地实现法律。它遵循立法的评价,而不是法官自己的评价来替代,因此也不属于法官违背法律的范围。

第三,法官对规范目的的修正。产生法官对规范目的背离的原因,往往是法律颁布和适用之间的一段较长时间内,经济、社会和政治发生了显著变化,事实构成和规范目的都不再适应,但立法者尚未来得及调整。出于公正裁判的需要,由法官来修正规范目的便获得了正当性。此外,法官受制定法约束的基本法治原则又限制着法官对法律的拒绝。事实和普遍价值的变化,还不足以成为法官背离或拒绝法律规定的理由,法官必须考虑司法判决与立法之间的界限,只有确信对规范目的的修正也是立法者的意愿时,并且由于交易的迫切需要或符合目的的正义原因,才能成为法官背离法律的理由,再者对最初规范目的的历史解释有利提高法院的证立强制。

第四,法官对法律的拒绝。法院拒绝服从现行法律,并在事实评价的时候作出有悖立法的判断,然后制定出新的法律。与法官理性规范目的不同,法院在这里完全拒绝适用法律。这并非为了使法律适用已经改变的情况而是法官对立法意志的违背。这种情况一般发生在立法机关有意维持一个极端不正义的法律规范体系时才会发生。法官对法律的拒绝更多的是一种历史的产物。现代法治国家中,法院因法律内容的“不法”而拒绝法律的问题已经被纳入正常的诉讼程序来调整。

参考书目
[德]魏德士:《法理学》,丁晓春、吴越译,法律出版社2005年版。

(张其山)

法律续造

有广义和狭义之分。在广义的概念上,一般认为,司法判决的功能可以被严格划分为三个领域,即法律解释、法律补充(法律续造)和法律修改。在法律适用的这三个领域中,法官也被安排了不同的任务:第一个领域存在相对明确的现行法规范,这时法官的任务是解释和适用法律规范;第二个领域是现行法存在"漏洞",法官的任务是认定这些法律漏洞并进行漏洞填补;第三个领域是现行法存在"错误",法官的任务是通过法律修正错误,起到矫正法律根据的作用。

然而,在一些学者看来,如拉伦茨与卡拉利斯,三个领域之间,至少法律解释和法律续造之间没有本质的区别,它们只是同一思维过程的不同阶段,法官认定漏洞和修改法律在实践中也可能常常用于同样的目的。法律续造也不只是填补漏洞,而是对在法律中获得暗示的新的法律思想的接受和继续发展,并通过司法判决实现这种思想,这是对法律最初计划的超越,是对其或多或少的修正。在这个意义上,法律续造就不再受制于领域的划分,而强调法官独立的创造性因素,而不论这种创造是否为法官主动为之。

依据以上的理解,法律续造包含最广泛的外延。在法律适用的第一个领域,法官对当前案件欲适用的现行法的首次解释和变更解释,在性质上都已属于法律续造,虽然法官多未意识及此。在第二个领域,如果法官在现行法中发现了补充漏洞的依据,就要进行法律续造(Rechtsfortbildung)。如果没有这种依据,则要进行法律重构(Rechtsneubiludung),人们称这种法律续造为"法律之外的法"。这两种法律续造也即拉伦茨所称的"法律范围内的法律续造"和"超越法律的法律续造"。在第三个领域,法官对现行法存在的错误进行修正也被视为法律续造,也即所谓的"违背法律的法律续造"。

狭义的法律续造,是在尽可能清楚区分法律解释、漏洞填补和法官的法律修正基础的概念定义。按广义的法律续造,法律续造包括:(1)法院首次的法律解释;(2)司法裁判的变更解释;(3)司法裁判针对具体案件的具体情况需补充的标准;(4)法律内的法律续造;(5)超越法律的法律续造;(6)违背法律的法律续造。虽然这几种行为都有独立的创造性因素包含其中,但如果严格区分法律适用的三个领域,就会发现,第(1)(2)(3)种情况并不存在一个明显的漏洞,因此法官的行为更像一个法律解释行为,而非漏洞补充;第(6)种情况在本质上是对法律规范错误的修正。因此,狭义上的法律续造只包括第(4)(5)种情况,即法律内的法律续造和超越法律的法律续造。

(张其山)

法律漏洞

以整个现行法律秩序为标准的法律秩序的"违背计划的不完整性"。对于这个广泛使用的定义,可以从三个方面进行阐述:第一,"整个现行法律秩序"一般是指由制定法和习惯法(判例法国家也包括判例法)组成的规范体系,而以司法方法的视角,该法律秩序更多的是指司法者对规范和价值矛盾进行统一解释后的产物,因此不可避免地带有一些行为者的意志因素;第二,所谓的“违背计划”中的“计划”,不是从最初的规范目的中产生的计划(在有疑问的法律规定颁布时的立法计划),而是法律适用者根据正义指引所欲达成的理想计划;第三,法律漏洞是法律适用者对现行的法律状况与理想的计划进行比较的结果,因此法律漏洞的认定不是发现立法缺陷的行为,而是解释者的评价行为。并非所有的法律漏洞都是违反计划的,有些计划是立法者故意留下的。这种法律漏洞又被称为“不真正的法律漏洞”。常见的情况有:(1)对法学和司法实践的授权。出于各种原因,立法者对已认识到的需要调整的利益状态和案件类型未作出规定,而是有意识地容许法官造法,因此存在“有计划的”法律漏洞或完全没有得到调整的领域。(2)一般条款作为漏洞。诸如公平裁量、诚实信用、善良风俗、重大事由,这些范围广泛且不确定的法律概念和一般条款也是立法所安排的漏洞。菲利普·赫克在方法上将这些规定定义为“授权规范”,立法者希望法官能够对特定的案件类型灵活地造法,以适应当时经济、社会和政治的发展。(3)法律意味深长的沉默。立法者对大量的事实有意识地不予规定,通常是因为对这类事实无法做出有效的法律安排。如果法院认为这些地方存在漏洞并进行补充,就违反了法律。

参考书目

[德]魏德士:《法理学》,丁晓春、吴越译,法律出版社2005年版。

（张其山）

法律漏洞的类型

法律学者虽然一再努力将法律漏洞加以分类,但似乎尚未成功发展出一个有体系的,并相应补充的分类。文献上多采用某种区分标准将法律漏洞作两种相互对应的区分,即二分主义(der Dualismus)。此种分类主要有:

(1)法律漏洞和法漏洞。前者是以整个现行法律秩序为标准的法律秩序的违背计划的不完整性。后者不是指个别法律本身(以其规整计划为准)的不完整性,而是指整个法秩序的不完整性。由于法秩序是一个开放的、发展的体系,不可能存在所谓构想中的不完整性,因此多数学者认为不存在法漏洞,而只存在法律漏洞。

(2)明显的漏洞(Offene Lücken)和隐藏的漏洞(verdeckte Lücken)。此类划分以法律对依规范的意旨应予规范的案型是否规范为标准,明显的漏洞是始终未规范,隐藏的漏洞是虽有规范但未对该案件的特别情况在规范上给予考虑。

(3)初始的漏洞(anfängliche Lücken)与嗣后的漏洞(anchträgliche Lücken)。此类划分以法律漏洞在法律制定当时是否存在为标准。前者是法律制定当时就已存在,又称原始的法律漏洞。后者为法律制定时并不存在,其后因情事变更发生的法律漏洞,又称后发的法律漏洞。

(4)认知的漏洞(bewuβte Lücken)和未认知的漏洞(unberwuβte Lücken)。以立法者在制定系争法律时是否对系争法律的不完整状态已有认知为标准,把法律漏洞分为认知的和未认知的漏洞。由于法律漏洞是否为立法者所认知,不容易事后获得证明,因此二者都被看作“初始的法律漏洞”。

(5)规范漏洞和规律漏洞。所谓规范漏洞,指具体的规范本身的不完整。大部分的法律漏洞,并非个别法条的不完整性,而是整个规整的不完整性,易言之,依根本的规整意向,应予规整的问题欠缺适用的规则，称为规律漏洞。

(6)真正的漏洞(echte Lücken)和不真正的漏洞(unechte Lücken)。真正的漏洞是指法律对应予规范的案型根本就没有加以规范；不真正的漏洞是指法律对应予规范的案型，虽有规定但因缺少对一般规定的限制规定而构成漏洞。这一分类招致广泛质疑。因为按照法律漏洞的定义，只要构成了违反计划的不完整性，即真正的法律漏洞，而无所谓真正和不真正之分。由于真正与不真正的漏洞常不指称同一内容，以致这对用语在法学上几乎已丧失其传送消息的能力。

(7)部分漏洞(Teil Lücken)和全部漏洞(Gesamt Lücken)。法律漏洞依是否有规范为标准，划分为部分漏洞和全部漏洞。对该类案型，根本没有法律规定，即属于全部漏洞，即学说上所谓的全部残缺式体系违反。对于该案型有规范而不完全，属于部分漏洞，相当于学说上所谓部分残缺式体系违反。部分漏洞与全部漏洞，与真正漏洞和不真正漏洞一样，受到学者的批评。如黄建辉所言，此类分类不仅无必要，且可能启人疑窦。

由于二分主义的法律漏洞分类不能适当地解决像法律漏洞这种复杂的问题，一些学者尝试取向于法律体系最主要的特征或要求(无矛盾性)，将各种的法律漏洞安排在一个体系下。如魏德士将"整体"作为衡量非完整性的标准，将漏洞分为如下类型：一是规范漏洞，即某个规范是不完整或不清楚的；二是法律漏洞，即从立法者的评价计划来看，在某个法律中缺少必要的规则；三是冲突漏洞，即如果某个法律的两条规则可能涵摄同一事实，并且因此导致相反的法律效果，那么就存在冲突漏洞；四是法漏洞或领域漏洞，即法律对于某一生活领域完全没有作出规定，而这一领域根据法律往来的结果和法律共同体的期待必须在法律上有所规定，那么人们就说存在"法漏洞"或"领域漏洞"。

有学者提出三分法：法内漏洞、有据式体系违反、无据式体系违反。德国学者在《法律漏洞之认定》一书中，提出禁止拒绝审判式漏洞、目的漏洞和原则或价值漏洞的划分。所谓禁止拒绝审判式漏洞，指法律提出一个法律问题，却未给出答案，其特征在导出拒绝审判之禁止。所谓目的漏洞，指在禁止拒绝审判式漏洞之外，基于法律目的的要求采用类推适用、目的扩张等予以填补的漏洞。原则或价值漏洞，指某一原则或法律价值已被证明为现行法秩序一部分，但在实证法中却未获得足够的具体化。

参考书目

1. [德] 魏德士：《法理学》，丁晓春、吴越译，法律出版社2005年版。
2. 黄茂荣：《法学方法与现代民法》，法律出版社2007年版。
3. 梁慧星：《民法解释学》，法律出版社2009年版。

(张其山)

明显的法律漏洞

又称公开漏洞，是指如果法律对依规范的意旨应予规范的案型未加规范，那么法律就有明显的法律漏洞。当某个规范的非完整性很明显时，认定漏洞并且进行理性的监督也就相对简单。在此，法官仅需要认定，立法在表达规范的时候忽略了对法律适用而言是必需的组成部分。此时，禁止拒绝裁判的原则要求法官对漏洞进行补充。在法学研究中，这种不完整性一般也称为"纯粹的"或"公开的"漏洞。

法律漏洞分为三种类型：(1)授权型漏洞，即立法者或准立法者，关于某事件任由解释者进行价值判断,不设任何规定的情形。明显的法律漏洞多数属于这类漏洞。(2)消极型漏洞,即关于某种事件,法律未设任何规定,但立法者或准立法者已有消极的价值判断的情形。比如婚约,我国《民法典》未规定,但立法者有否定的价值判断。(3)预想外型明显漏洞,指立法者或准立法者由于对某种事态不知,因而未设任何规定的情形,可进一步分为原始的预想外型明显漏洞和嗣后的预想外型明显漏洞。

参考书目

梁慧星:《民法解释学》,法律出版社2009年版。

(张其山)

隐藏的法律漏洞

如果法律对应予规范的案型虽已规范,但未对该案件的特别情况在规范上给予考虑,并相应地以一个特别规定加以规定,则这种对一般规定应有的特别限制的欠缺便构成隐藏的法律漏洞。其可分为四种类型:(1)白地规定型漏洞。指诚实信用原则、权利滥用之禁止等白地规定。这种情形,立法者或准立法者任凭解释者对白地规定的内容进行补充。但毕竟或多或少用抽象词语作了笼统的规定,因此与根本未设规定的明显漏洞不同。(2)预想外型隐藏漏洞。指依法律条文所使用词语的意义,涵盖了本不应被涵盖的某种事件,而此隐藏漏洞的产生,是由于该种事件超出立法者或准立法者的预想之外。判断该事件是否超出立法者及准立法者的预想,主要应了解立法者及准立法者是基于什么样的社会情势而制定法律。(3)冲突型漏洞。指关于某一事实有不同的法律规定,这些不同法律规定的立法者意思或准立法者意思相互矛盾,又不能依"后法优于前法""特别法优于普通法"等法原则处理的情形。若能依上述法原则处理,则不构成漏洞。此所谓冲突型漏洞,亦即不能化解的体系违反。(4)立法趣旨不适合型漏洞。指法律规定的立法者意思或准立法者意思,反于自己设定的立法趣旨的情形。

参考书目

梁慧星:《民法解释学》,法律出版社2009年版。

(张其山)

初始的法律漏洞

从法律规定颁布时,最初开始就已经存在的漏洞,又称"自始的"或者"原本的"漏洞(Primäre Lücken)。其出现的原因有多种可能。如立法者可能首先总览了根据其调整计划而在调整领域中出现的事实问题。因此,未作规定是由于立法者没有认识到已经存在的问题。也可能是出于各种原因,立法者对已认识的问题有意识地不予规定。由于立法者没有给出一个范围广泛的调整方案,所以人们就将这种调整寄希望于司法和学术研究的发展。还有可能因为在相互抵触的政治力量内部很难实现统一,所以立法无能力调整或者不愿意调整。

(张其山)

嗣后的法律漏洞

在法律规定颁布之后才出现的漏洞,又称"继发的"或者"派生的"法律漏洞(Sekundäre Lüchen)、演变式体系违反。它们的出现是因为在法律颁布的时间点(T1)和适用的时间点

(T2)之间经过新的发展后,应当得到调整的事实情况(受到技术或者经济影响的生活事实)或多或少地发生了重大变化,如果得到调整的生活领域的结构在 T1 和 T2 之间发生了重大变化,那么对这些新的事实行为就没有法律规定存在。立法对它们一无所知,它们也没有得到立法的评价。这样就出现了(或大或小的)漏洞,可能是规范漏洞、法律漏洞,也可能是领域漏洞。嗣后漏洞也可能这样产生,即立法的价值观通过其他法律领域的新法律规定的颁布而生效,但是它却与现行法律规定之间有着紧张的关系,偶尔有公开的矛盾。由于矛盾存在,因此产生了根据法律解释的规则必须由法官来解决的"冲突漏洞"。价值观嗣后在法律共同体中的深刻变化最终可能与现行法律状况发生冲突。事实上,新解释就意味着法院对模糊的法律漏洞的了结。嗣后的法律漏洞又被称为"演变式体系违反"。

(张其山)

认知的法律漏洞

立法者在制定法律时对系争问题已有认知,但认为最好让法院在学术界的支持下逐步完成,以免操之过急,作出不成熟的、僵硬的规定,以致妨碍法律体系化的进化。常见的情况有三种:(1)对法学和司法实践的授权。当出现一个比较难以用条文界定的概念时,立法会听凭法学研究和司法实践自行探求该概念的意义内涵。(2)一般条款作为漏洞。诸如诚实信用原则、公序良俗、重大事由、显失公平等,这些范围广泛且不确定的法律概念和一般条款是立法者故意安排的漏洞。(3)法律有意义的沉默。立法对大量的事实有意识地不予规定,通常是因为对这类事实无法作出有效的安排。如果法院认为这些地方存在漏洞并进行补充,就违反了法律。

(张其山)

未认知的法律漏洞

由于立法者的过失或者疏漏,对应予规定的系争问题未作回答。需要注意的是,立法者的过失或者疏漏导致的规定的错误或矛盾不属于未认知的法律漏洞,虽然"漏洞"和"错误"同属于法律上的缺陷,但法律适用者对二者的弥补却采用不同的方式来完成。对于法律漏洞的缺陷,法律适用者通过法律补充来完成。由于立法者没有认识到法律漏洞的存在,这就需要法官在案件事实与现行的法律精神和原则之间循环往复进行认定,因此法官负有较重的义务。相反,对于法律错误的缺陷,将通过法律修正来消弭。在拉伦茨那里,前者被称为"超越法律的法律续造",后者被称为"违背法律的法律续造"。

(张其山)

表述漏洞

存在于这样的情况,即法律本身从字面上来看即没有提供一项完整的行为指示。表述漏洞产生于制定法、习惯法和判例法都没有对一个法律问题给出直接回答的地方,一般是立法者无意为之,但某些特殊的情况下,立法者也可以有意为之。

(张其山)

评价欠缺型漏洞

虽然一项法律规范照其字面含义本来无须补充即可适用，然而出于正义的考虑却需要对其加以校正。这种漏洞常常是由于法律规范规定得过于狭隘，或者过于宽泛。也就是说，这种情况下要么是加以规整的情形没有被考虑进去，要么是该法律规范的适用范围包含了本应被排除出去的情形。对于前者，可以根据同等情况同等对待的基本法律原则，通过扩张或类比，将该漏洞加以补正；对于后者，可以通过引入一条专门的例外规定，或者通过添加限制性的构成要件（限缩）来实现。

（张其山）

法内漏洞

法律上所运用的概念，除少数确定外（如数字、男人、女人、配偶等），绝大部分是不确定的概念。不确定的概念又以其不确定的程度分为两种：一种是内涵不确定，但外延是封闭的；另一种是内涵不确定，外延也是开放的。前者被称为封闭的不确定概念，如危险、物、违法性、犯罪、法律行为等；后者被称为开放的不确定概念，如重大事由、合理、公平、显失公平、善意、恶意等。法学方法上所谓的法内漏洞，首先必须是开放的不确定概念（封闭的不确定概念的适用与法律解释有关）。开放的不确定概念主要包括类型式概念及一般条款，它必须经过评价加以补充，才能被适用到具体案件。这类概念的特征在于其具有开放性，即其可能的文义不足以确定其外延，因而可能超出立法者设计该规范的初始计划。立法者在初始设计时，不知道如何才能做到清楚地加以规范，于是不得已求助于开放式的概念，期望弹性地、演变地对生活事实加以规范。因此，这种开放性不确定概念所引起的计划的不完整性，应属于一种法律漏洞。这种不完整性是立法者有意识地留下，并希望法律适用者主动加以补充的，因此又可称为授权补充的漏洞。

通常认为，属于法内漏洞的还可能有两种情况：一是立法者授权由类推适用去填补的漏洞，如为了避免烦琐和重复，采用“准用”“亦同”“有同一效力”等用语，以及为了避免挂一漏万，采用“例示”规定；二是所谓空白规定或白地规定，指那些立法者明示以“习惯”或“善良风俗”为裁判标准的规定，这类规定属于委托立法的性质。第一种情形是立法者有意采用立法类推方式，以避免烦琐重复，因此不存在不完整性，不应属于法律漏洞。第二种情形虽然“习惯”对法律有在“委任立法权限内”补充地或优位地受适用的资格，但它们终究尚未演变成习惯法，从而不具备法律的性质，因此，让出来给习惯的那个空白，便构成一个“法内漏洞”。

参考书目

1. 黄茂荣：《法学方法与现代民法》，法律出版社2007年版。
2. 梁慧星：《民法解释学》，法律出版社2009年版。

（张其山）

有据式体系违反

德国通说意义上的法律漏洞，其特点是构成该漏洞的不完整性的违反计划性。该违反计划性构成要求补充该法律漏洞的法律计划上的依据。因为该漏洞的认定及补充有法律计划上的依据,所以将这种法律漏洞称为有据式体系违反。

参考书目

黄茂荣:《法学方法与现代民法》,法律出版社 2007 年版。

(张其山)

无据式体系违反

法律体系的开放性要求或容许超越法律的“法律补充”。在这个意义下,这些基于交易上的需要,或生活事实的性质,或法律伦理原则被认为是应予补充的法律上不完整状态的存在,虽然不与历史上立法者的意思或立法计划相违,但它显然使人际的一部分重要生活关系不能获得所需要的法律保障。该欠缺保障的状态与法律的意旨,即追求正义在人类共同生活中的体现相违反,因此应当具备漏洞的属性。这类漏洞都是自始的漏洞,而不会是嗣后的漏洞。因为没有现有的法律计划可以违反,而只是根据理想的法律计划进行的法律续造,因而称为无据式体系违反。

(张其山)

技术性漏洞

因立法技术的原因或者因立法者对未来科技之发展欠缺有效的预测而出现的法律漏洞。技术性漏洞亦可细分为可避免的漏洞与不可避免的漏洞。可避免的漏洞是指立法者因立法技术上的欠缺而导致的法律体系上的不协调或用语不准确而出现的漏洞;不可避免的漏洞则指立法者为了保证法律的稳定性而不得不适用具有强烈模糊性之语言,甚至干脆故意遗漏某些事项而将决定权交由法官掌控而出现的制定法漏洞。

(张其山)

矛盾性漏洞

又称冲突漏洞。如果某个法律的两条规则可能涵摄同一个事实,并且因此导致相反的法律效果,那么就存在矛盾性漏洞;而这些冲突又不能依照“后法优于前法”或“特别法优于普通法”等原则来进行推论或逻辑分析,否则就构不成漏洞。

(张其山)

目的性漏洞

如果立法在对某一规定的表达中,忽略了根据所遵循的规范目的应当对某一事实行为作出例外性规定,那么就常常会在实践中出现规范漏洞。人们将这种例外性规定的欠缺称为“例外漏洞”或“目的漏洞”。换言之,某一有问题的规范在其“清晰的文义”中包含了根据同样清晰的规范目的不应该包括的同类案件。需要注意的是,要认定目的漏洞有些困难,因为不清楚一个法律规范在多大程度上表达了规范的目的,即立法“原本”和“真正”的期望是什么,所以常常出现不确定性。

(张其山)

法律漏洞的认定

在进行法律漏洞补充之前,必须确定法律漏洞的存在。法律漏洞的认定和法律漏洞的补充,是在广义法律解释中的先后两道操作过程。法律漏洞的认定是进行法律漏洞的补充的前提。但是,不可认为一切法律漏洞均可能予以妥善补充。法解释学上承认有无权予以补充的法律漏洞以及不可能予以补充的法律漏洞。

法律漏洞的认定操作过程如下:(1)须确定该生活事实为法律应规范的事项范围,而不属于法外空间;(2)经过检验判断,现行法对该生活事实根本未作规定,或虽有规定但不完整,或作了不妥当的规定,或者有两个以上相互矛盾的规定。这时,即可以得出结论:对于该生活事实,存在法律漏洞。

参考书目

梁慧星:《民法解释学》,法律出版社2009年版。

(张其山)

漏洞的填补方法

当法律被认为存在漏洞时,即须对法律漏洞进行填补,填补的方法主要有类比推理、正面推理、反向推理、目的性限缩、目的性扩张。

(1)类比推理。在对已确认的法律漏洞进行补充的时候,法院常常使用类比推理。由于法院缺乏关于待决法律问题的法律规范,它就参考其他调整类似的、没有规定的事实情况,即类推。在此,法律适用者的出发点是,待决利益状态与法律已经规定的某个利益状态非常相似,以致立法对没有规定的事实情况也会作出相应的规定。

(2)正面推理。又称正当推理,其属于类推的一种特殊形式。它有两种结构上相同的表现形式,即以小推大和以大推小。正面推理基于如下考虑:如果某个规范的法政策依据(规范目的)在法律没有规定的事实中比在法律有规定的规范的事实构成中更加明显,那么类推适用就总是合理的。

(3)反向推理。如果法律对某一生活事实没有作出规定,那就可以得出立法不愿意对此作出调整,因此有意保持沉默。立法在此处的沉默是经过"深思的""适格的"沉默。法律适用者应当探究立法者的规范目的,历史解释和体系解释必须使规定的法律后果只在满足规范事实构成的情况下才出现。

(4)目的性限缩。按照广义解释的目的使人们看到规范的最大适用范围。不过,根据其条文,规范常常包含了规范目的不应当包含的生活事实。在这种情况下,忠实于文字的规范适用可能导致结果与法律所追求的目的相反。因为立法在表述条文时忽视了根据目的需要进行限制或规定"例外条款",所以必须根据可认识的规范目的来限制条文的含义。因此人们称之为"例外漏洞"。这种适用领域从法官法的"目的性限缩"中得到法律没有作出的限制。目的性限缩与明确的条文相背。在这里,规范目的的相对规范广义的优先地位特别明显。

(5)目的性扩张。在目的性限缩的情况下,表明某个规范的事实构成在文义中涵盖的范围过广。同时也必须注意相反的情况:规范的事实构成可能太窄,以致根据规范目的必须囊括的某些事实不能被涵摄其中。这种目的性扩张的出发点同样也是规范文义与其目的之间的紧张关系。文义表达范围过于狭窄,因此拘泥于文字地适用法律不能达到所追求的调整目标。重要的是,任何超越文义的"解释"事实上都是以漏洞认定为前提的。

需要声明的是,以上这些方法只是在法律漏洞领域起作用,而对领域漏洞都不适宜。与类比推理不同的是,领域漏洞缺少类似的可以借用的法律规范;与反向推理不同,领域漏洞情况下的立法沉默恰恰并不意味着法律对未作规定的生活领域的规制应当停止;与目的性限缩和扩张不同,在存在领域漏洞的情况下没有相关的法律标准。

参考书目

[德]魏德士:《法理学》,丁晓春、吴越译,法律出版社2005年版。

(张其山)

原则对漏洞的填补

在存在法律漏洞时,法官根据法律原则进行创造性司法活动,确定司法三段论中的大前提的方法。法律基本原则是指包括立法、司法、执法和守法在内的整个法治活动的总体指导思想和根本法律准则,具有极强的抽象性、包容性和适应性,体现了法律的价值和精神。能够填补法律漏洞的原则具有抽象性、概括性、法定性和价值性的特点,这些原则应由法律明文规定,不应当包括没有成文化的原则,这样法官援引基本原则作出裁判才具有法律依据。运用基本原则填补漏洞时要考虑特定案件是否符合基本原则所包含的价值。法律原则本身非常宽泛,是一切具体法律制度的发展来源,根据各项基本原则可以推导出一切具体法律制度,因此从理论上说,几乎所有的漏洞都能运用原则来填补。基于原则填补法律漏洞的方法给予法官较大的自由裁量权,该方法是兜底性的工具,只有在其他漏洞填补方法不足以达成可供适用的规则时才得以适用;如此可以尽可能保证法的安定性。

在司法实践中,法官首先要援引具体规则,即便规则存在模糊性、体系违反等,法官也要通过文义解释、体系解释等方法尽可能弥补法律具体规则的缺陷,而不能援引法律的基本原则。法官在运用法律原则进行漏洞填补时,不应直接以基本原则作为裁判的依据,而应当先根据基本原则推导出一个适用于特定案件的具体规则。其操作过程分两步走:第一,通过反思的判断或归纳寻找应然推理的大前提;第二,将大前提适用到法律未调整的案件中,此时需要考虑规范意旨对个案的适用是否被其他原则或规范所排除(纪海龙:《法律漏洞类型化及其补充——以物权相邻关系为例》,载《法律科学》2014年第4期)。

(张小宁)

比较法对漏洞的填补

在个案中因缺乏本国法律规则而采用比较的方法寻求国外成熟的制度经验来填补法律漏洞的方法,是在本国的实定法上存在法律漏洞时,考察其他国家和地区的法律规定中是否存在解决同一问题的法律规定的方法。通过比较的方法可以确定具体的规则,并且这些规则经过国外的司法运用已经成为成熟的经验。填补漏洞中的比较主要包括两个方面:一是不同的外国法律制度之间的比较,比较的对象包括了各个国家相关具体制度的差异,立法背景、价值判断的异同,以及判例学说的演进路线;二是外国与本国法律制度之间的比较,比较法方法不能脱离本国实际,必须结合本国的实际在本国宪法和法律的框架内进行,既不能与本国宪法的规则和原则相冲突,也不能与本国法律的目的和精神相违背,又不能与本国的社会生活实际相冲突。适用比较法方法进行漏洞填补时,比较法的方法中并不包括参照国外的学说,国外的学说见解虽然也可能会作为法官填补漏洞的依据,但是如果这种学说尚未被域外司法实践所采纳,则通常不应当用于填补本国的法律漏洞。

(张小宁)

习惯法对漏洞的填补

在存在法律漏洞时以作为成文法律以外的法律渊源的习惯法直接作为个案裁判依据的填补法律漏洞的方法。习惯法从人们普遍遵从的生产生活的习惯中衍化而来且对人们的行为有一定指引、规范和评价作用,并且中国作为传统的“礼俗”社会,在填补法律漏洞的司法实践过程中,习惯法作为一种本土资源不容忽视。依据习惯法填补漏洞是跳出成文法自身的框架寻求裁判的依据。在成文法之外习惯法是最可行也最能够为当事人所接受的裁判依据。习惯法固有的行为规则性、当事人认可性、内心确信性等特点决定了其可以发挥法律渊源的作用。习惯法可以考虑各个不同行业、不同领域、不同民族等的特殊需要,从而形成具有针对性的规则。在具体的裁判过程中,针对规则的缺失,应当基于习惯法而不是习惯来填补法律漏洞,要将习惯纳入裁判之中必须对其进行形式上和实质上的审查:形式上,习惯必须经过法院的认可;实质上,习惯必须不违反法律的强制性规定和公序良俗。习惯上升为习惯法意味着其已经经过了合法性审查,习惯法本身就是明确、具体的行为规则,它作为长期的生活经验,是作为行为规则来发挥作用的,具有明确性和可适用性,只要习惯通过了法官的审查,具备了法律规范的内在属性,法官就可以在案件裁判中直接加以适用。

参考书目

1. 王利明:《法学方法论》,中国人民大学出版社2011年版。
2. 耿佳:《浅谈习惯法对法律漏洞的填补》,载《青海师范大学学报(哲学社会科学版)》2012年第4期。
3. 苏力:《法治及其本土资源》,中国政法大学出版社1996年版。

(张小宁)

指导性案例对漏洞的填补

就法律漏洞的填补而言,指导性案例的贡献主要在于漏洞填补方法的指引上。首先,指导性案例对法律漏洞填补的功能广泛地体现在其法律解释功能的发挥上。在对法律规范的诸多解释中,形成于个案裁判的指导性案例所包含的解释至为具体和精细。因而,在进行漏洞填补前,结合指导性案例对相关法律规范的解释,对是否确实存在法律漏洞做出准确判断,是十分必要的。其次,指导性案例对法律漏洞的填补贡献还集中体现在对类似案件中漏洞填补的指导上。如果指导性案例本身就是在填补法律漏洞的基础上作出的,则其裁判过程中所进行的漏洞确认、方法选择以及裁判依据的适用等,都将成为后来与之相似的案例在法律漏洞填补中参考和效仿的对象。

从这个意义上讲,指导性案例虽不能作为裁判直接的根据,但却指引了法律漏洞填补的过程,成为法官在法律漏洞填补中的实际依据。指导性案例对法律漏洞的填补具有明显的便宜性特点。一方面,利用指导性案例可以较为便捷地实现法律漏洞的填补;另一方面,这样的法律漏洞填补方式仅是一种权宜之策而非长久之计。就裁判实践而言,指导性案例为待审案件的法律漏洞填补提供了较为精细的方法,尤其是对与之类似案件的法律漏洞填补,更是提供了一套完整、具体并已经实践检验的漏洞填补方法指引,帮助法官迅速完成法律漏洞的填补工作,提高审判的效率;从规则的生成来讲,相较于法律或规范性的司法解释的制定,指导性案例的形成则要简便得多,能够更及时地实现法律漏洞的填补。

参考书目

姚辉:《民事指导性案例的方法论功能》,载《国家检察官学院学报》2012 年第 1 期。

(张小宁)

司法政策对漏洞的填补

司法政策是司法领域的与司法活动有关的公共政策,通常是指有关国家机关为实现一定的司法目的而制定的司法策略和司法准则。广义上的司法政策是指有关国家机关(主要是司法机关和司法行政机关以及国家权力机关和执政党等)制定的有关司法活动和司法管理的公共政策,狭义上的司法政策专指司法机关(主要就是指人民法院和人民检察院)制定的有关司法工作的专门政策。良好的社会运作应该以法律为依据,从实际出发,在法的空间内兼顾法律效果与社会效果。在转型期,我国社会问题的产生、社会纠纷的形成有复杂的因素,我们不仅要考虑纠纷处理的现实合法性,也要考虑形成纠纷的复杂社会因素,同时兼顾纠纷处理的社会效果。作为指导法律适用的司法政策,往往对法律漏洞具有一定的填补作用。倘若法官在个案裁决中微观上填补法律漏洞,司法政策则在宏观上填补法律漏洞。

实际上,基层司法人员在办案过程中大量援引司法文件、司法解释等司法政策作为办案依据。传统意义上的"以法律为准绳",可以更准确地理解为"以法律和司法政策为准绳"。依据司法政策填补法律漏洞是解决法律漏洞的司法路径之一,前提是司法政策不能与现行法律的原则和精神冲突。司法政策本身是根据法律的原则和精神以及具体法律规定制定的,不能超越和凌驾于法律之上。任何超越宪法和法律制定的司法政策,都不具备合法性。

参考书目

1. 龙宗智:《转型期的法治与司法政策》,载《法商研究》2007 年第 2 期。
2. 刘武俊:《司法政策的基本理论初探》,载《中国司法》2012 年第 3 期。

(张小宁)

价值衡量对漏洞的填补

作为法律方法的价值衡量是指当法官面对司法过程中相互冲突的法律利益或者法律价值时,按照法律目的和法律精神的要求进行价值取舍,从而做出合理选择的方法和过程。价值衡量和漏洞补充经常交织在一起,可以说,价值失衡是漏洞补充的主要原因。同时,漏洞填充的过程中也蕴含着价值衡量,价值衡量对于漏洞填充方法的选择具有指导意义[李秀群:《司法中的价值衡量》,载陈金钊、谢晖主编:《法律方法》(第 4 卷),山东人民出版社 2005 年版]。在疑难案件中,当没有明确的法律规则适用于当下的待决案件即涉及对法律规范加以解释时,价值判断能在司法裁判中发挥最大限度的作用。在填补漏洞的过程中,法官自由裁量的空间较大,但无论如何,漏洞填充必须以妥当的价值判断为基础,因此,在存在法律漏洞时,价值判断对于法官适用法律具有重要意义。

参考书目

王利明:《法学方法论》,中国人民大学出版社2012年版。

（张小宁）

利益衡量对漏洞的填补

利益衡量并不是独立的漏洞填补的办法,而是综合各种填补办法来填补漏洞,寻求妥当的裁判结论的方法。由于利益衡量摆脱了法律形式主义的禁锢,还原了法律适用的本来面目,并致力于获得一个妥当的结论,因而逐渐成为法学著述和法律实务中的高频词汇。与类推、目的性扩张等方法相比较,各种漏洞填补方法必须包含发现大前提的技术和规程。而利益衡量方法并不具有此种功能,其只是辅助漏洞填补的方法,发现填补漏洞的裁判依据,但不能直接通过利益衡量来确定裁判依据。但是,在各种漏洞填补方法的运用中,可以借助于利益衡量来确定何种方法是最妥当的,所以,利益衡量只能辅助各种漏洞填补方法发挥作用。在填补漏洞的过程中,通常要进行各方的利益衡量,但这种衡量必须以一定的原则为基础,借助一定的衡量标准,尤其是以法律的原则和精神、目的等为依据,这实际上就是以基本原则为方法来进行漏洞的填补,而不是单纯以利益衡量的方法来填补漏洞。

参考书目

1. 余净植:《"利益衡量"理论发展源流及其对中国法律适用的启示》,载《河北法学》2011年第6期。
2. 王利明:《法学方法论》,中国人民大学出版社2012年版。

（张小宁）

不确定性法律概念

法律概念中的一种特殊类型,具有语意模糊性和多义性的外在特征。不确定性法律概念是一类在法律中广泛使用的概念。它在法律的构成要件中,由于多义性(如民法中存在的一般条款),或者内容列举的不完全性(如《民法典》中对要约邀请的定义),无法立刻对其客观意义进行确定的法律概念。在这里,不确定性法律概念(unbestimmte Rechtsbegriffe)与法律概念的不确定性(Unbestimmbarkeit der Rechtsbegriffe)须做出区分。前者是由于立法和法律适用的需要而产生;后者强调由于语言本身的不确定性,法律概念的内涵有中心与边缘地带,在中心地带法律概念的意义是清晰的,在边缘地带则是模糊的。不确定性法律概念的存在在法律科学中有其必要性:一是由于生活事实的多样性与复杂性,二是由于社会的发展与变革引起的法律概念意义的变化。立法者不可能在法律条文中确定任一法律概念的全部意义,因此存在一些抽象程度较高并需要进行价值填充的概念是必要的。这并不意味着这类法律概念的内容是任意的,尤其对具有专业知识的法律人来讲,它是具有或达到一定的内容确定度的。不确定性法律概念通常具有形式化的内容或者开放的表述方式,因此有必要通过法律解释的方式(文义解释、体系解释、主观解释和客观解释)确定其意义;在法律适用中,尤其是对案例及其相关法律规范的构成要件的分析中,法律人会不断具体化不确定性法律概念的内容,但由于没有绝对的评价标准,所以可能存在关于不确定性法律概念的不同学说。与不确定性法律概念相对的是确定性法律概念,它指客观意义确定的一类法律概念,比如民法中关于自然人与法人的定义。

参考书目

尹建国:《不确定法律概念具体化的说明理由》,载《中外法学》2010年第5期。

（张小宁）

不确定性法律概念的具体化

通过法律解释的过程,使不确定性法律概念的内涵和外延得以明晰,适用于具体个案。不确定性法律概念的具体化是在对19世纪概念法学加以反思的基础上产生的,它是为使法律保持一定的弹性,克服成文法的滞后性而产生的一种独特的解释方法。不确定性法律概念的具体化应遵循如下程序:一是应当进行文义解释。要判断一个概念是否为一个不确定性法律概念必须从文义解释入手。如果通过文义解释无法确定其较清晰的含义,才可展开下一步解释活动。二是考量个案所涉及的各项因素。由于不确定性法律概念的含义比较模糊,仅能为个案的判断提供一定的价值指引,法官应当根据具体案情、社会情势等各种特殊因素将不确定性法律概念具体化。三是根据上述考量因素进行类型化。不确定性法律概念本身授予了法官解释的权限,法官在解释时享有极大的自由裁量的权利。四是要实现具体化与案件事实的连接。具体化本身不是目的,其根本目的是通过具体化使不确定性法律概念得以清晰,从而应用到具体案件中去。五是要充分说理与论证。在不确定性法律概念具体化的过程中,应当强化法官的说理和论证义务。

参考书目

王利明:《法学方法论》,中国人民大学出版社2012年版。

（张小宁）

不确定性法律概念的类型化

对于具有语言模糊性和多义性外在特征的法律概念而言,可以以不同的标准、根据其不同的特点予以不同的分类和归纳。但各种分类虽可达致对不确定性法律概念予以类型化的目的,却流于粗放,难以通过类型化抽象出同类不确定性法律概念在性质、具体化方法、考量因素、司法审查标准等方面的共性,从而难以对司法实务活动提供明确、具体的指导。通过从历史考察和比较法的双重视角反思可发现,经验性不确定性法律概念和价值性不确定性法律概念系学界关于不确定性法律概念类型化的主流观点,但二者之间的区分并不是绝对、不可跨越的。除了概念类型化的必要外,这一经典类型区分还发挥着根据不确定性法律概念所属类型之不同,司法机关应分别采用不同的具体化手段、对其具体化结论所持的审查态度不同、对其具体化所得之结论在刑事司法程序中所具备之效力及所受尊重程度也有差异三个方面的“倾向性功能”(尹建国:《行政法中不确定法律概念的类型化》,载《华中科技大学学报(社会科学版)》2010年第6期)。关于法律含义的确定性,经历了两个发展阶段。最初人们认为法律含义本身是确定的,无解释的必要;随着社会的发展,人们认识到在一些特定情况下,解释不可避免,但认为通过解释,法律含义的确定性仍可获得。

参考书目

邓建国、吕途:《法律的不确定性问题研究》,载《法治研究》2011年第4期。

（张小宁）

一般条款

成文法中具有重要地位的、能够概括法律关系共同属性的、具有普遍意义的条款，是法律原则的一种表现形式，以抽象的规则表达的一种伦理标准，如诚实守信原则、公序良俗、禁止权利滥用和情势变更等。一般条款具有统率性、概括抽象性、开放性、基础性等特点，与价值性不确定性法律概念相近，内涵和外延都是开放的，但后者至少还有可能的文义，一般条款却连可能的文义也没有。立法者并没有为一般条款确定明确的特征，以使法官可据以进行逻辑操作。它只为法官指出一个方向，要他朝着这个方向去进行裁判，至于在这个方向上法官到底可以走多远则由其自己判断。与不确定性法律概念的主要功能相同，在于使法院能够适应社会经济发展及伦理道德之变迁而适用法律，以使法律能够与时俱进，实践其规范功能而不拘泥于过时的陈旧观念和道德标准。由于一般条款是一种仅提供一般原则的法律规范，把个案中的具体决定权交给法官，提供了法律发展的可能性，也必然降低了法律的安定性，因为它不再单纯地来自法律本身。

参考书目

1. 梁慧星：《民法解释学》，中国政法大学出版社 1995 年版。
2. 郑友德、范长军：《反不正当竞争法一般条款具体化研究——兼论〈中华人民共和国反不正当竞争法〉的完善》，载《法商研究》2005 年第 5 期。

（张小宁）

一般条款的具体化

法官通过阐释和论证满足一般条款适用于待决案件的前提，即使道德标准具体化为判决规范，从抽象的原则阐明为具体的制度约束的过程。这主要在于法官负有义务向当事人双方、社会共同体论证对一般条款的具体化的"合法性"，即判决结果与人们按照其接受的道德习惯、价值观行事具有结果的一致性和吻合性，而不存在过大的偏差与失常。而成文规则往往落后于社会实践，立法者制定的法律即使再详细，与复杂多变的社会现实相比较，其不周延性始终存在，面对成文法的局限性，有必要注重发挥法官在审判中的道德"求证"，这一过程实际上就是"寻法"过程，只不过一般条款具体化需要周密的"道德说理"。一般条款的具体化要求法官对判决理由论述得足够详细、具体，判决依据充分，这有助于扼制法官裁判的恣意与专断，提高判决的合理性和合法性成分。

参考书目

谢晓尧、吴思罕：《论一般条款的确定性》，载《法学评论》2004 年第 3 期。

（张小宁）

一般条款的类型化

以一般条款的根本特征为标准进行抽象、归类的具体化方式。在现代社会，一般条款不能代替各种具体侵权行为的规定，需要进行类型化处理。实践中，一般条款类型化的主要原因在于：第一，主要依赖一般条款处理侵权纠纷将给法官过大的自由裁量权；第二，主要依赖一般条款处理侵权纠纷的方法不符合现代社会侵权类型复杂性的要求；第三，主要依赖一般条款处理侵权纠纷的方法将导致法官大量立法的现象，不符合成文法的特点。一般条款的类型化应当遵守如下步骤:一是确定拟解释的对象是否属于一般条款。这首先要求通过文义解释等方法判断某项条款是否具有模糊性、包容性、宽泛性等特点,如果不了解法律条款的内涵和外延就不可能对法律条款进行类型化。其次要确定能否通过狭义法律解释的方法解决问题,如若可以则没有必要借助类型化的方法。二是从立法目的考量,确定立法者使用这一条款是否是运用其以适应社会的变化,使其具有更宽泛的适用范围。三是归纳和概括。这要求以生活经验为基础进行逻辑上的归纳和总结,发现存在的类型,进而上升到法律规范的层面成为裁判案件的依据。四是进行相似性比较,即将案件的具体情况和类型化的样态加以比较,确定是否具有相似性,以保障类似案件类似处理。之所以要进行类型化,不是为了满足逻辑上分类的要求,而是要将其应用到具体案件的解决中,即要将特定的案件事实涵摄到特定的类型之下,并与特定的案件事实相联系,这就要求进行案件事实与类型样态的相似性比较。

参考书目

1. 王利明:《论侵权责任法中一般条款和类型化的关系》,载《法学杂志》2009 年第 3 期。
2. 王利明:《法学方法论》,中国人民大学出版社 2011 年版。

(张小宁)

司法衡量方法

衡量理论

衡量是在以科学主义为立场的法律形式主义之对立面上被提出的,凸显了法律与社会之间的同一性。因而在衡量理论发展的轨迹中,法社会学的烙印清晰可见,其突出表现为对利益与利益层次结构的界定与归纳。应该说,其间对利益的分析与考量,对于引导法官的思维与实质判断无疑是有价值的,而且殊为必要。然而,侧重于衡量的现实面向,从法现象的外观而非它们的内在结构获取经验观察,毕竟无法回避利益的“不可通约性”(incommensurability)之难题,加之对于利益的界定和层次结构的归纳本身也难以达成共识,为此至今并未给衡量带来的问题提供更加有效可行的答案,同时基于利益本身的界定又滋生了更多的争论。

从规范的角度,原则与规则的法规范二分论为衡量提供了适切的注解。法学界也正日益认同:现代法律体系均由规则和原则两种不同性质的基本规范组成,它们相应地依靠涵摄与衡量两种不同程序被适用。原则与规则的区别是近 40 年来规范理论研究最重要的领域之一。众所周知,该问题获得突破性进展并引起国际性的热烈讨论始于罗纳德·德沃金的相关学术成果。自 20 世纪 80 年代以来,对原则和规则的区分做出重大贡献者当推德国著名学者罗伯特·阿列克西。他在对德沃金的理论批判性承继的基础上,构建了更为精致的原则理论,进而指出原则与规则的法规范二分论对衡量具有决定性意义,并在其法律规范结构分析和原则理论的基础上建构了衡量的结构与法则。

衡量方法与涵摄、类推等传统的推理方法相比,是一种新的推理方法。衡量方法的提出是基于价值判断不断侵入司法过程,仅靠传统的法律推理方法,如涵摄(三段论)、类推等难以适应不断变化的社会情势,正是基于这样的背景,衡量方法才得以出现,并流行起来。纷繁复杂的不同流派、学者对于衡量观的论述，基本上可以归纳为两种观点：规范衡量论与事实衡量论。这两种观点是基于对事实和规范这两种法律领域最重要的因素以及关系不同的认识而相互区别的。

具体来说：第一，衡量对象不同。“规范衡量论”认为规范才是衡量的主要对象，如规则、原则和权利等规范性的因素，德国的拉伦茨就认为应该在规范的领域内解决权利冲突的问题，而不要把权利纯粹看作利益来进行衡量。相反，“事实衡量论”则把利益、财富等认为是衡量的最终因素，无论是权利、规则还是原则都可以化约为利益。这是社会法学派和经济法学派的主要观点。第二，规范具有不同的效力层次，如《德国基本法》的核心精神——人性尊严原则在德国的规范体系中具有最高的效力层级，是具有不可衡量性的，也就是说，规范衡量论并不认为所有的规范，尤其是不同层级的规范，都可以衡量。而“事实衡量论”则相反，无论是规范之间，如规则、原则、政策，还是规范与事实之间都是可以衡量的。第三，对于价值的多元性具有不同的认识。“规范衡量论”秉承一种价值多元主义的理念，衡量方法是有其适用范围的，并不能衡量一切；而“事实衡量论”则秉承一种价值一元主义的理念，认为所有的价值都可以最终归结为某种事实，无论是利益、财富还是其他东西，都是可以衡量的，没有衡量的死角。

（李　鑫）

利益衡量

20 世纪初德国利益法学等流派在批判概念法学过程中发展出来的一种法律方法，发轫于德国的自由法学及在此基础上发展的利益法学，并受到美国现实主义法学的强烈影响。20 世纪 60 年代，日本学者加藤一郎和星野英一将其体系化。中国利益衡量理论的研究是以日本利益衡量论的引入为契机而展开的，20 世纪 90 年代，学者梁慧星首先把相关理论介绍到中国，在民法理论界和实务界引起了很大的反响，对于利益衡量的研究日渐成为一个研究热点。

与传统的概念法学相比，利益衡量方法较大程度上释放了裁判者的主观性。在某种意义上，整个司法裁判均可被视为一个利益考量和价值权衡的过程。在裁判的过程中，法官需要对各种利益进行综合权衡与判断。这对法官提出了很高的要求，法官个人的主观性在此得到了明显的体现，同时也加大了裁判结果的不可预测性。正是基于主观性与不可预测性，利益衡量作为一种法律方法的观点，也遭到人们的质疑。其中一种有代表性的看法是，“方法”一词指在各类似情形下能够重复适用的处事程式，具有规律性、可预测性。由此观之，利益衡量方法无法满足这些要求，并不能成为一种独立或自足的法学方法。不过，大多数学者还是倾向于将利益衡量作为一种法律方法，并认同这种方法在处理一些比较复杂疑难的个案中还是不可避免地被使用。

司法中既要维护法律的稳定性，又要在个案中寻求妥当的裁判结果，利益衡量方法在满足这两方面的要求上有自己的独到的优势，被誉为司法的“黄金方法”。有观点认为，利益衡量是诉讼过程的必然环节，诉讼的过程在很大程度上也就是司法进行利益衡量的过程。当然，反对的观点认为，利益衡量只适用于疑难案件或特殊情况，是一种补充性的裁判方法，也不是优先考虑的裁判方法。总体上看，利益衡量指的是在裁判中，结合社会环境、经济状况、价值观念等具体情形，对各种不同的利益进行比较与衡量，寻求一种妥当合理的裁判结论，并在既有法律秩序内，寻求法律依据，将结论予以正当化与合理化。

作为一种法律方法,利益衡量与法律解释的方法具有密切的联系。有观点认为利益衡量是一种法律的解释方法而非法的创造,理由如下:从发生原因看,利益衡量是因为法律所保护的利益之间存有冲突,法官在裁判时不得不加以平衡、调和,而法的创造则是因为法律无相关规定,审判人员必须自拟规则来解决案件争议。从活动依据看,利益衡量的前提仍是尊重相关法律规定,只是在立法者未对利益的位阶或利益的选择规则作出界定时,方探询立法者在此场合下应作何种价值衡量,而法的创造则是法官在法律存有空白或漏洞时,主动地对法的空隙加以填补。从最终结果看,利益衡量仍为法律秩序范围内法律的平衡与调节,对法的安定性不会造成危害。同时,这种利益衡量的结果只是形成了某种利益平衡、调节的范式,而未创制新的规则。然而,法的创造则是突破现有的法律体系框架,在法秩序之外创制新的规则,因而被学者称为"超越法律的法律续造"。

更多的人主张利益衡量是一种独立的法律方法,其功能既包含对法律的解释又含有对法律的续造。对利益衡量的上述性质可作如下界定:该方法一方面要求法官对法律所意图保护的相关社会利益进行考量和评价,在相互冲突的社会利益中进行利益衡量以作出符合立法者立法意图的判决;另一方面要求法官立足于社会利益的一般考量来发展法律,故而承担着补充法律漏洞的功能,是法的续造的一种方法,它有助于答复一些法律未明定其解决规则之规范冲突的问题,对适用范围重叠的规范划定其各自的适用空间,借此使保护范围尚不明确的权利得以具体化。

总体来看,利益衡量固然与法律解释的方法有密切的联系,但是二者毕竟分属不同的方法。法律解释一般是对法律进行的意义阐明的活动;而利益衡量往往是在欠缺明确法律规定的情况下,基于个案中各方利益情势进行决断。利益衡量在法律方法体系中具有其特定的功能与意义。一方面有助于保证法律的稳定,另一方面又能实现个案裁判的正义。作为一种法律方法,利益衡量方法着眼于个案裁判的实质正义与公正,在既有法律秩序的框架内解决实际问题。没有利益衡量的司法判决就可能缺少正义的成分。在法律方法论体系中,利益衡量处于其中的最高境界。因为跟法律解释、法律推理、法律论证等其他法律方法相比,利益衡量作为一种主观性比较强的裁判方法,法官在裁判中需要对法律、正义、情理等因素有较为准确合理的直觉把握。

利益衡量寻求的是情、理、法兼顾的理想境界。利益衡量有如下四个方面的特征:第一,利益衡量是一种在个案裁判中进行价值判断的方法。利益衡量的内容,是对各利益重要性之评价及彼此冲突利益之间的选择和取舍。这往往牵涉到法官的价值判断,价值判断始终是利益评判乃至整个裁判的核心元素。对衡量者来说,利益的取舍主体具有可选择性。因此,利益衡量是一种主观性比较强的裁判活动。相应地,利益衡量方法的运用,对法官的知识与素养也有更高的要求。大部分通过利益衡量进行判决的案件是由高级别法院的法官作出判决的。第二,不同于常规的法律思维路径,利益衡量是一种以结果为取向的方法。从思维方式看,利益衡量是在目的合理性支配下,以结果为取向,遵循向前看的思维方式,而非"遵循既往"的思维路线。从思维进程看,利益衡量方法具有预决性、倒推性。所谓倒推,就是先得出裁判结论,再为结论寻找正当的法律依据。法官在运用利益衡量进行判决时,不是直接通过法律规定来得出结论,而是首先通过利益衡量得出结论,然后再从法律条文中寻找根据,以便使结论正当化或合理化。可见,利益衡量常规的法律思维强调根据法律进行思维。第三,利益衡量具有明显的妥协性。实践中的利益与权利冲突都不是以单纯的"非此即彼""你死我活"的方式予以决断,而往往是在两相冲突的利益中进行裁量。这就要求各方利益主体相互忍让,使其均有所节制与收敛。因而,利益衡量的解决方式往往表现为某种妥协。裁判结果往往没有百分之百的对与错,而是相对的。所以,在作出裁判结果的过程中往往不乏妥协的成分。这种妥协还表现在法律规定对某种价值或利益的妥协或屈从。第四,利益衡量追求的目标是使判决合法、合理、合情。作为一种裁判方法,利益衡量首先应当在既定法律框架内进行,因此应秉承依法办事的基本原则,使作出的法律决定合法化,但是利益衡量方法所要追求的并不限于单纯实证法内的合法性,而是某种广泛意义上的正当性与合理性。利益衡量是对形式主义的某种修正,是一种实质正义或矫正正义。

参考书目

1. 杨仁寿:《法学方法论》,中国政法大学出版社 1999 年版。
2. [德]卡尔·拉伦茨:《法学方法论》,陈爱娥译,商务印书馆 2003 年版。
3. [日]加藤一郎:《民法的解释与利益衡量》,梁慧星译,载梁慧星主编:《民商法论丛》(第 2 卷),法律出版社 1994 年版。
4. [日]大村敦志:《民法总论》,江溯、张立艳译,北京大学出版社 2004 年版。
5. 梁慧星:《裁判的方法》,法律出版社 2003 年版。
6. 胡玉鸿主编:《法律原理与技术》,中国政法大学出版社 2002 年版。
7. 陈林林:《裁判的进路与方法——司法论证理论导论》,中国政法大学出版社 2007 年版。
8. 胡玉鸿:《利益衡量与"社会需求"——诉讼过程的动态分析之一》,载《法商研究(中南政法学院学报)》2001 年第 3 期。

(房广亮)

法益衡量

即"个案中之法益衡量",解决原则冲突及规范冲突的一种法律方法。拉伦茨指出,"个案中之法益衡量"是法的续造的一种方法,为重建法律和平状态,或者一种权利必须向另一种权利(或有关的利益)让步,或者两者在某一程度上必须各自让步。于此,司法裁判根据它在具体情况下赋予各该法益的"重要性",来从事权利或法益的"衡量"。它有助于答复一些法律未明定其解决规则之规范冲突问题,对适用范围重叠的规范划定其各自的适用空间,借此使保护范围尚不明确的权利(诸如一般人格权)得以具体化。拉伦茨关于"法益衡量"的概念与中国目前学术界广泛采用的"利益衡量"概念相近,但其应用范围要小得多,仅限于填补"超出立法者计划的法律漏洞"范围内([德]卡尔·拉伦茨:《法学方法论》,陈爱娥译,商务印书馆 2003 年版,第 279-286 页)。

有中国学术界,与"利益衡量""价值衡量"相比,采用"法益衡量"一词的较少,而且在理解与界定上也存在歧义。这主要是基于对衡量对象即法益的不同认识。从中国学术界的情况来看,主要有以下几种观点:一是有的观点认为,"法益衡量"与"利益衡量"等相近概念只不过是同一法律方法的不同称谓,"法益衡量"是一种形象但模糊的说法,而且如同其本身内容与范围无法精确化一样,"法益衡量"有多种称谓——衡量、价值衡量、利益衡量、利益考量、法益权衡、比较衡量等。这些称谓在严格意义上或许是存在一些差异,然而发展至今之诸多名称,尤其是"利益衡量"更多是约定俗成意义上的用语,字面的意义未必展示出其完整的含义(余净植:《宪法中的法益衡量:一种可能的重构——以阿列克西的理论为思路》,载《浙江社会科学》2008 年第 2 期)。

还有学者直接将“法益衡量”与“利益衡量”视为同一概念。“利益衡量,也称法益衡量,是指法律所确认的利益之间发生相互冲突时,由法官对冲突的利益确定其轻重而进行的权衡与取舍活动”(胡玉鸿:《关于“利益衡量”的几个法理问题》,载《现代法学》2001年第4期)。二是二者概念相近,但有所区别。比如,认为“利益衡量”这个术语不够严谨,因为单凭利益人们是无法做出决定的,只有在法律上值得保障的利益才能在法律系统中被接受。故“法益衡量”更为精确。这一观点与我们通常所说的“利益衡量”的内涵是有所区别的,其“衡量”的对象仅限于“在法律上值得保护的利益”,比“利益衡量”的对象范围要小,但也更为明确。三是在部门法领域特别是刑法领域,“法益衡量”主要是对部门法“法益”的衡量,是部门法意义上的“法益衡量”。

(房广亮)

价值衡量

现代社会中的法律必须面对诸如公平和效率、发展和稳定、环境与安全等诸多具有不可通约性的价值之间的衡量和抉择。和利益衡量一样,价值衡量也是法律方法论体系中的重要方法论之一,也是最富艺术性色彩的一种司法裁判方法。价值衡量论主张,司法裁判需要对社会中的不同价值主张和价值立场予以尊重,对社会中的不同道德观念和主张需要进行理性的认识与论证;司法裁判的任务需要对隐藏在法律中的相关正义观念、法律的内在道德和外在道德、不同目的进行考量并付之于现实。在司法裁判的实践当中,价值衡量方法如果运用得当,则可能是各种方法中实现社会正义最理想的一种方法。不过,由于这种方法的运用增大了法律的不可预测性,因而在法治原则下,它只能是一种谨慎使用的方法,即只有在按照法律办事出现判决结果与社会所奉行的正义有严重冲突的时候才使用的一种方法。

严格地说,作为一种重要的法律方法,价值衡量不完全等同于对法律的目的解释和利益衡量。目的解释和价值衡量之间存在一定的交织之处,即法官在解释法律时,不可避免地要探寻法律规定的目的取向以及该目的的取向与一般社会价值之间的内在关联性。目的解释不单是指法律问题解决的具体目的与其手段之间的慎思论证,而且包括关于法律终极价值目的的价值论证。不过,相对于价值衡量而言,目的解释更侧重于法律规范自身的目的性。二者的区别在于:第一,目的解释强调对法律规范的立法目的进行探寻,而价值衡量强调对社会中一般价值理念的认识和探寻;第二,目的解释强调对法律的整体性目的进行认识和解释,而价值衡量强调对具体法律规范所涉及的相关价值理念进行认识和判断;第三,目的解释是在法律存在疑义时所进行的一种解释,而价值衡量是基于法律规范与价值之间的冲突所进行的一种判断;第四,目的解释是一种侧重追求法律正当性的法律解释方法,而价值衡量是一种侧重追求法律可接受性的法律方法;第五,目的解释是一种立足于法律内在立场的法律解释方法,而价值衡量是一种立足于法律外在立场的法律评价方法。

概括而言,目的解释是继文义解释和论理解释之后所需要采用的一种法律解释方法,相对文义解释和论理解释而言,目的解释更侧重于对法律背后的相关法律目的进行认识和判断,是以法律规范自身的目的为基础来阐释法律文本的含义。而价值衡量是通过法律之外的一般社会价值观念来修正和发展法律。目的解释是一种以探寻符合立法者客观立法目的为出发点,必须经过法官深思熟虑的判断,并以捍卫法律秩序安定性价值为取向的法律方法论。德国学者拉伦茨强调:解释者虽然以历史上的立法者所确定之目的为出发点,但对此等目的的推论结果却必须深思熟虑,使个别法律规定均取向于确定的目的,因此,解释者事实上已经超越了历史事实上的“立法者的意志”,而以法律固有的合理性来解释法律。而价值衡量是一种以探寻法律的一般社会价值为出发点,以捍卫法律的合理性价值为取向的法律方法论。美国法学家庞德也认为价值衡量在法律实践与理论研究上是存在显著差异的。经验、法律假说和权威性社会观念等都是价值衡量在现实法律运用中的相关具体操作方法。

价值衡量与利益衡量辨析:从广义上看,利益衡量的过程包含一定的价值衡量。利益衡量是指透过现行法以探寻立法者对社会利益取舍的评价,并以此标准来衡量当下案件中相互冲突的诸利益之间的关系,在尽可能不背离法律秩序安定性的前提条件下来谋求具体司法裁判的正当性。利益衡量法律方法,一方面要求法官对法律所意图保护的相关社会利益进行考量和评价,在相互冲突的社会利益中进行利益衡量以作出符合立法者立法意图的判决;另一方面要求法官立足于社会利益的一般考量来发展法律,故而承担着补充法律漏洞的功能。因此,利益衡量的思维过程也存在一定的价值衡量。

不过,严格地说,狭义的利益衡量和价值衡量之间存在相对明确的界限。二者有不同的衡量指向。利益衡量与价值衡量都是“衡量”的过程,都是权衡或者比较评定事物的是非或轻重得失的过程,其所不同的首先就是衡量的指向,利益衡量指向的是“利益”,而价值衡量指向的是“价值”。“利益”与“价值”是两个不同的范畴,其基本内涵、本质特征、具体类型、内容等方面都有着本质的区别。二者区别还表现为:第一,利益衡量方法主要集中在私法领域中的适用,而价值衡量方法则是一种更为普遍适用的法律方法;第二,利益衡量方法主要是对具体法律利益的一般衡量,而价值衡量方法则是对抽象法律价值的一般衡量;第三,利益衡量方法的思维过程受制于客观法律利益的规制,而价值衡量方法的思维过程则受制于社会一般价值理念的规制;第四,利益衡量方法的评价标准在于立法者对利益的客观界定,而价值衡量方法的评价标准在于社会对社会价值的主观界定;第五,利益衡量的思维过程更体现了法官的独断性思维属性,而价值衡量的思维过程则体现了法官的探究性思维属性,强调听众对价值衡量结果的可接受性是价值衡量思维的一般属性。利益衡量强调法官在司法裁判时,需要具体地分析各方的利益主张和利益冲突,是一种对法律纠纷的实质性判断和考察。相对于利益衡量而言,价值衡量则强调各种利益主体在社会一般价值取向上的可接受性,而寻求不同主体在价值认识和价值认同上的一致性和共识性则是价值衡量实现的最终理想。

参考书目

1. [德]卡尔·拉伦茨:《法学方法论》,陈爱娥译,商务印书馆2003年版。
2. [美]庞德:《通过法律的社会控制　法律的任务》,沈宗灵、董世忠译,商务印书馆1984年版。
3. 陈金钊:《法治与法律方法》,山东人民出版社2003年版。
4. 何海波:《举证责任分配:一个价值衡量的方法》,载《中外法学》2003年第2期。
5. 李秀群:《司法过程中的利益衡量》,载陈金利、谢晖主编:《法律方法》(第2卷),山东人民出版社2003年版。
6. 郑金虎:《司法过程中的利益衡量研究》,山东大学2010年博士学位论文。

（房广亮）

价值判断

关于价值判断的含义,存在多种理解:

美国学者汉斯·凯尔森认为,依据一个有效规范对一种事实行为所作的应当是这样或不应当是这样的判断就是一种价值判断。价值判断在法律制度中所起的主要作用在于它们被整合进了作为审判客观渊源的宪法规定、法规以及其他种类的规范之中。法官在解释这些渊源时,往往必须弄清楚它们得以颁布与认可所赖以为基的目的和价值论方面的考虑。当法官在未规定案件中创制新的规范或废弃过时的规则以采纳某种适时规则的时候,价值判断在司法过程中会发挥最大限度的作用。简言之,在不受先已存在的规范和原则指导的相互冲突的利益间进行选择,就需要进行价值判断。

分析实证主义一般认为,取向于实在法律规范的价值判断才是法律上的价值判断,才是有效的,才是法学研究的对象。而有关正义的价值判断是主观的、相对的,完全受个人情感、口味、偏好的影响和左右,不具有分析性和实证性。为保持法学的分析性和科学性,应把此类价值判断逐出法律科学。

比利时学者佩雷尔曼认为,价值判断是“有关人的活动目的”的判断,泛指对是非、善恶、有用与否等进行评价的准则或尺度。佩雷尔曼的新修辞学,反对法律形式主义把逻辑当作法律的核心,主张给形式逻辑保留一个适当的位置,并通过发展和创造价值判断的逻辑来弥补形式逻辑的不足。价值判断的逻辑是法官面对法律不能满足明确性、一致性和完备性的要求,而法官又有义务进行审判,同时还应避免司法专横的时候完成任务的智力手段或方法论工具。在价值判断的指引下,法官或援引先例,或防止或解决法律规定之间的冲突,或撤销起诉,或自己填补法律的空隙。价值判断既不是唯理的,也不是主观的、非理性的,而是论辩的,即合理的、可论证的和可接受的。佩雷尔曼反对单纯寻求形式化的论证,主张论证应诉诸理性、事物的性质、衡平或平等。法官在进行价值判断的时候还必须关注法律的稳定性,实现正义的结果与法律稳定性之间的适当平衡。

德国学者卡尔·拉伦茨认为价值判断是“法学中的价值导向思考”,认为在很多情况下,法律利用“类型”,而非概念来描绘案件事实的特征,类型与概念不同,其并未借不可或缺的要素而被终局确定。或者,法律会包含“须填补”的评价标准,其直至“适用”于具体事件时,始能被充分“具体化”。这两种情形均非单纯地“适用”规范,毋宁说在从事——须符合规范或准则意旨的——价值判断。它们不是“逻辑上必然”的推论,而是一些可以理解而且(在一定界限内)有信服力的思想步骤。

德国学者罗伯特·阿列克西则将法律判断区分为价值判断和义务判断,价值判断表达的是对某种行为或行为方式的肯定和赞许,义务判断表达的是命令、禁止或允许实施某种行为或行为方式。前者是对某种行为或行为方式的积极性评价,后者是消极性评价,因此也可以笼统地都称为价值判断。他认为,“价值判断”这个表述,既可以用来指优先行为,又可以指对选择何者更好的判断,还可以指以这种判断(连同优先)为基础的优先规则。

中国有学者从价值衡量法律思维方法的角度出发,认为价值判断是取向于法律上的特定价值标准,对有关行为、选择、决定,利益要求、权利主张或竞争与矛盾的法律价值所作的价值评价、价值比对与价值权衡,以判定何者是正当的,何者具有优先性,何者是值得法律保护的。

参考书目

1. [美]E. 博登海默:《法理学:法律哲学与法律方法》(修订版),邓正来译,中国政法大学出版社 2004 年版。
2. [德]卡尔·拉伦茨:《法学方法论》,陈爱娥译,商务印书馆 2003 年版。
3. [德]罗伯特·阿列克西:《法律论证理论——作为法律证立理论的理性论辩理论》,舒国滢译,中国法制出版社 2002 年版。
4. 沈宗灵:《现代西方法理学》,北京大学出版社 1992 年版。
5. 沈仲衡:《价值衡量法律思维方法论》,吉林大学 2005 年博士学位论文。

（房广亮）

价值补充

法律概念以其是否确定为标准可分为确定性概念和不确定性概念。确定性概念如"法人""自然人"等,它们的内涵清楚,外延确定,事实中的概念与规范中的概念可直接对应或等置,实现逻辑上的涵摄。不确定性概念依其确定性程度可分为封闭的不确定性概念(狭义上的不确定性概念)和开放的不确定性概念(规范性概念)。前者内涵不确定,但外延是封闭的,如"物""法律行为"等,它们的精确程度接近确定的法律概念。后者如"合理""公平""善意"等,其内涵不确定,外延是开放的。对于开放的不确定性概念,其内涵和外延都不确定,法官在裁判时应取向于生活情理、法律精神、法律价值并结合案件事实,评价地予以补充,使其具体化。概括性条款,包括诚实信用、禁止权利滥用、情事变更原则等法律原则条款,以及基于概括主义立法技术而形成的"兜底条款",它们的外延是开放的,本质上是赋予法官以自由裁量权,为个案的裁判指引方向。法官只有结合个案情事,通过价值判断使其具体化,其规范功能才能显现和实现。

不确定性概念与概括性条款价值补充的主要作用在于确定某种判断标准,明确个案法律行为的构成要件、适用范围和法律效果,使法律运用灵活,顾及个案,适应社会发展,并引进变迁中的伦理观念,使法律能与时俱进,实践其规范功能。价值补充存在于确定个案裁判规范的法律之发现与续造的过程之中,就其性质而言,是属于法律解释还是法律漏洞补充,有不同的见解。德国学者卡纳里斯认为,价值补充属于法律解释,不属于漏洞补充。因为无论不确定性概念和概括性条款如何的不确定,法律毕竟作出了明示的规定,并未违反法律的计划性。我国台湾地区学者杨仁寿也认为,价值补充介于法律解释和漏洞补充之间,乃是对不确定性概念及概括性条款之一种解释方法。我国台湾地区学者黄茂荣认为,开放性不确定概念和一般条款所引起的不圆满状态,应属于法律漏洞,是法律授权法院补充的漏洞或法内漏洞。可见两种观点的区分主要在于对法律漏洞的界定和理解不同。

有学者认为,价值补充是取向于开放的法律价值和社会价值,结合个案事实,以法官的价值判断对不确定性概念和概括性条款的具体化。价值补充既不同于法律解释,也不同于法律的漏洞补充,是介于两者之间的一种独立的法律方法。价值补充的操作程序和规则是首先从案件事实出发,确定与案件事实相关的不确定性概念或概括性条款,明确其之于个案的意义。其核心是法官为利益衡量与价值判断。法官应明确个案的利益状况,取向于可探知的人情事理、法律的目的价值、法律的原则和法律的精神,从特定的价值准则出发作出价值评价和价值选择,结合个案确定不确定性概念或概括性条款的判断标准。法官进行利益衡量与价值判断时应依据客观的价值判断标准,并充分考虑社会经济的发展和社会价值观念的变迁,力戒个人主观价值偏好。此外,价值补充充分体现了情、理、法的交汇和融合,法官必须从法律的精神、法律的原则出发,斟酌社会的情势和法律需求,实现不确定性概念或概括性条款在个案中的具体化,并进行充分的说理和论证。

参考书目

1. 王泽鉴:《法律思维与民法实例:请求权基础理论体系》,中国政法大学出版社 2001 年版。
2. 沈仲衡:《价值衡量法律思维方法论》,吉林大学 2005 年博士学位论文。

（房广亮）

利益法学的利益衡量理论

利益法学主张利益是法律之源,强调法官对于法律规范要分析该规范所决定的利益冲突,并探究立法者所欲促成或协调的利益来实现利益平衡与调整利益冲突。耶林认为,法律是对利益的分配和保护,法律与法律科学最重要的任务,就是平衡生活中互相冲突的各种利益。当裁判中无法依逻辑结构圆满地处理社会生活之需要时,法官须自行审查,衡量案子所牵涉的各方利益,协助较有理由的利益以及更值得保护的利益在冲突中胜出。耶林的思想对后来利益法学派的赫克产生了重要的影响,和概念法学不同,赫克将研究的目光由法律的逻辑转移到了法律的目的,逐步取代了单纯地依据呆板的法律规则进行形式逻辑推理的方法。其对概念法学的批判和对法律与利益关系的认识恢复了利益在法律中的目的性地位,是赫克利益衡量思想立论的前提,也是利益衡量方法发挥作用的理论空间,为其利益衡量思想奠定了理论基础。梁慧星认为,德国赫克的学说“一方面承认成文法存在漏洞,须由法官充任立法者的助手,补充法律漏洞;另一方面又认为对于法律漏洞不能通过自由地发现活法的方式予以补充,而应就现存实证法详加研究,以把握立法者所重视的利益,加以衡量判断,因此称为利益法学”(梁慧星:《20 世纪民法学思潮回顾》,载《中国社会科学院研究生院学报》1995 年第 1 期)。

总体来说,赫克的利益法学利益衡量理论既批判概念法学也反对自由法学,兼顾法律的稳定性与个案裁判的妥当性,力求在不损及法的安定性的前提下谋求具体裁判结果的妥当性,其利益衡量理论的具体思想主要有四个方面:

第一,利益的重要性及利益内涵。赫克认为,利益是法律的产生之源,利益决定着法律规则的创建,利益以及对利益的衡量是制定法律规则的基本要素,法律是保护利益的手段。从历史的角度看,法律是利益的产物,各种法律命令的形成是基于生活的实际需要及其评价,而不是基于被设计出来的一般概念。赫克从广义上来界定“利益”概念,认为“利益”是指人们在生活中所产生的各种生活要求,不仅包括物质利益,也包含有人类的最高利益以及道德的和宗教的利益等。从主体看,“利益”既包括私人利益,也包括群体利益、社会团体利益、公众利益和人类利益等;从内容看,既包括各种物质利益,也包括精神利益,诸如道德的、伦理的和宗教的利益以及公平、正义的利益等。

第二,利益衡量的应用场域。赫克主张利益衡量应用于法律规则没有给出明确规定并且制定法允许法官作出个人评价的场域。赫克承认存在法律漏洞,但在如何补充法律漏洞问题上,他既批判概念法学“否定法官补充法律漏洞的权能”,也反对自由法学“由法官自由地发现‘活法’来补充所遇到的法律漏洞”的主张。赫克所主张的是“从属的命令补充”方式,即“允许法官补充法律漏洞,但不允依法官自己的价值判断,其作补充时必须受立法者各种意图的拘束。对于作为法律上各种命令的基础的诸生活利益、生活理想,必须依立法者的价值判断”(梁慧星:《20 世纪民法学思潮回顾》,载《中国社会科学院研究生院学报》1995 年第 1 期)。对于这种方式的具体运用,赫克规定了严格的条件,即制定法允许法官作出个人评价的场域。具体来说,在以下三种情况下,法官才可作出自己的价值判断:“一是法律明确授权法官自由裁量;二是法律条文中使用了不确定的、需要填充价值的字眼；三是如果法官必须根据作为整体的法律来作出判决，而各种法定的价值判断却相互矛盾或不起作用，他也需要作出个人的评价”（［德］菲利普·赫克：《利益法学》，傅广宇译，载《比较法研究》2006 年第 6 期）。可见，赫克所主张的利益衡量方法只是应用于司法过程中出现法律漏洞的特定情形，而不是一种普适性的法律方法。这与后来的日本法学家所倡导的利益衡量论有很大不同，后者是指向整个司法过程中的普适性的法律方法论。

第三，利益衡量的标准。赫克所倡立的利益衡量，其立场总体来说是一种法律人的立场，它要求法官在填补漏洞的过程中适用制定法所规定的价值判断，而且在法律有明确授权、法律条文中有需要填充价值的不明确规定、法定的价值判断相互矛盾的情况下，法官需要作出个人的价值判断。赫克所主张的这种立场与日本法学家所主张的利益衡量立场是不同的，后者实际上是基于一种普通人（或国民）的立场，而前者是立足于立法者（至少是法律人）的立场，虽然在法律的适用过程中也进行价值判断，但这种判断是从属性的，其实质是更妥当地实现立法者的价值判断，从而使制定法认为值得保护的利益得以实现。法官只是在辅助意义上行使个人的评判，法官个人的评价只能处于从属位置。“赫克明确指出：立法者所作的利益衡量优先于法官的个人评价，对法官也具有拘束力”（［德］菲利普·赫克：《利益法学》，傅广宇译，载《比较法研究》2006 年第 6 期）。

利益法学的这一主张与同时代的自由法学及后来日本法学家所提倡的利益衡量论相比，有很大的不同。赫克利益法学的主张具有很大的保守性，对法官的价值判断作了严格限制，表现出了对制定法的过度依从，整体来说是一种法律之内的标准，与自由法学家所主张的自由衡量和日本法学家所主张的国民立场的标准有着原则性的不同，而且在不同利益保护的次序问题上，赫克也没有试图排列其位阶。这显然是赫克理论的不足之处，也遭到了同时代及后来一些法学家的批评。

第四，利益衡量的操作方法。赫克主张首先要分析案件事实是否符合法律规定的事实构成，如果二者相符，就要根据法律规定作出判决；如果案件事实不符合法律规定的事实构成，就要对案件作出进一步分析，明确案件所包含的利益冲突。案件所包含的利益冲突明确后，接下来就要寻找利益评价的标准，赫克主张的方法是法官要考察法律是否以其他的事实构成的形式对同样的利益冲突作出了决定，如果能找到这样的法律规定，法官就应当将这种法定的价值判断移用到他所面临的案件中，对同样的利益冲突作同样的判决。

“为了做出一个正义的判决，法官必须确定立法者通过某条特定的法律规则所旨在保护的利益。在相互冲突的利益中，法律所倾向保护的利益应当被认为是优先的利益”（［美］E. 博登海默：《法理学：法律哲学与法律方法》，邓正来译，中国政法大学出版社 1999 年版，第 144－145 页）。而在法律允许法官作出个人评价的情况下，即在法律有明确的授权、法条使用了不确定而需要填充价值的字眼、法定的价值判断相互矛盾或不起作用的情况下，法官需要作出个人的评价。但在这些情况下，利益法学的主张仍对法官作出了十分严格的限制，而不是像自由法学和日本法学家的主张那样允许法官超越于法律空间进行衡量，不能随心所欲地去解释法律和作出判决，而是要求法官立足于立法者的角度推测立法者在此种情况下可能的利益取舍，并以此为标准去对该待决案件中相互冲突的利益进行衡量，最终对案件作出判决。

从这一意义上来说，利益法学派所主张的利益衡量基本上是一种补充法律漏洞的方法，其基本思路是根据现行法探寻立法者对当下案件中利益冲突的可能选择，并以此为标准，在尽可能不损及法律安定性的前提下实现具体裁判的妥当性。其存在的理论缺陷：首先，尽管“利益”在利益法学的理论中是一个极其重要的概念，但其内涵是比较模糊的，在操作层面上也难以把握，难以满足法律方法的确定性和可操作性的要求。其次，利益法学没有给出法官在处理案件过程中利益衡量的具体标准。赫克所谓的“立法者助手”“像立法者那样思考”只不过是一种立场或原则，尚称不上是具有可操作性的标准，对此美国法学家博登海默指出：“赫克及其追随者大肆宣扬法官对成文法和制定法的依附性。他们拒绝为法官提供实在法所未规定的任何价值标准，甚至在作为整体的法律制度没有为解决利益冲突提供任何根据的情况下，他们也没有告诉法官应当如何行事”（[美]E.博登海默：《法理学：法律哲学与法律方法》，邓正来译，中国政法大学出版社1999年版，第145页）。鉴于利益法学并没有解决法官在处理案件的过程中如何去平衡冲突的利益的问题，即没有给出平衡利益冲突的标准，因此，利益法学在现实生活中缺少一定的可行性。

（房广亮）

自由法学的利益衡量理论

受耶林的影响，欧洲在19世纪和20世纪之交出现了较利益法学更为激进的自由法学运动，其代表人物是德国法学家埃利希和坎特诺维茨。自由法学运动否认国家成文法是唯一法源，提出“活法论”，主张在司法过程中赋予法官自由裁量的权力。埃利希认为，“活法”是人类组织的“内在秩序”，它是原始的法的形式，在今天仍是最基本的法的形式。法律是有空隙的，法官的任务就是了解“活法”，探求发现生活中的法和社会团体的内部秩序。在制定法没有覆盖的领域，法官应该运用“自由判决的方法”去发现法律并把它们适用于当下的案件，以弥补成文法的不足，更好地解决当前的案件。“自由判决的方法”不是根据成文法规则而是根据法官自由发现的法律。但它不意味着法官专横，而是强调发挥法官个人的创造力因素，发挥法官的个性。坎特诺维茨主张在存在法律漏洞的时候，法官应根据占支配地位的正义观念来审判案件。在支配性正义观念无法确定的时候，法官应根据自己的主观法律意识来进行判决。

自由法运动强调了审判过程中的直觉因素和情感因素，从而表现出了唯意志论的非理性主义理论倾向。如赫尔曼·伊赛就认为法官的判决不是对法律的演绎，而是一个意志活动，一个决定。是非感总是在判决之前，表面是逻辑的证立只是随后发生，在证立中存在一个将去如何证明的正确的思维。自由法学派的利益衡量理论与利益法学派的利益衡量理论有很大的不同。利益法学派的利益衡量理论要求对法官作出十分严格的限制，不准法官随心所欲地去解释法律和作出判决，而是要求法官立足于立法者的角度推测立法者在此种情况下可能的利益取舍，并以此为标准去对该待决案件中相互冲突的利益进行衡量，最终对案件作出判决。而自由法学的利益衡量理论并不受立法者意思的制约，主张自由衡量，自由法学派认为在国家法律之外有类似于自然法的自由法存在，而且主张在出现法律漏洞时，法官有发现自由法的权能，法官可以自由地发现法律，寻求超越法律的标准，甚至不妨以法感情为标准作出裁判。

参考书目

[德]阿图尔·考夫曼、温弗里德·哈斯默尔主编：《当代法哲学和法律理论导论》，郑永流译，法律出版社2002年版。

（房广亮）

社会法学的利益衡量理论

以庞德为代表的社会法学的利益衡量理论，侧重于对规则适用的社会效果分析。他指出："利益衡量之所以重要，就在于：在确定了要求法律予以保护的利益是什么以后，所有利益不能全部得到保护也不能彻底地得到保护，因为许多利益是相互交错的、或多或少存在着相互冲突，由此，如何衡量这些利益就成为摆在人们面前的一个问题，该问题对于立法者来说是根本问题，也是法院在选择推理起点、在解释和标准的运用中也经常要面对的问题。由这些问题所引发的相关难题又集中表现为诸如：如何评价它们的价值？用什么原则来断定它们的相对分量？在有冲突时哪个该做出让步？"（[美]罗斯科·庞德：《法理学》（第3卷），廖德宇译，法律出版社2007年版，第246－247页）。

庞德的利益衡量论深受詹姆斯的实用主义哲学影响，主张从最大限度地满足需要的角度来思考法律的目的。庞德认为："利益就是人类社会中的个人所提出的请求、需求或需要等，如果文明要得到维持和发展，社会要避免无序和解体，法律就要为利益提供支持。他把利益划分为个人利益、公共利益和社会利益三大类。其中，个人利益就是那些直接涉及个人生活和从个人生活的立场来看待的请求、需求和欲望等，这些是以个人生活的名义而提出的；公共利益就是指那些由有关的个人提出或从政治生活的立场提出的请求、需求和要求，它们以该组织的名义提出，是作为法律实体的有组织的政治社会的请求；社会利益是从社会生活的角度考虑，被归结为社会集团的请求的需要、要求和请求等，是事关社会维持、社会活动和社会功能的请求，是以社会生活的名义提出、从文明社会的社会生活的角度来看待的更为宽泛的需求和要求"（[美]罗斯科·庞德：《法理学》（第3卷），廖德宇译，法律出版社2007年版，第18－19页）。立足于判例法的传统，庞德所代表的利益衡量论更具有启示意义。在现代法治社会中，司法裁判的过程不可避免地要对涉诉各方的不同利益主张进行界分和平衡，正是在这种界分和平衡当中的实体性判断构成了法律所必须认真对待的创造。

（房广亮）

实用主义法学的利益衡量理论

以美国法学家卡多佐为代表的实用主义法学的利益衡量理论，侧重于对法官造法重要作用的阐述分析。主张法官应该根据实际的需要进行造法，而且这种造法行为有时还要运用不同的价值观（包括宗教的、道德的价值观或社会正义感等）。在卡多佐所探讨的各种不同裁判方法中，尽管逻辑、历史和习惯等不同的方法都是非常重要的，但是社会学方法尤为重要，社会学方法的核心就是以规则对社会的价值作为最高检验标准，并促进法律目的的实现。法官运用社会学方法实现法律的目的必须根据社会利益来确定路径、方向和背离的远近。在卡多佐看来，社会利益（social welfare，又称社会福利）是一个非常宽泛的概念，有着多样性的含义。大致而言，"社会利益可以指人们通常所说的公共政策。而另一方面，它也可以指由于坚守正确行为的标准——这在社区风气中得以表现——而带来的社会收益。在这类案件中，社会福利的要求就是宗教的要求、伦理的要求或社会正义感的要求，而不论它们是表述为信条或是体系，或者是一般人的心灵中所固有的观念"（[美]本杰明·卡多佐：《司法过程的性质》，苏力译，商务印书馆2000年版，第40页）。

在某种意义上，社会学方法是法官造法正当性的依据，也是限制法官造法程度的依据。美国法学家亚狄瑟把卡多佐的利益衡量论概括为三种情形:“第一,法律规则及其适用同样明确;第二,法律规则很明确,而唯一的问题就是如何将之适用到呈堂事实上;第三,法律规则及其适用皆不明确”([美]鲁格罗·亚狄瑟:《法律的逻辑——法官写给法律人的逻辑指引》,唐欣伟译,法律出版社2007年版,第20页)。在这三种情形下,利益衡量之所以重要,就在于面对具体的个案事实需要法官选择具有支配性意义的法令。在对规则进行解释时存在多种可能解释结论,以及构成小前提的案件事实在抗辩或审判各环节都会发生相互冲突等情形,而逻辑的形式规则无法告诉法官应该作怎样的抉择,只能通过法官的利益衡量来解决。这种利益衡量的最终目的就在于使不同的社会利益之间达成某种平衡。卡多佐认为,利益衡量除了要解决上述难题之外,还需要在具体的操作上进行必要的理性化的利益计算。理性计算的标准就是理性人需要注意的标准:法律根据行为所促进利益的价值来确立行为人所冒险的合法限度,法官每时每刻都需要不停地权衡、折中和调整。判决的可能结论是建立在折中理性计算的基础上的。

(房广亮)

日本的利益衡量论

在批判概念法学思考方式的基础上发展起来。它直接源于自由法学,并且直接受到美国现实主义法学影响。20世纪60年代,日本学者加藤一郎的《法解释学中的逻辑与利益衡量》和星野英一的《民法解释论序说》分别提出了各自的利益衡量论。两者观点存有差异,但基本相同,所以学界一般认为,加藤一郎和星野英一同为日本利益衡量论的首倡者。“在加藤一郎看来,那种认为仅从法律条文就可以得出唯一正确结论的说法,只是一种幻想。真正起作用的是实质的判断。他主张在个案情形下,关于究竟应该保护哪一方当事人的利益,法官应在进行各种各样的利益权衡基础上综合判断,得出结论,再考虑应附上什么样的理由,亦即结合条文,怎样从伦理上使该结论正当化和合理化,以形成判决”([日]加藤一郎:《民法的解释与利益衡量》,梁慧星译,载梁慧星主编:《民商法论丛》(第2卷),法律出版社1994年版,第78页)。与加藤一郎不同的是,“星野英一主张在适用于具体事件以前,首先依据对条文的文理解释、逻辑解释、立法者意思的探究得出结论,然后对此结论的妥当性依据利益考量和价值判断进行检讨,有必要时对结论加以修正和变更”(陈金钊主编:《法律方法论》,北京大学出版社2013年版,第187页)。

(房广亮)

加藤一郎的利益衡量论

日本学者加藤一郎在1966年发表了《法解释学的论理与利益衡量》一文,在批判概念法学的各种弊病的基础上,提出了“利益衡量”的民法解释观。之后,加藤一郎在一系列的学术座谈会的讨论中、一般法解释论的文章中多次对自己的观点进行重述以及对学界批判进行了积极回应,这些观点被加藤一郎系统整理后,收录到了他在1974年出版的《民法中的逻辑和利益衡量》一书中,构成了加藤一郎对利益衡量论论述的基本内容。其观点主要包括“对概念法学的批评、裁判过程中的利益衡量、依据法规等的理论构成、解释与立法的关系”等四个方面:

第一,对概念法学的批判。在加藤一郎看来,“结论先行”是自由法学的判断过程与概念法学的最大不同。也就是说,概念法学认为判断的过程是按照三段论法从现有的法规、判例出发,经过对案件事实的逻辑适用,推导出结论。但是,自由法学却认为现实中的判断过程是判断者首先得出该事件如何处理才好，原被告谁应取胜的结论或者感觉，然后，以增加结论的说服力为目的，再给这个结论附加上以“事实×法规”为形式的理由。有时会出现原本认为是最善的结论，但却找不到适当的形式理由的情形。此时，判断者就应该抛弃刚才的结论，转而去寻求新的结论，继而为其附上合适的理由。

第二，裁判过程中的利益衡量。加藤一郎认为，在裁判中应当有意识地引入利益衡量，基于实质的判断进行解释。在裁判中，加入实质的判断是无论如何都难以避免的自然之理。他认为，仅从法律条文就可以得出唯一正确的结论的说法只是一种幻想，而真正起决定作用的是实质的判断。对于该具体情形，究竟应注重甲的利益，还是应注重乙的利益，在进行各种各样细微的利益衡量之后，作为综合判断可能会认定甲获胜。得出这样的初步结论之后，再考虑应附上什么样的理由，亦即结合条文，怎样从论理上使该结论正当化或合理化，以形成判决。加藤一郎提出了两个重要的命题：一是裁判要先在一种排除现有法规的“白纸状态”下进行充分的、实质的利益衡量；二是在利益衡量过程中，法律人要采取和普通的法律外行相同的价值判断的立场和操作，并且要努力实现自己的价值判断能为广大市民所接受。这是加藤一郎所谓的判断过程中的利益衡量操作的两个核心命题。

第三，依据法规等的理论构成。加藤一郎认为，如果法官的裁判仅仅止于前面的利益衡量，它还不能被称为法的判断。为此，除了给予这个判断以前面的实质的理由以外，还必须要给其附加上法律的形式的理由。而且，这个形式理由的依据不仅仅是指法规，还包括法规之外的法理论，加藤一郎将其称为理论构成或者法的构成。加藤一郎认为这种理由构成有三个作用：首先，它可以检验结论的妥当性（而不是正确性），也就是可以通过比较、参照在判断过程中被忽视的其他关联制度或者类似事例，来重新审视、明确或修正此前得出的结论。甚至在有的场合，需要抛弃已经得出的结论，转而寻求新的答案。其次，通过理论构成能够明晰最终所得出的结论的适用范围。另外，通过这一操作，也可以对最初的结论进行再检讨。最后，理论构成可以增加结论的说服力。作为人的思考模式，把结论还原为一般原则，或者换言之，从一般原则出发给予结论以理由，能让判决看上去不是偶然的、恣意的判决，能够增强人们对结论妥当性的信赖感。

第四，解释与立法的关系。加藤一郎认为，从法的发展来看，即使法的安定性受到某种程度的损害，如判例变更是适当的，对超过法的安定性的利益衡量做了实质判断，则改变判例是值得的。他认为，法院的整个活动可以分为消极主义与积极主义。法院应当立足于更加司法积极主义的立场，推动法的发展，使之顺应时代的要求，与价值判断相适应。法官不应仅仅作为裁判的机器而机械地适用法律，应当积极进行新的法创造。

参考书目

1.［日］加藤一郎：《民法的解释与利益衡量》，梁慧星译，载梁慧星主编：《民商法论丛》（第2卷），法律出版社1994年版。

2. 张利春：《日本民法中的利益衡量论研究》，山东大学2008年博士学位论文。

3. 梁上上：《利益衡量论》，法律出版社2013年版。

（房广亮）

星野英一的利益考量论

日本学者星野英一于1967年发表了《民法解释论序说》一文，正式提出利益考量论。与加藤一郎把自己的利益衡量论放置在批判概念法学的自由法学上不同,星野英一的利益考量论立基在他对日本主流法解释论的再评价之上。其观点主要包括"法律解释与价值判断、依据价值判断的民法解释方法、价值判断的客观性"三个方面:

(1)法律解释与价值判断。星野英一赞同法解释包含有价值判断的立说,但同时他又受利益法学的影响,把这个命题做了"判决或解释必定是在一定程度上用某种方式保护某种利益或者价值,在一定程度上用某种方式排斥其他利益或者价值"的解释。星野英一认为,"解释者对解释必须自觉负有社会责任,应该从证明通过价值判断来进行,最少有必要在得出结论的基础上把价值判断的由来,与理论构成的考虑清楚地加以区分,明确地表现出来。法律家的权威仅仅在法律技术方面,如逻辑分析及概念、制度沿革等理论构成的侧面,而在利益衡量或者价值判断方面,法律家并没有特别的权威"(段匡:《日本的民法解释学》,复旦大学出版社 2005 年版,第 270 - 271 页)。

(2)依据价值判断的民法解释方法。从诸多解释方法的优位顺序来看,星野英一利益考量论的一个重要特点是,他非常强调法律解释必须要遵循先文理解释、逻辑解释,后立法者(起草者)意思解释,最后是利益考量和价值判断的顺序。对于如何依据价值判断、利益考量来进行法律解释,星野英一认为:

第一,在适用法规解释纠纷时,必须考察对立着怎样的利害关系。要把适用这一规定的社会问题类型化,有必要对类型相互之间的利益状态加以明确。类型化的根本途径是通过目的来显示。此外,为了法律大众化,类型化也是有必要的。

第二,考虑依据某一规定实现、保护什么样的利益与价值是妥当的。在考虑存在几个解释的场合,要探讨什么利益得到怎样的保护,其他利益在什么程度上有所后退,以及将实现的是怎样的价值判断。

第三,法律特别是私法的规定、制定都是基于对立的利益,而谋求协调某一价值判断的,故有必要把握利益和利益协调的价值判断。星野英一认为,这只需要常识就可以判断和调和对立的各种价值、各种利益、各种要求。

第四,要把适用于民法与广义的私法中类似状况的规定加以对照,对同样的情况的规定,即使条文的文理不同也应当作同样的解释,有关不同状况的规定,即使条文的文理相同也应当作出不同的解释。

第五,在解释成为问题的规定要件时,有必要把要件加以说明,即有必要把要件从效果出发加以考虑。

(3)价值判断的客观性。星野英一认为,应该承认价值的客观性,但这不是抽象的价值,而是在某种程度上对具体价值的客观性的承认,即在历史的进程中,许多价值逐渐获得承认,并且成为任何人都难以否定的东西。基于此,他构筑了一个有等级排序的价值体系。在他的价值体系中,人类的尊严、精神的自由等普遍的价值应该是第一等级,是所有价值的基础,其次是"交易安全"等次级价值,最后是更加细致的具体价值(判断的基准)。当然,星野英一也清醒地认识到,即便建立起了这样一个价值的等级序列,也不能说在进行民法解释的时候,只有唯一正确的答案。他指出,价值判断的一般客观妥当性,并不意味着在民法解释中由于某一价值具有客观性从而认为其解释就是正确的。不能简单地决定法律特定的解释是客观的、妥当的,从而认为其他的解释是错误的。

参考书目

1. 张利春:《日本民法中的利益衡量论研究》,山东大学2008年博士学位论文。
2. 梁上上:《利益衡量论》,法律出版社2013年版。

（房广亮）

利益的分类

现实生活中的利益是一个庞大而复杂的复合体,是由众多不同性质、不同类别而且有不同内容的更为具体的利益类别集合在一起而形成的。所以,法学界关于利益的分类观点繁多,不同学者按不同的角度,将利益进行了不同的分类。比如,利益按发生领域,可以分为物质利益、政治利益与精神利益;按其阶级内容可分为统治阶级利益与被统治阶级利益;按主体不同,可以分为个人利益与公共利益,公共利益又可以分为人类利益、国家利益、民族利益、阶级利益、集体利益、家庭利益等;按其时效,可以分为长远利益、短期利益与眼前利益;按其作用范围,可以分为整体利益、局部利益与个别利益;按实现程度,可以分为既得利益与将来利益;按其合法性,可以分为合法利益与非法利益;等等。也可以根据利益衡量的需要,分为"当事人的具体利益""群体利益""制度利益(法律制度的利益)""社会公共利益"。

在对利益的诸多分类中,最有代表性的当推庞德的理论。庞德从实践的角度考察人们提出并要求法律予以认可和保护的请求与需求,细致而系统地分析法律上的各种利益类型,通过层层解析,建立起系统完整、层次分明的利益类别纲目。他指出,在确定法律系统的范围和对象时,应围绕利益考虑以下五点:(1)制定利益列表,对要求得到认可的利益进行归纳和分类;(2)选择和决定哪些是法律将认可和予以保护的利益;(3)确定对选定的利益予以保护的界限;(4)权衡用以保护利益的法律手段;(5)制定利益评价原则。

庞德把利益划分为三大类:一是个人利益,这直接涉及个人生活并以个人名义所提出的主张、要求或愿望;二是公共利益,这涉及政治社会组织生活并以政治社会组织名义提出的主张、要求或愿望;三是社会利益,这涉及文明社会的社会生活并以这种社会生活名义提出的主张、要求或愿望。对每一个大类的利益,他也逐级划分。例如,他将个人利益又划分为人格利益、家庭利益和物质利益,就其中的人格利益又可再划分为个人人身、自由意志、尊严和荣誉、隐私与情感、信仰与思想。将公共利益又划分为作为法人的国家利益和作为社会利益监护者的国家利益,其中的作为法人的国家利益又可再分为国格方面的利益和国家的财产利益。将社会利益分为公共安全利益、社会制度安全利益、公共道德利益、保护社会资源的利益、公共发展利益、个人生活方面的利益六种具体类型,每一种利益又可以再细分。

利益类型的划分标准与衡量方法此外还有很多,绝不仅限于上面所列。利益种类划分的法律方法论意义在于,不同种类的利益要有不同的衡量方法,利益分类在利益衡量理论与操作中才会显现出其特殊重要的意义。

参考书目

1. [美]罗斯科·庞德:《法理学》(第3卷),廖德宇译,法律出版社2007年版。
2. 孙国华:《论法与利益之关系》,载《中国法学》1994年第4期。
3. 梁上上:《利益衡量论》,法律出版社2013年版。
4. 郑金虎:《司法过程中的利益衡量研究》,山东大学2010年博士学位论文。

（房广亮）

利益的位阶

各种利益的顺位排列。通过利益位阶解决冲突,实际上是要解决利益保护的先后顺序问题。在司法实践中如何界定利益位阶是首先要解决的问题。尽管抽象地在不同类型的法律价值与利益之间作出排序,既不现实也无必要,但这并不意味着所有利益均位于同一水平线,亦不意味着不能进行任何质性评价。关键是如何在个案中斟酌情势,以实现法律价值的衡平。因此,法学家从没有放弃在利益衡量的适用次序问题上的探索,如拉伦茨认为在法益衡量问题上,可以归纳出如下原则:“相较于其他法益(尤其是财产性的利益),人的生命或人性尊严有较高的位阶,因为言论自由权及资讯自由权对于民主社会具有‘结构性的意义’”([德]拉伦茨:《法学方法论》,陈爱娥译,商务印书馆2003年版,第285页)。

司法实践中,一般认为,在确定具体利益位阶时,法律有明确规定的,依照法律规定。司法者应尊重立法者做出的价值选择。不过在许多情况下,立法者对于不同利益之间的关系选择并不明确,需要通过法律解释来确定法律保护的不同利益位阶。结合中国司法实践经验,可以从以下方面考量利益的排序:第一,与同基本法律价值相联系的有关个人的生命、健康的联系程度。第二,与人格尊严的联系程度。第三,与社会全体成员的关系度。第四,与经济秩序的关联度。第五,法律是否明确列举。

需要指出的是,在某一案件中得出的利益位阶先后并非绝对能适用于其他案件,并且也不能置位阶较低的利益于不顾。因此,还需要遵循“实践调和原则”,即对于相互冲突的利益,要在具体的案件情形下谨慎地处理,尽可能使不同利益都能够得到实现,而不能基于认定某一利益处于高的位阶而完全压制和排除其他的利益,从而实现相互冲突利益在总体上的最大化。这就要求谨慎地适用比例原则来衡量相冲突的利益。

在对民法上利益进行判定时,可从适当性、必要性、相称性三个步骤考虑。比例原则在方法论中适用的情况主要是:在无法确定立法者的价值判断时,法官应尽可能采取“两害相权取其轻”的思考模式。“利益位阶实际上属于价值判断问题,目前确立的利益位阶规则包括:权利优于利益的规则、社会公共利益优于个体财产利益的规则、人格利益优于财产利益的规则、生命健康权优于一般人格权的规则、生存利益高于商业利益的规则、人身损害赔偿优先于财产损害赔偿的规则。但是,上述并非可以直接适用的具体规则,只是指出了在处理相关价值判断问题时主要的考虑因素和基本思路。在具体案件中还要进行具体的价值判断”(王利明:《民法上的利益位阶及其考量》,载《法学家》2014年第1期)。

(房广亮)

利益衡量的标准

利益衡量需要有相对客观的标准。这里主要涉及三个问题:

第一,利益(价值)排序问题。在利益衡量标准的探讨过程中,法学界一直没有放弃对寻求一种抽象的利益效力位阶的努力。最具代表性的是,庞德把利益分为个人利益、公共利益和社会利益三类,这三类利益又被细分为若干小类,最后形成一个庞大而完整系统的利益类别纲目。但他并没有制定出一个绝对的利益位阶,也没有给出一个一成不变的评价标准。至今为止,各种利益衡量理论均未能给出任何一般性的评判标准与价值序列。利益衡量的方法是在个案中进行的,一旦涉足价值判断问题,即会遭遇“价值判断之可通约性”这一难题,因此利益衡量方法不能像读图表一样获得结论。人们无法为利益衡量建立一个大一统的利益评价与取舍规则,究其根本,利益本身就是一种价值判断,是因人、因时、因事、因地而异的。尽管如此,为利益排序的努力绝非毫无意义,即便无法为具体案件中的利益衡量给出直接可行的衡量标准,也能为案件的具体衡量提供某种思考的路径与方向。

第二,衡量标准的类型问题。按照大村郭志的分法,可以分为内在型与超越型两种。前者进行利益衡量的标准是法律内在的标准,后者则是超越法律的法律之外的标准。德国的利益法学以及后来的评价法学是前者的代表,日本的利益衡量论是后者的代表。一般认为,利益衡量的标准既要尊重法律的原则和精神,又要考虑当下社会情势中获得普遍认同的社会共识。进行利益衡量时,不能只简单地考虑案件当事人的利益,更要考虑判决带来的潜在的社会效果。

第三,衡量标准的立场问题。这首先是指利益衡量应该采取相对主义还是绝对主义。加藤一郎就认为利益衡量的所有标准都是一种主观的价值判断,都是相对的;而与之相反,星野英一则采取了绝对主义。针对相对主义与绝对主义的困境,有观点认为应把利益衡量的标准规定为"结论的可接受程度的大小",亦即,"决定优先保护哪个或者哪些利益的标准,是由其而出的结论哪个更具有说服力来决定的"(陈金钊主编:《法律方法论》,中国政法大学出版社2007年版,第257页)。不过,利益衡量理论中的可接受性应当具有更为具体的内涵,方可避免流于空泛。所以,结合法律论证理论,研究利益衡量的标准问题,可以成为摆脱传统相对主义与绝对主义之困境的一种重要思路。

关于立场的难题,还包括利益衡量应该立足于法律专家立场还是普通人立场。从日本学者的研究看,主流观点倾向于站在普通人立场予以衡量。国内一般认为,应该二者兼顾。"当前,在构建和谐社会时代背景下,法官应将二者结合起来,在裁判中基于常人之立场,做到熟晓人情事理,接近社情民意,使作出的司法裁判更合情、合理、合法,弥合专家与大众、法理与情理之间的断裂与隔阂"(焦宝乾:《衡量的难题——对几种利益衡量标准的探讨》,载《杭州师范大学学报(社会科学版)》2010年第5期)。

(房广亮)

利益衡量的场合

又称利益衡量适用的条件。利益衡量应严格把握适用场合的条件性,由此才能使结论具有相对确定性。这是保障利益衡量行为的前后一致性,保证同案同判的基础。笼统地说,利益衡量的场合就是具体的个案中出现了无法自行消解的利益冲突,需要法官作出取舍选择,进行实质判断的情形。具体而言,一方面,特定的法律制度背景是利益衡量得以进行的前提。不仅如此,利益衡量的结果亦应与所在的整个法律制度相协调。另一方面,利益衡量又是在具体个案中,直接就具体事实中的利益作衡量,在较大程度上避开现存的法律原则、规则进行决断,但同时,利益衡量的结论仍旧必须能够从形式上结合现存的法律原则和规则予以说明。

对学界相关研究进行梳理,可归纳出适用利益衡量方法的情形:"一是涉及法律原则的具体化,或者法律原则相互冲突;二是涉及解释多解或者复数解释;三是涉及权利冲突;四是涉及法律漏洞或空白;五是涉及一般条款或者不确定法概念;六是形式法律的适用会导致个案明显不公"(焦宝乾:《利益衡量司法应用的场合、领域及步骤》,载《人大法律评论》2012年卷第1辑,法律出版社2012年版)。

(房广亮)

利益衡量的领域

利益衡量的部门法适用范围。作为一种裁判方法,利益衡量有着比较广泛的司法适用。起初它主要适用于民商法私法领域。利益衡量的适用范围,已经从最初的民事审判领域,逐步扩展到行政审判乃至刑事审判等领域,而成为一种具有一定普适性的司法方法。不同法律领域适用利益衡量的自由度及其遵循的原则都有所不同。

民事审判中,面对平等主体之间的权益争执,法官有更大的余地结合案件情况进行衡量以实现实质正义。比如,民法中有大量的原则性条款,如诚实信用原则、私法自治原则、公序良俗,在司法适用中往往需要进行利益衡量。另外,还有如涉及知情权与隐私权等权利冲突情形的利益衡量。宪法领域的利益衡量即受到一些特定的限定与要求。衡量方法论学说坚持一种基于现实主义的宪法适用观念。如宪法上的媒体自由权与隐私权发生冲突之际,即需宪法上的利益衡量。在行政法领域,适用利益衡量的情形比较常见,比如行政诉讼原告资格制度本身就是对起诉人的利益、起诉所针对的人的利益、公共利益、社会利益等多种利益进行衡量的结果。不论是出于将新的利益上升为权利的需要,还是出于有效制约行政自由裁量权的需要,法院放宽原告资格规则的过程都大量借助了利益衡量或价值衡量的方法。另外,土地征用、房屋拆迁等重大利益调整,往往也有利益衡量的应用。在刑事审判中,由于确立了罪刑法定原则,法官一般也不宜轻易适用利益衡量。但是,在有些场合下,利益衡量方法还是具有适用空间的。因为利益衡量并不必然与罪刑法定原则相冲突,实现实质正义恰恰符合现代罪刑法定原则的要求。在犯罪判断上,利益衡量与违法性之判断最具有密切的关联。此外,诉讼法、知识产权法、公司法等领域都能找到利益衡量方法的应用。

总之,利益衡量在各个法律部门都有着比较广泛的应用空间。可以说只要存在主观性的价值判断,往往即有使用利益衡量方法的可能。

参考书目

焦宝乾:《利益衡量司法应用的场合、领域及步骤》,载中国人民大学法学院《人大法律评论》编辑委员会组编:《人大法律评论》(2012 年卷第 1 辑),法律出版社 2012 年版。

(房广亮)

应予衡量原则

1969 年联邦德国行政法院在判决中率先提出“应予衡量原则”,将利益衡量的要求确定为法律的基本准则。判例称:“违反妥当的应予衡量者,是指未为各该(妥当的)利益衡量时,或依具体的状况予以考虑的利益,竟未并入衡量之中时,或当有关系的私益的意义被误解时,或者未对于有关系的公益之间的调整,竟未依照各个利益的客观重要性,以衡平的形式来进行时所产生。”1972 年,联邦德国行政法院通过 4 个判决,将“应予衡量原则”扩大到一般法院在进行法律解释时必须体现的准则。根据判例的精神,在出现利益相互冲突的情形下,法院的判决是否合法,必须以“是否欠缺对当时重要利益的妥当衡量?是否存在就当时的法以及事实状况来看,明明应该被采用,却没有在衡量之中并入考量的利益?是否依照当时的价值基准来看,私益的意义受到了误解?或者对当时重要的利益之间的调整,依照各个利益的客观重要性来看,并不衡平”等要件作为判断标准[马纬中:《应予衡量原则之研究》,载城仲模主编:《行政法之一般法律原则》(二),台北,三民书局 1997 年版,第 514 页]。

(房广亮)

利益衡量的步骤

又称利益衡量的操作方法、操作规则。按照利益法学的原则,必须要由法官先掌握与该判决相关的利益,然后对这些利益加以比较,并且根据他从制定法或其他地方所得出的价值判断,对这些利益加以衡量。然后决定较受该价值判断标准偏爱的利益获胜。其基本要素是利益的探究和价值判断。

日本的利益衡量论一般的具体操作是:先在一种与现行法规相隔离的状态下,以普通人的立场,依据超越法律的标准,对案件事实中诸冲突利益进行比较衡量,得出一个初步的决断。然后带着这个决断回到现行法律法规中,其目的是一方面寻找现行法律上的依据,增加判决说服力;另一方面用现行法律法规对自己先行得出的初步判断进行检测。在两者之间不断的试错过程中,最终得出尽可能合理、合法的判决。梁慧星将利益衡量的操作规则概括为:实质判断加上法律根据。具体来说,就是"法官审理案件,在案情事实查清后,不急于去翻法规大全和审判工作手册寻找本案应适用的法律规则,而是综合把握本案的实质,结合社会环境、经济状况、价值观念等,对双方当事人的利害关系作比较衡量,作出本案当事人哪一方应当受保护的判断。此项判断称为实质判断。在实质判断基础上,再寻找法律上的根据"。"如果找到了法律根据,仍将该法律根据(法律规则)作为大前提,本案事实作为小前提,依逻辑三段论推理,得出本案判决。如果作出实质判断后,无论如何也找不到法律根据,亦即此实质判断难以做到合法化,这种情形,应当检讨实质判断是否正确?重新进行实质判断"(梁慧星:《裁判的方法》,法律出版社 2003 年版,第 186－187 页)。

一般认为,利益衡量的一般方法和原则是:第一,确认考虑所有相关利益主张,排除一切不应考虑的因素;第二,在同一层面上考虑各种相关的利益,避免先入为主的偏见;第三,根据实际情况确定利益衡量的价值准则;第四,利益衡量的目标在于实现相关利益的最大化,把利益的牺牲或摩擦降到最低限度;第五,利益衡量应与宪法、法律相结合,不得违背它们的明文规定。利益衡量的步骤是:第一,考察本案是否属于利益衡量的适用范围;第二,判断双方利益是否属于正当利益;第三,保护原告的利益是否构成对被告某种权利所固有的利益的侵害;第四,保护原告的利益是否侵犯第三人利益、国家利益和社会公共利益;第五,寻找利益衡量所得出结论的理论构成,考察保护原告的利益是否违背法律的体系化解释,是否与法律所追求的基本目标相违背。

(房广亮)

利益层次结构说

中国学者梁上上提出利益的结构层次理论。他将利益划分为"当事人的具体利益""群体利益""制度利益""社会公共利益"。当事人的具体利益是案件双方当事人之间的各种利益,群体利益则是类似案件中对类似原告或类似被告作相似判决所生的利益。社会公共利益是整体的而不是局部的利益,在内容上是普遍的而不是特殊的利益,它不仅包括经济秩序和社会公德,还涉及深层的公平正义等法律理念,包含其他如热爱和平等抽象理念。制度利益是指一项法律制度所固有的根本性利益。

梁上上认为,上述四种利益形成一个有机的层次结构。在这个结构中,当事人利益、群体利益、制度利益和社会公共利益是一种由具体到抽象的递进关系,也是一种包容和被包容的关系。具体地说，群体利益是联系当事人利益与制度利益、社会公共利益的桥梁，能结合制度利益和社会公共利益作出保护与否的判断。就制度利益而言，由于法律的价值在于追求安定性和妥当性，要考虑未来类似案件的判决后果，所以，对具体案件进行审判时，对制度利益所带来的影响进行评估是必要的。但是，所谓的群体利益、制度利益都是一定社会的存在物，必须放到特定的社会中考察和评估。社会公共利益为利益衡量的支点和根基，离开了社会公共利益，就谈不上妥当的利益衡量。同时，社会公共利益在每个具体案件中所指的具体利益可能不同，它也是随着整个社会的进步而发展变化的，不能离开具体的社会环境而空泛地谈论社会公共利益。总之，在利益衡量时要克服恣意，保证案件妥当性，必须遵循利益的层次结构的规律。

这种层次结构要求法官在判案过程中遵循这样的一种思维过程：以当事人的具体利益为起点，在社会公共利益的基础上，联系群体利益和制度利益，特别是对制度利益进行综合衡量后，从而得出妥当的结论，即对当事人的利益是否需要加以保护。学界对上述利益层次结构说还存有争议，主要的质疑有：制度利益概念过于模糊，关于制度利益衡量的提法没有形成通说；除了影响到了理论本身的可信性之外，人们也对该理论指导司法审判的实际作用存有怀疑。尽管梁上上强调提出制度利益概念以及利益层次理论构建的初衷，是充当程序法的角色，以期只要遵循这样的利益衡量规则的过程，就可以避免衡量的任意。不过，目前来看，这种制度设计的初衷并没有真正实现。实际上，人们并没有把它当程序法来看待，更多的是承认制度利益衡量是一种考量利益衡量的新因素或标准。在很大程度上，其新意体现在通过在衡量过程中引入对制度利益的考量，为衡量这种主观判断的思维过程添加上了较强的制定法的权威约束。在这一点上，持反对意见的观点认为强调制定法外的价值标准，才是法官续造法律的指导因素，也是修正制定法规范的唯一准则。

参考书目

1. 梁上上：《利益衡量论》，法律出版社2013年版。
2. 吴从周：《概念法学、利益法学与价值法学：探索一部民法方法论的演变史》，中国法制出版社2011年版。
3. 孙光宁、焦宝乾：《法律方法论实践特征的提升——2012年中国法律方法论研究学术报告》，载《山东大学学报（哲学社会科学版）》2013年第3期。
4. 蔡琳：《论“利益”的解析与“衡量”的展开》，载《法制与社会发展》2015年第1期。
5. 陈林林：《方法论上之盲目飞行——利益法学方法之评析》，载《浙江社会科学》2004年第5期。

（房广亮）

后果导向论证

即后果主义法律论证，是一种以后果为基础的论证模式，是根据对某个判决结论所引起后果的预测和评价来选择判决理由的论证模式，将某种行为正当性的证立建立在实现既定目标的手段考量上。后果主义法律论证的逻辑图式可以表达为：

结论：行为X应当被实施

因为：行为X导致后果Y（经验性命题）

并且：根据目标Z后果Y是可欲的（规范性命题）

从逻辑图式来看，后果的可欲性往往被特定目标所检验，这些目标又往往蕴含特定的价值或原则，在这个意义上，后果论的论证和目的论的论证往往是相互支持的，这也是后果论论证与目的论论证容易混淆的原因。但是，目标的可欲性并不能单独决定后果主义法律论证的成立，后果论证的成立必须符合论证的充分性、后果的可欲性、因果关系的必然性三个关键特征。为回答“论证是否充分”“结果是否可欲”“行为是否导向结果”三个批判性问题，将构成新的论证以支持既定论证。因为这些支持性论证与随后的批判性问题是密切相关的，依赖于这些支持，后果主义的法律论证才真正成立。因此，后果主义的法律论证并不是一种独立的论证形式，必然被其他论证形式所支持，往往是复合论证的一部分。就该逻辑图式而言，后果主义的法律论证既包含通过观察和预测进行判断的经验性命题，又包括根据目标对后果可欲性进行判断的规范性命题。所以，后果主义审判是在个案的具体的事实情境中进行价值判断，而非在价值冲突中做出终极性决断以决定哪种竞争性利益更有价值。

（房广亮）

后果的分类

可分为法效果和现实后果。后果考量的概念只包含后者，同时必须是经验上能够把握的状态。法律的普适性要求后果必须是来自有效规则的普遍后果，而非个案的特殊后果，此外还要排除对规范适用者的后果、裁判是否可以贯彻的后果、对上级法院和法律界的后果。现实后果多分为对当事人和对公众的后果，前者有微观后果、个别后果、直接后果和判决后果，后者有宏观后果、社会后果、间接后果和调适后果等其他对公众的后果。其中，“调适后果对后果取向之法律适用的控制作用是决定性的：法律的经济分析停留在判决后果层面，而后果取向明确纳入了调适后果，从而也就纳入了各种社会科学的知识”。

参考书目

张青波：《理性实践法律——当代德国的法之适用理论》，法律出版社2012年版。

（房广亮）

后果取向适用步骤

德国卡塞尔大学德歇特教授在其《法之适用中的后果取向》一文中，认为现有文献中对后果取向适用步骤有不同的建议，以公开判决过程并在各个步骤都确切考量有关前提条件和要求。步骤过少不利于对待后果取向的各个具体问题，步骤过多却会无视司法实践的需要，因此适宜划分为五个步骤：第一，确定后果取向的适用领域，防止逾越法律约束；第二，通过效果和成本两种范畴，分析裁判效果，划定可能的后果领域，也就是调查重要后果；第三，预测这些重要后果的可能性；第四，选择评价标准并对预测的后果进行评价；第五，选择最符合评价标准的判决选项。整个后果论证应在对裁判的说明中公开。

参考书目

张青波：《理性实践法律——当代德国的法之适用理论》，法律出版社2012年版。

（房广亮）

后果的调查、预测与评价

如同立法理论，后果调查也从效果和效率两方面进行：效果要包括所有可能的效果、从属效果和远程效果，这一领域需要法律人和其他社会科学的合作；成本收入分析借助数据来描述规整问题，有较高精确性，成本包括外在成本和后续成本。在确定了重要后果之后，就要对这些后果进行预测。预测的问题来自后果的复杂性、无限性、不可概览性。德国学者德歇特根据对联邦宪法法院的实证研究认为,相比于从经验法则推导、依靠民意测验等统计方法,应优选模型程序,即从因果因素的系统中解释未来的事实。经验型社会科学为后果取向提供了足够的帮助,从而让预测风险可以承受。为了解决不同后果间的评价问题,德歇特详细探讨了效率、公正和真实这三个标准。关于效率:效率的最大缺陷是忽视了分配问题;因为个人之间的竞争关系,不存在福利经济学假定的个人决定的独立性;个人的需要及其次序也不是由自己确定的,而是取决于大量外在因素;过分注重效率导致了生态危机。因此,效率还需其他标准的补充。关于公正:可以把公正的理论区分为实质和程序的理论,前者给出了公正与否在内容上的标准,后者规定了公正行动的程序规则。可以把康德的绝对命令引入后果取向,它虽不能积极地引导评价,但也可以消极地划定界限。罗尔斯的正义论以不可转让的基本自由克服了效率理论的缺点,而且他的最小风险原则可以在损害后果有较大风险时适用,但其理论由于过分抽象而对司法提供的指示很少。公正的实质原则没有区分公正是什么和如何获致公正的问题,对公正的认识并非简单对对象在意识中加以描摹,毋宁说认识主体在认识中积极塑造了认识对象,如何获致公正的问题只有程序理论能够应对。关于真实:界定陈述真实的标准包括主客观一致的真实理论;从纯粹的形式中是不能推导出内容的,对商谈必须给出一个内容和题目,后果取向恰恰能提供这样的内容和题目。综上,对评价问题,效率、公正和真实三个视角都要引用。

参考书目

张青波:《理性实践法律——当代德国的法之适用理论》,法律出版社 2012 年版。

(房广亮)

法律适用的后果主义

一种倡导以对法律适用后果的考量为依据来进行法律适用的观点和方法论。从一般意义上说,作为一种从后果出发的法律思维和方法论,法律适用的后果主义要求法律适用者在适用法律解决案件以及为其处理结论寻求理由时,法律适用所可能引致的某些后果应该被作为法律适用本身权衡的重要标准,法律适用结论的选择也应当建立在所能带来的后果上,一定的良好后果是做出法律适用结论的正当根据。法律适用的后果主义主张法律适用不是简单的自上而下的逻辑涵摄,而是强调法律适用依据的选择对结论后果的倚重。相较于传统的三段论式的法律适用形式及其方法论,法律适用的后果主义可被看作形式主义法律适用观和方法论的反向运动,它改变了法律适用自动售货机式的直接演绎过程,改变了法官只是被动的"宣布法律的喉舌"的角色,也改变了法律适用依据的选择与结论之间的先后次序。通常来看,在现代法治语境下,法律适用的后果主义主要体现在疑难案件解决场合,具体表现为适法者为了在个案处断中弥补严格形式主义法律适用的局限或不能而追求和实现实质正义的司法行为。

在理论上,后果主义的法律适用观及其方法论得到了诸多现代法律理论研究者的肯定和推崇。关于法律适用中倾向后果主义的缘由,德国学者德歇特认为主要有以下四个方面的原因:(1)制定法中的漏洞和缺陷不得不给法官留出了决定空间;(2)司法调控和塑造社会功能的最优化,要求考虑社会影响;(3)法官法的发展使法官逐渐意识到自己社会工程师的角色,从而有意识地更多发挥了塑造社会的角色;(4)法学对社会逐渐生活化的回应产生了法学的社会学化、经济学化和生态学化。

参考书目

1. 张青波:《以裁判后果论证裁判——读〈法律适用中的后果取向〉》,载《法哲学与法社会学论丛》2008 年第 1 期。
2. [德]卡尔·拉伦茨:《法学方法论》,陈爱娥译,商务印书馆 2003 年版。

(杨知文)

法与经济学

又称法律的经济分析(economic analysis of law)。作为一门学科,法与经济学是法学和经济学科际整合的边缘学科,也是自 20 世纪 60 年代以来发展的交叉学科之一。一般认为,法与经济学理论的核心是主张将经济学特别是微观经济学的理论、观点和方法引入法学研究中,以"效益最大化"为标准分析和评价法律制度及其效果,进而改进法律制度本身。1958 年,芝加哥大学法学院创办《法经济学杂志》,该杂志的产生成为法经济学运动的里程碑,接着 1960 年罗纳德·科斯发表《社会成本问题》一文标志着法经济学的诞生,随后卡拉布雷西和阿尔钦的两篇论文——《关于风险分配和侵权法的思考》和《关于产权经济学》使得法经济学的研究真正进入法学研究的具体领域,其后理查德·波斯纳的《法律的经济分析》更是奠定了法经济学的理论基础和分析架构。法与经济学在 20 世纪 80 年代进入成熟发展期,作为一种国际性的学术思潮从美国辐射到北美、欧洲、亚洲等世界各地。诸多法学家和经济学家开始研究法经济学问题,通过创办专门的法经济学期刊,开设法经济学课程,建立专门的法经济学研究机构,使得法经济学的研究更加专业化和理性化。

作为一种方法论,法律的经济分析是以法学理论和法治实践中的问题为出发点,运用现代经济学(特别是传统微观经济学、新制度经济学、福利经济学、公共选择理论等)和其他社会科学的基本原理方法分析、检验法律制度与社会规范的结构、内容、绩效、形成、运作及未来发展。法律的经济分析是以"个人理性"及相应的方法论的个人主义作为其研究方法基础,以经济学的"效率"作为核心衡量标准,以"成本—收益"及最大化方法作为基本分析工具,来进行法律问题研究,研究范围覆盖整个法律研究领域,其分析框架包括法律成本效益理论、法律市场理论、法律供求理论、法律均衡理论和制度变迁与法制改革理论等。

(杨知文)

结果取向的解释方法

又称后果考量解释方法,是指法律解释者将因其解释而作出的结论所可能产生的社会影响纳入解释的一项考量,在解释结论产生复数的情况下,选择对社会影响较为有利的法律解释结论的法律解释方法。作为法律解释的一种具体方法,结果取向的解释方法强调法律解释的结果或后果对法律解释结论选择的反作用,即法律解释结论形成于解释者对结果取向的认知。相较于传统的法律解释方法,结果取向的解释方法是新近发展起来的法律解释方法,常被看作法律解释者在一定情形下获得具有合理性的法律解释结论的重要形式:通过后果考量的论证与操作,法律解释者识别并辨明在复杂的法律判断中交织在一起的不同路径,以谋求某种解释经过后果考虑后总体来说比其他可能的解释都能更好地体现法律叙述。根据有关研究的说法,结果取向的解释方法最早被意识到的是经济法,尤其是限制竞争防止法,这种解释方法自20世纪50、60年代起就作为一种功能解释方法的具体表现得到司法裁判的应用,司法者在解释法律时往往以法律之外的某种经济理想作为评价基础,自诩为实践社会市场经济理想的一个功能负担者,因此主张法律解释当然要考量裁判的可能结果是否符合市场经济的要求(刘国:《结果取向解释方法的正当性探究——以宪法解释为例的一种分析》,载《甘肃政法学院学报》2010年第2期)。从目前情况来看,结果取向的解释方法作为一种实用性极强的解释方法,已被广泛应用于宪法解释、刑法解释等其他部门法领域。

（杨知文）

事实性后果

通过对司法判决后果的衡量进行法律论证必须识别并评估司法结论的后果类型,而从本体属性和存在形态上看,多种类型或层面的司法裁决后果可以被区分。一项司法裁决最明显的后果就是给案件当事人自身带来实质性的影响,司法裁决的生效首先会对案件当事人产生约束力,在这方面将会导致具有重要影响的各种可能后果。这些后果是以裁决结论的内容为结果的后果,是司法裁判所能够带来的最通常的关联性后果,即裁决的直接后果。从性质上说,司法裁判的直接后果就是司法裁决所导致的特定的、个别的后果,它们指向司法裁判对个案具体当事人造成的特别、专门的影响,是裁判结论对人格化的特殊主体所带来的“具体后果”,也是裁判结论可造成的“事实性后果”。应该说,事实性后果在依法而治的国度一般被认为是案件当事人所应得的,是司法者对诉诸法院的纠纷的权威性解决的结果,也是一种循法而行的法律效果,而实现法律效果是司法的本分,体现了规则之治的法治要求和制定法传统下法律适用的固有理念。

（杨知文）

规范性后果

如果说直接后果或称“事实性后果”是司法裁决所导致的特定的、个别的后果,它指向司法裁判对个案具体当事人造成的特别、专门的影响,那么,司法裁决的作出能够产生更为深层的、广泛的潜在影响,因为作为一种行使公权的行为,其后果及所赋予的意义就不仅限于个案的具体当事人,影响也并不是只针对被裁判案件的特殊当事人。所以,除了事实性后果,司法裁判实际上能够导致更为潜在的可能后果,这种后果对于社会而言是在普遍意义上发生作用并具有影响力的,它是一种被作为体现案件裁判规则的逻辑性后果,特别是当其依赖的规则适用于相似案件时所能出现的一般性的假定后果,即司法裁决的“抽象后果”,或称“规范性后果”。存在“规范性后果”的原因就在于,司法裁决作为对诉诸国家的社会纠纷的一种公共的、最具权威性的回答,其结论及其得出该结论的根据必定设定了在某诉争问题上的一般模式,人们就该领域的行为规范获得了一种新的认识和预期。所以,规范性后果是适用于相似案件或将来案件时可能产生的具有普及意义的效果,由于这种后果存在超越个案的可被类别化的特性,法律适用对于这种后果的衡量才最本质地体现了对相关的抽象规范的衡量。

在司法活动中,能够作为法律论证可依赖的后果的正是裁决所可能导致的抽象后果,或称“规范性后果”,只有这种性质或层面的后果才是法律论证后果评价的逻辑起点,是司法者在疑难案件中进行规范选择所能够考虑的具有正当性的评价要素，因为后果评价要着眼于裁判活动的普遍意义和影响，而非迁就于眼前的个案现实。基于后果评价的司法方法也是通过对裁决规范性后果的考量以权衡可追求的后果问题，一个正当合理的后果论裁判应该立足于案件司法的规范性后果评价，而不能仅从个案本身考量事实性后果，毋宁说是要思量裁决结论可以被延展适用的那种一般性后果。

（杨知文）

不可承受的论述

法律论证的一种论述形式，一种以考量后果为情形的法律论证具体方法。按照这种论述形式和方法，如果一项法律主张将导致一种不可承受的、无意义的、不可理喻的或者以类似的术语表达的后果，而且这项后果是应当被禁止的，那么与之相反的主张就可以被确立。在德国学者罗伯特·阿列克西的法律论证理论中，不可承受的论述被作为法律论辩的外部证成部分中的论述形式。这种论述形式是法律论辩应用普遍实践论辩之规则和形式的一种特殊情形，其具体的图景是指：例如，当证立下列主张，即通过语言使用规则 $W(I_W^R = R')$ 对某个规范 R 的解释 I 是不允许的时，那么就表明这将导致不可承受的、无意义的、不可理喻的或以类似的术语表达的结果，这样一个不可承受的结果用状态 Z 来代表，至少按照法律论辩参与者的观点看，这个结果应被看作是禁止的（$O \neg Z$）。这是不可承受的论述特别严格的形式，其较弱的形式似乎在于，Z 不是绝对地被禁止，而只是被认为是一定的任选方案中最差的一种。

参考书目

［德］罗伯特·阿列克西：《法律论证理论——作为法律证立理论的理性论辩理论》，舒国滢译，中国法制出版社 2002 年版。

（杨知文）

衡量规则

（对于相互冲突的两个原则而言）对某一原则的侵害越强，另一个原则实现的重要性就应当越高。这个法则其实就是比例原则（principle of proportionality）的三项子原则之要求：适切性原则（principle of appropriateness）、必要性原则（principle of necessity）和狭义上的比例原则（principle of proportionality in a narrow sense）。衡量规则可以分解为三个步骤：第一步先确定某原则之不满足程度或受侵害程度；第二步再确定与此原则相冲突的彼原则之满足的重要性程度；第三步则将第一步确立的受侵害程度与第二步确立的重要性程度相互比较，确定与此原则相冲突的彼原则之满足的重要性程度是否足以证立对于此原则之受侵害程度。

（李　鑫）

原则理论

原则与规则的区别是近 40 年来规范理论研究最重要的领域之一。该问题获得突破性进展并引起国际性的热烈讨论始于罗纳德·德沃金的相关学术成果。自 20 世纪 80 年代以来，对原则和规则的区分做出重大贡献者当推德国著名学者罗伯特·阿列克西。他在对德沃金的理论批判性承继的基础上，构建了更为精致的原则理论，而阿列克西将德沃金所谓逻辑上的区别解释为规范结构一般特质上的区别,把原则定义为一种要求某事物在事实与法律可能之范围内以尽可能高的程度被实现之规范,即原则规范乃是一种追求“最佳化命令”(optimization requirements)的理想应然。其所要求实现的程度不仅取决于事实上的可能性,还取决于法律上之可能性,后者是通过与之对立的规范加以确定的。换言之,原则的法效果在具体案件中是否确定成立,始终必须取决于与个案中相冲突的其他规范衡量的结果,故衡量是原则的典型适用方式。

而规则不同于原则之处在于:规则在事实和法律的可能范围内具有明确的设定,是一种只能被实现或不被实现的规范,没有不同的实现程度问题。若个案事实符合规则的构成要件,即应接受该规则的法效果。因而规则的典型适用方式是涵摄。由此,阿列克西进一步指出,原则和规则在规范结构上的这种差别最清晰地表现在规范冲突的不同解决方式上。其中,规则冲突有两种解决方式,即不是将某一规则当作例外条款嵌入另一规则,就是有一条规则要被宣告无效。而当两个原则冲突时,某一原则在法律上实现之可能性将受到另一原则的限制,致使最终必有一原则退让,但与规则冲突不同,若一原则在该个案中退让,并不因此无效,它仍是法体系中有效之规范,仍可能在其他案件中得到适用。阿列克西更进一步地分析到,原则在法律上实现之可能性除了经由与之冲突的原则决定外,还受到与之对立的规则的限制。原则与规则的冲突可区分为两种可能的情况。一种情形是与原则冲突的规则具有严格效力,不可能被相冲突的原则限制,无论该原则多么重要都应作出退让。由于预知未来案件类型的能力有限,以及法律上并未禁止对规则创设例外,规则具有严格效力的情形在阿列克西看来不总是绝对的。因而还有一种情形是,与原则冲突的规则并不具有严格的效力,允许原则在特定条件下限制该规则的适用,该规则若非因此无效,就须改变其内容,即必须被嵌入一例外条款。由于原则能够证立规则,相反则否。满足原则限制该规则适用这一条件的情形,就取决于与该规则冲突的原则之重要性不仅必须胜过在内容上支持该规则的实质原则,还必须胜过在形式上支持该规则的原则(如“通过正当权威所制定的规则必须遵守”“不得无理由地偏离素来的法律实务”等,阿列克西称之为形式原则),即最终的法效果仍取决于(与该规则冲突的)原则与支持该规则的实质及形式原则之间的衡量。这正是阿列克西对德沃金理论的一个修正。

德沃金认为例外也是规则构成要件的一部分,因而一个完整的规则必须能包括所有的例外。而原则之间的优先关系则因为具体案情的不同而会发生变化,无法确定下来,故原则的“反例”(counter - instances)无法穷尽。相反,阿列克西指出规则的例外可能基于某个原则而设置,加之原则的“反例”又正如德沃金所承认的那样是无法穷尽的,这就使得规则的例外同样无法穷尽,因此规则就并非完全以“全有或全无”的方式被适用。质言之,能以不同程度被实现的原则规范与衡量之间具有内在关联,衡量涉及的就是程度问题,它所接纳和提供的是程度性的变化。原则冲突需要通过衡量的方法解决,反之,衡量最终也都是在原则之间进行的。在原则与规则冲突的情形下,通过原则为规则设立例外需要衡量。而规则之间的冲突,若无法依据法规范效力的冲突法则解决,冲突的各规则便需要从支持它的原则那里获得胜出的理由,故结果仍取决于支持各规则的原则或曰作为理由的原则间的衡量。

参考书目

余净植:《宪法中的法益衡量:一种可能的重构——以阿列克西的理论为思路》,载《浙江社会科学》2008 年第 2 期。

(李　鑫)

法律原则与法律规则间冲突的衡量公式

原则与规则同样可能会在个案中发生冲突，但原则与规则的冲突同样能够转化为原则与原则的冲突。阿列克西对于原则与规则冲突的解决采取了二分法。其认识论前提是，每一条规则 R 背后总蕴含着一条赋予其正当性的实质性原则 R. p 以及一条形式原则 R. pr（如"由合法权威制定的规则必须遵守""无特别理由不得偏离历来的实务见解"），后者是出于法律安定性的要求。

在规则 R 与原则 P 在案件 C 中发生冲突时，需要进行二次衡量：

（1）原则 P 与实质性原则 R. p 的衡量（方法同上），其结果为 P > R. p 或 R. p > P。

（2）原则 P 与形式原则 R. pr 的衡量，其结果为 P > R. pr 或 R. pr > P。

可见，如 P 欲在系争案件中限制 R 法效果的实现，除了通过权衡确立原则 P 对原则 R. p 的优先地位外，尚需证立，为何在此条件下，实现 P 的重要性是如此之高，以至于可以偏离权威机关透过规则 R 所作的决定（R. pr）。否则，如在系争案件中不能确立原则 P 对原则 R. p 的优先地位，或是虽然确立但仍不能证立原则 P 对原则 R. pr 的优先地位，规则 R 将在系争案件中继续适用。

（李　鑫）

法律原则冲突的衡量公式

有关研究认为，如果两个规范同时适用到个案上会产生互相矛盾的结果，这两个规范之间就存在规范冲突。阿列克西认为存在两种不同的规范冲突方式，一种是规则与规则的冲突，另一种是原则与原则的冲突（原则与规则的冲突可以转化为原则与原则的冲突）。这两种规范冲突的解决方式是不同的，这也是由规则与原则在规范结构上的不同所决定的。原则间冲突的基本解决模式是价值衡量。我们可以用符号" > "表示优先关系，用 C 表示优先条件，P1 和 P2 表示两条相互对立的原则，那么可能存在四种情况：

（1）P1 > P2；

（2）P2 > P1；

（3）（P1 > P2）C；

（4）（P2 > P1）C。

其中，（1）和（2）是抽象或绝对的优先关系，无论什么情况下，（1）代表 P1 绝对优于 P2。（2）代表 P2 绝对优于 P1。而（3）和（4）表示一种相对的优先关系。（3）表示在优先条件 C 下 P1 优于 P2。（4）表示在优先条件 C 下 P2 优于 P1。C 表示个案中的综合情况。那么，在情况 C1 的时候，P1 优于 P2，即（P1 > P2）C1；而在 C2 时 P2 又优于 P1，也就是（P2 > P1）C2。这种条件式、相对的优先关系是一种原则之间经过衡量而得出的结果，所以说原则冲突的解决需要通过衡量的方法，衡量的结果就会形成一个条件式、相对的优先关系。绝对的优先关系在实践中几乎不可能（绝对性原则如"人性尊严"例外），而条件式、相对的优先关系是原则共处的常态。

法律原则之间的衡量公式的基本形式是重力公式，而最常用的是商公式，即 G1，2 = I1/I2。对公式进行赋值运算，能得到三种运算结果，有两种情形（六种结果）可以分出大小，也就是说可以得出两个冲突原则的哪一个相对来说更重要。但是其中还有一种情形（三种结果）（其值为 0 或 1）得出的运算结果相等，也就是说两个原则在个案中具有同等重要性。但是重力公式的基本形式只是一种理想情况,原则之间的衡量还有其他的因素需要衡量。阿列克西认为还有两个变量是必须要考虑的,这两个变量中的一个是阿列克西所认为的每个原则都有的一个“抽象重力”,可以用 G 来表示。因此,原则 P1 在具体案件中受侵害的程度,可以用乘法运算表示为“$W1 = I1 \times G1$”;而原则 P2 在具体案件中侵害原则 P1 的程度就可以用乘法运算表示为“$W2 = I2 \times G2$”。那么,这两个原则之间“受侵害—侵害”的商公式就可以表示为:$G1,2 = I1 \times G1/I2 \times G2(W1/W2)$。但是一般情况下,原则的抽象重力是相同的,所以,可以消去。因为原则之间并没有一个固定的位阶秩序,就如同没有一个固定的价值位阶是一样的,但在个案情况下,则可能有重要与相对次要之分。另一个需要增加的变量则是原则 P1 被侵害及相冲突的原则 P2 侵害原则 P1 所需采取措施的经验性前提的确定性程度,分别用 S1 和 S2 表示。阿列克西按照其确定性程度,把其分为“确定的”“可成立的”“非明显错误的”,分别赋值为“$2、2^{-1}、2^{-2}$”这样的递减式几何级数。因此,完整的重力公式可表示为:$G1,2 = I1 \times G1 \times S1/I2 \times G2 \times S2$。

运用重力公式的复合形式对相互冲突的原则进行衡量,其结果仍然有三种:

(1)当 $G1,2 = I1 \times G1 \times S1/I2 \times G2 \times S2 > 1$ 时,原则 P1 优于原则 P2 适用,此时 P1 是决定性原则。

(2)当 $G1,2 = I1 \times G1 \times S1/I2 \times G2 \times S2 < 1$ 时,原则 P2 优于原则 P1 适用,此时 P2 是决定性原则。

(3)当 $G1,2 = I1 \times G1 \times S1/I2 \times G2 \times S2 = 1$ 时,无法唯一地决定原则 P1 和原则 P2 的优先关系。

在第三种情形中,因不存在决定性原则,结论的得出有赖于法官的自由裁量。当然,这并不是说此时法官不负任何义务。相反,他仍需将所有的衡量步骤一一展现出来,以便可以让他人进行批判。就此而言,确如佩策尼克所言,这仍是一种理性过程的结果。

参考书目

杨建、庞正:《法律原则与法律规则的界限——以德沃金与阿列克西的原则理论为主线》,载《河北法学》2009 年第 11 期。

（李　鑫）

法律论证和法律修辞方法

内部证成与外部证成

法律推理活动一般被理解为严格依循形式逻辑规则,实现从前提到结论的转化。三段论的功能只是表明某个推理过程是正确的,而不是确定这一过程的结果的真理性。一个三段论无论表面上看起来多么具有逻辑性,实际上它只不过是其大、小前提及大、小前提的逻辑关系而已。至于前提本身则未予充分考虑。在此背景下,有学者开始对传统法学方法论进行整体反省。在考夫曼看来,传统法学方法论注意到的,只是法律发现过程的最后行为,即包摄,而它使得所有在包摄之前的一切程序都陷入迷雾混沌不清。其实,法律发现过程的科学性不在于把这个过程化约为包摄的逻辑推论，相反地，它的科学性只在于：澄清这个过程的复杂性，而且合理地反思所有在该过程中不是以形式逻辑得出的一切事物。

在此背景下，如今人们对三段论推理的理解发生了深刻的变化。简言之，即从将其作为法律发现的最后阶段，转变为对大、小前提的确定；从对确定性结论的探求，转变为对更为精致的推理结构和过程的关注。传统的形式逻辑三段论法作为一种论证图式，依其自身的逻辑推理结构，即便能实现其所欲保障的推理过程的合法性和确定性，但是这种论证图式以其刻板的形式，实际上过分简化了实际进行的论证，隐蔽了论证的复杂性。因此，现今的法律论证理论主张将论证从形式逻辑学的框架中释放出来。法学家们引入了20世纪以来的强调论辩和对话的修辞学、商谈理论等思想资源，以此来处理外部证成的法律难题问题。可以说，外部证成并非传统法律论证的研究对象，它是论证理论拓展化之后新开发的研究区域，以前的法律论证理论强调推导逻辑结果的三段论，将前提陈述视为理所当然的无须验证的内容。外部证成所关注的是论证中的前提部分。

因此，在法律论证理论视域中，人们不仅区分法的“发现的过程”（context of discovery）与“证成的过程”（context of justification），而且将“证成的过程”进一步区分为内部证成和外部证成，这关系到法律论证的基本结构，它对于分析、重构和评价法律论证具有重要的意义。

内部证成和外部证成的区分，在西方学界经历了一个发展过程，并且学者们对此提出了不同的理论建构与解说。首先应提及的是英国哲学家图尔敏，他在1958年出版的《论证的应用》一书中提出的论证模式后来风靡学界。1979年在他的《推理导论》教科书中，又进一步完善了这个论证模式。依图尔敏之见，三段论法所使用的推理型式乍看之下虽然单纯明了，其实隐蔽了潜藏于其中的复杂性。因此他构造了另一种更具说服力的论证模式。在他看来，证成过程的第一步是提出一个特定的claim（C），而这可对应于法律程序中的诉讼主张和控诉。第二步是给出提出上述主张所依据的data（D），这相当于法学上的证据。虽然某些理由已经给出，但它仍会受到一些人的质疑。为反驳这种质疑，论辩者不必提出另外的理由，而是提出一个较为不同种类的命题：一个规则、原则或推论之许可（inference - licence），图尔敏称之为warrant（W）。这可以与法学上的法律规则或法律原则相比。data和warrant之间的区别就对应于法学中的事实问题与法律问题。

以上组成了论证的简易形式，而实际的论证常常较为复杂。如果warrant的可接受性受到质疑，就需要对这一warrant的backing（B）了。这一backing将表明warrant建立在什么权威或来源之上。有时尚需加一个rebuttal（R），以阐明一些例外的条件。在一些情形中，如果待决情形之warrant的适用范围必须阐明的话，就需要一个qualifier（Q）。一项论证即可分析如下图：

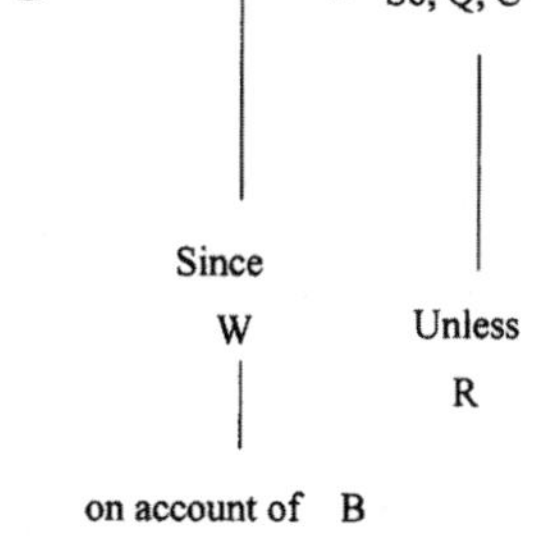

图尔敏论证分析模式

图尔敏的论证模式也被运用到具体的法律论证中。不少法律论证理论家运用图尔敏的这种模型,来作为重构法律论证相关要素的分析工具。如果将图尔敏的论证模式与其他法学家关于内部证成和外部证成相区分的观点结合起来,可以看到前者同样具有清晰的区分两种证成的理论脉络。如下图:

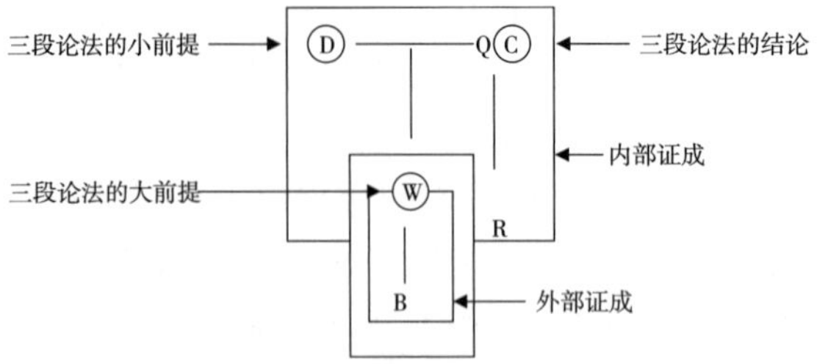

图尔敏论证分析模式的司法运用

当代大陆法系的法学家中,波兰学者弗罗布列夫斯基(Jerzy Wróblewski)最先对内部证成与外部证成进行了界定。后来,德国学者阿列克西、芬兰学者阿尔尼奥区分了法律判决的内部证成和外部证成。瑞典学者佩策尼克也做过类似的区分,即"语境充分的法律证成"(contextually sufficient legal justification)和"深度证成"(deep justification)。在英语世界,美国学者沃瑟斯特姆(Richard A. Wasserstrom)则是比较早地提出类似区分的法学家。沃瑟斯特姆明确地主张,法学领域中,关于证成(justification)的问题应区分成两个层次,以推导出正当的判决,即"二阶段正当化程序"(two – level procedure of justification)理论。英国学者麦考密克的法律论证理论,则区分了演绎证成(deductive justification)和次级证成(second – order justification)。此外,英国学者阿蒂亚和美国学者萨默斯也提到类似的区分,即在实质性依据之外,还有更为一般化的"次级依据"或"第二层次依据"(second – level reasons)。而日本学者平井宜雄也作过类似的区分,分别称为"微观正当化"和"宏观正当化"。

应注意的是,内部证成和外部证成相区分的观点,亦并非不可动摇。有学者反对这种区分,如阿根廷法学家雷多诺(Redondo)即认为在法律证成的文献中,人们通常所区分的内部证成和外部证成这些概念显得模糊,并不清楚他们究竟是想要区分什么。荷兰法学家菲特丽丝亦提到,做出这一区分是困难的。外部证成的型式看上去更像是内部证成延展型式的一种变体,而不是一种不同类型的证成。

不过总体上看,主流观点还是倾向于区分内部证成与外部证成。一般而言,一个良好的法律说理,基本上要满足下列两个要求:(1)在论证中所要证成的判决或法律命题必须从论证所使用的前提中合乎逻辑地推导出来;(2)这些前提本身必须是正确或真实的。人们通常是依据这两个标准将法律论证区分为内部证成和外部证成。

在内部证成中,连贯性的法律演绎起支配性作用。它要求人们有说服力地、成功地对法律适用者在具体化的法律规范与具体的事实状况之间建立的这种联系进行了说明。而在对所使用的前提进行的正当化的外部证成中,非形式的论辩程序在此起到关键作用。内部证成和外部证成的区分虽然是当代法学家提出来的,但是内部证成的经典模型却可以追溯到亚里士多德的三段论(肯定式)。亚里士多德三段论的第一个前提包括了判决之"规范基础",第二个前提则是"事实"。该推论之逻辑形式保证了结论从前提中得出。因此,内部证成的问题传统上往往是在三段论的名下予以探讨。不过,上述内部证成与外部证成的区分,也很容易给人造成一种印象,即将内部证成等同于单纯的逻辑演绎,而认为法律论证的重点只在于推理前提的获得与证成,至于涵摄则只有技术上的意义:只要能够获得正确的前提,那么,要推出结论根本不是问题。有学者对这种看法提出质疑,认为内部证成所关心的虽然是论证的逻辑结构,但其并不只是单纯的逻辑演绎而已。其实,现代逻辑学的研究成果已经为法律论证的逻辑分析提供了细致的分析工具,法律适用再不能被简单化约为大前提(法律规范)、小前提(案件事实)和结论(判决)这三个部分。比如阿列克西在他提出的法律论证理论中,就基于现代逻辑学,对内部证成的简单形式与复杂形式做了探讨。

内部证成是证成过程的主要部分,是赋予法律论证以力量的核心部分。外部证成会使得法律陈述更加有力量,因为它是前提基础,但是法律论证最终效力的确立还要依靠内部证成过程。内部证成固然构成整个论证过程不可或缺的一环,不过相比之下,外部证成似乎更为重要,更为棘手。在阿列克西看来,外部证成构成法律论证的焦点,因而也构成法律论辩理论的核心主题。外部证成的中心问题是:按照法律的标准,在内部证成中所运用的论证(论据)是否可以接受?阿尔尼奥亦认为,内部证成中的各种前提、规则和价值,往往可以事后进行重构;法律规则解释的核心问题是,对前提的选择、前提的内容以及合适的推理原则或基本价值的选择方式。在法律推理中,演绎程序只有有限的运用,法律推理的更有意义的方面也就被推进到了外部证成的不确定领域。总体来看,在内部证成和外部证成中,多数学者更看重的是外部证成。

不过,外部证成将面临诸多复杂问题,引起人们的争议。芬兰学者阿尔尼奥认为,从根本上,法律证成的最终前提就取决于法律共同体中的理性可接受性的元标准:生活形式(form of life)。生活形式指的是社会中法律理性具体观念背后共同的文化基础。因而,理性法律论证的最终前提即深深体现在相关的生活形式中。

参考书目

1. Henry Prakken & Giovanni Sartor, *The Logical Models of Legal Argumentation*, Kluwer Academic Publishers, 1997.
2. Giovanni Sartor, *A Formal Model of Legal Argumentation*, Ratio Juris, Vol. 7, 1994.
3. Eveline T. Feteris, *Fundamentals of Legal Argumentation*, *A Survey of Theories on the Justification of Legal Decisions*, Kluwer Academic Publishers, 1999.
4. Richard A. Wasserstrom, *The Judicial Decision: Toward A Theory of Legal Justification*, Stanford University Press, 1961.
5. MacCormick & D. Neil, *Legal Reasoning and Legal Theory*, Clarendon Press and Oxford University Press, 1994.
6. Aleksander Peczenik, *On Law and Reason*, Kluwer Academic Publishers, 1989.
7. [德]罗伯特·阿列克西:《法律论证理论——作为法律证立理论的理性论辩理论》,舒国滢译,中国法制出版社 2002 年版。
8. [德]考夫曼:《法律哲学》,刘幸义等译,法律出版社 2004 年版。

(焦宝乾)

法律论据

法律论证中提出主张的人用来支持或反对某个论点的理由。一般认为,法律论证有广义和狭义之分。广义的法律论证既可以指立法中对即将制定的某个法律的正当性论证,也可以指司法中依据法律规定和事实情况对裁判结果的论证,还可以指在其他场合对某一法律观点进行的辩护。狭义的法律论证是指诉讼过程中提出主张的人运用法律规定及事实依据对其观点进行论证的构成。此处的法律论据指在狭义的法律论证过程中，提出主张的人用来证明论点正确的理由和依据。

在法律论证过程中，提出主张的人必须提供充分的事实根据和法律根据，用以证明他所主张的论点的正确性，被用来证明论点的事实和法律，统称为法律论据。因而，广义的法律论据包括与事实有关的论据和与法律有关的论据。但狭义的法律论据主要是指法律论证过程中用以支持论点的与法律有关的论据。由于法律规范面对具体的案件纠纷时，可以阐发出不同的含义，因而从不同角度对法律规范进行解释，得到的法律论据，可以有多种不同的类型。

参考书目

熊明辉：《法律论证及其评价》，逻辑与认知学术研讨会会议论文，2004 年 5 月于广州。

（侯学勇）

语言学论据

语言学（linguistics）本身是以人类的语言为研究对象而形成的一门知识体系，其研究范围涉及语言的性质、功能、结构、运用及其历史发展，以及其他与语言有关的问题。由于语言是人类最重要的交流工具，是人们进行沟通、经营社会生活的基本工具，更是思想的直接体现，因而在 20 世纪 60 年代以来发展迅速。语言是人类所特有的沟通方式，它既能在生物学层面反映人类不同于动物的心智发展状况，亦能在社会文化层面反映人类文明的进步程度，语言学研究的最终目的是了解人类本质。此外，语言学研究还有多种应用价值，譬如在语言教育方面，可以借助语言编撰各种词典、语文教科书帮助人们学习语言，应对语言学习过程中的困难与问题；在逻辑上，可以通过对各种理由或论据进行语言学上的分析与研究，为论点提供有力的论证或支持。

在法学领域，乃至在法律论证中，语言学研究具有重要的理论价值。法律本是对人的社会行为及其关系所做的一种标准化表述，必须以语言为载体，方能对外界展示出来，语言是法律存在的基本方式。法律又因其高度的概括性与抽象性，简单的规范性语言表达，可能凝聚对多种社会现象的描述与评价。因而在其被用于具体案件纠纷的评价中时，特定意义的释放，有赖于法律专业人士对其做语言学的解释，才能准确表达法律规范在某一具体案件中的特定含义。同理，在司法过程中对法律规范做语言学上的分析与解释，阐释其在该种情况下的恰当意义，能够为某一论点提供合理的支持，为法律论点的成立与否提供支持的论据，可以被称为语言学论据。

参考书目

［英］A. 布洛克、O. 斯塔列布拉斯主编：《枫丹娜现代思潮辞典》，中国社会科学院文献情报中心译，社会科学文献出版社 1988 年版。

（侯学勇）

语义学论据

语义学（semantics），也可以称作“语意学”，是一个涉及语言学、逻辑学、计算机科学、认知科学、心理学等不同领域的术语。语义学的研究对象主要是自然语言的意义，基本认知单位可以是词、词组、句子、篇章等。在语言学领域，对语言的意义的研究目的是通过对有关语义表达的规律性、语言的内在含义、不同语言的语义表达方式的共同性与差异性等问题的探讨，研究语言或词汇与其所欲表达的意义之间的关系。

在法学领域，语义学研究主要是通过对法律规范进行语言学研究，通过对规范进行义素分析、语义场分析、语词结构分析等方法，探讨该规范所表达的意义究竟为何。在法律论证中，通过对相关法律规范进行语义学分析，阐释该规范在当前案件中应当表达的恰当意义，通过此种方法获得能够对相关法律论点提供支持的论据，称为语义学论据。语义学分析方法也可以用于事实证据的认定过程中。那些以语言文字方式固定下来的证据，如当事人陈述、证人证言、书证、专家鉴定报告等，都可以进行语义学分析，以确定其所欲表达的意义。由此而形成的证据，在其对相关论点是否形成支持关系的意义上，亦可以称为语义学论据。语义学论据产生的前提是，有以语言为存在形式的法律规范、证人证言等分析对象的存在，只要有语言存在的地方，就有语义学分析，就会形成语义学论据。从最广泛的意义上讲，人的任何活动、任何活动结果，最终都会进入语义学分析的领域，都会产生语义学论据。但此处语义学论据是指在法律论证过程中，通过对法律规范进行语义学分析而产生的、能够对某一法律论点形成支持或否定关系的论据。

参考书目

贾彦德：《语义学导论》，北京大学出版社 1986 年版。

（侯学勇）

语用学论据

语用学是语言学研究中的一个分支学科。语用学不同于语义学那样单纯研究语言表达中词与意的关系，人们使用语言，并不是单纯表达语言成分与符号单位的静态意义，语用学更多关注的是在特定情境中的特定话语的意义，关注的是语言使用的具体环境，通过对语言环境的研究去理解说话人的实际意图。在众多的语用学定义中，有两个概念是十分基本的，一个是意义，另一个是语境。语用学是语义学研究的发展与延伸，语用学也是对语言意义的研究；但语用学并非仅关注语言形式上的意义，更多关注的是一定语境中语言使用时体现的具体意义。

在一般条件下通过语词结构关系分析法律规范的抽象含义，可以看作对法律规范的语义学分析，这固然对进一步理解法律规范含义具有积极意义，但制定法律规范的目的在于有效解决具体纠纷，因而，在具体的案件环境中理解法律规范的具体含义，更具实际意义。人们讨论法律规范的意义总离不开特定的语境，包括讨论法律问题的时间、地点等场合因素，讨论的话题性质，参与问题讨论的主体情况，以及法律规范与上下文规范之间的关系等，法律规范的使用语境直接影响着人们对法律规范的理解。通过对法律规范之意义的解释，完成对某一法律论点的支持，必须结合该法律规范使用的语境，语境是判断规范意义是否得当的重要因素。在这一意义上获得的法律规范含义，在其对法律论点的支持关系上，可以称为语用学论据。

参考书目

何兆熊编著：《语用学概要》，上海外语教育出版社 1898 年版。

（侯学勇）

发生学论据

发生学原是生物学概念，指在地球历史发展演化过程中，各种生物种系的发生与发展理论，有时也指某一特征在生物发育过程中的进化情况。后来这一概念被皮亚杰引入人文科学研究中，提出发生认识论。这一理论关注的核心问题是新知识结构的构造机制问题，用以解释新的认识与理解如何在知识发展过程中形成。发生学理论认为，人类知识是不断构造的结果，每一次的认知与理解，总是伴随着一定程度的创造与创新；人类知识体系的每一次更新，总是以一些新的结构的形成为标志。它不仅研究认识如何发生或知识如何形成，而且研究它为何发生或形成；不仅研究知识发展的外在形式表现，而且注重知识发展整体内容与功能的研究；不仅研究知识发展的结果，而且关注知识发展中主客体相互作用的过程，因而这一理论主要用于研究人类知识结构发展变化过程中的逻辑规律。由于人文科学知识体系的形成与发展都以人为认识主体，知识的发展与人的思维认识发展和人类社会历史发展过程紧密相连，这使得发生学研究成为一种跨学科研究，与心理学、语言学、社会学、人类学、历史学等研究发展过程密切相连。

在法律领域，发生学研究主要用于法律知识的发生、发展机理或规律的研究。这一理论认为，法律规范及其知识体系的形成与发展，并非孤立存在的过程，而是与其存在时期的社会条件、历史背景、语言基础、社会心理状态等影响因素密切相关的，法律知识的更新必然受这些因素的影响，这些因素影响法律知识发展更新的内在机理与规律是法律发生学的主要研究任务。从发生学的角度研究法律规范，更能够准确获知法律规范在产生、更新时的真实意义以及立法者所欲赋予该规范的主观目的，因而，在这一理论基础上对法律规范做出的解释更有说服力、更具权威性。这一意义上的解释相对于所欲支持或反对的法律论点来讲，称作发生学论据。

参考书目

石磊、崔晓天、王忠编著：《哲学新概念词典》，黑龙江人民出版社 1988 年版。

（侯学勇）

主观—语义学论据与客观—语义学论据

在法律解释理论中，站在立法者、法律文本、解释者的不同立场上，分别有原意说、文本说、主体说三种解释学说。原意说认为法律文本是立法者有意识、有目的活动的产物，是立法者的内在思维活动、价值取向的外化，因而探求立法原意，也就是立法者制定法律之时的意图和目的是法律解释的目标。但这一立场又因探求立法者原意的途径不同，分为三种类型：语义原意说、历史原意说和理性原意说。语义原意说认为法律规范本身的语言含义与立法者的原意应当一致，解释者只要是弄清楚了法律规范的语词含义，就等同于探明了立法原意，而不必求助于法律文本之外的其他立法材料来确定立法原意。历史原意说主张探寻立法原意的途径不仅限于借助对法律语词的解释，更要借助立法过程中的各种立法准备材料，探求立法原意。通过对立法准备材料的研究，了解法律制定时的社会状况，从而更好地掌握立法者意欲通过法律的制定要达到的目的，把握立法的政治、社会和经济的目的。理性原意说将立法原意的探求途径诉诸想象重构中的理性立法者。所谓想象重构，是指解释者在解释法律时，把自己想象成为立法者，假设立法者在当前情况下会如何处置问题。

以上三种解释立场,语义原意说主张通过法律文本的语词表达探寻立法原意,反对通过其他立法材料探求立法原意,这种语义原意说通常被称为客观语义原意说。与之相对,历史原意说将探求立法原意的途径诉诸法律文本之外的其他立法资料,它比将探求立法原意严格限定于法律文本而言,具有更大的解释自由,所以历史原意说通常被称为主观的语义原意说。站在语义原意说的立场上,将解释出来的法律意义用以支持或反对某一法律论点,称为客观—语义学论据。站在历史原意说的立场上,将解释出来的法律意义用以支持或反对某一法律论点,称为主观—语义学论据。在英国的司法实践中较为流行的是语义原意说,而在一些大陆法传统国家如瑞典的司法实践中,则历史原意说占有绝对的优势。之所以有如此对比,应该是判例法国家的司法过程中,法官造法的传统使其享有较大的自由裁量权,为谋求与立法权之间的平衡而不得不在某些环节采取司法自治的立场;而在大陆法国家则相反,司法过程更多倾向具有扩张姿态的历史原意说立场,在一定程度上也有谋求司法权与立法权平衡的意味在内。

参考书目

1. 张志铭:《法律解释原理》(上),载《国家检察官学院学报》2007 年第 6 期。

2. 张志铭:《法律解释原理》(中),载《国家检察官学院学报》2008 年第 1 期。

3. 张志铭:《法律解释原理》(下),载《国家检察官学院学报》2008 年第 2 期。

(侯学勇)

主观—目的论论据与客观—目的论论据

一般认为,目的解释方法源于 16 世纪英国的除弊规则(mischief rule),指法官解释成文法时要充分考虑成文法所欲弥补的法律制度上的漏洞和混乱,并努力去弥补议会在制定该成文法时所欲弥补的普通法上的缺陷。这一方法出现的目的就是消除法律中存在的漏洞或歧义现象等弊端,通过对法律目的的探寻,以求弥补漏洞或消除冲突。但后来,人们关于该方法使用时的目的究竟是谁的目的这一问题产生分歧。19 世纪后半叶,法哲学及方法论的文献就法律解释的目标已经形成两种见解:一方面是以探究历史上立法者的心理意愿为解释目标的"主观论"或"意志论";另一方面是以解析法律内存的意义为目标的"客观论"。由此产生两种立场上的目的解释:主观的目的解释立场,要求解释者解释法律时应以立法者的实际意图为解释目标;客观的目的解释立场,要求解释者以实现法律目的即法律本身的合理目标或社会功能为目标。在两种解释立场上阐释出来的法律意义,从其对某一法律论点的支持或反对关系上来讲,分别形成主观—目的论论据和客观—目的论论据。

目的解释虽然可以用来弥补法律漏洞或消除法律分歧,有助于克服法律形式主义带来的僵化,但也有不少的批判声音。对主观—目的论的批评主要是其过于关注立法者制定法律之时的意图,容易脱离法律在当下适用的现实状况;对客观—目的论的批评主要是担心其破坏基于立法者威信建立起来的法律权威,破坏法治。故而拉伦茨强调兼顾"历史上立法者的规定意向"及"其具体的规范想法",以便实现"探求法律在今日法秩序内的标准意义",提出折中的法律解释目标。因而,为了达到既维护严格法治,又使法律呈现灵活的价值选择,无论是对主观—目的论论据,还是对客观—目的论论据的使用,都必须附有严格的条件。

参考书目

1. 蒋惠岭:《目的解释法的理论及适用(上)》,载《法律适用(国家法官学院学报)》2002 年第 5 期。

2. [德]卡尔·拉伦茨:《法学方法论》,陈爱娥译,商务印书馆2003年版。
3. 陈金钊:《目的解释方法及其意义》,载《法律科学(西北政法学院学报)》2004年第5期。

(侯学勇)

体系论据

在主客二分的科学主义思维模式下,一切认识对象本质上独立于人的认识,作品一旦完成,便具有了独立于作者意图的、固定不变的内容。立足于此,形成了解释理论中的文本论立场。这一立场上的法律解释理论认为,法律一经制定便具有脱离立法者意图的独立性,具有独立的本体地位,法律解释的目的是探求法律文本的合理内涵,而不是立法者制定法律之时的目的和意图,所谓法治是基于法律的统治,是规则之治,而不是来自法律制定者的统治。文本论的主张有一个假定前提,即法律文本是一个独立自足的整体,文本语言与其内在意义是同一的,法律文本的内容相对稳定不变。站在文本论的立场上,面对具体纠纷对法律进行解释时,立法者意图和法律文本的制定背景不应在考虑范围之内,解释者的主观或个人因素也应被排除,法律的意义不会因不同解释者的理解而有所不同。因为文本论强调法律文本的意义仅在于法律文本的语言表达、语法结构体系中,解释的标准亦在法律文本的语言表达与结构体系中。解释者在处理事实纠纷时,获取法律规范之正确意义的最佳途径就是把法律文本看成一个内在协调、外在系统的整体,通过不断循环比较法律整体与部分之间的逻辑关系,探讨法律条文的句法表达及语法结构,从而获得有关法律规范的最佳含义。在这一立场上阐释出来的法律意义,从其相对于某一法律论点的支持或反对关系上来讲,被称为体系论据。

体系解释方法体现了法学研究中的文本论和整体论思维,通过在法律文本内部整体与部分之间的循环理解,意图借助解释实现法律文本的一致与融贯,进而在整体融贯的法律条文的意义脉络中解释个别法律条文,避免人们对有关法律条文的字面解释产生分歧。相对于主观性较强的原意说或目的论论据而言,体系论据的提出立足外在于主体的法律文本,具有较强的客观性基础,坚持这一立场有利于提高法的安定性与确定性。同时,根据社会契约论,近代意义上的法律被当作公共意志的体现,对其解释时坚持文本至上的立场,是对公共意志的尊重,由此产生的体系论据具有更多的民主政治基础,更容易被公众接受。

参考书目

陈金钊:《体系思维的姿态及体系解释方法的运用》,载《山东大学学报(哲学社会科学版)》2018年第2期。

(侯学勇)

保证融贯性的论据

一般意义上,融贯被用于一组信念之间关系状态的描述。如果信念体系能够形成一种蜘蛛网状的结构,网状结构中的任一信念都会得到来自不同方向的其他信念的支持,所有信念都能够在彼此之间形成相互支持的关系,那么,这个信念体系就是融贯的。融贯概念主要解决的是多个信念之间的逻辑关系,它们之间不仅要求在逻辑上不能存在相互矛盾的地方,而且要彼此合理地结合在一起,整体上呈现有价值的意义。在论证语境下,这种要求被转化成针对多个证据之间逻辑关系的考量标准。同一事例中的多个证据,不仅要各自拥有合理存在的理由,彼此间不存在逻辑矛盾,而且要能够相互支持,共同对论点形成支撑关系。因而,一组证据能否形成一个融贯的证据链，取决于能够对论点形成支持关系的证据的数量，证据对论点的支持强度，证据之间的相互支持关系及强度等条件。证据之间以及证据对论点的支持关系越是融贯，它们对论点的支持力度越大，该论点的支持基础越是稳定、有说服力。在法律论证中，若要使提出的法律论点具有令人难以辩驳的说服力，必须慎重考虑对这一论点形成支持关系的证据之间的融贯程度，证据之间的融贯程度越高，在此基础上提出的论点令人接受的可能性越大。论据之间的融贯程度，是对论据提出的一种理性要求。

融贯只是一种理想的假设状态，论证实践中存在许多复杂的情况。大多数情况下，我们掌握的证据既有彼此相互支持的，也有彼此相互矛盾的，有的证据可以对某一论点形成支持关系，有的证据可能对论点形成反对关系。论点的可接受性程度取决于支持的证据与反对的证据之间的强度对比关系，因而，实践中应当尽量多地收集支持论点的证据，强化它们之间的融贯程度，增强其对论点的支持强度，提高论点的可接受性。

参考书目

Peczenik, *On Law and Reason*, Springer, 2008.

（侯学勇）

原则论据

一般来讲，法律原则是指在一定的法律体系中，可以作为法律规则的指导思想、基础或出发点的、综合性的、稳定的原理和准则。与法律规则相比较而言，法律原则具有以下几个方面的特征。首先，与法律规则的适用条件明确具体、逻辑结构清晰严密相比，法律原则往往比较模糊和抽象，没有具体的适用条件，也不具备明确的逻辑结构；其次，与法律规则可以明确地适用于某一类型的事实行为相比，法律原则一般不规定具体的适用条件，因而其适用范围较为广泛，具有较大的覆盖面；再次，与法律规则适用于具体个案时表现出来的“非此即彼”不能兼容的模式相比，法律原则适用于具体个案时，具有程度特征，两个原则可以同时在同一案件中适用，只不过对一个原则考虑得多一些，对另一原则考虑得少一些；最后，与法律规则的内容规定比较明确、适用时具有较强的规范性相比，法律原则内容抽象，适用于个案时的作用主要体现为指导性，即对人们解释、理解法律具有指导性意义。

以法律原则作为论据时，应考虑一定的适用条件。(1)穷尽法律规则，才能适用法律原则。若有具体的法律规则可以适用于案件时，不得直接适用原则；只有无规则可用时，原则才可作为弥补规则漏洞的手段发挥作用。(2)仅当法律规则适用于个案会产生极端的人们不可容忍的不正义的法律后果时，才能舍弃法律规则直接适用法律原则，而且需要提供充分的理由说明放弃规则的必要性。法律规则的优先性，象征着人们对法律确定性的优先考虑；而特定情况下对法律原则的考量，意味着人们对裁判合理性的优先考虑。

参考书目

林来梵、张卓明：《论法律原则的司法适用——从规范性法学方法论角度的一个分析》，载《中国法学》2006年第2期。

（侯学勇）

判例论据

将在先司法判例作为权威性理由适用于与之相似的待决案件论证的方法,被适用为裁判理由的司法先例规则或原则即判例论据。英美法系国家一般实行判例制度,法官在某一具体案件中所作判决,不仅对当前案件具有法律既判力,而且对于其后类似案件的判决形成法律上的约束力,相同案件应当相同处理。判例制度源自英美法系国家司法传统中的"遵循先例"原则,事实基本相同或相似的案件,若无其他重大理由,必须作出大体相同或相似的判决。先期作出的判决可以成为其后审判类似案件的先例,上级法院作出的判决可以成为下级法院审判类似案件的先例。法院审级越高,其所作判决作为判例的适用范围越广。下级法院审理案件时,应优先考虑上级法院审理类似案件时所作判决。当下级法院作出与先前判例大体相同的判决结果时,先前判例可以作为当前案件判决的支持性论据予以使用。在英美法系国家,法院的判决书一般包括判决理由和附属意见两个部分,判决理由是对作出当前判决结果的法律理由的阐述与论证,它能够展示作出当前判决所依据的法律规则。一项判决可以成为先例,对其他类似案件产生约束力,主要是指判决理由中所蕴含的法律规则能够对其他案件产生约束力。附属意见是法官在裁判推理过程中所表达的个人意见,一般无法律约束力,但一些具有社会威望的法官提出的附属意见,通常也会受到其他法官的重视。

在德国、法国、日本等传统意义上的大陆法系国家,虽然制定法为其主要法律渊源和裁判论证理由的权威性来源,并且这些国家也不奉行严格意义上的"遵循先例"的原则,但出于解释和补充制定法、统一法律适用、提高司法效率、避免重复法律论证、协调不同审级的法院活动等考虑,司法判例具有"事实上的拘束力"。法院在审理案件时,除依据制定法外,一般均会考虑是否适用与待决案件具有相似性的在先判例(尤其是上级法院作出的判例),法官在裁判文书中亦经常援引在先司法判例或其裁判要旨作为法律论证的权威性论据。

中国是以制定法为主要法律渊源的国家,司法判例不具有当然的法律拘束力。自 2010 年起,中国开始建立并推行案例指导制度,指导性案例可以被作为裁判理由用于法律论证,但不得作为裁判依据适用。对于指导性案例的地位与性质,有学者认为,因最高人民法院拥有法律解释的制度性功能、法律规范的复合型确证授权以及试行立法的制度性实践,指导性案例已成为司法裁判中基于附属的制度性权威并具有弱规范拘束力的裁判论据,但其拘束力程度低于制定法与司法解释,并受诸多现实和制度因素的影响。也有学者认为,指导性案例不具备法律渊源地位,因为不能产生规范意义上的拘束力,而只具有事实上的拘束力。

参考书目

1. 雷磊:《指导性案例法源地位再反思》,载《中国法学》2015 年第 1 期。

2. 刘作翔:《"法源"的误用——关于法律渊源的理性思考》,载《法律科学(西北政法大学学报)》2019 年第 3 期。

3. 何家弘主编:《外国司法判例制度》,中国法制出版社 2014 年版。

4. D. Neil, MacCormick & Robert S. , *Interpreting Precedents*, Routledge, 2016.

（侯学勇）

历史论据

可以在两个层面予以阐释。第一,法律适用者通过对某一法律规范产生的历史背景、发展过程的分析,发现法律规范的真实含义,这些历史背景材料对于所发现的法律规范的真实含义来讲,可以称为历史论据。第二,法律适用者通过对某一法律规范产生的历史背景、发展过程的分析,发现法律规范的真实含义或者立法者的真正意图,并以此为依据对当前事实问题进行判断,形成裁判结论,这些法律规范的真实含义或立法者的真正意图对于当前裁判结论来讲,也可以称为历史论据。在后一种意义上,历史论据又可以分为基于法律意义的历史论据和基于立法者意图的历史论据两种情况,也可以叫作主观—目的论论据和客观—目的论论据。

第一种意义上的历史论据,主要是指用以确定法律含义或立法者意图的历史背景资料。国外有法官主张法院运用如下五种方法来确定立法意图:(1)对法律的社会背景进行考察,审视存在何种社会性的缺陷或者法律缺陷,因为这些缺陷往往决定所要救济的对象;(2)找出目的相同的全部相关的法律的要旨;(3)特别注意对法律做出说明的那些长标题(以及能够找到的导言),可以从中了解到立法的一般目的何在;(4)根据有效的解释准则对实际用语进行仔细审查;(5)对法律中的相关条款(或者相关法律)做对照考察以明确解释对象的含义。

也有学者在宪法解释领域列举了更为详尽的历史论据:(1)制宪会议的记录;(2)宪法会议中代表的发言;(3)在提出修正案的国会中两院评论员的发言;(4)提出修正案的宪法会议或国会的程序;(5)某项条文或修正案的通过;(6)制宪时的普通法;(7)制宪时的历史或环境;(8)制宪时的字义;(9)大陆会议的记录;(10)当时的立法资料;(11)当时著名人物在制宪会议或提出修正案的国会外的陈述;(12)批准宪法时广泛传播的出版物;(13)习惯性解释;(14)在解释修正案中所确定的制宪意图。

第二种意义上的历史论据,仍需在第一种意义上的历史论据的基础上形成对法律规范真实含义或立法者真正意图的认知,并据此对事实纠纷进行判断。

历史论据的使用是对法治经验和法治传统的尊重,尊重历史就是尊重法治。历史论据的使用利于摆脱对文本论据的过分依赖,在一定意义上可以对司法权力形成制约。历史论据的使用能够帮助法官对案件形成更加综合性的判断,提高裁判结果的可接受性程度,提升人们对法律的信任与信心。就历史论据与其他论据之间的相互关系而言,历史论据的使用有利于辅助其他论据达到最优使用效果。历史论据通常作为其他论据使用时的重要辅助手段,因为,任何国家的法治建设都是在历史中形成的。

参考书目

1. 蒋惠岭:《历史解释法在司法裁判中的应用》,载《法律适用(国家法官学院学报)》2002 年第 11 期。
2. 梁慧星:《民法解释学》,中国政法大学出版社 1995 年版。
3. [英]尼尔·麦考密克:《法律推理与法律理论》,姜峰译,法律出版社 2005 年版。
4. [美]詹姆斯·安修:《美国宪法解释与判例》,黎建飞译,中国政法大学出版社 1999 年版。

(侯学勇)

比较论据

比较是通过对比观察、分析相似事物之间的相同点与不同点,取长补短,以达到促进事物发展,提高事物质量或优化事物结构的目标。在法律领域,比较方法被广泛使用。如在立法过程中,通过比较研究不同国家法律制度或立法学说之间的异同及其发展趋势,移植和借鉴他国好的制度性规定或立法理论,以提高本国法律质量,优化法律结构。在司法过程中,司法过程参与人可以引用外国司法实例或判例学说,合理阐释本国法律,以引申出能够支持、论证自己论点的意义内容。以上各种情形下,相关的国外法律制度或立法理论、司法实例或判例学说,对于比较者所欲达到的相关立法目的或司法目的而言，可以称为比较论据。

比较论据的使用，通常可以分为三个阶段。第一阶段是描述，通过对相关的国外法律制度或立法理论、司法实例或判例学说之内容的描述，探明他国相关内容的真实意义。这是比较论据形成与使用的基础。第二阶段是评价，在前期相关内容已经明确认知的基础上，对比国内相关法律制度或司法操作过程的不足，找到国外法律制度或司法实例的优势及发展趋势，明确可资借鉴的内容。第三阶段是借鉴，在具有相对充分的合理理由的基础上，移植或借鉴国外优势做法，支持本国法律制度或立法理论的优化，支持司法程序的优化或法律论点的正当性。

运用比较论据，提升本国法律制度或司法过程的合理化程度，是现代国家通行的做法。在经济全球化的条件下，这有利于中国法律制度和司法裁判过程与国际标准接轨，有利于国内相关法律制度或司法裁判质量在付出较小成本的情况下迅速提高，避免高昂的法律试点成本。比较论据的使用，也有一定的范围限制。在法律制度的比较借鉴中，通常是私法领域中的法律制度会被更多借鉴，而涉及一国政治制度、民族风俗、宗教传统等方面的内容，一般会更倾向于持有保守的态度。在司法制度的借鉴中，判例法系国家比传统的大陆法系国家，持有更为开放的态度，更容易接受他国好的经验与做法。

（侯学勇）

制度性论据

适用法律对系争事实作出裁判结论，需要依赖一大一小两个前提。根据一定的解释方法所获得的、能够直接用于裁判当前案件的法律规范依据，是大前提；根据证据所确认的案件事实，是小前提。无论是大前提，还是小前提，都是为裁判结论提供支持理由的。大前提提供的是法律上的支持理由，对于所获结论而言，大前提可以被称为法律论据；小前提提供的是事实上的支持理由，对于所获结论而言，小前提可以被称为事实论据。在这里，大前提被称为法律论据，是相对于小前提被称为事实论据而言的。

与此同时，大前提被称为法律论据，更多的是在另外一个意义上提及的。在法律论证语境下，法律适用过程就是一个为决定提供理由的证成过程。这一证成过程是否合法合理，取决于两个条件：一是法律决定是否根据一定的推理规则从前提中合乎逻辑地推导出来，二是这一推导过程所依赖的前提是否正当合理。由此，法律论证可以区分为两个阶段：内部证成与外部证成。内部证成指法律决定根据一定的推理规则从前提中逻辑地推导出来的过程，外部证成指对法律决定所依据的前提的正当性的证成过程。在内部证成中，主要考虑的是从前提到结论的推导过程是否符合推理规则、是否有效，这一过程中的大前提必定是来自现行有效法律体系的法律规范，这一规范的意义指向如果能够合理涵盖当前案件事实，那么，在此基础上的逻辑推导就是正当合理的。而外部证成涉及对内部证成中所依据的前提——主要是指大前提即所依据的法律规范——的正当性的证成，对该法律规范的正当性的证成依据，既有来自现行有效法律体系的其他法律规范，也有来自现行有效法律体系之外的其他论据，如一般的道德规范、善良风俗、法理学说、指导性案例等。内部证成中作为大前提的法律规范、外部证成中所援引的现行有效法律体系中的其他法律规范，因其都来自现行法律制度，具有法律上的普遍约束力，故而它们就其所欲证明的结论而言，被称为制度性论据或法律论据。

（侯学勇）

解释方法(解释规准)

受立法成本所限,成文的法律规范必然数量有限,法律规范是立法者将某一类的事实予以类型化,然后以规范性的语言表达浓缩在法律文本中。法律规范总是具有规范性、抽象性的特征。相对于数量庞大的具体个案事实而言,抽象、一般化的法律规范必须经过解释才能获得适合处理当前案件的裁判规范,缓解有限数量的法律规范与庞杂繁多的案件事实之间的紧张关系。在这个意义上,任何将现行有效法律适用于具体个案以获得正当法律决定的过程,都离不开解释,法律解释是法律适用的必要前提。为从抽象的、数量较少的法律规范中获得有针对性的裁判规范,必须使用多种不同的解释性技术手段,这些技术性手段被称为解释方法,又叫作解释要素,或解释规准。目前发展出来的解释方法,其多样性几乎到了让人眼花缭乱的程度。在萨维尼提出文义解释、体系解释、历史解释、目的解释四种方法的基础上,中国学界提出了更多种类的解释方法。如郑玉波将法律解释分为两大类,即文理解释和论理解释,论理解释又分为扩张解释、限缩解释、反对解释、类推解释;杨仁寿则将法律解释分为三类,即文义解释、论理解释和社会学解释,论理解释又分为体系解释、法意解释、比较解释、目的解释、合宪解释;梁慧星将法律解释分为四类,即文义解释、论理解释、比较法解释及社会学解释,并将论理解释细分为体系解释、法意解释、扩张解释、限缩解释、当然解释、目的解释、合宪性解释。

这些解释方法的存在,一方面使法律适用者可以最大限度地找到与当前案件相匹配的裁判规范,增加裁判结果的正当程度;另一方面,解释方法的多元化也增加了解释结果的不确定程度,方法的种类越多,获得的可能结果就越多。如此一来,针对某一具体案件,选用哪种解释方法是正确的,已然成为一个长期困扰人们的问题。关于法律解释方法适用的位序理论,只能在宏观上解决不同解释方法之间的大体的先后顺序,无法为每一个具体案件的裁判过程提供精确的、完全正当的解释方法。针对具体案件,采用何种解释方法,最终取决于法律适用者的选择。

参考书目

1. 颜厥安:《法与实践理性》,中国政法大学出版社 2003 年版。
2. [德]罗伯特·阿列克西:《法律论证理论——作为法律证立理论的理性论辩理论》,舒国滢译,中国法制出版社 2002 年版。
3. 郑玉波:《民法总则》,台北,三民书局 1979 年版。
4. 杨仁寿:《法学方法论》,中国政法大学出版社 1999 年版。
5. 梁慧星:《民法解释学》,中国政法大学出版社 1995 年版。

(侯学勇)

解释方法的证立作用

各种法律解释方法是人们针对具体案件发现法律规范之恰当含义的一种手段。由于人们在具体的案件中面临的情况各不相同,因而发展出多种多样的解释方法。

如今,人们越来越多地在证立的意义上看待法律解释方法。法律解释方法是为某个已经存在的做法提供有说服力的法律理由,解释是证立司法结论的一种手段或方法。司法实践中的法官处理案件,一般是先有自己的判断,然后再去寻找法律依据。法官在寻找法律依据的过程中,如果找到明确的规定,则依法律规定判决;如果法律规定不明确或与法官自己的判断相矛盾,他就会根据上一层级的规则或原则,借助于各种解释方法来证立其解释的合理性。如果某一解释(结果)是按照特定法律体系所认可的法律解释方法得到的,那么,该解释结果至少具有初步的正当性。

法律职业者对法律问题的思考判断是一种"结论主导"型的思维模式。解释是一种结果,通常是在结果早已确定之后,才选择解释的方法。所谓的解释方法只不过是对文本补充的事后注脚而已。在法律论证框架下,各种解释方法的作用不在于解释、发现法律规范面对具体个案时的不同含义,而在于证立某种已经持有的解释结果的正当性。解释方法给我们提供的是各种不同的解释形式或方式,以使解释者能够在这些逻辑有效的形式中重构他所持有的某种观点,如果观点能够被重构,它就是合乎逻辑的、正当的。

参考书目

1. 苏力:《解释的难题:对几种法律文本解释方法的追问》,载梁治平编:《法律解释问题》,法律出版社 1998 年版。
2. [德]伯恩·魏德士:《法理学》,丁小春、吴越译,法律出版社 2003 年版。
3. [德]罗伯特·阿列克西:《法律论证理论——作为法律证立理论的理性论辩理论》,舒国滢译,中国法制出版社 2002 年版。

(侯学勇)

教义学论证

依《牛津哲学词典》的解释,"教义"一词指人们所持有的一种毫无疑问的观念,具有无需辩护的确定性。教义最早在哲学中使用,意指并非通过理性证明,而是通过权威宣言或信仰而接受的各种观念或立场;后被用于宗教神学领域,比如在基督教会,教义指由教会所界定的、通过神意表达出来的观念,教徒只能无条件接受,不能有任何怀疑。教义学就是关于某些具有公理效力的原理原则或教义信条的理论学说,最初是基督教会用于信仰原则的研究。为防止对《圣经》产生过多分歧性的解释,教会便制定了《圣经》解释和信仰的基本方针,作为神职人员解释《圣经》的根据,最终形成神学教义学。

法教义学的产生与德国的概念法学关系密切。受 19 世纪自然科学快速发展的影响,法学研究也越来越倾向于自然科学主义思维方式,把法学作为一种科学进行研究,法教义学就是这一思维方式在法学研究中的体现。根据概念法学的立场,法的概念是一种独立的"理智存在",对抽象的法概念进行研究就可以完成法的科学创造。法教义学研究主要由三类活动构成:对现行有效法律进行科学描述,提炼出抽象的法律概念并形成体系,形成用以解决事实纠纷的法律建议。法律适用中的解释活动应以法律文本原意或立法原意为根本,尽量避免法官的主观理解。这种对法律文本的独断性解释立场,在 19 世纪的西方法学研究中,常被用于某一特定法律体系或其子体系的实在法理论研究中,被称为法教义学,其与各个部门法研究的结合,形成了宪法教义学、民法教义学、刑法教义学等不同理论学说。在具体案件的裁判过程中,在教义学思维方式下对法律规范进行理解形成的解释性内容,被用作裁判结果之合理性的证成理由时,称为教义学论证。

法教义学强调的是对法律规范的严格遵守。司法中对具体案件的裁判,应固定地沿着一条按照逻辑关系预先设定的从一般原则到具体事实的路径进行。但在 20 世纪哲学解释学理论逐步成熟之后,独断解释学支配下的法教义学观念有了很大转变,更多体现法学知识的实践价值。首先,封闭体系观念被打破。建立在概念法学基础上的传统法教义学主张所援引的证成理由必须在封闭的概念体系或现行有效法律体系内，随着法律方法论的发展，人们认为裁判结果的正当性理由在很多情况下可以超越封闭的体系，更多强调在敞开的体系中论证。其次，超民族观念的产生。当法教义学的论证起点不再仅仅局限于预设的法律规范体系，那么，许多法律原则、法律观念、法律结构等内容的援引，就不会局限于民族的法律规范体系，而可以在更为广泛的范围内选择，从而使论证质量具有更多的普遍性价值。最后，法教义学的反思与批判功能被重视。传统法教义学思维方式主要是形式逻辑的，现今的法教义学思维已具有价值导向属性，逐步从传统的服从、保守立场，到更多强调反思与批判，在法律论证理论中发挥更多作用。

参考书目

焦宝乾：《法教义学的观念及其演变》，载《法商研究》2006 年第 4 期。

（侯学勇）

论证的场域永恒和场域依存

逻辑学家图尔敏提出的关于评价论证可接受性的标准的场域区分。图尔敏认为，论证的可接受性不仅依赖于普遍的正当性标准，而且还依赖于存在于特定场域的标准。因此，论证可接受性的评价规范有些是普遍性的，即场域永恒的（field - invariant），而有些评价规范则是特定的，即场域依存的（field - dependent）。图尔敏把自己的论证模型用于分析法律论证，就相应地界分出法律论证的普遍性标准和特殊性标准。普遍性标准是指，就其形式而言，法律论证必须与一种有固定要素的固定程序紧密相连，所以，场域永恒的标准就包括一个论证的“样式”或结构；特殊性标准就是特定的场域依存的正当性标准，就其内容而言，法律论证要素依照其所应用的特定法律领域的正当性标准必须是可接受的，由于法律论证运用的理由、保证和佐证不同，每一法律领域都有它自己的特定标准。

（杨知文）

图尔敏的论证模型

英国哲学家斯蒂芬·图尔敏提出的有关论证的一种程序性模型，这种论证模型表现为一项主张的证立是一种按固定顺序依次进行的各个步骤组成的程序。图尔敏对论证的几何学方法进行了批判，并把逻辑中准几何学的形式概念改变为程序的概念，认为它与法律实践中的形式有类似的内容。在图尔敏看来，论辩类似于判决，而法律活动是理性讨论的具体形式，即程序和论辩规则以特殊方式被制度化。在法律活动中，首先表达主张，其次提出证据、证人，最后作出判决，写出判决书，而像这种稳定的因素一般在论辩中也有。当用“法学模型”来替代“几何学模型”时，法律论证的基本模式就被提升为或普遍化为一般论证模式。论证样式中的要素随着针对论证的挑战问题的陆续提出而逐步显现出来，表现为一种程序性的模型。

具体来说，当我们做出断言或主张时，人们并不会轻易接受我们的主张。如果主张遭到挑战，我们就要诉求一些事实，把它们作为我们的主张所基于的基础来提出。在每一情形下，一个初始的断言通过生成有关于它的其他事实而得到支持。因此，我们首先就有一个初始的区别：主张（claim）或结论（conclusion），其特性是我们正在寻求确立的东西；而我们诉求的事实作为该主张的基础，这就是予料（data）或事实（facts）。生成该主张所基于的予料或信息为的是回答挑战者的问题:"你凭什么根据?"予料是我们回应对主张的挑战时所引用的事实,可以作为支持最初断言的根据(ground)。

不仅如此,还会出现另一类进一步的问题:"你如何达到那个结论的?"为了提出一个特殊的予料集作为某个具体结论的基础,我们致力于一种步骤。现在关键在于这个步骤的本质和证明的问题,该步骤对初始主张或结论来说是一个恰当的和合法的步骤,其命题表现为一些规则、原则或推论许可(inference - licences)等。这里所需要的就是一般的、假言的陈述,它作为桥梁起作用,简写为"若 D 则 C",其意思就是"像 D 的予料,授权一个人得出或做出如 C 的结论或主张",或者"给定予料 D,一个人可以断定 C"。这类命题称为正当理由或担保(warrant),以区别于予料和结论。

然而,论辩并没有到此结束,这仅仅是一个开端。正当理由有不同的种类,可能授予它们所证明的结论不同的力量等级。一些正当理由是没有例外的规则,正当理由本身的准确性没有争议,因此,可用副词"必然地"来修饰结论。但是,其他一些正当理由赋予从予料到结论的步骤的权威性或者是暂时的,或者遭遇到条件限制或例外。在这些情形下,其他模态限定词(qualifiers),如"很可能地""假设性地"就出现在修饰结论的适当位置。因此,简单地阐明我们的予料、正当理由和主张可能并不充分,需要加上某些明确指称力量的等级。

在法庭上,经常有必要的是,不只是诉求一个特定的法条或普通法原理,也要明确地讨论什么程度上这个特殊的法律适合眼下考虑的案件,是否它必定不可避免地在这个特殊案件中是适用的,是否特殊的事实可能使该案件成为那个规则的一个例外,或者成为只有做出某些限定,那个法律才能适用的案件。这样,模态限定词和例外或反驳的条件需要在我们的样式中给予独立的地位。限定词指示在这个步骤上正当理由担保的强度,反驳条件(rebuttal)指示正当理由的一般权威性在其中将不得不被弃置一边的那些环境。更进一步的问题在于,正当理由是否根本上可接受?正当理由转而又依赖其他什么东西?没有它,正当理由本身将既不具有权威性也不起作用,这些就是正当理由的支援(backing)。这样,论证的要素就并不是传统的前提、结论和假设,论证就被解释为由被根据(予料)支持的主张、依赖于正当理由的推理组成,而正当理由本身可能又被"支援"所支撑,且对主张的支持通常受到限制,也须认识到存在可能的反驳性因素。这就是由主张、根据、正当理由、支援、反驳和模态限定词六因素组成的"图尔敏模型"。这个模型可适用于法律、科学、伦理学、管理、医学、美学、政治等各个领域。

参考书目

武宏志、周建武、唐坚:《非形式逻辑导论》,人民出版社 2009 年版。

(杨知文)

演绎证立

通过形式逻辑的演绎模式对法律结论进行证立的论述形式,在法律论证中,这种形式表现为法律裁决依靠法律规则以及满足其适用条件的法律事实得以维持,以此种证立为基础的论述能够被重构为演绎正当的论述。在现代法治条件下,规则论证是司法实践的常态,某种形式的演绎推理通常被看作法律论证的核心所在,特别是在简单案件裁判中,法律裁决就是通过把已认定的特定案件事实置于与之相关的和可适用的"有效法律规则"的统摄之下推导得出的结论。英国学者尼尔 · 麦考密克从逻辑合理性出发讨论了演绎证立的适当性及其对法律论证的核心地位。在他看来,研究作为正当化过程的论证所关注的论述形式应该在逻辑上是有效成立的,在某些案件中一个给定的判决可能完全是借助演绎性论证方式在法律上进行证明的。

根据逻辑学的一般原理,如果一个结论性命题隐含于另一个或若干个命题当中,后者是前者的“前提”,无论前提和结论的内容如何,只要从形式上前提中包含着结论,那么一个演绎性判断就是成立的,即这个论述是演绎正当的。对于法律结论的证立而言同样如此,在法律中对于任何命题 p 和任何其他命题 q,如果认为在任何情形中如果 p 那么 q,在案件中发生了 p 但是不能得出 q 的话,那一定是自相矛盾的。所以,只要法律规则可以表示为“如果 p 那么 q”的形式,并且在某些案件中只要被发现的“事实”明确无误就是那个“p”,那么通过演绎推理就可以从作为前提的法律命题和事实命题中有效地推出一个法律结论。这样,对判决结论的作出起关键作用的法律决定过程,通过演绎证立方式就可以正当化了。

参考书目

[英]尼尔·麦考密克:《法律推理与法律理论》,姜峰译,法律出版社 2005 年版。

(杨知文)

次级证立

相对于演绎证立而言的证立层级及其形式,又称“二次证明”。英国学者尼尔·麦考密克将法律证立形式分为两个层级,即演绎证立和次级证立。通过这种划分,他试图推动现代法律理论中一个核心问题的解决,即在所谓疑难案件中,如果不能依靠公认的既存规则,法律裁决该如何理性地证立。在他看来,在简明案件中,由于既存且公认的具体规则是可以明确适用的,通过演绎证立就可以对法律裁决进行证立;而对于一些疑难案件而言,如果被宣称明确的规则本来就是不确定的,或者根本就没有预先确定的规则可供利用,那么只有在新的规则创制之后或者对既存规则进行解释之后演绎证立才有可能,而要使创制的新规则或做出的解释结论具有可接受性,就需要次级证立。据此,在被创制的法律规则或做出的法律解释确立以后,第一层级的论述也能够被改造为演绎正当的论述,但是必须借助次级证立对构建的法律规则或法律解释结论进行证立。所以,次级证立本身不能被重构为演绎正当的论述,次级证立的任务就在于通过某些论述形式使被构建出的、用作演绎证立前提的法律规则或法律解释结论正当化。

参考书目

[英]尼尔·麦考密克:《法律推理与法律理论》,姜峰译,法律出版社 2005 年版。

(杨知文)

连贯性论证

又称一致性论证,是要求新创制的规则或法律解释结论与既存的有效法律规则相一致的法律论证形式。通过这种论证形式,法律论证对新创制的规则或法律解释结论的证立必须从一致性的角度说明法律裁决是和已经存在的有效法律规则相统一的,至少没有同它们相冲突。在法律制度中,强调法律的一致性问题旨在要求法律应当保持自身的和谐统一,消除矛盾和混乱,所以,一个没有争议的问题是,诸如矛盾律(a 与非 a)这样的逻辑法则,对于任何理性和严谨的法律制度而言都是有约束力的。英国学者尼尔·麦考密克认为,在司法中有一条不可违背的戒律,即不可以冒犯既定的和有约束力的法律;一致性要求对于成文法来说是一个必要条件,在法律适用中司法者总是倾向于适用展示在他们面前的规则含义中更为“显而易见”的那种:在成文法制度中,连贯性论证要求法律裁决不得违背既定的和有拘束性的法律规则,得出裁决结论的可能规则只有在不与成文法中有效的法律规则相抵触时才能够被采纳;出于同样的理由,对于判例法制度中的法律解释等问题,连贯性论证可以被理解为不得违背判例法所形成的规则。

参考书目

[英]尼尔·麦考密克:《法律推理与法律理论》,姜峰译,法律出版社2005年版。

(杨知文)

融贯性论述

对司法内部证成的一种要求。“融贯性”的英语对应词为“coherence”,它不是对论证前提间现实关系的描述,而是一种可欲的道德品质,具有程度性。融贯性是关涉法律、道德、政治在法律论证中规范性命题之衡量的一个标准。在一个融贯的论述整体中,各个主题之间的关系不是由命题推出结论,结论1推出结论2,再由结论2推出结论3的直线性关系,而是相互依赖、相互支持的关系,各个主题之间并不存在先后问题,而是相互证立的关系。

根据对融贯性积极面向的不同理解,可以区分出三种观点:(1)规范的融贯性(normative coherence),即麦考密克所提出的规范间的相互支持关系。(2)整全的融贯性(coherence as integrity),即德沃金所主张的“基于政治道德并能通融既有法制”的论述。(3)最大论据融贯性,即雷舍尔提出的当一个命题必然从所有优先的最大融贯论据子集中推出时,此命题与论据间就存在最大融贯关系。上述三种观点是相通的,规范融贯性和最大论据融贯性表明了支持一种理论或主张的融贯性可以借助的渊源,而整全融贯性同时还对它要达到的效果进行了要求。

连接这三种观点的关键在于“支持”(support)或“证立”(justify)概念,即无论借助于何种渊源、要达到何种效果,都要借助于支持和证立来进行。这种“证立融贯性”的基本理念就是要尽可能多地证立一个陈述集合中的陈述,使它们接近一种完美的支持性结构。融贯性论述的基本要求可以从要素、层次和构造三个方面来阐释。从要素角度来看,融贯性论述包含了三个方面的要求:一是一个融贯的前提集合必须是无矛盾的;二是一个融贯的陈述集合应当具有广泛性;三是一个融贯的陈述集合应当具有积极关联性。从层次角度来看,融贯性论述也包含了三个方面的要求:一是连贯性,属最低层次的要求。二是体系的融贯,属第二层次的要求。既然所有的法律规范都必然是以体系化的方式被连接在一起,那么对于一个可适用于个案的前提集合来说,它所包含的各个规范性前提同样需要彼此借鉴来理解自身,以使其具有更多的内部融贯性。同时,前提集合中各个规范性前提的关系也必须在整个法律体系的视角下形成。三是理念的融贯,属最高层次的要求。它要求指涉一些超越法律的理念,它们本身不能从法律体系内部得到证立,反而可以用来证立法律体系,并进而使法律论证的规范性前提间形成最终的融贯关系。从构造角度来看,要证立一个陈述集合中的陈述,应使它们尽可能在集合内外形成复杂的支持性结构。

参考书目

1. 雷磊:《类比法律论证:以德国学说为出发点》,中国政法大学出版社2011年版。

2. 张斌峰、肖宇:《法律论证如何“融贯”? ——基于“斯科特杀妻案”的语用分析与建构》,载《政法论丛》2012 年第 6 期。

（沈　寨）

法律解释的合理性

法律解释证立所需要满足的条件之一。芬兰法学家阿尔尼奥在其法律解释证立理论的程序部分提出了法律论辩之合理性的规则,认为法律解释的合理性要求依附于论辩程序,只有当支持法律解释的论辩以理性的方式进行且最后结论为法律共同体所接受时,法律解释的证立才是合理的。阿尔尼奥把法律解释的证立看作解释者和听者之间的对话,因而是一种交往形式。这样,一个解释性论辩的理性就被称为交往理性,交往理性关系到推论理性的两个向度:首先,合理性与论述形式有关,其结论从前提中逻辑地推导出来的内部证立就其形式而言是理性的,这种逻辑合理性的形式被称为 L－合理性(L－rationality);其次,合理性与论辩程序有关,一个法学上的外部证立是一种实践论辩的形式,进行外部证立应符合特定规则,这种论辩的合理性,被称为 D－合理性(D－rationality)。

参考书目

[荷]伊芙琳・T. 菲特丽丝:《法律论证原理——司法裁决之证立理论概览》,张其山、焦宝乾、夏贞鹏译,商务印书馆 2005 年版。

（杨知文）

理性论辩的条件和规则

在法律解释证立理论的程序部分,芬兰法学家阿尔尼奥提出了法律论辩之合理性的一系列规则。他把一致性、效率性、真诚性、普遍化和支持作为五种理性论辩条件,在这些条件的基础上,又总结了法律区别于非法律论辩的五组规则。这五组规则具体包括:第一组规则是一致性规则,它要求论辩中的每一步骤都要满足逻辑一致性的要求并因此满足法律解释证立的逻辑合理性(L－合理性),逻辑一致性的要求是指没有内在矛盾,即肯定性主张和否定性主张不能在相同的证立中发生。第二组规则是效率规则,它要求论辩参与人必须以相同的方式使用语言,只有当意见在语言上的分歧被消除时,意见内容上的分歧才能合理的解决。第三组规则是真诚性规则,它首先是诚实的要求,即论辩者不能使用他明知是欠缺的证立;其次是任何提出异议的言说者都有权参与到论辩中,而且,任何论辩者都有权质疑某个已提出的陈述;最后是公正客观的要求,解释者不仅要提出自己的观点,而且要提出反对其推理的论述。第四组规则是普遍化规则,它要求论辩者仅援引其准备普遍化以涵盖其他相似案件的价值判断,这意味着不仅人们必须接受自己认可的规范的后果,即使是它们反过来会影响他自己的地位,而且满足既定者利益的规范的后果,必须为其他任何人所接受。第五组规则是支持规则,它包含每一命题一经要求必须证立的必要条件,其最为重要的条件是融贯性的要求,对法律解释的证立来说,这是指陈述应同其提出支持的法律渊源融会贯通,这不仅要求陈述之间不能在逻辑上矛盾其词,而且要求证立要与解释相关。

参考书目

[荷]伊芙琳・T. 菲特丽丝:《法律论证原理——司法裁决之证立理论概览》,张其山、焦宝乾、夏贞鹏译,商务印

书馆2005年版。

（杨知文）

证明责任的程序规则与实质规则

在法律解释证立理论的程序部分，芬兰法学家阿尔尼奥划分了专门在法律论辩中使用的两组证明责任规则，第一组规则被称为证明责任的程序规则，它关系到某人有证明责任时的条件；第二组规则被称为证明责任的实质规则，包括与证立内容有关的证明责任规则。其中，证明责任的程序规则具体包括三个规则。第一个规则是，证明责任归于批评通行状况并企图有所变化的人。不是每件事情都可能需要证立，直到有人质疑某个“已接受的”观点时，才有证立的必要。当然，通行状况是该出发点，但根据已证立的批评，证明责任可以转移，以使不想有所变化的人承担证明责任。第二个规则是，对自己的命题或立场提出证立的人，只有在其证立被质疑时，才必须提出另外的证立。如果没人要求，不必提出进一步的证立；反过来，对证立的质疑，既能产生新的证立的需要，又能引出证立已提出之证立或使其更为准确的必要性。第三个规则是，提出与证立无关或没有任何证明力的命题或主张者，有证明责任说明他或她为何使用这样的证立。如果有人提出与论辩对象无关的论述，将会违反理性商谈的原则，通过这种方式，阻止了因有人提出不相关论述应付论辩而使论辩转移话题。证明责任的实质规则也包括三个规则。第一个规则是，同样案件同样处理，据此，违反平等对待原则的人，必须提出对这一诉讼的证立。第二个和第三个规则与法律教义学对法律渊源使用的要求有关，因为像在其他科学领域一样，法律科学中有其特殊的证明责任规则。据此，至少有两个关于证明责任的规则，它们与所谓柔性拘束力的法律渊源联系在一起：其一，如果准备资料被忽略了，那么这样做的人要证立其程序；其二，如果某人不援引有关该事件的法院惯例，他或她必须证立这一行动的过程。

参考书目

[荷]伊芙琳·T. 菲特丽丝：《法律论证原理——司法裁决之证立理论概览》，张其山、焦宝乾、夏贞鹏译，商务印书馆2005年版。

（杨知文）

深度证立

佩策尼克法律转化理论中的有关法律裁决证立的一种模式。佩策尼克认为，要证立法律裁决，必须表明的是，法律裁决不仅要在法律基础上证立，还要在普遍理性的基础上证立，这样，法律裁决的证立就需要两种不同的证立模式，即充分法律语境证立和深度证立，其中前者表明裁决能在法律传统的语境内被充分支持，而后者则是指参照一般的道德基准，能够使法律出发点和论证规则得到维护。在通常情况下，法律裁决的证立在法律共同体默认的出发点框架内发生，在这种证立模式下，法律渊源、建构规则、解释规则以及论证规则都是在普遍认可的含义上使用的，但是，为了维护一般法律证立中的这些法律出发点的适用，出发点的选择必须在深度证立中获得支持。深度证立一般而言又包括两个层面的要求：深度证立必须从证明法律证立达到合理性的一般要求开始，同时，裁决也必须与某种法律共同体的出发点保持一致。

合理性又可以区分为三种形式，即逻辑合理性、支持合理性及推论合理性。展开来说，逻辑合理性意味着法律论证的结论是从一组逻辑连贯且表述恰当的前提中符合逻辑地推导而出,支持合理性是指结论从一组融贯的前提中符合逻辑地推导而出,推论合理性则指论证符合理性商谈的要求。在某种法律共同体的出发点方面,人们认为什么可以接受取决于他们的生存方式,这种生存方式是法律证立的最终基础,并且不能被接着证立。佩策尼克称这组(往往是不言而喻的)构成生存方式的公认出发点为法律意识形态,其包括必须、应当、可以的渊源,以及渊源规范,还包括判定某一规则是不是有效法律标准、基本规范、从法律的角度指明宪法应当予以遵守的先决条件的基本规范,以及解释规范、建构规范和冲突规范等。

参考书目

[荷]伊芙琳·T.菲特丽丝:《法律论证原理——司法裁决之证立理论概览》,张其山、焦宝乾、夏贞鹏译,商务印书馆2005年版。

(杨知文)

转换

对跳跃的逻辑重构。从论证的角度来说,跳跃并非逻辑正确,而要使跳跃满足演绎有效标准,就需要通过转换使发生跳跃的所涉前提集的扩展或改变得以逻辑重构。在阐明转换的过程中,需要适用转换规则。

转换本身无法判定跳跃是否合理,在这个意义上,它仅仅是描述法律解释中某些关键问题的一种实践方法。跳跃和转换是一对共生范畴:无论是合理跳跃还是非合理跳跃,对其合理性的判定都只能通过对与相应跳跃对应的转换过程判定才可定论。法律转换是一般性逻辑转换的一个子类,其体现出法律规范性在事实与价值间的动态关系。

法律转换并未突破"休谟断头台"原则。一方面,法律转换并不试图将法律规范性完全置于价值范畴当中;另一方面,法律转换也不意味着将法律规范性最终还原为简单事实或诉诸复杂的社会实在。法律转换论是对法律事实属性与价值属性间辩证关系的辩证式考察。

参考书目

E. T. Feteris, *Fundamentals of Legal Argumentation*, Kluwer Academic Publishers, 1999.

(陈 曦)

入法转换

一般性转换的一个子类,其与入法跳跃对应,是对入法跳跃的逻辑重构。当法律人考虑法律正当性时会预设相关法律规范体系或法律规范有效且应当遵守,这一主张实际意味着入法转换。从事实与价值的角度看,入法转换是从一些社会事实和非法律价值出发得出法律规范体系或法律规范有效的逻辑过程。

社会事实可指法律体系的层级组成、特定法域中的法律权威地位和法律在实践中的具体情形。社会事实不仅没有既定固定列表,而且如果法律人需演绎推出关于法律正当性的相关结论,那他们必须添加一般性前提,即"如果在集合 F_1-F_n 中有足够数量的事实存在,那么规范体系 N 是有效法,即人们应当遵守 N 中的宪法,从而也应当遵守 N 中的其他规范"。非法律价值主要指包括道德价值在内的超法律因素。由于添加了一般性前提,且对相关社会事实的理解可能存在差异,因此对于前提集中相关社会事实的选择和确定不可避免地需要权衡。在入法转换中,非法律价值的道德属性使法律人必须直面法律的道德正当性。因此入法转换不仅对社会事实的确定本身就并非价值无涉,而且还体现出法律规范性是相对于某种社会既定规则的存在。

从法律论证的角度看,入法转换在法律的事实属性和价值属性之间建立了连接。它体现出法律思维把一些关于较简单事实的知识转化成对有效法的认知,即法律思维把这些事实转化成了有效法。入法转换可细分为范畴转换与标准转换,这两种转换是入法转换同一过程的两个不同方面。前者强调法律中的“应当”,而后者强调的是法律的“效力”。

（陈　曦）

法律转化

关于法律裁决理性证立的一种理论和方法。根据亚历山大·佩策尼克的理论,在证立法律裁决时必须采取一定的步骤,这些步骤又必须按照一定的方式得以展开。在一般简单案件的裁判中,当法官作出裁决时,他将法律规则适用于具体案件的事实,从中得出法律结论,但是,在许多疑难案件中,案件事实并不能轻易地为公认规则所归摄,因为没有公认规则证立从事实到结论这一步骤,在这种情形中,法官必须对法律规则进行解释或者创制新的规则。在诸如此类的疑难案件中,因为裁决不会从前提中演绎而出,从案件事实到裁决结论之间有所跨越,所以,要认可从案件事实到裁决结论的这一步骤,法官必须进行转化。当法官解释法律规则时,转化意味着法律规则的变更;当法官创制新的规则时,转化意味着前提的附加。因此,如果唯有通过附加一个还未被公认的前提,来自法律规则和事实描述的步骤才能被演绎正当,转化就会实施,通过实行转化,以跨越为基础的论述就可以被演绎正当。法律转化包括变更一般前提或附加一个或多个使论述完整的前提,它将裁决结论和推论前提之间通常模糊的联系变得清晰。在法律裁决的证立过程中,法律转化总是以存在的或必须被创制的转化规则为基础,为了证立跨越,即从推理前提到裁决结论的转化,必须说明是哪个转化规则使得从前提到结论的步骤演绎正当。

参考书目

[荷]伊芙琳·T.菲特丽丝:《法律论证原理——司法裁决之证立理论概览》,张其山、焦宝乾、夏贞鹏译,商务印书馆2005年版。

（杨知文）

法内转换

一般性转换的一个子类,它是指从至少包含一组提及或表达有效法陈述的前提集中推导出关于有效法结论时发生的逻辑现象。菲特丽丝(E. T. Feteris)将法内转换分为渊源转化、一般规范转换和裁判转换。

佩策尼克一般只区分法源建构转换与法律解释转换。在具体实践中,上述几种法内转换往往同时发生,法内转换只能一体判定。其中,法源建构转换是指当从一组含有某一特定法源陈述的前提集中推导出关于其他法源的结论时发生的转换。例如,制定法在一些法域中具有最强的规范力,而先例、立法准备性材料的规范力则不一而足。由于不同法源的规范力有异,且法源的规范力会随着特定情形发生变化,因此,当法律人从含有制定法这一法源陈述的前提集中推出关于先例或立法准备性材料的法源结论时，相应的法源建构转换则随之发生。

形象地说，法源建构转换是法律人将关于某类法源的知识转化成关于其他法源的知识的过程，它与特定法源的规范地位及其正当性相关。特别是在疑难案件中，法律人往往需要扩展法源范围从而寻求更多的法律资源解决实践问题，因此法源建构转换在疑难案件中发生较多。当确定从哪些法源中可提取出可适用的法律规范陈述后，仍然可能存在对法律规范陈述的意义确定问题，此时会发生一般规范转换。一般规范转换是将法源知识转换为关于一般性法律规范陈述的知识的过程。

在疑难案件中，法律人往往可能从相关法源中提取多个竞争性的法律规范陈述，一般规范转换往往与法源建构转换共生，法源建构转换和一般规范转换具有相对独立性。当需要通过法律解释才可得出最终的法律结论时，法律解释性转换必然发生。法律解释转换会受到法律解释规范的规制。形象地说，法律解释转换将法律人关于法律措辞的知识转化成关于已释之法的知识，法律解释转换是最重要的法内转换。

与入法转换一样，法内转换同样在法律的事实属性与价值属性之间建立了联系，其同样涉及相关社会事实以及非法律价值，因此对法内转换的理性判定在本质上也是一个对包括道德理由在内的各种理由的权衡。两者的不同之处在于，入法转换更关注整个法律规范体系的正当性，而法内转换更关注具体法律规范适用的恰当性。

参考书目

1. E. T. Feteris, *Fundamentals of Legal Argumentation*, Kluwer Academic Publishers, 1999.

2. S. Vogenauer, *Sources of Law and Legal Mothod in Comparative Law*, in R. Zimmermann and M. Reimann eds., The Oxford Handbook of Comparative Law, Oxford University Press, 2006.

（陈　曦）

范畴转化

向法律内部转化的一个方面。在法律转化理论中，佩策尼克认为，在法律裁决的证立过程中，为证立从推理前提到裁决结论的跨越，一种转化是从一组无法律调整的社会现实和价值出发，指出特别的规则体系也是一种值得关注的法律体系，这就是向法律内部的转化。在具体方面上，为实施向法律内部的转化，有时需要从某种标准出发，一种规范体系应被视为正当的法律规范体系予以遵守。由于规范体系是一种必须予以遵守的法律体系，术语"正当法律"的使用也就预示着某种标准。术语"正当法律"的使用预先假定了一种推论规则，一种基本规范。基本规范应是一种推论规则或转化规则，因为，某些规则属于特别的规范体系，并且应当从法律的视角予以遵守，而从某些社会现实和无法律依据的价值主张中，这一结论并不能演绎而出。从一组社会现实和无法律依据的价值出发，得出该宪法应予遵从的结论，这一过程就被称为范畴转化。这种转化是基于以下推论规则：如果满足某种标准，从法律的角度，规范 N 就应当被予以遵守。

参考书目

［荷］伊芙琳·T. 菲特丽丝：《法律论证原理——司法裁决之证立理论概览》，张其山、焦宝乾、夏贞鹏译，商务印书馆 2005 年版。

（杨知文）

标准转化

向法律内部转化的另一个方面。在法律转化理论中，佩策尼克认为，标准转化是指法律渊源，如制定法和先例，应被视为有效的法律渊源。宪法是一种有效的法律渊源，但这一裁决不能从一组社会事实（如宪法是按照国会的程序规则来实施的）和无法律根据的价值中演绎导出，它是基于一种标准转化：从社会事实和非法律价值到结论即宪法是一种有效的法律渊源之间存在跨越。佩策尼克为标准转化设计了如下的转化规则：假定基本理由，如果存在一组社会事实，且满足一些评价和/或规范要件，那么规范 N 是（有效的）法律渊源。如果规范 N 被认为是有效的法律，那就预示着从法律上，N 应当被遵守。如果说范畴转化关注法律上的"应当"，那么标准转化则注重法律的"效力"。

参考书目

[荷]伊芙琳·T. 菲特丽丝：《法律论证原理——司法裁决之证立理论概览》，张其山、焦宝乾、夏贞鹏译，商务印书馆 2005 年版。

（杨知文）

渊源转化、一般规范转化与裁决转化

法律内部转化的三种重要形式。在法律转化理论中，佩策尼克认为，将法律效力建立在较低的法律渊源及具体裁决之上，就必须实施法律内部的转化，这种转化意味着法律规则被确定为有效的法律规则，或者在一个具体案件中，为了推论出一个具体的阐明"责任"的法律裁决，对法律规则进行解释。第一，一些法律渊源，可以称之为基本渊源，能够直接认定，同时，借助不包含其他渊源的推理过程，法律上的"应当"也可以适用到这些渊源。但是，从辩论的视角来看，多数渊源是次级的，也就是说，只有通过包含其他渊源的推理，其才能被认定并用以阐明"法律上的应当"。从基本渊源到次级渊源的步骤往往是一种转化，也就是渊源转化。第二，对于从某一法律渊源中取得的一般规则的确切含义的确定，则可以通过一般规范转化来实现，其具体方式又有两种：首先，某种法律渊源，比如制定法的组成部分，可以通过消解前后矛盾来予以调整，从而使它们比原来更融贯；其次，可以使该法律渊源适合于某种道德价值判断。第三，要决定哪种裁决方案在法律上最为合适，就必须作出某种选择，这些选择则是裁决转化的表现。根据具体内容不同，四种类型的裁决转化可以被区分，即准确的解释和涵摄、归纳与排除、新规则的创制，以及"冲突"的解决。

参考书目

[荷]伊芙琳·T. 菲特丽丝：《法律论证原理——司法裁决之证立理论概览》，张其山、焦宝乾、夏贞鹏译，商务印书馆 2005 年版。

（杨知文）

古代法律修辞学

古希腊罗马时期的法律修辞学，诞生于古希腊，鼎盛于古罗马。法律修辞学孕育于古希腊早期的法庭论辩，早期大量的法庭论辩活动刺激了指导法庭演讲与写作的修辞手册的产生。当时最著名的修辞手册是根据修辞学家考拉克斯（Corax）和提西阿斯（Tisias）所传授的修辞技巧所编撰的手册。其修辞手册最重要的贡献在于其将法庭等正式演讲词的组成划分为概括说明、陈述背景、提供人证、物证和事件发生的或然性、双方辩驳和总结陈词等几个部分。两位修辞学家对古代法律修辞理论最大的贡献在于他们提出了“或然性学说”，即论辩是建立在或然性基础之上的，一对命题中两者必定有其一的真实性更大。继考拉克斯和提西阿斯之后，古希腊出现了四处游走收取费用为别人打官司的诡辩派（sophists），其代表人物主要有普罗塔哥拉（Protagoras）、高尔吉亚（Gorgias）和伊索克拉底（Isocrates）等。普罗塔哥拉认为任何命题都可以有两个相反的论断，并提出论辩取胜的关键在于掌握变弱论证为强论证的技艺的观点。高尔吉亚非常强调话语力量的重要性和文体风格的重要性。伊索克拉底则提出了修辞是一门艺术，演说者需要兼具天赋才能、理论教育和实践经历三者才能修得的观点。虽然诡辩派对修辞学的发展起到了巨大的推动作用，但他们夸大修辞、玩弄文字游戏以颠倒黑白的做法对社会产生了不良影响，致使其于公元前5世纪末开始走向衰落。

公元前4世纪始，古希腊修辞学进入新的发展时期，形成了系统化的修辞理论。柏拉图开启了修辞理论批评的先河，他在对诡辩派的修辞观点进行批评的基础上，为修辞学定下了寻求真理的基调。作为古代修辞论辩理论的集大成者，亚里士多德的最主要贡献在于将逻辑引入修辞学中，增强了修辞的理性色彩。诡辩派夸大修辞，玩弄诡辩术的做法促使亚里士多德意识到只能从事物本身的事理中来进行说服，而发现事物本身的事理只有依靠逻辑才能完成。为了增强修辞的理性说服力，亚里士多德将逻辑推理方式引入修辞学中，从而发展出了修辞理性论辩模式。亚里士多德指出修辞学是辩证法的对应物，两者都是在论辩中运用逻辑论证以对事理形成正确认识，两者都不属于任何一种科学，不限于研究某种确定的对象。他批评以往的修辞学研究只注重通过诉诸人的情感和品格来说服听众，其实理性说服才是修辞的最主要方式。修辞的目的就是要说服听众接受某一观点，而要说服听众接受某一观点，论辩必须从前提到结论的每一步骤对听众都具有说服力。

亚里士多德认为，修辞术和论辩术一样，采用归纳法以及真正的和仿冒的三段论法来提出真正的和仿冒的论证；例证法是一种归纳法，修辞式推论是一种三段论法（恩梯墨玛）；所有的演说者都采用例证法和修辞式推论而不采用别的方法来证明，以求产生说服力。修辞式推论的前提是属于人类行动范围内或然的事，根据这种前提推出来的证明也是或然性的；例证法中的例子也常常是可以令听众产生一个普遍的或未知的、似是而非的观点。

在古罗马时代，庭辩修辞的实践空间得到极大拓展，法律修辞学由此也得到快速发展。这一时期最主要的代表人物有赫玛格拉斯和西塞罗等。赫玛格拉斯赋予了源于亚里士多德的说服手段逻各斯（logos）以新的含义，即“争议点”（stasis），也就是诉讼论辩双方就关键争议问题进行辩护和解决的方法。他在以法庭论辩为例分析了争议点的重要性之后，还对争议点进行了类型化阐释。他的争议点理论影响深远，除了深受后世的西塞罗和昆提利安等人青睐之外，古罗马的赫摩根尼还在他的观点基础之上，对争议点理论进行了丰富和拓展。西塞罗则在借鉴亚里士多德“论题”（topic）思想的基础上，系统明确地阐述了其“论题”理论，将论题作为寻找论据，构建论证的重要依托。

参考书目

焦宝乾：《逻辑与修辞：一对法学研究范式的中西考察》，载《中国法学》2014年第6期。

（沈　寨）

中世纪法律修辞学

从西罗马帝国灭亡到文艺复兴这近一千年的法律修辞学发展。在中世纪，基督教神学占据垄断地位，修辞学走向式微，法律修辞学亦随之走向沉寂。修辞学仅仅因为奥古斯丁"用修辞去教化、感动民众"的主张而幸存了下来，并成为中世纪时期与逻辑和文法并列的三大人文学科之一。这时的修辞学研究主要体现为三种传统：一是继承了古典修辞学传统，占主导地位的研究是以伊索克拉底开创并由西塞罗进一步丰富和发展的，更具有实用性的西塞罗传统；二是语法教学传统，侧重于作文、语篇风格及篇章布局等；三是把符号学和经文阐释学与福音布道相结合的基督教神学传统。与三个传统相联系，中世纪修辞学侧重于对书信修辞、布道修辞和诗学修辞的研究。在布道文方面，修辞学研究的中心是布道的形式和形态，在理论上没有创新，基本体现为在基督教话语的大框架内对古典修辞理论的征用和调制。在书信写作方面，修辞学研究主要限于对书信格式和风格的讨论。由于绝对性的基督教信条只需传播和信仰，无须论证，书信写作的格式和风格也只需以"融洽关系""赢得好感""诉情"等为目的。在诗学修辞方面主要关注如何使词语的调度获得令人愉悦的效果。

到了14世纪，文艺复兴重新唤起了人们对古典修辞学研究的热情。这一时期的修辞学研究主要表现为人们对古典修辞学文献的重新挖掘，特别是对西塞罗著作的搜罗和钻研。在这股热潮的影响之下，修辞学分析的对象也逐渐从"神道"走向"人道"，开始着重于世俗生活与修辞学的具体应用。虽然那时有学者如培根将修辞学与法学研究和司法实践联系了起来，但就整个文艺复兴时期而言，修辞学更多的还是限于文学领域的辞格研究。

参考书目

姚喜明等编著：《西方修辞学简史》，上海大学出版社2009年版。

（沈　寨）

近代法律修辞学

17－19世纪时期的法律修辞学。17世纪，随着理性主义的奠基，法律体系构建成为逻辑严密的封闭体系，司法审判被认为是用法律规定涵摄案件事实的三段论推理，法学追求精确性、一致性与必然性，修辞作为追求可能性质的合理方案之技艺被排除在法学之外。此外，这一时期判例法的发展所形成的对证据可采信和判断证据证明力等一系列证据规则也限制了修辞的使用，修辞学研究的停滞状况一直持续到19世纪下半叶。

参考书目

焦宝乾：《逻辑与修辞：一对法学研究范式的中西考察》，载《中国法学》2014年第6期。

（沈　寨）

新修辞学

20世纪30年代在欧洲大陆及美国产生，并在60年代盛行的修辞学，之所以被称为"新修辞学"，乃是由于其从古典修辞学发展而来，但又不同于传统修辞学。新修辞学汇集了众多修辞学派别，且派别之间差别巨大，但作为相对统一的体系，它们在整体上仍具有一定的共性，即摆脱了传统修辞学单纯将修辞当作"劝说"方法的束缚，视修辞为一种理解和改善人际关系的工具，并将心理学、人类学、语言学、社会学、哲学、逻辑学等研究成果运用到修辞理论之中。从

“修辞学”萌发的历史原因来看，其目标是建立修辞哲学。新修辞学的代表人物有：理查斯(L. A. Richards)、肯尼思·伯克(Kenneth Burke)、理查德·韦弗(Richard M. Weaver)、斯蒂芬·图尔敏(Stephen Toulmin)、钱姆·佩雷尔曼(Chaim Perelman)、米歇尔·福科(Michel Foucault)和欧内斯特·格拉西(Ernesto Grassi)等。新修辞学倡导言说者和听读者(受众)之间的双向交流和对话，强调修辞的普遍性、多义性和认知性。在新修辞学看来，修辞已经不再仅仅是语言的附随工具，而是发现真理的过程本身。新修辞学在当代的复兴被称为“哲学家的修辞学转向”，这种研究姿态的变化使修辞学重新获得了生命力，成为社会科学研究中的重点领域。

新修辞学产生的背景有以下两个方面，一方面，传统修辞学走的是古典修辞学家亚里士多德、西塞罗及昆提利安等人指引的修辞之路。在古典修辞学时期，修辞学的核心是劝说，它研究的对象主要是演说。到了20世纪，随着人文社会科学的发展，传统修辞学理论已越来越不适应时代的潮流，不能有效地解释语言使用问题。对传统修辞学的不满，促使修辞家们寻找更有说服力的修辞学。另一方面，从西方修辞学创立之时到新修辞学的产生，真正的修辞哲学一直未能建立起来。到20世纪初，语言学、社会学、人类学、心理学、认知学、交际学等学科突飞猛进，研究成果迭出，为新修辞学的萌发和成长提供了催化剂和营养。在这种情况下，“新修辞学家”们在吸取传统修辞学理论精华的同时，运用各种人文学科的新发现与新理论，从不同的侧面研究修辞学。可以说，新修辞学是多学科交叉研究和古今理论结合的产物，它弥补了传统修辞学的不足，是对传统修辞理论的继承与发展。

新修辞学与传统修辞学的差异表现为以下几个方面：(1)二者都将人类视为使用符号的理性主体，在交往中把理性和情感结合起来；而其差异表现在亚里士多德将重点放在语言的口头使用上，而新修辞学将重点放在文字与符号研究上。(2)二者都提供了方法论，使言说者和听众都可以共同获得知识；而差异则表现在亚里士多德认为经过语言作为中介的知识阶段，言说者和听众及其与世界的相互关系就可以获得一种明确的界定，而新修辞学则强调世界观在进入知识阶段以前就已经发挥了作用。(3)二者都具有广泛的适用性，而其差异则是亚里士多德将修辞视为一种艺术，而新修辞学则缺乏系统力量来为当前实践提供信息。总体而言，古典修辞学从言说者的立场出发来界定其与听读者(受众)之间的关系，这决定了它对文义、词句、语法、辞格等问题相对重视，而新修辞学更多的是注重对听众的分析，强调如何针对不同的听众采取相应策略来获得其认可和接受。

参考书目

1. 胡曙中：《美国新修辞学研究》，上海外语教育出版社1999年版。
2. 邓志勇：《西方“新修辞学”及其主要特点》，载《四川外语学院学报》2001年第1期。
3. 孙光宁：《寻求可接受的修辞论证——兼评〈新修辞学〉》，载陈金利、谢晖主编：《法律方法》(第9卷)，山东人民出版社2009年版。

(沈 寨)

法律修辞的“谋篇布局”

修辞学的“布局”或“谋篇布局”源于古典修辞学“修辞五艺”中的“布局”(dispositio)。修辞布局是对修辞的过程或步骤的刻画和规范。亚里士多德虽未提出修辞论证完整的步骤或法则，但他却提出了相对完整的修辞布局的雏形。他认为，演说辞各部分在安排上需要遵守“序论—提出陈述—说服论证—结束语”这样的篇章结构。后来拉丁语修辞学家们在此基础上,对修辞语篇的结构进行了更为详尽的划分,认为演讲者在演讲中应该依次按照如下六个步骤进行:第一步,引言;第二步,陈述,即论述或解释正在讨论的主题;第三步,提纲,即概括地介绍立论的步骤和论点;第四步,论证,即进一步证明自己的观点;第五步,反驳,即驳斥对方的观点;第六步,结语。

在当代,修辞布局不仅意味着演讲中所观察到的顺序或规则,而且还涉及各种类型的论辩尤其是大规模的论辩在安排或排序中需要考虑的所有相关事项。布局通过对开题发现的各种论题、论据或其他论证素材进行合理的安排和取舍,使它们以最恰当的顺序和方式呈现在听众面前,从而确保论证对听众最大可能的说服力。修辞布局主要服务于修辞的分析性和生成性目的(analytical and generative purposes)。除此之外,它还能为论辩的批判和修辞教育提供相应的模板和模式。

西塞罗认为,修辞者在进行修辞布局时不仅需要依照特定的顺序,而且还要按照问题的重要性和自己的主观判断对论辩素材进行灵活的取舍和安排。科贝特(Corbertt)认为,修辞者需要按照以下几个方面对论题和论辩材料做出安排:第一,语篇的种类,语篇属于法律、政治议论还是道德宣讲;第二,主题的性质,论辩的主题是科学方面的还是其他方面的;第三,修辞者的个人特质,包括修辞者的个性特征、道德观念、世界观、自身的禀赋和局限;第四,受众的特点,即受众的年龄、社会阶层、政治团体、经济状况、教育程度、当时的情绪等。修辞者在进行法律修辞的布局时,不仅需要考虑法律修辞本身的过程和步骤以及法律修辞的争议对象、语篇特点,而且还需要考虑法律修辞的听众结构、法律判决书的格式要求。法律修辞需要遵守的方法论规则、论辩程序规则以及法教义学理论和判例在法律修辞中的优先效力决定了,相较于其他修辞布局,法律修辞的布局具有更强的规范性、格式化特点。

在现代修辞学理论中,修辞布局可以分为典型的四个部分:引言、陈述、论证和结语。法律修辞的布局也应按照“引言—陈述—论证—结语”这样的修辞框架(rhetorische Gerüste)对各种法律论证材料进行合理安排。

“引言”。“引言”的主要目的是引导受众走进某个语篇,告知其该语篇的观点和主题,并让听众对接下来的论证形成初步的信任。它具有如下几种功能:吸引听众的注意、论述该言说的主题和目的、建立主题与听众间的联系、确立相应的论调、向听众预览主要的论点并提供一个过渡到演讲的主题。在法律修辞的“引言”中,裁判者一般会交代该修辞语篇将要涉及的论辩主题、争议点以及主要的论点。这点在判决书的语篇结构中可以体现出来。为了实现这些功能,修辞者在“引言”的布局上应使用相应的策略或方法。理查德 · 怀特利(Richard Whately)总结了五种关于“引言”布局的方案:第一,设问性的开头,即激起听众对语篇的好奇心和了解的兴趣;第二,诡论式的开头,即提出与普遍认可的观点矛盾的观点,并指出它的合理性;第三,矫正式的开头,即明确地告知听众自己将要主张的观点;第四,铺垫式的开头,即向听众说明自己将以一种不同于一般的方式论辩,并解释这么做的原因;第五,叙事性开头,即通过讲述故事的方式唤起听众的听讲愿望。由于裁判本身的权威性和决断性,法律修辞一般只会采用矫正式的开头和铺垫式的开头。

“陈述”。“陈述”在修辞上的作用是向听众充分提供其理解论证语境所需的信息。在“陈述”部分,除了总结前人在相关问题上的观点外,修辞者还可以介绍接下来将要支持或反驳的观点。“陈述”并非对事实的简单和枯燥列举,它本身即是一种有力的说服工具。在所有的语篇类型中，“陈述”对于法律修辞显得尤其重要。在庭审中，辩护律师通常会在程式化的开场白之后随即进入事实陈述阶段，把案件的基本事实一一列举出来，他们经常通过使用特定的语言或对特定事实的强调或忽略来帮助他们的案件和当事人。“陈述”阶段最主要的任务是，必须再现或呈现法律论辩本身的对抗结构以及论辩各方对案件的争议点、论辩前提以及相应的修辞方法、论辩规则等的认识状态，即是否存在争议，存在哪些争议，又存在哪些共识？在一审判决中，只要“陈述”论辩双方间的事实观点和法律观点就可以了，而在二审和再审判决中，“陈述”部分不仅需要交代论辩双方的事实观点和法律观点，而且还需要论述一审法院或二审法院的判决结论和论证方法。

“论证”。“论证”是修辞布局的第三步，也是整个修辞布局的主体部分，它承载着阐述主题、实现修辞目的的重任。修辞者在开题阶段所发现和搜集到的论辩素材只有通过“论证”才能得到有序的整理和编排。因此，修辞者若想有效地实现其修辞行为的目的必须进行合理的“论证”布局。“论证”一般由两部分构成，即证明（Beweisführung）和反驳（Erwiderung），它们决定着论证的基本框架。不管是论证还是反驳都具有自己特定的形式和方法。“论证”的整体布局要求修辞者遵守相应的论证结构并使用恰当的论证顺序。人们在修辞的过程中需要系统总结论证的策略，并设计相应的论证使用计划。哈弗特（Haft）认为在论证的计划中有两种论证结构，即直线论证和辩证论证（die lineare Argumentation und die dialektische Argumentation）。

“结语”。“结语”是修辞布局的最后一步。如果说“引言”的目的是吸引听众对论辩的注意和兴趣，那么“结语”的目的便是满足他们的愿望，使他们感觉到演讲是作为一个整体出现的并具有规定性的统一形式。“引言”具有如下功能：总结主要的论点，帮助听众记住演讲，呼吁听众采取特定的行动，清楚地结束演讲，以一个肯定的基调结束。亚里士多德建议修辞者应按照如下四个指导性原则安排“结语”：第一，进一步巩固和强化听众对修辞者的好感，并巩固和强化听众对相对人的反感；第二，进一步巩固和强化在语篇的各个部分提出的论点和论据；第三，进一步调动听众的情感；第四，简要地总结语篇各个部分所列举的事实和提出的观点，结束全篇。除此之外若有必要，“结语”还应在对语篇“重述”的基础上提升和扩展论辩的主题和结论。在法律修辞的“结语”部分，法官必须决定修辞者针对对方的反驳或质疑是否已经成功进行了辩护。如果所提出的事实按照证据法和诉讼法得到了确证，所提出的各种论辩前提是听众所接受的法律渊源并且其符合法教义学的知识体系，所运用的法律修辞方法符合相应的方法论规则、论辩程序规则和相关的法教义学理论，那么法官便可以将相关法律规则适用到案件事实之上，并总结该法律论辩核心的法律论点，即对案件作出“终局性判决”。

参考书目

1. Corbertt & E. P. J. , *Classical Rhetoric for the Modern Student*, Oxford University Press, 1990.

2. Gideon O. Burton, The Forest of Rhetoric: silva rhetoricae, “Silva Rhetoricae”, rhetoric. byu. edu.

3. Cicero, De Oratore, *Books Ⅰ*, E. W. Sutton, H. Rackham (trans), Harvard University Press, 1942.

4. Eveline T. Feteris, *Fundamentals of Legal Argumentation: A Survey of Theories on the Justification of Judicial Decisions*, Springer, 1999.

5. C. Perelman, *The Realm of Rhetoric*, University of Nortre Dame Press, 1982.

6. Wolfgang Gast, Juristische Rhetorik: Auslegung, Begründung, Subsumtion, 3, durchgesehene und erweiterte Auflage, R. v. Decker Verlag, 2002, S. 186 – 190.

7. 武宏志、周建武、唐坚:《非形式逻辑导论》,人民出版社2009年版。
8. 樊明明:《修辞论辩的机制》,北京外国语大学2001年博士学位论文。
9. 蓝纯编著:《修辞学:理论与实践》,台北,外语教学与研究出版社2010年版。

(吕玉赞)

法律修辞的"表达"

源于"修辞五艺"中的表述,意指运用恰当的语言措辞,以表达当前的问题与事实,具体包括词语、句型的选择,通篇风格的定位,它强调论辩、说服的技巧与言语风格的密切关系。修辞表达中的辞格不仅仅是论辩建构的装饰品,它们本身也具有论辩的功能。事实上它们是压缩的论证,这是它们能作为有效的劝说方法的原因。法庭辩护言语在修辞上的修饰,如同其他成分一样,有权仅仅作为取得成功的手段,而非美学欣赏的渊源存在。法律修辞的"表述"事关如何运用合适的语言和形式将法律论辩的基本结构和过程表达和呈现出来。这要求修辞者除了具备上述法律修辞发明和法律修辞论证的思维能力和论辩能力外,还要具有相应的"修辞能力"(rhetorical competence),即在具体语境中产出(和理解)能够最有效地表达自己、实践法律交际的话语的能力。

在遵守法律修辞规则的基础上,为了实现有效的修辞表达,修辞者可以根据法律论辩的特征及其各种法律文书载体的格式要求,注意法律用词的适当风格,并对法律论辩语句的种类、长度以及句子之间的衔接和连贯作出合理的安排和设置。除此之外,在法律修辞的表达中,也可以运用形式类修辞格(包括对照并列类修辞格、节略类修辞格和反复类修辞格)和意义类修辞格(包括明喻、隐喻、借代、双关、拟人、夸张、低调陈述、修辞疑问句、反语、对顶等)。但是,这些修辞格的适用必须和基本的论辩方向保持一致,它们需要与具有的论辩前提、修辞方法、论点或修辞结论的语言表达存在一定的相干性和相关性。法律修辞的辩证法技巧,如操控规范性立场、略过前提、循环论证、符合目的的命名、夸大不受欢迎的对立面、稀释案件—法律基础、遮蔽法律论证、回避推论结果、从远处引入事实、扭曲概念、利用同音异义、提出和限缩争议点、引入差异、针锋相对和诉诸听众等,某种意义上也可以作为修辞的表达技巧。但是,这些表达技巧不能违反法律论辩的各种程序规则以及相应的法律方法论规则和法教义学理论。它们也不能有句法、语义和语用上的错误。

在法律修辞的过程中,为了尽量说服论辩相对人和法律听众,使其接受法律修辞结论,修辞者虽然要尽可能选择使用法律词语进行论辩,但必要时,也可以根据听众的类型、反映和理解需要将法律语词转换或分解为易于理解的自然语言或日常语言进行论辩。但是,这些转换或分解的日常语言不得违反法律词语的基本语义,若它们的适用导致了不必要的意义争论,它们需要及时回溯到法律上的专业词语,即转化为法教义学上的语句。法律修辞的"表达"可视为一种整体意义上的法律叙事,它们不仅要尽量实现关于事实断言的"叙事融贯性"(narrative coherence),而且也要尽可能满足法律断言的"规范融贯性"(normative coherence)。

参考书目

1.《西塞罗全集·修辞学卷》,王晓朝译,人民出版社2007年版。
2. 樊明明:《修辞论辩的机制》,北京外国语大学2001年博士学位论文。
3. [比]Ch. 佩雷尔曼:《逻辑学与修辞学》,许毅力译,载《哲学译丛》1988年第4期。
4. 蓝纯编著:《修辞学:理论与实践》,台北,外语教学与研究出版社2010年版。

5. Neil MacCormick, *Rhetoric and the Rule of Law: A Theory of Legal Reasoning*, Oxford University Press, 2005.

（吕玉赞）

实质修辞学

意指语言事实（linguistic fact）本身，即事件的可理解的描述以及人类“以言达义”的条件。实质性法律修辞往往将法律修辞作为一种法律话语形式分析和看待。美国文学批评家德曼认为，语言的典型结构不像传统语言学所说的那样是表现或指称表达（意义）的结构，而是一种修辞结构，一切语言都有修辞（隐喻、象征等）的特性，因而一切语言都有欺骗性、不可靠性、不确定性。文本中语言的修辞性使其语法与修辞、字面义与比喻义、隐喻与换喻等之间永远处于一种自我解构的运动中。实质修辞学也是一种语言修辞学。法律作为一种话语或者交际过程本身就具有或蕴含着修辞学的功能。法律语体具有明显的修辞学特征。英美法系学者往往从语言学的角度研究修辞学。在实质修辞学的意义上，法律语言中充满了广义的修辞现象，法律修辞学也就属于一种广义修辞学。广义修辞学既要研究语言体系中的修辞手段、语言单位的修辞色彩和修辞方法，也要研究言语修辞规律；既要研究言语风格，也要研究言语体式（语体）；既要研究语音修辞，也要研究语义修辞；既要研究词句修辞，也要研究话语修辞。除此之外，还要研究非语言手段或超语言手段（如文字、图像、标点、符号、公式、表格等）的运用规律。在广义修辞学中，狭义修辞学、语体学、言语风格学是三门独立的分支学科，它们都从自己的特殊角度来分别研究特定范围内的广义修辞现象。

参考书目

郝荣斋：《广义修辞学和狭义修辞学》，载《修辞学习》2000 年第 1 期。

（吕玉赞）

分析修辞学

通过一种双重抽象的方式（in a double abstraction）对实质修辞和实践修辞进行研究，并在一种认识论的视角下对两者的关系进行体系化建构和解释。德国法学家巴尔韦格的分析修辞学旨在以语言分析的方式揭示各种具有修辞特性的社会控制语言（solziale steuerungssprachen），如法律、经济、道德、政治、历史、哲学或宗教等所掩藏的各种内在关联。法律语言及其条件是其主要的分析对象。他借助语音学和符号学分析法律语言的条件及其间的语义、句法和语用联系。不同于其他法律修辞学的是，巴尔韦格的理论方案有一个缜密的科学理论基础，即借助形式框架（formalen raster）探究不同思维方式的特征和界限。巴尔韦格认为，基本的法律思维方式可以分为三种，即明智思维（der prudentia）、科学思维（der scientia）和哲学思维（der sapientia）。其中，明智思维和科学思维在实用法学中是难以区分的。自 19 世纪以来，实用法学（die jurisprudenz）既具有实践智慧的明智特征，也具有法律科学（rechtswissenschaft）的科学特征。实用法学在根本上是一种具有教义学属性并指向裁判实践的法学活动。巴尔韦格认为，实用法学应具有自己的允许精确区分的教义学语言（die dogmatische sprache），作为一种控制论模式（ein kybernetisches modell）它应该能为法律决定和法律证成提供各种权威的教义学意见，而且这种教义学语言需要兼顾外部体系的严格性和内部体系的灵活性。法官在裁决上的约束和论证上的负担，使他们必须在有限的庭审时间内寻找到大家能够普遍接受和认同的教义学语言,而不能进行法哲学和法律科学的无尽反思。

巴尔韦格建构的分析性修辞学有助于分解复杂的修辞性语言系统。分析性修辞学对法语言之分析的中心是,法教义学之"本质的"概念性和"现实的概念理解"之间的对话。巴尔韦格将这种法律的本体化现象,置于和实用法学的学科特点和功能的关联之中。实用法学被理解为"整个法律的行为和裁判系统,包括与之相关联的学说"。实用法学的思维方式是法学和法哲学的对象。这种思维方式由裁判强制和证立强制所塑造。法律人不得不利用一种语言,使他能够对所有和任何东西给出一个答案。如果这种语言系统在一个地方沉默了,那么他就必须言谈,即解释。这一可解释性保障了本质主义和本体论。概念被理解得仿佛它们本身适合或不适合一个事实。对证立了的裁判之要求,借助法教义学而满足。法教义学是不受质疑的观点组织,以在法律评价领域产生可裁判性。根据分析性修辞学的见解,观点思维没有认知功能,而只有达致理解的功能。非科学的,并非指向认知而是指向理解的"慎思"思维,具有类观点学的特性。科学思维和慎思思维之间的抉择在语言理论上具有重要的意义。科学的语言和慎思的语言之间展现了不同的符号学结构。科学语言和慎思语言之间的区别源于,在形式化的科学语言而不是日常语言的专门语言之中,主体的关系能被消除。在科学语言中,不仅主体对符号,而且主体对事物的关系都消除了。相反,在日常语言指向的专门语言中,两种关系都是鲜活的,因为它们不受有约束的规制。

参考书目

[德]乌尔弗里德·诺依曼:《法律论证学》,张青波译,法律出版社 2014 年版。

(吕玉赞)

修辞符号学

旨在分析法律文本和法院论证的修辞学基本结构,试图从修辞符号学提供的范畴中,获得分析法律论证的一个工具。修辞符号学追问法律语言之符号理论上的属性功能和前提。它首先是论证理论的研究,因为它在论证中看到了法律和法学活动的核心。修辞符号学将句法、语义和语用学之符号模式作为其方法的参考框架,它也强调交往情景的意义。符号的一般和字典意义,总只是确定一个可能的个别符号使用之有条件可能性。和分析性修辞学一样,修辞符号学也视自己为分析性学科,然而它对法和道德的内容问题在实践方面是具有立场的。有意识地离开所有发展普遍有约束的法律商讨模式之努力,修辞符号学还强调论证的情景关联性、法官的作用和分析法律实践交往的意义。这一转向语用学和法实践的修辞过程,并不意味着放弃要求法官裁判受法律文本的约束。

参考书目

[德]乌尔弗里德·诺依曼:《法律论证学》,张青波译,法律出版社 2014 年版。

(吕玉赞)

实践修辞学

主要的意义是教导和引导我们如何根据实质修辞、各种论辩技术以及有效的经验去论辩、说服或做出决定。实践修辞学也是我们在通常意义上理解的修辞术或论辩术。在古希腊和古罗马时期,修辞学的传统形式是指系统研究讲演术并训练讲演者进行论辩和作公开讲演的技艺。亚里士多德的《修辞学》被认为是第一部系统阐述古典修辞学理论的著作。他的修辞学一直是同逻辑学联系在一起的。亚里士多德提出修辞学可以运用于三种演讲形式:辩论式,如法庭辩论;议事式,如议会立法辩论;展示式,如在宗教仪式中对某人某物的赞颂或斥责。并提出了关系演讲说服力的三种证据要素:理念、人品和情感。

随着罗马帝国衰亡和公众论坛消失,亚里士多德修辞学传统逐渐淡出。在中世纪,修辞学仅被神学家用于布道。16世纪以后,人们更多地尝试将修辞学用于书面语如信函表达。修辞的内容或作用仅限于语体风格和实际表达方面,而修辞学家一般都是在修饰语言的艺术这个较狭窄意义上理解修辞学的,修辞学实际上成为"美辞学",辞格的形式研究成为修辞学的核心;在学校则将其与语言学或写作学一起讲授,这个教学传统一直延至今日。

在近现代,随着公众辩论的兴起和现代传播技术的发展,以演讲为特征的修辞学传统得以恢复与发展。一些修辞学家认为,一切语言交流都是论辩过程。因此,力图恢复亚里士多德的修辞理论,并建立完整的论辩理论。一些试图构建"新修辞学"理论的修辞学家,则将修辞学定义为关于"话语中信息性和劝说性的基本原理",在语言与现实的关系方面,更注重修辞学的认知性研究和话语批评。他们把人类文化中一切与语言有关系的其他交谈及大众传媒形式,如影视、广告、公关、教育等,也作为修辞学领域的课题,理由是它们从一开始就以说服别人并使之产生特定效果为目标。

对于辞格的研究则注重对其实质性的研究,其中突出的是对隐喻的研究。亚里士多德认为哲学的目的在于教育,修辞学的目的在于说服,它限于激发感情以赢得听众。真正的修辞学建立在辩论术的逻辑证明的基础上,它从常识水准出发,在可能而不是在抽象真理领域中活动,以演说术去确保正义的胜利和捍卫自己。它不仅有严格意义的证明,还有或然的证明。后者从大众普遍承认的东西出发,因此首先讨论证明方法,接着讨论风格和排列。主题和证明有关,是修辞学中最重要的部分。正像科学证明凭借演绎(推论)和归纳,修辞学则凭借省略推理法和例证。亚里士多德把劝说方式分为三种:逻辑的、情感的和道德的,并从虚构、排列和体裁三个方面对修辞成分定出了规则。修辞和逻辑、语法一起构成了中世纪学校的3门基本学科。修辞学原理适应了中世纪的体裁,如布道、法律文件等。20世纪修辞学成为劝导术的理论分析的一个组成部分。

古代修辞学的传授,主要用于法律、政治或举行各种仪式时的辩论术等方面。它大体上由五个要素组成:构思(inventio)、措辞(dispositio)、作文(elocutio)、记忆(memoria)和举止(actio),因为作文是重点,所以修辞学自然接近文体论,而辩论术的特征又和诗学有密切的关系。在中世纪,修辞学属于教育的一个重要部门。修辞学形成的各种修饰方法,给予后来的西欧文学以巨大的影响。

(吕玉赞)

法律修辞的开题

开题一直是西方修辞学理论和实践的核心,是古代修辞学五个步骤或法则的第一部分,也是最重要的部分。修辞的力量和价值是和开题术联系在一起的,一旦修辞与探讨的系统方法和内容相分离,它就会成为一件表面的、边缘的事情。关于开题的性质,学者们的看法存在分歧。在某些理论中,开题被限于探讨活动,即建构或发现论证的线索,检验主题,搜索题材以发展文本,明确目标,或者研究某个话语的文本之间的支持。在另一些理论中,开题被认为包括话语的开启(比如,设定问题或选择主题)、或然性判断、焦点、看法或者立论的形成,修辞语境(语境、读者、话语共同体)等。

有关开题之目的,学者们的看法亦莫衷一是,意见纷呈,比如,认为开题旨在导致判断,达到新的看法,确定论证的位置以支持现有论证,解决问题,获得确证,达到自我实现,或者确定文本的主题等。美国修辞学者乔治·肯尼迪认为,开题是古希腊—罗马修辞学为撰写演说所提供的一系列步骤之一,它列出一系列论题,附带例证,能够揭示在阐释某个主题、支持某个论证中所说的事项。在演说的每个部分,开题的方式并不相同。论题学就是一种典型的开题术。

论题学(术)是一种寻找前提的程序,即一种前导性的沉思(eine prologische meditation),在论题学看来,发现前提(die inventio)是第一位的,得出结论(die conclusio)是第二位的。论题学指明人们应如何寻找前提。开题属于"修辞发明"。法律修辞的开题的主要功能在于为法律修辞提供所需的论辩前提或论辩起点。所以,它可转化为法律修辞的论辩前提理论。法律修辞论辩前提的发现和选择不但需要聚焦于案件的争议点,而且也需运用论题学、决疑术、开题术、法律渊源理论、法律发现等法律思维和法教义学理论。古典修辞学和新修辞学为"修辞发明"所建构的开题术、决疑术、论题学或修辞起点理论偏重于"问题性思维"或"情景性思维",而没有将法律发现、请求权方法、法律渊源理论、犯罪论体系等法律方法论和法教义学理论纳入论辩前提的发现过程,从而实现"问题性思维"和"情景性思维"在"修辞发明"中的融合。

修辞开题术主要涉及两个方面的主题:一是对所争议的问题或演说的争议点进行甄别和分类,建立案件的争议点体系;二是在争议点整理的基础上寻找可以说服听众的可资利用的手段或论辩前提。法律修辞的论辩性和情景性思维决定了,其"修辞发明"和"修辞论证"均必须在案件争议点的确认和分类的基础上进行。论辩前提或论辩起点的"发现"作为"修辞论证"的前置程序其实并不是完整的修辞过程的首要步骤,它需以案件争议点的分析为前提。

"争点论"是一种独特的开题术,它首要的任务不是搜寻、发现与体裁、情境相适配的常规论题,而是确定什么是内在于相关修辞情势的核心争点。在此基础上,修辞者才能运用与修辞情境相适应的论据作出回应,进而有针对性地发现或者发明出适用的说服手段。在某种意义上,可以说,争议点是修辞发明的核心过程。亚里士多德、赫玛格拉斯、西塞罗及昆提利安等人的修辞学理论都曾涉及或论述过争议点理论(stasis)。但是,直到当代,争议点的含义才获得了一个科学而直接的界定:"因两个相互冲突论点的相遇而形成的论辩焦点以及由此决定的论辩特点"或"对争议中可能存在的各种问题所作的系统性分类"。

参考书目

1. 舒国滢:《论题学:修辞学抑或辩证法?》,载《政法论丛》2013 年第 2 期。

2. 舒国滢:《论题学:从亚里士多德到西塞罗》,载《研究生法学》2011 年第 6 期。

3. 舒国滢:《"争点论"探赜》,载《政法论坛》2012 年第 2 期。

4. George Kennedy, *A New History of Classical Rhetoric*, Princeton University Press, 1994.

5. Hanns Hohmann, *The Dynamics of Stasis: Classical Rhetorical Theory and Modern Legal Argumentation*, 34 Am. J. Juris. (1989).

6. Harry Caplan, translator, Rhetorica ad Herennium, Harvard University Press, 1954.

7. D. Zarefsky, M. O. Sillars & J. Rhodes eds., *Argument in Transition*, Proceedings of the Third Summer Conference

on Argumentation, SCA, Annandale, VA, 1983.

（吕玉赞）

法律争议点

法律争议点决定着开题的焦点、范围和对象。赫玛格拉斯和赫摩根尼斯是众多学者中最为系统论述和研究争议点理论的学者。赫玛格拉斯将争议问题分为两种基本的类型：广泛的一般非法律争议点（the broadly non – legal status generales）和特殊的法律争议点（the specifically legal status legales），它们各自又分为四种争议点。一般非法律争议点包括：(1)推测性争议点（the status coniecturalis），该争点涉及对事实的确定；(2)定义争议点（he status definitionis），该争点涉及对事实的准确描述，如所承认的行为是否属于某个犯罪的法律“定义”；(3)性质争议点（he status qualitatis），该争点涉及行为的“价值”“类别”“性质”上的争论，因此，该争议点涉及辩护或反驳的可能性；(4)转移争议点（the translatio），该争议点涉及程序上的异议，即被告人对法律程序持有异议或将审判权“转移”给另一不同的法庭的异议。

法律争议点包括：(1)条文与意图争议点（Scriptum et voluntas），即法律的词语或字面意义不能反映立法者的意图，或者违反立法者的意图或法律的平等原则。(2)法律冲突争议点（Leges contrariae），该争议点涉及法律之间的冲突或竞合。(3)模糊争议点（Ambiguitas），该争议点涉及法律两个或多个不同意义间的选择。(4)基于类比推理争议点（Ratiocinatio），即某个有待裁决的事项缺乏明确可以适用的法律，而必须根据一定的相似性从其他现行法中对系争事项进行类推。(5)缺乏争议点，即大小前提中的某一个前提缺乏或者这两个前提自身相同，或这些前提不是形成结论，而是导致“疑难”。

它们进一步可以分为：(1)证明不足，即证明或用于描述核心争议点的关键部分不存在或不充分，以至于起诉不足以得到证成，并且不足以构成一个案件；(2)证明力相当，即控辩双方的证明处在相互争执不下、无以证明的平衡状态，真正的法律争议、问题或（争点）反驳反而难以形成；(3)证明一边倒，即案件仅具有侧重于一边的证明分量，因其中一方的证明力弱而不可能发生真正的争辩；(4)无以解答，即根据特殊种类的前提不可能得出任何结论，使法官陷入某种“疑难”之中。

赫摩根尼斯在赫玛格拉斯争议点的基础上划分了 13 种争议点：(1)事实争议点（issue of conjecture）。首先考虑相关事实是否清楚，如果不清楚，应就事实争议点进行论辩。(2)定义争议点（issue of definition）。如果事实明确，应当接着考虑关于这一事实是否存在明确的定义。如果没有，则应就“定义争议点”进行论辩。(3)性质争议点（issue of quality）。如果已经存在明确的定义，应从所涉事实是否正当、合法、有利等角度，围绕“性质争议点”展开论辩。(4)正当化争议点（issue of justification）。对于做过的事实，应着重考虑是否被明令禁止、“是否正当和合法”，即应该围绕着“辩护争议点”进行论辩。(5)反驳争议点（issue of counterplea），如果当事人承认做了错事，但是强调其不法行为的实践后果有益于公众，则双方将围绕着“抗辩争议点”展开论辩。(6)反控争议点（issue of counteraccusation），即被告人虽然承认做过某种错事，但接着反过来指控受害人理应遭受其所做出的行为之损害。(7)转嫁罪责争议点（transfer of blame），即被告人虽然承认做过某种错事，但同时把责任推给能够被认为应负责任的其他人。(8)请求减免罪责争议点（plea for leniency），即被告人不是把责任推到能够被认为应负责任的第三人身上，而是以各种客观理由或个人的内在状况作为借口辩称完全不可担负责任。

(9)条文与意图争议点(letter versus spirit of the law)。(10)同化争议点(issue of assimilation),如果一方将成文法中明确规定的行为和法律没有明确规定的另一行为相互类比和等同,则论辩将聚焦于“同化争议点”。(11)法律冲突争议点(conflict of laws),如果争议牵涉到不止一部法律,而且应用不同法律会得出不同的判决结果,则“法律冲突”将成为新的争议点。(12)歧义争议点(ambiguity of laws),即法律文本的字面意义不完全明确,有歧义或存在模糊的意义。(13)立案争议点(issue of objection),如果一方认定某事根本就不值得或不应该成为争辩的事由,则所涉及的就是“立案争议点”。

上述两种争议点体系虽然反映了法律论证的动态性,但是各争议点却内在地处于一种混乱和纷扰的界限关系,而且上述争议点体系并不完全适宜指导或指引内置于当代法律体系中的法律论辩活动。争议点理论在当代法律制度中的反映或影响可以从诉讼法的诉讼标的和诉讼请求理论中寻找到相应的痕迹。诉讼标的,又称诉的标的或诉的客体,是指当事人之间因发生争议,而要求人民法院作出裁判的法律关系。诉讼标的由诉讼请求和原因事实加以特定。诉讼请求是原告基于法律关系要求法院作出的特定判决。原因事实,又称诉讼理由,是指原告向人民法院请求司法保护所依据的案件事实。诉讼标的在给付之诉、确认之诉和变更之诉中具有不尽相同的内容。上述某些争议点类型,如转移争议点、事实争议点以及立案争议点,因主要涉及诉讼程序上的问题可以转由诉讼标的理论按照相应的诉讼程序规则处理,而无须作为单独的争议点类型。即使将其作为争议点类型,随着法庭论辩的进行,诉讼程序和证据规则也会对其作出判断和定性。这些争议类型,在现代法律制度中,一般不会成为当事人及其诉讼代理人关注和争议的焦点。

上述争议点体系剩余的争议点可以分为两类:(1)权益性法律争议点,如正当化争议点、反驳争议点、反控争议点、转嫁罪责争议点和请求减免罪责争议点。这类争议点首先涉及的并非某一特定法律规范的适用或解释,而是当事人之间的权利义务关系争议点或犯罪嫌疑人、被告人在犯罪和刑罚上的各种正当化理由。它们是法律修辞中所原始或初始的争议所在,它们之中既有实体法的要素也有程序法的要素。由程序法要素引发的各种争议可以纳入诉讼法框架由诉讼标的理论解决,而由实体法要素引起的各种争议点在法律修辞论辩前提的发现和选择中具有独立和特定的价值,它们的确认、识别和分类可以使法律修辞者迅速发现所需的法律规则、法律原则、法律概念以及先例、指导性案例,乃至具体的法律部门、法律领域(公法、私法、社会法还是宪法性问题)的分析和确认也要通过它们进行。根据法教义学,这些争议点可以根据民法上的请求权—抗辩权体系或法律行为体系或刑法上的犯罪论体系进行更加精致的分类。修辞者借助教义学理论的法律思维功能可以从复杂的法律规范体系中发现和选择所需的法律论辩起点。(2)解释性争议点,如定义争议点、性质争议点、条文与意图争议点、法律冲突争议点、模糊争议点、基于类比推理争议点、同化争议点、歧义争议点。这些争议点涉及的并非当事人之间的权利义务关系或犯罪论上的各种辩护理由,而是经由上述争议点确定的法律规则的具体解释问题。在某种意义上可以说,解释性争议点是由上述权益性争议点派生的。定义争议点和性质争议点虽然在命名上显示的并非解释性争议点,但是,无论是对事物的定义还是对其性质的判断在根本上涉及的都是典型的解释学和价值判断问题。条文与意图争议点、法律冲突争议点、模糊争议点、基于类比推理争议点、同化争议点以及歧义争议点都属于典型的传统法律方法问题。条文与意图争议点可以分解为文义解释和目的解释的争议。法律冲突争议点可以按照法律冲突的类型分解为逻辑性法律冲突争议点和评价性法律冲突争议点。模糊争议点、歧义争议点属于法律规则或法律概念在解释的过程中所产生的问题,可以纳入文义解释争议点。基于类比推理争议点和同化争议点涉及法律类推适用所产生的问题,除此之外,正面推论和反面推论以及其他法律续造方法也会产生类似的争议。这些争议可以统一归入法律推论争议点或法律续造争议点这一大的门类之下。按照传统法律方法论的体系,法律规范的体系解释、历史解释、价值判断、利益衡量也会产生各自相应的争议点以及它们之间的争议点。如目的解释争议点可以分解为主观目的争议点、客观目的争议点、后果考量争议点,以及它们之间的冲突或不一致所产生的争议点。

解释性争议点虽由权益性争议点派生,但是权益性争议点的最终解决必须回溯到其背后的解释性争议点。所以,解释性争议点在法律争议点体系中具有独立的意义和功能,它是和权益性争议点并行的争议点类型。解释性争议点决定着法律修辞中具体论辩前提的发现和选择。在修辞论证环节,法律修辞方法的运用因进入了论辩参与人之间的对话和论辩而具有典型的论证性和沟通性。但在论证环节,这些修辞方法并不会自动呈现出来,论辩参与人间的论辩也不会自动聚焦于这些论辩型式。这些前提性的准备工作必须由"修辞发明"环节中争议点类型的识别和分析完成。法律修辞方法既可以作为论证环节的论辩型式,也可以作为开题阶段的论辩前提。在开题阶段,它们作为未予展开的备选的法律方法需要根据解释性争议点体系进行发现和选择。每一具体的解释性争议点都有其特定的作为论辩前提的法律方法,在论证阶段这些法律方法会被扩展或重构为各种相应的法律修辞方法或修辞论辩型式。

参考书目

1. Hanns Hohmann, *The Dynamics of Stasis*: *Classical Rhetorical Theory and Modern Legal Argumentation*, 34 Am. J. Juris. (1989).

2. Giovanni Sartor, *Legal Reasoning*: *A Cognitive Approach to the Law*, Springer, 2005.

3. 舒国滢:《"争点论"探赜》,载《政法论坛》2012 年第 2 期。

4. 刘亚猛:《西方修辞学史》,台北,外语教学与研究出版社 2008 年版。

(吕玉赞)

论题学的开题功能

在争议点基础上寻找和建构法律修辞的论辩前提需要动用相应的法律思维技术。论题学作为"寻找前提的程序"是一种主要的论辩前提发现和建构技术,以至于在传统的法律修辞学和新法律修辞学的理论体系中论题术就是开题术。"论题学"具有三种不同的意义:分析问题的一种手段,一种以问题为导向的论证理论,区别于传统解释的法律解释理论。亚里士多德和西塞罗都曾对论题学做过论述和研究,但直到菲韦格和佩雷尔曼论题学才在法学领域复兴并发扬光大。

菲韦格认为,论题学是一种由修辞学发展出来的以问题为导向的思维技术或"寻找的技艺"的思维游戏。论题学是一种与体系性思维不同的问题性思维和情景性思维,它把问题(problem)界定为允许不止一个答案的提问(Frage),它以问题本身的投放引致体系的选择。因此,论题学思维也是一种困局思维方式。问题本身的解决具有根本性的意义。在论题学中,问题本身具有恒定性,所有的答案和理解都是暂时的回答和理解,但是它们总是受制于一种不同于演绎推导关联结构的理解关联结构(Verständniszusammenhang)。当人们遇到问题时会尝试或试错性地选择客观上适当、丰富的前提,以便得出能够启发我们的结论。在这种过程中,一些主导性的观点虽然未必清楚地被确定但总会控制或影响我们的选择和思维。菲韦格将这种思维程序称为“一介论题学”(Topik erster Stufe)。

为了给这种程序提供某种支撑物,即某种经常备用的观点汇编或观点目录,菲韦格认为,我们还应该建构一种使用这种论题目录的“二阶论题学”(Topik zweiter Stufe)。论题目录可以适切地把握当下讨论的问题,为问题的讨论和解决提供相应的一般观点和观点目录。论题和论题目录在很大程度上对于初次固定和构成一定的理解具有重要的意义。它们使提问和答案得到有序整理,并且可以指明究竟什么东西值得进一步的思考。只有这样,一种相互间的意见协调一致才会持续不断地进行,通行的论题才会按照这种方式适当地向人们展示每一次讨论的活动范围。为了迎合问题把握上的灵活性要求,这种观点目录也需要具有相当的伸缩性和伸展力。但是,这些观点目录“并非杂乱地堆放在一起的,它们是分类存放或编排的。即使它们事先并非分类存放或编排,论辩者也可以通过辩证法的‘分析’与‘综合’的分类或编排技术来发现它们隐藏的位置”。同时,根据对话伙伴的接受性反映,论题目录也可以进行相应的分类。

与菲韦格约有不同的是,佩雷尔曼直接认为,“topics”或“loci”是一般性的论辩前提,它们可以作为价值或价值等级的基础。作为隐含的价值,这些论点将参与我们所做的各种选择的证成。在论辩中,修辞者必须选择他的听众接受的论题作为出发点。在佩雷尔曼新修辞学中,论辩前提分为基于真实(real)的共识和基于偏好(preferable)的共识。基于真实的共识,是指包括听众在内的一般人认为是“真实”的事物或意见,其包括事实、真理和推定(presumption)。基于偏好的共识是指特定听众所偏好的各类见解,如价值(values)、价值层级(value hierarchies)和论题(loci)。所谓“论题”,就是论点所处的位置,它可以非常方便地为我们找到有用的论据,“论题”可以从量的、质的、排序、本质等各个方面进行分类。在法律论辩中,佩雷尔曼指出,论辩者为了获得对自己主张的认同,要求使用法律共同体所接受的起点,这些法律起点按照他的归纳包括法律规则、一般法律原则以及特定法律共同体所接受的原则。在新修辞学中,“论题”只是其论辩起点体系的一种,但是根据论题学,其所描述和建构的论辩起点在某种意义上就是一种动态的而又层次分明的“论题目录”。

因此,论题学法学可以在两种不同的意义上进行理解,一是作为以问题解决为导向的寻找前提的情景性思维或问题性思维,二是作为可以用来帮助寻找前提或定位问题的“论题目录”。对于这种论题目录的性质学者们的见解可谓仁者见仁,智者见智:共同分享的价值、一般接受的观点、预先假设的前提、我们认为理所当然的假设、论证所在地点的标记(landmarks in topography of argumentation)。但根据这些见解,论题目录虽具有一定的无形性(intangibility),但仍可通过某种方式被描述和列举。例如,法律词典就是一种列举出的法律共同论题的等级序列。我们也能够或多或少详细地构造出各个特定法律领域的论题目录体系。将这些目录不管定性为虚假的分类(illusory categories)、学科性规则(disciplinary rules),还是约束的结构(structure of constraints)或在危险道路上指引我们的安全规则,其都是法官等在法律修辞中用来寻求和建构论辩前提的可信资源。法学家安妮塔·索博列娃(Anita Soboleva)认为,下列渊源可用来作为法律推理和法律解释的共同论题或一般论题:(1)法律的原理;(2)制定法的文本,包括其通常意义和术语学意义;(3)先前的解释或先例;(4)立法者的意图;(5)法律的目标;(6)最好的结果;(7)作为解释之变化基础的社会变化;(8)宪法的原则、概念和教义;(9)社会价值;(10)社会数据;(11)社会理论;(12)统计学;(13)共同意识。

论题学在法律修辞论辩前提之发现和建构中的作用可界分为两个方面：其一，论题学作为一种以问题为导向的“寻找前提的技术”，保证了论辩参与人从争议问题本身出发开放地寻找既可以解决问题又能被听众接受的论辩前提。只有通过论题学思维，法律修辞才能实现其论辩前提的丰富性、多样性和动态性，而且它也可以保证法律修辞学本身的情景性和语境性，而情景性或语境性是法律修辞实现其说服听众、达致合意的基本构成要素。其二，除了作为一种思维范式，论题学这种实践智慧在法律的实践作业中也会通过其记忆和储存功能形成论辩前提的选择所需要的“论题目录”体系。这种“论题目录”既可以在法律修辞学层面上予以描述和刻画，也可以通过法官等人的法律感、法律经验和记忆存在于他们的法律修辞实践中。权益性法律争议点的论题目录主要由各种法律文本、不同类型的法律条文、不同逻辑结构的法律规则、不同性质或形式的法律原则、不同种类的法律概念，以及先例或案例等构成。解释性争议点的论题目录主要是由文义解释方法（规则）、目的解释方法（规则）、体系解释方法（规则）、正面推论、反面推论、类比推论、利益衡量方法、价值衡量方法、结果导向的裁判、法律论证、法律推理等构成的法律方法论体系。从具体的争议点类型出发建构的论题目录对个案修辞论辩前提的寻找具有最强的指引意义。

参考书目

1. J. P. Zompetti, *The Value of Topic*, in Argumention and A. Wagner et al. , eds. , Interpretation Law and the Construction of Meaning, Springer, 2006.

2. Chaim Perelman & Luac Olbrehts – tyteca, *The New Rhetoric: A Treatise on Argumentation*, University of Norte Dame Press, 1968.

3. [德]特奥多尔·菲韦格：《论题学与法学——论法学的基础研究》，舒国滢译，法律出版社 2012 年版。

4. 舒国滢：《论题学：修辞学抑或辩证法？》，载《政法论丛》2013 年第 2 期。

5. [荷]伊芙琳·T. 菲特丽丝：《法律论证原理——司法裁决之证立理论概览》，张其山、焦宝乾、夏贞鹏译，商务印书馆 2005 年版。

（吕玉赞）

决疑术的开题功能

如果说通过论题学法律修辞学所获得的论辩前提是一种以观点、意见、规则以及法律方法为主的混合形式的论题目录的话，那么法律决疑术（legal casuistry）可以为法律修辞提供案例形式的论题目录。“事实与规范的目光往返”决定了法律修辞论辩前提的建构不但需要观点、意见、规则和方法形式的论题目录，而且也需要案例形式的论题目录。先例或案例不仅是类比推论等法律修辞方法所需的论辩前提，而且遵循先例原则也决定了英美法系的法律修辞活动必须基于法律决疑术展开。决疑术是一种通过手头案件与典范案例的比较而进行的“基于案件”（case – based）的法律推理或论证方法。案件间的比较是从案件到案件进行的，但案件间的比较需要参照相关的道德因素和“决疑因素”（casuistic factors）。决定的好坏依赖于这些因素在既定案件中的呈现程度。决疑术一般不会宣称在其结论中实现了确定性。结论的优劣决定于与典型案例比较的合理性。决疑术也不会宣称解决了所有的案件。当某些异议无法解决时，它有时可以适当地得出结论说，几种行为过程都具有可行性。决疑术是一种反对理论化并建立在规范价值的普遍情感基础上的法律推理和思考的方法（legal reasoning and deliberation）。但是，决疑术本身并不是案例法也不是规范在个案中的例证（exemplification）。它是一种用来确认和判断法律概念的效力是否具有特定的边界以及某些特定的个案是否落入了这些边界的方法。案件被讨论只是为了彰显法律概念效力的边界以及相关主题讨论的阻力。

在决疑术中,个案的案情因为能够彰显一种情境不同于其他所有情境的唯一性,选择合适的法律规则裁决案件必须依赖于个案。通过决疑术,同样规则的运用可以涵括新的问题和旧的事例。决疑术推理对法律案件的裁决采取的是一种实践进路,它通常不是把各种理论作为出发点,也不过分强调法律上的理论争议,相反,它们可能同意一定的范例应以一定的方式对待,承认案情的"自然统一性"和相似性。决疑术一般从某个明确的范例的考察开始,它不像"基于原理或规则的推理"那样,借助于原则、规则和其他一般观念架构(frame)法律争议,将一般规则用作"公理"(axioms),从中演绎出特定的道德或法律判断。相反,决疑术推理关注各种特定法律案件的特定性质,这些个案的特定性质只有借助典型案例才能加以确定。在这里,一般法律规则与个案之间的关系是实践性的,法律规则被用作"箴规"(maxims)或"格言"(gnomoi),而非"公理"。

在决疑术的思考中,发现范例(finding paradigm cases)是最重要的一步。范例是人们都可能同意的一种用来参照解决法律难题的模式或蓝本。就每一特定法律规则之适用收集的有效事例越多,就该规则的适用性产生怀疑的余地就越小,而且获得含义丰富的定义、使得对其他事例进行进一步考察成为多余之事的希望也就越大。有了足够的范例,所有的日常法律决定或道德决定就可以通过显示待决的案件与某些范例类似的方式作出。在这种意义上,范例可以提供某种清晰的指导,使法律决定或道德决定的作出更加公开化,并且使我们确信,利用这一方法的人必然会采纳某些行动,舍弃另一些行动。

在决疑术方法中,比较范例和手头上的案件的过程,事实上也是对案件进行分类的过程,其中比较重要的是将案件编排成一定秩序的"案件分类学"(the taxonomy of cases)方法。它可以将现有的案件放进它的道德语境之中,并且揭示可能消解某个对错假定(presumption of rightness or wrongness)之论证的分量。"案件分类学"使人明白:即便手头上的案件是唯一的,也应当允许手头上的案件与范例之间的差别指导有关法律适当性的判断。此种判断不是基于某项原则或理论,而是基于案情与箴规在案件形态(the morphology of the cases)上以及与其他类似案件相比较之中所显现的方式。在这里存在范例与类似案件之间的道德判断上的"移动"(shift)。

由上述可知,决疑术也是一种以问题为导向的思维方式,它并不是通过法律规则对个案的涵摄或投射而裁判案件,而是借助案件间的相似性发现各种法源后再去裁判案件。在法律修辞论辩前提的发现和选择上,它首先是从待决案件这个各种法律争议点的"聚集地"出发的,所以,它从待决案件出发寻找典型案例时,并不是从待决案件表面上的案件事实出发的,而是从对其蕴含和包括的各种争议点类型的整理和分析出发的。其次,决疑术发现典型案例或范例必须借助案件之间的相似性,但是,这种相似性是案件之间在属性上的语义相似性,它属于语言学的范畴,它具有一定的语言认知性,能被论辩参与者的直觉思维捕捉。借助案件之间的语义相似性,修辞者能够发现与待决案件相似的多个先前判决。为了从暂时发现的先前判决中选择与待决案件最相似的典型案件,还需要利用相关的道德因素、"决疑因素"、相关的规范价值或可能相关的法律规则的目的等实质性理由去分析和判断哪个案例与待决案件具有实质相似性。最后,在选定典型案件后,典型案件中所蕴含的各种判决理由、论辩前提和修辞方法将是待决案件的修辞论辩所可能需要的论辩前提或修辞方法。因此,它与论题学在论辩前提的发现上具有异曲同工之妙。

除此之外,决疑术的思维方式中也可以产生相应的"论题目录"。决疑术不但在英美法系中具有遵循先例原则等的制度保障,而且大陆法系中类比的广泛性以及案例的重要性也决定了其法律修辞实践对决疑术的刚性需求。决疑术在两大法系中都是法律适用尤其是法律发现或"法的发现"中重要的、常态的思维元素。因此,法官等会在其长期的案件裁判中根据案件编排的"案件分类学"以及案件之间的相似性构造用来裁判案件的案例类型集合或案例类型体系。这种案例类型体系对法律修辞论辩前提的发现而言也是一种"论题目录",在这种论题目录中各种观点、一般法律论题和特殊法律论题虽是包含在案例集合中,但它们可以超越或脱离其所在的具体案例存在于法官等的法律感、法律知识或法律经验中。不过,这些论题不可能像在论题学中那样直接以论题的形式适用于法律修辞,它们只有通过决疑术的转介才能成为法律修辞的论辩起点。

参考书目

1. Carson Strong, *Specified Principlism: What It Is, And Does it Really Resolve Cases Better than Casuistry?*, 25 J. MED. & PHIL. 331 (2000).

2. Baber Johansen, *Casuistry: Between Legal Concept and Social Praxis*, *Islamic Law and Society*, Vol. 2(1995).

3. 舒国滢:《决疑术:方法、渊源与盛衰》,载《中国政法大学学报》2012 年第 2 期。

4. 舒国滢:《论题学:修辞学抑或辩证法?》,载《政法论丛》2013 年第 2 期。

(吕玉赞)

开题的体系性思维

不同于论题学和决疑术的是,法律发现在本质上主要是一种体系性思维。法律发现的对象不管是立法之法或正式法源,还是立法之外的法或非正式法源,它们皆非问题或论题本身,而是法教义学之体系化知识的呈现形式。

在法律发现中,法律法源的选择需要遵循正式渊源优于非正式渊源、成文法渊源优于不成文法渊源、直接渊源优于间接渊源、制定法渊源优于非制定法渊源、主要渊源优于次要渊源、必然渊源优于应然渊源、应然渊源优于或然渊源等法律渊源类型间的效力顺序,以及程序法优于实体法、特殊法优于一般法、上位法优于下位法、新法优于旧法等"冲突规则"。法之发现不仅以预先表述的文本为基础,法教义学要给出决定性的尺度作为整合到体系中并重复运用的规则。

纷繁复杂、杂错交织的各种法律规定决定了修辞者不可能直接或迅速发现与争议点相关的法律规定,即使发现了某些法律规定也难免"挂一漏万"。只有借助认识性体系,修辞者才能根据案件的争议点以体系化检索的方式发现所有相关的法律规定,并可根据该种认知性体系确定最相关的法律规定作为论辩前提,相关法律规定之间的冲突或竞合也可根据这种认知性体系得以消解和解决。

除了上述认知性体系,法教义学的法律概念和法律规范(法条或规定)的分类学理论对论辩前提的发现和建构也可以发挥相应的规范性功能。除此之外,不同的法律规范、法律规定和法条之间在法律体系中多处于一种相互依存、相互作用和相互制约的"规整"和意义脉络之中。在试图适用某一规范作为论辩前提时,法律规范、法律规定和法条之间的意义关联、耦合关系以及潜在的各种冲突和竞合关系会将其他关联性的法律规定或法律条文一并带入法律修辞的论辩前提。在必要时,论辩参与人也需要检索和援引法教义学上关于它们的体系化整理和竞合规则。

论辩参与人并不总是能从现行实在法秩序中找到法律修辞所需的论辩前提,当新型案件或疑难案件出现时尤其如此。这时,法律体系就出现了法律漏洞。为了减轻论证负担、增强论辩的说服效果,修辞者需要检索和运用法教义学上可能存在的规范建议性理论。规范建议性理论是指虽非成文规范,但却被宣称为现行法之规范的理论,亦即通过漏洞补充、类推,或诉诸法律原则等法律续造方法,为现行法所未曾预见之法律问题的解决提供建议的理论。例如,法学史上著名的"情势变更理论""缔约上过失""积极的契约侵害""被害人教义学""客观归责理论""期待可能性理论"。当修辞者不能通过其他体系性方法发现或建构论辩前提时,便需要检索和援引与案件争议点相关的规范建议性理论作为论辩前提。

修辞者在选择法律规则形式的论辩前提时因原则与规则的耦合关系或冲突关系必然会面临是否、如何选择法律原则作为论辩前提的问题。此种情况下,修辞者在论辩前提的建构中需要援引法教义学上权威的并最被论辩参与人认可、接受的原则理论及其发展出的各种衡量公式。

参考书目

1. Alecsander Peczenik, *Legal Doctrine as Knowledge of Law and as a Source of Law*, Springer, 2005.

2. Rolf Stürner, Das Zivilrecht der Moderne und die Bedeutung der Rechtsdogmatik, JZ 1/2012.

3. Franz Bydlinski, Juristische Methodenlehre und Rechtsbegriff, Springer, 1982.

4. 刘壹强:《法律知识论的建构——以法律教义学的探讨为基础》,辅仁大学法律学研究所2008年博士学位论文。

5. [德]卡尔·拉伦茨:《法学方法论》,陈爱娥译,商务印书馆2003年版。

6. [德]特奥多尔·菲韦格:《论题学与法学——论法学的基础研究》,舒国滢译,法律出版社2012年版。

7. [德]许内曼:《刑法体系思想导论》,许玉秀译,载许玉秀、陈志辉编:《不移不惑献身法与正义——许内曼教授刑事法论文选辑》,台北,新学林出版社2006年版。

8. 王泽鉴:《民法思维:请求权基础理论体系》,北京大学出版社2009年版。

(吕玉赞)

法律修辞的方法

法律修辞的方法或图式属于法律修辞论证的主体部分。通过论辩前提理论所发现的各种前提或论题只是修辞方法的构成要素或初级形式,它们来自普遍接受的法律概念、法律规则、法律原则、法教义学理论以及流行性意见、生活常理等,提供论证可被发现的位置或场所,并可在可被选择的前提与要被辩护的论点之间建立起省略式论证(enthymeme)。法律修辞的论证型式(argumentation scheme)系学者们对常用的实践论题以逻辑化方式重构出的层级性的论证类型。在法律修辞的实践中,法官、律师等修辞者也会对与案件争议点密切相关而又处于外部证成初级层次(the first level)上的各种论题进行某种解释性重构,而不会解释性重构与案件争议点关联不大或处于其外部证成次级层次(the latter level)上的论题,从而它们可能仍然保持其原初的论题状态。因而,在法律修辞的论辩中,某些方法性的论辩前提会被扩展为完整的法律修辞方法,法律性的论辩前提会被纳入法律修辞方法的核心构成要素,而经过法教义学检验的非法律性论辩前提可以作为法律修辞方法运用的辅助或支撑要素。

法律修辞方法运用的目的不在于对论辩前提真实的或实际的产生过程进行纪录片式的刻画，也不分析每一判断个体的心理条件或动机，而是为所涉及的决定提供充分的论辩理由。通过法律修辞方法，发明阶段以法律为导向的或符合合理性—正确性标准的判断或前提将得以证成和展现。

在德国法学家沃尔夫冈·加斯特（Wolfgang Gast）的法律修辞学中，法律修辞方法体系由下列部分组成：（1）作为法律修辞基本格局的涵摄（das rhetorische grundmuster：subsumtion）；（2）作为传统法律修辞设备的法律文本解释的四种方法，即文义解释（der wortsinn）、体系解释（die systematische auslegung）、历史解释（die historische auslegung）和目的解释（die teleologische auslegung）；（3）作为修辞工具的布局（die dispositio）或修辞架构（rhetorische gerüste）、逻辑最小值（logische minima）、特殊的推论图式（besondere schlufiformen）、提出问题（das fragenstellen）、权威论证（der autoritatsbeweis）、情感因素（die affektive komponente）和修辞技巧（rhetorischer giftschrank）；（4）加斯特在附录中还论述了概念如何作为一种方法以及法律修辞论证中需要注意的文义界限问题。卡罗琳·韦劳赫（Carolin Weirauch）在其法律修辞学中论述了作为保证法律修辞效力的三种特殊推论程序（die rhetorische geltungssicherung in besonderen schlussverfahren）：类比推论、反面推论和正面推论。延斯·威廉（Jens Wilhelm）将语法或字面解释（die grammatische bzw. grammatikalische auslegung）、体系解释、目的解释、比较法解释（rechtsvergleichung als auslegungsmethode）、合规范性解释（die normerhaltende auslegung），以及填补漏洞的法律续造方法作为与法律修辞论证并列的法律解释方法，并认为类比推论（analogieschluβ）、反面推论（umkehrschluβ）、当然推论（gröβenschluβ）和归谬论证（schluβ zum absurden）是法律修辞传统的推论形式。

佩雷尔曼描述了各种用于解释法律规则的修辞论辩型式，塔雷洛（Tarello）将其整理为如下论辩型式：矛盾论证、相似性论证、充分论证、完备性论证、融贯性论证、心理学论证、历史论证、类比论证、目的论证、经济论证、范例论证以及体系论证。新修辞学在援引法律推理和法律解释的传统范畴上是非常积极的。它假设法律的特性和效力是不言自明的。它关注的是从一般的法律判决和司法过程的规范性辩护技巧中理性地抽象出法律的自我形象，以列举一系列通用的修辞的、说服的和论辩的机制。

由上述学者们描述或构造的法律修辞方法体系可以看出，他们对传统的四种法律解释方法（文义解释、目的解释、体系解释和历史解释）以及反面推论、正面推论、类比推论等法律推论作为法律修辞的论辩型式存在普遍的共识，并且认为反面推论、正面推论、类比推论属于法律修辞特殊的推论型式。但是，这些传统的法律方法只有被进行相应的修辞学或语用学改造才能成为法律修辞方法，它们必须在解释者（论辩者）、法律文本（以及其他修辞语境）和解释接受者（听众）构成的修辞三角关系上展开，并接受来自接受者的批判和检验。所以，文义解释、历史解释、体系解释和目的解释在法律修辞方法中主要是指相应的解释程序（verfahren der auslegung）。以演绎推理为代表的司法三段论或涵摄方法作为法律修辞方法同样也需要相应的修辞学改造。法律修辞的涵摄具有自己特定的语法和语用结构（syntax und pragmatik der rhetorischen subsumtion），在法律论辩中它可以被分解为下列修辞要素：（1）修辞者（der rhetor）；（2）听众（der adressanten）；（3）将被涵摄的特殊项（das zu subsumierende besondere）；（4）被接受的一般项（das aufnehmende allgemeine）；（5）在构造的语境中涵摄的进行过程（der vorgang des subsumierens. dieser vorgang vollzieht sich in einem prägenden kontext）；（6）修辞的语境(der rhetorischen situation)。

除上述由传统法律方法转换成的法律修辞方法外,根据论辩型式的含义和特点,以及这些可能的论辩型式在法律修辞实践中运用的常态性和经常性,利益或价值衡量、结果导向的裁判(或根据后果的论证或后果论辩)、归纳论辩、比较论辩(或根据比较的论证)、根据先例的论证、根据例证的论证(或例证论辩)、因果论证、根据专家意见的论证、根据词语分类的论证、根据大众意见的论证(或诉诸流行的论辩)、根据偏见的论证、基于个案的论证、联结规则和案件的链式论证、根据定义的论证、种属关系论证、整体部分关系论证、依据权威的论证、基于规则的论证、基于原则的论证、针对模糊分类的论辩或针对武断分类的论辩等这些论辩型式也经常被学者们作为法律修辞的图式或论辩型式论述。

除了利益或价值衡量、结果导向的裁判或后果论辩、基于原则的论证可作为单独的法律修辞图式外,其他论辩型式要么可被整合入上述传统法律方法,要么属于法律修辞学中的教义学论证:第一,归纳论辩、比较论辩(或根据比较的论证)、根据先例的论证、根据例证的论证(或例证论辩)、基于个案的论证、联结规则和案件的链式论证都可以整合为类比推论的构成要素。类比推论既可作为“内在于事实构成的类比”,用以澄清规范概念的外延,也可作为扩张的类比,对字义范围进行扩展或限缩。只有在待决案件与先例(典型案件、范例或比较案件)之间相关性归纳和判断的基础上,类比推论才能将相关的法律规则间接地适用到待决个案上。因此,类比推论的程序是由比较论辩(或根据比较的论证)、根据先例的论证或根据例证的论证(或例证论辩)与联结规则和案件的链式论证共同完成的。第二,根据词语分类的论证、根据定义的论证、种属关系论证、针对模糊分类的论辩或针对武断分类的论辩可转换成文义解释方法的构成要素。第三,整体部分关系论证可转换为体系解释的要素。第四,根据专家意见的论证和依据权威的论证可转化成相应的法教义学论证。同时,因果论证作为与因果关系理论相关的论辩图式也应纳入法教义学论证的范畴。第五,根据大众意见的论证(或诉诸流行的论辩)、根据偏见的论证以及伦理论证可根据其与价值、原则的相关度整合为原则论辩的要素或价值论辩的要素。这些被整合的论辩型式虽然不具有独立论辩型式的资格,但是,它们作为新兴的或复兴的语用学或非形式逻辑的论辩型式对改造成法律修辞图式的传统法律方法的扩展、修正和完善具有非常重要的价值。

同时,“修辞发明”中所发现或建构的论辩前提在论证阶段难免仍会发生各种冲突和矛盾。因此,我们需要描述和建构基于规则的修辞方法、基于规则外要素的修辞方法以及基于推论的修辞方法。基于规则的修辞方法包括:针对法律冲突的修辞方法(包括针对逻辑性法律冲突的修辞方法和针对价值性法律冲突的修辞方法)、针对解释关系的修辞方法(包括文义解释修辞方法、体系解释修辞方法、目的解释修辞方法)。基于规则外要素的修辞方法包括:原则衡量修辞方法、价值衡量修辞方法和结果衡量修辞方法。基于推论的修辞方法包括:正面推论修辞方法、反面推论修辞方法和类比推论修辞方法。经由修辞学改造的涵摄方法或司法三段论是所有这些修辞方法共同运作的逻辑基础,而法教义学是这些修辞方法必须参照和援引的知识论和规范性基础。法律修辞方法的运用不仅需要遵守传统的法律方法论规则,如字义规则、黄金规则和除弊规则等法律解释的语言规则(linguistic canons)和实质性规则(substantive canons),而且法律修辞作为一种特殊的实践论辩,也应遵守普遍实践论辩规则中的基本规则、理性规则、论证负担规则、证立规则和过渡规则,以及法律概念的各种语言界限。

基于文义解释的修辞方法既继承了传统的文义或语法/字面解释方法,也吸收和结合了种属关系论证、定义论证、根据词语分类的论证、针对模糊分类的论辩或针对武断分类的论辩等相关论辩型式。基于体系解释的修辞方法既遵循了传统的体系解释方法，也借鉴了法教义学所建构的“外部体系”、“内部体系”、“认知性体系”、整体部分关系论辩以及法律论辩的融贯观立场和方法。基于目的解释的修辞方法是和历史解释方法、发生学解释方法内在关联在一起的，所以，这种修辞方法是这三种传统解释方法整合的产物。“基于原则的修辞方法”中的原则既包括实在法原则，也包括法教义学和法律实践发展出的法律原则。因此，这一论辩方法可以将“根据大众意见的论证”(或诉诸流行的论辩)整合进来。基于价值的修辞方法是由传统的价值衡量理论发展而来的，同时它还吸收了伦理论辩或道德论辩的相关要素。结果论辩方法是一种受法律经济分析影响而产生的新型论辩方法，但是它与传统的利益衡量方法具有紧密的亲缘关系。因此，根据法教义学的规范性框架可将法律经济分析与利益衡量共同纳入结果论辩。同时，这种结果论辩方法也吸收了非形式逻辑中的后果论辩元素。正面推论方法、反面推论方法和类比推论方法在基本的构造中可以吸收部分归谬论证的元素。法律修辞方法的运用需要遵守这些方法性、论辩程序性、法教义学、判例以及语言学论证的规则。因此，法律修辞的论证并非仅以说服听众为目的的自由的、任意的辩证技巧，在它们的基础上，各种法律修辞方法能够转化成相应的法律修辞规则。

参考书目

1. Agnes Launhardt, Topik und Rhetorische Rechtstheorie Eine Untersuchung zu Rezeption und Relevanz der Rechtstheorie Theodor Viehwegs, Dissertation zur Erlangung des Doktorgrades der Juristischen Fakultät der Heinrich – Heine – Universität Düsseldorf, 2005.
2. Fritjof Haft, Juristische Rhetorik, Verlag Karl Alber Freiburg, 5, unveränderte Auflage, 1995.
3. Eveline T. Feteris, *Fundamentals of Legal Argumentation: A Survey of Theories on the Justification of Judicial Decisions*, Springer, 1999.
4. Wolfgang Gast, Juristische Rhetorik: Auslegung, Begründung, Subsumtion 3, Durchgesehene und Erweiterte Auflage, R. v. Decker Verlag, 2002.
5. Carolin Weirauch, Juristische Rhetorik, Logos Berlin, Erste Auflage, 2004.
6. Wilhelm, Einführung in das Juristische Denken und Arbeiten, Durchgesehener u. Gekürzter Sonderdruck für die Deutsche SchülerAkademie 2006.
7. 武宏志、周建武、唐坚：《非形式逻辑导论》，人民出版社 2009 年版。
8. 樊明明：《修辞论辩的机制》，北京外国语大学 2001 年博士学位论文。

(吕玉赞)

法律修辞的参与者

参与法律修辞活动的主体，这些主体应当具有正常论辩能力，在语言表达时有使自己的传情达意尽可能圆满的意向，且朝着这一目标做出努力。从修辞学的角度来看，它一般包括言说者和听众。从司法的角度来看，它通常包括法官、当事人、诉讼代理人、上诉人、被上诉人和社会大众等，法律修辞的参与者可分为直接参与者和间接参与者两类。

(沈　寨)

听众

从词源学的角度看,“audience”一词最早出现在14世纪,当时仅指布道集会时的听众,人们从四面八方集合起来,作为上帝的忠实信徒和子民,接受牧师对教义的宣讲。后随着社会传播方式的发展,才延伸为现代的读者、听众和观众的含义。也有学者指出,“听众”行为的制度化早在两千多年前就出现,即古希腊和古罗马时期,在剧场和竞技场上的观看各种戏剧或竞技表演的观众。这些古代听众的特点有:(1)占据着固定的“受众席”,可以现场“看”“听”正在进行的表演。(2)与现代听众巨大的规模相比,古代听众的规模相对较小。(3)与现代听众之间相对封闭、分散、受众行为空间的个人化和私人化不同,古代现场的听众之间是相互沟通的,通常是相互影响甚至比较熟识的,当时的“看”和“听”主要表现出的是“公共活动”的性质而不是私人性的。(4)古代听众团体是当时人们的社会生活的一种重要形式,有自己的集体形式,这种形式保留到今天的痕迹,就是喜剧茶座、影剧院和追星俱乐部等。

现代听众与古代有了显著的不同,构成现代听众最基础的经验在于:一群人暴露在某一个文本面前。现代传播的技术特征决定了现代听众可以在分散的物理空间里面对同一个文本。由此,“听众”的内涵十分丰富,其所指也可以是变化的,人们可以用不同的方式加以划分。正因如此,“听众”被认为不仅是一个历史概念,也是一个逻辑的概念,它依赖于媒介和社会的架构而存在,也依赖于受众研究的理论框架和分析方法而存在。修辞学是研究语言沟通的学问,古今修辞学家都非常重视对“听众”的研究。亚里士多德赋予听众主体性的地位,他认为说服力的本质是讲者时常受审,听众常扮演法官。在演辩的范畴中,听众是最有权威的,它能够决定演讲成功与否。新修辞学更将听众置于更加重要的地位。佩雷尔曼认为论辩的核心任务就是说服听众。所谓“听众”,是指“言说者通过论辩想要影响的人的总称”。听者是言说者企图说服的对象,言说者想要达到说服的理想效果,必须正确构建其听众的概念,也就是正确地了解其想要说服的对象。为了正确掌握和理解听众,言说者一方面必须根据听众的社会背景、利益立场和个性、气质等特征来对听众进行区分;另一方面,还必须将听众与环境联系起来进行考虑,因为听众的性质通常与所处条件有关,如现场的音乐、灯光、人群和景观等都会对听众产生影响。当然,对于听众的利益立场、个性、气质和其所处环境等因素的重视并不意味着佩雷尔曼只追求迎合听众和对听众的片面说服,在他看来,论辩的目标在于通过理性言说让听众产生认同以达至对听众的说服。

参考书目

1. 廖义铭:《佩雷尔曼之新修辞学》,台北,唐山出版社1997年版。

2. 臧海群、张晨阳:《受众学说:多维学术视野的观照与启迪》,复旦大学出版社2007年版。

(沈　寨)

具体听众与理想听众

芬兰法学家阿尔尼奥在说明法律解释立场的可接受性问题时所运用的概念。为说明解释立场的可接受性如何与法律共同体的共识相联系,阿尔尼奥借鉴并扩展了佩雷尔曼的听众概念。他认为,法律解释通常指向一种特定的听者,在法律情境下,这种听者是法律共同体,法律解释的听者就是听众,听众包括相同生活方式的所有个体,而且听众有具体听众和理想听众之分。其中,具体听众包括一些特定的个体,具体听众又可以划分为普通的具体听众和特殊的具体听众两种。普通的具体听众包括所有生活在同一状况下的个体，而无论他们的其他属性如何。这种听众对于论证理论没有什么意义，因为想让一个论证注意到理论上的每个个体是不现实的，想让解释者确保其观点被普通的具体观众接受也是不现实的。特殊的具体听众包括能为解释者讲话时指向的一群人，在法律情境下，特殊的具体听众包括法庭或议会的成员。特殊的具体听众也可以包括具有特殊特征的成员，而无论他们是不是解释者在具体情境中指向的人。特殊的具体听众所持的解释立场的可接受性，不必建立在理性考虑的基础上，相反，它可以建立在非理性的考虑上，例如解释者的权威。

理想听众包括能够且准备遵从理性论辩的个体，这种听众之所以是理想的，是因为在现实中所有法律共同体成员都在相同程度上遵从了理性的条件，但是这种事情不常发生。理想听众也可以划分为普通的理想听众和特殊的理想听众两种。普通的理想听众存在于所有成员平等、没有劝说或操纵的社会，这种听众往往不能被使用。特殊的理想听众包括一群共有特定普遍价值并因此属于相同生活方式的人。特殊的理想听众区别于特殊的具体听众，因为理想听众的成员满足理性的条件，而这不是具体听众必需的。某种解释之证立的可接受性不仅依赖合理性的一般条件，而且依赖法律共同体成员共有的价值和规范，而理性共识可以在构成特殊的理想听众的人群中获得。

参考书目

[荷]伊芙琳·T. 菲特丽丝：《法律论证原理——司法裁决之证立理论概览》，张其山、焦宝乾、夏贞鹏译，商务印书馆 2005 年版。

（杨知文）

普遍听众

佩雷尔曼新修辞学中的一个基本概念。为了保证以赢得听众认同为目的的说服论辩不至于沦为雄辩者对听众的煽动和欺骗，佩雷尔曼提出了“普遍听众”的概念。他认为，如果将论辩的目标定位为对特定听众的说服，则对于言说者而言，有时为了迎合特定听众的观点，会过多地考虑某些特定听众的特殊立场和特定观点，从而使得论辩与理性相违背，这样会招致其他更多人的攻讦与责难。为了避免这种情况出现，他认为论辩的最高层次应当是使某一命题能得到“普遍听众”的认同和接受。

所谓“普遍听众”，就是指言说者私下反思，按照通常人秉持的合理观念应当如何来应对某个需小心处理的情形，普遍听众也可以是人类全体，或至少是所有那些有能力和理智的人。只有当言说者选择了值得考虑超越特定听众的论辩和诉求的时候，这些情境才构成论辩。在此种情况下，参与对话者以及与之论争的那个人都被视为属于普遍听众的范围，普遍听众并不依赖于倾听言说的人数，而是依赖于言说者的意图，因为言说者可能会想象言说的对象是普遍听众。

“普遍听众”概念为言说者的以下两个目的服务。一是它作为论辩与诉求选择的补助手段或者作为一个发挥创造工具作用的隐喻。言说者一开始带有普遍听众的构想，从这种构想开始，对似乎最适合于这种听众之诉求类型的相关问题作出决定。言说者在选择诉求与论辩时，实际上是在选择接受论辩的听众。因此，听众构想有助于言说者诉求的选择，因而作为一种辅助工具运用于演说的取材。二是“普遍听众”是检验合理性的标准。佩雷尔曼提出，应将普遍听众的认同与接受作为合理性的标准。普遍听众不仅是论辩结论的裁判者，还是论辩起点和论辩过程的检验者。只有能够为普遍听众所接受的准则、观点或意见才能作为论辩的前提或起点,在论辩过程中也只能采用普遍听众所能接受和理解的语言和方式来进行,而对于论辩结论,也只能因为它被普遍听众所接受才具备了合理性。“普遍听众”的概念表明,论辩的质量依赖于接受言说者观点的听众的质量。一个特定听众的赞同并不表示一个论辩的强有力,而普遍听众的赞同则是佩雷尔曼理论中理性的根本。

参考书目

1. Perelman,*The Realm of Rhetoric*,University of Notre Dame Press,1982.
2. 温科学:《20 世纪西方修辞学理论研究》,中国社会科学出版社 2006 年版。

(沈 寨)

特殊听众

佩雷尔曼新修辞学中的一个基本概念。“特殊听众”是指言说者在具体论辩中所针对的一群人。与普遍听众相比,一方面特殊听众在现实中真实存在,他可以就言说者的观点或命题提出质疑或反对意见,对言说者进行一对一的严谨抗辩,因此,特殊听众是对普遍听众的具体化;另一方面,特殊听众是指特定时空中言说者说服的对象,因此,言说者在对特殊听众进行说服时必须考虑特定时空的情境因素,从而赋予论辩以实质合理性层面的思考。对于以特殊听众为目标的论辩有可能导致对说服的片面追求问题,佩雷尔曼认为,除了以“普遍听众”来对应“特殊听众”外,还应将论辩视为对话而不是诘辩(debate)。对话与诘辩的区别在于对话是对话者之间诚实地、不怀偏见地通过讨论寻找问题的最佳解决之道,而在诘辩中,每一个对话者只为自己的观点辩护,对于自己所反对的观点则一味拒绝。

参考书目

1. Perelman,*The Realm of Rhetoric*,University of Notre Dame Press,1982.
2. 廖义铭:《佩雷尔曼之新修辞学》,台北,唐山出版社 1997 年版。

(沈 寨)

法律修辞的起点

又称法律修辞的出发点,是指法律论辩的前提或论据。依据佩雷尔曼的新修辞学理论,论辩的目的在于引起或增进听众对于言说者所提出见解的认同,因此论证的出发点,乃是假定言说者和听众之间具有某种共识,从而使听众能接受其论点。在修辞学中,修辞的起点,也即论辩的前提或论据,是指事实性或价值判断性的信念,修辞者必须广泛地与社群或论辩所指向的听众所共有这样的信念或观点。换言之,为了使自己的话语能够有效地影响听众,法律修辞者只能选择那些已被听众接受的见解作为自己修辞言说的起点,以达至增强听众认同的目的。佩雷尔曼基于言说者与听者之间的共识而产生的论辩前提,将其分为两种:(1)实在的(real)共识,包括事实、真理和推定三种。(2)偏好类(preferable)共识,包含价值、层级和与喜好有关的论点之位置。

参考书目

Chaim Perelman,*L*,*Olbrechts - Tyteca*:*The New Rhetoric*,*A Treatise on Argumentation*,University of Norte Dame Press,1969.

(沈 寨)

共识

新修辞学中的一个重要术语。新修辞学认为，法律论证应从论辩者的前提性共识出发，经过理性论辩，最后得出一个大家都能接受的结论。所谓共识，是指社会目标、决策程序和具体政策三个基本维度上的一致同意的状态，具体是指：（1）共同体层面的“信念共识”，又称基本共识，是民主制度运转的有利条件或充分条件。它主要是指社会中的绝大多数公民能够在决定如何分配权威、地位、权利、财富和收入等价值上持有近乎一致的信念，使公民之间以及公民与整个社会之间具有某种统一感或团结感。（2）制度层面的“程序共识”，又称“游戏规则的共识”，通常被看作民主社会中唯一可以解释政治稳定的共识形式。制度层面的“程序共识”相对于其他受到民主保护和鼓励的分歧来说具有优先性，它是对不同意见者的强制共识。（3）政府层面的政策共识，是基于异见的共识，民主制度中的政策制定是基于异见来引起共识变化的结果。共识能够维护公共秩序、减少使用暴力来解决分歧的可能性，增加合作的数量。

参考书目

1.［德］哈贝马斯：《交往行动理论》（第二卷　论功能主义理性批判），洪佩郁、蔺青译，重庆出版社 1994 年版。
2.［美］约翰·罗尔斯：《政治自由主义》，万俊人译，译林出版社 2000 年版。

（沈　寨）

基于真实的共识

佩雷尔曼修辞学中对作为论辩出发点的共识之种类，通常包括听众在内的一般人确信是“真实”的事物或意见，基于事实的共识可以进一步细分为事实、真理和推定（presumption）三类。事实不是指某种客观的存在，而是指普遍听众觉得毫无争议或千真万确的一些主张或见解。事实多指精确的客体和有限的共识（limited agreement），它是以普遍听众的认同为先决条件，是毋庸置疑的，因而，无须论争。支持一个事实并不需要为之辩解，听众也不希望强化它。在一场容易导致失败的争论中，事实具有优越的地位。如果需要辩解，那么论据便失去作为一个享有普遍赞同的事实的优越地位。

然而，当事实是论辩的结论而不是论辩的出发点时，事实便失去了它作为事实的优越地位。而当论辩的结论是不确定的、不可预料的时候，论辩的出发点则需要支持，因此，支持是解释事实的尺度，真理多指事实之间复杂的关系系统，与事实一样享有普遍的认同。它与事实的差别在于，事实指某一特定的论据，真理指把各种事实联系起来的更广泛的原理，它涉及“与事实相联系的更复杂的有关系统，可能是科学的理论，也可能是哲学或宗教的构想”。“推定”一般指人们就“在正常情况下会发生什么事或出现什么情况”持有的十分肯定的信念，与事实和真理一样也享有普遍的认同。虽然它也得到听众的普遍共识，但听众对其未能达到最大限度地信奉，因此，听众对于“推定”的信奉需要其他因素加以强化，而强化的方式就是论证。在涉及真实和普遍认同方面，事实、真理和推定是一样的，但推定和事实、真理不同的是，它可以违反，而事实和真理不能。总体而言，基于真实（reality）的共识涉及事实、真理和推定，三者享有普遍听众的认同，事实和真理享有更高的地位，它们不像推定，不需要在听众的大脑中得到加强。

参考书目

1. Chaim Perelman, *L, Olbrechts - Tyteca*: *The New Rhetoric*, *A Treatise on Argumentation*, University of Norte Dame

Press,1969.
2. 刘亚猛:《西方修辞学史》,台北,外语教学与研究出版社 2008 年版。
3. 温科学:《20 世纪西方修辞学理论研究》,中国社会科学出版社 2006 年版。

(沈　寨)

基于偏好的共识

佩雷尔曼修辞学中对作为论辩出发点的共识所做的两种分类中的一种,通常指论辩的具体目标受众所偏好、喜爱或信服的各类见解,包括价值(values)、价值层级(value hierarchies)和论题(loci)三类。与基于真实的共识针对普遍听众有效不同,基于偏好的共识只能针对特定听众有效。价值体现为个人内心的主观判断,但通常而言,听众基于这种主观判断而对一种事态、存在或理念产生的认可必定会对行为和行为的意向产生某种特定的影响。

价值可进一步分为具体价值和抽象价值两种。具体价值是指一个人、一个群体或被视作一个独特实体的特定客体所拥有的价值,抽象价值则与具体价值相对,它在社会中被不特定的多数人所拥有。一般来说,为现状而争论的论辩更有可能从具体价值开始,因为当希望维护现状而不是希望改革时,具体价值更有说服力。相反,为改革而争论的论辩更有可能从抽象价值开始,抽象价值可以随时用于批评,因为抽象价值对谁都一样,似乎可以给希望改革已有秩序的人提供标准。

价值层级是指以价值判断为基础而对多种并存的价值所作的层级排序,它应根据各种价值在听众中接受程度的不同来建立。价值层级也可以分为具体和抽象两类,当与独特的客体有关时就是具体的,当与特定的客体无关时就是抽象的。价值层级还可以分为同类和异类。同类等级是比较类似价值的等级,异类价值级则难于确定,因为价值是不同的,而且常可能发生冲突。论题,是指发现论据的方向与场所,它可以非常方便地为我们找到有用的论据。论题分为一般和特殊两种,一般的论题推定在任何情况下都具有更高的价值,而特殊论题则关注在特别情况下偏好什么。“论题”可以从量的、质的、排序、存在、本质以及人等各个方面为我们提供丰富的论据。

参考书目

1. Chaim Perelman, *L, Olbrechts – Tyteca*: *The New Rhetoric*, *A Treatise on Argumentation*, University of Norte Dame Press,1969.
2. 刘亚猛:《西方修辞学史》,台北,外语教学与研究出版社 2008 年版。
3. 温科学:《20 世纪西方修辞学理论研究》,中国社会科学出版社 2006 年版。

(沈　寨)

法律修辞的论辩型式

新修辞学领域的核心主题之一,属于对日常论辩的一种学理提炼。研究者们往往利用论辩型式来对法律解释和事实证明中的复杂论辩型式予以重构,用来揭示应用于法律论证的逻辑。法律修辞的论辩型式是指修辞论辩推论过程的逻辑关联,即论据到结论之间的推论关系。更确切地说,论证型式是一种由无数替代性个例所组成的一般抽象模式,属于语用的概念,代表了人们在日常会话以及法律语境下使用的典型的论辩推理模式。论辩型式具有规范拘束力,如果听众认可了言谈者论辩的前提,并且该论辩是某一真正且合适的论辩型式的个例,那么听众应当接受该论辩结论。

通过论辩型式，论辩及其所辩护的立场就以某种特殊的方式联系在一起，因此，论辩型式可作评价论辩的工具。通常而言，法律修辞的论辩型式具有以下特征：(1)假定性(presumptive)。大多数论辩型式都具有这一特征，即它代表推理典型的假设性形式。在形式上，论辩型式会用到条件句，这个条件句一般是"假设性条件句"，即它是允许例外的普遍概括。因此，论辩型式是代表推理的典型的假设性形式。(2)可废止性。论辩推理需要在特定情境中使用匹配的批判性问题予以分析和评估。批判性问题有助于使怀疑明确化。对每一个论辩型式来说，都有一组批判性问题与之相应。对话中，每次运用论辩型式支持某一观点，会引发回应方的一系列问题或回应，然后是正方的再回应。每个论辩型式有待回答的批判性问题可以被用来判断其在具体情形中的适用是否正当。在这些问题中，有些属于前提的可接受性问题，另一些则涉及该型式不能适用的例外情境。(3)似真性。论辩型式被称为似真推理或合情理性推理，是指从不完善的前提得出有用结论的推理。

论辩型式首先是由佩雷尔曼提出并使用的，在《新修辞学》中，佩雷尔曼认为，论辩是由很多联合起来致力于达成一个可欲结果的理由和论据所组成的关联结构，论辩过程就是建立这个关联结构的过程。这个过程一般可以通过结合(association)和离析(dissociation)两大技巧来建立。所谓结合，是指将分离的元素组合起来，使它们成为一个结合体，其目的在于组织它们或对它们进行肯定或否定的评价；而离析则是指将一些思想体系内原本认为是一个整体或至少是结合在一起的元素进行分离，通过对组成该体系之基本要素概念的修正来形成对该体系的修正。结合法和离析法相辅相成，它们在论辩中经常同时得到运用。结合法可分为"准逻辑论辩"(quasi - logical arguments)、"基于现实结构的论辩"(arguments based on the structure of reality)和"建立现实结构的论辩"(arguments establishing the structure of reality)三类。

参考书目

1. 焦宝乾：《法律论证：思维与方法》，北京大学出版社2010年版。
2. 刘亚猛：《西方法律修辞学史》，台北，外语教学与研究出版社2008年版。

（沈 寨）

准逻辑论辩

佩雷尔曼新修辞学中的一种论辩型式，是指通过类似于形式逻辑或数理逻辑的推理方法来建立前提(理由)和结论之间的关联结构，以达至说服的目的。与形式逻辑相比，准逻辑论辩只是将论辩命题做化约性努力，或者将其非形式特征予以规范化(specification)，以使论辩的可证明性成为可能。它大致又可以分为以下几种：(1)不可共存性(incompatibility)论辩。与形式逻辑中的矛盾(contradiction)律运用相类似，言说者通过指出某一观点、见解与说法与社会普遍接受的规范和观点相矛盾来否定这一观点、见解和说法的合理性。(2)认定与分析(identity and analysis)。认定的最典型方法就是下定义，与形式逻辑所使用的定义具有不证自明性不同，准逻辑论辩所使用的定义具有修辞性质，因为一个口语化的定义，其目的并非在于澄清概念的真意，而在于追踪所欲说明的事物中，其所能产生说服效果的面向，因此，定义是需要做出选择的。如果选择的某一定义一旦被接受，那么所提出的两个概念之间对等关系的建立便是分析。通过分析性的判断，两个概念之间能够实现互易。(3)交互论辩(argument of reciprocity)。与形式逻辑中的对称关系类似,论辩中的交互是指基于认定事物或事件的某些特定面向而呈现的本质上的对称性,从而给予它们同等对待。(4)包含关系论辩(the relation of inclusion)。包含关系可以通过两种形式来界定,一种是以量为基础关系的命题,强调部分与整体之间并没有质的差异;另一种是以质为基础关系的命题,强调部分与整体之间具有不同的关系,一般认为整体比部分具有更高的价值。(5)比较论辩(arguments by comparison)。这种方法通常通过对客体之间的关系进行考量来对某一客体进行评价。(6)概率论辩(probabilities)。概率论辩就是对某一事情必然发生或必然不发生进行量化,以发生或未发生的比例来对某一观点、意见或看法进行说服的方法。

参考书目

1. Chaim Perelman, *Olbrechts - Tyteca*: *The New Rhetoric*, *A Treatise on Argumentation*, University of Norte Dame Press, 1969.

2. 廖义铭:《佩雷尔曼之新修辞学》,台北,唐山出版社 1997 年版。

(沈　寨)

基于现实结构的论辩

佩雷尔曼新修辞学中的一种论辩型式,是指以一般人普遍相信的,在现实生活中确实存在于不同事物之间的关联为基础所展开的说理论辩,主要包括连续关系论辩(relations of successions)和共存关系论辩(relations of coexistence)两种。

参考书目

1. Chaim Perelman, *L*, *Olbrechts - Tyteca*: *The New Rhetoric*, *A Treatise on Argumentation*, University of Norte Dame Press, 1969.

2. 廖义铭:《佩雷尔曼之新修辞学》,台北,唐山出版社 1997 年版。

(沈　寨)

连续关系论辩

佩雷尔曼新修辞学中基于现实结构论辩中的一种论辩型式。连续关系论辩一般将现象与其前因后果结合起来,通常包括四种情形:(1)因果关系论辩。因果关系论辩是指以因果关系将两个连续发生的事件联系起来进行说服的论辩。(2)实用论辩(the pragmatic argument)。所谓实用论辩,是指根据结果来评价一个事件或行为的论辩。(3)浪费论辩(the argument of waste)。浪费论辩是指当一个人已经开始了一项任务,并且有所牺牲,如果给予放弃,那么已经开始的行为或活动将是一种浪费。(4)方向论辩(the argument of direction)。方向论辩也可叫作阶段规划(device of stage),它是指人们往往用全盘的和静态的方式来处理因果联结或目的与方式之间的联结,但实际上,这种处理方式可能会引起说服上的很多困难,这时不妨将追寻目的的过程分为几个阶段,把它看作一个不完整的动态过程,以引导听者沿着言说者所规划的方向逐步接受言说者的结论。

参考书目

1. Chaim Perelman, *Olbrechts - Tyteca*: *The New Rhetoric*, *A Treatise on Argumentation*, University of Norte Dame Press, 1969.

2. 廖义铭:《佩雷尔曼之新修辞学》,台北,唐山出版社 1997 年版。

(沈 寨)

共存关系论辩

隶属于佩雷尔曼新修辞学中基于现实结构论辩中的一种论辩型式,是指将个人与其行为、团体与其成员、本质与其外观结合起来的论辩方式,它并不像通常理解的那样是指两个事物之间同时存在的关系,而是指事物的本质与其外在表象之间的关系。共存关系包括六种情形:(1)人及其行为关系(the person and his acts)。此种论辩是以人及其行为之间的联结关系为基础展开的,如可以根据某人个人行为的好坏来评价这个人的品性。(2)阻隔与限缩技巧(technique of severance and restraint)。所谓阻隔与限缩技巧,是指将人与其行为之间的联结关系降低或者消除,以完全切断人及其行为之间在评价上的相互影响。(3)言说者及其言论关系(the speech as act of the speaker)。言说者及其言论关系就是通过建立和分析言说者及其言论之间的互动关系来论证某一命题的方法。(4)团体及其成员关系(the group and its members)。团体及其成员关系是指将成员视作团体的代表,通过对这一成员的评价来论证言说者对某一团体的印象或看法。(5)象征关系(the symbolic relation)。作为元素和表征关系的延伸,象征关系是指因为象征者与被象征者之间具有某种关系而使得象征者具有代表被象征者的价值,如国旗可以代表国家、十字架代表基督教等。(6)双重层级关系(the double hierarchy argument)。所谓双重层级关系,就是将已被接受的层级作为论证另一层级的标准或定义。

参考书目

1. Chaim Perelman, *Olbrechts - Tyteca*: *The New Rhetoric*, *A Treatise on Argumentation*, University of Norte Dame Press, 1969.
2. 廖义铭:《佩雷尔曼之新修辞学》,台北,唐山出版社 1997 年版。

(沈 寨)

建立现实结构的论辩

佩雷尔曼新修辞学中的一种论辩型式,指引进一个受众深信不疑的范例、图解、模型、类比等,使他们相信正被讨论的问题与所提到的范例、类比等具有同构性,从而建立起前提与结论之间的关联,以实现听众的信奉转移。建立现实结构的论辩主要包括五种情形:(1)样例(example)。样例的运用得假定各个事例之间存在某一共同的规律或法则,言说者通过列举样例来使听众相信这种规律或法则的存在。(2)示例(illustration)。与样例建立一项规律或法则不同,示例用来说明某一项规则或法则,以强化听众对于这一规律或法则的认同与接受。(3)范例(model)。范例可以用来作为他人模仿的事例,范例有正反两种,正面的范例可以激发他人之效仿,而负面的范例则是为了阻止类似不当行为的出现。(4)类比(analogy)。一个论点之主张若是基于对两种类似情形之相似性比较,便称为类比。在类比中,欲确立的论点被称为本体,用于支持本体论点的叫喻体,只有本体和喻体属于不同领域,才叫类比,反之则属于样例或示例。(5)隐喻(metaphor)。所谓隐喻,通俗地说,就是巧妙地使一个字词从其适当的意义转换成其他意义,从性质上来看,它是浓缩的类比,是本体与喻体要素的融合。

参考书目

1. Chaim Perelman, *Olbrechts – Tyteca*: *The New Rhetoric*, *A Treatise on Argumentation*, University of Norte Dame Press.
2. 刘亚猛:《西方修辞学史》,台北,外语教学与研究出版社 2008 年版。
3. 廖义铭:《佩雷尔曼之新修辞学》,台北,唐山出版社 1997 年版。

(沈　寨)

批判性的法律修辞

作为修辞学的批判性转向的有机组成部分,批判性的法律修辞也是法学与修辞学在批判性转向过程中实现科际整合的产物。

随着人文学科的修辞学转向,修辞学本身无论是理论还是实践都发生了重要的变化,即所谓的修辞批判性转向。修辞学的批判性转向在理论渊源上是多元的:一是佩雷尔曼和图尔敏的论辩理论;二是巴赫金和哈贝马斯等人的公共空间和平等对话的理念。此外,当时盛行的社会建构主义也是促成修辞批判性转向的理论渊源之一。根据贝格尔和卢克曼的社会建构理论,知识乃至现实都是特定的社会建构的产物,因为我们所观察到的现实是通过一定的主体视角所获得的,知识则是根据这个视角所产生的认识体系。

修辞学的批判性转向与修辞学力图摆脱在当代学科分类中所处的尴尬地位有关,也与当代西方修辞学试图加强自身学科的社会参与度及关联性有关。人文学科的修辞学转向从各个方面彰显了修辞学的理论和实践意义,但是却没有实现帮助修辞学完成自身学科重建的预期。西方修辞学自 20 世纪后就发生了学科研究领域的分化和重组,修辞学在美国似乎更多地和写作产生关联,传统修辞的一些内容被传媒等系科所吸纳,公共演讲也作为一个独立的分支出现在学科平台上。修辞学的分化和重组虽然为修辞学拓展了地盘,但修辞学的影响力却日渐式微。现实情况是,修辞学几乎无所不包,无法自成一体,只能作为某些强势学科比如文学、语言学等学科的补充,始终处于"被审视、被描述和被解读"的地位。同修辞的效果相比,批判性修辞更加注重修辞的过程,力图通过演绎的方式批判地还原和解析修辞过程,以帮助修辞学成为向其他学科提供用以解读和分析修辞现象的权威理论资源。人文学科发生的修辞转向为修辞的重整旗鼓带来了新的契机。人文学科的修辞转向使修辞学的地位发生了变化。既然社会表征是一个修辞化过程,那么借助修辞学我们也一定能解析这个修辞化过程,还原客体的前主体化状态。不过,传统的修辞学似乎难以担当此重任,因为这个还原、解析过程是一个批判过程。于是时下盛极一时的批判理论为修辞学的批判性转向提供了理论依据。

与此同时,修辞学必须完成批判性转向才能有效提升其对社会参与的能力。由于修辞转向和社会现实重构有本质关联,因此此处的解释主要是社会学方面的。现代修辞分析要探讨话语体系中各种力量平衡的关系,揭示现实的社会建构性,揭露对话主体在建构话语时的作用,就必须摆脱认识主体自身的局限性。按博格(Peter L. Berger)的话来说就是要调节自己的认知模式,采纳某种公认的推导程序,即被历史和其他许多认识主体所证明是有效的认知模式。也就是说,所谓的"批判性"就是使自己的意义重构、认识过程公共化,推理判断的依据不再是一己之理,而是主体间对话的结果。修辞学的"批判性"指的就是公共化、主体间对话的特性。批判话语分析的代表人物沃达克(Ruth Wodak)对"批判性"的定义更具体,从根本上,"批判性"指的是学者在研究中与资料保持一定的距离,把它放置于社会关系中,采纳明确的政治立场,注重自我反思。该定义里涉及的距离、社会等几个要素都表明批判性的关键在于对主体自身认知框架的超越。沃达克所谈到的政治性意味着在社会认知过程中,公共性是复杂的,因为它只能是一个相对概念,不同群体有不同的认知模式。批判认知过程中,认知主体必须时刻注意自身的局限性和个体认知框架的干扰。也唯有具备这样的批判性,修辞学才可能破解社会文本,揭示文本的社会特征、文本所蕴涵的社会认知和文本自身各种复杂社会权力关系对说服性话语的操控等。如此,尽管方法不同,关注点不尽相同,仍可以知道修辞学所进行的是一种哲学分析,一种社会参与。修辞分析不再仅仅关注文本的结果,它更注重修辞过程,即人们是如何通过修辞手段对一个简单的事实进行社会重构,使社会现实文本化的。

批判性转向发生的确切时间与修辞转向一样,学界并没有明确的定论。美国学者希尔伯特·西蒙斯(Herbert W. Simons)有关"修辞转向"发生在20世纪80年代的推测,只是基于社会现实的文本化已在当时引起了人文界的高度关注,且有多部论著都冠以"修辞"一词这些事实。其实语言转向和修辞转向是很难厘清、分断的。同理,在人文社科修辞转向发生的同时,修辞的批判性转向也已开始了。许多西方的修辞学者在20世纪60年代前后就提出了修辞与认识的关系,修辞与政治、社会的关系等问题。大致而言,修辞学的批判性转向是在20世纪90年代西方社会的人文社科的修辞转向被学界接受,批判性理论的影响蒸蒸日上的情况下才被正式认可的。

修辞学通过批判性转向找到了新的学术生存活动空间和社会关联,从而获得了新生。自从人文学科发生了修辞转向之后,修辞这个术语的出现频率极高,修辞这个词的词性功能也一并得到拓展。修辞学与批判话语分析等其他学科产生了交叉,这种交叉的一个现实成果是作为一个新学科的批判修辞学的诞生。这种批判性转向大大加强了修辞学的社会参与度,修辞分析已经成为一种有效的话语批判和社会批判手段。作为这一转向中科际整合产物的批判性的法律修辞(学)也受到更多关注。法律修辞学给法律领域带来了新的知识和视角,法律修辞已经超越了传统的语词应用技巧,在立法、法庭论辩、法律叙事、司法论证等领域都发挥着越来越重要的作用。

参考书目

1. 曲卫国:《人文学科的修辞转向和修辞学的批判性转向》,载《浙江大学学报》2008年第1期。

2. 姚喜明等编著:《西方修辞学简史》,上海大学出版社2009年版。

3. 刘亚猛:《西方修辞学史》,台北,外语教学与研究出版社2008年版。

4. Peter L. Berger, Thomas Luckmann, *The Social Construction of Reality: A Treatise in the Sociology of Knowledge*, Penguin Books Ltd., 1967.

(武 飞)

刑事审判证据的修辞转换

美国学者兰斯·班尼特(W. Lance Bennett)提出,一个故事是一个简洁的象征性的框架,在这一框架中,大量的信息可以被组织、被比较、被检验、被解释,从而产生出一个关于待决案件中争议观点的清晰判断。这些日常的描述有助于建立一个象征性的环境,这对于真实的司法适用过程非常重要。然而,这样的描述不能解释有着不同背景、利益以及法律专长的参与者是如何能够在一个有着诸多限制标准的沟通情境中合作并理解对方的行为。简而言之,用来描述审判过程的普通术语并不能真正解释律师是如何建构一个案件或者陪审团依赖什么标准来裁判一个案件。班尼特认为,沟通,案件建构,以及审判中的裁判路径可以被理解为简单故事叙述的多种变体。故事视角才能够解释论证、裁判以及刑事审判中正义的日常根基。

在一定意义上,一个律师在庭审中的综合策略是以一种能够对核心行为产生有利解释的方式来界定核心行为及其支撑结构。为了向陪审员提供一个具有信心的判断,这种解释必须是建构性地完善和内在一致的。这种整体性策略的执行并非易事。因为在最后的故事必须利用案件所引入的证据,而每一个证据必须被以有助于当事人所期待的关于争议行为的解释的方式被呈现出来。这些不间断的界定不能直接由律师提供,他们需要劝诱目击证人而逐渐获得。此外,建立在证据网络基础上的限定必须具有足够的弹性,如此才能使未来的证词和证据避免出现不清晰或不可信的情形。它们还必须具有足够的说服力以经受任何想要诋毁它们的努力。也许最困难的问题在于具体贯彻在法庭上有效的叙事策略,这源于这样一个事实,即案件中的故事并不是以一种单一连贯的方式呈现的。在庭审过程中的确有机会展示一个完整的故事,然而,陪审员所建构的故事必须能够回应全部的证据。这意味着大量千变万化的证词和证据被组织为一个形式,以推进其最终转化为一个故事。

参考书目

W. Lance Bennett, *Rhetorical Transformations of Evidence in Criminal Trials: Creating Grounds For Legal Judgment*, the Quarterly Journal of Speech, 65(1979).

(武　飞)

修辞发明

又译作修辞构思。"invention"与"构思""立意"等中文修辞术语相比内涵要丰富得多,在汉语中没有恰当的对等词,而将"rhetoric invention"译作"修辞发明",指修辞者针对面临的具体修辞形势和任务进行构思和立意,寻索、发现、确定和初步组织可说、该说、值得说的话的那个过程。修辞发明是"寻求说什么与如何说的过程"。

西方古典修辞传统中将修辞活动分为五大任务:发明、谋篇、文采、记忆、发表。修辞发明指的是修辞活动中"根据话题和目的,发现论点和论据,提出诉求"这一任务或环节。修辞发明有助于修辞者就所面临的修辞情境寻求一切有说服力的资源。在亚里士多德看来,修辞者要想"不管碰到什么事情都能发现可资利用的说服手段",尤其是要想成功地实现"修辞证明",就必须尽可能多地记住各个领域处于不同层次的各个"话题",并能根据面对的情境和说服对象从中选定具有关联性的那一部分,灵活地加以组合、发挥和应用。古希腊修辞学家赫尔玛格拉斯,认为讨论修辞发明的出发点严格地说不应该是说服,而必须是说服的起因,或者说是那个使人们有必要从事某一说服活动的初始起因。这一起因不能笼统地被理解为一个特定情境(如公民议事会议必须就某一议题作出决定),因为追本溯源,任何修辞情境都是由存在的或者至少是潜在的不同意见造成的。公众如果对某一件事已有明确而且比较牢固的共识,就完全没有必要就这件事进行讨论和说服,也就是说,就不可能出现使这一说服活动成为必要的那个"修辞情境"。赫尔玛格拉斯将使人们有必要诉诸说服的那个意见冲突称为"争议点",认为"争议点"才是修辞发明的真正动力。根据"争议点"理论,确定对话过程的核心争议点是修辞发明的首要任务,以此为出发点,修辞者才能收集准备论据,建构自己的立场和观点。

参考书目

1. 刘亚猛:《追求象征的力量:关于西方修辞思想的思考》,三联书店 2004 年版。
2. 刘亚猛:《西方修辞学史》,台北,外语教学与研究出版社 2008 年版。
3. 邓志勇编著:《高级英语写作》,华东师范大学出版社 2008 年版。

（武　飞）

修辞情境

美国著名修辞学家劳埃德·比彻(Lloyd F. Bitzer)首次提出修辞情境的概念。此概念的提出引起了学术界的广泛关注,被誉为美国当代修辞理论发展具有里程碑意义的转折点。其后虽然不断有人对这一概念加以讨论,丰富了其内涵与外延,但是比彻的观点仍被学界认为是“最早、最为经典、(目前依然是)最权威的理论表述”。目前,国内对“rhetorical situation”中译名有不同的版本,其中较有影响的有三种译法,即修辞情景、修辞情境与修辞形势。

当前,学界存在多种修辞情境理论,具有代表性的主要有比彻的修辞情景理论、理查·德瓦斯的情景创造论以及中和论等。这些思想家的理论以修辞的说服结果为导向,关注修辞的紧迫性程度,强调修辞过程中应关注听众的类型和态度,而听众和修辞者的特性往往是在复杂的修辞交际过程中形成的,因此修辞是一个修辞者与听众双方不断互动的过程。修辞的过程不是单向的输送和接收的关系,而是修辞者和听众一起建构了修辞的说服效果。修辞情境理论的发展为诸多司法方法与技术的发展提供了理论支撑,法律解释与法律论证等方法对“语境”“场域”等问题的关注皆与修辞情境理论具有密切的关系。

参考书目

1. 刘亚猛:《追求象征的力量:关于西方修辞思想的思考》,三联书店 2004 年版。
2. 曹京渊、王绍梅:《美国修辞情景研究及其后现代主义趋势》,载《复旦学报(社会科学版)》2011 年第 2 期。

（武　飞）

修辞人格

“ethos”这一古典修辞基本概念的意义十分复杂。根据西方早期现代修辞理论家乔治·坎贝尔的基本观点和当代西方修辞学理论对身份(identity)的强调,国内通常将其译为“身份/人格组合”,但并不排除按照它在特定语境内流通时具有的具体语义使用其他译名,如“威信”或“修辞人格”。

根据西方古典修辞学理论,在诸多影响修辞效果的资源中,修辞者的人格威信是说服的一个必不可少的条件和手段。当修辞者向听众展示了其人格感召力,赢得听众的尊重和信赖时,就更容易说服听众。

修辞人格理论对于塑造法律人尤其是法官形象进而提升司法公信力方面具有积极的推动作用。因为当人们心目中建立起对修辞者的信任时,说服就会通过人格得到实现。这种人格既包括威信,也包括人格魅力。法官作为裁判者,其背后是具有强制力的国家司法权,在一定意义上可以说,法官已经具备了一定的基础性权威。而法官在当事人心目中的人格形象则往往是在与当事人的接触过程中形成的。如果当事人觉得法官是一个正派的人,则容易接受其调解或裁判;如果当事人觉得法官偏袒对方,则可能形成更强烈的对抗心理。因此有学者认为,“修辞是道德修养和语言使用技巧的统一”。修辞人格对修辞效果的影响虽然是普遍性的,但是影响的程度却并不相同。与其他职业相比,法官职业往往对修辞人格提出的要求更高。

在司法过程中,法官的个体性因素初看起来是非常稳定的,因为一个法官具有何种人格基本上是确定的事情。但是,法官的个性因素,在特定的场合,仍存在塑造的空间。因为当事人对法官的了解往往建立在短暂的交往基础之上,因此在一些修辞理论家看来,这种修辞人格也是可控制的。例如,法官通过耐心倾听当事人的陈述,从而表达了对当事人的尊重,这不仅有利于当事人情绪的发泄,更重要的是,当事人在诉讼过程中感受到法官真心实意地关怀,即使裁判结果与自己的预期有一定差距也比较容易接受。当然,法官对自己人格的构筑必须建立在诚意的基础上,而不是一种恶意的构筑。修辞作为一种具有强烈目的性的行为,法官对于其所期待的双方当事人达成和解本身,以及和解协议内容的合法性,都必须是非常确定的。"任何一个言谈者只许主张其本人所相信的东西",如果法官自己都对结论抱有怀疑主义的态度,这便可能在人们对于其结论的接受方面设置障碍,而此时说服当事人是法官的职业责任,这样法官便将自己陷于困境之中了。因此,如果法官使用了欺骗的方式劝说当事人,即便当时当事人被说服,事后了解到真相,可能会作出申诉、信访等更激烈的反应。因此,所谓"修辞立其诚",修辞不仅关注说服的结果,还必须关注说服方式的正当性本身。这也是修辞与诡辩的重要区别。

参考书目

[德]罗伯特·阿列克西:《法律论证理论》,舒国滢译,中国法制出版社 2002 年版。

(武　飞)

修辞权威

权威和修辞的关系是修辞学领域内的重要问题,权威有助于修辞效果的实现还是与修辞不相容,学者们立场不一。按照美国思想家汉娜·阿伦特的观点,权威的本质特征不是别的,恰恰是"与说服不相容"。用她的话说,任何情况下只要人们就任何选任"提出理由,权威就靠边了"。美国当代学者布鲁斯·林肯把这一点讲得更为透彻:"当人们要求权威进行自我解释而权威对此的回应是认真举出[关于自己为什么应该被尊为权威的]理由,而不是断然再次减持自己[的权威地位],它在这么做的那一瞬间马上转化为说服(或企图说服),不再成为其权威"(刘亚猛:《追求象征的力量:关于西方修辞思想的思考》,三联书店 2004 年版,第 181 页)。根据这种观点,在很长时间里,人们都认为将修辞论证诉诸权威是一种逻辑上的谬误。然而,法国社会学家皮埃尔·布迪厄则认为,修辞是否能够达到预期的目的,与修辞者的社会地位等权威性内容密切相关。在一定意义上说,语言往往只是权威的一种表象和载体,牧师、专家等都是因为在各自的领域具有的权威地位而使其所说的话更能令人信服。甚至,一个人说话的方式也取决于他所具有的社会地位以及所具有的权威(Bourdieu, *Language & Symbolic Power*, Harvard University Press, 1991, p. 109)。简单来说,权威是一种认识或知识的社会范畴,在社会中语言和权力之间具有内在的关联,说服离不开权威。

人们越来越认识到,在日常生活中,修辞论证中对诉诸权威的使用司空见惯,有时权威甚至具有核心的地位。例如,在法律领域,专家意见往往具有更高的证明力,在认识论的意义上,专家也是一种特殊的权威类型。有时,专家仅凭其所具有的特殊身份就足以保证其陈述获得他人的认可。在法律实践中,诉诸权威作为论辩或对话活动常用的模式,是重要的实现说服目的的手段和路径。在这一意义上说,修辞权威是有助于修辞目的的实现的。

参考书目

1. 马永侠、武宏志:《诉诸权威的论证及其评估——以批判性问题为工具》,载《社会科学辑刊》2002 年第 4 期。

2. Douglas Walton, *Appeal to Expert Opinion: Arguments from Authority*, Pennsylvania StateUniversity Press, 1997.

(武 飞)

归谬论证

作为一种间接证明方式,是逻辑学上的归谬法在论证中的应用,是一种从反方向进行论述和证明的方法,其具体展开形式表现为:要证明某论题为假,先假定其为真,然后由它推出荒谬的结论,从而证明原来假定为真的命题的虚假性。从逻辑学的角度看,归谬论证是一种运用充分条件假言推理的方法,它的特点是:先假设需要反驳的命题是真的,再以假设为真的命题作为一个充分条件假言判断的前件,通过这个前件,引出一个显然是错误的后件,那么,按照充分条件假言推理否定后件就要否定前件的规则,要否定错误的后件就必须否定假设为真的前件,从而证明假设为真的命题是不成立的、错误的。从修辞学的角度看,归谬论证主要用于反驳证明中,它通过首先假设对方的论点是正确的,然后从这一论点中加以引申、推论,从而得出极其荒谬可笑的结论来,以驳倒对方的论点,并以此就肯定了相反论点的正确性。这种论证方法以退为进,通过引出荒谬、以谬制谬,常和泼辣、犀利的语言相配合,产生辛辣、有力而富于幽默感的表达效果,归谬论证最终达到的目的是使某一错误论点的主张者“己所不欲,勿施于人”。归谬论证可以在法律论辩中获得广泛应用。

参考书目

彭漪涟、马钦荣主编:《逻辑学大辞典》,上海辞书出版社 2010 年版。

(杨知文)

滑坡论证

实质推理的一种方式,这一论证力图以采取第一步会导致其他灾难性后果为由,劝阻听众不要采取第一步。据此,某些行为就如同在滑坡上的第一步,虽然它们本身是合理的,可是它们将不可避免地导致一系列有着糟糕后果的行为。滑坡论证的推论过程一般表现为以下形式,即今天应当抵制某种行为或决定,因为支持该行为或决定将可能导致今后不得不支持其他明显应当抵制的行为或决定。滑坡论证的过程可以逻辑表述为,如果我们采取步骤 A,我们就会被引导到 B 和 C,而采取步骤 A 使我们处于斜坡之上,步骤 B 和 C 使我们沿着滑坡滑下去;步骤 B 和 C 是我们应当反对的后果,所以,如果步骤 B 和 C 出现的概率很高的话,我们这种担心就不允许我们去采取步骤 A,即使根据其他理由这样做符合某种要求。因此,滑坡论证既涉及当前考虑或争论中的行为或决定,又牵涉据以抵制该种行为或决定的理由,滑坡论证在性质上是后果论的,它的目的在于帮助人们通过考虑做出某一选择所导致的不良后果来看清这种选择应该被反对的本质,从这个意义上说,滑坡论证是一种从可能性和持续性的后果关联角度来做出考量的论证方式。滑坡论证广泛存在于对道德命题的讨论中,随着实践理性在法学中的影响和发展,滑坡论证在法律论证中也获得运用,成为法律方法的一种具体形式。当然,也应当注意,当使用连串的因果推论却夸大了每个环节的因果强度时,滑坡论证式的推理有可能演变为一种非形式的逻辑谬误。滑坡谬误的问题在于，每个"坡"的因果强度不一，有些因果关系只是可能、而非必然，有些因果关系相当微弱，有些因果关系甚至是未知或缺乏证据的。相对地看，若有充足证据显示每个"坡"都有合理、强烈的因果联结，即不构成滑坡谬误。

参考书目

1. Theo A. Boer, *After the Slippery Slope: Dutch Experienceson Regulating Active Euthanasi*, Journal of the Society of Christian Ethics, 2003 (2).

2. J. Rachels, *The End of Life: Euthanasia and Morality*, Oxford University Press, 1986.

（杨知文）

社会科学论证

运用社会学、经济学、心理学等社会科学的研究成果和方法，为法律论证中涉及因果关系发现或证明的事实论证提供支持的论证方法。该论证方法是将社会科学研究成果和方法引入法律教义学意义上的法律论证（特别是法律论证中的经验与实证判断）的产物，其主要被用于认定立法性（一般）事实、审判性（特定）事实或框架性（中间性）事实。立法性（一般）事实的社会科学论证是通过为一些特定的法律政策提供一般性研究结论，为那些宽广范围内的、影响不特定多数人的、具有一般意义的事实的认定提供支持的论证。审判性（特定）事实的社会科学论证是指运用社会科学研究成果和方法对具体个案中的事实认定提供支持的论证，例如，认定和判断特定事件的源起、其发展和结束的过程、效果如何、由何人作为、作用于何人。框架性（中间性）事实的社会科学论证是指运用社会科学的研究成果和方法为那些介于立法性（一般）事实与审判性（特定）事实之间的事实认定提供背景知识支持的论证方法。社会科学的介入并不必然确保法律论证的准确和科学，法律论证引入社会科学论证需要符合特定论证规则与程序，以防止论证中的主观判断与客观事实混淆引发的谬误削弱法律论证的力量和效果。

参考书目

1. 赵雷：《社会科学与法律论证》，载《山东大学学报（哲学社会科学版）》2018 年第 5 期。

2. Robert Alexy, *Theorie der Juristischen Argumentation*, 3 Aufl. , 1996.

（孙　跃）

法律论证的人工智能模型

通过人工智能逻辑为法律论证建立模型，并将其成果用于刻画证据推理、法庭对话和论辩、诉讼证明等领域的做法。法律论证的人工智能模型研究兴起于 20 世纪 70 年代，是法学与人工智能交叉学科的重点研究对象，其主要关注人工智能与法律逻辑的融合与应用。法律论证的人工智能模型主要包括框架模型（framework）和语义模型（semantic）。框架模型如同逻辑句法，不考虑多个论证间的关系，关注的是论证的构造，包括定义逻辑语言、给出论证的构造方法、呈现两个论证间的攻击方式以及击败关系等。根据论证中所包含的推论规则是否可以被废止这一标准，可以将论证的框架模型分为演绎论证框架和可废止论证框架。演绎论证框架不能表达包含实践推理、可废止推理的论证，但可以清晰地表达演绎论证及其反论证，同时能避免可废止论证框架禁止引入换质位推理等缺陷。可废止论证框架有利于在司法实践中构造有效的支持论证或给出强有力的反驳论证。语义模型如同逻辑语义，考虑多个论证间的关系，关注的是论证的评价，通过分析多个论证间的冲突和辩护关系，判定论证的证成状态或证成度，从而反映论证的可接受性或可信度。语义模型的主要作用在于通过刻画法律论证证成状态的语义和刻画法律命题证成度的渐进语义在庭审阶段厘清诉讼参与各方的思路，并分辨出论证的证成状态或证成强度。21 世纪以来，深度问答、信息提取和论证挖掘等人工智能文本解析技术日渐成熟并被整合于法律论证的人工智能模型，基于此开发的人工智能计算机应用程序已经能够辅助或部分替代法律人在法律信息搜索、法律咨询、法律解释、证据收集、案例分析、法律文件阅读与分析、法律推理和法律论证等方面的活动。

参考书目

1. 梁庆寅、魏斌：《法律论证适用的人工智能模型》，载《中山大学学报（社会科学版）》2013 年第 5 期。
2. 周兀、熊明辉：《如何进行法律论证逻辑建模》，载《哲学动态》2015 年第 4 期。
3. 邱昭继：《文本解析技术及其在法律实践中的应用》，载《中国法律评论》2019 年第 2 期。

（孙　跃）

司法语言方法

言语行为理论

英国哲学家奥斯丁提出的语言理论之一，对法律语言学研究有着重要影响。言语行为理论是从总体上研究话语的施事方面。奥斯丁把作为整体的言语行为分为三个层次，即其认为在“说什么”时，我们可能以三种基本的方式在“做些什么”。他把这三层意义的做些什么分别称为“说话行为”“施事行为”“取效行为”。言语是在特定的场合中对特定的语言的具体运用，它包括运用语言的说话行为和所说的话。法庭话语是在特定地点，按照特定的程序和规则，由具有不同目的的话语参与者主动或被动参加的，各自为取得一个符合自己目的和利益的结果，以互相说服为方式而进行的活动。法庭话语属于机构话语。言语行为分析曾被认为是特别适合法律语篇的研究。

参考书目

张清：《法官庭审话语的实证研究》，中国人民大学出版社 2013 年版。

（孙光宁）

语境理论

法律语言学的基础理论之一，又称语境分析。语境理论在语言的运用和研究中都占有极其重要的地位。瑞士语言学家索绪尔认为语言交际活动包括表义系统和表义行为，并第一次对语言和言语进行了区分。他认为，“语言”是指某个民族的编码，包括语音、句法和词汇；“言语”是指运用某个语族的编码表达或接受信息。“语言”具有约定俗成的社会习惯性，而“言语”却具有运用语言的灵活性、创造性。语境学说的创始人是英国的语言学家弗斯（Firth）。具体来说，他把语境因素分为语言因素构成的“上下文”和非语言因素构成的“情景的上下文”。美国社会语言学家海姆斯（D. H. Hymes）进一步发展了语境学说，他认为，懂得使用语言的社会环境是人们掌握语言程度的重要标志。语言都是在特定的语境中使用的,使用语词的哪一个含义都是与其语境密切相关的。从语境理论来看,法律话语行为环境既促成共通性,也导致差别性。

参考书目

王德春、陈晨:《现代修辞学》,上海外语教育出版社 2001 年版。

(孙光宁)

会话分析

法律语言学的研究方法之一。会话分析产生于 20 世纪 60 年代末 70 年代初,社会学家萨克斯(Sacks)、谢格洛夫(Schegloff)以及杰斐逊(Jefferson)是这一理论的开创者。这一理论源于加芬克尔(Garfinkel)的“常人方法论”(ethnomethodology)和戈夫曼(Goffman)的“互动秩序”,并发展成为语言学、社会学、人类学、言语交际以及心理学的重要分析方法。会话分析核心观点是会话作为社会互动的原始起点(primordial site)和基本形式,是有结构、有目的、表达一定意义的活动。在会话分析研究中,日常会话既是研究对象,又是研究手段。会话分析在诉讼中的广泛运用,使之成为法律语言学研究的前沿阵地之一。法律语言学家最经常做的是语言证据的理解方面的研究,包括会话分析、与语言证据有关的语言和文化问题分析等。

(孙光宁)

语篇分析

法律语言学的重要研究方法之一。语篇分析学是现代语言学一个重要分支学科,是以超出词句范畴的语言材料为研究对象的语言分析方法。其研究对象包括书面语言和口头语言,探索的具体范畴是比句子更大的语言单位。句子结构、句子的排列、句际关系、会话结构、指向性、信息度、句子间的语句衔接和语义连贯等,都是语篇研究的内容。“语篇分析是从法学语言的视角研究与法学有关的种种语言现象,并运用语篇学的研究方法分析法学语言,包括立法语言、司法语言、法律科学语言、法学翻译以及法学古文等一切有关法律规则和法学研究的口语和书面语。司法语境中的语篇分析,是从微观的角度分析司法人员、律师和涉案当事人的各种语言现象,旨在解决司法过程中的语言证据收集、话语标记识别、语言环境分析、控辩双方对同一语言证据材料的不同理解导致不同审判结果等可能存在的一系列问题,促使我国司法实践部门对法律语言的更多关注,以拓宽我国法学语言界的研究视野,进一步提高工作效率”(熊德米:《语篇分析在司法语境中的应用》,载《西南政法大学学报》2009 年第 5 期)。

(孙光宁)

语用分析

法律语言的一种分析方法。语用分析是语句中表述的对象和对对象的描述,与现实的真实事物及其属性相关联。语用分析对法律问题的分析有重大理论意义和实用价值。语用分析作为一种重要的研究方法,具有独到的方法论特征:(1)语用推理是揭示语境本质的过程;(2)语用逻辑是诸多语用要素的内在联结方式;(3)语用行为是对相关语境的现实操作;(4)语用的“对话含义”是语境整体性的关联内核。语用分析在诸如法庭调解等司法领域具有广泛的适用性。

（孙光宁）

语义分析

法律语言的一种分析方法，又称语言分析，是通过分析语言的要素、结构、语源、语境，而澄清语义混乱，求得真知的一种实证研究方法。这种方法源于语言学哲学，即语义分析哲学。这种分析方法有助于克服法学研究中的“定义偏好”现象。“只有把语言放进特定的思想文化传统之中，与构成文化总体的认知系统、评价系统、心态系统、行为模式系统结合起来，对之进行多维的、系统的分析，才能真正解决语言的内涵和意义，澄清语言混乱所引起的思想混乱。”

参考书目

张文显、于莹：《法学研究中的语义分析方法》，载《法学》1991 年第 10 期。

（孙光宁）

语法分析

法律语言学的一种分析方法。任何一种语言都是由句子组成的，而句子是由单词组成的。词法分析是识别构成语言的单词，而语法分析是识别构成语言的句子，即确定某一个特定的句子是否符合某种语言的语法规则。对于自然语言，可以用有限的语法规则来描述无穷多的句子。语法分析就是对高级语言的句子结构进行分析，任务是识别输入的单词序列是否符合语言的语法规则。根据生成语法树的方法不同，可将语法分析方法分为自上而下和自下而上两种。语法分析是用来处理复杂句子的主要方法。语法分析也是为了更好地理解句子的内容。

（孙光宁）

语音分析

法律语言学的一种分析方法。语音分析方法在案件调查与庭审中的应用非常普遍，所起的作用也很关键。在语音研究中，通过分析取得构成语音各成分的各种声学参量，包括共振峰频率、基频、强度、时长等。然后，将这些参数以一定格式输入计算机，经过处理重新合成原信号的复制品输出，以此验证所提取的特征参量是否正确。如果不正确，只需有针对性地修改某些参数，再重新合成，直到逼真为止。

参考书目

1. 刘蔚铭：《法律语言学研究》，中国经济出版社 2003 年版。
2. 唐作藩：《中国语言文字学大辞典》，中国大百科全书出版社 2007 年版。

（孙光宁）

法律语料库

又称法律语言语料库，是法律语言学的研究工具之一。语料库来自英语 corpus 的概念，直观地说就是语言材料仓库。现在所称语料库都是基于电子数据而言。其基本特征是：语料库中存放的是在语言的实际使用中真实出现过的语言材料；语料库是以电子计算机为载体的语言知识的基础资源；语料都经过程度不同、方式不一的分析和处理。就中国法治实践而言，语料库的取料范围如下：全国人大及其常委会制定的法律；我国对外签订的国际条约；国务院制定的行政法规；中央各部委的行政规章；司法解释及地方各级法院的“司法性”解释；地方法规；司法文书；执法文件；产生过法律意义的各种笔录；生效的合同。

参考书目

1. 张淑静：《语料库在批评话语分析中的应用》，载《郑州大学学报(哲学社会科学版)》2014 年第 3 期。
2. 宋北平：《法律语言》，中国政法大学出版社 2012 年版。

（孙光宁）

法律语言心理学

研究法律领域内语言活动的心理过程、心理表现和心理作用的影响，属于法律语言学的一个分支领域。法律语言心理学重在了解法律领域中的语言活动所伴随或表现的心理现实对于法律活动的影响，重在对语言与心理研究的成果的实际应用。研究的目的不仅在于探索语言的本质，而且更侧重于揭示人们在法律活动中通过语言表现出来的心理现实。

参考书目

杜金榜：《法律语言学》，上海外语教育出版社 2004 年版。

（孙光宁）

法律语体学

法律语言学的分支之一。语体学是一门脱胎于修辞学又反过来促进传统修辞学发展的新兴学科。法律语体学即法律语言研究的多学科性方法，是由法律语言的多结构性决定的。法律语体学研究法律书面语和法律口语在法律活动中的运用，法律语体研究的内容基本上限定在法律语音、法律语词、法律语义、法律语法、法律语篇、法律修辞等的运用方面。“法律语言学不仅研究法律语体的应用，还涉及更为广泛的法律语言问题。法律语言学研究学科理论体系，只是在更高层次上对法律语体问题有所反映，并不详细地研究这类问题。这是分工的不同所要求的。的确，法律语体在法律语言学中占有重要地位，但是法律语言学已经远远超出了法律语体研究的范围，比如识别语言、态势语言、罪名语言、法律翻译语言、法律解释语言、法律语言比较以及法律语言学科建设和史论都不可能成为法律语体研究的内容。”

参考书目

李振宇：《法律语言学新说》，中国检察出版社 2006 年版。

（孙光宁）

法庭话语

法律语言学的研究领域和对象之一，狭义上的法庭话语指的是庭审中的口语语言（法律口头语言），广义上的法庭话语还包括书面语言。国内法庭话语研究有四种路径：话语分析、语用学、语言学和法庭话语的翻译研究。法庭话语的任务或目的是对法律事实进行调查、质证并最终作出法律判决。因此，所有法庭话语行为都是以这一目的为导向，并为其所制约。法庭话语行为人解释对方话语的推论方式则与法庭话语的目的和个人的立场息息相关。鉴于这些种种不同的话语推论方式和解释思路，不同的法庭话语参与者会采用不同的会话策略和手段以达成己方的目的,遏制对方的企图。

参考书目

1. 吕万英:《法庭话语权力研究》,中国社会科学出版社 2011 年版。
2. 李立、赵红芳:《法律语言实证研究》,群众出版社 2009 年版。

（孙光宁）

法律书面语言

法律语言的总体分类,可以分为法律书面语言和法律口头语言两大类。在两大类别之下,法律书面语言可分为立法语言、程式化司法书面语言等;法律口头语言之下,可分为程式化法律口头语言和应变性司法口头语言。其特点是法言法语比重相当高,具有浓厚的专业性特点。

参考书目

李振宇:《边缘法学探索》,中国检察出版社 2004 年版。

（孙光宁）

法律语音学

法律语言学的分支之一。法律语音学兴起的最主要原因是 20 世纪 70 年代后期的声谱研究和声谱图像的应用。声谱图像就是由视觉代替听觉,把我们说的话在纸上或在屏幕上用图像显示出来,声纹这一与指纹相对的概念也是在那时提出来的。法律语音学的一个主要概念是声谱和声谱图像。法律语音学的另一个主要概念是说话的基本频率。法律语音学研究重点是语音识别。语音辨认在办案、审案过程中能起很大作用,即使刑侦人员唯一的线索只有一盒录音带,也可以根据说话人的语音特点找出一些蛛丝马迹。

参考书目

吴伟平:《语言法律:司法领域的语言学研究》,上海外语教育出版社 2002 年版。

（孙光宁）

立法语言

是立法机关制定、颁布的法律、法令、条例使用的语言。它既是法律语言的重要内容,也是法学中立法技术的重要组成部分。立法语言属于规范语言。概念清楚,含义确切,形式固定,对司法语言起着示范作用,为司法语言的运用提供了蓝本,是典型的法律语言。

参考书目

李振宇:《边缘法学探索》,中国检察出版社 2004 年版。

（孙光宁）

司法语言

司法语言的范围非常广泛。它是司法文书、司法活动中经常使用的语言形式。监管场所对学员的教育,司法机关的法治宣传,司法接待,诉讼、笔录、调解、论辩中使用的语言也属于司法语言。司法语言以通常使用法言法语为特征,具有很强的行业性,是一种工作语言。司法语言在很大程度上是立法语言的具体运用,但又不是立法语言的照录,又有自己不同之处。司法语言还包括了司法活动中的副语言,以及侦查活动中具有特殊要求的语言现象。

参考书目

李振宇:《边缘法学探索》,中国检察出版社2004年版。

(孙光宁)

律师语言

律师为当事人提供法律服务,维护当事人合法权益时,语言的表达与技巧已成为一项重要的工作能力,占据着一个不容忽视的重要位置,无论是拟写辩护词,还是事实的辩解,都对语言的使用提出了一系列的特殊要求。律师论辩语言的基本特点包括策略性、规范性、严肃性和幽默性。律师在处理民事纠纷的过程中,由于机敏灵活地运用语言,巧妙得体,深中肯綮,使许多棘手难办的案子迎刃而解,发挥了排难解纷的作用。在法庭上,律师的语言要简练明确、口语化,不要过多使用长句和复杂句。

参考书目

蒋艳、李钟息:《律师语言特点及其应用》,载《广西师范大学学报(哲学社会科学版)》2002年第2期。

(孙光宁)

法官语言

法官在开庭过程中所使用的语言,狭义上指的是法庭中的口头语言,广义上还包括书面语言,如判决书等。法官语言是贯穿于审判与执行活动过程中法官所使用的语言,包括法律术语、司法讯问语言、法庭语言等。其中,法律术语是表示法律专用概念的词语,其特点一是语义的单一性,二是语义的相对性,三是词语的类义性,四是术语具有组群。法官的口头语言应当细致严谨,尤其是在法庭之中,应当尽量使用法言法语。在司法文书中,更应强调语言的规范化、标准化。判决书是法官书面语言的集中体现,受到学者们的普遍关注,也是司法领域中研究的重点内容。

(孙光宁)

公诉人语言

主要体现在庭审活动中,公诉人无论是控告犯罪、宣传法治还是主导庭审的节奏和方向,都是通过语言实现的。公诉语言不仅是一门技术,更是一门艺术。将公诉语言由技术上升至艺术层面,对庭审的展开和出庭公诉的效果具有直接的影响。特别是在法庭辩论阶段,公诉人的语言显得尤为重要。好的语言表达,会帮助公诉人赢得先机,占据主动,进而实现公诉目的。因此,能否掌握语言技巧来卓有成效地支持公诉,就成为庭审效果成败的关键。庭审中,旁听席上的人员来自社会各个阶层,公诉人要产生打动人心的力量,赢得旁听者的赞誉,就一定要掌握庭审的语言艺术。公诉人举证质证的语言特点包括:(1)举证质证语言的规范性;(2)具有一定的口语化色彩,明确易懂;(3)举证质证语言的归纳性;(4)举证语言的忠实性;(5)语言的说明性与反驳性。

参考书目

桑涛:《公诉语言艺术与运用》,中国检察出版社2012年版。

（孙光宁）

警察询问语言

警察在工作中进行询问时使用的语言。总体要求包括合法、文明、简练、清楚、策略、灵活。警察询问语言应当根据询问对象的不同进行区别对待,难以按照统一模式进行。同时,在刑事侦查中,警察询问语言应当满足合法性的底线要求,不能超越法律规定进行诱供等行为。

参考书目

潘庆云:《中国法律语言鉴衡》,汉语大词典出版社2004年版。

（孙光宁）

法庭审判语言

法官在审判活动中使用的语言。其主要特点有:(1)规范性。审判语言艺术,无论是口头语言艺术还是书面语言艺术必须做到词语规范化,句式单一化,程式规定化,内容要素化,风格非个性化。(2)庄重性。审判语言艺术的庄重性基于法律的权威性和严肃性,具有至高无上的权威。(3)范围性。它只适用于审判人员审判案件,指导其审判实践活动,提高审判案件的成功率、有效性和社会效果。否则,未必能达到预期目的。(4)合法性。不能违背我国法律、政策的规范,审判人员对审判语言艺术的运用,只能在遵守我国法律、政策的前提下,不能为艺术而艺术;更不能别出心裁,视艺术为玩弄当事人的手段。

参考书目

孙琬钟:《司法人员素质教育全书》(第2卷),中国人事出版社1998年版。

（孙光宁）

法庭调解语言

在法庭上指劝说矛盾双方,使之消除误解、进而解决纠纷所使用的语言。以法庭的调解语言为研究对象的法律语言学,称为调解语言学。法庭中的法官首先要考察的就是法律纠纷中的事实是什么,然后参照法律规范,做出自己的决断,这就是依照事实走向规范。调解活动中存在大量的语言运用实践。调解语言的使用方式包括很多种类。法庭中调解语言的运用,其特殊性主要表现在以相关法律规范为基础,以解决纠纷为目的,这与普通的调解活动明显不同。当然,法庭调解语言的运用还需要引入多种技巧,需要特别注意不同语言对当事人情绪的影响。法庭调解语言的使用,需要相当的经验积累,并无绝对严格的理论框架。在对当事人谈话时,先把当事人的话题承接下来,表示一定程度的赞同。这样,才能缓解当事人的强硬态度,使他愿意听取你的见解。但要掌握一个原则,不能将自己的态度完全等同于当事人的态度。然后,再剖析当事人的做法不妥或导致对方误会的原因,讲出自己的道理,逐步让当事人接受。承接、认同是手段,劝导、纠正是目的。

参考书目

卢主沛编著:《人民调解方法与技巧》,上海远东出版社2011年版。

(孙光宁)

法庭辩论语言

法律语言的具体类别之一,是在法庭辩论中的语言运用实践活动。"论辩语言用于法庭辩论的场合,主要有公诉词、控诉词、辩护词、代理词以及答辩提纲。这类语言,在某些方面有别于法律语言的一般特征。一般认为,法律语言属消极修辞。在论辩语言中,却使用相当多的积极修辞,具有修饰性的形容词和动词也常出现。法律文书,多属于有权文书之列,独有这类属无权文书。论辩语言也叫词书语言,是法庭辩论的产物"(李振宇:《边缘法学探索》,中国检察出版社2004年版)。法庭辩论语言的使用主体是当事人及其代理人。法庭辩论语言运用得当,能够帮助法庭更加清楚地认定案件事实,同时对法官适用相关法律规范有重要影响。法庭辩论语言的使用应当以诉讼法律规范为基础和底线,不能随意甚至滥用各种修辞技巧,需要由法官在法庭中做出准确判断,并及时制止不当语言的运用。

(孙光宁)

裁判文书语言

不同于一般公文的语言,也不同于文学作品的语言,裁判文书的语言具有准确性、精练性、朴实性、庄重性的特点。这是因为其关涉裁判文书是否具有说服力和公信力,关涉法律能否得到正确实施。裁判文书的语言可分为两大类,即法律术语和普通用语。裁判文书的语言表述要达到准确性的要求,必须熟知不同语言的风格和规范。法律专业术语具有词义单一性的特点。裁判文书除了使用法律术语外,还大量地运用普通用语。对事实的叙述、对证据的论证,大多是普通用语。法律语言要至约至简,而裁判文书作为适用法律的产品,作为运送法律正义的方式,莫不如是。在这里要处理好语言精练与内容翔实充分的关系。一份优秀的裁判文书应该既语言精练又内容翔实充分。裁判文书的目的是处理案件、规范人的行为,故其语言表达必须明白直书,质朴易懂。

参考书目

应勇主编:《裁判文书制作指南》,人民法院出版社2007年版。

(孙光宁)

法庭口译

在民事或刑事诉讼过程中,当事人或证人由于不通晓当地(国)的通用方(语)言造成理解和表达上的困难所得到的口译服务。从事这一翻译工作的人被称为法庭译员。法庭口译主要分为同声传译、交替传译和视译三种。忠实和准确是法庭口译的最基本要求,中立和保密是法庭口译员的职业道德要求。法庭话语的目的性和权力性决定了法庭口译员角色的特殊性。随着法庭口译在庭审过程中所起的沟通作用越来越重要,西方学者从多方面对法庭口译进行了探讨,其中不仅有对法庭口译员角色的研究、对法庭口译员的规范和培训方面的研究、对法庭口译语言风格和内容等较大领域的研究,还有对法庭询问中的话语标记翻译的实证研究。相比较而言，中国的法庭口译研究起步较晚，在一定时期内将处于研究的初级阶段，尤其普遍比较缺乏实证性的探讨。

参考书目

肖辉主编：《英汉口译读本》，南京大学出版社 2012 年版。

（孙光宁）

语言证据

各种以语言为基础的证据形式，包括录音录像、当事人陈述、证人证言等，各种类型的语言证据都能够在法庭中发挥重要作用，这一点与其他类型的语言是相同的。语言证据的特殊之处就在于其外在表现形式为人类语言，应当遵循语言学中的共同规律，同时可以从语义学、语用学和语音学等多个角度进行细致分析。

（孙光宁）

陪审团指令

在英美法系的刑事审判中，被告答辩无罪，须召集陪审团。审判官须向执行官发布召集陪审团的指令。接到指令后，执行官在陪审员候选名册上挑选一定人数（通常为 36 – 48 名）作为候选陪审员，以供双方当事人审查是否适合担任该案件的陪审员。被告对这些陪审员当中的 7 名拥有绝对性要求回避权，即可以不附任何理由要求其回避。超过 7 名的，则须附理由。辩护律师和检察官终审发言结束后，由审判法官向陪审团作陪审团指令（Jury Instruction）。在陪审团指令中，法官要向陪审团讲明在本案中适用的法律，以及法律所要求的证明被告人有罪的证据。法官必须向陪审团阐明构成某一犯罪的所有要素。法官向陪审团作指令后，陪审团即进入陪审团议案室对案件进行评议。陪审团在评议案件时应当按照法官在陪审团指令中说明的法律来评议案件并作出裁决。在大多数案子中陪审团也会按法律和陪审团指令行事。但有时，陪审团可能会不顾陪审团指令，不顾法律，自行其是地对被告人作出无罪裁决。

参考书目

马跃：《美国刑事司法制度》，中国政法大学出版社 2004 年版。

（孙光宁）

证人语言

基本证据类型之一。在刑事案件中，证人是指就其所了解的案件的真实情况向公安、检察、法院以及国家安全机关所作陈述的国家公民，是了解案件真实情况的第三者，是当事人以外的诉讼参与人。证人就自己所了解案件情况向司法机关所作的陈述，被称为证言。证人证言的特征表现在证人的知情性上。证人是以知道案件的真实情况为基础的，他所掌握的案件信息，不仅仅是关于犯罪事件的信息，而且还掌握关于犯罪前和犯罪时以及与司法机关所审理的事实有因果关系的那些信息。“这些情况又是必须查明的情况，因为有的情况虽然与案件有密切的关系，但是对查明案件、证实犯罪属于可有可无的情况，失去了提取的必要”（吴克利：《审讯语言学》，中国检察出版社 2009 年版）。

（孙光宁）

法律语言的模糊性

法律语言的模糊性源于一般语言的模糊性。法律规范所使用的语言形式，都是抽象意义上的概念及其组合，而所有的概念及其组成方式都有自身的意义中心和意义边缘。在意义中心地带，法律语言是比较确定的，但是，在意义的边缘地带，法律语言经常显示出其模糊性的一面。这种模糊性表现在很多方面，如范围过于宽泛，或者与其他相关概念产生交叉等。一些法律适用上的争议问题正是由法律语言的模糊性造成的，如何对其进行准确界定，需要多种法律方法的运用，如法律解释、法律推理、法律论证等。当然，在特定案件中，法律语言的模糊性也有其积极意义，当法律规范出现不合时宜的情况时，法官可以利用法律语言的模糊性对法律规范的内涵进行扩张解释，使得法律规范以与时俱进的方式适应社会的需要。总体而言，法律语言的模糊性是客观存在的，同时具有积极意义和消极意义。

（孙光宁）

法律话语

法律语言的运用。在一般意义上说，法律话语区别于政治话语等其他话语体系。话语理论的创造者为福柯，他强调所有的表达都是一种话语表达，话语之中包含着深刻的权力关系。而法律话语也是如此。在中国的通常语境中，法律话语则指的是以法律为中心的一整套话语体系，包括法律概念、法律体系、法律价值等。从思维方式决定行为方式的角度看，权力修辞向法律话语的转变是展开法治建设的思想条件。法律话语与权力修辞的冲突是我国法治建设中的重要问题，从西方法治的经验和中国法治建设的需求看，法律话语能否平衡权力修辞关系中国法治建设的成败。在法治国家中，法律话语应当成为主流话语，利用法律话语进行批判性思考和判断，是法治国家的常态。

（孙光宁）

审讯语言学

法律语言学的分支之一，侧重于研究在侦查审讯活动中的语言运用问题，包括审讯语言的语体、审讯语言的运用过程以及审讯语言的运用技巧等具体内容。审讯语言学与心理学等诸多学科有着密切联系。

（孙光宁）

审讯语言的语体

在侦查审讯活动中审讯人员与被审讯人员进行交流，并按一定方式表述，以适应侦查审讯活动的需要而形成的一种言语特点体系。审讯语言的语体表现为口头语体形式，审讯语言的语体在选用语言材料和修辞手段方面，形成一种比较独特的语言风格。这种语言风格就是审讯语言的语体风格。审讯语言在运用的过程中有如下特点：客观性、合法性、容纳性、互动性、简明性、逻辑性等。

参考书目

吴克利：《审讯语言学》（修订版），中国检察出版社2012年版。

（孙光宁）

审讯的语用行为过程

法律语用学在审讯过程中的具体运用过程。审讯的语言的使用，是指在审讯活动中运用语言的系统规则为基础，以审讯活动为基本环境，所进行的信息传递行为。审讯的语用行为过程可以分为直接的语用行为过程和间接的语用行为过程，前者是按照常规语法和语义搭配组织的句子，后者则是隐含了一个存在的前提，让犯罪嫌疑人通过语言推理来进行确认。

参考书目

吴克利:《审讯语言学》(修订版)，中国检察出版社 2012 年版。

（孙光宁）

审讯的语言技巧与方法

在审讯活动中使用的语言技巧和方法。审讯活动中，被询问者始终存在抗拒的心理，这为审讯的进行带来了巨大困难，需要询问者运用多种语言技巧和方法才能够实现发现事实真相或者获知更多信息的目的。根据总结，这些语言技巧和方法包括变更程式、标立形象、隐含前提、另辟渠道等。此外，还可以充分利用法律语言的模糊性等方式，推动被询问者提供更多信息。需要注意的是，审讯的语言技巧与方法，都必须遵循合法性的底线要求，不得逼供和诱供，否则，一旦突破了合法性底线，任何技巧和方法的运用都缺少了合法性基础，最终获得的审讯信息也将失去合法效力，这与运用这些语言技巧和方法的初衷是背道而驰的。

参考书目

吴克利:《审讯语言学》(修订版)，中国检察出版社 2012 年版。

（孙光宁）

会话目的原则

法律语用学中的基本原则之一，基本含义是任何会话都在追求一定的目的，有一定的目的指向，具体的会话行为会由此受到引导和影响。各种场景中的会话都是基于一定目的而出现的，法律中的各种会话亦是如此，比较突出的表现在庭审会话之中。庭审的参与者有不同的身份、角色和任务，但是，基于特定的目的在庭审会话中聚集在一起。目的原则与其他会话的原则有着密切联系，并非绝对分开，只是相对独立。“目的是话语行为的出发点和归宿，贯穿于言语行为的始终，体现在言内行为的选择和言外行为的实施上。话语的动态性来自目的和目的的互动，因此必须在目的原则下进行分析才能较为深刻和彻底地解释各种言语行为现象。根据大量的语料调查和观察，哲学上的目的性原则可以应用于言语行为分析和研究，解释言语行为和言语活动的语用新原则之一是‘目的原则’，并且由此可以设计出一套用于语用分析的目的分析模式。这种模式非常适用于法庭互动话语的分析。由于目的原则的普遍性，所以目的原则下的目的分析模式也适用于其他机构话语和日常会话的分析。”（廖美珍:《“目的原则”与目的分析(上)——语用研究新途径探索》，载《修辞学习》2005 年第 3 期）。

（孙光宁）

会话合作原则

会话所应遵守的基本原则之一。基本含义是会话的参与者应当尽可能地在会话过程中采取各种方式进行合作。“合作原则是语用范畴的概念,形成于20世纪60年代。1967年美国哲学教授格赖斯(H. P. Grice)将人们的交际行为系统地归结为规律,提出了会话的合作原则。格赖斯认为,会话的合作原则是在所有的言语交际活动中为了达到特定的目标,说话人和听话人之间存在一种默契,一种双方都应当遵守的原则。也就是说,会话的合作原则是要求每一个交谈的参与者在整个交谈过程中所说的话,符合这一次交谈的目标和方向(孙懿华:《法律语言学》,湖南人民出版社2006年版)。合作原则在维持会话的进行以及达到会话的目的方面,有着十分重要的作用。在法庭中,诉讼程序的设计推动或者强迫各方参与者进行会话,能够保证合作在形式上得以完成。同时,这一合作过程还有法官作为监督者和引导者,有利于庭审目的的实现。

(孙光宁)

会话礼貌原则

会话应遵循的基本原则之一,与会话目的原则、会话合作原则有着密切联系。英国学者利奇在他的《语用学原则》(1983年)中提出了所谓会话的礼貌原则,主要是三条准则:(1)慷慨准则:尽量少表达利己的和有损于对方的看法。(2)谦虚准则:在话语中尽量少赞誉自己并少贬低对方。(3)一致准则:在话语中尽量缩小与对方的分歧,尽量夸大与对方的一致。在司法过程中,由于当事人之间,或者刑事被告人与公诉机关之间存在对立关系,会话礼貌原则的一些具体准则难以完整地体现或者应用。但是,礼貌原则的具体准则对于维持庭审程序的顺利进行,体现现代司法的文明程度,都有十分重要的意义。

参考书目

何向东主编:《逻辑学教程》(第3版),高等教育出版社2010年版。

(孙光宁)

法庭演说的语言艺术

法庭演说从古希腊时代就开始,十分强调语言艺术的使用,特别是从修辞的角度。法庭演说是一种在特殊场景下进行的言语活动,有明确的目的和修辞手法上的限制。法庭演说多是由演说者进行的单向活动,主要发生在诉讼的举证阶段和结案陈词阶段,最主要的主体为律师。由于主要是单向演说,法庭演说需要充分表达演说者的意思,并在缺乏互动的前提下尽可能地说服陪审团或者法官。

参考书目

王洁:《法律语言研究》,广东教育出版社1999年版。

(孙光宁)

法庭辩论的修辞

“法庭辩论是在法定的诉讼语言环境中,控诉与辩护双方为完成特定的交际任务,以法庭演说的形式而进行的一场针锋相对的争辩。它以口头辩论为主,双方展开辩论时,思维紧张、活跃，听和说的言语交际进入了一种较高的层次。辩论人要一边倾听对方的论断、推理，一边选取最佳信息，立即形成个人的见解，组织话语进行表述以期说服对方。于是，怎样说才能收到最佳的法庭语言效果，就成为法庭演说中语言运用的修辞课题”（王洁：《法律语言研究》，广东教育出版社1999年版）。法庭辩论的最终目的是使本方观点得到普遍接受，最终更好地维护本方利益，这也决定了法庭辩论中充满着各种修辞技巧的运用。司法中的修辞集中体现在法庭辩论阶段，由于这个阶段中集中了各方观点及其论据的直接互动交锋，因此，能够突出地体现各种修辞手法的运用。法官应当在这个阶段中重视各方修辞的运用。由于修辞具有中立性，既可能被用于维护合法性的观点和立场，也有可能造成混淆视听、颠倒黑白的效果，因此，这种情况对于法官来说是一种极大的挑战。在司法竞技主义的制度环境中，法庭辩论的修辞及其效果，也是衡量律师执业素质和能力的重要标准。

（孙光宁）

法律会话推理

法律语用推理方式之一。“法律会话推理是指受话者在法律语境中，通过基本的语用原则，对法律言语行为基本含义的推导。法律会话推理可以定位为实用推理、实质推理和司法三段论中关于‘小前提’的推理；法律会话推理的结构可以分为一般结构（开头、主体和结尾）和问答互动结构；其基本类型包括缺省的法律会话推理（司法三段论中的大小前提的缺省和结论的缺省）和互动合作的法律会话推理”（赵凯、张斌峰：《论法律会话推理》，载《重庆理工大学学报（社会科学）》2011年第8期）。法律推理是理性的过程，具体而言是一种实践理性。“法律实践是一种‘言说’的实践，特别是在司法过程中，任何一个环节都离不开‘言说’这种会话模式。法律推理的过程就是在法律会话实践中选择最适合结论的过程，它包括一定法律行为正当化的论证和相对于一定目的的最佳手段的确定。法律会话推理正是从多主体‘言说’角度寻找正当性的法律推理方法，是一种‘言说着’的理性，其以话语为媒介，以法律当事人之间的会话沟通为方式，通过各方对话语意图理解找到解决问题的最佳行为方法，从而对推理结论进行正当性论证，这里的正当性建立在主体间性的基础上，因而具有主体间的可接受性和社会层面的合理性”（彭榆琴：《迈向“言说”理性的法律会话推理》，载《政法论丛》2013年第6期）。法律会话推理集中体现了司法过程的互动和交流，通过各方主体的信息交换，使得司法过程呈现兼听则明的样态，是主体间性理论在司法领域中应用的集中体现。

（孙光宁）

第三部分　司法推理和司法逻辑

邦董科托方法

又称 BDKT 方法，在人工智能与法建模中可用于建模法律论证的逻辑系统。该系统建立在一个相对于非单调逻辑的非常讲究的抽象方法之上，由邦达伦科（A. Bondarenko）、董番明（Phan Ming Dung）、托尼（F. Toni）和科瓦尔斯基（R. A. Kowalski）在几篇文章中提出来的，故称为“邦董科托”方法，即取了这四位学者人名中文翻译之首字组成。邦达伦科等人在其论文中提出了基本概念不是论证概念而是他们称为“假定”（assumptiond）的东西之集合概念。在这种方法中，“假定”是指被指定为具有缺省状态的公式；受普尔框架（Poole's framework）的启发，假如不能表明其反面，他们就把非单调推理看作添加假定集合到用基本单调逻辑表示的理论。在他们看来，使得理论成为论辩理论的正是这条规定可根据互相攻击的假定集来形式化。董番明的两个基本概念是论证集（a set of argument）和二元关系——论证击败（defeat among arguments）。董番明既将论证之内在结构完全抽象出来，又将论证集之源头完全抽象出来，且这使该方法为框架而非具体系统。根据这两个概念，董番明定义了各种所谓论证扩充概念，试图把握各种类型的可废止后承。这些概念是陈述性的，正好宣称论证集具有特定状态。然后，董番明表明许多现有非单调逻辑都能够重述为抽象框架的事例。

（熊明辉）

普洛克系统

美国哲学家约翰·普洛克提出的一个可用于人工智能与法中建模法律论证的逻辑系统。普洛克的研究工作涉及认识论、哲学逻辑、认知科学和人工智能。普洛克是针对建模可废止推理的论证方法之创始人之一。起初，他的理论是作为对哲学特别是认识论的贡献而提出来的。后来他转向人工智能，提出了一个实现其理论的计算机程序，被称为“奥斯卡”（OSCAR）的。在普洛克系统中，基本逻辑语言是标准一阶逻辑，但论证概念是非标准的。论证是通过组合所谓的理由（reason）而形成的。从技术上讲，理由是推论图式，把一个前提集与结论关联在一起。非常重要的是，像瑞特（Raymond Reitor）的缺省一样，普洛克的理由不具有领域特殊性而是表达一般认识论原则的。这就是为什么不把理由作为基本语言的构成要件而把它们作为在语言之上所定义的推论系统来讨论的原因。理由可分为两类：决定性理由和表面性理由。决定性理由逻辑上衍推出其结论，因此，它是任意有效一阶推论图式（这意味着普洛克系统包括了一阶逻辑）。相反，表面性理由只产生一个支持他们结论的假定，故能够被其他理由击败。在他的认识论工作基础上，普洛克区分了几种表面性理由：例如，觉知原则如“x 看上去是红色的”是相信“x 是红色的”的一个理由；基于统计三段论的理由，粗略地说，如果多数 F 是 G，且 x 是 F，那么（初看起来）x 是 G；基于归纳原则的理由，如（粗略地说）“x 是 F 的集合，且所有 X 的元素都具有性质 G，是相信所有 F 都具有性质 G 的一个理由”。在评价普洛克系统时，能说它是建立在可废止推理的深层似真哲学（认识论）理论之上的。此外，从逻辑上讲，那是一个丰富的理论，它既包括了线性论证和推测论证，又包括了演绎论证与非演绎论证（主要是统计论证和归纳论证），还考虑到两个论证间两种类型冲突的相应区别。关于人工智能应用，有趣的是普洛克致力于用局部计算思想来探讨计算问题，这种计算思想体现在保证概念以及特别是证成概念之中，并且他用计算机程序实现了他的系统。

（熊明辉）

达特系统

人工智能与法中的一种形式系统。弗里曼(K. Freeman)和法利(A. M. Farley)1996年在一篇论文中半形式地描述和实现了一个法律论证模型。在降低优先性排序时,系统语言把规则分为三类认识范畴即充分规则、证据规则和缺省规则;在结构上,达特系统把论证分析作为图尔敏论证结构的变形。

首先,除了分离规则之外,达特系统(dart)也允许逆分离推论。该系统允许特定非演绎论证,即回溯论证($p \Rightarrow q$ 且 q 推出 p)以及反向论证($p \Rightarrow q$ 且 $\neg p$ 推出 $\neg q$)。这些推论明显是众所周知的“肯定后件”和“否定前件”谬误,但弗里曼和法利借助定义如何能够攻击这种论证来处理了这个问题。事实上,这种攻击是普洛克底切击败事例,它否定了在前提与非演绎论证间有链条。在达特系统中,回溯论证就能被提供一个相对于 q 的可替解释来底切,这个解释的规则形式是 $r \Rightarrow q$。

其次,在降低优先性排序时,论证强度是根据四个值“有效”“强”“可信”“弱”来测定的。这个强度既依赖于规则类型又依赖于论证类型。如在逆分离推论应用于充分规则时它产生有效性,但当它被应用于缺省或证据规则时,它产生弱论证。回溯法和反向法总是刚好产生弱论证。

最后,在应用于充分规则时,逆分离推论产生一个有效论证、一个带缺省的强论证以及一个带证据规则的可信论证。论证强度用来比较冲突论证,会产生论证击败关系,反过来又决定在纠纷中是否允许一个行动。

达特对话博弈有几个变体,这是由几个不同层级证明来决定的。这是因为弗里曼和法利坚决主张解决语境不同法律问题需要不同证明层级。如对于一个案件是否在庭审前提出的问题,只需要一丁点证据即可,而对于个案裁决来讲则需要“论证有效性”。此外,非演绎论证的可接受性或许取决于语境。若有必要,能够排除非演绎论证。

(熊明辉)

眼架方法

当代法律方法论中最重要的方法之一,主要用来帮助法律专业大学生掌握演绎推理方法。“眼架”一词源于英文缩写词“IRAC”,读作“eye - rack”,故在此译为“眼架方法”。其中,“眼架”只是一个读法而已,根本没有任何与眼睛有关的特别含义。根据维基百科全书所给出的定义,“IRAC”是“issues”(问题)、“rules”(规则)、“application”(应用)和“conclusion”(结论)四个英文单词的缩写词,是一种法律分析方法,主要用于法学院考试的假设问题,分为四个环节:

首先,识别出问题。“问题”即法律问题的简称,是指法官、陪审团、仲裁者等必须解决的并决定法律争议结果的问题。这类问题有一般性问题与具体子问题之分,但具体子问题与一般性问题之间的关系是部分与整体的关系,即具体子问题必定是包括在一般性问题之中的。例如,如果原、被告双方事先已订立可实施合同,且被告没有履行承诺违背了合同,那么,在一般情况下被告要对原告因违反合同造成的损失负责赔偿。从广义层面上讲,这些争议事实或许提出了一个被告是否要对违反合同承担责任的一般性问题。但是,这些事实也许会提出诸如合同格式不规范、部分执行部分违反合同等之类的具体子问题。无论如何,问题是提起法律诉讼的出发点,没有法律问题就谈不上法律诉讼了。这正如起诉状中的“诉讼请求”和“诉由”二者缺一不可一样。解决问题是法律诉讼的归宿。一旦提起诉讼,任何一个法官不能够以“本案太简单”或“本案太复杂”而拒绝审判。无论案情多么简单或者多么复杂，如果没有撤诉或其他和解方法可行，法官都必须给出一个解决法律问题的裁决。

其次，找出能帮助解决法律问题的法律规则。在讨论法律问题时，要做的第一件事就是找到可应用的法律规则。但在疑难案件中，有时根本找不到可适用的法律规范，这就是所谓法律漏洞问题。有时，即便能够找到规则，但要想在单个法律渊源中找到明确设定的规则几乎不可能，仲裁者将用来解决法律问题的法律也许是表达了几个法律渊源的一个规则组合。如果法律问题包含了许多子问题，如刑事附带民事诉讼案，那么，可应用的法律渊源除了刑法之外还有民法等。在面对疑难案件时，有时还涉及法律优先性问题。比如，在著名的“泸州二奶案”——蒋伦芳诉张学英遗产纠纷案中，如果审方根据“特别法效力优于一般法”原则，即《继承法》应当优于《民法通则》，判令被告败诉，似乎支持了非法同居这一违背社会公德的行为。但若不这样做，又违背了“特别法效力优于一般法”原则。根据《继承法》，张学英显然应当是这场官司的胜诉者。然而，一审、二审的判决结果都是张学英败诉，判决的法律依据是《民法通则》第 7 条“民事活动应当尊重社会公德，不得损害社会公共利益……”其结果“打破”了《立法法》规定“同一机关制定的法律、行政法规、地方性法规、自治条例和单行条例、规章，特别规定与一般规定不一致的，适用特别规定”所规定的一般原则，从而在 21 世纪之初成了法律人所关注的一大焦点，引发了一场轰轰烈烈的全国性法理大讨论。因此，在疑难案件中，有时要找到清楚明晰的可应用法律规则是很难的。

再次，将规则应用于相关事实。能够找到应用于具体案件事实的法律规则并不总是只有一条，有时会有几条，且有时还会有相互抵触即法律冲突的情形。在这种情况下，疑难案件便随之产生了。前述张学英案就属于这种情形。即使不会出现法律冲突情形的简易案件审理中，只有找到了一个可应用于本案事实的法律规则，也并不等于就可以直接得到法律结论。仲裁者还必须解释为什么这条法律规则适用于本案件事实，实际上是一个法律解释的过程，法律解释学将在此发挥极其重要的作用。同时，这也是一个分析法律论证的过程，法律逻辑学将会成为这里的基本工具。因此，还有学者把这个步骤称为分析（analysis）。其目的是要建立通过将法律规则应用于案件事实然后得出相应法律结论做准备。总而言之，“应用”这一环节就是一个解释、分析的环节。最后，就事实是否满足了法律规则达成结论。

最后，要根据法律大前提与事实小前提推导出法律结论。如果第三步是一个法律论证分析环节，那么，这第四步就是一个法律论证评价环节，法律逻辑在这个过程中起着决定性作用。论证者必须明确陈述所提出论证的坚定结论。审方不应该得出一个不确定的结论，起诉方和应诉方在进行论证博弈时也不应该得出一个不确定的结论。要使结论变得坚定，法律论证必须建立在演绎推理基础上。这就是为什么传统上把眼架方法看作法律中演绎推理模式的根源。以“问题—规则—应用—结论”框架为基础，一些学者针对法律实践中的具体情形，给出了眼架方法的许多变体，大大丰富了眼架方法的理论架构，使这种方法越来越显得具有重要的应用价值，越来越贴近现实法律生活的论证情形。其常见变体有：米莱特方法（MIRAT Method）即“实质事实”（material facts）、“问题”（issues）、“规则”（rules）、“应用”（application）和“暂时结论”（tentative conclusion）五个英文单词的缩写；伊达方法（IDAR Method），即“问题”（issues）、“学说”（doctrine）、“应用”（application）和“结果”（result）四个英文单词的缩写等。

（熊明辉）

诉讼论证

法律论证的一个子类型,诉讼博弈过程中起、应、审三方所使用的法律论证。起方即是指诉讼博弈中提起诉讼的一方,它包括刑事诉讼中的公诉人或自诉人及其代理人、民事诉讼或行政诉讼中的原告及其代理人。应方即是指诉讼博弈中应诉的一方,它包括刑事诉讼中的被告人及其代理人、民事诉讼或行政诉讼中的被告及其代理人。审方是指诉讼博弈中的裁判方,不仅包括法官,而且还可能包括陪审员。

许多人在说法律论证时实际上其指称的对象是法律诉讼过程中的论证,即诉讼博弈中的审方论证。但以阿列克西(Robert Alexy)、菲特丽丝(Eveline Feteris)为代表的当今有较大国际影响力的法律论证理论家都没有把法律论证仅仅局限诉于诉讼博弈过程之中,而是认为诉讼博弈之外也存在法律论证,如法学争论、法官商谈、法庭争议、立法机关对法律规则陈述的讨论以及学生之间、律师之间、政府或企业的法律顾问之间的辩论,还有媒体有关法律规则陈述所进行的争辩等各种各样的法律讨论都包括法律论证。当某人要提出一个法律主张并希望他人接受这一主张时,法律论证就会在其中发挥重要作用。在法庭上作为代理人的律师必须用论证来证成他的主张,做出裁判的法官被期望用论证来支持其裁决,在国会上立法者提出议案时应该用论证来支持这个提案,法学家向同伴们证成自己的观点应当借助法律论证等。法律过程可分为立法、执法和司法三个过程。在所有这些过程中立法者、执法者或司法者也都会提出自己的法律主张,而且都会提出理由来支持自己的主张并企图说服目标听众。

诉讼论证有三重功能:证明己方法律主张成立,即证成功能;证明对方诉讼论证不成立,即反驳功能;说服目标听众接受论证者的法律主张,即说服功能。然而,传统法律论证概念既过于宽泛又过于狭窄。一方面,说它过于宽泛,是因为它不仅包括法庭论辩中的论证,而且包括立法过程、执法过程中的论证。法律逻辑因此也被认为是法律人的逻辑。从这个意义上讲,法律论证不仅存在于作为司法过程的一个重要环节——法律诉讼过程之中,还存在于这个过程之外。克卢格(Uldrech Klug)的法律论证概念明显属于这种情形。阿列克西也沿袭克卢格的法律论证概念,而菲特丽丝则继承了阿列克西的法律论证概念。另一方面,传统法律论证概念过于狭窄,是因为它常常被局限于法律诉讼过程中的司法论证、审方论证或裁判论证。司法过程并不必然等于法律诉讼过程。司法过程仅仅是从审方(主要是法官)的角度来说的,而法庭论辩则还需要从诉讼博弈参与者起诉方或应诉方来说。诉诸法律论证者不仅是作为裁决的审方,而且作为诉讼博弈的其他两方也都可以充分利用法律论证来维护己方的权益。诉讼论证比单纯的法律推理和法律论证更加有助于法律理性和法律公正的实现,从而避免法律霸权主义。

(熊明辉)

诉讼论证博弈

诉讼过程中起、应、审三方两两之间的论证博弈,如下图所示。论证博弈是指这样一种博弈,一博弈者提出一个诉讼论证(起方论证),而另一博弈者提出一个反诉讼论证(反方论证),然后双方就己方主张进行辩护,同时质疑或企图反驳对方论证,直至意见分歧得到理性消除。在诉讼博弈中,博弈方共有三个,即起方、应方和审方。与一般意义上的博弈相比,诉讼博弈所不同的是:其一,诉讼博弈中的起方、应方和审方角色不可能由同一个人承担;其二,真正参与博弈的博弈方肯定是自然人或代理人,不可能是其他智能体。但是,起方和应方是诉讼博弈的主要主体,而审方只是诉讼博弈的次要主体,因为审方更多的是充当裁判的角色。审方虽然必须做出论证,但其论证主要是裁判的论证,因而其博弈角色只有在二审博弈或再审博弈阶段才会凸显出来。

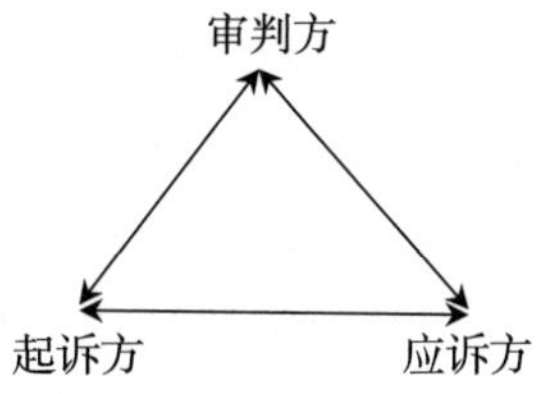

诉讼论证博弈

根据诉讼博弈参加者的身份不同,诉讼博弈可分为起应论证博弈(以下简称起应博弈)、起审论证博弈(以下简称起审博弈)和应审论证博弈(以下简称应审博弈)。此外,根据法律诉讼过程的阶段性,诉讼博弈还可分为一审博弈、二审博弈和再审博弈。一审博弈是指起、应、审三方关于案件事实及其法律后果的第一次诉讼博弈,其中起应博弈是一审博弈的主旋律。二审博弈是指起、应、审三方关于一审裁判结果的公正性的博弈,所表现出来的现象是起、应双方的第二次博弈。一方面二审博弈是起、应双方针对一审博弈中的案件事实及其主张的第二次博弈,另一方面又是针对一审裁决结果(审方论证)的一次博弈。在现有法律体系中,起审博弈和应审博弈只是隐性的,但实际上二审博弈中起审博弈和应审博弈是主旋律,因为起、应双方都是直接针对一审审方论证而展开的,这就是有一审判决之后会出现两个上诉方的原因之一。再审博弈起、应双方针对已发生效力的一审或二审裁决结果所进行的又一次诉讼博弈。

(熊明辉)

法律三段论

在传统法律逻辑中,法律三段论是最基本的法律推理或法律论证模式。三段论源于亚里士多德,之所以叫三段论,是因为它由三个命题构成,其中一个被称为结论,另外两个分别被称为小前提和大前提。

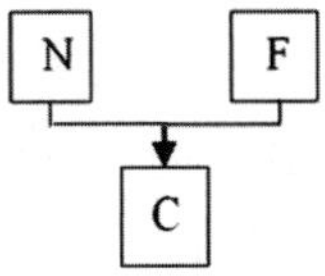

法律三段论

其经典的例子是:"凡人皆有死,苏格拉底是人,因此,苏格拉底有死。"法律三段论的定义通常是:法律三段论是指由大前提即法律规则和小前提即案件事实推导结论即司法判决的论证模式。法律三段论包含两个前提:一是大前提,即法律规则,又称为法律问题;二是小前提,即案件事实,又被称为事实问题,如上图所示。其中,法律大前提可用"N"(规范英文单词"norm"的首写字母)来表示,它代表法律规范前提集,它可能是由不止一个法律规范构成的集合,当然也可能是空集,如在判例法系中;事实小前提用"F"(事实英文单词"fact"的首写字母)

来表示,代表案件事实集,案件事实通常都不止一个事实,且作为集合根本不可能是空集,因为没有案件事实,不可能形成法律诉讼;"C"代表法律结论集,除了刑事诉讼博弈之辩方之外,其余情况下它都不能为空集,因为刑事诉讼博弈之方可以仅对控方论证提供质疑。传统上把法律三段论的结论仅仅看作"司法判决",但这是不恰当的,因为上述形式给人的感觉是:只有审方才有资格使用法律三段论。大多数学者在讨论法律论证时,都是潜意识地在上述理解之下使用"法律论证"这一术语的,因此,学界通常又把这种法律三段论证称为"司法三段论"或"审判三段论"。关于法律三段论的逻辑基础,主要有四种观点:

首先,直言三段论基础论。一种观点认为:法律三段论背后的逻辑结构是亚里士多德的三段论,其逻辑结构是形如"MAP,SaM,∴ SaP"或"MAP,SAM,∴ SAP",即三段论第一格的 AAA 式,其代表人物是《法律的逻辑》之作者亚狄瑟(Ruggero J. Aldisert)。很显然,亚狄瑟的法律逻辑是建立在亚里士多德三段论逻辑基础之上的。

其次,命题逻辑基础论。英国法家麦考密克在《法律推理与法律理论》中提出法律三段论背后的逻辑结构是:在任何情况下,如果 p,那么 q;在本案当中有 p,因此在本案当中就有 q。其核心思想就是:法律三段论的逻辑结构应当是充分条件假言推理的肯定前件式(modus ponens),其逻辑形式是"p→q,p,∴ q"。后来,麦考密克对该书做了修正,并于 2006 年出版了《修辞与法治:一种法律推理理论》。在这本书里,他对法律三段论的逻辑结构稍稍做了一些改动,他认为法律推理的逻辑结构应该是"如果 OF,那么 NC,OF,因此,NC"。虽然符号使用上有所不同,但本质上它还是没有脱离充分条件假言推理的肯定前件式,或者用现代逻辑来说它没有脱离分离规则。因此,可以说麦克密克的法律逻辑是建立在分离规则基础之上的。

再次,道义逻辑基础论。在《法律论证理论》一书中,阿列克西认为法律三段论的逻辑结构不是亚里士多德意义上的直言三段论,也不是麦考密克意义上的分离规则,而是这样的模式"(x)(Tx→ORx),Ta,∴ ORa"。在这里,他引入了数理逻辑中的全称量词"(x)",其大前提的含义是:对所有的 x 来讲,如果 x 具有 T 性质,那么 x 就具有 OR 性质。由此可见,虽然他与麦考密克的著作差不多同时出版,但阿列克西的逻辑观比麦考密克的更进一步,因此他的法律逻辑理论是建立谓词逻辑、一阶逻辑或谓词演算基础之上。不仅如此,他还引入算子"O",亦即"obligation",其含义是"义务"或"应当"。从现代逻辑角度来看,"O"是一个道义算子。因此,阿列克西的法律论证逻辑是建立在谓词道义逻辑基础之上的。

最后,谓词逻辑基础论。波兰法学家施特尔马赫(Jerzy Stelmach)和布罗泽克(Bartosz Brożek)在《法律推理方法》一书提出法律三段论的逻辑结构是:"(&x)[偷东西(x)→坐牢(x)],偷东西(约翰),坐牢(约翰)"。要注意,这里的"(∀x)"与阿列克西的"(x)"没有本质区别,都是全称量词,只是记法不同罢了,其含义都是"对于所有 x 而言"。施特尔马赫和布罗泽克显然没有像阿列克西那样引入模态算子"O",可见,他们的法律逻辑只是建立谓词逻辑基础之上的。从传统意义上讲,法律三段论刚好符合我国法治长期以来倡导的"以事实为依据,以法律为准绳"司法原则。

参考书目

1. Ruggero J. Aldisert, *Logic for Lawyers: A Guide to Clear Legal Thinking*, 3rd edition, National Institute for Trial Advocacy, 1999.

2. Neil MacCormick, *Legal Reasoning and Legal Theory*, Clarendon Press, 1978.

3. Robert Alexy, *A Theory of Legal Argumentation: the Theory of Rational Discourse as Theory of Legal Justification*,

Oxford University Press, 1989.
4. Jerzy Stelmach & Bartosz Brożek, *Methods of Legal Reasoning*, Springer, 2006.
5. Neil MacCormick, *Rhetoric and the Rule of Law: A Theory of Legal Reasoning*, Oxford University Press, 2006.

（熊明辉）

法律五段论

法律三段论是由于熊明辉针对法律三段论论证结构之不足而提出的诉讼论证基本模式。法律五段论由五个部分构成：(1)法律规范集 N；(2)法律规范解释集 I；(3)法律证据集 E；(4)案件事实集 F；(5)法律结论集 C。

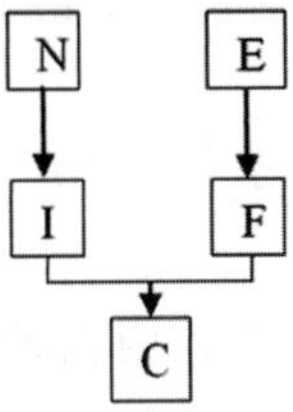

法律五段论

根据传统逻辑的划分，(1)－(4)可称为法律论证的前提，而(5)可称为法律论证的结论。这五个部分之间的关系如上图所示。就小前提而言，法官判案以事实来判，这没有错，但对于大前提来讲，不是根据规范来判，而是根据对规范的解释来判，这个时候显然加入了法官对法律的理解，即存在一个"法律规范集 N 到规范解释集 I"的法律解释推理。同时，作为"依据"的案件事实，除了免证事实之外，都必须建立在证据基础之上，也就是在法律论证中还存在一个从"法律证据集 E 到案件事实集 F"的证据推理或事实论证。这就是为什么同样案件、同样事实、同样法律，不同法官在最后判决和量刑上有所区别的根源所在，甚至在定性上都可能有区别。还有一点值得注意的就是，过去在讲法律三段论的时候，常常不知不觉地把"法律三段论"替换成"司法三段论"，即总试图为审方论证提供逻辑辩护。这就意味着只有审判方才会用这个法律三段论模式，这种情况被称为司法霸权主义的做法。一个理性的法律社会，不应该以司法霸权主义为中心。起诉方要用这个模式，应诉方也要用这个模式，审判方也用这个模式，大家围绕同一个框架、同一个模式去打官司，才能在一个共同的语言上讨论这个问题。只有在这样一个背景之下，才能够做到真正的司法公正。

（熊明辉）

似真证据理论

这是沃尔顿在《法律论证与证据》一书提出新证据理论，其中使用的这种方法完全不同于逻辑教科书中经常描述的证据解释，也不同于近年来分析哲学家们提出的其他证据理论。按照通常标准，这种理论在本质上或许能被描述为颇具怀疑性的，但这也可能是允许的。它使得证据学分析比所熟悉的更为保守的观点具有更大空间。

传统保守观点在演绎逻辑和归纳逻辑基础上建立其证据概念。这种观点把科学证据当作证据的范例，或者把科学证据当作值得认真考虑的唯一证据。另外，这里呈现与提倡的证据理论叫作似真性理论,因为它以古典似真性概念为基础。这种新理论的思想基础是:有些命题本身是似真的,其他命题可以从这些似真性命题借助似真推理推导出来。这些命题可以被称作似真的,因为在某种意义上它们似乎为真且没有倾向性理由认为他们是假的。因此,即使这种接受通常并不是无条件的,在本质上是暂时的,容易受到限制和保留,理性的人也可以接受它们为真(或者至少是似真的)。似真证据理论以两个假设为基础:一个是初始命题被权衡证据的人接受为似真的或非似真的;另一个是能从这些初始命题得出的推论本身可被评价为似真的或非似真的。这种怀疑理论的古老根基可追溯到公元前 2 世纪哲学家卡尔尼德斯(Careades)。这一新理论也是以沃尔顿提出的新论辩结构为基础的。这一新理论概略地认为:如果某事物从一个(可信的)人的初始印象(从表面上看似乎是诚实的)通过似真推理推出,并且被用于理性地接受有疑问的事物,那么它就是证据。在很多方面,这一理论可视为是对边沁证据理论的发展。

在新理论中,所有证据的收集和使用分为三个阶段,这使得证据本身表现为三种不同的类型:

第一阶段,证据的引入、收集或他人、团体、组织提供证据阶段。这个阶段被称为证据的基础阶段,因为所有其他证据都以它为基础。在一个案件或论证中它常被描述为"事实"或"前提"。它由一个或一组命题组成。在似真证据理论中,术语"命题" 和"陈述"可交替使用。命题是有真假的语句。边沁使用短语"证据事实材料"(factum probans)代表这部分证据。按照帕特森(Lyman Ray Patterson)的观点,证据是以与被提出的结论相关的"事实命题"为基础,这些事实是证据的"基础"。

第二阶段,存在一个从这个给定证据推出更多证据的阶段。这是一个关于推论的推理阶段,而且得出关于它是什么的结论。边沁把推出的这个结论叫作"待证主张"(factum probandum)。与边沁和威格莫尔的用法一样,在新理论中证据是作为从前提到结论的推论,那么另一方面的问题是如何为一定目的使用证据。

第三阶段,证据总是被用于证明争议或怀疑中的某个全局性主张。在这一阶段,更进一步的结论是,证据是否足够证实或证伪收集证据的调查人员所关注的一些事项或问题。由于它与证据的目的或假定的使用有关,所以这部分可称为证据的语用或论辩方面。

在新理论中,当说某东西是其他某东西的证据时,这个断定需要被理解为表达并取决于一个三元序列,即一个连接基础阶段、推论阶段和语用阶段的三元关系。第一个构成要素是基本证据体本身,一个事实、实物或报告的采集;第二个构成要素是从这个证据体通过推论得出或证明的结论,即证据所显示的东西。第三个构成要素是对前两部分中所采集与所解释的证据的使用。在这方面,某东西是其他某东西的证据概念似乎可与论证概念相比较。因此,必须把新理论的证据概念视为一个相关动态概念。这种与证据有关的思想,至少开始有些反对意见,大意是它应该只由 "硬邦邦的事实""有充分根据的事实",或者只是能被直接看见或听到的东西或可观察事件或实物组成。新理论使证据似乎像一个与论证链更相关的概念。

(熊明辉)

可废止性

又称可反驳性和可废止性。可废止性是诉讼论证的本质特征之一。如前所述,"可废止性”这一术语源于英文单词“defeasibility”,有学者将其译为“可反驳性”。1949 年,哈特在《责任与权利的归属》一文中率先引入了“可废止性”概念。如今,这一概念已被人工智能专家广泛采用和深入研究,并发展为一种推理模型——可废止推理。然后纽特(Donald Nute)在此基础上发展了一种新的逻辑类型——可废止逻辑(defeasible logic),且这种逻辑已被写入盖贝和冈瑟主编的《哲学逻辑手册》(第 2 版)第 4 卷中。

哈特(J. L. A. Hart)认为,说一个概念如“谋杀”或“合同”是可废止的,其意思是说,就其应用性来讲,如果应方能够证明某些条件的存在构成了一个法律辩护来反对该概念的完全应用的话,那么证明了所有肯定的事实条件存在都是不充分的。如在一个关于合同的诉讼博弈中,如果一方成功地证明了这些条件,这并不意味着问题得到了解决,相反,法律程序会将证明责任转移到另一方,让他证明相反的事实,至少需要给对方这样的机会。哈赫(Jaap Hage)把可废止性分为五种类型:本体的可废止性、概念的可废止性、认识的可废止性、证成的可废止性和逻辑的可废止性。本体的可废止性是指仅涉及事实回溯力的改变而不涉及人们信念的可废止性。如一份有效合同,在被废止之前,它总是有效的,而一旦被废止了,它总是无效的,因而,该合同的有效或无效与人们的信念无关。既然本体的可废止性不涉及人们的信念,与认识无关,那么要把握这种可废止性便成了问题。哈特认为,与其说可废止性与事实有关,不如说它与概念有关。因此,哈赫提出了“概念的可废止性”这一术语。帕肯和沙托尔把法律论证的可废止性区分为基于推论的可废止性、基于过程的可废止性和基于理论的可废止性。

首先,基于理论的可废止性。这种可废止性是解释和系统化已获得信息的理论评价与选择的结果。当更好的理论可获得时,差的理论就要被抛弃。在同一法律领域中存在不同的法律理论是可能的,因此,需要比较这些理论,选择最佳理论。从我国刑事审判的发展历程来看,从有罪推定到无罪推定就体现了这样一种理论选择。1997 年《刑法》颁布前,我国明确采用了有罪推定原则。而 1997 年修改《刑法》时,在吸收了无罪推定原则一些内容的基础上确立了我国的“未经法院依法判决,对任何人都不得确定有罪”的刑事诉讼基本原则。

其次,基于推论的可废止性。这种理论(如非单调逻辑)本质上是把推理当作静态结果来处理的,也就是说,信息集 S 所保证的信息并不包括在更大的信息集 S′所保证的信念之中,因此,信念的定义只是一个静态术语。这个定义完全是从 S 是否先于 S′中抽象出来的。如果 S 确实是 S′中抽象出来的,那么它就不会考虑从 S 到 S′的发展过程。更重要的是,标准非单调逻辑说明为什么 S 是决策的基础以及在什么情况下最好寻求更多信息,只是给出一个封闭世界假定,然后构造演绎推理模型。

最后,基于过程的可废止性。在这里,需要考虑可废止推理的动态方面。就法律推理而言,关键是要想根据法律程序规则如何进行推理,特别是与下面这些法律程序一般特征有关:法律争论的结果不仅取决于交流的陈述与论证,而且取决于双方表达命题的态度以及证明责任分配。

参考书目

1. 颜厥安:《规则、论证与行动》,台北,元照出版社 2004 年版。

2. 於兴中:《人工智能、话语理论与可辩驳推理》,载葛洪义主编:《法律思维与法律方法》(第 3 辑),中国政法大学出版社 2005 年版。

3. Dov Gabbay and F. Guenther, *Handbook of Philosophical Logic*, Vol. 4, 2nd Ed., Springer, (2007).

4. Joseph Horovitz, *Law and Logic: A Critical Account of Legal Argument*, Springer – Verlag/Wien, 1972.

5. Jaap Hage, *Law and Defeasibility*, Artificial Intelligence and Law, (2003).
6. Henry Prakken and Giovanni Sartor, *Presumptions and Burdens of Proof*, *In T. M. van Engers (ed.)*, *Legal Knowledge and Information Systems. JURIX* 2006: *The Nineteenth Annual Conference. Amsterdam etc*, IOS Press, 2006.

（熊明辉）

司法推理

法律推理的一个子类型，它既是指案件中法官得出恰当结果的结论之思维过程，又是在发布的裁定中对那个思维过程的书面阐释。后者是司法问责的主要机制：对裁决理由的阐释不仅要归咎于不成功的诉讼，而且要归咎于对司法过程感兴趣的任何人，包括其他政府机构和最终公众。其他公共决策者不会在如此重大义务之下对其决策理由进行解释。法律话语的专业本质意味着常常无法完善地实现公共证成的功能：设计这些解释主要是为了让其他法官和普通法律职业者理解。

法学家们的论著、辩护律师的论证、检察官所提起的控告，这些都会对法官的裁决产生某种影响，但是，正是法官所作出的那些进行了合理论述的裁决，提供了揭示司法推理诸种特性所需的全部要素。司法裁决中有效力的部分，即其中所作出的裁定，是基于某些在先说明的根据而得到的，这些根据所构成的推理，使该裁定得以成立。由此，司法推理成为实践推理(practical reasoning)的一个典型模式，它旨在对一个决定、一个选择或者一个论断进行证成，进而确定它们不是武断的和不正当的：当司法推理中基于理由所得到的结论与法律相符时，一个司法裁定得到了合理证成。若把司法推理比作为一个三段论，即其中结论为真是因为它能够从真前提进行形式证明，那么，这种做法将否定司法推理所具有的实践推理本质，同时将它变得非人化，并使之失却了法律裁决的本质要素。

对于法官所作的推理而言，它与司法相关的特有本质并不在于它是一个从某些前提出发的、形式上正确的演绎，因为如果是这样的话，这种司法语境中的演绎并没有任何独特的性质可言，而其本质在于，司法推理帮助将那些前提置于了一个既有法律体系的框架当中。由于法律并不是由自己所操控，所以必须要求助于法官，才能通过司法强制的方式来改变一些既定的事态，或者，才能通过法官的司法裁决，来将某一事实状态转变成法律规定，从而巩固自己的立场。

参考书目

[俄]格里戈里·佩雷尔曼：《司法推理》，谢耘译，载熊明辉、谢耘主编：《法律论证与修辞：第三届全国法律修辞学术会议论文集》，法律出版社 2014 年版。

（熊明辉）

语用论辩学

源于英文单词“pragma - dialectics”，可被翻译为语用论辩术、语用论辩学、语用论辩理论和语用辩证法。

语用论辩学整合了论证理性的论辩观与论证话语中行为的语用观。前者阐明了语用论辩理想模型是批判性讨论，作为一种论证话语，其目的是消除意见分歧；后者则定义了消除意见分歧过程各个阶段的行为。

接近完全成熟的论证理论需要整合描述与规范两种方法。这两种方法虽然出发点不同，即描述方法是从论辩实践即现实生活所提供的认识、伦理和实践的挑战出发的，而规范方法则从考虑好的论证必须满足的合理性标准开始的，但事实上它们二者是互补关系。本着规范方法与描述方法相结合的原则，语用论辩学把论证的评价划分为五个层面——哲学层面、理论层面、分析层面、实证层面和实践层面。其中，哲学层面关注的是论证的规范基础——推理理性及其可接受性；理论层面关注的是关于推理理性的种种概念及其理论结构；分析层面关注的是以什么为出发点对论证建构重构；实证层面关注的是如何给论证现实以有理有据的描述；实践层面关注的是论证如何适应各种各样的论辩语境。

语用论辩学从论证实际开始的地方——意见分歧出发分析评价论证，并以论证相干性为轴心给出了一个批判性讨论的评价模型。论辩被看作论辩双方就同一命题有不同立场的显性或隐性(假如是独白)讨论的一部分。各方的论证都是针对通过使另一方相信某一立场的可接受性来企图消除意见分歧的。围绕意见分歧的识别、未表达前提的认定、论证图式的展现、论证结构的分析、论证可靠性的评价以及违背批判性规则所犯谬误的发现，语用论辩术给出了一整套论证分析与评价的方法和技巧。语用论辩理论给出了评价批判性讨论好坏的10条规则(又称“十戒”)以及违背这些规则所犯的错误。

(1)自由规则：论辩双方不得彼此阻止对方自由提出自己的立场，或者阻止对方质疑立场。在冲突阶段违背这一规则所犯的谬误有：棍棒谬误、诉诸怜悯谬误、人身攻击谬误等。

(2)证明责任规则：如果提出立场的一方被要求为立场作辩护，他就负有辩护义务。在开始阶段违背这一规则所犯的谬误有：转移举证责任谬误、逃避证明责任谬误等。

(3)立场规则：一方对立场的抨击必须与另一方确实已提出的立场有关。在整个讨论阶段违背这一规则所犯的谬误有：稻草人谬误等。

(4)相干规则：只有提出了与立场相关的论辩时，其立场才得到辩护。在论辩阶段违背这一规则所犯的谬误有：不相干结论谬误、诉诸情感谬误、滥用权威谬误等。

(5)未表达前提规则：一方不得错误地把另一方未表达的东西当作前提来提出，或者否定对方留有含蓄的前提。在论辩阶段违背这一规则所犯的谬误有：放大未表达前提谬误、否认未表达前提谬误等。

(6)出发点规则：论辩双方都不能错误地把前提当作公认的出发点，或者否认代表了公认出发点的前提。在论辩阶段违背这一规则所犯的谬误有：错误地否定公认出发点谬误、不公平地使用了预设谬误、复杂问语谬误、乞题谬误等。

(7)论证图式规则：如果辩护没有借助正确运用适当论证图式来进行，那么就不能认为立场得到了决定性辩护。在论辩阶段违背这一规则所犯的谬误有：诉诸公众谬误、诉诸权威谬误、轻率概括谬误、错误类比谬误、滑坡谬误、以先后定因果谬误等。

(8)有效性规则：在论辩中，推理必须逻辑有效，或者必须能通过弄清一个或多个未表达前提能使之逻辑有效。在论辩阶段违背这一规则所犯的谬误有：否定前件谬误、肯定后件谬误、分解谬误、合成谬误等。

(9)结束规则：立场辩护失败必然导致正方要收回立场，而立场辩护成功必然导致反方要收回质疑。在结束阶段违背这一规则所犯的谬误有：拒绝收回还没有得到成功辩护的立场谬误、因已被成功辩护而得出某立场为真的谬误、拒绝收回已成功辩护的立场批判、因对手还没有成功辩护(诉诸无知论证)而得出某立场为真的谬误等。

(10)用法规则:论辩双方均不得使用不清晰或含混的表达式,且必须尽可能谨慎正确地解释对方的表达式。在整个讨论阶段违背这一规则所犯的谬误有:含混谬误、暧昧谬误等。

进入21世纪后,语用论辩学逐步尝试修辞维度的理论拓展,提出并论证了“策略操控”(strategicmaneuvering)概念体系和真正语境敏感的论辩分析框架。拓展后的语用论辩学再现了论辩双方为实现“合理性”和“有效性”的微妙平衡而在潜在话题、受众需求和表达手段三个角度的运筹帷幄,其分析框架对法律、政治、医疗、学术等交际领域的论辩话语均有较强的解释力和应用价值。

(熊明辉)

策略操控

爱默伦(Frans van Eemeren)和豪特拉塞尔(Peter Houtlosser)在语用论辩学的前期标准理论基础加入修辞考量维度而提出的,是语用论辩学的修辞拓展。从1996年开始,爱默伦和豪特拉塞尔逐步尝试在语用论辩理论中增加修辞维度分析。他们试图以此整合论辩术和修辞学两种古典论证研究传统,再现真实语境下的论证性话语在“推理理性”或“合理性”(reasonableness)和“实效性”(efficiency)两个方面的微妙平衡。

拓展后的语用论辩学更加关注真实语境下的论辩实践,解释力和实践意义得以很大提升,实现了理论跨越。如何通过批判性讨论使双方意见分歧得以合理消除是语用论辩标准理论的核心问题;“推理理性”是分析和评价论证的出发点和落脚点。但是,“推理理性”诉求并不是论证互动的唯一目标。在现实论证互动中,双方不仅需要“合理”地解决意见分歧,还要尽力使讨论朝着有利于自己的方向“有效”发展。论证话语无论从过程还是结果上看都是“推理理性”和“实效性”的微妙平衡。其中,“推理理性目标”可以通过遵守批判性讨论准则得以实现,而“实效性目标”的实现则必须依赖论证技巧和策略的灵活运用——这一直是修辞学的研究范畴。也就是说,对真实论证实践的分析和评判必须要将论辩术和修辞学有机融合起来。

可是,在当代论证研究领域,论辩术和修辞学始终是两个相对分离的研究视角,两者之间存在较大的概念鸿沟,也缺乏必要的沟通。这不仅与亚里士多德的经典论证理论相背离,还在深层次上阻碍了当代论证理论的全面发展。所谓“策略操控”指的是论辩双方为了实现“推理理性”和“实效性”的微妙平衡而付出的“持续性努力”。“操控”(maneuvering)一词指的是“视论证具体情形做出最佳选择”,而“策略”(strategic)强调的是“明智、技巧性安排与规划”,意即论辩中的每一次“操控”不是临时起意的,而是在平衡了论辩合理性和修辞有效性之后做出的整体性策略安排。语用论辩标准理论识别谬误的依据是15条批判性讨论行为准则,或更为简便的10条戒律。

在拓展后的语用论辩框架中,谬误被重新界定为“脱轨”的策略操控。这一界定突出了谬误的主观刻意性,即论证者之所以违背批判性讨论准则是其过度追求“实效性”而蓄意牺牲“推理理性”的结果。爱默伦认为,每种谬误都对应一种合理策略操控,两者就如同滑行在“推理理性”和“实效性”之间的两个点,区别是前者过于靠近“实效性”、距离“推理理性”太远,而后者刚好处于平衡点。例如,与人身攻击谬误对应的是合理人身攻击;与权威论证谬误相对的是合理诉诸权威。一些谬误之所以具有隐蔽性一来是因为它们偏离合理的策略操控可能只有寸步之遥,二来是由于谬误与合理策略操控之间的差别具有语境敏感性,某个交际活动类型中的合理策略操控在另外一种活动类型中就可能就是谬误。正是因为这两个原因,范爱默伦主张对谬误的识别必须同时具备两个标准:脱离语境的一般标准和针对语境的特别标准。

在具体操作中,可以锁定某种策略操控类型,根据批判性讨论行为准则检视与此对应的谬误类型及其一般识别标准,然后在具体语境中结合机构性制约因素考察该一般性识别标准的具体适用。对不同策略操控及其功能的分析可以从结果、路径、制约、承诺四个层层递进的维度展开:(1)结果即借助分析框架揭示某个策略操控在特定阶段可能达成的结果;(2)路径即通过论辩轮廓(dialectical profile)呈现该策略操控实现上述结果的具体路径;(3)制约即通过对论辩所属交际活动类型及其特征的剖析揭示机构语境对该策略操控的制约;(4)承诺即剖析论辩双方在策略操控发生时业已达成的承诺,以此揭示影响策略机动的论辩情景。

策略操控概念及其语境分析理念使语用论辩学从"理论模型"走向了论证实际,应用空间更为开阔。目前,以策略操控为核心议题的相关研究主要集中于法律、政治和医疗三种交际活动领域,主要研究目标大致有两个:(1)揭示这些交际活动领域中的交际惯例及其对策略操控的机构性制约;(2)探讨这些交际领域中常用于论证某类立场的各种论辩图式以及由这些论证图式组成的论证类型在法律交际领域,语用论辩理论研究者们最为关切的问题是该领域内部不同交际类型的论证特征,以及论辩参与者(包括法官)如何在策略操控的适用范围内进行论辩话语互动。

菲特丽丝(Eveline Feteris)以1892年美国圣三一教堂诉美利坚合众国案为例,探讨了法官如何通过策略操控规避法条的字面含义,转而以该法条的立法目的为依据作出例外判决的;克鲁斯特威斯(Harm Kloosterhuis)以拓展后的语用论辩学为理论出发点剖析了法庭论辩中常常用到的类比图式,并建立了较为完善的法庭论辩分析与评判框架。此外,普拉格(Jose Plug)、杰森(Henrike Jansen)等学者也以策略操控为切口,从不同侧面分析了法庭辩论的论证结构与机构性制约因素。值得一提的是,围绕策略操控展开的法律论证研究受到了荷兰司法实践界的高度重视,相关成果近年来被荷兰司法顾问委员会大力推介,用以改善司法质量和提升法律教育水平。

(熊明辉)

论证

有狭义与广义之分。狭义论证对应的英文术语是"argument",是指一个有意义的陈述所组成的命题序列,其中,一个命题被认为是结论,其余命题被认为是前提。其基本特征是静态性、无目的性、单主体性、语境不敏感性和独白式。广义论证对应的英文术语是"argumentation",是两个或两个以上论辩参与方之间的论证互动,其中各方间的结论是相容的,其基本特征是动态性、多主体性和对话式。

论证通常有以下三个层面:

第一,作为结果的论证(argument - as - product)。论证是指一个命题真取决于其他命题真的命题序列,其中,其真取决于其他命题真的命题被称为结论(conclusion),其他命题都被作为前提(premise)。在这里,它相当于维基百科全书所讲的论证或沃尔顿所讲的推论,也相当于非形式逻辑学家约翰逊(Ralph Johnson)所说的推论性核心(illative core)。

第二,作为程序的论证(argument - as - procedure)。论证是指论证者企图在批判性讨论基础上用一组陈述的可接受性让目标听众承认另一特定陈述的可接受性的言语交际行为,其中,企图让目标听众接受的陈述被称为主张(claim),用来支持主张的陈述被称为理由(reason)。

第三,作为过程的论证(argument – as – process)。论证是指论证者理性地说服目标听众接受其主张的过程。

事实上,作为论证,上述三个层面是密不可分的。英文术语"argument"对应的是论证的第一个层面,而"argumentation"对应的是论证的第二、三两个层面。上述三个层面分别对应亚里士多德评价论证的三条标准:分析标准(今天的演绎逻辑标准)、论辩标准和修辞标准。为此,可以把论证区分为广义论证和狭义论证,即广义论证包括上述两个概念的含义,狭义论证仅仅是指前一个概念。因此,如果一定要给出"argument"和"argumentation"这两个词一个严格区别的话,"argument"可译为"论证",因为它强调的是论证的结果;"argumentation"可译为"论辩",因为它强调的是论证的程序与过程。因此,论证是指论证者为自己主张(结论)提出理由(前提)并企图说服目标听众接受该主张的过程和结果。正如语言有许多用法一样,论证也有许多功能。

传统上,人们有时错误地认为,论证的唯一功能是为特定争议主张进行辩护或证成(justify)。然而,在许多情况下,给出论证的主要目的不只是使某种主张成立,而且还要反驳另一个论证或主张,甚至还需要说服目标听众。因此,证成、反驳和说服是论证的三个基本功能。这三个功能与通常所说的"论辩"是密不可分的。论辩者,论证、辩护也。有辩护,肯定有反驳;反之,有反驳,一定有辩护。现实生活中的自然语言论证往往是与论辩交织在一起的。

反驳即要展示对方论证是不好的。但是,反驳并不总是要提出自己的主张,有时提出对方不能回答的异议或质疑就足够了。反驳主要有三种形式:(1)指出对方结论不能从前提推导出来,相当于传统逻辑中所说的反驳论证方式;(2)指出对方的某些前提是可疑的甚至是假的,相当于传统逻辑中所说的反驳论据;(3)指出对方论证是循环的,这就等于说,对方并没有给出可接受的理由来支持他的主张。

识别论证即分析论证,这是进行论证评价的前提条件。识别论证是要识别论证三要素。论证三要素即指前提与结论、论证者与目标听众、论证目的。其中,最重要的是要识别论证的前提与结论。

根据非形式逻辑家们的主流观点,论证结构(argument structure)有别于形式逻辑学家所讲的论证形式(argument form),它共有五种类型,即简单结构、序列结构、收敛结构、发散结构和闭合结构(见下图)。(1)简单结构(simple structure)是指只有一个前提和一个结论的结构,这是最简单的论证。(2)序列结构(serial structure),又可称为串行结构或线性结构,是指一个前提支持一个中间结论,且这个中间结论作为前提又支持下一个结论,如此等等。(3)收敛结构(convergent structure),又称并行结构,是指由两个或两个以上前提分别独立支持同一结论的结构。(4)发散结构(divergent structure)是指一个前提同时支持两个或两个以上结论的结构。一个前提同时支持两个或两个以上的结论,这是常有的事。(5)闭合结构(linked structure),又可称为组合结构,是指由两个或两个以上前提共同支持一个结论的结构。有了这五种基本结构,就可以分析较为复杂的论证性语篇了。

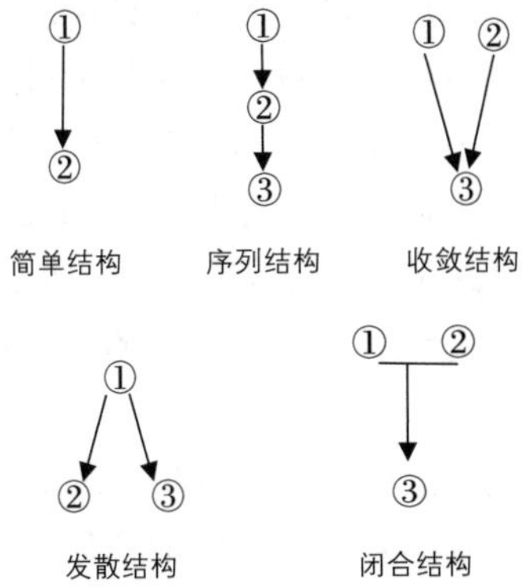

论证评价的标准很多,不同学科领域有不同的论证评价标准。但是,这些不同标准之间又有共同的东西。一般来讲,这些共同的论证评价标准有三组:一是逻辑标准,二是修辞标准,三是论辩标准。

逻辑标准有形式逻辑标准、归纳逻辑标准和非形式逻辑标准之分。(1)根据演绎逻辑标准,一个论证是好的,当且仅当,它是可靠的。“论证可靠”是什么意思呢？一个论证是可靠的,必须满足两个条件:所有前提都为真;推理形式有效。(2)根据归纳逻辑标准,一个论证是好的,当且仅当,它是归纳上强的。归纳强度标准是指:一个论证是归纳上强的,当且仅当,所有前提均真而结论正如该论证所主张的那样可能真。根据归纳逻辑标准,一个论证所有前提均为真而结论为假也是可能的。(3)根据非形式逻辑标准,一个论证是好的,当且仅当:第一,所有前提均可接受;第二,前提与结论相关;第三,前提对结论提供了足够支持。

修辞标准是指一个论证是好的,当且仅当,它对于目标听众来说是可接受的。

论辩标准是一个论证是好的,当且仅当,它是通过理性方式消除了意见分歧。

（熊明辉）

论证理论

又称论辩理论,是从跨学科视角研究人类是如何通过逻辑推理达到结论的,即主张是否可靠地建立在前提之上。它包括民众辩论、对话、会话和说服的科学与技艺,既然研究人工语境又研究真实世界背景下的推理、逻辑与程序规则。

论辩包括辩论以及涉及达成相互可接受结论之谈判,还包括作为社会辩论分支、以战胜对手为主要目的论战型对话。这种技艺与科学常常是人们在论争过程用理性对话保护自身信念或利益的手段。论辩被用于法律之中,如在审判中准备将在法庭上展示以及检验特定类型证据的有效性。论证理论的关键要素有:(1)理解与识别显性或隐性的论证以及各种对话类型中论证参与者的目的;(2)识别出、推导出结论之前提;(3)确立“证明责任”(burden of proof),即决定“谁做了初始主张,因此,他就有责任提供证据证明其立场为什么要优先被接受”,也就是民事诉讼中通常所说的“谁主张,谁举证”原则;(4)为了让对手信服或不得不接受,承担“证明责任”的一方即提倡者要驾驭其立场的证据,提出有效的、可靠的和有说服力的论证,躲避不足且不易受攻击;(5)在辩论中,履行证明责任引出了反驳责任,即人们必须试图识别出对方论证中的错误推理,攻击其论证的理由或前提,表明对方论证中所提供的理由为什么不能推导出有效结论。

广义论证是由狭义论证构成的。狭义论证通常有这样的内在结构：(1)一组假定或前提；(2)一个推理或演绎方法；(3)一个结论或观点。狭义论证必须至少有两个前提和一个结论。这种论证常常把经典逻辑作为推理方法来使用，使得从假定或支持逻辑上推导出结论。一个挑战是，如果这组假定不一致，那么可以从不一致性推导出任何东西。因此，通常必须坚持这组假定是一致的。关于对推论出结果的集概括来讲，要求假定集为极小集也是个不错的处理办法。这种论证被称为“极小一致”论证，简称“极小一致”。这种论证一直被用于法律与医疗领域。

论证的第二个学派研究的是抽象论证，其中“论证”被认为是一个初始术语，因此，不考虑论证的内在结构。论辩最常见形式是涉及从事对话的个体和对话者或反对者，各方都为不同的立场进行争论，并相互试图说服对方。除了说服型对话之外，其他类型的对话有论争型对话、信息寻求型对话、探讨型对话、谈判型对话、协商型对话。论证理论源于哲学领域关于知识论(认识论)的基础主义，它试图用普适知识系统的形式(逻辑)和实质(事实规律)找到主张的根基。但论证学者们渐渐在拒斥亚里士多德的系统哲学以及柏拉图和康德的理想主义。他们质疑并最终摒弃了从形式哲学系统考虑论证可靠性的思想。

目前已有许多理论与论证密切相关，如非形式逻辑、社会认识论、民族方法学、言语行为理论、知识社会学、科学社会学、社会心理学等。这些理论并不是非逻辑或反逻辑的，它们在大多数话界中找到了融贯性，因此，这些理论常常被标上关注知识社会根基的“社会学的”标签。

（熊明辉）

证明责任

又称证明负担、举证责任，其拉丁文是“*onus probandi*”，有哲学证明责任和法律证明责任之分。哲学证明责任是指在认识争议中各方有提供充分证据保证其立场的义务。换句话说，在辩论任何问题时，断定主张的那个人存在隐性证明责任。在法律上，证明责任是审判中的一方提供证据将结论从缺省立场转换到其自己的立场之指令。

证明责任常常与拉丁谚语“*semper necessitas probandi incumbit ei qui agit*”联系在一起，其含义是“证明的必然性总是取决于指控那个人的权利”，汉语世界将其翻译为“谁主张，谁举证”。不承担证明责任的人承担假定之好处，即无须主持支持其主张。如在刑事审判中，对于被告人是否有罪，只有控方负责证明责任，换句话说，辩方无须证明被告人无罪。

“证明责任”这一术语用于指两种责任：提供证据责任和说服目标听众责任。“说服目标责任”或“未说服的风险”是坚持主张的单方义务。一旦责任完全被免除，事实审理者满意，承担责任的一方就成功维护其主张了。例如，无罪推定将证明被告人有罪的所有要素(一般是排除合理怀疑)的证明责任都分配给控方，且证伪了除肯定辩护之外的所有辩护，其中从制度上并不要求控方给出所有肯定辩护不存在的证明。不应当把说服责任与证据责任、提供责任或提供证据的义务混为一谈，因为说服责任是超越听审和庭审过程在起诉方和应诉方之间转换的一种责任，而证据责任是在法庭上举出充分证据恰当提出问题的责任。在一般情况下，证明责任是指在庭审中证明其诉求的一方之义务。在民事案件中，原告在起诉状中说明其诉求，然后要求被告发出回应性诉求，即否认原告诉求中的部分或全部并在辩护中提出任何肯定事实。各方有为其诉求提供证明的责任。

在美国法律制度中，证明责任的法律标准有：

（1）合理怀疑标准（reasonable suspicion）。这是一个低证明标准，是为了决定警察或任何政府部门是否有保证中止或继续进行简短调查。重要的是要注意这个中止或调查必须是简短的，其彻底性与低证据标准相称或受低证据标准限制。更明确的证明标准（常常是可能原因）会被要求用来证成更彻底停止或调查。仅仅猜测或“预感”不足以形成合理怀疑。

（2）逮捕的可能原因标准（probable cause for arrest）。可能原因标准是一个相对较低的证明标准，在美国它是用来决定搜查或逮捕是否有保证的，也用于大陪审团决定是否提起诉讼。在民事案件中，这条标准常常用于原告是否正寻求预判补救。在刑事案件中，它用来决定可能原因要求找到违禁品犯罪证据的公平概率。

（3）某个可信证据标准（some credible evidence）。这是至少可信的证明标准之一。这种评估常常用于行政法中，是用来在事实审理者面前提出某个争议，且进入了法律诉讼程序。根据事实证明标准律令，它需要完成找到用于单方面决定的“可能原因”，而这些决定在庭审前需要发出搜查令。那是一个比“优势证据”标准要低的证明标准。该标准并不要求事实调查者权衡冲突证据，只要求侦查人员或检控方展示极小的实质可信证据支持其针对该主体的主张。在某些联邦上诉法院中，如第二巡回法庭，在小孩监护服务听审上，找到“某个可信证据”标准从制度上不足以保护双方的自由权利。

（4）实质证据标准（substantial evidence）。在某些行政诉讼中，法庭就政府事实认定采用了“实质证据”评价标准。实质证据标准不只是闪烁的光芒，这意味着它这种相关证据作为合理心智可以被接受为足以支持结论。

（5）优势证据标准（preponderance of the evidence）。这条标准又被称为“可能性权衡”标准，是大多数民事案件中所要求的标准，并且在家事法庭中，裁决只涉及金钱或小孩监护权。如果该命题很可能为真而不是不真，那么该标准就得到满足。从实效角度讲，如果该命题为真的概率大于50%，这条标准就得到满足。

（6）明确且令人信服的证据标准（clear and convincing evidence）。这条标准是比“优势证据标准”层次要高的说服责任标准。它主要被用于在美国行政诉讼中，也适用于民事诉讼以及某些刑事诉讼中。

（7）排除合理怀疑标准（beyond reasonable doubt）。这是证明责任的最高标准，主要用于英美法系的刑事诉讼中，在我国刑事审判中也使用这条标准，但并未明确使用这一术语，而使用的是“事实清楚，证据确实、充分”标准。

（8）合理相信标准（reasonable to believe）。此外，还有一些非法律标准，如“排除怀疑阴影标准”。

（熊明辉）

法律逻辑的推论规则

法律逻辑中的推论规则与一般逻辑中的推论规则有何区别与联系，一直是逻辑学家关心的问题。一方面，法律逻辑是一种应用逻辑，即一般逻辑在法律领域中的应用，与一般逻辑有着密不可分的联系。另一方面，法律逻辑是一种实践逻辑，因此，它不只是关心推论的语义维度和语形维度，还涉及语用维度。作为应用逻辑，它主要与形式逻辑相关；而作为实用逻辑，它主要与非形式逻辑密切相关。

在形式逻辑的形式系统中,最基本的是命题演算系统。在建构命题演算的公理系统时,推论规则最少可以只有一个,那就是“分离规则”(modus ponens,又被称为充分条件假言推理的肯定前件式)。因此,分离规则是形式逻辑的最基本规则。毫无疑问,它也是法律逻辑中最基本的逻辑推论规则,正是该规则充分体现了法律逻辑首先是一种应用形式逻辑。那么,在法律逻辑中是否存在形式逻辑中不具有的特殊规则呢?当然存在,那就是证明责任规则。

证明责任规则是指在诉讼博弈中,负有证明责任一方若无法履行符合法律要求的证明责任,那就要承担不利的法律后果。罗森贝克把这一规则表述为如果在诉案中有疑问的案件事实不能得到确认,法官会作出不利于承担证明责任的当事人的判决。如果用逻辑术语来表达,可以将这条规则表述为:“令诉讼博弈者 P 和 O 分别代表诉讼博弈中控方和辩方,如果审方认为 P 应当负有证明责任,记为 P_{BP},但在诉讼论证博弈过程中 P 没有履行证明责任,记为 $\neg P_{BP}$,那么,或者 P 的主张不成立,记为 $\neg C_P$,或者 O 的主张成立,记为 C_O。”

在证明责任规则中,“不利后果”有两种情形:一是负有证明责任方的主张不成立;二是不负有证明责任一方的主张成立。例如,已知 P 和 O 分别代表诉讼博弈的控方和辩方,根据证明责任分配规则,如果 P 负有证明责任但没有履行,那么 P 的主张不成立;如果 P 负有证明责任但没有履行,则 O 的主张成立。民事诉讼中的“谁主张,谁举证(证明)”的证明责任分配原则体现的是第一种情形,而刑事诉讼中对被告人所犯罪行所采用的“控方举证”原则和行政诉讼中对行政裁定的合法性采取“举证(证明)责任倒置”原则体现的是第二种情形。那么,这两种规则的逻辑合理性何在呢?在哲学上,证明责任是指证明某事可以被接受为真或者可以合理相信的程度或层次。这条规则的最极端的情形是:面对观点 A 和 B,当人们选择 A 而不选择 B 是因为 B 不能被证明时,这种情形被称为诉诸无知的逻辑谬误。但是,正如非形式逻辑学家沃尔顿所说,诉讼无知论证并不必然是差的论证模式,有时它却是一种很好的、合理的论证模式。

沃尔顿定义了两种诉诸无知论证模式:(1)由于不知道命题 A 是真的,所以它是假的;(2)由于不知道命题 A 是假的,所以它是真的。虽然(1)和(2)在通常情况下不是论证的有效形式,但在某些情况下这种论证是合理的。例如,虽然有时不知道命题是假的,但假定它是真的,论证便是合理的。说这种论证合理的原因是,不得不利用论证的一般语境。

证明责任规则更进一步的逻辑辩护是非单调逻辑中的缺省规则:不能证明 P 为真,P 即为假。这条规则最初是由自认知逻辑的提出者莫尔(Moore)给出的。他给出的例子是:如果命题 x 是真的,那么我知道 x 是真的;我不知道 x 是真的,因此,x 不是真的。通过这条规则,就可以把本来开放的诉讼论证前提集封闭起来,然后根据严格分离规则进行演绎论证。这就是法官们在作出裁决时之所以信心百倍地进行宣判的原因。同时,前提集的开放性、诉讼论证的动态性和(多)主体性决定诉讼论证的可废止性,这就避免了传统法律逻辑理论所遇到的法律论证结论非单调性(non - monotonicity)和可废止性的问题。

参考书目

[德]莱奥·罗森贝克:《证明责任论》(第 4 版),庄敬华译,中国法制出版社 2002 年版。

(熊明辉)

卡巴莱系统

里士兰和史克拉克 1991 年共同提出的一个系统执行法律推理任务的形式系统。在这个系统中，把逻辑作为法律推理的工具而不是作为法律推理模型，但设计者并没有给他们的系统一个形式考虑。像加德纳程序一样，卡巴莱系统提供了让案例受到质疑的方法，质疑能够用法律规则推演出什么。但与加德纳程序不一样之处在于，卡巴莱并不试图给出法律问题的解答，其任务是建模对抗性法律推理启发阶段的方方面面：依赖于用户观点，它提供给用户许多可能方式来论证其结论，使反对者论证的前提受到质疑，通过类比等方式提出所需的信息，但所有这些事情差不多都是在没有任何基于知识库的证成力评估情况下完成的。

卡巴莱系统是两个子系统的组合：一个是传统的基于规则的专家系统被充上观察其行为的方法；另一个是以阿什莉的海波系统（HYPO system）为基础的基于个案的推理者。不像加德纳程序那样，案例库只是一个普遍量化为“如果—那么”的规则集，海波系统用更复杂的方式来表达个案。基于其所谓的“维度”，海波系统分析的既有存储个案又有新个案。维度是案例的抽象形式，它们是由知识工程师识别出来的且与支持或反对某个特定法律主张有关。海波系统的任务不是给输入问题一个解答，而是向个案各方提供引用的合理先例，并评估这些先例的相对优点。海波系统提出引用个案的一个理由是，它与当前事实情形相似或类似，并且包含了审方论证的裁决。海波系统的相似性思想根据如下方式实现：所有与当前事实情形共享至少一个维度的存储个案都根据它们与当前事实情形共享的因素集包含来排序。如果这一个案集包括了另一个案集，那么前一个案被认为比后一个案与当前事实情形更相似（“多点”）。这个排序的极大元素被认为与当前事实情形最相似。关于这些个案是否足够相似以便保证相同结论，海波系统并没有以任何方式给出线索。此外，它并不试图在类比背后找到一个通用规则。

在卡巴莱系统中，基于个案的推理者能够有几种方式用来论证规则耗尽后的结论，甚至反对用于基于规则部分获得的结果。第一种可能性的例子是：如果事实情形不满足一条规则之所有条件，或许建议一个类比给存储案例，其中，这些条件已满足。第二种论证方式的例子是：通过找到一个规则条件都得到满足但该规则却不适用的个案，让对方获得结论所使用的规则不可信。虽然卡巴莱系统的主要目的是法律推理的启发阶段，当然，它必须处理证成阶段的背景观，否则根本不能定义可能论证行动之效果。现在，在非单调推理方面中正好能够找到这种背景观。一个例子是刚刚描述的“规则质疑”启发法：当允许个案指向规则条件都满足的对立结论时，很明显那是建立在法律规则的可废止解释基础之上的，在加德纳程序中几乎使用了同样的方式。当进行个案相互比较，看一下哪个相似点多时，所使用的方式也表达了法律推理的可废止观，其中使用的是特别性原则的约束版。当试图从证成观去看卡巴莱系统时，这两个特征可以组合在一起。例如，如果借助一个个案来怀疑一条规则，但相似点多个案却确证了规则，这个规则的结论可能被认为是法律问题之卡巴莱知识库的整体回答。总之，虽然卡巴莱系统主要是建模法律推理的启发式部分，但其论证行动之证成力观已吸纳了非单调推理的要素。

参考书目

E. L. Rissland & D. B. Skalak, *CABANET*: *Statutory Interpretation in a Hybrid Architectur*, International Journal of Man – Machine Studies (1991).

（熊明辉）

“纳税人”项目

麦卡蒂(L. T. McCarty)和斯里德哈兰(N. S. Sridharan)1960 年共同提出的人工智能与法律推理中的一个实验项目,是人工智能与法研究的早期标志性成果之一。该项目的主要目的是给出一个关于法律概念结构与动态学的理论,用公司税法作为实验的问题域。1981 年,他们又给出了“纳税人Ⅱ项目”,其目的就是建模律师如何论证或反证一个法律概念应用到一个问题情形。在麦卡蒂和斯里德哈兰的论文中只展示一个理论模型,而在麦卡蒂的论文中实现系统描述了该模型的大多数要件,但其论证交互仍然是由用户来控制的。此外,这项工程涉及针对法律领域表达理论的逻辑知识表示语言之进展,以及抓住法律概念开放结构与动态本质不表达法律概念的方法设计。这种方法是建立在法律概念具有三个构成要件观念基础上的:首先,一个概念可适用的必要条件集合(可能是空集);其次,一个概念的事例(标本)集;最后,一个规则集,它能将一个个案转换成专门针对将“原型”标本与“变形”相关联起来的另一个个案。在麦卡蒂看来,律师通常把一个概念应用到一个新个案的论证方式是:通过找到一系列看起来合理的转换,将一个原型(可能通过其他个案)映射到新个案上。虽然这种法律概念观有诸多方面,最有趣的问题是它如何影响该系统的逻辑方面。在“纳税人Ⅱ项目”的早期成果中,并没有提及这个问题,但麦卡蒂给出的逻辑表达语言提及了非单调推理要素。这就是根据上面对法律概念的可废止性讨论所期望的东西。此外,由于系统的整个任务是产生支持或反对概念应用的似真论证,因此,很明显需要处理不一致信息的能力。

(熊明辉)

可废止逻辑

纽特(Donald Nute)在一些论著中提出的一种非单调逻辑系统,通常被称为纽特逻辑系统。该系统是建立在缺省不是命题而是推论许可证思想之上的。与瑞特(Raymond Reiter)缺省逻辑中一样,纽特的可废止规则是单向条件句。可是,与瑞特缺省不一样的是,它们是二元的,是借助明确击败规则范畴来处理假定的。虽然在纽特情况下,这些规则并不打算用来表示一般推论规则,而是像缺省逻辑中那样是域特定概念,但它们与普洛克的底切击败相似。关于基本逻辑语言,既然纽特的目的是给出一种能行之有效的逻辑,故他让语言尽可能保持简单。他假定了一种类编程逻辑语言,其中有三类规则:即严格规则 $A \rightarrow p$、可废止规则 $A \Rightarrow p$ 和击败规则 $A \sim > p$。在所有这三种情况下,p 是一个强文字,即一个原子命题或经典否定原子命题,并且 A 是一个有穷强文字集,但击败规则必须读作“如果 A,那么也许 p”,并且它们能只用来阻止规则 $B \Rightarrow \bar{p}$ 的应用。一个例子是,“一般来讲,变异企鹅也许能飞”,它底切了“企鹅不能飞”。纽特系统既有两个论证间的反证冲突又有两个论证间的底切冲突。通过把规则链接成树就形成了论证,并且在对规则进行排序的帮助下就能比较冲突论证。实际上,纽特并没有明确论证概念,相反他将其体现在两个推演概念之中,即严格推演($\vdash$.)和可废止推演($\mid\sim$)。在纽特推演定义中,他的论证概念是隐藏起来的。把一个公式 p 的严格推演简单地定义为用 p 作为其根的严格规则树扩充。虽然基本思想很简单,但可废止推演的定义更复杂。纽特有两个核心定义,这取决于树的最后一条规则是严格的还是可废止的。

(熊明辉)

法律论证的四层面

根据图尔敏(S. Toulmin)的建议,那些想了解实践推理的逻辑学家们应当避开数学转而去研究法学,因为在数学之外论证有效性不是取决于它们的句法结构,而是取决于辩护它们的争论过程。在图尔敏看来,如果一个论证在正确引导争论中经得起批评,那么它是有效的。逻辑学家的任务就是找到针对争论何时被正确引导的标准。法律强调程序是找到这种标准的极好之处。图尔敏自己并没有实施其建议,但其他人做了。如雷斯切(N. Rescher)勾勒了一个科学推理论辩模型。此外,他认为这种模型能够解释归纳论证的可行性:如果不能用正确引导的科学争论成功挑战归纳论证,那就必须接受它们。布鲁卡(G. Brewka)已经给出了雷斯切模型之形式重构。在法哲学中,阿列克西的法律论证话语理论是建立在如下观点之上的:如果法律裁决是公平程序之结果,那么它是公正的。法律论证的四个层面是指:

(1)逻辑层面。一方不可能自相矛盾,是否发生矛盾是根据逻辑来判定的。一个论证到底是否支持结论,即在甚至没检查可能的反论证情况下,也是根据论证前提与结论之间关系的基本考量即根据基本逻辑来判定的。阿列克西也承认这一点,因为在他的法律论证之程序考量中,他更多关注单个论证的逻辑结构。

(2)论辩层面。在这个层面上需要定义诸如"反论证""攻击""反证""击败"之类的概念,并且在这个层面上给定一个前提集和评价标准集,决定哪个可能论证优先,这些都是通过逻辑论证系统来定义。

(3)程序层面。该层面用来掌管如何引导真实争论,即双方如何能引入或挑战新信息和展现新论证。换句话说,这个层面定义了可能言语行为以及能何时且如何实施这些言语行为的话语规则。

(4)策略层面。在这个层面上要识别出进行博弈的策略和技巧。

参考书目

[荷兰]亨利·帕肯:《建模法律论证的逻辑工具:法律可废止推理研究》,熊明辉译,中国政法大学出版社2015年版。

(熊明辉)

诉答博弈

戈登(T. Gordon)1994年提出的民事诉答对话博弈模型。由于它是从形式上定义的,既使用了标准逻辑又使用了论证系统,因此那是逻辑如何能作为人工智能与法之工具的一个漂亮展示。它包括一个非常重要的新特征,即有特定机会把新信息引入到辩论中。其一般思想是:这个博弈打算用来作为民事诉答(规范)模型,而民事诉答是民事法律案件的一个阶段,其中,为了识别必须由法庭裁决的问题,双方交换论证与反论证。他把民事诉答建模成一个形式定义的对话博弈,其中双方(原告与被告)按照特定话语规则建构和攻击针对主张之论证。由于戈登想要他的模型是规范性的,这些话语规则并不是由民事诉讼法真实体系组成的。事实上,它们是受阿列克西的法律论证话语理论启发的结果。阿列克西理论是建立在如下思想之上的:如果法律裁决是针对纠纷的公平有效程序之结果,那么这个裁决就是正义的。它包含了这样的原则,如"没有说话者可以自相矛盾","若被要求,每个说话者必须证成断言,除非他能证明收回这个证成合理"以及"每个证成必须包含至少一条法律规则"。戈登表明,这种法律论证程序观也有逻辑方面。所得到的形式模型本质上与对法哲学的贡献一样有趣,但对于人工智能与法来讲,戈登想要它充当在博弈双方间进行仲裁的计算机系统技术说明,也就是一个确保不违背博弈规则的系统。

关于法律推理的程序观,诉答博弈并非唯一人工智能与法的系统。在哈赫(Jaap Hage)等人的论文中,给出的程序说明是建立在哈特简易案件与疑难案件之区别之上的。从哲学上讲,这个说明与诉答博弈有关,但从技术上讲它相当不同,因为它利用的不是基于论证的系统而是基于哈赫和维赫雅的理由逻辑。如何能够依次回答这些新行动类型?很明显,承认不需要回答,但对于否认而言,情况就不同了。既然否认本身并没主张任何东西,那么不可能有针对否认的反论证。相反,诉答博弈给出了另外两个可能性。首先,否认能够借助否认之否认来回答。针对这样的回答,没有回应成为可能,并且该主张就作为一个问题留给了审判方。作为一种选择,否认一个主张能够通过针对这个主张的论证来回答。这个论证让博弈继续下去,因为另一方能够提出反论证或否认这个论证的任何新主张。既然知道何种行动可能,那就能描述如何进行该博弈,即何时能够做或何时应当做出一个行动,这是由一个"话语规则"集来规定的。它或许接纳了太多空间以至于无法完全描述这些规则,因此其把自己限制在给出一个简要印象。根据这些规则,当被告方阐明其主要诉求,博弈就开始了。然后,博弈者每回合都有义务回应涉及问题的反对者之每个行动,因此需要一个回答(如一个新论证或一个对主张的否认)。

因此,诉答博弈必须允许在每一回合上不止一个行动,因为对方可以引入(或否认)不止一个主张,其中不得不回答所有行动。因此,一回合博弈是指一个博弈者提出的一系列行动以及要求回答的对方之回答所有行动。由于回应义务,只要存在被要求回答的对方行动,博弈就继续着。如果在一回合开始时不需要回答了,博弈即告终止。当博弈终止时,其结论就出现了。这是双重的:首先有一个在博弈期间识别的问题清单;其次如果只有一个赢家,那就有一个赢家;最后,"赢"是相对于博弈期间建构的前提集来定义的。如果问题仍然存在,那就没有赢家,且案件必须由法庭作出裁判。如果没有问题存在了,那么,原告方赢,当且仅当,它的主诉求是由已建构前提条件衍推出来的,否则被告方赢。

（熊明辉）

抽象论证系统

弗雷斯维克(G. A. W. Vreeswijk)1993年提出的一个抽象可废止论辩框架。他的框架是建立在林方真(Lin Fangzhen)和肖哈姆(Yova Shoham)框架之上的,但包括了林肖系统所没有的主要元素,即论证冲突概念以及比较冲突论证概念。与林方真和肖哈姆一样,弗雷斯维克系统也假定一种未指定的逻辑语言(只假定包含符号,表示"假"),以及一个未指定的单调推论规则与非单调推论规则的集合(弗雷斯维克称为"严格推论规则"和"可废止推论规则"),这也使得他的系统是一个抽象框架而非具体系统。取自林方真和肖哈姆的其他方面是,在弗雷斯维克框架中论证能够借助把推论规则链接成树来构成论证,并且弗雷斯维克的可废止推论规则也不是域特定原则,而是一般逻辑原则。

弗雷斯维克把论证排序要素添加到了林肖的基本要素系统上。在应用其抽象系统时,弗雷斯维克通过假定对带可废止联结词 $\varphi > \psi$ 的对象语言以及假定形如 $\{\varphi > \psi, \psi\} \mid\sim \psi$ 的可废止推论规则来处理可废止陈述,并假定这条规则已通过 > 的语义解释获得证成。关于论证冲突,与所有其他系统的一个区别是,反论证事实上是一个论证集。根据弗雷斯维克的定义,一个论证集 Σ 与论证 σ 不相容,当且仅当,$\Sigma\cup\{\sigma\}$的结论严格蕴涵。弗雷斯维克并没有明确底切冲突概念,他声称他能够把它们形式化为一个否定可废止条件句论证。

弗雷斯维克的陈述性定义与普洛克(John Pollock)的击败状态指派很相似:两个定义都明确反映了比较论证之按部就班本质,并且在不可解冲突情况下两个定义都导致了结论分叉集。可是,在细节上它们也有些不同,这使得弗雷斯维克的定义更接近稳定语义而不是接近优先语义:在前提集基础上,一个论证"生效"(in force),当且仅当满足下列条件之一:(1)该论证只是由一个前提组成的;(2)该论证是演绎的,并且其所有真子论证都生效;(3)该论证是可废止的,并且其所有真子论证都生效,且每个不相容论证集中至少有一个元素是次于它的或者不生效。弗雷斯维克广泛研究了可废止论辩的其他各种描述。此外,他提出了一个"论辩序列"概念。能够把这个序列认为是一个林方真和肖哈姆的(但没有它们演绎封闭的条件)论证结构序列,其中,每个后继结构都是通过应用新规则到此前结构而构造出来的。相对于林肖概念来讲,一个重要的添加是:如果在所有反攻中存活下来,那么新近构建的论证只被附加到这个序列上。因此,像普洛克的"证成"概念一样,论辩序列概念体现了部分计算思想,即评价论证是相对于到目前为止所做推论而言的思想。弗雷斯维克也讨论了两种非单调推理即"可废止推理"和"似真推理"之间的区别。在他看来,前面这个定义抓住了可废止推理之本质,这是一种从坚实前提出发但不可靠的推理,如在"典型情况下鸟能飞,特维迪是鸟,因此可推测特维迪能飞"中的情形。相反,似真推理是一种从不确定前提出发的可靠(演绎的)推理,正如在"所有鸟都能飞(我认为),特维迪是鸟,因此,特维迪能飞(我认为)"中的情形一样。其区别是,在第一种情况下缺省命题是直截了当被接受的,而在第二种情况下直言命题是借助缺省来接受的。事实上,弗雷斯维克会带排序前提的推理看作是似真推理而不是可废止推理。

(熊明辉)

林肖框架

由中国学者林方真(Lin Fangzhen)与其在斯坦福大学的博士导师肖哈姆(Yova Shoham)在 1989 年提出的统一非单调逻辑框架。他们揭示了任何逻辑,无论单调逻辑还是非单调逻辑,都能用形式重新表述为一个建构论证系统。但他们并不关心不相容论证,故他们的框架不能用作论证击败之理论。林肖抽象框架之基本要素是:一个未指定的逻辑语言、只假定包含否定符号以及一个定义在假定语言之上未指明的推论规则集。推论规则要么是单调的要么是非单调的。论证能够通过把推论规则链接成树来建构。单调推论规则并非像缺省逻辑中那样是域特定的,而是一般推论规则,并且假定根据基本语言的逻辑解释接纳它们的证成。虽然缺少冲突论证及其比较概念是个严重不足的概念,但在把握非单调后承之时林方真和肖哈姆引入了一个与可废止论辩来讲非常相关的概念,即论证结构概念。这是一个满足下列条件之论证集 T:(1)"基础事实"集(大体上是前提)在 T 中;(2)T 中的每个论证之子论证都在 T 中;(3)T 中的论证结论集是演绎封闭的且是一致的。然后,林方真和肖哈姆根据单调推论规则和非单调推论规则用形式重新表述一些现有非单调逻辑,并且揭示了如何能够根据带特定完全性质的论证结构来把握这些逻辑的可替结论集。

(熊明辉)

直觉主义逻辑编程

人工智能与法专家麦卡蒂(L. Thorne McCarty)1988年针对经典否定词问题提出的一种建模法律推理的方法。他根据直觉主义逻辑来解释扩充程序,与经典逻辑相比,它使得更少的推论有效。例如,直觉主义逻辑不把($\varphi \wedge \neg \varphi$)当作重言式,这使得从$\{\varphi \to \psi, \neg \varphi \to \psi\}$到$\psi$的推论无效。另一个无效是从$\neg \varphi$到$\varphi$的推论,它阻止了某些(但不是全部)假言易位推论。这样做的效果是:添加否定词并没使逻辑变得棘手。为了建模非单调推理,麦卡蒂引入了一个失败算子,只与直觉主义否定词组合起来使用。麦卡蒂和科恩(William W. Cohen)继续主张使用显性例外子句。在他们看来,知识工程问题能够通过开始写一个不带例外子句的程序来避免,然后通过解释器运行各种预期询问,且借助添加例外子句阻止那些不想要的推论来"调试"程序。就当前目的来讲,有趣的是麦卡蒂系统能够选择性地提供矛盾结论,许多例外都能够用如"经典"逻辑编程中同样的方式进行形式化。

(熊明辉)

克卢格的法律论证观

在逻辑界,20世纪上半叶是数理逻辑占绝对优势的时代,因此德国法学家克卢格(Ulrich Klug)在20世纪50年代率先选择了从现代逻辑视角研究方法。1951年,他出版了代表性著作《法律逻辑》(*Juristiche Logik*)。在克卢格看来,法律逻辑是形式逻辑(一阶谓词逻辑)在法律推理、法律论辩以及立法过程的应用。他所说的"逻辑"是与亚里士多德逻辑相比照的由弗雷格、罗素、怀特海、卡尔纳普等人提出的现代形式逻辑。他主张,各种不同学科之间的区别并不是因为逻辑应用于它们时所产生的多样性,而是由于包含在论证前提中的主题多样性,因此,当谈及法律逻辑时,那并不是指针对某个具体法律逻辑有效的逻辑,而是指逻辑应用于法律科学的那一部分。一方面,克卢格认为形式逻辑是科学哲学的一部分,推论规则对于任何科学领域的发展都是必要的。这种逻辑被称为形式的,是因为它规定了如何导出断言的结果,研究的是推论的正确性以及把有效论证与无效论证相区别开来的规则系统。另一方面,他在讨论法律领域中的证明技巧时似乎又认为(法律)逻辑有一个语用维度,因此,霍洛维茨认为克卢格的逻辑观实际上是一种伪形式主义的观点。

(熊明辉)

图尔敏的法律论证观

图尔敏(Stephen Toulmin) 1958年在《论证的用途》(*The Uses of Argument*)一书中针对法律领域中的逻辑应用问题,给出一个不同于"前提—结论式"的著名论证评价模型,这个模型如今被称为"图尔敏模型"(Toulmin Model)。图尔敏模型是处理理性论证规则的,是一种论证分析模型,其特殊魅力在于其模型中使用了大多数受过教育的人们所熟悉的语词和概念。在图尔敏模型中,论证是由主张(claim)、证据事实(data 或 ground)、依据(warrant)、支撑(backing)、模态量词(modal qualifiers)和可能辩驳(possible rebuttals)六个部分组成的。其中,主张就是论题或结论;证据事实即支持主张的事实性理由;依据即是展示为什么这些证据可以支持那个主张,即支持主张的原则性理由;支撑是指另外一些理由或使依据合理化的推理;模态量词即是指减少主张强度的副词短语,如有些、许多、大多数等;可能辩驳即是反证。图尔敏批判了当时主流逻辑学家们忽视了日常推理的许多特征,因此,他认为论证可靠性并不是由形式逻辑有效性决定的,而主要是由“主张”“证据事实”“依据”“支持”决定的,并且具有“领域依赖性”。1979 年,图尔敏及其合作者雷克、雅尼克进一步就图尔敏模型在法律领域的运用作了系统阐述。图尔敏甚至强调:既然在数学之外论证的有效性并不取决于其语义形式而是取决于它们辩护的争论过程,那么,那些想知道实践推理的逻辑学家们应当从数学那里离开,转而去研究法学。在图尔敏看来,论证内容的可接受性不仅取决于论证的主题,而且还取决于其目标听众,因此,菲特丽丝把图尔敏方法归入修辞方法之中。在图尔敏模型中,不仅考虑到依据和支持问题,还考虑到可能的辩驳因素,实际上它又是一种论辩方法。

(熊明辉)

佩雷尔曼的法律论证观

为了给法律论证中的价值判断提供证成,“新修辞学之父”佩雷尔曼(Chaïm Perleman)与其合作者奥布莱希特 - 提泰卡(Olbrechs - Tyteca)在 1958 年出版了至今仍具有重要影响的著作《新修辞学》(*The New Rhetoric*)。1960 年,佩雷尔曼在《形式逻辑与法律逻辑》一文中提出了这样的问题:“在讲法律逻辑时,除了形式逻辑之外,有没有别的特殊逻辑存在?”他的回答是:“单是非形式逻辑就可以被认为是特殊法律逻辑。”他认为,丘奇(Alonzo Church)和伯亨斯基(Joseph Bocheński)没有看到具体领域中论证评价的“实质”推论规则的空间,批判了他们把理性论证只依赖于形式条件而绝不依赖非形式条件的观点。不过,他所说的“非形式逻辑”(non - formal logic,实际上他强调的是一种无形式的逻辑)并不是指当代以北美为中心发展起来的“非形式逻辑”(informal logic),而是一种在进行论证评价时需要考虑到实质内容即非形式条件的逻辑。虽然佩雷尔曼没给出自己的逻辑定义,但很明显他是把逻辑视为研究“推理模式”的。他的概念从两个方面来看是非形式的:(1)推理研究不是主要涉及论证的理性力量,而是要涉及推理的各个方面,因此,可以这样认为,逻辑基本上是语用研究,而且主要是心理学方面的研究;(2)推理与论证并不必须涉及推论过程或关系,或许可能是由启发式或方法操作组成的。没有人会否认法律语用学和法律方法论的非形式特征。但佩雷尔曼实际上忽视了论证形式研究的特殊性,甚至形式要素与非形式要素之间的明显区别。佩雷尔曼断言“那些阻止自己去检查数学之外的论证结构的逻辑学家们,拒绝承认法律逻辑的特殊性,也拒绝承认面向哲学和人文科学的一般性实践论证的特殊性”。与图尔敏一样,出于形式逻辑在法律论证评价中的不满,佩雷尔曼提出了自己的论证评价理论体系——新修辞学,而且这一思想至今仍然影响着法律论证理论研究。不过,佩雷尔曼并不是企图用他的分析来取代形式逻辑,而是希望论证:“新修辞学的目的不是要取代或替换形式逻辑,而是要把修辞学加进一个实践推理领域。”

(熊明辉)

法律论证与法律理性

历史表明,法律论证在法律理性实现过程中一直充当一个不可替代的角色。在实体层面上,法律规则具有逻辑意义上的严格性与确定性,而凡此严格性与确定性,通常对应于或者说应当对应于其所由来的各自事实,而且常常是确凿的、一般性的事实,也是被格式化了的“法律上的”事实;在程序层面上,法律强调马克斯·韦伯所说的诉讼过程的“明确要件标记”及其仪式性,追求程式化所烘托出来的象征效应。如何保证这种形式的、程序的理性呢?因此,我们认为,论证的好坏衡量是法律理性是否得到实现的。一份判决书(裁定书),一份起诉书(或上诉书),一份答辩状都是一个论证性语篇。其中判决书的形成是在起诉书(上诉书)和答辩书以及庭审记录的基础上形成的。

从人类历史角度来看,理性与逻辑本身就有着深厚的历史渊源。逻辑乃理性之本。好的法官在断案时一定要借助逻辑工具。而法律论证是联结法律逻辑与法律理性的桥梁。

参考书目

Robert Alexy, *A Theory of Legal Argumentation*, Clarendon Press, 1989.

(熊明辉)

理由逻辑

一种关于规则和理由的形式逻辑,又称基于理由的逻辑。它由哈赫(Hage)提出并经过哈赫与维赫雅(Verheij)的进一步努力而最终得以成型。它专门用以处理"实践推理"(法律与道德推理)。这一逻辑的最主要功能是要处理与"理由"相关的现象以及理由的"逻辑"机制。在此基础上,该逻辑也能处理"规则的运用""原则的应用""目标""不同选择之间的比较"等问题,并对这些现象进行了逻辑刻画与建模。总体而言,理由逻辑是对一阶谓词逻辑所进行的一种扩充,并且在其基础上增加了一些用以处理"理由"的语言成分和公理。这些增加的成分和公理主要涉及"事态""规则"等相关概念,以及"理由"的分类和权衡机制、规则的应用机制等。理由逻辑有不同版本,其中最主要的一个版本是在《运用规则的推理》一书中提出来的。

在理由逻辑中,他们首先用规则适用阐述了规则与命题的区别,由于规则的可废止性导致规则即使有效,但与其对应的命题仍可为假,而与此同时运用规则推理所存在的适用性问题在运用命题推理中却不存在。从而凸显了用经典谓词逻辑重建论证的不可取,尤其对于法律领域的论证而言,开放性与可废止性同时并存,规则的可适用性及未明确指出的例外问题都可能导致即使在事实明确的情形下,无法从相关有效规则得出结论。理由逻辑的基本理念为任何规则的应用都面向一个通往规则结论的理由,一个结论的导出是基于对所有理由的权衡,一方面有支持相应结论的理由,而另一方面可能存在诸多反对理由。因此推导过程有两步:首先确认支持或反对可能结论的所有理由,然后对这些理由加以权衡。同时理由逻辑也对规则适用及例外情形进行了考虑。就形式而言,理由逻辑在一阶谓词逻辑基础上进行了一定扩充。它添加了一些函数和谓词符号用以表示关于规则和理由的事实类型,并对关于规则和理由的事实之关系进行了描述。理由逻辑与其他逻辑形式至关重要的区别是它提供了一种语义对事实和它们之间的关系做出明确阐述。

参考书目

Hage J. C. & Verheij B. , *Reason – Based Logic: A Logic for Reasoning with Rules and Reasons. Law*, Computers & Artificial Intelligence 3 (2 – 3), 1994, p. 171 – 209.

(谢 耘)

抽象理由和具体理由

在"理由逻辑"中,哈赫(Jaap Hage)把理由分为了"抽象理由"和"具体理由"两类。如果一个特定事实能够成为支持某个特定结论的理由，那么，该事实就是该结论的一个具体理由。比如，“今天早上天气预报说下午将会下雨”这一事实，就是支持“今天下午就会下雨”的一个具体理由。但是，若一个特定事实能够成为支持某个结论的具体理由，那么，在通常情况下，与该事实相似的其他事实，也将会成为支持与那个结论相似的其他结论的理由。比如，“A 是一个窃贼”这一事实，就是支持“A 是应受惩罚的”一个具体理由，所以，“某人是一个窃贼”就是支持“某人应受惩罚”的一个抽象理由。从本质上而言，“具体理由”其实就是对于“抽象理由”的具体例示，这一区分与伦理学领域中“理由的可普遍化”(the universalizability of reasons)问题相关联。

(谢 耘)

决定性理由和有助益的理由

在“理由逻辑”中，哈赫将具体理由分为了“决定性理由”和“有助益的理由”两类。“决定性理由”是那些能够确立结论的具体理由。如果关于某结论的一个决定性理由能够成立，那么该结论就一定成立。比如，这里有两匹马、四头牛且不再有任何其他动物，这些事实共同构成了“这里有六只动物”的一个决定性理由。“有助益的理由”(又译“贡献性理由”)同样也是具体理由，但有助益的理由并不能确立其结论。对于一个特定结论而言，可以既存在有助益的理由支持它，也存在有助益的理由反对它。在确定某个特定结论是否成立时，假如并不存在任何相关的决定性理由，那么就需要考虑所有的有助益的理由，其中既包含那些支持性理由又包括那些反对性理由。但是，在决定性理由与其他理由之间进行权重的比较是没有意义的。如果存在其他理由与某个决定性理由相冲突，那么决定性理由必定会胜出。

(谢 耘)

道义事实

在关于“规范”本质的理论探讨中，有一种看法是认为“规范”本身是一种特定类型的“事实”。由于规范通常都涉及“应当”“必须”“允许”等指令性或许可性意义，因而被称作“道义事实”。从语言用法角度来看，由于描述性语句所表达的内容可以是“事实”(“这里的每个有收入的人都提交了其纳税声明”)，而“规范性语句”也具有与描述性语句相似的结构和用法(“这里的每个有收入的人都应当提交其纳税声明”)，因而，由它们所表达的“规范”，也可以是“事实”。在与“道义事实”相关的争论当中，主要涉及“规范是否可以成为事实”的问题，以及在本体论意义上“何为事实”的问题。其中，特别关联到关于“社会性事实”和“制度性事实”的哲学讨论。

(谢 耘)

质料性规范与表达性规范

由阿尔罗诺和布里金(Alchourrón & Bulygin)所提出的一种关于“规范”的区分。阿尔罗诺和布里金在其论文“规范的表达性概念”中，区分了两种不同的规范概念：“质料性概念”(hyletic conception)和“表达性概念”(expressive conception)。依其区分，质料性规范就是“像命题一样的实体”(proposition - like entities)，是“规范性语句的意义”。更明确而言，它是规范性语句所具有的那种“规定意义”(prescriptive meaning),它与描述性语句具有描述意义不同。比如,“约翰在行走”这一语句对约翰在行走进行了描述,而“约翰应当行走”这一语句则规定了约翰要去行走。“表达性规范”就是语言的规定性用法所导致的结果。规范是具有某种语用语气(命令式)的表达式,但它们不能被等同于在其中所命令去做的那些内容。比如当说“我同意”时,就形成了“对于一个提议的接受”。

(谢 耘)

规范的命令理论

阿尔罗诺和布里金(Alchourrón & Bulygin)所提出的一种关于“规范”本质的理论。基于他们所界定的“表达性规范”概念,规范就是语言的规定性用法所导致的结果。进而,他们对“表达性规范”进行言语行为理论的解读,从而得出规范在其本质上都是“命令”,这样一种理论就被称为是“规范的命令理论”。“规范的命令理论”与黑尔(Hare)关于“道德应当判断(moral ought judgments)理论有很多共同之处。依照黑尔的看法,“应当”(ought)一词通常被用以发出指令,这也意味着,(在某个适当语境中)一个应当判断(an ought judgment)也就意味着一个“命令”。进而,对于“应当”一词而言,这种所谓的“指令性意义”正是它的独特特征。规范的命令理论本质上也是运用了类似的言语行为分析来对确定“规范”的本质。“规范的命令理论”的另一种略为不同的形式,是将“规范”看作“命令的效果”(norms are the effects of commands),即并非规范本身就是命令,而是规范是“由命令所造成”(are brought about)。在此种解释方式之下,规范的有效性是由命令所造成的。例如,如果一个军官命令一个士兵伸出他的手臂,那么这就导致了这样一个后果:该士兵应当伸出他的手臂。其中,这一“应当”是由该有效“命令”所取得的一个效果。

(谢 耘)

整合融贯主义理论

又称整体融贯论,由荷兰学者雅普·哈赫所提出和发展的一种法律“融贯性”理论。在哈赫看来,整合融贯主义理论是一种关于“得到了证成的接受”(justified acceptance)的融贯理论。依照该理论,一个“理论”是一个“接受”的集合(set of acceptances),以及一些“感知状态”(perceptive states),这些接受与感知状态确定了“什么是可以合理相信的”“哪些标准是应当被理性地接受的”“什么是可以合理拒斥的”“哪些有可能性的接受会因为既不是可以理性接受、又不是可以理性拒斥,所以是需要暂时搁置判断的”。于是,在某个时间点上,一个理论可能会包含一些应当被理性接受的元素,一些应当被理性拒斥的元素,以及一些“中性的”元素。整合融贯性的基本想法就是,一个理论应当以这样一种方式来加以修正:根据该理论(及其他部分)而得出的那些应当被理性拒斥的元素,应当在该理论中被删除(这类似于传统的一致性要求),而那些应当被理性接受但却还不是理论组成部分的元素,则应当被添加到该理论当中去(类似于逻辑封闭性要求)。而对于那些本来是理论组成部分的中性的元素,则继续予以保留,对于那些并非理论组成部分的中性的元素,则仍将它们留在理论之外。与此相关,对于“哪些元素是应当被理性地接受或者拒斥的”这一问题,其回答则完全依赖于该理论当中所包含的那些不应当被理性拒斥的元素。于是,从整合融贯主义理论的观点来看,一个融贯理论即是这样一种理论：对于所有那些依据该理论自身所包含的元素而言是应当被理性接受的可能元素，都将会被包含在该理论当中，同时，对于任何依据该理论自身所包含的（其他）元素而言是应当被理性拒斥的元素，都不会被包含在该理论当中。换言之，一个理论明确设定了，相对于其自身元素而言，哪些元素是应当被接受的或拒斥的。就此而言，可以说融贯的标准就被"整合"到了理论当中。

（谢 耘）

初显性

源于拉丁语 *prima facie*，意指乍看起来像。在日常用语中，人们经常用于表达某个陈述看起来显而易见为真或正当。大卫·罗斯（W. D. Ross）最初用"初显性"一词形容道德义务。初显性义务并不是指看上去人们应当承担的义务，更不是指主体实际承当的义务。说某人有初显性义务做某事，不是指该人有做某事的实际义务，而仅仅是指存在某个（些）值得考量的道德理由让某人如此行为。很明显，初显性义务与实践决策应予考量的理由直接相关。初显性义务并不直接指向具体行动，而仅在认知意义上以特定方式与最终行动相关。因此，初显性义务或初显性理由不是现实存在的实体，而仅仅是一种认识限定。在这个意义上，初显性义务和初显性理由不同于暂定性（pro tanto）义务（或称阶段性义务）和暂定性理由。佩策尼克区分了四种初显性。

（1）实践陈述具有初显性$_1$的特征，当且仅当，人们通过权衡与平衡决定实践观点或行动时语言问题不会使得考虑某一实践陈述是怪异的。初显性$_1$是一种弱初显性。

（2）实践陈述具有初显性$_2$的特征，当且仅当，人们通过权衡与平衡以决定实践观点或行动时文化问题迫使其必须考虑某一实践陈述。初显性$_2$是一种强初显性。

（3）实践陈述具有初显性$_3$的特征，当且仅当，人们通过权衡与平衡以决定实践观点或行动时文化问题不会使得对某一实践陈述的考虑是怪异的。

（4）实践陈述具有初显性$_4$的特征，当且仅当，人们通过权衡与平衡以决定实践观点或行动时语言问题迫使其必须对某一实践陈述加以考虑。

很明显，如果某实践陈述具有初显性$_2$的特征，那么它必然具有初显性$_1$的特征，即如果文化问题迫使人们在进行权衡和平衡时必须考量某一实践陈述，那么语言问题就不会使得对该陈述进行考虑是怪异的。如果一个实践陈述具有初显性$_4$的特征，那么它必然具有初显性$_3$的特征，即如果语言问题迫使人们在进行权衡和平衡行为时必须对某一实践陈述加以考虑，那么文化问题不会使得对其进行考虑是怪异的。

初显性概念在法律论证中具有极大的应用价值。例如，它可解释法律规范冲突的情形。此处的法律规范冲突并不是指事实不可能存在两条内容完全相反的法律规范陈述或法律解释性陈述，而是指主体行动无法在特定情境下同时满足法律规范的要求。在逻辑上，不兼容的行动可能同时在初显性上是正当的，人们也可能同时具有实施逻辑不兼容行动的初显性义务。形式逻辑不适用于初显性法律规范陈述。初显性实践陈述代表了实践决策中所考量的理由，由于从初显性实践陈述到最终实践结论的步骤必然包含权衡与平衡，因此"初显性"这一范畴与可废止逻辑联系紧密。此外，"初显性"这一概念工具也与价值多元主义相关。

参考书目

1. S. Kagan, *The Limits of Morality*, Oxford University Press, 1989.

2. W. D. Ross, *The Right and the Good*, Clarendon Press, 2002.

（陈 曦）

全虑性

与“初显性”相伴相生，两者是一对无法分离的辩证范畴。一个实践陈述具有狭义全虑性品质，当且仅当，它拥有如下考量支持：(1)所有相关的道德情形，即在进行伦理、功利主义道德、道德原则、权利与义务、美德以及正义等方面的实践推理中的所有相关事实。(2)融贯推理的所有标准。由于没有人有充分的资源明确表达出狭义全虑性陈述，故在规范实践中人们仅需认可广义全虑性实践陈述。

一个实践陈述具有广义全虑性品质，当且仅当，它拥有如下考量支持：(1)尽可能多的相关道德情形；(2)尽可能多的融贯推理标准。

“尽可能多的”意指没有一种道德考量和融贯推理标准是独立充分的，人们必须权衡各种可能存在的竞争性标准和不可通约的价值。例如，在一般情况下慎思笃行不仅是一种美德，而且也是理性的要求。但在紧急情况下，则应先救人于危难之际而非浪费时间进行道德推理。逻辑上不兼容的行动不可能同时为“全虑善”，人们也不可能同时负有实施逻辑上不兼容行动的决定性义务。例如，如果 A 应当支付 B 100 克朗，那么在逻辑上，A 就不可能不应当这么做。因此与初显性陈述不同，形式逻辑可适用于全虑性实践陈述。

在法律论证终端，法律结论在内容上必定要以确定形式体现，在形式上也要满足演绎有效标准。例如，法官不能裁判某位犯罪嫌疑人很可能有罪，其裁判必须根据有效法逻辑推出。因此，法律规范的适用情形依赖于具体情境，在这个意义上，某种最优的全虑性内容定义了某种初显性义务（规范）的语境适用。仅当作出某一法律结论的陈述者宣称不再准备去关注证成该法律结论相反结论的理由时，法律陈述是全虑性的。在这个意义上，法律实践必然要平衡与权衡相关初显性法律理由才可得出全虑性法律结论。特别是在疑难案件中，价值权衡难题使得要最终得到全虑性法律结论必须权衡与平衡相关初显性法律理由，由于权衡与平衡之终决涉及意志、情感等超理性因素。因此，要逻辑推出全虑性法律结论必须施以意志决断，这意味着法律程序与法律权威是保障法律理性根据的最突出和重要的保障。

（陈 曦）

逻辑合理性

一般用于指涉推理形式。从前提与结论的关系上看，一个结论的逻辑合理性是指结论可从一组前提集中逻辑推出且前提集逻辑一致并且语言正确。根据这种理解，演绎逻辑推论总是符合理性的。逻辑合理性只是理性的最低要求而并非充分标准。虽然一个建立在逻辑不一致或语言不正确前提集之上的证成显然没有价值，但仅符合演绎有效的逻辑推论却并非总是可接受以及具有实践实效的。逻辑合理性为传统形式逻辑学家所恪守，可随着现代非单调逻辑体系的确立和发展，逻辑本身也正进行着非形式维度的实践转向。与形式逻辑强调论证的语形、语义维度，侧重从静态结果的形式层面理解论证不同，非形式逻辑则在兼顾论证的语形、语义、语用维度的情况下，既注重静态实质结果，又注重动态交往过程和程序保障，其体现出理性认知与实践的平衡特征。在法律实践中,单纯强调代表逻辑合理性的法律三段论局限明显,晚近兴起的法律论证理论以及法律权衡理论在不同层面上体现了法理论对逻辑实践转向的回应。同时,反映该趋势的重要理论成果也为法律实践提供了更强而有力的逻辑工具。

参考书目

1. A. Aarnio, *The Rational as Reasonable: A Treatise on Legal Justification*, D. Reidel Publishing Company, 1989.

2. D. M. Gabbay and J. Woods, *The Practical Turn in Logic, in D. M. Gabbay and F. Guenthner(eds.)*, Handbook of Philosophical Logic, Vol. 13, Springer(2005).

(陈　曦)

支持合理性

在逻辑合理性基础上对合理性的深化。从前提与结论的关系上看,一个结论具有支持合理性是指其可从一组高度融贯的前提集中逻辑推出。虽然逻辑不一致或语言不正确的前提集对结论的支持不具有支持合理性特征,但支持合理性对前提集的构成提出了更多要求,强调融贯使前提对结论的理性支持是贡献式的而非决定式的。这种思想将论证整体视为非离散的网状结构,在理性要求上它比逻辑合理性更强。对于"支持"概念,佩策尼克区分了弱支持、合理支持和强支持。

(1)陈述 p 弱支持陈述 q,当且仅当,q 可以从 p 所属的前提集 S 中逻辑推出。由于弱支持没有涉及前提本身的可接受性以及前提集各要素之间的支持关系,因此符合弱支持标准的某个前提可能与其他前提以及最终结论不相关。

(2)陈述 p 合理支持陈述 q,当且仅当,p 可以从 q 属于的合理前提集 S 中逻辑推出。如果支持结论的所有前提都是合理的,那么这种支持就是合理的,人们可以说这个结论具有合理支持。故当陈述无法从一个高度融贯的前提集中逻辑推出时,假说无法被充分确证。换言之,当陈述不具有支持合理性时,假说无法被充分确证。一个合理陈述既无法证伪,也并非恣意。虽然合理支持概念在定义上排除了不恰当的附加前提,但它并非判定前提是否合理的可操作的独立标准。

(3)陈述 p 强支持陈述 q,当且仅当,p 所属的前提集 S 同时具有下述特征:一是所有前提都是合理的;二是至少存在一个 S 的子集是:q 可以从中逻辑推出,这个子集中的所有成员是 q 从中推出之必要;三是 S 中的所有成员至少属于这样的一个子集;四是 p 在如下较强意义上是必要的:q 根本不能从不包含 p 的任何一个 S 的子集中推出。

强支持凸显了某些法源在法律推理中的特殊地位。例如,所有法律裁判都应当根据有效法作出,即"以法律为根据",这意味着法律裁判应当受到明确包含于制定法中或至少是可从制定法中推出的既定法律规范的支持。当然,这并不否定同样的制定法可能会支持众多裁判,也不否定许多其他前提也可能包含了制定法中的法律规范以及与其共存于强支持结构之中。例如,假定某个法律结论可从某前提集中逻辑推出,前提集包含了制定法中的法律规范以及关于案件、先例以及立法准备性工作的描述和引用,如果在制定法具有特殊法源地位的国家中,虽然推出最终法律裁判的前提集可能包含先例以及立法准备行材料等相关陈述,但此时最终的法律结论必定无法在缺少制定法的情况下逻辑推出。在这个意义上,先例和立法准备性材料都不是推演出结论之必要,法律裁判根本不能从不包含制定法的任何一个前提集的子集中推出。从前提类型上看,确定前提、预设前提必然强支持法律结论,而合理前提则不一而足。与合理支持不同,强支持本身是判定前提集可接受性与合理性的一种可操作的独立标准。此外,由于强支持刻画出法律结论可同时从满足支持理性的不同前提集的子集逻辑推出,因此该概念也暗示了在法律实践中针对多种同样好的竞争性解释加以权衡的必要性。

(陈 曦)

论辩合理性

又称话语合理性。论辩合理性是在逻辑合理性和支持合理性的基础上对合理性的进一步深化。一个结论的论辩合理性是指结论不会在一场完美的论辩中被驳倒。在论辩合理性语境下,前提和结论不再被单纯视为语义命题或描述性陈述,而主要被视为主体间交往对话的言语行动,这种对语言属性的认知转变与哲学思想的语言学转向和实践转向直接相关。论辩合理性的提出与逻辑合理性和支持合理性的局限有关,虽然支持合理性具有比逻辑合理性更丰富的理性意涵,但在某些情况下,仅根据支持合理性判定前提合理与否可能会遭遇僵局,即结论及其否定都可从一个高度融贯的前提集中逻辑推出而使得人们无法通过静态推理直接确定哪一结论更优。支持合理性的局限与融贯自身的局限相关。

首先,融贯具有程度性,融贯本身就涉及对不完全兼容标准的权衡与平衡,因此融贯标准并不能在所有情形下对规范实践问题给出唯一正解。

其次,融贯的形式特征使其没有论及规范体系的内容。虽然充分详尽的证成会倾向于理性与正义,然而这无法完全排除规范体系的非正义与不合理。

最后,所有规范体系(无论其融贯度)皆具有不完备性,这使得规范体系的适用在某些情况下有必要"创造"一些明确表达的新的规范陈述。

这些局限不会摧毁融贯思想,但它们却显示出作为规范性的判断标准,除融贯标准之外,人们还应重视诸如实效、共识等其他标准,更重要的是,单纯依靠某个或某些标准并无法充分保障规范实践的理性根据,规范实践的程序保障同样十分重要。特别是在后现代多元异质背景下,程序保障甚至可能会在人们的论证实践中起决定性作用。

论辩合理性不仅在理性内涵上包容了逻辑合理性和支持合理性,而且论辩合理性还体现出其与程序保障方面的独有联系。要确保规范实践的理性品格,一方面,人们需要创建一个尽可能融贯的规范陈述体系:如果一个在议规范或价值体系比任何竞争体系更融贯,那在初显性上关于它的共识就是合理的;另一方面,规范实践还需要一种旨在达成合理共识的尽可能理性的论证程序。阿列克西通过阐发哈贝马斯的交往合理性思想提出的理性实践论辩理论就涉及这一要求。简言之,论辩合理性包括了融贯和一些程序合理性的附加要求,如免于暴力、平等、尊重等。

在规范性标准层面上,如果一个规范或价值体系比任何竞争体系都更融贯,那么在初显性意义上对其最终达成共识就是理性的。对法律实践而言,一种法律观点如果得到了法律人的一致接受,并且法律人用一个高度融贯的确定、预设、已证和(或)其他合理前提集支持其结论,那么它是合理的,在这个意义上该法律观点也是正确的、正当的。需要强调的是,不能将与论辩合理性具有分析关系的"共识"仅狭隘理解为规范实践的正当性标准。由于实践论证有存在依赖于权衡与平衡的情形,且权衡与平衡又必然受到意志与情感因素影响,因此当人们无法在实质层面上得出直接指导具体行动的唯一正解时,论辩合理性当中蕴涵的程序主义思想才更加突出。但事实上,程序保障并非对法律实质不确定性的一种补偿机制,其本身就是包括法律实践在内的所有规范性实践的基本内在构成。

哈贝马斯特别指出,与实践理性不同,交往合理性并非规范的直接渊源,其仅在交往行动个体必须承担的反事实的普遍语用预设上具有规范性内容。因此,内在于论辩合理性的程序因素反映为准先验共识,这种规范性虽然无法迫使法律人直接对法律规范的理解和基于此的相应行动必然达成一致,但它却是理解法律、实践法律的普遍必要预设,它深植于所有规范实践之内。

与融贯、实效、经验共识等规范性标准提供的实践理性意义上行动标准不同,作为程序保障的准先验共识始终在所有规范性实践中体现为一种弱先验意义上的规范性效力,此乃论辩合理性的精要所在。在平等多元主义盛行的当下推行依法治国,对立法、司法、执法方面的法律程序加以深入研究和制度完善体现了这一基本思想。

参考书目

J. Habermas, *Between Facts and Norms: Contributions to a Discourse Theory of Law and Democracy*, trans. by W. Rehg, Cambridge: The MIT Press, 1996.

(陈 曦)

跳跃

从前提集 S 到结论 q 存在跳跃,当且仅当,q 无法从 S 中演绎推出,且无法以扩展或是改变 S 的方式使得满足如下条件的前提集 S1 出现:(1)结论 q 可从 S1 中演绎推出;(2)且 S1 仅包括确定前提、所虑及文化中的预设前提以及已证前提。跳跃现象的发生语境是演绎有效。

根据扩展、改变前提是否合理可将跳跃分为非合理跳跃和合理跳跃。对于不能满足条件(1)的非理性跳跃不具有独立讨论意义,因为这种跳跃完全可通过进一步扩展或改变前提集 S 以满足条件(1),这种非合理跳跃可称为虚假的非合理跳跃。真正值得注意的是无法满足条件(2)时产生的跳跃。

假定某国家颁布一条"凡是身高高于一米九的人就应受到刑罚"的法律规范,如果法律人要根据此条法律规范逻辑推出法律结论,那他们必须增加前提以赋予"身高高于一米九"这种特质以当罚性。例如,可添加前提"身高高于一米九的人对社会稳定具有极大威胁"以使身高高于一米九的这种特征与社会不稳定因素建立特设假说。同时,通过添加前提"如果某人对社会稳定具有极大威胁,那么他应当受到刑罚",这样便使这种跳跃满足了演绎有效标准。但这一跳跃中所添加的特设假说明显不合理,其不仅与确定前提代表的基本文化共识不符,而且在任何法律共同体的实践中,也不会存在这样的预设前提。因此,非合理跳跃虽可在论证形式上满足演绎有效标准,但由于在支持结论的前提集中存在非合理前提,因此这类论证不满足合理性要求。

从前提 S 到结论 q 的跳跃是合理的,当且仅当,人们可以通过添加合理前提的方式将跳跃转换成演绎推论。所有合理前提都有意义且不可证伪,但反之不然。合理前提包括确定前提、特定实践中的预设前提、已证前提。如果人们可以通过对前提集 S 添加一些新前提,或是通过改变属于前提集 S 中的一些前提,创造出一个有限的逻辑一致的且仅包括——已属于 S 的旧前提;和(或)新的确定前提;和(或)在属于所虑文化的特定实践中的预设的(理所当然的)新前提;和(或)新的已证前提;以及(总是)合理但却不属于上述三类的新前提的前提集,以使从前提 S 到结论 q 的跳跃转换成演绎正确推论,那么该跳跃就是合理的。

(陈 曦)

入法跳跃

一般逻辑跳跃的一个子类。从心理学的角度看,即便没有进行推理,法律人也可自发地将某种规范体系视为社会既定的有效法律体系,常人即便不诉诸任何一般性的法律定义亦可枚举某一特定国家的制定法、先例等,但当人们追寻这些法律规范为何有效时,问题最终就变成了宪法的有效性问题。

在规范证成语境中,法律人在特定情境下可能会面临“为什么宪法是有效法?”“为什么应当遵守宪法?”之类的问题,人们可以要求对有效法的自发认知过程进行理性重构。某位法律人可以在不考虑什么是有效法以及为什么应当遵守有效法的情况下自发地完成这个跳跃,其拥有直接认知有效法并按其行事的能力。他可以记住一些简单事实并“看到”有效法。在某种意义上,他可以自然地从一些没有提及或表达有效法的前提中推出关于有效法的结论,这种自发推理是入法跳跃。跳跃问题仅仅是理论性的,法律实务者无须考虑法律体系整体的有效性标准,他们只会单纯认为法律体系合法有效。这样一来,法律思维就把一些关于较简单事实的知识转换成对有效法的认知。打个比方,就是法律思维把这些事实转换成了有效法。关于入法跳跃的最大难题是从法律标准到法律有效性的跳跃。

从逻辑的角度看,入法跳跃是从包括社会事实和社会价值的前提集中推出法律规范体系或法律规范有效的论证过程中发生的逻辑现象。在这一过程中,法律人需要借助法律推理规范。由于入法跳跃涉及宪法有效性问题,因此对其他超法律规范或价值(尤其是道德性的)的指涉必不可少。

(陈 曦)

法内跳跃

一般逻辑跳跃的一个子类。当从至少包含一组提及或表达有效法陈述的前提集中推导出关于有效法的结论时,发生法内跳跃。法内跳跃可进一步区分为法源建构跳跃与法律解释跳跃。当从一组含有某一法源例如制定法陈述的前提集中推导出关于其他法源例如立法准备性材料的结论时,发生法源建构跳跃。

在法律解释中,当以先例作为前提要得出关于立法准备性资料恰当作用的结论时,就会发生法源建构跳跃。此时,法律人必须解释先例以建构出暗含其中的一般性规范,为了对先例进行这种解释,法律人必须辅以一些既定的法律推理规范和一些其他的超法律前提(尤其是道德前提)。法律人还必须对各种先例、推理规范以及道德原则进行权衡与平衡,而这最终依赖于人的意志与情感。法源建构跳跃是法律人将某种关于法源的知识转换为其他法源知识的过程中发生的逻辑现象。当从一组含有法源如制定法或先例措辞陈述的前提集中推导出关于规范解释的结论时,发生法律解释跳跃。例如,当以侵权法条文作为前提要得出关于间接损害责任的结论时,法律人必须进行此种跳跃。如果说法源建构跳跃关涉法律解释内容的限定问题,那么法律解释跳跃则是对法律解释内容的理解问题。当发生法律解释跳跃时,法律人所添加改变的前提同样涉及包括既定推理规范与超法律因素等社会事实和社会价值。

通常，法律人必须对各种理由，尤其是制定法措辞、先例、推理规范以及道德原则加以权衡与平衡，而这最终依赖人的意志的情感。法律解释跳跃是法律人将关于法律措辞的知识转换成关于已释法知识过程中发生的逻辑现象。

（陈　曦）

佩策尼克的融贯论

从类型学的角度来说，融贯论至少可分为认识性融贯论、构成性融贯论、整全性融贯论。佩策尼克的融贯论是认识性融贯论，此种思想可表述为融贯度取决于对一些标准的平衡。这些标准是：支持关系的数量、支持链的长度、强支持、支持链间的联系、理由间的优先顺序、相互证成、概念的一般性、概念式交叉联系、理论覆盖的实例数以及生活领域的多样性。可以通过比较佩策尼克的认识性融贯论与拉兹的构成性融贯论增进对融贯论的理解。在认识性融贯论中，融贯被视为对某些东西能否具有对象域知识资格的一种检验，而在构成性融贯论中，融贯自身被当成是对象域的一种特征。结合法律而言，根据认识性融贯论，仅当某种法律理论（陈述）充分融贯，它才可被视为法律知识或具有规范性。对于构成性融贯论而言，融贯本身是法律体系的固有的本体特征，而并非认知特征。因此，构成性融贯论是一种关于法律本体构成性特征的理论，是一种关于法律本质以及正确裁判的理论，是客观融贯论，它考虑是什么使得一个法律命题为真，或裁判正确。不同版本的融贯论的价值在很大程度上取决于对世界的假定。

如果世界本质是混沌的，那构成性融贯论意义阙如；如果世界本质是融贯的，那该理论具有极大价值；如果世界本质是中性的，该理论则不相关。然而对认识性融贯论，不管对世界采何种假定，由于其将融贯定性为人类主观能力的外化，因此在真理证成或规范性证成的语境下，此种理论总是相关的。特别是在法律等社会领域中，如下假定是似真的：社会实在是由人类认知以及行动能动构造而成。如果采纳这一假定，那意味着不存在预先给定的社会实在和法律实在，本体论与认识论之间发生了倒转关系：不再是法本体决定法认知，而是法认知构造出法本体。又由于法认知取决于法证成，故法律在本质上依赖于关于它的已证成理论，认识性融贯论则是佩策尼克认为最优的理性证成理论。融贯建立在合理支持以及理由权衡之上是佩策尼克融贯论最重要的一个方面，根据这种思想，法律论证通常并非以演绎逻辑的有效标准去支持结论。

法律推理是可废止的，佩策尼克的融贯论与具有非单调特征的可废止逻辑相匹配，这一想法集中体现在佩策尼克的《论法律与理性》一书之中。

（陈　曦）

佩策尼克的价值相对主义

价值相对主义认为人类社会不存在普适价值。规范陈述的真值（正当性）相对于由文化传统、时空维度、言说者等各种复杂因素所构成的集合。价值相对主义有两个基本教义：第一，规范性陈述的真值或正当性相对于复杂因素构成的规范体系；第二，不存在任何普适客观的价值观点。

所有价值相对主义者皆认为，规范仅仅提供了对特定行动的评价标准，而规范本身并不受限于进一步的规范评价。价值相对主义至少可分为内容相对主义和真值相对主义。根据前者,处于不同价值体系的两个人作出相反的规范陈述都是真的或正当的,且这种陈述的真值或正当性源于两个陈述事实上表达了不同的规范内容。内容相对主义假定,不存在既真又假的规范陈述,规范陈述的真值不具有相对性。人们之所以接受两个看似矛盾的规范陈述,只因它们指称了不同内容。真值相对主义认为,规范陈述自身的真值或正当性取决于各自的价值体系,并非规范陈述所指向的内容。规范陈述的语义内容不会随着语境变化而变化,但其真值会随着语境的变化而发生变化。从逻辑的角度看,真值相对主义面临的最大问题是,两个矛盾的规范陈述如何同时为真。这一反对意见使得真值相对主义往往求助相对真理观。佩策尼克认为,从逻辑的观点看,规范陈述具有一种类似于真值的正当值,人们可就规范陈述具有正当值的有效性条件予以辩论。由于规范陈述具有普遍性,因此,价值相对主义面临的最大问题是如下两个命题的兼容:(1)命题$_1$,价值陈述的正当性条件取决于某种特定的文化、传统和语言;(2)命题$_2$,价值陈述的实质内容具有普遍性。

为应对规范陈述的普遍有效性与其有效性条件的文化界线的协调问题,则需引入"初显性"概念。当具备以下条件时,规范陈述具有初显性特征:

第一,根据在虑文化,规范陈述的意义决定了某类行动在其他条件不变的情况下应当实施;

第二,对于在具体情形中可适用的规范陈述而言,必须在决定某一特定行为是否为善或是否应当实施的权衡过程中予以考虑;

第三,规范陈述作为行动理由不具有全虑性,即它不能在缺少对其他竞争性规范陈述的权衡下直接决定某个行动是否应当实施。

这意味着不存在具有实质普遍性的特定规范陈述。例言之,如果杀死一位无辜者可将世界从希特勒手中拯救出来,那至少在道德上杀死这个人是正当的。因此,佩策尼克价值论的相对性主要体现在规范陈述无法作为全虑性理由直接决定行动,相关行动的确定取决于对处于特定语境下规范陈述的具体权衡。而这种相对性之所以是温和的在于其主张所有相关规范陈述皆为权衡与平衡应考虑的初显性理由。温和的价值相对主义是法律论证理论的基础理论背景。原因在于,如果保障规范陈述普遍性特征的并不是各种文化之间存在的准确的概念和观念内核,也不是规范陈述在实质内容上具有的客观性,而是作为各种文化共同体成员希望交流所必需的普遍概念和共同确信,那么不同文化共同体成员进行交流对话就是必要的,这意味着法律逻辑从传统形式逻辑理论到法律论证理论的转向是必要的。正如同初显性规范陈述虽在语义上存有文化界限,其并不意味着特定情形下的特定规范陈述在语用层面上受到限制。语用大门打开,法律论证所关注的逻辑、修辞、论辩三维度随之凸显并蕴涵着统合的可能。

总而言之,虽然语义确定相对于文化传统,但确定语义的交往行动及其语用要素却不受限于文化。既承认规范陈述在初显性和语用层次上的普遍有效性,又认同规范陈述在全虑性和语义层次上的相对性是佩策尼克温和价值相对主义的主要特征。佩策尼克温和价值相对主义与其所持法思想的内容具有直接关系。

(陈　曦)

权衡与平衡

即"两利相权取其重,两害相权取其轻",是解决行动方案冲突的一种方法。一般而言,此方法常与涵摄进行比较研究。传统涵摄模型是通过标准逻辑对演绎结构的形式化，虽然它能表明何种前提是证成结论之必要以及前提间的逻辑关系，具有明示争议点，归纳结论的好处，但毋庸置疑，涵摄模型在实践中仍有不足。特别是在法律实践领域中，由于法律解释的价值开放性特征，且各种可竞争价值在价值多元主义背景下不可通约，因此传统涵摄模型的局限性有被放大的趋势。

在法律解释中，表达法律规范的语言具有模糊性或多义性，法律规范以及法律后果存在选择的余地，法律体系本身存在制度性漏洞，甚至事实认定也具有价值负载特征等因素，决定了在法律实践中法律结论并非总能从既定的法律规范和法律事实组成的前提集中逻辑推出。虽然基于上述理由，权衡与平衡方法是解决法律问题的一种重要方法，但在大多数简单案件中权衡与平衡并非总是适用。例如，当存在多条可适用的法律规范时，是否导致权衡取决于是否存在诸如"上位法优于下位法""后法优于前法""特殊法优于一般法"等调整法律规范适用冲突的元规范。当存在调整规范冲突的元规范时，无须权衡，因此权衡本身受到法律制度的限制。但在少数极具争议却又甚为重要的疑难案件中，权衡与平衡似乎不可避免。如果承认仅当裁判符合比例原则时它们获证，那么权衡与平衡在法律实践领域则无所不在，因为比例原则本身就意味着权衡。

权衡与平衡本质上是一种主客观结合的理性认知性计算，而涵摄则是更强调客观性的认知性计算。对规范实践而言，存在可被精确量化的因素，但并非所有相关因素皆可精确量化。对于那些具有语境依赖性的程度性因素至多只能依比例量化，并且这种量化含有主观成分。这意味着，一方面权衡与平衡在规范实践涉及价值争议情形时确有存在必要；另一方面由于权衡与平衡涉及主观决断而并非全然是实质理性的，因此权衡与平衡在实践层面上需要程序理性补足。对法律论证而言，权衡与平衡方法与法律融贯论和法律论证理论联系紧密，体现出当今法理论强调"认知实践平衡"的趋势。

（陈　曦）

确定前提

显而易见且毋庸置疑的前提，其不仅合理，而且具有不可反驳的确定性和客观性。基础主义者认为，知识存在一个终极且确定的基础。一些真理显而易见而并非仅是合理的。人们不可能质疑一切，怀疑本身就预设了确定性。

确定前提可体现为先天知识。康德认为，人类无法通过经验证明时空存在，对时空的经验证明已经预设时空。对于像逻辑形式以及实体性、因果性等范畴，人们会很自然地认为它们是与生俱来的。确定前提还可以体现为经验知识。例如，正常人不会质疑他们确实拥有左手和右手。确定前提还可以体现在文化领域当中，这种确定前提更为复杂。文化包括了人类信念、行动和语言间的复杂联系。关于这点，人们可能会谈及"生活形式"。虽然"生活形式"并不能满足分析哲学通常要求的"清晰性标准"，但它却暗示着某些虽非清晰但却重要的东西。

首先，人的世界观包括了一些最为肯定的核心观点，这些观点在人类的日常行动中有所体现。根据维特根斯坦（L. Wittgenstein）的后期思想，这种行动就是"生活形式"。因此，"生活形式"是表达于日常行动和日常概念中的世界图景。确定陈述所体现的认知意义与"生活形式"体现的实践意义相关。

其次,确定前提作为语言表征的认知形式,必然与体现人类文化的语言相关。虽然语言无法限制人类经验,但经验也无法逃离语言塑造。

最后,使用语言本身就是行动,是"生活形式"的一部分。因此确定前提在认知层面上与语言、行动等生活形式的主要体现相关。

总之,确定前提与文化相关。在法律论证中,这三种确定前提都会得到不同程度的运用。鉴于法律论证的价值开放性,第三种确定前提的确立更为棘手。融贯论者可能会从认识论的角度一般性质疑基础信念的特权地位;价值相对主义者则可能质疑在文化领域中不存在与普适价值匹配的确定前提,非认知主义者甚至可能从根本上质疑文化领域中确定前提的理性本质。真理往往在极端的中间,就此而论,基础融贯论、温和的价值相对主义以及认知主义和非认知主义综合路径的思想可资借鉴。无论如何,法律论证无法缺少确定前提。

(陈　曦)

预设前提

在虑文化特定实践中被视为理所当然的前提。确定前提与文化直接相关,而预设前提则与实践直接相关,预设前提仅针对共同体内的某一特定领域。"实践"与"文化"概念不同,文化覆盖众多领域,而实践则覆盖整个文化领域中的某一特定领域,如化学研究、法教义学等。

法理论家要研究法律规范以及法律现象,那他至少要预设法律规范存在,其必然需探究法律规范的存在形态,同时他还必须对自身研究赋予方法论。但对于化学家而言,这些则不重要。更准确地说,预设前提只在必要实践中理所当然。如果某人希望完成好某类行动,那他就必须参与这种实践。在确定性强度上,预设前提弱于确定前提。几乎没有预设前提会被理所当然地视为与其他信息隔离的单一公理。因此人们可以质疑大部分预设前提,但无法同时质疑某一实践系统中大部分预设前提。确定前提和预设前提分属实质性与程序性两类。前者描述直觉、观察、意图、评价、利益和解释等,而后者则可能连同理性论辩的其他考量或科学方法通过权衡与平衡各种融贯标准以描述对前者的理性改造过程。在法领域中,与之相关的确定前提和预设前提共同构成法理论的核心部分,这一核心包括一些基本道德观点,它们被进行道德判断的法律人和民众普遍接受。

对法律论证而言,这一核心既包括"法律论证是受到有效法支持的"这一假设,也包括一些关于法源以及法律论证规范的基本观点。最后,它还包括一些关于法律确定性和正义的基本评价观点。如果某人希望实施法律论证,那他不能对法理论核心的大部分同时存疑,也不能对有效的制定法、先例以及其他重要法源的大部分同时存疑。预设前提使法律论证比纯粹道德推理更为确定,是保障法治价值的重要因素。对法律论证而言,预设前提不可或缺。

(陈　曦)

已证前提

从确定前提和(或)预设前提的一致前提集中逻辑推出的前提。"已证"意指范式内已证,而非以哲学上无可挑剔的方式绝对证成。法律人往往希望忠于这些法律假设会帮助其免于对模糊道德价值的必要关注,他们希望通过此法维持法律的确定性。但是,并非构成法律范式的所有解释规范和预设都明确表述在共同接受的文本中,已证前提往往以隐性方式存在于法律认知与法律实践之中。已证前提有可能是概念性的,也可能必须通过讨论特定法律问题才会“浮出水面”。虽然通常情况下很可能没人明确涉及它们,但如果它们被明确表述出来,法律人却不会反驳。已证前提也是法律范式的有机组成部分,但却不存在关于已证前提的既定、固定列表。虽然与确定前提和预设前提相比,已证前提具有更大的流动性,但对法律论证而言,已证前提同样必不可少。

(陈 曦)

合理前提

一个前提是合理的,当且仅当前提不可证伪,且当前提无法从一个高度融贯的前提集中逻辑推出时假说无法被充分确证。合理前提包括确定前提、预设前提、已证前提以及其他合理前提。法律人无法在质疑法律范式内大部分合理前提的同时还能成功进行法律推理。

(陈 曦)

其他合理前提

一个前提是合理的,当且仅当前提不可证伪;当前提无法从一个高度融贯的前提集中逻辑推出时,假说无法被充分确证。在疑难案件的法律论证中,法律人不可避免地需要添加、改变前提以满足演绎有效标准。添加的大多数前提是合理前提,其包括确定前提、预设前提、已证前提,但是也可能添加或构造除上述三类前提之外的其他合理前提。人们并非不可置疑这些附加前提,它们不被属于在虑文化特定实践中的法律人视为理所当然,甚至也无法在法律范式中得以证明。对于这些前提的合理性判定已经超出了逻辑合理性的范围,人们必定要对相关理由及其反论施以权衡与平衡。添加或构造其他合理前提的情形往往发生在疑难案件的法律论证当中,对这类前提的理性判定是法律人应对价值权衡难题的重要任务,是维护法律理性品格,保障法治价值的关键所在。

(陈 曦)

不相干谬误

就前提和结论间的相干性而言,主要是针对相干性规则而言的,即论证的前提和结论间应该具有相干性,所以当二者间并不存在相干性时,就违背了相干性规则。不相干谬误分为两类:一类是不相干结论;另一类是不相干前提。不相干结论谬误来源拉丁语“*Ignoratio elenchi*”。在英语中,通常被译为“irrelevant conclusion”(不相干结论)或“irrelevant thesis”(不相干论题)。不相干结论谬误有三种可能:(1)转移论题;(2)偷换论题(red herring);(3)稻草人谬误(straw man)。

转移论题是指论证者本来应该论证命题 A 成立,结果不知不觉地去论证命题 A′成立,甚至论证命题 B 成立。这种情形在写作中被叫作“跑题”。偷换论题是指论证者本来应该论证命题 A 成立,但是为了论证却故意地去论证命题 A′成立,甚至论证命题 B 成立。“转移论题”与“偷换论题”的本质区别就在于:前者是不知不觉地转移到另一个论题上去,而后者是故意转移到另一个论题上去。换句话说,在这两种情形下,论证者所论证的命题并不真正是他原来所要论证的结论。不相干前提谬误是指论证者提出来证明其结论的前提与其结论是不相干的。这类谬误很多,例如,人身攻击谬误、诉诸权威谬误、诉诸情感谬误、诉诸无知谬误、诉诸传统谬误等。具体而言,人身攻击谬误是针对人的论证的一种滥用形式。

稻草人谬误是"针对人的论证",是一种错误的论证方式。在论辩中有意或无意地歪曲理解论题的立场以便能够更容易地攻击论敌,或者回避论敌较强的论证而攻击其较弱的论证。"针对人的论证"源于拉丁语"*argumentum ad hominen*",即英文的"argument against the person"。这类论证的基本策略是:(1)攻击做出主张的这个人的品格、境况或行为;(2)以这个攻击为证据来证明被攻击者的主张不成立。但并非所有针对人的论证都是谬误,只有那些被滥用的针对人的论证才是谬误。换句话说,只有当被攻击的品格、境况或行为与所要反驳的结论不相关时,该论证模式才成为谬误。

相对于被攻击的三个对象来讲,人身攻击谬误通常被分为辱骂型人身攻击(攻击论证者的品格)、境况型人身攻击(攻击论证的境况)和"你也是"(Tu Qupque)型人身攻击(攻击论证的行为)。其基本模式是:(1)某甲A做出主张X;(2)某乙B攻击了某甲A的品格、境况或行为;(3)因此,某甲A的主张X是假的。

在这里,本来某乙攻击的对象应该是某甲的主张X不成立,但他并没有这样去做,而是攻击某甲这个人。

参考书目

熊明辉:《逻辑学导论》,复旦大学出版社2011年版。

（于诗洋）

中项不周延谬误

一种形式谬误,它是指在直言三段论语境中的一种谬误。在直言三段论中,所有命题(大前提、小前提和结论)都是由两个词项构成的,并且具体而言每种命题都有四种命题形式,分别为全称肯定命题A(所有……都是……),全称否定命题E(所有……都不是……),特称肯定命题I(有的……是……)以及特称否定命题O(有的……不是……)。

在全称肯定命题中,主项周延,谓项不周延;在全称否定命题中,主项和谓项都是周延的;在特称肯定命题中,主项和谓项都是不周延的;在特称否定命题中,主项不周延,谓项周延。换句话说,否定命题中的谓项是周延的,全称命题中的主项是周延的。中项不周延谬误即与以上内容相关,它指的是中项在大前提和小前提中均不周延时所犯的谬误,就叫作中项不周延谬误,它违背了中项至少周延一次的规则。

如直言三段论"有些逻辑学家是美国人;有些逻辑学家是中国人;因此,有些中国人是美国人"。在这个直言三段论中,大前提、小前提和结论都是I命题,中项是"逻辑学家"。I命题的主项和谓项都是不周延的。因此,中项"逻辑学家"在大前提和小前提中都不可能是周延的。因此,该三段论违背了中项至少周延一次的规则,犯了中项不周延的逻辑错误。

参考书目

熊明辉:《逻辑学导论》,复旦大学出版社2011年版。

（于诗洋）

存在量化

在谓词逻辑中,存在量化是对一个域的至少一个成员的性质或关系的论断。使用叫作存在量化逻辑算子符号∃来指代存在量化。它是与全称量化∀相对应的。如命题“有些律师是诚实的人”,根据量化逻辑,这个命题可以被读作“至少存在一个东西 x,使 x 是一个律师且 x 是一个诚实的人”。当在说“有些”时,是在小心地说“至少存在一个”东西。换句话说,但说“有些 S 是 P”时,只要 S 类中存在一个成员,而且这个成员也属于 P 类,那么这个命题就是真的。从理论上说,“至少有一个”可以多到“全部”。例如,“有些班同学是外国人”这个命题为真时,有可能“一个班所有同学都是外国人”。为了量化上述的“有些律师是诚实的人”这一命题,逻辑学家引入了符号“∃x”来表示“至少存在一个东西 x 使得……”这个符号被称为“存在量词”,它管辖了这个命题的其余部分,即“(∃x)(x 是一个律师且 x 是一个诚实的人)”。这里的“管辖”其余部分是说变元 x 的任意出现受量词的“约束”。也就是说,它们落到了这个量词的“辖域”,而且像代词一样可以回指到量词。如果要完全表示这个命题,那么“有些律师是诚实的人”这个命题应当被符号化为:(∃x)(x 是一个律师且 x 是一个诚实的人)。它可以读作“至少存在一个人 x 使得 x 是一个律师且 x 是一个诚实的人”。

参考书目

熊明辉:《逻辑学导论》,复旦大学出版社 2011 年版。

(于诗洋)

大前提

针对直言三段论而言。在直言三段论中,结论中的主项被称为小项,通常用 S 表示;结论中的谓项被称为大项,通常用 P 表示;在前提中出现两次,结论中未出现的项被称为中项,通常用 M 表示。如“所有逻辑学家都是哲学家;所有美学家都是逻辑学家;因此,所有美学家都是哲学家”。在这个直言三段论中,大项是“哲学家”,它是结论中的谓项,并且是第一个前提的谓项;小项是“美学家”,它是结论中的主项并且是第二个前提的主项;“中项”是“逻辑学家”,它在第一个前提中是主项且在第二个前提中是谓项。大前提指的就是包含大项的前提。在法律三段论(或称为司法三段论,审判三段论)中,大前提一般指的是法律规则,又称为法律问题。法律大前提用“N”(规范英文单词“norm”的首写字母)来表示,它代表法律规范前提集,它可能是由不止一个法律规范构成的集合,当然也可能是空集,如在判例法系中。

参考书目

熊明辉:《逻辑学导论》,复旦大学出版社 2011 年版。

(于诗洋)

单称命题

一种特殊类型的直言命题,即指当主项是一个代词或外延只有一个对象的单独概念时,其量词被省略的特殊情况。具体而言,每一个直言命题都是由四个要素构成的,即量项、主项、联项和谓项。其中,量项是用来反映命题主项数量范围的项,它总是占据命题第一个或最左边的位置,如“所有广东人是中国人”中的“所有”,当主项是一个代词或外延只有一个对象的单独概念时,其量词可以省略,同时被视为全称量词,此时是单称命题,如“广州是广东的省会”以及

"我是中国人";主项是一个用来指称一类对象的语词或短语而且它一定是名词或代词,它占据直言命题的第二个位置,如"所有广东人是中国人"中的"广东人",在主项所表达的对象类中,其成员一个都没有,即为空类,可能是一个成员,即为单独词项,可能有两个或两个以上成员,即为普遍词项;联项是用来连接主项和谓项的项,它占据直言命题的第三个位置,如"所有广东人是中国人"中的"是",A 命题和 I 命题的联项是"是",E 命题和 O 命题的项是"不是";谓项和主项一样,是一个用来指称一类对象的词或短语,而且它一定是名词或代词,占据着直言命题的第四个位置,如"所有广东人是中国人"中的"中国人",与主项一样,谓项所表达的对象类,可能是由两个或两个以上成员的类,也可能是只有一个成员的类,还可能是空类。

参考书目

熊明辉:《逻辑学导论》,复旦大学出版社 2011 年版。

(于诗洋)

当然论证

从一个更强的理由得出的论证。"*a fortiori*"是拉丁文,意思是"从更强的(某物)……"在英语中通常是作为一个副词短语来使用的,意思是"在逻辑上更强的"或"更何况",但是也有作为形容词来使用的情况,如"明显地,如果法律如此地依赖于公众的默许,那么习俗将(比法律)更可信"。一个当然论证是利用基于第一个命题的信心,来论证第二个命题的成立,即通过第一个命题的成立来支持第二个命题。通常,第二个命题都是隐含在第一个命题之中的。第二个命题被认为更"弱",因此论证者需要找寻一个更强的命题(第一个命题)来支持它。如论证,"如果他死了,那么他就没有呼吸了",具体而言,"他死了"相当于上述第一个命题,在接受这一命题的前提下,其他人就可以十分肯定地说这个人没有在呼吸,即"他就没有呼吸了"。此外,与其他可能被用来证明这个人没有在呼吸的命题相比,"死了"也要更加强一些,如与"没有呼吸的迹象"相比。

(于诗洋)

法律专家系统

在人工智能领域,专家系统指的是模拟人类专家决策的电脑系统。专家系统被设计用来解决复杂的问题,具体而言是通过"如果—那么"这种条件句来进行推理的。一个专家系统又可以细分为两个子系统,即推理机制系统及知识库系统。其中知识库包含事实和规则,而推理机制就是将这些规则应用于已知事实,从而得到新的事实。

法律专家系统就是这种专家系统在法律领域的应用,它是指在法律领域,使用人工智能来模拟人类专家决策的专家系统。法律专家系统被认为可以帮助快速处理法律信息并作出决策始于 20 世纪 60 年代,随后,大量的法律专家系统在 20 世纪 70、80 年代被创造出来。起初,律师被认为是法律专家系统的首要目标。这主要是因为法律专家系统被认为可以极大地减少时间的花费,避免掉查找资料等体力劳动,从而提高效率。此外,依此而言,法律专家系统可以大量减少人力的投入和花费,甚至可以通过降低成本最终做到减少客户的花费。法律专家系统最初的工作主要是致力于判决的自动化,即创造出一个自动依法条判决的法官,后来的工作是发掘通过提高对法律知识的可进入性从而减少对律师依赖的可能性。

作为专家系统,法律专家系统也可以支持管理决策,加速决策过程等,但仍有很多难题需要克服。首先,现实中的真实案例往往是十分复杂的,在法律审判中会涉及很多相关的问题,这些都会加大得出法律结论的复杂程度。其次,对于依赖演绎推理模型的专家系统而言,当对事实有争议而需要赋予权重时,这种赋权的原则和规则的确定往往是很难确立的。最后,法律专家系统在形式化法律专家知识时也是很困难的,因为要面临开放性的问题,如对同一法条可能会有不同的理解,甚至理解不仅取决于法条的字面理解,还包括一些其他的考量。

(于诗洋)

反对关系

描述的是两个命题之间的关系。两个命题是反对关系,当且仅当,它们同时满足下述四个条件:(1)它们是从存在观点来考虑的;(2)它们具有相同主项和相同谓项;(3)它们都是全称命题;(4)它们具有不同的质。

反对关系所描述的就是A命题(全称肯定命题)和E命题(全称否定命题)之间的关系,即A命题和E命题之间的关系是反对关系。而从真假关系来看,反对关系是“不能同真,但可同假”的关系。如在考虑命题“所有艺术品都不是工艺品”的反对命题是什么的时候,首先分析出该命题是一个E命题,而E命题的反对命题是A命题,因此,其反对命题是“所有艺术品都是工艺品”。

参考书目

熊明辉:《逻辑学导论》,复旦大学出版社2011年版。

(于诗洋)

反向论证

也被称为“诉诸相反情况”(appeal from the contrary)或“基于相反情况的论证”(argument based on the contrary),具体指的是某命题因为没有被证明是错误的,而被认为是正确的。在一定程度上是与类比相对而言的。一般认为,反向论证并不能给予一个很明确的证成,甚至有的时候被认为是一种逻辑谬误。它可以被用来证成法律中没有明确的条文所规定的案件;但是,这种证成中会使用到法条中所未明确表达的含义。因此在反向论证中,法律和案件之间是存在一个跳跃的。如“贫困公民可以申请政府补助”,那么贫困的无国籍人口可以申请吗?面对这一问题,将会有两种答案:一是法律中只规定公民可以申请,那么无国籍的人没有这种权利;二是法律中没有规定非公民不可以申请,那么无国籍的人就有这种权利。这两种不同的理解其实是涉及对反向论证的强弱两种意义上的理解,前者是强意义上的理解,后者是弱意义上的理解。在强意义上,在反向论证中其实是包含有另外一个命题“‘如果p,那么q’的意思是‘当且仅当p的时候,那么q’”,换句话说,这是要求在一个相对封闭的系统中所进行的推理,即只有这样唯一一种法律情境p会导致这种法律结论q,则当不是p的时候,就一定不是q。在弱意义上,说反向论证中其实没有这样一层含义,在这种观点看来,当把“贫困公民可以申请政府补助”看作“如果一个人是贫困公民,那么这个人可以申请政府补助”时,由“贫困公民可以申请政府补助”推出“不是贫困公民就不可以申请政府补助”实际上是犯了否定前件式的谬误的。总体来看,对反向论证理解的分歧,实际上取决于法律语境,即在该语境下是倾向于强理解,还是弱理解。

（于诗洋）

非经典逻辑

在一些关键方面有别于标准逻辑系统（如命题逻辑和谓词逻辑）的形式系统。非经典逻辑是相对于经典逻辑而言的。经典逻辑已经被深入的研究并得到了广泛的使用，但是当它具有的一个或多个特征被拒斥时，就产生了非经典逻辑。这些特性有：排中律、无矛盾律、蕴涵单调性、蕴涵幂等律、合取交换律、德摩根对偶律等。与此对应，直觉主义逻辑和多值逻辑拒绝排中律和德摩根定律；次协调逻辑拒绝无矛盾律；相干逻辑、线性逻辑和非单调逻辑拒绝蕴涵单调性；线性逻辑拒绝蕴涵幂等律；可计算性逻辑是可计算性的语义构造的形式理论，相对于是真值的形式理论的经典逻辑；它整合并扩展了经典逻辑、线性逻辑和直觉逻辑；模态逻辑向经典逻辑扩展了非真值泛函算子。总体而言，这些改变都是试图构建逻辑后承和逻辑真值的不同模型，其方式有扩充或偏离，如此等等。具体而言，扩充指加入不同的新常项，如加入符号“□”到模态逻辑中，用来代表“必然”。偏离指虽然使用一般的逻辑常项，但是却赋予其完全不同的含义，或者只保留一部分原定理，如直觉主义逻辑就去掉了排中律。同时，也有学者将前种改变视为经典逻辑的扩充，而将后种改变视为反经典逻辑。

（于诗洋）

非形式逻辑

兴起于 20 世纪 70 年代的北美，尤其是北美的大学，因为当时被认为可以用于评价论证的逻辑学难以解决很多现实的问题，如应该投票选择哪名候选人，媒体报道中给出的论证是否值得相信等。由此，人们呼唤一种可以现实帮助人们解决问题，分析评价论证的逻辑学（分支）。

早在古希腊时期，亚里士多德就已经提出了与非形式逻辑相类似的一些思想，但是认为与非形式逻辑的兴起直接相关的两部理论著作一本是汉布林（Charles Hamblin）的《谬误》（*Fallacies*，1970 年），另一本是图尔敏（Stepehn Toulmin）的《论证的使用》（*The Uses of Argument*，1958 年）。之所以这样认为的主要原因是在这两本书中他们批评了传统的形式逻辑，如《论证的使用》一经面世，即遭受到大量来自形式逻辑学家的批评，并认为他的研究与逻辑学无关。正是因为这种种情况，起初非形式逻辑被认为是反形式的，两者是相互敌对的关系。但实际上，非形式逻辑是与形式逻辑相互补充的，目的是解决一些形式逻辑难以解决的问题，二者相互需要，互为弥补。非形式逻辑作为一门学科的建立主要归功于温莎大学（University of Windsor）的约翰逊（Ralph Johnson）和布莱尔（J. Anthony Blair），甚至“非形式逻辑”（informal logic）也是他们命名的。他们出版的教材《逻辑的自我防卫》（*Logical Self - Defense*，1977 年）是关于非形式逻辑的教学的一个很好的尝试。

他们将非形式逻辑定义为，“非形式逻辑是逻辑的一个分支，而它的任务是建立一套非形式的标准和程序，以用来分析、解释、评价、批评以及建构论证”。当然，此处的论证指的是自然语言所做出的论证，即日常论证是相对于人工语言而言的，后者的研究主要是通过形式逻辑。约翰逊和布莱尔列出了非形式逻辑研究的 13 个基本问题，如论证理论、逻辑批评理论、谬误理论等。随着非形式逻辑的发展,越来越多的研究内容也被加入进来,如视觉论证(visual argument)、对话理论(dialogue theory)等。当然,非形式逻辑也面临很多的批评,甚至有学者批评不应该有非形式逻辑这样一门学科,因为他们非形式逻辑的很多研究内容应该归入心理学而不是哲学和逻辑学。尽管有种种批评和反对意见,但非形式逻辑至今仍然在蓬勃发展,主要的非形式逻辑学家有约翰逊、布莱尔、伍兹(John Woods)、汉森(Hans Hansen)、廷德尔(Christopher Tindale)等,主要的非形式逻辑期刊有《非形式逻辑》(*Informal Logic*)等。

此外,自 20 世纪 70 年代非形式逻辑兴起之时,即与批判性思维联系紧密,其都涉及教育的内容,甚至有学者将二者画了等号,但根据约翰逊对批判性思维的理解,批判性思维是就智力产品(如论证、解释、理论)的强弱评价,由此批判性思维还包括了分析,评价论证的技巧和态度等方面的内容,比非形式逻辑更广义。同时,非形式逻辑也与论证理论(argumentation theory)联系密切,因为二者的研究对象很相近,都是研究与论证相关的内容,但论证理论还涉及语言学、心理学等有关内容,所以也是有比非形式逻辑更广义的研究内容,著名的论证理论学派如阿姆斯特丹学派,其代表人物有弗朗斯·范·爱默伦 (Frans van Eemeren)等。

(于诗洋)

非形式谬误

针对形式谬误而言,之所以称之为非形式谬误是因为与形式谬误相比,这类谬误的错误并不体现在演绎推理本身上,即这类论证的逻辑形式本身并不一定是错误的,而是与推理的内容有关的。正因如此,有观点认为,并不存在任何一种非形式谬误的确定的形式,只有当给予某个论证更明确的界定之后才能够确定到底是不是非形式谬误。

如稻草人谬误(The Straw Man Fallacy)指的是先曲解对方的论点,然后针对曲解后的论点(稻草人)进行攻击,进而宣称已推翻对方论点的一种论证方式,因为攻击的并不是对方真实的论点而只是曲解之后的论点,所以通常被认为是一种非形式谬误。在这种谬误中,显然是需要先有对对方观点内容进行分析。并不存在一种稻草人谬误的逻辑形式,而都是需要加入对内容的考量,正是在这种意义上被称为非形式谬误。正是因为非形式谬误要考虑到具体的内容,有学者细化了非形式谬误发生的原因,如上述稻草人谬误就被归为论辩谬误,因为稻草人谬误只可能发生在辩论的语境之下;歧义谬误被归为语言的谬误;乞题谬误被归为知识论的谬误等。

因为一个论证是不是非形式谬误需要考虑语境、论证内容等因素,所以有学者提出针对一个新的论证,可以通过回答一些批判性问题来判定这一论证是否为谬误;针对诉诸权威谬误,有学者认为有 6 个批判性问题,如引述观点的来源到底是不是该领域的专家等。在法律领域中,法律人也可以依据这些批判性问题作为线索,发问或反驳论证。

(于诗洋)

分解谬误

针对合成谬误而言的,具体来说,分解谬误是认为:如果整体或集合具有某种性质,则它的每一部分或元素也具有此种性质。因为整体和部分之间很可能是并不存在这种转换关系的,所以这种论证一般被认为是谬误。如论证"波音 747 是可以飞的;波音 747 上有喷气式引擎;

所以,喷气式引擎也是可以飞的”就是犯了分解谬误。而合成谬误与此相对,是认为如果整体的某一部分具有了某种性质,那么该整体也具有这种性质。

(于诗洋)

分离规则

现代逻辑的术语,相当于传统逻辑而言,它就是指充分条件假言推理的肯定前件式,它是逻辑中最重要的规则之一。肯定前件的论证形式为:如果p,那么q;p;所以q。这种推理形式的论证是有效的,也就是说,当这类论证的前提为真时,结论必真。“肯定前件”的名称源于对条件句中的前件的肯定。在绝大多数的逻辑系统中,肯定前件式都是有效的。麦考密克认为这是法律三段论的逻辑结构。

(于诗洋)

否定前件谬误

一种形式谬误,具体形式为:如果p,那么q;非p;所以非q。这种推理形式的论证是无效的,也就是说,即使这类论证的前提都是真的,也不能为结论提供一种好的支持。“否定前件”的名称来源于对条件句前件的否定。这类论证的无效性是很容易证明的,只需举出前提真,但是结论为假的反例即可,比如,如果张三犯了抢劫罪,那么张三违法了;张三没有犯抢劫罪;所以张三没有违法。从形式逻辑角度来看,这一论证显然是无效的,因为还有其他的原因可能会导致张三的违法。

(于诗洋)

符号逻辑

研究逻辑推论形式特征的符号抽象。符号逻辑常常被区分为两个分支:命题逻辑和谓词逻辑。数理逻辑又称为数学逻辑,是符号逻辑在其他领域特别是模型论、证明论、集合论和递归论领域的扩充。数理逻辑实际上指两个不同的研究方向:(1)形式逻辑技术在数学推理中的应用;(2)数学技术应用于形式逻辑的分析与表示,最赤裸裸地试图把逻辑应用到数学的毫无疑问是逻辑主义者,其先驱就是弗雷格和罗素。他们的基本思想就是:数学真理都是逻辑重言式,因此,它们的工作方案就是企图把数学还原为逻辑。然而,实现这一点的各种企图都遭受到一系列失败,如弗雷格的算数原理被罗素悖论冲击,希尔伯特方案被哥德尔不完全性定理击败等。希尔伯特方案的陈述以及哥德尔对它的反驳都取决于他们建立上述数理逻辑第二领域的工作,即他们把数学用证明论形式应用到逻辑中。尽管存在不完全性定理的否定本质,作为模型论中的一个结果以及从数学到逻辑另一种应用,哥德尔完全性定理能够被理解为表明了逻辑主义是如何逼近真:每个精确定义的数学理论都能够用一阶逻辑理论来准确把握;弗雷格证明演算虽然不等于数学,但它足以描述数学的全部。因此,能够看到这两个数学领域是如何具有互补性的。模型论、集合论、递归论和证明论构成了数理逻辑的基础。集合论源于康托尔对无穷的研究,它已经成为数理逻辑中许多最富有挑战性的最重要问题的源泉,从通过选择公理的地位以及连续统假设独立性问题的康托尔定理到现代大基数公理的辩论都是如此。递归论用逻辑与算术术语来理解计算思想,其最经典的成果就是图灵判定性问题的不可判定性以及丘奇—图灵论题的提出。如今,递归论最主要涉及的是更精炼的复杂性类问题,即什么时候问题可有效解决以及不可解度的分类。

参考书目

熊明辉:《逻辑学导论》,复旦大学出版社 2011 年版。

(于诗洋)

高阶逻辑

又称广义谓词逻辑,是一阶逻辑的扩展。在一阶逻辑中,量词只能用于个体变元,即只有个体约束变元,并且只有个体变元能作谓词变元的主目。这样就限制了一阶逻辑语言的表达能力。如果去掉一阶逻辑中的上述限制,命题变元和谓词变元也能作约束变元,即受量词约束,并且作谓词变元的主目,以此构造起来的逻辑系统就是高阶逻辑。它包括二阶逻辑、三阶逻辑……以致无穷阶逻辑。

二阶逻辑是一阶逻辑的扩展,一阶逻辑是命题逻辑的扩展。二阶逻辑接着被高阶逻辑所扩展。与一阶逻辑相比,高阶逻辑的表达力要更强一些。一阶逻辑是在命题逻辑的基础上发展起来的,是通过在命题逻辑中增加量词而实现的。例如,鸟会飞可以理解为:如果它是鸟,那么它会飞,可以形式化为 $p\rightarrow q$,但是命题逻辑却无法表达有的鸟会飞,或者,所有鸟会飞这种命题。于是,就需要添加量词,对鸟进行量化,增加"所有"(全称量词),"有的"(存在量词),于是就可以把"所有鸟都会飞"形式化为 $(x)(Bx\rightarrow Fx)$。二阶逻辑与此类似,是对性质,也就是谓词进行量化,但是这确实不是那么直观。

量词与个体结合在一起是十分明显的,因为量词总有一个量词域,而这个量词域含有的要素是个体,因此这个量词域也称为个体域。所谓一阶逻辑,也是由此而来。这个个体域有两个性质:一是不空;二是其每一个个体所指的对象不空。个体域的这种性质,构成了一阶逻辑的基础。这也是一阶逻辑显得比较自然,与本体论最为近似的主要原因,也是一阶逻辑与二阶逻辑相区别的主要所在。所以许多逻辑学家坚持认为,只有一阶逻辑才是逻辑,比如奎因(Willard Van Orman Quine)。由于二阶逻辑是以谓词为变元,因此使性质或关系这样的东西成为实体,由此会产生与本体论有很大不同的怪异现象。虽然也有许多逻辑学家认为二阶逻辑也是逻辑,但是他们都承认,一阶逻辑与二阶逻辑是有很大区别的。

(于诗洋)

归谬法

在逻辑上,归谬法是建立在"不可能前提真而结论为假"这一演绎有效性规则基础之上的,因此其主要功能是通过构造形式证明来检验论证的有效性。具体而言,它是证明论证有效性的间接方法(区别于论证证明的直接方法——形式演绎),它包含以下步骤:第一步,添加结论的否定命题到前提清单之中。这是因为,既然根据演绎有效性,前提真结论为假是不可能的,那么,如果把结论的否定命题添加到前提清单之中,必然会推导出一个矛盾。第二步,用前述规则演绎出矛盾式。这种形式演绎方法又被称为归谬法。此外,归谬法还可以被用来检验蕴含式、重言式和矛盾式以及等值式是否成立。

参考书目

熊明辉:《逻辑学导论》,复旦大学出版社 2011 年版。

(于诗洋)

歧义谬误

又称含混谬误。歧义出现在当一个词语或短语具有超过一种理解或解释的情况之时。而作为一种谬误,歧义谬误出现在语言的歧义使一个论证看起来是有说服力的,但实际上却并没有说服力的时候,例如,当一个词语或短语多次出现于一个论证中,但实际上它们却有着不同的含义,此时就犯了歧义谬误。歧义谬误又分为两种主要类型:一是词汇上的歧义,这是由词语或短语的歧义所导致的;二是结构上的歧义,这是由句子的语法结构等所导致的。当然,并不是说所有的同词不同意都是谬误。因为歧义在自然语言中是普遍存在而无法避免的,有歧义并不能够充分地证明一个论证是谬误,大多数的歧义对论证本身而言是无害的,只有当歧义导致一个看起来是有说服力的但实际却没有,这种情况下才是谬误。歧义谬误有很多子类型,如重音谬误(accent)、含混谬误(amphiboly)、模棱两可(equivocation)等。具体而言,重音谬误是由亚里士多德所定义的谬误,在亚里士多德时代的希腊,重音并不会被书面地标示出来,而完全凭借说话者的知识,但是不同的重音会导致含义的不同,由此导致歧义。含混谬误是指由含混的语法所导致的谬误,区别于含混的词语、短语导致的谬误(模棱两可谬误),即通过一种语法上的歧义来制造一个该论证有说服力的假象。含混谬误又分为很多子类型,主要是依据产生的原因来进行划分的,例如,代词所导致的含混谬误,辖域所导致的含混谬误等。

(于诗洋)

换位法

传统逻辑中直言命题的一种运算方法。换位法的两个步骤或两条规则是:(1)交换命题的主项和谓项;(2)其余部分保持不变。换位后所得到的新命题被称为换位命题。根据逻辑等值关系,A 命题及其换位命题不是逻辑等值的,即 SAP 不能换位。但是,如果考虑到限制换位,即假定主项 S 类至少有一个成员存在,那么,SAP 便可换位成 PIS,记为“SAP,PIS ”。其中,符号“⇒”表示一种可以推导关系,意思是可从左边推导出右边。之所以说这是一种限制换位,是因为只能从左边推导出右边而不能从右边推导出左边。因此“SAP⇒PIS ”表示“可以从 SAP 推导出 PIS,但不能从 PIS 推导出 SAP”。为此,传统逻辑学中添加了换位法的第(3)个步骤或规则,即“在前提中不周延的项,在结论中不得周延”。E 命题及其换位命题是逻辑等值的,即 SEP 可以换位成 PES,记为“ SEP⇔PES”。其中,“⇔”表示即可以从左边推导出右边,也可以从右边推导出左边。这种左右两边可以互推的关系又被称为等值关系。I 命题及其换位命题是逻辑等值的, SIP 可以换位成 PIS,记为“SIP⇒PIS ”,也就是说,既可以从 SIP 推导出 PIS,也可以从 PIS 推导出 SIP。O 命题及其换位命题不是逻辑等值的,即 SOP 不能换位,也就是说,既不能从 SOP 推导出 POS,也不能从 POS 推导出 SOP。

参考书目

熊明辉:《逻辑学导论》,复旦大学出版社 2011 年版。

(于诗洋)

换质法

传统逻辑中直言命题的一种运算方法。换质法的两个步骤或两条规则是:(1)改变命题的质;(2)通常加上“非”来否定整个谓项;(3)其余部分保持不变。换质后所得到的新命题被称为换质命题。所有标准形式的直言命题与各自的换质命题都是逻辑等值的,即A、E、I、O四种直言命题均与其各自对定的换质命题逻辑等值。具体而言,SAP可换质成$SE\overline{P}$,反之亦然,记为“$SAP \Leftrightarrow SE\overline{P}$”,即可以从SAP推导出$SE\overline{P}$,也可以从$SE\overline{P}$推导出SAP。SEP可换质成$SA\overline{P}$,反之亦然,记为“$SEP \Leftrightarrow SA\overline{P}$”,即可以从SEP推导出$SA\overline{P}$,反之亦然。SIP可换质成$SO\overline{P}$,反之亦然,记为“$SIP \Leftrightarrow SO\overline{P}$”,即可从SIP推导出$SO\overline{P}$,反之亦然。SOP可换质成$SI\overline{P}$,反之亦然,记为“$SOP \Leftrightarrow SI\overline{P}$”,即可以从SOP推导出$SI\overline{P}$,反之亦然。

参考书目

熊明辉:《逻辑学导论》,复旦大学出版社2011年版。

（于诗洋）

结论

针对推理或论证而言的。(狭义)论证被视为一个命题序列,其真值取决于其他命题,真的命题被称为结论,其他命题都被作为前提。结论是指论证者所提出的主张、立场、观点或论点的理由。前提是相对结论而言的,没有前提就无所谓结论,没有结论,也就无所谓前提。识别论证的第一步是要找到论证识别词。论证识别词有两类:一类是前提标示词,如“因为”“由于”“鉴于”“根据”“理由是”“这么说的理由是”“支持我的观点的是”等。另一类是结论标示词,如“因此”“正因如此”“所以”“故”“由此可见”“总而言之”“这样说来”“结论是”“其结果是”等。结论又与论证识别相关。从广义上讲,论证识别就是要识别出论证的三要素(前提与结论,论证者与目标听众,论证目的)以及识别论证的结构。论证者,目标听众以及论证目的往往是隐性的,要识别起来并不总是十分容易的事。但前提与结论通常都是显性的,因此,要识别它们通常相对是比较容易的。

在识别论证时,需要谨记如下原则:(1)论证只有一个结论。一个语篇如果不止一个结论,那就包含了不止一个论证。还有一些传统逻辑学家沿袭了亚里士多德《论辩篇》的思想,把“结论”称为“论题”,而“前提”称为“论据”。同时,这也成为我国传统逻辑教科书讨论“论证”的基本要素。从论辩理论角度来看,“结论”就是论证者所要辩护或证成的主张,前提就是论证者用来为其主张进行辩护或证成的理由,因此,有些非形式逻辑学家或论辩理论家往往用术语“主张”和“理由”来分别替代术语“结论”和“前提”。(2)论证必须至少有一个前提,且可以有多个前提。(3)前提和结论只是通过参照它们分别在论证中所发挥的作用来进行判定的。(4)前提和结论可以以任何顺序出现。换句话说,有时结论在前,前提在后;而有时前提在前,结论在后。(5)论证中的前提或结论可能是隐性的,也可能是显性的。(6)在任何论证中,论证者必须相信其所有前提都是真的且结论必然为真或可能为真。

参考书目

熊明辉:《逻辑学导论》,复旦大学出版社2011年版。

（于诗洋）

可靠性

又称健全性,有逻辑系统的可靠性和论证的可靠性之分。如果一个系统是可靠的且其公理都是真的,那么它的定理也是保真的。在数理逻辑中,讨论的是逻辑系统的可靠性,换句话说,一个逻辑系统是可靠的,当且仅当,它的推论规则只证明了相对于其语义学有效的公式。在大多数情况下,这实际上意味着它的规则具有保真性,但并不通常都是如此。在传统逻辑中,讨论的是论证的可靠性,也就是说,一个论证是可靠的,当且仅当,该论证是有效的且所有前提都是真的。实际上,逻辑系统的可靠性与论证的可靠性并不存在根本性差异,二者本质上是一致的。与可靠性相关的可靠性定理是逻辑系统的四条重要性质之一,它说的是逻辑系统的证明规则不会从真前提推导出假结论,而且前提已被证明为真。

参考书目

熊明辉:《逻辑学导论》,复旦大学出版社 2011 年版。

(于诗洋)

肯定后件谬误

传统逻辑中的一种形式谬误,具体形式为:如果 p,那么 q;所以 p。这种推理形式的论证是无效的,也就是说,即使这类论证的前提都是真的,也不能为结论提供一种好的支持。“肯定后件”的名称源于对条件句中的后件的肯定。这类论证的无效性是很容易证明的,只需举出前提为真,但是结论为假的反例即可,例如,如果张三犯了抢劫罪,那么张三违法了;张三违法了;所以张三犯了抢劫罪。这一论证显然是无效的,因为还有其他的原因可能会导致张三的违法。

(于诗洋)

联言推理

又称联言推理,是根据联言命题的逻辑性质进行推演的推理,它的前提或结论为联言命题。具体而言,联言命题指的是反映事物的若干种情况或者性质同时存在的命题。在逻辑结构上,联言命题由逻辑联结词“并且”连接支命题而成,其支命题被称为联言支,通常用 p 或 q 表示,这样,联言命题的逻辑形式就可以写成(读作“p 且 q”)。联言推理有两种形式,一是合成式,依据的是联言命题在其联言支都真时才为真的逻辑性质,即 p,q,所以 p 并且 q;二是分解式,依据的是联言命题真,则其中各联言支都真的逻辑性质,即 p 并且 q,所以 p(或者 q)。

(于诗洋)

量化

量化逻辑,又称谓词逻辑,与命题演算一样,也是作为现代逻辑基础的两大演算之一。量化逻辑包括两个部分:一是一元量化理论或一元量化逻辑;二是一般量化理论或一般量化逻辑,又称为关系量化理论。一元量化理论处理的是带一个变元命题的符号化,因此,称为“一元量化理论”。然而,在自然语言中,有些语句是单句,但并不是陈述句,不能翻译为 A、E、I、O 的命题形式,它反映的是两个或两个以上对象之间的关系。而反映两类对象之间关系的命题,被称为“关系命题”,这种命题需要带有多个变元才能处理其形式。这里主要介绍一元量化。逻辑学的现代进展导致了一种包含量词“所有”和“有些”的命题进行符号化的更准确方法。这类命题的符号化主要就是直言命题 A、E、I、O 四种命题的符号化。涉及某个具体类“所有”的命题是借助于全称量化来符号化的；而涉及某个具体类“有些”的命题是借助于存在量化来符号化的。对于“有些律师是诚实的人”这一类命题，根据量化逻辑，这个命题可以被读作“至少存在一个东西 x，使得 x 是一个律师且 x 是一个诚实的人”。在说“有些”时，是在小心地说“至少存在一个”东西。换句话说，当说“有些 S 是 P”时，只要 S 类中存在一个成员，而且这个成员也属于 P 类，那么这个命题就是真的。从理论上讲，“至少有一个”可以多到“全部”。为了完全表示上述命题，那么“有些律师是诚实的人”这个命题应该被符号化为：(∃x)(x 是一个律师且 x 是一个诚实的人)。它可以读作，“至少存在一个人 x 使得 x 是一个律师且 x 是一个诚实人”。针对“所有东西或者是政治家或者不是政治家”，用量化逻辑，这个命题可以读作，“每一个东西 x 使得或者 x 是政治家或者 x 不是政治家”。在说“所有东西”时，意思是“每个东西”或“任何一个东西”。这就是为什么可以把给定命题翻译为短语“每一个东西 x 使得……”的原因。具体而言，可以把“所有东西或者是政治家或者不是政治家”形式化为(x)(x 是政治家 x 不是政治家)。

参考书目

熊明辉：《逻辑学导论》，复旦大学出版社 2011 年版。

（于诗洋）

零阶逻辑

没有量词的一阶逻辑。零阶逻辑的表达力要比一阶逻辑弱，但是强于命题逻辑。如大家所熟知的下述三段论：“所有人都是必死的；苏格拉底是人；所以，苏格拉底是必死的。”这个三段论并不能形式化为命题逻辑，但是却很明显可以被形式化为一阶逻辑，通过增加全称量词来限定“所有”。但是如果将上述三段论弱化，则可以被命题逻辑所形式化，“如果苏格拉底是个人，那么苏格拉底是必死的；苏格拉底是个人；所以，苏格拉底是必死的”，即可以通过分离规则实现。但是，这种弱化的版本于本来的形式相比却丢了很多本质的东西。但是零阶逻辑却可以表达本来的版本形式，设 Man(表示“……是人”)，Mortal(表示“……是必死的”)，用 A、S、Z 等表示常量，即不同的人，则可以将“所有人都是必死的”表示为，Man(A)→ Mortal(A)，Man(S)→ Mortal(S)，Man(Z)→ Mortal(Z)……在代入 Man(Z)之后，则可以通过 MP 规则得到 Mortal(Z)，从而可以表达“所有人都是必死的；苏格拉底是人；所以，苏格拉底是必死的”这一三段论。当然，也可以通过 Man(x)→ Mortal(x)，Man(S)，Mortal(S)的形式得出来，只需要设这里的 x 可以被替换为任意的个体常元。因为这个版本要强于弱化版本，所以零阶逻辑的表达力要强于命题逻辑，但是同时这种表达也要弱于一阶逻辑。因为似乎看起来所有的一阶逻辑都可以通过这种方式化为零阶逻辑，但是一般认为只有全称量词才可以进行这种转换。

（于诗洋）

逻辑后承

逻辑学中最重要的概念之一，它指的是命题间的一种关系，具体而言，当说 B 是 A 的逻辑后承时，当且仅当从 A 到 B 的论证是有效的。

（于诗洋）

逻辑系统

又称为形式系统活逻辑演算，是现代逻辑中的一个核心概念。逻辑系统是由一个形式语言和一个推论规则集组成。根据这个语言和这些规则，就能够从一个或一些公理或表达式推导出一个表达式或定理。逻辑系统的重要性质有一致性定理、有效性定理、可靠性定理或完全性定理。一致性定理指的是逻辑系统内的定理不能相互矛盾，在逻辑学中，一致性理论指不包含矛盾的理论。有效性定理是指逻辑系统的证明规则决不会允许从真前提推导出假结论。当然，在逻辑学中，有效性这一术语在不同语境下会有不同的含义。它可以是公式的性质，也可以是命题或论证的性质。作为公式的性质，它是指在形式语言中，一个公式是有效的，当且仅当，在这个语言的每个可能解释下它都是真的；作为命题的性质，它是指如果在所有解释下它都是真的，那么它的逻辑就是真的；作为论证的性质，它是指在一个论证中，如果能够从其前提推导出结论，那么该论证在逻辑上是有效的。可靠性定理是指逻辑系统的证明规则决不会允许从真前提推导出假结论，而且前提已被证明为真。完全性定理是指不存在逻辑系统内原则上不能证明的真命题。完全性又称完全性，一般来说，如果一个对象不再需要对它添加什么东西，它就是完全的。在逻辑学中，语义完全性是形式系统可靠性的对应特性，具体地说，当所有重言式都是定理时，这个形式系统就是语义完全的。

参考书目

熊明辉：《逻辑学导论》，复旦大学出版社 2011 年版。

（于诗洋）

逻辑蕴涵

既是一个逻辑概念，又是一个数学概念，它是指公式集 T 的每个模型，解释或赋值也都是公式 B 的一个模型时，就说 T 蕴涵 B，用符号来表示就是：T ⟨，B；T，B；T，∴ B。这些公式可读作“T 蕴涵 B”，“T 推出 B”或“B 是 T 的逻辑（后承）”，其中，T 称为前件，B 称为后件。与逻辑蕴涵相类似的概念是实质蕴涵和严格蕴涵。其中，实质蕴涵，又称实质条件或真值函项蕴涵，是逻辑中用来表达特定条件性质的。在命题逻辑中，它用来表达从真到假的二元真值函项。

在谓词逻辑中，它被看作两个谓词扩充之间的子集关系，用符号表示为：$X\rightarrow Y$；$X\supset Y$；$X\Rightarrow Y$。当 X 为真而 Y 为假，实质条件为假，否则便为真。其中，X 和 Y 分别代表前件和后件，是涉及形式理论公式的变元。然而，很容易发现，要把在经典逻辑中被形式化的（实质）蕴涵概念用“如果……那么……”翻译为自然语言并没那么自如，因为存在许多被称为“实质蕴涵怪论”的问题。所谓实质蕴涵怪论是指在经典逻辑中为真但直观上又有问题的公式。常见的蕴涵怪论如$(\neg p\wedge p)\rightarrow q$等。其根源在于自然语言中蕴涵有效性的解释与其在经典逻辑中的形式解释不匹配。通常有两类蕴涵怪论：

第一类蕴涵怪论涉及反事实条件句，如，“如果月亮是由奶酪组成的，那么 2 + 2 = 4”。因为自然语言并不支持防暴原则（经典逻辑的一条规则，即矛盾可以推出一切）而使人感到困惑。消除这类悖论就会导向刘易斯的严格蕴涵表述，也会导向更激进的修正主义逻辑，如相干逻辑。

第二类蕴涵怪论涉及多余前提。在这类情形下，论证者虚假地认为知道后件是因为前件，因此，如果碰巧张三到了癌症晚期，那么不管那个人的选区前景如何，“如果那个人赢得选举，张三就必死去”这个命题，实质上是真的。这种命题违背了格赖斯（Paul Grice）提出的会话规则中的相干规则，而且能够用拒斥单调性原则的逻辑来建模，如相干逻辑。

为了避免实质蕴涵怪论，刘易斯（Clarence Irving Lewis）提出了“严格蕴涵”（strict implication）概念。严格蕴涵又称“严格条件”，指遵照来自模态逻辑的必然性算子行事的实质条件。对于任何两个命题 p 和 q，公式 p→q 意思是 p 实质蕴涵 q，而□（p→q）意思是 p 严格蕴涵 q。

参考书目

熊明辉：《逻辑学导论》，复旦大学出版社 2011 年版。

（于诗洋）

矛盾关系

对当关系中的一种，而对当关系指的是具有相同主项和谓项的 A、E、I、O 四种直言命题间的关系，共有六个可能，四种关系。具体而言，矛盾关系指的是 A 命题和 O 命题，E 命题和 I 命题之间的关系。在逻辑方阵中，两个命题是矛盾关系，当且仅当，它们同时满足下述 3 个条件：（1）它们具有相同主项和相同谓项；（2）它们具有不同的量；（3）它们具有不同的质。从真假关系来看，矛盾关系是“不能同真，不能同假”的关系。例如，A 命题所有的……都是……和 O 命题有的……不是……之间就是矛盾关系，它们的真假关系就是可以同时为真，但是不能同时为假。这种关系可以用来进行对当关系推理，即由 A、E、I、O 四种命题中的一种推出与其对应的矛盾命题，具体而言，由 A 命题（所有 p 都是 q）的真可以推出 O（有的 p 不是 q）命题的假，由 E 命题（所有 p 都不是 q）的真可以推出 I（有的 p 不是 q）命题的假，由 I 命题的真可以推出 E 命题的假，由 O 命题的真可以推出 A 命题的假。

参考书目

熊明辉：《逻辑学导论》，复旦大学出版社 2011 年版。

（于诗洋）

矛盾律

传统逻辑基本规律之一，又称为不矛盾律（law of non – contradiction）。它通常被表述为 A 不是非 A，或 A 不能既是 B 又不是 B，要求在同一思维过程中，对同一对象不能同时作出两个矛盾的判断，即不能既肯定它，又否定它。

在传统逻辑里，矛盾律首先是作为事物规律提出来的，意为任一事物不能同时既具有某属性又不具有某属性。它作为思维规律，则是任一命题不能既真又不真。矛盾律也被当作一种关于认识活动的规范性规律，意为任何人不应同时断定一个命题 A 及其否定（非 A）。这就是说，对一个命题及其否定不应持两可之说，以免自相矛盾。矛盾律还被看作关于逻辑语义的规律，即在同一上下文中，同一语词或语句不应既表述某一思想又不表述某一思想。违背了矛盾律的要求，思维就会陷入逻辑矛盾（A 并且非 A）。而任何包含逻辑矛盾的思想又总是错误的，所以思想的无矛盾性是正确思维不可缺少的条件，也是构造一个理论体系的重要原则之一。

在现代逻辑中，（读作 A 并且非 A 是假的），是矛盾律在命题逻辑中的体现 $\neg(A\wedge\neg A)$；$\neg(\exists x)(Fx\wedge\neg Fx)$（读作并非存在一个个体 x，x 既有性质 F 又没有性质 F），是矛盾律在谓词逻辑中的体现。形式逻辑的基本规律之一,要求在同一思维过程中,对同一对象不能同时作出两个矛盾的判断,即不能既肯定它,又否定它。如不能说“他是杀人犯”,同时又说“他不是杀人犯”,这两个判断中必有一个是假的。矛盾律要求思想前后一贯,不能自相矛盾。

（于诗洋）

矛盾式

又称永假式,是指其真值函项必然为假的命题。与其相对的是重言式,又称为永真式,是指其真值函项必然为真的命题。可以用真值表来判定一个命题是重言式或矛盾式,或者两者都不是。其具体步骤如下:(1)针对所讨论的命题建立一个真值列;(2)看看这一列是否包含了全部为真,全部为假或者部分为真部分为假。如果最后一列真值在任何情况下都为真,那么这个真值表就表明这个命题是个重言式;如果最后一列真值在任何情况下都为真,那么这个真值表就表明这个命题是个矛盾式;如果最后一列真值既包含了真的情形又包含了假的情形,那么这个命题就既不是重言式也不是矛盾式。

参考书目

熊明辉:《逻辑学导论》,复旦大学出版社 2011 年版。

（于诗洋）

全称例示

全称例示规则(UI)允许从某东西的所有情形推导出特殊情形。因此,如果所有律师都是诚实的人,就能推导出某个具体的律师是诚实的人。这一过程是从一个全称命题到它的“事例”。除了量词被移去,而且用名称如“a”“b”“c”之类的小写正体来代替变元的出现之外,一个事例正像一个量化命题。因此,当假设论域是律师时,根据全称命题“每个律师都是诚实的人”,就可以推导出“a 是诚实的人”,用符号术语就是:“(x)Hx 能够推出 Ha。”

全称例示规则:根据任何全称量化命题,可以有效地推导出其任何事例。同时,应该注意如下几点:

(1)能够从“(x)Fx”推导出“Fa”“Fb”“Fc”等,但是不能推导出“Fy”(这里的 y 是斜体,而前面的 a、b、c 均为正体),因为 y 是一个变元,这种方法只能用例示推导出名称。

(2)能够从(y)(Fy →Gy)推导出(Fa →Ga)、(Fb →Gb)、(Fc →Gc)等,但不能推导出(Fy →Ga)、(Fy →Gb)、(Fy →Gc)之类的命题,因为名称必须替代落入全称量词辖域内的变元的所有出现。

(3)能够从(x)[Fx →(y)Gy]推导出 Fb →(y)Gy,因为整个表达式是在全称量化命题之中的,并且只例示了“(x)”的辖域所涵盖的那部分。但是,不能从(x)Fx →p 推导出 Fa →p,因为命题“p”在量化之外,推论不能继续。只有当全称量词出现在开头并且这个命题的其他所有部分都在辖域之内时全称例示才能允许导出结论。

参考书目

熊明辉:《逻辑学导论》,复旦大学出版社 2011 年版。

（于诗洋）

全称量化

在谓词逻辑中,全称量化是对一个域的所有成员的性质或关系的论断。使用叫作全称量化逻辑算子符号∀来指代全称量化。它是与存在量化相对应的。如命题“所有东西或者是政治家或者不是政治家”。用量化逻辑,这个命题可以读作“每一个东西 x 使或者 x 是政治家或者 x 不是政治家”。其中变元“x”通常应当用小写字母斜体。在说“所有东西”时的意思是“每个东西”或“任何一个东西”。这就是为什么可以把给定命题翻译为“每一个东西 x 使……”的原因。为了将指称“每个东西”或“任何一个东西”的命题符号化,逻辑学家们引入了符号“(x)”,意思是,“每一个东西 x 使……”这个符号被称为“全称量词”,它管辖着的这个命题的其他部分,被表示为“(x)(x 是政治家或者 x 不是政治家)”。有些逻辑学教科书用“$\forall x$”来作为全称量词。如果要想完全表示这个命题,那么命题“所有东西或者是政治家或者不是政治家”就可以被符号化为“(x)(x 是政治家$\vee x$ 不是政治家)”,读作“每个东西 x 使或者 x 是政治家或者 x 不是政治家”。在具体的量化命题中,使用“东西”这个术语看起来是奇怪的。但是,在量化逻辑中,假定了“论域”(所谈及的东西)从字面涉及“任何东西”。然而,常常可以通过规定正谈及的“论域”是什么来“限制”论域。因而,将话语限制到“人”“国家”等是可能的。

参考书目

熊明辉:《逻辑学导论》,复旦大学出版社 2011 年版。

（于诗洋）

全称命题

针对直言命题而言的,根据直言命题的量或命题的量项,可以把直言命题分为全称命题和特称命题。全称命题只指断定了主项的每一个成员的命题。在汉语中的表达式通常是“所有”。全称命题有两种形式,A 命题和 E 命题。其中,A 命题如“所有以暴力,胁迫或者其他方法抢劫公私财物的人是会被判处三年以上十年以下有期徒刑,并处罚金的人”断定了“以暴力、胁迫或者其他方法抢劫公私财物的人”这个类中的“每个成员”都是“会被判处三年以上十年以下有期徒刑,并处罚金的人”这个类的成员。E 命题如“所有未成年人都不是会被执行死刑的人”断定了“未成年人”这个类中“每个成员”都不是“会被执行死刑的人”这个类中的成员。

参考书目

熊明辉:《逻辑学导论》,复旦大学出版社 2011 年版。

（于诗洋）

实质谬误

谬误是指看起来令人相信但实际上并不是逻辑上可靠的推理或论证。当一个人提出的理由并不足以支持其所提出的主张时,就说他犯了谬误。因此,把谬误定义为逻辑上是有缺陷的,它可以误导人们认为它是逻辑上正确的推理或论证。谬误有三层含义:(1)它是一种推理或论证;(2)这种推理或论证逻辑上是有缺陷的;(3)这种推理会误导人们认为其逻辑上是正确的。而一个好的论证,必须同时满足三个条件,即所有前提都是可接受的,前提和结论必须是相干的,所有前提加起来必须给结论提供足够支持。根据这三个条件,又可以将谬误分为三种类型:第一类是前提谬误;第二类是相干谬误;第三类是支持谬误。实质谬误主要是针对前提或者是针对支持前提的证据而言的,即当论证者无法为某个前提提出充足的证据时,该论证就没有被充分证成,这就是实质谬误。一般而言,可以认为实质谬误指的是论证使用了不恰当的前提所造成的谬误。

参考书目

熊明辉:《逻辑学导论》,复旦大学出版社 2011 年版。

(于诗洋)

特称命题

针对直言命题而言的,根据直言命题的量或命题的量项,可以把直言命题分为全称命题和特称命题。特称命题只是断定了主项这个类中至少有一个成员存在。在汉语中的表达式通常是“某个”或“某些”。特称命题有两种形式,I 命题和 O 命题。其中,I 命题如“有些杀人凶手是未成年人”断定了“杀人凶手”这个类中“至少有一个”成员也是“未成年人”这个类的成员,但不必然只有一个成员是如此。O 命题如“有些杀人凶手不是未成年人”断定了“杀人凶手”这个类中“至少有一个”成员不是“未成年人”这个类的成员,但不必然只有一个成员不是。

参考书目

熊明辉:《逻辑学导论》,复旦大学出版社 2011 年版。

(于诗洋)

条件命题

“如果 p,那么 q”形式的复合命题。一个条件命题包含两个部分,即条件和其结果,表达的意思就是当条件 p 被满足时,会得到结果 q。条件命题被用于陈述一个命题是另一种命题的条件,这也是条件命题的由来。在这里,p 是 q 的充分条件,表达的是当条件 p 被满足时,一定会得到结果 q;q 是 p 的充分条件,表达的是当得到结果 q 时,说明一定有条件 p。可以将法条都看作条件命题,如“故意杀人的,处死刑、无期徒刑或者十年以上有期徒刑”,就可以看作,如果故意杀人,那么处死刑、无期徒刑或者十年以上有期徒刑。当然,在实际的案件中,会更为复杂,但是在理解法条的时候总是可以将其视为条件命题的形式。只不过这种条件可能是一种可废止的条件。最经典的可废止论证的例子是,“鸟会飞,x 是鸟,所以 x 会飞”,当 x 是企鹅时,这一论证就不成立了,就被废止掉了,一种理解是认为鸟会飞并不是说所有鸟都会飞,而只是表达有些鸟会飞,还有一种理解就是提出可废止论证。论证可废止的根本原因是论证的前提并不封闭,也就是说并不是在一个封闭的系统内。法律案件也是如此,当有新的证据被发现时,原有的条件命题很可能就也被推翻,被废止掉了,将会得到新的结论。

参考书目

熊明辉:《逻辑学导论》,复旦大学出版社 2011 年版。

(于诗洋)

同一律

传统逻辑基本规律之一。它与矛盾律、排中律一起通常被称为逻辑思维的三大基本规则,通常表述为 A 是 A。在传统逻辑里,同一律首先是作为事物的规律提出来的,其意为任一事物是什么就是什么,即任一事物与自身同一。其次,同一律又是思维的规律,意为任一命题是真的就是真的。同一律还被表述为一种关于认识活动的规范性的规律,即人们如果断定某一命题,就应该断定这一命题。同一律后来还被看作逻辑语义的规律,即在同一上下文中,同一语词或语句应当表述同一思想。作为后两种规律,同一律被认为是防止偷换概念或转移论题的根据,因此也常被称为同一律的要求。违反同一律要求的思想一定是混乱和错误的。同一律要求思想保持确定性,但它不否认和排斥事物或思想的变化发展。亚里士多德在建立传统逻辑体系时,虽然没有明确提出同一律,但在他的某些言论中已有关于同一律的思想和应用。例如,他在《前分析篇》中说:“任何真实的事物,必定在每一方面与它自身一致。”在现代逻辑中,$A \rightarrow A$(读为如果 A 则 A),可以看作同一律在命题逻辑中的体现;$x = x$ 可以看作同一律在带等词的谓词逻辑中的体现。

(于诗洋)

完全性

又译“完备性”。一般来讲,如果一个对象不再需要对它添加什么东西时,它就是完全的。在不同领域,这个概念有着更加具体的规定。在逻辑学中,“语义完全性”是形式系统可靠性的对应特性,具体地说,当所有重言式都是定理时,这个形式系统就是语义完全的;相反,当所有定理都是重言式时,这个形式系统就是可靠的。然而,并不是所有逻辑系统都具有上述所有四个性质。哥德尔不完全性定理表明:任何一个算术形式系统都不可能既是一致的又是完全的。换句话说,任意一个包含算数系统在内的形式系统中,都存在一个命题,它在这个系统中既不能被证明也不能被否定,并且任意一个包含算术系统的形式系统自身不能证明它本身的一致性。前者被称为“哥德尔第一不完全性定理”,后者被称为“哥德尔第二不完全性定理”。在法律领域,可以将完全性理解为,如果所有可能遇到的情形都已在法律中规定,那么该法律就是完全的。

参考书目

熊明辉:《逻辑学导论》,复旦大学出版社 2011 年版。

(于诗洋)

谓词逻辑

狭义的谓词逻辑是指一阶逻辑,而广义的谓词逻辑指的是高阶逻辑,参见高阶逻辑(high - order logic)。

(于诗洋)

下反对关系

对当关系中的一种,而对当关系指的是具有相同主项和谓项的 A、E、I、O 四种直言命题间的关系,共有六个可能,四种关系。具体而言,下反对关系指的是 I 命题和 O 命题之间的关系。在逻辑方阵中,两个命题是下反对关系,当且仅当,它们同时满足下述四个条件:(1)它们是从存在观点来看的;(2)它们具有相同主项和相同谓项;(3)它们都是特称命题;(4)它们有不同的质。从真假关系来看,下反对关系是“可以同真,不能同假”的关系。例如,I 命题有的……不是……和O命题所有……都……之间就是下反对关系，它们的真假关系就是可以同时为真，但是不能同时为假。这种关系可以用来进行对当关系推理，即由I、O两种命题中的一种推导出与其对应的下反对命题的真值范围，具体而言，若I命题（有的p是q）为真，则O命题（有的p不是q）既可为真，也可为假，但当I命题为假，则O命题一定为真；反之亦然。

参考书目

熊明辉：《逻辑学导论》，复旦大学出版社2011年版。

（于诗洋）

小项

针对三段论而言，在直言三段论中，结论的主项就是这个三段论的小项，通常用S表示，而含有这一小项的前提就被称为小前提；相应地，结论的谓项是这个三段论的大项，通常用P表示，而含有大项的前提就被称为大前提；在前提中出现两次，结论中未出现的项被称为中项，通常用M表示。如下例，所有以暴力方法抢劫公有财物的人，处三年以上十年以下有期徒刑，并处罚金；张三以暴力方法抢劫公有财物；所以，张三被判处三年以上十年以下有期徒刑。在这个三段论的例子中，结论的主项，“张三”就是这个三段论的小项，含有“张三”的前提“张三以暴力方法抢劫公有财物”就是这个三段论的小前提。

参考书目

熊明辉：《逻辑学导论》，复旦大学出版社2011年版。

（于诗洋）

形式逻辑

根据纯形式来研究推论的有效性评价，其中，那个纯形式变得非常明显。如果一个推论能够被表达为某个完全抽象规则的具体应用，且这个规则不是关于某个具体对象或性质的，那么这个推论就具有一个纯形式内容。亚里士多德的著作包括已知的逻辑形式研究的最早版本。在诸多逻辑定义中，逻辑推论与纯形式内容推论或形式推论是相同的。但是，这并没有使非形式逻辑概念变得无意义，因为没有形式逻辑能够抓住自然语言的所有细微差别，而非形式逻辑却试图去找出这些细微差别，当然它也不可能抓住其全部。逻辑形式的概念是形式逻辑的核心概念，因为一个论证的有效性是由它的逻辑形式决定的，而非内容。传统的亚里士多德逻辑（三段论逻辑）与现在的符号逻辑都属于形式逻辑。一般认为对形式逻辑的研究起源于亚里士多德，现代逻辑的发展是基于亚里士多德的工作。作为逻辑学的主流，很多人将形式逻辑学等同于逻辑学，最明显的例子就体现在对逻辑学的定义上。因为形式逻辑关注的是纯形式，不关心内容，关注的是推理的演绎有效性（前提为真而结论为假是不可能的），所以当把逻辑学定义为研究推理有效性的学科时，实际上就忽略了非形式逻辑学，而将形式逻辑学等同于逻辑学。

参考书目

熊明辉：《逻辑学导论》，复旦大学出版社2011年版。

（于诗洋）

形式谬误

一类具有无效逻辑形式的论证，它是与非形式谬误相对的。非形式谬误的判定还需要对论证内容进行考察，但是形式谬误并不需要，它只通过逻辑形式就可以判断出是否为谬误，也就是说，只要符合一些特定的逻辑形式，无论论证的内容如何，都可以判定为谬误。这种无效的论证形式是无限的。汉布林（Charles Hamblin）在他的著作《谬误》（*Fallacies*，1958 年）一书中认为，对谬误的传统定义是，谬误是看起来有效，但实际并不有效的论证。他定义的谬误实际上针对的是形式谬误，因为他定义的标准是有效性，有效性是针对形式演绎而言的，因此是形式谬误。最大的问题出在"看起来"上，因为对于不同的人来说，显然标准会不一样，所以这就会导致谬误认定的相对主义。其后，大量的理论家也对谬误的定义进行了深入的探讨，力求一种普遍可接受的谬误定义和谬误界定。例如，语用论辩理论将谬误定义为对批判性讨论规则的违背。批判性讨论是语用论辩理论预设的理想模型，设定的 10 条批判性讨论规则主要是为了构造出一个理性讨论的框架，这种论辩学的进路有些类似于法庭论辩，都是遵守一些既定的规则。这种对谬误定义的论辩进路或可应用于法律领域。

（于诗洋）

选言推理

又称析取推理，是指传统逻辑里一类有两个前提的演绎推理，其中一部分前提是选言命题，另一部分前提是该选言命题支命题的否定命题。早在古希腊时期就有对这一类型推理的讨论。选言命题又称析取命题，是反映事物的若干种情况或性质至少有一种存在的命题。选言推理是根据选言命题的逻辑性质而进行的推理。根据选言支之间是否具有并存关系，选言命题有相容选言命题与不相容选言命题之分。前者又称为弱析取命题，其含义等同于两者中至少有一个为真，也可能是两个都为真。后者又称为强析取命题，其含义等同于一定有一个为真，但也仅有一个为真，即不能两者同时为真，而只能一真一假。相应地，选言推理分为相容选言推理和不相容选言推理两种。具体而言，相容选言推理就是以相容选言命题为前提，根据相容选言命题的逻辑性质进行的推理。相容选言推理有两条规则：(1)否定一部分选言支，就要肯定另一部分选言支；(2)肯定一部分选言支，不能否定另一部分选言支。根据规则，相容选言推理只有一个正确的形式，即肯定否定式。

不相容选言推理是以不相容选言命题为前提，根据不相容选言命题的逻辑性质进行的推理。不相容选言推理有两条规则：(1)否定一部分选言支，就要肯定另一部分选言支；(2)肯定一部分选言支，就要否定另一部分选言支。根据规则，不相容选言推理有两个正确的形式，即肯定否定式和否定肯定式。

参考书目

熊明辉：《逻辑学导论》，复旦大学出版社 2011 年版。

（于诗洋）

演绎有效性

演绎推理关注的是从给定前提必然推导出结论。与此相对，归纳推理是一个根据经验观察推演出一个可信概括的过程。因此，有效性通常被区分为演绎有效性和归纳有效性（通常被称为归纳强度)。一个推论是演绎有效的,当且仅当,所有前提都真而结论为假是不可能的。一个推论是归纳有效的,当且仅当,所有前提均真而结论正如其主张的那样真。一方面,对于一个形式逻辑系统而言,演绎有效性概念能够根据很容易被理解的语义学概念来陈述。另一方面,归纳有效性需要定义某个观察集的可信概括。如法律规定"过失致人死亡的,处三年以上七年以下有期徒刑",那么由前提"过失致人死亡的,处三年以上七年以下有期徒刑"和"小明过失杀人了"就可以演绎有效地得出结论"小明会被处以三年以上七年以下有期徒刑",因为当所有前提都真而结论为假是不可能的。当然,从某种程度上来说,所有的法律判决都是演绎有效的,因为法官所作的判决是要求无比自信、斩钉截铁的,当然这也是从法官所作判决不能存在另一种判决可能性的角度来看的。

参考书目

熊明辉:《逻辑学导论》,复旦大学出版社2011年版。

（于诗洋）

诉诸权威

一种特殊类型的归纳论证,亚里士多德把依据专家意见的推论当作"论辩"论证之一。15世纪,评估诉诸专家意见的问题作为一个逻辑难题被提出。中世纪(甚至18世纪以前)逻辑中,诉诸权威论证是被当作合理论证接受的。但在洛克之后以及随着经验科学的兴起,一直到19世纪(乃至今天)的逻辑教科书,将诉诸权威论证视为当然的谬误;现代主流逻辑学对这一最常用的论证模式并未给予足够的关注。而根据新兴的非形式逻辑,人们越来越认识到,日常论证中对诉诸权威的使用司空见惯,而在法律系统中,权威更处于核心地位;诉诸权威不仅是一种似真推理模式,且其逻辑评估必须应用一系列非形式的条件或规范。新近的研究则表明,诉诸权威作为论辩或对话活动常用的模式,其评估就是对照若干"批判性问题"进行检验。诉诸权威的谬误无非就是独断地使用诉诸权威的一般模式,或将权威意见视为终极性话语,逃避或阻碍正视这些批判性问题,或者未对这些问题作出恰当的回答。诉诸权威的形式有很多种,有以下的基本结构:专家甲在乙领域说的任何事情都是正确的;专家甲在乙领域说了丙理论;因此,丙理论是正确的。这种归纳论证是基于以下两项因素:(1)专家甲是乙领域的合法专家;(2)丙理论是在乙领域的合法专家们的讨论下得出的共识。也可以简单地将这些条件加到论证本身的结构中,形式可以是这样:专家A在领域B所说的一切都是正确的,专家A在领域C说了D观点,所以D观点是正确的。诉诸权威的谬误通常是指不相关领域的权威或错误将权威说的当成正确的,假设专家A是领域B的权威,因此他对领域B的发言是可靠的,但如果将专家A在C领域的言论也视为可靠,就是属于诉诸不相关领域的权威;另一种诉诸权威的谬误是将权威说的当成正确,虽然专家A是领域B的权威,但不代表他说的就正确,正确与否应该是基于证据是否充分或结果是否如此,一般情况下不会质疑自然科学范畴的专家对相关领域的言论,因为其中的言论大多数都属于可验证的,但是在社会科学范畴中,由于相关专家的言论大多都是无法验证的,因此必须通过其证据判别他的言论是否正确。

（张玫瑰）

类比

一般指类比推理。类推是一种认知过程,将某个特定事物所附带的讯息转移到其他特定事物之上。通过比较两件事情,清楚揭示二者之间的相似点,并将已知事物的特点,推衍到未知事物中,但两者不一定有实质上的同源性,其类比也不见得“合理”。类推是科学研究中常用的方法之一。它是从特殊推向特殊的推理。类比推理是根据两个或两类对象有部分属性相同,从而推出它们的其他属性也相同的推理,以关于两个事物某些属性相同的判断为前提,推出两个事物的其他属性相同的结论的推理。类推在记忆、沟通与问题解决等过程中扮演了重要角色,在不同学科中也有各自的定义。如声和光有不少属性相同——直线传播,有反射、折射和干扰等现象;由此推出:既然声有波动性质,光也有波动性质,这就是类比推理。类比推理具有或然性,如果前提中确认的共同属性很少,而且共同属性和推出来的属性没有什么关系,这样的类比推理就极不可靠,称为机械类比。科学家常根据类比推理得出重要结论。在逻辑学上,类比推理是根据两个或两类对象在某些属性上相同,推断出它们在另外的属性上(这一属性已为类比的一个对象所具有,另一个类比的对象那里尚未发现)也相同的一种推理。类比可区分为两大类,一个是近似类推(near analogies),是指两个事物之间大部分类似,因此可以将 A 事物的特色等同于 B 事物;另一个叫作延伸类推(far analogies),则是指两个事物之间有很大的不同,但是在某个重要特点上,两者是类似的。

(张玫瑰)

循环论证

有时也被称为循环推理(circular reasoning)或循环证成(circular justification),是一种其论点的真最终由其自身支持的推理方式。循环论证有时也泛指包括循环证成、循环因果、循环定义、循环解释等各种有循环形式的陈述。中文中,有“循环论证”“预期理由”“乞辞”等名称。在英国被称为 begging the question,16 世纪从拉丁文中传入。拉丁语 *petitio principii* 的 petitio 指“请求”,principii 指“基础”,字面上是指一个论点“证明其基础”。这个词从亚里士多德的《分析前篇》第十四节而来,本词是希腊语 en archei aiteisthai。“假定待证明的命题为对,使其不能证明所需命题。”循环证成通常是这样的:主张命题 P_1,但 P_1 并非已知或不证自明(如论者试图为它提供理据,或者它受人质疑),于是使用 P_2 支持 P_1,但 P_2 亦受人质疑,于是使用 P_3 支持 P_2,但 P_3 亦受人质疑,但此论者使用 P_1 支持 P_3。这种情况可以写成一般性的形式:

$$P_1 \leftarrow P_2 \leftarrow P_3 \leftarrow \cdots\cdots \leftarrow P_n \leftarrow P_1$$

此论证的基本前提为 P_1,结论为 P_1,结论出现在前提中,这种推理形式相当于使用 P_1 支持 P_1 自己,因此是循环证成。有时论证会更加复杂,例如,用 P_2、P_3、P_4 共同支持 P_1,而在 P_4 受质疑时再用 P_1、P_5 共同支持 P_4,结论出现在前提中,因此也是一种循环证成。单就循环证成的形式来看,循环证成在逻辑上可能有效(如果推理过程没有缺陷),也可能是可靠的健全(如果自身证立的前提恰好是真的),因此循环证成并非推理形式上的错误,故不归为形式谬误。然而,循环证成的情境中,通常是受质疑的,用受质疑的命题自身证明自身毫无意义,也缺乏说服力,这种情况可归为非形式谬误。有些人把情境上不恰当的循环证成称作循环证成的谬误或循环论证的谬误;有些人则只把“循环证成”限定于情境上不恰当的情况。

(张玫瑰)

大项

在三段论中作为结论的谓项的词项。通常用拉丁字母P(Praedicatum的第一个字母)来表示。例如,所有逻辑学家都是哲学家;所有美学家都是逻辑学家;因此,所有美学家都是哲学家。在这个论证中,“哲学家”是结论中的谓项,是大项。逻辑学家们把包含大项的前提称为大前提。大前提不是根据前提的顺序来区分的,而是根据前提包含大项来区分的。

(夏卫国)

大项扩大谬误

在三段论中的大项在前提中不周延,但在结论中却周延的逻辑错误。违反三段论的“在前提中不周延的项,在结论中不得周延”的规则。由于具有这个错误性质,该类三段论的结论就不是由前提所必然推出。大项扩大谬误构成形式谬误之一,在这个谬误里,结论的词适用于一个类的“所有”成员,即使在前提里,该词仅限于该类的“某些”成员。例如,所有的法官都是通情达理的;诗人不是法官;因此诗人不是通情达理的。“通情达理的人”这个大词,在大前提中不周延,在结论中周延了。

(夏卫国)

周延

质和量是直言命题的属性。直言命题的质(quality)或是肯定的,或是否定的,视其肯定还是否定类属关系而定。直言命题的量或是全称的或是特称的,视该陈述是就主项所指称的类的每一成员还是仅就某些成员作出断言而定。因此,一词项是周延的当且仅当陈述把一属性指派或者分配给该词项所指称的类的每一成员。

如果一陈述就S类的每一成员有所断言,那么S就是周延的;如果它就P类的每一成员有所断言,那么P就是周延的;否则S和P是不周延的。据此可以判定“A、E、I、O”的周延情况。“所有S是P”是就S类的每一成员作出断言,因为该陈述说的是S的每一成员都在P类中。但是,该陈述并没有就P类的每一成员作断言,因为可以有P的成员在S之外。是以,根据上面给出的“周延的词项”的定义,S是周延的而P不是。换句话说,对任何全称肯定的(A)命题来说,主项是周延的,而谓项是不周延的。“所有S不是P”断言S的每一成员隔离于P的每一成员,而且P的每一成员也隔离于S的每一成员。从而,据上述定义,全称否定的(E)命题的主项和谓项都是周延的。“有的S是P”说的是S的至少一个成员是P的成员。是以,陈述“有的S是P”是就S的(至少)一个成员以及P的(至少)一个成员,但是没有就两类中任何一类的所有成员作断言。因此,据周延的定义,S和P都不是周延的。“有的S不是P”断言S的至少一个成员不是P的成员。

该陈述的确断言P的每一个成员都隔离于和不同于S的这一个在P外面的成员。是以,在特称否定的(Q)命题中,P是周延的而S是不周延的。周延是直言命题的主项和谓项视命题的种类而定,可能具有也可能不具有的属性或性质。如果所说的命题是A型的,那么主项就是周延的。如果它是E型的,那么两个词项就都是周延的;如果是I型的,那么就都不是周延的;而如果是O型的,那么谓项是周延的。如果某词项在一命题中是周延的,这只是意指命题就该词项所指称的类的每一成员说了什么。如果一词项是不周延的,该命题则并没有就该类的每一成员说什么。周延这一属性在评价三段论时是不可或缺的。例1:大前提"任何粗制滥造的制造商……是有责任的"。"任何制造商"这个主词是周延的,它告诉我们这个命题将适用于所有符合此定义的制造商。这群有责任的人是不周延的,因为除了有责任的制造商之外,还有其他人存在。例2:"所有推车的摊贩……是没有责任的。""推车摊贩"这个主词是周延的,它指涉所有的推车摊贩。在否定的命题中,谓词是周延的,因为命题是告诉我们关于所有有责任的人的事。例3:某些制造商是有责任的。该命题只指涉一部分制造商,主词不周延。该命题并没有告诉我们关于所有制造商的事,也不是关于所有责任人的事,谓词必定不周延。例4:某些摊贩是没有责任的。主词摊贩限制在命题适用的那一群,是不周延的。谓词是周延的,因为它告诉我们关于所有有责任的人的事,这些人与主词的有限摊贩并不重合。

在法律领域,亚狄瑟进一步概括如下:第一,先要弄清楚的是,主词与谓词是否指涉整个类或是类的一部分?第二,如果是指整个类,主词或谓词就是周延的。第三,如果是指类的一部分,主词或谓词就是不周延的。第四,全称命题的主词是周延的,因为全称命题指涉整个类。第五,特征命题的主词是不周延的,因为特称命题指涉类的一部分。第六,肯定命题的谓词是不周延的。第七,否定命题中的谓词是周延的。

参考书目

[美]鲁格罗·亚迪瑟:《法律的逻辑——法官写给法律人的逻辑指引》,唐欣伟译,法律出版社2007年版。

（夏卫国）

假言三段论

至少有一个前提为假言命题的三段论,称为假言三段论。假言三段论可分为大前提、小前提均为假言命题的假言三段论、只是大前提为假言命题的混合的假言三段论。传统逻辑中假言三段论的具体形式可分为假言直言推理(充分条件假言三段论、必要条件假言三段论和充要条件假言三段论三类)、二难推理、假言联言三段论、假言连锁推理、假言易位推理、归谬推理、反三段论等。

（夏卫国）

假言推理

至少有一个前提为假言命题,并根据假言命题前后件之间的逻辑关系而进行推演的一种演绎推理。假言推理是根据假言命题的逻辑性质进行的推理;分为充分条件假言推理、必要条件假言推理和充分必要条件假言推理三种。

其一,充分条件假言推理是根据充分条件假言命题的逻辑性质进行的推理。充分条件假言推理有两条规则:规则一:肯定前件,就要肯定后件;否定前件,不能否定后件;规则二:肯定后件,不能肯定前件;否定后件,就要否定前件。根据规则,充分条件假言推理有两个有效形式:(1)肯定前件式:如果p,那么q;p,因此,q。在现代逻辑中,这被称为分离规则(Modus Ponens)。(2)否定后件式:如果p,那么q;非q,因此,非p。在现代逻辑中,这被称为逆分离规则(Modus Tonens)。根据该规则,充分条件假言推理的否定前件式和肯定后件式都是无效的。

其二,必要条件假言推理是根据必要条件假言命题的逻辑性质进行的推理。必要条件假言推理有两条规则:规则一:否定前件,就要否定后件;肯定前件,不能肯定后件;规则二:肯定后件,就要肯定前件;否定后件,不能否定前件。根据规则,必要条件假言推理有两个有效形式:(1)否定前件式:只有p,才q;非p,因此,非q。(2)肯定后件式:只有p,才q;q,因此,非p。如"只有年满十八岁,才有选举权;小周不到十八岁,所以,小周没有选举权"和"只有选用优良品种,小麦才能丰收;小麦丰收了,所以,这块麦田选用了优良品种。"这两个都是必要条件假言推理,前者是否定前件式;后者是肯定后件式。这两个推理都符合推理规则,所以,都是正确的。根据规则,必要条件假言推理的肯定前件式和否定后件式都是无效的。如"只有有作案动机,才会是案犯;某人确有作案动机,所以,某人定是案犯"以及"只有学习成绩优良,才能做三好学生;小吴不是三好学生,所以,小吴学习成绩不是优良。"这两个例子都是无效的必要条件假言推理,因为它们分别违反了"肯定前件,不能肯定后件"或"否定后件,不能否定前件"的规则。

其三,充分必要条件假言推理是根据充分必要条件假言命题的逻辑性质进行的推理。充分必要条件假言推理有两条规则:规则一:肯定前件,就要肯定后件;肯定后件,就要肯定前件;规则二:否定前件,就要否定后件;否定后件,就要否定前件。根据规则,充分必要条件假言推理有四个正确的形式:(1)肯定前件式:p当且仅当q;p;因此,q。(2)肯定后件式:p当且仅当q;q;因此,p。(3)否定前件式:p当且仅当q;非p;因此,非q。(4)否定后件式:p当且仅当q;非q;因此,非p。在具体的司法实践中,应该准确把握法律条文的假言判断结构特点,根据各支判断之间的逻辑关系分析出涉案人员行为的表现特征,运用假言推理的逻辑有效式得出有效结论,从而得以把量刑幅度确定下来,如此才是法律假言推理有效的必要条件。

(夏卫国)

排中律

这是传统形式逻辑的三大基本规律之一。其内容是:在同一思维过程中,两个相互矛盾的命题不可能都是假的,其中必有一个是真的。其公式表示为:$A \vee \neg A$。其逻辑要求是:在两个相互矛盾的命题中必须肯定其中之一为真,不能对两者同时加以否定。就概念而言,排中律要求在同一思维过程中,对于一定论域中的某一个对象,或者属于概念A所反映的范围,或者属于非A所反映的范围,二者必居其一。就判断而言,排中律要求在同一思维过程中,对于同一对象给出的两个互相矛盾的命题,必须肯定其中一个是真的,不能同时加以否定。如果违反排中律的逻辑要求,就会犯"模棱两可"的逻辑错误。排中律要求的是思维的明确性,排除的是对两个互相矛盾的思想不承认其中必有一真,骑墙居中的错误。遵守排中律是正确思维的必要条件。但是,有些逻辑学家们认为,在多值逻辑和直觉主义逻辑中,排中律不被看作是逻辑规律而普遍有效。在法律论辩时,排中律的作用主要体现在:揭露、制止被询问人的模棱两可;防止在审讯中滥用复杂问语搞诱供;发现和避免司法中的模糊裁定。运用排中律时应当注意:把握好运用的范围、条件;问题的预设必须真实;发问要简明;不能违反法律规定。

(夏卫国)

充足理由律

17世纪德国莱布尼茨(Gottfried Wilhelm von Leibniz)在《单子论》中提出"充足理由原则"以作为推理的原则之一。后来,沃尔弗(Christian Wolff)正式提出"充足理由律"作为形式逻辑的基本规律之一。这一观点引起学术界争论。一种意见认为,充足理由律是形式逻辑的基本规律之一,其内容表述为:在论证过程中,一个判断被确定为真,总是有充足理由的。其公式是:如果B蕴涵A而且B真,那么,A真。按此,其逻辑要求是:理由必须真实;理由与推断之间有必然的联系。如果违反这两条规定,就会犯“虚假理由”和“推不出”的逻辑错误。另一种意见认为,充足理由律不是形式逻辑的基本规律之一。其主要理由是:形式逻辑及其基本规律不涉及具体思维内容的真假,“理由必须真实”不符合形式逻辑科学及其基本规律的特点和性质;充足理由律不能像形式逻辑的其他三个规律那样,可以表述为一个永真公式。充足理由律在法律论辩中的主要作用:有助于加强法律论辩的论证性和说服力;有助于全面把握案件的因果关系。

参考书目

彭漪涟、马钦荣主编:《逻辑学大辞典》,上海辞书出版社2010年版。

（夏卫国）

经典逻辑

主要指由弗雷格、罗素等所创立的命题演算和谓词演算系统。经典逻辑的重言式是对法律思维进行较高逻辑抽象的结果,是法律推理之形式有效性的基础理论,是评价作为基于结果的法律论证形式标准的必要条件。

经典逻辑至少含有下述预设:(1)外延原则,即它在处理语词、语句时,只考虑它们的外延,并认为语词的外延是它所指称的对象,语句的外延是它所具有的真值,如果在某一复合语句中用具有同样指称但含义不同的语词或语句去替换另一语词或子语句,该复合语句的真值保持不变。(2)二值原则,即任一命题或真或假,非真即假,非假即真;没有任何命题不具有真假值,也没有任何命题具有除真假之外的其他值。二值原则是古典的矛盾律和排中律的结合。二值原则、矛盾律和排中律是所有二值逻辑系统所依据的元规则,而不仅仅是这些系统的一个内定理。(3)存在假定,即它的个体域非空,量词毫无意外地具有存在含义,并且单称词项总是指称个体域中的某个个体。如果语句和论证中出现了无所指的空词项,则人为地给它们指定外延:空集合。这是为了确保经典逻辑中的语句有且仅有一个真值。(4)由假得全原则,指经典逻辑中存在这样一个定理,即从逻辑矛盾推出一切命题。一个理论包含它的所有逻辑后承。如果一个理论不同时包含一个句子和该句子的否定,就说该理论是一致的;如果一个理论包含每一个句子,就说它是不足道的。从由假得全原则可知:任何一个不一致的理论都是不足道的。(5)采用实无穷抽象法,即把无穷当作已经完成的一个整体,而不只是一个潜在的无穷延伸的过程,于是在经典逻辑中就可以研究本质上是非构造性的对象。

扩充逻辑是在经典逻辑的基础上,通过引入新的逻辑常项以及与这些常项有关的新的公理和推理规则而构成的系统,所有经典逻辑的定理都是这些系统的定理,此外它们还包含了许多与新常项有关的定理。变异逻辑是由否定或者修改经典逻辑的一个或多个假定而导致的系统,它们至少在某些定理上与经典逻辑不一致:经典逻辑的某些定理不再是它们的定理,它们的某些定理也不是经典逻辑的定理。

参考书目

陈波:《逻辑哲学》,北京大学出版社2005年版。

（夏卫国）

经典否定

“否定”概念涉及各个领域,含义非常广泛。经典否定在狭义上指经典命题逻辑的否定,可以从语形和语义两个角度加以探讨。第一个完整的经典命题逻辑系统由弗雷格(Gottlob Frege)于1879年建立。关于经典命题逻辑,不同的逻辑学家给出了许多不同的等价系统。下面给出一个与弗雷格和罗素(Bertrand Russell)等人提出的经典命题逻辑系统等价的系统CPC,并在此基础上考察否定在经典命题逻辑系统中的性质与特征。

(1)CPC 的形式语言 L

初始符号

· 可数命题变元:P1,P2,P3……;

· 命题联结词:$\neg, \vee, \wedge, \to$;

· 辅助符号:(,)。

公式形成规则

· P1,P2,P3……是原子公式,原子公式是公式;

· 若 A 和 B 是公式,则$\neg A$,$(A \vee B)$,$(A \wedge B)$,$(A \to B)$是公式;

· 只有按上述规则产生的符号串才是公式。

定义 $A \leftrightarrow B = df(A \to B) A (B \to A)$

括号省略规则公式最外面的一对括号可以省略$\neg$,$\vee$,$\wedge$和$\to$的结合力依次递减。

(2)CPC 的公理(以公理模式的形式给出):

CPCI:$A \to (B \to A)$

CPC2:$[A \to (B \to C)] \to [(A \to B) \to (A \to C)]$

CPC3:$A \to (B \to A \wedge B)$

CPC4:$A \wedge B \to A$

CPC5:$A \wedge B \to B$

CPC6:$(A \to C) \to [(B \to C) \to (A \vee B \to C)]$

CPC7:$A \to A \vee B$

CPC8:$B \to A \vee B$

CPC9:$(\neg A \to B) \to [(\neg A \to B) \to A]$

上述每一条公理模式都代表无穷多条公理。

(3)推演规则:分离规则,即由公式 A 和 $A \to B$ 可推出 B。

(4)在 CPC 中,否定“$\neg$”有如下主要特征。

排中律:$A \vee \neg A$

矛盾律:$\neg (A \wedge \neg A)$

双重否定消去律:$\neg\neg A \to A$

双重否定引入律:$A \to \neg\neg A$

德摩根律:$\neg (A \wedge B) \leftrightarrow \neg A \vee \neg B$

假言易位律:$A \to B \leftrightarrow \neg B \to \neg A$

析取三段论:$(A \vee B) \wedge \neg A \to B$

蕴析律:$(A \to B) \leftrightarrow \neg A \vee B$

蕴涵怪论：$\neg A \rightarrow (A \rightarrow B)$、$A \wedge \neg A \rightarrow B$

排中律和矛盾律是经典否定的两大基本规律。双重否定消去律、双重否定引入律、德摩根律、假言易位律、析取三段论、蕴涵怪论等规律也刻画了经典否定的重要性质。当然，在经典命题逻辑系统CPC中，刻画否定的逻辑规律还有很多，此处给出的只是其中较为突出且具有典型特征的规律。

从语义角度看经典否定：为了说明经典命题逻辑系统中否定词“¬”的意义，下面给出经典否定的语义解释。通常对经典命题逻辑采用真值语义解释。V是一个CPC赋值，当且仅当，V是由CPC的公式集Form(CPC)到集合{1,0}的一个函数，并且满足以下条件：对任意公式A、B∈Form(CPC)，有：

若A是原子公式，则$V(A)=1$或$V(A)=0$，且二者择一。

$V(\neg A)=1$当且仅当$V(A)=0$。

$V(A \wedge B)=1$当且仅当$V(A)=1$且$V(B)=1$。

$V(A \vee B)=0$当且仅当$V(A)=0$且$V(B)=0$。

$V(A \rightarrow B)=0$当且仅当$V(A)=1$且$V(B)=0$。

由¬A的赋值条件可知，¬A为真当且仅当A为假。经典命题逻辑的语义学是一种二值语义学。在这一语义学下，可以验证，所有CPC的定理都是重言式，并且一切重言式在经典命题逻辑系统CPC里都是可证的。所以经典命题逻辑具有语义一致性和语义完全性。此外，它还具有经典一致性和经典完全性。这是经典否定的真值语义解释。

从纯语形角度来看，经典否定所遵循的逻辑规律最多。从语义角度看，经典否定所在的逻辑系统不仅是语义一致和语义完全的，而且是经典一致和经典完全的。所以，无论从语形还是从语义角度来看，经典否定均是最理想、最完美的否定。

参考书目

冯艳：《论经典否定、直觉主义否定和弗协调否定》，载《自然辩证法研究》2005年第2期。

（夏卫国）

重言式

又称“永真式”“常真式”，是关于真值联结词的逻辑规律，是经典命题逻辑中的逻辑规律。真值形式的真值是否常真，可以通过真值表方法判定。无论命题变项取什么值，真值函项都取真。例如，真值形式“$p \vee \neg p$”就是这种永真型真值函项的表现。无论p取何值，“$p \vee \neg p$”总为真。在重言式中，尤为重要的是重言蕴涵式和重言等值式，因为凡是正确的推理形式都可以表现为重言蕴涵式或重言等值式。从命题的语义角度看，重言式是穷尽可能的必然。有些逻辑学家把重言式概念也推广到谓词逻辑中去。穷尽可能即承认所有可能，逻辑命题不把可能性断定为事实，而反把任何可能性断定为一种可能性。这样的逻辑命题对一件件的事实毫无表示，而对于所有的可能都分别的承认之。对于事实无表示，所以它不可能为假；对于所有的可能都分别的承认之，所以它必真。

参考书目

金岳霖：《论道》，商务印书馆1987年版。

（夏卫国）

实质蕴涵

蕴涵是对于自然语言中的连接词“如果……则……”的逻辑解读,蕴涵式“如果 A 则 B”则表示自然语言中的各种条件句,在逻辑中,一般把它用符号表示为“A→B”。其中 A 叫作“前件”,B 叫作“后件”,尽管有时 B 被陈述在前,A 被陈述在后,如“B,如果 A”;有时也说 A 是 B 的充分条件,B 是 A 的必要条件。在自然语言中,条件句的内容当然是各种各样的,但在经典逻辑中,只从真假关系角度处理条件句,并规定:只有在前件真后件假的情况下,条件句才是假的;在其他三种情况——前件真后件真,前件假后件真,前件假后件假下,条件句都是真的。后三种情况也可以概括为前件或者后件真时条件句为真。对条件句真假的这样一种解释被叫作“实质蕴涵”。实质蕴涵最早是由古希腊麦加拉派学者斐洛提出来的。斐洛认为,一个正确的条件命题是一个并不开始于真而结束于假的命题。可以看出,斐洛考察条件命题时,仅仅注意命题前后件的真假与整个条件句命题的真假关系,而撇开了该命题前后件在其他方面的一切联系。这种仅仅考察条件命题前后件的真假关系的观点,在数理逻辑中被称为“实质蕴涵”。但是,斐洛的观点对后世并没有产生直接的影响。直到 20 世纪初,美国逻辑学家 C. S. 皮尔士注意到斐洛曾提出“实质蕴涵”观点,并在麦加拉学派、斯多亚学派内部引起很大论战。1879 年,德国逻辑学家弗雷格出版了《概念文字》一书。在这本书中,他独立地发现了实质蕴涵,并在逻辑史上第一次构造了一个基于实质蕴涵的一阶逻辑公理系统。由于种种原因,弗雷格的工作在当时也没有产生应有的影响。直到 1910 - 1913 年,罗素和怀特海合著的三大卷《数学原理》出版,实质蕴涵才受到逻辑学者的广泛注意,并引起了对于它的合理性的持久而又热烈的争论。

参考书目

陈波:《逻辑哲学研究》,中国人民大学出版社 2013 年版。

(夏卫国)

实质蕴涵怪论

这是经典命题逻辑系统中的蕴涵怪论,亦称为“真值蕴涵怪论”。一类与人们直观不相符合的含有实质蕴涵符号的重言式。比较典型的实质蕴涵怪论是下述重言式:(1)$p\to(q\to p)$。意思是说:真语句被任何语句所蕴涵。(2)$\neg p\to(p\to q)$。意思是说:假语句蕴涵任一语句。(3)$(p\to q)\vee(q\to p)$。意思是说:任意两个语句之间有蕴涵关系。(4)$(p\wedge q\to r)\to(p\to r)\vee(q\to r)$。意思是说:如果两个语句一起蕴涵一个结论,那么,或者其中一个语句蕴涵那个结论,或者其中另一个语句蕴涵那个结论。对于这一类定理,逻辑学家有两种意见。一部分逻辑学家认为,自然语言中的“如果,则”存在意义上的模糊性、歧义性,甚至带有心理因素,实质蕴涵在简便方面胜过任何其他的蕴涵理论,建立在这种实质蕴涵基础上的逻辑学,已被证明是最复杂精细的数学推理的满意基础。因此,实质蕴涵与自然语言中的“如果,则”存在推理意义抽象程度上的差别,这是正常的。但是,另一部分逻辑学家认为,上述定理不符合自然语言中“如果,则”的原义,违反人们的直觉和常识,不符合日常思维中的逻辑推理关系,只是反映前件与后件之间在真假方面的某种逻辑抽象,没有充分反映条件句中前件和后件、推理中前提和结论在意义、内容上的相互关联。

(夏卫国)

存在例示规则

亦称为“存在限定规则”。某些自然演绎系统中的初始推演规则。存在例示规则(EI)：假如被引进例示的名称对于论证来说是新的，那么根据任意存在量化命题可以有效推导出其任何事例。存在例示规则允许从一个存在量化命题推导出至少一个具体事例。但是，这项活动只有当推导出一个单个特定个体时才是安全的，而在全称例示中可以选择任意个体。因此，能够从“($\exists$x)F(x)”推导出“Fa”，在论证中只有那个名称在之前没有使用过才可以。一个存在命题的谓词公式是说，至少有一个个体具有A性质，至于这一个个体究竟是哪一个，或许并不知道，总可以肯定这一个体是存在的。姑且用a来代表这一个体，它被假定是那个存在量化式所断定的那个个体，这样就可以从一个存在命题的谓词公式得到该命题形式的个体a的替换实例(用a替换)，这就是存在例示的含义。正确地使用存在例示规则，必须受到这样一个限制：当使用存在例示规则时，所选用的个体符号不能在推导的先行步骤中出现。如果违背这一限定，就会导致前提真而结论假的无效推理。存在例示规则在有些逻辑公理系统中，也作为导出公理出现。

参考书目

黄华新、张则幸编：《逻辑学导论》，浙江大学出版社2005年版。

（夏卫国）

模糊推理

又称模糊逻辑推理，是指在确定的模糊规则下，由已知的模糊命题推出新的模糊命题作为结论的过程；以模糊集合论为基础的描述工具，对以一般集合论为基础描述工具的数理逻辑进行扩展，从而建立模糊推理理论。模糊推理作为近似推理的一个分支，是一种仿生行为的近似推理方法，主要用来解决带有模糊现象的复杂推理问题，是模糊控制的理论基础。在实际应用中，它以数值计算为特征，通过模糊推理的算法，由推理的前提计算出结论。1973年，扎德(L. A. Zadeh)首先给出了模糊推理理论中最基本的推理规则即模糊分离规则FMP(fuzzy modus ponens)，随后被扎德和马姆德尼(E. H. Mamdani)等人算法化，形成了当今以推理合成规则为主要基础的各种模糊推理方法。模糊推理主要有两种形式：(1)设A和B是论域Φ和Γ上的模糊集合，A和B之间的模糊关系用R(Φ,Γ)表示。若已知论域Φ上的模糊集合A，则模糊推理过程为：若x是Φ，则y是Γ；x是Φ；结论：y是$\Gamma\times=\Phi\times o R(\Phi,\Gamma)$。(2)设A和B是论域$\Phi$和$\Gamma$上的模糊集合，A和B之间的模糊关系用R($\Phi$,$\Gamma$)表示。若已知论域$\Gamma$上的模糊集合B，则模糊推理过程为：若x是$\Phi$，则y是$\Gamma$；y是$\Gamma$；结论：x是$\Phi\times=R(\Phi,\Gamma)\,o\,\Gamma\times$。可见，模糊推理的结论主要取决于模糊蕴涵关系R($\Phi$,$\Gamma$)及模糊关系与模糊集合之间的合成运算规则。对于确定的模糊推理系统，模糊蕴涵关系R(Φ,Γ)一般是确定的，而合成运算规则并不唯一。根据合成运算规则的不同，模糊推理方法可分为马姆得尼推理法、拉尔森(Larsen)推理法、扎德推理法等。从功能上看，模糊推理系统主要由模糊化、模糊规则库、模糊推理方法及去模糊化几部分组成。其工作机理为：首先通过模糊化模块将输入的精确量进行模糊化处理，转换成给定论域上的模糊集合；然后激活规则库中对应的模糊规则，并且选用适当的模糊推理方法，根据已知模糊事实获得推理结果，最后将该模糊结果进行去模糊化处理，得到最终的精确输出量。但是，模糊推理系统对模糊规则库有何要求？如何将精确值转换成模糊集合，以及如何将模糊集合去模糊化,使之成为精确的数值？这些问题的解决是设计模糊推理系统的基础。模糊推理方法在自动控制、数据处理、决策分析及模式识别等领域得到成功应用。

法律语言意义的模糊性理论需要模糊推理法律方法。法律的词语、概念没有确定的一成不变的意义,而是依其被使用的环境、条件和方式,有着多种意义。只有在弄清这些词语、概念被使用的环境和具体条件后、方能确定它们的意义。模糊性是指在一些案件中,词的适用是清楚的,哈特称之为“核心部分”,而在另一些案件中词的适用是不清楚的,哈特称之为“边缘部分”。在各种法的体系中,大量的领域是开放的,需要通过法庭或官员的明辨或谨慎裁量,包括先使模糊的标准确定化,使成文法的不确定性明确化,或通过使用权威性的先例发展并限制规则。为了解决法律语言中的模糊性,哈特引进“承认规则”,首先通过设置一定的判定标准,以区别法律与非法律,在区别的同时,解决规则的模糊性问题,从而为法律制度提供一个基础;其次要规则是针对主要规则的缺陷包括规则中语言的模糊性而提出的。

在考夫曼那里,模糊性是用“语言的两维性”来描述的。第一维,似乎是水平的,是理性—类别的,涉及语言的形式——逻辑清晰性;第二维,似乎是垂直的,是意图性—隐喻的,存在语言的模糊性。为了解决法律语言中“意图性—隐喻的”、不是一眼能从条文中看出来的明确含义,考夫曼认为,法律发现实际上表现为一种互动的复杂结构。这种结构包括创造性的、辩证的,或许还有动议性的因素,法官由传统和情境确定的成见来形成其判断。在这种推理中,法官的首要职责是对法律的发现和法官在实践中对法律漏洞的织补。考夫曼将法的发现作为法律推理的前提。在法律推理之前,法官先应该用一种法律思维去理解法律。同样方式,法官(或其他适用法律之人)作为法律发现者本身也是法律发现过程的一部分。他使制定法开口说话,说出其具体的、与个案关联的意义,引导出制定法革新的力量,从制定法抽象僵硬的历史存在中唤醒制定法。德沃金将法律分为“明确法律”和“隐含法律”,且只有隐含法律产生的模糊和争论,才具有“理论争论”的性质。“隐含法律”重要特点在于其内容必须通过推论才能获致,因为其具体内容的产生,依赖对特定原则、政策、学说及政治道德观念等一般内容的推论;而且,这种推论通常是在法律实践中发生的。

(夏卫国)

模态算子

在模态逻辑中通常把L(或□)和M(或◇)称为模态算子。模态算子有狭义模态算子和广义模态算子之分。狭义模态算子是指事物或认识的必然性和可能性这类最基本的模态性的算子。“必然”和“可能”是狭义模态算子,也称为真值模态算子。广义模态算子是指规范模态算子、时间模态算子和认知模态算子等。“应该”“允许”是规范模态算子;“过去”“现在”“将来”是时间模态算子;“知道”“相信”是认知模态算子等。

(夏卫国)

归纳概括

归纳论证结论中的一种,这种结论是一个全称命题,而且这个命题是基于具体观察做出的概括性陈述。这个论证的形式是:a、b、c 等被观察到是 S 而且是 P;没什么东西被观察到是 S 但不是 P;因此,可能所有 S 都是 P。例如,到目前为止,已经观察到的每一只动物 a、b、c 等都是斑驴而且是有斑纹的动物，而且没有观察到是斑驴但是没有斑纹的动物，因此，可能所有斑驴都是有斑纹的动物。归纳概括有强弱之分，但是，并非归纳概括越强越好，而是强度要恰到好处。

参考书目

熊明辉：《逻辑学导论》，复旦大学出版社 2011 年版。

（夏卫国）

归纳推理

人是会推理的动物。单凭“会推理”并不能把人类和其他高等动物区别开来，其他高等动物也具有一定的推理能力。人之所以区别于其他高等动物，在于人可以对自己的推理做出“反思”，即思考什么样的推理是可以推出的，从而是正确的，什么样的推理是不能推出的，从而是错误的。对这样的“可推”“不可推”的“反思”能力，才是人类“理性”的根基所在。推理一定以某一理为根据，这也就是说，在推理的时候，是以‘理’为前提的；在推理的时候，各个推理各有不同的前提，经验科学知识获得的程序，有假设、观察、试验、求证等，由假设到求证，是包含一串推理程序的，在各种不同的经验科学范围里，有各种不同的经验科学范围里的各种不同的理，这各种不同的理，在不同的场合，表现不同的定理、定律，或学说，或原理原则，因此，在不同的经验科学范围里，有各种不同的理有待乎推。

所谓推理，是由“前提”与“结论”构成的，是由前提推导结论，前提作为结论的理由。把这样的“理由”讲出来作为结论（论题）的论据，就构成通常所说的“论证”。如果用这样的“论证”去说服人，以求别人接受自己的观点，或者用这样的“论证”去反驳别人的观点，就构成所谓“论辩”。为了区分好的推理和不好的推理，逻辑学家把“推理”划分为演绎推理（必然性推理）和归纳推理（或然性推理）。所谓演绎推理，就是有“形式保真”诉求的推理。“形式保真”就是前提能够必然地得出。一个推理是演绎推理，那么，再增加任何前提它仍然是有效的，不会因为增加了前提推理就变成无效的，称为“单调性推理”。人类思维中并不是所有的推理都有这种“形式保真”的演绎诉求，那种前提到结论并不“保真”，但是可为结论提供一定程度的“支持”的推理，统称“或然性推理”。所有具有这种“或然性”诉求的推理都称为“归纳推理”。如果你的推理能够“必然地得出”，那么就是在做演绎推理；如果你的推理并不能“必然地得出”，那么就是一个不好的演绎推理，但是你认为前提可以“或然地得出”结论，那么就是在做归纳推理，而如果前提授予结论的或然性程度越高，归纳推理的价值也就越大；如果实际上你的推理的前提对结论的“支持度”很低，就是一个不好的归纳推理。如果一个归纳推理是“归纳强”的，再增加别的推理却有可能变成“归纳弱”的推理，称为“非单调性推理”。

可见，演绎推理的前提对结论的“支持度”是 100%，归纳推理的前提对结论的支持度达不到 100%。但是“归纳推出”的支持度有高低或强弱之分，前提对结论的支持度高的，就是“强归纳”，支持度低的是“弱归纳”。对于评估归纳推理的好坏、强弱，并不能像评估演绎推理那样制定出纯形式的“刚性”规则，只能提出一些“柔性”的“合理性准则”，需要结合具体情况、具体研究领域的要求及研究目的等因素加以确定。

需要注意的是，形式逻辑中的演绎推理并不都是“一般到个别”的推理，例如，“中子是基本粒子，中子是不带电的，所以有的基本粒子是不带电的”等直言三段论推理；归纳推理也不都是

“个别到一般”的推理,例如,“绝大多数M是P,这个S是M,故这个S是P”等概率三段论。一般可以如此认为,在“一般到个别”进程中演绎推理当居主导地位,在“个别到一般”进程中则是归纳推理居于主导地位。归纳推理就是前提能够“或然地得出”结论。归纳推理的具体做法大致是:首先,汇集众多个别案件及经验事实;其次,对所汇集的对象进行比较、分类和概括;最后,发现或者确定得以实现的案件和经验事实中那些共同的特征和属性,并形成具有普遍性的判断。归纳的结果并不总是合理可信的,也有不少是失偏颇的、不可信的,或者是可信度极低的。

正因为归纳推理的结论并不必然蕴含于前提之中,其结论与前提之间缺乏必然的联系,所以归纳推理的证明力要弱于演绎推理,归纳推理得出的结论也并不总是可靠的。但无论归纳推理本身的证明力及其结论的可靠程度多么令人失望,不可否认归纳推理乃是人类最基本的一种认识能力。运用归纳推理对于经验世界纷繁芜杂的现象进行观察、比较、综合、总结而产生出的一般性知识是人类一切知识的最终根基。法律人在法律适用中运用归纳推理必须遵守下列规则:除了所举事例具有足够的代表性,累计经验中的事例或案例的数量越大,推论所得的结论正确的概率就越高。换句话说,归纳推理的可靠性程度完全依赖于推论人所列举的事例的数量及其分布范围。

在法律方法中,归纳经常用来演绎三段论中的大前提或小前提。把适用于案件的法律和案情(小前提)做比较,可达到判决(结论)。一旦没有清楚的法律规则,就必须依赖案例的集体经验。从现有的法律规则或其他案件的裁定中形成一个恰当的大前提。这就得由归纳推理来实现,因此归纳推理具有以下属性:第一,归纳推理是这样一个推论:其结论只是以或然率而不是绝对必然性从前提中推论得到,所表现的只是该结论比较有可能为真。第二,在归纳中,一个既有的信息和另一个推论得到的信息之间的关联不是必然性的。其前提并不是结论决定性的证据;而仅是结论的部分证据。归纳推理可以从前提赋予结论的似真程度以及或然率来评价。第三,在有效的归纳推理中,结论不必然是绝对真理;经由归纳,我们仅能得出较有可能为真的结论。第四,在法律上,归纳推理是从特殊到一般(经由例举案例而归纳一般化),或是从特殊到特殊(类比)。

参考书目

[美]鲁格罗・亚迪瑟:《法律的逻辑——法官写给法律人的逻辑指引》,唐欣伟译,法律出版社2007年版。

(夏卫国)

归纳有效性

现实生活中的好论证,除了不可能所有前提均真而结论为假的演绎论证之外,还有所有前提为真而结论可能为真的归纳论证。评价归纳论证的好与坏,显然不可能根据演绎有效性标准来进行,因为这类论证无所谓有效还是无效。评价归纳论证的标准是强或弱,可称为“归纳强度”,也有一些逻辑学家称之为“归纳有效性”。

参考书目

熊明辉:《逻辑学导论》,复旦大学出版社2011年版。

(夏卫国)

回溯推理

又称溯因推理、设证推理、不明推理和设证法（abduction）。回溯推理是一种从结果推测导致其发生的原因或条件的归纳推理。回溯推理在推理结构上包括以下要素：（1）观察陈述；（2）导致观察现象的可能原因即猜测性假说；（3）关于猜测性假说蕴涵观察陈述的命题。回溯推理可用下列公式表示：

C（事实、观察到的现象、给定的情形）；

A 为 C 之解释（如果选择 A，则可解释 C）；

其他假设均不能像 A 那么好的解释 C；

结论：因此，A 或为真。

回溯推理的根据在于客观现象之间的因果联系或条件联系。人们根据已知的现象和已有的关于因果联系或条件联系的知识进行推测。其中，关于因果联系或条件联系的一般知识往往就是被省略的前提。回溯推理作为一种逻辑方法具有太强的假设性，而其结论甚至比类比所得出的结论还要不可靠得多，且回溯推理的运用受到非逻辑因素的影响太深（个人知识水平、主观偏向、经验程度乃至外力的干预都会对设证法的效力产生直接影响），因此回溯推理的有效性是很难保证的。回溯推理是可错的，原因在于因果联系及条件联系的复杂性。推理者应尽量积累与研究现象相关的因果联系的知识，从而尽可能地推测出引起该现象或结果的各种原因，再经过逐个检验、试错，修正各种假设，从而找到导致该现象发生的准确原因。在侦查实践中，侦查人员面临的问题是：根据现场情况、调查结果和已有的知识，去寻找案犯，去探寻这种现象或者结果的原因或者条件。

为了保证回溯推理的可靠性，回溯推理应当遵守以下规则：第一，回溯推理从已知的结果出发，只能或然地推断其原因。因为客观世界的因果联系是复杂多样的，既有一因一果，也有多因一果，如果是前者，则回溯推理所依据的一般规律事实上可以表达为一个充分必要条件假言命题，根据结果推断原因本质上是充分必要条件假言推理的肯定后件式，因而是一个逻辑有效的推理形式，其结果具有逻辑的必然性；如果是后者，并且其中的一个原因是结果的必要条件，则其推理形式本质上是必要条件假言推理的肯定后件式，也是一个逻辑有效的推理形式，则其结论也具有逻辑的必然性。但是需要注意的是，该原因究竟是结果的唯一必要条件，还是和其他原因结合在一起才成为结果发生的必要条件？无从判断。因此，如果其中的一个原因仅仅是结果发生的充分条件，那么，并不能得出必然性的结论。第二，所推知的原因是结果的充分条件。第三，如果回溯推理推知的结论是结果发生的一个充分条件，那么，必须尽可能地猜测引起结果的其他各种原因，并通过一定的方法否定其他原因存在的可能性。因此，回溯推理最重要的环节也许并不是提出一个可能的一般规律，使结果发生的原因得到解释，而是通过否定其他的原因使其中的一个原因成为唯一的，或者最具说服力的原因。

参考书目

1. 陈金钊主编：《法律方法论》，北京大学出版社 2013 年版。

2. 王洪：《法律逻辑学》，中国政法大学出版社 2008 年版。

3. 陈金钊、熊明辉主编：《法律逻辑学》，中国人民大学出版社 2012 年版。

（夏卫国）

假说推理

又称假设推理，是在已有知识的基础上，先提出一种假定性的说明或推测性的论断，其后进行论证的一种推理方法。假说推理虽有推测的性质和猜想的成分，但它与没有事实根据的臆想猜测有着本质的区别，这源于假说推理要以事实和科学知识为根据，只是假说是根据有限的事实和知识提出的，是对事物的存在或规律性的初步说明，尚未达到确切可靠的程度，还有待于实践的检验和科学的论证。

假说推理一般可分为三个阶段，即假说的形成、推演和验证。假说的形成阶段主要是指人们针对某个需要探究的疑难问题，考察研究对象的各种具体情况，并从已有的事实材料中析出那些最主要的，反映事物本质的材料，然后根据已有的科学知识，作出初步假定的阶段。假说的推演阶段则是指人们运用逻辑推理方法，特别是演绎推理方法，从假说推出结论的阶段，即从假定的原因，规律性推出由此原因、规律性所必然导出的结果。假说的验证阶段则主要是指人们运用社会实践手段对运用逻辑方法推导出的结果作出检验的阶段，在这一阶段，把假说运用于实践，如果有愈来愈多的事实和该假说相符合，并且没有任何已知事实与之矛盾，那么就证明这个假说是客观规律的正确反映，也就得到了证立。在假说推理中，假说的提出可以靠直觉、感觉或无法言明的“顿悟”等非理性因素或成分，但假说的证立必须是一个理性的逻辑建构过程。

（赵玉增）

常识推理

在日常生活中大量的推理都是建立在常识的基础之上的，常识推理是包含常识的推理，可从以下三个层面来理解：(1)人们在日常生活中使用的推理形式，其中大量使用常识和背景。(2)利用常识进行推理的技术，常识推理需要从信息得出结论，而且人们尝试性地接受这些未经证实的似真结论。由于这些信息并不是充分的，有不足之处，所以该推理应被看作试验性的，将来可能被修正，也可能现在以此去修正原先的结果。也就是说常识推理是非常单薄的，因而常识推理要求系统能够根据它获得的或导出的新知识来修正它的知识。(3)对人们日常生活中的形式描述，目前多用非单调逻辑、多值逻辑和模糊逻辑来实现。

研究常识逻辑最终要给出符合常识推理直观的推演定义，并可以以常识推理的“试金石”为判定标准。基于学界的长期研究，积累了一系列检验一个“好”的常识逻辑的“试金石”。这些“试金石”可以简化为两个：“企鹅原则”(Penguin Principle)和“尼克松菱形”(Nixon Diamond)。

常识推理应该具有两个特点：常识推理得以证立，当且仅当，前提真则结论可接受，不是前提真则结论真；常识推理得以证立，当且仅当，前提真，结论可能冲突，但是非单调推理可以合理地从冲突结论中得到可接受结论，从而消除冲突。借助常识推理方法可以描述或刻画判决证立：第一，常识推理的前提容忍反例，符合法律规范的一般性特征；法律规范具有一般性和普遍性的特征，但同时也容忍例外存在。第二，常识推理有助于解决法律疑义、法律皱褶、法律漏洞等法的不确定性。第三，常识推理和判决推理都具有层次性和非单调性。第四，常识推理的过程是由真前提得到可接受的结论，判决推理的结论同样具有可接受性。

参考书目

1. 白英彩主编:《英汉计算机技术大辞典》,上海交通大学出版社 2001 年版。
2. 刘云龙:《常识推理与判决证成》,载《法制与社会》2013 年第 5 期。

(夏卫国)

尼克松悖论

又称尼克松菱形(Nixon Diamond),尼克松菱形是常识推理的著名志例之一。其例子:贵格会教徒是和平主义者,共和党人不是和平主义者,尼克松是贵格会教徒,尼克松是共和党人,所以,尼克松是……(是不是和平主义者?) 其图形推理可以画成一个菱形。此例表明在常识推理中,在前提没矛盾、可以同真的情况下,推理中的结论却出现了矛盾,导致推不出最终结论。该例还说明原来可以推出的结论在增加前提后反倒推不出了,显示了常识推理的非单调性。常识推理实际上是根据一般情况或正常情况从前提推出结论。既然常识命题容忍反例,就可能在反例的情况下产生矛盾。例如,“贵格会教徒是和平主义者”,“共和党人不是和平主义者”,是常识命题,说的是“贵格会教徒一般地来说是和平主义者”,“共和党人一般地来说不是和平主义者”,都不排斥反例。事实上尼克松可以是贵格会教徒而不是和平主义者,也可以是共和党人而是和平主义者,所以,尼克松悖论例子的前提可以都是真的。但是,从该例的前提“贵格会教徒是和平主义者”和“尼克松是贵格会教徒”,可以得出“尼克松是和平主义者”,从“共和党人不是和平主义者”和“尼克松是共和党人”,又可以得出“尼克松不是和平主义者”,结论是矛盾的。

常识推理与数学推理不同,可以从一组不矛盾的前提中推出矛盾的结论。“前提真结论矛盾”现象说明正确的常识推理不能以“前提真则结论真”为标准。更严重的是,仅仅把正确常识推理的标准降低到前提真结论可接受,还不能解决常识推理的问题,因为矛盾总是不可接受的。因此,必须要有消解矛盾的方法,使得可以得到应有的结论。实际上,常识推理遇到矛盾还要“推”,这个“还要推”指的不是由矛盾可以推出任何命题的“推”,而是要从矛盾的结论中得出可接受的结论。尼克松悖论的解决是测试一个基础逻辑是否为一个“好”的刻画常识推理的“试金石”之一。

参考书目

周北海、毛翊:《一个关于常识推理的基础逻辑》,载《哲学研究》2003 年增刊。

(夏卫国)

悖论

某些公认正确的背景知识下能够合乎逻辑地建构矛盾等价式的理论事实。“理论事实”有两方面的含义:其一,该事实并不存在于纯客观对象世界,而存在或内蕴于人类已有的信念知识系统之中;其二,该事实是一种系统存在物,再简单的悖论也是从具有主体间性的公共信念经逻辑推导构造而来,任何孤立的语句本身都不可能构成悖论。矛盾等价式的含义是:如果假设 p,则可在一定背景知识下推出 p;而如果假设 p,又可在同样的背景知识下推出 p。“合乎逻辑地建构”必须是严密无误的逻辑推导。“公认正确的背景知识”是一个涉及认知主体并具有一定模糊性的语用学概念,其模糊性源自悖论本质上的相对性。其中的“公认”总是相对于特定的认知主体而言,既可相对于日常进行合理思维的普遍性认知共同体(如以说谎者悖论为代表的语义悖论),亦可相对于某个特定学科领域的科学家共同体(如以罗素悖论为代表的集合论悖论);其中的"背景知识",既可以是为认知主体所公认的明晰知识,也可以是认知共同体下不自觉使用的公共预设。在某个具体悖论的构造中,其据以导出的背景知识,能够以与特定认知领域相适应的严格性,明确而非含混地予以揭示。凡仅具备悖论的结构特征,但不具有悖论的第一要素,即其推导所依据的前提并非"公认正确的背景知识"者,称为悖论的拟化形式。

英国数学家和逻辑学家拉姆塞1926年把悖论分为两类:逻辑悖论和认识论悖论。前者指集合论悖论,后者指语义悖论。由于该分类适应了区分简单类型论与分支类型论不同解悖功能的需要,在学界产生了广泛影响。20世纪后期在语义悖论研究中分离出了一系列"认知悖论"和"合理行动悖论",统称"语用悖论"。集合论悖论、语义悖论和语用悖论统称为"狭义逻辑悖论",再加之符合上述三要素标准的哲学悖论和具体理论悖论统称为"广义逻辑悖论"。狭义逻辑悖论可以得到逻辑语形学、语义学和语用学的严格建构,其他悖论之建构须满足相应学科的严格性要求。依据"公认正确的背景知识"之不同,哲学悖论又可分为本体论悖论、认识论悖论和语言悖论等。哲学悖论与狭义逻辑悖论的不同之处,在于它们的背景知识及其推导过程,均未能得到如逻辑语形学、语义学和语用学那样的严格形塑,其逻辑的无误性只是在认知共同体未找到其推导过程中的逻辑错误的意义上成立,"直觉合理性"在建构中起着很大作用。具体理论悖论都是相对于一个系统的科学理论而言的,其所涉及的认知主体是该理论领域的科学共同体,经验事实因素在建构中起着作用悖论。具体理论悖论构造的严格性要求高于哲学悖论而又低于狭义逻辑悖论。狭义逻辑悖论、哲学悖论、具体理论悖论,是统摄于逻辑悖论之语用界说的三种既互相区别又密切相关的基本类型。这种清晰而系统的分型,只有在明确指认逻辑悖论的语用性质的基础上才能获得。

悖论研究已有两千年的历史,古希腊逻辑学创生时期、中世纪经院哲学后期和20世纪初迄今,是西方学术史上悖论研究的三大高峰期。其中第一、第二高峰期均以语义悖论研究为重心,第三高峰期则经历了从集合论悖论到语义悖论再到语用悖论的研究重心转移。全部悖论研究可分为三个不同层面:特定领域某个或某组悖论具体解悖方案研究;各种悖论及解悖方案的哲学研究;一般意义的解悖方法论研究。解决严格意义上的逻辑悖论的一种良好的元方法准评价标准:足够狭窄性、充分宽广性和非特设性。狭窄性是最基本也是最确定的要求。宽广性是在狭窄性基础上的一种"尽可能"而非"必须"的要求。非特设性是一种纯哲学性要求,其适当性要接受前两项要求的检验;而同样能够经受前两条检验的非特设性理由如果是相互冲突的,那么就要通过哲学论争,诉诸其他哲学依据的检验。以"悖论度"为依据可以适当区分悖论的层级,社会生活实践"悖境"的消解需要悖论研究的方法论支援。司法领域的悖论体现假定条件、行为模式和法律后果之间的矛盾关系,可由对悖论解析获得法律方法论支撑。

参考书目

1. 张建军:《逻辑悖论研究引论》,南京大学出版社2002年版。
2. 彭漪涟、马钦荣主编:《逻辑学大辞典》,上海辞书出版社2010年版。
3. 王习胜:《泛悖论与科学理论创新机制研究》,北京师范大学出版社2013年版。

(夏卫国)

苏格拉底方法

亦称“苏格拉底的辩驳术”。古希腊苏格拉底提出通过彼此谈话诘难,从个别上升到一般的寻求真理的方法。基本内容分为三步:(1)出发点是“自知其无知”,事先不提出任何独断的原则。驳斥自然哲学家就重要问题提出的论证是彼此分歧的,其思辨超出人类知识的限度,批评智者派怀疑一切否定一切的放弃求知的原则。(2)手段是通过对知识的爱(爱洛斯)和彼此的谈话、诘难以寻求真知识,同时也推进了问答者彼此的友谊。(3)目的是形成概念,求得真知识。集中种种对立的例证,通过归纳的方法,从个别具体的事例,寻求一般概念或永恒本质。这种方法在人类认识的发展中,一方面起到积极作用,有一定的辩证法因素,另一方面由于强调“自知其无知”和“认识你自己”,从自我意识中去寻求真理,导致怀疑主义和唯心主义的发展。

苏格拉底问答法的操作方法大致如下:

第一,对于指定案例进行整体性浏览,而不要陷入错综复杂的细节里。依下列非正式检查表仔细阅读:原告在审判中有何主张?理由为何?被告采取什么立场?一审法官如何判决?谁提出上诉?理由为何?案件中的问题或争论点为何?相关事实、法院判决和判决理由为何?在案件当中适用的法律规则为何?这个案子是否遵循或违反判例?假如这个案子持续下去的话,可能会导致何种实际结果?你认为这个判决是合理的吗?假如这个律师强调不同的事实或提出不同的法规与案例的话,判决有没有可能会被引导至另一方向?如果你代表败诉一方的话,你如何陈述这个案例?

第二,在你开始做案情摘要时,需了解案例的主题为何?案例汇编的作者在安排案例(以及补充记录和评论)时,必有其特定目的。这可能有好几项理由,想想看是为什么?这个案例显示了法律的发展或者分歧的观点吗?或者是因为作者要以该案例的意见来概述既存的判例法?“没有任何案例是个孤岛”,它总是与别的案例相关。了解这些个别的案例,也要掌握其相关脉络。

第三,当下为这些案例做摘要。基本技术为:程序的状态或行为:陈述行为的方式在第一审法院当中进行什么?陪审团裁决?即决审判?相关事实:要牢记法律规则的定义与判决的事实,如影响性因素。争点:争点与判决密不可分。争点必须被陈述,才能做出是非的判决。应用在事实上,应该尽可能联想到最扩张解释的法律规则。判决:是或否。法律规则:对于争点的肯定确认。理由之说明:应以定言三段论的方式来陈述。要确定并且了解如何形成大前提。了解法律程序的基本原理是相当重要的。政策:理解在原理底下的政策考量。

第四,在讨论之前,立刻再读一次指定案例的所有摘要。

第五,讨论时,要注意区别每个案例的事实。为了逻辑推理与分析,首先必须剔除离题的事实,注意每个案例的关键事实与相关的法律规则。注意考虑:案例本身较无关紧要;案例重要性,源于判断的持续过程中与其他案例的相关性;不断反问你自己,每个案例和其他案例的相关性如何?

第六,归纳性的思考。个别抓住案例的细节,然后将这个案例置于脉络当中。检视所有读过的案例判决。辨别其相关的相似处、相关的差异处。相似的事实通常必须以相似方式处理。

第七,一定要预作假设。修改案例里选定事实时,看看如此是否需要一个新观点、不同法律规则或结论。

第八,演绎性的思考。思考那些应该控制的大前提。在所有那些案例当中,出现一组事实,法院应用法律规则,以及做出结论。

第九,当有怀疑或需要取得案例判决的正确答案是什么时,只要说“看情形”即可。法律与科学和数学不同,涉及相当程度的不确定性,以及很少的绝对真理。尽量依据不同选择(如辩护律师、法官或陪审团会选择什么大前提)、价值判断、在解释法律规则和辨识相关事实时的个人偏见。

第十,需要记住:辨认判决意见书所使用的大前提、小前提和结论;大前提是来自哪里?假如它不是来自某个重要判例、成文法或宪法条款,那它来自归纳推理吗?小前提的主词,通常是事实调查所发现的事实。它和大前提的中词所代表的类完全相等或者只是其部分?重要事实里的相似性如何堆砌起来?相异处在哪里?

第十一,在团体互动过程中,应用苏格拉底问答法,将会有有用方法与推理,也能获得信心。

苏格拉底方法是苏格拉底所倡导的教学或讨论的辩证法,经由提问来引导回答者获致一个逻辑性结论,强迫论证接受犀利的逻辑过程之检验,以检验其健全性与有效性。这种开放式对话,明确显示反省性思考的逻辑元素如何应用在案例里,展示了法律问题如何在逻辑问题推理下形成解析方式,而不是透过预定或根深蒂固的信念、印象、征兆、直觉或冲动来形成解决方案。

参考书目

1. 彭漪涟、马钦荣主编:《逻辑学大辞典》,上海辞书出版社2010年版。

2. [美]鲁格罗·亚迪瑟:《法律的逻辑——法官写给法律人的逻辑指引》,唐欣伟译,法律出版社2007年版。

(夏卫国)

应用逻辑的“模型”或“模式”

“应用逻辑观念”就是面向特定领域系统探究逻辑因素在该领域的作用机理,以及逻辑因素与非逻辑因素的相互作用机理,以把握方法论“模式”(pattern)为研究核心,旨在形成关于该领域的逻辑应用方法论,进而可获得一种涵盖基础逻辑学科群与应用逻辑学科群的层级分明的“大逻辑观”。这种逻辑观,有利于系统把握当代逻辑研究发展趋势及中国学术界在基础逻辑、应用逻辑和逻辑应用各层面的发展路径。

从逻辑学用法看,“模型”有两种用法:形式系统中模型论用法和应用逻辑的模型用法。在形式系统中,逻辑语法处理和研究的是形式系统中符号与符号之间的关系。逻辑语义处理和研究的是形式系统中符号的解释,即符号与它们所刻画对象之间的关系。逻辑语义学也称为模型论。形式系统的一个模型包括两部分:一是定义一个非空集合,称为模型的论域;二是在论域上定义形式系统中符号的含义,称为解释。如此,在模型中,形式系统中的一些无具体内容的符号、公式和公式间的变换,经过解释,就成为有具体意义的概念、命题和命题间的推导,在此基础上研究形式系统的语义性质如可靠性等。形式系统的解释经历从现实世界模型到可能世界模型的演变。现实世界模型是指把形式系统内的一切符号和公式都解释为现实世界中的对象以及关于这些对象的命题。可能世界模型是指形式系统的解释框架有多个不同的可能世界,原则上可以给一个语言及其逻辑以多种不同的但具有等价效力的解释。然而,在应用逻辑中，“模型”用法则与“模式”同义，刻画面向特定领域系统研究逻辑因素在该领域的作用机理，以及逻辑因素与非逻辑因素的相互作用机理。需要特别强调的是，国内外文献中相关学者在“建模”时使用“模型”一词，实际上就是“模式”含义的“模型”，与形式系统中的“模型”不是一个东西。为了区别于形式系统的“模型”，一般来说对刻画应用逻辑的作用机理均可称为“模式”，尽管有些文献称此为“模型”。这些“模式”大致包括面向人工智能的司法论证模式、面向自然语言的基于结果和过程的司法论证模式。

非形式逻辑学派的代表人物巴特（E. M. Barth）和克拉比（E. C. W. Krabbe）区别了历史上哲学家和逻辑学家所使用的“形式”（form）范畴的三层含义：“形式 1”为柏拉图与亚里士多德形而上学意义上的“形式”；“形式 2”即演绎逻辑所注重的语句、命题的结构关联意义上的“形式”；“形式 3”则是根据一套规则体系而展开一个程序或过程意义上的“形式”。从“逻辑行动主义方法论”所阐明的“思想行动”与其“产品”（思想）区别的视角看，“形式 3”所刻画的“推理模式”，正是“做推理”的思想行动的“模式”；而“形式 2”所刻画的只是“思想行动”之“产品”（信念、命题）之间的结构关联。前者注重在系统把握基于逻辑规律的具有方法论意义的行动规范，后者注重在系统把握这种产品之间的逻辑关系或逻辑规律。

（夏卫国）

论证逻辑

解释批判性思维有三个主要视角：哲学、心理学和实用的视角。其中，哲学视角的主流是论证逻辑观点。论证逻辑是对 20 世纪 70 年代西方兴起的“非形式逻辑”“新修辞学”“论辩理论”等相关内容的概称。在北美，论证逻辑以非形式逻辑名义出现；在欧洲，论证逻辑构成论辩理论和新修辞学的核心部分。论证逻辑的词汇，如假设、前提、理由、推理、论点、标准、相关性、可接受性、充分性、一致性、可信性、解释、歧义、含混、异议、支持、偏见、证明、矛盾、证据等，与批判性思维有几乎相同的词汇。论证逻辑在很大程度上被当作批判性思维的主要工具，是培养批判性思维技能和倾向的直接而有效的工具。

论证逻辑是研究论证分析、评估的标准和方法的科学。论证逻辑所感兴趣的论证具有社会性，折射复杂的、多维的社会实践，是社会团体成员消除分歧、磋商一致的手段，是针对人们共同关心的问题而发生的交际活动。论证逻辑预设矛盾、对立面的存在和运动，并通过正方和反方、辩护和攻击、证明和反驳、赞同和反对等相互作用而展开。当这种言语或思想的交换活动以对话的方式出现时，正方根据反方或听众的信念或承诺展开论证，并对种种反对他的观点的反对意见作出回应。论证不是纯粹的语形或语义事件，而是语用的，因为我们不能脱离对话者的意图、语境规则和解释的丰富结构而理解论证。论证逻辑涉及的重要主题包括：第一，表达实际论证的自然语言。公共谈论中实际使用的语言是有歧义的、含混的和不完全的自然语言，因此论证解释涉及论证语言的歧义、含混和省略。第二，作为辩证过程的论证或论辩。论证预设说服的对象，通过在对话中揭露矛盾而达至真理。论证出现于不同种类的对话中，不同种类的对话中论证的言语交换移动有恰当和不恰当的区别。所有论证需要阐明论辩交流所依赖的规则，特别是批判性讨论规则。第三，论证形式。第四，论证分析和评估技术。第五，论证建构和批判方法。第六，谬误理论。第七，修辞学分析。

参考书目

武宏志、周建武主编:《批判性思维——论证逻辑视角》,中国人民大学出版社2010年版。

（夏卫国）

鲁格罗·亚狄瑟的法律谬误观

逻辑因素与非逻辑因素在法律领域里的相互作用机理之二是谬误理论。“谬误”是一般看似正确的结论,在经过检验之后,原先结论却无法成立之任何论述。“谬误”分为形式谬误和非形式谬误。“形式谬误”是违反定言三段论法的六条规则中任何一条,或者违反假言或选言三段论法的规则。即使所有前提皆为真,这类论证仍可推导出错误结论。只要检验论证的形式或结构便可发现这类谬误。“非形式谬误”是无法单从检验论证的形式来发现,而必须通过其他方式。它是无法适当证明被支持结论的论证。在至少有一个前提为真,或是推论不符规则的情况下,这个论证含有非形式谬误。在法律逻辑里,“谬误”是一种论证,表面上看似正确,却经不起验证。在定义上,光是检验论证结构的形式,是无法侦测到这些谬误的。这里有两个方法可以侦测:第一个方法是检验论证的“文脉”。例如,谁提出诉讼?其目的何在?论证诉求的对象是谁?当事人有哪些共同的假设?在辩论中有哪些准则?因为上下文是论证文本的整组环境。第二个方法是检验论证的内容或实体。要注意论证以语言表达的方式,语词的意义,乃至歧义、含混和不精确。谬误理论是情境语用分析理论,具体内容如下:

不相关谬误:在论证里原本要建立某个结论,却变成在证明另一个结论。不过,并非每个不相关结论的论证都是预谋或故意的,有可能是律师或法官不小心混淆的结果,但是也有可能是故意采用这样的策略以欺骗对手或法庭。

诉诸怜悯的论证:例如,陪审团之所以接受某个论证,经常是因为说话者诉诸怜悯,而不是因为论证的力量。当法律于你不利时,就去辩论事实;当事实于你不利时,就诉诸一切能取信于陪审团的方法。

诉诸权威的论证:以形式的或非形式的三段论法开始一个论证,然后引证该领域专家学者就这个争议的意见,这并无不妥之处。然而当该论证的结论仅仅是根据一种权威,而这种权威无法合理证明其在该领域具有权威性,或者无法支持其结论时,就会产生谬误。

人身攻击:在法律里人身攻击使用频繁。《美国联邦证据法》第607条和各州证据法,都允许采用证人负面人格和偏见的证据,以攻击证人的可信力。不过,如果法官没有平衡采用这种证据,就会有不当使用的情况。

诉诸群众:大家支持某个策略或方案,并不代表那就是好的,事实上,许多被大众支持的意见,最后证明是错的。检验方法在于,相信他的人,对于相关领域或是该命题,是不是专家或至少有相当的能力。

诉诸无知的论证:每个诉诸物质的论证,都是基于前提没有被证明其真伪,但总是有例外情况。没有检验出任何毒性反应,是可以接受的结果。在法律上,有个典型诉诸无知的论证是可以接受的。在刑事案件中,除非检方在没有合理怀疑的情况下证明被告有罪,否则被告应被推定无罪。

以下属于语言学谬误。语言学谬误是谬误发生在论证前提的“文脉”与“内容”中,而不仅仅是论证的逻辑形式。偶然性谬误:一般性规则是从共同经验的考察发展出来的,当某个情境因其偶然性是例外时,就必定会存在规则的例外。经验告诉我们,某一个一般来说为真的命题，并不是所有情况下都为真，因为总是可能出现某些特殊情况。

以偏概全的论证：将例外视为一般性规则。特别形式是统计样本的谬误。当样本越大时，就可以减少样本误差的概率。但光是数目大小，还不能保证不会出现误差。

预设问题：当遇到预设问题时，法官通常会采取补救措施。有时他们会要求换一个问法再问一次，如果被要求回答是或不是，他们会告知证人："你可先回答问题，再慢慢解释你的理由。"

找人陪错的谬误：在法律里，找人陪错的论证有时候是有用的辩护。在教唆挑拨的事件里，找人陪错是有效的辩护。如果律师某甲提议法庭处罚律师某乙的延迟回答询问，某乙可以证明某甲也不断地忽视某乙的问答而不回答，那会是很好的辩护。在普通法中，如果过失诉讼里的原告也有过失，那么即使被告也有过失，也可以使用找人陪错的论证作为有效辩护。美国大部分州都有比较过失法，如果原告的过失低于50%，就可以胜诉且获得赔偿。以"同等过失"为有效辩护，是根植于普通法的观念，认为原告因其过失而无法恢复其权利。传统上，该辩护仅限于对其伤害至少负有实质同等责任的情况，而且双方过失都出自相同的非法行为。但是如果论证从对物诉讼转移到主张对方对我方有恶意或不当行为的论证时，就会构成谬误。

亚狄瑟建议：不要因为论证在某个特称命题有结构性的谬误，就推论说它在所有方面都有结构性的谬误；不要因为论证在某个方面或所有前提里有结构性的谬误，就推论说结论有重大错误；不要下结论说，论证里出现谬误，是辩论者恶意的外在记号；不要下结论说，没有谬误的论证事实上就是合理或正确的论证。法律里需要的，是反省性思考。在每个反省性思考里，都有特定的单位，把点连成线，一起连接到共同的终点。如此，我们可以尽可能地避免"谬误"的陷阱。

（夏卫国）

累积论证模型

又称cumulA模型，是由维赫雅（Bart Verheij）建构的一个阶段性程序论证模型。它基于两大假设：(1)论辩是一个构建论证和引入反论证的过程；(2)论辩中使用的论证是可废止的，是否证成其结论取决于论辩过程所处阶段可获取的反论证。从而在累积论证模型中主要关注的是论辩过程及论辩中所使用论证的可废止性。作为一个有着论证和反论证的程序模型，累积论证模型建构在林方真与肖哈姆的论证系统、维斯沃克的抽象论证系统和董潘明的论证框架等相关成果基础上，对规则与理由模型相关工作及理由逻辑做了一个补充。它涉及的定义有论证、击败关系、论辩理论、阶段和论辩路线。该模型采取了一种反论证触发击败（counterargument－triggered defeat）的论证击败模式，即把可以攻击其他论证的论证看作原初概念。其在论辩路线中所展示的不仅有新结论怎样被推导出来的前向论辩（forward argumentation，或称为推论），还有新理由怎样被引入的后向论辩（backward argumentation，或称为证成）。

累积论证模型对以下几个方面做出了表示：其一，论证的从属结构（subordination）和协同结构（co－ordination）怎样关联于它们的击败；其二，依据其结构、反论证和论辩过程的阶段怎样描述论证击败；其三，前向论辩与后向论辩怎样于同一模型中形式化。同时cumulA也有两个明显的局限：其底层语言是完全松散的，例如，它不包括逻辑联结词、量词和模态算子；并未对其中支撑论证的规则之作用进行阐明。

参考书目

Verheij, B., *Rules, Reasons, Arguments, Formal Studies of Argumentation and Defeat*, Dissertation Universiteit Maastricht(1996).

（周 兀）

击败关系

与证明(proofs)在所有情形下都能证成其结论有所不同,论证对结论的证成并非一劳永逸,其本身是可被击败的。击败关系表示的是论证与论证间的一种关系,即哪些论证为其他论证的反论证,也就是说哪些论证能击败其他论证。维赫雅在累积论证模型中用击败关系来指示论证间的攻击。它们由一个挑战论证集(set of challenging arguments)和一个被挑战论证集(set of challenged arguments)组成。如果击败关系的挑战论证为未被击败,则它们可以击败其被挑战论证。通常有反驳(rebutting)和底切(undercutting)两类击败。这是援用了波洛克(Pollock)对论证攻击的区分,他认为论证可以被两种方式所攻击:反驳,即论证可被一个有着相反结论的论证所攻击;底切,即论证可被一个关于为何初步理由不能应用于给定情景的论证所底切。帕肯(Prakken)在这两种攻击方式基础上,再引入了破坏(undermining)攻击第三种方式,用以直接指出论证前提不成立。维赫雅则区分了底切、反驳、序贯弱化(sequential weakening)、并行强化(parallel strengthening)、集合(collective)和非确定性(indeterministic)这几类击败类型及其击败关系。需要指出的一点是,维赫雅用"defeaters"来表示挑战论证与被挑战论证之间的关系,而波洛克则用该词表示挑战其他论证的论证或理由本身。另外有人也用"defeat"直接表示击败关系。

参考书目

Verheij, B., *Rules, Reasons, Arguments, Formal Studies of Argumentation and Defeat*, Dissertation Universiteit Maastricht, (1996).

（周 兀）

论辩阶段

它区别于经典逻辑的演绎推理,用非单调的可废止推理方式表示实践中所面对的论证更贴切于直观。已经被证成的结论不必然为正确的。造成这种被证成结论错误的原因通常有两点,可能由于前提的错误,也可能源于相关信息的缺失。因而结论的证成取决于论辩过程中所处阶段能考虑到的信息。某阶段被证成的论证可能于另一阶段被击败,反之亦然。这种论证状态的改变是随着论证的推移而呈现的阶段性变化。一般而言,论辩中的论证为被击败的或未被击败的,若做更广泛的考虑,或引入待评价作为悬而未决之论证的状态。在此基础上对所涉及的全部论证进行阶段性考量,而任何信息的引入绝非独立发生作用,其都与所处之阶段相关联,从而达成对论证结论的影响。所说的论辩阶段随着论证及其状态的改变而动态变化,因而用所考虑的论证及其击败状态来刻画论辩过程中之阶段更为恰当。不同阶段中的论证及其状态都与阶段紧密相连。这也进一步体现了论辩过程的动态性。

参考书目

Verheij, B., *Rules, Reasons, Arguments, Formal Studies of Argumentation and Defeat*, Dissertation Universiteit Maastricht(1996).

（周 兀）

底切

长久以来的哲学传统是用演绎有效性来界定推理的好坏,尤其在数理逻辑盛行时期,人们贯式于推理中从前提到结论的确定性。随着非形式逻辑的发展,这种传统的方式也渐渐引起质疑,并承受着巨大的挑战。实际中碰到的论证在很多情形下并非能用演绎推理及其有效性来阐释。由于认识局限而产生的论证信息不完全可能致使某些通行的演绎规则无法得出合理结论。现实所涉论证即使通过演绎推理得出关涉主张的有效推导过程,但随着新信息的引入其推导所产生之结论也可能不得不撤回。而如果用可废止推理刻画论证则能避免演绎推理所带来的尴尬。波洛克(Pollock)引述了一个关于物体颜色的可废止实例,某堵墙看起来是灰色的,因而得出结论它为灰色的。但如果考虑到因为光线不足而导致其呈灰色,也有理由撤回之前的结论。基本而论,可废止性有两个成因,即规则之例外和冲突规则。对此波洛克区分了底切与反驳两类可废止击败。底切击败针对的是前提与结论间的连接,从而打破它们之间的联系。这种攻击方式较为普遍应用在例外出现的情景,特别是对于法律论证而言,由于例外的产生而导致原来规则的不适用,这种情形也较为普遍。相较于经典法律三段论,可废止的底切击败能形象刻画此种情形。反驳击败则采取了一种有别于底切击败的攻击方式,它直接对结论展开攻击,指出结论不成立。

参考书目

Pollock, *Defeasible reasoning*, Cognitive Science, Vol. 11.

（周 兀）

冲突论证

有不相容结论的论证。一般而言,论证中之结论都有相应的理由支持,因而论证中支持不相容结论的理由也被称为冲突理由。冲突的产生可能是由于规则冲突。而冲突论证往往能与反驳紧密联系在一起,由于对原结论展开攻击而产生的反驳击败,从另一个层面来说,其生成了一个与原论证相冲突的反论证。反论证与原论证一起构成了冲突论证。需要注意的是冲突论证必须与演绎逻辑中的矛盾证明(contradictory proofs)相区别开来。如果两个证明矛盾,则能推出任何结论,并且一定有前提为假。而如果两个论证冲突,则不必然有假前提。也可能只是某个论证的前提被击败。

参考书目

Verheij, B., *Rules, Reasons, Arguments, Formal Studies of Argumentation and Defeat*, Dissertation Universiteit Maastricht(1996).

（周 兀）

论辩路线

论辩能以不同方式进行,其取决于所谋求的目标、论辩协议和论辩策略。这将导致不同论辩路线产生。这所说的论辩路线是一组连续论辩阶段的序列。也就是一个逐步构造论证的过程。论辩路线各阶段中所涉及之论证有各自的击败状态。其击败状态能随着阶段的改变在整个论辩路线期间可能发生变化。通常论辩路线是在论证人主观参与下所生成的。尤其构造论证的过程,并非在既定论辩路线下遍历各个结点,整个过程是逐步进行的。在形式论辩理论中,通过对论证的构造及对论辩阶段中各论证之状态进行表述,可以形式化地描述论辩路线,以此从整体上更好地把握论证过程。随着论证辅助软件的发展,论辩线路更能以一种直观形象的方式呈现。例如,维赫雅在 ArguMed 中专门提供了一种视图模式用于随时查看论辩路线,以此顺序列出用户所执行的论证活动。

参考书目

Verheij,B. ,*Rules*,*Reasons*,*Arguments*,*Formal Studies of Argumentation and Defeat*,Dissertation Universiteit Maastricht(1996).

（周 兀）

支持与反对

"pros and cons"源于拉丁语 *pro et contra*,通常用于表示支持与反对。涉及论证与反论证的论辩中,不同论证方围绕同一话题或有不同看法,甚至得出彼此矛盾之结论。即就某一主张展开或支持或反对的论辩。这种论辩性的方式有别于单纯用演绎推理来开展论证,不再仅有对结论的支持态度,同时也包容了结论不成立之可能。与该词关联的表述有"关涉支持与反对的论争"(arguring with pros and cons),即所涉论辩中,不仅有正向支持的讨论,同时还允许表示反对的论证存在。反对可以通过多种方式展开,通常用底切和反驳表示对结论的不同攻击。具体则依据论辩目标与策略进行选择。在对话博弈中,也有用"pros and cons"直接表示博弈双方,即陈述的提出方(proponent)与反对方(opponent)。需要澄清的是这里的不同论证方并非指不同论证人,其只是不同立场的代表,也可为同一论证人从正反两面同时考量。

参考书目

Verheij,B. ,*Virtual Arguments*,*On the Design of Argument Assistants for Lawyers and Other Arguers*,TMC Asser Press,2005.

（周 兀）

论证的并行强化

论证对其结论的支持力度并非都是同等的,也就是说论证有不同的结论强度。有些论证能使其结论更具可能,而如果一个论证的结论强度较弱,则它更容易被击败。不同结构的论证在结论强度上也有一定的区别。论证的深度能对结论强度产生影响。一个论证如果包含一系列论证步骤,则对任意步骤展开攻击都可能打破论证链,从而使该论证被击败。论证的广度也能对结论强度产生影响。一个论证如果包含多个理由能独立支持结论,即使其中某个理由受到攻击,也不会影响其他理由对结论的证成。维赫雅依据范爱莫伦(Van Eemeren)和格罗登道斯特(Grootendorst)论辩理论中对结构的表示对此进行了讨论。他指出论证的从属结构(subordination)和协同结构(co - ordination)能对论证结论强度产生不同影响。但他所说的协同结构并非范爱莫伦和格罗登道斯特所说的协同,反而指的是他们所说的多重结构。一个包含更长可废止步骤的链条更容易被击败,他将之称为序贯弱化;而如果一个论证包含更多理由来支持其结论,则它更不易被击败,他将之称为并行强化。

参考书目

Verheij, B., *Virtual Arguments, On the Design of Argument Assistants for Lawyers and Other Arguers*, TMC Asser Press, 2005.

(周 兀)

论证的序贯弱化

参见论证的并行强化。

(周 兀)

论证辅助系统

随着计算机发展的日新月异,长久以来有众多学者尝试建构能自动完成推理的系统。这种自动推理系统能基于知识库中的信息自动地执行推理,即对于输入的问题能自动得出结论。然而受困于现实的局限,诸如语言理解和法律决策仍然有着广泛而复杂的问题,如考虑把计算机和人类各自的优势结合起来则能避免某些问题的产生。论证辅助系统就是在这种观点下应运而生的,其作用类似于文字处理系统辅助用户完成任务。论证辅助系统又称论证助手(argument assistant),它能对组织、可视化和评价论证给予帮助。它和自动推理系统的本质有两方面不同。其一,与自动推理系统相比,论证辅助系统是在用户参与的情形下完成整个推理过程。系统提供一套执行论辩任务的机制,并设置限制且提供指导,系统并非能取代论证人独立完成推理。但系统能根据一些评价机制对不同命题给出状态值。其二,论证辅助系统的建构能避免自动推理系统建构所遇到的一些困难。例如,知识的获取与表示对于自动推理系统来说为一大"瓶颈",然后这种困难对于论证辅助系统并没影响,系统把这块空间留给用户,论证所需要的材料大多是用户通过某种方式自己输入系统的,而非和知识库类似在事先完成大量数据存储。且绝大多数情况下,用户可以根据需求自由修改信息。

参考书目

Verheij, B., *Virtual Arguments, On the Design of Argument Assistants for Lawyers and Other Arguers*, TMC Asser Press, 2005.

(周 兀)

Argue! 系统

在 cumulA 基础上设计的论证助手。由于 cumulA 是一个有着论证和反论证的论辩程序模型,其中论证的击败状态要么未被击败,要么被击败,其取决于论证结构、反论证的攻击、论辩阶段三个因素。在此论辩理论基础上维赫雅设计了 Argue! 系统用于辅助论证的进行。系统共有四种模式:命题模式、箭头模式、击败关系模式和选择模式。命题模式主要用于命题输入。用户可通过相关编辑框键入语句。然后用箭头模式中的箭头把命题连接起来。而在击败关系模式中,可通过两个连接的长方形来描绘相应击败关系,其分别代表攻击部分与被攻击部分。Argue! 有着相应的逐步评价算法,每一步段,当前的论辩材料状态决定新的状态。用户可将命题设置为被证成、未被证成或待评价状态,在此基础上,应用以下评价规则:被用户现设为被证成或未被证成的命题,将保留其状态;命题现有证成支持的,其状态为被证成;命题现未有证成支持且被攻击的,其状态为未被证成;命题现未有证成支持且未被攻击的,其状态为待评价。这所说的命题有证成支持,是指有一个起于被证成命题的支持箭头指向它;命题被攻击是指该命题位于活动击败关系的被攻击长方形内;箭头是支持的是指它不处在活动击败关系的被攻击长方形内;击败关系是活动的,是指其攻击长方形内的命题被证成且攻击长方形内的箭头是支持的。

参考书目

Verheij, B., *Virtual Arguments, On the Design of Argument Assistants for Lawyers and Other Arguers*, TMC Asser Press, 2005.

(周　兀)

Argumed 系列系统

又称论证调停系列系统,跟随 Argue! 发展的一系列论证助手,但其与 Argue! 有着不同的出发点,它通过做出论证行动,而非绘制图形元素来把论证材料引入系统,并且其中支持与攻击并未分置于不同层面,而是并列进行的。从这点来看 ArguMed 更好的糅合了论证的论辩本质。由于第一个版本 ArguMed 1.0 有两个明显缺陷,其底切例外并非用图形来表示,并且不能对某些相关争议展开讨论,如某一命题是否为理由或例外,因此很快被新版本所取代。ArguMed 2.0 中使用了论辩性论证来同时表示理由支持与底切例外攻击,从而引入了步骤依据(step warrants)与底切依据(undercutter warrants)。在 ArguMed 2.0 中,步骤依据是一种用以体现论证步骤的条件句,同样底切依据用底切例外来体现攻击。基于 ArguMed 2.0 的十人测试评价,继而产生了 ArguMed 3.0,其用户界面是基于鼠标敏感的论证视窗,这也更趋于自然并易于使用。除了对界面进行了改进,新 ArguMed 使用了更为丰富完善的论辩理论。在 ArguMed 2.0 中仅使用了基于底切例外的一个攻击,而在 ArguMed 3.0 中,允许对任何命题展开攻击。同时就逻辑而言,其论辩性论证的评价对应于逻辑系统 DefLog(Verheij 2000a, 2003)中被初步证成之假定的论辩性解释。

参考书目

Verheij, B., *Virtual Arguments, On the Design of Argument Assistants for Lawyers and Other Arguers*, TMC Asser Press, 2005.

(周　兀)

承诺

汉布林(Hamblin)于 1970 年在《谬误》(*Fallacies*)一书中提出使用形式对话语境来评价论证的方法。承诺是汉布林对话中的基本概念,但他并未做深入的阐述。沃尔顿(Walton)和克拉(Krabbe)对承诺这个概念进行了分析,他们认为承诺是用对话结构构建论证的最基本概念。克拉贝在论证领域的贡献主要来自洛伦岑式(Lorenzen – style)的形式对话逻辑,该逻辑分支主要来自德国。而沃尔顿主要研究的是非形式谬误,他致力于在逻辑领域发展汉布林式(Hamblin – style)的形式对话。他们从哲学的视角分析了系列行动的承诺概念和批判对话中的命题承诺概念,并认为命题承诺是行动承诺的特殊情形。在形式论辩的对话博弈中,通常认为已主张或已接受的语句为承诺,围绕着对话的展开用承诺集(commitment store)来记录各阶段博弈双方所承诺的语句。由于博弈是动态进行的,因而也对承诺集进行动态更新,在论辩某阶段一个已被某博弈方承诺的语句,可能在另一阶段由于某种原由被撤回。但具体怎么组织承诺或构建承诺集则依赖于形式论辩所采用的语言及策略。

参考书目

Douglas N. Walton & Erik C. W. Krabbe, *Commitment in Dialogue, Basic concepts of Interpersonal Reasoning*, State University of New York Press, 1995.

(周 兀)

对话博弈

以对话方式研究论证的传统由来已久,早在亚里士多德和普罗塔哥拉时期的智者已然认识到对话的论辩本质。现代哲学家也逐渐用形式对话博弈来研究非演绎推理。20 世纪 90 年代前后,人工智能与法领域兴起对法律论证的对话模型研究,把对话博弈应用于法律推理中。与抽象论证框架在给定集合上运用规则不同,用对话方式刻画论证较好地展示了法律的开放性。一般的对话博弈有两博弈方,分为正方(proponent)和反方(opponent)。博弈双方轮流采取行动,其目的是证成对话中各自的立场。对话过程多采用多元向量动态表示,并使用承诺集记录每阶段博弈各方对哪些命题做出了承诺,用以约束双方后续的行动言语。原则上各自不能自相矛盾。而行动和承诺的相互作用也环绕整个博弈过程,直至对某个有争议的陈述达成一致。然而这种一致并非必然的,可能出现争执持续进行的情况,因而有必要设置某些终止规则防止博弈无限进行下去。比较经典的对话博弈模型有洛德(Lodder)的对话法律(DiaLaw),他对法律证成进行研究由此构建了对话的论辩模型。但该模型引人争议的地方是,由于洛德反对引入第三方标准证成陈述,他认为陈述的证成只能基于对话中参与方之间达成的一致,从而导致在不能对争议陈述达成一致时,DiaLaw 中的争执将持续进行。另一经典对话博弈模型为戈登(Gordon)的诉讼博弈(the Pleadings game)。该模型是在民事诉讼框架下建立的,其目的是确保诉讼程序的公正性。

参考书目

Arno R. Lodder, *DiaLaw on Legal Justification and Dialogical Models of Argumentation*, Kluwer Academic Publishers, 1999.

(周 兀)

虚拟论证

一种关于论证的辅助软件,或称为论证助手。通常把能支持论辩任务的计算机程序称为论证助手。正像文字处理软件协助书写的处理那样,论证助手能对论辩任务提供支持。比方说它能对组织、可视化和评价论证给予帮助。维赫雅在《虚拟论证:论法律人及其他论证者的论证助手设计》(*Virtual Arguments, On the Design of Argument Assistants for Lawyers and Other Arguers*)一书中对虚拟论证进行了详细讨论,全书焦点集中在可废止论辩,特别当其出现于法律领域时。在可废止论辩中,可能出现结论最初由一个论证证成而随后被推翻的情形,例如,因为有反对该结论的新理由出现。此书将法律选为应用领域,因为论辩可废止性在法律领域很常见并且往往至关重要。全书涉及人工智能、法律理论和论辩理论等多个学科领域,并着重关注了论辩以下四个方面:关涉支持与反对的论争、关涉依据的论争、论证评价和理论构建。作者首先将自动推理与论证辅助区别开来,明确了论证助手在论证过程中所起的作用,在对论辩理论进行一定探讨之后,分别呈现了三个建模法律中可废止论辩的论证助手 Argue!、ArguMed 2.0 和 ArguMed 3.0。对不同论证助手分别进行了论证理论、程序设计和用户评价等多方面的讨论。

参考书目

Verheij, B. , *Virtual Arguments, On the Design of Argument Assistants for Lawyers and Other Arguers*, TMC Asser Press, 2005.

（周　兀）

单调性

单调性和非单调性是刻画法律推理的逻辑基础的两个重要概念。从知识论角度看,非单调推理是指知识库加入新知识后,原有的推论会被推翻的推理。也就是说,知识库的推论不随着知识增长而增长,即非单调递增。这时,必须使用某种正确的维持机制,确保推理继续进行。非单调推理多是在知识不完全的情况下发生的。

用逻辑的语言表达,一个逻辑系统是单调的,或者说具有单调性,当且仅当它满足一个句子(前提)集合 S′是 S 的子集,根据该逻辑从前提集 S′得出的结论集 C′是从前提集 S 得出的结论集 C 的超(母)集。一个逻辑系统是非单调的,当且仅当它不是单调的。发现和强调法律推理的非单调性是 20 世纪后半期以来对法律推理的逻辑基础进行研究的重要论题,这主要是基于以下两个事实,首先,法律规范存在例外。一个法律规范可能给出一个一般的推理结构:如果 p,就应当(或者允许)做 q。但是,即使 p 是确定的,得出应当(或允许)q 的结论也是草率的。在许多情况下,法律规则对于例外是开放的。甚至,关于例外的集合也是开放的:不可能提供一个详尽无缺的各种可能例外的集合。对于每一个新的案件,都有特别的因素出现,都可以据此证明该案件是一个例外。其次,案件事实的建构是开放的。基于特定的程序和标准,根据相关证据的采信建构案件事实,并根据此前提进行法律推理得出特定结论。然而,很有可能因为发现新的证据而推翻原案件事实的建构,从而原有结论也不再成立。

关于是否需要建构具有非单调性的逻辑系统以更好地刻画法律推理,学界上存在两种对立的观点:一种观点认为,经典逻辑对于研究具有非单调性的法律推理明显有不足的地方,因此最好是建立新的非单调逻辑系统。在此基础上进行非单调法律逻辑系统的研究。另一种观点认为,在经典逻辑框架下研究法律推理是完全可行的。

（张传新）

道义悖论

根据某个道义逻辑理论,基于一致的或者符合直观的前提集合却推出了不一致的或者不符合直观的结论。其中著名的有罗斯悖论、导出义务悖论、渎职义务悖论、冲突义务悖论等。需要注意的是道义悖论并不是通常意义上的逻辑悖论,而且并非所有的道义悖论都是道义逻辑所特有的,也不是单靠道义逻辑的研究就能解决的。还有一些反映的是道义原则、概念以及相关的语句在日常思维以及更复杂的语境(法律以及伦理道德等领域)存在极大的模糊性。如罗斯悖论等。还有一些道义悖论则揭示了某些道义逻辑自身的缺陷,如渎职义务悖论。对道义悖论的处理能力应当成为评价一个道义逻辑是否具有充分性的重要标准。

(张传新)

道义算子

刻画"应当""允许""禁止"等规范词的逻辑符号。道义逻辑通常以"O""P""F"分别表示道义模态概念"应当""允许""禁止",将这些道义模态算子置于作为基础逻辑——通常是经典命题逻辑的表达式之前,从而形成形如"OA""PA""FA"的表达式,分别读作"应当 A"(或者"A 是应当的")、"允许 A"(或者"A 是被允许的")、"禁止 A"(或者"A 是被禁止的")。

(张传新)

规范命题的逻辑结构

规范命题指表达规范的命题,或者指包含规范词的命题。任何规范总是同人的行为相联系,因此,任何规范都可以称为行为规范。行为规范表达了要求特定的人在假定的某种情况出现的时候,应当或不应当做出什么样的行为。当然,这种行为只能是属于人的意志可以控制的行为,否则,这样的规范就是不合理的或无效的。任何行为规范,不仅必然表现为命题的形式,而且总是给特定对象发出的某种指令,因而也总是要表明某种行为是必须做出的,或是允许做出的,或是禁止做出的。

由于规范命题是针对人们行为所作的某种规定,这种规定又总是根据规定者的价值观念、利益要求等人为制定的,因而对于规范模态命题,不存在一个类似于衡量狭义模态命题真假与否的那种确定的标准。而是根据它们是否恰当地反映了规定制定者的价值观念、利益要求等来区分其妥当还是不妥当、合理还是不合理、有效还是无效。就法律规范来讲,它是一定社会集团(阶级)利益、意志的体现,而不同社会集团的利益、意志又是有差异甚至是对立的,对某一社会集团是可接受的行为规范,对另一社会集团而言未必是可接受的。但是规范命题是妥当还是不妥当、合理还是不合理、有效还是无效,相当于命题的真和假。

从命题的逻辑结构来分析,任何规范命题都由这样两大部分构成:一是可以代入不同规定内容的部分,称为行为规定部分。它表明规范要求承受者做出或不做出的,是什么样的行为;这部分是规范命题的变项部分。二是关于该行为规范的执行方式部分,通常用规范词表示;这部分是规范命题的常项部分。可以把一个法律规范的规范词放在命题成分的前面或者后面或者中间。比如:"X 必须做出 p 这样的行为"。也可以表示为:必须"X 做出 p 这样的行为",或者表示为:"X 做出 p 这样的行为"是"必须"的。例如:"未成年人犯罪,应当从轻或减轻处罚。"该规范命题可作这样的表述:"未成年人犯罪,从轻或减轻处罚"是"应当"的。根据不同的标准可以对法律规范进行不同的分类。不同类型的法律规范在规范词的使用或结构上有所区别。

从法律规范命题的性质来看分为三种类型,即授权性规范命题、义务性规范命题和禁止性规范命题,各自都通过相应的规范词表示。授权性规范,就是规定人们可以作出一定的行为,或者要求他人作出或不作出某种行为的规范。按其规定的不同内容,又可以分为两类:一是授予公民或法人某种权利;二是授予国家机关、公职人员某种权力(职权)。义务性规范,就是规定人们必须依法做出一定行为的法律规范。这类规范在法律条文中常以“必须”“应该”“应当”“有……义务”“有义务”等词汇表述。禁止性规范,就是禁止人们作出某种行为或者必须抑制一定行为的法律规范。这类法律规范在法律条文中多以“禁止”“严禁”“不得”“不许”“不准”等词汇来表述。从不同类型规范命题之间的逻辑关系来看,把规范命题归结为两种基本类型:“允许”型规范命题和“必须”型规范命题。同一行为规范内容,可以用肯定形式的语句表达,也可以用否定形式的语句表达。把“允许”型规范命题分为允许肯定命题和允许否定命题;把“必须”型规范命题分为必须肯定命题和必须否定命题。

(1)“允许”型规范命题。“允许”型规范命题,就是包含“允许”“可以”一类规范模态词的规范命题,又叫授权性规范命题。它表明,一旦假定的情况实际出现,执行相关的行为规定或制裁规定是许可的。表示“允许”规范模态的语词,除“允许”外,还常用“可以”“准予”“有权”一类语词表示。法律规范中,关于权利性的法律条文,一般也都属于“允许”型规范命题。

(2)“必须”型规范命题。“必须”型规范命题就是包含“必须”“应当”一类规范模态词的规范命题,它表明相关的行为规定是被命令履行的,亦即一旦假定的情况出现,不履行相关的行为规定是被禁止的。法律规范中,关于义务性的法律条文,一般也都属于“必须”型规范命题。

在一个规范命题中,除去规范模态词以外,还有它制约的相关行为规定部分。为便于研究规范命题的类型,用符号“p”来表示关于行为规定的命题成分,这样,前述两种基本的规范命题,就可以简略表示为:“p”是允许的(或“允许 p”),“允许 p”即“有权 p”;“p”是必须的(或“必须 p”),“必须 p”即“有义务 p”。此外,与上述两种规范命题形式相对应的还有:“非 p”是允许的(或“允许非 p”);“非 p”是必须的(或“必须非 p”)。在此基础上,再借用规范逻辑中以符号表示规范模态词的方法,用“P”(Permission)表示“允许”,用“O”(Obligation)表示“必须”,在符号前面加“¬ ”表示对该符号所代替内容的否定,这样,四种基本的规范命题就可以表示为:(1)必须 p,Op;(2)必须非 p,O¬ p;(3)允许 p,Pp;(4)允许非 p,P¬ p。

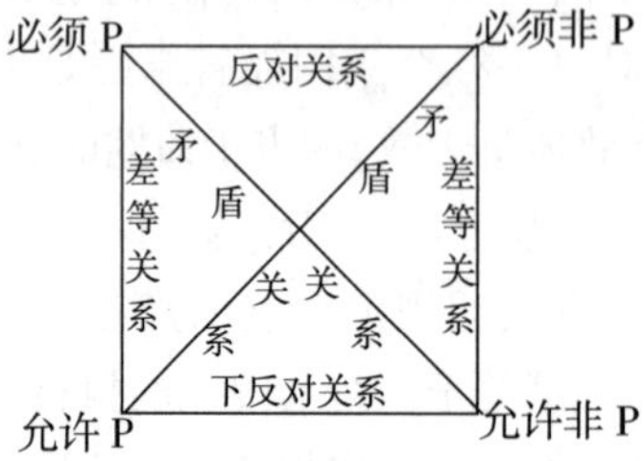

四种法律规范命题间的对当关系

再把对规范模态词的否定考虑进去,比如,对“允许”的否定就是“不允许”,对“必须”的否定就是“不必须”。这样,就又可演变出如下四种规范命题形式:不允许 p,¬ Pp;不允许非 p,¬ P¬ p;不必须 p,¬ Op;不必须非 p,¬ O¬ p。用符号“F”表示“禁止”,Fp 等值于 O¬ p。

具有相同素材的几种基本的法律规范命题形式之间具有正确与否、妥当与否的对当制约关系。必须 p、必须非 p(禁止 p)、允许 p、允许非 p 四种法律规范命题间的对当关系如图:

首先,在同一规范体系中,“必须 p”与“必须非 p”之间为反对关系。也就是说,在同一规范体系中,不能把“p”与“非 p”这样两种行为同时确立为义务,亦即不能要求承受者既作“p”这样的行为,又作“非 p”这样的行为,否则,这样的规范就是自相矛盾。

其次，在同一规范体系中，“必须 p”与“允许 p”，“必须非 p”与“允许非 p”之间，为差等关系：“必须 p”蕴涵“允许 p”，“必须非 p”蕴涵“允许非 p”。换句话说就是：义务蕴涵权利，对权利的否定也就意味着对义务的否定。不同规范命题的差等关系表明：第一，在制定规范过程中，在确立权利和义务时，若某种行为可以确立为义务，那么，这种行为也就同时确立为权利。第二，从规范与执行之间的关系来看，如果规范中规定承受者有“p”这样的义务，要求承受者必须作出“p”这样的行为，那么就得承认承受者有作出“p”这种行为的权利；既然规定“p”是“必须”的，当然可以推知作“p”是“允许”的。

再次，“允许 p”与“允许非 p”为下反对关系。可以同时为真，不能同时为假。p 与非 p 可以同时规定为权利，不能同时都不是权利，也就是说，如果法律规定 p 不是权利，那么非 p 一定是权利，反之亦然。

最后，“必须 p”与“允许非 p”，“必须非 p”与“允许 p”，它们之间分别为矛盾关系。意思是说：在同一规范体系中，二者正确与否的关系非此即彼。如果规范中确立了承受者有“p”这样的义务，就不能同时又承认他有“非 p”这样的权利；如果否认承受者有“p”这样的义务，就得承认他有“非 p”这样的权利。

不同规范命题之间的上述各种关系，也可用如上图所示的逻辑方阵图来表示。基于上述规范命题之间的逻辑关系，可概括出如下这样一些推演关系。若以“→”表示由左面的公式可推出右面的公式，以“←”表示由右面的公式可推出左面的公式，以“↔”表示左右两面的公式可以互推，意即“等值”，那么，这些推演关系就有：$Op \leftrightarrow \neg Pp$；$\neg Op \leftrightarrow \neg P\neg p$；$Pp \leftrightarrow \neg O\neg p$；$P\neg p \leftrightarrow \neg Op$；$Op \rightarrow Pp$；$O\neg p \rightarrow P\neg p$。在上述这些推演关系的基础上，以符号“F”表示“禁止”。又有如下推演关系：$Fp \leftrightarrow \neg Op$；$\neg Fp \leftrightarrow Op$；$\neg Fp \leftrightarrow Pp$；$Fp \leftrightarrow \neg Pp$。

上面这些推演关系，表明了三种不同性质的规范命题之间，亦即义务性规范命题、授权性规范命题和禁止性规范命题之间的相互关系。同时，由于“禁止”性规范命题，又同制裁性规范命题相联系，规定“禁止 P”，就意味着要制裁作“P”者，因而也表明了这些规范命题同制裁性规范命题的关系。从上面这些关系可以看出，只有当“P”（或“非 P”）被确立为义务，亦即规定“必须 P”（或“必须非 P”）的时候，才可作出“禁止非 P”（或“禁止 P”）这样的规范命题，也才能确立制裁作“非 P”者（或制裁作“P”者）这样的规范。

需要注意的是，法律规范由法条组成，但是法律规范不等于法条。无论三要素说还是两要素说，一个法律规范都可能由一个法条组成，也可能由多个法条组成。拉伦茨将法条以其可否作为请求权的独立依据为标准，划分为完全性法条和不完全性法条两种。完全性法条是指能够作为请求权的独立依据的法条，该种法条的特征是兼具构成要件和法律效果两个要素。对法条语句进行限制的法条，就属于限制性法条。将限制性法条在另外的条文中规定，可以保证被限制性法条的文字语句简练、明确和优美，不至于臃肿、笨拙或让人难以理解；被限制性法条与限制性法条一起构成“原则”与“例外”的模式，适用上遵循例外优先的原则。只有将积极性的适用规定与对其限制的法条结合在一起才能获得完全法条，只有完全法条才可以作为确定法律效果的三段论的大前提。大部分的法律都是经过不断的司法裁判过程才具体化，才获得最后清晰的形象，成为法律命题，有清晰的断定，然后才能适用于个案，许多法条事实上是借裁判才成为现行法的一部分。法律规范是具有特殊意义的一种社会规范。它不同于一般社会规范的根本特点，就在于它是由国家机关制定和认可的，并且，又是依靠国家强制力来保证其实施的。法律规范的强制性，突出地表现为，在给出行为规范的同时还给出相应的制裁规范。如果法律规范也如同其他某些社会规范那样，只对承受者提出应当怎样行为的要求，没有相应的制裁规定，承受者就会觉得履行也可以，不履行也没有什么痛苦或损害的威胁。这样一来，法律规范也就不成其为法律规范了。当然制裁并非目的，目的在于使规范的承受者预见到违反规范的害处，懂得必须做或不做什么，进而保证行为规范得以实现它的效力。

（张传新）

道义分离规则

逻辑分离规则在规范推理中的应用。关于规范的推理的道义逻辑通常假定是在同一个（理想）事实条件下研究规范之间的逻辑关系，所以，可以视之为事实无涉的，甚至在很多道义逻辑系统中不允许出现包含道义命题和事实命题的混合公式，因此，这类道义逻辑所研究的规范推理的前提仅仅是一个规范集合。与之相反，因为适用规范的推理的道义逻辑所研究的是基于特定的事实条件确定相应规范的规范推理，其推理的前提不仅包含特定的规范集合，还包含对规范进行选择的事实限定，因此，其推理前提包含两个方面的内容，即一个规范集合前提和一个描述具体情景的事实集合前提。二者在进行规范推理时所适用的主要推理模式也不相同。在关于规范的推理中，因为其前提仅仅是一个规范集合，所以当需要根据规范之间的逻辑关系进行推理时，只能根据前提规范与结论规范间的逻辑关系及前提的满足推导出作为结论的规范，此种规范推理模式称为道义分离规则。其基本模式为：$(Op\rightarrow Oq)\wedge Op\rightarrow Oq$。而适用规范的推理的前提则包含一个规范集合和一个事实集合，所以其推理模式既包括道义分离规则，也包括事实分离规则。事实分离规则是以事实为条件的规范和事实为前提而推导出规范成立的推理模式。其基本形式为：$(p\rightarrow Oq)\wedge p\rightarrow Oq$。

（张传新）

前件强化原则

规范推理的一个基本逻辑模式，即基于一个条件规范 Op/q 为前提，则可逻辑地推导出结论 $Op/(q\wedge r)$。规范推理的本质是非单调的，在对法律推理予以逻辑刻画时有必要对该原则加以限制。

（张传新）

后件弱化原则

规范推理的一个基本逻辑模式，即基于一个条件规范 Op/q 为前提，则可逻辑地推导出结论 $O(p\vee r)/q$。类似于前件强化原则，在对法律推理予以逻辑刻画时有必要对该原则也加以限制。

（张传新）

关于规范的推理与适用规范的推理

道义逻辑研究的一个基本特征是对主体（自然人或者虚拟智能主体）的理想行为模式和现实的行为选择之间的严格区分，即通过规定相对于理想的情景下，行为主体应当做什么、允许做什么、禁止做什么确立相应的规范标准，以指引、约束、评价行为主体在现实情景中的行为选择。因此，针对这两个不同的层面，可以把道义逻辑的研究对象区分为以下两类：

第一，理想规范之间的逻辑关系与规律。例如，在标准道义逻辑中，被广泛接受的道义一致性原则 D：$\neg(OA \wedge O\neg A)$，表达的就是在理想模式下不存在相互冲突的对象同为义务的规律。该原则只有在理想的模式中才成立，而在现实的情境中，由于所有的规范并不能完全地被遵守，因而现实的情景并非总是理想的，基于不同的情景假设，往往会导致相互冲突的义务。在一个具体的情景已经背离理想模式的情况下应当如何进行规范推理很显然属于另外一种道义逻辑理论，这就是道义逻辑研究的第二个方面的内容。

第二，根据理想规范结合现实的情景确定主体的道义选择。在这类规范推理中，不仅仅涉及规范之间的关系和规律，同时作为前提存在的还有对某个事实条件（情景）的限定。而这个事实条件并非总被限定为理想的模式，而是当某个（些）行为违反了特定规范后，这时候的主体就面临着一个规范选择的问题，即根据理想的规范模式应当遵守什么样的规范以及基于现实的规范模式又应当遵守什么样的规范。

在现实的规范推理中，所面对的往往是后者。纽特（Donald Nute）明确地将这两类推理命名为：适用规范的推理（reasoning with norms）和关于规范的推理（reasoning about norms）。卡尔莫（Carmo）和乔克斯（Jokes）也明确提出对这两类规范推理进行区分是道义逻辑研究的核心工作："希望在一个逻辑理论框架中具有在两个层面上进行推理的能力：在理想的层面上能够进行推理，也能够在特定的情况下（当然，在特定的情况下可能会出现背离理想层面的情况）实际的层面上进行推理。能够同时刻画理想的规范和背离理想的情况下的实际的规范应当是道义逻辑研究的核心工作。"

由于研究对象的不同，关于规范的推理和适用规范的推理的结构形式、推理模式、所涉及的推理原则、推理的性质等也多有不同：

首先，二者在推理结构的构成元素上有所不同。因为关于规范的推理的道义逻辑通常假定是在同一个（理想）事实条件下研究规范之间的逻辑关系，所以，可以视之为事实无涉的，甚至在很多这类系统中不允许出现包含道义命题和事实命题的混合公式，因此，这类道义逻辑所研究的规范推理的前提仅仅是一个规范集合。与之相反，因为适用规范的推理的道义逻辑所研究的是基于特定的事实条件确定相应规范的规范推理，其推理的前提不仅仅包含特定的规范集合，还包含对规范进行选择的事实限定，因此，其推理前提包含两个方面的内容，即一个规范集合前提和一个描述具体情景的事实集合前提。

其次，二者在进行规范推理时所适用的主要推理模式也不相同。在关于规范的推理中，因为其前提仅仅是一个规范集合，所以当需要根据规范之间的逻辑关系进行推理时，只能适用道义分离规则 DD。而适用规范的推理的前提则包含一个规范集合和一个事实集合，所以其推理模式既包括道义分离规则 DD，也包括事实分离规则 FD。现在的问题是在现有的道义逻辑中这两种推理模式都存在问题。以下例予以说明：（1）某人去帮助他的邻居是应当的。（2）如果他去帮助，那么他应当告诉邻居他将去。（3）如果他不去帮助邻居，那么就不应当告诉邻居他将去。（4）他没有去帮助邻居。

因为关于规范的推理只适用于理想的模式，所以，能够进行的规范推理只有根据前提（1）和前提（2）推出你应当告知你的邻居你去帮助他的结论，即：

$O(h \rightarrow t)$　　前提（2）

$Oh \rightarrow Ot$　　适用规则 RM

Oh　　　　　前提(1)

Ot　　　　　前提(1)和前提(2),适用规则 DD

而对于希望根据前提(3)和前提(4)推出结论"你应当不告知你的邻居你去帮助他"的推理是无法进行的,因为前提(4)所表明的事实已经违反了前提(1)和前提(2)描述的理想的状态,并且标准道义逻辑不包含事实分离规则。所以,关于规范的推理的道义逻辑不能充分地满足现实生活中普遍存在的这类推理。那么,现有包含事实分离规则和道义分离规则的适用规范的推理的道义逻辑是否能够满足要求呢?如前面所做的分析,答案也是否定的,因为适用道义分离规则 DD,根据前提(1)和前提(2)可以推出 Ot 的结论,而适用事实分离规则 FD,根据前提(3)和前提(4)可以推出 O¬ t 的结论,两个结论是相互矛盾的。

再次,逻辑基础不同。为什么一个如此简单的规范推理的过程却无法在传统的道义逻辑中得到充分的表达?尽管有不同的道义逻辑提出了不同的解决方案,但是有一点却长期被人忽视,这就是这四个语句中前三个语句表达的是规范命题,而第四个语句表达的是一个事实命题。而标准道义逻辑仅仅局限于对规范之间的逻辑关系,当涉及结合具体的事实的时候,根据事实分离原则推出一个主体的实际的义务的时候,这个义务实际上是根据事实情况确定相应的义务选择。正如后文要讨论的,一元道义逻辑并不考虑义务的事实条件的相对性,所以它无法刻画条件义务,而二元道义逻辑虽然能够表达条件义务,但是,经过适用事实分离规则要分离出一个绝对义务,也就是剔除这种事实相对性,因而在初始义务中由于义务相对的事实因素被剔除,导致同一事实条件下义务产生冲突。因此,当涉及事实命题前提,并且要推出实际义务的时候,就不仅仅是在进行关于义务之间的逻辑关系的推理,而是适用规范进行的推理。适用规范的推理的前提是一个二元组〈F,N〉,其中 F 表示相关事实条件集合,N 表示备选的规范集合,其所得出的结论是基于不同事实的该前提的扩张,就齐硕姆语句集合所描述的情形,因为只存在一个事实,即¬ h,所以,得出的结论是〈¬ h,O¬ t〉。而在理想层面下所得出的应当告知邻居的义务被基于事实条件推出的应当不告知邻居的义务所废止,就此意义上,适用规范的推理本质上是非单调的。而关于规范的推理因为不存在义务冲突和义务违反问题,因此其逻辑基础是单调性逻辑。

最后,研究意义的不同。道义逻辑是一个具有强烈的实践面向性的理论,其直接意义在于为现实的实践推理构建合适的理论模型,而基于前面的分析,说现实中的规范推理主要是适用规范的推理。因此,琼斯(Andrew J. I. Jones)和塞科特(Marek Sergot)提议说:"尽管说道义逻辑是关于应当、允许以及其他规范概念的逻辑是正确的,但是,更富有洞见的认识应当是道义逻辑从本质上是关于实际和理想模式存在差异的表达和推理问题。"

只有关于这种差异的系统才是真正的规范系统。但是,不容否认研究关于规范的推理的道义逻辑对于研究适用规范的推理的道义逻辑的基础性作用,这主要表现在两个方面:(1)在不存在规范冲突或违规的情况下,规范推理所依据的主要是规范间的逻辑关系,所以,研究关于规范的推理的道义逻辑已经能够为其提供充分的逻辑基础。(2)即使在存在规范冲突或义务违反的情况下,依然需要遵守必要的道义逻辑原则,只是基于特定的语境,对于相应的道义逻辑原则予以限制,因此后者依然要以前者作为基础。

关于推理的要素区分

推理的形式	关于规范的推理	适用规范的推理
推理的前提	规范集合	描述情景的事实集合 + 规范集合
主要推理模式	道义分离规则	事实分离规则
逻辑基础	单调逻辑	非单调逻辑
研究意义	规范间的逻辑关系	具体规范的适用

（张传新）

应当是

道义逻辑研究采用的一个典型方法是以“O”“P”“F”分别表示道义模态概念“应当”“允许”“禁止”，将这些道义模态算子置于作为基础逻辑——通常是经典命题逻辑的表达式之前，从而形成形如“OA”“PA”“FA”的表达式，分别读作“应当A”（或者“A是应当的”）、“允许A”（或者“A是被允许的”）、“禁止A”（或者“A是被禁止的”）。但是，被道义模态词修饰的逻辑表达式究竟是什么则存在争议。这个问题从道义逻辑研究开始就成为争议的焦点之一。

道义逻辑的成型开始于1951年冯·赖特的论文《道义逻辑》（*Deontic Logic*）的发表，从那以后，对于该主题的讨论以及不同类型的道义逻辑理论就以惊人的速度迅速增长，之后大部分关于道义逻辑的研究都直接或者间接地受到了冯·赖特这篇论文的影响。对于冯·赖特而言，O和P表示的是道义谓言（deontic predicales），当把它适用于行为名称（names of acts）时形成道义语句。而对于其他很多研究者而言，O和P表示的是道义模态（模态算子或连接词），适用它们形成的是断言某个行为被执行的道义语句。把O和P理解成模态的好处是可以对像PA→A之类的“混合公式”，以及涉及嵌套的像O（OA→A）之类的公式的真假和可接受性进行讨论，而在冯·赖特的系统中这类公式是被排除在外的，因为这些公式被认为是不合适的公式。冯·赖特在这篇论文中明确指出，他将那些被宣称为义务的、允许的、禁止的那些“东西”称为行动（acts），并进一步解释其所使用的“行动”一词表示性质，而不是个别行为。并用类似于命题逻辑中真值函项定义关于行动的实施函项，从而解决了规范命题没有真值的问题。但是，冯·赖特对于这种选择并不是十分满意，在其随后的《逻辑研究》（*Logical Studies*）的前言中对其《道义逻辑》一文评论道：“从哲学的角度讲，我发现这篇文章是非常不能令人满意的。一方面是因为它把规范视为一种具有真假值的命题，我认为这是错误的。道义逻辑除了从真假的角度进行研究外，仍然可以从规范和价值评价的研究中获得重要的意义，它依然是关于逻辑规律的理论。这表明逻辑具有比对真的研究更大的领域。”冯·赖特本人的犹豫反映了道义逻辑研究中的一个困惑，这就是如果规范命题没有真值，那么如何构建关于规范的逻辑呢？这也反映了人们使用道义以及相关的语句时存在的极大的模糊性：有时候它们被用于表达规范性命题，用于描述规范的存在或不存在的后果。当这些语句被用于规范人们的行为的时候，它们表达的规范没有真值。只能从价值的角度评价一个规范是合理的还是不合理的，是可以接受的还是不可以接受的，乃至于能否以及是否被实施，但是，不能说它是真的还是假的。这些认识上的模糊导致长期以来人们对道义逻辑的质疑，甚至波及对以形式逻辑作为工具分析、评价规范的推理，因为形式逻辑是以命题所具有的真值作为其理论基础的，而规范本身并不具有经典逻辑中的命题所具有的真值。尤其是那些关注规范实践领域的研究者更是持一种彻底否定的态度。他们认为,形式逻辑是建立在命题真值的语义基础之上的,它不适于无关真假的命题的推理评价。

澳大利亚逻辑学家汉布林(Charles Hamblin)认为,对于规范而言,"真"是个不恰当的标准,因为它既不是充分的也不是必要的。说"真"不是充分的,是因为一个本体论意义上为真的规范并不一定为论证者所知道为真,即认识论意义上未必为真;说"真"不是必要的,因为在许多领域"真"的观点是有疑问的,真的思想可能假定了不可能的上帝眼中的立场来看待事物。佩雷尔曼认为,形式逻辑对论证的评价是从真前提开始,但如何判定前提的真假,这已经超出形式逻辑所讨论的范围。真实论证未必都是从真前提出发的,往往只是从一致起点开始的。他们猜想主导非形式论证的理性可能来自修辞理论的原则,特别是听众的考虑与价值(一种非形式逻辑),并进而构建了以"新修辞学"命名的企图代替逻辑作为法律推理工具的理论。

逻辑学家的反思与来自重点关注实务领域应用的理论学家们的批判对后来的一些道义逻辑研究者产生了深远的影响,从而也开创了道义逻辑研究的另一个方向,他们以"行为"作为道义逻辑的核心概念,定义相关的规范语句及其逻辑关系,构建了不同的行为道义逻辑以及关于行为过程的动态道义逻辑,统称这些道义逻辑系统为"应当做"(ought - to - do)的道义逻辑。另一种解释是对规范本身与描述规范的规范命题做出明确的区分。"作为实质概念而言,规范是一个类命题实体,即被称为规范性语句的具有特定意义的表达式。……在这个意义上,规范不是语言依赖的;它们只能被语言的方法得到表达,但是,它们的存在独立于任何语言表达式。……规范必须与规范性语句区别开来,所谓的规范性语句是指表述根据非特定的规范或规范集合的语句,p 是义务的描述性命题。作为表达性概念而言,规范是语言的规范性用法的结果……只有在语言应用的语用层面上,陈述、疑问、祈使等才存在差异……表达式⊢p 表示 p 被断定,! P 表示 p 被命令,Op 表示 p 应当是(或做)的命题。因此,Op 是一个实质概念意义上的规范符号,而! p 是一个表达意义上的规范符号。"

为了更清楚地描述规范和规范性语句之间的关系,阿尔罗诺(Carlos E. Alchourrón)提出了一个箱子的隐喻:"可以通过把义务集合和允许集合想象成为等待填充的不同的箱子的方法描述道义语句的描述性意义(规范性命题)与规定性意义(规范)之间的区别。当权威当局 α 规定性地用一个道义语句表示特定规范对某行为的规制时,他的行为相当于把特定对象放在一个盒子中。当 α 描述性地用这个道义语句时,他的行为相当于为把特定对象放在一个盒子中制作一幅图画。一个命题就像一幅现实的图画,因此断言一个命题就像制作一幅现实的图画。另外,颁布一个规范就像把一些对象置于一个箱子中。这是通过要求特定主体选择被授权的行为、执行被命令的行为(对一个行为的规范性约束),构建现实的一部分的一种方法。"而汉森(Bengt Hansson)给出了一个更简单的解释:"我认为道义命题是描述性质的,它们描述根据(不定的)规范体系或者道德、法律理论,什么是应当的,禁止的,以及允许的……这种描述性解释的优点除了使得道义公式成为命题外,还使得道义逻辑是一个元道义工具,而不是道义理论本身这一观点更加清晰。"

(张传新)

渎职义务推理

在初始义务被违反的情况下如何进行的规范推理。在现实规范领域普遍存在规范被违反的情况，正是因为存在规范被违反的可能性，才使规范逻辑成为一个有用的工具。人工智能研究的领袖人物麦卡蒂（L. Thorne McCarty）认为“规范逻辑研究的一个主要特点是规范并非总是被遵守，只有在一个被禁止的行为发生了或者一个应当的行为没有发生的时候，才需要规范逻辑的机制确定相应的违规行为并采取合适的行动。”如果假定主体总是按照规范的要求行动，那么规范性要求便变得毫无意义：如果主体的实际行为不偏离理想的模式，那么仅仅描述主体实际上做了什么就可以了。并且只要有义务被违反的可能，就有相应的渎职义务存在的必要。所谓渎职义务就是一种只有在相关义务（初始义务）被违反的情况下才具有效力的义务。因为只要规范被违反就必须有相应的义务作为救济，因此，渎职义务又被称为救济义务。要使人们自觉地履行自己的义务就必须规定如果规范被违反的情况下应当怎么办。例如，(1)你应当履行诺言；(2)如果你没有履行诺言，你就应当道歉。

其中(2)就是相对于(1)的一个渎职义务。另外，规范被视为对人的行为进行控制的一种机制。一个理性的人被假定为尽量选择受到最小的惩罚，因而理想的选择是不违反规范；但是，如果他违反规范，他应当尽可能地选择一种不太坏的方式。例如，一个贼不应当使用暴力，一个绑匪不应当杀害人质。本奇卡鹏（Bench - Capon）认为，在法律的很多地方，规范的作用相当于他所称的“选择理性行为的价目表”。他认为，“在现实的法律中存在一个基本的区分：一方面理想的要求应当是什么，另一方面实际上又是什么。规范逻辑本质上就是对这种差异的表达和分析。”渎职义务推理因为齐硕姆悖论（Chisholm paradox）的发现而受到人们的特别关注。道义悖论并不是通常意义上的逻辑悖论，而是指根据某个规范逻辑理论，基于一致的或者符合直观的前提集合却推出了不一致的或者不符合直观的结论。在大量的道义悖论中，最难缠的似乎就是齐硕姆悖论，它实质上是渎职义务悖论（Country - To - Duty obligation，CTD）的一个具体例示。直接表现为如何形式刻画由下面四个语句构成的集合：

例1　齐硕姆语句集合

(1)你应当去帮助你的邻居。

(2)如果你去帮助你的邻居，你应当告知他你要去。

(3)如果你不去帮助你的邻居，你应当不告知他你要去。

(4)你没去帮助你的邻居。

用 h 表示前去帮助邻居，用 t 表示告知邻居，则根据标准规范逻辑可得到以下表达式集合：

(1′)Oh；

(2′)$O(h\rightarrow t)$；

(3′)$\neg h\rightarrow O\neg t$；

(4′)$\neg h$。

适用标准道义逻辑中广泛接受的道义单调性原则（Monotonic principle，简称 RM。该原则又被称为遗传规则 inheritance rule，或者分配原则 distributive rule）：

RM：$\vdash O(A\rightarrow B)\rightarrow OA\rightarrow OB$，

则根据(2′) 可以推出：

(5′)$Oh\rightarrow Ot$；

对(1′)和(5′)适用道义分离规则(Deontic Detachment,DD):

DD: $\vdash OA \wedge (OA \rightarrow OB) \rightarrow OB$,

则可以推出:

(6′) Ot。

对(3′)和(4′)适用事实分离规则(Actual Detachment,AD):

AD: $\vdash (A \wedge (A \rightarrow OB)) \rightarrow OB$,

则可以推出:

(7′) $O\neg t$。

根据(6′)和(7′)则可以推出:

(8′) $Ot \wedge O\neg t$。

很显然(8′)违背了标准规范逻辑中的另一个基本原则:道义一致性原则(no obligation conflict principle,简称 D):

D: $\vdash \neg (OA \wedge O\neg A)$,

即相矛盾的对象不能成为义务。

因为D原则的存在才使得SDL对齐硕姆语句集合的形式刻画成为悖论,因此,最自然的解决方法就是构造不包含D原则的规范逻辑系统,其中最具代表性的是由范弗拉森(Bas van Fraassen)和切拉斯(Brian F. Chellas)构造的极小规范逻辑系统(minimal deontic logic)。根据这些规范逻辑系统,虽然一个系统能够推出OA和$O\neg A$,但是因为D原则无效,所以不再被视为一个矛盾(这是因为与OA相矛盾的是$\neg OA$,而拒绝D原则的实质是否定了与之等价的康德原则:$OA \rightarrow PA$,从而也排除了$O\neg A \leftrightarrow \neg OA$的有效性)。事实证明这是一个极弱的规范逻辑系统,在解决齐硕姆悖论的同时,将一些非常具有直观有效的推理模式也排除了,其中重要的一个原则就是聚合原则(Aggregation principle,简称 AND):

AND: $\vdash OA \wedge OB \rightarrow O(A \wedge B)$

而排除这个原则的一个直接后果是导致了新的悖论的产生。

例2　斯密斯服兵役的推理

假设有以下语句集合:

(1)斯密斯应当服兵役或者做公务员:($O(F \vee S)$)。

(2)斯密斯应当不服兵役:($O\neg F$)。

直观地看,应当能够根据以上前提推出斯密斯应当做公务员OS的结论,然而,因为没有聚合原则,所以,赖以推出OS的$O((F \vee S) \wedge \neg F)$是无效的,所以,在这些系统中无法推出OS的结论。

解决齐硕姆悖论的另一种方法是构造二元规范逻辑(Dyadic Deontic Logic,DDL),用二元道义公式$O(B|A)$表示在A的条件下应当B。并根据规范适用的条件对"应当"做不同意义上的解读,即将"你应当帮助你的邻居"视为一个初始义务(prima facie obligation),将"如果你不去帮助他,你应当不告知他你要去"视为一个渎职义务。或者将规范推理定义为特定主体根据一个特定情形下的规范集合推出实际选择的义务的推理过程,则出现在前提集合中的规范被称为理想义务,而将被推出的义务称为全盘考虑的义务(all - things - considered obligation)或者实际义务(actual obligation)。据此,齐硕姆语句集合可以被形式刻画为:

(1″) $O(h|T)$;

(2″) O(t|h);

(3″) O(¬ t|¬ h);

(4″) ¬ h。

其中T指任意逻辑重言式,表示规范的缺省条件。在这里(3″)所表达的义务是(1″)所表达的义务的一个渎职义务,即在只有(1″)被违反的情况下(3″)才具有效力,之所以在标准道义逻辑中出现了齐硕姆悖论,是因为对规范产生效力的条件绝对化了,从而无法处理当相关义务被违反后应当怎么办的问题。在二元道义逻辑中为了避免齐硕姆悖论,通常采用的方法是排除前件强化原则(Strengthening the Antecedent,SA):

SA:⊢O(A|B)→O(A|B∧C)

SA无效的直接后果是不会根据前提(1″)和(2″)推出O(t|¬ h)的结论,从而避免了矛盾的产生。但是,正如后来人们所发现的,在有些情形下,前件强化原则似乎是应当有效的,而这些系统并不能很好地处理这些情形。例如:

例3　餐桌礼仪悖论

(1)你应当不直接用手抓饭吃:O(¬ f|T)。

(2)你应当将餐巾铺在你的膝盖上:O(n|T)。

(3)如果你吃的是芦笋,你应当直接用手抓着吃:O(f|a)。

可以说第三条义务的条件违反了第一条义务,即(3)表达的义务是(1)表达的义务的渎职义务,因此,在a为真的条件下不应当受到第一条规则规制,也就是说不能将其前件强化为:

(4)如果你吃的是芦笋,你应当不直接用手抓着吃:O(¬ f|a)。

但是,现在的问题是第二条规则,它并没有被第三条规则推翻,因而似乎有理由根据(2)、(3)推出:

(5)如果你吃的是芦笋,你应当将餐巾铺在你的膝盖上:O(n|a)。

遗憾的是在缺乏SA原则的二元规范逻辑中,该推理却是无效的。

以上分析表明,对规范推理进行形式刻画构建的规范逻辑既不能太强,从而导致在规范被违反的情况下导致齐硕姆悖论;也不能太弱,从而将一些直观有效的推理模式排除在外。这是因为作为规范推理前提的规范具有缺省的性质,或者说是具有概称句的结构,它们只能相对于特定的条件下被适用,而规范推理所面对的却是一个开放的语境,只有相关条件与规范适用的条件一致的情况下才能被适用,而当不一致的条件存在时,原来根据缺省条件得出的结论被废止。因而规范推理的规则非常类似于非单调推理或者可废止推理文献中的规则,例如,SA规则非常类似于可废止推理中所称的"确定性保存原则"(Determinacy Preservation,DP):

DP:如果A|~B,并且A∧C|詬¬ B,那么,A∧C|~B。

总之,规范的缺省结构决定了规范推理是一种非单调性推理,形式刻画规范推理的规范逻辑也必须具有非单调逻辑的机制,之所以在传统的规范逻辑中出现了大量的道义悖论,就是因为它们缺少这种机制。

渎职义务悖论的实质是在义务被违反后应当怎么办?很显然,这个问题是与规范推理的实践应用具有密切关系的,因为规范在现实中都存在被违反的可能性。它不仅仅涉及规范推理的机制问题,还直接涉及对于什么是"应当"的语义解释问题,因为根据规范逻辑的可能世界语义理论,通常把OA定义为在可能世界w中为真,当且仅当A在w的所有理想可及世界或者道义替代世界里为真。而如果所有的规范都被遵守,那么这将是一个理想的世界,也就没有存在规范的必要了，相应的规范逻辑也将坍塌为一个真势逻辑系统，例如，在现代规范逻辑产生之前，莫利(Ernst Mally)在1926年曾经构造过一个公理化的规范逻辑系统。该系统被证明是一个失败的系统，之所以失败就在于该系统可以推出 A↔OA 的定理，即所有实现的都是应当实现的，而所有应当实现的都已经实现了，最终退化为一个不含道义模态词的经典模态逻辑系统。因此，形式刻画渎职义务推理成为规范逻辑必须解决的一个重要问题，也是评价一个规范逻辑系统能否充分地处理道义推理的一个重要的标准。

（张传新）

道义困境推理

所谓道义困境是指这样一类特定的情形，基于一个意义明确的“应当”，一个事态 A 既是应当实现的又是不应当实现的，也就是在这类情形中，OA 与 O¬ A 都为真。或者更宽泛地说，一个道义困境是指一类特定的情形，其中存在不一致的事态 A 和 B，OA 与 OB 都为真。再宽泛一点说，一个道义困境是一类情形，其中事态 A 和 B 是不可能都得到实现的，即使二者都应当得到实现。这里所谓的不可能可以是指基于讨论所在的语境的任意不可能性，既可以是哲学上的不可能性，也可以是非常现实的不相容性。这些情形意味着在条件 B 下，A 所描述的事态是应当实现的，而在同样的条件下非 A 所描述的事态也是应当实现的，即 O(A|B)与 O(¬ A|B)都为真。

对于规范逻辑是否应当容纳道义困境，以及如何形式刻画存在道义困境的规范推理，在规范逻辑研究中存在激烈的争论。在规范逻辑发展的早期，曾经存在一个反对存在道义困境的可能性的传统。霍蒂(John Horty)对这种观点的多种形式进行过分析，福雷斯特(Mary Forrester)也提供了丰富的材料。这种传统的观点很多都坚持认为：那些表面上看起来所谓的道义困境，如一个主体应当做 A 并且应当做 B，但是不能既做 A 又做 B 的情形事实上并不是真正的道义困境，它们仅仅是应当做(A 或者 B)的情形。然而理论上是否承认道义困境存在的可能性并不是问题的关键，关键是在规范领域确实存在大量的涉及道义困境的情形。卢特列(Richard Routley)与普卢姆伍德(Val Plumwood)对于道义困境如何普遍存在于生活中有详细的讨论。下面是由霍蒂举出的一个例子：

琼斯看望女儿的困境

(1) 琼斯应当在一个特定的时间(如举行婚礼时)看望他的女儿艾比：(Ova)。

(2)在这种情况下他应当先告诉她他要去，然后再去看望她似乎也是应当的：(O(Va ∧ Na)。

(3)琼斯应当看望他的另一个女儿贝丝，并且也应当告诉她他要去看望她：(O(Vb ∧ Nb)。

(4)艾比与贝丝居住在一个国家相对的两端，这就导致琼斯不允许在同一时间(两人同时举行婚礼)既看望艾比又看望贝丝：¬ P((Va ∧ Na) ∧ (Vb ∧ Nb))。

这里暂时用¬ P((Va ∧ Na) ∧ (Vb ∧ Nb))表示客观情况决定了不允许琼斯既看望艾比并告知她又看望贝丝并告知她的事实，当然也可以用¬ ◇((Va ∧ Na) ∧ (Vb ∧ Nb))表示这种情况。在这样的情况下，根据前面提到的 RM 规则，由 O(Va ∧ Na)可以推出 ONa，同样由 O(Vb ∧ Nb)可以推出 ONb。又因为 Na 与 Nb 是一致的，经适用 AND 规则可以推出 O(Na ∧ Nb)也都为真，也就是说琼斯应当告知他的两个女儿他将去看望她们，即使他只能看望其中的一个女儿，但是他也应当告知她们两个他要去看望她们，很显然这是荒谬的。

道义困境造成的最大问题是会导致所谓的道义爆炸（deontic explosion，DEX），其意思是说如果存在道义困境，那么（做）所有事情都是应当的。用公示表达就是：

DEX：$\vdash (OA \wedge O\neg A) \to OB$

表面看起来产生道义爆炸的原因在于构建规范逻辑时所依赖的作为其基础的经典逻辑（通常为命题逻辑）中包含的由假得全原则（ex falso quodlibet，EFQ）：

EFQ：$\vdash (A \wedge \neg A) \to B$

因为该原则是经典逻辑的一个基本假定，而规范逻辑通常被视为模态逻辑的一个分支，即在经典逻辑形式语言的基础上加上道义模态词O、P、F（或者O（—|—）、P（—|—）、F（—|—））建立起来的，其自然的也继承了包括EFQ原则所导致的问题。另一个解释与标准规范逻辑所包含的聚合原则和分配原则有关：假设OA和$O\neg A$，并且$\neg \Diamond (A \wedge \neg A)$，$A \to A \vee B$，适用分配原则，则$OA \to O(A \vee B)$，同样，$O\neg A \to O(\neg A \vee B)$，适用聚合原则，则$O((A \vee B) \wedge (\neg A \vee B))$，它等值于$O(B \vee (A \wedge \neg A))$，而后者又等值于OB，所以，可以得出结论$(OA \wedge O\neg A) \to OB$。也就是说如果存在道义困境，则做任何事情都成为义务。其他以经典逻辑为基础构建的模态逻辑也会出现类似的问题。但是，这个问题在规范逻辑中表现得尤为突出，这是因为在规范领域中道义冲突的存在是普遍的并且是现实的，而在其他逻辑中虽然所构建的系统存在由假得全之类的假定，但往往并不具有现实的基础，例如，很容易确认在逻辑意义上$\Box A$和$\Box \neg A$是相冲突的并且不可能都真，而在规范逻辑中，虽然OA与$O\neg A$也是相互冲突的，但是，基于不同的规范渊源却有可能都真。例如，基于法律规范，你应当检举你涉嫌犯罪的朋友，而基于伦理或者某种信念，你应当不检举你涉嫌犯罪的朋友。并且不能据此推出（做）所有的事情都是应当的，也不能完全地拒绝推理。

解决道义爆炸问题首先要做到的是剔除道义一致性原则D，因为它根本否定道义冲突存在的可能性，其次分析产生道义爆炸的原因，剔除或者限制产生道义爆炸的推理规则，事实证明这是规范逻辑研究中存在的最复杂的问题之一。这是因为任何包含前面提到的遗传原则RM、聚合原则AND和由假得全原则的逻辑系统都将导致道义爆炸。因此，规范逻辑要能够充分地处理道义困境并避免道义爆炸，必须全部拒绝原则RM、AND、EFQ，或者至少拒绝其中的一个。

使问题更加复杂的是，如果加入逻辑等值置换规则（rule of replacement for equivalents，RE）：

RE：如果$\vdash A \leftrightarrow B$，那么，$\vdash OA \leftrightarrow OB$，

则RM等价于分配原则（distributive principle，简称M）和析取规则（disjunctive rule，OR）：

M：$\vdash O(A \wedge B) \to (OA \wedge OB)$；

OR：$\vdash OA \to O(A \vee B)$。

而等值置换规则RE对于任意合理的规范逻辑似乎都是一个必要条件。这就意味着在RM有效的情况下，M和OR都是可以推出的（当然是在RE有效的条件下）；在假定RE有效的情况下，则根据M或OR，RM也是可以推出的。因此，若M或OR有效则同样会导致DEX。现在的问题是那一种方法最可取呢？

罗·格勃尔（Lou Goble）认为，一个能够处理道义困境的（一元）规范逻辑应当满足以下标准：

第一，一致性（consistency）原则。冲突（OA，OB）不能在一个逻辑中推出矛盾。至少要明确存在规范冲突的可能性。

第二，无不足道性（Non－triviality）原则：一个能够充分处理规范困境的规范逻辑能避免道义爆炸以及类似的情况，即使下面的道义爆炸原则无效：

DEX－1：如果$\nvdash$ B，那么，$\vdash(OA\wedge O\neg A)\rightarrow OB)$；

DEX－2：$\vdash(OA\wedge O\neg A)\rightarrow(PB\rightarrow OB)$；

DEX－3：$\vdash(OC\wedge PC)\rightarrow((OA\wedge O\neg A)\rightarrow(PB\rightarrow OB))$。

第三，强度性（strength）原则：一个能够容纳道义困境的规范逻辑应当通过增加道义一致性原则 D：$\vdash OA\rightarrow\neg O\neg A$ 作为一个公理使其等价于标准规范逻辑 SDL。

范弗拉森、切拉斯、罗·格勃尔都构建了容纳道义困境的规范逻辑。其中前两个采用的方法是剔除某个或者某几个标准规范逻辑的基本原则，结果是所构建的系统太弱，从而使一些可欲的推理模式无法得到刻画。罗·格勃尔采用了限制而不是完全剔除某个或者某几个道义原则的方法，但是，所用到的限制条件需要在该系统之外通过用户自主地做出判断，因此认为它不是一个充分的形式系统。

需要指出的是，尽管在形式结构乃至在解决方案上，道义困境与道义爆炸问题与渎职义务推理问题以及后面要提到的例外义务推理问题有很大的相似性，但是，这是两个不同的问题。前者讨论的问题直接表现为哪一个原则应当、不应当包含在一个规范逻辑中，以使其能够处理道义困境。而后者涉及的问题是如何在相冲突的义务中进行选择。也应当与可废止推理研究文献中经常面对的问题区别开来，后者处理的问题是一个人拥有的信息依据传统的观点导致不一致的结论，可废止推理采用的方法使其中的一些信息废止了其他信息的应用，因而事实上并没有真正的冲突的出现（鸟会飞，企鹅是鸟，企鹅不会飞，X 是一个企鹅。那么可以得出结论说 X 不会飞，因为它是一只企鹅；不会得出结论说 X 会飞，尽管它是一只鸟。在这里因为企鹅不会飞的规则比鸟会飞的规则更具特异性，所以，前者废止了后者的适用）。与此类似，一个人可能拥有的信息得出结论说他应当做 A，但是进一步的信息得出结论说他应当做 B，但是 A 与 B 是不相容的，而后者遮蔽或者废止了前一个义务（例如，一个规范集合，其中的一个规范要求应当做 A，而另一个规范要求禁止做 A，但是还可能存在一个关于等级的程序表明在特定的情境中后一个规范优先适用于前一个规范，因而禁止做 A 的规范废止了允许做 A 的规范）。而道义困境所描述的是在 A 与 B 不相容时，OA 与 OB 没有一个是被废止的或者是相互废止的。

但是，这种区分也不是绝对的，因为二者涉及的基本问题都是在推理的前提集合中存在相冲突的信息时如何得出相应结论的问题。在可废止规范逻辑中，基于冲突的信息可能形成不同的扩张，当前提集合中的规则存在优先关系，或者事实之间存在特异性差异的时候，可以基于这种优先关系或特异性选择其中的一个扩张作为推理的结论，而当无法区分这种关系的时候往往只能是一种策略（轻信的策略或者谨慎的策略）的选择，这时候的可废止推理实质上处理的就是一个道义困境问题。而就罗·格勃尔所构建的处理道义困境的 DPM 系统来看，只不过把他认为是不言而喻的隐含条件作为推理的前提加入前提集合中，从而限制相应的推理规则的适用而已。而如果排除这样一种可能性，即构成道义冲突的两个义务并不具有可以根据某种优先关系以其中的一个义务废止另一个义务，那么就应当采用道义困境推理的模式。

（张传新）

标准道义逻辑

简称 SDL，是在经典逻辑语言的基础上加上相应的道义算子而构成的一个扩张系统。

(1) SDL 的字母表：在命题逻辑语言 $\mathcal{L}$PC 字母表的基础上增加一个初始符号：O。

(2) SDL 的形成规则：在命题逻辑 PC 的形成规则基础上增加一条戊：如果 X 是合式公式，则 OX 也是合式公式。

(3) 定义。

在命题逻辑的定义的基础上增加以下定义：

定义丁：PA 被定义为 $\neg O \neg A$。

定义戊：FA 被定义为 $O \neg A$。

有了以上定义，就可以将 PA 作为符号序列 $\neg O \neg A$ 的缩写，将 FA 作为 $O \neg A$ 的缩写。

(4) SDL 的公理（模式）。

S0：所有 PC 重言式；

S1：$O(A \to B)(OA \to OB)$；　　（OK – 公理）

S2：$OA \to \neg O \neg A$；　　（D – 公理）

(5) SDL 的推理规则。

在 PC 推理规则的基础上增加下面的规则：

S3：A/OA　　（ON – 必然化规则）

（可以把 MP 规则称为 SDL 的 S4）

OK 公理对于任何模态必然性算子都是成立的，其实质是说义务在逻辑蕴涵中封闭。对于能否接受该公理是存在争议的，但是，它却是模态逻辑方法所必需的。还需要注意的是 O – 必然化规则（S3），这也是把道义逻辑视为一个正规模态逻辑的思想的一部分。该系统也蕴涵下面的被冯·赖特所明确反对的公式：

OT：$O(A \vee \neg A)$　　（存在空的规范系统）

因为如果要把道义逻辑视为克里普克类型的模态逻辑的一个分支，就必须接受 OT。

(6) SDL 的语义。

与其他模态逻辑一样，标准道义逻辑系统的语义也建立在可能世界这个概念的基础之上。一个所谓的克里普克模型是一个三元组 $\langle W, R, V \rangle$，其中 W 是一个非空的可能世界集合，$R \subseteq W \times W$ 是 W 上的一个二元关系，通过这个关系每一个可能世界 w 与一个可及的道义理想可能世界集合联系起来。其背后的思想是在一个可能世界 w（现实世界）里 Op 是一个规范，当且仅当该 p 在可能世界 w 的所有可及的道义理想可能世界里 p 作为相应的规范都得到了满足。从而道义算子 O、P、F 像在其他模态逻辑中的模态算子那样得到类似的处理。

更形式化的表达是：假设一个克里普克模型 $M = \langle W, R, V \rangle$ 和一个可能世界 $w \in W$，则道义算子的语义可定义为：

标准道义逻辑形式语句在模型 M 的可能世界 $w \in W$ 中的真值可递归定义如下：

(1) $M, w \models pi$，当且仅当 $V(pi, w) = 1$；

(2) $M, w \models \neg A$，当且仅当 $M, w \nvDash A$；

(3) $M, w \models A \wedge B$，当且仅当 $M, w \models A$ 并且 $M, w \models B$；

(4) $M, w \models A \vee B$，当且仅当 $M, w \models A$ 或者 $M, w \models B$；

(5)$M,w\models A\rightarrow B$,当且仅当 $M,w\models\neg A$ 或者 $M,w\models B$;

(6)$M,w\models OA$,当且仅当 $\forall v\in W$:如果 $R(w,v)$,那么 $M,v\models A$;

(7)$M,w\models PA$,当且仅当 $\exists v\in W$:如果 $R(w,v)$,那么 $M,v\models A$;

(8)$M,w\models FA$,当且仅当 $\forall v\in W$:如果 $R(w,v)$,那么 $M,v\not\models A$。

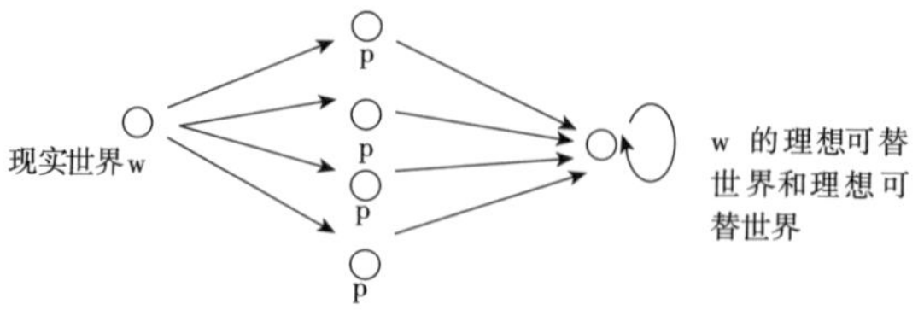

w 的理想可替世界

基于 SDL 选择 O 作为初始道义算子,对 Op 的赋值就是检查 Op 的所有基于关系 R 的所有理想可替代世界里是否为真。其他的道义算子根据相关定义给出。

有效性的概念也完全类似于经典模态逻辑:公式 Op 相对于一个克里普克模型类 $\mathcal{M}$ 是有效的,写作 $\mathcal{M}\models Op$,当且仅当 Op 在模型类 $\mathcal{M}$ 中的每一个克里普克模型 M 中的每一个可能世界里为真,即对于每一个 $M=\langle W,R,V\rangle\in\mathcal{M},w\in W,M,w\models Op$。

可以证明,如果限定 R 具有连续性,即要求每一个可能世界 w 都有一个可及的道义理想可能世界,则标准道义逻辑系统相对于这个语义是可靠的也是完全的。

(张传新)

偏好道义逻辑

应用偏好逻辑理论构建的道义逻辑系统。偏好逻辑又被称为优先逻辑、选择逻辑,属于实践逻辑的范畴,在各种决策理论和决策实践中有比较重要的作用,经常会被用于各种经济决策及博弈理论当中。由于,优先逻辑也是在类比于模态逻辑的基础上,通过使用优先概念即"x 优先于 y"这一概念的形式规则并加以系统化的理论,所以仍然是哲学逻辑的一个重要分支。它的形式化研究也是根据较为基本的三种关系:强优先关系、独立关系和弱优先关系。优先语义学首先需要构建一个可能世界的优先顺序,这一点对于解决道义逻辑中的义务冲突问题非常有利。在道义逻辑研究中引入优先语义理论的方法,就可以对义务进行优先定义,如 $O\alpha$、$def\alpha>\neg\alpha$、$O\alpha=def(\alpha\wedge\beta)>(\neg\alpha\wedge\beta)$ 等,其中 $>$ 是表示优先关系的一个算子。在这些优先道义理论中,行为主体可以根据自己的需要,对义务所处的可能世界进行优先选择,从而避免义务冲突的发生。

(张传新)

自适应道义逻辑

基于自适应逻辑研究规范推理的逻辑。其基本思路是将道义困境 $OA\wedge O\neg A$ 定义为一个异常,当不存在该异常时,径直可以适用标准道义逻辑的各原则,而在证明过程中推出道义冲突时,则将以不存在道义冲突为条件的证明加上标记,从而使对道义冲突的确认成为该证明过程的一部分。

(张传新)

自适应逻辑

并不是通常意义上的逻辑系统,而是一个形式化的证明框架。如其名称所表明的,自适应逻辑的主要特点是它能够灵活地适应具体的前提集合,根据特定的异常标准"尽可能正常地"解释前提集合,为被解释的推理过程界定一种后承关系。其动态证明使其成为刻画可废止推理的一个有效的工具。它通过展示内部的动态过程和可能的外部的动态过程阐明推理。外部的动态过程揭示推理的非单调性关系:如果增加了新的前提或者旧的前提发生了改变,原来推出的结论可能不再成立。形式刻画就是:对于 Γ,Δ 和 A,满足条件 $\Gamma \vdash A$,$\Gamma \cup \Delta \nvdash A$。内部动态过程刻画一个证明(推理步骤的序列):随着对前提不断认识的增加,先前得出的结论可能被收回,而先前被收回的结论也可能重新被认为是可推出的。在过去的十几年里,尤其是在那些与科学哲学和其他哲学有密切联系的逻辑学家的影响下,自适应逻辑得到了迅速的发展,探讨了越来越多的领域,构建了不同形式的自适应逻辑系统,例如:有些刻画经典逻辑,有些刻画多值逻辑,有些刻画多模态逻辑。其适用的语境也多种多样,如处理不一致性、归纳概括、溯因推理与似真推理,对主体在论辩过程中立场改变的解释,不相容性等。这些逻辑都有一个共同的结构,基于该结构可以构建所有这些逻辑的证明论、语义论等,为此,巴腾斯(Diderik Batens)于 2007 年构建了一个标准格式的自适应逻辑(standard format adaptive logics,SAL)。一个标准格式的自适应逻辑具有所有重要的元理论特征,如可靠性、完全性等。

(张传新)

道义逻辑

又称规范逻辑或义务逻辑,是刻画规范推理的形式结构及有效推理模式的理论。道义逻辑被认为是"最重要的"一个哲学逻辑分支。人们对这个新兴的逻辑学科充满了期待,认为道义逻辑有广泛而直接的应用。这主要包括两个方面,第一,作为表达和分析规范推理的工具,形式刻画规范推理的基本逻辑模式及适用条件和规则。道义逻辑研究的对象——规范推理普遍存在于现实世界,包括法律、伦理领域,还包括礼仪、习惯、风俗等各个方面,其指引、约束、评价每个人的行为选择。第二,用于计算机科学和人工智能等领域的知识表达和规范系统建构。道义逻辑研究虽然可溯源至古希腊时代,但真正的道义逻辑研究是在现代逻辑成熟以后才发展起来的,主要是采用现代逻辑学的科学方法,致力于规范的形式化研究。道义逻辑作为哲学逻辑的一个分支,自 1951 年出现以来,已经经历了多个阶段的发展,在 20 世纪 50 年代,主要采用的公理化方法,目的在于为道义逻辑构建合适的公理化系统。道义逻辑研究到了 20 世纪 60 年代转向为不同的公理化系统构建可能世界语义理论。从 20 世纪 60 年代晚期到 70 年代早期主要是用优先语义理论解释二元道义逻辑。自 20 世纪 70 年代早期到 80 年代主要是以时间树框架和增加时态算子为一元道义逻辑系统和二元道义逻辑系统的可能世界模型给出新的解释。到了 20 世纪 90 年代,研究的重点转向用这些时态树结构解释基于行为的道义算子,以及将 Stit 理论(sees to it that)融合到道义逻辑的研究中。

(张传新)

法律推理方法

关于法律推理方法这个术语,又可以称为"法律论证方法"(the methods of legal argument)、“法学方法”(the method of jurisprudence)、“法律人运用的方法”(the methods used by lawyers)等。可以将“法律推理方法”运用的不同范畴归为三类:第一,在法律创制与解释过程的法律实践中,法官、原告、律师运用的方法,可称之为实践中运用的方法;第二,各种法律领域的专家在其分析中所运用的法教义学(legal – dogmatic)方法;第三,在法律理论和法哲学中运用的理论方法。

在许多哲学传统中,每一个哲学传统都有对“法律推理方法”在不同方面的运用。例如,法律实证主义为法律实践与法教义学提出了“工具”;法律实在论为法律理论与法律实践提供了心理学和社会学方法;而分析哲学提供的方法主要被应用在关于法律是什么的哲学反思中,也可以很容易地应用到法教义学与法律实践中;诠释学则致力于重构所有理解行为的基础结构,即法律理论与法教义学同时也是“实践的”;论证理论也可以很方便地应用在法律实践与法教义学中。

在一般情况下,关于“实践”“法律理论”“法教义学” 等具体方法的运用,它们之间的“边界”往往并不明显。关于“方法”这个术语,也缺乏一个共同接受的定义,似乎可以说,方法是一套规则的程序,为了实现一个既定目标,这套程序决定该做什么。但任何一种定义都会很轻易地排除许多法律理论传统,同时也不能提出一个正确的“方法”。对法律方法论理论进行分析,可以将这些理论分为三类,每一类都为法律推理方法是否存在及该方法的自律问题提供了一种不同的视角。第一类主张,法律人在推理时并不诉诸同样的方法。第二类主张,法律人运用一定的方法,但这些方法借鉴自其他学科:如社会学、经济学、心理学和语言学等。在这一类中,又可以分为两种小类:第一种主张“纯借鉴”,即法律使用的方法与原学科使用的方法并无差别。第二种则主张,要考虑到法律的特性才可修正为法律上采用的方法。第三类则主张特定法律推理方法的存在和自律。第一类观念质疑法律推理方法的存在,第三类观念主张法律的充分自律,似乎这两类观念都应当被扬弃。例如,批判法学的学者们倾向于解构所有的法律方法,他们要揭示出传统方法论背后的所有预设,但这种解构并不必然导致不存在法律论证方法的结论。相反,有可能达成一个更加温和的论题:没有独特的法律推理方法。

从这一观点来看,批判法学运动承认法律推理方法的多元主义和相对主义。凯尔森的理论是主张自律的唯一重要的理论,然而,这种理论基于很强的本体论假定,并不能被普遍接受。因此,可以得出两个结论:首先,没有独特的、可普遍接受的法律推理方法论,正如没有“特殊”的法律方法一样。必须强调这些方法的他律和多元论,他律是因为不存在专门的“法律”方法,多元论是因为不存在独特的法律推理方法;其次,法律人所运用的“他律”方法在某种程度上是“具体的”。这种“具体性”是因为在法律中运用的任何方法,要服从于特定的修正和限制,这主要是因为法律的创制和解释要通过一定的程序,要通过有效的法律来实施(如法律推定或举证责任的分配)。不能建立任何应用不同法律推理方法的层级或体系,它们的应用次序是由个别案件、所涉及的困难、解释的语境、解释者的方法论习惯来决定的。

(陈伟功)

拒斥方法

关于法律推理方法,持“拒斥方法”这种立场的观点最为少见,但这对于讨论法律方法却非常重要。这种立场不仅对法学的科学特征持怀疑态度,而且质疑任何法律方法的存在,这个观点特别是由冯·基尔希曼(von Kirchmann)阐述而来。

（陈伟功）

方法论他律

关于法律推理方法,“方法论他律”这种立场认为,只有采用其他学科如数学、逻辑学、物理学、生物学,甚至语言学、社会学或经济学方法,法学才会具有某种“真正科学”的特征。因此,只有付出失去其方法上同一与自律的代价,法学才能赢得科学的地位。德罗伊森(J. G. Droysen)与狄尔泰对科学做出自然主义和反自然主义范式的著名区分,然而,不能只在这个语境中分析这一立场。法学不仅可以运用社会科学和人文科学的方法,也可以运用在逻辑学与自然科学中提出的方法。就法律理论而言,诸如“自然主义和反自然主义”的区分实际上是无意义的、错误的。在法学中,很少有能被直截了当地运用“外部”方法。不过,总会有一种修正的方法适合法律人的具体需要,如分析法学、法律实在论、自由法学派、彼特拉日茨基心理法学、美国实在论、社会法学、斯堪的纳维亚实在论、系统论、法经济学、论证理论、法律诠释学等。

（陈伟功）

方法论自律

关于法律推理方法存在的一种立场,这种立场主张,至少在一定程度上法律具有一种方法论意义上的自律,它提出了构成一门科学的“内在”标准。在这种情况下,规范性反自然主义宣称,法学应当得出自己的方法论,它一方面不同于逻辑、数学和自然科学,另一方面也与其他社会科学和人文科学不同。这个论题关涉法学的方法论自律,它通常要通过本体论和实用的论证来辩护。结果是,为了接受这个论题,法学自己确定其最低的实质性或者是程序性前提。当然,自律并不意味着方法论上的孤立。法律人总是不仅运用“自己”的方法,而且也要运用其他学科中发展起来的技术。因而,争论围绕的问题是,法学是否在方法论上是自律的,而不是以下这个问题:除了“法律”方法之外,人们能否运用从其他科学中借鉴的工具。对后一个问题的回答常常是肯定的。然而,在方法论自律理论看来,只有当这些方法支持通过特定的“法律”论证而获得结论时,人们可以运用这些“借鉴”的方法。

（陈伟功）

约根森困境

尤尔根·约根森(Jϕrgen Jϕrgensen)在1938年发表的一篇论文“必要条件与逻辑”(Imperatives and Logic)里提出一个问题,可以表述如下:

(1)在逻辑上有效的论证中,只有真或假的句子能够作为前提或结论。

(2)规范不能被赋予真值。

那么,应当推出以下结论:

(3)在逻辑上有效的论证中,规范不能作为前提或结论。

结论(3)对发展任何法律推理逻辑的可能性提出了质疑。然而,确实一直在提出许多法律论证,它们在直觉上似乎是正确的。因此,可以看到:

(4)直觉上正确的规范性论证确实存在。

以上(1)至(4)命题构成了一个困境,这就是所谓的约根森困境。在最初的表述中,约根森关注的是命令,而不是规范。很难说,约根森困境是对法律任何形式的重构,或者更一般地说,对规范、论辩提出了根本性的挑战。如果接受命题(3)直接导致对规范逻辑可能性的质疑,而命题(3)是命题(1)和(2)的逻辑结论。因此,为了解决这个困境,可以质疑命题(1)、(2)或(4)。

如果从后一个可能性开始,那么,命题(4)可以两种方式来理解。首先,“规范性论证”这个表述可以意指“用规范作为前提和结论的论证”。“规范性论证”可以由规范之外的其他表述构成。因此有两种形式的命题(4):(a)“规范性论证”意指“使用规范的论证”;或(b)主张直觉上正确的规范性论证由其他表述构成。如果不能确定那些“其他表述”,那么,(4a)与(4b)的区分没有意义。哲学家与逻辑学家给这个称之为道义句的范畴进行了命名与界定,道义句是相对于一个确定道义系统的义务之存在的表述。以下是一个道义句的例子:“根据有效的法律,约翰不应当偷窃。”一般认为,这些语句只描述什么是义务、相对于一个确定的规范系统禁止或允许什么,它们可以被赋予真值。如果道义句为真或假,那么,它们之间可以存在逻辑关系。如果选择在(4b)的意义上理解命题(4),那么,假设所说的“规范性论证”是由道义句构成的论证,这个困境可以得到解决。如果接受(4a),则问题依旧存在。当然,在规范与道义句间进行区分也是有问题的,有时要把道义逻辑从规范逻辑中区分出来。前者关涉道义句,即对或真或假的表述。这种不可以赋予规范真值的观念被称之为非认知主义,从这种视角来看,在道义逻辑与规范逻辑之间进行细致的区分是有必要的,而在认知主义看来,则是不需要的。

如上所述,约根森困境可以通过质疑命题(1)或命题(2)得到解决。根据命题(1),只有在或真或假的语句间才有逻辑关系。然而,并非所有的逻辑学家和哲学家都同意这个立场,一些并非建于真值基础上的逻辑系统证明了这一点。这些逻辑学的支持者必须处理一些非常重要的问题,主要与诸如满足或可靠这些基本并且通常被接受的元逻辑学概念相关,这些问题以“真”观念为基础,而将这些概念适用于不使用真假观念的逻辑很困难。因此,放弃命题(1)来解决约根森困境仍然存在很大的问题。另一个对困境的解决方案就是要抛弃命题(2)。这个命题受到认知主义者即那些把真值赋予规范的人的质疑。阿奎那的认知理论是最为融贯的理论之一,在他看来,规范可以被赋予真值,与它们不相容的规范可以被认为是假的。对托马斯哲学的分析表明,人们仅仅可以表达一条最一般的规范:应当为善。从这个一般规范推导出更为精确的行为规则是由个体决定的问题,而非建构很好的逻辑操作,很难从一般规范的真(因其谱系所以为真)“传递”到日常的具体规则。其他形式的认知主义也是有问题的,因为它们应用的“真”观念是有问题的。因此,对约根森困境的这种解决方案通常也是不可以接受的。

尽管还不存在对这个困境的通常可以接受的解决方案,但对法律推理进行逻辑重构的研究照样进行,每年都有道义逻辑或规范逻辑的新进展。这可能源于一个事实,即约根森困境对逻辑学家构成持续的挑战,因而强迫他们研究新的形式化和新观念。大多数建构的规范话语逻辑建立在真假观念基础上。对约根森困境的解决,相应地要基于某种本体论的选择,不同的本体论预设会带来不同的解决方案,如果预设了亚里士多德的本体论,就会认为规范非真即假,而预设了自然主义本体论,则不必如此。如果要解决约根森困境,就不能有句子非真即假的预设。

（陈伟功）

法律话语的程序观

法律话语有机的结构性要素如下：首先是形式系统要素。法律话语的形式理念，即对于法律话语形式系统的成立具有指导意义的形式理念，其中最重要的两个分别是法律规范和法律体系。其次是概念体系要素。概念体系是法律话语架构中的核心内容，再次是价值理念要素。价值理念体系是法律话语的基本价值倾向，最后是规范性要素。作为一个实体存在的法律话语有其本质属性，规范性要素就是指作为一种思维实体存在的法律话语所具有的基本特性。

程序路径使人们可以从一种更为抽象和形式的角度看待法律话语问题，这种方法在当代论证哲学的形成中起到了重要的作用。20 世纪下半叶，法学论证理论成为在哲学(伦理)、社会学、政治学、经济学领域研究的范式，同时，论证理论的程序和形式的变体更为频繁地得到阐述。这些变体在本质上不同于古代的论证观念，不能简单地认为它们是对古代观念的接受。

一般说来，这些理论有很强的规范性，它们没有受到现实法律话语的局限，现实法律话语依赖于所论案件的复杂性及其整体解释背景、传统和直接参与者的特点(其意识水平、心理经验等)。程序理论发起人的主要目标是创造一种理想的论证模型，这些理论的目的是提出一种“普遍有效”的理论模型，作为一种正当和理性的衡量手段，服务于所有可能的实践话语。因此，程序理论这种明确目标既构成了它的优点，因为如果人们接受某种理想化的预设，那么其目标就几乎是不成问题的，也构成了它的缺点，因为其目标通常在元理论的层次上得到阐述，不可能将这些理论直接适用于法律话语。程序理论不仅包含纯粹的规范性命题，也包含一些描述性命题。当代最有代表性的程序理论的代表人物是佩雷尔曼与阿列克西。

(陈伟功)

嵌套式三段论

包含两个三段论的推理。其逻辑形式表现为下表：

逻辑形式表现

假设存在	
前提	
1	$(\varphi\to(\psi\to x))$
2	$(\varphi\to(\theta\to(x\to\tau)))$
那么存在	
结论	$(\varphi\to(\theta\to(\psi\to\tau)))$

(王春穗)

诉诸常识

也被称为全知论证或诉诸全知(Argument from omniscience)。论证者主张所有人都知道或都同意某个观点，因此该观点是正确的。然而诉诸常识是非形式谬误的一类，因为一方面并不存在一个观点是所有人均完全同意的，另一方面即使存在一个观点是所有人均完全同意的，这也与该观点本身正确与否没有必然的直接的关系。

(王春穗)

重音谬误

语词被语气加重或强调,但如果不清楚被强调的语词被使用的环境,就会使得说话人的真实意图不可被辨别,并因此导致语意的混淆。常见的重音谬误的形式包括了选择性引用、不当解读以及由于说话者语音语气而导致说话者意图的不同。“选择性引用”,通常被认为等同于脱离语境,同时也可以意味着在多种来源的引用中排除了那些相关但与引证意图相反的来源。不当解读指的是通过强调说话者话语中某些词项,而对该话语赋予一个非说话者本意的意思。第三种类型的重音谬误则涉及说话者的语气,以及语气所蕴含的意图的确定。

(王春穗)

实体化谬误

将抽象概念当作具体的概念来使用,如使用比喻等修辞方法,使人难以理解语句的真实意思。与之相关联的另一类谬误是拟人化谬误(reification)。拟人化谬误是指将人格化的特征套用在无生命的物上。在实践中,经常将实体化谬误和拟人化谬误混用,不另作区分。

(王春穗)

诉诸公众

试图通过诉诸公众直觉以获得其对论证的接受的论证方法。这个非形式谬误也被称作:诉诸多数、诉诸流行、诉诸成见、诉诸群众以及诉诸公众直觉。这一谬误技巧包括:在没有展现支持论点的逻辑性理由的同时,意图通过论辩激发对该论点的情绪性的广泛接受。比起获得听众理性上对论点的支持,其更倾向于通过诉诸偏见、歧视、感情、狂热以及多数人的态度以达到获取听众赞同的目的。诉诸公众常见的形式包括诉诸公共利益、诉诸爱国主义、诉诸宗教经典等。

(王春穗)

起绰号谬误

论证者用暗示某个有待证明事实存在的富有偏见性的字或词语来描述某人,以明示或暗示该人所主张的观点不可取。起绰号谬误也被称作诉诸顽固,扣帽子谬误、贴标签谬误或井中投毒谬误等。绰号会唤起听众强烈的情绪,并因此使争议双方的争议焦点由论证观点是否成立转移到某方是否存在绰号所指称的待证明事实之上。

(王春穗)

奥卡姆剃刀原则

又称吝啬原则、简单有效原则或者思维经济原则。该原则是由 14 世纪的逻辑学家、圣方济各会的修士奥卡姆的威廉提出的。这一原则现在被广泛地应用于法律论证、法律解释理论研究、语言学研究以及管理学之中。奥卡姆在《箴言书注》中提到“切勿浪费较多东西,去做‘用较少的东西,同样可以做好的事情’”。中文一般用作形容避重趋轻、避繁逐简、以简御繁、避虚就实。后人将这个原则概括为“如无必要,勿增实体”。在法律论证、法律解释领域中,奥卡姆剃刀原则一般意指当对某个现象有两种或者更多的可能解释时,应当选择那个能够以最少的推定和解释原则对现象进行解释,同时能够和任何其他的假说一样将现象中全部的或者尽可能多的事实解释完满的那个解释。

（王春穗）

明显错误规则

美国法院适用于具体案件裁量的一项规则。该规则要求后续审查的法官对于在诉讼博弈过程中出现的影响当事人实质性权利,造成原审案件裁判明显不公甚至出现误判的明显的技术性错误,必须在受理重审申请或上诉时进行考量,以避免因此造成不公平的司法结果。

（王春穗）

信服证据标准

又被称为强有力证据原则。本标准与“影响陪审团”标准均是美国联邦最高法院用于分析在诉讼博弈中出现的某个技术性错误是不是无害错误的检验标准。在应用信服证据标准对案件进行后续审查时,审查法院着重分析被正确采纳的证据,从而判断假如不存在该技术性错误,陪审团是否会做出相似或相同的裁决。

（王春穗）

无效辩护

被定罪的刑事被告人可以主张的一项上诉理由,即刑事被告人可以其辩护律师没有尽职尽责地提供帮助,自己未获得有效的辩护为由提出上诉。无效辩护的主张可以针对辩护律师在各个诉讼阶段的行为提出,如选择陪审员、陪审团指示、量刑、上诉等。现在美国联邦最高法院一般沿用斯特里克兰标准,即双重证明标准作为判断无效辩护的标准:一是缺陷标准,即确定律师的辩护行为是否存在缺陷;二是偏见标准,即确定律师的缺陷行为是否会导致程序结果的不同,即导致刑事被告人被定罪。无效辩护标准来自《美国宪法》第六修正案关于“在所有的刑事诉讼中,被告人有权……获得辩护律师的帮助”的规定。在 1931 年的鲍威尔案(Powell v. Alabama)中,美国联邦最高法院以州法院未保证死刑犯获得律师有效帮助的权利,且该案的律师“形式上的出庭”和“缺乏热情和积极性”为由,撤销了州法院作出的死刑判决。该案确定了刑事被告人获得辩护权的实质内涵,成为有效辩护制度的开端。

（王春穗）

锚定叙事理论

用以描述法官审理案件的决策过程的规范性模型。根据锚定叙事理论,法律结论都必须以叙述为基础,而叙述必须被锚定在概括性常识之上。在锚定叙事理论中,法官们首先根据控、辩双方当事人的陈述判断叙述的品质,紧接着运用概括性常识检查叙述的锚定部分。有些叙述可以被认为是绝对真实的,比如“一个人不可能同一时间出现在两个不同的地方”,而有些叙述的真实性是可以被怀疑的,例如,“目击者在誓言的约束下通常会说真话”。问题是叙述中所引用的隐含性原理是否值得相信,以及从证据到叙述推理作出的概括性结论是否真实。锚定叙事理论并非凭空产生,其形成具有很深的理论渊源与积淀。

在刑事案件中,当涉及证据事项时,为了得出结论,法官、陪审员和调查人员都必须通过案件中的证据进行推理,尤其是在案件调查阶段,这个程序反过来也是一样。通常,推理者不仅需要运用与案件相关的法律规则,更要运用社会生活中人们的常识进行判断。在一起刑事案件的调查过程中,调查人员必须调查案件的事实是否与其自身的猜想一致。在一起已有足够证据的较为复杂的案件中,调查人员必须考虑到各个不同的观点。

(赵凤仪)

辩护策略

在法学领域,辩护主要包括三层含义:法律辩护、财产辩护以及为了自身合法权益所进行的辩护。策略主要是指为了实现特定的目的而精心策划的行动或战略方案。在刑事案件的司法审判中,辩护策略(defence tactics)是辩方逻辑思路的体现,一个好的、逻辑严密的辩护策略对被告而言至关重要。它不仅体现了辩方对案件事实的叙述方式,也反映了审判过程中辩护的逻辑思维过程。在刑事案件的司法审判领域,依据不同标准,辩护策略可分为不同类型:例如, 以对控方指控的罪名能否成立为标准,将辩护策略划分为有罪辩护与无罪辩护;以反驳的对象是控方指控的事实错误还是法律适用错误为标准,将辩护策略划分为事实辩护和法律辩护;以辩护的内容聚焦于实体性内容还是程序性内容,将辩护策略分为实体性辩护和程序性辩护;根据论辩角度的不同,在犯罪嫌疑人明显犯有该罪的条件下,可分为定罪辩护和良心辩护。无论如何,在刑事案件的司法审判过程中,辩护策略扮演着十分重要的角色。良好的辩护策略是在法庭中"克敌制胜"的重要法宝,它不仅体现了辩方的思路,而且较为清晰地刻画出了辩方内心世界的内在逻辑。

(赵凤仪)

不可采证据

在法庭审判(主要是英美法系)中,控、辩双方为强化己方的观点与叙述,证人证言、案件记录以及与之相关的其他形式的有形证据,都可能被呈现到法官和陪审员面前,以供其进行法律上的审查和事实上的审查。而一项证据若要顺利进入诉讼程序,被审方采纳,这项证据必须是与本案相关的(relevant),可靠的(reliability)、不带任何不公正的偏见的。法庭审判中的证据倾向于证明或驳斥某些事实。在证据的"三性"中,相关性是证据可采性的必要不充分条件,相关的证据不一定可采,但可采的证据却必定相关。反之,不可采证据即意味着不具有相关性或者在其他方面无法满足证据"三性"的要求或证据规则的要求,即其本身充满不公正的偏见而不被法庭采纳,无法进入审判程序成为据以定案的依据的证据。而在可靠性方面,如果一项证据足以被法庭采纳,那么意味着负有证明责任的一方当事人必须能够证明该证据的来源足够可靠;若证据以证人证言的形式被呈现,那么要想被法庭采纳,负有证明责任的一方当事人须证明该项证人证言的合理性和可信性(在不违背证据规则有关要求的基础上,至少从理性人的常识出发,其确系可以被信任的)。由于缺乏可靠性,传闻证据在通常情况下不被采纳(特殊情形下除外);若证据以事实记录(如纪录片)的形式被呈现,那么要想被法庭采纳,负有证明责任的一方当事人除须证明该记录的真实性之外,还须证明该项记录的保管链条系从原始作者交至当前的记录持有者,否则该记录为不可采证据。总之,不可采证据可以看作审方(法官或陪审员)发挥“守门人”的作用,排除某些不符合条件的证据的体现。

(赵凤仪)

错误的证人证言

从本质上而言,目击证人的证言源于其自身的感知与记忆。所以错误的证人证言主要源于其自身感知错误或记忆错误。感知和记忆的心理功能早在20世纪就已经广泛被实验心理学家研究,但是法学界在很长一段时间内都忽略了这一结果。将精力集中在记忆问题而不是感知问题上,因为在所有已研究的案例中,由于记忆错误而导致证人证言错误的发生频率比单纯因感知错误而导致证人证言错误的频率高出许多。证人证言在其真实性方面存在风险,在现行各国的法律体系中对证人证言使用的规定普遍模糊。完善、明智的法律规定应与证人证言真实性的审核相关。但由于目击者的证人证言很大程度上依赖于其自身主观的感知与记忆,而这与心理学问题有关,对其进行事无巨细的规定在现实中变得无可能,只有从大的原则或概括性规则方面入手对目击者的证人证言予以限制。例如,荷兰法规中涉及目击者证人证言的内容只有:单个证人的证言不足以成为认定被告犯有该罪的证据(孤证不足以定案的规则)。这些有关证人证言的规定旨在符合锚定证据的规定,总之,由于错误的证人证言的存在,目击者的证人证言需要借助其他手段,通过其他证据进一步证实。

参考书目

Willem A. Wagenaar, J. van Koppen & Hans F. M. Crombag, *Anchored Narratives: The Psychology of Criminal Evidence*, Harvester Wheatsheaf, 1993(1):141.

(赵凤仪)

自传式记忆

发生在目击证人生活中特定时间和空间里对事物的记忆。目击者的证言建立在自传式记忆之上。这种记忆必须和语义记忆(semantic memory)区分开来,在语义记忆中有关世界的常识都是业已存在的。举例来说,猫是食肉动物这个见闻就是语义记忆的一个组成部分,当第一次知道这个事实的时候大部分人都不会记得曾经知道过。但记得有一只猫似乎爱吃奶酪,特别是法国奶酪,这个记忆绝对就是自传式记忆的一部分,因为这个记忆的获取是在特定时间和特定地点,之所以能记住,是因为认为这只猫是个例外。这两者的区别绝不仅仅是定义的不同;有关研究已经展示了这两种不同记忆之功能的不同。这两种记忆主要的不同之处在于自传式记忆很容易更新而语义记忆却比较稳定。

比如说,我必须记住今天我把车停哪儿了。如果昨天停车的位置和今天不一样,我就只需要记住今天停在哪儿了,而没有必要记住昨天和上周我把车停在哪儿了。对停车位置的记忆可以形容为一个后进先出表:今天停车的位置最靠上,紧靠下边的可能是昨天的停车位置,接下来是前天的位置,直到这个记忆被推出去。每次换一个停车的位置意味着更新一次自传式记忆,同时也是对以前记忆响应的压制。有些自传式记忆事件可能会被剔除出去,因为他们和其他记忆相悖,因而阻碍先进后出表的更新并储存在一个特殊的位置上。所以会记住婚礼的日子、入职的第一天、一次重要的回忆或者相关事件中非同寻常的日子等。但是大部分的日子都很平常,很多时候都没有理由继续存在下去。目击者证言中一个基本问题就是法庭总是需要人们自传式记忆中有关时间的信息。他们不想知道猫的总体情况,而是想知道一只在特定时间特定地点的特定的猫。什么时间?跟谁在一起?公司员工都是在什么时间离开的?许多法庭所关心的信息可能都被脑中的表格推到了最底层。在经过数天,数个星期甚至数年之后,这些被认为是最平常的时间在记忆中真的不能留下多少。

参考书目

Willem A. Wagenaar, J. van Koppen & Hans F. M. Crombag, *Anchored Narratives: The Psychology of Criminal Evidence*, Harvester Wheatsheaf, 1993(1):141 – 142.

（赵凤仪）

定罪与证明的分离

在刑事审判中,在尚不清楚叙述案情是否具有合理性的情况下,即使没有进一步通过证据的锚定,法庭也可以获得充足的理由和证据来认定某犯罪嫌疑人是否犯有该罪。在英美法系使用陪审团的国家的法律系统中,这种情况是极有可能发生的,因为陪审团在进行事实审理的过程中没有必要给出作出裁定的详细理由。对于陪审团而言,通过其他理由定罪可能比通过锚定证据定罪更加有效。刑事法庭的法官可能会警告陪审团的此类裁决,但法官所能做的也就仅限于此。在刑事审判中,法院的审判通常由专业法官来完成,而法官需要从法律角度对定罪给出相应的理由。荷兰法律体系下的案例便是如此,但他们并不清楚为何要给出此类理由。按照荷兰刑事法律的相关规定,证据应该是合法的和令人信服的。合法,即在定罪过程中所提到的证据应该是刑事法律规定的证据类型。证据必须是“合法的”要求应基于叙述的合理性而不应免受裁定,因为“合法”的定义是根据列举其来源实现的而非其内容。

参考书目

Willem A. Wagenaar, J. van Koppen & Hans F. M. Crombag, *Anchored Narratives: The Psychology of Criminal Evidence*, Harvester Wheatsheaf, 1993(1):52.

（赵凤仪）

犯罪动机和嫌疑动机调查

两者的区别与调查的起点有关,犯罪动机调查的起点是罪行和与罪行相关的事实。于是,从事实中推断出行为人的身份。嫌疑动机调查中,某个人因不明原因(至少已知犯罪事实无法解释)而成为嫌犯。此时,警方试图找出与该嫌犯相关的罪证。因此,这种调查从一开始便受到了限制。有时,同一案件可能同时使用犯罪动机调查和嫌疑动机调查。由于两种调查策略常常在同一罪行调查中混合使用,很难分清该调查究竟属于犯罪动机调查还是嫌疑动机调查。犯罪动机调查和嫌疑动机调查区别的关键点在于所得证据的诊断值。在犯罪动机调查中,叙述以资料为基础,是推理过程的产物;在嫌疑动机调查中,叙述是起点,资料是产物。在犯罪动机调查过程中,警方通过收集大量资料使调查在逻辑上排除所有可能的替代嫌犯;嫌疑动机调查过程只需足够多的资料使嫌犯看起来具有可疑性即可。

通过嫌疑动机调查得到的证据的诊断值不详,但可以确定的是其低于通过犯罪动机调查得到的证据诊断值。但在刑事法律实践中,法院似乎对二者的差别并不敏感。借由询问一个简单问题——为什么控告的是此人而非其他人呢？犯罪动机调查和嫌疑动机调查二者间的差别就能比较容易地凸显。这个问题法院很少问及。尽管"排除合理怀疑"(beyond a reasonable doubt)标准要求其他可疑罪行必须尽可能被排除在外,但锚定叙事理论(the theory of anchored narratives)预言,将可疑行为排除在外不是事实审问者应该重点关注的内容。法院主要借由衡量起诉书中叙事的真实性、锚定事实的主要部分来评估证据的质量。也就是说,故事及其锚(点)已经经过验证,但替代品并非在逻辑上被排除或伪造。

参考书目

Willem A. Wagenaar, J. van Koppen & Hans F. M. Crombag, *Anchored Narratives: The Psychology of Criminal Evidence*, Harvester Wheatsheaf, 1993(1):84 - 88.

(赵凤仪)

假设检验

一个自上而下的过程:它首先应该始于推论结果,然后再开始寻找事实。这个过程只是为了证明该结论能够继续进行下去,还是应当就此被拒绝而终止。这个过程与科学家们探求其结果的方式是相似的,首先,要有一个假设,然后是对数据的收集,最终假设为真实的可能性是在对数据进行不断分析、修正的基础上得到的。通过这种"经验周期循环"的方式,历经多回合循环,修订后的概率(可能性)无限趋近于一个预设的价值标准,而借由这一过程,该假设也被接受为真实的。从中可以发现,对于一个真正的假设,无论一开始的概率有多低——只要它大于零,足够多的支持性数据的收集便可以使该概率(可能性)接近其有价值。将司法决策的过程与之类比,情况是相似的:无论一开始,一个人多么坚信一个真正有罪的被告是清白的,随着定罪罪证的积累,犯罪事实越来越接近真相,到最后达到为其所接受的标准,不管任何标准都将得到满足。

在与假设检验相关的司法决策中,首先需要回答一些问题:一开始(最初)的概率(可能性)是如何设置的?确定证据的判别值又是怎样的?如何对犯罪的概率(可能性)进行修正?决策基准又是如何定义的?受哪些因素的影响?等等。为回应司法决策中的诸多问题,18世纪,托马斯·贝叶斯(Thomas Bayes)提出了假设检验的数学模型——"贝叶斯模型"。该模型的原理十分简单,它假设了决策者首先应对事实的假设持一定的信任态度。这种信任程度也就是数学上所说的概率(可能性或胜算),概率的大小在零到正无穷之间。该可能性是通过除以这些概率推断出来的。若该假设是成立的,则用p(真)来表示其真实性;若它是错误的,就用p(假)来表示其非真实性。因此,最初的信任度(概率)可表示为:最初的概率 = p(真)/ p(假)。同时,在司法审判过程中,新证据的补充给了修改最初信任度(概率)的机会,并将其转化为后验的信任度(概率)。这是通过最初的概率乘以证据的判别值得到的:后验概率 = 事先概率 × 判别值。

参考书目

Willem A. Wagenaar, J. van Koppen & Hans F. M. Crombag, *Anchored Narratives: The Psychology of Criminal Evidence*, Harvester Wheatsheaf, 1993(1):24 - 26.

(赵凤仪)

锚定品质

对锚定结构整体可靠性的评估。决定被告人是否构成所诉之罪,必须以锚定结构整体可靠性的评估为基础。通常,锚定结构必须满足三个条件:叙述的所有相关部分必须可靠;只有那些为人们所普遍接受的常识性规则才可能成为可靠的锚定,即通常情况下,理智的人不会愿意去挑战这些规则;锚定结构作为一个整体必须符合"排除合理怀疑"定罪标准。前两个条件是逻辑上的需求,第三个是法律上的要求。刑法很少对锚定的品质作出详尽规定,即刑法很少具体规定需要多少锚定,哪些锚定是可靠的,哪种程度的锚定怀疑是合理的等问题。其中一个最主要的原因便是法律处理的是证据,而不是锚定。证据是允许在法庭审判中出示的一切信息,只有通过锚定与可靠规则关联起来才能成为证据。为完成对锚定品质的判定,审判过程中控、辩双方所提供的每条证据都必须与锚定结合起来。其结合方式主要有两种:连结组合(conjunctive combination)和代偿组合(compensatory combination)。

在连结组合中,叙述的每个部分其自身必须是安全可靠的;在代偿组合中,一些不太可靠的证据可以由其他可靠证据的锚定进行代偿。综上所述,叙述的锚定结构必须是整体的、连结的;倘若某个部分失连,整个锚定结构便会支离破碎。譬如,如果身份和犯罪行为被证明确凿无疑,但犯罪意图并非如此,被告就不能被定罪,无论前面两个因素多么确定。叙述的某些部分可靠的锚定不能代替其他部分不可靠的锚。在数学上,该原则可以用安全的分数乘积来表示:任何低于 1.0 的可靠分数都削弱了锚定结构,进而影响了锚定品质。

参考书目

Willem A. Wagenaar, J. van Koppen & Hans F. M. Crombag, *Anchored Narratives: The Psychology of Criminal Evidence*, Harvester Wheatsheaf, 1993(1):61 – 75.

(赵凤仪)

安全锚定

由每一条证据单独支持的、彼此间相互联系的、且每个锚定自身都经得起推敲的可靠的锚定。安全锚定需要每一条证据的独立支持,也就是说,锚定之间是相互联系的,起诉书中叙述的所有关键部分均须锚定,每个锚定自身必须在法律上站得住脚。因此,安全锚定是个迫切需要分析和解决的问题。锚定在逻辑上类似于一般规则下的小前提,然而,锚定又不等同于小前提。在运算过程中,逻辑运算的顺序是不同的。一般规则并非"诉讼三段论"无可置疑的出发点,而是出于约定或者方便接受等原因而提供的总结性陈述。一般规则不是公理,而是可供推敲的一个提议。这就是为什么一般规则从不在不可能存在例外的情况下作出陈述的原因。与其他规则相比,一般规则允许更多的例外情况。如果法院对用作锚定的一般规则(多数时候被默认)不满意,则会要求辩方对证据进行深入挖掘,直至其找到安全锚定为止。然而,找到锚定过程中藐视任何努力的证据是有可能的。

一个典型的例子就是行为人在犯罪过程中遮蔽起自己的明显标志,在对犯罪嫌疑人进行指认的过程中,一名证人说"我是从他的眼睛认出他的",而另一名证人说"我根据他的体态认出了他"。诸如此类情况该如何决定是否应该相信这种辨认方式呢? 常识性规则能够为这种辨认提供何种锚定呢? 为减少这些与新的事实和规则相结合的例外的发生,许多允许例外发生的锚定规则需要更安全、坚实的锚定。某些时候,可能很难禁止一些与规则相关的例外情况。此时，目击者证词的可信度便成为解决问题的关键因素。

参考书目

Willem A. Wagenaar, J. van Koppen & Hans F. M. Crombag, *Anchored Narratives: The Psychology of Criminal Evidence*, Harvester Wheatsheaf, 1993(1): 66 – 73.

（赵凤仪）

锚定缺位

主要用以描述在日常法律实践中，存在许多案件的起诉无法锚定的情况。日常生活中，由于现实世界的复杂性，一个起诉根本无法锚定的情况是完全有可能发生的。但这并不阻碍对被告人是否有罪进行法律上的判断，因为即使是无法锚定的案件，其有关案件的叙述均来自生活中的事实，而根据日常生活中的情况和经验常识，通过推敲也可以获得足够的锚定信息。在这种情况下，如果没有充分的证据可以证明被告人是否犯有原告所诉之罪，那么对被告人罪与非罪的证明只有依赖相对理性的辨别力。而这种辨别必须依据有关的法律规定进行。在荷兰等欧洲国家，这种锚定缺位的情况即意味着审判者需要借助日常生活中的经验常识，依据刑事法律的相关规定，从被告人的身份、犯罪行为、犯罪意识方面进行综合考量与判断。在此过程中当事人需要提供关于案情的安全、可靠的叙述，以便审判者可以据此合理地排除一些可能的例外情况，在被告人罪与非罪之间做出判断。

参考书目

Willem A. Wagenaar, J. van Koppen & Hans F. M. Crombag, *Anchored Narratives: The Psychology of Criminal Evidence*, Harvester Wheatsheaf, 1993(1): 45 – 48.

（赵凤仪）

描述性理论与规范性理论

描述性理论主要是指通过建构一系列的语句，对相关事实进行描述，结合上下文的语境，探究事实发生的原因，分析事实导致的后果的理论。这种描述可以建立相关法律或者其他规则，并可能对现有的对象进行澄清，或对业已存在的现象进行解释。描述性理论研究的主要目标是回答"是什么"或"怎么样"的问题。在描述性理论研究中，研究者对所研究的社会现象进行周密而仔细的科学观察，然后从特征、状况、规模、程度等方面详尽地把它们描述出来。法律的规范性主要体现为法律所具有的引导人们行为的功能。在法学领域，规范性理论主要体现在两个方面：通过规定避免如此行为的某种标准理由，影响人们某种行为过程的后果；通过规定追求某种行为或避免某种行为的理由（至于究竟如何则视立法者的选择），影响人们的某种行为过程的后果。

参考书目

1. [英]约瑟夫·拉兹：《法律体系的概念》，吴玉章译，中国法制出版社 2003 年版。
2. 刘建明主编：《宣传舆论学大辞典》，经济日报出版社 1993 年版。

（赵凤仪）

秒杀规则

英国法律体系中关于证据要求的一项规则,它的基本含义为:倘若目击证人对犯罪现场的作案者只是匆匆一瞥,那么其所提供的关于犯罪嫌疑人身份的证言或者其他相关证据必须有案件中其他证据的支持,才能作为刑事司法审判中据以判定犯罪嫌疑人身份的证据从而为法庭所采纳。在刑事法律实践中,目击证人的证言源于其自身的感知与记忆,而由于现实中各种主、客观因素的制约,目击证人这种基于其视觉、听觉等因素而获得的感知和记忆很可能发生错误,更何况是在如此短的时间内所获得的瞬时记忆。因此,单纯由简单一瞥得来的有关犯罪嫌疑人身份的证言不足以为法庭所采纳,它必须获得案件中其他证据的支持。根据锚定叙事理论,口供、辨认、证人证言等证据常常称为影响锚定品质、导致锚定出现问题的证据类型。秒杀规则的提出有助于确保锚定的可靠性、安全性。

参考书目

Willem A. Wagenaar, J. van Koppen & Hans F. M. Crombag, *Anchored Narratives: The Psychology of Criminal Evidence*, Harvester Wheatsheaf, 1993(1):73.

(赵凤仪)

普遍可锚定性

通过对专家证言(expert testimony)的评估,将事实锚定在可普遍接受的范围内,而这个范围为法院提供了多种可能性供其选择。它最早出现于荷兰有关性骚扰的案例——迪克洛克(DuCroq)案中,该案中的专家证言提供了大范围的可能性让法庭可以从中任意挑选。在刑事法律实践中,法院经常会遇到一些不足以得出清晰结论的证据。证据所指向的事实经常是矛盾的、模糊的,甚至是全然错误的。这就要求法院在刑事审判的实践中对锚定的证据进行相应的筛选,对证据指向的事实进行理智的判断,特别是在事实具有普遍可锚定性的前提下。法院不可避免地要对证据及其指向的事实进行相应的取舍,采信其中一部分证据并忽略另外一部分证据。理性地说,采信和驳回证据的指导原则应该是以多种不同方式所建立的锚定可靠性。然而,锚定叙事理论预测,法院将倾向于根据证据是否与其所支持一方的叙述相一致来采信和驳回有关证据。当然,这个过程是循环的:首先选择能够符合主流陈述的证据,其次该陈述被认为是真实的,因为证据能够很好地支持它。

参考书目

Willem A. Wagenaar, J. van Koppen & Hans F. M. Crombag, *Anchored Narratives: The Psychology of Criminal Evidence*, Harvester Wheatsheaf, 1993(1):186 – 187.

(赵凤仪)

心理假定

根据锚定叙事理论,为了保障锚定的可靠性,增强叙述的真实性,以更好地描述法官司法决策的过程,在刑事法律实践中形成了与之相关的标准和原则。心理假定是为了保证这些标准和原则在刑事法律审判实践中被良好地遵循与贯彻而进行的心理方面的假设。这些原则主要包括五个方面:没有不能锚定的证据;锚定所有的关键事件;锚定不能基于非法证据;安全规则;没有偏见的选择过程。通常情况下,考虑到现实条件的复杂性、诉讼效率等因素,法官在刑事审判中不会对上述五个方面的原则和标准一一进行检验,因此有必要从心理学的角度对其背后隐含的假设进行探寻,而这些假设在该国目前的诉讼体系中是值得信任的。

参考书目

Willem A. Wagenaar, J. van Koppen & Hans F. M. Crombag, *Anchored Narratives: The Psychology of Criminal Evidence*, Harvester Wheatsheaf, 1993(1):41.

（赵凤仪）

侦查与证明

在刑事侦查阶段收集到的信息并非都能在法庭审判中成为证据,要上升为证据还需要经过复杂的证明过程。侦查的目的是调查罪行,进而锁定犯罪嫌疑人。在刑事案件中,公诉方的任务是准备好审判时需要提交的证据。虽然刑事侦查过程中所收集到的信息其中相当一部分都有可能在审判中成为最终定罪的证据,但法庭审判阶段法官最终据以定罪的证据必定是经过了一番复杂的确认与证明的,证据中的信息质量要远高于侦查阶段所获得的信息质量。此外,侦查阶段所获得的有价值的信息与法庭中法官判案使用的证据存在本质上的不同。刑事侦查阶段,锁定犯罪嫌疑人的工作以叙述为基础,法庭审判阶段对犯罪嫌疑人罪行的认定虽然很大程度上也以叙述为基础,但二者存在巨大差异。刑事侦查前期,侦查人员通常只能从一个不完整的叙述中推断相关事实,且多数以犯罪现场的情况为依据。叙述的其他部分只能在侦查中显现。通过公民的举报、对事实的拼接和验证或单一猜测等方式,叙述的一些元素从一开始便可偶然发现。凭借这个不完整的故事,侦查人员展开侦查,进一步调查事实含糊或者矛盾的地方,或者将无关信息搁置一边。渐渐地,一个连贯、完整的故事便产生了。然而,庭审阶段,据以判定犯罪嫌疑人是否有罪的证据则完全不同。对其证明并不由调查员完成,亦不会在审判前进行。

罪证由起诉人在审判时提供,但是由事实发现者,如陪审团、法官等对其效力及所证明的事实的真实性进行调查、确定。罪证始于一个旨在给被告定罪的现成故事。调查中,人们总希望叙述从事实中产生;罪证的建构过程中,它仅用于支持突然出现的、事实发现者完全不知道的叙述。最终,基于审判时经过一系列调查与证明的证据,法院对犯罪嫌疑人的罪行进行认定与判断。调查和证据的另外一个区别是作出判决所需的确定性的程度。定罪需要高度确定性,通常被认为须符合“排除合理怀疑”的标准。而对于针对嫌疑人的刑事侦查而言,较低的确定程度便已足够,即“合理基础”(probable cause)或者荷兰法律术语中“有罪的合理怀疑”(a reasonable suspicion of guilt)。

参考书目

Willem A. Wagenaar, J. van Koppen & Hans F. M. Crombag, *Anchored Narratives: The Psychology of Criminal Evidence*, Harvester Wheatsheaf, 1993(1):82 – 84.

（赵凤仪）

验证与证伪

从逻辑上来看,假设可以由两种补余过程来验证:验证与证伪。验证指的是寻找假设所预测的事实;证伪指的是寻找假设所排除的事实。要验证一个假设,这两种过程都是必不可少的。证伪并不是一种享受,只有当多余的方式出现时才会启动。只要不排除这种对立假设,证伪假设比验证假设出现的可能性更高。以嫌疑人招供的假设为例,如果犯罪嫌疑人对犯罪事实供认不讳,那么也就是说事实上他犯了罪。此处,验证意味着要去检验认罪是否代表真正犯了罪。证伪指的是寻找嫌犯并未犯罪的事实,来检验嫌犯是否有可能被说服去认罪。验证与证伪之间的区别并不总是十分明显,而且二者间的逻辑关系也十分复杂。需要注意的是,成功的证伪并不总是能完全破坏验证。

参考书目

Willem A. Wagenaar, J. van Koppen & Hans F. M. Crombag, *Anchored Narratives: The Psychology of Criminal Evidence*, Harvester Wheatsheaf, 1993(1):88 – 93.

(赵凤仪)

相反证据

它与"本证"相对应,是被告方为反驳原告方的指控所提出的证据。刑事诉讼中,被告人和辩护人提出证明被告人无罪或罪轻的辩护证据,均属于反证;在民事诉讼中,负有举证责任的当事人提出的据以证明自己事实主张的证据称为本证;对方当事人为防止本证成功所提出的证据,称为反证。划分本证与反证的唯一标准是举证责任的负担。根据提出的反证事由,可划分为直接反证和间接反证两种。前者指直接否认本证事实存在的证据事实;后者指间接推论本证事实不可能存在的证据事实。直接反证的主要特点是针对本证事实提出直接反驳,而借助间接事实反驳本证事实,则是间接反证的主要特征。

参考书目

陈光中主编:《中华法学大辞典》(诉讼法学卷),中国检察出版社 1995 年版。

(赵凤仪)

专家证言

向他人寻求专业领域的相关知识帮助的一种过程。锚定的专家证言是通过可信任的权威专家作出的。然而,专家证言的权威性本身不足以达到安全锚定的要求。专家证言有时甚至可能是错误的。例如,由于专家讨论自己专业领域以外的问题或因为他们使用了不可靠的研究方法而导致错误。又如,对一名受害者衣服上的血液类型的检测,该工作通常会落在法医领域的研究员身上。如果该研究员是这个领域的专家,那么其检验结果是可信任的,前提是其在检验过程中使用了充分可靠、有效的方法。就某种程度而言,当法院不确定上述两个条件都同时满足时,专家证言就只能被锚定在他们的权威之上。在某个领域有声望的专家可以通过检查他们的凭证,如学位、文凭、出版物、经验、声誉等途径建立其权威。

参考书目

Willem A. Wagenaar, J. van Koppen & Hans F. M. Crombag, *Anchored Narratives: The Psychology of Criminal Evidence*, Harvester Wheatsheaf, 1993(1):172 – 173.

(赵凤仪)

证据选择

刑事审判过程中,法官以叙述为出发点,结合案件的其他事实情节,通过采纳或排除有关证据的方式,对案件相关证据进行筛选。审判实践中,很多证据都是相互矛盾的、模糊的、不值得信任的。此时,法官则需收集尽可能多的其他证据来确认某项叙述中所指称的事实或得出相应的结论。在收集证据的过程中,法官不可避免地会采信其中一部分证据而忽略另外一部分证据。司法审判中,筛选证据的指导原则是以多种不同方式所建立的可靠性假设。按照锚定叙事理论,法院倾向于根据证据是否与其所支持一方的陈述相符合来采信和驳回证据。当然,这个过程是循环的:首先选择采信符合主要陈述的证据,其次该陈述被认为是真实的,因为证据能够很好地支持它。

参考书目

Willem A. Wagenaar, J. van Koppen & Hans F. M. Crombag, *Anchored Narratives: The Psychology of Criminal Evidence*, Harvester Wheatsheaf, 1993(1):211.

(赵凤仪)

专家对抗

在同一案件中,当控方和辩方基于相反的立场就同一个问题分别提出相互矛盾的专家证言作为证据时会引发专家对抗。在刑事法律体系中,对抗制诉讼的基本原则是:真理会从争论中逐渐显现,但在专家们对抗的案例中,此种结果却不一定发生。通常情况下,法官和陪审团并没有合理的理由相信一个专家会优于其他专家,或者一位专家所使用的证明方法一定比其他同领域专家使用的更好。这就要求法官必须在专家之间进行选择,即使这样,人们依然可能会怀疑这种专业领域的科学争议是否可以通过法官简单的仲裁来决定。当专家间的矛盾与对抗发生时,法庭实际上是接受任何其认为最适合其目的证言,而且其选择很大程度上取决于对抗专家间的权威。锚定叙事理论为专家间的对抗提供了一种较为有效的解决方法:从专家的专业能力和所使用的检验方法着手进行判断。

参考书目

Willem A. Wagenaar, J. van Koppen & Hans F. M. Crombag, *Anchored Narratives: The Psychology of Criminal Evidence*, Harvester Wheatsheaf, 1993(1):179 – 180.

(赵凤仪)

争论

在法律上,仅有效地呈现一方案例是不够的,必须还要回应对方提出的异议。对于一个问题形式化的陈述,包括正反两方面,以及对彼此的回应,这被逻辑学家约定俗成地称为“争论”。下面是关于争论的典型案例。一个身着黑色套装,带着教士领的男人,正和一家人在公园里漫步。汤姆见状,对杰瑞说:“他不可能是神父,你看他有那么多的孩子。”杰瑞是这么推理的:所有身着黑色套装,带着教士领的男人都是天主教牧师。所有的天主教牧师都应被称为“神父”。这个男人身着黑色套装,带着教士领。所以,他该被称为“神父”。而汤姆是这么推理的:只有天主教牧师才被称作“神父”。天主教牧师不能有家庭。这个男人有家庭。所以,他不该被称为“神父”。显然,这两个论证的结论不可能同时为真,其中一个必然为假。一个有效论证不可能其所有的前提都为真,而结论为假。既然这两个论证均有效,且结论中有一个为假,则论证中至少有一个前提为假。所以,如果两个男孩中的一个要证明另一个是错误的,那么仅仅提出他自己的论证是不够的。他还应对他的小伙伴的至少一个前提提出异议,来推翻对方的论证。《兰登书屋大词典》(*The Random House Dictionary*)定义“争论”如下:一项由论证的支持者与其反对者之间就论题展开的争论所构成的学术活动。

(杜文静)

否定孕育规则

即否认孕育承认规则。根据这个规则对于某个命题字面上的否认,将被认为是承认这个命题的全部或部分。当它运用在民事诉讼过程时,会导致很多混乱。例如,被告否认他签署并递交了诉状。可能承认,他或者签署诉状或者递交诉状。用符号表示该例的 S1 及其组成部分 S2、S3:

(S1)被告签署并递交了诉状。

(S2)被告签署了诉状。

(S3)被告递交了诉状。

对 S1 的否认,并不是否认 S2(或 S3)。原因很明显:即使 S1 为假,S2 可以为真。(被告可能只签署了诉状,然而没有递交)根据没有被否认即为承认的原则,如果否认 S1 而不是 S2,那么 S2 将被认定为真。在这个案例中,最强的否认应该是否认 S2 或 S3 为真。又如,被告否认他用 0.38 口径左轮手枪射击原告。可能承认,他用其他型号的枪射击原告。原告说被告用的是其他型号的枪(或弓或箭来完成犯罪)。原告对凶器做了具体描述,只是为了清晰或达到修辞的效果。仅仅因调查一个无关紧要的问题,即行凶用的是什么凶器,被告将无法把案件递交到调查法庭。除非他对实质问题展开争论,即最终其是否射击了原告,否则他将会败诉。所以,唯一可接受的否认就是其否认射击原告。

(杜文静)

否认

在争论的语境中,否认一个命题意味着拒绝接受它,那么双方就无法达成共识。注意,可以在不证明它的对立面真实与否的情况下,否认一个命题。“否认”不能和“反驳”混淆。反驳一个命题就是去证明它为假,换言之,指出它的虚假之处。一个正确的否认要满足两个规则:(1)一个合取形式的主张(A & B)必须是否认的析取形式[N:(A ∨ B)]。(2)一个单称主张(Fa),如果有一个可能支持着同一结论的具有相同形式的不同主张(Fb)[比如在论证(x)(Fx →P),Fa ⊢P 中],那么它必须被具体否认,而且要用存在量化的形式 N:[Fa ∨ (∃x)Fx],而不是对 N:Fa 加以否认。在刑事诉讼中,保持沉默即认定为否认,而在民事诉讼中,保持沉默即认定为承认。

(杜文静)

合取

由“并且”联结两个或两个以上的陈述所组成的复合陈述称为“合取”。其中,肢陈述称为

“合取肢”。合取肢可以是简单陈述,也可以是复合陈述。下面是一个合取:

S1:被告拒绝接受招标并且拒绝支付。

“&”是陈述连结词“并且”的缩写。表示第一个合取肢的大写字母在符号“&”之前,表示第二个合取肢的大写字母紧跟其后。S1 符号化为下面的公式 F1:A&C。该公式读作“A 和 C”或者“A 合取 C”。对于连结词“并且”而言,还可以用其他的词语表示,如:但是、然而、同时、即使等。有一些联言陈述具有一个主语和几个谓语,如

S2:产品不但要数量多,而且要质量好。

还有一些联言陈述具有一个谓语和多个主语,如

S3:上海队和大连队都是强队。

“并且”连结词的逻辑内容体现在下面两个断言中:(1)如果合取是真的,那么它的每一个合取肢也是真的。(2)如果两个(或两个以上的)陈述是真的,那么它们组成的合取也是真的。

(杜文静)

蕴涵消去规则

从条件句以及等于它前件的陈述推导出等于其后件的陈述。它之所以称为“蕴涵消去规则”,是因为其允许从含有一个蕴涵的公式(与第二个公式)推出一个不含蕴涵的公式。蕴涵消去规则相当于自中世纪以后为大家所熟知的“分离规则”(拉丁文“肯定前件式”)(参见分离规则):如果 P,那么 Q;P,所以 Q。该论证形式在法学与非法学领域都很常见。由于形式简单,人们会经常使用它,却没有意识到实际上他们正在进行推理。里根诉商品运输与仓储公司的案例,是关于蕴涵消去规则的论证:担保信托公司诉约克案(Guaranty Trust Co. v. York)中运用了时效法原则,当一个人在州法院被禁止,同样地在联邦法院也被禁止。这就承认了如果一个案例在堪萨斯州法院被禁止,根据担保信托公司诉约克案的理论,因此在联邦法院也被禁止。我们把上述蕴涵消去规则的论证整理如下:如果一个案例在堪萨斯州法院被禁止,那么它将在联邦法院也被禁止。此案例在堪萨斯州法院被禁止。因此,它在联邦法院也被禁止。该论证过程符号化如下:$K \rightarrow F, K \vdash F$。

(杜文静)

否定

由表达式“并非”与一个构成陈述所组成的陈述称为否定。这个构成陈述可以是简单陈述,也可以是复合陈述。下面是一个关于否定的例子:(S1)并非李某有罪。我们用破折号(¬)作为连结词的缩写。S1 符号化为下面的公式 F1:¬ R。该公式读作“并非 R”或者“否定 R”。下面的陈述与 S1 表达相同的内容:(S2)李某有罪,这不是真的。(S3)李某有罪,这是假的。(S4)李某没有罪。相应地,以上陈述都可以符号化为 F1。在符号化否定时,为了避免语意歧义,我们必须采用下面的小组符号原则:每当所否定的构成陈述是一个复合陈述时(否定陈述除外),该构成陈述必须用圆括号(或者方括号等符号)括起来,当所否定的构成陈述是简单陈述或者简单陈述否定时,就不用括起来。

(杜文静)

等值

两个构成陈述由连结词“当且仅当”组成的陈述称为双条件句。例如:(S1)李琳被接受当且仅当她将去法学院。一个双条件句等值于两个条件句的合取。因此,S1逻辑等值于S2:如果李琳被接受,那么她去法学院并且除非李琳被接受,她才去法学院。S2符号化F2:(p→q)&(q→p)。F2可以看作S1的符号化公式,不过为了在证明过程中更方便地使用“当且仅当”,我们用一种简单符号来表示,称为等值(↔)。现在S1符号化为F1,如下:(F1)p↔q。F1读作“p当且仅当q”或者“p等值q”。表达式“必要条件和充分条件”同义于“当且仅当”,也可以缩写为等值。按照惯例,逻辑学家把“当且仅当”缩写为“iff”。该惯例适用含有蕴涵的公式,也适用含有等值的公式。关于等值的两个规则是基于这样的事实,一个双条件句等同于两个条件句的合取。等值引入规则(↔I):从p→q和q→p推出p↔q。等值消去规则(↔O):从p↔q推出或者p→q或者q→p。例如:佛罗里达州最高法院在某案件中提出的关于一个论证的有效性,即一名妇女试图强制她的前夫支付给其成年女儿的大学教育费用。在当今快速发展的社会,大多数家长愿意帮助他们成年的孩子获得高等教育,但是这样做是一种道德而不是法律。保持婚姻关系的父母,在他们的孩子上学时,会继续帮助孩子上学直至其年龄超过21周岁,但是这种帮助是有条件的,或者随时撤回,而没有人会用诉讼强迫家长继续支付。从根本上讲这是不公平的,法院对离异的父母强制执行这些道德义务而其他父母可以做出自己的选择。法院论证重述如下:离异的父母在法律上有义务支付他们孩子的教育费用,其上学年龄21周岁或者更大当且仅当保持婚姻关系的父母也有这样的义务。保持婚姻关系的父母没有这样的法律义务。因此,离异的父母也没有这样的法律义务。该例子的符号化为:p↔q,¬ p ⊢ ¬ q。

(杜文静)

全称量词消去规则

从一个全称量化可以推出它的任何事例。全称量词消去规则是一条有效的推论规则,这是因为量化中每个个体是真的,则每个命名的个体也是真的。例如,若最高法院现有员工都是大学毕业为真,那么法官奥康纳也是大学毕业为真。

(杜文静)

存在量词消去规则

从一个存在量化推出它的任何事例,假如被引入的个体常项没有出现在被检验的论证符号化或者导出行以上的任意行中。“假如”后面的两个限制保证了在事例化中个体常项的使用真正是“任意的”,也就是说,不能用于该问题的任何其他方面。

(杜文静)

量词交换规则

从¬ (x)Ax推出(∃x)¬ Ax,并且反之亦然。从¬ (∃x)Ax推出(x)¬ Ax,并且反之亦然。量词交换规则体现了一种深刻认识。如果并非所有辩护律师都是称职的,那么至少有一个辩护律师不称职(并且反之亦然)。如果并非有一种可原谅的杀人行为,那么没有任何杀人行为是可原谅的(并且反之亦然)。这是因为量词交换规则包含有逻辑的等值,它可以用于行中公式的一部分也可以被用于整行公式。

（杜文静）

谓词逻辑的解释

判定一个符号化谓词论证的无效性需要采用话语的论域，然后对谓词字母、陈述字母以及个体常项做出解释，以便确保重新解释的论证含有真前提和假结论。当然，谓词字母必须借助谓词解释，陈述字母需要陈述解释，而个体常项需要个体的名称或者短语表示。请思考“板球”论证：板球队所有队员在慢速垒球队或者曲棍球队效力，但不会同时效力于两者。所以，一些板球队队员是慢速垒球队队员。该论证的所有陈述都是包含一个量词的量化公式，然而这个论证由于没有存在量化的前提，结论却有存在量化，所以我们用下面的解释来说明该谓词论证无效。论域：动物，Cx = x 是一只熊，Sx = x 是一只爬行动物，Lx = x 是一只哺乳动物。任何熊或者是爬行动物，或者是哺乳动物，但是二者不可兼得。因此，有些熊是爬行动物。

当使用这种方法时，必须要达到逻辑上与认知上的要求。逻辑上第一个要求是，所选择的话语论域必须含有至少一个成员；第二个要求是，用来解释个体常项的名称必须涉及属于该话语论域中的个体。（另一方面，谓词并不要求解释，这样便于它们是论域中某些真成员）认识上的要求是，对于那些受益于解释的人们来讲，正在构建的被重新解释的陈述之真值是已知的。通过这两个提示，从而使得解释更容易构建出来：(1)选择一个大家都了解的，能够划分为不同子类的论域。比如人（一个类可按照宗教、政治、性别等标准再进行细分）、动物界、整数集合或者自然数集合（可分为偶数、奇数、大于 7 的数等）。(2)首先通过对出现的符号进行合理解释，以便得到假结论；然后对剩下符号进行适当解释，以便得到真前提。解释方法还可以证明两个陈述不是逻辑等值。通过这种解释只需要证明任意一个陈述为真，而另一个为假。关于解释的方法，我们总结了两点：首先，它的辖域比谓词逻辑更宽广。它可以运用到命题逻辑或者实际上符号逻辑的任何分支中。其次，如果不能想出一个反驳解释，那么与不能完成形式证明一样，并没有证明其有效性（或逻辑等值）。

（杜文静）

关系逻辑

现代逻辑中研究关系命题及推理的理论。以存在于事物之间的各种关系为基础，研究关于这些关系的逻辑推演的规律。关系逻辑的理论认为，由于事物之间存在各种各样的关系，因而，命题不只是可以表达主项与谓英的隶属与非隶属关系。而且，也可以表达其他一些关系，如同一关系、属于关系、包含关系、正反关系、对称关系、传递关系、联通关系等。

关系谓词表明了两个甚至更多的个体之间的关系。关系的事例包括“杀人”“控告”“高于”。关系谓词是由后面跟着两个或者更多个体符号（变项或者常项）的谓词字母来进行符号化。二元关系（如“杀人”）是由后面跟着两个个体符号（Kxy）的谓词字母来进行符号化，三元关系逻辑（如“物物之间”）则是由后面跟着三个个体符号（Bxyz = x 在 y 与 z 之间）的谓词字母来进行符号化，以此类推。我们通过采用下标“R”的方式来表示一个关系谓词。注意，按照惯例，“Lxy”是“x 爱 y”而非“y 爱 x”或“x 被 y 所爱”的符号化。由此可见，关系谓词字母后面的个体符号顺序是非常关键的，正如该例所示：某人杀了 R 张某，符号化为（∃x）Kxe，张某杀了 R

某人,符号化为(∃x)Kex 不同,因为这里字母的顺序决定了张某到底是受害者还是行凶者。不仅仅是跟着关系谓词字母的个体符号的顺序非常关键,在许多事例中量词的顺序也至关重要。

在关系逻辑中,如同性质逻辑那样,当一个公式中不只一个谓词在一个量词的辖域内,小组符号被要求标明每个量词的辖域。然而,当两个量词并排存在时,只需要一对量词辖域内的小组符号即可。这些符号化表明了,通常情况下全称量词与蕴涵的配对以及存在量词与合取的配对在关系逻辑中也适用。当一个公式以几个量词开头,其后跟着一个量词辖域的小组符号,可以对连结词及其最近的量词进行配对。二元关系本身是具有性质的,相关的四种逻辑性质包括:对称性、非对称性、传递性与非传递性。它们分别定义如下:关系 R 是对称的,当且仅当,x 把 R 传给 y,y 也把 R 传给 x。对称关系的事例:与某人兄弟姐妹、与某人结婚、逻辑等值等。关系 R 是非对称的,当且仅当,x 把 R 传给 y,而 y 没有把 R 传给 x。非对称关系的事例:比某人年龄大、成为母亲等。关系 R 是传递的,当且仅当,x 把 R 传给 y 并且 y 把 R 传给 z, x 把 R 传给 z。传递关系的事例:作为祖先,比某人高,推衍等。关系 R 是非传递的,当且仅当,x 把 R 传给 y 并且 y 把 R 传给 z,而 x 没有把 R 传给 z。非传递关系的事例:成为父亲,比某人高约 5 厘米,成为直接后承者等。在关系逻辑中,我们将用解释的方法证明一些论证的无效性。一个有关“上帝存在”的宇宙哲学的论证简化版如下:在这个感知世界上,每一件事情都有原因 R。因此,在这个感知的世界上所有事情都有原因。这是关于所提到的宇宙哲学论证的反驳解释,即论域:整数。Sx = x 是正数。Cxy = x 比 y 大。每个正整数都被某个正数超过。因此,有一个比所有正整数都大的整数。该结论之所以为假,是因为正数集是无穷大的,并且该结论所假设的“最大数”必须比自身要大(如果一个数是正整数,并且它不能为负整数)。

(杜文静)

同一性逻辑

同一性关系在逻辑中如此重要,所以提出了自己的符号,该符号用数学符号“ = ”表示。与其他关系符号不同的是,同一性符号出现在个体常项之间或者变项之间(而不是之前)。同一性符号左右两边字母的顺序并不重要。因为“ = ”(“ ≠ ”)是一个关系符号,而不是一个陈述连结词,因此不要求使用括号括住它。然而,有时为了让整个公式更容易读懂会用到括号。已知至少有两种同一性关系,称之为质的同一性以及量的同一性。事物之间质的同一性成立,即它们具有相同的性质(或者品质)。两辆有着相同型号的引擎且其他装备相同的 1997 年产的红色敞篷车之间便是质的同一性。个体 A 与个体 B 之间量的同一性成立,当 A 与 B 是同一个个体。量的同一性陈述为真当且仅当出现于该陈述中的两个术语涉及同一个个体。并不是所有含有“是”的陈述是同一性陈述。例如:张某是很高。我们可以根据如下标准来识别同一性中的“是”:“是”(出现在一个给定的语句)是“同一性的是”,当且仅当,该语句的意义在“是”之后被插入“与之相同的个体”没有改变时才成立。

(杜文静)

同一性消去规则

从 a = b(或者 b = a)和 Fa 推出 Fb(令“Fa”表示任何一个包含一个或多个常项的公式,并且令“Fb”表示用另一个常项替换某个或者所有常项所得的公式)。标准的依赖假设原则可以运用于该规则中。通过哲学家波桑吉特(Bosanquet)关于神父和贵族的故事来说明这条同一性消去规则:神父对众人说“你知道吗,女士,我的第一个忏悔者是一个杀人犯”;这时邻居中的一个贵族走进房间,说道:“你在这儿啊,神父先生!哎呀,女士,我就是神父的第一个忏悔者,而且我向你发誓我所忏悔的绝对令他震惊!”女士倒吸口气。因为这段话得到了下面的推理:神父的第一个忏悔者是一个杀人犯。这位贵族是神父的第一个忏悔者。因此,这个贵族是一个杀人犯。如果(如第二个前提所说)这位贵族与神父的第一个忏悔者是同一个人,那么前者的所有特征肯定也是后者的,反之亦然。如果神父的第一个忏悔者具有成为一个杀人犯的性质,那么若他们是同一个人,该贵族也一定具有此性质。

参考书目

Bernard Bosanquet, *Implication and Linear Inference*, Macmillan and Co. ,Ltd. ,1920.

(杜文静)

第四部分　司法方法技巧和规则

中国的司法方法技巧

司法大众化

由普通公众来决定案件的结果，否定法官职业化，否认司法活动自身的规律，否定司法职业化改革的努力，违反法治精神。

司法大众化与司法人民性有根本的区别。司法大众化主要表现为公众对司法的参与和影响，历史上表现最为典型的即“公审大会”，让公众直接分享审判权、参与审判，并通过公众意见裁判案件。通常情况下，司法结果影响的只是案件中的当事人，与社会公众并没有直接的利益关系，通常不会引起社会公众的关注。因此，所谓的大众的呼声通常只是特定利益群体的声音所寻找的借口。如果让所谓的“民意”或“人民呼声”影响甚至左右司法，实质上是让特定意志取代人民意志、让个别人篡夺司法权。司法大众化并非司法民主化，科学的司法民主化要贯彻司法的人民性，坚持司法为民的宗旨，要防止以民主之名搞“全民司法”“群众式司法”的司法大众化倾向。

（曹　磊）

民间“司法”

以社会权力为基础的民间司法主体，依据国家法、民间法、道德伦理和风俗习惯等规则对民间纠纷进行判断和处理的行为与制度，它与国家司法相对应。自文明时代以来，人类秩序既因国家正式法而成，亦借民间非正式法而就，民间司法在社会秩序构造中具有举足轻重的地位和作用。民间司法以社会权力为基础，情理、道德是民间司法的合法性来源，具有自己独特的适用方法和运行机制。谢晖教授对民间司法的价值作出如下评价：现代政治文明建设需要一个国家全体国民的参与，需要一个国家不同地方和不同团体的整体性参与，那么，对国民既有的行为规范，对作为地方性规范和团体性规范的民间法的尊重，就是必需的。所以在宏观层面，民间法的作用绝不仅是维护一地区、一族群人民的生活，更重要的是它是国民参与、地方参与、社团参与整个国家政治建设的意思基础和规范前提（谢晖：《政治变革与民间法研究之三度价值》，载民间法与法律方法网）。在秩序形成的意义上，相对于正式制度的国家司法，还存在一个非正式制度的民间司法，司法的国家形态和民间形态并存不仅是一个历史存在，更是一个包含历史传承的司法现象。

（曹　磊）

个案请示

又称内部请示，下级法院在案件审理过程中，就案件中相关法律适用问题或程序问题（实践中经常包含实体问题）以口头或书面形式向上级法院请示，由上级法院研究后予以答复，下级法院原则上应按照答复意见处理案件的疑难案件裁判方法。法官谙熟法律解释、法律推理、法律论证、漏洞填补、法律修辞等法律方法,可以解决法律适用中的难题。然而,中国法律方法研究及实践相对落后,加之法官职业化建设程度不高,致使法官面对新型、疑难案件时难以应对,故需要向上级法院请示。个案请示制度在一定时期内对解决疑难个案、统一司法标准发挥了一定作用,但个案请示并不符合司法的正当程序,缺乏法律依据,一直受到法学界的质疑和批判。有学者认为,案件请示制度在实践运行中暴露出来的弊端,已经证明它在事实上并非完全切实有效,它在确保个案公正的同时造成了诉讼程序机制的其他功能障碍。个案请示存在的问题是明显的:一是个案请示造成"两审合一",使二审流于形式,变相剥夺了当事人的上诉权;二是上下级法院系业务指导关系,而非领导关系,但二审参与一审案件的审理,有违审级独立原则;三是二审法院未全面审阅卷宗材料,在信息掌握不全面的情况下进行批示,有违案件审理的亲历性要求。随着法治进程的不断推进,个案请示必将逐渐退出历史舞台。《人民法院第四个五年改革纲要(2014-2018)》明确要求压缩个案请示空间。减少直至废除个案请示,可以突出法官在审判中的中心地位,让主审法官具有职业上的独立人格,促使法官提升自身司法能力,最终实现司法公正。

参考书目

沙永梅:《案件请示制度之废除及其功能替代——以中级法院的运作为出发点》,载《河北法学》2008年第7期。

(曹　磊)

优势证据规则

又称"高度盖然性证明规则",在双方当事人的证据均无法达到确实充分的情况下,由法官采用具有优势的一方当事人所提交的证据认定案件事实的证据采信规则。亦即如果一方当事人提出的证据可以证明其所主张事实的发生具有高度盖然性,法官可对该事实予以确认。无论英美法系国家还是大陆法系国家,均以盖然性作为民事诉讼的证明标准,只是对盖然性的程度要求不同。有学者对两种盖然性要求作了如下比较:英美法系国家在民事诉讼证明标准这一问题上所采用的是盖然性占优势标准,或称为证据优势标准,也可称为或然性权衡标准,它们在本质上其实是一样的——认定证据占优势的案件事实。证据优势,是指某一事实的证据的分量和证明力比反对其事实存在的证据更有说服力,或者比反对证明其真实性的证据的可靠性更高。大陆法系国家主张"高度盖然性"标准,即依据日常经验可能达到的高度,疑问即告排除,产生近似确然性的可能。

德国学者汉斯·普维庭对盖然性的标准作出更为精细的描述:假定刻度盘两端为0和100%,将刻度盘两端之间分为四个等级:1%~24%为非常不可能,25%~49%为不太可能,51%~74%为大致可能,75%~99%为非常可能。其中0为绝对不可能,100%为绝对肯定,50%为可能与不可能同等程度存在。据此,民事诉讼的证明标准应当确定在最后一个等级,即在穷尽了可以获得的所有证据之后,如果仍然达不到75%的证明程度,则应当认定事实不存在;超过75%的,应当认定待证事实存在。

参考书目

1. 毕玉谦:《试论民事诉讼证明上的盖然性规则》,载《法学评论》2000年第4期。
2. [德]汉斯·普维庭:《现代证明责任问题》,吴越译,法律出版社2000年版。

(曹　磊)

量刑规范化

通过对各种量刑情节的认定及影响量刑的幅度进行数字化的量化，以实现裁判标准的统一。由于具体案件情况的复杂程度不同，对犯罪行为的社会危害性、行为人的人身危险性等问题的判断，无法通过简单数学意义上的量化进行对号入座，因此，抽象的法律规范必须与具体的案情相结合，才能形成最终的量刑判决，在此过程中，法官个人的因素的不同会造成裁量结果宽严不一，形成同案不同判。量刑规范化改革的主要目的在于将法律规定具体化，在现行刑罚制度比较粗放、法定刑幅度较大、裁量空间比较大的情况下，将量刑纳入法庭审理程序，引入量刑建议，限制法官的自由裁量权，让法官的量刑越来越精细，增强量刑公开性与透明度，确保量刑公平公正。

（曹　磊）

法官后语

附署于裁判文书规范化格式之后的一段对当事人给予有关法律、伦理教育或个案启示的简短文字，它代表合议庭全体法官对案件的道德评判或法律方面的意见，是对裁判理由和结果的补充说明，不具有法律约束力。法官后语是上海市第二中级人民法院在积极推进裁判文书改革过程中的创新。“徒法不足以自行”，人们是否在道德上、情理上对裁判结果具有认同感会直接影响到对法律的信仰和对裁判的信服。因此，法官后语具有三大功能：“一是用伦理内容支持法律内容，用伦理理解支持法律理解；二是用伦理内容补充法律内容，在法律内容无法或者难以触及的地方，让伦理内容发挥功能；三是通过极富情感和文学化的话语给予慰藉，使得规范的法律用语变得生动而富有人情味”（袁博：《司法改革视野下裁判文书伦理化的尝试与走向》，载《人民法院报》2016 年 3 月 17 日，第 5 版）。法官后语像一把“双刃剑”，运用得当，以德感人，以情动人，以理服人，则有利于取得当事人对判决的理解和认可，实现服判息诉；反之，则可能影响判决书的严肃性，甚至造成新的争议。因此，在何种情况下适宜附署法官后语、如何撰写法官后语的内容都是法官应当慎重考虑的，只有必要的、有质量的法官后语才可取。

参考书目

上海市第二中级人民法院研究室：《裁决文书附设“法官后语”的思考　我国裁判文书格式和风格的延续与创新》，载《法律适用》2002 年第 7 期。

（曹　磊）

判后答疑

在法院作出裁决后，当事人对裁决结果存有疑义，由作出裁决的法官或合议庭成员，结合案件具体情况就案件事实认定、证据采信、法律适用与解释、裁判理由、裁判主文含义等向当事人解释，帮助当事人正确、全面理解裁判结果的公正性、合法性，消除疑虑，以达到服判息诉效果，属于司法延伸服务。审判公开是人民法院审判案件的基本原则，包括审判过程公开和审判结果公开。当事人对于法院的裁决结果存有疑问，要求法官阐明裁判的依据和理由，符合审判公开原则，法官负有进行答复的义务。判后答疑是为减少涉诉信访案件而形成的司法方法，短期内有助于降低案件的信访率、提高案件的服判息诉率，但是其存在固有的缺陷和弊端，长期坚持判后答疑有损司法权威。法院应将审判工作的重心由诉讼外的延伸服务转移到诉讼内的审判工作上，通过判决书充分的说理论证、心证公开等来增强判决的公正性和可接受性，才能使当事人真正服判息讼。

（曹　磊）

马锡五审判方式

抗日民主政权创立的一种将群众路线的工作方针运用于司法审判工作的审判方式，以整风运动为思想基础，以群众智慧为力量源泉。马锡五从事司法工作后，亲自参加案件审判实践，下乡深入调查研究，进行巡回审判，人们把这种贯彻群众路线，实行审判与调解相结合的办案方法称为“马锡五审判方式”。马锡五审判方式的主要司法方法：(1)深入农村、调查研究，实事求是地了解案情。(2)依靠群众、教育群众，尊重群众意见。(3)方便群众诉讼，手续简便，不拘形式。(4)坚持原则，依法办事，廉洁公正。马锡五审判方式的主要特点是简化诉讼手续，实行巡回审判、就地审判，在审判中依靠群众、调查研究，解决并纠正疑难与错案，使群众在审判活动中得到教育。马锡五审判方式包括三个步骤：查明案件事实—听取群众意见—形成解决方案、说服当事人接受。马锡五审判方式为当时广大群众所接受和欢迎，并在以后相当长的时间内影响着中国民事诉讼程序的构造，其中许多具体原则和做法以后被直接运用于新中国的民事诉讼制度。

参考书目

吉世霖：《谢老司法轶事》(八)，载《法制周报》1982年6月15日。

（曹　磊）

逆向裁判思维

在疑难案件裁判过程中由法官通过后果考量选取最为公正的裁判结果，并通过法律解释等法律方法论证裁判结果的正当性的思维方式。三段论的演绎推理通过严谨的逻辑结构提供形式上的法律根据和理由，增强判决书的说服力，防止法官在裁判过程中的恣意，验证普遍形式正义的法律价值的实现。但对于疑难案件，三段论推理将可能出现适用困难。一方面，因为作为三段论推理大前提的法律规则存在不确定性，会出现歧义、含义不清、冲突甚至出现法律漏洞，导致大前提的模糊或者缺失；另一方面，作为三段论推理小前提的法律事实也存在不稳定性，案件事实需要通过证据来还原，而证据本身的真实性、有无证明力、证明力大小均可能存在不同理解，导致事实的认定存有困难。如此，大小前提均存在不确定性的情况下，会出现推理困难或者推理出不同结果的情形，这与三段论推理注重逻辑形式的严谨性，强调结论的唯一性相悖，三段论推理的有效性受到质疑，此时，如何作出相对公正的判决结果考验裁判者的智慧。

英国实证主义学者麦考密克认为，演绎推理是法律推理的核心所在，但这并不意味着法律推理完全或只能借助演绎推理进行，或者完全排他性地使用一种演绎方式。疑难案件司法正义的实现要求法官不拘束于三段论推理裁判方法，而是运用综合性的裁判思维，通过多角度、多路径去验证裁判结论的公正性。逆向裁判思维与正向裁判思维不同，它是一种结论导向型的思维方式，即先得出正当的判决结论，然后通过法律解释等方法赋予结论正当性。逆向裁判思维的运用包括四个步骤：(1)调查确定案件事实；(2)初步形成裁判结论；(3)结论检测与选择；(4)构建法律依据进行论证。相比演绎推理前提不确定性带来的结论不准确问题，逆向裁判思维在进行结果衡量基础上得出的结论更加接近于实质合理，其在疑难案件裁判中妥当运用能弥补传统裁判思维的适用缺陷，实现个案正义。

参考书目

[英]尼卡·麦考密克：《法律推理与法律理论》，姜峰译，法律出版社2005年版。

（曹　磊）

大调解

当代中国特有的一种调解模式，是对原有调解方式的发展创新。一般而言，大调解是指人民调解、行政调解和司法调解相互协调和联动的“三位一体”纠纷解决机制。与传统调解和判决这两种纠纷解决方式不同，作为当代中国调解新模式的“大调解”，并不是单一解纷主体在纠纷发生之后的协调、处理和判断，而是指在各级党委和政府领导下将人民调解、行政调解和司法调解有机结合起来的纠纷排查调处方式，目的在于把各类矛盾纠纷解决在当地、解决在基层、解决在萌芽状态。其特点不仅表现为解纷主体的多元化和联动化，而且体现在纠纷的事前预防与事后解决并重上，其功能既在于预防和解决纠纷，更在于促进社会和谐、保障社会稳定。

“大调解”产生的原因在于当代中国纠纷类型的变化。与以往主要是平等主体之间的利益纠纷相比，在当代中国经济社会快速发展的新形势下，征地补偿、拆迁安置、企业改制、滞后企业的整治与取缔等社会活动和政府行为带来的新型纠纷越来越多，往往具有复杂性、群体性、综合性和敏感性等特点，加之群众民主、法律意识的增强，极易引发群众上访事件，甚至带来社会动荡。

“大调解”机制以解决处理纠纷或社会矛盾为中心，由党政领导机构统一领导部署，整合各种资源，促成各权力机关和职能部门的协调，具有我国社会转型期的时代特点；“大调解”机制还具有解决纠纷成本较低、程序较为简便、较易履行、处理纠纷效率较高、主动调解的优势。“大调解”侧重于将纠纷消除在萌芽状态，强调纠纷的事前解决，在转型时期的纠纷处理过程中起到了积极的作用。

“大调解”机制的运作模式可以概括为党政驱动、司法能动、多方联动、法院主导和关系协调五大要素：一是党政驱动，强调在各级党政领导下的协同作战，这是“大调解”得以出现和大力发展的前提条件。二是司法能动，这使“大调解”与法院诉讼调解有显著不同，诉讼调解只有在当事人将纠纷提交法院之后才能展开，而“大调解”追求在纠纷提交法院之前以一种主动干预的方式事前介入纠纷和化解纠纷。三是多方联动，包括各级党政部门在内的多方主体合力协调处理可能会危及社会稳定和安全的纠纷（或仅为隐患）。而一般意义上的调解，不管是人民调解、行政调解还是诉讼调解，都只是单一解纷主体。四是法院主导，由于法院是处理纠纷的专门机关，拥有其他调解主体不具备的调解经验和司法知识，因此在整个“大调解”运行过程中，法院往往就在多位调解者和纠纷当事人之间充当了协调者、建议者和方案提供者的角色。五是关系的协调，不同于非要得出“非黑即白”判决的司法审判，也不同于事后才接手纠纷的诉讼调解，“大调解”中的关系协调无论在时间范围上还是在空间范围上都相当广泛，既可以在事前、事中和事后任何一个时间点上协调，也可以自我协调、双方协调甚至多方协调。这五大要素，相互支撑、缺一不可，共同构成了新时期面对复杂的纠纷形式的法宝。

（赵　岩）

诉调对接

诉调对接纠纷解决机制,是中国人民法院在司法实践中形成的新制度,指矛盾纠纷调处中的诉讼方式与非诉讼方式相衔接,源于江苏省南通市2003年创立的大调解机制。2008年中央将“建立健全诉讼与非诉讼相衔接的矛盾纠纷调处机制”纳入统一的司法改革部署。之后,各地法院和司法行政机关根据本地的情况,摸索了多种诉调对接模式,促进了当地的社会和谐和纠纷的有效解决。2012年8月31日,十一届全国人大常委会第二十八次会议审议通过的《全国人民代表大会常务委员会关于修改〈中华人民共和国民事诉讼法〉的决定》,增加了“确认调解协议”和“当事人起诉到人民法院的民事纠纷,适宜调解的,先行调解”的规定,从而在国家实定法层面正式规范了诉调对接机制。

最高人民法院《关于建立健全诉讼与非诉讼相衔接的矛盾纠纷解决机制的若干意见》(法发〔2009〕45号)明确指出:建立健全诉讼与非诉讼相衔接的矛盾纠纷解决机制的主要目标是充分发挥人民法院、行政机关、社会组织、企事业单位以及其他各方面的力量,促进各种纠纷解决方式相互配合、相互协调和全面发展,做好诉讼与非诉讼渠道的相互衔接,为人民群众提供更多可供选择的纠纷解决方式,维护社会和谐稳定,促进经济社会又好又快发展。建立健全诉讼与非诉讼相衔接的矛盾纠纷解决机制的主要任务是:充分发挥审判权的规范、引导和监督作用,完善诉讼与仲裁、行政调处、人民调解、商事调解、行业调解以及其他非诉讼纠纷解决方式之间的衔接机制,推动各种纠纷解决机制的组织和程序制度建设,促使非诉讼纠纷解决方式更加便捷、灵活、高效,为矛盾纠纷解决机制的繁荣发展提供司法保障。建立健全诉讼与非诉讼相衔接的矛盾纠纷解决机制的过程中,必须紧紧依靠党委领导,积极争取政府支持,鼓励社会各界参与,充分发挥司法的推动作用;必须充分保障当事人依法处分自己的民事权利和诉讼权利。

从演进历程角度来看,中国的“诉调对接”机制具有从非正式到较规范、从单一型到多元化的特点。有学者总结了中国三大“诉调对接”机制:一是“争讼型”对接路径,指对调解协议纠纷的司法审查;二是“非讼型”对接路径,指司法确认程序;三是“多元(放射)型”对接路径,指先行调解的法典化新设,并认为随着《民事诉讼法》的修正,目前中国已经形成了由立案前的委派调解(诉前调解)、立案后移送审判庭之前的立案调解、开庭审理前的审前调解、审理过程中的庭审调解以及辩论终结后判决作出前的判前调解所构成的全方位、多样化的司法(或司法附设)调解制度体系。在每一分支系统项下又分为不同的具体模式,如诉前调解可进一步细分为法院不予介入的诉前委派调解与法院部分介入的诉前法院附设型调解;立案调解可划分为立案庭主持下的调解与立案后的委托调解;审前调解又分为审前委托调解与审前邀请协助调解;判前调解又分为判决作出前的委托调解与邀请调解等。这些源于社会客观需求的创新型制度,在相当程度上弥补了司法裁判的刚性弊端、缓解了司法资源与解纷需求之间的紧张关系、满足了不同主体的多样化需求,并促进了诉外解纷机制的完善和发展。

(赵　岩)

面对面调解与背对背调解

“面对面”调解,即调解时双方当事人都在场,当面进行调解;背对背调解是与“面对面”调解相对的一种调解方法,简单来讲,“背对背”调解就是双方当事人不见面,而由法官在当事人之间穿梭斡旋,最终达成调解合意,实现以调解方式结案。

在民事诉讼中,对席审判是程序的一般要求,不仅双方当事人需面对面地进行诉讼活动,当事人与法官之间的诉讼行为也需要在公开的法庭上进行,主张、抗辩、举证、质证、辩论这些对判决形成具有重要作用的诉讼行为都应公开进行;如果法官需要向当事人公开心证,也需要在法庭上,在双方当事人都在场的情况下公开,法官与当事人之间非公开的秘密交流被视为违反审判纪律的行为而遭到禁止。

而调解则不同,无论是"面对面"调解还是"背对背"调解,在中国的司法实践中都有广泛的运用。"面对面"调解可以增加调解的透明度,使双方当事人均能摸清对方的意图,并在此基础上充分自愿平等地协商,从而保证调解协议完全是双方真实意思的表示,但这种调解方式往往不易获得成功。调解一开始,双方当事人对纠纷的理解和所持立场观点均有较大的差异,相互之间存在对立情绪。这种情形下任何一方都不愿当着对方首先作出退让。这种不妥协的态度势必激化双方的矛盾和对立,使双方的平等理性对话缺乏必要的环境。"背对背"调解可以避免双方在针锋相对状态下的争吵,避免影响双方的关系或情绪。调解者与各方当事人单独会谈,便利当事人向调解员坦露心声,也便于调解者分别对双方开展工作,有利于调解顺利进行,容易促成调解成功,提高调解效率。当然,"背对背"调解方式也有诱发负面影响的可能性,如调解员用虚假信息促使当事人让步,使态度软弱一方放弃更多的利益。在实践中,这种方式常导致法官与当事人讨价还价,甚至对当事人哄骗、说好话以说服当事人接受调解,法官的中立地位与尊严也难以得到维持。

尽管中国法律并没有对"背对背"调解问题做出明确的规定,中国司法采取的是以对席调解原则为主、"背对背"调解为辅或例外的做法。中国法官在调解中既可以选择双方当事人都在场的情况下进行调解,也可以在背靠背的情况下分别做原告、被告的工作。

对于调解应该"背对背"还是"面对面"进行的问题,理论界存有争议。即便在同一法系的两个国家内也有分歧,比如德国的"对席"制度强制要求双方当事人面对面达成和解。而日本则以交替面谈方式劝解双方当事人,以背对背的典型方式解决问题。反对意见认为,在当事人不能进入的密室中来达成合意,既不公正、也不透明。支持者则认为,背对背调解方式有助于当事人更坦率地与法官交流,既可以让当事人释放对对方的怨气和不满又不至于造成调解无法继续,有利于纠纷双方作出让步,最终达成调解协议。

(赵　岩)

司法平衡

作为重要的审判方法和司法理念存在于古今中外不同的历史时期,在中西司法传统中占有重要地位,与中西哲学传统中的"中庸之道"有密切关系,是中庸之道理念在司法过程中的具体运用。

司法平衡既是一种平衡不同利益的方法,也是一种平衡不同审判依据的方法。没有司法平衡就没有司法的公正,司法平衡是通往司法公正的必由之路,是司法公正的方法和手段。当然,不同时期、不同国家政治和文化的差异也相应地赋予司法平衡以不同的价值目标,古代中国的司法平衡重在维护礼教秩序,古罗马、英国历史上的司法平衡的指向是公正、合理。

在我国现阶段的民事审判工作中,司法平衡一方面被视为一项审判技术,即将法律适用和平衡诉争双方利益结合起来的裁判方法；另一方面被提升到司法理念这一层次，目的在于赋予其在整个民事审判工作中的指导地位。作为司法权运行的理想状态，“和谐司法”强调价值追求与运行过程的统一，司法平衡理念与“和谐司法”的目标相互契合。确立司法平衡理念在民事审判实践中的指导地位，有利于充分发挥民事审判定分止争的作用，有利于通过富有活力与创造性的司法活动推进公平与正义的价值实现。当前中国司法平衡理念主要是指裁判者以实现司法公正为目的，以结果为导向，对当事人之间已失衡的利益关系作出实质性判断和衡量，将之恢复至平衡状态，实现“和谐司法”。

（赵　岩）

回应型司法

司法机关对社会诉求所作出的回答或响应，是主张司法发挥主动作用以回应社会需要的一种模式。它具有灵活性（不但适用具体法条，还运用法律原则、法律价值进行裁判）、主动性（在司法权运行过程中，为更有效地解决进入司法程序的社会纠纷，司法能动干预、平衡双方的诉讼能力，并根据社会发展的需求能动地适用法律达至最佳的社会效果）、开放性（司法机构需以审判活动为连通器，使司法活动与社会需求达至最佳平衡点）、参与性、民主性、追求实质合理和形式合理的融合、目的合理和结果合理的统一、主体合理和行为合法的统一等特点。

在制度建构方面，回应型司法的基本理念是体现适度回应的渐进改革，通过建立满足社会主体多样需求的程序体系，建立通畅、理性的沟通与回应渠道，促使中国司法走出目前的困境。

（赵　岩）

能动司法

一种司法理念和司法方法，是一种解决纠纷的司法立场和司法态度，是指在法官履行审判职能上的能动。能动司法的内涵主要包括三个方面：一是围绕服务经济社会发展、维护社会和谐稳定、保障人民合法权益的要求，运用政策考量、利益衡平、柔性司法等司法方式履行司法审判职能的服务型司法；二是分析形势，回应社会需求，参与社会治理的主动型司法；三是根据经济社会发展要求，超前谋划，提前应对，把矛盾纠纷解决在萌芽状态的高效型司法。

（赵　岩）

要件审判九步法

以权利请求为出发点，以实体法律规范构成要件分析为基本手段的审判方法。它围绕当事人的权利请求基础，将审判活动划分为环环相扣的九个步骤。

第一步：固定权利请求。其包括三层含义：其一，明确当事人诉讼请求的含义，弄清当事人诉讼请求中的模糊含义，如请求给付金钱或实物的，要明确给付的责任主体，给付的种类、金额、数量、构成及计算方法，涉及多名被告的，应明确是连带责任、按份责任、补充责任，还是其他责任等。其二，剔除当事人诉讼请求中矛盾之处。其三，促使当事人更正明显错误、荒谬或非理性的诉讼请求。

第二步：确定权利请求基础规范。在诉讼请求固定后，即应确定其所依据的法律条文，即“法官找法”。应按原告诉讼请求所依据的事实和理由，审查、确定原告主张的法律关系，并在该法律关系基础上进行审理，这是确定法院审理思路的基本出发点。

第三步：确定抗辩权基础规范（又称识别对立规范）。在识别出原告的权利请求基础后，法官审查被告的答辩时，首先要判断被告是否提出抗辩或抗辩权。其次，根据抗辩或抗辩权，寻找其所依据的法律规范基础。这有助于明确证明责任的分配。

第四步：基础规范构成要件分析。法官找到权利请求基础规范和对立规范后，应对基础规范构成要件进行分析，把法律条文所包含的事实要件分解，其中对于不完全性法条则要通过法律解释或者法律补充的方法，把隐含的要件找出来，以获得完全法条。在很多情况下，不完全性法条或定义性法条往往是基础性规范的补充规范。补充性规范的构成要件经常成为案件审理的核心争点，其所有构成要件可能成为关键要件。

第五步：诉讼主张的检索。根据基础规范构成要件分析、对比当事人的诉讼主张是否清晰、完备，如存在相互矛盾或不完备的情况，法院应予以释明，要求原告补充、修正或明确。

第六步：争点整理。根据原告、被告双方的诉辩主张及其请求权基础规范，归纳案件的争点。争点整理的过程就是法官引导诉讼的过程。

第七步：要件事实证明（并心证公开义务）。争点整理结束后，即以案件的事实争点为核心，组织各方当事人进行举证质证。

第八步：事实认定。当事人举证、质证完成后，应根据各方当事人所提供的证据以及法庭质证过程，认定案件事实；当案件事实仍处于真伪不明状态时，则根据结果意义上的证明责任分配原则，认定相关案件事实。

第九步：要件归入并作出裁判。将查明的案件事实，与原告、被告主张所对应的法律规范构成要件，逐一进行分析比对。这种分析比对的过程，实际上就是法院运用逻辑分析方法，逐一将查明的事实与相对应的法律条文的各项构成要件进行归入的过程。

要件审判九步法遵循的是演绎推理这一最基本的逻辑结构。演绎推理至今仍然是成文法国家最基本的推理形式，其主要形式为逻辑三段论：大前提 + 小前提 = 结论。要件审判九步法的九个步骤中，每一个步骤都可以在逻辑框架中找到相应的位置。

（阮竹君）

司法方法规则和格言

法律方法的规则化转向

法治作为一种规则治理的事业，按其规则性质和规则特点可以分为法律制度规则和法律思维规则。从法律方法的属性和发展来看，所谓法律方法规则主要是指具有普适性的法律思维规则。法律思维规则具有一定的辅助性和依附性，其作用是在特定的思维模式中实现法律规范和法律制度的合理有效适用。根据法律方法的内涵和外延，法律方法规则相应地可以归纳为法律发现规则、法律解释规则、法律论证规则、法律论辩规则、法律修辞规则、利益衡量规则、法律推理规则。它包括理论性和实践性的两种表现形式，前者是指各种法律方法论理论和学说，后者是指法官等法律实务人员在司法实践中有意识或无意识使用的各种法律解释技术和法律推理技术等。围绕法律方法规则,西方法律方法论的发展也大体经历了三个阶段:在第一阶段中,各种法律方法还未转换为法律思维规则,它们只能作为各种法律解释技巧、要素或方法等被表述和交流,这时的法律方法更像一种法律实践技艺。在第二阶段中,各种法律方法经过长期的发展已经被简化为各种法律发现规则和法律适用规则,原先的法律解释要素、方法或技艺逐渐具备或呈现规则化的形态。但是,各种法律思维规则在适用中会出现各种矛盾和冲突。在第三阶段中,各种法律思维规则之间的冲突和矛盾在各种法律论证理论中有了可行的解决方法,各种法律思维规则间的适用顺位和效力关系被转化成论证结构和论证程序问题,因此,各种法律思维规则也相应地变成了法律论证规则。

(宋保振)

法律思维规范

法律的制度规范和思维规范在双向维度上共同构建着作为裁判依据的法律规范。法律思维规范是法治的精神实质和法律规范的隐形内涵,这种思维规范主要通过法律人思维的职业性和专业化得以展现。尽管法律思维规范的种类很多,但从法律思维规范作为劝导性规范可以被习得、遵守和发挥指引作用的意义上,法律发现规则、法律解释规则和法律修辞规则是其最为主要的部分。在当前的法治中国建设中,法治改革的成败直接取决于公共和私人决策者是否普遍接受或习惯于此种特定思维,且是否能够按照这种思维方式去形成预期、采取行动、评价是非,是否肯于承认并尊重按照这种思维方式思考问题所形成的结论。此种法律思维规范不同于政治性思维对利弊的权衡、道德思维对善恶的评价以及经济思维对收支的比较的法治思维活动,它主要围绕合法和非法来讨论待裁判案件的事实行为、利益主张和法律关系,而不是通常的大众思维或主观性的政治、道德评价。这种思维的导向是对一定规则(法律规范)的遵守,从而使思维活动也具有了一种简约、有效的规范特质。

法律思维规范既是法律方法的核心内容,也是法治思维和法治方式的直观体现。法律方法论所包含的解决疑难案件的技术、技巧和行动方案,是为揭示法律思维规则而进行的举例说明或在法律思维规范指引下所进行的活动。法律思维规范的研究对法治中国建设更具有特殊意义。因为在法治的初步建设下,法律的制度规范得以兼备和完善,但如果缺乏法律适用过程中相应的法律思维规范,依然不能形成法治思维,法治方式也不能成为我国国家治理的根本范式。在积极意义上,法律思维规范可以为法律人提供正确的普适化思维路径,在合理的法律论证和推理过程中使法律规范的要求和精神得以实施和贯彻,进而实现法治的目标;但在消极意义上,法律思维规范也因被标榜为脱离社会现实的"精英思维"而受到质疑,并且认为是对机械性形式法治的坚守。

(宋保振)

裁判规范

司法适用的内容,是法官根据法律规范得出特定法律结果的直接依据,其主要构成要素是法律规范,包括法律规则、法律原则和法律概念等内容。在理解上,通常将其与法律规则、法律规范、审判标准、审判规范等近似概念共论,但仍存在不同之处。关于裁判规范,我国理论界主要存在以下两种理解:第一种理解是从法律规范的功能来区分,把裁判规范和行为规范看作法律规范的两个表现方面,这实质上是把裁判规范理解为法律规范的一个下属概念。尽管在理解上有清晰的思路,但是这种从法律文本出发的理解只是把法律规范看作一个静态的概念,无法反映司法裁判的实质是将法律规范具体化,更无法反映司法裁判的动态过程。第二种理解将裁判规范界定为法律规范的实现过程。其主要是指在司法裁判中,法官结合法律规范与具体案件情况运用法律解释、法律论证、法律发现和法律推理等方法所构建的个案规范,以及在缺乏相关的法律规范可以适用的情况下,法官自身根据案件的特殊性、审判中的经验、相关的司法裁判及指导性案例以及司法良知、正义等所创设的裁判规范。

一般认为,作为案件裁决标准和依据的裁判规范具有如下显著特征:第一,生成过程的动态性。大部分裁判规范的生成都是由法官在规范与事实的互动关系中逐渐找出的针对个案的判决标准和理由,反映了裁判者目光在事实和规范之间往返的动态过程。第二,适用的可预测性和可重复性。在创立裁判规范时,法官所考虑的不仅仅是在他看来裁判规范是否能够适宜地解决案件的公正问题,而最为主要的是其他法官在面对相同问题时是否也会采取类似的思考。他在预测其他法官也会与他保持一致时,实际上是在秉持一种可重复性的思维方式。第三,创制主体和适用范围的专属性。裁判规范是法官针对个案具体问题而建构的,只有拥有审判权的法官才有权力创制裁判规范。第四,应用对象的针对性。不同于法律规则的抽象性和普适性特征,裁判规范直接面对个案,其目的是实现个案裁决的合法和正义。

根据不同的适用语境,裁判规范也具有不同的表现形态:首先,从裁判规范的属性定位,裁判规范最主要的表现形态是法律条文。但是法律条文还不能等同于裁判规范,很多裁判规范是针对特定案情由一组相关法律条文构成,也可能一个法律条文根据不同的案情而分属不同的裁判规范。其次,体现在诉讼过程中,裁判规范就是解决案件争议的依据和标准。根据此依据和标准,法官确定诉讼两造的权利自由范围、责任义务分配以及根据特定程序制定和执行相应的奖惩措施。再次,体现在法律推理和法律论证过程中,裁判规范是作为案件裁判的大前提。这既体现在庭审过程,又体现在判决书的写作格式和判决理由中。最后,体现在裁判思路上,裁判规范是规范意识下法律思维过程。此过程摒弃过多的政治、道德因素和法官自由考量,是司法者独有的职业性思维。

根据规范的具体内容,裁判规范又可以分为一般规范和特别规范或个别规范。一般规范与个别规范的区别不在于规范创制者的身份,甚至也不在于规范的对象,其标准在于规范所指向的行为,也就是规范的内容。假如规范所指向的并非特定、具体且不重复的行为,而仅仅是对行为作出一般性的规定,那么纵然是针对某个人的规范,仍可能是一般规范。国家可以发布规范多人行为的个别规范。具体而言,国家制定法中包含的法律常被认为是一般规范,但司法裁判和行政命令往往是个别规范。私人间的契约、遗嘱以及婚约等也完全可以有一般和个别两种性质。

在整个裁判规范体系中,个案规范同个案裁判规范又具有重要区别。个案裁判规范是指司法工作人员在裁判的过程中,根据法律规范和法律事实,通过法律解释、法律推理和法律论证等方法的运用所构建的针对个案正义的“活法”,是司法裁决的证立实践过程中据以推断出最终裁判结论的大前提,作为沟通司法裁决证立领域理论研究和实务操作的结合,个案裁判规范直接决定案件结论的得出。体现在特征上,源自法律规范的个案裁判规范具有应然与实然、规范与事实之间的对应关系。它是在法律规范的框架之内,透过案件事实本质,直观凸显个案证据事实和法律结果之间的逻辑关系。并且,由于得出案件判决过程中法官的主观作用,个案裁判规范还具有相应的可废止性。

参考书目

1. [奥]凯尔森:《法与国家的一般理论》,沈宗灵译,商务印书馆2013年版。
2. 张书友:《凯尔森:纯粹法理论》,黑龙江大学出版社2013年版。
3. 宋旭光:《裁判规范的概念及用语辨析》,载《法律方法》2013年第1期。

(宋保振)

审判规范

作为司法裁判中的常用概念,审判规范主要存在以下几个方面的定位:第一,在静态方面,从相关部门法律来看,审判规范实际上就是指法官等在诉讼过程所遵循的程序规则,属于程序法律规范的范畴。这类法律规则是大量的,其中绝大多数是有关国家机关及其工作人员的组织和活动的规则。从裁判的最终目的来看,审判规范即裁判规范,是为了达成特定的目的。从法律的目的角度来看,审判规范是一种次要规则,它是为减少社会对法律的压力,增加法律效力的一种方法。第二,在动态方面,审判规范是针对具体案件的个案规范,是在整个规范群体中确立法律规范有效的方式。作为法律解释的一种结果,审判规范由审判操作规范和裁判规范两部分构成,并体现为裁判过程中由实定法向判决转换的重要中间环节。

(宋保振)

法律发现规则

法律发现是欧美法学家研究法律运用常用的术语,近年引入我国。我国学界对法律发现概念的界定大致有如下两种立场,一是指法律产生意义上的法律发现,二是指司法意义上的法律发现。作为法律方法的法律发现概念是指在司法过程中法官在法治理念的指引下,在法律渊源中寻找、确定适合个案的裁判规范的活动。这也就决定法律发现的过程必须在一定的规则指引和规制之下进行。对此法律发现规则主要概述如下:主要法源先于次要法源;规则先于原则;特别法先于一般法;程序法先于实体法。

(1)主要法源先于次要法源。法官在个案中寻找法律渊源有严格的先后顺序,应当优先选择"正式法源",只有在"正式法源"中找不到所要解决案件的法律或虽已找到,但该法律与社会所奉行的道德严重背离时,才能到非正式法源中去寻找。其价值意义主要表现在以下三个方面:第一,法官优先从"正式法源"中寻找裁判规范,体现了对立法权威的尊重;第二,"正式法源"最具有普遍性,最为公众所知晓,是人们对判决结果预见性最强的法源;第三,法官优先从"正式法源"中寻找裁判规范,是对法官权力的限制。此规则的最终目的是法律规范的培养和法律思维的养成。

(2)规则先于原则。在规则与原则的法律规范二重结构之中,规则不仅为人们的行为指明了方向,而且为法官提供了裁判标准。所以,通常情况下,法院审理案件应该优先在规则中发现法律,遵循规则先于原则的顺序。规则优先是成文法的要求,其目的在于限制法官的自由裁量权,有利于实现法治、实现正义。并在此过程中,通过规则的援引,为法官裁判提供具体的操作技术。

(3)特别法优于一般法。所谓特别法先于一般法,是指对分属于同一机关制定的同位阶的特别法与一般法之内容不一致,法院应该选择并适用特别法。换言之,在同一机关制定的相同位阶的不同法律间,当具有逻辑上之特别法的规范所规定之法律效果排斥具有逻辑上之普通性的法条所规定之法律效果时,特别法得排斥普通法之适用,法官必须适用特别法。例如,我国《立法法》第92条对此项原则作了明确规定:“同一机关制定的法律、行政法规、地方性法规、自治条例和单行条例、规章,特别规定与一般规定不一致的,适用特别规定……”但此规则的适用前提是特别法与一般法必须处于同一层级和统一时间阶段,此规则的适用受到高位阶法优于低位阶法和新法优于旧法的影响。

(4)程序法优先于实体法。程序法优先于实体法是指在司法裁决过程中,当民法、刑法等实体法与民事诉讼法、刑事诉讼法等程序法的规定发生冲突时,在通过法律发现方法进行选择时,要严格遵从程序优先于实体的规定。此法律发现的规则主要包括以下两层含义:第一,有程序法才有实体法。只有遵守了某项程序法规范,相应的实体法规范才会被发现和适用,实体规范的效用才能得到发挥。第二,并非所有违反程序法的行为都会导致对实体法适用的排除,只有违反了强行性程序规则才会产生排除相应的实体法规则适用的结果。其理由主要是程序正义优先于结果正义是法治原则的要求,并且在裁判过程中,程序可以为不确定的实体公正提供正当性基础。

(宋保振)

语言学解释规则

涉及制定法语词之间的关系,与制定法文本的内在语境有关。语言学解释规则大致包括同词同义规则,同类解释规则,明示其一、排斥其他规则,文理规则,有效解释规则,整体解释规则,相同事项规则等。由于语言学解释规则将法律视为一个独立的文本,所以,文本主义者坚定支持语言学解释规则的应用,虽然这并不意味着其他的解释方法就一定排斥它们。通常认为,语言学解释规则是英美法系关于制定法解释规则的重要分类之一。

语言学解释规则至少具有如下几点功能。首先,语言学解释规则被认为是阅读、理解制定法的有效指南。解释者可以依据法律解释语言学规则的指引来确定文本的具体含义。桑斯坦称此为“句法规范”功能,他认为语言学解释规则大多数已经内化在人们的意识之中,作为语法或句法本身的一部分发挥作用,可以指引法官去阅读文本,以帮助他在具体案件中确定文本的含义,这是准则最没有争议的一种功能。其次,语言学解释规则能够有效地阻止其他解释材料对于解释者的干扰,从而解释者可以只关注法律文本,由此,语言学解释规则对于法律文本权威的树立颇有助益。法官的解释活动在一定程度上受其个人因素的影响,但语言学解释规则排斥了法官个人因素对法律解释的影响,因为它强调解释出的意义不能超出文本可能的范围。正是基于此,法律解释的语言学规则与其他解释规则相比,更加能够维护法律文本的权威,对于实现法律的稳定性和法律意义的安全性而言具有不可替代的作用。最后,语言学解释规则被认为有助于促进立法质量的提高。一部质量优秀的法律必然是在概念上指涉明确,在结构方面逻辑清晰的文本。而语言学解释规则针对的是法律文本的语词及其逻辑关联进行操作,法官在司法实践中按照此类规则进行法律解释可以促使立法者依据此类规则立法从而提高立法质量。

不过,语言学解释规则也有一定的局限性。首先,遇到疑难案件时,语言学解释规则在确定语词含义方面只能发挥辅助作用。其次,语言学解释规则的效力是以制定法的质量和语言使用习惯为前提,而立法质量往往因为立法者的有限理性以及语言使用习惯的不确定等因素而无法达到完美状态,因此,语言学解释规则的经验基础是薄弱的。最后,语言学解释规则着重于将法律视为一种语言文本,注重从法律的篇章结构中探求法律的真意,而实际上,若是过分拘泥于这种外在形式往往会导致对立法者原意以及法律客观目的、价值等其他法律解释要素的忽略,产生不正义的个案结论。所以,语言学解释规则的效力并非绝对,不可以机械适用。

参考书目

1. William D. Popkin, *A Dictionary of Statutory Interpretation*, Carolina Academic Press, 2007.

2. Frank B. Cross, *The Theory and Practice of Statutory Interpretation*, Stanford University Press, 2009.

3. [美]凯斯·R. 桑斯坦:《权利革命之后:重塑规制国》,钟瑞华译,中国人民大学出版社 2008 年版。

(李亚东)

实质性解释规则

一般被认为是超越了制定法文本字面含义的界限,涉及的是制定法语词与外部资料(如立法史、价值等)之间的关系,是借助外部资料对制定法进行解释的典型。因此,实质性解释规则和语言学解释规则在基本理念上存在根本差别。通常认为,实质性解释规则和语言学解释规则并列成为英美法系制定法解释规则的重要分类。

按照学者的归纳,实质性解释规则大致包括避免荒谬规则(absurdity canon)、普通法减损规则(derogation of common law canon)、补救规则(remedial canon)、宽容规则(lenity canon)、联邦规则(federalism canon)、事前规则(prospectivity canon)等。

实质性解释规则至少具有如下几种功能。首先,实质性解释规则有助于弥补语言学解释规则的不足。相对而言,语言学解释规则更加形式化,将目光集中在法律文本的内在语境,从法律文本的语义和体系中寻找法律的真意;而实质性解释规则超越了法律文本的界限,将相关的外部资料以及法律的客观目的、价值等因素作为重要解释的依据。因此,当按照语言学解释规则无法得到合理结论时,可以运用实质性解释规则进行解释。其次,实质性解释规则为实质要素的应用提供理性指引。一方面,避免荒谬规则提供了对法律解释展开实质考量的条件。只有当语言学解释规则产生荒谬结果时才能对法律的实质内容进行考察。另一方面,实质性解释规则为法律实质内容的具体探究提供了可操作化指引。所以,依据法律解释实质性规则的指引,探寻法律的实质内容变得有章可循。最后,实质性解释规则为个案正义的实现提供操作规则。语言学解释规则致力于在法律文本内部进行操作,而法律文本与社会生活之间并不具有天然的契合关系。随着时间的推移,法律语词的含义就会出现流变。因此,法律文本往往落后于社会生活。在这种情况下,如果依旧按照语言学解释规则进行解释,往往陷入机械解释的错误之中,解释结果将会违背个案正义的要求。因此,法律解释还需要对法意和目的这种能够适应社会变化的要素进行探究,以此来实现对于个案正义的追求。而实质性解释规则以法意要素和目的要素为处理对象,意在为两者提供应用条件和具体化的规则,因此,实质性解释规则是以追求个案正义为目标,为个案正义的实现提供操作规则。

参考书目

1. William D. Popkin, *A Dictionary of Statutory Interpretation*, Carolina Academic Press, 2007.

2. Frank B. Cross, *The Theory and Practice of Statutory Interpretation*, Stanford University Press, 2009.
3. [美]凯斯·R. 桑斯坦:《权利革命之后:重塑规制国》,钟瑞华译,中国人民大学出版社 2008 年版。

(李亚东)

字义规则

又称文理规则,英美法系司法实践中重要的法律解释规则之一,自 19 世纪以来长期在英国法院中占据主导地位。按照字义规则的要求,应该依据成文法条文的字面意义进行法律解释,取其最自然、明显、正常和常用的意义。

一种比较极端的理解是,字义规则具有绝对的效力,法院应该按照最通常的字面含义确定法律的真意,即便是应用这个意义所得到的解释结果是荒谬的、不公正的。通常认为,支持这种理解的理由来自三权分立理论,即法律乃是由立法机关制定,司法机关的职责只是忠实地执行立法机关所订立的法律,两者各司其职,司法机关不能僭越界限去行使立法职能。由此,法官在具体案件中必须以实现立法机关的意愿为目标,不可造法。按照字义规则的基本原理,认识立法机关意愿的方法便是认真阅读由立法机关所创设的法律条文,由此,法律文本的字面含义被认为是法律解释的唯一标准。按照这种理解,即便依据字义规则进行解释导致荒谬、不合理的结果,法院也无须承担责任。此时的解决方法是由立法机关修改法律,避免以后出现同样问题,但在法律修改之前,法院仍有义务予以贯彻执行,即使它已被发现是有漏洞的、在某些情况下导致不公。法院没有义务、也没有权力去填补法律中的漏洞,否则便是法院篡夺了立法机关在宪法架构中的职能。

另外一种比较温和的理解是,如果按照字义规则进行解释得到荒谬、不合理、不正义的结论,那么,就应该排除字面含义的应用。这种理解并不否定法院应该以实现立法者的意图为目标,所不同的是,这种理解背后存在这样一种假定,即这种荒谬、不合理、不正义的结论并不符合立法者的初衷,立法者是不会允许出现这种情形的,所以应该予以排除。按照这种观点,字义规则只具有初步优先的效力,并不是绝对排他的,在满足一定条件的情况下,可以排除字义规则的适用。

参考书目

1. [英]迈克尔·赞德:《英国法:议会立法、法条解释、先例原则及法律改革》,江辉译,中国法制出版社 2014 年版。
2. 陈弘毅:《当代西方法律解释学初探》,载《中国法学》1997 年第 3 期。
3. 魏玮:《英国法律解释三大规则之应用》,载《法律适用》2002 年第 2 期。

(李亚东)

平义规则

又称通常含义规则。所谓平义(通常含义),是指普通人通常所理解的或者为公众所接受的语词的含义。按照语言学的观点,语词的含义是约定俗成的。这说明语词的通常含义应该是具有社会共识性的那种含义,应该是大多数人所理解的那种含义,是生活实践中最平实、最流行的含义。按照平义规则的要求,如果制定法的条文可以根据日常含义进行理解,就应当根据一个使用该语言的普通人所理解的含义来解释,除非有充分的理由表明应当采取其他解释。如果普通的含义有多种,应当根据最明白的含义进行解释。

平义规则源于议会至上、分权、法治等基本观念，是19世纪英美法院制定法解释实践中流行的寻求立法原意的方法。在这种实践中，最根本的是要追求立法者的原意，而文本语词的平义被认为是立法者原意的最佳证据。寻找立法者原意只能通过平义规则实现，从文本之中寻找，而立法史等资料不被认为对探究立法者原意有益。早期平义论者认为法官只能严格依照法律规范或前例的规定进行审判，而不可寻求其他解释的方法。他们认为语言有其固有的含义，解释法律必须遵循法律规范的文义，这样才能维护法律的尊严和公平稳定。不过，也有学者对平义规则做出更加宽泛的理解。例如，印度律师萨喇西主张，当出现专业技术用语或者依据平义得到荒谬结果或者依据平义得到的结果与上下文的语境不和谐情况时，应该排除通常含义的使用。在这里出现了突破平义规则的两个时机：一是按照通常含义理解语词出现荒谬结论时；二是语词属于专业技术语词时。

平义规则的原理在于，其一，法律是通过语言表达的，立法者要达到通过法律规范公民的目的，就必须首先在语言使用上采取公民最容易理解的表达方式。法律概念来自日常生活语言，因此要从日常生活使用的意义上来理解法律概念的意义。法律所针对的群体是社会生活中的人，而人们在社会生活中的交流首先是以通常含义进行的，所以法律必以通常含义来表达其思想。在法律解释活动中遵守平义规则，就是尊重了这个对法律的假设。其二，平义是公民所通常理解的含义，法官作为法律帝国的主体，有必要根据公民的通常理解来解释法律，这对于公民对法律的信赖以及行为的可预测性，都具有极大的意义。所以，按照平义规则进行法律解释有利于法律的可预测性，进而达到司法公正的目的。相反，如果法官直接诉诸实质主义的进路，那么，公民对法律的理解将变得极为困难，法律对公民行为的指示作用将大大降低，在这种情况下，即使是作为专业法律人的律师，对法律的意义以及法官将如何解释法律的预测也极为不确定。这样就会导致法官成为决断法律意义的主角。因此，平义规则尊重了法律的可预测性，避免了个人主观的擅断。另外，按照语词的通常含义进行解释也有利于实现法律解释的统一性。

平义规则的问题在于语言的模糊性本质。后现代哲学否定了语词平义的方法论意义，由此引发出对于平义规则的一系列质疑。例如，苏力教授认为，由于语词的意义是由人赋予的，因此，语言存在共时与历时这两个层面的意义流变。所以，平义规则的效力存在疑问。不过，按照拉伦茨的观点，为了维护立法者的意图需要按照立法当时的含义来解释该语词。

参考书目

1. D. Neil Maccormick & Robert S. Summers, *Interpreting Statutes: A Comparative Study*, Dartmouth, 1991.

2. Frank B. Cross, *The Theory and Practice of Statutory Interpretation*, Stanford University Press, 2009.

3. Vepa P. Sarathi, *The Interpretation of Statutes*, Eastern Book Company, 1981.

4. [德]卡尔·拉伦茨：《法学方法论》，陈爱娥译，商务印书馆2003年版。

5. 杨仁寿：《法学方法论》，中国政法大学出版社1999年版。

6. 苏力：《解释的难题：对几种法律文本解释方法的追问》，载《中国社会科学》1997年第4期。

（李亚东）

法意优先规则

法律是立法者意志的表达，因此，法律文本中的语词首先需要按照该语词的法学含义进行解释。具体来说，如果法律文本中对于某一语词的含义专门创设了定义条款，那么就必须按照该定义条款所规定的含义来对该语词进行解释。这源于对立法的尊重,按照立法定义进行解释符合立法者的真实意思。另外,由于立法定义体现了立法者的原意,而立法原意规范着法律解释者的理解,所以,如果偏离这种立法定义进行解释就是对立法原意的践踏,就违反了法律解释最基本的合法性原则。如果某些语词在法学中已有特定含义(如契约、请求、继承或遗赠),那么就应该依据该语词的法学含义进行解释。法律语言是日常语言的组成部分,有的语词既可能有日常含义,也可能有法学含义。但是,按照法意优先规则的要求,对于法律文本中的此类语词就应该按照其法学含义进行解释。这是因为法学术语中体现着法律价值、立法政策,如果不按照其法学含义进行解释就无法实现这些法律价值和立法政策。同时,法律语言具有较强的专业性,具有不同于生活语言的规则,按照法学含义解释法学术语符合法律语言的语词推论规则。

参考书目

[德]卡尔·拉伦茨:《法学方法论》,陈爱娥译,商务印书馆2003年版。

(李亚东)

专业含义优先规则

从宽泛层面上看,出现在法律文本中的语词都属于法律语词。但是法律还经常使用一些专业技术领域特有的语词。因为法律规范日常生活,而日常生活涉及的领域诸多,既可以是日常的社会关系,也可以包括经济、政治等诸多专业领域。因此,对相应领域进行规范就必须采用此领域的专业语言。所以,立法中采用这种专业语言的特殊含义,那么在司法过程中就必须按照这种专业含义来进行法律解释。同法学含义优先规则一样,专业含义优先规则也符合语词推论规则。

参考书目

1. [德]卡尔·拉伦茨:《法学方法论》,陈爱娥译,商务印书馆2003年版。
2. 王利明:《法学方法论》,中国人民大学出版社2011年版。

(李亚东)

明晰性规则

源自罗马法,核心内涵是明确的法律规范只须贯彻实施,无需过度解释。明晰性规则是一条重要的法律解释规则,有时也被作为原则来理解。明晰性规则符合近代理性主义的要求、法律安定性的价值,它是司法克制主义的一种表现,是严格法治的要求。与明晰性规则相关的是"法治反对解释"命题。按照"法治反对解释"命题的要求,并不是所有的法律都需要解释。法官对于法律文本要保持谦逊、克制的司法姿态;具有明确含义的法律需要严格遵守;在法律模糊、阴影部分进行有限解释。法治是规则治理的事业,法律解释首先要受到规则的约束,在规则缺失或者不足的地方才出现法官的自由裁量空间。因此,按照"法治反对解释"命题的要求,法律解释的首要任务是从法律规则中寻找法律,而不是以解释的名义进行转义解释或者意义的添加与减损。也就是说,在法律有明确规定的时候,严格遵守法律的意思,不得过度解释。

参考书目

1. 陈金钊:《法治为什么反对解释?》,载《河南省政法管理干部学院学报》2007年第1期。

2. 陈金钊:《法治反对解释的原则》,载《法律科学》2007 年第 3 期。
3. 陈金钊:《反对解释的场景及主体》,载《北方法学》2007 年第 1 期。

(李亚东)

不赘言规则

体系解释的规范要求之一。所谓不赘言是指法律不说多余的话,法律文本中的每一个语词都承载着立法者所欲表达的意图,均有意义。按照不赘言规则的要求,必须对法律语词精确解释。具体而言:其一,法律使用的语词都成为解释的对象,法律解释不能遗漏每一个语词;其二,按照法律的明确表达进行解释,就不能随意进行意义的添加。制定法的解释应该对文本中的每一个语词细致考察,赋予每一语词应有的效力,不能将制定法中的语词解释为无效。法律文本中出现的每一个语词都应该是法律解释的对象,不能对法律文本进行选择性的解释。与不赘言规则类似的表达还有"省略之规定视为故意省略"。不过,两者虽然类似,但效力基础却不同。"省略之规定视为故意省略"是建立在对立法者意图的假定基础上的。亦即,假定立法者于此处为了达到某种合理意图,而对某些事项故意省略。不赘言规则虽然也与立法者有关,但它对立法者的假定并不是一种意图的假定,而是一种语言使用规则的假定。亦即,假定立法者是在精确地使用法律语词。因此,不赘言规则是"不及物的",不确切指向某种意图,这也是体系要素形式化、程序化的体现。

不赘言规则主张,不仅要将法律中的每一个语词作为解释对象,而且,法律解释不能超越法律文本的范围进行意义上的添加,所以,它对于法律文本权威的树立具有不可替代的作用。法律语词皆有效力的前提是,每一个语词对于文本含义的理解都有价值。法律中出现的每一个语词都是立法者谨慎起草的结果,而且,它们都被赋予了制度上的效力。因此,法律中的每一个语词都应该是有意义的。不赘言规则承认法律文本中的每一个语词都有意义,都不是多余的。但实际上,不赘言规则建立在对体系的假定基础之上。由于立法者并不是万能的,也有可能出现语言表达上的失误,所以,不赘言规则也只是一个假设和推定,它的经验基础并不是确凿无疑的。由于这些原因,法律文本中的语言表达与真实意图很可能出现不和谐。例如,本不应规范的事项被不合理地规整到了法律的范围内。这时,法律说了多余的话。所以,为了保持体系的融贯,法律解释就必须排除某些语词的效力。因此,对于法律解释而言,不赘言规则只是一个初步的指引,并不具有绝对的效力。

参考书目

[德]英格博格·普珀:《法学思维小学堂:法律人的 6 堂思维训练课》,蔡圣伟译,北京大学出版社 2011 年版。

(李亚东)

明示其一、排除其他

一项基本的语言学解释规则,如果法律或者其他法律文书中明文规定了某种权利、义务、行为或主体,则意味着该法律排除了其他未作规定的任何内容。与此规则同属一类的还有"提及一人即排除他人""明示含义排除默示含义""省略之规定视为故意省略"等。该规则的效力来源比较复杂。首先,"明示其一、排斥其他"与法律文本的语义有关。按照法律文本中的明确含义来理解其真实意义遵循了语义使用的基本规律。其次,该规则与体系解释也具有重要关联。因为体系解释的一个重要要求是不赘言,即法律不说多余的话,所以,应该赋予每一法律语词应有的效力。最后,该规则还建立在对立法者语言使用习惯的假定基础上。只有立法者在起草法律文本时的确是按照“明示其一、排斥其他”这一语言使用规则进行,那么法律解释中按照该规则进行解释才是正确的。亦即,对于立法者的假定并不是一种意图的假定,而是一种语言使用规则的假定。

作为一项基本的语言学解释规则,“明示其一、排斥其他”在法官理解法律文本的过程中发挥着重要的指示作用,在很多情况下有助于发现制定法的真实含义。另外,“明示其一、排斥其他”规则还有利于限制其他解释规则的应用。因为明确表达一个事项就排除了基于制定法文本、结构或者是目的的其他法律文本中的类似事项。虽然该规则具有一定的积极功效,但是其并不具有适用上的绝对效力,如果机械应用,将导致错误的结果。因为立法机关并不能保证制定出完美无缺的法典,所以,没有明确地提到某特定群体可能意味着疏漏、不能达成一致意见或授权法院作出决定,而并不代表立法机关就这个问题作出了否定决定。该规则的适用条件是:(1)文字含义本身必须清楚,不会因为文字的原因而引起两种以上解释;(2)必须明确法律未提及的事项是立法者有意排除的事项;(3)“明示其一、排斥其他”规则的适用范围应该限定在对完全列举规定的理解。

参考书目

1. William D. Popkin, *A Dictionary of Statutory Interpretation*, Carolina Academic Press, 2007.

2. Frank B. Cross, *The Theory and Practice of Statutory Interpretation*, Stanford University Press, 2009.

3. [美]凯斯·R. 桑斯坦:《权利革命之后:重塑规制国》,钟瑞华译,中国人民大学出版社 2008 年版。

4. [美]理查德·A. 波斯纳:《法理学问题》,苏力译,中国政法大学出版社 2002 年版。

5. 王利明:《法学方法论》,中国人民大学出版社 2011 年版。

(李亚东)

法律制度体系化推定规则

所有法律都是依据宪法制定的,不同法律之间、同一法律内部各组成部分之间都存在一定的逻辑关联。由于立法者在制定法律、构建法律制度整体框架的过程中都在努力实现体系的和谐一致。因此,法律制度体系化推定规则要求解释者在进行法律解释时,应该首先视法律制度为一个有机的统一体,应该看到部分之间、部分与整体之间的逻辑关联,而不应将各部分视作毫无关联的许多片段。依此规则进行解释,不仅有助于解释者确定法律文本的真实含义,而且有助于缓解不同法律条文、法律规范之间的冲突。但是,由于立法者并不是万能的,不可能建构出一个绝对完美的法律制度体系,所以,该规则只是一种假设、推定,是一条如何进行法律解释的规范化建议。

参考书目

王利明:《法学方法论》,中国人民大学出版社 2011 年版。

(李亚东)

同词同义规则

又称同一解释规则、表述同一规则,是一项基本的语言学解释规则,指法律文本中的同一语词具有相同含义。法谚云,“同词同义,异词异义”即此义。按照该规则,针对某一语词的解释,应与处在文本其他位置的该语词具有相同含义。同词同义规则的原理首先在于对法律体系化的肯定。法律是按照一定的逻辑关系建构的,所以,法律的这种体系性为法律解释提供了指引,法律解释者必须按照法律所特有的逻辑体系来进行解释。其次,同词同义规则还与立法者的语言使用习惯有关。从语言学解释规则的角度来讲,同词同义蕴含着对于立法者语言使用规则的假设。立法者在起草法律时,为了保持法律的连贯一致,应该坚持“同概念同词,不同概念不同词”。如果法律文本中的同一语词没有采用同一含义,那么将失去理解法律的线索。因此,该规则还体现了对于立法者的尊重。一般认为,同词同义仅仅是一项原则性的解释规则,只具有初显的效力,可以因为例外规定或者特殊理由而被排除适用。此外,同词同义规则的效力还与立法质量有关。优秀的法律起草者通常是在文本中运用“同一语词、同一含义”规则,但是现实中也有很多立法并不如此,该规则的效力就在此时被质疑。另外,不同时代,甚至是同时代的立法,都可能有不同的政策背景,这也导致同一语词不同意义现象的存在。所以,有学者认为,该规则是一种建立在立法者语言使用习惯基础上的假定,如果与立法机关的意图相悖,则不可适用该规则。

虽然,“同一语词、同一含义”规则只具有初步的优先性,但是并不能由此完全否定其功效。首先,按照立法者起草规则来进行法律解释,使立法与司法形成一个良好的互动,形成一个融贯的法治体系。其次,法律活动追求效率,法律解释同样追求效率,将“同一语词、同一含义”作为法律解释的规则,赋予其初步的效力,只在确切目的违反的情况下才能排除其使用,使法律解释活动更具有可操作性,为法官的裁判提供了操作指引。法律解释活动可以首先假定立法者是按照同一法律来起草法律文本的,这种假定为法律解释活动提供了路标,使法律解释活动不必每次都从头开始。不必每一次的法律解释都成为具体问题的具体分析。这不仅是节省了法律解释者的思维负担,同时也为法律解释活动提供了探究文本含义的进路,使法律解释活动有的放矢。最后,该规则还能够在修辞意义上达到一定的可接受性效果。同词同义规则是建立在对立法者起草规则的假定基础之上,并不是建立在形式逻辑有效性的推导上,也不是完全建立在对法律文本的真实考察上。也就是说,既不是逻辑的,也不是经验的,而是修辞的,因此,属于法律修辞的范畴,分享了法律修辞的盖然性。另外,该规则可以维护法律概念用语的一致,促进法律体系的连贯性。

参考书目

1. 杨仁寿:《法学方法论》,中国政法大学出版社 1999 年版。
2. 王利明:《法学方法论》,中国人民大学出版社 2011 年版。
3. 致远:《系统解释法的理论与应用》(下),载《法律适用》2002 年第 3 期。

（李亚东）

同类规则

又称“只含同类规则”,一条基本的语言学解释规则,是上下文解释规则的一种。罗马法上的同类规则是指,在证书、制定法等文件中先写上特定的事项,然后再附加一般事项时,应当解释为:一般事项只限于与特定事项同类的事项。该规则的核心内涵是,在一般性语词与具体事例之间进行一种类比,以此来确定法律条文的真实意图或者适用范围。法律解释不仅需要在不同法条之间、不同法律之间进行整体性理解,同时还需要在同一法律条文内部保持体系的融贯性。根据同类规则来理解,其特殊性在于,仅仅局限于某一法条的内部语词之间的关系。每一条法律规定中语词之间的融贯虽然较为微观,但是法律解释的成败往往就在于这些细节的处理。

同类规则与类比思维或者类比的方法具有密切的联系,是用简洁易懂的规则形式总结了类推方法在例示规定中的适用。按照通常理解,类推方法的核心争议在于相似点的确定,而同类解释规则指明了相似点确定的方法,也就是“等”和“其他”所指代的事项必须与特定事项类似,而且属于一般性语词的范围。同类规则的效力受制于法律规定的具体化程度。每一条法律规定中的一般性语词的具体化程度以及具体事项的规定数量往往不同。在一般性语词较为具体、例示规定多的条文中,同类规则往往可以较为顺利地确定法律的适用范围;反之,“例示的类型愈少,其特征之交集部分便愈不具体,从而以该共同特征构成之概括规定也愈不明确。在这种情况下,由于例示部分能够提供之信息不充分,因此其概括规定之明确化常必须借助于其立法意旨之具体化或体系因素”。可见,随着例示规定的具体化程度降低,同类规则的功效也随之降低。此时,同类规则的适用往往被立法者的目的或者是其他基于体系要素的解释规则取代。

参考书目

1. William D. Popkin, *A Dictionary of Statutory Interpretation*, Carolina Academic Press, 2007.

2. 王利明:《法学方法论》,中国人民大学出版社 2011 年版。

3. 黄茂荣:《法学方法与现代民法》,法律出版社 2007 年版。

4. 梁根林:《刑法适用解释规则论》,载《法学》2003 年第 12 期。

(李亚东)

上下文解释规则

一个基本的法律解释的格言,又称“文理规则”。按照该规则的指示,法律条文的意思或者法律语词的含义可以通过探究上下文之间的关联获得。在法律论证理论中,上下文解释规则又被称为“上下文和谐的论点”,其基本含义是,如果一项法律规定属于一个更大的系统——无论是一项法律还是一组相关的法律,那么就应该把这一项或一组法律视为一个完整和谐的体系,把所要解释的法律规定作为其中的一个有机部分,根据上下文的联系予以解释。上下文解释规则与同词同义规则、同类规则都是以体系要素为基础,但是,这三者的适用范围有所不同。后两条规则处理的乃是某些特定语词的解释。同词同义规则是将某一特定语词与该语词在其他位置的含义保持一致,以此来确定语词的含义;而同类规则往往局限于例示规定中概括性语词的解释。与此不同的是,上下文解释规则不仅涉及这些语词细节的解释,更可以处理不同法律条文甚至是不同法律之间的关系。正因如此,美国学者波普金认为,同词同义规则、同类规则是该规则的子类。上下文解释规则建立在语言使用习惯的基础之上。按照日常语言表达的规律,在一个完整的表达中,某一句话或者某一个语词的含义,往往可以在上下文之间的脉络中找到线索。法律是一种正式的语言文本。法律的起草过程必须按照语言学的基本规律进行。只有这样才能被公民阅读、理解。这种语言规则就为理解法律提供了线索,可以转换成法律解释中的规则,承担确定文字含义的任务。除此以外,上下文解释规则还对促进法律的和谐统一起到重要的作用。法律内部的和谐统一对于法律作用的发挥具有十分重要的意义。如果法律内部各部分之间产生矛盾冲突,不仅难以为公民理解,更是一种自我效力的否定。“欲寻词句意,应观上下文",按照该规则要求,语词、条文的含义都要与上下文保持一致的观点,这对于促进法律体系和谐具有重要价值。

对于上下文解释规则到底是消除了还是增加了法律文本的不确定性存在疑问。例如,当法律中的语词初看起来具有一定的模糊性的时候,借助上下文解释规则往往能够确定该语词的具体含义。此时,上下文解释规则对于法律的确定具有一定的积极意义。但是,当法律文本中的语词具有明确的含义时,如果强制性地适用该规则去探究该语词在文本中的含义,就可能使原本清晰的法律产生多种解释。从而,人为制造了法律的不确定性。可见,上下文解释规则与平义规则之间可能会存在适用上的冲突。要解决这种冲突就必须明确该规则的适用条件。上下文解释规则必须以法律文本中已经具有的、确实的体系要素为前提。当立法者并没有赋予不同法律条文、不同法律语词以体系关联时,法律文本的条文之间、语词之间就不存在一定的逻辑上的关联,那么,上下文就不可能为法律解释提供一定的指引。

参考书目

1. D. Neil Maccormick & Robert S. Summers, *Interpreting Statutes: A Comparative Study*, Dartmouth, 1991.
2. William D. Popkin, *A Dictionary of Statutory Interpretation*, Carolina Academic Press, 2007.
3. [德]卡尔·拉伦茨:《法学方法论》,陈爱娥译,商务印书馆2003年版。
4. 王利明:《法学方法论》,中国人民大学出版社2011年版。

(李亚东)

避免荒谬规则

该规则与黄金规则(Golden Canon)基本相同。它的核心要点在于:法律解释应避免产生荒谬的、不公正的结果。产生荒谬结果在于两方面的原因:其一,立法者不可能设想到每一种事实状态,所以,当法律适用于某些特别事项的时候,不可避免地会产生不合理的、荒谬的结论;其二,立法者的语言能力是有限的,即便是预见到了这些特别事项的存在,也可能在语言表达上"词不达意",此时,按照法律文本字面含义进行解释也会产生荒谬。避免荒谬规则建立在对于立法者善良意图的假定基础之上,体现了司法对立法的尊重。按照避免荒谬规则的要求,如果制定法解释的结果是荒谬的,那么,就应该对此予以排除。因为荒谬结果不符合立法者的善良意图,不能想象立法者意图制定荒谬的法律。

参考书目

1. William D. Popkin, *A Dictionary of Statutory Interpretation*, Carolina Academic Press, 2007.
2. 沈宗灵:《中国大陆与香港法律制度的重要差别论要》,载《中国法学》1996年第6期。
3. 陈弘毅:《当代西方法律解释学初探》,载《中国法学》1997年第3期。
4. 李忠诚:《英国司法解释的四项规则》,载《政治与法律》1999年第3期。

(李亚东)

借助整体解释个别规则

所谓法律中的整体,既包括某一法条内部的全部内容,也包括整个法律制度,还可能涉及整个法典;所谓部分是指待解释的法律规范或者语词。由于法律文本是一个有机关联的整体,不仅相关的部分与部分之间可能存在逻辑上的关联,而且部分与整体之间也存在不可分割的逻辑关联。因此,适用某一法条就是在适用整个法典,把握整体的意义有助于个别法条的理解。借助整体解释个别，源自“解释学循环”的启示。所谓解释学循环包括两个方面：一方面是指，对整体意义的理解必须通过对部分的理解来实现；另一方面是指，要理解部分的意义就必须首先理解整体的意义。可见，整体与部分之间具有不可分割的关联。这提示我们，无论是法律概念含义的确定还是法律条文规范内容的理解都不能忽视法律作为一个整体的价值。借助整体解释个别还有助于避免断章取义，有助于更加完整、准确地理解法律的真实含义。

参考书目

王利明：《法学方法论》，中国人民大学出版社 2011 年版。

（李亚东）

法律不做无意义的秩序编排规则

该规则与法律解释的体系要素有关，它假定法律是具备形式合理性的文本，法律文本中每个部分的秩序编排都是有意义的，是立法者有意为之。按照该规则的指引，对于法律条文、法律规范的解释应该注重其具体位置，通过探求条文之间、规范之间的编排次序来寻找法律解释的线索。

参考书目

1. 王利明：《法学方法论》，中国人民大学出版社 2011 年版。
2. [德]英格博格·普珀：《法学思维小学堂：法律人的 6 堂思维训练课》，蔡圣伟译，北京大学出版社 2011 年版。

（李亚东）

不得破坏体系规则

该规则与法律解释的体系要素有关。按照该规则的要求，法律解释所得到的结论不得与法律的其他部分产生抵触，否则无效。据此，法律解释不仅要满足法律位阶理论的要求，而且，在同位阶法律之间也要保持内容上的和谐一致。

（李亚东）

黄金规则

一般认为，英美法系司法实践中会运用到的解释方法可以分为字义规则（literal rule）、黄金规则（golden rule）以及除弊规则（mischief rule）三种。在英国，按照议会至上原则的要求，法院必须首先适用字面规则，但是，当按照字义规则解释，出现荒谬、不合理、不一致的结果时，就排除字面含义的适用。因此，黄金规则为字面规则的使用提供了限制。所以，黄金规则通常被认为是对字义规则的修正，即如果按照字面含义解释出荒谬、不公正、不一致等类似的结果，而我们不能相信这种结果就是立法者制定本法的初衷时，法院不应当再机械死板地采取该种解释。可见，黄金规则的背后是对立法者的假定，假定立法者不可能创设荒谬的结果。布莱克本勋爵在 1878 年的一份判决中指出，黄金规则就是将整个成文法看作一体，赋予那些字词通常的含义，除非仅仅考虑文字本身会产生很大的矛盾、荒谬或者麻烦并足以使法官意识到不能在通常含义下使用该字词。这时，法官应赋予该字词其他含义。这一含义可能不是对该字义严格解释的结果，但法官相信该字词应当包含这样的含义。不过，黄金规则并没有明确地指出到什么程度才算是荒谬、不公正；而且，也没有指出排除字义规则之后，应该按照什么方法进行法律解释。

参考书目

1. William D. Popkin, *A Dictionary of Statutory Interpretation*, Carolina Academic Press, 2007.
2. 陈弘毅:《当代西方法律解释学初探》,载《中国法学》1997 年第 3 期。
3. 魏玮:《英国法律解释三大规则之应用》,载《法律适用》2002 年第 2 期。

(李亚东)

除弊规则

又称弊端规则、弥补规则、消除混乱规则,是英美法系制定法解释实践中的特有的法律解释规则。按照除弊规则的要求,法院在对相关制定法条文进行解释的时候,应该对制定法的意图进行探究,明确相关法条的目的为何,从而最大限度实现该意图、目的。

除弊规则最初源于英国 1584 年的黑顿案。该案中,法院认为制定法解释必须考虑四个要素:第一,法律制定之前的普通法是什么;第二,普通法没有规定的弊端或缺陷是什么;第三,国会为弥补该弊端采取了什么措施;第四,弥补的真正原因是什么。考察普通法的弊端源于严格解释制定法的观念。由于将制定法的作用定位于对普通法弊端进行补救的辅助地位,所以必须对制定法进行严格解释。但与平义规则相比,弊端规则又强调法律解释不必拘泥于法律文本的字面含义,主张法院对于立法原意的充分实现。所以,该规则被认为是目的解释方法的早期版本。

参考书目

1. [英]迈克尔·赞德:《英国法:议会立法、法条解释、先例原则及法律改革》,江辉译,中国法制出版社 2014 年版。
2. 陈弘毅:《当代西方法律解释学初探》,载《中国法学》1997 年第 3 期。

(李亚东)

立法原意规则

立法者在制定法律时的真实意思,也就是法律产生时的意思。与立法原意相对的是,立法者面对当前情景的可能意思。按照立法原意规则的要求,法院在解释法律的时候应该探究历史上立法者在制定法律时的真实意图,以此为标准确定法律语词的含义。一般认为,立法原意规则涉及立法史等外部资料的适用。此外,立法原意规则与法律解释中的原旨主义理论密切相关。

但是,立法原意规则并不是绝对的。因为相对于不断进步的社会而言,法律永远处于滞后的状态,以滞后的法律规范进步的社会很可能会造成不公正的结果。拉伦茨称此种情形为"规范环境的演变"。他认为,法律是一种历史事实,它与立法的时代之间具有功能上的关联性。当法律与社会之间的紧张冲突较为严重的时候,即法律原本的目的已经达到,或者社会变迁导致立法者原本的意图将会产生不符合正义的结果,那么,此时再依据立法原意解释法律就是不妥当的。此外,立法原意规则还常常被指责违背了效率原则。由于立法原意往往需要通过探究立法史等外部资料来获得,所以,耗费的解释成本较高。因此,立法原意规则一直以来都是法律解释领域的争议论题。

参考书目

1. [美]基思·E. 惠廷顿:《宪法解释:文本含义、原初意图与司法审查》,杜强强、刘国、柳建龙译,中国人民大学出版社 2006 年版。
2. [德]卡尔·拉伦茨:《法学方法论》,陈爱娥译,商务印书馆 2003 年版。

(李亚东)

目的解释限制规则

由于目的解释暗含滥用自由裁量的风险,所以,必须在满足一定条件的情况下方可适用。具体而言,目的解释必须在穷尽其他解释规则之后方可适用。与之相关的表述有"防止规则逃逸""穷尽法律规则,方得适用法律原则""禁止向一般条款逃逸"。这是法律解释合法性原则的要求。法律解释的合法性原则源于法治,是法律解释行为的效力来源。它要求法律解释行为必须以法律文本为准据,是"根据法律"所进行的解释,要求法官必须严格受制定法的约束。正是基于合法性原则的要求,才必须在用尽其他解释规则仍不能得到满意答案时,方可适用目的解释。所以,法律解释必须首先从正式法源中寻找解决法律问题的答案,只有"穷尽规则,方得适用原则"。同时,目的解释限制规则也符合法律解释的经济性原则。与目的解释相比,其他解释规则的适用成本相对较低,解释者只需探求文本的含义。而目的解释往往需要对抽象的价值、法律原则以及社会效果进行甄别判断,因此,基于法律解释的经济性考量,在穷尽其他解释规则之后,方可适用目的解释。

参考书目

1. 陈金钊:《法律解释学——权利(权力)的张扬与方法的制约》,中国人民大学出版社 2011 年版。
2. 舒国滢:《法律原则适用中的难题何在》,载《苏州大学学报(哲学社会科学版)》2004 年第 6 期。

(李亚东)

宽容规则

依据价值进行解释的典型。美国学者波普金认为,所谓宽容规则,特指在刑事案件审判中的"有利于被告人规则"。不过,学界对于宽容规则的基本内涵,存在两种不同的认识。其一,将宽容规则的适用与事实问题联系在一起,侧重于事实存疑时作有利于被告人的认定。该观点认为,关于实体犯罪事实之认定,若法院已经穷尽证据方法而仍存在无法排除的疑问时,应当作对被告有利之认定。其二,将宽容规则与制定法解释联系在一起,侧重于法律存疑时作有利于被告人的认定。这种观点认为,宽容规则是指当制定法文本产生模糊之时,应该作出有利于被告人的解释。

在 18 世纪的英国,刑事犯罪增加时,宽容规则的应用比较频繁。不过,20 世纪以来,随着刑法中出现越来越多的控制性目的,宽容规则就失去了以往的强效。甚至在一些刑法中,以救济为目的的方法明确地取代了宽容规则。在西方,宽容规则的形成经历了漫长的过程。就影响其形成的要素而言,涉及诉讼的世俗化、诉讼的国家化、正义理念的诉求以及基督教思想的传播等多种要素。不过,宽容规则能够成为制定法解释的一项基本规则,首先在于其自身在保障人权方面的重要作用。保障人权是法律作为人类工具的终极价值追求。作为法律适用阶段的关键方法,法律解释必须在价值的实现过程中起到积极的促进作用。这尤其体现在刑法解释领域。通常认为,刑法的目的之一在于保护法益。但是,这种对法益的保护是通过刑罚手段来实现的,作为一种最严厉的惩罚措施,刑罚在保护法益的同时,也无时无刻不存在滥用的风险。为了尽量减少错判,当刑法与案件事实遭遇并出现模糊时,就应该做出有利于被告人的解释。这是避免错案、冤案发生的重要解释规则,是法律解释在保障人权方面的重要贡献。另外,刑法以罪刑法定为基本原则。该原则要求,"法无明文规定不为罪"和"法无明文规定不处罚"。换言之,在处罚犯罪之前必须明确告知民众什么样的行为构成犯罪。具体而言,犯罪行为的界定、种类、构成条件和刑罚处罚的种类、幅度,均应事先由法律加以规定,对于刑法分则没有明文规定为犯罪的行为,不得定罪处罚。刑法文本对于行为是否构成犯罪存在模糊,就属于没有明文规定的情形。如果此时解释者将该行为入罪,那么,这就是一种事后造法的行为,违背了"法无明文规定不为罪"的基本要求。因此,在刑法解释中适用宽容规则也是罪刑法定的应有之义。

不过,宽容规则虽然建立在人权保护这一终极目标之上,但其适用并不是毫无限制的。首先要明确的一点就在于,制定法解释中的宽容规则必须是在法律规定出现模糊的场合方可适用。如果刑法规定明确具体的情况下适用宽容规则,进而作出有利于被告人的解释,也是一种违背罪刑法定原则的做法。这种情况下,宽容规则的不当适用会导致应该入罪的行为逃避了法律的惩罚。从而,也就无法实现刑法打击犯罪的机能。对于被害人而言,也是一种变相的侵犯人权。另外,宽容规则的适用还受到刑法学理论的限制。当按照刑法理论出现应当从重处罚的情况时,不仅不能适用宽容规则,还需要作出不利于被告人的解释。例如,对于牵连犯、吸收犯应当从一重罪处断,不可适用宽容规则;法条竞合时应当从一重罪处断,不可适用宽容规则等。

参考书目

1. William D. Popkin, *A Dictionary of Statutory Interpretation*, Carolina Academic Press, 2007.
2. 黄明儒:《刑法总则典型疑难问题适用与指导》,中国法制出版社 2011 年版。

(李亚东)

整体解释规则

按照该规则的要求,法院在进行法律解释的时候必须将制定法文本视为一个整体,不可断章取义。从狭义的角度讲,制定法文本是一个有机整体,必须将待解释的对象放在整体之中来理解;从广义的角度讲,制定法文本与相关的外部资料乃至社会背景也是一个整体,法律解释不能与之分离。

参考书目

William D. Popkin, *A Dictionary of Statutory Interpretation*, Carolina Academic Press, 2007.

(李亚东)

法律解释规则

基于法治目标的实现,运用法学原理说明法律意义和思考事实之法律意义的思维规则;是司法活动进行决策思维中的经验智慧;在一定意义上是法律职业道德守则(陈金钊:《法律解释规则及其运用研究——法律解释规则的含义与问题意识》,载《政法论丛》2013 年第 6 期)。

在英美法系国家,法律解释规则通常被分为文理规则、黄金规则和论理规则三种(陈弘毅:

《当代西方法律解释学初探》，载《中国法学》1997年第3期）。此外，在英美法系国家，法律解释规则被认为是阅读制定法文本、解释制定法的有效工具。

通常而言，可以从以下几个方面来理解法律解释规则：首先，法律解释规则是法律人思考法律及其事实的意义时可以遵循的准则。这一理解强调了法律解释规则与作为制度性规则的法律规则之间的区别。与法律规则不一样，法律解释规则不是由立法者创立的，所谓的准则也只是在比喻意义上使用的。因此，法律解释规则属于法律人思维规则的一种，不具有制度上的效力。在此意义上可以说，所有法律解释规则的使用都是法律人在具体案件中选择的结果。其次，法律解释规则的适用有明确的优先位序。这种理解将法律解释规则与法律解释方法联系起来，认为法律解释规则就是法律解释方法的运用规则。按照梁慧星教授的观点，法律解释规则就是“运用各种解释方法时应遵循的大致规律”。大致上可以归纳如下：(1)文义解释优先；(2)体系解释和法意解释其后；(3)继之以扩张解释或限缩解释或当然解释；(4)仍不能澄清疑义时作目的解释；(5)最终以合宪性解释对解释结果进行审查（梁慧星：《民法解释学》，中国政法大学出版社1995年版，第245页）。最后，法律解释规则是指引法律人正确、合理、正当的思维“路径”和方法。法律解释规则为法官思考法律、解决纠纷提供了思维上的指引。同时，法律解释规则是司法实践的经验总结，因此，按照解释规则进行思考有助于法律人更加便捷、有效地工作。

参考书目

1. Frank B. Cross, *The Theory and Practice of Statutory Interpretation*, Stanford University Press, 2009.

2. William D. Popkin, *A Dictionary of Statutory Interpretation*, Carolina Academic Press, 2007.

3. 陈金钊：《法律解释规则及其运用研究》(上)(中)(下)，载《政法论丛》2013年第3、4、5期。

（李亚东）

反面解释规则

该规则在目前国内学术领域中的使用，主要集中在两个不同的场域，其各自的含义也略微有所差别：一个是在法解释学一般意义上的使用，另一个是在引介英美合同解释时的使用。

(1)在法解释学的一般意义上，“反面解释规则”(argumentum e contrario)，就是指依照法律文本规定的正面意思推论出相反的结果，据此阐明法律条款的真实含义的规则。它意味着，如果特定规则是为特定范畴之人或对象而定，那么它就不应适用于不属于这个范畴的人或对象，因为在此方面缺乏明确之表述。换句话讲，当法律文本用文义解释，其理解为“只有当A才产生B”或者“当且仅当A才产生B”时，针对该文本的“反面解释”结果就应该为“当没有A时，则不会产生B”。

“反面解释规则”在上述意义上的使用，其合理性依据主要来自逻辑学。按照形式逻辑的一般理论，如果某“构成要件A”是导致“法律效果B”的必要条件，或者充分必要条件，那么，当“构成要件A”不具备时，即使与A相似，也不能导致“法律效果B”的产生。与此同时，“反面解释规则”的正当性基础取决于“不同事实构成应予不同法律评价”的基本法理，如果法律效果产生的基本事实前提不一样，甚至相反，那么该法律效果也应该有所区别或者相反。

“反面解释规则”的内容主要包括以下几个方面：第一，反面解释是在法律条文的文义范围之内进行的解释，其解释的依据必须是原文本的字面含义。第二，反面解释是要对法律条文的字面含义作出“相反”的解释，这种“相反”要符合一般的逻辑常理，即“非此即彼”。而能否适用“非此即彼”的解释思维，就要取决于是否符合“反面解释规则”适用的前提条件。第三，反面解释的适用是有条件限制的。首先，从逻辑上看，被解释的条文中，“构成要件 A”须是导致“法律效果 B”的必要条件或者充分必要条件，否则，不能进行反面解释。一般而言，这里的“构成要件”大致相当于法律规范构成要素中的“行为模式”，但受立法规范性程度的影响，有时，法律条文并不能构成严格意义上的“法律规范”，其“行为模式和假定”也会出现不同程度的混同，此时的“构成要件”就需要凭借经验判断。其次，被解释的条文须是确定的。这里的条文确定，是指被解释条文的基本文义、适用范围和法律后果均须确定，否则不能进行反面解释。被解释的条文的文义须确定，即被解释条文的正面文义应该明确清晰，不至于产生歧义。如果条文中的基本概念文义模糊，则不能进行反面解释；被解释条文的适用范围须确定，即构成要件 A 的情形须被穷尽。通常情况下，开放性规定，不能适用反面解释。对于例示性规定，一般认为不宜适用反面解释。但也有学者指出，如果在例示性规定兜底条款的概括用语（如“其他情形”）之前，带有某种限定词，为“其他情形”划定了边界，那么，在这种情形下，一般可以适用反面解释。

（2）在引介英美合同解释时，“对条款提供者作不利的解释”规则或者“疑义利益规则”（the contra proterntem rule），有时又被译为“反面解释规则”。该规则源于罗马法“有疑义应为对表意者不利益之解释”的规则，其后逐渐被英美普通法采纳。意思是指，如果对合同条款的理解有争议，应当按照不利于条款制定者的意义进行解释。

参考书目

1. 杨仁寿：《法学方法论》，台北，三民书局 1986 年版。

2. 余继田：《实质法律推理研究》，中国政法大学出版社 2013 年版。

3. 舒国滢主编：《法学方法论论丛》，中国法制出版社 2012 年版。

4. 王利明：《法学方法论》，中国人民大学出版社 2012 年版。

5. 王文胜、周晓晨：《重构法律解释学中的反面解释》，载王利明主编：《判解研究》（第 6 辑），人民法院出版社 2007 年版。

（吕　芳）

文本说

从法律方法意义上讲，“文本说”（textualist theories）的主要学术场域还是集中在美国的制定法解释理论领域。它与“主观说”“动态说”一起，构成了美国制定法解释的三种基本学说。“文本说”认为，（制定）法解释应该以法律文本为解释基础与依据，应该严格按照法律文本的含义，而不是其他因素进行法律解释。

在“文本说”演变成后来的“新文本说”之前，在很长一段时间内，它所坚持的“文本含义”，就是指的文本“平白文义”（plain meaning），即大多数人或者一般市民（regular folks）在阅读法律（或判决）时对法律文本所理解的意义。“它要求解释者或法官按照同一语言共同体中普通成员所理解的法律条文的意思去解释法律，追求的是一种共识意义上的形式正当性”（张志铭：《法律解释操作分析》，中国政法大学出版社 1999 年版，第 43 页）。“文本说”坚持认为，只要法律文本足够确定、清晰，能够获取它的“平白文义”，那么该“文义”就应该成为法律解释的唯一权威依据。除此之外，不允许任何文本常义以外的材料，对文本解释结果进行修正。

相较而言，“文本说”能够确立大部分解释主体容易接受的解释结果，更能体现形式法治对法律“确定、公开、可预测以及稳定”的基本要求，因此，对于绝大部分案件而言，是最具权威的“解释方法”理论。

但“文本说”也存在一些困境，因此也曾招致许多质疑。比如，法律文本常常会出现语义模糊的不确定状态。在不确定的地方，平白文义解释未必能够顺利进行，也未必能够确保解释结果的准确性。因为，语言的含义往往会受到很多因素的影响，解释者的背景不同，就可能导致在不同的解释共同体之间，难以确定所谓的通常理解的“平白文义”。索伦认为，“阅读者是这种自然（法律文本）语言的合格使用者，阅读者在该法律文本预期的读者范围之内，并且阅读者了解他所阅读的特定种类的法律文本，在这三种条件具备的情况下，该阅读者所理解的文本意义才称为平白文义”（［美］劳伦斯·索伦：《法理词汇：法学院学生的工具箱》，王凌皞译，中国政法大学出版社2010年版，第162页）。此外，文本的平白文义理解也有可能导致和立法目的相冲突的“荒谬”结果，如果产生了这样的结果，那么，就应该用符合立法目的的解释，来代替所谓的“平白文义解释”。基于以上问题，美国的制定法解释理论在“文本说”的基础上有了新的发展，这就是美国后来的“新文本说”。

（吕　芳）

新文本说

美国制定法解释在“文本说”基础上的新发展。“新文本说认为制定法解释的目标是决定文本的含义，以及探究该含义的唯一合法来源，就是基于文本的或者与文本有关的来源。因此，一个普通的讲英语者通常从制定法文本中得出的含义，是制定法解释的起点和终点。在文本比较清晰时，解释者甚至不需要考虑证明特定立法意图或者一般目的的其他证据”（孔祥俊：《法律方法论》，人民法院出版社2006年版，第705－706页）。

“新文本说”的代表人物是美国联邦最高法院的斯卡利亚（Antonin Scalia）大法官，他在关于制定法解释依据的争论中，反对根据立法者的立法意图或目的进行解释，再次重申了“法律文本”对于法律解释而言的重要地位。但“新文本说”与传统意义上的“文本说”不同，它不仅旗帜鲜明地反对“立法目的说”，同时还反对“文本说”对“平白文义”的过于理想化的追求。它认为，对法律文本的文义考察，不能仅仅局限于被解释的法律文本本身，还要参考同一部制定法，或者同一立法机构制定的其他类似文本，运用词典、语法等语言学标准，结合法律文本的语境、整体结构等背景因素，基于一种整体性和融贯性的思路，来对法律文本进行法律解释。“新文本论”扩充了传统“文本论”在解释依据方面的范围，承认了在“平白文义”解释时，语境等背景因素的不可或缺，但又没有脱离法律文本，转而去寻求其他“文本外资料”尤其是立法意图或目的对解释结果的支持，这正是“新文本说”在坚持“文本说”的同时，又区别于传统“文本说”的“新”之所在。

“新文本说”也同样招致一些批评，比如，“新文本说”试图严格分离立法意图或目的对法律解释结果的影响，但并不成功。斯卡利亚等“新文本说”的倡导者，在法律解释的实践中，有时也会借鉴立法意图理论等。此外，“新文本说”的解释视野被认为应该扩大，“不应仅指其他的法律，还应包括社会的原则、价值和基本观点”（［以］巴拉克：《民主国家的法官》，毕洪海译，法律出版社2011年版，第142页）。

（吕　芳）

意图主义理论

将立法者意图的实现作为制定法解释的目标予以强调。民主价值在意图主义理论的发展中发挥着关键性作用。成文法是代表制民主的产物,立法者的意志构成了立法的“意图”。立法意图必须通过两院制和否决权才能幸存下来。意图的聚合也非常困难,但这是决定立法讨论内容的唯一方式。有批判者曾正确地指出,确定数以百计的议员代表关于他们无法想象的事实情景的个别意图,是根本不可能的。当制定法的文本不清楚时,解决这种聚合问题的科学方法也不会存在。认真研究立法过程是识别立法机关意志证据的唯一办法。因此,意图主义将外在的立法渊源视为权威的法定来源,只要立法意图的证据被赋予的权重与它们的环境相称。在解释制定法时,意图主义者也会考虑立法者的一般目的。

(吕玉赞)

动态说

美国制定法解释理论中的重要学说,是指对法律要进行“与时俱进”的解释的一种理论。在美国,制定法解释的“动态说”的提出,主要是针对“文本说”(包括“新文本说”)以及“立法意图或目的论”而言的。在动态说的代表人物埃斯科里奇(Williamn N. Eskridge)看来,“原先的所谓的原意解释和平意的解释前提是将制定法看作静态(static texts)的,而且文本的意义是固定的,这就意味着后来的法官在解释法律的时候要受先前的立法者的意图的控制,但这是对现实的一种误读,实际上不仅仅是宪法,还有普通法的解释都不仅仅是为了发现原意而存在”(孙笑侠等:《法律人之治:法律职业的中国思考》,中国政法大学出版社 2005 年版,第 161 页)。

“动态说”对文义以及影响文义的环境因素进行了相对客观的评价,指出由于文义具有时代性、发展性,而不是一成不变,因此,对法律文本的解释,也要结合具体的环境因素,而非恪守成规。

埃斯科里奇对动态解释理论的描述主要是从以下几个方面:一是基于在美国盛行的“实用主义”的哲学立场,认为一切制度的意义应当从其“结果”的立场予以考量。这就意味着,对于法律文本而言,制定者并不能预见其法律制定后若干年,环境对文本产生的影响。所以,法律文本的文义应当相对开放,应当随着社会环境的变化而变化,而法律解释也就不能仅仅局限于某一种解释方法,如文义解释或立法目的解释等。二是基于诠释学的哲学立场,认为同样的法律文本对于不同的读者,也就是法律解释者,具有完全不同的意义。因此,从解释者所处的立场,用他们的视角来解读法律文本的意义就很有必要。从这个意义上讲,法律文本的意义也不是一成不变的,在法律解释时,解释者会将自己的前理解带入文本,并因为语境的不同而作出不同的解释。三是基于实证政治学的立场,认为法律解释并非仅仅是受法院的实际控制,无论是采用“自上而下”还是“自下而上”的视角,实际在进行法律解释的,还包括行政机关、普通公民、利益集团等。因此,法律解释者的多元化会导致法律文本的意义解读的多元化,法律文本的意义也因此不会固定不变。

动态法律解释在美国的兴盛,反映了很长一段时间以来以“立法意图或目的”为代表的“原旨主义”(originalism)解释理论在美国制定法解释实践中的不足。同时,也与美国的国家制度有密切关系,如果没有三权分立的治理模式,或者美国司法机关不能在司法实践中很好地发挥其“准立法者”的基本角色,那么,在制定法解释方面,美国也就不可能产生更具参与性和主动性的解释理论,用动态的视角进行法律文本意义的探寻。

“动态说”解释理论也存在一些问题:一方面,它始终没有回答在相同时代动态的法律会不会造成法律解释的不确定性?而这是不是与法治所要求的预期相背?另一方面,它总是借助政治或者社会话语来寻求法律结果的正当性,该解释的正当性会受到质疑,而且,也不会有助于建构一个独立的法学体系话语。

参考书目

孔祥俊:《法律解释方法与判解研究》,人民法院出版社2004年版。

（吕　芳）

限缩解释规则

一般而言,传统法律解释学语境中所称的“限缩解释规则”或“缩小解释规则”,是在对法律文本进行文义解释时适用的解释规则之一。它是指如果按照法律的立法意图或目的,法律条文的字面含义相较而言过宽时,就需要对法律条文所做的窄于其文字含义的解释的规则。

限缩解释规则体现了法律解释对立法意图或目的的尊重,是文义解释和目的解释互动的结果,有效地解决了立法语言的模糊性带来的适用问题,防止了法律规制范围的无限扩张。它“将规则适用的范围限定至语言学上无争议的核心地带,亦即案件肯定能被规则覆盖。它排除了全部的规则适用的外围地带,包括那些可能属于核心地带也可能属于外围地带的不确定的部分”(姜福东:《法律解释的范式批判》,山东人民出版社2010年版,第209页)。

限缩解释规则的主要内容有以下几个方面:(1)限缩解释的依据主要还是被解释的法律文本及其文义。在进行限缩解释时,必须尊重文本的文义,而不能完全超越其范围,尤其不能损害其核心文义。(2)限缩解释要充分尊重被解释的法律文本的立法意图或目的。在限缩解释之前,必须谨慎考量,根据文本字面原意作出的文义解释,是否合乎被解释文本的立法意图或目的。如果出现与立法目的的背离,再根据立法目的的实际意图,来确定是否需要对法律文本作出文义限缩。

“限缩解释规则”的另一种适用是进行合同解释。对表示范围的词句,应做限缩解释。如果合同条款将具体事项列举,最后用“等”“其他”等文字表达的,对“等”“其他”的解释,应与合同所列举的具体事项属于同一种类。

参考书目

隋彭生:《合同法论》,法律出版社1997年版。

（吕　芳）

善意解释规则

秉承善意对法律进行解释的基本规则,主要适用于国际条约的法律解释中。按照1969年《维也纳条约法公约》第31条的规定,“条约应依其用语按其上下文并参照条约之目的及宗旨所具有之通常意义,善意解释之”。

“善意解释规则”的基本内容大致包含以下方面:(1)严格按照国际公法解释的习惯规则进行解释。条约用语要按其上下文并参照条约目的、宗旨所具有的通常意义进行解释,并在一定条件下求助于补充资料的应用,这是善意解释的最基本要求。(2)善意解释要求尊重约文,既不得创造或引入约文本身不存在的用语或概念，也不得使既有的条约用语归于无效。条约的每个用语和条款都有其意义，条约解释的结果不得使条约的某个用语或段落归于无效。(3)善意解释要求条约解释者不得越权修改条约或擅自造法。(4)善意解释要求条约解释的结果不得增加或减少成员方在WTO协定的权利和义务。

参考书目

张东平：《WTO争端解决中的条约解释研究》，厦门大学2003年博士学位论文。

（吕　芳）

常义优先规则

又称“平义优先规则”，文义解释规则的内容之一。它是指在对法律文本进行文义解释出现争议时，应首先考虑“常义”的解释结果，除非有例外情形的出现。

一般而言的“常义”(ordinary meaning)或者“平义”(plain meaning)，是指一般情形下，普通人能够理解接受的法律文本的字义。这种字义符合绝大多数情况下，人们对法律文本的字面含义的理解，没有超出其通常含义的范围，既不扩大，也未缩小。

“常义”或“平义”的获取通常有以下几种方式：(1)对于大部分日常用语而言，只要普通人对于其日常含义没有争议，足够清晰，那么，除非有充分的具有可接受性的理由，否则，就应该按照该用语的日常普通含义来理解。“如果可供选择的日常含义不止一个，应该优先考虑和采用相对比较明显的日常含义。”(2)如果法律文本使用的概念系专业术语，其“常义”就要从专业的角度来获取。有些时候，词典等专业工具书能够为“常义”的确定提供参考依据。(3)“常义”的获取可以借助法理与文法。对于有争议的法律文本含义，可以借助法律人在相关法理方面达成的共识，或者运用语义学有关语词结构等文法知识，来确定“常义”。(4)“常义”的获取要考虑语境的因素。要结合文本所处的上下文语境来确定其基本文义。(5)“常义”的获取还要考虑生活经验、逻辑知识等的运用。

遵循“常义”或“平义”解释，具有重要的意义：一方面，按照文义的通常含义去理解，符合民众的理解习惯，也更契合民众对法律基本含义的预期；另一方面，按照文义的通常含义去理解，既能大大降低法官解释和适用法律的错误概率，也能增强法官裁判理由和裁判结果的可接受性。而从司法公信的角度来讲，“常义”或“平义”解释“也符合人们对‘依法审判’的理解，并且平义解释与其他解释方法相比，具有更强的确定性和可预测性，从而能够真正贯彻罪刑法定原则并监督约束司法行为”。

“常义优先规则”的适用也有一些例外情形：一般情况下，运用常义进行解释时常义优先，但法律所用语词法条有明确规定时，法律规定之意优于法条语词的常义；当法学界对某一语词已赋予特定含义时，应按照法学术语的共识进行解释；当遇到法学外专业问题需要解释时，一般应优先考虑专业术语的特定含义。

值得注意的是，常义优先规则虽然符合一般情形下的法律解释原则，但是受文义解释局限性的影响，常义优先规则也有自身的局限性。比如，当常义解释导致解释结果违反立法目的，或是明显不合理时，则应抛弃常义解释结果，转而寻求目的解释或者其他解释方法的适用。

参考书目

1. 万国营：《法律逻辑与司法实践》，人民法院出版社2012年版。

2. 郑永流:《法律方法阶梯》,北京大学出版社2008年版。
3. 王利明:《法学方法论》,中国人民大学出版社2012年版。

（吕　芳）

同一解释规则

在解释法律文本时,对于相同的某一个概念或术语,在同一部法律之内,或者在同一法律部门内,甚至在不同的法律部门之中,应当尽可能保持基本含义的一致。“除非通过起草说明或立法注解明确表达出来的法律政策对解释这类词语另有明显意图。”

参考书目

储槐植:《刑事一体化与关系刑法论》,北京大学出版社1997年版。

（吕　芳）

语境解释规则

在某些场合下称“体系解释规则”,是指在法律文本解释时,参考该文本的语境因素,结合其上下文来确立法律用语含义的基本解释规则。“语境解释”的兴起有着深厚的理论根源。比如,在美国,合同解释中的语境方法适用,就受到了“现实主义法学”的影响。在合同解释时,现实主义者认为,“(传统的)意思主义方法如果正确适用并不会损害交易安全。对那些仅有两方当事人的传统合同订立过程的审查,并不会给该法庭或其诉讼当事人增加多大的麻烦。允许当事人引入合同订立之前谈判的证据,并不表明这些证据就一定能够推翻书面合同。解释涉及的范围越广,证据就应该越具有说服力”。

语境解释方法的适用对于文本解释有重要影响:一方面,语境的解释补充作用为义素的种种实现提供了可能,使具体复杂的义素在特定语境中经过过滤,得以明确化;另一方面,语境对意义转化方向的制约作用,又使得言语内容必须适合当前语境,不能无的放矢,成为无意义的变异。在法律解释时,语境方法有下列作用:确定法律用语的通常含义或者专业含义;认定其具有相反的特殊含义;澄清其含义。当然,语境解释也有其局限性,如相互关联的法律规定之间相互矛盾,以及法律规定的部分或者全部存在起草上的缺陷。

“语境解释规则”的内容包含以下方面:

(1)对于被解释法律文本的“语境”或“体系”要有准确把握。“语境或体系是不同法律之间以及同一法律的篇、章、节、条、款、项、目之间的内容关系。这主要是从语义的关联性上进行界定的。首先,这种关系当中实际上又有两个层次,即不同法律之间的语境关系以及同一法律内部的关系。其次,相关法律规范之间的价值关联性,从价值判断的角度消除关联法律规范之间的矛盾,并得出其含义。前一种体系可称为外部的、形式的秩序体系(语境),后一种乃是内在的价值体系(语境)”(孔祥俊:《商标法适用的基本问题》,中国法制出版社2012年版,第262页)。

(2)“语境”或“体系”解释要确定被解释文本所属法律,确定其在法律体系中的效力位阶。对于位阶不同的法律,坚持“上位法优于下位法”,但在上位法与下位法内容一致且同时适用同一事实行为时,下位法优先。同一位阶时,坚持“新法优于旧法”“特别法优于一般法”。

(3)“语境”或“体系”解释要坚持将文义解释作为适用的前提。要先对法律文本作出文义解释,只有当文义解释产生争议时,才有必要考虑体系解释的适用。在进行法律文本的文义解释时,不仅要解释拟适用的法律条文,还要对在“语境”或“体系”意义上可能涉及的其他法律条文也同样进行法律解释。

(4)“语境”或“体系”解释要坚持“法律体系化的推定”规则,并假定“法律不作无意义的次序编排”。在进行法律解释时,首先应当推定法律制度是已经经过了体系化过程,形成了一个完整的、具有内在一致性的体系,并注意以下具体规则的适用:第一,穷尽体系解释,方可漏洞补充。如果两个规则相互矛盾,能够选择适用其中一个规则,就应当尽可能不解释出两个规则相互矛盾的结论。第二,清晰的规则优先于模糊的规则而适用。第三,清晰的规则可以用来解释模糊的规则。第四,在解释法律时,应当尽可能地得出法律无赘言的结论。

(5)“语境”或“体系”解释要充分考虑被解释条文与其“语境”或“体系”的关系。要充分运用逻辑学原理,从“整体—部分”的关系中确定被解释条文的位置和含义。

(6)“语境”或“体系”解释要坚持“同类解释规则”。法律文本中列举的概念、术语,要与列举后的概括语保持同一类别,且概念、术语在不同的语境中要尽量保持基本文义的相同。如果同一法律用语有几个不同的解释时,则通常优先考虑与整个体系含义相协调的解释。

(7)“语境”或“体系”解释要坚持“例示性规定优先于概括性规定”规则。也就是说,法律条文通过列举方式所做的规定,应该优先于其用概括性用语所做的一般性规定。

(8)“语境”或“体系”解释要坚持“明示其一、排除其他”规则。一般而言,对于列举式条款,如果其列举内容封闭完全,立法者有意排除已列举情形之外的情形,则除其已列举的法律情形之外,其余未明示列举的情形,将被排除在法律适用的情形之外。

参考书目

1. 雷继平:《论合同解释的外部资源》,中国法制出版社2008年版。
2. 王军:《汉语词义系统研究》,山东人民出版社2005年版。
3. 孔祥俊:《法律解释方法与判解研究》,人民法院出版社2004年版。
4. 王利明:《法学方法论》,中国人民大学出版社2012年版。
5. 孔祥俊:《法律方法论》(第2卷),人民法院出版社2006年版。

(吕 芳)

体系解释规则

参见语境解释规则。

(吕 芳)

目的解释规则

在法解释学意义上,“目的解释规则”是与“文义解释”等解释规则对应的传统法律解释规则之一。它是指通过对法律文本的立法目的的探寻,来阐释法律文本含义的解释规则。

从理论渊源的角度讲,目的解释方法及规则理论的产生,受到了以耶林为代表的目的法学的深远影响。耶林在对历史法学、概念法学的批判中论证了目的法学的核心观点。在耶林看来,每条法律规则的产生无外乎都源于某种目的,法律规则就是国家为了达致这种社会目的而制定的。基于此,目的解释论主张文义解释效果的局限性,认为从立法目的中寻找解释结果,能克服文义解释可能导致的断章取义,从而维持整个法律体系的相对完整,并在社会变迁时,最大限度地维护法律体系的稳定。

“目的解释规则”中的“目的”主要是指法律文本的立法目的,但在具体适用时,如何定义“立法目的”,还是有一些争议的。有学者主张立法目的有主观目的与客观目的之分。主观目的在于“寻求立法者在立法时的意图,往往需要根据法律出台之前的历史及其发生史探求该法律所要实现的目的”。客观目的则“并不停留在法律的过去,而立足于现在,按照法律适用当时的调整需求确定其含义”(孔祥俊:《商标法适用的基本问题》,中国法制出版社 2012 年版,第 270 页)。也有学者认为要将目的解释与法意解释相区分,因为虽然都是在阐明规范意旨,但目的解释是从整体进行解释,着眼于整部法律的法律目的,法意解释则是从历史沿革出发,从个别规定中探求法意(杨仁寿:《法学方法论》,中国政法大学出版社 2013 年版,第 173 页)。

一般而言,我们所适用的“目的解释规则”主要包含以下内容:(1)目的解释规则的适用都是有条件限制的。只有当法律文本的文义解释不足以明确文本含义,或者其解释出来的含义与立法目的明显不符时,才考虑目的解释规则的适用。(2)“目的解释规则”适用时,对“立法目的”的探寻可以从几个方面进行:第一,从法律文本中寻找已经表述了的“立法目的”;第二,通过对法律条文的综合分析,根据法律规范的性质,尝试探索法律的立法目的;第三,通过对法律文本立法资料的收集整理,探寻“立法目的”;第四,借助于法学研究的方法,如比较分析法、社会学分析法,在与域外类似制度的比较分析,以及从法律文本产生的社会背景中,探寻“立法目的”。(3)对“立法目的”的探寻要坚持“有效解释”的规则。要尽量朝着有利于证成法律的“有效性”,包括某部法律规范的整体有效性,以及具体条文的有效性方面予以解释。除非有足够充分的理由,否则,不宜轻易否定被解释文本的法律效力。(4)对“立法目的”的探寻要区分法律“有意留白”的情形。法律条文对某一事项不作规定的,除非能够使用类推等方法或是有其他反证,否则,就应该理解成是立法者的有意沉默,不宜扩大解释。(5)对“立法目的”的探寻要坚持“发展”的原则。要意识到“立法目的”会随着社会环境的变化而变化,因此,对“立法目的”的解读需要兼顾社会发展的需求。(6)对“立法目的”的探寻要坚持对“立法者意图的阐释最大化原则”。“这一原则具体包括如下几个方面:一是在解释过程中,需要对文本所包含的立法者隐含的意图进行最大化的阐释,以准确把握立法者的意图。二是在立法者多种意图并存时,要实现各种意图的协调,尽可能保证各个立法目的的实现。三是如果立法者的意图不能符合当前的社会情势,则应当从立法目的出发作出符合当前社会需要的解释”(王利明:《法学方法论》,中国人民大学出版社 2012 年版,第 423 页)。

(吕　芳)

法律修辞规则

在法律修辞方法的适用中,法教义学、传统法律方法论规则和普遍实践论辩规则可以整合为相应的法律修辞规则。法律修辞规则具有如下特征:

第一,法律修辞规则是约束修辞者的思维性规则。法律修辞规则所约束的主体只能是进行法律修辞的法官、检察官、双方当事人及其代理人,即法律修辞规则仅对法律修辞者具有约束力和规范性。法律修辞者为了获取更大范围内的法律受众尤其是法官、检察官对其论辩的信服和接受,需要遵守相应的法律修辞规则,否则其论辩将因与法律无关或相关性不大而被拒绝或达不到预期的说服效果。

第二,法律修辞规则是指向修辞方法的语用学论辩规则。法律修辞本身是一种围绕法律争议点展开的应用性商谈而非脱离论辩语境的证立性商谈。法律修辞的争议点、听众要素以及修辞语境使法律修辞在整体上可被视为那种旨在解决争议的批判性论辩的一个组成部分。它既契合语用学的立场和视角,同时也包含法律辩证的根本要素。因此,法律修辞规则在根本上也属于普遍语用学式的论辩规则,它的有效性对法律修辞这种语言交往之可能性而言是构成性的。

第三,法律修辞规则是针对法律修辞论证的程序性规则。法律修辞规则作为约束法律论辩主体的实践规则,注定了其只能是规范性规则,而不能是描述性规则。法律修辞规则从既有的法律修辞图式和法律修辞方法中只能选择满足特定要件的特定法律修辞论辩作为规范化对象。法律修辞规则就是约束法律修辞论辩的程序性规则。不仅法律修辞方法的运用需要按照法律修辞规则的指引进行,而且与法律争议点相应的法律修辞的"布局"和"表达"也不得违反法律修辞规则的基本规定。

法律修辞规则不仅可以为法律修辞学提供统一的科学范式,而且还有助于法学的体系化思维和问题化思维实现内在融合。法律修辞规则可以为论辩双方的论辩、对话搭建一个更加理性和科学的商谈平台。法律修辞规则一方面可以将论辩的前提限定在制度性规则或法教义学所能提供的规范性前提上,而另一方面又可以把争论的焦点锁定在案件问题本身。它可以满足法治的可普遍化原则,使法律表面上的不确定性和可废止性在逐步的论辩过程中弱化和消解。法律修辞规则的遵守和自觉运用会促成论辩双方更迅速地达成共识,更深刻地理解法律的精神和意义,将法律的各种要求转换为自己的行为规范。法律修辞规则包括"冲突论辩规则""解释论辩规则""衡量论辩规则""修辞推论规则"。

(吕玉赞)

冲突论辩规则

法律规则之间的冲突是法律修辞需要解决的前提性争议点,它涉及如何从多样的规范性论述中选择一般性的论辩前提。法律规则之间的冲突分为逻辑性的法律冲突与评价性的法律冲突,两者适用不同的修辞规则。逻辑性的法律冲突是指法律规则间的矛盾和竞合可以通过其间逻辑关系的分析和论辩解决的规则冲突。逻辑性的法律冲突在法律论辩中首先可以通过上位法优于下位法、新法优于旧法、特别法优于普通法这三种冲突规则解决。佩雷尔曼在其《法律逻辑》中论述了与此相关的融贯性论述,即法律之间的冲突可以通过一项规则优先于其他规则得到解决。优先权规则表明,如果在两个或多个规则之间出现冲突的情况下应选用哪一个规则。法律之间的逻辑性冲突有时需要论辩双方争辩哪一个冲突规则锁定的法律规则相对于案件更为特殊,即进行基于特性的论辩。佩雷尔曼在《法律逻辑》中提出的与之对应的论辩型式是矛盾论述,即如果一项特定规则是为专门范畴的人士或客体而定的,那它就不适用于不属于这一范畴的人或客体,因为在这方面缺少一个明确的表达点(formulation pionting)。

逻辑性的法律冲突在法律论辩中可以通过法律规则之间的"一般—例外"的逻辑关系解决。逻辑性的法律冲突也可以通过法教义学上的法律渊源理论、法律位阶理论、法律竞合理论、法律规则的类型和性质、请求权体系理论、犯罪论体系理论、法律关系分析法、法律行为体系理论等解决。此外,体系论辩、反面推论等论辩规则在解决法律的逻辑性冲突中也可以发挥相应的作用。

针对逻辑性法律冲突的修辞规则为：(1)如果法律之间发生逻辑性冲突，则修辞者可按照上位法优于下位法、特别法优于一般法、新法优于旧法等冲突规则选择自己主张的法律规则，若论辩相对人举不出更强的理由则必须接受、不得反驳。(2)如果法律间的逻辑性冲突无法通过冲突规则解决或者冲突规则之间发生了矛盾，则修辞者需要进行基于特性的论辩，但这一特征须为法律规则的逻辑结构所限定的句法性特性。否则，论辩相对人可通过指出特性是模糊的评价性特性进行反驳。(3)如果法律之间发生逻辑性冲突，并且这些规则在文本关系或句法关系上构成了“一般—例外”的逻辑关系，则修辞者须选取作为“例外”的法律规则。论辩相对人若不能对规则之间的逻辑关系提出有力的解释性反驳，则不得拒绝。(4)如果修辞者运用法教义学上的法律渊源理论、法律位阶理论、法律竞合理论、法律规则的类型和性质、请求权体系理论、犯罪论体系理论等解决法律之间的逻辑性冲突，则论辩相对人不得反对，除非其能提出合理的反驳。(5)如果修辞者运用体系论辩规则和反面论辩规则等解决法律规则之间的逻辑性冲突，则论辩相对人不得反对，除非其能对论辩者的体系论辩和反面论辩提出合理的反驳。

在评价性法律冲突中，优位规则和劣位规则之间并没有逻辑上的属种关系，而是处于一种法律评价上的不一致关系。在该论辩环节中，论辩双方需要分析和确认，在法教义学上法律间的这种价值关系究竟是排他关系还是主要—补充的关系。如果法律规则之间处于价值补充关系，则应适用主要规范，而不适用补充规范。在法律论辩中，如果论辩者主张规则间处于一种评价补充关系并将发生冲突的规则相应地分为价值上的主要规范和补充规范，则论辩相对人只能针对这些论点本身进行反驳，否则不得单独转向其他论辩型式。如果论辩相对人主张规则之间并非价值补充关系而是一种价值排斥关系，则须承担相应的论证负担。论辩由此转入一种基于价值优先性的论辩(value - based priority)。在基于价值优先性的论辩下，规则被视为实现某种目标的工具，法律之间的冲突也被视为规范的普遍适用对所有相关价值产生的积极或消极影响的冲突。在论辩中，我们可以确定如下实体性优先标准：如果一个规则的价值影响比另一个规则的价值影响更好，则这个规则就优于另一规则。

在针对法律冲突的基于价值优先性的论辩中，我们需要遵守如下修辞规则：(1)在针对评价性法律冲突的法律论辩中，修辞者对规则的评价应该依赖规则的普遍适用所产生的利益，而不是由特定人在特定案件中适用它所产生的利益；(2)在针对评价性法律冲突的法律论辩中，修辞者对规则价值的评价须首先基于制度性规则或法教义学所提供的评价标准，若没有这种评价标准，则应选择论辩双方共同接受的评价标准；(3)在针对评价性法律冲突的法律论辩中，论辩双方应仅比较冲突规则对争议价值的影响，而不能泛泛地比较价值；(4)在针对评价性法律冲突的法律论辩中，在必要时，论辩双方需要通过论辩分析是否存在比冲突规则能更好地促进价值的替代性规则。

参考书目

1. Eveline T. Feteris, *Fundamental of Legal Argumentation: A Survey of Theories of Justification of Judicial Decisions*, Springer, 1999.

2. 董皞：《法律冲突概念与范畴的定位思考》，载《法学》2012年第3期。

3. 杨阅、李立新：《论法规竞合优位法条之区分与适用》，载《苏州大学学报(哲学社会科学版)》2008年第2期。

(吕玉赞)

文义论辩规则

解释论辩规则是由传统的法律解释规则转化而来的,它不再是独白性的思维规则,而是约束法律修辞者及其相对人的程序性规则。解释论辩规则分为文义论辩规则、体系论辩规则和目的论辩规则。

文义论辩规则是针对规则与事实解释关系的修辞规则的首要规则,这是由文义解释的优先性决定的。文义解释规则可做如下概括:(1)立法定义优先规则,如果立法对相关概念已有明确定义,则应首先适用立法含义。立法含义优先在我国还包括,最高司法机关的司法解释优先。(2)法学意义优先规则,如果某一概念不存在立法定义,但存在法学家的一般释义,则应坚持法学意义优先。法学优先还包括法律解释共同体中形成的共识优先。(3)专业含义优先规则,如果法律规定中使用了学科的专业术语而没有加以说明,则应坚持专业含义优先。(4)常义优先规则,如果并不存在法定意义、法学含义和专业含义,则对法律语词应按照平义进行解释。(5)统一解释规则,对法律文本中重复出现的词组作统一解释,除非法律明文规定了不同的含义。(6)同类解释规则,当法律条文不清楚时,对概括性文字的含义进行解释时应该根据该概念所涉及的同类或同级事项来确定。(7)全面解释规则,即文义解释时不得忽略、遗漏任何文字、词组、短语和句子。对法律的尊重意味着法律之中没有一个多余的赘语。(8)反面解释规则,文义解释的规则或方法还包含"明确其一、排斥其他"的逻辑解释规则。在多种解释结论中,对一种意义的肯定,就是对其他含义的否定。(9)语境解释规则,在文义解释过程中要联系上下文,不能脱离相关的文字以及法律条文的目的,对法律文字一般不做单独的解释。(10)尊重文义解释规则,只有当文义解释出现负面结论或与法律价值发生冲突时,我们才能质疑文义解释的优先性,这意味着文义解释是对其他解释规则的一种排斥和节约。

文义解释规则只是提供了思维的路径,并不能起到文义解释论辩规则的功能。佩雷尔曼在《法律逻辑》中提出了关于文义解释的论辩型式,即经济论证和典型论述。其中,前者也称作立法者的无赘词假设(the hypothesis of non – redundancy),如果一项解释是另一项规则的重复,那么该解释将不予考虑。其假设是不得有两个完全相同的规则。典型论述是指根据先例、先前的裁判或法律教义解释法律。

根据法律概念的教义性知识以及法律文义解释规则,文义论辩规则可做如下构造:(1)如果规则的语义极其明确,或者一项解释只是对另一个规则的重复,则修辞者不得进行所谓的解释;(2)如果法律概念存在明确的立法定义,且其是一种分类概念,那么以其进行论辩,则论辩相对人不得拒绝接受,除非反驳指出,立法定义不明确或这是一种类型概念;(3)修辞者不得将选言式概念与连言式概念混淆,否则相应的论辩主张无效,且要承担论辩上不诚信的不利声誉;(4)如果选言式概念的任一要素已在个案中清楚地存在,则这个概念可直接在该案中适用,论辩相对人不得以其他选择要素是否实现仍有怀疑作为反驳依据;(5)如果分类概念并不存在明确的立法定义,但存在判例和法教义学上的明确含义,则应适用判例和法教义学上的定义,相对人不得拒绝,除非其能提出另外的定义作为反驳;(6)尽管存在立法对分类概念的定义,但其不够明确时,修辞者以此进行论辩时,论辩相对人可提出相应的判例和法教义学上的定义进行反驳;(7)尽管存在立法对类型概念和价值开放的概念的定义,修辞者以此进行论辩时,论辩相对人可通过主张其模糊性或相应的判例或法教义学上的定义进行反驳;(8)如果修辞者在类型概念和价值开放的概念的肯定语义选项下进行论辩,则其相对人不得拒绝,除非其能提出其他论辩型式进行反驳;(9)如果修辞者在类型概念和价值开放的概念的否定语义选项下进行论辩,则其相对人可直接拒绝其主张;(10)如果修辞者在类型概念和价值开放的概念的中间语义选项下进行论辩,则相对人可通过主张其模糊性或相应的判例或法教义学上的定义或其他论辩型式进行反驳;(11)如果受争议的概念存在判例和法教义学上的专业含义,则相对人不得以其日常含义进行反驳;(12)修辞者须对法律文本中重复出现的概念和规则做统一解释,除非法律明文规定了不同的含义;(13)当法律规则的语义不够清晰时,修辞者对其的解释应按照该概念所涉及的同类或同级事项进行;(14)修辞者对法律规则的解释,要根据其上下文的语境及其目的来进行,而不得断章取义、望文生义、随意肢解;(15)当修辞者以上述文义论辩规则进行论辩时,相对人不得随意否定或转移论辩主题,除非规则的文义与其目的和价值存在根本的背离。

参考书目

1. 陈金钊:《法律解释规则及其运用研究(下)——法律解释规则运用所遇到的难题》,载《政法论丛》2013 年第 4 期。
2. [荷]伊芙琳·T. 菲特丽斯:《法律论证原理——司法裁决之证立理论概述》,张其山、焦宝乾、夏贞鹏译,商务印书馆 2005 年版。
3. Alecsander Peczenik, *Legal Doctrine as Knowledge of Law and as a Source of Law*, Springer, 2005.
4. Matthias Klatt, *Making the Law Explicit: The Normativity of Legal Argumentation*, Hart Publishing, 2008.
5. [德]英格博格·普珀:《法律思维小学堂——法律人的 6 堂思维训练课》,蔡圣伟译,北京大学出版社 2011 年版。

(吕玉赞)

目的论辩规则

目的解释可分为主观解释和客观解释两种立场,不过它们各自的缺陷决定了它们在具体的目的解释过程中无法被单独使用。目的的客观解释在根本上离不开主观解释的参与。通常情况下,法律出台之前的立法原意及法律产生过程中积累的各种立法资料会为探求法律的目的提供重要的发生史线索。如果这些在法律制定之前记载相关考虑的材料当中表达了具有多数公认的正义观念和法律的政治目标,则可以将它们作为选择某一种解释的重要论据。同时,有关法律目的的线索也可以在法律本身当中找到,比如法律的序言以及法律的上下文,待解释之规范在该法律的外部体系(das äuβere System des Gesetzes)中所处之位置等。目的解释并不仅停留于法律的传统和发生史,客观解释理论认为,法律的意义会随着时代精神的变迁而改变。在可以清晰确定的有关立法目的及其合目的性的决定已经不再能与当今占主导地位的社会伦理观念相符时,对法律按照当今的观念做不同的解释(uminterpretieren)也是合法的。尽管如此,法律解释不得不必要地偏离可明确地认识到的立法者的目的,以尽可能维持法的持续性,并且不得不必要地进入属于立法部门的职能范围。在由法律预留的供意义精确化的界限以及合法的意义变迁的界限之外,客观解释不得侵入属于立法者的目的和目的适当性决定的领域。

除此之外,我们应该注意目的解释中目的与文义的关系。尽管目的解释在法概念上会预设规则文义的模糊性以及文义解释的不足,但在具体的目的解释中,目的解释无法脱离文义解释单独进行。但不可否认,文义对目的的精确化和锁定功能是比较有限的,以至于在某些情况下，制定法的目的便来自“事物的本质”或者来自社会制度、价值观等背景知识。普珀主张应对目的解释中目的的确定设立如下三种检验条件：(1)必须确认所追求的目的本身是正义的、理性的以及有益的；(2)对于完整实现这个目的而言，规范必须是一个适当的手段；(3)实现这个规范目的不得引起超乎规范目的价值的不利附属后果。

因此，目的解释规则可做如下概括：(1)遵守制定法文义规则，目的解释不得与法条文义的字义解释相抵触，且目的解释所涉及的目的不是任何人的目的和利益，而是那些依法应被追求之目的，只有在经过充分论证的情况下，目的才能取代法律的文义。(2)遵守伦理法则，必须确认所要追求的目的本身是正义的、理性的、有益的，在目的解释与公正的序位上，应按照概念公正的含义进行解释。(3)目的解释必要规则，在法律解释过程中不能过分拘泥于文字。在进行了文义解释以后，还要进行目的的考察。(4)目的解释限制规则，如果立法意图明确，则没有目的解释的余地，除非真正存在与表面上的目的相区别的目的。单独使用目的解释方法是对法治的瓦解，目的解释作为除弊规则只是一种辅助性法律方法。(5)必要性规则，对于完整实现目的而言，规范必须是一个适当的手段，且规范目的的实现不得引起超乎规范目的价值的不利附属后果。(6)不得破坏体系规则，除非法律的重大瑕疵已经达到违宪程度，目的论解释不能破坏体系。(7)提倡客观目的解释，客观论的解释方法在今天已经成为解释的王冠，因为这种解释方法给予了法律人最大的解释空间。

佩雷尔曼在其《法律逻辑》中也提出了四种与目的论辩相应的论辩型式，即心理学论述、历史论述、类比论述和目的性论述：(1)心理学论述涉及表达立法者意图的资料。通过这种方式，法官企图重构意图并决定什么原则优于规则。(2)历史论述建立在历史连续性的设想上。其前提为立法者是保守的，除非他明确改变法律文本，否则他将固守他调整特定形式之行为的方法。(3)类比论述，也作归谬法，它设想立法者是理性的，如果会导致非法或不公正的结果，立法者是不会接受这样一项法律解释的。如果一项特定解释的适用引起不容接受的后果，那么应采用一项可接受后果的解释。(4)目的性论述涉及法律的公平和目标。这种论述不同于心理学论述，因为它不将事先准备的材料当作一个出发点，而是将构成规则基础的考量作为基础。如果牵涉立法者不能预见的情况，有必要使用这种论述。

根据上述目的解释规则的概述和佩雷尔曼的四种相关论辩型式，目的论辩规则可重构为：(1)如果修辞者主张规则的主观—历史目的，则其必须通过法律出台之前的各种立法准备资料、官方立法理由说明书或者立法参与者的相关论述等给予相应的补充论辩，否则的话，论辩相对人可以其不充分或模糊予以反驳，也可以直接主张规则的客观目的进行反驳。(2)即使修辞者主张规则的主观—历史目的，并通过相应的立法资料给出了相应的论证，但若待解释的规范所在的外部体系及其语义空间所表明的是另外的目的，则论辩相对人能够以其反驳和拒绝论辩者的历史目的论述。(3)修辞者主张目的的客观解释时，应当关注法律产生过程中积累的各种立法资料为法律的目的提供的发生史线索并尊重立法者对于法律目的及其合目的性的决定，如果这些材料表达了多数公认的正义观念和法律政治目标，则论辩者须将它们作为重要的解释论据来考虑。(4)修辞者主张客观目的解释时，应当尊重待解释规范所处的外部体系位置以及其他由法律预留的供意义精确化的语义界限所提供的目的线索，如果论辩主张的客观目的背离这些语义界限所指向的目的，则论辩相对人可进行针对性的反驳。(5)修辞者主张客观目的解释时，若存在可以清晰确定的立法目的及其合目的性的决定，则其应论证指出，这些立法目的及决定在根本上是违背当今占主导地位的社会伦理观念的，否则，论辩相对人可对其提出各种针对性的反驳。(6)修辞者主张客观目的解释时,其不得不必要地偏离明确地认识到的立法者的目的以及合目的性决定,不得不必要地进入属于立法部门的职能范围,也不得侵入属于立法者的目的和目的适当性决定的领域。(7)修辞者主张客观目的解释时,必须证明其所论述的客观目的符合待解释法律所处的内部体系,即是公正的、理性的以及有益的,否则,论辩相对人可对其进行相应的内部批判。(8)修辞者主张客观目的解释时,须证明对于完整实现这个目的而言,规范是一个适当的手段,还要证明实现这个规范目的引起的超乎规范目的价值的不利附属后果。否则,论辩相对人可对其提出相应的外部批判。

参考书目

1. 陈金钊:《法律解释规则及其运用研究(下)——法律解释规则运用所遇到的难题》,载《政法论丛》2013 年第 4 期。
2. [荷] 伊芙琳·T. 菲特丽斯:《法律论证原理——司法裁判之证立理论概述》,张其山、焦宝乾、夏贞鹏译,商务印书馆 2005 年版。
3. Alecsander Peczenik, *Legal Doctrine as Knowledge of Law and as a Source of Law*, Springer, 2005.
4. [德]齐佩利乌斯:《法学方法论》,金振豹译,法律出版社 2009 年版。

(吕玉赞)

体系论辩规则

最后一种解释论辩规则。几乎所有的思维规则都会涉及或运用体系解释和体系论辩。文义解释和目的解释是体系解释适用的主要场域,文义论辩和目的论辩也是体系论辩适用的重要场域。体系论辩主要是基于规则自身所处的外部体系和内部体系围绕各种解释结果的选择和适用所进行的一种法律论辩。

在佩雷尔曼的《法律逻辑》中相应的论辩型式是完备性论述和体系论述:(1)完备性论述建立在所有法律体系都是完整的观念之上。在这种观念中,整个法律体系包含了那些在没有具体法律规则适用的案件中适用的一般规则。通常,会有一个法律规则对所有没有清晰描述的行为作出特定规范限定:某行为是无罪的、必须的,禁止的或允许的。(2)体系论述立足于法律是一个融贯体系这样的假设。不同的法律规范构成了规范中的各要素必须在它们的语境中加以解释的体系。在一般的非形式逻辑中,与体系论辩图式相近的论证型式是基于整体—部分关系的论辩、基于属—种关系的论辩、基于等同性的论辩、基于相似性的论辩、基于同一关系的论辩等。在佩雷尔曼的《新修辞学:一种论证理论》中,矛盾论辩、不兼容性论辩、传递性论辩、包含论辩、交互论辩、正义规则、同一性论辩等在功能上都与体系论辩相近。

普珀认为,在所谓的体系解释中,并不是单独地孤立观察某个法律规范,而是要观察这个规范与其他规范的关联;这个法律规范和其他的规范都是共同被规定在某个特定法律领域中,就此而言,它们共同形成了一个体系。她对体系解释提出了如下四种要求:(1)无矛盾要求。法律不会自相矛盾。无矛盾要求主要适用于每个应从语句导出更进一步语句的语句体系。随着推导过程的延长和更加错综复杂,这一要求就更有意义。在各种排除矛盾的方法中,最简单的方法就是去确认这两个相互矛盾的语句里,哪个语句应该排除另一个语句。特别法优于一般法等优先规则即其适例。这个原则所考虑的并不是逻辑的要求,其背后是立法经济和语言经济的考虑。合宪解释是实践中最重要的一种根据无矛盾要求进行的体系解释。(2)不赘言的要求。法律不说多余的话。不赘言的要求假设每个法律规范都应有一个自己的适用范围,即如果一个规范的整体适用范围都被包含在另一个规定有相同法律效果的规范中,这个规范就是多余的。因此,这个要求反对通过解释的方式,将一个规范的适用范围紧缩到完全被另一个规范包含,也反对把一个规范解释成将另一个规范的适用范围完全包含进来。(3)完整性要求。法律不允许规定漏洞。完整性要求建立在以下的前提下:如果我们先指定了一个领域,数个规范应该无漏洞地规定该领域。但是,这一要求的弱点在于,我们通常都会争执是否真的存有漏洞,即那些根据特定法律解释不会落入系争法条适用范围内的案件,是否真的应该一并规定在该法条中。(4)体系秩序的要求。法律规定的编排都是有意义的。这个要求设定,法律规定之间存在有意义的次序编排(die sinnvolle Ordnung)。

齐佩利乌斯认为,体系解释的目标是使法律解释的结果在逻辑上和目的上与法的整个体系,至少是与其同位阶和更高位阶的规范不相矛盾,同时尽可能保持术语的统一。他从法律融贯性的立场出发采取了一种广义的体系解释方法,将个别的法律词语与其所在的法律体系之间的关系、个别法律与整个法秩序之间的关系以及个别法律所处的整个文化的主导思想之间的关系都纳入了体系解释的范畴,并从诠释学的角度论述了体系解释的意义。齐佩利乌斯认为,通过体系解释可以获取关于法律之正确含义的语言标准、逻辑标准和目的标准:(1)语言标准,在有疑问的情况下,人们应假定法律本身意图采取统一的语言用法,即同样的词语在不同的规范当中应有同样的含义,即术语的统一性(Einheitlichkeit der Terminologie)。(2)逻辑标准,在对规范进行解释时应尽可能使之不与同位阶、更高位阶的规范发生逻辑冲突。如有可能,应选择使该规范得以有效存在的解释,否则,应按冲突规则使该低位阶的规范无效。为了不与更高位阶的规范发生冲突,对于法律应作"与宪法一致"的解释,对于行政法规应作"与法律一致"的解释。(3)目的标准,对于一项规范的解释应尽可能使其与整个法秩序追求的目的和正义观念保持一致,以使同等情形得到同等对待,后者要求在整个法秩序范围内维护法律评价的一致性。因此,法律解释必须与其所处的法伦理背景相吻合。如果这些规范的目的及其体现的法律原则之间发生竞合和冲突,需要通过基本权利的第三人效力及相应的讨论框架使它们处于一个适当的比例关系之中。(4)外部体系的位置,他还认为,待解释规范所处的外部体系位置也会为体系解释提供一定的解释论据。这种体系位置不仅对实现法的内在一致性具有意义,而且也可为认识立法者的意旨提供线索。基于外部体系的论据可与基于内部体系的论据进行比较。

佩策尼克同样也从法律融贯性的立场出发认为,体系论论据可以解决法律规则之间的逻辑冲突、经验冲突以及评价性冲突,并提出了如下的指导方针用来解决规则之间的冲突:(1)无论何时发现法律规则之间的冲突,我们都应该通过重新解释这些规则,或设定它们之间的优先顺序来解决,而且这些方法在其他规则的类似冲突中应被同等适用;(2)不同法律渊源,如制定法、先例或立法准备材料的解释应该相互影响和相互一致;(3)上位法规范与下位法规范不能兼容时,应适用前者;(4)一个旧的规范与一个新的规范不能兼容时,必须适用后者;(5)只有在没有被某个与之冲突的次一般性规范推翻时,才能适用某个更一般的规范;(6)如果一个更晚的一般性规范与一个较旧的次一般性规范冲突,更晚的次一般性应被适用;(7)如果不同解释方法的适用导致了在特定语境下的冲突结果,则须对所解释条款进行再解释,以获得一个协调的结果;(8)在体系解释中,应避免具有特定目的的解决方式,也许在某个被考量的情形或者有限数量的情形中这种解决方式具有合理性,但是与该体系的其他部分无关或矛盾。

基于上述体系解释理论,体系论辩规则可做如下构造:(1)若修辞者发现法律之间的冲突,其应通过重新解释这些规则,或设定它们之间的优先顺序来解决这些规则冲突,且这些方法在其他规则的类似冲突中应被同等适用。(2)修辞者应保持其所用术语的统一性,不得使其论辩中的关键词在不同的论辩阶段指称不同的意义。(3)修辞者应认识到法律本身作为一种融贯体系是完整和完备的,应认识到宪法对其他法律的第三人效力以及各种法律之间在法秩序上的关联意义,不得以个案中没有可以直接适用的具体法律规则为由否认对方的合理权利主张。(4)修辞者不得使自己的前后论辩自相矛盾,也不能使自己的论辩与同位阶、更高位阶的规范发生逻辑冲突,对于法律应作"与宪法一致"的解释,对于行政法规应作"与法律一致"的解释。(5)修辞者应尊重法律规定的次序编排以及法教义学发展出的外部体系,并使自己的论辩主张符合这些体系所能提供的解释论据,且应避免具有特定目的的解决方式。(6)修辞者应尊重不赘言的假设,不得故意浪费司法论辩的有限资源,将一个规范的适用范围完全紧缩到另一个规范之下,或将其他规范完全解释进这一规范的适用范围。(7)修辞者应使其所适用的各种不同的法律渊源,如制定法、先例或立法准备材料在解释上相互支持、相互一致,至少不得相互矛盾。(8)如果修辞者主张的不同解释方法所导致的结果无法一致或互相冲突,则修辞者须对所解释条款进行再解释,直至获得一个协调的结果。(9)修辞者对一项规范的解释应尽可能使其与整个法秩序追求的目的和正义观念保持一致,如果法律规范的目的之间发生了竞合和冲突,则其须通过基本权利的第三人效力使它们处于一个适当的比例关系之中。否则的话,论辩相对人可通过指出其对"同等情形得到同等对待原则"和"法律评价的一致性原则"的背离等进行反驳。(10)如果个案所涉及的外部体系、内部体系和认知性体系都较为清晰但又相互冲突,则修辞者不得不必要地以后面的体系取代前面的体系。

参考书目

1. [荷] 伊芙琳·T. 菲特丽斯:《法律论证原理——司法裁判之证立理论概述》,张其山、焦宝乾、夏贞鹏译,商务印书馆2005年版。

2. 武宏志、周建武、唐坚:《非形式逻辑导论》,人民出版社2009年版。

3. CH. Perelman, *The Realm of Rhetoric*, University of Nortre Dame Press, 1982.

4. [德]英格博格·普珀:《法律思维小学堂——法律人的6堂思维训练课》,蔡圣伟译,北京大学出版社2011年版。

5. [德]齐佩利乌斯:《法学方法论》,金振豹译,法律出版社2009年版。

6. Alecsander Peczenik, *Legal Doctrine as Knowledge of Law and as a Source of Law*, Springer, 2005.

(吕玉赞)

修辞衡量规则

判决书修辞的论证不但需要进行解释性论辩,而且也需要进行衡量性论辩。判决书的衡量论辩是在传统司法衡量方法的基础上发展出的修辞方法。修辞衡量论证需要遵循"修辞衡量规则"。"修辞衡量规则"分为"原则衡量论辩规则""价值衡量论辩规则""结果衡量论辩规则"。

(1)原则衡量论辩规则。原则衡量论辩与基于规则的论辩一样,都是基于法律内要素的论辩,但由于法律原则和法律规则存在的各种差异,使原则衡量论辩看起来与价值衡量论辩与结果论辩更为接近。原则衡量论辩具有三种具体功能:首先,法律概念、法律规则等构成的外部体系存在法适用上的各种漏洞,原则衡量论辩可作为漏洞填补的方法之一。其次,法律规则间的冲突有时并不能完全透过针对规则冲突的修辞规则被解决，这时可借由原则衡量论辩确定冲突规则间的优先性。最后，当法律规则的适用有时带来极端的不正义导致“非法的法律”，就需要通过原则衡量论辩来调和。原则衡量论辩应分两种情形进行。一种是法律规则可适用的场合，另一种是法律规则不得适用的场合。在这两种情形中，法律原则裁判都必须按照比例原则进行。

具体而言，原则衡量论辩的规则为：一是如果存在可供直接适用的法律规则，则修辞者应以法律规则作为主要的论辩前提，也可通过法律原则进行辅助论证，但不可单独以法律原则进行论辩。二是如果修辞者以法律规则进行论辩，则论辩相对人应首先以法律规则进行反驳，在没有可供使用的法律规则的情形下，才可以法律原则进行反驳，但须承担对规则与原则间的冲突进行衡量论证的论辩责任。三是如果没有可供适用的法律规则，则修辞者可以法律原则作为论辩前提，但须对法律原则进行具体化，否则，论辩相对人可以其不能作为“个案规范”和真正的裁判规范进行反驳。四是如果没有可供适用的法律规则，修辞者基于法律原则进行论辩并对之进行了相应的具体化，则论辩相对人仅能以相反的法律原则进行反驳。其间的论辩胜负取决于双方对原则间的共同权衡。五是在基于原则的论辩中，修辞者需遵守法律渊源理论和冲突规则等对法律原则“位阶效力”的指引，选取与其论辩相关的法律原则，但也可随意选择其个人认为应适用的法律原则。论辩相对人可以相反的法律原则直接进行反驳。其间的论辩胜负取决于双方对原则间的共同权衡。六是如果存在绝对的法律原则，如罪刑法定原则、法律保留原则、私人自治原则，则修辞者不得选择与其相对的法律原则作为论辩前提。七是修辞者或相对人对规则与原则间的冲突、原则与原则间冲突的衡量应按照适当性原则、必要性原则和狭义的比例原则以及相应的重力公式进行，如有出入，则对方可进行相应的反驳。

(2)价值衡量论辩规则。在传统观点上，法律方法论由价值判断和司法三段论共同构成。在这种观点下，价值判断贯穿于法律发现、法律解释和法律论证等所有的法律适用过程。这种观点是价值法学的产物。以“价值的来源”的不同，价值法学可分为内在制定法的价值法学、续造制定法的价值法学、内在社会的价值法学和超越社会的价值法学。价值衡量论辩规则为：一是在法律论辩中，如果其他法律论辩型式存在适用上的问题，一方基于过渡规则进行基于价值的论辩时，则另一方不得拒绝。二是如果其他法律论辩型式的适用问题，如法律漏洞的填补、不确定性条款的具体化等能通过目的论辩和基于原则的论辩被解决时，则修辞者不得直接进行基于价值的论辩。否则，论辩相对人可以目的论辩和基于原则的论辩反驳。三是在基于价值的论辩中，论辩双方须遵守法律论辩和普遍实践论辩中相应的论辩规则，修辞者所依据的价值观念和价值层级必须能够经得起批判的、历史生成的检验。如果这些价值观念和价值层级虽以前被理性地证立，但后来又丧失了其合理性，或者以前未被理性地证立，而现在又不存在任何新的证明理由，则这些价值观念和价值层级便不能作为论辩前提适用。四是如果只能进行基于价值的论辩，则修辞者可在法秩序的一般原则和宪法的“价值秩序”范围内提出价值主张，但是不得违反制定法中明确的内部评价。否则，论辩相对人可以目的论辩和基于原则的论辩反驳。五是在只能进行基于价值的论辩时，如果存在被法律共同体普遍接受的法教义学或制度性规则的内部体系，则修辞者必须遵守其中存在的价值学说及价值位阶谱系。六是在只能进行基于价值的论辩时，修辞者不得直接将法律外的价值作为论辩的理由，而只有结合法律内的评价以及法教义学的内部体系进行相应的具体化和转化后才能基于价值进行论辩。七是在只能进行基于价值的论辩时，如果在制定法、宪法、法教义学、指导性案例或一般社会观念等上存在相应的具体价值、抽象价值和价值层级，则修辞者应首先适用具体价值并遵守价值层级对相应价值的位阶安排，但选择的具体价值不得违反抽象价值。八是在只能进行基于价值的论辩时，如果修辞者从案件事实本身内在的“事物本质”、实质正义、“事物的逻辑结构”或地域性的流行意见等出发进行价值论辩，则这些价值只有经过与制定法、宪法以及法秩序中的一般价值以及法教义学的内部体系的比较、被一般化和整合后才能作为法律论辩的规范性标准。九是在只能进行基于价值的论辩时，论辩者提出的价值来源和价值标准不得自相矛盾，且须与各种达成共识的其他价值内在地融贯，在某种程度上可被普遍化。否则，论辩相对人可以这些价值是偏见为由进行反驳。十是在只能进行基于价值的论辩时，如果论辩一方以法秩序的一般原则和宪法的“价值秩序”为依据提出价值主张，另一方从案件事实本身内在的“价值”出发论辩，则双方不得径行强迫对方接受自己的论辩，只有各自经过相应的具体化和一般化后才能进行规范力上的比较。如果存在相应的价值序列和价值层级，则论辩双方必须共同遵守。

(3)结果衡量论辩规则。结果论辩即法律论证中以结果为导向的论辩。结果论辩是最后一种基于规则外要素的论辩。它和基于价值的论辩一样，都是普遍实践论辩在法律修辞必要的体现和运用。基于价值的论辩是通过普遍实践论辩中的证立规则来进行的，结果论辩是通过普遍实践论辩和法律论辩中的经验规则来进行的。两者都是通过普遍实践论辩中的过渡规则进入法律修辞的。在某种程度上，结果论辩只是对前述所有论辩型式的补充和修正，在法律修辞中，结果论辩总是试图在既定的情况下，根据其他思维规则的运用带来的各种后果来修正它们。因此，结果论辩并非传统的解释与涵摄模式(das traditionelle Auslegungs – und Subsumtionsschema)的组成部分。

对于结果论辩在裁判结果形成过程中的地位，学界有两种不同的观点。第一种观点认为，所有裁判结论的形成系法官对结果取向的认知和评价，通常在结果确定之后，才选择解释的方法，而解释规则只是论证解释结论的工具而已。第二种观点认为，解释规则和结果论辩共同作用于裁判结论的形成，相对于前者而言，结果取向起到的是修正作用。菲特丽丝认为，在复杂的论证型式中，结果、目的、原则和利益这些要素在衡量、比较法律规则的各种选择性适用中共同发挥着作用。苏永钦指出：“所谓结果取向的解释方法，简单说，即解释者把因其解释所作决定的社会影响列入解释的一项考量，在有数种解释可能性时，选择其社会影响较为有利者。”

在结果论辩中，主要考虑现实效果(Realfolgen)，而不考虑法律效果(Rechtsfolgen)。按照吕贝 – 沃尔夫(Lübbe – Wolff)的观点，通过法律规范与存在的特定前提条件的每一次连接都属于法律效果。而现实效果是法律规范的适用和发挥作用所带来的实际后果。现实效果必须是经验上能够把握的后果，它是一种根据规则的一般性和可普遍性来自有效规则的普遍效果，而非个案的特殊效果。此外，这种效果还要求排除对规范适用者后果、裁判是否可以贯彻的后果、对上级法院和法律界的后果。现实效果可进一步分为对直接受评价影响的当事人的微观效果和对全体社会的宏观效果。类似地，现实效果还可以分为与所发生的事件直接联系在一起的后果和评价的判例效应(Präjudizwirkung des Urteils)对直接当事人和其余的规范受众(Normadressaten)未来行为的决定效果。歌特也将现实效果分为对当事人的后果和对社会的后果，前者包括微观后果、个别后果、直接后果和判决后果，后者包括宏观后果、社会后果、间接后果和调适后果，即公众为适应判决而产生的后果。其中，她认为调适后果对后果取向的法律适用的控制作用是决定性的。

在方法上，结果分析分为实证的(positiven)和规范的(normativen)两个部分。实证的部分是对所期待的结果进行确定,这需要一定的社会科学、技术性的或心理学知识。规范的部分是对这些结果进行评价,这需要一定的规范标准。歇特主张将结果取向的裁判分为五个步骤:一是确定后果取向的适用领域,防止逾越法律约束;二是通过效果和成本两种范畴,分析裁判效果,划定可能的后果领域,也就是调查重要后果;三是预测这些重要后果的可能性;四是选择评价标准并对预测的后果进行评价;五是选择最符合评价标准的判决选项,整个后果论证应在判决的说明中公开。

结果论辩是一种包括法官在内的所有法律论辩主体可以共同使用的独立的论辩型式,它以法律判决对当事人和整个社会未来行为的各种影响为论题,它由对现实效果的预测和评价两部分组成。结果论辩既具有经验性和认识性,也具有规范性和评价性。在结果的经验—认识层面,结果论辩需要借助经验性的社会科学知识;在结果的评价和衡量层面,结果论辩需要遵循法教义学内部体系等所提供的规范性标准。

佩雷尔曼在《新修辞学:一种论证理论》中论述了与结果论辩相近的实用论辩(the pragmatic argument)和浪费论辩(the argument of waste)。实用论辩,是指根据结果来评价一个事件或行为的论辩。浪费论辩是指当一个人已经开始了一项任务,并且有所牺牲,如果给予放弃,那将是一种浪费。在非形式逻辑中,与结果论辩相近的论辩型式在种类上极其丰富,如根据后果的论证、统计论证、目的—手段论证、工具论辩、因果论证、实效论证型式等。这些论辩型式并不适合法律的结果论辩。阿列克西在特殊法律论述形式中所论述的不可承受的论证(Untragbarkeitsar - gument),是普遍实践论辩中的经验规范和结果论辩在法律论辩中的特殊呈现。

基于后果的修辞规则为:一是在法律论辩中,如果解释的结果根据一般社会观念、经济常识等被看作被禁止的,论辩一方提出结果论辩,旨在对另一方基于规则的论辩、基于原则的论辩、基于价值的论辩以及后面将要论述的类比论辩等进行反驳或修正,则另一方不得拒绝回应,而要与对方展开结果论辩。二是在结果论辩中,修辞者须遵守当其置身于当事人之处境时也能够接受由其提出的命题预设为前提的规则所造成的后果这一要求,而且,任何满足论辩者个人利益的规则所造成的后果,必须能够被论辩相对人接受。三是修辞者在指涉后果时须遵守如下外部界限:后果是法律规范适用带来的经验上能够把握的现实后果、来自有效规则的普遍效果。这种效果不能包括对规范适用者后果、裁判是否可以贯彻的后果以及对上级法院和法律界的后果。在对当事人的后果(具体包括微观后果、个别后果、直接后果和判决后果)和对社会的后果(具体包括宏观后果、社会后果、间接后果和调适后果)的比较和衡量中,须将判决对直接当事人及其余规范受众未来行为的调适效果作为一种决定性后果。四是修辞者在指涉后果时须遵守如下内部界限:论辩人对上述各种现实结果的指涉、选择须按照相关规范的目的、一般法律原则等规范性标准进行,不得随意选择与规范性标准无关的后果。五是修辞者对各种现实结果的预测须借助经验性的社会科学知识来进行,而且须在可靠的统计数据、后果调查、经验法则、民意测验等基础上对各种可能的后果进行预测和分析,并要对实现这些后果的外在成本和后续成本进行分析。在后果预测上若有疑问,可申请相关专家介入预测法律适用的现实后果。六是修辞者对各种结果的评价,既需要遵循目的论辩、基于原则的论辩和基于价值的论辩以及制度性规则的内部体系等所提供的规范性标准,又要将结果论辩自身独特的效率最大化、真实(主客观相一致的真实理论)等原则作为评价标准。七是在结果论辩的最后环节,修辞者需要按照相关法律规范的构成要件—法律效果的逻辑结构将其对各种现实结果的预测和评价进行理性上的重构和整合,以满足法律裁判的连续性和融贯性的需要。

参考书目

1. Chaim Perelman, *Olbrechts - Tyteca: The New Rhetoric, A Treatise on Argumentation*, University of Norte Dame Press, 1969.

2. [德]罗伯特·阿列克西:《法律论证理论——作为法律证立理论的理性论辩理论》,舒国滢译,中国法制出版社 2003 年版。

3. [德]卡尔·拉伦茨:《法学方法论》,陈爱娥译,商务印书馆 2003 年版,第 287 页。

4. 吴从周:《概念法学、利益法学与价值法学》,中国法制出版社 2011 年版。

5. [德]伯恩·魏德士:《法理学》,丁晓春、吴越译,法律出版社 2005 年版。

6. Eveline T. Feteris, *The Rational Reconstruction of Argumentation Referring to Consequences and Purposes in the Application of Legal Rules: A Pragma - Dialectical Perspective*, Argumentation, 2005.

7. 苏永钦:《结果取向的宪法解释》,载苏永钦:《合宪性控制的理论与实际》,台北,月旦出版社股份有限公司 1994 年版。

8. Lübbe - Wolff, Gertrude, Rechtsfolgen und Realfolgen, *Welche Rolle können Folgenerwägungen in der juristischen Regel - und Begriffsbildung spielen*?, Freiburg, München, 1981.

9. 张青波:《理性实践法律:当代德国的法之适用理论》,法律出版社 2012 年版。

10. Deckert, Martina R. , *Folgenorientierung in der Rechtsanwendung*, München, 1995, S. 115.

11. Klaus Mathis, Folgenorientierung im Recht, in: Michael Anderheiden, Stephan Kirste (Hrsg.), Interdisziplinarität in den Rechtswissenschaften Innen - und Aussenperspektiven, Tübingen: Mohr Siebeck.

12. 武宏志、周建武、唐坚:《非形式逻辑导论》,人民出版社 2009 年版。

（吕玉赞）

推论修辞规则

不把法律规则的文义、目的及其构成的体系以及规则外的原则要素、价值要素和结果要素作为自身的"争议点""论题"或规范性前提,而是以法学推论作为自己的"特殊论题"和论辩基础。这些法学推论本身并不具有严格的形式逻辑结构,更主要的是一种非形式逻辑的推论性规则,其中也会涉及一些目的和价值要素。因此,我们把这些修辞规则统称为推论修辞规则。在论辩功能上,这些修辞规则并不具有独立性,它们在法律论辩中的运用或使用主要是为了对基于规则的修辞规则和基于规则外要素的修辞规则进行补正和强化,它们对任何法律论辩型式都具有适用的可能性。所以,它们才被阿列克西称为"特殊法律论述形式"。但在论辩结构和论辩规则上,这些修辞型式却具有自身的特殊性和独立性。基于推论的修辞可以分为类比论辩、正面论辩和反面论辩。它们是法律修辞最典型的论辩工具之一。依此,推论修辞规则可以分为类比论辩规则、正面论辩规则和反面论辩规则。

（吕玉赞）

反面推论规则

反面推论是一种主要的法律修辞方法,因此,反面推论规则也是一种重要的法律修辞规则。反面论辩规则包括如下具体规则:(1)在法律论辩中,如果所涉法律规则可同时进行反面推论和类比推论,则反面论辩优先。(2)在法律论辩中,如果修辞者主张反面论辩,则其必须表明、列举反面推论的各种适用前提——构成要件与法律效果处于一种内涵包含关系、法律规则的文义界限和法律上的实质性理由以及关于反面推论的"准论证规则",并给出相应的论证,而不得故意隐瞒、编造这些前提。(3)在反面论辩中,为了论证所涉法律规则的构成要件与法律效果处于一种内涵包含关系,修辞者须首先通过文义论辩和体系论辩确定所涉法律规则明确不指向的案件情形,然后再确认待决案件是否属于这些案件情形。修辞者也可从种属关系的论题学角度论证待决案件与所涉法律规则指向的案件无法构成相应的种属关系。否则,论辩相对人可进行质疑和反驳,也可以运用种属关系论题质疑修辞者的文义论辩。(4)在反面论辩中,修辞者必须通过目的论辩等证成进行反面推论是实现立法者目的或法律的客观目的等的要求,同时也是满足法安全性、确定性、一致性等价值和法律原则的要求。若法律的目的不允许反面推论,不为反面推论法安全性等这些价值也不会受到不利影响,则修辞者必须正视和回应这些反对性的实质理由。否则,论辩相对人可提出质疑并运用这些实质性反对理由反驳论辩者的反面论辩。(5)在反面论辩中,如果所涉法律规则为程序性规定、约束性规定或例外性规定,则它们可分别构成进行反向推理的初显性理由,但若根据文义论辩、目的论辩等论辩型式存在更强的反对理由时,则可以进行其他类型的论辩。(6)在反面论辩中,如果反向推论所基于的法律规则的构成要素可构成分类概念,则必须首先对之进行反面推理,但若根据文义论辩、目的论辩等存在更强的反对理由时,则可以进行其他类型的论辩。(7)在反面论辩中,如果反向推论所基于的法律规则在条文表述中含有“只有”“仅仅”“正是”“但是”等语词,则首先需要对之进行反面推论。但若根据文义论辩、目的论辩等论辩型式存在更强的反对理由时,则可以进行其他类型的论辩。

参考书目

1. [德]罗伯特·阿列克西:《法律论证理论——作为法律证立理论的理性论辩理论》,舒国滢译,中国法制出版社2003年版。
2. Wolfgang Gast, Juristische Rhetorik: Auslegung, Begründung, Subsumtion 3, durchgesehene und erweiterte Auflage, R. v. Decker Verlag, 2002, S. 222 – 232.
3. 周升乾:《法教义学研究——一个历史与方法的视角》,中国政法大学2011年博士学位论文。
4. [德]英格博格·普珀:《法律思维小学堂——法律人的6堂思维训练课》,蔡圣伟译,北京大学出版社2011年版。
5. [德]伯恩·魏德士:《法理学》,丁晓春、吴越译,法律出版社2007年版。
6. 雷磊:《类比法律论证——以德国学说为出发点》,中国政法大学出版社2011年版。

（吕玉赞）

正面推论规则

正面论辩是推论论辩的另一个主要论辩型式。正面论辩是一种普遍性的论辩形式,它不仅可以用来填补法律漏洞,而且还可以在文义解释(论辩)和体系解释(论辩)中发挥作用,甚至它还可以被用来揭示法律规范的不合理性和不完善,从而为修改法律做准备。

正面论辩不仅在法律续造,而且在文义论辩、目的论辩和体系论辩等几乎所有的论辩型式中都能产生一定的论辩作用。在法律论辩型式体系中,正面论辩是一种独立的论辩型式,而不是一种特殊的类比论辩。正面论辩规则包括如下具体规则:(1)如果待决案件存在禁止其正面论辩的制定法规定、法律原则以及相应的先例、法教义学论述或者所涉的法律规则可进行反面论辩,则修辞者不得进行正面论辩。(2)在可进行正面论辩的情形中,修辞者须先对相关法律规则进行文义解释和文义论辩,必须分别对其是否包含“可升层的概念要素”、这个要素是以较高或较低的程度让法律效果发生或不发生、这个要素在待决案件中是否比在法律规则直接涵摄的案件中被更高或更低地实现以及待决案件是否与这个“可升层的概念”是否形成了一种种属关系或整体与部分的关系——给出回应和论证，其不得回避正面论辩的语义前提。(3)在正面论辩的文义解释和文义论辩中，待决案件需与解释出的“可升层的概念”处于一种文义或论题上的种属关系或部分和整体关系，待决案件不得超出其文义射程。(4)在正面论辩的文义论辩中论辩双方须遵守这两种规则：在同一法律文本中，如果法律允许了举轻明重，也意味着允许了举重明轻；正面推论不仅适用于法律条文中构成要件的推论，而且还适用于法律条文中法律后果的推论。(5)在正面论辩的文义解释和文义论辩中，修辞者必须保证根据由“可升层的概念”导出的比较规则，这个概念要素在待决案件中比在法律规则直接涵摄的案件中被更高或更低地实现，并在此基础上选择“举轻以明重”或“举重以明轻”。(6)在正面论辩中，为了解释“可升层的概念”和构造比较规则，修辞者还需要对所涉法律规则的目的以及其他相关法律规定进行目的解释和目的论辩，看这些立法目的是否允许正面论辩以及是否一致。如果这些立法目的不一致或相冲突，为了平衡这些冲突，决定是否可进行正面论辩，修辞者须对正面推论补充进行基于原则的论辩。(7)在正面论辩中，修辞者必须首先以制定法内部存在的比较规则、基础语句和比例标尺进行论辩，这时论辩相对人不得对正面论辩提出任何反驳。在法典不存在可供使用的比较规则、基础语句和比较标尺的情形下，如果在相关的判例和法教义学中存在这些评价标准，根据论证负担规则，修辞者也须按照这些评价标准进行正面论辩。在承担相应论证负担的前提下，论辩相对人可对这些判例和教义学语句进行质疑和反驳。(8)在正面论辩中，相对人可以对修辞者提出的正面论辩进行谬误论辩的反驳，若不进行正面推论将不会导出荒谬的结果或者进行正面论辩将带来荒谬的结论，则论辩人即使满足了上述规则的要求，其主张的正面论辩也是效力不足的，相对人可不予接受。但是，相对人必须严格按照普珀提出的谬误性、正确性、排他性、完整性和独占性要求进行归谬论辩。

参考书目

1. [德]罗伯特·阿列克西：《法律论证理论——作为法律证立理论的理性论辩理论》，舒国滢译，中国法制出版社 2003 年版。
2. 周升乾：《法教义学研究——一个历史与方法的视角》，中国政法大学 2011 年博士学位论文。
3. [德]英格博格·普珀：《法律思维小学堂——法律人的 6 堂思维训练课》，蔡圣伟译，北京大学出版社 2011 年版。
4. [德]伯恩·魏德士：《法理学》，丁晓春、吴越译，法律出版社 2007 年版。
5. 雷磊：《类比法律论证——以德国学说为出发点》，中国政法大学出版社 2011 年版。

（吕玉赞）

类比推论规则

类比推论是法律推理中人们最不清楚和疑惑的论辩型式。法律类比是一种各种法律主体在法学思考、司法裁判中频繁适用的法律论辩型式，它比人们目前所认识到的具有更加广泛的适用范围和更大的实践价值。法律类比既可以在法律发现中适用，也可以在法律论辩中适用。在法律论辩中，法律类比通过法律未直接规范的待决案件与典型案件在“事物的本质”“利益状态”“法律评价”等方面的相似性，从而将待决案件纳入典型案件所适用的法律规范的涵摄范围。类比论辩规则包括如下具体规则：(1)在法律论辩中，如果待决案件可通过文义解释（论辩)、目的解释(论辩)和体系解释(论辩)等解决,则修辞者不得进行类比论辩。否则,论辩相对人可通过这些论辩型式转移论辩主题。(2)在法律论辩中,如果所涉案件存在禁止类比论辩的制定法规定、法律原则以及相应的先例、法教义学论述或者所涉的法律规则可进行反面论辩,则修辞者不得进行类比论辩。(3)在类比论辩中,修辞者首先要通过文义论辩对案件间的相似性判断进行证成,以保证待决案件处在相关法律规则的中立语义域内。如果待决案件处于相关法律规则的否定语义域,则修辞者所主张的便不是真正的类比论辩,而是一种基于原则的论辩或基于价值的论辩,论辩相对人可按照这些论辩型式进行反驳。(4)在进行语义论辩后,修辞者需要通过目的论辩对案件间的相似性判断再次证成,以保证所涉规则的目的和其他法律理由作为类比参照点是清晰和明确的,并在此基础上比较和衡量待决案件和典型案件是否实质一致。(5)在进行完目的论辩后,修辞者还需要通过基于原则的论辩对案件间的相似性判断接着论证,如果类比论辩所涉的实质性理由彼此冲突或与一般法律原则冲突或者可类推适用的法律规则不止一个且彼此冲突,则修辞者必须按照基于原则论辩中的衡量规则和重力公式等解决这些冲突。(6)在类比论辩中,如果存在进行基于价值的论辩和结果论辩的空间和必要,则修辞者不得回避和拒绝,否则,论辩相对人可以基于价值的论辩和结果进行反驳。(7)在类比论辩中,修辞者对类比的证成总体需要符合可普遍化原则、平等原则,对相似案件的选择要遵守判例适用的普遍规则,即论证负担规则,相似性判断的证成最后须具体化为案件间在所涉构成要件上的相似。如果论辩对象人提出质疑,则修辞者必须进行回应和补充论证。

参考书目

1. [德]罗伯特·阿列克西:《法律论证理论——作为法律证立理论的理性论辩理论》,舒国滢译,中国法制出版社2003年版。

2. Wolfgang Gast, Juristische Rhetorik: Auslegung, Begründung, Subsumtion 3, durchgesehene und erweiterte Auflage, R. v. Decker Verlag, 2002.

3. 周升乾:《法教义学研究——一个历史与方法的视角》,中国政法大学2011年博士学位论文。

4. [德]英格博格·普珀:《法律思维小学堂——法律人的6堂思维训练课》,蔡圣伟译,北京大学出版社2011年版。

(吕玉赞)

最佳解释亦前后对照

在制定法国家,法律适用存在明显的“出立入释”特征。体现在解释过程中,为了最有效地展现立法者和法律文本的原意,在解释的过程中,解释者不可断章取义。在理解法律文本意思时,应该与前出后就之条文加以对照,从而使法律条文的含义符合全文的旨趣。此法谚体现在解释方法上,大体对应体系解释的基本内容,但相对体系解释更偏重于整个法律体系的理解,并包括言语要素上的一致。

(宋保振)

拘泥词句者,不适于为法官

法律文义是表达法律观念的符号,其本身并非法律。体现在司法过程中,更重要的是裁判者对法律文本的理解、解释和运用。因此,适用法律切不可按图索骥,而必须通过法律方法的运用探索法条的内涵价值,进而实现法律的裁判功能。映射在我国当前的司法裁判过程中,法官不能过度依赖法条、立法解释及最高司法机关的司法解释，而是必须通过法律方法的熟练运用进行有效的能动法官解释，同时凭借对法律解释规则的遵守，有效约制裁判过程中可能出现的目的导向及法官恣意。

（宋保振）

标新立异之解释，法所不取

按照传统法律解释的观点，解释者必须对法律保持绝对服从的姿态。具体表现就是首先接受法律条文字面含义的约束。因此，在所有解释方法中，文义解释也成为最重要的解释方法。之后，由于受到语言哲学及哲学诠释学的影响，我们开始关注司法过程及语言的复杂性。并且，当文义解释不能满足司法要求时，探求立法者意图的解释方法便具有了优先地位，也就是说，在传统解释的过程中，还需要法官进行创造性解释。

该法谚正是在此背景之下产生。其基本要求主要表现为：一方面，在法官进行创造性解释的过程中，法官必须尊重立法者及立法规范的优先地位，只有在现行法律文本所未涉及的领域，才可以诉诸能动性的法官解释。并且，为了约束解释过程中可能出现的法官恣意，法官的解释活动还必须严格受到法律解释规则的制约。另一方面，此情况还有可能出现在对基本“文义”的理解上。对于很多法律概念，通常会存在原义、现义或特定含义，而且，往往在具体案件的裁判中，特定语境下的意思解释更能取得可接受的裁判效果。但此时，亦必须满足解释的谦抑性要求。并且在常义无法适用于具体裁判时，目的引导下的特定含义不得破坏体系解释的适用。

（宋保振）

例外应严格解释

现有法律文本中，为明确法条的适用范围多采用例外的规定加以限定。此例示规定不仅存在于立法意义上，而且还涉及法律适用过程中的解释问题。通常意义上，对此例外规定，法官只能严格地从文义出发，较少使用目的性扩张或限缩。并且，对类推方法进行严格限制，进而保证基础条文的规范性。对于其中的任择性例外应以自然方式并结合上下文及法律文本的宗旨、目的，充分、全面考虑具体情况，并以与基础条文所追求的效果相一致的方式来解释。

（宋保振）

习惯亦严格解释

有规则从规则，无规则从法理，无法理从习惯。对于习惯解释的探讨不仅存在于法学理论，而且也存在于大量的立法条文之中，特别是合同法律规范之中。习惯解释方法是我国合同解释或合同漏洞补充的主要方法，指合同的文字或条款发生歧义时按照习惯或惯例的含义予以明确；合同内容存在漏洞致使当事人的权利义务不明确时，参照习惯或惯例予以补充。对此习惯的解释，不得任意地进行主观扩张，而是必须遵从法律教义学对构成要件及程序等内容的规定。主要表现为：习惯必须客观存在；习惯必须合法；该习惯并未被明示的法律条文废除；并且，当习惯与相关法律规定冲突或者习惯与习惯之间并存时，要利用并遵从体系解释的方法和规则。

（宋保振）

无法律,无拟制

法律拟制(或法定拟制)是指将原本不符合某种规定的行为也按照该规定处理。法学上的拟制是:有意地将明知为不同者,等同视之。拟制在法条中常用“视为”或“以……论”等字样。与法律推定不同,法律拟制尽管同为确定法律事实的重要方法,但常常受到特定的外部性原因影响。故非有法律之明文规定,法官不得拟制。而且,在拟制的过程中,通常基于特定情形,亦不遵从文义解释、体系解释等相关解释规则的制约。

(宋保振)

法律解释权属于法律制定之人

从法律解释的规范层面来看,法律解释权为一种从属于特定主体的、对法律文本含义进行阐释和说明的权利。该条为大陆法系关于法律解释的规定,主要存在于德国和法国。在我国,法律解释一般来说既非附属于司法裁判权的一种活动,也非附属于立法权或法律实施权的一种活动;它在法律上被单列为一种权力,一种通过解释形成具有普遍性法律效力的一般解释性规定的权力。因此,理论上法律解释权的行使主体是全国人大常委会,但实际上常为最高司法机关和裁判法官所享有。尽管对于法官的法律解释权至今仍未有明文规定,法官作为法律解释权的行使主体尚未在体制上得到认可,但法官在具体案件裁判中对法律解释权的行使早已成为一个不争的事实,并且同最高司法机关的统一解释权相呼应,共同作为法官审判权的重要组成部分。

具体到我国的司法裁判过程中,法律的适用者就是法官,法官在他的审判中也是作为最直接、最具体的法律实施者。法官把抽象的法律规定同具体的案件事实相结合,进而做出个案判决。魏胜强教授对法律解释权的基本定义,即一种相对于立法权,附属于司法权,以法官为主体、以法律与事实的二者互动为对象,并细化为发现权、阐明权、论证权和判断权的权利形式。

参考书目

1. 张志铭:《法律解释操作分析》,中国政法大学出版社 1999 年版。
2. 魏胜强:《法律解释权研究》,法律出版社 2009 年版。

(宋保振)

黑不超红

在昔日的法典印刷中,法律条文多用黑色字体表述,而法条标题则多为红色。所谓“黑不超红”,即黑色条文之解释,其意义不可超过红字标题之范围。体现在司法裁判过程中,对于法律条文,我们仍可以进行必要的扩张解释,但必须在文义的“射程”之内,不可因过度扩张而有违立法的愿意。此法谚也构成法律解释过程中的重要原则。

(宋保振)

必要超越法律,必要嘲笑法锁

法谚云:“紧急行为合法”,“紧急行为超越法律,嘲笑法锁”,这源于西方古典传统文化。在西方,避险权之所以能被社会认可,因为西方社会从古代就流传的一句法律格言,“紧急时无法律”。体现在法律适用上,法律之效力属于相对的,自有例外存在,其中最为明显的就是正当防卫和紧急避险行为。具体到方法中,该法谚完全突破了教义学的属性,亦不受一般的解释方法制约。

(宋保振)

文句应做有效之解释

此法谚涉及的是不同文义解释过程中的效力优先问题。通常,对于法律或契约文字之解释,通常应该做出有效解释,只有例外情况下才可做出无效解释。而且,当两种解释同时并存时,有效解释相对无效解释具有明显的优先权。

(宋保振)

限制普通法之成文法应严格解释

根据法律的适用范围,可以将法律规范分为一般法和特别法。并且,体现在同一部法律之中,也存在一般规定和特别规定。在这些一般法和一般规定与特别法和特别规定的解释上,特别法虽具有优先适用的效力,但必须具备相对高的适用条件,而且在适用过程中也必须严格解释,限制能动性法官解释对法的一般性的式微。如解释过宽,就容易造成特权或失之过酷。这也类似于解释过程中“例外应严格解释”的规定。

(宋保振)

解释法

调整和规范法律解释活动的法律。从广义上说,有关法律解释活动的法律都可以称为法律解释法,如我国《宪法》《立法法》《人民法院组织法》中关于法律解释活动的规定。狭义的法律解释法指关于法律解释活动的专门性法律,它往往会规定法律解释的一般原则,明确法律中常见用语的标准含义,除特殊情况外,这些含义在解释各项成文法时均适用。

此外,我国最高人民法院、最高人民检察院、国务院办公厅和一些地方人民政府办公厅都就自己工作中所涉及的法律、法规的解释问题,制定了法律法规解释问题的规定,这些规定虽然都很像解释法,但由于制定主体不是立法机关,因而并不能称为法律解释法。

(魏胜强)

第五部分　部门法司法方法

宪法司法方法

宪法方法论

法律方法论,与宪法学方法不同。宪法学方法是作为学术研究的方法,而宪法方法则更倾向于实践。有学者将宪法和行政法等公法综合,提出了公法方法论一说。宪法是宪法方法论的存在根基,宪法区别于普通法律的特性决定了宪法方法论与法律方法论之不同。宪法方法论的目的在于发现宪法规范的含义,寻求理解宪法规范之真义,使宪法规范与社会现实相互作用成为可能。

宪法方法论在整体上分为实践层面与哲学层面。哲学层面的宪法方法论是关于宪法思维的方法;实践层面的宪法方法论是根据宪法思维的方法。实践层面的方法包括适用宪法中的具体可操作的方法,如宪法判断的方法、宪法推理的方法、警告判断的方法等;哲学层面的方法则指解释学的方法。

宪法方法包括宪法解释方法、宪法推理、合宪性推定方法、宪法利益衡量方法等。解释方法可以说是目前诸方法中最具生机和活力的法律方法,主要是法官依据实定规范,通过一定方法和程序来探寻规范含义并发现规范的一种方法。宪法解释方法则是法官运用各种解释方法,以宪法规范为依据,通过司法方法和程序,从不确定的事实中提炼价值,发现规范,服务于纠纷解决。学者多集中在对宪法解释方法的研究。

参考书目

1. 郑贤君:《宪法方法论》,中国民主法制出版社 2008 年版。

2. 王书成:《宪法方法论之觉醒——由合宪性推定说开》,载《浙江学刊》2009 年第 1 期。

（崔雪丽）

中国的宪法解释

根据我国现行宪法的有关规定,我国的宪法解释制度作为一个完整的独立的体系在法理上是可以存在的,其内容涉及宪法解释的原则、宪法解释的主体、宪法解释的发生条件、宪法解释的效力等制度。

宪法解释权属于全国人大常委会。立法性宪法解释体制下,由于强调解释宪法权力的专属性和排他性,除了法定的全国人大常委会可以作为宪法解释的主体外,其他任何机关和团体都没有解释宪法的权力。如果其他个人或组织团体认为某条宪法需要做解释,可以按照法定程序提请有权主体进行解释。在我国的宪法适用遇到问题时,通常做法是将宪法解释案提请审议,由全国人大或全国人大常委会作出相关的决议和决定。

（崔雪丽）

美国的宪法解释

宪法解释通常是指对成文宪法的意义所作的解释和说明,从这个意义上讲,宪法解释制度肇始于美国。1787年的美国宪法并没有明文规定法院的宪法解释权,1803年,最高法院首席大法官马歇尔在马伯里诉麦迪逊案中确立了联邦最高法院的宪法解释权,标志着美国宪法解释制度的开始。自此以后,美国联邦最高法院最重要的职责就是解决涉及宪法解释问题的案件,判定某项法律或政府行为是否违宪。

宪法的时代局限性,以及制宪者身后美国翻天覆地的变化,都提出了宪法是否能够适应时代发展的疑问。美国宪法是一部"活着的宪法",是一部在历史时空中不断充实和发展的宪法。迄今为止的27条修正案使得1787年宪法延续了200多年的生命。由于修宪程序复杂繁琐、耗时过长,仅依靠少量的修正案不足以面对日新月异发展的社会,不足以解决层出不穷的案件。正是联邦最高法院的宪法解释及其判决——这种"非正式"修宪,才使得美国宪法成为名副其实的活宪法。在解释宪法的名义下,联邦最高法院常常行立宪之实,构成了美国法学中独特的"宪法法"的主体。

(崔雪丽)

德国的宪法解释

作为大陆法系国家的德国,由宪法法院进行违宪审查和宪法解释。德国在第二次世界大战后根据宪法基本理论构建了宪法解释制度,这种由宪法法院依专门程序实施宪法解释的制度,又被称为宪法诉讼。

《德国基本法》制定后,德国在原有的专门法院的基础上增设了一个专门法院系统——宪政法院,由联邦宪政法院、各州宪政法院和地区宪政法院组成。宪政法院分为两个庭,并各自具有独立的成员与管辖。第一庭专门处理政治中立的司法审查,听取涉及个人权利的宪政申诉及其他法院提交的具体宪政争议;第二庭则专门从事宪法审查,以决定宪法政治机构之间的争议以及抽象法律审查。宪政法院在对立法、争议、控诉审理的过程中宪法解释都必不可少,这些在《德国基本法》都做了明确规定,这些宪法解释具有绝对的法律效力。

参考书目

焦洪昌:《宪法学》,北京大学出版社2010年版。

(崔雪丽)

解释主义

法官在判决宪法性争论时应将自己限制在由成文宪法所规定或明确指示的执行性规范之内。解释主义理论认为,只要能够从宪法中找到可以作为法律推理前提的法律规范,就能据此判定政府部门的作为是违宪无效的。解释主义就是要求法官们遵循宪法和制定法的文本、尊重文本原初的意义、解释法律和宪法而不是创造法律、尊重法律的传统和法官的传统的角色。运用解释主义方法研究宪法首先要将宪法作为政治和历史文件来考察。解释主义作为现代宪法理论中的重要理论,极力通过限制法官的自由裁量权来确保法治的原则。

解释主义被很多倡导司法克制主义的学者极力倡导,甚至很多人将解释主义看作司法克制的宪法法理学根基。解释主义者或许还会被贴上文本主义、原旨主义等标签,很多学者认为，它们最终表达的和追求的是一种东西。它们不再是同一事物的不同命名，它们被看作不同的法理学方法，有着各自的优势和劣势。

参考书目

John Hart Ely, *Democracy and Disetrust: A Theory of Judicial Review*, Hartvard University Press, 1980.

（崔雪丽）

非解释主义

法院可以根据未包含在宪法文本中的众多的参考文献和执行性规范来做出裁决。非解释主义作为一种超越文本的解释方法，有着自己的解释规则：(1)填补法律文本的空白；(2)解决两个独立的法律文本的矛盾；(3)纠正法律文本的错误；(4)为了防止文本的模糊性改变文本的语言；(5)通过做一些改变来实现文本的意图。非解释主义的观点认为，法官将自己的决定建立在一定的价值判断基础之上，它并非源自宪法的文本和立宪者的意图，甚至可能违背文本和意图。非解释主义者认为，一些宪法条款要求法官在作出宪法裁判时，需要将游离于宪法之外的价值判断考虑进去，也就是运用一些超越文本自身的价值。非解释主义者坚持司法审判有权力去使一些价值宪法化，比如基本的公平原则等，虽然很多时候我们并不能从宪法的文本或结构中直接推断出来这些原则和价值。非解释主义不拘泥于成文宪法的规定，法官认为有必要时可以超越宪法，借助其他文献去解释、适用宪法，而且应当这样做。即，法官做出宪法解释可以拥有广泛的理论依据，它不但可以依据自然法学派中的“自然权利”与“理性”，也可以依据现实法学派的实用主义作为其理论依据。非解释主义者声称，法院应当超越一些相关条款，去执行宪法文本中完全无法发现的本质性内容。同时，非解释主义也主张我们应当有一个“活着的宪法”而不是被制宪者的死亡之手束缚。

参考书目

1. Aharon Barak, *Purposive Interpretation in Law*, Princeton University Press, 2005.
2. Thomas C. Grey, *Do We Have an Unwritten Constitution?*, 27 Stan. L. Rev., 1975.

（崔雪丽）

原意主义

又称“原旨主义”，文本未经过任何人为修正的原初意图或者原初含义。原旨主义的经典定义由保罗·布瑞斯特的文章中提出：“原旨主义是指应依据制宪者的意图或者宪法条文的含义来解释宪法。”

美国宪法原意主义的争论背后是美国宪法解释始终无法回避的问题：第一，民主性问题，谁才是宪法解释的权威机构，联邦最高法院解释宪法的民主性何在？第二，合法性、正当性问题，何种解释方法才是宪法本身所许可的，何种解释方法最具有合法性？第三，僵硬性问题，保持它的客观性和稳定性还是顺应社会变化？讲求具有适应性的实用主义价值观，以能动性弥补法律开放性存在的问题，还是保持原意主义的约束和制约？第四，何谓宪法的“原意”？制宪者的原意究竟指的是谁的意图？宪法的原意能否真正获得？宪法原意的获得途径是否可靠？况且，宪法当中本来就存在反原意主义的条款。第五，宪法的起草者自身也并不赞成诉诸“原意”的解释方法，原旨主义解释方法不能从制宪者那里获得支持。

参考书目

1. Paul Brest, *The Misconceived Quest for the Original Understanding*, 60B. U. L. Rev. , 1980.
2. H. Jefferson Powell, *The Original Understanding of Original Intent*, 98 Harv. L. Rev. , 1955.

（崔雪丽）

非原意主义

一种与原意主义相反的理论,融合了现实社会的各种价值于宪法裁决中。非原意主义指宪法解释应当考虑判例、自然法和特定宪法解释产生的经济、社会和政治影响等因素,允许解释者在必要时可以不拘泥于法条的字面意思和历史含义,根据当前社会背景和知识,发挥自己的能动性解释宪法,以实现宪法与社会变迁的情势相适应。非原意主义者认为宪法是一种"活着的宪法",相信并宣称现有的顺应时代的宪法才是权威的。

非原意主义主张避免对并不严谨的宪法文本中原初含义的引用;不提供清晰的、中立的标准去裁决宪法诉讼案件;认为在一个变化的社会中原旨主义忽略了社会现实而显得过于凝滞,而非原意主义者所主张的价值通常不为社会所支持,却被法院支持。

参考书目

Lee J. Strang, *Originalism and Legitimacy*, 11 Kan. J. L. & Pub. Poly, 2001 – 2002.

（崔雪丽）

能动主义的宪法解释

司法能动主义鼓励法官接受新的社会经济政策,主张法院将自己的决定和价值观优先于那些立法机关和行政机关的决策。其在宪法解释中的表现是通过司法审查制度,联邦最高法院宣告某一项政府行为或者是某一项议会立法因违背宪法的条文或精神而无效。其中原因在于司法能动主义自身的优越性:首先,法律的目的之一在于维护秩序。在法定职权下的司法能动性作为法律规则服从前提的必要补充,正是为维护社会稳定、和谐、有序而存在的必然性选择。其次,司法能动主义可以最大限度地实现个案正义。司法的公平正义实现仰赖形形色色、大大小小的个案正义的实现。由于社会的复杂与制定法的缺陷,最大限度地实现个案正义的使命,就落到了善于发挥司法能动性的法官身上。最后,法律具有滞后性,永远无法满足社会发展的迫切需要。司法者的功用就在于把法律与社会连接起来,充分发挥社会调节器作用,使法律更加贴近社会。发挥司法能动性以推动社会的发展和法治的进步,更好地实现法律的社会功能和司法的社会价值。

司法能动主义强调法院对超出宪法内容的价值加以评价,通过对宪法的能动解释去解决法律的一致性、稳定性和可行性等问题,认为最高法院应该成为宪法的保护者和解释者。法官在宪法解释的过程中,不应该受制宪者立法意图的限制,因为要确切了解制宪者的意图非常困难,而且要将这些早期的高度概括的原则适应到现代环境中也是复杂而不现实的。

参考书目

[美]克里斯托弗·沃尔夫:《司法能动主义——自由的保障还是安全的威胁?》,黄金荣译,中国政法大学出版社2004年版。

（崔雪丽）

克制主义的宪法解释

作为司法哲学的另一极,司法克制主义不鼓励追求个人的政治、社会等超验价值,鼓励客观地追求条文的目的,不将个人的主观意图、价值观引申,保持法律的客观性。主张司法克制的宪法解释倾向于严格遵循由民主选举产生的立法和行政机关的立法和决策,严格地解释宪法条文,并且认为司法机关不应当扮演积极的角色,法院应保持低调的姿态。体现司法克制的宪法解释原初意图说认为,立宪者熟悉立法的背景、语言的使用以及追求的价值目标等,对宪法进行解释应当尊重立宪者的原意。法官能动地解释宪法是对人民意志的背叛,是对民主的背离。解释者必须站在立宪者的立场来阐述宪法的精神。显然,具有这种倾向的学者旨在维护宪法解释的客观性和稳定性。

参考书目

陈云生:《论司法谦抑及其在美国司法审查制度中的实践》,载《上海交通大学学报(哲学社会科学版)》2005 年第 5 期。

(崔雪丽)

宪法的文本主义解释方法

"文本主义"最初的使用是在 1863 年的《牛津法律词典》中,使用者用这个词语批判严守清规戒律者的方法论。《美国宪法百科全书》给出解释,文本主义指"只要可能,法官都应该主要依据宪法自身的语言来解决宪法问题。应该由文本来引导判决和文本自身的理解,而不是其他考虑因素,如制宪原意、批准者意图、历史、从宪法文本推论出的原理、变化着的环境、对社会价值的司法解读,乃至司法先例。"文本主义方法被广泛运用于制定法解释和宪法解释中,因此,学者们并不将它局限于宪法领域讨论。文本主义解释强调树立文本的权威,解释者处于从属的地位,要求解释者只能就文本文字本身阐释意义,而不能溢出文本文字自身的含义。文本主义者的终极追求就是不允许法官造法,只需要围绕文本的结构、各条款间的关系等进行解释,不超越文本。这彰显了一定的民主性。文本主义者认为立法应该留待立法者讨论和确定,这是一件政治事件,应当由民选的代表代表人民进行。而审判机构并非一个民主机构,因此不允许法官采取自由或创造性的解释方法去造法。因此,文本主义要求法官解释法律条文时尽可能运用字面含义,将法条的平义就近用到案件中。文本解释是个别性要求和整体性要求的结合,使体系解释和文义解释统一,而重心在于文义解释。

参考书目

Encyclopedia of the American Constitution, Macmillan Reference USA, 2000.

(崔雪丽)

宪法的结构解释方法

又称结构推理方法或彼奴姆布拉理论。这种解释方法并不是将解释的焦点放在特别的文字或言辞上,而是将宪法当作一个整体,认为宪法条文不能孤立地加以解释,而必须放在整体关联性意义下加以理解,从而去了解宪法设计的一些重要机制或制度,如政府组织机构、代议制民主、基本权利保障等,以及这些机制彼此间的相互关系。也就是说,结构解释涉及宪法结构以及宪法结构之间的由宪法规定的宪法关系。它很大程度上与事实无关,它依靠的是宪法的整个文本内的逻辑，而不是文本的某个部分。

结构解释方法讲究在解释宪法时，如对制定者的意图和文本意义有分歧，应根据整部法律来解释。

依据整部宪法来解释是法院的职责，这包括对宪法的每一条文、每一个短语、每一个款项等的解释。将宪法条文看作不可分的整体，如果看到条文之间的矛盾，应尽可能地协调一致，使之有效实施。在解释一个具体的宪法条文时，需要参考宪法确定的政府过程的结构，从中理解该结构是否包含着解决现行问题的办法。适用此方法不仅需要认真地分析一个单一的条款，而且需要分析宪法确定的国家机构相互间的关系，以及这些关系所包含的目的，有时也涉及受这些关系影响的个人利益。这种解释方法要求不能孤立地阅读宪法每一个章节；要将宪法文本作为一个整体；要理解不同的宪法条款是如何彼此关联的。结构解释方法根据宪法确立的政府机构及其国家权力之间的关系，比较相关的宪法条文，寻求条文间的相互关系，注意条文是否有相互抵触或者互为补充的情形，结合宪法各条文之间的结构和条文自身的结构进行分析和推理。作为文本解释的延伸，结构解释属于体系解释方法。充分考虑所涉条文在法典中的地位，以及整个法律整体构造，最终获得合理的结论。运用结构解释方法时要善于将它与其他解释方法结合运用，尤其是文义解释方法。

参考书目

饶志静：《结构解释：美国宪法解释实践及其启示》，载《江西社会科学》2007 年第 7 期。

（崔雪丽）

宪法的道德解释方法

宪法解释的一种传统。宪法具有高度的概括性、抽象性，对原则与规则、目的与价值进行了概括性表达，由于这些概念与术语往往极其空洞、抽象，因此，对它们的解释常常需要立足于道德观念，以道德之视角，对宪法文本进行解读。当代多数国家的宪法文本中都确认了人权条款并列举了公民权利，需要对宪法文本中的人权与公民基本权利的概念含义进行道德解释。道德解释方法有时候比文本解释方法等方法更具有说服力。文本解释方法通常将解释的目标、方向放在文本的文字上，法官如果在判决中只是遵循文本本身释放的含义，就可能做出不公正、不合理的判决。道德解释要求追寻法律文本制定时所要表达的自由、民主、平等的本质，追寻法律文本制定的最终目的，而不必局限于文本意义。

道德解释方法存在固有的缺陷。道德解释方法赋予了法官无上的权力，如果在理论上公开承认道德解释方法在宪法解释中的运用，就会使法官判决的正当性遭到质疑，使人感觉到是法官的个人价值与意志取代了宪法法律的意志，进而忽略了人民的意志，侵犯了民主制度，因而道德解释几乎从未得到过公开的支持。由于道德解释可能会导致法官的绝对权力，影响人民自己对道德事物的判断力，所以宪法学者们就试图寻找另外一些赋予法官较少权力的方法，或者如何限制法官权力的方法。

（崔雪丽）

古典解释的规则

早期萨维尼提出的四种准则，被我国台湾地区学者吴庚称为古典解释的规则。虽然萨维尼在提出这些解释方法时主张不适用于宪法等公法，但是后来的学者主张宪法解释应回归古典的法律解释方法，主张宪法应与法律一样适用相同的解释规则，使得宪法的含义可以预见。这种古典解释规则指萨维尼名著《当代罗马法体系》中提出的四种解释要素：文理的、逻辑（论理）的、历史的和体系的。也即后人所称文义解释、历史解释、体系解释、论理解释的解释方法。

参考书目

1. [德]弗里德里希·卡尔·冯·萨维尼：《当代罗马法体系－Ⅰ－法律渊源·制定法解释·法律关系》，朱虎译，中国法制出版社2010年版。

2. 吴庚：《政法理论与法学方法》，中国人民大学出版社2007年版。

（崔雪丽）

宪法的历史解释方法

对已有宪法条款的原初理解。通过考察会议记录、立法资料、立法的发展演变来揭示立法者制定宪法条文的立法动机与立法意图，从而阐明宪法用语真实含义的方法。历史解释主张采用宪法文本通过时的意义以及制定者、批准者、宪法修订者的意图。制宪者讨论宪法时将其理解为社会契约，并以将来可能的宪法修正案来约束后代。

历史解释与历史事实本身之间存在本质区别。在某种意义上，历史学家所撰写的历史是基于研究者自己的经历和对过去的人与事的理解而重新建构的“历史”，而非历史事实本身的真实描述。历史客体的延展性与解释的目的性，决定了解释的多样性。由于解释的不确定性、多样性，以及历史研究者的某种目的性，导致了结论的丰富多彩。历史研究者的不同社会文化背景影响解释的过程与结论。解释的多样性，很大程度上受解释者生存的社会空间、个人经历和知识背景的影响。不同时代的研究者，由于不同的社会经历和不同的文化背景，解释历史的视觉空间也不相同。

参考书目

1. 侯学华：《历史解释与美国宪法史学流派》，载《西安交通大学学报（社会科学版）》2005年第4期。

2. [美]凯斯·R. 桑斯坦：《偏颇的宪法》，宋华琳、毕竟悦译，北京大学出版社2005年版。

3. Paul Brest, *The Misconceived Quest for the Original Understanding*, 60 B. U. L. Rev. , 1980.

（崔雪丽）

宪法解释原则

宪法解释的原则对于一个健全的宪法解释制度至关重要，没有宪法解释原则指导的宪法解释活动必然不能造就一个完整科学的宪法解释制度体系。解释原则对解释制度而言不是可有可无的，而是宪法解释制度的核心。在宪法学者的理论著作中，对宪法解释原则的研究并没有作过细的分类，不同的人所提出的宪法解释的原则的角度也不一样，大体上涉及宪法解释的方法原则、宪法解释内容的社会价值原则、宪法解释的功能原则以及宪法解释的主体原则、程序原则、效力原则等。

（崔雪丽）

宪法解释方法

宪法解释就是在宪法实施的过程中,对宪法实施的对象予以明确化,通常的表现形式就是对宪法有关条文规定的含义作出说明和解释,旨在使公民对宪法规定的含义有一个统一的认识,便于按照宪法的要求准确、有效地实施宪法,使宪法的各项规定得到实现。为保证宪法的稳定性,大多数国家都采取严格的修宪态度,而更多地依靠宪法解释的手段来使宪法适应不断变化和发展的社会情势。

宪法解释方法指有权主体在解释宪法使宪法更好地适应社会情势的变化时需要遵循的方法。至于具体包括哪些方法,学者说法不一,很多人认为宪法解释可以适用一般的法律解释方法,即文义解释、体系解释、历史解释、目的解释等。而还有一些学者则认为宪法解释具有一定的特殊性,它有着自己独特的解释方法,不同于一般的法律解释方法。借鉴国外的宪法解释方法,学者提出的其他宪法解释方法还有原意主义解释(原旨主义解释)、文本主义解释、结构解释方法、道德解释方法、解释主义与非解释主义、先例解释方法或称学说理论的解释方法等。

虽然有着如此众多的宪法解释方法,但是单一的宪法解释方法无法成功地指导法官审判或者为全部宪法问题提供确定的、合乎情理的答案,这些解释方法不是截然对立的,彼此之间时常交叉和重叠,所以,通常需要综合几种解释方法才能做出最佳解释。众多的宪法解释方法中哪一种应成为宪法解释首要的方法,学者们各持己见。有学者提出,释宪者在解释宪法时应该综合采用各种解释方法,并建立起一种理论,据此确定了五种宪法解释方法的先后次序,即文本解释—原旨主义—宪法理论—判例—价值判断。但是,正如法律解释方法排序一样,这种宪法解释方法排序并未获得学界普遍认可。按照宪法解释的通说,文义解释在所有解释方法中应该优先适用。

(崔雪丽)

宪法判断

宪法审查制度中的宪法判断,一般只在欧洲大陆采取抽象性审查的国家中使用。相比较而言,“判断”比“判决”或“决定”更具兼容性。在英语中,“判断”与“判决”都可表述为“judgment”,但在中文中“判断”与“判决”的区分较大。在意义上,“判断”一词既可表示司法机关在审理案件后所作出的“判决”(judgment),也可表示其他机关、社会组织或者个人对某事经过考量后所作出的“决定”(decision)。由于欧洲大陆的宪法审查机关多兼具政治性与司法性的双重性格,“判断”一词相对而言更强调一种“政治”机关的决断。在美日等国中,宪法审查权是由普通的法院来行使的,因此在这些国家中宪法审查程序的最终结论一般只称为“判决”,而不是“判断”。

在宪法审查中,宪法审查机关所作出的“判断”有多种。有些判断是实体性的,有些判断则是程序性的。比如德国是否启动宪法审查时的审查决定和各种“意见书”。审判庭之外的合议庭也可作为联邦宪法法院进行裁判。因此,所谓的“宪法判断”的具体含义,仍应在具体的语境中进一步“判断”。

(陈运生)

合宪性推定

在美国违宪审查制度建立当时就已经存在。该原则以三权分立原理为基础，是广义上“司法自我限制”的重要内容之一。早在1796年，切斯（Salmon P. Chase）法官就提出只有在极其明白的情况下，才可以行使司法审查权，1819年马歇尔法官也指出应该对制定法律的立法机关抱有相当的尊敬。而著名的宪法学者赛耶（James B. Thayer）教授也指出，法院只有在议会具有明显（不存在合理疑问的余地）错误的情况下，才可以无视法律，作出判断。后来经过霍姆斯法官、布兰代斯和斯通法官等的主张，合宪性推定原则在判例法上得到发展。如果将违宪审查中的法律判断分为两个部分——法规范的解释在法上的问题以及法规范的事实评价问题，那么大量的案例表明，合宪性推定起到的重要作用主要是对事实评价这一方面，在这种意义下，合宪性推定指的是“推定……支持立法的事实状态是否存在”。

这种推定主要是运用合理性基准。布兰代斯法官在 O' Gorman & Young v. Hartford Fire Inc. Co. 的法庭意见中就指出，作为基础的事实问题是立法合宪性的条件，当议会的价值判断欠缺合理的事实基础时，法院的审查就不受合宪性推定原则的支配。

（陈运生）

合宪限定解释

源于日本宪法学中的概念。根据芦部信喜教授的定义：合宪限定解释乃是“通过对若依字面意思解释就有可能构成违宪的那种宽泛的法律条文含义加以限定，排除其构成违宪的可能性，从而对法令的效力加以救济的解释”。合宪限定解释其根本上乃是作为一种回避违宪判断的方法存在，对此时国康夫法官在《合宪解释的方法》中的定义可谓明了：“如果法令的解释可有广义和狭义两种可能，如果采取广义解释则违反宪法或者违宪疑义较大，则采取狭义解释从而回避对法令本身的违宪判断。”

由于日本的宪法审查制度乃是以美国为模板，有关“合宪限定解释”方法的理论可以追溯至美国宪法审查的实践。其实早在1884年的格林纳达县诉博洛登案之中，美国联邦最高法院就已经运用这种合宪限定解释方法。法院对这种方法做了如下阐释：“解释法律应当尽可能与宪法一致，尽量运用法院的法律解释权，以此避免法律违宪判断。如果州法有可能做出两种合理的解释，法院基于对州立法机关的尊重，应当推定州立法机关并未无视宪法，法院应当在不改变法条的合理含义的前提下，选择与宪法一致的解释。”

虽然这种方法在美国发展较为成熟，但采纳这种方法并非美国宪法审查模式所独有，比如德国的宪法审查实践也广泛采纳这种方法，而且在理论学说上也十分发达。但在德国并没有所谓“合宪限定解释”，与此对应的概念乃是“合宪解释”（Verfassungskonforme Gesetzesauslegung verfassungskonforme Auslegung）。德国的合宪解释的含义较芦部信喜教授的“合宪限定解释”要略微广泛，为此理论上可能较日本学说更为周延。

（陈运生）

回避宪法判断的法律解释

通过限定解释回避宪法判断的方法和通过限定解释回避违宪判断的方法在技术上并无区分，即都是通过嵌入例外规则的方法回避判断。其不同之处仅仅在于所嵌入例外规则不同：前者是嵌入不属于宪法判断范围的规则,即如果采取 a 解释,则无需做出宪法判断,所以采取 a 解释。其通常表述为:“如果采取……的解释,则并不涉及宪法上的争议而无需做出宪法判断”。后者乃是嵌入违宪解释的例外规则,即如果采取 a 解释,则违宪,所以不得采取 a 解释方法。然而,上述两种回避方法虽然都是一种限定解释,然而其法律效果不同。回避宪法判断则不会导致任何宪法判断,此时法律规范是否合宪仍不确定,只是回避做出是否违宪的判断而已。而回避违宪判断则会导致合宪判断,即附条件通过。

(陈运生)

合宪性解释

当同时存在数个法律解释的可能性时,只能选择其中导致合宪结果的解释。也就是说,解释法律一般可使用文义、目的、体系、历史和综合解释的方式,只要有任何一种方式能够找出立法者符合宪法的依据,就可以排除其他方式可能得出的违宪结果,因此这是一种偏向于立法者的解释方法。合宪性解释的权限并非德国联邦宪法法院所独有,普通法院对于法律也具有进行合宪性解释的权限。但是普通法院的合宪性解释不允许篡改立法者的立法目的或得出与法律文字的字面意思相抵触的解释,否则侵害了立法权的权限以及联邦宪法法院所独有的废除违宪法律的权限。

(陈运生)

宪法权利的辐射效力

在“公民与国家的二元对峙结构”理念的指导下,宪法基本权利素来被认为是公民个人对抗国家公权力的堡垒,无论是在颁布第一部成文宪法的美国还是在素以权利保障完善而著称的德国,皆认为宪法基本权利在公民个人领域没有约束力。美国《权利法案》(Bill of Rights)便明确规定了基本权利的约束对象是国家机关。但随着时代的发展,特别是现代国家已纷纷进入以法治国(rechtstaat)阶段之大背景下,公民对权利保障越来越要求完备化,特别是要求在各个领域已经出现的以及可能出现的对权利的侵犯皆应纳入法治之轨道,相应地,在私法领域可能出现的对公民基本权利的侵犯应当如何救济也就成为宪法上的重要议题。

这样的问题是普遍性的。在美国,联邦最高法院通过一系列判例,在美国《权利法案》的基础上确立了著名的“国家行为”理论(state action)。在德国,则由法学家和宪法法院共同创造了“基本权利对第三人效力”理论,并由此演绎出了一整套精致的基本权利理论,并已经成为现代宪法学的基础理论。由美国和德国向外扩展,目前比较宪法学对该问题的态度被比较宪法学界归纳为一种谱系(spectrum):以美国为代表的立场认为基本权利在私人领域完全不具有效力,此立场可被认为是否定说,或者说此立场只承认基本权利的“垂直效力”(vertical effect);以爱尔兰和颁布了正式宪法(final constitution)的南非为代表的立场认为基本权利在私人领域的效力当与其在私人和国家机关之间的效力相同,此立场可被认为是肯定说,即承认基本权利的“水平效力”;而以德国为代表的立场则认为基本权利在私人领域没有直接的效力,但基本权利可以通过普通法律(general law)对私人领域施加影响,此立场被认为是“间接效力”。基本权利的“辐射效力”问题日益受到比较宪法学的关注,就是在实行不成文宪法的英国,在 1998 年颁布了《人权法案》(Human Rights Act)之后,就该法效力所及的主体范围问题也引发了一场大讨论。可以说,基本权利的“辐射效力”问题已经成为比较宪法学最为重要的理论之一。

(陈运生)

立法事实

最早由美国戴维斯(Kenneth Culp Davis)教授于1942年提出,他在区别判决事实(adjudicative facts)和立法事实时指出,前者指的是仅以解决案件为目的所应确定的事实,即有关直接当事人(谁、什么时间、在哪里、以什么样的动机或意图、如何地、做了什么)的事实,而后者指的是形成所制定法律的基础和支持该法律的(作为法律制定背景的社会、经济的)事实。就像麦考密克所指出的那样,“以前法官应通过向专门的传统理论类推来合理化结论”而现今“司法过程的性质正是法官与立法者同样,有必要以成本和公共政策的考虑来活动”,从这种思路出发,其提出了“法官应该明了其意见的事实基础”这种诉讼程序的法则,可以建立“与引起诉讼的具体案件之历史事实的判决事实相对应的作为该判决基础的社会、经济、政治或者科学的立法事实”。立法事实最普遍被引用的例子是:路易斯·布兰代斯在Muller v. Oregon的判决意见引述的工作妇女需要特殊保护的材料,以及在Brown v. Board of Education中详述对黑人孩子进行隔离会造成有害后果的社会科学附录。

(陈运生)

违宪审查中的宪法解释

宪法审查机关做出宪法判断并不一定就会得出违宪结论,如果采取回避违宪判断的方法,则可得出合宪的结论。如果从广义上看,适用法律判断回避宪法判断的方法实际上也可达到回避违宪判断的效果,特别是以间接违宪方式回避宪法判断的方法可谓是一种适用违法判断回避违宪判断的方法。然而一旦适用违法判断解决纠纷,则无需再就是否构成违宪做出判断,因此就形式逻辑而言狭义的回避违宪判断的方法通常是指合宪限定解释的方法。在宪法判断中,判断者需要将“目光往返流转”于作为判断准则的宪法规范和作为审查对象的法律规范之间,当然也不免对法律规范做出同宪法规范相对照的解释。为此这种解释本身对于是否构成违宪自然意义重大,如果运用解释技术使得法律规范避免被做出违宪判断,则一方面可以使得同为宪法之下国家机关的宪法审查机关和政治部门之间“化干戈为玉帛”,避免造成政治危机,另一方面也可以在法律体系内对基本权利进行切实有效的保障。

(陈运生)

政治问题回避原则

“政治问题”理论(political question doctrine),也可以表述为政治问题回避原则,是各国宪法审查制度中被不同程度采纳的一项排除性要件,发挥着阻却不合适的政治性争议启动实质性审查的功能。美国司法部门将之作为拒绝审查不具有可裁判性之政治问题(a non－justiciable political question)的理论基础。日本宪法审查理论用“统治行为”来指称这类排除对象,佐藤功教授将之定义为国会、内阁等,也就是作为政治部门的国家机关的行为中具有高度的政治性的行为。肯定统治行为存在的理论被称为“统治行为论”,这是日本学界的通说,并为其最高法院采用。

德国等采用宪法法院模式的国家，基于宪法及相关立法的规定，宪法法院可以在授权范围内审查具有政治意义的案件，但"纯粹的政治争议不受审查"，宪法法院一直以之作为拒绝审查僭越其权限之政治问题的挡箭牌。较之德国，法国宪法委员会的政治气息更浓。但即使如此，宪法委员会并不愿意直接代替政治机关进行决策，20 世纪 70 年代以来法国政治力量消长中，宪法委员会的定位在不停的调整，觅得了适切相位：以中间人的身份，在协调左右两翼中起重要作用。申言之，以宪法为基准，通过协调法律文本之间价值冲突的方法来发挥作用，以避免被拖入"法官政府"的泥沼。

（陈运生）

宪法方法论的利益衡量

法律适用中无法回避价值判断，宪法的适用同样难以例外。作为价值判断或者说是实质推理的一种方法，"利益衡量"（the balancing of interests）备受关注和争议。在德国，利益衡量常与比例原则的第三子原则——狭义的比例原则相提并论。该原则即被视为基准意义上的衡量，其"本身就是个案衡量，只是它并不独立运作，而是与其他两个次原则共同形成一个审查标准"。而作为法解释适用的一种方法，利益衡量通常被称作"个案中的法益衡量"，即德国"联邦宪法法院确定在个案中相互冲突的基本权或宪法原则之各该效力范围"所运用的一种方法。

在美国宪法的理论和实践中，既有作为具体的宪法解释适用方法的利益衡量，也存在基准意义上的衡量。作为宪法解释方法的衡量是一种宪法推理的形式，指称那种基于确认、评价和比较系争利益的宪法解释适用方法。而衡量判决即指凭借确认具体案件所涉利益，分析宪法问题，通过明确或隐含地赋价值于确定的利益而做出决定或建构一个宪法规则的司法判决。至于作为基准的衡量则"可能以独立审查标准的形式出现，也可能与其他标准结合，而成为其部分"。一般而言，利益衡量在宪法审查领域，一是被视为审查的基准；二是被视为审查的方法。

参考书目

黄昭元：《宪法权利限制的司法审查标准——美国类型化多元标准模式的比较分析》，载《台湾大学法学论丛》第 33 卷第 3 期。

（陈运生）

宪法解释的后果取向

又称结果考量、政治后果考察、政治后果取向、结果评判论证、价值判断、价值考量等。如果套用我国学界一度热议的"价值如何进入规范"之表述的话，则此过程就是一个"价值"透过结果取向"进入"并决定"规范"解释的过程。

相对于解释规则及其综合模式而言，后果取向并非传统的解释与推论模式（das traditionelle Ausle – gungs – und Subsumtionsschema）中的组成部分。对此，卢曼依据其法律系统理论作出的解释是，"后果取向"不属于法律适用者的程式。卢曼的观点也得到了阿列克西法律论证理论的支持，后者甚至在对法律论证与普遍实践论证作出区分的基础上，为解决应如何"在现行有效法秩序的框架内符合理性地作出决定"的问题，总结出了普遍实践论证"可能是有必要"的五种情况。如果说传统的解释与推论模式可以对应于卢曼所称的法律适用和阿列克西所谓的法律论证的话，则学界形成的共识是将"后果取向"视为不同于解释与推论方法的过程。但由于联邦宪法法院从未在裁判中明确指明"后果取向"是形成解释结论的基础，而与此同时却在部分裁判中提及了其适用解释规则的过程，因此容易形成法院的解释结论得之于解释规则上的推论而非形成于后果取向的错觉。

（陈运生）

抽象审查制度下宪法判断的效力

抽象审查制度是指与具体争议并无关联的一种宪法审查制度，它主要以欧陆国家为代表。这种审查制度并不取决于个案，并且其主要目的乃在于确保合宪性的客观价值。因而，抽象审查原则上系由特定的主体方可启动，并且这些启动主体在启动宪法审查时，并不取决于他们本身的权益是否受到了影响。

与宪法审查的"抽象"启动特征攸关的是，抽象审查判断的效力亦可以不限于个案，而产生普遍的一般效力。概言之，在抽象审查制度下，宪法判断的效力包括了确定力（分为形式性确定力与实质性确定力）、羁束力（羁束审查机关和利害关系人去执行或实现宪法判断的实体结果之力）和类法律效力（类似法律所具有的那种普遍效力）等三种型态。

（陈运生）

具体审查制度下宪法判断的效力

由于具体审查判断依然是一种判断，依然具有"行为"与"结果"的两重内涵，因此具体审查判断亦相应地具有"行为的效力"与"结果的效力"两种形式。

（1）具体审查中判断行为的效力：形式性确定力。在具体审查制度中，宪法审查权由法院在具体个案中附随地行使。因此，具体审查制度下宪法判断的效力，其实就是法院裁判所具有的形式性确定效力。基于这种效力，法院的裁判作出之后，一般不允许再次启动裁判程序。在一般情况下，不允许当事人有所质疑，也不允许法院随意变更或撤销。

（2）具体审查中判断结果的效力有如下几种：第一，实质性确定力。在具体审查制度的国家中，虽然并没有专门意义上的确定力，但是体现类似诉讼价值的相关概念仍然是存在的。例如，英美法系的"res jadicata"就与确定力的概念相似，其意是指"已判决的事项或案件，其效力规则是，有完全事物管辖权的法院作出的终局判决对当事人及其利害关系人的权利具有决定作用，同时该判决绝对地阻止他们就同一请求和诉因再行起诉"。第二，个别效力。一般认为，具体审查制度的本质，重在"保障个人权利"，同时兼顾"维护宪法秩序"。因此，宪法审查的提起必须与案件的当事人有密切的"关联性"，并且宪法判断的效力只对特定的诉讼当事人具有"个别效力"，而无"对世效力"。第三，时间效力。在具体审查制度中，宪法判断的结果一般只对将来有效，不溯及既往。

参考书目

Black's Law Dictionary, West Publishing Company, 1999.

（陈运生）

双重基准

由美国联邦最高法院1938年在United States v. Carolene Products Co.的第四注脚所发展出的，认为言论等精神自由，比起经济自由更处于优越地位。该理论认为，在人权的谱系中，精神的自由对于立宪民主政治的过程来说是不可或缺的权利，因此应比经济自由占有更为优越的地位，从而主张：对于规制以表达自由为中心的精神自由立法的合宪性，应采取比审查经济自由立法的合理性基准更为严格的基准进行审查。

（陈运生）

附随性审查

在普通诉讼中对于有违宪之虞的法律进行宪法上的审查。这种审查较典型地存在于普通法系国家。采行附随性审查模式的国家，十分强调案件性的要件。这一方面是出于附随性审查方式的要求，另一方面，附随性审查的审查主体通常是法院，案件性要件与司法权的本质属性十分契合。

（陈运生）

具体审查

由普通法院来进行宪法审查，无疑是世界上最为古老的宪法审查模式，自1803年马伯里案之后，其就在美国得以确立，并与判例宪法制度一起构成美国宪政上最有特色的制度。此后，它虽然在英国本土囿于“议会至上”原则的盛行而始终未被采行，但在旧属英国殖民地的加拿大、澳大利亚、南非和印度等国都被袭用。斯堪的纳维亚半岛各国及日本也相继采纳了该模式。普通法院模式最基本的特征是“非集中性”或“分散性”，即在任何普通法院都可以与审理其他类型案件一样审理宪法案件，公民无需也不可能到专门处理宪法案件的机构提出宪法申诉。以美国为例，该种审查的特征主要在于：首先，在组织结构上，普通法院模式是由普通法院体系对有合宪性争议的法律承担宪法判断之职责的；其次，在审查程序上，普通法院模式实施的是附随性审查与事后审查，即普通法院法官只有在法案正式通过后，于现实地具体审理民事、行政、刑事案件诉讼过程中，才可就应当适用的法律，附随地实施宪法审查；再次，在审查对象上，普通法院模式只允许法院审查具体争议，而不能超然独立于诉讼案件之外仅就法律进行抽象审查，也不能对法律议案的合宪性或合适性给予不具备约束力的“咨询性意见”；最后，在判决效力上，因普通法院模式，宪法审查机制的启动以个人提起具体的民刑诉讼案件为必要前提，因此其所作出的判决，都只与案件当事人有关联性，即没有“对世效力”，原则上只有当事人间的“个别效力”，一旦产生违宪判决，也不会发生废止违宪法令的效果。

（陈运生）

抽象审查

1803年，也就是与马伯里诉麦迪逊案发生的同一年，法国摧毁自己独立的司法系统，并且基于立法主权的原理，于1804年建立了一套新的法律体制，该体制以司法不参与立法机能为原则，法官被想象为事实上的“立法的奴仆”，或更准确地说，是被想象为法典式法律体系的奴仆。这套体系旨在以完备的制定法形式，永久而包罗万象地调整各种社会关系，从而将司法裁量权减少到零。通过各国的纷纷效法及法国的扩张战争,该法典式法律体系及对宪法审查的禁止很快便弥漫了整个欧洲大陆。19 世纪的欧洲大陆,尽管不断经历着各国政权的频繁更迭,旧的国家消失或被并入新的国家,但始终保持着一套相对稳定的宪法正统观念。在这套观念中,宪法能任由立法者随意修改;权力分立原则限制司法对立法权的审查;对立法权力的限制,比如权利,要么根本不存在,要么非由法院执行。因此,在理论上,筑基于司法优位之上的美国型普通法院模式根本就无法立足生根于欧洲大陆。而实践中,20 世纪初叶,尤其是两次世界大战期间,发生于法、德、意各国的轰轰烈烈的普通法院模式移植运动无不以失败而告终的事实,也再次证明了普通法院模式这一宪法审查类型适用于欧洲大陆的局限性与阻却性。所以,当遭遇了两次世界大战的浩劫而终挣脱"立法机关万能教条"的欧洲大陆在打造自己的"宪法之护卫"——宪法审查制度时,采纳与追随的是奥地利法学家凯尔森所发明的大陆型宪法审查类型,即专门机构模式,在该模式下行使宪法审查权的机关被凯尔森定义为是一种与司法机关相类似的消极立法者,因而它是政治性的,这不仅避开了人们对"法官统治"的敌视与戒备,而且较为容易地嵌入了那些以议会优位为传统的大陆法系国家政体之中。当然,在这些继受大陆型宪法审查——专门机构模式的各种情形中,宪法委员会与宪法法院无疑是各国对其剪裁修正后形成的最具特色的两大风貌。

（陈运生）

宪法委员会模式

始建于 1958 年《法兰西第五共和国宪法》(又称"戴高乐宪法")第七章,而后其延伸至非洲的阿尔及利亚、科摩罗、摩洛哥、莫桑比克等前法属殖民地国家。在该模式下,其宪法审查机构——宪法委员会不与普通法院分享任何普通案件的法律适用权,从而在审查机制上呈现出一种与具体案件裁决无涉的抽象审查特色,以法国为例:首先,在组织结构上,宪法委员会模式是由宪法委员会这一专门的宪法审查机关对有合宪性争议的法律承担宪法判断之职责的,其组织编制与普通法院模式相比,带有浓厚的立法机关政治色彩,远不如后者超然独立;其次,在审查程序上,宪法委员会模式采事前抽象审查程序;再次,在审查对象上,其与普通法院模式相反,宪法委员会并不决定当事人之间的具体争议,而是在法律实施前处理其有效性的抽象问题;最后,在裁决效力上,其不受理当事人之间的特殊争议,而是以抽象的方式去决定影响未来案件之法律有效性的责任相契合。宪法委员会的裁决决定的是文字,而非诉讼人,即凡被宪法委员会宣布违宪的法律,制定机关不得公布实施,而只有那些被认定不违宪的法律,才可以继续下面的立法程序,正式公布实施,且对该裁决,不得上诉,也无法上诉,对所有国家机关,包括立法、行政、司法各机关发生拘束力。

（陈运生）

宪法法院模式

尽管奥地利宪法法院是欧洲最早的宪法法院,但第二次世界大战后新建的德国宪法法院却是目前欧洲最为生机盎然的宪法法院,其运作多年以来,在审查活动、抱持态度、法官人品等各方面一直都被奉为欧洲各国宪法法院之典范。

在宪法法院模式下,其宪法审查机构——宪法法院会与普通法院分享一定程度的普通案件法律适用权，因此该制度类型在运行机制上呈现出上述抽象审查与具体审查相结合的特征。首先，在组织结构上，宪法法院模式是由宪法法院这一专门的宪法审查机关对有合宪性争议的法律承担宪法判断之职责的，该法院在德国司法制度与宪法制度上扮演着双重机关角色，即“司法机关——联邦共和国中的最高联邦法院”和“宪法机关——宪法的最高护卫者”。其次，在审查程序上，德国联邦宪法法院兼采抽象审查与具体审查制度，在德国，联邦宪法法院宪法审查程序的启动可经由三条途径：一谓之抽象的规范审查；二谓之具体的规范审查，也即移送审查程序；三谓之宪法诉愿（constitutional complaint）。再次，在审查对象上，德国联邦宪法法院涵盖甚为宽泛，只要对联邦立法合宪性发生疑问，不问其为具体之规范还是抽象之规范，都有加以宪法审查的权限，其对象涉及15种之多。最后，在判决效力上，德国联邦宪法法院无论是实施抽象的规范审查、具体的规范审查，还是审理宪法诉愿，其所作的宪法判断，都会宣示于判决主文之上，法律被判示为违宪时，则具有对世的效力，换言之，法律被判示为违宪之效力，不但及于当事人，而且及于一般人，即采“一般效力说”。

（陈运生）

比例原则

将比例原则上升为宪法的原则，并作为基本权利保障的实质性要件，来自德国联邦宪法法院的判决实践。在德国的宪法裁判实务上，联邦宪法法院运用比例原则作为判决的准则，始于1958年6月11日的药店案判决（BVerfGE 7，377）。在该判决中，联邦宪法法院对于人民基本权利（该案是营业权）之侵犯的合宪性的问题，提出了手段的“适合性”“必要性”“比例性”的审查要旨。自此之后，“比例原则”的具体要件，便被固定为如下为“三阶原则”，即“适合性原则”“必要性原则”“狭义的比例性原则”。

（陈运生）

适当性原则

国家所采取的公权力措施或法律规定的“手段”，必须适合或者有助于所欲追求目的的达成。若透过某一措施或手段的采用，使得预定追求的结果或目的较容易达成，那么该措施或手段对于预定追求的结果或目的就是“适合”的；反之，若一个措施或手段的采取，并无助于结果或目的的达成，甚至有碍于该结果或目的之追求，则该措施或手段对于所预定追求的目的，就是不“适合”的。

（陈运生）

必要性原则

又称“最小侵害原则”，在所有能够达成目的之手段中，必须选择对人民权利“最小侵害”的方法。换言之，在不“违反”或“减弱”该法律所追求目的的前提下，对于基本权利的限制，应选择侵害“最小”的方法来达成目的。可见，从必要原则的要求上看，“相同有效性”与“最小侵害性”两者无疑是核心要素。当然，在实务中，无论是“相同有效性”还是“最小侵害性”，其确定都不容易。为解决这个问题，在许多种类的基本权利上，德国联邦宪法法院与学界已逐步发展出具有说服力的基本权保护领域的阶层理论，大幅降低了适用上的困难。例如在职业自由方面，宪法法院在前述之药店案中发展出单纯执业规定、主观许可条件以及客观许可条件等三个阶层。另外，德国联邦宪法法院在药店案中还明确表示，只有当有高度可能性可以证实前一阶层的手段不能有效地防止立法者所担忧的危险时，立法者才可以采取下一阶层的措施。

（陈运生）

狭义的比例原则

又称"过度禁止的原则"，为追求一定的目的所采取的限制手段的强度，不得与达成目的所需的程度不成比例，且因该限制手段所造成的侵害程度，不得逾越其所欲追求的成果。因此，依狭义比例原则的要求，倘若所造成之损害与欲追求之成果明显不成比例，则应完全放弃该种措施。

（陈运生）

刑事司法方法

刑法方法论

法学方法论在刑法中的贯彻，在广义上指的是刑法学研究、刑事立法、刑事司法上运用的各种方法的总称；在狭义上指的是刑事司法活动中将刑法文本适用于具体个案以获得正当法律决定过程中所运用的法律发现、法律解释、法律推理、法律论证等体系化方法的总称。对刑法方法论主要是从狭义上的理解。

（1）刑法方法论不同于刑法方法。刑法方法是解决具体刑法问题的门路、途径等。在区别上，刑法方法是以具体问题为前提的，刑法方法论则是与世界观相联系的，一般不与具体问题相联系；刑法方法需要目的，并且受目的支配，其价值受制于人们在解决问题时的具体愿望，而刑法方法论的目的性在于其本身；在刑法学的理论体系中，方法问题总是处于从属和非主流地位，但是刑法方法论是刑法学或法理学的组成内容。在联系上，刑法方法是刑法方法论的具体体现。因此，刑法方法论主要研究的是刑法的研究、制定和适用中所使用的方法问题，是刑法意义上的世界观问题。

（2）刑法方法论是规范意义上的研究。有观点认为，刑法方法论存在本体论和工具论之分，前者以超法规的刑法理论或制度为对象，构建的是作为哲学的刑法学；后者则以解释具体的刑法规范为目的，建构的是作为解释的刑法学。这就有了法哲学上的方法论和规范上的方法论二元区分。只有在狭义的刑法学，即规范法学的意义上，才有刑法方法论。刑法方法论是法律方法，而非法学方法，是法教义学方法。拉伦茨把法学等同于法教义学（Rechtsdogmatik），法教义学是以实证法，即实在法规范为研究客体，以通过法律词句阐述法律意蕴为使命的一种法律技术方法。

（3）刑法方法论是实践指向的，是为确保刑法规范的有效性及司法判决的准确性，是法律人将现行有效的法律规范适用于刑法个案以获得一个正当法律决定的过程中所使用或遵循的方法。因此，具体的刑法方法总是往返于事实与规范之间的。方法就是手段，方法为问题而生。

刑法方法论的主体内容是刑法解释学。刑法解释是对刑法规范含义的阐明,以刑法规范为前提,以说明刑法规范的含义为目的。刑法解释学就是关于刑法解释的系统性学问。当前刑法解释已经发展成一个由解释概念、解释原则、解释方法和技术效力组成的体系。在刑法解释方法论的具体区分上,可以分为刑法有权解释中的刑法方法问题以及刑法学理解释中的刑法方法问题。其中有权解释包括立法解释和司法解释。立法解释不必遵守罪刑法定原则所要求的禁止类推,不仅可以突破原有条文字面含义的限制,而且可以增加原有条文完全没有的新内容。而司法解释明确禁止类推,贯穿于法律适用的过程,按照三段论的推理进行司法适用,具体体现为法官的意见与具体司法解释。学理解释可以分为文义解释、体系解释、历史解释、目的性解释、合宪性解释、比较解释等。

参考书目

1. Peczenik, *On Law and Reason*, Kluwer Academic Publishers, 1989.

2. Noel T. Dowling, Edwin W. Patterson, and Richard R. Powell, *Materials for Legal Method*, Foundation Press, Inc., 1946; 2nd edition by Jones, 1952.

3. [德]罗伯特·阿列克西:《法律论证理论》,舒国滢译,中国法制出版社2002年版。

4. [德]卡尔·拉伦茨:《法学方法论》,陈爱娥译,商务印书馆2003年版。

5. 陈兴良:《刑法方法论研究》,清华大学出版社2006年版。

6. 刘艳红:《走向实质解释的刑法学——刑法方法论的发端、发展和发达》,载《中国法学》2006年第5期。

7. 王世洲:《关于刑法方法理论的思考》,载梁根林主编:《刑法方法论》,北京大学出版社2006年版。

(王瑞君)

报应性司法

以追求报应性正义为核心的司法理念和模式。报应性正义又称惩罚正义,是指国家运用刑罚对犯罪进行报复所体现出来的一种法律正义。这一理念源自亚里士多德的矫正正义。刑罚领域报应性正义的提出者是康德。报应性正义在刑罚领域,经历了三个理论形态的演化:第一,等害报应论,这是康德的观点,主张刑罚以与犯罪在损害形态上相等同为必要。第二,等价报应论,黑格尔认为,犯罪的扬弃是报复,“报复是对侵害的侵害,犯罪具有质与量上的一定范围,从而犯罪的否定,作为定在,也是同样具有在质和量上的一定范围,但是这一基于概念的同一性,不是侵害行为特种性状的等同,而是侵害行为自在地存在的性状的等同,即价值的等同”([德]黑格尔:《法哲学原理》,范扬、张企泰译,商务印书馆1961年版,第104页)。第三,该当论,是英美法系的立场,主张刑罚是对已然犯罪的回顾,刑罚的轻重应该取决于犯罪的轻重方面。与报应论有所不同的是,该当论明确主张刑罚具有预防目的,不以害害相报为理念,罪刑评价标准是完全抽象化的。

报应性司法是一种传统的以国家为本位的刑事司法正义观,体现的是“国家—犯罪人”的单向惩罚模式,将犯罪视为对国家法益的损害,认为犯罪人因自己的行为对国家、社会欠下债务,其关注的核心是犯罪与刑罚的因果关系。报应性正义的焦点在于非难的确定,是面向过去的,强调处罚和痛苦,通过一种社会损害来取代另一种社会损害,重在同害与等价报复,法律秩序的维护处于核心地位。但是,报应性正义对于刑事司法正义来说是偏颇的,报应性正义的最终结果集中或者基本体现在刑罚的实施上,通过刑罚,被害人的报应情感得到了一定程度的满足，但是，报应性正义是忽视刑事被害人因素的。报应性正义强调通过对犯罪人人身自由的限制与剥夺，甚至通过对犯罪人生命权的剥夺来惩罚和打击犯罪，因此体现了一种“有害的正义”。报应性司法观并非片面追求重刑，而是强调有罪必罚，罪刑相当，认为刑罚对于犯罪具有不可或缺性。在犯罪认定上，重视对恶害的惩罚，在主观上强调道义责任，一定程度上忽视了个体性的差异。

（王瑞君）

预防性司法

一种以犯罪预防为目标的司法理念和模式。在思想溯源上，“预防”与刑罚根据论之一般预防论及特殊预防论相联系。一般预防论承报应刑之先而启个别预防论之后，在发展上经历了重刑威吓论、古典功利论和多元遏制论等形态。特殊预防论又称个别预防论，主张刑罚的目的在于预防个体继续犯罪，进而防卫社会。特殊预防论在当代已经式微，不过基于此主张的保安处分论在当代成为重要的刑事立法内容。

预防性司法作为一种制度事实首先出现在英美刑事司法体系中，并逐渐为其他法域所吸收。预防性司法在兴起之初主要表现为未完成犯罪形态与预防性禁令的增加。预防性刑事司法的出现主要是为了满足日益高涨的安全性诉求，包括来自恐怖组织犯罪以及暴力犯罪的威胁。“风险刑法”理论可以为公共安全诉求的增多提供解释，因此风险社会的兴起被认为是预防性司法变革产生的主要社会背景，安全问题成为政策关注的核心，对预防目的的强调深刻地改变了刑法体系。

预防性司法在刑法领域产生了较大变革影响。首先，不断增加对严重犯罪的非完整形态的规定，包括未遂犯、教唆犯、共谋犯等。未完成犯罪形态适用范围的扩张是刑法预防性的首要标志，主要集中于与组织、领导、参加恐怖组织罪相关的刑事实体法之中。其次，预防性禁令的出现，英美等国针对恐怖组织犯罪人、暴力犯罪人以及性犯罪人颁布了一系列预防性禁令作为刑事处罚的辅助性措施，以行为主体已经实施或将要发生的违法犯罪行为为依据，限制行为主体在一段时期内的行动自由或行为资格。最后，预防性司法带来了司法权力的扩张，在刑法之外的刑事法领域之中，通过刑事诉讼法、监狱法等扩张警察权力、缩减犯罪嫌疑人以及犯罪人权利；在刑事法领域之外，也出现了一系列民事或民刑混合的处遇方式，无论是各种预防性禁令还是类似大陆法系保安处分的民事监禁措施，都可以躲避刑法的基本原则以及基本程序的限制，实现与刑事处罚类似甚至有过之而无不及的预防效果。

预防性司法对罪刑法定和刑法谦抑原则带来了冲击，外国学者曾提出十条基本要求，如恪守危害性原则、必要性原则（严重迫切性风险原则）、比例性原则、成本最小化原则等，据以限制其扩张适用。预防性正义仅仅是报应性正义的辅助，以补充其在社会控制能力上的不足，预防性正义不能替代报应性正义，否则将带来更大的危险与不安。

参考书目

1. 邱兴隆：《关于惩罚的哲学》，法律出版社2000年版。
2. 冀莹：《“英国预防性刑事司法”评介与启示——现代刑法安全保障诉求的高涨与规制》，载《政治与法律》2014年第9期。

（王瑞君）

恢复性司法

以重建被犯罪破坏的法秩序为目的的司法理念和模式,又称修复性司法。恢复性司法自20世纪70年代始于加拿大。到20世纪90年代后,恢复性司法在西欧、北美、拉美和新加坡、澳大利亚、新西兰等数十个国家被应用。对恢复性司法的定义,有纯粹模式(purist model)和最大化模式(maximalist model)之分。前者认为恢复性司法是与该犯罪有关的全部当事人共同决定如何解决犯罪的影响及今后的相关事宜的过程。后者认为,是通过修复犯罪所产生的损害而以实现司法正义为标志的一切活动。恢复性司法最重要的特征就是"恢复性",是通过被害人与犯罪行为人之间和解、协商、多方参与的会谈,通过给被害人补偿、使加害人参加社区劳动等,以恢复被破坏的社会关系和秩序的司法模式。

恢复性司法的特征包括:参与主体的广泛性,包括传统意义上的警察、法官、刑事诉讼当事人,还包括被害人及社区;处理方式的灵活性,恢复性司法为被害人、加害人和其他参与人搭建了一个对话的平台,通过调解、调和等多种方式处理犯罪纠纷;追求目标的多元性,不是不要对加害人予以惩罚,其着眼点通过多方商谈形成的解决方案,修复因犯罪造成的损害,实现社会、社区、加害人和被害人多方利益的平衡。

恢复性司法强调正义的实现途径不再是惩罚和服从,而是社会关系的良性互动;强调正义的评价标准不再是有罪必罚,而是加害人所破坏的社会关系是否得到修复。犯罪发生以后,受到损害的不仅是被害人,而且包括犯罪人和社区。因此刑事司法的任务主要不是惩罚加害人,而是要全面恢复犯罪人、被害人和社区因犯罪而造成的损失,以试图达到一种"无害的正义"。与以国家为本位的报应性和功利性正义不同,以个人和社区为本位的恢复性正义强调通过补偿被害人因犯罪所受的物质和精神的损失,修复被害人因犯罪而形成的心理和精神创伤,以恢复因犯罪导致的加害人、被害人和社区三方的冲突关系,体现了一种平衡的正义和以人为本的人道主义精神。

不过对恢复性司法也存在批评。如认为恢复性司法主张犯罪侵害的是个人法益,而不是国家和社会公共利益,对犯罪的处理应该由被害人和犯罪人协商解决,这样做完全无视侵权行为和犯罪之间的本质区别,将民事纠纷的解决办法硬套到刑事司法中来,使得刑事司法改变得像民法,模糊了刑法和民法的关系。对损害赔偿的偏重,甚至将导致整个社会特权横行,正义原则丧失。

参考书目

1. Gordon Bazemore, Lode Walgrave, *Restorative Juvenile Justice: Repairing the Harm Youth Crime*, Mon - sey, Criminal Justice Press, 1999.

2. John Braithwaite, *Restorative Justice: Assessing Optimistic and Pessimistic Accounts*, Crime and Justice: A Review of Research, 1999, (25).

3. Heather Strang, *Repair or Revenge: Victims and Restorative Justice*, Oxford University Press, 2002.

4. 吴立志:《恢复性司法基本理念研究》,中国政法大学出版社2012年版。

5. 狄小华、李志刚编著:《刑事司法前沿问题:恢复性司法研究》,群众出版社2005年版。

6. 邵军:《恢复性司法的利弊之争》,载《法学》2005年第5期。

(王瑞君)

刑事和解

一种以协商合作的形式解决刑事案件的方式,它是在加害人认罪和被害人自愿的基础上,经过双方面对面地交流与协商,最后由加害人通过赔偿、道歉以及其他方式达成和解,司法机关不再对被害人追究刑事责任,或者依据和解结果对其从轻处罚或免除处罚的一种制度。刑事和解制度是一种刑事领域的"私力合作模式"。通常认为,1974 年加拿大安大略省一起毁坏财产案被视为恢复性司法的起源。到 20 世纪 90 年代,刑事和解在西欧国家,北美的加拿大和美国,拉丁美洲的巴西、智利、阿根廷,亚洲的新加坡,大洋洲的澳大利亚和新西兰等数十个国家得到不同程度的发展和应用。

当今世界上的刑事和解制度表现形式是多种多样的,如新西兰家庭群体会议模式、英国恢复性会议模式、美国的刑事调解/对话制度模式、法国刑事调解制度模式和德国刑事和解制度模式等。一般来说,刑事和解的适用条件是犯罪人承认罪行并且双方当事人的自愿。就犯罪人类型而言,未成年人适用刑事和解是各国通例,一般限于轻微刑事案件,但近来许多刑事和解计划已经对强奸、杀人、酒后驾驶致人伤亡及其他暴力犯罪进行了调解。刑事和解在刑事司法程序的任何阶段都是可用的,从各国的实践看大致有四种模式:在犯罪发生后、刑事程序启动前的社区调停模式;刑事程序启动之后、提起公诉之前的转处模式;量刑和执行过程中的替代模式以及司法模式。

刑事和解具有被害人恢复、特殊预防、一般预防、提高司法效率等多方面的功能。但是刑事和解也存在价值瑕疵,首先,刑事和解混淆了刑事诉讼与民事诉讼的区别;其次,刑事和解缺乏普适性和独立性;再次,刑事和解缺乏正当程序;最后,刑事和解违反了平等原则,可能会削弱刑罚的犯罪预防功能,而且并不能真正提高司法效率。

参考书目

1. Braithwaite J. Crime,*Shame and Reintegration*,Cambridge University Press,1989.
2. Gerald R. Williams,*Negotiation as a Healing Process*,Journal of Dispute Resolution,1996,Ⅰ.
3. Asertsen and T. Peters,*Mediation and Restorative Justice in Belgium*,European Journal on Criminal Policy and Research,Vol. 6,No. 4(1998).
4. 陈瑞华:《刑事诉讼的私力合作模式——刑事和解在中国的兴起》,载《中国法学》2006 年第 5 期。
5. 王瑞君:《刑事和解:人本主义的对话型和解》,载《齐鲁学刊》2008 年第 3 期。

(王瑞君)

社会危害性

基于宪法和法律对行为所进行的负价值评价,我国刑法学传统的观点认为,社会危害性是犯罪的最基本属性,是刑事违法性和应受惩罚性的基础。这一观念来自苏俄刑法学。在苏维埃初期,社会危害性被认为是犯罪的本质特征。我国刑法学界对社会危害性的理解有事实说、法益说、属性说三种学说。事实说和属性说在于说明社会危害性自身的范畴问题,即社会危害性是对行为的危害这个客观事实还是行为本身的属性,而没有回答刑法上的社会危害性以什么为内容。法益说将社会危害性理解为刑法所保护的利益,从刑法角度对其予以规范的限定,并以利益作为其实体内容。

在特征上,社会危害性是质与量的统一。第一,社会危害性属于价值评价的范畴。第二,行为是否具有刑法上的社会危害性,根本的评价根据是法,而非其他社会规范。社会危害性首先是立法上的概念,立法者依据对行为的社会危害性有无及大小的评价选择将哪些行为纳入刑法进行规制并设定轻重不同的刑罚。第三,社会危害性以对他人的直接危害结果作为其基本评价内容。第四,我国刑法中的社会危害性必须是在量上达到严重程度的社会危害性。

社会危害性是我国《刑法》犯罪定义的一部分,是否将之作为犯罪的实质特征存在不同认识。否定立场认为,社会危害性本身具有笼统、模糊、不确定性,不利于体现罪刑法定原则。社会危害性标准应是立法者、法学研究人员确立犯罪行为规范的重要因素,司法者和一般公民没有判断"社会危害性大小"的注意义务。社会危害说不仅通过其犯罪本质的外衣为突破罪刑法定原则的刑罚处罚提供一种貌似具有刑法色彩的理论根据,而且也在实践中对国家法治起着反作用。肯定立场认为,《刑法》规定的犯罪定义不存在社会危害性标准,社会危害性与罪刑法定原则并不冲突。因此,司法者不仅要判断行为的刑事违法性,也要判断行为的社会危害性。

社会危害性是否具有司法机能是个重要问题,肯定的观点认为,社会危害性在司法上有规范评价、司法出罪、量刑基准三个机能。但否定论认为以社会危害性作为注释刑法中的犯罪概念的本质特征,并以之作为区分罪与非罪的界限,就会导致超法规的评价。这在罪刑法定原则的刑法构造中是极危险的。

参考书目

1. 苏青:《我国刑法中社会危害性概念之界定》,载《中国刑事法杂志》2012 年第 7 期。
2. 樊文:《罪刑法定与社会危害性的冲突——兼析新刑法第 13 条关于犯罪的概念》,载《法律科学》1998 年第 1 期。
3. 褚槐植、张永红:《善待社会危害性观念——从我国刑法第 13 条但书说起》,载《法学研究》2002 年第 3 期。
4. 陈兴良:《社会危害性理论——一个反思性检讨》,载《法学研究》2000 年第 1 期。

（王瑞君）

人身危险性

一般是指再犯可能性,也有观点认为人身危险性不仅包括再犯可能而且还包括初犯可能,或者是指行为人在犯罪中表现出来的恶劣性格以及再犯罪可能性,是社会危害性的内容之一。人身危险性的思想可以追溯到刑事人类学派创始人龙勃罗梭(Cesare Lombroso)的天生犯罪人思想。刑事人类学派和刑事社会学派都非常重视犯罪人的人身危险性,即行为人所具有的犯罪倾向或称社会危险性、反社会性,而对人身危险性系人的生理学因素决定抑或行为人的自然因素、生理因素和社会因素共同决定的存在分歧。

人身危险性从何而来,有两种基本论争,即先天获得和后天习得。前者的代表学者是龙勃罗梭,基本理论模型是"危险主体—危险性—犯罪行为",后继者如菲利(Enrico Ferri)、加罗法洛(Raffaele Garofalo)。另一理论肇始于以比利时的凯特勒(Lamber Quetelet)为代表的法国犯罪社会学派,认为人身危险性源于外部的社会原因的理论,基本理论模型是"外部环境(客体)—危险主体—危险性—犯罪行为",为迪尔凯姆(Emile Durkiaehn)等赞成。此外还有折中观点,如李斯特(Franz V. Liszt)认为人身危险性源于个人因素和社会因素的综合作用。基本理论模型为"主体因素 + 客体影响—危险性—犯罪行为"。

受到人身危险性概念的影响产生了相应的刑法制度,累犯、自首、立功等量刑制度和减刑、假释、缓刑等行刑制度都是人身危险性这一概念内涵司法化的具体表现。同时,人身危险性是保安处分的基础，人身危险性的有无和大小以及行为人危害行为一起决定着保安处分的种类和长短。

在判断因素上，人身危险性能通过分析与犯罪人个人有关的、现实的情况来加以预测，包括两个方面：犯罪人的个人基本情况和犯罪人的行为表现，具体包括犯罪人一贯表现、犯罪过程中的表现、犯罪后犯罪人的表现。其中个人的基本情况因素包括：生物性因素（年龄、性别）；心理性因素（犯罪人的需要、兴趣、观念体系、气质、性格、能力）；与个人有关的社会环境因素（家庭、学校教育、婚姻状况、职业等）。

参考书目

1. 陈兴良：《论人身危险性及其刑法意义》，载《法学研究》1993 年第 2 期。
2. 张明楷：《犯罪论原理》，武汉大学出版社 1991 年版。
3. 刘朝阳：《人身危险性研究的历史脉络》，载《复旦学报》2006 年第 3 期。

（王瑞君）

开放的犯罪构成要件

又称待补充的犯罪构成要件，是指刑法法规只记述了犯罪要素的一部分，其他部分需要法官在适用时解释补充的构成要素。

开放的构成要件与封闭的犯罪构成要件的区分是韦尔策尔（Hans Welzel）提出来的。他认为，过失犯与不真正不作为犯的构成要件就是开放的构成要件。例如，过失犯中，刑法法规所提示的构成要件只规定了法益侵害的结果，法官必须确定法律要求的注意义务的内容。同样，不真正不作为犯中哪些人具有保证人地位以及作为义务的内容等，也需要法官加以判断。

是否承认开放的构成要件，理论上有两种观点。赞成说认为，就实际情况而言，由于不可能对过失犯、不真正不作为犯规定封闭的构成要件，所以只能期待采取严格正确的解释态度来补充该构成要件。反对说认为，由法官通过价值判断来对构成要件进行补充，违反了罪刑法定主义所要求的刑罚法规的明确性。如果肯定开放的构成要件，就意味着否定构成要件的违法性推定机能，这导致构成要件的形式化，这不符合通说将构成要件视为违法类型的见解。开放的构成要件理论，实际上是将需要补充的构成要件要素从构成要件转移到违法性中去，使之成为专门的违法要素，从而将其排除在故意的认识对象之外，但是，对于违法性而言，只要具有认识可能性即可，而不需要现实的认识，这便导致不当扩大处罚范围，因而不妥当。大体上可以说，只存在开放的刑罚法规，不存在开放的构成要件。

对开放的构成要件的普遍运用将意味着突破罪刑法定，因此应详尽地规定所有犯罪的构成要件要素。即使承认开放的构成要件要素，也应当对其解释进行目的性限缩，不能随意地扩大解释甚至类推适用。

参考书目

1. 陈家林：《外国刑法通论》，中国人民公安大学出版社 2009 年版。
2. 张明楷：《实质解释论的再提倡》，载《中国法学》2010 年第 4 期。

（王瑞君）

封闭的犯罪构成要件

又称完结的犯罪构成要件或关闭的犯罪构成要件，是指刑法法规在构成要件的规定上，已经将犯罪的所有要素完全地表示出来了。

由于开放的犯罪构成要件情形下，需要在构成要件外寻找积极的违法性基础，有违构成要件的机能实现，因此这一概念基本上被否定。据此，几乎所有的犯罪都应当是封闭的犯罪构成要件。封闭的构成要件能够确保构成要件机能的实现，包括自由保障、犯罪个别化、故意规制和违法性评价等。刑法法规在设定犯罪的构成要件时，应当尽量涵盖全部的构成要件要素，并表达明晰。这是刑法规范明确性的要求，也是避免刑法适用恣意化的需要。但是，构成要件的封闭并非意味着所有的犯罪构成要件要素都不存在争议性的解释，在司法适用中，仍需要对不同的构成要件要素进行解释，以真正地实现罪刑法定和刑事正义。

（王瑞君）

规范的构成要件要素

需要法官根据一定的文化价值判断标准进行规范的评价判断才能确定的构成要件要素。如淫秽、他人之物、贿赂等。韦尔策尔认为，法定构成要件中的一类由感官认识只能获得非本质的部分，而本质的部分只能通过精神的理解才能获得，即规范的构成要件要素。对于这类要素而言，即使存在确定的法律解释，某种事实是否符合该构成要件还是需要法律的价值判断。

麦茨格尔(Mezger)将规范的构成要件要素分为三类：一是法律的评价要素，即需要参照刑法以外的其他法律领域中法的评价或概念确定的构成要件要素，如“公务员”“财产”等；二是文化的、社会的评价要素，如“猥亵”“侮辱”等；三是量的评价要素，如公然、微薄的价值等。

在我国刑法上，同样也存在这样的规范性构成要件要素，大致也可以分为三类：一是法律上的评价要素，即需要根据法律、法规进行评价的要素；二是经验法则的评价要素，即需要根据经验法则进行评价的要素；三是社会的评价要素，即需要根据社会一般人的价值观念进行评价的要素。具体说来，我国刑法中的国家工作人员、司法工作人员、公私财物等属于法律的评价要素；淫秽物品、猥亵、公文、住宅等属于社会的评价要素。

规范的构成要件要素的存在是否冲击或违反了刑法规范的明确性原则，一直以来是一个有争议的话题。明确性原则是罪刑法定原则的内容之一，应当被贯彻，但是刑法文本具有局限性，语言本身所存在的“空缺结构”，无法达致一个准确明晰的认识和表达，规范的构成要件要素的存在是一个无法避免的问题。为了平衡明确性原则与规范性概念的不确定性，对规范的构成要件要素解释应当注意：(1)如果由于使用了规范的要素导致一般人无法从法律条文中读出什么样的行为属于犯罪行为时，这种规范的要素的使用就违反了罪刑法定主义的明确性原则，违反了宪法；(2)对规范的要素进行解释时，应尽可能地还原为记述的要素而加以解释；(3)如果法官的判断与社会一般人的判断发生偏离，应进行行为人所属通常人领域内的平行评价；(4)对于解释与具体案件行为人认识不一致时，应当对事件进行调查并确定行为人是否意识到该构成要件要素的意义。规范的构成要件要素应当在司法中被真正规范地解释和适用，不能偏离法的精神和社会经验法则的评价。

参考书目

1. 张明楷：《刑法学》，法律出版社2011年版。

2. 陈家林:《外国刑法通论》,中国人民公安大学出版社2009年版。

（王瑞君）

记述的构成要件要素

构成要件要素无须加入法官等评价或者价值判断,而只需要对事实的认识就能确定。如人、建筑物、汽车等。记述的构成要件要素也需要进行法律解释,但只要对某个概念作出一定的解释,就能够仅凭对事实的认识而确定其范围。基于罪刑法定主义的要求,构成要件应尽可能地适用记述的要素。

麦茨格尔的观点是,从法官的立场来看,对于与构成要件要素相对应的客观事实,只需要进行事实判断、知觉的、认识的活动即可确定的要素,是记述的构成要件要素。与此相对,为了确定构成要件要素,需要法官的评价的要素,或者说需要法官的规范的评价活动、需要法官的补充的价值判断的要素,就是规范的构成要件要素。后来他认为,记述的构成要件要素,是在任何意义上都不需要法官的评价的要素;对记述的构成要件要素虽有解释的必要,但在解释上并没有任何争议,在认定事实是否符合构成要件时,不需要法官的个人评价。规范的构成要件要素是需要填充的构成要件要素,即法官仅仅根据法规的记述还不能确定,只有进一步就具体的事实关系进行判断和评价才能确定的要素。

划分记述的要素与规范的要素存在不明确性。德国学者沃尔夫认为,所有的记述要素都是规范要素,因为记述的要素一旦在构成要件中得到采用,就不再是法律评价之前的事实素材而是法律事实,因而都是规范的要素。不过,二者的区分是有意义的,一方面,规范的构成要件要素的发现,使构成要件由单纯的行为类型发展为违法类型;另一方面,区分记述的要素和规范的要素,有利于故意的认定及事实认识错误与法律认识错误的区分。

参考书目

陈家林:《外国刑法通论》,中国人民公安大学出版社2009年版。

（王瑞君）

刑法中的法律拟制

根据《布莱克法律词典》的解释:“法定拟制是一种法律假设或假定,把虚假说为真实,把虚无当作实在。这种假定,即把不存在的东西虚构为存在的假定,其目的是实现正义。”法律拟制的特点是,将原本不符合某种规定的行为也按照该规定处理。即“有意地将明知为不同者,等同视之……法定拟制的目标通常在于,将针对某一构成要件所作的规定,适用于另一构成要件”([德]卡尔·拉伦茨:《法学方法论》,陈爱娥译,台北,五南图书出版公司1996年版,第160页),刑法中的法律拟制是刑法规范基于特定理由法定设置的一种现象。

刑法中之所以存在法律拟制,一是因为形式上基于法律经济性的考虑,避免重复;二是因为实质上的理由是基于两种行为对法益侵害的相同性或者相似性,因此,立法者不能不受限制地设立法律拟制。法律拟制可谓一种特别规定,其特别之处在于:即使某种行为原本不符合刑法的相关规定,但在刑法明文规定的特殊条件下也应按相关规定论处。

我国刑法有几种法律拟制情形,包括:(1)行为主体即国家工作人员的拟制。(2)主观方面“故意”的拟制——刑讯逼供罪“致人重伤、死亡”。(3)犯罪行为的拟制。(4)共同过失犯罪的特殊拟制规定。

（王瑞君）

刑法中的注意规定

刑法规范中出现的特定提示性内容，是在刑法已作出基本规定的前提下，提示司法人员注意，以免司法人员忽略的规定。

在特征上，首先，注意规定的设置，不改变基本规定的内容，只是对基本规定内容的重申；即使不设置注意规定，也存在相应的法律适用根据。其次，注意规定只具有提示性，其表述的内容与相关基本规定的内容完全相同，因而不会导致将原本不符合相关规定的行为也按相关规定论处。《刑法》分则关于“明知”的规定，大多属于注意规定，即提醒司法工作人员注意的规定，即使分则没有“明知”的规定，也应根据总则关于故意的规定，确定必须明知的事实。

对注意规定和法律拟制的区分，要通过体系解释、目的论解释等多种解释方法，准确区分注意规定和法律拟制。（1）是否存在设立注意规定的必要性，如果有必要设置的，可能是注意规定；如果没有必要设立注意规定的，可能是法律拟制。（2）是否存在法律拟制的理由。如果不具有拟制的理由，宜解释为注意规定，如具有，则解释为法律拟制。（3）条款的内容是否与基本条款的内容相同，如果相同，原则上应解释为注意规定；否则，具有解释为法律拟制的可能性。（4）条款规定的行为与基本条款规定的行为，在法益侵害上是否有重大区别。法律拟制虽然是将两种不同的行为赋予相同的法律效果，但是在法益侵害上没有明显区别。（5）条款是否具有特殊内容，注意规定常常只具有提示性，或者虽然有具体内容但没有在基本规定之外增添特殊内容；而法律拟制则增添了特殊内容。

（王瑞君）

罪刑法定原则

刑法的基本原则之一，即什么是犯罪，有哪些犯罪，各种犯罪的构成要件是什么，有哪些刑种，各个刑种如何适用，以及各种具体罪的量刑幅度如何等，均由刑法加以规定。对于《刑法》分则没有明文规定为犯罪的行为，不得定罪处罚。简言之，基本含义就是“法无明文规定不为罪，法无明文规定不处罚”（Nullum crimen sine lege，Nullapoena sine lege）。

罪刑法定的思想渊源，最早可以追溯到1215年英王约翰签署的《大宪章》第39条之规定：“凡是自由民除经贵族依法判决或遵照国内法律之规定外，不得加以扣留、监禁、没收其财产，剥夺其法律保护权，或加以放逐、伤害、搜索或逮捕。”贝卡利亚在刑法思想史上，首先明确提出了罪刑法定原则的主张，认为“只有法律才能为犯罪规定刑罚。超越法律限度的刑法就不再是一种正义的刑罚。”罪刑法定由思想到文本的转化，有一个历史过程。英国1628年《权利请愿书》、1688年《人身保护法》，美国《权利宣言》都肯定了罪刑法定原则。现代意义上的罪刑法定原则的法律渊源是1789年《人权宣言》、1791年《法国宪法》和1810年《法国刑法典》。由于这一原则符合现代社会民主与法治的发展趋势，至今已成为不同社会制度的世界各国刑法中最普遍、最重要的一项原则。

罪刑法定原则由生成到现在，经历了由绝对罪刑法定到相对罪刑法定的发展过程。最初基于18世纪欧洲大陆特有的背景而生成的罪刑法定原则，立足于形式主义的立场来规定和设计该原则的基本内涵和刑法的具体内容,将明确性和确定性视为核心要求,把罪刑法定中的“法”理解为成文的、有权制定法律的机关所制定的法;把犯罪的本质归结为对法律规范的违反;在法的基本属性问题上强调法律表现形式的确定性;在法的价值取向上把维护个人自由放在首要的位置上。法律表现形式的确定性首先要求法律的用语应当明确。

绝对罪刑法定时期,对刑法立法和司法的理想化追求,其特点非常明显:一是三段论的逻辑推理模式成为理想的刑事个案裁判的思维模式。二是法官是法律的喉舌。依绝对罪刑法定的刑法机械适用的设计,法官只是立法者制作的法律机器的操作者,或者说“法律的执行者”。三是以人权为保障、法的安定性作为价值追求。专制制度下,统治者直接剥削压迫、公开不平等,专横擅断是其司法的特点,正是在那样的背景下产生的罪刑法定原则所肩负的历史使命就是用来反对封建社会中法官的罪刑擅断,同时也在限制和防止司法机关运用不确定的类推出、入罪。

19 世纪末期,刑事古典学派终结了其历史使命,其理论基础受到怀疑和排斥,继之而崛起的是刑事实证学派。刑事实证学派对以严格规则主义为特征的绝对罪刑法定主义进行了抨击,主张扩大法官的刑法解释权,降低刑法典的意义。

法国在严格规则主义思想指导下制定的体现绝对罪刑法定原则的 1791 年刑法典草案被否决,新的刑法典草案直到 1810 年获正式通过,即 1810 年《法国刑法典》。这部刑法典改变了 1791 年刑法典草案中绝对罪刑法定的规定,对大多数犯罪规定了一定的量刑幅度,给予法官在法定幅度内的酌量权。1810 年《法国刑法典》的颁布在欧洲产生了广泛的影响,各国纷纷仿效制定自己的刑法,比较早的有:《德国刑法典》(1871 年)、《日本刑法典》(1880 年)等。罪刑法定由绝对走向相对,不仅表现在法典的内容上,同时也勾画出法官角色的发展历程,反映了刑法机械适用和对法官解释刑法权力的绝对禁止到法官获得有限的自由裁量权和有限制解释权的发展轨迹。

我国 1979 年《刑法》没有明文规定罪刑法定原则,相反在其第 79 条规定了有罪类推制度。1997 年修订的《刑法》,明文规定了罪刑法定原则,废止类推。

在罪刑法定原则的内容上,西方学者认为,罪刑法定原则有四个派生原则:排斥习惯法;排斥不定期刑;禁止有罪类推;禁止重法溯及既往。我国有代表性的观点认为,罪刑法定原则的具体内容分为形式的侧面和实质的侧面。形式的侧面包括法律主义、禁止事后法、禁止类推解释、禁止不定(期)刑。实质的侧面包括刑罚法规的明确性原则、刑罚法规的适正性原则。其中后者包括禁止处罚不当罚的行为及禁止不均衡的、残虐的刑罚(张明楷:《刑法学》,法律出版社 2011 年版,第 53 - 61 页)。

罪刑法定原则不仅是立法原则,更是司法原则。刑事司法必须贯彻罪刑法定原则。但是其实现赖于刑法解释。在罪刑法定立法化后,学术的关注点应当从立法转向司法,就是罪刑法定原则的司法化。

参考书目

1. 高铭暄、马克昌主编:《刑法学》,北京大学出版社、高等教育出版社 2011 年版。
2. 何秉松:《刑法教科书》,中国法制出版社 2000 年版。
3. 周少华:《罪刑法定在刑事司法中的命运——由一则案例引出的法律思考》,载《法学研究》2003 年第 2 期。

(王瑞君)

刑法解释的原则

解释主体在解释刑法时所必须遵循的一系列基本准则,是用以判断某项解释文本是否合理或者应否最终取得适用效力的重要标准,它对刑法解释的结果有着重要影响,因此应当被刑法解释主体遵循。

刑法解释在规范上可分为立法解释和司法解释,其贯彻的原则具有一定差异。但是总体而言,都需要遵循下列解释原则:

(1)合法性原则。此原则是对罪刑法定原则的贯彻。对于刑法解释来说,它要具有法律解释的权威性和对人们的行为产生法律效力,就必须由有解释权的机构或个人以法定的程序对刑法规定进行解释并最后得出具有合法性的解释结果,而这些往往由有关的法律加以规定,并由此产生了对刑法解释的合法性评价问题。罪刑法定原则的价值指引为刑法解释的展开提供了一个价值层面上的规制作用:第一,罪刑法定原则规制下文义解释与论理解释共存,但文义解释优先。第二,罪刑法定原则下权利与权力的合理界定对刑法解释的制约。第三,罪刑法定原则下刑法解释的限度就在于合理性原则和人权保障优先原则。在内容上,合法性原则要求刑法解释主体合法,刑法解释内容的合法,刑法解释必须依据法定程序。

(2)相对客观性原则。刑法解释是一个主客观相结合的过程,其中客观性是基础,是前提和根本。当然,这种刑法解释的相对客观性为解释者留下了一定空间,为了防止解释者的恣意行为,必须对这种主观性进行以下约束:立法者意图的约束、刑法基本原则即罪刑法定原则的约束、客观的历史进步方向的约束、解释规则的约束、解释者人格的自我约束等。

(3)合理性原则。刑法解释的实质合理性就是要求解释的结果符合法律的最基本价值。法律的基本价值主要包括公平、正义、自由、效率、民主、安全、秩序等。该原则要求刑法解释应该以人类社会的伦理道德要求和刑法法理为限度,解释的结果应该符合法律最基本的价值,表现为保护功能和保障功能的统一、协调。

参考书目

1. 齐文远、周详:《论刑法解释的基本原则》,载《中国法学》2004 年第 2 期。
2. 王瑞君:《罪刑法定的实现——法律方法论角度的研究》,山东大学 2008 年博士学位论文。

(王瑞君)

刑法解释的目标

解释者通过对法律条文、立法文献及其附随情况进行解释,所欲探究和阐明的法律规范之法律意旨。法律解释的目标决定着法律解释的总方向,关系到法律解释应遵循哪些原则和哪些规则。刑法解释应当追求解释结论的正确性或有说服力这一目标,但判断目标达到的标准是什么,刑法理论莫衷一是。在方法论上,解释目的往往是解释方法的基础,解释目的在取向上的不同,直接决定着选择解释方法上的差异,同时决定着解释方法的排序问题。关于法律解释目的,也称法律解释目标,法律理论有主观说与客观说的划分(并在此基础上派生出折中说)。

主观说,或称主观解释论、立法者意思说,认为立法者当时的"主观意志"应当具有关键的意义。主观解释论是根据绝对罪刑法定的价值旨趣确立起来的,认为刑法解释的目标在于阐明立法时立法者的意思,一切超出立法者原意的解释都是违法的,其意旨在于要求对刑法进行解释时必须严格遵守和忠实于立法者,通过重现立法意图和刑法文本的可预测性,达到罪刑法定原则限制司法领域刑罚权滥用,保障公民的法自由与安全的要求。

客观说又称客观解释论、法律意义说,主张具有法律约束力的法律内容应该停留在包含"客观法律意志"的文义和体系中。客观解释论认为刑法解释探究的目标不在于历史上的立法者真实的意思,而在于探求和阐明刑法条文客观上所表现出来的意思。客观说与相对罪刑法定原则相对应,以实质合理作为刑事法治的基本价值,追求法的灵活性、动态性和周延性。客观说主张刑法解释应该从社会的客观需要出发来阐明刑法的含义,从而克服刑法的不周延性、滞后性和僵化性的弊端。由此可见,强调社会现实需要对法律解释的作用和意义,正是客观解释理论的贡献之所在。

在方法论上,主观说解释的目标是寻求立法者当时的实际意图,因此法律解释的正确方法就是对历史的要求和规范目的进行研究。按照客观论,解释的目标是发现法律的合理含义(reasonable meaning),法律解释就是阐释法律本身蕴涵的意旨。它可以与时推移、参与时代的潮流,用法者可以凭旧日的法律解决新世代的问题。

(王瑞君)

刑法的法源

即刑法的法律渊源,可被认为是刑法效力来源和表现形式的统一。对于刑法渊源含义的界定也并不一致,一种观点认为是刑法的产生渊源,即指决定刑法存在或产生的力量。其中持形式主义刑法渊源理论的学者认为,这一意义的刑法渊源,是指有权颁布或制定刑法的主体颁布制定的法律规范;而持实质主义刑法理论的学者认为,这一意义的刑法渊源,是指从根本上决定刑法产生、存在或决定刑法内容的终极力量。另一种观点认为,刑法渊源是指其历史渊源。即指现行刑法规范发展、演变的历史过程与现行刑法规定有着承继关系的历史上的刑法规范。还有一种观点认为,刑法的渊源是指认识渊源。即刑法在现实中的存在和表现形式,有哪些法律属于刑法范畴,哪些法是法官在定罪量刑时所应遵循的依据。

在刑法解释论上,刑法的法源可以被理解为可以作为刑法解释大前提的资源,既可以是规范的制定法,也可能是非规范性的资料。在不同法系中,刑法的法源并不相同。总体来说,大陆法系国家刑法存在刑法典,受制于罪刑法定原则,因此成文法是刑法渊源的主体,其他如判例、学理、习惯等成为非正式的刑法渊源。而英美法系国家采判例法,一般并无统一刑法典,因此刑法渊源更成为一个审判实践中面对的问题。

英国刑法的法源分为普通法渊源和制定法渊源。其中最重要的是普通法,又称习惯法或者判例法,就是由习惯和判例形成的法律。美国刑法主要有三个渊源,即普通法、制定法、宪法。其中最重要的渊源就是制定法。在刑法领域,"普通法"一词具体体现了制定法、法官法以及有关制定法的司法解释。美国的普通法是对英国普通法、习惯法的延续。在美国的联邦体制中,各州有权在宪法范围内自由地发展自己的普通法和制定法。因此,州和联邦立法机关颁布不同的制定法,法院也各自解释英国的普通法原则。1962 年美国法学会(ALI)编制了《模范刑法典》,意在作为立法以供各州采纳或不予适用。自 1962 年《模范刑法典》公布以来,已有超过 35 个州全部或部分采纳《模范刑法典》。

根据我国《刑法》确立的罪刑法定原则,只有法律才可以规定什么是犯罪以及应当受到怎样的处罚,只有法律才是刑法的正式渊源。法律首先包括宪法。宪法是一切法律的母法,刑法根据宪法制定,刑法源于宪法,进而受宪法的限制。刑法渊源的直接表现是刑法典和单行刑法、附属刑法。刑法修正案也是刑法典的有机组成部分。单行刑法作为立法机关专门颁布的、规定特定犯罪与刑罚的规范体系,是刑法的正式渊源。

（王瑞君）

刑法形式解释

又称形式解释论,刑法解释方法论的立场之一,与实质解释相对。主张以刑法文本为根据,以实定法规范为判断标准,对构成要件进行形式意义上的严格解释的理论和主张,在解释方法上倾向于文理解释、平义解释等方法。形式解释论基于罪刑法定原则所倡导的形式理性,通过形式要件,将实质上值得科处刑罚但缺乏刑法规定的行为排斥在犯罪范围之外。形式解释论者认为,在罪刑法定原则下,包含在可能文义范围之内的类比推理是允许的,超出可能文义范围的类推推理则是被禁止的,这是一条不可逾越的原则。

与形式解释相对,实质解释则以法益(侵害性)为判断标准,立基于但不拘泥于刑法文本的规定,通过引入处罚必要性的考量因素,对构成要件进行旨在实现具体的、实质的、正义的灵活(自由)解释的理论和主张,在解释方法上推崇目的解释,虽禁止类推解释但不反对扩大解释。而形式解释认为,如果允许超出可能文义范围,根据事物本质进行实质判断,将使罪刑法定原则的形式理性丧失殆尽。

形式解释论的解释思维更关注刑法规定用语的字面含义,在哲学上是一种规则功利主义价值观,认为在构成要件的解释上,在进行处罚的必要性或合理性的实质判断之前,应当从具有通常的判断能力的一般人是否能够得出该种结论的角度出发,以具有通常的判断能力的一般人能够理解的形式的行为类型为中心,进行形式的判断。形式解释与实质解释之争滥觞于日本刑法理论,并成为我国刑法学界近年来刑法方法论争乃至学派之争的重要论点。

形式解释论与实质解释论的对立,肇始于对罪刑法定原则的不同理解,核心问题在于如何寻找罪刑法定原则下刑法解释的边界。

在理论基础上,形式解释论坚持的是形式的罪刑法定原则,而只有实质解释论才不仅坚持形式的罪刑法定,而且还坚持实质的罪刑法定。形式解释论与实质解释论之争,实际上是对罪刑法定原则的理解之争,如何正确地解读罪刑法定原则的内在精神,才是对形式解释论与实质解释论作出正确判断的关键。在判断标准上,形式解释论排斥法益的解释机能,抵制处罚必要性的考量,而实质解释论则以法益为指导并从处罚的必要性和合理性出发,对构成要件进行解释。在具体解释方法上,形式解释倾向于文理解释、平义解释等方法,而实质解释论则钟情于扩大解释、目的解释等方法。在解释态度上,形式解释论采严格解释,实质解释论采灵活(自由)解释。

形式解释与实质解释并非两种不同的解释方法,而是两种不同的解释立场:两者在方法论上并没有原则分歧,两者的分歧在于哲学基础与价值观。形式解释论与实质解释论之争不仅是构成要件论之争,甚至是刑法机能论之争、刑法观之争。但是,形式解释论与实质解释论都立足于法治国而排斥警察国与文化国,对于如何理解我国的法治国状况存在分歧,并由不同的法治观引申出不同的刑法解释理论。形式解释论的法治观的内容包括:提倡形式的罪刑法定原则;警惕实质的罪刑法定原则;司法过程应以形式理性排斥实质理性;以刑事违法性取代社会危害性;强调自由保障优于社会保护。

参考书目

1. [日]大谷实:《刑法总论》,黎宏译,法律出版社2003年版。
2. 陈兴良:《形式解释论的再宣示》,载《中国法学》2010年第4期。
3. 欧阳本祺:《走出刑法形式解释与实质解释的迷思》,载《环球法律评论》2010年第5期。

(王瑞君)

刑法类推解释

一种刑法解释的具体方法。在刑法领域其能否作为一种刑法解释方法本身是存在争议的。类推解释有广义、狭义两种含义。广义的类推解释包含两种情况,一种是类推适用,即对于《刑法》分则没有明文规定的犯罪,比照《刑法》分则最相类似的规定定罪量刑。在这种情况下,并没有对作为定罪量刑依据的条文本身作出普遍适用的类推解释,而是直接对某种需要定罪量刑的行为按照最相类似的条文定罪量刑。另一种是狭义的类推解释,即解释结论完全超出了刑法用语可能具有的含义(一般含义)。这种类推解释,导致对刑法没有明文规定的犯罪,依然具有刑法适用的依据。

按照罪刑法定原则,类推解释是被禁止的。一般认为,类推可能导致法官随意适用法律,侵害公民自由权利。类推解释的缺陷存在于两个方面:一是侵蚀了法律原则;二是剥夺了国民预测自己行为后果的可能性。在民法或其他部门法中,类推被认为是一种正当的法律适用制度,类推对民法具有补充性作用。但是在刑法中,则严格禁止类推,而且禁止类推解释。在类推解释的认定上,德国学者以"可能的语义"作为法律允许的解释与法律不允许的类推解释之间的界限。木村龟二主张,类推解释是超出法律的明文规定,甚至在法律未明文规定的领域扩充法律的精神。在类推解释的认定上,其和扩大解释之间的界限一直是刑法学中颇有争议的话题。

但是刑法中的类推解释也并非没有拥护者。牧野英一认为类推解释实质上也属于社会的需要,作为解释,只要是使用逻辑的方法,它便和其他一般法规一样,在刑法中也被容许。我国有学者认为,类推解释和扩大解释之间并没有绝对的区别或者是只存在程度上的差别,类推是一种法律解释方法。在我国刑法适用上的"举重明轻"和"举轻明重"的传统是典型的类推适用的体现。类推是一种现实存在的刑法解释方法,在日常的司法适用中都在有意无意地采用这种分析方法来对刑法进行解释。虽然从历史经验教训的角度来看,各国在类推解释的适用上有过惨痛的教训,但这并不能说明其就没有存在的价值。

肯定类推解释的观点是站在传统思维模式,以及其与扩大解释的纠葛不清的关系上,但是并未给类推解释的正当性本身提供支撑。由于刑法的谦抑性和法益保护的需要,应当反对刑法中类推解释的正当性。在刑法解释中判断某种解释是否属于类推解释,要考虑下列因素:(1)处罚的必要性;(2)用语与条文的关系,解释结论与刑法精神的协调性;(3)一般人能否理解解释及犯罪的类型;(4)相关法条的保护法益;(5)本国刑法规定与外国刑法规定的关系;(6)用语的发展趋势;(7)用语在刑法中应有的含义,区分法定犯与自然犯;(8)国民的接受程度。

参考书目

1. [德]汉斯·海因里希·耶塞克、[德]托马斯·魏根特:《德国刑法教科书》,徐久生译,中国法制出版社2001年版。
2. [日]中山研一:《刑法的基本思想》,姜伟、毕英达译,国际文化出版公司1988年版。
3. 黎宏:《"禁止类推解释"之质疑》,载《法学评论》2008年第5期。
4. 张明楷:《刑法学》,法律出版社2011年版。

(王瑞君)

刑法扩大解释

刑法解释方法之一,当法律条文之文义过窄,不足以表示立法真义,乃扩张法律条文之文义,以求正确阐释法律意义内容的一种解释方法。扩大解释是一种在罪刑法定原则限定下的解释方法,一般情形下是被接受的。由于法律文本的局限性,不可能对应所有的具体情形,因此对刑法文本作出一定程度的扩大解释有时是必要的。不过,存在不合理的扩大解释。不合理的扩大解释是解释上的规范性错误,而类推解释是刑法解释方法论上的错误。我国刑法学界对扩张解释的限度问题有多种说法,包括"刑法条文所可能具有的含义"说、"法律条文逻辑含义许可范围"说、"具有解释对象核心属性"说、"国民预测可能性"说、"合法、合理"标准说等。

扩大解释方法本身并不违反罪刑法定原则,但其解释结论则可能与罪刑法定原则相抵触。违反罪刑法定的扩大解释实际上是类推解释。某种解释是类推解释还是扩大解释,并不是单纯的用语含义问题。某种解释是否被罪刑法定原则禁止,要通过权衡刑法条文的目的、行为的处罚必要性、国民的预测可能性、刑法条文的协调性、解释结论与用语核心含义的距离等诸多方面得出结论。在许多情形下,是如何考量法条目的与行为性质,如何平衡法益保护技能与人权保障机能的问题。

扩大解释具有如下特点:第一,从用语含义上看,扩大解释所得出的结论,没有超出刑法用语可能具有的含义,即在刑法文本的"射程"之内进行解释。可能具有的含义,是指依一般语言用法,或者立法者标准的语言用法,该用语还能够指称的意义。第二,从概念的相互关系来看,扩大解释时没有提升概念的位阶。第三,从着重点上,扩大解释着眼于刑法规范本身,仍然是对规范的逻辑解释。第四,从论理方法上,扩大解释是扩张性的划定刑法的某个概念,使应受处罚的行为包含在该概念中。第五,从实质上,扩大解释的结论在公民的预测可能性之内。

参考书目

1. 杨仁寿:《法学方法论》,中国政法大学出版社1999年版。
2. 张明楷:《刑法学》,法律出版社2011年版。
3. 刘浩:《刑法解释方法论》,中国政法大学出版社2014年版。

(王瑞君)

刑法中的类推

在含义上,类推是指"在一个具体事实与法律规定的情况'相似',但根本不可能为该法条的字面含义所包容的前提下,以足够的相似性作为援引某一法律规定的依据"([意]帕里奥·帕多瓦尼:《意大利刑法学原理》,陈忠林译,法律出版社1998年版,第32页)。

类推是针对刑法文本的一种法律适用方法和思维过程。首先,类推是一种法律适用方法,一开始是为了弥补成文法的不足而发明出来的。"有法者以法行,无法者以类举"。依法处理是建立在法律规定与案件事实之间在内容上具体同一性的基础之上,而类推是建立在法律规定与案件事实在内容上具有类似性的基础上的。在我国古代,类推在刑法中是广泛适用的,以"比附援引"的形式存在。其次,类推是一种法律思维的过程,考夫曼认为,所有的法律发现是一种类推过程呈现的事实,也因此呈现伸展的结构,这说明了始终被讶异的现象,法律是比立法者更聪明的,从法律中可被读出来的判决,有时不是立法者放进去的。从事实到规范是一种类推思维。类推思维不等同于类推解释,从事实到规范不是类推适用,而是一种类推性思维。

刑法中是否肯定类推是一个有争议的话题。受到苏联刑事立法的影响,我国1979年《刑法》规定了类推制度。之所以规定类推,是基于打击犯罪的政治目的,但是罪刑法定原则确立后,类推失去了正当性,罪刑法定原则的首要含义是禁止类推。不过,实际上相对罪刑法定主义之所谓容许类推,并非容许入罪类推,而是有利于被告人的类推。但是,也有学者认为禁止类推也包括有利于被告人的类推。

当刑法文本内容的不合理性突破合理性解释所能规制的范围时,就产生类推解释的要求,类推为罪或不为罪。但是,人权保障优先的限度条件就要限定类推解释只能向有利于被告人的方向发展,由此,"无罪推定"是被允许的。对于刑法中没有规定的严重的危害行为,须由立法机关将其评价为犯罪后,才可定罪处刑,而不得类推定罪。类推是一种应当被否定的刑法适用方法,作为一种思维模式,类推只可能在刑事立法中发挥作用。

参考书目

1. 陈兴良:《罪刑法定主义》,中国法制出版社2010年版。
2. [法]米歇尔·托贝:《法律哲学:一种现实主义的理论》,张平、崔文倩译,中国政法大学出版社2012年版。
3. 刘浩:《刑法解释方法论》,中国政法大学出版社2014年版。

（王瑞君）

法益保护

刑法的任务和目标之一,与人权保障共同成为刑法的两大价值取向。法益是指个人、国家、社会认为有必要原样保持并应通过法律加以保护的一定的利益。通常法益可以分为个人法益、社会法益和国家法益。一般认为,法益概念本身具有两个机能,即法益概念的解释规制机能和法益概念的立法规制机能。法益概念的解释规制机能是指法益能规制法院等司法机关对刑法的解释。司法机关在进行刑罚法规的解释时,应选择最能保护法条所意图保护的法益的解释,这就是所谓目的论解释。只有明确各条文的法益保护,才有可能在解释论上得出合理的结论。法益概念的立法规制是指在进行刑事立法时,法益概念能使立法正当化并划定其合理性边界。只有当某种行为具有法益侵害性时,国家才能够将其规定为犯罪行为,没有法益侵害就没有犯罪。

界定法益应当遵循以下原则:(1)法益必须与利益相关联,利益是能够满足人们需要的东西,当某种状态所反映的是人们所需求的一种秩序时,就是利益。(2)法益必须与法相关联,法对某种利益确认并加以保护,使之上升为法益。(3)法作为犯罪所侵害或威胁的利益,必须具有可侵害性。(4)法益必须与人相关联。(5)法益必须与宪法相关联。即认为法益是根据宪法的基本原则,由法所保护的、客观上可能受到侵害或威胁的人的生活利益(张明楷:《刑法学》,

法律出版社2011年版,第68－70页)。

在刑法处罚的目标和范围上,有法益保护说与社会伦理秩序维护说之分。法益保护说认为,刑法的任务,目的在于保护人们在社会生活中的共同生活,具体而言,即保护个人的生命、身体、自由、财产、名誉等法益。这种说法认为,犯罪必须是侵害法益的行为,没有法益侵害就没有犯罪。由于通常的犯罪行为既侵害或威胁法益,又违反伦理秩序,因此两种学说并没有结论上的差异。但是对于风俗犯等明显违反一般人的伦理道德而非侵害具体法益的认识不一,两说差距较大。如是否处罚同性恋、堕胎、卖淫、赌博等,法益侵害说对此否认,而社会伦理秩序维护说则给予肯定。目前,法益保护说是德日刑法的压倒性多数说。

在刑法解释论中,法益保护是一种刑法解释的立场和内容之一。实质解释论认为,对构成要件的解释必须以法条的保护法益为指导,而不能仅停留在法条的字面含义上。换言之,解释一个犯罪的构成要件,首先必须明确该犯罪的保护法益,然后在刑法用语可能具有的含义内确定构成要件的具体内容。

参考书目

张明楷:《实质解释论的再提倡》,载《中国法学》2010年第4期。

(王瑞君)

规范违反

关于犯罪本质和实质违法性的争论历来包括两种主要的传统与学说,即法益侵害说和规范违反说。与法益侵害说认为刑事不法的本质是对法益的侵害与威胁不同,规范违反说认为刑事不法的本质是对法律规范的违反,即违反法规范之禁止或者命令,是从违反法律规范的角度对刑事不法行为所进行的评价。

虽然规范违反说认为不法的本质是对法律规范的违反,但是,对于行为所违反之法律规范的内容却存在不同的理解,主要表现在主观违反说与客观违反说的争论。主观规范违反说认为,不法是对于作为精神力量的法律的否定或者损害;而客观规范违反说认为,不法是与法律的外在的客观状态不一致的情形。通常地理解,规范违反就是对法律背后的社会伦理、文化规范、民族精神、法秩序以及价值等的违反或者不服从。因此,规范违反至少包括两个层面的含义:一是法律并不等同于规范,但是法律应当反映规范的要求。犯罪的本质应当求之于违反社会伦理规范,只有严重侵犯个人之间伦理规范并且为国家所不能放任的行为才是犯罪。二是犯罪的本质是对规范的违反,违法性的本质强调的是对规范的不服从,从而规范违反说理论在一开始被理解为主观违法性论,即对于法规范的损害,但是即使出现刑事不法,法规范也不会受到行为人的损害,或者说,行为人不可能损害到法规范,因此,不法只能是与法律的外在的客观状态不一致,后者便是客观违法性论。麦茨格尔(Mezger)将法规范理解为“既有决定规范的一面,也有评价规范的一面;而作为评价规范的法是作为决定规范的法的无条件的前提”。自此以后,客观不法论重新占据了绝对的优势地位,违法性也成为一种“万人共通”的客观的判断,原有的主观不法论与客观不法论之间的对立基本消除,取而代之的是客观不法论内部的行为无价值与结果无价值的对立,规范违反说主张的是行为无价值。

当今的规范违反说以法秩序为统摄概念对违法性进行理解,同时强调违法性实质是对作为法秩序基础的社会伦理规范的违反,但是作为法秩序的精神、目的以及社会伦理规范的内容却并不明确；而且过度强调刑法的伦理规范维持机能，则容易将虽然违反社会伦理但是并不具有法益侵害或危险的行为规定为犯罪，事前防范的意味浓重。因此，许多坚持规范违反说的学者，在犯罪本质论上同时也强调法益侵害的前提，认为犯罪也是对法益的侵害，从而在犯罪本质论与违法性判断上走向规范违反说与法益侵害说二元论。

参考书目

张明楷：《外国刑法纲要》，清华大学出版社2007年版。

（刘　军）

刑法目的解释

依据刑事法律规范之客观目的所进行的解释。任何法律的制定均有其目的，但都只不过是为了对社会利益进行分配、平衡和保护所为之。目的解释不同于立法原意解释，立法原意或者“法意”，是指某个具体立法的立法本意或者旨趣。前者是从整体法规范的层面所进行的客观解释，而后者是从立法者的主观意图出发所进行的解释，可谓主观解释；前者注重法律之客观目的，而后者则是从法律的历史沿革中探求立法之“原意”。立法原意解释，不但因为“立法者”以及“原意”究竟为何难以把握，而且即使从立法文件中得以获取立法原意，但是因为社会急剧变迁，原初之立法原意或许已经不再适合当前社会之需要。唯有从法律之客观目的出发所进行的解释才能弥合法律之分歧与疑义，并与时俱进契合社会发展之需要。

外国刑法理论通说认为刑法目的是法益保护（der Rechtsgueterschutz）。法益侵害说认为，犯罪的本质或者违法性的实质是法益侵害，即使是规范违反说也认为法益侵害是行为构成犯罪的前提，因此，刑法的目的只能是保护法益，刑法之目的解释亦应当遵循刑法规范之保护法益的目的，对刑法条文和相关概念进行解释，并消除其他刑法解释方法在解释过程中所产生的矛盾或者不正义的解释结果。刑法目的解释具有最终的决定性，无论是扩张解释还是限制解释都应当符合刑法规范之保护法益之目的。

刑法的自由保障机能也与刑法之法益保护密切相关，或者属于广义的法益保护的范畴。自由以及相关利益无疑是最需要刑法保护的一种法益。刑法不仅需要保护法益免受个体和社会的侵害，还需要保护法益免受刑罚权的侵害，因此，限制刑罚权的任意发挥是刑法的基本机能。在这个意义上，刑法之目的解释不能仅仅局限于狭义的法益保护之目的，应当同时考虑法益保护与自由保障两个方面，这也是罪刑法定之实质侧面的应有之义。

刑法的目的解释是贯穿整个刑法的解释理论，不仅在立法上需要以法益保护为目的导向，在司法认定上更应当以法益保护之目的解释作为决定性的解释方法；不仅对于客观方面的犯罪成立条件，如构成要件符合性和实质违法性的解释，需要以法益保护为目的，而且对于有责性之犯罪成立条件，也需要考查是否具备法益保护的必要性和相当性；不仅在定罪过程中需要以法益保护为目的进行刑法解释，而且在刑罚裁量过程中也需要考虑狭义的法益保护和自由保障两个方面，甚至需要进行一定的利益衡量。

（刘　军）

刑法法意解释

法意解释，又称历史解释或者立法目的解释、立法原意解释，是指通过查阅法律草案、立法文件、立法说明、立法讨论过程等记录和文件中所阐明或推知的立法目的与立法意图，得出相关的价值判断，作为解释法律的一种论证依据。如我国的单位犯罪，在立法中为什么没有使用法人犯罪，以及单位犯罪的立法目的和意图等，作为解释单位犯罪的依据，就属于法意解释。

（刘　军）

刑法当然解释

虽然罪刑法定原则有明确性的要求，但是现实中刑法条文也存在对某一事项未予明示的现象。在此种情况下，可以依据逻辑推理、立法目的或宗旨以及事物本身的属性等当然的道理，将该事项解释为涵摄于该刑法条文的适用范围之内，此种解释方法即为当然解释。当然解释是论理解释的一种。

《唐律·名例律》规定："诸断罪而无正条，其应出罪者，则举重以明轻；其应入罪者，则举轻以明重"，即对律文无明文规定的同类案件，凡应减轻处罚的，则列举轻罪处罚规定，比照以解决重案。

在当代，当然解释要受到罪刑法定原则的限制，解释的结果应当处于立法原意的"射程"范围之内，即立法者原本是应当将该类行为是否作为犯罪处理明确规定在刑法规范之中的，只是因为立法技术上的瑕疵而没有明示，或者为求立法简洁而没有一一列举所有可能的情形，但是通过逻辑推理、立法目的以及事物本身的属性又能够直接推论得出。当然解释与扩张解释或限制解释的区别在于，前者就需要解释的对象、事项或者行为等必须能够涵摄于设定该条文的立法原意的"射程"范围之内，而扩张解释或者限制解释则是解释对象、事项或者行为等能够涵摄于该法律条文所使用的词语之可能的语义的"射程"范围之内。

当然解释与类推解释的区别非常细微，但二者存在本质的区别，刑法禁止类推解释却不禁止当然解释。当然解释属于直接推论，依据当然的道理直接推理得出结论，而无须借助其他命题或推理，类推解释则无法直接推理得出结论，得需借助类比推理，两相比较最相类似，进而得出借助适用该法条而规范行为之结论，是一种间接推论；当然解释所适用的场合涵盖于立法原意的"射程"范围之内，在立法者可能的衡量范围之内，无须进行价值上的填补，属于立法技术上存在的瑕疵或者为了立法简洁的需要而有意为之，而类推解释所适用的场合则是越出了立法预测或者衡量的可能性，或者社会发展出现了新的犯罪形式等，属于立法漏洞；如果说当然解释属于"见微知著"的话，能够通过"举轻以明重""举重以明轻"得出合理的推理结论的话，那么，类推解释则属于"借尸还魂"，解释的结论超出了一般人的预测可能性，两者的区别是本质上的而不是数量上的。

（刘　军）

刑法平义解释

相对于扩张解释和限制解释而言是一种解释方法或者技巧，是指按照词语最通常的理解所进行的解释，属于文义解释的一种类型。所谓最通常的理解是指社会上一般人所共同接受、最常用和最正常的词语的含义。

一般情况下仅对法律条文中的日常用语进行平义解释，因为法律专业术语往往会有特殊含义，因此只能按照刑法的解释性规定进行解释；但即使法律条文中的日常用语，因为社会生活的变迁，通常的含义也会出现变化，而且就平义而言也可以区分为日常生活上的平义和法律意义上的平义。

平义解释还包括制定刑法时的平义和适用司法时的平义，二者可能出现冲突或者不相一致的地方，而如果不采取制定刑法时的平义而采用适用刑法时的平义时，常常意味着该用语进行了一定的扩张或者限制，但是仍然可能属于平义解释范围内的限制或者扩张，而不是扩张解释或者限制解释。但究竟什么是词语的通常含义，判定的标准只能是社会上一般人对该词语的通常理解，但是不同地域的人对某一词语的通常理解也会存在差异，而且即使某一地域的人的这种通常的理解也是在不断变迁的，因此，只能是当下社会上一般人对该词语的通常理解。

（刘　军）

刑法反对解释

又被称作反面解释、反面推论、反向推论，是指依据刑法条文的正面逻辑表述，推导其反面含义的解释方法。反对解释可以帮助全面阐明和理解法律条文的含义，从正反两个方面进行理解和阐释，但是受制于逻辑规则，只有在必要条件和充分必要条件下才可以进行反对解释。

从逻辑推理上来看，必要条件可以表述为“有之未必然，无之则不然”，而充分必要条件为“有之则然，无之则不然”；其中“之”为构成要件，“然”为法律效果，反对解释所要表达的是，如果不存在法律条文中规定的条件的话，是否还存在法律效果的问题，因此只有必要条件和充分必要条件才有可能进行反对解释，即在无“之”的情况下，法律效果是怎样的，换言之，由无“之”可以推导出不“然”，从法律规范的反面进行理解和阐释。

充分条件的推理公式为“有之则然，无之未必不然”，因为在无“之”的情况下，法律效果并不确定，即，未必“不然”，因此，以充分条件假言命题表达的法律条文不能进行反对解释。

（刘　军）

犯罪构成体系

由于刑法文化和历史渊源的差异，当今世界存在三种具有代表性的犯罪构成体系（或曰犯罪论体系、犯罪构造、犯罪成立条件等），即大陆法系的三阶层递进式犯罪论体系、英美法系的双层次犯罪论体系以及苏联和我国的耦合式的犯罪构成理论，其价值取向与思维模式迥异。

三阶层递进式犯罪论体系是大陆法系的通说，以德国和日本为代表，包括构成要件该当性（符合性）、违法性和有责性三个递进式的阶段。构成要件要素一般包括行为、结果、因果关系等客观面要素和构成要件的故意、过失以及目的、倾向、心理历程等主观面要素；构成要件的重要功能就是对行为进行类型化，因此，该当性（符合性）判断属于一般的、抽象的、定型的、客观的事实判断。构成要件具有违法性推定或征表机能，具备构成要件该当性便推定具有违法性。违法性判断属于特殊的、具体的、非定型的、客观的价值判断，其与构成要件该当性都属于客观判断。要成立犯罪，除了必须具备构成要件该当性、违法性之外，还要求行为人具有责任，即要求行为人具有谴责可能性（或曰苛责性、呵责性等），主要包括责任能力、责任的故意或过失、违法性意识及其可能性、期待可能性等要素，与违法性判断不同的是有责性判断属于主观的价值判断。只有在符合了前一阶段判断的前提下才能够进入下一阶段的判断，亦即，只有在符合了构成要件该当性判断的前提下，才能够进行违法性判断，进而进行有责性判断；这是一个从一般到特殊、从抽象到具体、从定型到非定型、从客观到主观、从事实判断到价值判断的过程。

英美法系双层次犯罪论体系包括实体意义上的构成要件（本体要件）和诉讼意义上的构成要件（责任充足要件）。本体要件包括犯罪行为和犯意，犯罪行为是指犯罪心理以外的一切要件，包括作为、不作为、持有等；犯意或主观要件包括蓄意、明知、轻率和疏忽。责任充足要件包括正当事由和合法抗辩，前者包括正当防卫、紧急避险等；后者包括未成年、精神病、错误、醉态、胁迫、上级命令、被害人承诺、警察圈套等事由。英美法系犯罪论体系通过实体与程序两个层面对犯罪成立条件进行解析，具有双层次的逻辑结构。

耦合式犯罪构成体系，以苏联和中国为代表，包括犯罪客体、客观方面、犯罪主体、主观方面等四个构成要件，因此又称为平面式四要件犯罪构成理论。犯罪客体构成要件包括犯罪的客体和犯罪对象；客观方面包括犯罪行为、危害后果和因果关系，以及犯罪的时间、地点和方法等其他客观方面的构成要素；犯罪主体包括刑事责任能力、身份、单位犯罪等；主观方面包括故意、过失、犯罪目的、犯罪动机、认识错误。在犯罪构成之外又附加了正当行为或曰排除犯罪化的事由，包括正当防卫、紧急避险等。

以上三种具有代表性的犯罪论体系，从要件要素上来看大体相同，但是排列顺序、结构和体系迥异，导致性质、功能、价值取向以及思维模式也各不相同。大陆法系的三阶层递进式犯罪论体系符合西方的思维习惯，具有思维节俭性，客观上具有“出罪”的功能，有利于保障人权；而英美法系的犯罪论体系具有实用性，突出程序性正义，在强调刑罚功利性目的的同时，通过司法程序保障公民权利，发挥刑法的人权保障机能；耦合式犯罪构成理论简单明了，便于把握与适用，但是各要素之间缺乏逻辑性，对排列顺序也并无特别要求，容易导致实践中先行判断主体与主观方面，然后再判断客观方面和客体的不良倾向，人权保障方面的机能较弱。近年来，在借鉴大陆法系刑法理论的基础上，耦合式犯罪构成体系也作了相应的调整，例如，各要素的排列顺序上要求从客观到主观；又如，在犯罪构成之外增加了正当事由、可罚的违法性等实质违法性判断，从体系上进行了完善；还有学者探讨增加独立的责任判断阶段的可能性，以容纳责任程度以及期待可能性等责任要素的判断。

（刘　军）

责任主义

大陆法系刑法理论认为，犯罪的成立除了应当具备构成要件符合性和违法性之外，还应当具备有责性的要求，否则不构成犯罪；亦即，行为对法益造成了侵害或者危险并不是成立犯罪的充足条件，要成立犯罪并苛处刑罚还需要行为人具有谴责可能性，这便是责任主义，即“无责任则无刑罚”，此为消极的责任主义，也是通常所称的责任主义。责任主义本来是限制犯罪成立的条件，以“出罪”为导向，因此，并不包括“有责任即有刑罚”的积极的责任主义。

责任主义包括主观责任与个人责任两个基本原则，主要目的是反对近代以前刑法所实行的客观责任与团体责任。主观责任认为行为人必须具有责任能力、故意或者过失（违法性意识及其可能性）、期待可能性时，才能够对之进行刑法上的非难；而客观责任或者结果责任是指，只要客观上造成危害就要追究行为人的责任，无论其是否具有谴责可能性。个人责任认为，只能对实施犯罪行为的行为人本人进行刑法非难；而团体责任是指，不仅要追究行为人本人的刑事责任，还要追究虽然没有实施犯罪行为但是与行为人存在某种社会关系之人的刑事责任。

责任主义还要求苛处的刑罚应当与行为人的责任相匹配，刑罚的量不能超出责任的范围，这是量刑上的责任主义，又分为双面责任主义与单面责任主义。双面责任主义认为，刑罚的种类和轻重必须根据责任程度的大小予以确定，是为责任的抵偿，而且有责任当然必须有刑罚，责任是刑罚的充分必要条件；单面责任主义认为，责任是刑罚的必要条件而非充分条件，更不是充分必要条件，换言之，责任是苛处刑罚的前提，但不是有责任就必须要苛处刑罚，可以基于预防犯罪、社会复归以及其他刑罚目的或者刑事政策的需要，突破责任的下限。双面责任主义与报应主义的刑罚思想相连接，曾经占据支配地位，但是近来，单面责任主义大有取代双面责任主义的趋势。

（刘　军）

客观归责理论

客观归责（die Lehre vonder objective Zurechnung），也被译为客观归属或者客观归咎，是相对于主观归责而言的概念，是指将客观上的结果归咎于行为主体的可能性。客观归责理论源于因果关系但又不完全是同一个问题，易言之，归因与归责存在差异，归因属于事实问题，是一个事实判断，而归责则是在归因的基础上进而需要判断的责任评价问题，属于价值判断；这一问题的实质是，在具备了事实上的因果关系的情况下，从规范评价的立场看是否能够将结果归于行为人。20 世纪 70 年代德国学者克劳斯·罗克辛（Claus Roxin）首先提出"客观归责理论"，严格区分了结果原因与结果归责，受到越来越广泛的重视，现在已经成为德国刑法的通说。

按照客观归责理论，唯有当行为人的行为对行为客体制造了法所不允许的风险、这个风险在具体的结果中得以实现、这个结果存在于构成要件的效力范围之内，才能将结果归咎于行为人，可以被当作行为人的"行为杰作"。因此，客观归责理论一般包括以下三个基本规则：一是制造了法所不允许的风险。与此相关，降低风险、没有制造风险或者制造了法所允许的风险，不被认为是制造了法所不允许的风险。二是实现了法所不允许的风险。如果未实现风险、未实现不被允许的风险或者结果不在注意规范保护范围之内都是不可归责的，对于合法替代行为而言，一般是不可归责的，但是如果提高了风险则是可以归责的。三是在构成要件的效力范围之内。又包括参与他人故意的自危、同意他人造成危险、第三人责任范围等不同的情形，一般是要排除归责可能性的。

客观归责理论在德国已经取代相当因果关系说成为通说，但是在日本却仍然坚持相当因果关系说，并对客观归责理论进行了相当程度的抵制。客观归责理论第一次将行为与行为人联系起来，或者说，在构成要件阶段考虑了结果对于行为人的归属性，并融入了规范的价值判断，考虑了规范之保护目的，因此，客观归责理论的出现对于犯罪论体系的发展甚至重构将起到重要的推动作用。

参考书目

陈兴良：《从归因到归责：客观归责理论研究》，载《法学研究》2006 年第 2 期。

（刘　军）

刑法严格解释

与灵活解释相对称，二者是既对立又相互统一的两种解释态度，解释态度的确立决定了解释方法和解释技巧的位阶划分与具体适用。法律解释，首先涉及的是司法权与立法权的关系问题，严格解释不承认司法权在法律适用过程中进行法律解释的创造性，认为法律解释应当限于探求立法原意、字面意义或者文本的平常含义；灵活解释则承认司法可以根据社会的发展、案件的具体情形、法律目的等进行灵活的法律解释，如扩张解释、限缩解释，甚至进行法律续造或者漏洞补充等。

在刑法领域，法律解释还有其特殊性。首先，刑法解释应当遵循罪刑法定原则的要求。成文法主义（法律主义）要求立法机关制定法律，司法机关依照法律规定解释刑法、适用刑法、定罪量刑；在这个意义上，刑法解释都应当是严格解释，这是一种解释态度或者解释立场，严格解释有利于维护罪刑法定的权威，有利于维护刑法司法解释的权威。在具体案件的适用过程中，如果坚持严格解释，就需要优先适用字面解释、平义解释、文理解释、体系解释、立法原意解释等解释方法和解释技巧，这也是罪刑法定原则形式侧面的要求。其次，刑法解释应当符合刑法之法益保护的目的和权利保障的机能，在这个意义上，刑法可以灵活解释。当解释结果出现重大偏差时，需要综合运用各种解释方法和解释技巧，甚至诉诸公平和正义理念进行刑法解释。

严格解释是一种解释态度或者立场，源于罪刑法定原则成文法主义（法律主义）等形式侧面的要求，但是严格解释并不代表着拒斥其他解释方法，更不代表着可以产生一个非正义的结果，因此，是否最终选择进行严格解释还要看刑法保护法益之目的的实现。

参考书目

张明楷：《刑法分则的解释原理（上）》（第2版），中国人民大学出版社2011年版。

（刘　军）

期待可能性

从行为时的具体情况看，可以期待行为人做出合法行为的可能性，期待可能性是刑法中的专有名词，亦称为期待不可能性。易言之，如果不能期待行为人做出适法行为，则不能将责任归咎于行为人。

期待可能性作为一种刑法理论源于1897年德国帝国法院第四刑事部对所谓癖马案的判决，认为法律不能期待被告人不顾自己失业的危险，违反雇主命令并拒绝使用该有怪癖行为的马，因此被告马车夫不负过失伤害的责任。期待可能性理论使得责任的归责条件从心理责任论过渡到规范责任论。如果按照心理责任论，被告马车夫已经认识到了伤害发生的可能性但是轻信能够避免，因而可以构成过失犯罪，但是，德国帝国法院的判决使得责任的充足条件不仅仅限于故意或者过失的主观心态，而充分考虑行为人在行为时的各种情境，并裁量是否能够期待行为人做出适法行为，只有在能够期待行为人做出适法行为之时，行为人才是有责的。期待可能性不但发展了责任的形式和理论，而且体现了刑法悲悯人性的一面。

期待可能性目前是德日刑法理论的通说，但是二者也略有不同。德国通说认为，缺乏期待可能性作为责任阻却事由只能限于法律的规定，而不是一般的超法规的责任阻却事由。但是，日本通说则认为，缺乏期待可能性是一般的超法规的责任阻却事由，如此，是否具有期待可能性就需要进行具体的判断，而不仅限于法律的规定。

（刘　军）

结果无价值

通过对行为结果的内容进行分析，来确定违法性有无的方法，即将违法性的本质求诸法益侵害之结果的立场和观点，也被称作物的违法观。大陆法系关于违法性的判断，自从客观不法论占据了绝对的优势地位之后，不法论便转化为客观不法论内部的行为无价值与结果无价值之争，通常而言，法益侵害说主张结果无价值，而规范违反说主张行为无价值。

20 世纪 60 年代，德国著名刑法学家、目的行为论者威尔哲尔（Welzel）通过总结德国从 18、19 世纪以来的刑法判例得出结论，认为在对犯罪行为的社会危害进行分析上存在两种不同的分析方法，其中一种分析方法是，对于实行行为现实引起的对法益的侵害或者危险这一结果予以否定性评价，并成为违法性的判断依据，威尔哲尔称之为结果无价值，并贴上了客观主义的标签。在结果无价值的分析方法中，只考虑结果和行为样态这样一些客观的内容，不考虑行为人的主观意识、目的、动机等主观要素。

威尔哲尔的这一学术思想被日本一桥大学的福田平教授介绍到日本，东京大学平野龙一按照日本新宪法重构日本刑法学体系的过程中发现，结果无价值更能体现自由主义的价值观，并与罪刑法定、刑法谦抑、法益侵害等观念相契合，从而提倡结果无价值论。结果无价值论更加侧重于权利保障，因为只有现实侵害或者威胁到刑法所保护的法益的行为才构成犯罪，一个行为无论多么地不符合伦理道德或者社会一般观念，只要没有对法益造成现实的侵害或者危险则一律不构成犯罪，从而能够实质地限制刑罚权的发动，保障公民权利与自由。结果无价值对于无被害人的犯罪，如成人间相互同意的性行为或者同性恋行为甚至兽奸行为等，都予以非犯罪化，因为没有侵害到法益或者没有需要刑法保护的法益。结果无价值对于刑法客观主义的贯彻具有决定性的意义。

结果无价值论对于应对现代社会所面临的风险趋于保守，风险社会中难以控制犯罪对于法益侵害的危险，对于法益的保护存在一定的不足，为此，结果无价值论提出了法益保护的前期化或者前置化的理论，并据此解释立法实践中出现的各种抽象危险犯的立法现象，如预备行为、过失危险行为的犯罪化以及累积犯、纾减证明责任的抽象危险等各种犯罪的立法形式。总体来讲，即使采取了法益保护的前期化或者前置化的理论，但是结果无价值论在限制刑罚权、保障公民自由的方面仍然保持着足够的警惕，而且表示出对于法益保护的前期与前置的情形，本身就是一种警示。结果无价值被日本刑法学界广泛接受和推崇，在当今仍然是日本通说。

（刘　军）

行为无价值

与结果无价值对称，是大陆法系客观不法论的两种重要的理论分歧。所谓的行为无价值，是指通过对行为本身的内容进行分析，来确定违法性有无的方法，即将违法性的本质求诸行为的规范违反性的观点和立场，也被称作人的违法观。

行为无价值，是德国著名刑法学家威尔哲尔在批判结果无价值的基础上，提出了另外一种相对立的分析方法。该种分析方法，首先考虑行为人是否使用了法律所禁止的类型化了的行为形态，如盗窃、诈骗、抢劫等，然后考虑行为人在实施行为时的主观意识，即行为人主观上有没有实施该行为的故意或者过失，最后再附带考虑行为的结果，结果在此并不具有独立意义，而只是作为对行为进行评价的一个参考。行为无价值立于规范违反说的立场,认为违法性的实质是规范违反,在违法性的判断上,重视行为对伦理道德、法秩序等的违反,因此,恶的行为以及恶的内心才是违法性判断的根据,正因如此,行为无价值论承认主观的违法性要素。

行为无价值是在对结果无价值批判的基础上发展起来的理论,无论是行为无价值还是结果无价值原本都是关于违法性实质的学说,但是现在的这种对立也发展到整个犯罪论领域,也有学者在构成要件阶段讨论结果无价值与行为无价值。行为无价值又可以分为一元的行为无价值论和二元的行为无价值论。一元的行为无价值论认为,法益侵害或者危险的结果对于违法性的判断没有意义,不是构成要件的要素,只是客观处罚条件,违法性判断的核心是实现结果的意思,即法益侵害的志向无价值。然而,法益侵害或者危险作为犯罪本质,具有划定犯罪圈、保障自由的机能,不可能脱离结果无价值来讨论违法性问题,行为无价值须以结果无价值为讨论的前提,同时补足结果无价值对于违法性说明的片面性,因此,应当结合行为无价值论与结果无价值论,这便是二元的行为无价值论。目前的行为无价值论实际上都是二元论,即违法性由结果无价值与行为无价值共同决定。

(刘　军)

刑事政策

国家和社会为了抑制犯罪、缓和犯罪被害人及社会上一般人对犯罪的愤慨,实现维护社会秩序的目的,而采取的一切政策、策略、措施与方法的总和,这是中义的刑事政策的概念;广义的刑事政策是指国家有关犯罪的所有的对策,这样的刑事政策不限于直接的以防止犯罪为目的的政策,而包括各种间接的与防止犯罪有关的社会政策;狭义的刑事政策是指刑罚政策,研究如何发挥刑法防止犯罪的功能。中义的刑事政策概念既符合历史的发展,也能够与社会政策区分开来,因此是较为妥当的刑事政策概念。

刑事政策(die Kriminalpolitik;criminal policy)的概念最早由德国刑法学家费尔巴哈(Feuerbach)于1803年提出,认为刑事政策是国家据以与犯罪作斗争的惩罚措施的总和。刑事政策概念提出后并未受到世人的重视,后来由德国刑法学家李斯特(Franz von Liszt)复兴并发扬光大。

刑事政策概念至少包括元刑事政策、基本刑事政策和具体刑事政策三个层面,元刑事政策是指国家或执政党以控制和预防分裂性社会行为系统中各种蔑视社会秩序最明显最极端的行为为直接目的而建构起来的政治战略;基本刑事政策是元刑事政策统率下的刑事政策体系中的框架性政策,又可以区分为刑事立法政策、刑事司法政策和刑事行政政策。实践中的刑事政策可以兼具几种身份,如“宽严相济的刑事政策”主要是一项刑事司法政策,如果用来指导立法,也可以是一项刑事立法政策;社会治安综合治理主要是一项刑事行政政策,同时也是一项刑事社会政策,主要在于治理手段的综合表现,既治标又治本;二者同时又都是基本刑事政策。

刑事政策与刑法的关系更是盘根错节,通常认为刑事政策学是犯罪学与刑法学的桥梁与纽带,在犯罪学研究犯罪原因的基础上,可以针锋相对地提出抑制犯罪的策略与对策,并经由刑事政策进而指导刑事立法;从另外一个方向,刑事政策无论基于犯罪原因的研究是如何科学,也无论所提出的刑事政策是多么地有效,也不能突破刑法的限制,正是在这个意义上,德国刑法学家李斯特认为,“刑法是刑事政策不可逾越的屏障(藩篱)”,此即所谓的“李斯特鸿沟”(Liszt Gap)。

20 世纪 70 年代以来,德国刑法学者罗克辛(Claus Roxin)致力于弥合刑事政策与刑法之间的“鸿沟”,试图以刑事政策目的为导向重新构建刑法的犯罪论体系,使刑事政策能够通过刑法教义学而对司法实践和社会生活发生实实在在的影响,客观归责理论就是在犯罪论体系的构建中导入刑事政策价值判断的具体体系。当然,罗克辛所指的刑事政策是狭义的刑事政策,即刑罚政策。

参考书目

1. 刘远、刘军:《刑事政策的理论与实践》,载《中国刑事法杂志》2004 年第 2 期。

2. [德]克劳斯·罗克辛:《刑事政策与刑法体系》(第 2 版),蔡桂生译,中国人民大学出版社 2011 年版。

(刘 军)

刑法中的体系性思维

刑法中的体系性思维不仅仅强调逻辑自洽,不仅仅强调要素的排列和脉络层次,而且在体现某种正当性目的和价值导引下所进行的整体性思考。犯罪论的建构体现的就是体系性思维。

运用体系性思维,重要的是确立一种主导思想,然后对相关知识进行专门的体系化整理,以便形成更加精细化的法律适用。例如,德国刑法学者罗克辛创立并发展出来的“目的理性刑法体系”,以现代刑罚目的理论作为刑事政策性的基础,引导犯罪论体系的建构,并提出了客观归责理论。罗克辛构建目的理性的“功能性”信条学(教义学),就是一种体系性思维的具体体现。安定性是刑法体系性思维的最终目标。

“体系是一个法治国刑法不可放弃的因素”,但是,体系性思维也存在所谓的“危险”([德]克劳斯·罗克辛:《德国刑法学总论》(第 1 卷),王世洲译,法律出版社 2005 年版,第 132 页),因为体系性思维会过多地使用抽象性概念,试图将所有的生活形象安排在很少的主导性观点之下,可能会导致对法律材料的歪曲;通过体系性的推导关系寻找解决法律问题的办法,在具体案件的适用中容易忽视个案正义;另外,体系性思维实际上也排除了其他非体系性思维方式下所可能带来的解决问题的方式或者方案。

(刘 军)

刑法中的论题性思维

论题性思维或者思考,发轫于古希腊的亚里士多德,后来由西塞罗、维科等发展起来的一种服务于辩论术的工作方法。在今天的实践性运用中,这个方法如此表现:人们对一个确定的问题,就像它在学术讨论和法官的咨询性讨论中经常充分表现的那样,先一次性把全部可以设想的解决办法和争论理由提出来,然后在赞成和反对的探讨中,做出一个能够达成一致的决定。易言之,论题性思维意在呈现多种竞争性的思想观点,经由辩论和论证,寻找解决问题最妥当的方案。

论题性思维,在法学研究以及其他法律部门,尤其是民法领域中,应用广泛。罗克辛将之视为一种克服体系性思维缺陷的思考方式,并认为当人们不是依赖体系性的语境关系,而是根据公道来加以测试时,这个结论是否令人满意就比较容易为人们所感知。论题性思维与逻辑上的归纳法联系在一起,实际上是归纳逻辑的集中体现,英美法系通常采用的是论题性思维。

但是刑法自有其特殊性,罪刑法定原则不但限制了可能的法源范围,禁止有罪类推、禁止事后法、禁止适用习惯法,而且要求法律具有明确性,因此,与之相关的体系性思维也就天然地具有了优先性,毕竟在刑法领域,法的安定性、可预测性与可操作性是刑法思维模式的最基本要求;但是,判例、习惯、条理等虽然不能成为直接的法源,还是可以作为理解与说明构成要件内容的材料,可以成为违法性判断的依据,易言之,可以成为间接的"法源",从而在刑法领域论题性思维也就成为可能,补充与矫正体系性思维的缺陷,进一步提升刑法的功能性,并最终使得刑法适用与案件判决更加符合公平和正义理念,更加具有说服力,也更加具有可接受性。在实践理性领域,体系性思维与论题性思维或者说演绎与归纳之间的相互补充、渗透和辅助是不可避免的,论题性思维有利于防止体系性思维所可能带来的脱离实际、歪曲现实的危险,并防止出现个案公正被忽视的现象。

参考书目

[德]克劳斯·罗克辛:《德国刑法学总论》(第1卷),王世洲译,法律出版社2005年版。

(刘　军)

刑法中的类型性思维

又称为类型化思考,是刑法体系性思维中最为重要的一种方法。

类型是建立在一般与个别之间的中间高度,是一种抽象的具体,属于抽象过程中的中间形态;类型既不同于抽象的一般概念,也不同于事物中的个别或者特殊,其本身带有一种"轮廓",可以通过一个或者数个特征予以描述,并能够被人们真实地把握,但是又不同于概念的封闭性,类型在一定程度上是开放的,并具有涵摄性,在这个意义上,类型只能被描述。类型是对事物进行比较、认识、推理的关键,可以说没有类型性思考方法,就无法认识事物,无法认识"事物的本质",在这个意义上,类推(类似推理)是认识事物的关键。

在刑法学中,类型性思考被广泛接纳与采用,犯罪论体系或者解析犯罪成立条件的犯罪构造就是类型性思考的"杰作",构成要件符合性判断就是典型的类型化判断,易言之,构成要件就是犯罪类型的载体,每一个具体犯罪的构成要件就是描述该行为的类型。这种刑法学上的规范类型是具有普遍意义的观念形象,或者说,抽象的具体为认定犯罪提供了根本依据,只有在逻辑上能够被涵摄于该类型的行为才能够适用该法律条文。

类型本身具有开放性,因此类型性思考方法对于刑法解释也具有十分重要的意义,如考夫曼在《法律哲学》一书中所讨论的十分著名的盐酸案就涉及类型化思考的问题,行为人携带盐酸泼洒于女会计的脸上进行抢劫,是否属于携带"武器"?如果将携带武器抢劫理解为一种行为"类型"而不是封闭性的概念,则盐酸无疑可以通过类型本身的开放性,轻易地归入"武器"之中。

类型是规范与事实之间的桥梁,不但立法需要从纷繁的社会生活中归纳出不同的行为类型并在刑法规范中予以规定,而且司法适用也需要判断行为类型与具体事实之间的涵摄关系,必要的时候甚至需要对"规范"和事实进行双向的解释,才能通过认识、发现并适用法律。刑法学甚至法学本质上都是一种类型性思考的方法。当然,刑法中的类型性思维具有其自身的特殊性，在运用类型性思维方法之时，应当遵循罪刑法定原则，综合运用刑法解释方法，防止出现类推解释。

参考书目

[德]阿图尔·考夫曼：《法律哲学》，刘幸义等译，法律出版社2011年版。

（刘　军）

刑法中的个别性思维

与类型性思维相对应的是个别性思维的方法。以大陆法系犯罪论体系为例，构成要件是类型性思考，定罪最终是以类型化的构成要件为依据的，这是罪刑法定中罪之法定的应有之义，因此，定罪是类型性思考。但是，刑法的体系性思考其实就是一个从一般到特殊、从抽象到具体、从定型到非定型、从客观到主观、从事实判断到价值判断的过程，在这个意义上，类型性思考必定伴随着个别性思考，否则不但无法定罪更无法量刑。违法性判断属于特殊的、具体的、非定型的、客观的价值判断，违法性判断也需要融入个别性思考方法，以确定特定的情形是否符合实质的违法性；有责性判断之主观判断的属性，以及是否具有可谴责性，都需要进行具体的、个别的判断。因此，即使定罪在总体上属于类型性思维，然而也必定伴随着个别性思考。

相对于定罪所指向的确定的法定刑范围，量刑则必然是个别性思考，或者说，相对于法定刑是抽象的具体而言，宣告刑则必然是具体的。量刑中的罪责刑相适应原则，要求刑罚应当与行为人所犯罪行的严重程度和责任大小相匹配，因此，只能个别化地适用刑罚。如果以量刑中"幅的理论"对以上问题进行解释，可能会更加容易理解。定罪所指向的法定刑，在一般情形下都会是一个幅度或者数个刑种，在不介入处断刑的前提下，只要在法定刑的幅度内判决，无论最后适用具体的刑罚如何，都是符合定罪时的犯罪类型与刑罚的匹配的，然而，究竟适用什么刑罚却是个别化的，因此也只能使用个别性思考的方法。

（刘　军）

刑法法条竞合

又称法规竞合，是指行为人实施了一个行为却符合了数个法条规定的构成要件，但是各法条之间存在包容或者交叉关系，因此实质上只符合一个构成要件，只能按照其中一个刑法规范适用法律的情况。数个刑法规范可以是同一法律中不同条款的规定，也可以是不同法律中规定的刑法规范，如普通刑法与特别刑法。之所以存在法条竞合的现象主要是因为立法技术的原因，立法者基于现实生活的复杂性，为了严密法网、堵截犯罪、区别对待，在同一个类型化的行为上采取多重的和交叉的立法方式，由于适用多个标准进行划分，导致法律条文之间呈现复杂的包容或者交叉的关系。因此法条竞合与罪数形态在属性上并不相同，并不能归属于实质的一罪、法定的一罪或者处断的一罪，而是《刑法》分则条文的具体适用问题。

法条竞合，通说认为存在两种情形：一种情形是包容或者重合关系。一个行为符合两个构成要件，但是一个构成要件被完全包容于另外一个构成要件之中。例如，诈骗罪与金融诈骗罪，过失致人重伤、过失致人死亡与业务类的过失犯罪等都属于包容或者重合的关系。另一种情形是交叉关系。一个行为符合两个构成要件，但是两个构成要件存在交叉关系，如诈骗罪与招摇撞骗罪，当行为人冒充国家机关工作人员骗取财物时，符合诈骗罪与招摇撞骗罪两个罪名的构成要件,应当按照重法优于轻法的原则,依照处罚较重的规定处罚。

发生法条竞合的具体情形,因为不同原因而符合不同法条规定的构成要件的情形,例如,因为犯罪主体不同而形成法条竞合;又如,因为犯罪目的不同而形成法条竞合;再如,由于犯罪对象不同而形成的法条竞合,还有由于犯罪行为的重合或者交叉而形成的法条竞合以及由于犯罪结果而形成的法条竞合。

法条竞合与想象竞合最容易混淆。想象竞合是指实施了一个犯罪行为,犯罪结果同时侵害两个或者两个以上法益,同时触犯两个或者两个以上罪名的犯罪形态。二者都是只实施了一个行为,都是触犯了数个法条,都是只按照一个法条的规定适用一个罪名进行处罚。二者的区别在于:法条竞合所触犯的数个法条之间存在重合或者交叉关系,这种重合与交叉的关系产生的原因是立法技术问题,而且只要实施行为一般就会触犯数个法条;想象竞合犯所触犯的数个法条之间并不具有重合或者交叉关系,并不必然地具有联系,只是因为犯罪行为的原因而触犯了符合数个法条的数个法益;法条竞合属于《刑法》分则条文的适用问题,而想象竞合则属于总则中的一罪与数罪问题,是实质的一罪;二者适用的处罚原则不同,法条竞合犯原则上适用"特别法优于一般法"原则,特殊情形也可以适用"重法优于轻法"的原则,而想象竞合犯则是"择一重罪处罚"。

(刘　军)

刑法过错责任

道义责任论认为,犯罪是人基于意志自由而实施的行为,才能够进行伦理上的非难,作为报应的刑罚也才是正当的。具有责任能力的人被认为是具有意志自由的,行为人具有认识能力和控制能力,在此前提下违背法律的规定而故意或者过失地实施了犯罪行为的人,就应当对自己的行为承担责任,即所谓的"道义"责任,行为人的责任则以故意或者过失的存在和程度为限。

心理责任论认为,责任的实质是行为人的心理与行为之间的关系,基于心理关系不同,可以将责任分为故意或者过失;具有责任能力的人,故意或者过失地实施犯罪行为,就应当追究行为人的责任。

规范责任论认为,责任的本质是刑法上的非难可能性或者谴责可能性。法律规范是禁止或者命令,只有能够理解法律规范所发出的禁止或者命令的行为人,在能够遵从禁止或者命令的前提下实施犯罪,才具有谴责可能性。因此,除了责任能力、故意或者过失之外,还应当考虑行为人是否具有合法行为的期待可能性,只有能够被期待在该具体情形下能够实施合法行为,才能考虑予以刑法上的非难。规范责任论目前是通说。

以上各种责任论都强调主观责任,都要求行为人具有故意或者过失,即行为人存在主观上的过错,才能承担刑法上的责任,才能够予以刑法上的非难,此即所谓的刑法上的过错责任。这也是责任主义的基本要求。不过,规范责任论的发展已经远远超出了主观责任或者过错责任,在此,期待可能性成为一种规范的要素,主观上存在过错仅仅是承担刑事责任的一个前提条件。

(刘　军)

刑法严格责任

又被称作无过错责任、无罪过责任、绝对责任，是指法律对某些缺乏主观犯罪心态的行为追究刑事责任，即无论行为人主观上出于故意、过失抑或无过失，只要实施了一定行为，并造成了一定的危害后果，行为人就要承担刑事法律责任。这一原则在民事和行政制裁中已被世界许多国家和地区广泛采用；但是作为一项刑事法律制度，严格责任为英美法系所特有。这种刑事责任归责方式的由来，起初是与近代高度危险工业的发展及随附产生的严重环境问题密切相连的，它通常作为追究刑事责任的一种补充，因而散见于个别的法律规定中。

一般认为，严格责任制度的立法目的与宗旨就是要求行为人加强责任心，经常注意自己的义务，防患于未然。规定严格责任的条款都与公共利益和公众福利息息相关，为保护公众利益就有必要严格法律的责任；再者，是出于诉讼的考虑。实行严格责任原则无须证明行为人主观上是否有过错（而该种犯罪因为涉及工商企业，往往很难查清其犯罪心态），因而有利于案件的起诉和审判，避免放纵犯罪；另外，同时允许被告人提出反证，从而将证明责任转嫁给被告方，促使其在日常的生产和经营行为中加强证据的搜集和保全，以证明自己对于法益侵害结果的出现并无过错。

但是，大陆法系国家，在刑法上不承认无过错责任原则，谨守“无过错即无责任”的基本原则，认为无过错责任原则与刑法基本精神相违背，另外，也并未实行过错推定的严格责任，而是要求检控方证明被告人存在故意或者过失。这也与大陆法系国家通常都不承认法人犯罪有关，目前除了法国之外其他国家并未规定法人犯罪。我国刑法也一样不承认该原则，而强调主客观相一致。行为人主观方面的犯罪心态，是犯罪构成的必要条件之一，没有主观罪过，即使存在危害社会的行为，也不认为是犯罪。

（刘　军）

空白刑法

德国刑法学者宾丁所创，又称空白刑罚法规、附范围之刑法，是指刑法只规定罪名或部分构成要件及法定刑，而将构成要件的一部或全部委诸其他法律或行政法规或命令刑法规范。因此，空白刑法与完备刑法相对称的刑法分类。广义的空白刑法包括以法律或命令补充的构成要件，狭义的空白刑法则专指以命令补充空白的构成要件。我国刑法并没有采纳空白刑法的概念，而是在罪状的种类中将该种情形列举为空白罪状，并将其与叙明罪状、简单罪状并列为罪状的基本分类。

空白刑法（罪状）的立法现象主要发生在经济刑法和行政刑法的领域，主要原因是有关经济或者行政的法律法规所规定的内容往往较多，刑法条文难以对其具体内容进行概述，或者会导致刑法条文过于冗沓；另外，经济或者行政法律法规也处于经常变动之中，而刑法要求具备安定性，为避免刑法朝令夕改，也有必要采取空白刑法（罪状）的立法模式；也有的情形是规定的罪状过于专业，由其他的法律规范予以规定更加明确和精确，从而使用空白刑法的立法形式。现代社会风险日益增加，在保证刑法安定性的同时，为保持刑法对于社会生活的适应性，空白刑法（罪状）将是不可避免的一种选择。

空白刑法（罪状）可以分为绝对的空白刑法（罪状）和相对的空白刑法（罪状）。绝对的空白刑法（罪状），是仅指出所违反的刑法之外的其他法律法规的名称，而没有罪状描述的情形。

相对的空白刑法(罪状),是在刑法条文中规定了部分构成要件,但是仍然需要参照其他法律法规补全构成要件的情形。

通常情况下应尽量避免出现绝对的空白刑法(罪状),并尽量使用相对的空白刑法(罪状);如果立法上使用了空白刑法(罪状)的立法技术,司法实践中,对于该犯罪的构成要件应当根据该刑法条文所援引的法律法规的规定予以补足,然后才能在具体的案件裁判中适用该条文,以符合罪刑法定原则关于明确性的要求。

参考书目

刘艳红:《刑法学总论》,北京大学出版社 2006 年版。

(刘　军)

禁止重复评价原则

在定罪量刑时,禁止对同一犯罪构成事实予以两次及以上的刑法评价。禁止重复评价原则最早可以追溯到古罗马,在古罗马法中,禁止重复评价主要是通过程序法上的诉讼竞合予以解决的,即数个针对同一事实相竞合的诉讼,尤其是刑事诉讼,相互吸收。禁止重复评价原则充分体现了罪责自负、一罪一罚的正义性理念,许多国家的刑法甚至宪法中明确规定了禁止重复评价原则,防止行为人因同一罪行而受到两次以上的刑罚。

禁止重复评价原则既是立法原则,又是司法原则,更多的是司法原则;既是定罪原则,也是量刑原则,更多的是量刑原则。因此,广义的禁止重复评价原则含义与“一事不二罚”“禁止双重危险”原则相通,狭义的禁止重复评价原则是指禁止对在定罪中已经适用过的同一犯罪构成事实,在具体的刑罚裁量中再次作为量刑情节予以适用,成为从严或者从宽适用刑罚的依据。狭义的禁止重复评价原则是通说。

虽然如此,量刑中并非只能考虑量刑情节,因为在实际的量刑过程中无论采取哪种具体的量刑方法和步骤,量刑都不可能不考虑所谓的定罪情节,甚至“情节”一词在定罪中的使用本身就有混同量刑情节的可能;而且禁止重复评价原则只是禁止对同一犯罪事实重复进行考虑而已,因此,如果在量刑过程中某一犯罪事实已经得到评价,如在确定法定刑幅度、基准刑等过程中已经使用了该犯罪事实,则不得再在后续的量刑情节调节基准刑中再次予以评价;当然,如果同一量刑情节在不同的犯罪中具有不同的意义,则可以重复评价,如自首或者立功对于数罪则可以重复予以评价。

参考书目

[意]桑德罗·斯奇巴尼选编:《民法大全选译:司法管辖权·审判·诉讼》,黄风译,中国政法大学出版社 1992 年版。

(刘　军)

禁止双重危险原则

被告人不得因同一罪刑而受到两次起诉、审判和处刑。禁止双重危险原则源于古罗马法律的“一事不再理”原则,16 世纪的英国得以发展该原则,目前为英美法系国家普遍接受,甚至将其确定为一项宪法原则,如《美国宪法第五修正案》规定,任何人均不得因同一罪行而两次受到生命或身体上的危险。联合国《公民权利与政治权利国际公约》第 14 条第 7 项也规定,任何人依一国的法律及刑事程序被最后定罪或者宣告无罪者,不得就同一罪名再予审判或者惩罚。

禁止双重危险的理论依据是"国家处罚权耗尽说"或"国家权力行使终了说",概言之,国家刑罚权既然作出终局决定,则表明国家已经付出了全部的处罚力量,或者国家对个案的司法权力已经行使终了,因此,国家不得再次进行诉讼或者审判。禁止双重危险原则有利于保障被告人的权利,防止被告人因同一罪行而受到双重追诉的危险;防止司法权的滥用,同时也有利于提高司法效益。

大陆法系国家普遍采用"一事不再理"原则,即如果法院就某一案件所作的实体裁判或者实体性程序裁判已经生效,则不得对案件再次起诉和审判。一事不再理原则注重维护判决的既判力,维护法的安定性,同时也有利于维护被告人的权利。

英美法系的禁止双重危险原则与大陆法系的一事不再理原则在理念上是相通的,但是也存在一些细微的差别。相比较而言,一事不再理原则更加注重裁判的既判力,适用的前提是法院作出的判决已经生效;禁止双重危险原则的适用不以裁判是否生效为前提,只要司法程序已经对被告人产生了"危险",则被告人就不应受到第二次"危险"。禁止双重危险原则的适用范围更加宽泛,更加有利于保障被告人的权利。

（刘　军）

有罪推定

封建专制主义纠问式刑事诉讼中广泛存在有罪推定的现象,即被告人作为被诉讼追究的客体首先被推测并断定为有罪,从而受到相应的犯罪处遇,整个司法程序都围绕着如何证明被告人有罪而展开,如,追求被告人的口供,允许刑讯逼供,审判不公开,被告人没有辩护权并承担证明自己无罪的责任等。

当前法治国家普遍规定了无罪推定的原则,因此作为一种制度,有罪推定已经遭到废弃,然而作为一种思想观念、思维模式甚至行为倾向在现实社会中却难以彻底根除,经常沉渣泛起,刑讯逼供现象屡禁不止,冤假错案不断发生。

有罪推定与无罪推定虽然都是"推定",然而含义并不相同,无罪推定中的推定是"假定"之义,即假设被告人无罪并建构起一整套的法律制度,平衡诉辩双方的权利与义务,保证刑事诉讼的公正运行;而有罪推定中的推定是"推断"的意思,亦即经过掌握一定的证据和事实之后,便经推测而断定被告人有罪,从而进一步采取措施进行证实。因此,有罪推定的核心在于控诉方不承担完全的举证责任,反而将证明被告人无罪的举证责任分配给被告人,因为被告人难以完成这一艰巨的消极证明任务,从而刑讯逼供也就成为必然的结果。

因此,如果不仅要从制度上而且要从事实上废除有罪推定,除了确立无罪推定原则之外,还应当围绕着举证责任分配这一核心,从正反两方面确立相关配套制度,如非法证据排除、禁止自证其罪、沉默权等。

（刘　军）

无罪推定

任何人在未经依法审判确定有罪之前,应当假定其无罪。无罪推定是一种无事实理由的假定,换言之,证明被告有罪的责任在于控诉方,被告人没有证明自己有罪或者无罪的义务。

无罪推定是当前最重要的一项刑事诉讼原则,为所有法治国家所普遍接受,更有国家将其规定为宪法原则。

无罪推定原则不仅是一项原则,更派生出诸多刑事诉讼制度,正确地确定了被告人在审判过程中的地位和权利,如辩护权、沉默权、不得强迫自证其罪、非法证据排除、公正审判等,因此,无罪推定原则是法治国家刑事诉讼制度的标志,能够从根本上保障被告人的各项权利。

参考书目

[意]切萨雷·贝卡里亚:《论犯罪与刑罚》,黄风译,中国法制出版社2002年版。

(刘 军)

辩诉交易

又称诉辩交易、答辩交易,一般认为在法庭审理之前,作为控诉方的检察官与代表被告人的辩护律师或直接与被告人进行协商,以检控方撤销指控、降格指控或要求法官从轻判处刑罚为条件,换取被告人的认罪答辩。诉辩双方达成协议以后,法官便不再对案件进行实质性审判,而仅在形式上确认双方协议的内容。法院在审判过程中对辩诉交易进行审查,只有在认为辩诉交易的内容违反了正义和公正的原则时,才可以拒绝接受辩诉交易。

尽管美国各州与被指控的罪犯之间的谈判可能追溯到几世纪以前,但正式的辩诉交易产生于19世纪。美国在20世纪中叶以后,犯罪率急剧上升,司法资源的有限性同社会需求的无限增长的矛盾日益突出。为了以有限的司法资源解决日益增多的案件,一些地区的检察官开始用协议和交易的方式,换取被告人的"有罪答辩"。1970年,美国联邦最高法院正式承认其合法性。1974年修订的《联邦刑事诉讼规则》明确将辩诉交易作为一项合法制度确定下来。目前,美国司法实践中80% -90%以上的刑事案件是以辩诉交易方式结案的。

检察官进行交易的目的通常是在有罪证据不够充分的情况下,为避免在法庭上败诉或者是在对其他重罪的犯罪嫌疑人的起诉中得到被告人的合作进而与辩护方达成协议。协议让步的内容除答辩有罪外,检察官可能向被告人寻求额外让步。如作证反对共同被告人或以另外的方式配合侦查工作。一些案件被告人甚至以从轻处置共同被告人为交换条件进行有罪答辩。其交易的具体类型又可以划分为减轻指控、撤销非直接的指控以及量刑交易。

谈判方式可以分为明示和默示两种:一种方式是检控方和被告方之间进行明示的和个别化的谈判,具体地就协议内容达成交易;而另一种方式可能根本就没有谈判,协议是根据过去的或地方的标准通过默示方式达成的。

在美国,无论是轻微的罪行还是严重的罪行都可以通过辩诉交易进行谈判解决。其交易的诉讼阶段应在庭审前。

辩诉交易制度在美国之所以如此盛行,与刑事司法中实行的陪审团制度有极大的关系。诉讼结果的风险和不确定性,无形之中迫使被告人与控辩方达成协议,这也是辩诉交易颇有微词的原因之一。另外,美国的实用主义哲学在辩诉交易制度中也体现得淋漓尽致,毕竟有瑕疵的正义总比没有正义要好,而且辩诉交易极大地节约了司法成本。

(刘 军)

自由心证

大陆法系国家在证据判断标准的理论和制度上实行的是自由心证，要求法官依据“良心”和“理性”，根据经验法则、逻辑规则、法律知识等，对证据进行取舍，对证明力予以说明，由此形成内心确信，认定案件事实。法官在案件审理过程中，对证据的提出、证据能力、证明力和取舍等均有较大的自由裁量权；通过对证据的审查在内心所形成的信念即是“心证”，“心证”达到没有任何合理怀疑的程度即为“确信”；只有达到“内心确信”的程度，法官才能据此对案件作出有罪的判决。

大陆法系的心证可以划分为微弱的心证、盖然的心证、盖然的确实心证和必然的确实心证四个等级，而有罪判决的证明标准为必然的确实心证，也称“内心确信”(intimate conviction)，即要求法官根据其个人的自由确信而确定证据，并对证据结果得以完全、充分和没有矛盾地使用，在达到了排除任何合理疑问的内心确信时，才能判决被告人有罪。在理论上，“内心确信”常常概括为“高度盖然性”，即不允许相反的证据事实存在，与英美法系的“排除合理怀疑”的证明标准在实质上是一致的，如果对证据进行全面、公正地审查，依据理智推理，仍然未能达到“内心确认”，则只能裁决被告人无罪。

（刘　军）

排除合理怀疑

英美法系国家刑事诉讼有罪判决的证明标准，在普通法国家陪审团制度的发展过程中逐步得以确立。一般认为，排除合理怀疑理论产生于17世纪的英国，18世纪已经被普通法法庭广泛采用。排除合理怀疑作为证明标准有利于保障被告人的权利，能够借此让公民相信除非其行为被以最高标准证明为有罪前不被判决有罪，其本身就是极高的价值目标。

对于“合理怀疑”是否需要进行解释或者给予恰当的定义存在争论，一种观点认为无须定义或解释，因为其本身就是最好定义，任何定义或者解释都容易误导陪审团而导致降低证明标准；另一种观点认为，陪审团毕竟非专业法律人士，如果不对“合理怀疑”进行解释，可能会令陪审团做出错误判断。美国以往的判例倾向于对“排除合理怀疑”作解释，但考虑到对排除合理怀疑进行量化的做法受到的质疑和批评（认为其对陪审团的裁决产生了重大影响，会给陪审团带来理解上的混乱，降低控诉方的证明标准，违背正当程序的要求），在美国司法实践中已经没有法院对排除合理怀疑采取此种解释。

“合理怀疑”是指基于理性的和常理的怀疑，这种怀疑会使一个理性的人在做出重大决定时犹豫不决；那么，“排除合理怀疑”就是指一个理性的人基于确信对处理他自己重要的事务时不会犹豫不决。陪审团在做出被告人有罪的决定时，必须对所有证据仔细、公正、全面地考虑后，排除各种基于理性的和常理的怀疑，达到道德上的确信，否则，如果基于证据缺失、未能形成证据链、存在证据之间的矛盾、证据证明力较弱等未能达到排除合理怀疑的程度，未能形成道德确信，则只能宣告被告人无罪。

（刘　军）

民事司法方法

民法解释学

“谓明确成文法之规范的意义，而且论理的使其调和，以组织体系之学，有实用法学（praktische Jurisprudenz）之性质”（史尚宽：《民法总论》，中国政法大学出版社2000年版，第45页）。在中世纪，注释法学派对罗马法大全注释的过程中，对其法条逐一解释以把握罗马法体系，其后经后期注释法学派的演绎和组织，以及罗马法实用化，民法解释学成为独立的学问，因此可以认为，在历史上民法解释学与民法学是同义语；此外，在历史上法律解释学主要是以民法文本为主要解释对象的，早期的罗马五大法学家的著述对法律解释方法的研究主要以民法为对象展开，因此历史上法解释学长期是依附于民法解释学的，研究法解释方法属于民法学者的附带工作，法律解释学从民法解释学中诞生，因此在法学史上，民法解释学也等于法解释学。

一般来说，民法解释学的主要内容是学者对实定法及其他法源进行整理并依一定逻辑顺序所构成的体系，称为法源论；以及学者运用法律解释方法针对判例事实或设例所提的具体解释，称为解释论。不过，自20世纪以来，随着方法本身日益受到重视，民法解释学开始从民法学分离，成为一门独立的学问领域。日本学者将它们分为不具有解释学性质的民法学与具有解释学性质的民法解释学；在德国及我国台湾地区，具有解释学性质的民法解释学又被称为（民）法学方法论。它与一般解释学的关系在于，一般解释学是人文科学的方法论，而民法解释学是作为人文科学之一分科的（民）法学的专门方法论。

参考书目

梁慧星：《民法解释学》，中国政法大学出版社1995年版。

（谢　慧）

民法教义学

又称一般民法学、民法释义学、民法教条学、民法信条论，它是坚持以实体法为前提，并对其体系化和解释为主的规范科学，其主要探讨规范的意义，所关切的是实证法的规范效力、规范的意义内容，以及司法判决中包含的判决准则等。民法教义学在较大程度上受到实证主义法学的影响，它对法律现象的研究是从规范、概念角度看待，从逻辑的意义上观察，而不是在常识、经验、社会规范和大众道德层面进行分析。

民法教义学发端于欧陆，在历史上，它主要与罗马法的注释法学派、德国的历史法学和概念法学联系在一起。罗马注释法学派在注释罗马法的过程中，围绕罗马法大全的条文内容，通过大量的注释对罗马法大全进行丰富和细化，使其更具逻辑性和体系化。19世纪，在德国历史法学派和概念法学派的进一步推动下，罗马法体系化和抽象化的传统影响在大陆法系国家逐渐扩大，民法教义学逐渐成熟起来；同时随着自然科学的发展，法学家试图将法学作为一种科学来进行研究，认为通过抽象的概念构成就可以完成对法的科学创造，即从单个的法律命题中抽象出普遍的共性，然后以“概念金字塔”的形式完成概念的一般性上升。进入20世纪以来，随着主客体二分哲学观和概念法学的被批判，以及法律教义学论证转向结果导向立场，民法教义学开始逐步突破概念法学的保守与封闭。

民法教义学大致涉及立法和司法两个方面的内容。在立法方面，主要通过民法教义学将法律规范化、逻辑化、体系化，形成一个前后协同的法律框架；在司法方面，运用民法教义学理论中关于民法的解释方法，为案件裁判者提出具体的解决方案。

民法教义学的基本特征是“体系性观念”（Systemgedanke），其结果是形成体系的规则群，它不仅仅是法律规范或文本的简单堆积，更重要的是以一种系统化、内部有序的方式将民法规范整合成一个有内在逻辑的民法体系。德国民法典所采取的从抽象到具体的体系性规范模式，极具代表性地体现了民法教义学“体系性观念”的特征。在德国民法典中，典型的民法教义学结果如关于违反保护性法律的侵权行为、违反善良风俗的法律行为、诚实信用等类型化的总结。民法教义学的“体系性观念”可以通过普赫塔的“概念金字塔”这一模型得到很好的理解。在“概念金字塔”所表达的体系性中，每一个民法概念都经由它在金字塔体系中的位置得以规定自身，一个民法概念必然具备其上层概念所具有的性质，比如合同行为必然具备它上层概念民事法律行为的性质。所以，在一个体系严密的民法典中，一条规范或者一个概念不仅通过它自身的字句来表达自己，而且也通过它在法典中的位置表达自己。民法教义学的“体系性观念”通常通过教学这一形式予以维护和生产。它的主要任务是对法律概念进行逻辑分析，建构法律体系，并将概念体系运用于司法裁判。

民法教义学能够系统地整理分析现行法律的概念体系，了解民法内部的价值体系，并在整体上把握具体规范的关系，便于讲授、学习及传播。民法教义学的体系化功能使得逻辑化、体系化的民法典编撰成为可能；同时民法教义学为民法的适用建立了体系化的解释方法，克服了“概念法学”阶段法律解释的封闭性，从而实现了民法解释对社会变迁的开放与适应。

在民事司法中，法官的裁判必须以涉及的民法教义学作为出发点。但是，司法裁判中存在一种体系性和非体系性的矛盾张力，一方面司法不能放弃其裁判方案的体系性归属，否则违背依法裁判这一基本原则；另一方面，现实中的个案特性又使得法官必须灵活处理民法教义学中的“体系性观念”，在这一过程中，必要的法律方法发挥着重要的作用，比如“目的解释”“利益衡量”“法律论证”等。也就是说，如果民法教义学的已有内容能够为出现的法律问题提供妥当的答案，那么它就极有可能在具体的司法过程中发挥决定性的作用；如果民法教义学的已有内容不适合某个法律问题，那么司法裁判将会有可能出现对民法教义学的偏离，而此时则必须在法律方法上采取相应的补救措施，比如给出专门的论证或者以法律修辞的方式予以解决。

参考书目

1. [德]卡尔·拉伦茨：《法学方法论》，陈爱娥译，商务印书馆2003年版。
2. [德]亚图·考夫曼：《法律哲学》，刘幸义等译，台北，五南图书出版公司2000年版。
3. 史尚宽：《民法总论》，中国政法大学出版社2000年版。
4. 黄茂荣：《法学方法与现代民法》，法律出版社2007年版。
5. 陈妙芬：《Rechtsdogmatik——法律释义学，还是法律信条论？》，载《月旦法学杂志》第58期。
6. 吴从周：《论民法第一条之“法理”——最高法院相关民事判决判例综合整理分析》，载《东吴大学法律学报》第15卷第2期。
7. 焦宝乾：《法教义学的观念及其演变》，载《法商研究》2006年第4期。

8. 许中缘:《体系化的民法与法学方法》,法律出版社2007年版。
9. Joseph Raz, *Practical Reason and Norms*, Oxford University Press, 1999.
10. Robert Alexy, *A Theory of Legal Argumentation: the Theory of Rational Discourse as Theory of Legal Justification*, translated by Auth Adler and Neil MacCormick, Oxfore University Press, 1989.

(谢 慧)

民事法律关系的方法论意义

从司法方法论上来说,民事法律关系是指通过理顺不同的法律关系,确定其要素及变动情况,从而全面地把握案件的性质和当事人的权利义务关系,并在此基础上通过司法三段论的适用以准确适用法律,做出正确判决的一种案例分析方法。法律关系被德国学者梅迪库斯称为"私法的工具",是寻找与事实最密切联系的法律规则的有效模式。在民事司法过程中,民事法律关系是沟通司法推论中大前提和小前提的桥梁,或者说是司法三段论中连接事实与规范的基本方法。

民事法律关系之所以可以成为三段论中连接的基本方法,其主要原因在于:(1)民法所调整的对象表现为上升为法律关系的社会关系,民法规范结构中的诸种法律效果也是相应于特定的法律关系而言的,因此要分析某个具体案件争议中的法律效果,就需要对案件中的各种事实予以裁剪,将那些符合法律调整的社会关系挑选出来,判断其法律效果;(2)民事法律关系是截取生活关系的一部分而形成的,对民事法律关系进行分析可以剔除不受法律调整的那些社会关系,从而在特定案件事实与规范人民行为的法律之间建立起准确的联系;(3)在民法领域,法律关系本身构成了民法的体系,民法制度和规则是按照法律关系的内在逻辑展开的;(4)正确运用法律关系分析方法,有助于限制法官恣意裁判,保证法律的安定性。正确运用法律关系分析方法,要求加强判决的说理性,法官不能仅凭个人的经验断案,必须正确运用特定案例分析方法,采取循序渐进的方式,使得司法成为一个技术性的过程,使裁判具有统一性、精确性和可预测性。

民事法律关系分析方法的运用步骤为:(1)明确争议点及与其相关的法律关系;(2)区分生活关系与法律关系,选择具有法律意义的生活关系;(3)界定法律关系的性质;(4)分析考察法律关系的要素;(5)对法律关系要素变动的确定,包括对法律关系主体、客体和内容的确定;(6)考察法律的适用。这一过程是司法三段论运用的过程。

民事法律关系分析方法的特点是:(1)它以法律关系为媒介,实现司法三段论中大小前提的有效连接;(2)它既是对事实要件的分析方法,也是对法律适用的分析方法;(3)它是法律人的一种基本思维方法。

民事法律关系分析方法的功能是:(1)在存在多种法律关系时,能够条分缕析各种权利义务;(2)排除非法律关系的要素;(3)把握法律关系的要素,从而能够把握案件的事实要件,并以此寻找规范要件;(4)把握法律关系的变动;(5)有效地连接事实和法律。

参考书目

1. 王泽鉴:《民法物权》,中国政法大学出版社2001年版。
2. 王泽鉴:《法律思维与民法实例》,中国政法大学出版社2001年版。
3. 陈金钊等:《法律方法论研究》,山东人民出版社2010年版。
4. 王利明:《法学方法论》,中国人民大学出版社2011年版。

5. 王利明:《与民法同行》(第2卷),法律出版社2006年版。
6. 杨立新:《民事裁判方法》,法律出版社2008年版。

（谢　慧）

民法法源

民法法源的主旨所强调的是法官到哪里发现法律,民法法源的内容包括一切可以作为裁判规范效力源泉的正当规则。具体而言,民法法源有:(1)制定法。(2)法院的裁判。(3)合同(契约)或协约。法律上平等地位的主体,为规范其间之事务,可以利用意思表示之合致来形成规范,此即合同或协议。合同或协议对于参与意思表示者有规范上的拘束力,因此合同或协议也是一种法源。合同或协议之拘束或效力的对象,基于私法自治原则,原则上固以表意人及受益人为限,但仍有例外。(4)学说。学说常常是帮助法院认识社会之规范需要(存在)及其应该之规范内容(当为)的主要媒介或依据。(5)国际法。国际法主要指两国或多国缔结之条约、协议,或超国家团体决议之国际规范。以上这些法源中,制定法、合同(契约)、协约、条约、协议因其"形式"而取得法源地位,习惯法、法院之裁判、学说因其"实质"而取得法源地位。

在司法过程中,民法法源与法律发现结合起来,从而具有了方法论的意义,使法律渊源理论能得以指导司法的进行。具体来说,民法法源的司法方法论意义有:(1)指明了法官需找和发现法律的大致场所和范围;(2)规范了法官发现法律的方法。民法法源为法律适用者提供了较为便捷的思维走向,规制了大体的场所、范围和发现法律的顺序。民法法源的识别其实就是法官发现法律的过程,其含义不在于在制定法中发现固定不变的法律意义,而是承认法律发现过程中必须伴随解释,其意在尊重已有法律的权威,不使法官无法司法。

参考书目

1. [德]魏德士:《法理学》,丁晓春、吴越译,法律出版社2005年版。
2. [美]E. 博登海默:《法理学——法律哲学与法律方法》,邓正来译,中国政法大学出版社1999年版。
3. 舒国滢等:《法学方法论问题研究》,中国政法大学出版社2007年版。
4. 陈金钊:《法治与法律方法》,山东人民出版社2003年版。
5. 陈金钊等:《法律方法论研究》,山东人民出版社2010年版。
6. 谢慧:《法源视野中的合同研究》,法律出版社2014年版。

（谢　慧）

民法中概念体系的形成

民法中的概念是基于一定目的而设定,经由设计将一定的特征组合或排列在一起,将一定的价值储存于其中,以构成一个当为的命题。民法概念的意义在于规范其所在社会的行为,而不在于描写其所在的社会。为使民法概念能达到其规范功能,并顺应大量而且可靠的法务处理的要求,法律概念的概念化须经一定的建构过程而形成。

民法概念的建构过程如下:(1)形式化处理。形成民法概念首先须经形式上的抽象化处理,其抽象化的形成过程为:从其所由此显现的客体中分离、抽象化;以一般化的形式,个别孤立于其他要素及客体之外的诸要素。也即,取舍该对象已认知的特征,并将保留下来的特征设定为充分且必要,同时将事实涵摄于概念之运作中(如将法律事实涵摄于构成要件),把其余的特征一概视为不重要。例如"成年人"的概念,便是一个利用外部形式,而非内部实质的特征建构的技术性概念，也即具备法律提取的特征时，就是成年人，其他的特征皆不相干。如果其特征的舍弃有超过或不及的情形，相应于规范意旨便会发生概念涵盖的范围太广或太狭的事情，从而为贯彻其规范意旨，在其适用上有经由限缩（解释或补充）或扩张（解释或补充）加以调整的必要。(2)实质化处理。在法律概念的建构过程中，除了处理对象的特征的取舍之外，同时还应有价值的负荷（die Wertspeicherung）的考虑。此种概念形成的目的及作用是，将大量彼此不同，而且本身极度复杂的生活事件，以明了的方式予以归类，用清晰易辨的要素加以描述，并赋予其中法律意义上"相同"者同样的法律效果，此正是法律的任务所在。不过为了说明上的方便以及运作上的合理化，民法通常假设实证法已忠实地反映了其所应追求的价值（正义），其所引用的法律概念已具备适当的功能，来实现其所要的正义，然后基于此种假设对法律的外在结构进行纯逻辑的解剖。利用此种概念构成的法律规范的系统，学说上称为抽象概念的法律系统，其功能在于使法律概念及法律规定各安其位，已达到说明法律结构的目的。

概念的意义被 19 世纪的法学家极大运用，他们认为，民法规范可由概念的排列而创生，概念本身自成体系并具有逻辑自足性，它是"一种纯粹根据逻辑和公立进行涵摄和演绎的系统"。在此系统中，任何一个案件事实都可以通过单纯的逻辑涵摄获得裁判，而这种逻辑自足和逻辑涵摄也同时确保了法秩序的安定。然而，这种概念谱系过分依赖于抽象逻辑，存在价值导向和精神内核的黑洞，因此遭遇到各种批判，并在历史上形成"概念法学派"与"利益法学派"或"价值法学派"间的重要争论。

概念通常被认为是组成法律规定或整套法律的基本单位，在成文法系，民法中概念的位阶性是将民法体系化的逻辑基础。体系化一般被认为是"阐释、揭示概念、规则之间内在关联与亲缘关系，一个概念或规则是如何从其他概念、规则中产生概念的，是如何有其他概念、规则确定或被更改的"。在民法体系的建构上，从外部结构观察，有垂直的上下位阶关系和水平的类型关系。

上下的位阶关系形成：概念与概念之间不但有"其抽象化程度"的高低，而且也有由"其所负荷之价值的根本性"所决定的位阶构造。民法体系化的形成可通过概念抽象程度所构成的位阶和概念所符合价值所构成的位阶：(1)由抽象程度所构成的位阶。概念由于抽象程度的差异而在体系中有不同的位阶，抽象程度越高，位阶越高，其形成方法为：一是由（作为规整客体的）构成事实中分离出若干要素，并将此要素一般化；二是这些要素可形成类别概念；三是借着增、减若干（规定类别的）要素，可以形成不同抽象程度的概念，并因此构成体系；四是借着将抽象程度较低的概念涵摄于"较高等"之下，最后可以将大量的法律素材归结到少数"最高"概念上。由此层层累加，形成一个金字塔式的构造；而最具抽象型的概念则居于金字塔的塔尖，即类似于凯尔森纯粹法理论中的"基础规范"。由抽象化的程度决定的位阶，对其有关规定的适用顺位的影响是：原则上，在体系构造中的下位阶者（抽象化程度低者）优先适用于上位阶者（抽象化程度高者）受适用。(2)由负荷之价值所构成的位阶。基于其价值根本性的高低，原则上，"上位阶者"优势于"下位阶者"，除非其上位阶的规范内容已足够地被具体化出来，该优势主要透过"下位阶的规定"不得抵触"上位阶的规定"的方式，而不是以"上位阶者"优先于"下位阶者"适用的方式表现出来。

水平的类型关系形成：类型关系的存在基础为概念所含特征的交集及差异。交集的特征为各下位类型的上位类型所具特征。属于同一大类型之下位类型通常可构成一个类型谱，表现该下位类型间之界限的流动性。例如，完全行为能力人、限制行为能力人与无行为能力人；

债权行为与物权行为等。

民法概念及其体系化的作用在于特定价值之承认、共识、储藏,从而使之构成特定文化的一部分,产生减轻后来者为实现该特定价值所必须之思维以及说服的工作负担。民法概念的弊端及其方法补救:(1)诱引自价值剥离,即学习法律或研究法律者,只知在现行规定的语意基础上,对现行法进行逻辑的分析和组合,而忽略该概念所欲实现的价值。在适用法律的时候,所困扰法官的并非在于法律规定的文义,而在于利用这些文字所要表达的规范意旨的探求。探求文字(规定)的意旨所在,则需要诠释学方法的补救。(2)过度抽象化,即在概念化上将所描述对象的特征做了过多的舍弃。过度化的情形可能发生在法律规定的构成要件或法律效力上。当发生在构成要件,必须依据其规范意旨,将其类型化后,利用区别待遇予以补救;当发生于法律效力,则主要根据其规范意旨,将其类型化后,利用衡平原则加以具体化或调整。(3)过度具体化。就规范目的看,构成要件如果过度具体化,其外延便会过小,亦即适用对象不及适合的范围。这时必须利用扩张解释、类推适用或目的性扩张给予补救。

民法概念体系化的功能:不仅可以保障最大可能的概观性,同时亦可以保障法安定性,因为设使这种体系是"完整的",则于体系范畴内,法律问题仅借逻辑的思考操作即可解决。它可以保障由之推演出来的所有结论,彼此不相矛盾,因此可以使法学具有(纯粹科学之学术概念意义下的)"学术性"。它的缺陷在于:形式逻辑极有可能取代目的论及法伦理的地位,也即在这一体系内,如何为适切评价的问题将被如何为适当涵摄的问题所排斥。法官在解释规范时应当必须考虑该规范的意义脉络、上下关系体系地位及其对该当规整的整个脉络的功能。此外,整个法秩序都受特定指导性法律思想、原则或一般价值标准的支配,诸多规范的各种价值决定得借此法律思想得以正当化、一体化,并因此避免其彼此间的矛盾,以有助于解释法律内的及超越法律的法的续造。因此发现个别法规范、规整之间,及其与法秩序主导原则间的意义脉络,并以得以概观的方式,质言之,以体系的形式将之表现出来,乃是法学最重要的任务之一。

参考书目

1. [德]卡尔·拉伦茨:《法学方法论》,陈爱娥译,商务印书馆2003年版。
2. 黄茂荣:《法学方法与现代民法》,法律出版社2007年版。
3. 苏永钦:《现代民法典的体系定位与建构规则》,载《交大法学》2010年第1期。

(谢 慧)

民法规范

通常被看作一个规范体系,是包含一切法律规定与制度的总称。

传统的民法研究一般持民法规范二分法思想,即将民法规范类型分为实体性规范和程序性规范、行文规范和裁判规范、义务性规范和授权性规范、强行(制)性规范和任意性规范。其中强行(制)性规范和任意性规范的划分为通说。

强行(制)性规范:行为主体必须遵守规范的规定,不允许他们自行协议解决问题,违反法定行为方案的协议是无效的。强行性规范又分为效力性强行性规范和取缔性强行性规范(管理性强行性规范)。违反效力性强行性规范的民事行为绝对无效;违反取缔性强行性规范的民事行为并不导致无效,仅会导致行政法律的处罚或刑罚等。

任意性规范:在规定主体权利义务的同时,也允许当事人在法律允许的范围内通过协商自行设定彼此的权利与义务,只有当事人没有协议的情况下,才适用法律规定。任意性规范通常以"可以……"或"有……"等词语的条文,或者以"但书"规定的条款形式表达。任意性规范通常是对意思表示漏洞的补充,并通过填补漏洞来实现交易风险的公平分配。任意性规范又分为补充性的任意性规范和解释性的任意性规范。任意性规范的功能主要在于补充约定内容的不完备,解决法律适用的问题。

民法规范是对一个事实状态赋予一种确定的后果的规定,其逻辑结构由构成要件(法律事实)和法律效力(法律效果)两部分组成。前者为请求权的构成要件,后者为请求权的具体内容。

法官在处理待决案件时,也是依照民法规范的上述逻辑结构来展开的。首先是寻找大前提,即寻找一个对于本案生活事实有其适用性的法律规定来做三段论法的大前提。其逻辑结构是:假如本构成要件被任何法律事实所充分,那么本法律效果即应归属于该法律事实。然后是形成小前提,即取向于大前提评价和抽象案件事实,看它是否具备大前提中的构成要件所要求的特征。如果具备,那么该法律事实在逻辑上就是构成要件所指称的法律事实,换言之,构成要件即为案件事实所充分。其逻辑结构是:本案法律事实即为构成要件所指称的法律事实。最后是结论——裁判,即把大前提和小前提结合起来考虑,运用逻辑推理,得出结论。该结论即为本案的裁判意见。其逻辑结构是:法律规定中的法律效果应当归属于本案的法律事实。

在外在逻辑结构上,民法规范由法律概念、类型、法条、法律规定和法律制度等由下而上组成。法律制度由法律规定(Regelung)组成,法律规定由法条(Rechtssatz)组成,法条由法律概念(der Begriff)或用语组成。

(1)构成民法法律规范的制度主要是制定法,除此之外还有习惯法、学说以及法院的裁判或判例。这使法律规范在体系上具有一定的开放性和灵活性。

(2)法律规定。是用以描述法律规范存在形式的方法,其逻辑结构为构成要件加法律效力。它的组成单位为法条。法律规定与法条之间的关系为:第一,单一法条通常不能构成一个包含构成要件和法律效力的完全法律规定,所以在法典中,一个规定(或一套规范)难以用单一法条完全表示出来。只有数个法条组合成一个法律规定单元后,才能发挥其相互不矛盾的规范功能。第二,一个法条并不一定只属于一个法律规定的组成分子,它可能分别与不同的法条组成不同的法律规定。在法律体系下,法律规定既不是独立的也不是最高的组成单元,数个法律规定可能分别对一个法律事实加以规范,构成规范竞合或组成一个法律制度。同时,由于一个法律规定当然包含许多不同的法条,因此法律规定之间必然出现交集性的竞合,民法中最常发生的法律规定间的竞合为契约责任与非契约责任之间的竞合。

(3)法条。通常指法典中各个以条号界定的条文,但一个条文并不等于一个法条,而应当按照一个条文所包含的规范事项或构成要件是否互相独立认定是否可以再划分。再划分者,则该一个条文有数个法条。法条需要先组合成法律规定才能发挥其规范功能;民法法条有完全法条和不完全法条:一是完全法条,通常只意指那些在同一法条中包含有构成要件与法律效力两个部分,而非指系争法条不与其他法条组合在一起便已能够独立发挥规范功能;二是不完全法条,主要指不具备法律效力的规范要素的规定,只能被用为进一步说明、限制或引用另外一个法条或章节的依据。法条与法条之间并非不相关联地并列在一起。它们一直是趋向于一定的价值,针对某种生活类型被作成各种组合,而后才成为能达成一定规范功能的法律规定。

在司法中,首先必须通过法律解释或法律补充进行法条的组合,以将之组合成完全的法律规定(具备完整的构成要件与法律效力),才能充当为法律适用上的大前提;而后将生活事实涵摄于其构成要件下成为其小前提,以求得该当的法律效力。其司法三段论的推理过程如下:假使构成要件 T 为任何法律事实所充分满足,那么法律效力 R 应适用于该法律事实(小前提);某具体的法律事实 S 已充分满足了该构成要件 T,亦即该法律事实是该构成要件所制成的法律事实(小前提);则该法律效力 R 应适用于该具体的法律事实 S(结论)。

参考书目

1.[德]卡尔·拉伦茨:《法学方法论》,陈爱娥译,商务印书馆 2003 年版。
2.[德]卡尔·拉伦茨:《德国民法通论》(上册),王晓晔等译,法律出版社 2003 年版。
3.[德]迪特尔·施瓦布:《民法导论》,郑冲译,法律出版社 2006 年版。
4.[德]迪特尔·梅迪库斯:《德国民法总论》,邵建东译,法律出版社 2000 年版。
5.[德]齐佩利乌斯:《法学方法论》,金振豹译,法律出版社 2009 年版。
6.黄茂荣:《法学方法与现代民法》,法律出版社 2007 年版。
7.苏永钦:《走入新世纪的私法自治》,中国政法大学出版社 2002 年版。
8.梁慧星:《民法总论》,法律出版社 2007 年版。
9.钟瑞栋:《民法的强制性规范——公法与私法"接轨"的规范配置问题》,法律出版社 2009 年版。
10.王轶:《民法典的规范类型及其配置关系》,载《清华法学》2014 年第 6 期。
11.许中缘:《民法规范类型化之反思与重构》,载《人大法律评论》2010 年第 1 期。
12.朱庆育:《私法自治与民法规范——凯尔森规范理论的修正性运用》,载《中外法学》2012 年第 3 期。

(谢　慧)

民法典中规范群的配置

民法通过对特定类型冲突的利益关系设置相应的协调规范来实现其组织社会秩序的功能,因此民法典中规范群的配置建立在对民法所协调的利益关系进行类型区分的基础之上,或者说民法所调整的各种利益关系及其中诸多价值判断,需借助不同的规范被妥善地安置在民法典中。民法所协调的利益关系总体上可以分为两大类,即民事主体与民事主体之间的利益关系,以及民事主体的利益与公共利益之间的关系。

(1)民事主体与民事主体之间的利益关系。进一步区分为两大类型:

第一,基于民事行为所发生的民事主体之间关系。由于民事行为是与当事人意志有关的表示行为,因此在私法自治精神下,民法典对其所配置的法律规范主要有任意性规范、指导性规范和授权第三人规范。

任意性规范。在民法典中,任意性规范与法律行为以及意思表示制度密切联系在一起,在民法典的规范类型和配置关系中居于中心地位。任意性规范包括补充性的任意性规范与解释性的任意性规范,其中具有核心地位的是补充性任意规范。一是补充性规范,是在交易双方当事人的经有特别约定排除其适用的法律规范,仅在交易各方当事人对自己的利益关系没有做出安排,并且也没有做出补充安排时,法律的规定才作为一种替代的安排方式,成为裁判者解决纠纷的裁判依据;二是解释性规范,目的在于详细说明当事人所期待的和所表示的法律效果,以消除意思表示中不清楚或不精确的内容。任意性规范具有帮助当事人降低交易成本和鼓励交易的作用。此两类任意性规范可起到提示当事人活动和鼓励交易的作用。任意性规范的法律适用规则是:裁判者就当事人之间在交易关系中所发生的纠纷处理时,如果当事人有特别约定的话,对纠纷进行处理的裁判依据不是任意性规范,而是这个特别约定;当事人就发生纠纷的事项未作出特别约定,但是纠纷发生之后经过协议达成补充协议的,裁判者对纠纷处理的裁判依据也不是任意性规范,而是其事后达成的补充协议;当事人既无特别约定,事后也未达成补充协议,此时裁判者需对当事人的交易行为根据交易行为的上下文进行体系解释,若能得出体系解释的结论,则其裁判依据不是任意性规范,而是体系解释的结论;以上均无法得出的情况下,裁判者必须要审查与其相关的交易习惯,如有交易习惯,其裁判依据也不是任意性规范,而是特殊的交易习惯。任意性规范的法律适用规则,使其贯彻和体现了民法中意思自治这一最基本、最核心的法律原则。

指导性规范,即提倡和诱导当事人在作出意思表示时采用特定行为模式的法律规范,以使当事人最大限度地实现自身的利益,降低交易风险。此类规范在对民事行为当事人的关系调整中仅处于次要和补充地位。其中又可区分为:一是作为纯粹行为规范的指导性规范,即只发挥行为规范的功能,不发挥裁判规范的功能;二是既作为行为规范又作为裁判规范的指导性规范。

授权第三人规范,即授予交易关系以外特定第三人以权利的规范,该权利的行使可以决定或影响特定当事人利益的交易行为的效力。例如追人权、撤销权或请求确认相对特定第三人无效的权利。授权第三人规范非经特定第三人主张不得成为裁判者的裁判规范,所以裁判者不得依职权直接去援引该类规范,这体现了对特定第三人意思自治的尊重。

第二,基于事件或事实行为所发生的民事主体之间的关系。具体而言,又区分为两种情况:

由事件所引起的民事主体之间的关系,所采用的民法规范类型为纯粹裁判规范。由于事件与当事人的行为无关,因此此类裁判规范既不直接发挥行为规范的作用,也不因其法律效果而发挥行为指引的功能。

由事实行为所引起的民事主体之间的关系,所采用的民法规范类型为裁判规范。由于事实行为是以当事人的行为而不是以其主观意志为要素而发生、变更或消灭民事法律关系的行为,也即当事人实施此种行为,一旦符合法律构成要件,即引起法律关系的变动。

(2)民事主体的利益与公共利益之间的关系。进一步区分为两大类型:

第一,基于事件或事实行为所发生的民事主体利益与公共利益之间的关系。民法典对其进行规范配置时,与基于事件或事实行为所发生的民事主体之间的关系所用到的民法规范相同,即纯粹裁判规范和裁判规范。

第二,基于民事行为所发生的民事主体的利益与公共利益之间的关系。民法典对此类关系所配置的规范类型主要是强行性规范,即不得通过当事人的约定排除该项规范的使用,而且无须第三人主张,裁判者即可依职权直接适用。强行性规范是国家公权力可以介入到私的交易关系中的一个法律渠道和法律根据。在民法范围内,强行性规范可以进一步类型区分为强制性的强行性规范和禁止性的强行性规范。

强制性的强行性规范,即要求当事人必须采用特定行为模式的强行性规范,不得由当事人约定排除。该类规范属于对民事行为科加了法定特别生效条件的强制性规范,未遵循则民事行为的生效条件不齐备,属于尚未完全生效的民事行为。

禁止性的强行性规范,即禁止当事人采用特定行为模式的强行性规范。在司法实践中,裁判者有时又将其区分为效力性的禁止性规范和管理性的禁止性规范:一是效力性强行性规范,意在禁止某类交易行为的发生，以避免对实质性的公共利益的损害，因为违反此类规范的行为无效；二是管理性强行性规范，意在禁止以违反法律的方式进行某类交易行为，以避免对管理秩序造成危害，违反此类规范应受法律制裁，但行为效力不受影响。

此外，在民法典采民商合一的立法体例中，还有一种特殊类型的规范，即半强行性规范（混合型规范），其所调整的关系有时是基于民事行为所发生的民事主体之间的关系，有时基于民事行为所发生的民事主体利益与公共利益之间的关系。因此，此类规范有时发挥补充性任意性规范的功能，有时发挥强制性规范的功能。其主要包括两种类型：一是同一项法律规定，在商事关系中，其是属于补充性任意性规范，允许商事主体在平等协商的基础上排除适用；但在民事交易关系中，该项规定属于强制性规范，要体现侧重保护消费者或劳动者等弱势群体利益的公共政策，承担着维护社会公共利益的使命，不允许民事交易关系当事人约定排除适用。二是某一项仅适用于民事交易关系的法律规定，体现了保护消费者或劳动者等弱势群体利益的公共政策，发挥着保护社会公共利益的功能。如果当事人在交易中所做出的约定与现行法的规定相较，更加有利于消费者或劳动者等弱势群体利益的保护，则被允许，该项规定就对应着补充性任意性规范；反之，则该约定属于排除强制性规范适用的约定，则被禁止，该项规定就对应着强制性规范。

参考书目

1. 王轶：《民法典的规范类型及其配置关系》，载《清华法学》2014 年第 6 期。

2. 苏永钦：《私法自治中的经济理性》，中国人民大学出版社 2004 年版。

3. 苏永钦：《以公法规范控制私法契约——两岸转介条款的比较与操作建议》，载《人大法律评论》2010 年第 1 期。

（谢　慧）

案件事实的形成和法律判断

案件事实的形成，是已发生的案件事实被陈述出来，并转化为可适用法条的三段论小前提（作为陈述的案件事实），即“未经加工的案件事实”转化为最终的（作为陈述的）案件事实。法律判断，是裁判者评判已发生的案件事实是否符合法定构成要件要素，即（未经加工的）规范条文转化为足够具体而适宜判断案件事实的规范形式。

在时间上，案件事实的形成和法律判断是同时进行的。也就是说，在形成案件事实之时，裁判者就必须一方面考量已知的事实，另一方面考虑个别事实在法律上的重要性。为决定某一生活事实是否可能为某一法律规定所规范，裁判者实际上必须作各种不同的先行判断，而且这些现行判断也不一直都是通过将系争法律事实涵摄于构成要件的方式为之。这些现行判断通常涉及系争事实是否具有系争构成要件所指称的特征，其作成可能以以下要件为基础：（1）感官的观察；（2）人的行为之解说；（3）自然事实之解说；（4）价值标准，如“善良风俗”“诚实信用”等。

关于如何形成确定法效果的三段论中的小前提（案件事实），德国法学家恩吉施分为三个构成部分以说明，（1）具体的生活事件，实际上已发生的案件事实的想象；（2）该案件事实确实发生的确认；（3）将案件事实作如下评判：其确实具备法律的构成要素，或者更精确地说，具有大前提第一个构成部分（法律的构成要件）的构成要素。为了能与法定构成要件要素相比较，判断者必须将其对已发生的案件事实的想象表达出来，并且要能配合法律的用语。

判断法律事件,司法者大多以"未经加工的案件事实"作为工作的起点,其多以讲述的形式。讲述中会包含许多对最终的法律判断不生影响的个别情事、情势,因此,判断者考量之后,也会将此排除于最终(作为陈述的)案件事实之外。所有经法律判断的案件事实,都不仅是单纯事实的陈述,而且是考量法律上的重要性,对事实所作的某些选择、解释及联结的结果。这一过程,恩吉施称之为"在大前提与生活事实之眼光的往返流转",朔伊尔德称为"在确认事实的行为与对之作法律评断的行为间的相互穿透"。于此,"未经加工的案件事实"逐渐转化为最终的(作为陈述的)案件事实,而(未经加工的)规范条文也转化为足够具体而适宜判断案件事实的规范形式。

参考书目

1.[德]卡尔·拉伦茨:《法学方法论》,陈爱娥译,商务印书馆2003年版。
2.黄茂荣:《法学方法与现代民法》,法律出版社2007年版。

(谢　慧)

意思表示解释

作为法律行为的基本构成要素,意思表示是表意人向他人发出的表示,表意人据此向他人表明,根据其意思某项特定的法律后果(或一系列法律后果)应该发生并产生效力。意思表示须包含两个要素:意思(内部的、主观的)和表示(外部的、客观的)。意思表示的解释,则是指依照法律规定的原则和方式,阐明并且确定当事人的意思表示内容的活动,其所要解决的问题是法律行为以何种形式表示意思以及其意思的效果如何。意思表示的解释与法律解释同受重视,它不仅是一个(民法)理论问题,也是一个法律适用的技术和方法问题。

在理论界的知识取向中,意思表示解释有方法论意义上的和本体论意义上的,其中所包含的思维模式是形式理性和实质理性,其司法技术形态分别是推理和对话。不过对于各国当前的司法实务而言,意思表示的解释仍属于传统的民法学教义学之内,即它是在一般解释学的认识论—方法论层面上被讨论的。

意思表示的解释与法律解释既有相似性亦有区别,其相似性在于二者在解释方法上,均需综合文义、体系、目的等因素,本诸经验法则和诚信原则为判断,并详为论证,落实于个案的检验。二者区别在于:(1)法律和意思表示的相对人不同。抽象的法律是针对(大多是不特定的)多数人的;而意思表示通常仅仅针对某一个特定的人发出。因此,在解释意思表示时,通常可以顾及受领人独特的理解能力。与此相反,在解释法律时,不允许进行类似的顾及,否则的话,就可能依据不同的人的理解可能性而赋予法律不同的意义。(2)现代法律通常都旨在达到某一个目的。这个法律目的是最重要的解释标准(目的解释);而在多方法律行为中,将目的作为解释标准时必须十分谨慎。由于一方所追求的目的,并非也是另一方所追求的目的,所以目的并不能直接决定法律行为的内容。(3)法律是整个法律制度的组成部分。从法律与法律制度的其他组成部分的关系中,也可以产生重要的解释标准(系统解释)。与法律相反,意思表示往往并不在更为广泛的关系之中,至少不处在另一方当事人可资识别的某种关系中。因此,我们无法从系统的角度出发来解释意思表示。(4)由于法律调整的是多数事例,因此在法律为无效时,法律和平大多会遭到破坏。相反,法律行为往往局限在两个人范围内,而且只关系某个特定的课题,因此法律行为的无效并非不可接受。此外,二者在解释的具体方法上亦有所差别。

意思表示需要解释的原因在于:(1)在客观上,意思表示是借助语言、符号、文字甚至是行为向外界表达出来的,而这种表达工具常常具有模糊性、不准确性、歧义性和变化性,且会随着不同的上下文联系及表达者所属阶层不同的语言使用习惯而具有不同的意义;(2)从主观上看,行为人在发出意思表示时,可能因欠缺必要的法律知识和文化知识或因意思不明而使用了词句不当的表达方式,导致其意思表示的意义不明,从而引起当事人对意思表示的理解不一。因此在实践中,为了查明意思表示的准确含义,以便判明是非,消除疑虑,解决纠纷,无论是意思表示的表达者和受领者,还是受理案件的审判机关或仲裁机关,都有必要对意思表示进行解释。

意思表示解释的发生场合:有些学者认为,凡意思表示均须解释,而有些学者则认为,意思表示的解释只出现于有争议或疑义的场合。不过在司法层面,出于"法治反对解释"的精神,若双方当事人对意思表示有相同理解时,意思表示即无疑义地按照该理解发生相应的法律效果,此时意思表示无须解释,若为之,对当事人而言,徒增其讼累,对司法机关而言,则为其滥用解释权提供了支持,从而导致司法权力对私法自治的干预。

意思表示解释的目的是使某些意思表示中不明确、不一致或不完整的内容得到合理的阐明、确定或补充。也有学者认为,意思表示解释的主要目的是探求法秩序对此种状态主要赋予的意义为何。因此意思表示解释不仅需要以语言理解及社会经验为基础的注解,还会受特殊法律要求的影响。

意思表示解释的主体:解释的方法论者大多将其归于表意人之外具有裁判权的第三方(法官),而解释的本体论者则认为,意思表示的解释者不仅限于法官,还包括意思表示者及其相对人(当事人)。就司法方法而言,意思表示解释的主体被限定在司法机关,虽然当事人以及学者对意思表示的解释或理解也具有一定的法律意义,但能够作为"裁判依据"的"有权解释"则只能由司法机关作出。法官对意思表示解释的工作一般着眼于两个方面,即探究表意人的愿意和对意思表示语言文本意义的生成,这并非一个单纯探明当事人真意的过程,毋宁说它是在法官的介入下对"意思自治"所隐含的各种价值的交错释放,其中包括"自由""秩序""公平""诚信""信赖保护""交易安全"等。

意思表示解释的标准(目标)和对象:有史以来便存在相互争斗的两种理论,即"意思主义"(主观解释)和"表示主义"(客观解释),二者争论的焦点在于,当行为人的外在表示与内心意思出现差距时,解释者究竟是以当事人内在的意思为准,还是以客观的、外在的表示为准。源自德国 18 世纪理性法学派的意思主义(代表为萨维尼)认为,意思表示解释的目标仅在于发现或探求行为人真实的内心想法,即内在意思,应以知晓表意人真实的内心想法为目标,而表示行为的目的和作用仅仅是让他人知道,因而表示只处于从属的地位,意思主义对大陆法系许多国家的民事立法产生了重大影响;而作为 19 世纪末德国著名学说争论产物的表示主义(代表为耶林)则认为,意思表示的解释原则上采取客观性立场,特别是对于有相对人的意思表示解释,应以相对人足以客观了解的表示内容为准,以保护相对人的信赖利益,英美法系国家是采取客观主义解释原则的典型。意思表示的解释不在于探求当事人内心的法效意思,而在于探求表意人所表示的法律效果的意思,它关心的是表示于外的意思,因此意思表示解释应以表意人的表示行为以及相对人的理解为准。当前各国理论与实务界多采取折中观点,即一方面规定应探求当事人的真实意思,另一方面又规定不可拘泥于所使用的不当词句。不过从司法解释角度来说,传统的主观说、客观说、折中说并没有直接叙述解释的目标,而仅仅是叙述了达到目标的理论和实现方法。同法律解释的目标不在于找到立法者的原意而在于为案件找到合法、合理又适合于个案的判决理由一样,意思表示解释的目标在于构建针对个案的裁判规范,以证成一个三段论推理大前提的合理性与正当性。也有学者称其为探求意思表示的"规范性意义"、法效果意思或"规范性的意思"。

意思表示解释的性质:对于司法者(法官)来说,意思表示的解释与法律适用是密切相关的。意思表示不仅是法律可赋予一定法效果的案件事实,其内容也同时指出,应发生此种或彼种法效果。意思表示不只是表达特定的意见或意向,依其意义,其系一种适用的表示,亦即一种以法效果被适用为目标的行为。因此,在法律适用层面,意思表示解释在实质上是一个旨在建构涵摄模式大前提的活动,这其实是一个充满法官对文本理解和应用的法律问题。在这一过程中,法官要运用一定的法律或法学中的理由,来解释、选择或确定意思表示中某个条款的某个意义,于此意思表示才得以上升至"规范的意义",并真正实现其法律上的约束力。

参考书目

1. [德]卡尔·拉伦茨:《法学方法论》,陈爱娥译,商务印书馆2003年版。
2. [德]迪特尔·梅迪库斯:《德国民法总论》,邵建东译,法律出版社2000年版。
3. 史尚宽:《民法总论》,中国政法大学出版社2000年版。
4. 郑玉波:《民法总则》,中国政法大学出版社2003年版。
5. 王泽鉴:《法律思维与民法实例》,中国政法大学出版社2001年版。
6. 黄茂荣:《法学方法与现代民法》,法律出版社2007年版。
7. 梁慧星:《民法解释学》,中国政法大学出版社1995年版。
8. 杨仁寿:《法学方法论》,中国政法大学出版社1999年版。
9. 陈金钊:《法治反对解释的原则》,载《法律科学(西北政法学院学报)》2007年第3期。
10. 朱庆育:《意思表示解释理论》,中国政法大学出版社2004年版。
11. 王利明:《合同法研究》(第1卷),中国人民大学出版社2002年版。
12. 李永军:《合同法》,法律出版社2004年版。

(谢　慧)

意思表示解释规则

即意思表示解释的具体方法和手段。综合大陆法系国家的法律规定和英美法系国家的司法实践,意思表示解释(包括法律行为解释和合同解释)规则有以下几种。

(1)意思表示的一般解释规则,包括:

第一,文义解释规则。文义解释是对意思表示(合同)条款所用词句含义进行探求,以确认当事人真意所作的解释,这是意思表示解释中最为基本的方法。其中包括:一是对日常用语的普通含义规则,即对当事人所使用的非专业性普通用语,解释者应根据其通常的语法含义和普通说话者理解的平白朴实的含义进行解释,英美法中也称之为"清楚含义规则"、"平义规则"或"黄金规则"。这要求法官首先须具有普通的语言常识,其次可以求助于其他的确定通常含义的材料,如权威性的字典。二是对专用术语的专门含义规则,包括技术专业术语、法律专业术语以及某特定群体中所使用的专业术语。技术专业术语如果已经成为常识,法官可以根据其通行的理解去解释,如果尚未成为常识性,则可以借助各种专业词典赋予其通常的含义,如仍不能理解的,则允许当事人提出证据以证明该专业术语的特有含义;法律专业术语应在其法律的特定含义上被使用;对某种特定群体中所使用的专业术语,法官应参照交易管理或其行业中的习惯性做法。三是合理第三人解释规则,即当双方当事人对意思表示条款的含义发生分歧时,法官应以一个通情达理的第三人的立场,看他如何理解该语词的含义,这实际上是对普通含义和专门含义规则的补充。

第二,体系解释规则(整体解释规则),即将意思表示的全部条款和构成看作一个统一整体,从各个条款及构成部分的相互关系、所处地位和总体联系上阐明当事人有争议的条款的含义。其中又有三项具体规则:一是一致性规则,首先尽量让意思表示的所有部分都生效,即让每一条款都尽可能发生作用,而不应被认为是多余的陈述;其次这一规则不主张各个条款之间有优劣之分,即无论哪种条款处于哪个位置都一样重要,且它们之间须作出相互的解释;再次表述相同的同一语词在同一文本中应具有同一含义;最后表述不同的同一语词在同一文本中并非具有相同含义。二是同类性规则,倘若意思表示的文本中在列举数项同类的特定事项之后,紧接着使用了一个概括性的术语,那么解释者一般应将此概括性术语仅仅解释为包括与其列举具有同类的事项,也即要对该概括性术语作限缩性解释,以限缩至合同文本中所列举同类事项之内。三是排除性规则,其中包括明示其一则排除其他、以明示的排除默示的、以手写排除印刷、特别条款排除一般条款、大写数字排除小写数字、在后行为排除书面协议等。

第三,目的解释规则,目的解释即以表意人所欲达到的目的为根据对其意思表示所进行的解释。适用这一规则时应注意:一是有效解释优先;二是缔约目的和履行时所要实现的目的不一致时,优先考虑其缔约目的;三是难以确定双方缔约目的时,应从一方当事人表现于外部的且能够为对方所合理理解的目的解释;四是当有争议的条款的含义与当事人所明确表达的目的相违背时,目的解释优先于文义解释;五是当事人在文本中所使用的用语的含义不相同时,根据目的进行解释。

第四,历史解释规则,这一规则要求解释者在解释意思表示时,不能只着眼于其条款本身以及合同条款所用的词句,而应详尽了解条款的背景情况,如协商过程、来往文件、合同草案、谈判中发表的意见等,还必须考虑表意之时的社会经济和文化背景等。这一规则在英美法系国家的司法实践中,体现为对“口头证据规则”(parol evidence rule)的不断限制和修正。

第五,习惯解释规则,习惯解释即在意思表示的条款语句有疑义或疏漏且当事人未明示排斥习惯时,依习惯进行解释。使用该规则时应注意:一是习惯不得与合同条款相抵触;二是习惯必须合法;三是主张习惯存在的当事人负举证责任;四是习惯是双方已知或应知且未明示排斥的;五是当事人之间的习惯优于特殊习惯,特殊习惯优于一般习惯。

第六,诚信解释规则,即解释者依照诚实信用原则对意思表示进行解释。它要求法官应当根据诚实守信原则平衡当事人双方的利益,公平合理地确定意思表示的内容。英美法系国家有时称其为“解释结果合理性规则”。

第七,合法性解释规则,即解释意思表示时应按照法律规定或依据法律上的含义。

(2)空白条款的解释规则(意思表示的漏洞补充)。大陆法系国家的空白条款解释规则是,首先由当事人协议补充,然后用整体解释或交易习惯补充,不能确定的,则按照任意性法律规范进行补充,仍不能填补漏洞的,则按照诚信解释进行补充。英美法国家采用的是默示条款解释规则,默示条款也即在意思表示中非以语言文字等明示方式表现,但依据明示条款、法律规定、交易习惯或当事人的行为等推论而得出当事人的意思表示中理应存在的条款,其中包括事实上的、法定的和习惯上的默示条款。

(3)格式条款的解释规则。在格式条款中,除适用意思表示的一般解释规则外,还有如下特殊规则:一是通常理解标准解释规则,即对格式条款的解释应以普通社会公众认可的含义或"合理人"的认识作为标准;二是不利于条款提出者规则(保护消费者利益规则),即在有含义不明确的文句或其文字有疑义时,应为保护消费者的利益,由条款提出人承担不利的解释结果;三是个别商议条款(非格式条款)优先规则。

参考书目

1. [德]卡尔·拉伦茨:《法学方法论》,陈爱娥译,商务印书馆 2003 年版。
2. [德]迪特尔·梅迪库斯:《德国民法总论》,邵建东译,法律出版社 2000 年版。
3. 史尚宽:《民法总论》,中国政法大学出版社 2000 年版。
4. 郑玉波:《民法总则》,中国政法大学出版社 2003 年版。
5. 王泽鉴:《法律思维与民法实例》,中国政法大学出版社 2001 年版。
6. 黄茂荣:《法学方法与现代民法》,法律出版社 2007 年版。
7. 梁慧星:《民法解释学》,中国政法大学出版社 1995 年版。
8. 杨仁寿:《法学方法论》,中国政法大学出版社 1999 年版。
9. 梁慧星:《裁判的方法》,法律出版社 2003 年版。
10. 谢慧:《法源视野中的合同研究》,法律出版社 2014 年版。
11. 王利明:《合同法研究》(第 1 卷),中国人民大学出版社 2002 年版。
12. 李永军:《合同法》,法律出版社 2004 年版。

(谢　慧)

真意解释原则

意思主义(主观解释)的体现,它是指在解释意思表示时,要探究表意人的真实意志,而不应拘泥于表示使用的词句。真意解释原则的本质在于找出表意人的内心意思,并将此项意思视为意思表示的决定性意义。至于表意人在表示其内心意思的过程中使用了哪些词句,这些词句是否适当,其他相关人是如何理解这些词句的意义的,原则上一概不问。显然,真意解释原则仅仅着眼于表意人的主观意志及效果利益,而不考虑意思表示受领人的想法和利益。

在实践中,真意解释原则主要适用于那些不涉及受领人或其他相关人利益的单方意思表示的解释,对于向不特定的多数人发出的意思表示以及特殊情况下的需受领的意思表示,也应适用真意解释原则。(1)无须受领的意思表示,即并不是针对某个或某些特定对象发出的意思表示,它仅仅关系到表意人自己的利益,而不涉及受领人或其他相关人的利益。这种意思表示无需送达,一旦发出即生效。例如,在解释遗嘱时,应当适用真意解释原则,即仅应探究遗嘱人的主观真实意思,并以该意思作为遗嘱的内容,而不考虑某个特定人或其他相关人理解遗嘱的可能性。(2)向不特定的多数人发出的意思表示,如悬赏广告、在流通证券上所作的意思表示、代理权证书等。不过与无须受领的意思表示不同的是,解释这些意思表示时,还必须将这个不特定的受领人的利益考虑进去。体现在解释方法上,就应在以表意人的真意为基本出发点的前提下,适当考虑到意思表示对不特定的受领人所产生的客观意义,确定此项客观意义时,应以有关交易阶层中的普通当事人的理解能力为准。(3)特定情况下的需受领的意思表示。在通常情况下,解释需受领的意思表示不能适用真意原则,而应适用规范解释原则,但在某些特定情况下，仍可以而且应该适用真意解释原则。这些特殊情况在实践中主要表现为：虽然表意人所使用的词句与其真实意思不相符合，但受领人明知表意人的真实意思为何。这时，无论表意人使用了什么样的词句，也不管他是有意还是无意使用了有违其本意的词句，均应以表意人的真实意思为准。这也即传统民法中的“错误的表示不影响效力”原则。

参考书目

1.［德］海因·克茨：《欧洲合同法》（上卷），周忠海、李居迁、宫立云译，法律出版社2001年版。
2. 邵建东：《论意思表示的解释》，载《南京大学法律评论》1996年秋季号。
3. 李永军：《合同法》，法律出版社2004年版。

（谢 慧）

规范解释原则

规范解释是表示主义（客观解释）的体现，它通常适用于解释须受领的意思表示之时。这一原则要求解释者应从受领人的角度出发，以受领人对意思表示的客观理解为确定意思表示内容的根本依据，如实践中常见的合同要约和承诺表示的解释。

规范解释原则适用于须受领的意思表示的原因在于：(1)从意思表示的性质来说，它作为将内心意思示于外界的行为，不仅仅是表意人实现其效果意思的一种手段，同时也是一种表达出来的客观存在。这一性质决定了意思表示不能仅停留于表意人的内心，而必须向他人告示出来且为他人所知，这将涉及特定相对人的利益，所以在绝大多数情形，意思表示并不是一经发出就生效，而是必须在为对方受领后才能产生效力。在这种情况下，确定意思表示的内容就不能不考虑受领人对表示内容的理解。(2)从受领人角度说，通常受领人对意思表示都有自己的理解，而且他也可以信赖自己对意思表示的理解是正确的。否则，意思表示就无法实现其作为人际交往工具的目的。在此意义上，意思表示一旦为受领人受领，其内涵就必然获得某种相对独立的意义。这一意义便是意思表示受领人对意思表示所作的理解，我们可以称之为客观意义或规范意义。在表意人内心所想赋予其表示之主观意义或真实意思同表示所产生的客观意义或规范意义发生一致的情况下，意思表示应以表示受领人所理解的客观意义为准。(3)从表意人角度来说，意思表示是由表意人首先作出的，他为此行为的目的在于获取法律上的利益，那么他理所当然地应该承担起相应的责任。因此意思表示在客观上产生了何种规范意义，原则上应归责于表意人。我国现行民事立法中规定的可撤销的民事行为制度间接地说明了规范解释原则。

需要指出的是，规范解释原则并不完全排斥真意解释原则。就是说，即使解释者站在受领人的立场上，也不能全然无视表意人的真实意思，而仅轻率地从字面上理解意思表示。为了在规范解释原则下平衡受领人和表意人之间的利益，司法理论与实践中发展了“理性第三人”标准，即要求法官以一个理性第三人的地位来理解意思表示条款的内容，并以该第三人的理解意思来确定其条款的内容。其具体需要考虑的是：受领人在受领意思表示后，如果不能明白无误地认清意思表示的意义，则应根据诚实信用的原则，对意思表示作出适当的解释，受领人应当在可能的情况下利用一切可资利用的情况（特别是交易习惯，包括地方习惯和行业习惯）探究表意人的真实意思。如果在做了这一切以后，受领人仍然对意思表示的意义存有疑问，那么他最好再向表意人查问一下真实情况。当然，如果受领人除了意思表示本身之外，别无其他资料或情形可供查询和核实，亦无产生疑问的依据，即在他看来意思表示的意义是明确的，则即可认为意思表示的内容体现了表意人的真实意思,受领人有权主张意思表示在其所理解的意义上产生效力。

参考书目

1. [德]海因·克茨:《欧洲合同法》(上卷),周忠海等译,法律出版社2001年版。
2. 邵建东:《论意思表示的解释》,载《南京大学法律评论》1996年秋季号。
3. 李永军:《合同法》,法律出版社2004年版。

(谢　慧)

法律行为的解释

法律行为的本质是根据意思表示产生私法上的效果的法律事实,意思表示是法律行为的核心,因此法律行为的解释与意思表示的解释密不可分,法律行为之所以需要解释主要也是出于意思表示的不确定、不完整以及不一致等特点。

(谢　慧)

格式条款的解释

格式条款是当事人为了重复使用而预先拟定,并在订立合同时未与对方协商的条款。其存在的正当性主要源于一种经济理性。格式合同冲击了意思自治、公平、诚实信用等基本原则,基于当事人双方此种不平等地位以及对接受格式条款一方意思自治的严格限制,对格式条款的规制就显得非常重要。制定格式条款的解释规则是规制格式条款的方法之一。因为格式条款在性质上仍属于合同,因此要采纳一般合同解释所应遵循的原则。如解释合同应考虑合同的目的,应按照合同的全部条款解释而不能仅拘泥于个别文字,应公平合理并兼顾双方利益,不得违反法律规定等。但同时,格式条款又具有其特殊性,故又采纳"不利解释"原则,又称"不利条款起草人"的解释、"疑义利益解释"原则。之所以适用此特殊规则,在于法律考虑到,制定格式条款的一方在经济实力、信息、专业知识及技能、交涉磋商能力等方面都与接受格式条款一方存在事实上的不平等,尤其是在起草格式条款上处于主动地位,而这种强势地位又极易被滥用,损害接受方的权益,获取更大利益,此种不平等在实践中就表现为双方签订以格式条款为基础的格式合同。故而法律上假定接受格式条款一方为弱者,启动倾斜保护机制,优先保护接受格式条款方的利益。

格式条款有其具体的解释适用规则。第一,在适用对象上,此种解释规则并不是对于所有合同的所有条款均适用,而仅仅指对合同中的格式条款的解释。第二,对格式条款进行解释并适用解释规则,指的是当合同当事人对此种格式条款发生争议时。第三,当对格式条款的理解发生争议时,首先应当按照通常理解予以解释,亦即应依据格式条款可能订约者的平均的、合理的理解标准进行解释。只有在条款模糊不清,并且这种模糊不清无法借助外部证据予以解决的情况下,疑义利益解释原则方可适用,因为疑义利益解释原则只应为消除疑惑的目的而使用。第四,在格式条款的解释中还应当遵循严格解释或者限制解释原则。其包括两层含义:一方面,在格式条款的解释中,应从维护公平正义的目的出发,对合同没有规定或规定不完备的事项,不得采用类推或扩张的方法进行解释。另一方面,如果某个条文在适用范围上不明确时,应依最狭义的含义进行解释。第五,此争议之格式条款经过通常理解,仍然有歧义,即会产生两种或两种以上的理解时，方可适用不利解释的特殊规则。

（姜福东）

合同解释

合同由意思表示解释组成，合同解释与意思表示解释之间并没有本质的区别，二者的界分主要在于某些具体解释方法的差异并作出区分立法，通常认为，对合同解释更需要运用不同的方法。不过，在大陆法系主要国家或地区做法并不相同，比如法国立法无意思表示解释，仅有合同解释，且较为细致地区分各种解释方法；瑞士债务法的规定与法国接近，但解释方法规定较为简单；德国立法则区分意思表示解释和合同解释且体现了不同的解释方法；我国台湾地区“民法”虽仅规定意思表示解释且较为单一，但实务中却已将交易习惯和诚实信用原则作为解释准据；目前我国也仅确定解释规则，形式上接近于瑞士债法规定，但在解释方法等采纳上与法、德等国相似。

（谢　慧）

合同解释与法律解释的交织

合同解释属于意思表示解释的范畴。它是在裁判过程中，法官等法律人通过各种法律方法，探明当事人所表达出来的从事特定法律行为的意思的活动。无论是合同解释还是意思表示解释，在宽泛意义上，都可以纳入法律解释的范畴，都是法律适用过程中的解释活动，都要以文本为中心，都要遵循文字的基本含义，所采用的基本方法并无本质上的区别。从合同是一种法源来看，合同解释也可以归入法律解释的范围。从解释的主体来看，合同解释和法律解释通常是法官等法律人进行的解释。合同解释是法官等法律人在个案争议发生后，针对有争议的意思表示所进行的解释，而非当事人对意思表示的理解。从解释的规则来看，合同解释和法律解释都采用文义解释、体系解释、目的解释等方法。从解释的目标来看，合同解释和法律解释都趋向于从主观解释向客观解释演进。无论在合同解释还是在法律解释的历史上，二者开始都强调主观说。合同解释要求探求合同当事人的真实意思，法律解释要求探究立法者的原意。随着社会的发展，二者都趋向于采用客观说。就合同解释而言，强调以表意人表示出来的、相对人理解的意思作为解释的目标。就法律解释而言，强调以法律的规范意旨作为解释的目的。从解释的运用来看，合同解释和法律解释都有个案针对性的特点。二者都是在发生了个案纠纷并起诉到法院后，法官等法律人所进行的解释活动。

当然，合同解释等意思表示解释与法律解释也并非没有区别。有学者认为，从性质上看，法律解释属于法律问题，而合同解释等意思表示解释属于事实问题，二者有所不同。法律解释主要是阐明法律规范的确切含义、真实意旨、适用范围、构成要件和法律后果，本质上属于价值判断。合同解释主要是确定当事人的真实的意思表示或者表示出来的意思的内容，本质上属于事实判断。从解释的对象来看，法律解释的对象是法律本身，而合同解释的解释对象则是意思表示，二者也有区别。法律解释的对象是具有普遍约束力的规则，是针对所有人实施的。合同解释的对象是仅仅约束当事人的意思表示，而意思表示只是针对特定的人发出的。从解释的权限来看，在法律解释中，法官等法律人的解释权限有扩大的趋势；而对于合同的解释，法律上有较多的限制。从解释对象的效力来看，在法律解释中，法官等法律人是否可以宣告特定的法律条文无效,这要取决于各国的体制规定;而在合同解释中,法官等法律人可以依据法律来认定当事人的意思表示的效力,可以依法直接认定那些违反法律强制性规定和公序良俗的条款归于无效。从程序的角度来看,合同解释和法律解释也有所不同。在法律解释中,法官等法律人不能要求法律制定者为法律解释提供证据。而在合同解释等意思表示解释中,法官可以要求当事人为该解释提供证据,加以证明。

(姜福东)

合同解释的二阶构造

将合同解释区分为"发现过程"和"正当化过程",这源自卡尔·波普尔对科学研究客观性分析,即认为在科学探索的过程中包括科学发现和科学证明两个阶段;同样在司法领域,法学工作者将司法程序区分为"发现过程"和"正当化过程",前者涉及发现正确的判决结果的过程,后者则涉及该判决结果的正当化。

20世纪60年代后期,以德国为代表的大陆法系国家,在法律诠释学和法律论证理论的影响下,合同解释学范式发生了根本性转换,即从传统合同法学强调违约制裁的强制范式,转向提倡通过当事人对话、交涉的方式解决合同纠纷的协商范式。在这种范式下,人们既认识到"方法"在合同解释过程中作为充当"客观性"基石的重要性,也开始关注解释者主体"前理解"的合理性,试图将方法论和本体论两者相互结合在一起,探索合同解释的"第三种进路",合同解释的二阶构造则是在合同解释的"第三种进路"之下提出的。此种合同解释理论新进路主要体现在将合同解释区分为解释规范的"发现过程"和解释结果的"正当化过程",解释既是本体也是方法,二者相辅相成。

参考书目

1. 顾祝轩:《合同本体解释论——认知科学视野下的私法类型思维》,法律出版社2008年版。
2. 黄光国:《社会科学的理路》,中国人民大学出版社2006年版。
3. 陈林林:《裁判的进路与方法》,中国政法大学出版社2007年版。

(谢　慧)

合同解释的发现过程

在合同本体解释学理论下的一个过程,这一过程将心理学因素融入诠释学,从方法论上为诠释学追求"愿意"提供了一种新的可能性,其中诠释学的主体性问题成为关键,这突破了一般解释学尽可能排除解释者主体主观性及清除其一切偏见的观点。

在合同解释的发现过程中,解释者的"前理解"被认可,即解释者带着"前理解"面对各种文本,同时也只有借助"前理解"才能获得规范。法官的"前理解"并非诸如个人经历、灵感及社会通常期待等杂乱无章的罗列,而是法官主体意识中深层次的"类型知觉"。在法官的法律思维中,这种"类型知觉"作为前理解能够为其自身的认识给出某种导向,即法官通过现有法律体系中已经存在的"法律类型"图式(如法定的典型合同类型,法定的物权类型等)去认识系争案件事实。

关于合同解释的发现过程,有学者提出将方法论与本体论结合在一起的合同"类比解释"手法。具体地说,法官在实施合同的类比解释时的步骤如下:(1)首先对系争事实实施合同属性的定性,确定针对系争合同的认知框架;(2)当系争合同被定性为某一典型合同类型时,应尽可能地依据该典型合同规范去理解合同内容。但是,这并不意味着法官可以适用典型合同全部的任意性规范,在当事人的意思明确及存在交易习惯时,应首先适用之。由此而得出,在合同解释过程中,确立基于典型合同的认知框架(主观认识)与探寻当事人间的真实意思(客观方法),两者属于相辅相成的关系。

参考书目

顾祝轩:《合同本体解释论——认知科学视野下的私法类型思维》,法律出版社 2008 年版。

(谢 慧)

合同解释的正当化过程

合同本体解释理论认为,合同解释不仅是一项发现的过程,而且还是一项对其结果有待实施进一步正当化的过程,也即由发现所获得的合同规范可以被认为是"正确"的,或者说如何针对合同解释的结果实施证立。

合同解释的正当化过程将合同解释视为一种对话、论证的过程,反之,论证的过程也是解释的过程。在这里,所谓解释是一种对话、论证的过程,并且在对话、论证的过程中实施解释,期间,对话、论证承担着使解释具备正当化的功能。具体地说,在对话过程中,一旦当事人对被相互作出的解释提出异议时,双方的相互关系即移至"论证"关系中。在当事人论证的层面上,合同解释的正当性问题变成论证的主体,并促使对原先的解释作出再解释,再解释围绕其正当性问题重新成为论证的主题。据此,该解释行为或论证行为在纷争过程聚合在当事人的合意之中,不断地循环进行着。可以这么说,在纷争过程中,解释、再解释的过程和对话、论证的过程,彼此相互重叠地存在。

参考书目

1. 顾祝轩:《合同本体解释论——认知科学视野下的私法类型思维》,法律出版社 2008 年版。
2. 焦宝乾:《法律论证导论》,山东人民出版社 2006 年版。

(谢 慧)

罗马法上的合同解释理论

罗马法在合同解释的历史沿革上,经历了从早期严格拘束于外在表现的客观意思,发展到探求主观的、真实的意思,进而实施个别解释的一系列过程,最终重视"意思"的思潮占据了优势。

在古罗马,合同法可以被概括为"一种形式、一个原则和数种(法定)契约",相应地,早期罗马合同解释的特点是:(1)严格的形式主义。"一种形式"所强调的是古罗马合同制度中形式主义的重要性,合同是借助其严格程式和固定套路获得法律上意义的,而与行为人的意思(合意)没有必然的联系。因此古罗马的合同解释体现了对形式的一种特别追求,也即裁判官判断一个合同的法律效力只是根据它有无经过一系列没有遗漏的严格程式和固定套路,即要式合同一般会受到法律的绝对保护。(2)类型解释。"数种契约"是那些不具备外在形式但符合法定类型的合同,即某些非要式合同尽管没有一整套形式上的程式,但它们却是法定的类型化合同(如在优士丁尼的分类中,实物借贷有四种,即消费借贷、使用借贷、寄托和质押),仍在一定程度上会受到法律的保护。裁判官对这类合同所采用的是类型解释的方法。(3)“裸体简约”只能作为自然法存在。“一个原则”是既无外在形式又非法定类型的协议(裸体简约)不产生法律效果,仅仅是在债务人自动清偿的情况下,债权人才有权保留被给付物并拒绝返还或对抗错债索回之诉。

罗马法中后期,“一种形式、一个原则和数种(法定)契约”的古罗马合同法结构出现瓦解,当事人可以根据自己的意思表示来订立一个具有法律效力的合同,即“诺成契约”出现。在罗马古典法时期,诺成契约是指基于双方当事人对契约上不可欠缺的重要因素而形成的意思合致。如果缺乏此种意思,合同则不会成立,但这并不等于可以完全忽视外在的表示,表示仍然属于探寻意思的辅助工具。因此在罗马古典法上,合同解释有以下特点:(1)基于当事人意思的合同解释开始备受重视,即使是要式行为,裁判官也须依据当事人的意思实施解释。(2)同时,裁判官也开始认识到以下因素的重要性:当事人的意思、该法律行为事实的具体内容、当事人行为的意义及目的等。(3)作为要式合同的要式口约,提问与回答二者在文言上必须相互一致,当一方提问呈现模糊不清时,应作出不利于提问者的解释;当要式口约的提问与回答在文言上完全一致时,应从被使用语言之频繁的、习惯的表示中推导出合同内容;当事人对合同本质属性产生重大误解的,可以使要式口约归于无效。

在罗马后古典法时期,尊重个人意思的思潮进一步扩大,随着权利形成过程中意思的具体化,外在“形式”越来越不为人们所要求,当事人的意思及观念以一种自由的方式被理解。(1)依照当事人意思实施解释的方法,在无要式行为尤其在基于信意的法律行为中获得了进一步的发展。因为意思表示中使用的文言、方式等一旦委之于行为人自由选择,依据表意人意思实施解释的方法便最终成为可能,并且包括诺成契约在内的所有的债权契约皆基于意思进行解释。(2)在罗马后古典法时期,不仅是明示的意思,就连默示的意思也受到尊重。意思理论从契约领域开始扩展到所有权、婚姻、遗言、侵权行为等领域。(3)虚伪表示开始作为行为无效的一般原则,尊重意思表示者具体的、个别的意思成为合同解释及其法律行为解释的指导原则。

参考书目

1. [古罗马]盖尤斯:《法学阶梯》,黄风译,中国政法大学出版社 1996 年版。
2. [英]梅因:《古代法》,沈景一译,商务印书馆 1959 年版。
3. 周枏:《罗马法原论》(下册),商务印书馆 1994 年版。
4. [德]汉斯·哈腾保尔:《法律行为——概念的产生以及发展》,孙宪忠译,载杨立新:《民商法前沿》第 1、2 辑,吉林人民出版社 2006 年版。
5. [美]詹姆斯·戈德雷:《现代合同理论的哲学起源》,张家勇译,法律出版社 2006 年版。
6. 顾祝轩:《合同本体解释论——认知科学视野下的私法类型思维》,法律出版社 2008 年版。
7. 王洪:《合同形式研究》,法律出版社 2005 年版。
8. 谢慧:《法源视野中的合同研究》,法律出版社 2014 年版。

(谢　慧)

法国法上的合同解释理论

《法国民法典》编撰之前的合同解释理论:法国古代法受早期罗马法的影响,其合同解释形式主义占据重要地位。直到 12 世纪末,在法国,一方面在教会法的影响下,承诺被认为是一个人的良心问题,是根本无须任何特别形式的,每一项承诺无论其形式如何,都应当具有拘束力;另一方面在实践中习惯法越来越发挥重要作用,形式主义开始衰退。具体而言,教会法一般承认合意的拘束力,相对于合同的形式更重视意思;而在习惯法实践中,产生债务的唯一原因在于意思这一理念获得了广泛的认可。至16世纪,“合同的拘束力源于意思”在法国得到完全确立,并在自然法学的影响下被进一步加强。这种从形式主义转向诺成主义的思想对其合同解释产生了极大的影响,法国学者多马和朴蒂埃在吸收罗马法的基础上,提出了有关合同解释的一系列规则:(1)主张确立合同解释应探究当事人共同意思的规则,以及较文字表述优先的规则。具体包括:一是约定存在模糊之处或出现疑义时,应依据双方当事人共同的意思作出说明;二是当用语明显违反双方当事人意思时,应依据当事人的意思作出解释;三是当出现从表述中无法发现双方当事人的共同意思时,应依据习惯尽可能地探究双方当事人的共同意思。(2)主张合同解释仍应具有“客观”因素。具体而言,一是当事人须具有诚实信用、明确地表明意思的义务;二是就意思负有说明义务的当事人因故意或过失,发生用语模糊不清、出现歧义或其他表述上的瑕疵时,应作出怠于此种义务者不利的解释;三是尤其是在债权人就自己的权利负有明确的说明义务时,由此而产生的用语模糊不清或不确定的条款,应作出对债务人有利的解释。

《法国民法典》中的合同解释规则:法定的合同解释规则明文规定在1804年《法国民法典》中,其中“债务的效果”一节中规定了总则性条款,“合同的解释”一节中规定了若干相应的条文,包括合同条款的互为解释、效果解释、符合合同旨趣的解释、依据习惯解释以及于债权人不利解释。这些规定主要吸收了之前多马和朴蒂埃提出的合同解释规则。与此同时,立法者认为,这些条文规定是探究双方当事人共同意思的原则,即立法者将约定视为对当事人具有等同于法律的效力,为了解释“法律”(当事人的约定),必须探究双方当事人的共同意思。

19世纪法国注释学的合同解释理论:19世纪法国注释法学派将之前的合同解释理论以及法国民法典关于合同解释的规定在理论层面上趋于体系化,并形成了以探究双方当事人的共同意思为唯一的、绝对标准的合同解释古典理论,即意思自治理论。这一理论强调,不仅在确定有疑义的条款时应依据“当事人的意思”实施解释,而且在确定未给予明确表示的合同内容时,同样应以当事人的默示意思为依据牵强地作出解释。

20世纪初的合同解释理论:以意思自治为唯一、绝对标准的合同解释古典理论在20世纪初受到批判。批判者认为法国民法典关于合同解释的规定更多注重的是客观的、社会的要素,即使以“意思”作为其理论上的依据,此时的“意思”应以一个“合理人”抽象的意思为依据,而不再是主观的、变化的双方当事人的具体的意思。

现代法国合同解释理论:在对合同解释古典理论批判的基础上,20世纪的学者提出了合同解释的主客观二元理论,认为合同解释一方面必须探究双方当事人共同的意思,另一方面在双方当事人意思不存在的场合应依据客观的标准来确定合同的内容。这一理论超越了意思主义与表示主义二元对立的格局,一方面维系了法国民法注重“内心意思的传统”,另一方面针对古典理论中偏重意思、拟制意思的观点作出了某种程度的修正。

法国法合同解释理论的特点:(1)法国法合同解释理论一贯主张尊重当事人的意思。但这并不等于说法国法合同解释理论唯有“主观”标准,现代法国合同法还承认诸如诚实信用、衡平、法律及习惯等意思以外的“客观”要素作为合同解释的标准。(2)法国法合同解释理论超越了意思与表示的对立层面,而转向更为双方当事人在某一个别事件中到底约定了什么等具体的解释方法。(3)在法国民法中,围绕合同解释的争论往往同法官所扮演的角色密不可分。现代法国合同解释理论认为,将探究双方当事人的共同意思作为合同解释的第一标准,可以防止法官恣意改变当事人的意思;但与此同时,又主张对合同解释古典理论作出某种修正,承认“合理人”抽象的意思,使法官得以实施创设性的解释。

参考书目

1. [法]雅克·盖斯旦、吉勒·古博:《法国民法总论》,陈鹏等译,法律出版社 2004 年版。
2. [美]詹姆斯·戈德雷:《现代合同理论的哲学起源》,张家勇译,法律出版社 2006 年版。
3. 顾祝轩:《合同本体解释论——认知科学视野下的私法类型思维》,法律出版社 2008 年版。

(谢　慧)

德国法上的合同解释理论

在德国法历史上,始终存在合同解释意思主义和表示主义争论。在 19 世纪初及其之前,重视当事人意思的意思主义在德国法合同解释理论中占据了支配地位。其背后的哲学理念为,人的意思是至高无上的东西,是整个社会结构的基础。基于意思自治原则,法律行为(包括合同)被分为“内心意思”和“表示的意思”这两个要素。所谓意思主义,是指仅重视当事人内心意思的合同解释。意思主义者认为,只有意思才具有法的价值,表示仅仅为将意思呈现于外部的手段。因此,在解释合同(法律行为)的时候,探求行为人的真实意图才是最重要的课题。

19 世纪中后期,德国的合同解释意思主义受到来自表示主义理论和司法实践两方面的批判。表示主义者认为,首先,从理论上讲,意思主义是基于人的精神之全能性基准而得出的;其次,从实践上看,意思主义损坏了交易安全。因此在表示主义者看来,将意思主义作为法律行为的基本构成要素是错误的。意思仅存在于法律行为的起源中,只不过是一种“原因”而已,也即意思只是法律行为生产过程的一个阶段,表示才能够使法律行为发生法律效果。表示主义强调法律行为并不在于探求行为人的内心意思,而是探求表示通常所具有的意义。也就是说,法官在实施法律行为解释时,不应从心理学上探究行为人内心的意思,而应探究表示(行为)的通常意义,即为一个积累了一定经验的正常人所能预期到的通常意义。假如上述“正常人”对表示(行为)出现多种理解的话,法官须基于有用性及正义的观念,合目的性地探究表示(行为)的通常意义。据此,表示主义得以直接体现在有关法律行为解释理论中。

1900 年的德国民法针对合同(意思表示)的解释专门规定了两个条款,即《德国民法典》第 133 条规定:“解释意思表示,应探求当事人的真实意思,而不得拘泥于所用的词句。”第 157 条规定:“对合同的解释,应遵循诚实信用原则,并考虑交易上的习惯。”围绕这两项条款,德国民法学亦展开详细探讨,其中拉伦茨关于合同(法律行为)的解释理论获得了德国绝大学者的支持,并占据了通说地位,其主要理论如下:(1)意思表示具有设定规范表示和社会交往之手段的双重功能,也即意思表示一方面是一种自主设定,是表意人实现法律效果意思的手段,从此种意义上讲,在表示的背后通常存在的意思才具有决定性的意义;另一方面意思表示又属于一种对人和社会的交往行为。意思受领者通常信赖表示的内容,而表意人必须对其自身所选择的表示手段承担责任。(2)在意思表示(合同)解释上,不应以表意人或受领人的意思为基准,而须探求表示之客观的规范意思。不过作为例外,当双方当事人对表示拥有相同理解时,即使该表示存在着客观上的通常的意思,仍以双方当事人相互一致的意思作为基准。(3)就《德国民法典》第133条和第157条两条条款而言，虽然根据第133条规定，解释者应探究当事人的“真实意思”，但这仅局限在须受领的意思表示领域，只有意思表示的受领者能够认识表意人所持有的意思（真实意思）时，该规定方为妥当；同时第157条解释的作为解释规则的“交易习惯”，一般是指人们依照经验法则，以交易过程中通常具有的意思来理解和适用表示之事项。

参考书目

1.［美］詹姆斯·戈德雷：《现代合同理论的哲学起源》，张家勇译，法律出版社2006年版。
2.顾祝轩：《合同本体解释论——认知科学视野下的私法类型思维》，法律出版社2008年版。

（谢　慧）

合同解释的外部资源

外部资源主要是英美普通法上合同解释中的一个概念，这一概念的确立是建立在对合同文本与文本之外辅助合同解释的资料进行区分并且在解释功能和解释规则上区别对待的前提之上的。在英美法合同解释理论中，外部资源亦称“外部证据”（extrinsic evidence）、“外部帮助”（extrinsic aids）、“外部因素”（external factors）、“参考资料”（reference material）、“相关情况”（relevant circumstances）、“语境”（context），它是指合同文本之外能够用来辅助辨明合同意义或填补合同漏洞的依据。外部资源系合同书面文本之外的可能使合同条款得以完整、具体化的任何东西，书面文件常常不能表达自己想表达的东西，而这些东西则可能用来确定合同条款的意义。在大陆法合同解释理论中，与其相类似的是“合同解释资料”“在诠释意义上重要的情况”“解释的材料”“语境材料”等。

一般认为，合同解释的对象与合同解释的外部资源是有区别的，合同解释的对象一般限制于合同文本，而合同文本所涉及的其他各种资源视为解释的语境资料。有学者认为合同解释所直接针对的合同文本是狭义的合同解释对象，而合同文本与外部资源则构成广义的合同解释对象。

在外部资源引入合同解释的问题上，普通法的理论与实践经历了从绝对禁止到形式主义解释理论所主张的分步引入乃至当代语境主义解释理论所注重的应无限制地接受外部资源的过程。将外部资源引入合同的解释的原因是：（1）由于合同语言的局限性、同一词语在不同词典中可能就有不同的含义、地方性惯例的影响以及司法审判中对合同价值再评判等因素，可能导致对孤立的合同用语不能准确赋义。（2）就合同当事人而言，出于谈判成本的考虑、自身利益的考量、维持交易关系的期望等主观原因，无论是选择简单合同还是复杂合同，就合同内容而言都可能是不完整的，因此必须借助外部资源来发现合同的意义和填补合同的漏洞。

客观主义解释方法主张外部资源应该经过严格的程序规制才能作为合同解释的依据，通常包括三个层次：（1）首先通过审查争议文件所包含的语言来确定当事人的意图；（2）如达不到目的，应运用合同解释规则对当事人的意图进行发掘和推导；（3）如仍达不到目的，则要求借助于以口头证据规则和平义规则构筑的极为繁琐的先决机制，以判断合同内容是否完整或者意义是否清晰，并相应地引入补充性外部资源来解决合同完整性问题同时以解释性外部资源来解决合同意义含糊的问题。自20世纪中叶，主观主义理论在美国合同法中受到重视，其基本主张是合同解释不是探询文本的客观含义，而是探询当事人的共同意图，任何词语离开一定的语境就没有确定的意义。在外部资源引入的问题上，他们相应提出了语境解释模式，主张无区别地引入外部资源，即合同内容不完整和意义含糊不是允许引入外部资源的前提条件，相反，对合同内容是否完整或意义含糊的判断应通过引入外部资源来作出，并应以相同的外部资源来解决内容不完整和意义含糊的问题。

合同解释外部资源的类型有：履约过程；商业往来；交易惯例（其中包括附加的习惯和语言习惯）；任意性规范；诚信原则；特定情形下的其他口头证据。如果当事人将合同条款在一份（或几份）书面合同中进行了表述，且该合同表面上是完整的，那么可以用来作为认定合同含义的外部证据并不包括当事人在合同订立之前就合同所作的陈述以及就合同条款的含义的意见，这一排除规则被称为“口头证据规则”。不过在某些例外情形下，某些口头证据也属于合同解释的外部资源，包括有关合同不存在的或合同系虚假的证据、有关通过欺诈诱使订立合同的证据、有关共同错误的证据、有关平行协议的证据、有关随后行为与协议的证据、有关非法的条款或协议的证据、与对价相关的证据、合同附先决条件的证据、合同丢失或毁损的证据、代书人笔误的证据。在大陆法国家的立法中，合同解释外部资源的具体形态大多体现为交易习惯、任意性规范和诚信原则。

外部资源的功能与意义：(1)解释和补充合同；(2)外部资源引入的不同模式给合同当事人提供了影响和控制合同解释结果的机会，同时法官在合同解释时，可以运用惩罚性任意性条款来建立指导当事人缔约的警示机制。

参考书目

雷继平：《论合同解释的外部资源》，中国法制出版社2008年版。

（谢　慧）

请求权体系

依据请求权来源或产生方式的不同可以将请求权分为基础请求权和派生请求权。基础请求权又可称为独立请求权或原权型请求权，是指作为原生权利的请求权，其自身具有一定意义，它不依赖于在它之前就已存在的且为之服务的权利而单独地存在。它具有独立的经济价值，本身就属于一种权利，所以又可称为独立请求权。这些独立请求权有债权、亲属法中的扶养请求权。这些请求权一般是可以独立转让的。派生型请求权也称为救济型请求权或非独立请求权，是指当权利受到他人不法侵害或有被侵害的可能时所发生的救济性的请求权。非独立请求权是为实现其他权利服务的，这些权利是物权、人格权、人身亲属权或无体财产权。非独立请求权是一种服务功能，不能独立存在。救济型请求权依其产生的权利基础不同，可分为支配权上请求权和债上请求权。支配权上请求权以物上请求权、人身权上请求权、知识产权上请求权为其内容；债上请求权以契约之债请求权和侵权之债请求权为其内容。

请求权方法是当今大陆法系国家流行最广的民事案例分析方法。概括地说，请求权方法是抽象概念体系化思维，逻辑推理的民法思维方式，其基本步骤是：首先根据案件事实进行请求权类型划分，以确定讨论的标题；其次寻找请求权基础，即在现有法律规范中寻找依据；最后演绎推理以使案件事实归属于某法律规范并得出裁判结论。在现代民法学中，学者们为请求权总结了两方面的功能：一是它表明一种客观实体法上的权利即请求权的实体法上的地位；二是它表明一个特定人针对他人的特定请求，可以通过诉讼来主张和执行其程序上的功能。

请求权的发现使权利人之于义务人为请求乃权利本身所具备的基本功能，因而权利实现不仅依义务人的自觉行为,也可依权利人在诉讼之外的直接请求或通过诉讼为请求,因而使权利的法律之力更得彰显。请求权理论的发现还为当事人提供了在权利竞合时的选择自由,增强了权利人实现和保护其权利行为的可选择性。因此请求权所提供的权利保障机制强化了私权自治的理念,使私权自治具有了充分的条件和广泛的空间。请求权在权利体系中居于枢纽的地位,因为任何权利无论是相对权还是绝对权为发挥其功能或恢复不受侵害的圆满状态均须借助于请求权的行使,若非请求权概念,物权与债权不可能如此这般被统一起来完成立法的公因式提取。绝对权与相对权的划分完成了权利的类别区分,而请求权又将其联系在一起,从而使民法的体系化得以实现,并由此为民法的体系化运用奠定了基础,而且这种体系化作为分析工具被运用于法学研究中。

（李　霞）

请求权基础

从请求权产生的法律依据来看,请求权的基础是特定的法律规范。即以请求权为核心,分析其法律关系,并寻找其法律基础。请求权规范基础的寻找,是处理实例习题的核心工作。在某种意义上,甚至可以说,实例习题的解答,就在于寻找请求权的规范基础。请求权规范基础是每一个学习法律的人必须彻底了解,确实掌握的基本概念及思考方法。在司法实务上,司法机关应当以明确的法律规定作为判案的法律依据,因为只有在明确的请求权规范基础上,当事人才能知悉其权利义务关系,律师才能判断法院的见解是否妥当,法律学者才能探讨适用的法律规定具有何种规范功能。在实例研习方面,实例研习的主要目的就在于训练请求权规范基础的思考。实例解题之际,必须寻找到并明确指出支持一定请求权的法律规范或者确信无任何请求权规范基础存在时,才能作答。在未寻获请求权规范基础之前,尚不能开始解答。绝不能以概括笼统用语(如依民法之规定等),来掩饰不清楚的法律思维过程。唯有如此,才能养成严谨细密的法律思维方法,也只有如此,才能维护法律适用的合理性、可预见性和安定性。

（李　霞）

宪法对民法基本规范的效力

宪法的规定不能在私法中直接被使用,因为宪法的功能仅在于拘束国家、政府,而不能拘束平等的私法上的主体,所以它不能在私法上直接适用,但宪法上的这些基本权利的有关条款可以在私法之中间接地使用。宪法中的内容是私法领域中的诸多制度的重要来源,宪法的规范也是私法规范的效力起点。私法中的内容不能违反宪法的规定。根据法律部门划分的一般原理和各国的宪法性实践,宪法对私法的效力是通过行使私法中的规范的合宪性审查而实现的,宪法也不能对私法产生直接的效力,如果允许宪法规范对私法规范具有直接的效力,那么私法自治乃至私法体系也就不能得以建立。宪法是保障基本权利的大法,其本质属于限制政府权力保障人民基本权利的公法,其效力能够对私法得以直接实现,那么,出于规范效力的行政法规范直接对私法发生效力也就非常合乎逻辑。如果这样,私法与公法的划分也就失去了基础,私法体系的建立也就几乎不可能。宪法对私法适用的效力其实也就是宪法基本权利对私法的效力。宪法规定基本权利主要是一种人权保障,而对私法的效力也是一种对人权价值的具体实现。宪法的基本功能乃是对人民的基本权利的保障与分配,民法作为保障权利的基本法，已经将宪法的价值内化于这些基本原则之中。而民法的具体规则的制定是这些基本原则的具体化。二者作为权利保障的法，尽管民法中的基本原则贯彻了宪法的价值，但宪法中基本权利与民法的基本权利具有显然的不同。因为宪法是国家的根本大法，根据现代国家的共识，宪法是保护公民的权利，规定并限制政府的权力，但这种权利的保护并不落实具体权利与义务的内容，而且，这种对应的义务并不是由个人来承担，而只是通过国家机构来行使承担宪法义务的主体，来保障公民权利的实现。

参考书目

许中缘、刘宇：《论宪法对私法的规范效力》，载《中共中央党校学报》2008年第2期。

（李　霞）

借“法益衡量”解决原则冲突及规范冲突

法官在适用法律的时候，不仅应尊重法条的文字，还应兼顾立法者的意旨，在遇有法无规定的场合，应自觉地把自己看作“立法者的助手”，通过现行法来探求立法者所欲促成或协调的利益，即探求立法者若在今日立法的话，对各种利益所可能进行的取舍，然后以此为标准去对该待决案件中诸冲突利益进行衡量，以补充漏洞，得出结论。这就是利益法学派所主张的利益衡量。可见，利益法学派所主张的利益衡量基本上是一种作为补充法律漏洞的方法，其具体操作是透过现行法探寻立法者对利益取舍的评价，以此为标准来衡量当下案件中相互冲突的诸利益，在尽可能不损及法的安定性的前提下，来谋求具体裁判的妥当性。简单地说，就是通过不是盲从而是顺从历史上关于利益冲突的立法者意思来衡量当下案件中的利益冲突，以作出最后的判决。因此，从某种意义上讲，这种利益衡量的方法很类似于民法解释学中的立法解释的方法，只不过它把立法解释的视角限定在了对立法者关于利益取舍或者利益评价之上而已，强调对立法者关于利益评价的探求，并以此为标准对当下案件中的诸冲突利益进行比较衡量。

参考书目

张利春：《关于利益衡量的两种知识——兼行比较德国、日本的民法解释学》，载《法制与社会发展》2006年5期。

（李　霞）

民法不确定概念的具体化和类型化

民法不确定概念的具体化，是指通过法律解释的过程，使不确定概念的内涵和外延得以明晰，从而能够作为裁判依据，适用于具体个案。是使法律保持一定的弹性，克服成文法的滞后性而产生的一种独特的解释方法。不确定概念的具体化实际上就是将其内涵和外延通过具体列举和类型化等方式加以界定，使其能够和个案的情形相结合。民法不确定概念的具体化主要是指类型化，就是通过对某一类事物进行抽象、归纳，从而对不确定概念进行具体化。不确定概念的具体化除了类型化以外，还包括其他解释方法在某些情况下也可以起到具体化的作用。在类型化的过程中，法官通过归类的方式，对不确定概念进行不完全的、比较具体化的列举。类型化实际上对不确定概念所采取的特定的价值补充的方法，使不确定概念变得具体、明确，是在具体和抽象之间寻求一个平衡点，有助于实现法的安定性与个案正义之间的平衡。

（李　霞）

基本权对民法的第三人效力

现代民法系以个人为本位,但人非孤立,乃具有社会性,并因此共营社会和经济生活,故民法系以一定之社会模式为出发点并因应社会变迁而发展。对社会价值及利益之强调以及劳动法、社会法等第三法域的发展,使得公法与私法的界限日益模糊,学界对宪法在民法法源中所处地位的态度亦逐渐从否定转向肯定。宪法作为民事法律规范之重要法源,非谓其乃整个民事立法之依据,乃在其法律效力更高,并于宪法中直接规定了民事权利(包括财产权利)及其基本原则,即诸多民事权利均来自宪法或于宪法中得到规范。宪法上之基本权利,不仅仅是一种对抗"政府"的权利,确保公民之财产与自由免受"政府"的侵犯,使公民享有其自治之空间,更在于基本权乃一种客观之价值秩序,系立法、司法及行政机关行使职权时当遵循之客观规范,以保障公民免于遭受公权力或其他公民(第三人)不法之侵害。质言之,宪法基本权对第三人具有所谓的"间接效力",即基本权得透过民法的概括条款或法律概念、法律原则,以实践宪法所认可之基本价值。例如,公民对其财产之所有权为绝对权、对世权,第三人负有不侵犯他人所有权之不作为义务;公民之人格权亦为绝对权,公民之人身自由、人格尊严不受任何人之侵犯;劳动合同中约定之单身条款或女职工不得怀孕条款,乃违反宪法保障公民之工作权、婚姻自由及生育权等基本权利,悖于公共秩序善良风俗而无效。

(李　霞)

行政法方法论

比例原则

又称均衡原则或平衡原则,是实质意义法治国原则的典范。它不但为现代条件下的干预行政提供了新的规范形式,而且有普遍的适用性。在行政法上,无论是制定普遍性规则的行政活动还是传统的行政行为,都应当接受该项原则的规范和制约,并以此判断它的合法性。一般认为比例原则是一个具有宪法位阶的法律原则,它滥觞于19世纪警察国家时期,渊源于"法治国家理念及基本人权之本质",通过联邦宪法法院的判决逐步成为限制行政权的有效手段。它具体包含三个子原则:第一,行政措施对目的的适应性原则,即所采取的国家措施适应于它所追求的或者法律所规定的目的,不得偏离。第二,最小干预可能的必要性原则。如果以国家措施干预公民自由为实现公共利益所不可缺少,那么这种干预应当是最低限度的。公共权力对公民一般自由权利的干预,只应当发生于维护公共利益所必需的程度上。出于基本权利的性质,个人对于公共权力不必要的干预可以提出异议进行抵抗。第三,禁止过分的适当性原则。它的基本意思是干预自由的国家措施对当事人来说是不过分的。对国家所追求的目标来说是适当的。又称为狭义的比例原则。也就是说,比例原则要求行政目的与行政手段相适应、成比例,要求行政措施符合行政目的且为侵害最小的行政措施。比例原则作为法学领域的规范性原则,其所被期待的功用,是在设法确定为了公共利益而牺牲自由权是确有必要且正当的;换言之,为了有效维护自由权,比例原则要求国家机关的权力行使,不可逾越必要的限度。

比例原则的前身,也是其内涵的发源因素,可说是合比例性或合度的思想。而合比例性思想,顾名思义可知必是涉及一种相当性的关系。从逻辑上来看,这种相当性所指涉的,至少是两个要素间的关系。据此,合比例性的要求无非对两种或两种以上要素,根据某些既定的且具有恒常性的标准而进行评估后,就其相对关系作一论断的要求。将这样的逻辑性理解运用到自由权保障与国家权力行使的关联中来时,首先应可将上述的相当性特定为:国家权力的行使与因此对自由权的侵害或限制间,应具有某种衡平性的要求。以此为基础,进一步进行内涵的精细化与分化工作,则应可得出目的与手段间、各种可选择的手段间、受牺牲的自由权与欲实现的公共福祉间三种对照性要素,据以掌握、比较、判断前所特定之相当性是否具备。由此便发展出了适合性、必要性与法益相称性的雏形:适合性指的是一种目的与手段间关系——某一手段是否适于达成某一目的;必要性涉及的是诸多均可能达成目的的手段间,以什么样的标准来选定的问题;法益相称性则是针对所欲实现的公共福祉与因此被牺牲的自由权领域两者间的关系。权力之合比例性的思想,其历史源头可上溯至1215年英国的《自由大宪章》中关于犯罪与处罚应具有衡平性之规定。由于要求国家行使刑罚权处罚人民时,应根据人民具体犯罪之严重性而定其刑度,因此可以说已出现权力行使应合度的合比例性思想的雏形。从历史发展的过程来观察,在德国合比例性思想的发展是与国家权力的建构过程紧密相连的。在德国,比例原则首先适用于包括行政处分与强制执行在内的警察法领域,而后逐渐发展成行政法领域中的普遍适用的原则。时至今日,在德国甚多的行政法领域中,甚至已有比例原则的明文规定。

（黄　娟）

行政法渊源

行政法律规范的存在形式。中国的法律渊源包括各级国家机关制定的各种规范性文件,也包括形式各异的非成文渊源。成文渊源指由国家机关制定或者批准,以成文方式表达的法律规范性文件。在这种宽泛的意义上理解,它将包括宪法、法律、行政法规、地方性法规、自治条例和单行条例等特别法规、行政规章、行政解释文件、其他规范性文件、国际条约和公约。不成文渊源,包括行政法一般法律原则、民间习惯、行政惯例和司法先例、法律学说、公共道德、行政政策以及比较法。与不成文法源相比,成文法源常常是法律适用时最优先考虑的,也更具权威性。在成文法源中,简要讨论宪法、国际条约和公约的司法适用问题,以及法律解释文件及其他规范性文件这两种比较特殊的成文法源。

在中国,公认的行政法成文法源包括以下八个方面:

(1)宪法典。作为行政法成文法源的宪法所指称的仅仅是中国的宪法典,并非宪法规范或部门法意义的宪法。宪法典作为中国行政法最高位阶的成文法源,主要体现在两个方面:一是宪法典是一切行政立法的依据;二是宪法典中所规定的国家行政机关的活动原则、公民申诉控告权等都是行政法的直接渊源。

(2)法律。此处的法律仅仅是指全国人大及其常委会严格按照法定程序所制定的基本法律和一般法律。例如,由全国人大制定的《行政处罚法》以及全国人大常委会制定的《行政复议法》等都属于中国行政法重要的成文法源。

(3)行政法规。行政法规是指国务院按照法定程序制定的规范性文件。行政法规的效力低于宪法和法律,但高于地方性法规和行政规章。在中国行政法上,行政法规是最主要的一类成文法源。

(4)地方性法规。地方性法规是指由特定地方的国家权力机关按照法定程序制定的规范性法律文件。这些机关包括省、自治区、直辖市的人大及其常委会,省会市人大及其常委会,较大市人大及其常委会以及经济特区所在地市人大及其常委会。

(5)自治条例和单行条例。自治条例是民族自治地方(自治区、自治州和自治县)的人大依照《宪法》和《民族区域自治法》的规定制定的关于民族自治地方的自治机关的组织、活动原则、自治机关的自治权及自治地方经济、文化重大事项的全面性的规范性文件;单行条例则是民族自治地方的人大根据当地民族的政治、经济、文化特点制定的有关某一方面具体事项的规范性文件。作为行政法成文法源的自治条例和单行条例只限于民族自治地方适用。

(6)行政规章。行政规章包括部门规章和地方规章两类。其中部门规章是由国务院各部委和直属机构按照法定程序所制定的规范性法律文件;地方规章则是由省、自治区、直辖市人民政府,省会市人民政府,较大市人民政府以及经济特区所在地市人民政府所制定的规范性文件。在中国行政法的成文法源中,行政规章的数量最多。

(7)法律解释。法律解释包括正式的法律解释和非正式的法律解释,作为行政法成文法源的则是正式的法律解释,主要包括四类:一是立法解释,即全国人大及其常委会对法律条文本身所作的解释;二是司法解释,即最高人民法院和最高人民检察院对相关法律的适用所作的解释;三是行政解释,即国务院及其有关部门对相关法律、法规所做的解释;四是地方解释,即有关地方人大及其常委会、人民政府对地方性法规和规章所作的解释。根据《立法法》(2015)、《行政法规制定程序条例》及《规章制定程序条例》的有关规定,法律解释同法律具有同等效力,行政法规的解释与行政法规具有同等效力,规章的解释同规章具有同等效力。

(8)国际条约和国际协定。凡是中国已经加入的、涉及行政管理内容的国际条约和国际协定也属于中国行政法的成文法源。

行政法的不成文法源并非没有文字的记载,只是没有组织化或法典化而已,其名称使用主要还是出于尊重约定俗成的习惯表达的考虑。总体来说,行政法的不成文法源是开放式、动态发展式的,不同国家和地区在不同的历史时期都可能会出现新形式的不成文法源。不成文法源主要有以下几种形态:

(1)判例法。判例法是指可以作为先例据以断案的法院判决。作为行政法不成文法源的表现形式,判例法已经得到了各国的广泛认可。在英美法系国家,由于传统上一直采取判例法主义原则,因而上级所作出的判决对下级法院及本院处理类似的案件具有拘束力,即以后的判例必须遵照先例作出。

(2)习惯法。习惯法是指在行政领域经过长时期的反复实践,基于人们的内心确信而得到公认的一种社会规则。

(3)行政法的一般原则。行政法不成文法源最基本的表现形态应该是法理和行政法的一般原则。

(黄 娟)

行政行为形式论

有关行政行为法律形式的学说,是基于法治主义依法行政原则,要求一切行政活动必须符合法的规律。行政行为形式论采取一种脱离具体而复杂的实施的观察方法,仅分析与行政相关联的要素与意义,以形成概念与类型,继而提出合法性的要件、程序的方法与法律效果。该理论的核心在于关注行政行为的形式及其所意图达成的法律效果,如拘束力或权利的产生。因此,行政行为形式论是基于法概念操作技术之方便性,就行政机关为达成一定行政目的或任务所实施的各种任务中,选定一特定点的行为,作为控制行政活动适法范围或界限审查时的审查对象(基本单元),以达成对行政机关进行适法性控制的目的。行政行为形式论的主要价值在于:以其所采纳的关联标准形成行政的程式来解决接踵而来的所有个别问题。作为传统的行政法学方法论,行政行为形式论为行政法的创立和发展做出了巨大贡献,形成了以传统行政处分(具体行政行为)为核心的现代行政法学。

行政行为形式同样是为了贯彻依法行政原则建立的一套法技术概念,是对行政主体所应遵循的行为规范的一种高度概括和抽象表达。相对于行政处分理论而言,行政行为形式理论就是进化了的关于行政活动的合法性控制理论。可以说,在学理上对行政活动的类型化与精致化的持续作业,才真正推动了一个理想的行政法秩序世界的建立。行政行为形式属于法律规则与行政事实的中间形态,准确地说是在法律视角下所观察和描述的行政现实,甚至在一定程度上它可以超越法律规则和生活事实本身而为某种创造性的建构,并反过来推动法律革新与行政转型。

参考书目

1. 赖恒盈:《行政法律关系论之研究》,台北,元照出版有限公司2003年版。
2. 鲁鹏宇:《论行政法学的阿基米德支点——以德国行政法律关系论为核心的考察》,载《当代法学》2009年第5期。
3. 高秦伟:《行政法学方法论的回顾与反思》,载《浙江学刊》2005年第6期。

(黄 娟)

行政过程论

首位界定"行政过程"概念的是日本学者圆部逸夫。所谓行政过程,是指在宪法下,行政权为达成其行政目的,所得利用的法令上、惯例上一切手段所构成之一连串手续上的连锁。日本学者远藤博也认为行政过程为调整行政法上的各种利害关系提供了场所。盐野宏则认为行政过程是实现具体权利义务的实践过程。尽管学者的主张表述上各有千秋,但在强调行政实态把握的重要性,主张"必须对行政活动作动态考察"方面,针对行政行为形式论的局限而进行理论扩展,则是共通的。行政过程论主要的特点在于:(1)针对行政手段复杂多样的现象,不拘泥于"依法行政"的形式,而按照现实,积极肯定行政过程的独特性,正视现代行政的积极责任。(2)肯定行政的自由领域,并不排除其受法的拘束性,将行政过程从非正式的秘密状态引到正式的公开状态,允许各种利益团体参与行政过程。(3)传统的法律解释论严格划分法律解释与立法政策,视法律的政策评价为禁忌,要求解释忠于实定法。这种现象与现实是不相适应的,行政过程论认为应将法律的政策性评价纳入行政法学中。被传统的行政公理所忽视和遗漏的问题,恰恰是行政过程论所重点关注的问题。

行政过程论实际上是将整体行政上的特殊法现象理解为宏观意义上的过程,并预设存在于各个阶段的微观过程中,进而分析其特征、予以体系化。行政过程论对于从动态、微观把握行政的特性意义重大。

然而行政过程论也存在一些不足之处：首先，该理论过分强调现代行政的独特性，导致行政法学方法论中的宪法体系或价值基准模糊不清。行政法在法律位阶上低于宪法，其基准或价值当然受宪法的拘束。但是行政过程的分析却常常强调行政的特性而脱离宪法的基本原则。其次，由于行政过程过分强调行政任务的连续性和效率，自然会成为形成"权力至上"这一和法治相悖的理念，进而会阻碍人权保障的落实，如对行政行为公定力与不停止执行制度的顽固坚持。

参考书目

1. 高秦伟：《行政法学方法论的回顾与反思》，载《浙江学刊》2005 年第 6 期。
2. 江利红：《行政过程论在中国行政法学中的导入与课题》，载《政治与法律》2014 年第 2 期。
3. 鲁鹏宇：《日本行政法学理构造的变革——以行政过程论为观察视角》，载《当代法学》2006 年第 4 期。

（黄　娟）

行政法律关系论

由德国学者率先提出，其产生背景是基于现代行政利益复杂与多元化以及大量复杂的未形式化行政行为出现等课题。但是，德国多数学者仍以传统行政行为形式论为行政法学核心内容，行政法律关系论仅以修正或补充传统行政法学之不足。真正大胆尝试提出完整法律关系论的则是日本学者山本隆司。

1917 年，德国学者巴霍夫（O. Bachof）主张将法关系论定位为以行政处分为核心之传统行政法学的反命题，他认为，行政处分不过是发展中关系的一个快照，也就是说，以行政处分形成、变更或消灭的众多法律关系。就此而言，法律关系较诸行政处分，明显是一种更为包括的制度。如果说确有一个概念、一个制度，值得占有行政法的核心地位的话，这就是法律关系。在行政法律关系论指引下，行政法上各种主体的权利与义务不再彼此隔离，而是处于一种相互关联、相互影响的状态下，各主体之间在法律上达成一种拟制的平等，相对人不再称为行政权作用的客体或附属物。行政法律关系不仅关注行政主体与相对人之间的外部法律关系，行政内部关系也被通过法律化的途径予以规范。

行政法律关系论不关注结果相关与效果集中，而是状态取向。其所关心的不再只是行政决定程序的终点，而包括法律关系变动的过程本身。于是，该理论不再关注行政何以以一定的行为发生特定的法律效果，不再局限于法律关系的形式要件，而是关注各种主体间所形成的法律关系的地位，可能对法律关系产生变动的各种行为，以及规范这些法律关系的法律规范。程序作为形成行政法律关系的中介，自然也被纳入行政法律关系论的考量，因为在程序中各种主体的地位处于动态的变化中。行政法律关系论的这种状态取向的观察方式，弥补了行政行为形式论的不足，使得行政法律关系不再仅仅局限于经由行为形式才得以产生的法律关系，包括诸如事实等非行为的其他行为形式都可称为行政法律关系产生的原因。行政机关想要以行为形式实现其行政目的之前的准备行为，也可能产生一定的法律效果，使得其权利义务产生变动，行政法律关系论也自然予以规范。正是由于行政法律关系论的这种特质，使得该理论可以涵盖多阶行政行为，既可以避免公法遁入私法，也可消除私法遁入公法的困窘。

行政法律关系论主要的功能在于：首先，可以协助行政法学体系的建构与革新。传统行政法学属于规范法学，重视法规范的分析，排斥生活事实因素的观察。行为形式理论是持续性规范研究的最终沉淀物，但行为形式理论毕竟关注的是行政与法律的关系，而不是行政与人民的关系。所以行政法学长期以来对人民的主体地位和权利保障问题缺乏重视。而法律关系作为一种具有“整体性”与“动态性”的法学方法,恰好可以弥补这一重大缺陷。可以说,法律关系提供了完整观察法律事实的分析工具,对于从单纯行为形式无法认识到的当事人之主张和行为、权利义务之形成和变动、法律的生效时点和存续期间,甚至是社会生活之安定与和谐等法律问题,法律关系理论均能予以观察和评价。因此,法律关系论作为一种兼顾经验维度与规范维度的研究方法,有助于一个能够积极回应社会现实的、开放的行政法体系的建构。举例来说,在法律关系的理论视野之下,行政法不再只是控制行政之法,而是调整行政与人民关系之法;相对人也不再是单纯权力的客体,而是与国家具有对等地位的权利主体;相对人主观权利的判定,不必受制于法律的明确授权,可以通过将法规范与社会事实相互对照的方法,寻求权利存在的基础。即使相关实证法没有关于公民权利的明确规定,但根据宪法基本权条款以及社会生活的利益关系状况,仍然可能推导出主观权利的成立。

参考书目

1. 赖恒盈:《行政法律关系论之研究》,台北,元照出版有限公司2003年版。
2. 鲁鹏宇:《论行政法学的阿基米德支点——以德国行政法律关系论为核心的考察》,载《当代法学》2009年第5期。
3. 高秦伟:《行政法学方法论的回顾与反思》,载《浙江学刊》2005年第6期。

（黄　娟）

特别权力关系

一种法律关系,该法律关系为具某种职务之人与国家统治权具有特别密切义务的特征,如公务员、军人、学生及监狱受刑人,对具此等身份之人的自由与财产之侵害,不仅不须有法律之根据,且一旦欲请求救济,最多只能寻求内部申诉渠道,而不能如一般公民提起诉讼或行政诉讼。就权利义务而言,我们可以很明显地看到,特别权力关系比起公民与国家的一般法律关系更为特别与密切。将此关系称为特别权力关系,“特别”一词非特别优待,而系特别限制之意,即较一般公民权利义务更受限制,故亦是一种特别权力义务关系。由以上的定义可知,特别权力关系的特质是基于特别法律原因及权力服从关系二点。基于特别的法律原因,故与一般公民所负义务不同,与一般统治关系或权力关系有别;又以其具有权力服从关系的本质,故与私法上法律关系亦不同。以民法上的契约关系而言,债权人仅能依照契约,有要求债务人从事特定作为与不作为的权利;反之,在特别权力关系中,权利人在一定范围内,具有概括的权力,于其权力所及的必要限度内,则有命令义务人作为或不作为且加以强制的权利。详言之,传统特别权力关系并未对此种特殊范围内公民提出合法性的解释,而系基于纯粹的“目的取向”,为求达到行政权力的“目的性”所创造出来的制度与学理。

一般认为特别权力关系由德国学者奥托·麦耶集大成,形成完整的理论体系。麦耶将特别权力关系的种类分为:公法上的勤务关系;公法上的营造物利用关系;公法上的特别监督关系。并且其强调特别权力关系是一种特殊公权力的发动,当个体自愿进入各该营造物时,便已主动放弃其自由与权利,由此政府可随时以内部的规范来限制公务员的基本权利。麦耶认为在特别权力关系中,并无法律保留原则的适用,行政权享有自由活动之余地。国家或公共团体为达成特定行政目的所为的必要之命令或强制,不必另有个别之法律依据,亦即“法律保留”,不适用于特别权力之关系,且基于特别权力关系所颁布之处置,麦耶称为指令,均非行政处分,自不得提起行政争讼。总之,麦耶认为特别权力关系是一种特殊公权力之发动,排除依法行政、法律保留的原则,行政主体行使一定公权力时,得无具体的法规依据而限制相对人之自由,干涉其权利,对于特别权力之内容不得作为争讼的对象。一般论者指出,特别权力关系的成立原因约有下列几种:(1)基于法律的规定,如因为兵役法的规定,国家对服兵役者发生了特别权力关系,受刑人因罪行之宣判而入狱服刑;(2)由于当事人的同意,如公务员与入学的学生;(3)因事实的发生而成立的特别权力关系,如因国家发生了天灾事变而采取了紧急措施以禁止某一特定地区之运行,实施对酗酒者的管束。由于麦耶在法学界之权威地位影响及特别权力关系理论颇能符合德国历史背景与民族意识,且当时德国行政诉讼采列举主义,有关因特别权力关系所发生争执并未列举范围,更使特别权力关系传统理论支配行政法学界达数十年之久,尤其在纳粹德国时期,更是变本加厉,对于特别权力关系扩大了适用范围。

第二次世界大战前日本的行政法学,深受德国影响,在德国固有的特别权力关系理论,也成为日本行政法学的构成部分。其特别权力关系,大体受到麦耶的影响,认为公务员与国家之关系是基于当事人的同意而形成,故依照"同意不构成侵害"的原则,对其权利与自由的限制是非侵害的,自不必有法律根据之必要,例如,宪法保障的迁徙与居住自由,以及集会结社自由,对于官吏与学生,得为维持其纪律而加限制。学者称此为特别权力关系的当然结果,而不必要求法律上的依据。在行政争讼部分,在明治宪法的一般权力关系下,想要限制服从者的自由或权利,必须求诸法律上的依据。但在特别权力关系下,则不须有法律上的依据。在德国当时认为国家是代表一切的,国家任命的官员必须对国家尽一切效忠义务,特别强调官吏的伦理性,恰巧与日本的军国主义思想相契合。因此,第二次世界大战前日本与德国的特别权力关系几近相同。特别权力关系的特征如下:(1)当事人的不平等。国家或公共团体处于优越地位,有命令强制及处罚之权,而相对人只有服从及遵守的义务。(2)义务的不确定性。由于国家具有概括的命令权,可随时赋予作为或不作为的义务。(3)可以制定特别规则。在特别权力关系中,具有特别权力一方,可不待法律之明文授权,可本诸实际需要制定特别规则。(4)可加以惩戒。在特别权力关系中,相对人违反义务或违背上述特别规则,应受制裁,甚至遭淘汰处分。此种制裁称为惩戒,也可以说是纪律罚,这与一般权力关系中的刑罚、行政秩序罚或行政执行罚完全不同。(5)不得提起争讼。特别权力关系范围之事项,既不得提起民事诉讼,也不得提起行政诉讼,因为民事诉讼、行政诉讼系属于一般权力关系之救济途径,而非特别权力关系所能利用。根据第二次世界大战前日本的行政法学,特别权力关系有以下几种类型:一是公法上的勤务关系。指国家公务员与国家的关系,地方公务员与该地方团体的关系。二是公法上的营造物关系。指国立或公立学校与学生之关系,国立或公立医院与住院患者之关系,监狱与受刑人的关系等。三是公法上的特别监督关系。指国家对于公共团体、特许企业(铁路及公共汽车事业、瓦斯及电气事业等)或行政事务之受任人之监督关系。四是公法上的社团关系。指公共团体与会员的关系。

第二次世界大战后联邦德国的行政法学界,一方面由于基本法对人权的重视与贯彻法治的要求,另一方面因联邦以及各邦行政诉讼法大都已改采根据条款,不再排除公务员关系的诉讼,故而引起对于传统特别权力关系理论的反省检讨。问题的焦点不在于特别权力关系能否排除法律保留原则的适用,而在于其排除的范围,亦即行政裁量范围的大小,以及行政主体在此范围内所作处分是否得依行政诉讼程序加以审查或救济。第二次世界大战后日本对特别权力关系理论作了相当大幅度的修正,但仍摆脱不了德国第二次世界大战后理论与实务的影响。

在行政争讼方面,废除旧有的行政法院,将行政诉讼归属普通法院管辖。第二次世界大战后日本各级法院关于行政诉讼事件,大体依学界通说,以为"司法的审查,并非欲干涉原属行政权范围的自由裁量,而仅欲正其违法的作用而已"。对于一般所谓人事行政事项,如涉及一般市民之权利义务时,仍得作为司法审查的对象。

德日传统特别权力关系理论,使行政机关享有法自由的支配权。其主要特点在于依法行政原理不适用于特别权力关系,基本人权被得以剥夺或限制。特别权力关系之相对人基本权利受限制的排除法律保留原则的适用,且剥夺其诉讼权。而特别权力关系中的规范不具法的性质,而仅属于内部的行政规则和指令,因此可排除司法审查,否认特别权力关系之相对人对行政上处分有提起行政争讼的权利。不难看出在此种传统理论下,特别权力关系的主体只要为了实现特别的行政目的,承认行政权的概括性支配权,排除法治主义的适用,要求宪法对此例外作出明文规定,既无视实定法的规定,又缺乏现时法的依据,形成"法治国之漏洞"。第二次世界大战后德国学者提出"基础及管理关系理论",宪法法院又采"重要性理论",日本学者与司法实务界亦顺应此新理论,对传统特别权力关系理论作了修正,使之有了新的面貌。今日特别权力关系中的人与一般国民一样享有基本权利,凡对基本权利之限制,必须有法律根据。对于因国家行为而使具有特别权力关系的相对人的权利受到限制,必须有法律根据。相对人的权利受侵害时,可提起行政争讼的救济,已符合民主原则、法治精神。

参考书目

1. 吴万得:《德日两国特别权力关系理论之探讨》,载《政法论坛》2001 年第 5 期。

2. 杨海坤、章志远:《中国行政法基本理论研究》,北京大学出版社 2004 年版。

(黄　娟)

行政法学方法论

主要有传统的行政行为形式论、德国的行政法律关系论、日本的行政过程论以及美国的政府规制理论。

(1)行政行为形式论。行政行为形式论是传统行政法学方法论的代表,主要盛行于德法等大陆法系国家。这种观点以行政行为的形式合法性为核心,在复杂的行政行为中抽象出某些共同要素以实现对行政行为及其特定法律效果的类型化区分,在此基础上实现对行政权的合法性控制。行政行为形式论强调法律适用的安定性,关注抽象的法律概念,这对于一个学科的形成与发展是具有极其重要意义的;其所坚持的"无法律便无行政"的理念,对于促进依法行政也具有积极的推进作用。但是随着国家模式和社会形态的发展,现代行政领域和手段更为丰富,针对新出现的行政契约、行政私法等新形式,过于关注单方性、强制性的传统行政手段已不能适应实践的需求,德国学者提出行政法律关系理论替代了传统的行政行为形式理论。

(2)行政法律关系论。法律关系论者认为,整体的行政法秩序由多种主体之间的法律关系构成,除了行政主体与行政相对人,可能还涉及利害关系人,因此行政法律关系呈现多维性的样态。该理论重视行政主体、行政相对人以及可能存在的其他主体的法律地位,主张依据法律关系,将社会成员之间的社会关系依据法律规范加以规制。行政法律关系论主要的意义在于:其一,其将国家与人民都安置在法律规范的秩序之中,符合人们对现代法治民主国家的期待;其二,行政法律关系论从整体观察法律事实,整体考量各种法律关系所涉及的利益状况等各项因素,增强了法律体系面向社会的开放性。

(3)行政过程论。行政过程论主要盛行于日本学界,其也是对传统行政行为形式论的一种理论扩展。学者们认为传统的行政法学方法论仅关注各种行为的最终法律效果,缺少对形成特定效果的行政过程的考察。因此这一观点强调对行政过程的动态考察,注重分析行政行为的发展阶段及其内在关联,并将其类型化和体系化。行政过程提倡将行政过程中的各种行为形式全盘纳入视野并加以全面考量,正视行政机关在作出行政行为过程中的自由裁量权,注重各类主体对行政过程的参与以及行政程序的公开性,对于从动态、微观把握行政行为具有突出意义,一定程度上克服了行政行为形式理论的局限性。行政过程论也因过于强调行政行为的效率和行政过程的特殊性而受到严格法治论者的批评。

(4)行政规制理论。又称政府规制理论,所研究的主要对象是行政机构的活动以及行政行为对市场和社会的规制。这一理论的出现与美国自 20 世纪中后期开始的政府规制改革密切相关。行政规制是政府行政机构依据法律授权,通过制定规章、设定许可、监督检查、行政处罚和行政裁决等行政处理行为对社会经济个体行为实施的直接控制。行政规制理论跳出仅对政府规制程序以及司法审查进行研究的传统框架,从行政法学的角度开始研究政府规制的实质,标志着“新的行政法学”方法论的开始。这一理论注重了解政府行政规制动态,对行政过程中的实体性因素予以描述、分析和判断,通过实体问题与程序问题的统筹兼顾考量和探索公共政策的形成与实施过程。从某种意义上讲,行政规制理论为现代行政法学研究提供了一个强有力的分析工具。但是,由于行政规制者本身对市场的参与度有限,规制过程中可能会造成信息不畅或效率低下,行政规制理论也受到一些批评,很多国家在行政过程中会尝试更为多样化的手段和途径。

参考书目

1. 高秦伟:《行政法学方法论的回顾与反思》,载《浙江学刊》2005 年第 6 期。
2. 李佳:《社会变迁与行政法学方法论》,载《社会科学研究》2012 年第 2 期。
3. 侯宇:《行政法学方法论初探》,载《甘肃政法学院学报》2011 年第 4 期。

（武　飞）

行政裁量基准

在行政执法实践中,行政主体尤其是行政机关拥有广泛的自由裁量权。法律赋予行政机关根据具体情况可以自主作出独立判断和选择的权力。但是这种判断选择权并非任意作出,而必须具有明确的标准和理由,否则就会导致裁量权的滥用或不当。行政机关在裁量权行使过程中所设定的作为其依据或理由的判断选择标准,就是“裁量基准”。它是行政机关在具体个案裁量过程中对其所依据理由的一种补充。同时,裁量基准一般是以规范性文件的形式来确定抽象的个案裁量所普遍适用的标准,从这一意义上说,它又是独立于个案裁量之外,以规则化的路径而展开的。可以说,裁量基准兼具“行政自制”与“规则之治”的双重品质,在性质上应当定位为一种裁量性的行政自制规范。行政裁量基准的目的在于对执法人员裁量权的正当行使形成一种法定的自我约束,作为行政机关内部制定的一种行政规则,其具有一种对内的拘束力,下级行政机关和执法人员对裁量基准应当严格遵照执行。同时,因为行政裁量基准尤其是行政处罚裁量基准可能会对行政相对人的权利义务形成实质性影响,因此它又不仅仅是一种行政机关的内部规则,而应根据其内容向社会公开。

参考书目

1. 周佑勇:《作为行政自制规范的裁量基准及其效力界定》,载《当代法学》2014 年第 1 期。

2. 伍劲松:《行政解释研究》,人民出版社 2010 年版。

(武　飞)

国际司法方法

国际私法的法源

在国际民商事案件中,根据当事人合意选择或依国内冲突规范所确立的法律适用规范,包括国内法中的成文法和判例法、国际条约、国际惯例等。

(1)国内立法。从历史上看,最早的国际私法国内立法是中国唐代的《永徽律》。在西方国家,最早的国际私法立法是 1756 年《巴伐利亚民法典》。此后关于国际私法的立法逐渐增多,但立法体例各不相同。有些国家将其规定在民法典或者民法典施行法中,如 1804 年《法国民法典》,1896 年《德国民法施行法》;有些国家则采用单行立法的方式,如 1975 年民主德国《关于国际民事、亲属和劳动法律关系以及国际经济合同法律适用法》。有些国家把它分散规定在一些个别的单行法中,如罗马尼亚、保加利亚、瑞典的国际私法立法。当代的国际私法国内立法有越来越多的国家采用单行立法的方式,国内立法也是当代国际私法的主要法律渊源。

(2)判例法。英美法系国家的国际私法主要由判例法体系构成,即使在大陆法系国家,判例在其当代国际私法的司法程序中也正在发挥日益重要的作用。例如,法国法院的判例就建成了一个相当完整的国际私法体系,历史上一些重要的国际私法制度,如反致、法律规避等都是通过法国的判例创造的。

(3)国际公约。这包括有关国际私法的多边条约和双边条约。在当代国际私法的发展中,海牙国际私法会议是制定国际统一冲突法的重要的国际组织。迄今,海牙国际私法会议共通过了 36 项公约,广泛涉及国际民事和商事领域的法律适用、国际民事诉讼程序及司法合作等领域。此外,地区性组织也创制了不少国际私法条约,如拉丁美洲的一些国家于 1928 年在哈瓦那缔结的《布斯塔曼特法典》,1940 年缔结了《关于国际私法的蒙得维的亚公约》;比利时、荷兰、卢森堡三国于 1951 年也缔结有统一国际私法的条约;欧盟理事会通过的第 1206 号《关于民商事案件域外取证协助规则》、2001 年 11 月 22 日,由欧盟理事会通过的第 44 号《关于民商事案件管辖权及判决承认与执行的规则》。至于含有国际私法规定的双边条约为数更多。

(4)国际习惯。国际私法中的国际惯例包括实体法惯例和冲突法惯例。实体法惯例最主要的是国际商事惯例,它是在长期的商业或贸易实践基础上发展起来的用于解决国际商事问题的实体法性质的国际惯例。它虽然不是法律,不具有普遍的法律拘束力。但按各国国内法,在国际贸易中都允许当事人选择适用国际贸易惯例,一旦当事人在合同中采用了某项惯例,它对双方当事人就具有法律拘束力。冲突法惯例是否存在,学界存在争议。有学者认为像不动产适用不动产法律,合同首先适用双方当事人合意选择的法律,未选择法律的,适用与合同有最密切联系的法律。这类冲突规范因世界多数国家及国际公约的普遍采纳而具有了冲突法惯例的效力，但也有一些学者认为冲突法惯例的识别是个比较复杂的问题，冲突法惯例的识别还并未形成普适的标准。

（姜世波）

法解释学视野下的冲突法

从法解释学视角观察，冲突法就是争议处理机构在处理国际民商事案件中，在与案件相关的不同国家的国内法相互歧义的情况下决定选择适用哪一法域的法律规范。冲突规范的选择在历史发展过程已经形成了许多不同的理论，这些理论有的从客观因素和有利于国际交往的角度出发，认为在涉外民商事法律关系中的法律适用应当承认外国法的效力，如德国萨维尼的法律关系本座说、美国里斯的最密切联系说等；也有不少理论主张涉外案件中法律的适用和选择归根结底是国家利益的维护，因此把主权原则视为基本原则，主张排斥外国法的适用，如美国柯里的政府利益分析说、库克的本地法说等。由此可见，国际私法案件中法律选择的实质是在当事人利益、法院地国的主权利益以及国际社会的共同利益之间的利益衡量过程。

（姜世波）

法律选择规范

在调整某种涉外民商事法律关系时，我们将由国内法或国际条约规定的，指明不同性质的涉外民商事法律关系应适用何种法律规范，通称为“法律适用规范”。

冲突规范具有非常特殊的法律规范结构，不同于一般的法律规范。一般法律规范包括假定、处理、制裁三部分，而冲突规范则由“范围”“系属”“连结点”三部分组成，也有主张其由两部分构成，即“范围”和“准据法”。总之，其既非单纯的实体法规范，亦非纯粹的程序法规范，是自成一体的法律规范。所谓“范围”，也就是冲突规范所要解决的法律问题或者所要调整的法律关系，一般指冲突规范前面的部分。例如，“不动产依不动产所在地法”中“不动产”法律关系、“侵权依侵权所在地法”中的“侵权”法律关系、“结婚的形式适用婚姻缔结地法”中的“结婚的形式”问题。“连结点”是从语法结构上把“范围”和“系属”联系起来的法律事实中的某个重要因素。如在“合同适用当事人合意选择的法律，当事人未选择法律的，适用与合同有最密切联系的法律”这条冲突规范中，“当事人的合意”和“最密切联系地”就构成了这条冲突规范的连结点，因为它建立起了合同“法律关系”即“范围”与准据法的联系，是联系二者的纽带。“系属”（attribution），是指明冲突规范所涉及法律关系应适用的法律，它一般是冲突规范后面的部分。例如，“不动产所有权，适用不动产所在地法律”中系属就是“不动产所在地法律”；“侵权适用侵权行为地法”中系属就是“侵权行为地法”。

冲突规范并不直接规定涉外民商事法律关系当事人的实体权利和义务，而只是指向适用某个法域的法律，当事人的实体权利和义务是由所指向的这个法域的实体法规范，也即准据法来确定的。冲突规范是一种间接规范，因此国际私法也就因此而成为一种间接调整方式，不同于实体法的直接规定当事人权利和义务的直接调整方式。

按系属中连结点的不同，可把冲突规范分为四种基本类型：

（1）单边冲突规范，这是直接指明适用某国法律的冲突规范，既可以明确指出只适用内国法，也可以直接规定只适用外国法。

(2)双边冲突规范,它是在系属中规定一个抽象的连结点,根据它的指引,所指向的准据法既可能是内国法,也可能是外国法。它体现了内外国法律平等对待的原则,符合国际私法的发展方向,因此,是最常见的一类冲突规范。

(3)选择型冲突规范。这类冲突规范规定了两个或两个以上的系属,即规定了两种或两种以上可以适用的法律,但实际上只能选择其中的一种。根据选择方式又可再分为两种:一是无条件的选择型冲突规范。在这种冲突规范中,其系属指明的几种法律具有同等地位,可以不分先后顺序而任意进行选择,就是说选择不附加条件。二是有条件的选择型冲突规范。在这种冲突规范中,其系属指明的几种法律处于不同的地位,首先适用顺序排在首位的法律,只有该法律无法适用时,才能选择其后一顺序的法律。就是说选择是有条件的,即必须按顺序选用。

(4)重叠型冲突规范。这一类型的冲突规范,其系属指明必须同时适用两种或两种以上的法律。每个国家在立法中对这些不同类型的冲突规范的选择不是任意的,各国之所以常在冲突法的立法中同时采用上述不同类型的冲突规范,主要是因为各国对不同种类、不同性质的涉外民事关系常常是采用不同的司法政策决定的。例如,单边冲突规范更有利于确立内国法的适用。如果不需要特殊维护和体现内国当事人的利益的法律关系,则可以较多采用选择性冲突规范;而重叠适用的冲突规范在立法中的确立则是要体现内外国法律或多个法律规定要求同时满足的严格条件。

(姜世波)

准据法的确定

准据法是国际私法中的一个特有概念,它是指经冲突规范指引用来确定国际民事关系的当事人的权利义务关系的具体实体法规则。现代国际私法越来越重视探讨准据法的选择方法。冲突规范的目的是就不同的法律关系应该适用的准据法,在内外国法律间作出选择。法律选择方法是立法机关在制定冲突规范和司法机关在适用冲突规范时的方法。这些方法因不同的法律适用理论而不同,因不同国家的司法实践而不同。

(姜世波)

连结点的选择

连结点是指在冲突规范的系属中将特定的涉外民事法律关系和特定地域的法律连接起来的事实因素。它应分为以下几种:(1)客观连结点和主观连结点。客观连结点以一种客观事实为标志,主要包括国籍、住所、惯常居住地、法院地等,而主观连结点则主要是当事人之间的合意,最主要地适用于合同关系准据法的择定。但在晚近国际私法的发展中这一连结点在一定范围内和一定限度内也适用于夫妻财产制、继承、离婚问题、侵权问题、信托等领域。(2)静态连结点和动态连结点。这种分类是依据连结因素是否固定而划分的。静态连结点又称固定连结因素,主要是指不动产所在地以及涉及过去的行为或事件的连结点,如婚姻举行地、合同缔结地、法人登记地、侵权行为发生地等,此种连结点一旦确定一般不能轻易变更,它便于确定涉外民事法律关系应适用的法律。动态连结点是可随当事人的意志而加以改变的连结点,如国籍、住所、居所等。此种连结点的存在大大地加强了冲突规范的灵活性,同时也为当事人规避法律提供了可能的条件。(3)纯粹事实概念连结点和法律概念连结点。纯粹事实概念连结点和法律概念连结点是依其性质划分的。纯粹事实概念连结点是指只需做事实认定即可以成立的连结因素,其中包括物之所在地和法院地。而法律概念连结点不是以纯粹的事实作为连结点,而是以法律概念作为连结点,即需做法律上之评价,如国籍、住所、法律行为实施地等。(4)硬性连结点和开放性连结点。这种分类是基于国际私法连结点的软化趋势而划分的。近现代有学者对传统国际私法进行了批判,也主要是从硬性连结点的僵硬性开始的。他们认为,在制定采用连结点的冲突规范之立法政策过程中,成文法上的硬性连结点不变会造成不合理的结果,并进而会危及连结点之正当性。近现代学者对硬性连结点的批判促发了开放性连结点的产生与发展。开放性连结点又称为弹性连结点。这主要包括"最密切联系原则"、选择性连结因素、补充性连结因素等。这些连结点的分类显示了不同的连结点在决定法律选择时它们所发挥的不同作用。因此,各国在制定冲突法时,连结点的选择不是任意的,它的选择直接体现了国内立法和司法者的利益选择和衡量。

国际私法的本质是民事法律规则的法律适用法,其间必然牵涉内国法律制度和立法政策的冲突和实现。不难看出,在国际私法连结点的择定过程中,实体政策的影响不能忽略。法官在处理个案时,要着重维护和促进内国相关实体政策的有效实施。如在劳务合同领域内,对劳动者的保护是大多数国家立法政策的一般性选择。因此对劳务合同法律适用的连结点择定应考虑到对劳动者保护的内国实体法政策,常常是适用劳务实施地国的法律。同样,在消费合同中,也应采取类似的实体政策,一般要倾向于适用消费者惯常居住地法。不过,在国际私法上,促进内国实体政策的实现并不是它唯一的终极目标,国际社会的交往利益也应予以关注。在国际私法的法律选择过程中,应体现三个层次的利益:一是在国际交往与合作中所要促进和维护的国际社会的整体利益,主要包括国际社会的和平与发展,国家间的相互尊重和协调。二是国家作为一个社会和实体的利益。三是在对待具体案件中当事人合法和正当的权利和利益时不得偏废任何一方的权利和利益,即体现对当事人的公正。这三个层次的利益关系并不能绝对地划分出一个效力层次。换言之,不论哪一个层次的利益都不能绝对优先于其他层次的利益,而应在具体案件中协调好它们之间的关系,最大限度地保护任一层次的利益。

参考书目

车英:《论国际私法连结点的分类、选择与发展》,载《武汉大学学报(社会科学版)》2001年第1期。

(姜世波)

准据法的选择方法

在国际私法的发展史上,基于不同的历史背景和学术主张,学者们提出了诸多确定准据法的方法。常见的法律选择方法有:

(1)依法律的性质决定法律的选择。这种方法起源于意大利的法则区别说,从此以后,根据法律规则的性质决定其域内或域外的适用,一直为国际私法的理论和实践所承认。直到现在,在处理涉外民事法律关系时,首先考虑它所涉及的内国法和外国法究竟属于强行法还是任意法,是属地法还是属人法,然后决定选择哪一国的法律,是一个很有价值、很重要的方法。

(2)依法律关系的性质决定法律的选择。这是萨维尼的法律关系本座说所采用的方法,即从分析法律关系的性质入手,去寻找适用于该法律关系的准据法。这种方法首先摆脱了法则区别说的方法论的束缚,对以后的国际私法理论和立法有很大影响,直到现在,各国制定的冲突规范,也都是依这种方法制定的。

(3)依最密切联系原则决定法律的选择。这种方法就是确定与某涉外民事法律关系有最密切联系的地方和法律作为准据法。这种方法可以说是法律关系本座说的继承和发展。事实上,萨维尼提出的每一法律关系的"本座"并不是毫无根据的,它与某一法律关系常有着必然的联系,只不过萨维尼将这种联系固定为"本座"。而最密切联系原则是通过对案件进行综合分析,找出与该法律关系有最密切联系的地方的法律。两者在方法论上是相似的。

(4)依政府利益分析决定法律的选择。这一方法是美国学者柯里最先提出来的,其显著特点是透过法律冲突的表象,去分析其背后的利益冲突,然后根据利益冲突的情况来决定法律的适用。用政府利益分析来选择法律,其实质就是把传统冲突规范中表示空间场所意义的连结点,改变为用政府利益之有无、大小作法律选择的标准。

(5)依规则选择方法决定法律的选择。这种方法是美国学者卡弗斯提出来的,又称结果选择(result - selecting)方法。卡弗斯认为传统的法律选择方法是一种管辖选择(jurisdiction - selecting),即只指定一个管辖权,然后再由法官依据这一指定去援用应适用的实体法,这会导致不公正的结果和"虚假冲突"的发生。因此,他主张依规则选择方法直接就有关国家的实体法规则进行比较,选择那种更适合案件公正解决的实体法作为准据法。

(6)依分割方法决定法律的选择。分割方法(dépecage)是指在一个涉外民事案件中,对不同的法律问题加以分割,并分别依其特性确定准据法。例如,对同一涉外婚姻,往往把婚姻形式要件和实质要件加以区分,前者依婚姻举行地法,后者依当事人属人法。这种方法自法则区别说以来一直得到国际私法理论和实践的肯定,并随着涉外民事法律关系的日益复杂化而越来越受到重视。

(7)依当事人的意思自治决定法律的选择。这种方法就是允许当事人选择他们之间的法律关系所适用的法律。它产生于合同领域并已成为选择合同准据法的首要原则,现已扩展到侵权、婚姻家庭、继承等众多领域,成为整个国际私法领域内一个很重要的法律选择方法。

(8)依有利于判决在国外的承认和执行决定法律的选择。任何一项法院判决如不能执行便不能实现其效力,而一国法院对涉外民商事案件的判决常常需要到国外去承认和执行。因此,在选择法律时,依是否有利于判决在国外得到承认与执行作出判断,也是一个十分重要的方法。这种方法对国际私法所追求的判决结果的一致和维护涉外民事法律关系的稳定性均有帮助。

(9)依比较损害方法(comparative - impairment approach)决定法律的选择。这种方法是美国学者巴克斯特(Baxter)在1963年发表的《法律选择与联邦制度》一文中首先提出来的。他认为,每一个地方的法律都存在两种不同的政策或目的,即内部目的和外部目的。内部目的是解决每个州内私人利益冲突的基础,外部目的则是不同州私人利益发生冲突时所产生的政策。在真实冲突的情况下,就是两个州的外部目的发生冲突,这时只能服从其中一个州外部目的。确定的标准是:内部目的在一般范围内受到较小损害的那个州,其外部目的应服从另一个州的外部目的,换言之,在具体案件中应当比较两个有关州的内部目的,看哪一个受到更大的损害。如果内部目的受到了较大的损害,它的外部目的应得到实现,即适用它的法律。这种方法与政府利益分析方法相似,只是换一个角度而已。

(10)依肯塔基方法决定法律的选择。这种方法是20世纪中叶在美国形成的,它不是理论工作者分析研究的结果,而是在肯塔基州法院的法官的努力下,由判例形成发展起来的,故称

"肯塔基方法"。该方法的最基本特点是采用所谓"足够或充分联系"的原则,对案件与两个州是否有联系这一情况进行比较分析。只要肯塔基州与某个案件具有足够的或充分的联系,肯塔基法院就应该适用法院地法——肯塔基州法。这种方法与最密切联系原则不同,它在适用法律的时候,并不要求法院对案情进行全面分析,找出最密切联系因素,而仅主张法院地与案件有足够的或充分的联系。可见,肯塔基方法的实质是追求适用法院地法。

(11)依功能分析方法(functional analysis approach)决定法律的选择。这种方法是美国学者冯·迈伦(von Mehren)、特劳特曼(Trautman)和温特劳布(Weintraub)提出来的。他们主张把特定的规则和法律制度作为一个整体,通过考察其政策的目的的合理适用来解决问题。他们首先确定相关的法域,然后考虑该法域的内部规则所体现的政策和国际交易中某些特别重要的政策。当一个法域具有最终的有效控制以及所有相关法域都同意其中之一具有主导性利益时,就适用具有主导性利益的法域和规则,从而解决法律的真实冲突。这种方法实质上属于政府利益分析方法,只不过它认为法律并非一成不变,而是不断变化发展的,因而反对把注意力仅集中于其他州的现行法上,而要引导法院去考虑法律中的趋势,才能取得更合理的结果。

上述种种法律选择方法,都是在选择一定的涉外民商事法律关系的准据法时可供利用的,有的可适用于国际私法的所有领域:有的只在特定领域适用;有的得到了世界各国的普遍采用;有的仅在美国等少数国家采用。可以肯定地说,随着国际民商事法律关系日趋复杂和多样化,任何一种法律选择方法均不能解决国际私法所有领域的法律适用问题。因此,无论是立法者制定冲突规范时,还是法院在处理涉外民商事法律关系的实践中,都不得不综合考虑多种法律选择方法。

参考书目

肖永平:《国际私法原理》,法律出版社 2003 年版。

(姜世波)

最密切联系原则

该原则由美国学者里斯提出,在美国又被称为"最强联系原则""重力中心原则"。在大陆法系国家的立法上,1978 年《奥地利联邦国际私法法规》最早确立最密切联系原则。它是指法院在审理某一涉外民商事案件时,权衡各种与该案当事人具有联系的因素,从中找出与该案具有最密切联系的因素,根据该因素的指引,适用解决该案件的与当事人有最密切联系国家或地区的法律原则。这些因素通常包括当事人的出生地、惯常居所地、住所地、行使权利或履行义务活动的场所以及当事人的意愿等。它强调将法律选择与结果选择有机结合,更注重对多种客观因素的考察和价值权衡。主张应对涉外民事关系应涉及的客观因素进行综合考量,适用与案件有最密切联系的那个地方的法律。这种法律选择方法使法律选择更具有弹性或灵活性,是对传统的仅凭单一连结点选择法律所导致的结果不公正的矫正,赋予了裁判者以一定的自由裁量权,但在司法实践中也有被滥用的可能。我国的《涉外民事关系法律适用法》将最密切联系原则确定为总则中的基本原则,并在合同、区际法律冲突、有价证券等法律关系的法律适用中适用这一原则来确定法律的适用。虽然最密切联系原则在相当程度上克服了传统冲突规范拘泥于单一或几个连结点的僵化,但也存在一定弊端,具体体现为:

首先,具有不确定性,太过灵活,会增加诉讼成本。安全、效率和可预见性是法律的重要价值,最密切联系原则把最密切连结点的确定工作实际上交由法官根据个案来行使,虽然使冲突规则的适用具有了灵活性,但也丧失了确定性,导致法律中的安全、效率等价值受到损害。因为灵活性在克服僵化的同时,又产生过分随意的危险,法官拥有较大的自由裁量权,使当事人难以预见法官连结点的选择,从而丧失了法律应有的可预见性,使当事人的正当期望难以保障。

其次,可能增加当事人和法官的诉讼成本。如果进行精密分析,则让法官承担繁重的分析任务从而影响法律适用的效率,因为一个法官无法保证对每一领域内的案件的最密切联系的结点都有所了解,更不用谈在每一领域都能是专家,这就导致了判决不公,使得诉讼进入下一个程序。虽然最密切联系原则是克服传统法律选择方法的僵化与汲取现代法律选择方法灵活性的折中产物,但其仍不失过于"弹性"而难脱"无从把握"的干系。

最后,容易导致法院地法的扩大适用。由于法官自由裁量权过大,不排除有滥用自由裁量权的可能。尤其是在涉外民商事纠纷的处理中,法官毕竟会存有民族情结和主权观念,在审理案件过程中不可避免地会受到保护法院地公共利益和本国当事人利益的倾向,因此法官即使在综合考虑案件的诸多连结因素时也难免会尽可能地采用法院地的法律,或者适用有利于本国当事人的法律。况且,法官对法院地法相较域外法律也肯定比较熟悉,无须复杂繁琐的查明外国法的程序,这在一定程度上也会助长法官适用法院地法的倾向。鉴于上述最密切联系原则的弊端,当代许多国家的国际私法立法通常运用诸如特征性履行方法等来弥补最密切联系原则的缺陷,限制法官过度的自由裁量权。

（姜世波）

当事人意思自治

在涉外民商事关系中,当事人双方合意选择适用哪个国家的法律。这是很多国家在涉及当事人作出意思表示的法律行为中授权当事人自主选择法律的方法,是私法自治原则的体现。当然,为了维护本国利益或为了司法查明的便利,国内立法也往往对这种选择施加一定的限制,如限制合意选择的合同类型,选择的方式、时间等。我国《涉外民事关系法律适用法》在条文结构的安排上,把当事人意思自治原则放在了总则部分,赋予了该原则以统领的地位;在分则部分,多达 14 个条款的规定,进一步明确了其重要地位,并规定当事人依照法律规定可以明示选择涉外民事关系适用的法律。将当事人意思自治原则规定在总则中,标志着当事人意思自治原则在中国涉外民事关系法律适用中的统领地位,这在国际上还是第一次。

此外,在分则中,在合同、委托代理、信托、夫妻财产关系、运输中的动产物权、一般性侵权责任、知识产权侵权责任、不当得利和无因管理、知识产权的转让和许可使用、仲裁等领域,均准许当事人协议选择准据法,大大扩展了当事人意思自治原则的适用范围,进一步突出了该原则的重要地位,一方面有利于当事人形成权利义务的预期,维护法律关系的稳定性;另一方面有利于涉外民事争议的迅速解决,节约司法成本。与此同时,《涉外民事关系法律适用法》又立足我国实际情况,通过强制性规范原则性规定和涉外消费者合同、涉外劳动合同具体的例外规定,限制或排除当事人自由选择法律适用,结合公共秩序保留的最后防范,进一步完善了当事人意思自治原则适用制度。除了在总则中一般性地规定我国强制性规范不容通过约定排除其效力外,《涉外民事关系法律适用法》就涉外消费者合同、涉外劳动合同这两类特殊合同的法律适用做了单独规定。在涉外消费者合同的法律适用上,我国采用的是有限制的意思自治,限制的方式不同于其他国家或地区的立法,只准许消费者单方选择。在涉外劳动合同的法律适用上,排除了当事人的意思自治原则,用"劳动者工作地""用人单位主营业地""劳务派出地"这些客观标志作为连结点确定涉外劳动合同的法律适用,这样以体现对消费者和劳动者这类弱势群体利益的保护。

参考书目

许军珂:《论当事人意思自治原则在〈涉外民事关系法律适用法〉中的地位》,载《法学评论》2012 年第 4 期。

（姜世波）

依属人法确定准据法

在国际私法案件中,根据当事人的住所地(包括惯常居所、实际居所等)或者国籍来确定适用何国法律的法律选择方法。属人法是经常被用来解决人的身份、能力(权利能力、行为能力)、人格权、身份权、婚姻、亲属和继承权等领域的法律冲突的一个系属公式。在历史上,各国对属人法连结点的理解是不同的,有的把当事人的属人法归属到住所,有的归属到国籍,故属人法也就有了住所地法和本国法之分。一般而言,大陆法系国家历史上多采用本国法,英美法系国家多采用住所地法。为了解决二者间的冲突,一些国际公约,如海牙国际私法会议 1955 年制定了《解决本国法和住所地法的冲突的公约》,创立了惯常居所地法的概念,这一概念因此被诸多国际公约和后来的国内立法所采纳。

参考书目

黄栋梁:《我国 2010 年〈涉外民事关系法律适用法〉中的属人法问题》,载《时代法学》2011 年第 4 期。

（姜世波）

依物之所在地法确定准据法

在国际私法案件中,根据案件所涉及的标的物所在地来确定适用何国法律的法律选择方法。早在巴托鲁斯之前,便曾有学者主张财产依照所在地法决定。这个规则起初被适用于不动产和当地出产的动产。到了 14 世纪,以巴托鲁斯为代表的法则区别学派在区分"人法""物法""混合法"的基础上提出,物法处理坐落在这个国家内的不动产的一切权利。这种主张后来逐渐演变为(不动产)物权依物之所在地法这个冲突原则。不动产物权适用物之所在地法,这在理论上和实践上都一直被人们所接受,几无异议。至于动产物权,按照法则区别学派的主张,任何国家的有关动产的法则适用于住所在这个国家的人所有或者占有的一切动产。到了 19 世纪,"动产从人"的主张受到萨维尼等人的深刻批判而逐渐式微。萨维尼倡导动产物权的设定和转移也应适用物之所在地法,而"动产从人"的传统规则至多只能适用于动产的继承和夫妻财产制。19 世纪,资本主义经济和国际民商事交往已经得到了相当程度的发展,动产的数量、种类、体积和价值都在激增,资本的国际活动范围日益拓展,动产不再可能总是如影随形地与其所有者在一起,所有人的住所地与其动产的所在地经常是不一致的,一个所有人的动产也可能分布在若干国家或者与若干国家有关。同时,各国基于保护自身利益的考虑,也在极力扩大内国法的适用,对于依据所有人的属人法来处理位于内国的动产物权问题颇为抵触。因此,"动产从人"这一古老的规则已经不能适应调整动产物权关系的实际需要。自 19 世纪末 20 世纪初以来，物权关系统一适用物之所在地法，逐渐成为世界各国在立法和司法实践中所采取的共同立场。

就物之所在地法适用的范围而言，一般认为物之所在地法主要用来解决以下几个方面的问题：第一，决定作为权利客体的物为动产抑或不动产；第二，决定可以作为物权客体的物的范围；第三，决定物权的种类和内容；第四，决定物权的取得、转移、变更和消灭的方式及条件；第五，决定物权的保护方法。

虽然物之所在地法是物权关系法律适用的基本原则，但是，在某种情况下，对某些物权关系适用物之所在地法可能是困难的或不合理的，因此，在实践中，这一原则的适用不是绝对的，而是存在某些例外，这些例外情形包括：第一，运送中的物品之物权关系。在实践中，关于运送中的物品之物权关系的法律适用主要有如下三种主张：一是主张适用送达地（目的地）法；二是主张适用发运地法；三是主张适用所有人的属人法。比较而言，适用送达地（目的地）法更为可取。第二，运输工具之物权关系。船舶、飞行器等运输工具同运送中的物品一样处于不断运动的状态之中，因而其所在地同样难以确定。为了解决船舶、飞行器等运输工具的物权关系的法律适用问题，各国大都主张适用船舶或飞行器的注册登记地法，又称旗国法，亦即其国籍国法。这种法律的重要特点是比较稳定并且更有利于保障当事人及第三人的利益。第三，遗产继承中的物权关系。对于遗产继承关系的法律适用问题，一般有两种方式：其一为“单一制”，即不将遗产区分为动产和不动产而适用同一法律。在实行单一制的国家中，有的国家如意大利及采用《布斯塔曼特法典》的一些拉丁美洲国家，通常不考虑对遗产继承适用物之所在地法，而是主张一律适用被继承人的属人法。其二为“区别制”，即将遗产区分为动产和不动产，分别适用不同的法律。在实行区别制的国家，一般来说，动产遗产的继承适用被继承人死亡时的属人法，不动产遗产的继承适用不动产所在地法。第四，外国法人终止或解散时的有关物权关系。外国法人在自行终止或被其所属国解散时，其财产的清理和清理后的归属问题不应适用物之所在地法，而应适用其属人法。不过，外国法人在内国因违反内国的法律而被内国取缔时，对于该外国法人的财产的处理则可以依内国法而不一定依其属人法。

参考书目

吕岩峰：《论国际物权关系的适当法——物之所在地法原则之理析》，载《吉林大学社会科学学报》2007年第1期。

（姜世波）

依行为地法确定准据法

行为地法，源于法则区别说时代“场所支配行为”的古老谚语。它是指在国际私法案件中，根据当事人所从事的行为所在地确定应适用何国法律的法律选择方法。这些行为地通常包括合同缔结地、合同履行地、侵权行为地、婚姻缔结地等。

（姜世波）

依旗国法确定准据法

在国际私法案件中，适用船舶、航空器所悬挂的旗帜所属国家的法律。它常用于船舶、航空器在运输过程中发生的涉及物权、优先权、光船租赁合同等涉外民商事纠纷时的法律冲突问题。

(1)光船租赁关系。光船租赁关系是船舶所有人或经营人进行融资的一种方式。光船租赁是要求船东把一艘"光"船交给租船人支配,而由租船人雇佣高级船员和普通船员,取得给养,并负责船舶的日常营运。在这种情况下,原登记国与船舶之间的联系很弱。原登记国没有机会管理船舶,而租船人所属国的海事管理机构开始介入有关船舶的管理事务。有关船员的法律问题亦受到租船人所属国法律的制约。于是,在光船租赁期间,光船承租人要求变更船旗的,在原登记国法律允许并且中止原登记国国籍证书的情况下,可以向新的登记国申请临时国籍并悬挂新登记国的国旗航行。

(2)船舶所有权。在国际上,有关船舶所有权的取得、转让、消灭适用船旗国法。在一般情况下,不宜适用物之所在地法,因为船舶和航空器这类物通常都是频繁移动的,其使用价值是在不断使用中得以发挥的,其相对可以确定的场所恐怕就是船舶或航空器登记地了,适用这里的法律也更容易确定。

(3)船舶救助,是海难救助的一种形式。海难救助,系指在海上或者与海相通的可航水域,对遇险的船舶和其他财产进行的救助。海难救助制度是海商法中一项古老的特有的法律制度,它以公平原则、公共利益原则和鼓励救助作业原则为基础,并以救助报酬关系为其核心内容。救助方和被救助方常常对救助报酬的给付问题发生争议。关于船舶救助报酬的准据法问题,《1989年国际救助公约》规定:每一救助船舶的所有人、船长及船上其他工作人员之间的报酬分配根据该船旗国的法律确定,如果救助作业不是在救助船上进行的,其报酬分配应根据制约救助人与其受雇人所订合同的法律确定。

(4)与船舶有关的合同。各国法律规定,与船舶有关的合同可由当事人双方自主选择适用于合同的法律。这也是意思自治原则在海运合同中的体现。但是,如果合同双方没有选择适用于合同的法律时,各国通常都根据最密切联系原则来确定适用于合同的准据法。在当事人没有选择合同准据法的情况下,与船舶有关的合同则有可能适用船旗国法。如英国认为,在造船和修船合同中,在双方没有选择法律的情况下,应适用与该合同有最密切联系的法律。主要考虑的因素有船旗国法,造船商、修船商和船东住所地法以及修船造船作业地法。

(5)船舶所有人的法律责任。如《意大利航海法典》规定,船舶所有人对有关船长和船员的正常行为或违法行为的责任受船旗国法的制约。然而,这一规定仅适用于非受某些特殊规则(如海上运输)制约的情况下产生的船舶所有人的责任。《布斯塔曼特法典》规定,船长的权利义务、船舶所有人和管理人对其行为的责任,亦依船旗国法律。

(6)共同海损。《意大利航海法典》规定,共同海损应适用船旗国法。日本有的学者也认为,在公海上发生共同海损时,依该船舶的旗国法。澳大利亚也认为合同或协议的共同海损,其准据法很可能是船旗国法。《布斯塔曼特法典》规定,确定海损为单独海损或共同海损以及船货各方应分担的比例额,适用船旗国法。

总之,旗国法在处理海事法律关系中的法律冲突问题上起了不可忽视的作用。当然,由于方便旗船的旗国法往往含糊不清,难以确定,它减少了旗国法作为海事法律选择规范的适当性。但国际立法和各国国内立法及实践均已证明,船旗国法仍不失为海事国际私法中的一项重要的法律适用原则。

参考书目

王国华:《论船旗国法》,载《法学评论》1996年第1期。

(姜世波)

冲突法中的识别

又称归类和定性,是指在处理国际私法案件适用冲突规范时,依照某一法律制度,对有关事实或问题进行分类和定性,将其归入一定的法律范畴,并对有关冲突规范进行解释的过程。从法律方法视角看,识别实质上是对案件事实与冲突规范中的范围(法律关系)进行涵摄的过程。事实上,识别不只是存在于冲突法中,因为案件的定性在国内司法过程中同样存在。即便是在处理一般的国内案件时,法院也需要通过一般意义上的识别(定性)这样一个认识过程,来判定事实的性质,即属于何种法律关系,从而确定应适用的法律,这就是法律发现中的一个可能的环节。只是由于单纯的国内案件并不涉及其他国家,法官只需要依照自己国家的法律观念进行识别即可,不会发生冲突问题。但是,对于涉外民事案件来说,由于其涉及两个或两个以上国家的法律,因所涉及的各国的法律观念不同,在识别上往往会产生分歧和冲突。国际私法上主要关注的是识别冲突及其解决而不是识别本身。

关于识别对象及目的,目前学术界主要存在三种不同理解:第一种理解认为,识别是对事实构成的定性或分类和对冲突规范"范围"中所使用的名词术语的解释,识别的目的是"确定冲突规范"。第二种理解认为,识别的对象包含对事实构成的定性或分类和对冲突规范本身的解释,而对冲突规范本身的解释则包含对"范围"和"连结点"的解释,鉴于对"连结点"的解释与确定意味着准据法的确定,因此识别的目的不仅包括冲突规范的确定,还包含"准据法"的确定。第三种理解认为,识别是对诉由的识别和对某一项具体法律规则的识别,即对法院所在地国冲突规范的识别和对外国具体法律规范的识别;基于此项判断,识别的目的为确定冲突规范、准据法以及对准据法的解释。由此可见,识别对象的分歧即是,识别是否包含对冲突规范中"连结点"的解释以及对"准据法"的解释。与此相应,识别目的之争就在于识别是"确定冲突规则""确定准据法",还是"解释准据法"。从法解释学意义上看,识别的对象既包括案件有关事实或问题(包括某些外国独有的法律概念或制度),也包括冲突规范中的"范围"和"连结点"。而识别的目的是"确定冲突规范"进而"确定准据法",而不是"解释准据法"。

参考书目

高琦:《论国际私法中的识别及识别冲突的解决》,载《中国社会科学院研究生院学报》2011 年第 1 期。

(姜世波)

识别冲突

国际私法中的特有概念。一国法院在适用本国的冲突法的过程中,有时候会面临对于同样的案件事实,不同国家的法律将它们所引起的法律关系作不同的界定,从而发生究竟依什么国家的法律对案件的法律关系加以定性的问题,这就是所谓"识别冲突"。由于对同一案件定性的不同就会导致适用不同的冲突规范,从而最终因适用不同的准据法而得出不同的结果。

在涉外民商事关系中,之所以会产生识别冲突,主要可归因于:

(1)不同国家对同一事实赋予不同的法律性质,因此可能援引不同的冲突规范,得出不同的判决结果。由于各国社会制度、历史传统、风俗习惯等不同,必然会导致对同一法律事实定性具有很大差异。如英格兰的法律规定赋予死者遗孀的财产权应视为法定继承权,但德国法律规定这种权利可能是抚养权利。

(2)不同国家往往把具有共同内容的法律问题分配到不同的法律部门中去。例如,对于诉讼时效问题,法国将其视为实体法问题而英国视为程序法问题,前者将会导致依有关法律关系的准据法解决,而后者则会导致依法院地法为准据法。两大法系对举证责任问题认识也不同:大陆法系国家一般将其定性为实体法问题,而在英美法系国家一般被确定为程序法问题,也有确定为实体法问题的个别案例。关于推定,大陆法系国家一般认为是实体法问题,而在英美法系国家,事实的推定确定为程序法问题。至于赔偿问题,大陆法系国家认为属于实体法问题,而在英美法系国家,英国过去就认为这是程序法问题,而后来有些学者就开始具体问题具体分析,不一概而论了,如英国学者戚希尔就认为:赔偿的类型问题是实体法问题,而赔偿的计算或方式问题是程序法问题。

(3)不同国家对同一问题规定的冲突规范具有不同的含义。例如,虽然各国法律都主张不动产适用不动产所在地法,但对什么是不动产各国却往往有不同的理解。比如,同样是蜂房,在法国法上被视为动产而在荷兰法中则归入不动产范围。

(4)不同国家各有不同的或独特的法律概念。如英美法上的对价和法国法上的约因、德国法上的物权行为理论等。当这些概念进入其他法系国家的司法过程中时,就难以找到完全对应的法律概念,从而形成定性冲突。

由此不难看出,只要存在不同法域的不同法律理念,识别冲突就不可避免。

参考书目

田立晓:《论国际私法中的识别问题》,载《政法论坛》1993 年第 4 期。

(姜世波)

冲突法上识别冲突的解决

识别冲突的解决主要在于确定识别的依据问题。对此,各国的国际私法学者提出了许多观点。其中最为重要者,当属法院地法说、准据法说及分析法学和比较法说。此外,有些学者还提出了最密切联系说或最重要牵连关系说这一颇为新颖的观点,以下分述之:

(1)法院地法说。该说为最初发现识别问题的两位学者,即卡恩和巴丁所主张之学说。此种学说认为识别应依法庭地法进行。其最主要的理由是国际私法为一国法律体系的组成部分,其所使用的概念与该国其他法律所使用的概念是一样的,因而也应具有相同的含义。持此种观点者还认为:如果依外国法进行识别,一国法院将在自己国家内失去对本国法律的控制。此外,识别被认为是适用冲突规范的先决条件,在没有解决识别冲突之前,外国法还没有获得适用,因而只能用法院地法进行识别。此种主张在实践中简便易行,具有较大的可操作性。

(2)准据法说。学界一般认为此说由德国法学家德波涅(Despagnet)首创,并由马丁·沃尔夫等人进一步主张,并认为此种学说的基本观点是,对于讼争问题应依准据法来识别。梅仲协也持此种观点。学界对此一般的批评是这种主张犯有循环论断的错误,认为法院在审理案件时,究应以何国法律为准据法,乃是在识别之后方能确定的,在准据法尚未确定的情况下,当然无法依准据法进行识别。

(3)分析法学和比较法说。德国的拉贝尔(Rabel)和英国的贝克特(Beckett)一般被认为是该学说主要的代表。其基本观点是识别过程应当按照在分析法学和比较法研究基础上形成的一般概念和一般法律原则来进行。如拉贝尔认为,国际私法不仅与特定国家的实体私法相关联，而且与一切国家的实体私法相关联。因此，它的概念构成完全应该独立于特定国家实体私法之外而具有普遍性。所以冲突法上的概念应从国际私法本身的立场出发，根据国际私法的目的和意义加以决定。拉贝尔的这一观点被一些学者称为“国际私法独自立场说”。比较法和分析法学的观点被传统观点认为是虽然有合理之处，却不切实际的。因为分析法学及比较法之工作必须由学术界承担，而由司法机关承担此项繁重任务，只会增加司法机关的负担，法官也是无法胜任的。

(4)个案识别说。德国的克格尔等学者主张此说。这种学说对于识别问题不主张采取统一的解决办法，而主张对不同的案件分别依据不同的法律进行识别。持这种主张的人认为，除非在国际条约中制定了统一的识别原则，否则不存在什么统一的识别原则，识别问题归根到底只是一个冲突规范的解释问题；在适用冲突规范时，由于涉及内外国法律的适用问题，对于识别的依据，应该根据冲突规范的目的去考虑是依据法院地法还是依据法律关系本身的准据法。

(5)二级识别说。英国学者戚希尔于 1938 年、罗伯逊于 1942 年先后提出识别问题可以通过一级识别和二级识别来解决。一级识别的任务是把问题归入到适当的法律范畴或按照法律分类对事实加以归类；二级识别是给准据法定界或决定其适用范围。两者的区别在于一级识别发生在准据法选出之前，必须依法院地法识别；二级识别发生在准据法选出之后，要依准据法进行识别。但有一些学者对该主张持批判或反对的态度。他们认为，将识别分为一级识别和二级识别是不现实的、人为的，且容易导致专断的结果，二级识别的实质是对准据法的解释，并非国际私法上的识别；而且，不同的学者对一级识别和二级识别的划分标准也常不一致；另外，几乎没有哪一个国家的法院在实践中采用过这种理论。

(6)最密切联系说。有些学者认识到了传统的法院地法说、准据法说、分析法学和比较法说各自的缺陷，从而提出了依与案件有最密切联系国家的法律对案件进行识别的主张，认为这一主张既克服了法院地法说和准据法说的机械和僵硬，又比分析法学和比较法说更易于操作一些。

(7)自体识别说。这是我国学者肖永平提出的观点。他提出，对争讼问题的分类依法院地法；对管辖权规则的识别依法院地法；对冲突外的识别依冲突规范所属的法律体系。但是，若依上述标准不能恰当地解决识别问题，则依与案件有密切联系的法律制度来识别。

实际上，识别冲突的发生及其解决，与一国国际私法的整体结构有关，而不仅仅取决于少数几条关于识别的特别规定。因此，立法者应综合利用上述几种学说的特点和长处，合理地安排国际私法的体系以及每一条冲突规范的结构和措辞，以最大限度地避免识别冲突的发生；同时，也应合理地制定一些识别规则，以科学地解决具体情况下的识别冲突问题。还有学者认为，究竟依什么法律识别不能一概而论，一国法院在处理国际私法案件时，应从有利于促进我国国际民事交往，保护民事关系的稳定，维护当事人的合法权益，便利案件处理的目的出发，来确定识别标准。一般说来，各国法院都普遍依法院地法对与案件有关的事实或问题进行识别，但又不能把依法院地法作为一种僵硬不变的模式，例如，在下列情况下，应适当考虑用与案件有一定联系的有关法律制度来识别：首先，如果应依法院地法识别，而法院地法中没有关于该法律关系的概念，就应按照与该法律关系有关的外国法确定它的概念；其次，如果有关冲突规范是由条约规定的，就应依该条约作为识别的依据；最后，特殊的或专门的涉外民事法律关系，如动产或不动产的识别，就应根据财产所在地国家的法律规定来确定。

参考书目

1. 金振豹:《论国际私法上识别冲突的解决》,载《比较法研究》2003 年第 3 期。
2. 肖永平:《国际私法原理》,法律出版社 2003 年版。

(姜世波)

冲突法中实体和程序问题的识别

“程序问题适用法院地法”是各国公认的冲突规则,但在国际私法案件中,法官常常面临实体与程序问题区分的难题,因为不同的国家对实体和程序的理解不同。如有的国家把时效、举证责任等定性为实体问题,有的国家定性为程序问题,这就会导致识别冲突。实质上,定性上的差异体现了不同国家的法律传统和司法者对欲保护法益的价值判断。

(姜世波)

反致

在国际私法案件中,法院地国根据本国的冲突规范适用外国法,但适用的不是该外国的实体法而是其冲突法,而该外国的冲突规范指向适用法院地国法,法院地国法院接受该外国冲突规范的指定,适用了自己本国的实体法。反致的实质是法官对因自己的冲突规范所指向的外国实体法不符合其价值判断而转而适用本国法的法律选择过程。最早创立反致制度的著名案例是法国的福尔果案。反致有广义和狭义之分。广义的反致是一个总括性的概念,包括直接反致、转致和间接反致等。直接反致(又称“狭义反致”)是指,对某一涉外民事关系的调整,甲国法院按照其本国的冲突规范,应该适用乙国法律,而乙国的冲突规范规定,应该适用甲国的法律,如果甲国法院按此规定,最后适用了甲国的实体法,这种情况即称为反致。间接反致是指,对某一涉外民事关系的调整,甲国法院根据其本国冲突规范的指引去适用乙国法,而乙国的冲突规范规定应该适用丙国法,丙国的冲突规范又规定应该适用甲国法,结果甲国法院根据这一指定,最后适用了甲国的实体法,即构成间接反致。转致是指在国际私法案件中,法院地国在根据本国冲突规范适用外国法,但适用的不是该外国的实体法而是其冲突法,而该外国的冲突规范指向适用第三国的法律,法院地国于是适用第三国的法律予以裁判。另外,英国的反致还有非常特殊的“外国法院说”。它是指当法院地的冲突规范指向外国法时,英国法官将把自己假设为该外国的法官,然后根据该外国法对于反致的态度,即接受还是否定反致来决定是否反致至英国法。反致和转致的实质是本国冲突规范间接指向的本国或第三国的法律因符合法官的价值判断而选择适用法律的过程。

反致形成的条件是:(1)对同一种涉外民事关系的调整,法院地国与有关国家的冲突规范的规定不同。具体是指在冲突规范系属中规定了不同的连结点或对连结点有不同的解释。例如,对某种民事关系,甲、乙两国都规定适用当事人住所地法,但两国对住所地概念的解释不同。(2)法院把其冲突规范指向适用的外国法理解为该国的实体法和冲突法都包括在内,并且只适用其中的冲突法。这可以说是产生反致的主观原因。如果一个国家在法律中明文规定其冲突规范指向的只是实体法,而不包括冲突法,那么就表明该国不承认反致制度。(3)法院地法律接受反致制度。(4)致送关系没有中断。

各国立法和司法实践对于反致的态度并不相同,即使在抱肯定态度的国家中,也彼此存在差异。有的既接受反致,又接受转致;有的只接受反致,不接受转致。有的只在有限的民事关系上采用反致，有的根本不采用反致。但当代各国国际私法立法有日益接受反致的趋势，但反致遭受的质疑也很多，因为其往往成为扩大法院地法适用的理由。

（姜世波）

法律规避的效力

法律规避是指涉外民商事法律关系的当事人，通过有计划地制造构成法院的冲突规范中连结因素的具体事实，以避开本应适用的对其不利的准据法，从而使对其有利的法律得以适用的一种行为。对于法律规避的效力，各国在立法、理论和实践中都存在严重的分歧。一些国家认为有效，一些国家认为无效，还有的国家未作规定。理论上，法律规避是一种欺骗行为，根据欺诈使一切归于无效的原则，在发生法律规避情况下，就应当排除当事人希望适用的法律，而适用本应适用的法律。然而在国际私法实践中，历史上也有认为规避所谓不文明的法律为有效规避的判例。这体现了在国际民商事案件的处理中，法官所欲保护的利益上的衡量往往发挥着至关重要的作用。

（姜世波）

公共秩序保留

一国法院依本国冲突规则本应适用外国法时，因该外国法的适用会危及法院地国的重大社会或公共利益、基本政策、法律和道德的基本理念或基本原则而排除其适用的一种保留制度。它体现了在国际民商事案件的处理中对国家利益的维护。

公共秩序概念早在13、14世纪的意大利“法则区别说”中已有萌芽。巴托鲁斯提出“法则区别说”，针对意大利各城市不同的冲突主张：一个城市在适用另一个城市的法则时，前者对后者的“令人厌恶的法则”，如那些不利于当事人的禁止性法规，应不予适用。到17世纪，荷兰法学家胡伯提出的“国际礼让说”中也主张，一国虽然出于礼让可以承认外国法的域外效力，但仍以该外国法不损害自己国家及人民的权力或权利为限。这两个学说当中就已经包含公共秩序保留的思想。其后，几乎所有的国际私法学者皆赞同公共秩序保留原则。

公共秩序保留制度被誉为国际私法中的“安全阀”，因为在一国的司法过程中，法官可以借助这一规定排除与本国法律原则和道德不一致的外国法的适用，从而保护本国的法律利益。但是这一制度也因其具有高度弹性而常常受到诟病。因为它赋予法官以广泛的自由裁量权来认定外国法在何种情况下、何种程度上与内国法的法律原则和社会公共利益相抵触，故极易导致公共秩序原则的滥用。这就需要对法官适用公共秩序制度的自由裁量权加以限制。

限制适用公共秩序保留制度的趋势主要表现在以下几个方面：

（1）严格区分国内民法上的公共秩序与国际私法上的公共秩序，明确公共秩序的内涵以限制其适用。例如，瑞士法学家布鲁歇曾经从萨维尼把强行法分为两部分的观点出发，提出了“国内公共秩序”和“国际公共秩序”的概念。认为属于国内公共秩序的法律绝对适用于纯国内民事关系，在涉外民事关系中则不一定适用，而国际公共秩序即使在冲突规范已指定了外国法时亦应适用于涉外民事关系。

（2）区分公共秩序运用标准上的“主观说”与“客观说”，以限制公共秩序的适用。在立法和司法实践中，对于运用公共秩序排除外国法适用的标准，“主观说”强调外国法内容本身与内国的公共秩序相抵触，从而构成公共秩序保留的适用；而“客观说”也叫“结果说”，是指在决定是否援用公共秩序保留时，不但重视外国法的内容是否不妥，而且注重外国法的适用结果在客观上是否违反法院国的公共秩序。尽管“主观说”运用起来较为方便，但仅从法律内容本身断定其违反了本国的公共秩序，而并不考虑其适用会不会实际产生违反的结果，就轻易排除外国法的适用，将极易导致公共秩序保留制度的滥用，相比之下，采用“客观说”对公共秩序保留进行限制是较为合理的。大多数国家目前也趋向于采用“客观说”。

（3）排除本应适用的外国法后，不能一律代之以法院地国的内国法，以限制公共秩序保留制度的适用。

（4）在有关国内立法及国际条约中严格措辞，限制公共秩序的适用。1982 年《土耳其国际私法》明确规定，应当适用于个别案件之外国法律条款明显违背土耳其之公共秩序时，不适用之。1986 年《国际货物销售合同法律适用公约》规定，凡依本公约规定所适用的任何国家的法律，只有其适用明显违背法院地国的公共秩序时，方可予以拒绝适用。在此，两法均用了“明显违背”一词，不言自明，这是为严格适用公共秩序保留的条件，尽管“明显违背”仍然是一个弹性措辞，但我们已可以感受到国际社会希望限制公共秩序保留制度适用的普遍意向。

（姜世波）

准据法的查明

准据法是国际私法中的一个特有概念，它是指经冲突规范指引用来确定国际民事关系的当事人的权利义务关系的具体实体法规则。这种实体法规则需要法官或仲裁员在裁判过程中根据准据法所属国的法律体系和查明方法去发现法律和解释法律，才能准确地理解准据法的含义。这事实上是一个法律发现的过程。

（姜世波）

外国法查明的方法

在国际私法上，外国法的查明方法大致为三类：一是当事人举证证明。英、美等普通法系国家和部分拉丁美洲国家采用这种办法。二是由法官依职权查明，无须当事人举证。欧洲大陆一些国家，如意大利、奥地利等，把外国法看作法律，认为法官应该知道法律，主张法官负责调查认定，无须当事人举证证明。三是由法官依职权查明，但当事人亦负有协助的义务。采取这种做法的国家，如德国、瑞士、土耳其和秘鲁等，主张对外国法内容的查明，既不同于查明内国法律的程序，又不同于查明“事实”的程序，原则上应由法官负责调查，当事人也应负协助的责任。

（姜世波）

无法查明外国法的处理

在国际私法案件中，在外国准据法无法查明的情况下，世界各国有适用法院地法、适用冲突规范重新确定准据法、适用一般法律原则、驳回当事人诉求等多种做法。这些不同做法体现了各国立法者和司法者不同的价值取向，或者把本国法放在优先替换适用的位置；或者认为这样不妥，应依据冲突法的实质依冲突规范确定准据法；或者寻找各国实体法中共同的一般法律原则,甚至拒绝司法。

（姜世波）

准据法的解释

对冲突规范所指定的外国法、国际公约及惯例具体规则的内容和性质作出解释和确认，以便对涉外案件中当事人的具体权利义务关系作出判断的问题。由于每个国家的法律体系、法律制度、法律传统、法律用语都各有特色,即使已经查明了外国法,并不等于法院、仲裁机关、行政机关就能够当然地适用好该外国法及其具体规则,这里就存在一个解释外国法的问题。在国际私法中,对于由冲突规范指引所应适用的准据法的理解,因准据法的不同而应适用不同的解释规则。若准据法为国际条约或国际惯例,则应分别适用条约的解释方法和国际惯例的确定方法;若准据法为外国法,则应依外国法所规定和认可的法律解释方法加以解释。

（姜世波）

国际法的法解释对象

《国际法院规约》第 37 条所列举的国际法院适用的法律渊源。该条所列举的法律渊源学理上可分为两类:一类是严格法律意义上的国际法渊源,包括国际条约和国际习惯。一类是广泛历史意义上的国际法渊源,包括一般法律原则和确定法律原则之辅助资料(特指司法判例、国际法学说、重要国际组织的决议)。

(1)国际条约。国际条约是国际法的主要渊源之一,国际法的多数规则都是在条约中表现出来的。但并非所有的国际条约都是国际法渊源,国际条约按其性质可分为“造法性条约”和“契约性条约”。“造法性条约”(law – making treaty)指多数国家参加的以制定共同遵守的行为规则为目的并载有共同遵守的行为规范的条约。具体讲是指由许多国际法主体参加或承认的能够对国际法原则、规范产生创立、确认、补充或修订意义的国际条约。例如,《联合国宪章》《海洋法公约》《维也纳条约法公约》等,它们都是造法性条约,都创立、认可了许多对众多的参加国具有拘束力的新的国际法规范。因此,造法性条约构成直接的国际法渊源。契约性条约(contractual treaty)指国家之间所订立的确定特定事项具体权利义务的条约。如交通运输协定、贸易协定均属此类,它们多是双边条约,都是对具体事务的协议,在处理具体问题的目的达到后即告终止,并不能创制国际法规则,而且其仅对缔约各方有拘束力,不具有普遍性质,不直接产生一般国际法规范。因而,契约性条约并不直接成为国际法渊源,只有经过发展,该条约所载规则被反复采用并被公认或构成国际习惯后才能成为间接的渊源。许多学者认为,由于条约对非缔约国没有拘束力,契约性条约只能在缔约国之间构成“特殊国际法”,不能作为具有普遍拘束力的一般国际法,而造法性条约规定的普遍接受的原则和规划,是“一般国际法”,于是,只有那些以创立新的国际法原则、规范或改变现有国际法原则、规范为目的的造法性条约才可为普遍适用的国际法渊源。也有学者主张,在事实上,造法性条约和契约性条约是很难严格区分的,因为条约是复杂的,造法性条约中常常会出现契约性的权利和义务,而契约性条约中有时也体现出“造法性”的原则和规则。因此,把一切合法有效的条约都视为国际法的渊源是较为正确的观点。

(2)国际习惯。亦称国际习惯法,它是指在长期的国际交往中所逐渐形成的不成文的行为规则。一般认为,国际习惯是因国家默示的共同同意而对所有国家产生拘束力的,它是创立具有普遍法律拘束力规则的方式。因此,国际习惯法形成的“持续反对原则”是有效力的。“持续反对原则”是国际习惯法对各国具有普遍约束力的例外,即各国可以通过援引该原则,从而达到不受某条国际习惯法规则的约束的效果。但是,出于多种原因,例如为了维护国际习惯法的普遍约束力,“持续反对原则”只能并且必须作为一种例外而加以适用。虽然当前的国际习惯法理论普遍认为一国可以在满足两个条件的情况下适用“持续反对原则”,即一国从某条国际习惯法规则出现时起就对其提出反对;该国持续反对该条规则。在实践中,“国际习惯”与“国际惯例”(international usage)常常混用,而在国际法中,两词的内涵和性质都有区别。

国际习惯专指具有法律拘束力的国际惯例。国际惯例的概念在使用时有广义和狭义之分:广义的惯例既包括有法律拘束力的国际习惯在内,也包括尚未具有法律拘束力的“通例”(general practice)或称“常例”(usus)。在与国际习惯同时使用或者在通常情况下,国际惯例取其狭义含义,即作为未具有法律拘束力的通例使用,《国际法院规约》第 38 条的一项条款对此作了表述。在实践中,假若惯例经过相当时间后,被各国认为具有了法律拘束力,其便转化为习惯,即“作为通例之证明而经接受为法律者”。

在国际法学界一般认为,国际习惯与国际惯例也有不同:一是国际惯例是尚未具有完全法律效力的惯常行为,而国际习惯是各国重复采用的具有法律拘束力的不成文的法律规范;二是惯例可以是相互矛盾的,而习惯应该是相互统一和一致的。国际习惯曾经是传统国际法上的主要渊源,但自 20 世纪以来,尤其是近几十年来,国际习惯的作用随着国际条约的大量产生而有所减弱。但国际习惯仍然是国际法渊源中不可或缺的重要形式之一,它在条约所未涉及的国际社会诸多领域仍然起着不可替代的作用。

(3)一般法律原则。《国际法院规约》第 38 条规定,法院裁判案件时可适用“一般法律原则,为文明各国所承认者”。但“一般法律原则”究竟是指什么,学界存在不同认识。一是认为一般法律原则也就是国际法的一般原则或基本原则,苏联法系多持此说。其实,国际法的一般原则或基本原则已寓于国际条约和国际习惯之中了,不可能再有另一种“一般法律原则”。二是认为一般法律原则来自“一般法律意识”,这个抽象的说法代表了自然法学派的观点,但内容含混不清。事实上,在以各种不同社会政治经济制度的主权国家为成员的国际社会里,不可能产生“一般法律意识”,而从这类抽象的所谓“一般法律意识”中也不可能引申出国际法的原则和规则,引申出来的诸如公平正义之类的观念也是难以确定具体内容的。三是认为“一般法律原则”是各个法律体系所共有的原则,尽管各国法律体系有很大不同,但毕竟还有一些共同的原则,这些原则可以从各国的具体法律中通过比较方法归纳出来,如时效、善意、禁止悔言、过错责任、程序正义等原则,而这些原则在各国法律体系中都是采用的。

因此,把“一般法律原则”理解为各国法律体系所共有的原则是可以接受的观点。《国际法院规约》第 38 条还规定,司法判例和权威最高的公法学家的学说亦可作为确定法律原则的补助资料,作为某些规则存在的证据。所谓“补助资料”,是指可作为辅助性的、次要的方法,这些方法的作用在于确定某项原则或规则是否存在,但其本身并不是法律渊源。司法判例主要是指国际或区域性国际司法机关和国际仲裁法庭所作出的判决。权威最高的公法学家学说、著作是指在国际法学界影响卓著的学者提出的理论观点、著述,如实践中引用较多的《奥本海国际法》。一般来说,这种补充渊源只能作为说服性证据,不能直接地、独立地作为裁判依据。此外,国际组织和国际会议所通过的决议和宣言等文件一般属于建议性质,不具有法律拘束力,但它反映了现有的或正在形成的国际法原则、规则和规章制度,也起到了确定法律原则辅助方法的作用。

虽然有《国际法院规约》第37条所列举的国际法院适用的法律渊源,但由于国际法上并不存在像国内法那样的中央立法机关,因此,国际法学界一般也认为《国际法院规约》第37条所列举的国际法渊源并非穷尽性的。因此,国际法的解释对象相比国内法具有更大的范围和解释空间。

参考书目

1. 梁西主编:《国际法》,武汉大学出版社1993年版。
2. 何志鹏、崔悦:《习惯国际法"持续反对原则"适用条件探究》,载《甘肃政法学院学报》2013年第2期。

(姜世波)

国际法的解释主体

在国际法的理解和适用上,有权解释的主体应当是创制国际法规则的国际组织以及适用国际法的国际司法和仲裁机关。不过,由于国际司法中并不存在中央权威的司法者,国际法呈现"碎片化"状态,因此,在国际交往中,国家和制定和创制国际法规则的国际组织也常常提出自己的解释意见,但这种解释一般因各执己见而不具有权威性。

(姜世波)

国际法的渊源

到目前为止还未出现公认的专门定义国际法渊源的国际法律文件,但在国际法学界中,1945年《国际法院规约》第38条不仅是国际法院规定应适用的法律,而且通常被认为是国际法渊源的权威说明。《国际法院规约》第38条第1款规定:"法院对于陈诉各项争端,应依国际法裁判之,裁判时应适用:(子)不论普遍或特别协约,确立诉讼当事国明白承认之规条者。(丑)国际习惯,作为通例之证明而经接受为法律者。(寅)一般法律原则为文明各国所承认者。(卯)在第五十九条规定之下,司法判例及各国权威最高之公法学家学说,作为确定法律原则之补助资料者。"

(方　芳)

条约的解释

国际法将条约的解释定义为是对一个条约的具体规定的正确意义的剖析明白。条约必须善意履行,然而为了善意履行条约,必须明了条约规定的正确意义。所以条约的解释是条约法上很重要的一个问题,绝大多数国际争端都涉及条约解释问题,它直接关系条约的正确适用和有效实施。由于所需要调整的国际社会的社会关系的复杂性,条约在签订和履行过程中不可能预见到所有情形,并且条约规定所用的文字有时难免有或多或少含糊暧昧的缺点,从而引起条约当事国的争论,因而更有必要讲求解释条约的正确方法。《维也纳条约法公约》第31、32条是进行条约解释的主要方法,规定了诸多条约的解释要素。

在国际社会上,没有一个超越国家的权力机关制定条约,也没有超国家的执法机关来强制执行条约,因此条约一般是由缔约国进行解释。条约的解释从不同的角度、不同的标准,可以有不同的分类。(1)按照解释的主体,条约的解释可以分为学理解释和官方解释。学理解释是国际法学者在其论著中所论述的关于解释条约的一些理论和原则,官方解释是条约当事国或其授权的国际机关所作出的对于条约的解释。(2)按照解释的效力,条约的解释可以分为有权解释和非有权解释。只有条约当事国全体同意的解释才是有权解释。因此不仅学理解释都是非有权解释,而且官方解释如果只是条约当事国一方的解释也不是有权解释。(3)依据条约解释的方法,条约的解释可以分为文法解释、历史解释、逻辑解释、系统解释。文法解释就是从文字、语法、修辞的角度,根据缔约时的习惯用法,对条约条款含义所作的解释。历史解释是从缔约的历史背景或者通过对新约和旧约的比较,对条约条款所作的解释。逻辑解释是通过对条约上下文的比较或者与其他重要条约的比较,运用逻辑规则对条约所作的解释。系统解释是把条约作为一个整体,除依据条约约文外,还依据作为条约有机组成部分的条约附件、当事国关于条约解释的声明、解释协定或解释议定书对条约所作的解释,包括字面解释、扩张解释、限制解释。字面解释是指严格按条约文字用语对条约所做的解释。扩张解释是指按照条约的目的和宗旨对条约用语所做的广于字面的解释。限制解释是指在不违背条约目的和宗旨的前提下所做的窄于条约字面的解释。

参考书目

李浩培:《条约法概论》,法律出版社 2003 年版。

(方 芳)

条约的学理解释

所谓学理解释,是指国际法学者们在各自的相关论著中所阐述的条约解释理论和原则。学理解释不是有权解释,但在历史长河中,它对官方解释影响巨大。大约从 16 世纪开始,国际法学者们就开始探求条约解释的原则和方法。

(1)16 世纪的真蒂利斯在其《论战争法》中主张善意是支配各君主之间关系的大原则。从这个原则出发,他推论出西塞罗所已陈述的另一个重要规则:“在约定中,应当注意的总是当事人的意思,而不是语言”(Semper in fide quid senseris,non quid dixeris cogitandum)。因此,他认为即使在同敌人缔结的条约中,也不应设置圈套。所以,当希腊政治家培里克利斯(Pericles)在许诺其敌人放下“铁器”即可保全生命后,却借口后者在外衣上并未除去铁纽扣而予以杀戮,他认为是违反善意的不正当行为。

(2)17 世纪的格老秀斯(Grotius)在《战争与和平法》第 2 卷第 16 章中整章论述解释问题。他认为解释规则的目的和作用在于确定约定者的真意。约定的文字应推定为使用于“自然的意义”或“通常的意义”,而不是语源的意义。但是,如果定义模棱两可或者这样解释将导致荒谬或违法的结果时,应进行一些推测,而推测的目的仍在于确定约定者的真意。至于术语,则须按照其专门技术上使用的意义来解释。

(3)18 世纪的瓦特尔(Vattel)是格老秀斯追随者中的代表。瓦特尔在其《万国公法或适用于各国和各君主的行为和事务的自然法原则》的著作中,探讨了解释条约的规则。他认为,“根据理性”并经自然法认可的解释规则共有 5 个,其目的是挫败缔约者的恶意的企图,制止欺诈和预防诡计。

(4)19 世纪的费奥勒(Fiore)在其《编纂的国际法》一书中详尽地对条约解释作一论述。

将这些解释规则分为5节,分别为:"条约的解释""文法解释""论理解释规则""扩张或限制解释规则""条约的法律解释"。

(5)近代的条约解释学派。就条约的解释而言,近代甚至现代的国际法学者大致分为三派:第一,主观解释学派。主观解释学派在条约的解释上重点放在探求缔约国在缔约时的共同意思,实际上是把解释民法上契约的规则移用于条约的解释。该学派的代表人物包括费德罗斯、劳特派特、古根海姆、索恩逊、韦斯特莱克、海德等。其中以劳特派特在1950年向国际法学会提出的报告对主观的解释方法论证最为明确。第二,约文解释学派。贝克特和麦克奈尔,针对劳特派特的主观解释原则,提出约文解释方法。国际法学会在1956年格拉纳达会议上关于条约解释的决议,主要也采取了约文解释方法。但是它并不排除其他解释方法,并且没有规定其他方法的采取以约文含糊或采取约文解释方法将导致荒谬结果为条件。所以,该决议所采取的约文解释原则是有节制的。第三,目的解释学派。目的解释强调解释一个条约应符合该条约目的。这个解释方法的最明确的陈述,见于《哈佛条约法公约草案》第19条(甲):"对于一个条约的解释应按照该条约意在达成的一般目的。该条约的历史背景、准备资料、该条约缔结时缔约各方的情况、企图对这些情况作出的改变、缔约各方在缔约以后适用该条约规定中的行动、以及解释条约时所流行的情况都应联系该条约意在达成的一般目的来考虑。"该草案采取的目的解释方法也为美国法学会1962年《美国对外关系法重述》所采取。在国际法法学者中,安齐洛蒂、阿尔伐勒兹、田中、卡斯特罗、卡瓦雷等也主张目的解释。

参考书目

李浩培:《条约法概论》,法律出版社2003年版。

(方　芳)

条约的有权解释

有权解释的概念来自罗马法中"谁制定的法律谁就有权解释"(ejus est interpretation ejus est condere)原则,是指一个条约的全体缔约国对该条约的解释,所以如果该条约是双边的,应是缔约双方对它的解释,如果是多边的,应是该多边条约的全体缔约国对它作出的解释。官方解释在得到条约当事国全体同意后,也可成为有权解释。如按照《国际法院规约》和《常设国际法院规约》第36条第2项,该两规约的当事国得随时声明关于条约解释的争端,对于接受同样义务的任何其他国家,承认法院的管辖为当然而具有强化性。因此,该两法院根据该项规定所作出的对于条约的解释当然也是有权解释。

有权解释可以分为两种:明文解释和默示解释。(1)明文的有权解释。一是在条约中规定的解释条款(interpretative clause)。解释条款在英语中也称为"法律上的定义"(legal definition)或"词语中的使用"(use of terms)。它既用于双边条约,也用于多边条约。二是附于条约的议定书(protocol)、签字议定书(protocol of signature)、最后议定书(final protocol)、议定记录(agreed minutes)、附件(annex)、换文(exchange of notes)、宣言(declaration)等。这些有权解释文件有时被明文规定为有关公约的组成部分。有些文件虽然并未规定为有关公约的组成部分,也是有权解释文件。三是条约生效后,条约当事国间缔结的解释条约的规定。这种解释协定的作用通常在于消除对条约的解释已发生的分歧。四是缔约一方所作出的经他方明示接受的单方宣言。(2)默示的有权解释。默示的有权解释是指条约各当事国在条约生效后可以默示地表明对该约的某一用语有相同了解的在该约适用上一致的实践。这种解释既然根据条约当事国的一致实践,而没有明文协定,所以称为“实践解释”或“准有权解释”。这种解释在罗马法上称为 interpretatio usualis,在国际司法机关的判决和仲裁机关的裁决中亦得到了肯定。

参考书目

李浩培:《条约法概论》,法律出版社 2003 年版。

（方　芳）

条约解释通则

20 世纪 60 年代国际法委员会将与条约解释有关的主要习惯规则编纂成文,并最终规定在《维也纳条约法公约》第 31 条和第 32 条之中。

按照国际法委员会的释义,第 31 条的精神是:约文必须被推定为各条约当事国的意思的权威性的表示,从而解释的出发点是阐明约文的意义,而不是从头调查各当事国的意思,即该条所采取的是客观解释,即约文解释,而不是主观解释,即把条约当事国的意思作为与约文分离的因素而据以进行解释。该条第 1 项明文规定了解释的三个原则:第一,按照善意进行解释的原则,该原则直接渊源于“条约必须遵守”规则;第二,条约当事国应被推定为具有其所使用的词语的通常意义的意思,这是约文解释的精髓;第三,词语的通常意义不应抽象地予以决定,而应按该词语的上下文并参考该条约的目的和宗旨予以决定,这是常识和善意的要求,也是折中地采纳了目的解释。

国际法委员会认为条约解释程序是一个统一体,从而本条的各项规定组成一个单一的、互相紧密地连在一起的完整规则。本条第 2 项规定的“上下文”、第 3 项规定开头“应与上下文一并考虑的”和第 4 项关于用于特殊意义的规定,其“特殊”一词即用以指示其与第 1 项规定的联系。关于公约第 31 条的解释规则之间的等级次序问题,国际法委员会强调,一项明确的解释方法首先是将条约文本看作当事国意图的正式表达,其次是将当事国的意图作为主观因素与文本区别开来,最后探究条约宣告的或明显的目的和宗旨。国际法委员会还指出,在任何情况下都不是意图规定这种等级关系,表面上规则呈现的等级关系只是在逻辑上考虑的结果,而不是法律上义务的结果。

参考书目

李浩培:《条约法概论》,法律出版社 2003 年版。

（方　芳）

条约的平义解释规则

缔约各方的同意体现于条约的约文中,所以有必要把根据缔约方缔约时的意图和约文词语的自然和通常意义作为解释的基础,这也被称为条约的文本解释。“通常意义”(ordinary meaning)的解释规则在条约解释中具有优先适用地位,是条约解释的起点。对于如何确定条约文本的“通常意义”,在世界贸易组织(WTO)的争端解决实践中,发展出争端解决小组通过查词典的方式确定条约用语的通常意义,比如 WTO 上诉机构就经常查阅《简明牛津用语词典》来确定条约用语的通常意义。但词典意义使许多解释性问题悬而未决,因而必须看到字典含义以外的东西。在这种情况下,通常意义解释不仅包含词典中关于语词和事实关系的判断,还包括社会上专家和学者关于语词所包含的对象特征的归纳性描述，普通大众或者特定范围群体的表达习惯，以及条约中已有的关于描述语词和事实关系的界定性判断。

通过词典来获取条约用语“通常意义”的做法虽有一定意义，但这种做法也常常受到质疑，这体现了片面教条式的文义解释无法适应日益发展的国际经济与贸易、环境保护和科技发展的实践，它仍然需要目的解释、上下文、善意和有效解释等原则来加以补充。

（姜世波）

条约的善意解释原则

源于“约定必须遵守”（pacta sunt servanda）这一古老的信条，它要求条约解释应该采取诚实信用立场，严守条约约文的规定，不得任意进行曲解。16 世纪的真蒂利斯在其《论战争法》中主张善意是支配各君主之间关系的大原则。对于条约的善意解释，真蒂利斯举例古罗马皇帝瓦勒里安向其敌国安提阿允诺，将归还其俘获的半数船舶，事后瓦勒里安却将每一艘船剖成两半，将每艘船的一半归还，对此，真蒂利斯斥责为背信弃义。此后一些著名的国际法学家，如格老秀斯、瓦特尔等都对条约的善意解释原则给予明确的支持与肯定。国际法委员会在起草《维也纳条约法公约》时，认为“当条约存在两种解释时，如果一种解释能赋予该条款相应的效果而另一种解释不能，那么按照善意原则以及条约的宗旨和目的，显然应该采取第一种解释”。将条约的善意解释原则规定在公约第 31 条第 1 款之中，表明该原则在条约解释规则中处于基础性地位，是条约解释应遵循的首要原则。各缔约方在公约序言中也已确认“……自由同意与善意原则以及条约必须遵守规则乃举世所承认”。国际常设法院在德国对波兰上西里西亚的利益案的判决中屡次引用条约的善意解释原则。当然善意原则不仅包括善意履行条约，还要求善意解释条约；善意解释条约是善意履行的前提，如果恶意地、歪曲地解释条约，那么善意地履行条约根本无从谈起。

（方　芳）

条约的目的解释规则

条约的目的解释又称“目的和宗旨解释”，是以条约的目的为根据来阐述条约意义的一个解释方法，属于条约解释的一种重要方法。由于条约文本解释所具有的局限性，文本意义的多元性和解释主体的自我理解，文本的意义经常出现分歧和模糊。因此，在条约解释中结合条约的目的和宗旨加以解释的方法就成为条约解释正当性的一个重要保证，是条约解释中从“表面”演进到“实质”的表现。

在对条约的目的解释方法进行阐述时，进行目的和意图的说明是必要的，可以避免应用时出现混淆、产生纷争、影响条约的解释。通常在条约解释中意图和目的是有相似之处又有区别的两个词语。意图和目的都属于条约解释的主张，是全面掌握条约解释的重要因素，但是在实际操作中二者又各自代表着不同的“阵营”。通俗的理解是意图可以被视为探究缔约的背景条件以及缔约各方的想法，而目的则是体现在条文之中。从解释学说的角度出发，意图属于条约解释学说的主观解释学，是主要侧重于缔约者原始的主张，对于随着社会变迁而产生的变化并不重视；目的属于条约解释学说的目的解释学，随着实践环境的变化按照不同的方法进行同一个条约的解释，得到的结果或许是相同的也或许是不同的，那么进行科学的分析让条约解释发挥更持久的作用就显得十分重要了,而目的是可以变化的,随着实践应用的变化可以出现新的目的,这也就会导致对条约目的的解释会与时俱进,这就涉及条约的动态解释。

目的解释方法是强调用符合条约目的和宗旨的方式来对一个具体的条约进行相关解释。在《哈佛条约法公约草案》中,可以通过第 19 条找到有关目的解释的客观、清楚的说明。对一个具体案件进行条约解释的时候会有多个相关的影响因素,而每个因素都应该得到肩负解释重任的人重视,这是因为当充分考虑相关因素在条约中的重要性后“才能完全了解和有理智地实现它的目的,才能保证说出该条约的‘意义’究竟是什么”。关于条约的目的解释的支持者,代表人物有安齐洛蒂、阿尔瓦雷斯、田中、卡瓦雷等人。目的解释学派的观点在 1935 年提出的《哈佛条约法公约草案》中被详细地阐述出来,条约的目的和宗旨被用来作为拟定具体的解释方法时的参考标准,进而起到了强调在条约解释中应当重视条约的目的和宗旨的作用。另外目的解释方法还被用在了 1962 年美国法学会的《美国对外关系法重述》中,这一应用与《哈佛条约法公约草案》有相通的地方。“对于一个条约的解释应按照该条约意在达成的一般目的。该条约的历史背景、准备资料、该条约缔结时缔约各方的情况、企图对这些情况作出的改变、缔约各方在缔约后适用该条约规定中的行动以及解释条约时所流行的情况都应联系该条约意在达成的一般目的来考虑。”这也说明了所有其他的条约解释方法实质上都要受到条约目的和宗旨的统筹。

(赵 欣)

条约的有效解释原则

有效性原则要求解释条约时,应作通盘考虑,使条约发挥最大的效能,从而使条约的条款得以实施和产生效力,而不是因解释使得条约的效力被减弱或丧失效能,使得条约无法予以实施。条约有效性原则的产生:首先,“诚信”原则衍生出条约有效性原则。“诚信”原则作为国际法的一般原则,经常在“处理国际义务的产生和实施”问题中加以援用,该原则要求缔约国的行为必须诚实、合理、公平,不能为贪图本国利益而损害他国利益或是国际社会公共的利益。由于这一原则在概念方面的开放性,在条约解释过程中也衍生出了新的国际法原则,其中最重要的就是有效性原则。其次,条约目的解释方法中暗含着条约有效性原则。虽然在《维也纳条约法公约》中没有明确规定,我们却可以从其第 31 条第 1 款规定的条约目的解释方法中引申出来,“条约应当依照诚信原则,以及条约术语自身的含义,考虑其上下文和条约的宗旨目的来进行解释”,这一规定就在于维护条约适用的有效性。除此之外,有效性原则还根植于一般国际法和人权法基本原则之中,在一般国际法领域,有效性原则被广泛的应用于各种条约的解释之中。

2002 年第 52 届国际法委员会起草委员会通过的《关于国家责任的条款(最终草案)》也涉及有效性原则,原文记录如下:“国际法委员会认为在一定的情形下适用条约有效性原则是适当的,而且国际法院也不时地使用这一原则。例如,在科孚海峡案中,国际法院认为条约有效性原则是一个被普遍接受的解释规则,这一原则要求解释者必须根据条约上下文及其目的和宗旨,在通常意义上诚实信用地解释条约。当一个条约有两种解释时,如果前一项解释符合诚信原则以及条约目的,使得条约得以顺利适用并解决争议,而后一项则不能,那么从维护条约目的和宗旨的角度出发,我们必须采用前一项解释。在使用这一解释方法的过程中加以适当的限制，使其解释内容并未超出条约术语的字面意思或内涵，那就不是扩展解释。”由此可见，对条约进行有效性解释实际上还是为了实现条约目的和宗旨。在争议处理过程中，重视条约目的必然会促进条约目的解释方法的发展，进而注重条约的有效性原则。

参考书目

1. R. K. Gardiner, *Treaty Interpretation*, Oxford University Press, 2008.

2. M. Fitzmaurice, *Treaty Interpretation and Other Treaty Points*, British Yearbook of International Law, 1957, Vol. 33.

3. Gerald Fitzmaurice, *The Law and Procedure of the International Court of Justice*, Cambridge University Press, 1986.

4. H. Thirlway, *The Law and Procedure of the International Court of Justice*, British Yearbook of International Law, 1991, Vol. 62.

（张雪莹）

条约的演化解释

又称“演进解释”“演变解释”“动态解释”。联合国《维也纳条约法公约》对于条约解释规则和方法的专门规定集中体现于第 31 ~ 33 条上。尽管该条规定的条约解释方法在个案解决过程中发挥了重大的指导性作用，但是在很多个案中这些解释方法并不是单独适用的，众多条约解释方法之间互相竞合的情形屡见不鲜。随着现代科技的迅猛发展，世界各国联系日益密切，各种旧有术语的含义不断推陈出新，以适应不断发展的社会进步。不可否认，在制定出条约的同时，条约本身已经落后于不断发展着的社会现实，基于尽可能的减少缔约成本，保护各国既得利益，避免国家间冲突、维护世界和地区的和平稳定等多方面的考虑，同时，作为法治的要求，需要保持条约的稳定性，应严防“朝令夕改”。然而，如果仅想依靠《维也纳条约法公约》中的条约解释方法就能应对瞬息万变的大千世界，所谓“以不变应万变”，则近乎天方夜谭。国际法委员会在 2008 年报告中也提道：“因为当条约使用一定年限后，新问题层出不穷，条约在处理这些新问题、新事物方面已显得力不从心了。”在这种形势下，一种被学者们称为动态解释（dynamic interpretation）或者演化解释（evolutionary interpretation）的新的条约解释方法受到重视。

这种解释方法是指在案件裁决过程中，法官根据当下案件处理的客观情势和未来发展的需要对条约文本中的特定概念或者规定赋予新的内涵，使之顺应人性、社会和经济发展的新需求的解释方法。近年来包括国际法院（ICJ）、欧洲人权法院（ECtHR）以及世界贸易组织专家小组和上诉机构在内的众多国际裁判机构在处理具体个案时，都采用了这种新的解释方法。正如伯恩哈德（R. Bernhard）在其《条约动态解释——以〈欧洲人权公约〉为例》一文中指出的：“如果条约的目的是在缔约国之间建立长久、持续而稳定的联系，或者是为了保障公民（本国人抑或是外国人）的基本人权，就必须正视条约解释过程中面临的新问题、新发展。规范性的国际组织呼吁在涉及人权问题的多边条约的适用中采用条约动态解释方法。”

参考书目

1. Ian · R. McNair, *The Law of Treaties*, Oxford University Press, 1961.

2. R. Bernhard, *Evolutionary Treaty Interpretation*, *Especially of the European Convention on Human Rights*, German Yearbook of International Law, 1999, Vol. 42.

（张雪莹）

条约的整体解释规则

从语义学上说，词语总是处于一定的语言环境之中，一定的词语也只有在特定的语言环境中才能获得特定的含义，一个包含多种含义的词语被置于具体的语言环境中其某一种含义比较容易明确。即使是只有一种含义的词语，其含义的模糊性或广延度在具体的语言环境中也可以得到拓展或限制。上下文通常指语词所在的段落或条款，或特定条款所在的节、章或其他章节，有时甚至可扩展至其他协定。条约用语的通常意义不是抽象的，一般须在具体条约所处的上下文中识别、确定。

《维也纳条约法公约》第 31 条明确规定在解释条约用语时，应把条约作为一个整体来看待，联系条约上下文，对所具有的通常意义加以解释，而不能把它从其所处的具体上下文中割裂开来、孤立地解释。第 31 条第 2 款规定了上下文所包含的范围，包括约文、序言、附件、全体当事国间因缔结条约所订与条约有关之任何协定、一个或多个当事国作出的与条约缔结相关并经其他当事国接受为条约有关文书之任何文书。这就要求对条约的解释要结合条约的序言、附件在内的全部约文以及缔约国嗣后所订的关于条约的任何协定，进行通盘考虑，这也是善意解释的要求。这种解释方法在理论上属于体系解释的方法。

此外，对特定用语的解释除应与条约其他部分或有关文件的字句一致外，还要将需要解释的条约约文置于国际法的整体背景之中，与先行的国际法原则及规则有机联系起来，通过对条约的整体解释，尽量避免国际法规间的相互冲突。这实际上是国际司法机构、国际法学者所广泛认同，并在遇到困难的解释问题时应用的解释规则。

（方　芳）

多语言文本条约的解释规则

条约不同于国内法，在缔约各方通常是两个或两个以上独立的主权国家，当缔约方所用的语言文本不同的情况下，每一个缔约方都不愿意放弃本国文字而承认其他缔约方语言文本的优越性，因此在条约中经常出现以两种或两种以上不同的语言文本签署的情况。第一次世界大战之后，缔约方使用多语言文本条约的情况逐渐增多。第二次世界大战之后，以中、英、法、俄、西五种语言文本作为作准文字的多边条约情况颇为常见。对于这些文本的效力，条约中一般会加以明确规定，但是也有未作规定的情况：(1)规定几种约文同一作准(authentic)的条约；(2)规定几种约文同一作准的同时，附以解释作参考的译本的条约；(3)规定以其中一种约文作准的条约；(4)未做出作准约文规定的条约。

但这仍不能解决不同语言文本之间的歧义问题。为此，《维也纳条约法公约》第 33 条分 4 款规定了多语言文本条约的解释规则，即条约约文经以两种以上文字认证作准者，除依条约之规定或当事国之协议遇意义分歧时应以某种约文为根据外，每种文字之约文应同一作准。以认证作准文字以外之他种文字作成之条约译本，仅于条约有此规定或当事国有此协议时，始得视为作准约文。条约用语推定在各作准约文内意义相同。除依第 1 项应以某种约文为根据之情形外，倘若比较作准约文后发现意义有差别而非适用第 31 条及第 32 条所能消除时，应采用顾及条约目的及宗旨之最能调和各约文之意义。

从《维也纳条约法公约》第 33 条的规定中可以看出，该公约肯定了各国语言文本平等，从而肯定了各作准文字在条约的解释上具有同等的权威性。但是由于可能存在几种条约约文，而条约只有一个，所以应当推定各作准约文具有同一意义。如果条约解释者将各作准约文对照，认为有不同的意义时，应当首先依照第31、32条的解释通则和补充资料去解释；如果适用该两条解释规则还不能消除意义的分歧时，就应当参照条约的目的和宗旨，赋予最能调和各条约约文的那种意义。

（方 芳）

反面解释规则

依照法律规定之文字，推论其反对之结果，借以阐明法律之真意。《维也纳条约法公约》第31条规定的条约解释通则中并不包含反面解释方法。但是，基于当事方的诉求或国际法院的自由裁量权，该方法已适用于国际司法实践之中，这有助于阐明反面解释的性质、功能及其与《维也纳条约法公约》中条约解释通则的关系。国际法院适用反面解释方法的方式与维也纳会议所达成的条约解释方式相一致，且符合一般国际法规则。然而，严格依照文本的解释方法使我们意识到，解释行为仅仅是解释者对法律条文本身及上下文的理解过程，如同对法律规则的直接适用。就此而言，反面解释是对模糊性条文之起草者意图进行揣测的另一种方式。

参考书目

Yusuf, Abdulqawi A., Peat, Daniel, *A Contrario Interpretation in the Jurisprudence of the International Court of Justice*, Canadian Journal of Comparative and Contemporary Law, Vol. 3.

（黄 炎）

条约解释的补充资料

《维也纳条约法公约》第32条规定了条约解释的补充资料，即是当文本的"通常意义"不足以解释清楚条约含义时，应参考条约产生的历史背景、起草过程等有关历史性的内容对条约及某一条款进行解释。当文本的"通常意义"不足以解释清楚条约含义时，应参考条约的准备工作和缔约情况，具体包括条约产生的历史背景、缔约的谈判记录、条约的历次草案、探讨条约的会议记录等有关历史性的内容对条约及某一条款进行解释。补充资料是为了证明已经做出的解释，所以只能在有条件、有限制的情况下被采用。国际法委员会认为补充资料在很多情况下是不完全或容易引起误解的，因此在适用时应当谨慎。如果条约约文本身足够清楚的话，国际法院以及之前的常设国际法院通常会拒绝求助于条约的准备工作。

（方 芳）

条约解释的嗣后实践

嗣后实践的概念第一次被明确提出是在1969年《维也纳条约法公约》中。该公约第31条第3款第1项和第2项分别规定了在条约解释中"应与上下文一并考虑"的"嗣后协定"（subsequent agreements）和"嗣后实践"（subsequent practice）。但实践中很多时候"嗣后实践"还常被用于指代"嗣后协定"，导致使用上的混淆。对于"嗣后协定"和"嗣后实践"的区别，国际法委员会从形式和证据表象的角度对两者作了区分。但很多的国际司法机构并不愿意明显地区分两者，因而在实践中会采用"嗣后行为"（subsequent conduct）、"嗣后立场"（subsequent positions）、"嗣后态度"（subsequent attitudes）等措辞来取代两者。

嗣后实践的作用及价值，具体来说体现在以下几个方面。第一，作为条约解释之辅助手段，用来证明经由其他方法得出的解释结论。第二，在条约缺少明确规定的情形下，嗣后实践成为填补条约漏洞的方法。第三，在某些情况下，嗣后实践的解释实际上起到修改条约的作用。但需要注意，通过嗣后行为来修改条约并未成为一项习惯国际法规则。综合考察条约解释的各种方法来看，嗣后实践方法往往比一般文本解释、历史解释、系统解释等传统方法更为灵活，在实践中常赋予条约文本以新的内容和变化。在解释特定条约时，除了对其缔约历史、文本含义等进行研究解读外，还需特别关注条约缔结后相关实践的具体发展趋势，从而更准确地把握条约在当前环境中的合理解释。

参考书目

1. 韩燕煦：《论条约解释中的嗣后实践》，载《国际法研究》2014 年第 1 期。
2. 刘雪红：《从嗣后行为理论看 WTO“加入议定书”性质》，载《国际法研究》2015 年第 3 期。

（黄　炎）

条约冲突中的“更优条款”规则

“更优条款”(more favorable provision)是国际条约中一种具有冲突条款性质的条款，主要目的在于解决条约之间所可能发生的冲突，其主要含义是，当本条约规定与其他属于“同一事项”条约中的有关规定不一致时，应该适用对条款保护对象而言更为优惠或更为有利的规则。多出现在国际人权保护、国际知识产权保护以及国际人道法等涉及个人权利保护的国际条约之中，这类条款的适用多强调对国际关系中个人权利的保护。

该条款适用的例外情况主要有两种：一是如果适用结果会导致歧视则不得适用；二是适用结果会导致侵害社会整体利益的情况下则禁止适用。

（姜世波）

冲突条约适用中的“最大效果原则”

国际条约法中解决条约间冲突性质的条款。它是指当那些具有相同目标的国际条约对相同问题有不同规定时，应该适用更有助于该目标实现的条约来处理相关问题。这种情况主要出现在关于司法判决或仲裁裁决的承认和执行的国际条约中。如 1958 年《纽约公约》第 7 条第 1 款规定，本公约之规定不影响缔约国所订立的关于承认与执行仲裁裁决的多边或双边协议的效力，也不剥夺任何利害关系人在被申请和执行地国的法律或条约许可的方式及范围内援用仲裁裁决的任何权利；1971 年《海牙国际民商事案件外国判决承认与执行公约》第 24 条也规定，本公约的规定并不影响缔约国已经缔结的有关判决承认与执行的其他条约。据此，只要能够有助于实现承认和执行外国判决这一条约目标，可以适用那些更为有利的条约所规定的条件、途径来实现承认与执行判决的最终目的。

最大效果原则实际上是更优条款的一种特殊表现形式，其也能起到冲突条款的一些作用。该原则的适用有两点值得注意：一是它作为一种条约规则，虽在国内法院的审判中也多有体现，但其仅仅在条约有此规定时才能运用，即该原则并不具有国际习惯法规则的性质；二是它在解决条约可能发生的冲突时，需要遵循解决条约冲突一般规则的规定，如果条约本身规定了明确的冲突条款，或者可以采用后法优于前法原则、特别法优于普通法原则等方法确定适用何种条约,就无须诉诸最大效果原则来决定条约的适用,即该原则在适用上仅仅具有补充性质。

参考书目

廖诗评:《条约冲突基础问题研究》,法律出版社2008年版。

(姜世波)

国际习惯的确定

国际习惯是国际法的重要渊源之一,但它不同于国家间合意的条约,一般认为,国际习惯由两个要素构成:一是国家实践,即各国重复的类似的国家行为,这被称为物质因素,或称客观因素,指惯例的出现和国家在相当长时期内"反复"和"前后一致"的国家实践;二是法律确信(opinio juris),它是指这种反复一致的实践并被各国认为具有法律拘束力,这被称为心理因素,或称主观因素。两个因素缺一不可。此外,国际习惯法规则的确定还包括持续时间、重复频率或次数、一般默认以及证据等因素的考量。由于国际习惯是不成文的,没有一个专门法律文件来表现国际习惯的原则和规范,因此,在国际实践中是否形成国际习惯不能单独凭某个国家或某个权威来说明,而须寻找各种证据来综合加以认定。这些证据通常表现于下列种种资料中:(1)国家之间的外交关系方面的实践,主要表现于条约、宣言、声明及各种外交文书中;(2)国际组织的实践,包括规范性文件中,主要表现于决议、宣言、指南、判决,甚至法律草案中;(3)国家内部的行为,表现于国内法规、判决、行政命令等形式中。国际习惯是比国际条约更古老、更原始的国际法渊源,在国际条约之前就出现了国际习惯。但对于国家实践和法律确信这两个要素在确定国际习惯规则形成与否中的比重,学界争议较大。传统国际习惯的确定以考察国家实践为重点,但在当代国际法中,随着国际文本规范的日益增多,当代国际法律实践越来越注重通过国际和国内的规范性文件来考虑国际习惯规则的形成,根据各国的共识来推定某一实践是否形成了法律确信,法律确信构成要素的作用日益凸显。据此也可能导致国际习惯规则在较短的时期内形成。如国际海洋法确立的国际海底区域是人类共同遗产这一原则很快扩展到极地的地位、国际空间法等领域;同样,国际环境法中的可持续发展原则也是在较短时间内形成的国际习惯法规则。

(姜世波)

国际习惯的解释

在国际习惯的适用中经常使用的一种方法。指即使对于一项国际公认的习惯法规则,在适用过程中由于社会背景的差异、各国所处的历史发展阶段不同、国家利益的主导,不同的国家也会做出不同的解释。因为一条习惯法规则本身的笼统含糊就给解释留下了空间,习惯法解释的不确定性需要通过成文法化以及司法者的判解加以确定。

(姜世波)

国际判例的约束力

国际法是各主权国家间共同意志的体现,《国际法院规约》第59条明确规定:"本法院的裁判除对当事国及本案外,无约束力。"这就是说,国际法院的裁判不具有像普通法系国家判例法的效果,但这并不影响它作为国际法因素的地位。规约第38条中规定:司法判例及各国权威最高的公法学家学说,作为确定法律规则之辅助资料者。这说明,司法判决对法律规则具有引导、评价等功能,具有潜在的无形的影响力。虽然如此,从国际司法和仲裁机关的实践来看,国际判例常常被大量引用,判例中所确立的裁判规则及对条约文本的解释往往发挥了判例法的约束力。在欧洲人权法院这样的区域性司法机构中,司法判例也发挥着同样重要的作用。不过,一般来说,在国际司法机构的裁判中,司法判例通常并不能成为唯一的法律渊源来支持判决,它通常要结合其他法律渊源共同发挥作用,因此可以认为,它只能是国际法的辅助渊源。

参考书目

1. 张东平:《WTO 司法解释对 WTO 程序规则的发展述评》,载陈安主编:《国际经济法学刊》第 8 卷,北京大学出版社 2004 年版。
2. 赵维田:《垂范与指导作用——WTO 体制中“事实上”的先例原则》,载《国际贸易》2003 年第 9 期。

(姜世波)

欧洲人权条约解释的国家自由裁量余地原则

“自由判断余地”可以被理解为:在《欧洲人权公约》的语境之内,欧洲人权法院允许缔约国所享有的、在一定范围内采取措施界定和限制某些权利的自由。这一自由可以由国家的立法、行政执法、司法部门行使,以制定法律(包括确立立法目的、达到这些目的的方式以及限制措施)、实施法律、解释和适用法律。一般认为,欧洲人权委员会在 1958 年审理的希腊诉英国的塞浦路斯案开启了这一原则适用的先河。该案涉及《欧洲人权公约》第 15 条规定的紧急状态之减损问题。欧洲人权委员会认为,“英国政府可以行使减损权力,并能够行使某种自由裁量的措施,以判定事态的紧急状况所严格要求的程度”。在 1968 年比利时语言案之后,欧洲人权法院将裁量余地原则渐渐从“国家紧急状态之减损”扩展到公约第 8 条至第 11 条有关个人之限制条款,最后几乎适用于各类案件。虽然如此,但欧洲人权法院以往的判例显示,每个案件的裁量余地无论在宽度还是广度上并不完全一致,某些相关因素影响着法院的裁决,其中几种最常见的因素包括:第一,系争人权内容在成员国立法或实践中是否存在共识。如果存在共识,则国家裁量余地越小,国家的规制行为将受到严格审查。第二,受国家规制行为所影响的人权的重要性及其行为的性质。《欧洲人权公约》为人权设置了一定的权利阶层,该阶层左右着可容许的权利限制方式及范围。权利的本质也决定了成员国裁量的范围。所保护的人权如果是最关乎人身的基本权利,如生命权、人身自由权、表达自由权等,法院会以最严格的标准去审查。而对于财产权则允许国家享有“较宽裕”甚至“非常宽裕”的裁量余地。第三,考虑国家限制和干预行为所要达到的目的的不同,其赋予国家裁量余地的范围也有所不同。在国家享有裁量余地的领域,国家可以采取一定的,可能违背欧洲人权公约所保护人权的规制措施。然而,这并不意味着国家的自由裁量权是无限的,而是要受到欧洲人权法院的监督。实践中,法院在对国家处于裁量余地之内的行为和措施,主要根据比例原则加以衡量并予以监督。

所谓比例原则是指处理目的与手段关系的原则,要求目的与手段保持适当的关系,其目的在于平衡相互冲突的利益。在欧洲人权法院关于财产权保护的判例中,比例原则经常与裁量余地原则结合在一起适用,主要是作为在裁量余地原则下衡量国家措施是否具有正当性的最后考量因素,以防止国家滥用规制权从而达到其狭隘的政治或经济利益,其实质是对国家自由裁量权的限制。根据比例原则,国家的行为和措施对公约权利构成的限制或干预必须在公共利益的需要和保护个人财产权之间达到“相应的平衡”,即规制措施所带来的利益应当与因该措施而受到的权利损害之间达到“相应的平衡”,不能给个人带来过重的负担。此种“比例分析”构成了考量国家当局是否逾越裁量余地的最重要标尺。

参考书目

1. 孙世彦:《欧洲人权制度中的“自由判断余地原则”述评》,载《环球法律评论》2005 年第 3 期。
2. 李凤琴:《论裁量余地原则在国际投资仲裁中的运用》,载《天津法学》2012 年第 3 期。

(姜世波)

WTO 规则的解释主体

WTO 规则享有法定解释权的主体包括部长级会议、总理事会、专家组和上诉机构。其中,WTO 部长级会议和总理事会是 WTO 规则的立法解释权主体。

WTO 部长级会议和总理事会通过的立法解释,对 WTO 成员具有普遍约束力。部长级会议和总理事会享有专属立法解释权,其他任何机构和个人都无此项权力。但是,部长级会议和总理事会所享有的专有权力仅指“通过解释”的权力,对于附件一中多边贸易协定的解释,相关理事会是有解释建议权的,而且这种建议权必须得到部长级会议和总理事会的尊重,利于从制度上保障解释权不被滥用和在事实上修订世界贸易组织制度的情况,利于实现和维护多边贸易体制的可靠性和可预测性。同时,对某些涉及成员方权利与义务或重大事项做出决策时,主要是涉及 WTO 及其多边贸易协议的条文解释、修改和义务的豁免事项,如果不能达成协商一致,为不影响绝大多数成员方的利益或义务,WTO 采取了由成员的 3/4 多数通过的办法,以示决策的严格并保持该通过的决定能够最大限度得到遵守。

专家组和上诉机构是 WTO 规则的司法解释权主体。专家组和上诉机构的司法解释,仅对个案具有约束力。赋予专家组和上诉机构对 WTO 规则的司法解释权,在具体的争端解决过程中,通过司法解释明确模糊的措辞和 WTO 各成员方对 WTO 规则的不同理解,以弥补制度设计和安排上存在的漏洞和缺陷,可以在一定程度上避免由总理事会或部长级会议对 WTO 相关协定条款做出解释,避免可能使 WTO 争端解决机制陷入的政治纷争。实践中,专家组和上诉机构事实上也行使着 WTO 规则的立法解释权力,甚至是某些关系到 WTO 基本制度的事项。

参考书目

1. 李浩培:《条约法概论》,法律出版社 2003 年版。
2. 王贵国:《世界贸易组织法》,法律出版社 2003 年版。
3. 唐青阳:《规则的解释与解释的规则——WTO 规则的法解释研究》,西南政法大学 2005 年博士学位论文。

(董书萍)

WTO 规则的解释目标

解释者通过对法律条文、立法文献及其附随情况进行解释,所探究和阐明的 WTO 规则之法律意旨。理论上,《关于争端解决规则与程序的谅解》第 3 条第 2 款要求专家组和上诉机构“依照解释国际公法的惯例”来解释 WTO 规则。通常认为,该“惯例”系指《维也纳条约法公约》第 31 条和第 32 条的规定。换言之,《维也纳条约法公约》所体现的法解释目标也是 WTO 规则的法解释目标。而按照国际法委员会的释义,《维也纳条约法公约》采取了客观解释,即约文解释,解释的出发点是阐明约文的意义,而不是从头调查各当事国的意思。因此,专家组和上诉机构在 WTO 规则的解释目标上采取的也是客观解释原则,把探究和阐明为 WTO 协定文本所表达的 WTO 规则的客观意旨作为自己的法解释目标。这种意旨是指符合条约目的且与适用时的社会发展情况相适应的客观含义,而非指按照 WTO 规则文字以外的资料确定的成员方在缔约时的主观意图。

在实践中,WTO 规则解释目标的定位经历了一个变化过程。GATT 时期倾向于将 GATT 的立法准备资料和立法历史作为最重要的解释材料。进入 WTO 时期,这一定位发生了明显变化。在美国虾案中,上诉机构指出:条约的解释者必须从需解释的条文文字本身开始,并关注需解释的条文文字本身,条约成员方对于条约的目的和宗旨必须首先在处于上下文之中的构成条款的文字中寻找。在印度专利(美国)案中,上诉机构指出:条约解释者的义务是考量条约文字的含义以确定成员方的意图。但这些解释原则既不要求也不容忍把不存在的文字或并不意指的概念导入条约。

采取客观解释的法解释目标,对于 WTO 协定具有重要的作用。由于 WTO 协定实质不在于缔约各方权利义务的平衡,而在于为国际社会创立一般国际经济法或建立国际组织或制度,解释时应注重 WTO 协定所建立的法律、组织或制度的社会目的及其发展,从而对于 WTO 协定的解释可以超出缔约各方缔约时的意思。

参考书目

1. 李浩培:《条约法概论》,法律出版社 2003 年版。
2. 黄哲:《WTO 上诉机构的法律解释》,载陈安主编:《国际经济法学刊》第 9 卷,北京大学出版社 2004 年版。
3. 杨泽伟:《国内法与国际法解释之比较研究》,载《法律科学(西北政法学院学报)》1996 年第 5 期。

（董书萍）

WTO 规则的解释原则

贯穿于整个 WTO 规则法律解释活动中的指导思想或者基本准则,包括一般解释原则和具体解释原则。

《关于争端解决规则与程序的谅解》为解释 WTO 协定提供了原则性的指引,同时 WTO 争端解决机构中的专家组和上诉机构在审理案件的过程中,也形成和发展了诸多的解释原则。这些原则可以分为一般原则和具体原则。《关于争端解决规则与程序的谅解》对一般原则作出了明确规定。根据《关于争端解决规则与程序的谅解》第 3 条和第 19.2 条之规定,WTO 规则的一般解释原则包括:善意解释原则、保证多边贸易体制的可靠性和可预测性原则、与协定目标一致原则、不增加或减少运用协定所规定的权利和义务原则以及最大限度地实现争议的满意解决原则等。其中善意解释原则是最为重要的一般解释原则。

WTO 争端解决机构中的专家组和上诉机构则在长期实践中形成和发展了诸多的具体解释原则,这些具体原则侧重于法解释的操作层面,较为细致和具体。通常认为包括:有效解释原则、推定无冲突原则、同词同义原则、从严解释原则、从轻解释原则、不悖常理原则以及条约不溯及既往原则等。WTO 规则的解释原则的确立与 WTO 规则的解释方法的选择关系紧密,并影响 WTO 规则的解释结果和 WTO 案件的正确判决,对促进 WTO 规则价值和目的的实现起着十分重要的作用。

参考书目

1. 张玉卿主编:《WTO 法律大辞典》,法律出版社 2006 年版。
2. 黄哲:《WTO 上诉机构的法律解释》,载陈安主编:《国际经济法学刊》,第 9 卷,北京大学出版社 2004 年版。
3. 唐青阳:《规则的解释与解释的规则——WTO 规则的法解释研究》,西南政法大学 2005 年博士学位论文。

(董书萍)

WTO 规则的解释方法

关于阐明 WTO 规则的含义所使用的解释方法,根据《关于争端解决规则与程序的谅解》第 3.2 条的规定,作为 WTO 规则的解释标准的是解释国际公法的惯例,即指解释条约的国际习惯法规则。通常认为就是《维也纳条约法公约》的相关规定,该条约中规定的准用的法律解释方法,也应为 WTO 规则的主要解释方法。

依照《维也纳条约法公约》的有关规定,准用的法律解释方法主要有四种:文义解释、体系解释、目的解释和法意解释。专家组和上诉机构在解释 WTO 规则时也主要运用了这四种解释方法。

《维也纳条约法公约》的规定并非国际法解释方法的全部,当然也并非 WTO 规则的解释方法的全部。在 WTO 争端解决机制的具体运作中,专家组和上诉机构还采用了限缩解释、扩张解释、社会学解释等多种解释方法。

参考书目

1. 朱榄叶:《世界贸易组织国际贸易纠纷案例评析》,法律出版社 2000 年版。
2. 韩立余:《WTO 案例及评析(2000)》,中国人民大学出版社 2001 年版。
3. [德]彼得-托比亚斯·施托尔、弗兰克·朔尔科普夫:《WTO——世界贸易制度和世界贸易法》,南京大学中德法学研究所译,法律出版社 2004 年版。
4. 陈金钊等:《法律方法论研究》,山东人民出版社 2010 年版。
5. 唐青阳:《规则的解释与解释的规则——WTO 规则的法解释研究》,西南政法大学 2005 年博士学位论文。

(董书萍)

WTO 规则的解释规则

运用各种 WTO 规则的解释方法时应遵循的大致规律,即各种 WTO 规则的解释方法之间的位阶关系和适用顺序。根据《维也纳条约法公约》第 31 条和第 32 条的规定以及国际法委员会对《维也纳条约法公约》中各种解释方法之间关系所作出的解释,WTO 规则的各种解释方法之间不存在法律上的上下等级关系,但是它们在适用上存在一定的逻辑上的先后顺序。在 WTO 争端解决的实践中,专家组和上诉机构常将文义解释与体系解释和目的解释结合起来运用,一般情况下,是按照先文义解释,再体系解释,后目的解释的顺序进行。其理由主要在于:一是《维也纳条约法公约》第 31 条明确要求条约应依其用语按其上下文并参照条约目的及宗旨所具有的通常意义解释,因此体系解释和目的解释都是解释主体应当采用,而非可以采用的解释方法;二是事实上,在词典中,某个词的含义常常有多个,要确定其在协定中的确切含义,往往要看该用语的上下文,以及协定的宗旨和目的;三是即便协定中某个词在词典上的含义是唯一、确定的,专家组和上诉机构也要通过运用体系解释和目的解释来验证解释结果的正确性,加强解释结果的说服力。至于法意解释方法,即用包括该协定的准备资料及其缔结情况来探寻当事国当时的缔约意图的方法,在作为多边贸易体制的 WTO 框架下受到较大局限。

在具体案件的审理过程中,专家组和上诉机构对 WTO 规则的解释总是将文义解释置于第一位,从协定用语的通常含义开始的。体系解释和目的解释也都是解释主体应当采用的解释方法,用以确定协定用语在协定中的确切含义,并验证协定用语解释结果的正确性,加强解释结果的说服力。

参考书目

1. 梁慧星:《民法解释学》(修订版),中国政法大学出版社 2000 年版。
2. 杨国华、李詠箑:《WTO 争端解决程序详解》,中国方正出版社 2004 年版。
3. 李浩培:《条约法概论》,法律出版社 2003 年版。
4. 唐青阳:《规则的解释与解释的规则——WTO 规则的法解释研究》,西南政法大学 2005 年博士学位论文。

(董书萍)

WTO 规则的解释效力

WTO 规则的法律解释的法律约束力,包括部长级会议和总理事会的法律解释的效力以及专家组和上诉机构对 WTO 规则所做的解释的效力。《马拉喀什建立世界贸易组织协定》第 9 条第 2 款规定:一项解释决定应由成员的 3/4 多数通过,但该项规定本身的生效仍是基于缔结、加入《马拉喀什建立世界贸易组织协定》的全体成员的共同意志。在法律性质和法律地位上,部长级会议是 WTO 的最高决策机构,总理事会是 WTO 的常设决策机构和最高决策机构的执行机构,部长级会议和总理事会都是由所有成员的代表组成,部长级会议和总理事会做出的法律解释代表所有成员的共同意志。因此,部长级会议和总理事会通过的法律解释,其效力当然同 WTO 规则一样对各成员具有法律拘束力。

专家组和上诉机构对 WTO 规则所做的解释包含在专家组和上诉机构审理案件后所做的报告之中,其效力取决于其报告的效力。《关于争端解决规则与程序的谅解》没有明确规定专家组和上诉机构报告的效力问题,在 WTO 争端解决实践中,专家组和上诉机构报告的效力根据报告是否已获通过而不同,专家组和上诉机构报告中的法律解释的效力也区分为已获通过和未获通过的报告两种情形。同专家组和上诉机构报告的效力一样,已获 DSB 通过的专家组报告和上诉机构报告中的法律解释均只对个案具有法律约束力,不具有普遍约束力,亦不构成判例法意义上的先例,但是大多数情况下被后案事实上作为先例遵循。但由于上诉机构的法律解释可以推翻专家组的法律解释,因此上诉机构的法律解释较专家组的法律解释,更容易被作为事实上的先例而为后案所遵循,上诉机构的法律解释与专家组法律解释相比具有更高的效力和更大的影响力。未获 DSB 通过的专家组报告和上诉机构报告中的法律解释则不具有任何法律效力,但对后案具有一定的指导意义。

专家组和上诉机构所作的法律解释不具有判例法意义上的先例的性质,但是后续案件的专家组和上诉机构应当充分考虑先前案件中的法律解释,并尽可能与之保持一致,以保护成员方基于先前案件专家组和上诉机构所作法律解释而产生的合理预期,保证多边贸易体制的可预测性和稳定性。

参考书目

1. 黄哲:《WTO上诉机构的法律解释》,载陈安主编:《国际经济法学刊》第9卷,北京大学出版社2004年版。
2. 唐青阳:《规则的解释与解释的规则——WTO规则的法解释研究》,西南政法大学2005年博士学位论文。

(董书萍)

专家组报告的效力

WTO争端解决机构中的专家组的报告通常具有法律效力。《关于争端解决规则与程序的谅解》没有明确规定专家组报告的效力问题。在WTO争端解决实践中,专家组报告的效力根据报告是否已获通过而不同。已获DSB通过的专家组报告对本案及当事成员方具有确定的法律约束力,但不具有普遍的法律效力,成员方全体和有关争端解决机构不受以前专家组报告的约束,也不构成判例法意义上的先例,对嗣后的案件没有约束力,以后的专家组不必然受以前专家组报告细节和法律推理的约束。但是,WTO并不禁止嗣后的专家组引证先前专家组报告并遵循其解释和推理,事实上,在大多数情况下,专家组报告被后案大量引用。

WTO专家组报告不具有先例的效力,却被后案的专家组报告大量援引的这种矛盾表现,反映了WTO争端解决机制的灵活性,即专家组在采纳报告的同时又可以不束缚自己,在嗣后案件的报告中自由地对先前的报告决定取舍,既可以保持与先前报告的一致性,又有机会根据实际情况变化做出与先前报告不同的更符合国际实践的解释。显然,争端解决机制能否实现其目标,即为多边贸易体制增加稳定性和可预见性,很大程度上就决定于专家组和上诉机构的实际做法。

参考书目

1. 赵秀文:《论WTO专家组和上诉机构的建议与裁定的效力及其执行》,载陈安主编:《国际经济法学刊》第11卷,北京大学出版社2004年版。
2. 唐青阳:《规则的解释与解释的规则——WTO规则的法解释研究》,西南政法大学2005年博士学位论文。

(董书萍)

上诉机构报告的效力

WTO争端解决机构中的上诉机构的报告也具有相应的法律约束力。《关于争端解决规则与程序的谅解》没有明确规定上诉机构报告的效力问题,但是建立了一个明确的执行争端解决报告的程序,包括对执行各项建议或裁决的监督、赔偿和中止减让等。不执行建议或裁决的当事方将受到报复措施的制裁,且规定了争端解决机构的建议和裁决不能增加或减少有关协议设定的权利和义务。这意味着执行争端解决报告已经是一种国际义务。

在WTO争端解决实践中,上诉机构报告的效力根据报告是否已获通过而不同:已获通过的上诉机构报告只对个案具有法律约束力,不具有普遍的法律效力,不能创设约束性的先例,但是在大多数情况下被后案事实上作为先例遵循。专家组一般会遵循上诉机构的报告,但是也存在例外。这种矛盾的表现反映了WTO争端解决机制的灵活性,即上诉机构可以不受束缚地在以后的报告中自由地对先前的报告进行取舍,根据实际情况变化做出与以前报告不同的更符合国际实践的解释。显然,上诉机构的实际做法在很大程度上决定了多边贸易体制的稳定性和可预见性。

参考书目

1. 黄哲:《WTO 上诉机构的法律解释》,载陈安主编:《国际经济法学刊》第 9 卷,北京大学出版社 2004 年版。
2. 赵秀文:《论 WTO 专家组和上诉机构的建议与裁定的效力及其执行》,载陈安主编:《国际经济法学刊》第 11 卷,北京大学出版社 2004 年版。
3. 唐青阳:《规则的解释与解释的规则——WTO 规则的法解释研究》,西南政法大学 2005 年博士学位论文。

（董书萍）

条 目 索 引

（以拼音为序）

G

Q

R

S

T